Diccionario ESPASA mini

Español - Inglés
English - Spanish

Diccionario ESPASA mini

Español - Inglés
English - Spanish

Incluye guía de conversación para viajar

ESPASA IDIOMAS

Espasa es un sello de Editorial Planeta, S. A.
Avda. Diagonal, 662-664
08034 Barcelona
www.planetadelibros.com

Equipo lexicográfico: Nuria Valverde, Jeremy Rogers, Reyes Sequera
Coordinación lexicográfica: Margarita Ostojska Asensio
Redacción y documentación de la sección «Guía de conversación para viajar»: Andy Goodall

Diseño e ilustraciones de la colección: © Carme Pons y Miguel Bustos

Preimpresión: Safekat, S. L.

ISBN: 978-84-670-5457-6
Depósito legal: B. 3.849-2019

Impreso en España / *Printed in Spain*
Impresión: Unigraf, S. L.

El papel utilizado para la impresión de este libro es cien por cien libre de cloro y está calificado como papel ecológico.

ÍNDICE GENERAL

INTRODUCCIÓN

La selección de más de 40.000 entradas y 75.000 definiciones y expresiones de este diccionario tiene como objetivo principal cubrir las necesidades elementales del usuario hispanohablante y ofrecerle una cobertura básica del inglés y del español actuales, que incluye además un número importante de voces usadas en Hispanoamérica (LAm) y Norteamérica *(US)*.

Las diferentes categorías gramaticales de una misma entrada se señalan mediante la numeración árabe (1, 2, etc.), mientras que el símbolo ♦ indica las diferentes acepciones dentro de una misma categoría gramatical.

El uso sistemático de señales indicadoras permite identificar la traducción correcta con rapidez y precisión. Hay dos tipos de señales indicadoras: las abreviaturas de materias (de las que aparece una lista completa en las páginas XII-XIV) identifican el área o campo de uso de una palabra (*Fot* es fotografía, *Inform* corresponde a información, etc.) y los indicadores entre paréntesis muestran un sujeto o un objeto típico de un verbo, o un sustantivo que frecuentemente acompaña a determinado adjetivo. Estos, al mostrar el contexto adecuado, ayudan a localizar la traducción correcta de una determinada palabra o expresión (véase Cómo consultar este diccionario, en las páginas X-XI).

Todas las entradas inglesas van acompañadas de transcripciones fonéticas basadas en el Alfabeto Fonético Internacional (Afi). En la página XII se explican las equivalencias fonéticas de los símbolos empleados en las transcripciones.

En los Apéndices finales del diccionario hemos incluido un útil listado de los verbos irregulares ingleses, así como el de las equivalencias numéricas.

Con todo ello, esperamos dejar en sus manos un diccionario pequeño, pero lo más completo posible, moderno y, ante todo, adecuado a las necesidades de un hispanohablante. Confiamos en que le ayudará a expresarse correcta y fluidamente en inglés en todas las situaciones de la vida cotidiana, académica o profesional.

CÓMO CONSULTAR

lema o entrada

ácido,-a 1 *adj* ♦ *(sabor)* sharp. tart ♦ *Quím (sustancia)* acidic |2 *m Quím* acid

subentrada

adaptar *vtr* ♦ to adapt ♦ *(ajustar)* to adjust ■ **adaptarse** *vr* to adapt oneself [**a,** to]

traducciones

adicto,-a 1 *m,f (que tiene dependencia)* addict ♦ *(partidario)* supporter |2 *adj (dependiente)* addicted [**a,** to] ♦ *(seguidor)* supporter [**a,** of]

términos compuestos

agente *mf* ♦ agent: **a. de bolsa,** stockbroker: **a. de seguros,** insurance broker ♦ *(policía: hombre)* policeman: *(policía: mujer)* policewoman: **a. de tráfico,** traffic policeman/policewoman

ejemplos de uso y locuciones

ahí *adv* there: **a. tienes,** here you are: **vete por a.,** go that way: **tiene cincuenta años o por a.,** he's fifty or thereabouts

indicadores de uso y contexto

ambiente *m* ♦ *(atmósfera, entorno)* environment ♦ *(animación, situación)* atmosphere. air

ESTE DICCIONARIO

aboard [ə'bɔːd] 1 *adv* a bordo; **to go a.**, *(barco)* embarcarse; *(tren)* subir ‖2 *prep* a bordo de	cambio de categoría gramatical
adequate ['ædɪkwɪt] *adj* ♦ *(en cantidad)* suficiente ♦ *(en calidad, etc)* adecuado,-a	transcripción fonética
am [æm] *1.ª persona sing pres* → **be**	forma verbal irregular
antenna [æn'tenə] *n* *(pl* ***antennae*** [æŋ'teniː]) antena	plural irregular
approve [ə'pruːv] 1 *vtr* aprobar ‖2 *vi* estar de acuerdo ■ **approve of** *vtr* ♦ *(plan)* aprobar ♦ *(persona)* tener buena opinión de	frase verbal
arch [ɑːtʃ] *n* ♦ *Arquit* arco ♦ *Anat* empeine	indicadores de materia
attorney [ə'tɜːnɪ] *n* *US* abogado,-a; **A. General** ~ *GB* Fiscal General del Estado, *US* ministro,-a de Justicia	variantes ortográficas o de uso en el inglés hablado en EE. UU. e Inglaterra

FONÉTICA INGLESA

En este diccionario la transcripción fonética de las palabras inglesas se basa en el sistema de la Asociación Fonética Internacional (AFI) con algunas modificaciones. Cada entrada o lema viene seguido de su correspondiente transcripción fonética entre corchetes ([ ]). El acento primario se indica mediante un ' delante de la sílaba tónica.

Las consonantes

[p]	*p*et
[b]	*b*in
[t]	*t*ip
[d]	*d*im
[k]	*k*enn
[g]	*g*ood
[tʃ]	*ch*air
[dʒ]	*j*oke
[f]	*f*ilm
[v]	*v*an
[θ]	*th*ink
[ð]	*th*ere
[s]	*s*ing
[z]	*z*ero
[ʃ]	*sh*ip
[ʒ]	trea*s*ure
[h]	*h*ot
[m]	*m*ill
[n]	*n*umber
[ŋ]	bri*ng*
[l]	*l*ife
[r]	*r*oll
[j]	*y*ellow
[w]	*w*ear
[x]	lo*ch* (como la j española)
[ʳ]	(sólo al final de palabra, cuando la palabra siguiente empieza por una vocal: brother [ˈbɒðəʳ]

Las vocales y los diptongos

[iː]	f*ea*st
[ɪ]	b*i*g
[e]	t*e*n
[æ]	f*a*t
[ɑː]	b*o*ther
[ɒ]	n*o*t
[ɔː]	c*ou*rse
[ʊ]	p*u*t
[uː]	l*oo*se
[ʌ]	p*u*b
[ɜː]	b*ir*th
[ə]	*a*board
[ə]	facultativo.
[eɪ]	d*ay*
[əʊ]	bl*ow*
[aɪ]	f*i*ne
[aʊ]	m*ou*se
[ɔɪ]	b*oi*l
[ɪə]	h*ere*
[eə]	b*ear*
[ʊə]	s*ure*

ABREVIATURAS USADAS EN ESTE DICCIONARIO

abr	abreviatura
adj	adjetivo
adv	adverbio
Agr	agricultura
Anat	anatomía
Antrop	antropología
aprox	aproximadamente
Arquit	arquitectura
art	artículo
Astrol	astrología
Astron	astronomía
Auto	automovilismo
aux	auxiliar
Av	aviación
Biol	biología
Bot	botánica
Cicl	ciclismo
Com	comercio
comp	comparativo
cond	condicional
conj	conjunción
Constr	construcción
Cost	costura
Culin	cocina
def	definido
defect	defectivo
dem	demostrativo
Dep	deportes
det	determinante
Ecol	ecología
Econ	economía
Educ	educación
Elec	electricidad
Ent	entomología
esp	especialmente
Esp	España
Estad	estadística
etc	etcétera
euf	eufemismo
excl	exclamación
f	sustantivo femenino
fam	uso familiar
Farm	farmacia
Ferroc	ferrocarril
fig	uso figurado
Fil	filosofía
Fin	finanzas
Fís	física
Fot	fotografía
fpl	sustantivo femenino plural
frml	uso formal
Ftb	fútbol
fut	futuro
GB	Gran Bretaña
gen	uso general
Geog	geografía
Geol	geología
Geom	geometría
ger	gerundio
Gimn	gimnasia
Hist	historia
hum	uso humorístico
imperf	imperfecto
impers	impersonal
Impr	imprenta
Ind	industria
indef	indefinido
indet	indeterminado
indic	indicativo
Indum	indumentaria
infin	infinitivo
Inform	informática
interr	interrogativo
inv	invariable
irón	uso irónico
irreg	irregular
Jur	derecho
Lab	laboral
LAm	Latinoamérica
Ling	lingüística
lit	uso literal

Lit	literatura	*Psic*	psicología
Loc:	locución, locuciones	*Quím*	química
loc adj	locución adjetiva	*Rad*	radio
loc adv	locución adverbial	*rel*	relativo
m	sustantivo masculino	*Rel*	religión
m, f/mf	sustantivo masculino y femenino	*sb*	alguien
		Seg	seguros
Mat	matemáticas	*sing*	singular
Med	medicina	*Soc*	sociología
Meteor	meteorología	*sthg*	algo
Mil	militar	*subj*	subjuntivo
Min	minería	*suf*	sufijo
Mit	mitología	*superl*	superlativo
mpl	sustantivo masculino plural	*Taur*	tauromaquia
		tb	también
Mús	música	*Teat*	teatro
n	nombre	*Téc*	técnica
Náut	náutica	*Tel*	telecomunicaciones
neg	negativo	*Ten*	tenis
neut	neutro	*Tex*	textil
npl	sustantivo plural	*Tip*	tipografía
ofens	ofensivo	*Trans*	transporte
onomat	onomatopeya	*TV*	televisión
Ópt	óptica	*Univ*	universidad
Orn	ornitología	*US*	Estados Unidos
Parl	parlamento	*usu*	usualmente
pers	personal	*v*	verbo
pey	uso peyorativo	*v aux*	verbo auxiliar
Petról	industria petrolera	*Vet*	veterinaria
pl	plural	*vi*	verbo intransitivo
Pol	política	*v impers*	verbo impersonal
pos	posesivo	*vr*	verbo reflexivo
pp	participio pasado	*vtr*	verbo transitivo
pref	prefijo	*Zool*	zoología
prep	preposición	→	véase
pres	presente	≈	equivalente cultural
pron	pronombre	®	marca registrada
ps	pasado simple		

ESPAÑOL / INGLÉS

A

A, a *f (letra)* A, a

a *prep* → **al** ◆ *(destino)* to; **ir a Portugal,** to go to Portugal; **ir a casa,** to go home ◆ *(dirección)* **girar a la izquierda,** to turn (to the) left ◆ *(localización)* at, on; **a lo lejos,** in the distance; **a mi lado,** at *o* by my side, next to me ◆ *(tiempo)* at; **a las once,** at eleven o'clock; **al principio,** at first ◆ *(distancia)* away; **a cien metros,** a hundred metres away ◆ *(estilo)* **a la francesa,** (in the) French fashion *o* manner *o* style; **a mi manera,** my way ◆ *(instrumento, modo)* **a mano,** by hand, **escrito a máquina,** typed, typewritten; **a pie,** on foot ◆ *(medida)* **a 60 kilómetros por hora,** at 60 kilometres an hour; **a dos mil pesetas el kilo,** two thousand pesetas a kilo; **cuatro veces a la semana,** four times a week ◆ *Dep* **ganar cinco a dos,** to win five (to) two ◆ *(complemento indirecto)* to: **díselo a Rodrigo,** tell Rodrigo; **se lo di a él,** I gave it to him ◆ *(complemento directo de persona)* **saludé a Marcial,** I said hello to Marcial ◆ *(verbo + **a** + infin)* to; **aprender a bailar,** to learn (how) to dance ◆ **a decir verdad,** to tell (you) the truth; **a no ser que,** unless; **a ver,** let's see

abad *m* abbot

abadesa *f* abbess

abadía *f* abbey

abajo 1 *adv* ◆ *(en un edificio)* downstairs ◆ *(posición)* below; **aquí/allí a.,** down here/there; **en el cajón de a.,** in the drawer below ◆ *(dirección, movimiento)* down, downwards; **calle/escaleras a.,** down the street/stairs; **hacia a.,** down, downwards

abalanzarse *vr* to rush towards

abalorio *m* trinket

abanderado,-a *m,f* ◆ *(defensor)* champion ◆ *(portaestandarte)* standard bearer

abandonado,-a *adj* ◆ *(lugar)* deserted; *(persona, perro)* abandoned ◆ *(aspecto)* neglected, untidy

abandonar 1 *vtr* ◆ *(irse de)* to leave, quit ◆ *(a una persona, a un animal)* to abandon ◆ *(un proyecto, los estudios)* to give up ◆ *Dep (retirarse de una carrera)* to drop out of; *(un deporte)* to drop |**2** *vi (desfallecer)* to give up ■ **abandonarse** *vr* ◆ *(descuidarse)* to let oneself go ◆ *(entregarse)* to abandon oneself

abandono *m* ◆ *(marcha de un lugar)* abandoning, desertion ◆ *(de proyecto, idea)* giving up ◆ *(de aseo)* neglect ◆ *(despreocupación)* carelessness

abanicar *vtr* to fan ■ **abanicarse** *vr* to fan oneself

abanico *m* ◆ *(objeto)* fan ◆ *(gama)* range; **un a. de ofertas,** a range of offers

abaratamiento *m* reduction

abaratar *vtr* to cut *o* reduce the price of ■ **abaratarse** *vr (productos)* to become cheaper, to come down in price

abarcar *vtr* ◆ to cover ◆ *(con los brazos)* embrace ◆ *LAm (acaparar)* to monopolize

abarrotado,-a *adj* packed, crammed [**de,** with]

abarrotes *mpl LAm* groceries *pl*

abastecer *vtr* to supply [**de,** with] ■ **abastecerse** *vr* to stock up [**de,** on]

abastecimiento *m* supplying

abasto *m (usu pl)* **abastos,** provisions *pl*, supplies *pl*; **mercado de abastos,** wholesale food market ◆|LOC: *fam* **no dar a.,** not to be able to cope

abatido,-a *adj* dejected, depressed, downhearted

abatir *vtr* ◆ *(derribar, derrumbar)* to knock down, pull down ◆ *(tumbar el respaldo)* to fold down ◆ *(desalentar)* to depress, dishearten **abatirse** *vr* ◆ *(desmoralizarse)* to lose heart, become depressed ◆ *(caer sobre)* to swoop down [**sobre**, on]

abdicar *vtr* & *vi* to abdicate

abdomen *m* abdomen

abdominal 1 *adj* abdominal |**2** *mpl* **abdominales,** abdominal muscles ◆ *Dep* sit-ups

abecedario *m* alphabet

abedul *m* birch

abeja *f* bee

abejorro *m* bumblebee

aberración *f* ◆ *(desviación)* aberration ◆ *(error, conducta equivocada)* outrage

aberrante *adj* aberrant, deviant

abertura *f* ◆ *(grieta)* crack, slit ◆ *(de una prenda)* slit

abeto *m Bot* fir (tree)

abierto,-a *adj* ◆ open; *(grifo)* (turned) on ◆ *(persona receptiva)* open-minded; *(extrovertido)* open

abigarrado,-a *adj* ◆ *(mezclado)* mixed ◆ *(multicolor)* multicoloured

abismal *adj* ◆ abysmal ◆ vast

abismo *m* abyss

abjurar *vi fml* to abjure, renounce

ablandar *vtr* ◆ to soften ■ **ablandarse** *vr* ◆ to soften, go soft *o* softer ◆ *fig (enternecerse alguien)* to mellow

ablución *f* ablution

ablusado,-a *adj* loose, baggy

abocado,-a *adj* doomed

abochornar *vtr* to shame, embarrass ■ **abochornarse** *vr* to feel embarrassed

abofetear *vtr* to slap

abogado,-a *m,f* lawyer, solicitor, *US* attorney, *US* counsellor; *(en tribunal supremo)* barrister; **a. de oficio,** legal aid lawyer; **a. del Estado,** public prosecutor; **a. defensor,** counsel for the defense; **a. laboralista,** union lawyer

abogar *vtr* to plead

abolición *f* abolition

abolir *vtr defect* to abolish

abolladura *f* dent

abollar *vtr* to dent ■ **abollarse** *vr* to get dented

abombado,-a *adj* ◆ *(superficie)* convex ◆ *LAm (aturdido)* dazed

abonado,-a 1 *m,f* subscriber |**2** *adj Fin (pagado)* paid ◆ *(fertilizado)* fertilized

abonar *vtr* ◆ *Agr* to fertilize ◆ *(pagar)* to pay (for) ◆ *(suscribir)* to subscribe ■ **abonarse** *vr* to subscribe [**a,** to]

abono *m* ◆ *Agr (químico)* fertilizer; *(orgánico)* manure ◆ *(pago)* payment ◆ *(a una publicación)* subscription; *(de la ópera, del fútbol)* season ticket

abordaje *m Náut (choque entre navíos)* collision, fouling; *(asalto)* boarding: **¡al a.!,** stand by for boarding!

abordar *vtr* ◆ *(a una persona)* to approach ◆ *(un tema, un problema)* to tackle

aborigen 1 *adj* native, indigenous; *(australiano)* aboriginal |**2** *mf* native; *(australiano)* aborigine

aborrecer *vtr* to detest, loathe

abortar *vi (accidentalmente)* to miscarry, have a miscarriage; *(voluntariamente)* to abort, have an abortion

aborto *m (espontáneo)* miscarriage; *(provocado)* abortion

abotargado,-a *adj* ◆ *(atontado)* unable to think properly ◆ *(hinchado)* swollen, bloated

abotonar *vtr* to button (up)

abovedado,-a *adj* vaulted, arched

abrasar *vtr* & *vi* to scorch ■ **abrasarse** *vr* to burn

abrasivo,-a *adj* & *m* abrasive

abrazar *vtr* ◆ *(con los brazos)* to embrace, hug ◆ *fig (una creencia, un dogma)* to embrace ■ **abrazarse** *vr* to embrace

abrazo *m* embrace, hug

abrebotellas *m* bottle-opener

abrelatas *m inv* tin-opener, *US* can opener

abreviar 1 *vtr* ◆ to shorten |**2** *vi* to be quick *o* brief

abreviatura *f* abbreviation

abridor *m* opener

abrigado,-a *adj* ◆ *(persona)* wrapped up ◆ *(una prenda)* warm

abrigar *vtr* & *vi* ◆ *(dar calor)* to keep warm ◆ *(resguardar)* to protect, shelter ◆ *(tener un deseo, un sentimiento)* to cherish; *(una sospecha)* to have, harbour, *US* harbor ■ **abrigarse** *vr* to wrap up

abrigo *m* ◆ *(prenda)* coat, overcoat; **ropa de a.,** warm clothes *pl* ◆ *(lugar resguardado)* shelter ◆|LOC: **al a. de,** protected *o* sheltered from

abril *m* April

abrillantar *vtr* to polish

abrir 1 *vtr* ◆ *(separar, permitir el acceso, desplegar)* to open; *(una cerradura)* to unlock; *(una cremallera)* to undo ◆ *(una llave, un grifo)* to turn on ◆ *(hacer una zanja, un túnel, etc)* to dig ◆ *(iniciar un discurso, una actividad)* to open, start |**2** *vi* to open ■ **abrirse** *vr* ◆ to open; *fig* **a. camino,** to make one's way

abrochar *vtr* & *vr (cerrar una prenda)* to button (up); *(un cinturón)* to fasten; *(atar los zapatos)* to tie up; *(subir una cremallera)* to do up

abrumar *vtr* to overwhelm, crush

abrupto,-a *adj* ◆ *(paisaje)* steep, rough, abrupt ◆ *(cortante, violento)* abrupt

absceso *m Med* abscess

absentismo *m* absenteeism; **a. laboral,** absenteeism from work

ábside *m Arquit* apse

absolución *f* ◆ *Rel* absolution ◆ *Jur* acquittal

absoluto,-a 1 *adj (independiente)* absolute; *(completo, intenso)* total, complete |**2** *m* absolute ◆|LOC: **en a.,** not at all, by no means

absolver *vtr* ◆ *Rel* to absolve ◆ *Jur* to acquit

absorbente *adj* absorbent

absorción *f* absorption

absorto,-a *adj* ◆ *(concentrado)* absorbed, engrossed [**en,** in] ◆ *(cautivado)* captivated

abstemio,-a 1 *adj* teetotal, abstemious |**2** *m,f* teetotaller

abstención *f* abstention

abstenerse *vr* ◆ *Pol* to abstain [**de,** from] ◆ *(contenerse)* to refrain [**de,** from]

abstinencia *f* abstinence; **síndrome de a.,** withdrawal symptoms *pl*

abstracción *f* abstraction

abstracto,-a *adj* abstract

abstraer *vtr* to abstract ■ **abstraerse** *vr* to become lost in thought

abstraído,-a *adj* ◆ *(absorto)* absorbed, engrossed [**en,** in] ◆ *(distraído)* absentminded

absurdo,-a 1 *adj* absurd; *(cosa ridícula)* ludicrous |**2** *m* absurdity, absurd thing

abuchear *vt* to boo, jeer at

abuela *f* ◆ grandmother; *fam* grandma, granny ◆ *fig* old woman

abuelo *m* ◆ grandfather; *fam* grandad, grandpa ◆ *fig* old man ◆ **abuelos,** grandparents

abulia *f* apathy, lack of willpower

abultado,-a *adj* bulky, big

abultar 1 *vi* to be bulky |**2** *vtr (una cifra, noticia)* to exaggerate

abundancia *f* abundance, plenty ◆|LOC: **en a.,** plenty (of)

abundante *adj* abundant, plentiful

abundar *vi* to abound, be plentiful

aburguesado,-a *adj* bourgeois

aburguesarse *vr* to become bourgeois

aburrido,-a *adj* ◆ **tu hermano es a.,** your brother's boring ◆ **tu hermano está a.,** your brother's bored

aburrimiento *m* boredom

aburrir *vtr* to bore ■ **aburrirse** *vr* to get bored

abusar *vi* ◆ *(aprovecharse de)* to take (unfair) advantage of; *(del poder, de la autoridad, etc)* to abuse ◆ *(consumir en exceso)* **a. del alcohol,** to drink too much ◆ *Jur (de un menor, de una mujer)* to abuse

abusivo,-a *adj* ◆ *(un precio)* exorbitant ◆ *(una medida, situación)* outrageous, abusive

abuso *m* abuse; **a. de poder,** abuse of power; **a. sexual,** sexual abuse

a. C. *(abr de antes de Cristo)* before Christ, BC

acá 1 *adv* here, over here **|2** *pron LAm* this person here: **a. tiene razón,** this person is right

acabado,-a 1 *adj* ◆ *(terminado)* finished ◆ *fig (destrozado)* worn-out, spent **|2** *m* finish

acabar 1 *vtr* to finish (off); *(completar)* to complete **|2** *vi* ◆ to finish, end ◆ **a. con** *(agotar las existencias)* to finish something; *(romper algo)* to break something; *(matar)* to kill; *(destruir, eliminar)* to destroy something ◆ **a. de: acaba de llegar,** he's just arrived; **no acaba de decidirse,** she hasn't made up her mind yet ■ **acabarse** *vr* to finish, come to an end; *excl fam* **¡se acabó!,** that's enough!

acacia *f* acacia

academia *f* ◆ academy ◆ *(escuela)* school

académico,-a *adj* & *m,f* academic

acaecer *v impers* to happen, occur

acallar *vtr* to silence

acalorado,-a *adj* ◆ hot ◆ *fig (exaltado, molesto)* worked up, excited; *(disputa)* heated, angry

acalorarse *vr* ◆ to get warm *o* hot ◆ *fig* to get excited *o* worked up

acampada *f* camping

acampar *vi* to camp

acantilado *m* cliff

acaparar *vtr* ◆ *(almacenar)* to hoard ◆ *fig (a una persona)* to monopolize

acariciar *vtr* ◆ to caress; *(a un animal)* to stroke ◆ *fig (un proyecto)* to cherish

acarrear *vtr* ◆ *(transportar)* to carry, transport ◆ *fig (tener consecuencias)* to entail

acaso *adv* ◆ *(duda)* perhaps, maybe; *(retórico)* **¿a. no te lo advertí?,** didn't I warn you? **|2** *conj* **si a. no estuviera...,** if he shouldn't be there... ◆**|**LOC: **por si a.,** just in case

acatar *vtr* to observe, comply with

acatarrado,-a *adj* **estar a.,** to have a cold

acatarrarse *vr* to catch a cold

acceder *vi* ◆ *(conceder, transigir)* to accede, consent [**a,** to] ◆ *(entrar, ser admitido)* to gain admittance [**a,** to] ◆ *Inform* to access

accesible *adj* ◆ accessible ◆ *(de carácter abierto)* approachable

acceso *m* ◆ *(entrada)* access, entry ◆ *(ruta, camino, vía)* approach, access ◆ *Med (ataque)* fit ◆ *Univ* **prueba de a.,** entrance examination

accesorio,-a 1 *m* accessory **|2** *adj* incidental

accidentado,-a 1 *adj* ◆ *(irregular, montañoso)* uneven, hilly ◆ *(agitado, complicado)* eventful **|2** *m,f* casualty, accident victim

accidental *adj* ◆ accidental ◆ *(fortuito)* chance

accidente *m* ◆ accident; **a. laboral,** industrial accident ◆ *(casualidad)* chance

acción *f* ◆ action; *(acto)* act; **a. de gracias,** thanksgiving ◆ *Fin* share

accionar *vtr* to drive, work

accionista *mf* shareholder

acebo *m (rama)* holly; *(árbol)* holly tree

acechar *vtr* ◆ to lie in wait for ◆ *(amenazar)* to threaten

acecho *m* **estar al a. de,** *(esperar)* to lie in wait for

aceite *m* oil; **a. de girasol,** sunflower oil; **a. de oliva,** olive oil

aceituna *f* olive

aceleración *f* acceleration

acelerado,-a *adj* accelerated, fast

acelerador *m Auto* accelerator

acelerar *vtr* & *vi* to accelerate

acelga *f Bot* chard

acento *m* ◆ *(tilde)* accent; *(de una palabra)* stress; *(forma de hablar)* accent ◆ *(importancia)* stress, emphasis

acentuar *vtr* ◆ to stress ◆ *fig* to emphasize, stress ■ **acentuarse** *vr fig* to become more pronounced *o* noticeable

acepción *f* meaning, sense

aceptable *adj* acceptable

aceptación *f* ◆ acceptance ◆ *(éxito)* success

aceptar *vtr* to accept

acequia *f* irrigation ditch *o* channel

acera *f* pavement, *US* sidewalk

acerca de *loc adv* about

acercar *vtr* ◆ to bring near *o* nearer, bring (over) ◆ *fig (unir, armonizar)* to bring together ◆ *(llevar)* to give a lift to ■ **acercarse** *vr* ◆ to approach [**a**, -] ◆ *(desplazarse)* to go ◆ *(venir)* to come

acero *m* steel; **a. inoxidable,** stainless steel

acérrimo,-a *adj (simpatizante)* staunch; *(adversario)* bitter

acertado,-a *adj* ◆ *(respuesta)* right, correct ◆ *(decisión)* wise

acertante 1 *m,f* winner |**2** *adj* winning

acertar 1 *vtr* ◆ *(dar con la solución)* to get right ◆ *(adivinar)* to guess correctly |**2** *vi* to be right

acertijo *m* riddle

acervo *m* heritage

achacar *vtr* to attribute

achacoso,-a *adj* ailing, unwell

achicar *vtr (empequeñecer)* to reduce, make smaller ◆ *(sacar agua)* to bale out ■ **achicarse** *vr* ◆ *(apocarse)* to lose heart ◆ *(mermar)* to get smaller

achicharrar *vtr* ◆ *(quemar algo)* to burn to a crisp ◆ *(calentar mucho)* to scorch

achuchón *m* ◆ *(empujón)* push, shove ◆ *(abrazo)* (big) hug

acicalado,-a *adj* well-dressed, smart

acicalarse *vr* to dress up, smarten up

acicate *m* spur, incentive

acidez *f* ◆ *(de un sabor)* sharpness, sourness ◆ *Quím* acidity ◆ *Med* **a. de estómago,** heartburn

ácido,-a 1 *adj* ◆ *(sabor)* sharp, tart ◆ *Quím (sustancia)* acidic |**2** *m Quím* acid

acierto *m* ◆ *(elección)* good choice; *(solución)* good idea ◆ *(habilidad, tino)* skill, wisdom

aclamar *vtr* to acclaim

aclaración *f* explanation

aclarado *m* rinsing, rinse

aclarar *vtr* ◆ *(hacer comprensible)* to clarify, explain ◆ *(suavizar color)* to lighten, make lighter ◆ *(quitar el jabón)* to rinse ■ **aclararse** *vr* ◆ *(comprender)* to understand ◆ *(disminuir su color)* to turn lighter ◆ *Meteor* to clear (up)

aclimatar *vtr* to acclimatize, *US* acclimate [**a**, to] ■ **aclimatarse** *vr (a un clima)* to become acclimatized, *US* to become acclimated ◆ *fig (a una situación)* to get used to something

acné *f* acne

acobardar *vtr* to frighten ■ **acobardarse** *vr* ◆ *(sentir temor)* to become frightened ◆ *(retraerse)* to shrink back [**ante**, from]

acogedor,-ora *adj (lugar)* cosy; *(persona, ambiente)* warm

acoger *vtr* ◆ *(recibir)* to receive; *(con alegría)* to welcome ◆ *(proteger)* to take in ■ **acogerse** *vr (dar una excusa)* to take refuge [**a**, in]

acogida *f* reception

acometer *vtr* ◆ *(una tarea)* to undertake ◆ *(agredir)* to attack

acometida *f* ◆ *(ataque)* attack ◆ *(del agua, etc)* connection

acomodado,-a *adj* well-off, well-to-do

acomodador,-ora *m,f (hombre)* usher; *(mujer)* usherette

acomodar *vtr* ◆ *(dar alojamiento)* to lodge, accommodate ◆ *(dar asiento)* to find a place for ◆ *(adaptar)* to adapt ■ **acomodarse** *vr* ◆ to make oneself comfortable ◆ *(acostumbrarse)* to adapt

acompañante *m,f* companion

acompañar *vtr* ◆ to accompany ◆ *(una carta, un informe, etc)* to enclose

acomplejado,-a *adj* & *m,f* **estar a.,** to have a complex [**por**, about]

acomplejar *vtr* to give a complex ■ **acomplejarse** *vr* to develop a complex [**por**, about]

acondicionado,-a *adj* equipped, fitted-out

acondicionar *vtr* ◆ to prepare, to set up ◆ *(climatizar)* to air-condition

aconsejable *adj* advisable

aconsejar *vtr* to advise

acontecer *vi* to happen, take place

acontecimiento *m* event

acoplar *vtr* ◆ to fit (together), join ◆ *Téc* to couple, connect

acorazado,-a 1 *adj* armoured, *US* armored, armour-plated, *US* armor-plated |**2** *m* battleship

acordar *vtr* to agree ■ **acordarse** *vr* to remember

acorde 1 *adj* in agreement |**2** *m Mús* chord

acordeón *m* accordion

acordonado,-a *adj* cordoned off, sealed off

acorralar *vtr* to corner

acortar *vtr* to shorten

acosar *vtr* ◆ to harass ◆ *fig (asediar)* to pester

acoso *m* harassment; **a. sexual,** sexual harassment

acostado,-a *adj* **estar a.**, *(tumbado)* to be lying down; *(en la cama)* to be in bed

acostar *vtr* to put to bed ■ **acostarse** *vr* ◆ to go to bed ◆ *fam (con alguien)* to sleep, go to bed [**con,** with]

acostumbrado,-a *adj* ◆ usual, customary ◆ **estar a.** to be used to

acostumbrar 1 *vi* to be in the habit of |**2** *vtr* to get (somebody) used [**a,** to] ■ **acostumbrarse** *vr* to become accustomed [**a,** to], get used [**a,** to]

ácrata *adj* & *mf* anarchist

acre[1] *adj (al paladar)* sour, bitter; *(al olfato)* acrid

acre[2] *m (medida de superficie)* acre

acreditar *vtr* ◆ *(demostrar)* to prove ◆ *(autorizar a alguien)* to accredit ◆ *Fin* to credit

acreedor,-ora *m,f Com* creditor

acribillar *vtr* to riddle, pepper; *fig (a preguntas)* to bombard

acrílico,-a *adj* acrylic

acritud *f* ◆ *(mordacidad)* acrimony ◆ *(sabor)* sourness, bitterness; *(olor)* acridness

acróbata *mf* acrobat

acta *f* ◆ *(de una reunión)* minutes *pl*, record ◆ *(certificado oficial)* certificate, official document; **a. notarial,** affidavit

actitud *f* attitude

activar *vtr* ◆ *(poner en marcha)* to activate ◆ *(animar)* to liven up

actividad *f* activity

activo,-a 1 *adj* active |**2** *m Fin* assets *pl*

acto *m* ◆ act, action ◆ *(evento público)* ceremony ◆ *Teat* act

actor *m* actor

actriz *f* actress

actuación *f* ◆ *(interpretación)* performance ◆ *(intervención)* intervention, action

actual *adj* ◆ current, present ◆ *(moderno)* up-to-date

actualidad *f* ◆ present time; **en la a.,** nowadays ◆ *(acontecimientos presentes)* current affairs *pl*

actualizar *vtr* to update, bring up to date

actualmente *adv* ◆ *(en nuestros días)* nowadays, these days ◆ *(ahora mismo)* at the moment, at present

actuar *vi* ◆ to act ◆ *Cine Teat* to perform, act

acuarela *f* watercolour, *US* watercolor

Acuario *m Astrol* Aquarius

acuario *m* aquarium

acuático,-a *adj* aquatic, water; **deportes acuáticos,** water sports

acuchillar *vtr* ◆ to knife, stab ◆ *(un suelo)* to plane down

acuciante *adj* urgent, pressing

acudir *vi* ◆ *(ir a un lugar)* to go; *(venir a un lugar)* to come, arrive ◆ *(prestar ayuda)* to give aid, help ◆ *(buscar ayuda o información)* to turn to

acueducto *m* aqueduct

acuerdo *m* ◆ agreement; **a. marco,** framework agreement ◆ *(conformidad)* **estoy de a.** I agree ◆ *excl (asentimiento)* **¡de a.!**, all right!, O.K.!

acumular *vtr* to accumulate ■ **acumularse** *vr* ◆ to accumulate, build up

acunar *vtr* to rock

acuñar *vtr (moneda)* to mint

acupuntura *f* acupuncture

acurrucarse *vr* to curl up, snuggle up

acusación *f* ◆ accusation ◆ *Jur* charge

acusado,-a 1 *m,f* accused, defendant |**2** *adj (notable)* marked, noticeable

acusar *vtr* ◆ to accuse [**de,** of]; *Jur* to charge [**de,** with] ◆ *(sentir)* to feel ◆ *(mostrar)* to show

acuse *m* **a. de recibo,** acknowledgment of receipt
acústica *f* acoustics *sing*
acústico,-a *adj* acoustic
adaptable *adj* adaptable
adaptación *f* adaptation
adaptador *m* adapter
adaptar *vtr* ◆ to adapt ◆ *(ajustar)* to adjust ■ **adaptarse** *vr* to adapt oneself [**a,** to]
adecentar *vtr* to tidy (up), clean (up)
adecuado,-a *adj* appropriate, suitable
adecuar *vtr* to adapt
adelantado,-a *adj* ◆ advanced ◆ *(un reloj)* fast ◆ **por a.,** in advance
adelantamiento *m* overtaking
adelantar 1 *vtr* ◆ to move *o* bring forward; *(un reloj)* to put forward; *fig* to advance ◆ *(a un coche)* to overtake ◆ *(una convocatoria)* to bring forward **|2** *vi* ◆ to advance ◆ *(progresar)* to make progress ■ **adelantarse** *vr* ◆ *(tomar la delantera)* to go ahead ◆ *(un reloj)* to gain, be fast ◆ *(venir antes de lo esperado)* to come early
adelante 1 *adv* forward; **más a.,** *(más lejos)* further on; *(más tarde)* later **|2** *excl* **¡a.!,** come in!
adelanto *m* ◆ advance; *(mejora, progreso)* progress ◆ *(de sueldo)* advance payment
adelfa *f Bot* oleander, rosebay
adelgazar *vi* to slim, lose weight
ademán *m* ◆ *(movimiento, gesto)* gesture ◆ **ademanes,** *(modales)* manners
además *adv* moreover, furthermore: **a., es un engreído,** besides, he's arrogant; **a. de,** as well as
adentrarse *vr (en un lugar)* to go deep [**en,** into]; *(en un tema)* to study thoroughly [**en,** -]
adentro *adv* inside; **mar a.,** out to sea; **tierra a.,** inland
adepto,-a *m,f* follower, supporter
aderezar *vtr (una comida)* to season; *(una ensalada)* to dress
adeudar *vtr* to owe
adherencia *f* adherence; *Auto* roadholding
adherir *vtr* to stick on ■ **adherirse** *vr* **a. a,** to adhere to
adhesión *f* ◆ adhesion; *(a un partido)* joining; *(a una teoría)* adherence ◆ *(apoyo)* support
adhesivo,-a *adj* & *m* adhesive
adicción *f* addiction
adición *f* addition
adicional *adj* additional
adicto,-a 1 *m,f (que tiene dependencia)* addict ◆ *(partidario)* supporter **|2** *adj (dependiente)* addicted [**a,** to] ◆ *(seguidor)* supporter [**a,** of]
adiestrar *vtr* to train
adinerado,-a 1 *adj* wealthy, rich **|2** *m,f* rich person
adiós 1 *excl (como despedida)* goodbye; *fam* bye-bye; *(como saludo)* hello **|2** *m* goodbye
aditivo,-a *adj* & *m* additive
adivinanza *f* riddle, puzzle
adivinar *vtr* to guess
adivino,-a *m,f* fortune-teller
adjetivo,-a *m* **1** adjective **|2** *adj* adjectival
adjudicar *vtr* ◆ *(un premio, un contrato)* to award ◆ *(en una subasta)* to sell ■ **adjudicarse** *vr* to appropriate, take over
adjuntar *vtr* to enclose
adjunto,-a 1 *adj* ◆ enclosed, attached ◆ *Educ* assistant **|2** *m,f Educ* assistant teacher
administración *f* ◆ *(de una empresa)* administration, management ◆ *(local en el que se administra)* (branch) office ◆ *(gobierno)* government, administration, authorities *pl*
administrador,-ora 1 *m,f* administrator **|2** *adj* administrating
administrar *vtr* ◆ to administer ◆ *(gobernar, conducir)* to run, manage ■ **administrarse** *vr* to manage one's own money
administrativo,-a 1 *adj* administrative **|2** *m,f (funcionario)* official
admiración *f* ◆ admiration ◆ *Ling* exclamation mark
admirador,-ora *m,f* admirer

admirar *vtr* ◆ to admire ◆ *(asombrar)* to amaze, astonish
admisible *adj* admissible, acceptable
admisión *f* admission
admitir *vtr* ◆ to admit, let in ◆ *(dar por bueno)* to accept ◆ *(permitir)* to allow ◆ *(convenir)* to admit, acknowledge
admón. *(abr de* ***administración****)* administration, admin.
ADN *m (abr de* ***ácido desoxirribonucleico****)* desoxyribonucleic acid, DNA
adobar *vtr Culin* to marinate
adobo *m Culin* marinade
adoctrinar *vtr* to indoctrinate
adolecer *vi* ◆ *(padecer una enfermedad)* to be ill [**de,** with] ◆ *(tener un defecto)* to suffer from
adolescencia *f* adolescence
adolescente *adj* & *mf* adolescent
adónde *adv interr* where (to)?
adonde *adv* where
adopción *f* adoption
adoptar *vtr* to adopt
adoquín *m* cobble, paving stone
adorar *vtr* ◆ to adore ◆ *Rel* to worship
adormecer *vtr* to send to sleep, make sleepy
adormecido,-a *adj* sleepy, drowsy
adornar *vtr* to adorn, decorate
adorno *m* decoration, adornment
adosado,-a 1 *adj* ◆ adjacent ◆ *(chalé, casa)* semidetached, terraced **|2** *m* terraced house
adquirir *vtr* ◆ to acquire ◆ *frml (comprar)* to purchase
adquisición *f* ◆ acquisition ◆ *(compra)* buy, purchase
adquisitivo,-a *adj* **poder a.,** purchasing power
adrede *adv* deliberately, on purpose
adrenalina *f* adrenalin
adscribirse *vr* to affiliate [**a,** to]
aduana *f* ◆ customs *pl* ◆ *(impuesto)* duty
aduanero,-a 1 *adj* customs **|2** *m,f* customs officer
aducir *vtr* to adduce, allege
adueñarse *vr* **a. de,** to take possession
adulación *f* adulation
adular *vtr* to adulate
adulterar *vtr* to adulterate
adulterio *m* adultery
adulto,-a *adj* & *m,f* adult
advenedizo,-a *adj* & *m,f* upstart
advenimiento *m* advent, coming
adverbio *m* adverb
adversario,-a 1 *m,f* adversary, opponent **|2** *adj* opposing
adversidad *f* adversity; *(infortunio, desgracia)* setback
advertencia *f* warning
advertido,-a *adj* ◆ *(prevenido)* warned ◆ *(informado)* informed
advertir *vtr* ◆ *(prevenir)* to warn ◆ *(hacer ver)* to inform, advise ◆ *(darse cuenta)* to realize, notice
adviento *m* Advent
aéreo,-a *adj* ◆ aerial ◆ *Av* air; *Com* **por vía a.,** by air
aeróbic *m* aerobics *sing*
aerodinámico,-a *adj* aerodynamic; *(línea, forma)* streamlined
aeromodelismo *m* aeroplane modelling *o US* modeling
aeronáutica *f* aeronautics *sing*
aeronáutico,-a *adj* aeronautical
aeronave *f* airship
aeroplano *m* light aeroplane
aeropuerto *m* airport
aerosol *m* aerosol
afable *adj* affable
afamado,-a *adj* famous, well-known
afán *m* ◆ *(empeño)* effort ◆ *(anhelo)* desire; *(celo)* zeal
afanarse *vr (esforzarse)* to toil [**en,** at]
afección *f Med* condition
afectación *f* affectation
afectado,-a *adj* affected
afectar *vtr* ◆ *(incumbir)* to affect ◆ *(impresionar, entristecer)* to affect, to sadden
afecto *m* affection
afectuoso,-a *adj* affectionate
afeitado,-a 1 *adj* clean-shaven **|2** *m* shave
afeitar *vtr,* **afeitarse** *vr* to shave
afeminado,-a *adj* effeminate
aferrado,-a *adj* clinging [**a,** to]

aferrarse *vr* to clutch, cling [**a,** to]

afianzamiento *m* strengthening, reinforcement

afianzar *vtr* to strengthen, reinforce ■ **afianzarse** *vr (persona)* to become established; *(una situación)* to be consolidated

afición *f* ◆ liking ◆ *Dep* **la a.**, the fans *pl*

aficionado,-a 1 *m,f* ◆ enthusiast ◆ *(no profesional)* amateur |**2** *adj* ◆ keen, fond ◆ *(no profesional)* amateur

aficionarse *vr* to become fond [**a,** of], take a liking [**a,** to]

afilado,-a *adj* sharp

afilar *vtr* to sharpen

afiliación *f* affiliation

afiliado,-a *m,f* member

afiliarse *vtr* to become a member [**a,** of]

afín *adj* ◆ *(parecido)* kindred, similar ◆ *(que guardan conexión)* related

afinar *vtr* ◆ *(la puntería)* to sharpen ◆ *(un instrumento)* to tune

afincarse *vr* to settle down

afinidad *f* affinity

afirmación *f* ◆ affirmation ◆ **afirmaciones,** *(declaraciones)* statement

afirmar *vtr* ◆ *(manifestar)* to state, declare ◆ *(apuntalar, consolidar)* to strengthen, reinforce

afirmativo,-a *adj* affirmative

aflicción *f* affliction

afligir *vtr* to afflict ■ **afligirse** *vr* to grieve, to be distressed

aflojar *vtr* to loosen ■ **aflojarse** *vr* to come *o* work loose

aflorar *vi* to come to the surface, appear

afluencia *f* inflow, influx

afluente *m* tributary

afónico,-a *adj* **estar a.**, to have lost one's voice

aforismo *m* aphorism

aforo *m* (seating) capacity

afortunado,-a *adj* ◆ *(persona)* fortunate, lucky ◆ **las Islas Afortunadas,** the Canaries

África *f* Africa

africano,-a *adj* & *m,f* African

afrodisiaco,-a, afrodisíaco,-a *adj* & *m* aphrodisiac

afrontar *vtr* to confront, face

afuera 1 *adv* outside: **sal a.**, come *o* go out |**2** *fpl* **afueras,** outskirts

agachar *vtr* to lower ■ **agacharse** *vr* to duck

agalla *f* ◆ *(de pez)* gill ◆ *pl (valor)* guts

agarrado,-a *adj* ◆ *fam* stingy, tight ◆ *(baile)* cheek-to-cheek dancing

agarrar *vtr* ◆ *(sujetar con fuerza)* to grasp, seize ◆ *LAm (coger)* to take ■ **agarrarse** *vr* to hold on: **¡agárrate fuerte!**, hold tight!

agarrotarse *vr* ◆ *(un músculo)* to stiffen ◆ *(una máquina)* to seize up

agasajar *vtr* to smother with attentions

ágata *f* agate

agazaparse *vr* to crouch (down)

agencia *f* ◆ agency; *(sucursal)* branch; **a. de viajes,** travel agency; **a. inmobiliaria,** estate agency ◆ *LAm (casa de empeño)* pawnshop

agenda *f* diary

agente *mf* ◆ agent; **a. de bolsa,** stockbroker; **a. de seguros,** insurance broker ◆ *(policía: hombre)* policeman; *(policía: mujer)* policewoman; **a. de tráfico,** traffic policeman/policewoman

ágil *adj* agile

agilidad *f* agility

agilizar *vtr (un trámite)* to speed up

agitación *f (nerviosismo)* restlessness; *(descontento social)* unrest

agitado,-a *adj* ◆ agitated; *(el mar, un río)* rough ◆ *(nervioso)* anxious

agitar *vtr* ◆ *(el contenido de un envase)* to shake ◆ *(alterar a una multitud)* to agitate, stir up ■ **agitarse** *vr* ◆ *(ponerse nervioso)* to become agitated ◆ *(el mar)* to become rough

aglomeración *f* agglomeration; *(gentío)* crowd

agnóstico,-a *adj* & *m,f* agnostic

agobiante *adj* ◆ *(trabajo)* overwhelming ◆ *(espacio cerrado)* claustrophobic ◆ *(clima, temperatura)* oppressive ◆ *(persona)* tiresome, tiring

agobiar *vtr* to overwhelm ■ **agobiarse** *vr* ◆ *(angustiarse)* to get anxious, *fam* to get uptight ◆ *(tener sensación de asfixia)* to suffocate

agobio *m* ◆ *(angustia)* anxiety ◆ *(ahogo)* suffocation

agolparse *vr (gente)* to crowd, throng

agonía *f* death throes *pl*

agonizante *adj* dying

agonizar *vi* to be dying

agosto *m* August

agotado,-a *adj* ◆ *(sin fuerzas)* exhausted, worn out ◆ *(consumido, terminado)* exhausted ◆ *Com (vendido)* sold out; *(libro descatalogado)* out of print

agotador,-ora *adj* exhausting

agotar *vtr* ◆ *(dejar sin fuerzas)* to exhaust, wear out ◆ *(consumir totalmente)* to exhaust, use up (completely) ■ **agotarse** *vr* ◆ *(terminarse)* to run out, be used up; *Com* to be sold out ◆ *(cansarse)* to become exhausted *o* tired out

agraciado,-a *adj* ◆ *(guapo)* pretty, good-looking ◆ *(ganador)* winning

agradable *adj* pleasant

agradar *vi* to please

agradecer *vtr* ◆ *(dar las gracias)* to thank (for) ◆ *(estar agradecido)* to be grateful [**a,** to] [**por,** for]

agradecido,-a *adj* grateful

agradecimiento *m* gratitude

agrado *m* pleasure

agrandar *vtr* to enlarge, make larger ■ **agrandarse** *vr* to enlarge, become larger

agrario,-a *adj* agrarian; **política agraria,** agricultural policy

agravamiento *m* aggravation

agravante 1 *adj Jur* aggravating |**2** *m Jur* aggravating circumstance

agravar *vtr* to aggravate ■ **agravarse** *vr* to worsen, to get worse

agraviar *vtr* to offend, to insult

agravio *m* offense, insult

agredir *vtr defect* to assault

agregado,-a *m,f Pol* attaché

agregar *vtr* to add

agresión *f* aggression

agresividad *f* aggressiveness

agresivo,-a *adj* aggressive

agresor,-ora 1 *m,f* aggressor, attacker |**2** *adj* attacking

agriarse *vr* to turn sour

agrícola *adj* agricultural

agricultor,-ora *m,f* farmer

agricultura *f* agriculture

agridulce *adj* bittersweet; *Culin* sweet and sour

agrietar *vtr* to crack; *(la piel)* to chap ■ **agrietarse** *vr* to crack; *(la piel)* to get chapped

agrio,-a *adj* sour

agrónomo,-a *m,f* **(ingeniero) a.,** agronomist, agricultural expert

agropecuario,-a *adj* farming, agricultural

agrupación *f* association

agrupar *vtr* to group ■ **agruparse** *vr* to group together, form a group

agua *f* water; **a. corriente,** running water; **a. dulce,** fresh water; **a. mineral,** mineral water; **a. oxigenada,** hydrogen peroxide; **a. potable,** drinking water; **a. salada,** salt water; **aguas residuales,** sewage *sing*

aguacate *m* avocado (pear)

aguacero *m* shower, downpour

aguafiestas *mf inv* spoilsport, wet blanket

aguafuerte *m* ◆ *Arte* etching ◆ *Quím* nitric acid

aguanieve *f* sleet

aguantar 1 *vtr* ◆ *(soportar)* to tolerate ◆ *(sujetar)* to support, hold ◆ *(la respiración)* to hold |**2** *vi* ◆ *(durar)* to last ■ **aguantarse** *vr* ◆ *(reprimirse)* to keep back ◆ *(resignarse)* to resign oneself

aguante *m* endurance, stamina

aguar *vtr* ◆ to water down ◆ *(frustrar, estropear)* to spoil

aguardar 1 *vtr* to await |**2** *vi* to wait

aguardiente *m* liquor, brandy

aguarrás *m* turpentine

agudeza *f* ◆ sharpness ◆ *(de un dolor)* acuteness ◆ *fig (comentario ingenioso)* witticism, witty saying

agudizar *vtr* to intensify, make more acute ■ **agudizarse** *vr* to intensify, become more acute

agudo,-a *adj* ◆ *(sensación, enfermedad)* acute ◆ *(sonido)* treble, high ◆ *(ingenioso)* witty ◆ *(oído, vista, olfato)* sharp, keen

agüero *m* omen

aguijón *m* sting

águila *f* eagle; **á. real,** golden eagle

aguileño,-a *adj* aquiline

aguja *f* ◆ needle; *(de reloj)* hand; *(de tocadiscos)* stylus ◆ *Arquit* spire ◆ *Ferroc* point, *US* switch

agujerear *vtr* to make holes in

agujero *m* ◆ hole; **a. negro,** black hole ◆ *Econ* deficit, shortfall

agujetas *fpl* stiffness *sing*

ahí *adv* there: **a. tienes,** here you are; **vete por a.,** go that way; **tiene cincuenta años o por a.,** he's fifty or thereabouts

ahijado,-a *m,f* ◆ godchild; *(niño)* godson; *(niña)* goddaughter ◆ **ahijados,** godchildren

ahogado,-a 1 *adj* ◆ *(por inmersión)* drowned ◆ *(por asfixia)* suffocated **|2** *m,f* drowned person

ahogar *vtr* ◆ *(sumergiendo en líquido)* to drown ◆ *(quitando el aire)* to suffocate ■ **ahogarse** *vr* ◆ *(en líquido)* to drown, be drowned ◆ *(faltar el aire)* to suffocate ◆ *(un motor)* to be flooded

ahondar 1 *vtr* to deepen **|2** *vi* to go deep

ahora 1 *adv* ◆ *(en este instante)* now ◆ *(hace muy poco)* **a. mismo acabo de verle,** I've just seen him; *(dentro de muy poco)* **a. vuelvo,** I'll be right back ◆ **de a. en adelante,** from now on; **hasta a.,** *(hasta el momento)* until now, so far; *(hasta luego)* see you later; **por a.,** for the time being **|2** *conj* **a. bien,** however

ahorcar *vtr* to hang ■ **ahorcarse** *vr* to hang oneself

ahorita *adv LAm* → **ahora**

ahorrador,-ora *adj* thrifty

ahorrar *vtr* ◆ to save ◆ *(evitar)* to spare ■ **ahorrarse** *vr* to save oneself

ahorro *m* ◆ saving ◆ **ahorros,** savings

ahumado,-a *adj* ◆ *(alimento)* smoked ◆ *(sabor, ambiente)* smoky

ahumar *vtr* ◆ to smoke ◆ *(llenar de humo)* to smoke out, to fill with smoke

ahuyentar *vtr* to scare away

aindiado,-a *adj* Indian-like, Indian-looking

airado,-a *adj* angry

aire *m* ◆ air; **a. acondicionado,** air conditioning ◆ *(aspecto)* air, appearance ◆ *(viento)* wind: **hace a.,** it's windy ◆ **aires** *(alardes, pretensiones)* airs ◆|LOC: **al a. libre,** in the open air; **tomar el a.,** to get some fresh air

airoso,-a *adj* graceful, elegant

aislamiento *m* ◆ isolation ◆ *Téc* insulation

aislante 1 *adj* **cinta a.,** insulating tape **|2** *m* insulator

aislar *vtr* ◆ to isolate ◆ *Téc* to insulate

ajedrez *m* ◆ *(juego)* chess ◆ *(piezas y tablero)* chess set

ajeno,-a *adj* ◆ *(de otra persona)* belonging to other people ◆ *(sin relación)* unconnected [a, with] ◆ *(extraño)* strange

ajetreado,-a *adj* (very) busy, hectic

ajillo *m Culin* **al a.,** fried with garlic

ajo *m* garlic

ajuar *m (de novia)* trousseau

ajustado,-a *adj* ◆ *(una prenda)* tight ◆ *(un presupuesto, un precio)* reasonable

ajustar *vtr* ◆ to adjust ◆ *(apretar)* to tighten; *(encajar)* to fit ◆ *Fin (cuenta)* to settle

ajuste *m* ◆ adjustment ◆ *(económico)* settlement; *fig* **a. de cuentas,** settling of scores

ajusticiar *vtr* to execute

al *(contracción de a & el)* ◆ → **a** ◆ *(+ infin)* **cierren la puerta al salir,** close the door on leaving; **al parecer,** apparently

ala *f* ◆ wing ◆ *(de un sombrero)* brim ◆ **a. delta,** hang glider

alabanza *f* praise

alabar *vtr* to praise

alacena *f* (food) cupboard

alacrán *m* scorpion

alambrada *f* wire fence

alambre *m* wire

alameda *f* ◆ poplar grove ◆ *(paseo arbolado)* avenue, boulevard

álamo *m Bot* poplar
alarde *m* bragging, boasting
alardear *vi* to brag, boast
alargado,-a *adj* elongated
alargar *vtr* ◆ *(aumentar el tamaño)* to lengthen ◆ *(extender un miembro)* to stretch ◆ *(aumentar la duración)* to prolong, extend ■ **alargarse** *vr* ◆ to get longer ◆ *(prolongarse)* to go on
alarido *m* screech, shriek
alarma *f* alarm: **saltó la a.,** the alarm went off
alarmado,-a *adj* alarmed
alarmante *adj* alarming
alarmar *vtr* to alarm ■ **alarmarse** *vr* to be alarmed
alba *f* dawn, daybreak
albacea *mf (hombre)* executor; *(mujer)* executrix
albahaca *f Bot* basil
albañil *m* building worker; *(que pone ladrillos)* bricklayer
albañilería *f* ◆ *(oficio)* bricklaying ◆ *(obra)* brickwork
albarán *m Com* delivery note, despatch note
albaricoque *m (fruto)* apricot
albatros *m inv* albatross
albedrío *m* will
albergar *vtr* ◆ *(contener cosas)* to house; *(alojar)* to accommodate ◆ *fig (esperanzas, rencor, etc)* to cherish, harbour, *US* harbor ■ **albergarse** *vtr* to stay
albergue *m* hostel; **a. juvenil,** youth hostel
albino,-a *adj* & *m,f* albino
albóndiga *f* meatball
albornoz *m* bathrobe
alborotado,-a *adj* ◆ worked up, agitated ◆ *(desordenado)* untidy, messy
alborotar 1 *vtr* ◆ *(causar agitación)* to agitate, work up ◆ *(revolver, desordenar)* to make untidy, turn upside down |**2** *vi (causar jaleo)* to kick up a racket ■ **alborotarse** *vr* to get excited *o* worked up
alboroto *m* ◆ *(jaleo)* din, racket ◆ *(disturbios)* disturbance, uproar
álbum *m* album
alcachofa *f* ◆ *Bot* artichoke ◆ *(de tubo, regadera)* rose, sprinkler
alcalde *m* mayor
alcaldesa *f* mayoress
alcaldía *f* ◆ *(cargo)* mayoralty ◆ *(oficina)* mayor's office
alcance *m* ◆ reach ◆ *(de una noticia)* importance
alcantarilla *f* sewer
alcantarillado *m* sewer system
alcanzar 1 *vtr* ◆ to reach ◆ *(coger a una persona)* to catch up with ◆ *(llegar hasta una cantidad)* to be up to ◆ *(acercar algo)* to pass ◆ *(lograr)* to attain, achieve |**2** *vi (ser suficiente)* to be sufficient, be enough
alcaparra *f* caper
alcázar *m* ◆ *(fortaleza)* fortress, citadel ◆ *(castillo)* castle, palace
alcayata *f* hook
alcohol *m* alcohol
alcohólico,-a *adj* & *m,f* alcoholic
alcoholímetro *m* Breathalyzer®
alcoholismo *m* alcoholism
alcornoque *m* ◆ *Bot* cork oak ◆ *pey (torpe)* idiot
aldea *f* village
aldeano,-a 1 *adj* village |**2** *m,f* villager
aleación *f* alloy
aleatorio,-a *adj (fortuito)* fortuitous; *(al azar)* random
aleccionar *vtr* ◆ *(enseñar)* to teach, instruct ◆ *(amaestrar)* to train
alegar *vtr* ◆ *(argumentar a favor)* to claim; *Jur* to allege ◆ *(presentar méritos)* to put forward
alegato *m* argument
alegoría *f* allegory
alegrar *vtr* ◆ *(contentar, satisfacer)* to make happy *o* glad ◆ *fig (animar)* to enliven, brighten up ■ **alegrarse** *vr* to be glad, be happy
alegre *adj* ◆ *(contento)* happy, glad ◆ *(color)* bright; *(música)* lively; *(habitáculo)* pleasant, cheerful ◆ *fig (bebido)* tipsy, merry
alegría *f* joy, happiness
alejado,-a *adj* ◆ *(lugar)* far away, remote ◆ *(de una actividad)* away from
alejar *vtr* to move further away ■ **ale-**

jarse *vr* to go away, move away ♦ *(distanciarse)* to distance oneself
aleluya *m* & *f* hallelujah, alleluia
alemán,-ana 1 *adj* & *m,f* German **|2** *m (idioma)* German
Alemania *f* Germany
alentar *vtr fig* to encourage
alergia *f* allergy
alérgico,-a *adj* allergic
alero *m* ♦ eaves *pl* ♦ *Dep* winger
alerta 1 *adj* & *adv* alert **|2** *f* alert; **dar la a.,** to alert
alertar *vtr* to alert [**de,** to]
aleta *f* ♦ *(de pez)* fin ♦ *(de foca, de nadador)* flipper ♦ *Auto GB* wing, *US* fender
aletargar *vtr* to make lethargic ■ **aletargarse** *vr* to become lethargic
aletear *vi* to flutter *o* flap the wings
alevosía *f (traición)* treachery; *(premeditación)* premeditation
alfabeto *m* alphabet
alfarería *f* ♦ *(oficio)* pottery ♦ *(taller)* pottery; *(tienda)* pottery shop
alfarero,-a *m,f* potter
alféizar *m* sill, windowsill
alfil *m Ajedrez* bishop
alfiler *m* ♦ *Cost* pin ♦ *(joya, broche)* pin, brooch; *(de corbata)* tiepin ♦ *(para tender)* peg
alfombra *f (tapete)* rug; *(grande, moqueta)* carpet
alfombrilla *f* rug, mat
alga *f Bot* alga; *(marina)* seaweed
álgebra *f* algebra
álgido,-a *adj* culminating, critical
algo 1 *pron indef* ♦ *(afirmativo)* something; *(interrogativo)* anything: **su padre es arquitecto o a. así,** his father is an architect or something like that; **¿a. más?,** anything else? ♦ *(cantidad pequeña)* some, a little: **¿queda a. de comer?,** is there any food left? **|2** *adv (un poco)* quite, somewhat
algodón *m* cotton
alguien *pron indef (afirmativo)* somebody, someone; *(interrogativo)* anybody, anyone
algún *adj (delante de nombres masculinos)* ➔ **alguno,-a**
alguno,-a 1 *adj* ♦ *(afirmativo)* some ♦ *(interrogativo)* any ♦ *(negativo)* not at all: **en este crimen no hay móvil a.,** there's no motive at all for this crime **|2** *pron indef* ♦ someone, somebody; **a. que otro,** someone or other ♦ **algunos,-as,** some (people)
alhaja *f* ♦ jewel ♦ *(persona maravillosa)* gem, treasure
alhelí *m* wallflower, stock
aliado,-a *adj* allied
alianza *f* ♦ *(pacto)* alliance ♦ *(anillo de boda)* wedding ring
aliarse *vr* to become allies, form an alliance
alias *adv* & *m inv* alias
alicaído,-a *adj* ♦ *fig (mustio, débil)* weak, feeble ♦ *fig (triste)* down, depressed
alicatar *vtr* to tile
alicates *mpl* pliers
aliciente *m* ♦ *(atractivo)* lure, charm ♦ *(incentivo)* incentive
alienado,-a *adj* insane, deranged
alienar *vtr* to alienate
alienígena *adj* & *mf* alien, extraterrestrial
aliento *m* ♦ breath: **estoy sin a.,** I'm out of breath ♦ *(ánimo)* encouragement
aligerar *vtr* ♦ *(acelerar)* to speed up ♦ *(quitar peso)* to make lighter
alimaña *f* vermin
alimentación *f* ♦ *(conjunto de alimentos)* food ♦ *(nutrición)* feeding ♦ *Téc* supply
alimentar 1 *vtr* ♦ *(dar de comer)* to feed ♦ *fig (fomentar)* to nourish ♦ *Inform* to feed; *Téc* to supply **|2** *vt* & *vi (ser nutritivo)* to be nutritious ■ **alimentarse** *vr* to feed (oneself) [**de,** on]
alimenticio,-a *adj* nutritious; **productos alimenticios,** food products, foodstuffs
alimento *m* ♦ *(comida)* food ♦ *(valor alimenticio)* nutritional value
alineación *f* ♦ alignment ♦ *Dep (del equipo)* line-up; *(de un jugador)* selection
alinear *vtr* ♦ *(poner en línea)* to line up, align ♦ *Dep (a un jugador)* to select

■ **alinearse** *vr* ◆ to align oneself [**con,** with] ◆ *(ponerse en fila)* to line up
aliñar *vtr* to dress
aliño *m* dressing
alioli *m* garlic mayonnaise
alisar *vtr* to smooth ■ **alisarse** *vr (atusarse el pelo)* to smooth down; *(quitarse los rizos)* to straighten
alistarse *vr Mil* to enlist, enrol, *US* enroll
aliviar *vtr* ◆ *(calmar un dolor)* to relieve, soothe ◆ *(hacer menos pesado)* to lighten, make lighter
alivio *m* relief
allá *adv* ◆ *(lugar alejado)* there, over there; **a. abajo/arriba,** down/up there; **más a.,** further on; **más a. de,** beyond ◆ *(tiempo indefinido)* **a. por los años cuarenta,** back in the forties
allanamiento *m Jur* **a. de morada,** unlawful entry, burglary
allegado,-a 1 *adj* close |**2** *m,f (amigo íntimo)* close friend; *(pariente)* relative
allí *adv* there, over there; **a. abajo/arriba,** down/up there; **a. mismo,** right there
alma *f* ◆ soul ◆ *(la persona clave)* key figure
almacén *m* ◆ *(depósito de mercancías)* warehouse ◆ *(tienda de venta al por mayor)* wholesaler's ◆ *LAm (tienda de comestibles)* grocer's shop ◆ *Com* (**grandes) almacenes,** department store *sing*
almacenamiento *m* ◆ storage, warehousing ◆ *Inform* storage
almacenar *vtr* to store
almanaque *m* calendar
almeja *f* clam
almendra *f* almond
almendro *m Bot* almond tree
almíbar *m* syrup
almidón *m* starch
almirante *m* admiral
almohada *f* pillow
almohadilla *f* (small) cushion
almohadón *m* large pillow, cushion
almorrana *f fam* pile, haemorrhoid
almorzar 1 *vi (a mediodía)* to have lunch; *(a media mañana)* to have a mid-morning snack |**2** *vtr (a mediodía)* to have (something) for lunch; *(a media mañana)* to have sthg for a mid-morning snack
almuerzo *m (a mediodía)* lunch; *(a media mañana)* mid-morning snack, *fam* elevenses
alocado,-a *adj* thoughtless, rash
alojamiento *m* accommodation
alojar *vtr* to accommodate, to put up ■ **alojarse** *vr* to stay
alondra *f* lark
alpaca *f* alpaca
alpargata *f* canvas sandal, espadrille
alpinismo *m* mountaineering, climbing
alpinista *mf* mountaineer, climber
alpiste *m* ◆ *Bot* birdseed, canary grass ◆ *fam (bebida)* booze
alquilar *vtr* to hire; *(un piso)* to rent; *(letrero)* **se alquila,** to let
alquiler *m* ◆ *(de un objeto)* hire, rental; *(de pisos)* rent ◆ *(acción de alquilar: pisos, casas)* renting, letting; *(: disfraces, electrodomésticos)* hire, rental; **a. de coches,** car hire ◆|LOC: **de a.,** *(piso)* to let, rented; *(coche)* for hire; *(televisión)* for rent
alquimia *f* alchemy
alquitrán *m* tar
alrededor 1 *adv (en torno)* round, around |**2** *mpl* **alrededores,** outskirts, surrounding area *sing* ◆|LOC: **a. de,** *(rodeando algo)* around; *(aproximadamente)* around, about
alta *f* ◆ *Med* discharge; **dar el a.,** to discharge ◆ **darse de a. en la Seguridad Social,** to be registered with Social Security
altar *m* altar
altavoz *m* loudspeaker
alteración *f* ◆ *(modificación, cambio)* alteration ◆ *(alboroto)* quarrel, row
alterar *vtr* to alter, change ■ **alterarse** *vr* ◆ *(modificarse)* to change ◆ *(irritarse)* to be upset
altercado *m* quarrel, argument
alternar 1 *vtr* to alternate |**2** *vi (tratarse)* to meet people, socialize [**con,** with] ■ **alternarse** *vr* to alternate

alternativa *f* alternative
alternativo,-a *adj* alternative
alterno,-a *adj* alternate
alteza *f* Highness
altibajos *mpl fig* ups and downs
altiplano *m* high plateau
altísimo,-a *m* **el A.**, the Almighty
altitud *f* altitude
altivez *f* arrogance, haughtiness
altivo,-a *adj* arrogant, haughty
alto[1] *m (interrupción)* stop, break
alto,-a[2] **1** *adj* ♦ *(edificio, persona, ser vivo)* tall ♦ *(elevado)* high ♦ *(sonido)* loud; **en voz a.**, aloud; *(tono)* high-pitched ♦ *(precio, tecnología)* high ♦ *(antepuesto al nombre: de importancia)* high-ranking, high-level; **a. sociedad,** high society |**2** *m (altura)* height: **¿cómo es de a.?**, how tall/high is it? |**3** *adv* ♦ high, high up ♦ *(sonar, hablar, etc.)* loud, loudly
altoparlante *m LAm* loudspeaker
altruista 1 *adj* altruistic |**2** *mf* altruist
altura *f* ♦ height; **de nueve metros de a.**, nine metres high ♦ *(nivel)* level; **a la misma a.**, on the same level
alubia *f* bean
alucinación *f* hallucination
alucinado,-a *adj fam (sorprendido)* stunned
alucinante *adj argot* brilliant, mind-blowing
alucinar 1 *vtr* to hallucinate; *fig (maravillar)* to fascinate |**2** *vi argot* to be amazed, be spaced out
alucinógeno,-a 1 *adj* hallucinogenic |**2** *m* hallucinogen
alud *m* avalanche
aludido,-a *m,f* the person in question
aludir *vi* to allude to, mention
alumbrado,-a 1 *adj* lit |**2** *m Elec* lighting
alumbrar *vi* & *vtr* ♦ *(iluminar)* to light, illuminate ♦ *(parir)* to give birth
aluminio *m* aluminium, *US* aluminum
alumno,-a *m,f (escolar)* pupil; *Univ* student; **a. interno,** boarder
alusión *f* allusion, mention
aluvión *m* downpour
alza *f* ♦ rise ♦|LOC: **en a.**, rising
alzar *vtr* to raise, lift ■ **alzarse** *vr* ♦ *(auparse, levantarse)* to get up, rise ♦ *(sublevarse)* to rise, rebel
a.m. *adv (abr de* ***ante merídiem****)* a.m.
ama *f (señora)* lady of the house; *(propietaria)* owner; **a. de casa,** housewife; **a. de llaves,** housekeeper
amabilidad *f* kindness
amable *adj* kind, nice
amado,-a 1 *adj* loved, beloved |**2** *m,f* sweetheart
amaestrar *vtr (adiestrar animales)* to train
amago *m* ♦ *(intento)* attempt ♦ *fig (gesto de amenaza)* threat
amainar *vi (viento, etc)* to drop, die down
amalgama *f* amalgam
amamantar *vtr* to breast-feed; *Zool* to suckle
amanecer 1 *m* dawn, daybreak: **al a.**, at dawn |**2** *v impers* to dawn
amanerado,-a *adj* mannered, affected
amansar *vtr* to tame
amante *mf (hombre)* lover; *(mujer)* mistress ♦ *(entusiasta)* lover
amañar *vtr* ♦ to fix, fiddle ♦ *(unas elecciones, un premio)* to rig
amapola *f Bot* poppy
amar *vtr* to love ■ **amarse** *vr* to love each other
amargado,-a 1 ♦ *adj (resentido)* embittered, bitter ♦ *fam (aburrido, harto)* fed up off |**2** *m,f* bitter person
amargar *vtr* ♦ to make bitter ♦ *fig* to embitter, sour ■ **amargarse** *vr* to become embittered *o* bitter
amargo,-a *adj* bitter
amargura *f* bitterness
amarillo,-a *adj* & *m* yellow; **prensa amarilla,** gutter press, tabloid press
amarra *f* mooring rope; **soltar amarras,** to cast off, let go
amarrar *vtr* ♦ *Náut* to moor, tie up ♦ *(atar)* to tie (up), bind
amasar *vtr* ♦ *Culin* to knead ♦ *fig (fortuna)* to amass

amasijo *m fam* hotchpotch, jumble
amateur *adj* & *mf* amateur
amatista *f* amethyst
amazona *f* ◆ *(jinete)* horsewoman ◆ *Mit* Amazon
ambages *mpl* **sin a.**, in plain language, frankly
ámbar *m* amber
ambición *f* ambition
ambicioso,-a 1 *adj* ambitious |**2** *m,f* ambitious person
ambidextro,-a *m,f* ambidextrous person
ambientación *f Cine Teat* setting
ambientador *m* air freshener
ambiental *adj* environmental; **música a.**, background music, piped music
ambientar *vtr* ◆ *(bar, etc)* to liven up ◆ *Cine Teat* to set
ambiente *m* ◆ *(atmósfera, entorno)* environment ◆ *(animación, situación)* atmosphere, air
ambigüedad *f* ambiguity
ambiguo,-a *adj* ambiguous
ámbito *m (espacio de influencia o actuación)* field ◆ *(espacio físico)* **es una empresa de á. nacional,** it's a nationwide company
ambos,-as 1 *adj pl* both |**2** *pron pl* both: **ambos aprobaron el examen,** they both passed the exam
ambulancia *f* ambulance
ambulante *adj* travelling, *US* traveling, mobile
ambulatorio *m* surgery, clinic
amedrentar *vtr* to frighten, scare
amén[1] *m* amen
amén[2] *en la loc prep* **a. de,** *(además de)* as well as
amenaza *f* threat
amenazador,-ora, amenazante *adj* threatening, menacing
amenazar *vtr* to threaten
amenizar *vtr* to liven up
ameno,-a *adj* entertaining
América *f* America; **A. Central/del Norte/del Sur,** Central/North/South America
americana *f (prenda)* jacket
americano,-a *adj* & *m,f* American
amerindio,-a *adj* & *m,f* Amerindian
ametralladora *f* machine gun
ametrallar *vtr* to machine-gun
amianto *m* asbestos *sing*
amigable *adj* friendly
amígdala *f* tonsil
amigdalitis *f* tonsillitis
amigo,-a 1 *m,f* friend; **un a. mío,** a friend of mine |**2** *adj (aficionado)* fond **[de,** of**]**
amilanarse *vr* to be frightened
aminorar *vtr* to reduce; **a. la marcha,** to slow down
amistad *f* ◆ friendship ◆ **amistades,** friends
amistoso,-a *adj* friendly
amnesia *f Med* amnesia
amnistía *f* amnesty
amo *m* ◆ *(propietario)* owner ◆ *(señor de la casa)* master
amodorrarse *vr* to become sleepy *o* drowsy
amoldar *vtr* to adapt, adjust ■ **amoldarse** *vr* to adapt oneself
amonestación *f* ◆ rebuke, reprimand; *Dep* warning ◆ *Rel* **amonestaciones,** banns
amonestar *vtr* ◆ *(reprender)* to rebuke, reprimand; *Dep* to warn ◆ *Rel* to publish the banns of
amoniaco, amoníaco *m* ammonia
amontonar *vtr* to pile up, heap up ■ **amontonarse** *vr* ◆ to pile up, heap up ◆ *(varias personas)* to crowd together
amor *m* love ◆|LOC: **hacer el a.,** to make love; **por a. al arte,** for nothing
amoral *adj* amoral
amoratado,-a *adj* ◆ *(por el frío)* blue with cold ◆ *(por un golpe)* black and blue
amordazar *vtr* ◆ *(tapar la boca)* to gag ◆ *(coaccionar)* to silence
amorfo,-a *adj* amorphous
amorío *m* love affair
amortiguador *m Auto* shock absorber
amortiguar *vtr (un golpe)* to cushion; *(un ruido)* to muffle; *(una luz)* to subdue
amortización *f Fin (de un bono, una deuda)* repayment; *(de una inversión)* depreciation, amortization

amortizar *vtr* ♦ *(compensar una compra)* to pay off; *(recuperar una inversión)* to recover ♦ *(saldar una deuda)* to pay off; *(hacer un pago)* to repay
amotinarse *vr* to rise up; *Mil* to mutiny
amparar *vtr* to protect ■ **ampararse** *vr* to seek refuge
amparo *m* protection, shelter
amperio *m* ampère, amp
ampliación *f* ♦ *(de un plazo, una casa)* extension ♦ *(de negocio)* expansion ♦ *(de una fotografía, un plano)* enlargement
ampliar *vtr* ♦ *(hacer más largo un plazo)* to extend ♦ *(hacer más grande un edificio)* to enlarge, *(una casa)* extend ♦ *(extender un negocio)* to expand ♦ *(una fotografía)* to enlarge, to blow up ♦ *(el campo de acción)* to widen
amplificador *m* amplifier
amplificar *vtr* to amplify
amplio,-a *adj* ♦ large, roomy ♦ *(ancho, profundo, variado)* wide, broad
amplitud *f* ♦ spaciousness ♦ *(de espacio)* room, space ♦ *Fís* amplitude
ampolla *f* ♦ *Med* blister ♦ *(recipiente)* ampoule
ampuloso,-a *adj* pompous, bombastic
amputar *vtr Med* to amputate
amueblar *vtr* to furnish
amuleto *m* amulet
amurallado,-a *adj* walled, fortified
amurallar *vtr* to wall, fortify
anacronismo *m* anachronism
ánade *m* duck
anales *mpl* annals
analfabetismo *m* illiteracy
analfabeto,-a *m,f* illiterate
analgésico,-a *adj* & *m* analgesic
análisis *m inv* ♦ analysis ♦ *Med* test
analista *mf* analyst
analizar *vtr* to analyze
analogía *f* analogy
análogo,-a *adj* analogous, similar
anarquía *f* anarchy
anarquista *adj* & *mf* anarchist
anatomía *f* anatomy
anatómico,-a *adj* anatomical
anca *f* ♦ haunch ♦ **ancas de rana,** frogs' legs
ancestral *adj* ancestral
ancho,-a 1 *adj* wide, broad **|2** *m* ♦ *(anchura)* width, breadth: **¿qué a. tiene?,** how wide is it?; **tiene un metro de a.,** it is a metre wide ♦ *Cost* width
anchoa *f* anchovy
anchura *f* width, breadth
anciano,-a 1 *adj* very old, ancient **|2** *m,f* old person; **los ancianos,** old people
ancla *f* anchor
anclar *vtr* & *vi* to anchor
andadas *loc* **volver a las a.,** to go back to one's (bad) old ways
andamiaje, andamio *m* scaffolding
andar *m*, **andares** *mpl* walk *sing*, gait *sing*
andar 1 *vi* ♦ to walk ♦ *(moverse)* to move ♦ *(funcionar)* to work ♦ *(estar)* to be **|2** *vtr (recorrer)* to walk
andén *m* platform
Andes *mpl* **los A.,** the Andes
andino,-a *adj* Andean
andrajoso,-a *adj* ragged, tattered
anécdota *f* anecdote
anecdótico,-a *adj* anecdotal
anemia *f* anaemia, *US* anemia
anémico,-a *adj* anaemic, *US* anemic
anestesia *f (producto)* anaesthesic, *US* anesthesic; *(procedimiento)* anaesthesia, *US* anesthesia
anestesiar *vtr* to anesthetize, give an anaesthesic
anestésico,-a *adj* & *m* anaesthetic, *US* anesthetic
anestesista *m,f* anaesthesist, *US* anesthesist
anexionar *vtr* to annex
anexo,-a 1 *adj* attached, joined **|2** *m* appendix
anfibio,-a 1 *adj* amphibious **|2** *m* amphibian
anfiteatro *m* ♦ amphitheatre, *US* amphitheater ♦ *Cine Teat* gallery, dress circle
anfitrión *m* host
anfitriona *f* hostess
ángel *m* angel

angina *f* ♦ *fam pl* tonsilitis, a sore throat ♦ **a. de pecho,** angina pectoris

anglicano,-a *adj* & *m,f* Anglican; **la Iglesia a.,** the Anglican Church, the Church of England

anglosajón,-ona *adj* & *m,f* Anglo-Saxon

anguila *f* eel

angula *f* elver

ángulo *m* ♦ angle ♦ *(rincón, esquina)* corner

angustia *f* anguish

angustiar *vtr* to distress

anhelar *vtr* to yearn for, to long for

anhelo *m* wish, desire

anidar *vi* to nest

anilla *f* ♦ ring ♦ *Dep* **anillas,** rings

anillo *m* ring; **a. de boda,** wedding ring

animación *f* ♦ *(diversión)* entertainment ♦ *Cine (simulación de movimiento en dibujos)* animation

animado,-a *adj* ♦ *(fiesta, reunión)* lively ♦ *(estado de ánimo)* cheerful

animador,-ora *m,f* ♦ entertainer; *TV* presenter ♦ *Dep* cheerleader

animal 1 *m* ♦ animal ♦ *(necio)* dunce |**2** *adj* animal

animar *vtr* ♦ *(alegrar)* to cheer up; *(una fiesta)* to liven up, brighten up ♦ *(estimular)* to encourage ■ **animarse** *vr* ♦ *(alegrarse)* to cheer up; *(una fiesta)* to brighten up ♦ **¿te animas a venir?,** do you fancy coming along?

ánimo 1 *m* ♦ *(talante)* spirit: **no estoy de á. para ir allí,** I'm not in the mood to go there ♦ **su madre le dio ánimos,** his mother encouraged him ♦ *(intención)* intention |**2** *excl* **¡á.!,** cheer up!

aniquilar *vtr* to annihilate

anís *m* ♦ *(bebida)* anisette ♦ *(semilla)* aniseed

aniversario *m* anniversary

ano *m Anat* anus

anoche *adv* last night, yesterday evening; **antes de a.,** the night before last

anochecer 1 *v impers* to get dark |**2** *m* nightfall, dusk; **al a.,** at nightfall

anodino,-a *adj (insustancial)* insubstantial; *(soso)* insipid, dull

anomalía *f* anomaly

anómalo,-a *adj* anomalous

anonadado,-a *adj* **su reacción nos dejó anonadados,** her reaction left us speechless

anonimato *m* anonimity

anónimo,-a 1 *adj* ♦ *(desconocido)* anonymous ♦ *Com* **sociedad anónima,** public liability company, *US* corporation |**2** *m (carta)* anonymous letter

anorak *m* anorak

anorexia *f* anorexia

anormal 1 *adj* abnormal

anotación *f* ♦ annotation ♦ *(apunte)* note

anotar *vtr* ♦ *(escribir una nota)* to take down, make a note of ♦ *(glosar un texto)* to annotate

ansia *f (intranquilidad)* anxiety ♦ *(deseo)* longing, yearning

ansiar *vtr* to long for

ansiedad *f* anxiety

ansioso,-a *adj* anxious

antagonista 1 *adj* antagonistic |**2** *mf* antagonist

antártico,-a 1 *adj* Antarctic |**2** *m* **el A.,** the Antarctic

Antártida *f* Antarctica

ante[1] *m* ♦ *(piel)* suede ♦ *Zool* elk, moose

ante[2] *prep* ♦ before, in the presence of: *Jur* **a. notario,** in the presence of a notary ♦ *(en vista de)* faced with, in view of ♦|LOC: **a. todo,** above all

anteanoche *adv* the night before last

anteayer *adv* the day before yesterday

antebrazo *m Anat* forearm

antecedente 1 *adj* previous |**2** *m* antecedent |**3** *mpl* **antecedentes,** *(historial)* record *sing* ♦ *Jur* **antecedentes penales,** criminal record *sing*

anteceder *vtr* to precede, go before

antecesor,-ora *m,f* ♦ *(en un cargo)* predecessor ♦ *(antepasado)* ancestor

antelación *f* **con a.,** beforehand, in advance

antemano *adv* **de a.,** beforehand, in advance

antena *f* ◆ *Rad TV* aerial; **a. parabólica,** satellite dish (aerial) ◆ *Zool (de un insecto)* antenna. feeler

anteojo *m* ◆ telescope ◆ **anteojos,** *(binoculares)* binoculars. field glasses; *LAm (gafas)* glasses. spectacles

antepasado,-a *m,f* ancestor

antepenúltimo,-a 1 *adj* antepenultimate; **la antepenúltima puerta a la derecha,** the last door but two on the right ‖**2** *m,f (de una carrera)* the third from last, *(de una lista)* the third from bottom

anteponer *vtr fig* to give preference to

anteproyecto *m* ◆ preliminary plan, draft ◆ *Pol* **a. de ley,** draft bill

anterior *adj* ◆ previous; **el día a.,** the day before ◆ *(delantero)* front; **la parte a.,** front part

anterioridad *f* **ya he publicado con a.,** I've had my work published before; **la situación era otra con a. a su llegada,** the situation was very different prior to his arrival

anteriormente *adv* previously, before

antes *adv* ◆ before ◆ *(tiempo remoto)* in the past ◆ *(más pronto)* earlier ◆‖LOC: **a. (bien),** on the contrary; **cuanto a.** *o* **lo a. posible,** as soon as possible

antiadherente *adj* nonstick

antiaéreo,-a *adj* anti-aircraft

antibalas *adj* bulletproof; **chaleco a.,** bulletproof vest

antibiótico,-a *adj* & *m* antibiotic

anticiclón *m* anticyclone, high pressure area

anticipación *f* **con a.,** in advance

anticipado,-a *adj* brought forward ◆‖LOC: **por a.,** in advance

anticipar *vtr* ◆ *(un suceso)* to bring forward ◆ *(un pago)* to pay in advance ■ **anticiparse** *vr* ◆ *(adelantarse)* to beat sb to it ◆ *(llegar antes de lo previsto)* to arrive early

anticipo *m* advance

anticonceptivo,-a *adj* & *m* contraceptive

anticongelante *adj* & *m* antifreeze

anticonstitucional *adj* unconstitutional

anticuado,-a *adj* & *m,f* old-fashioned, antiquated

anticuario,-a *m,f* antique dealer

anticuerpo *m* antibody

antidisturbios 1 *adj* riot ‖**2** *mpl* riot police

antídoto *m* antidote

antiestético,-a *adj* unsightly

antifaz *m* mask

antigüedad *f* ◆ *(de un objeto)* age ◆ *(periodo histórico)* antiquity ◆ *(en un puesto de trabajo)* seniority ◆ *(objeto artístico)* antique; **tienda de antigüedades,** antique shop

antiguo,-a *adj* ◆ old, ancient ◆ *(pasado de moda)* old-fashioned ◆ *(anterior)* former

antillano,-a *adj* & *m,f* West Indian

Antillas *fpl* West Indies

antipático,-a *adj* unpleasant

antípodas *fpl* **las a.,** the Antipodes

antirrobo 1 *adj inv* antitheft ‖**2** *m* *(para coche)* car alarm; *(para casa)* burglar alarm

antiséptico,-a *adj* & *m* antiseptic

antítesis *f inv* antithesis

antojarse *vr* **se nos antojó ir al cine,** we fancied going to the cinema

antojo *m* ◆ *(capricho)* whim, caprice; *(de embarazada)* craving ◆ *(marca de nacimiento)* birthmark

antología *f* anthology

antónimo *Ling* **1** *adj* antonymous ‖**2** *m* antonym

antonomasia *f* **por a.,** par excellence

antorcha *f* torch

antro *m pey (local público)* dump, hole

antropología *f* anthropology

antropólogo,-a *m,f* anthropologist

anual *adj* annual

anualmente *adv* yearly, once a year

anulación *f (de un contrato, una cita)* cancellation; *(de matrimonio)* annulment; *(de una sentencia)* quashing

anular[1] *m* ring finger

anular[2] *vtr* ◆ *Com (un pedido)* to cancel; *Dep (un gol)* to disallow; *(un matrimonio)* to annul ◆ *Inform* to delete

anunciante *m,f* advertiser

anunciar *vtr* ♦ *(promocionar un producto)* to advertise ♦ *(notificar)* to announce

anuncio *m* ♦ *(publicitario)* advertisment, advert, ad ♦ *(noticia)* announcement ♦ *(cartel, letrero)* notice, poster

anzuelo *m* (fish) hook

añadido *m* addition

añadidura *f* **por a.,** in addition

añadir *vtr* to add [**a,** to]

añejo,-a *adj* ♦ *(vino, queso)* mature ♦ *(rancio)* stale

añicos *mpl* smithereens

año *m* ♦ year: **tiene cuatro años,** she is four (years old); **el a. pasado,** last year ♦ **a. nuevo,** New Year; **los años cuarenta,** the forties

añorar *vtr (del propio país)* to be homesick for; *(echar de menos a alguien)* miss

apacible *adj* mild, calm

apaciguar *vtr* to pacify, appease ■ **apaciguarse** *vr* to calm down

apadrinar *vtr* ♦ *(en un bautizo)* to act as godfather to; *(en una boda)* to be best man for ♦ *(patrocinar)* to sponsor

apagado,-a *adj* ♦ *(luz, cigarro)* out ♦ *(color)* dull; *(voz)* sad; *(mirada)* lifeless ♦ *(falto de ánimo)* spiritless

apagar *vtr (un fuego)* to put out; *(una luz, una radio, etc)* to turn off, switch off

apagón *m* power cut, blackout

apalear *vtr* to beat, thrash

apañar *vtr* to mend, fix ■ **apañarse** *vr fam* **apañárselas,** to manage

apaño *m* mend, repair

aparador *m* ♦ *(mueble)* sideboard ♦ *(escaparate)* shop window

aparato *m* ♦ *(dispositivo)* device; *(instrumento)* instrument; **a. de radio/televisión,** radio/television set ♦ *Med* system ♦ *(lujo, pompa)* display, pomp ♦ *fam (teléfono)* phone ♦ *Pol* apparatus, machine

aparatoso,-a *adj* ♦ *(pomposo)* ostentatious, showy ♦ *(voluminoso)* bulky

aparcamiento *m (en la calle)* parking place; *(parking)* car park, *US* parking lot

aparcar *vtr* to park

aparear *vtr,* **aparearse** *vr* to mate

aparecer 1 *vi* ♦ to appear ♦ *(acudir alguien, encontrar algo perdido)* to turn up ■ **aparecerse** *vr* to appear

aparejador,-ora *m,f* quantity surveyor

aparentar 1 *vtr* ♦ *(fingir)* to affect ♦ *(representar, parecer)* to look |**2** *vi (presumir)* to show off

aparente *adj* apparent, obvious

aparición *f* ♦ appearance ♦ *(de un ser sobrenatural)* apparition

apariencia *f* appearance ♦|LOC: **en a.,** apparently

apartado,-a 1 *adj* remote, isolated |**2** *m* ♦ *(párrafo)* paragraph ♦ **a. de correos,** Post Office Box

apartamento *m* (small) flat, apartment

apartar *vtr* ♦ *(alejar)* to move away, remove ♦ *(guardar)* to put aside ■ **apartarse** *vr (alejarse)* to move over, move away

aparte[1] *adv* ♦ *(en un sitio separado)* aside ♦ *(dejando a un lado)* apart ♦ *(separadamente)* separately ♦|LOC: **a. de,** *(además de)* besides; *(a excepción de)* apart from

aparte[2] **1** *adj inv* ♦ *(insólito)* special ♦ *(distinto)* separated |**2** *m* ♦ *Teat* aside

apasionado,-a 1 *adj* passionate |**2** *m,f* enthusiast

apasionante *adj* exciting

apasionar *vtr* to excite, thrill

apático,-a 1 *adj* apathetic

apdo. *(abr de* **apartado de correos***)* PO Box

apeadero *m* halt

apearse *vi (de un coche)* to get out; *(de un autobús, tren)* to get off

apechugar *vi fam* to shoulder

apedrear *vtr* to throw stones at

apegado *adj* devoted, attached [**a,** to]

apegarse *vr* to become devoted *o* attached [**a,** to]

apego *m* love, affection

apelar *vi* ♦ *Jur* to appeal [**contra/de,** against] [**ante,** to] ♦ *(recurrir)* to resort [**a,** to]

apellidarse *vr* to have as a surname, be called

apellido *m* surname

apelotonarse *vr* to crowd together

apenar *vtr* to grieve ■ **apenarse** *vr* ◆ to be grieved ◆ *LAm (avergonzarse)* to be ashamed

apenas 1 *adv* hardly, scarcely |**2** *conj (tan pronto como)* as soon as

apéndice *m* appendix

apendicitis *f* appendicitis

aperitivo *m (bebida)* apéritif; *(comida)* appetizer

apertura *f* ◆ *(comienzo)* opening ◆ *Pol* liberalization

apestar 1 *vi* to stink [**a,** of]

apetecer *vi* to feel like, to fancy

apetecible *adj* tempting, inviting

apetito *m* appetite

apetitoso,-a *adj* appetizing, tempting

apiadarse *vr* to take pity [**de,** on]

apicultura *f* beekeeping, apiculture

apilar *vtr*, **apilarse** *vr* to pile up, heap up

apiñarse *vr* to crowd together

apio *m* celery

apisonadora *f* roadroller, steamroller

apisonar *vtr* to roll

aplacar *vtr* to placate, calm ■ **aplacarse** *vr* to calm down

aplanar *vtr* to level

aplastar *vtr* to flatten, squash

aplaudir *vtr* ◆ to clap, applaud ◆ *fig* to applaud

aplauso *m* applause

aplazamiento *m* postponement, adjournment; *(de un pago)* deferment

aplazar *vtr* to postpone, adjourn; *Fin (pago)* to defer

aplicación *f* application

aplicar *vtr* to apply ■ **aplicarse** *vr* ◆ *(esforzarse)* to apply oneself, work hard ◆ *(una norma, ley)* to apply, be applicable

aplique *m* wall light, wall lamp

aplomo *m* aplomb

apodar *vtr* to nickname

apoderado,-a *m,f* ◆ agent, representative ◆ *(de torero, deportista)* agent, manager

apoderarse *vr* to take possession [**de,** of], seize

apodo *m* nickname

apogeo *m* height, peak

apolítico,-a *adj* apolitical

apología *f* apology, defence, *US* defense

aporrear *vtr* to bang

aportación *f* contribution

aportar *vtr* to contribute

aposta *adv* on purpose, intentionally

apostar *vtr* & *vi* to bet ■ **apostarse** *vr* to bet

apóstol *m* apostle

apóstrofo *m* apostrophe

apoyar *vtr* ◆ to lean ◆ *(causa)* to support ■ **apoyarse** *vr* ◆ **a. en,** to lean on ◆ *(basarse)* to base

apoyo *m* support

apreciación *f* appreciation

apreciar *vtr* ◆ to appreciate ◆ *(observar, ver)* to notice, see ■ **apreciarse** *vr* to be noticeable

aprecio *m* regard, esteem

aprehensión *f* seizure

apremiante *adj* urgent, pressing

apremiar *vtr* & *vi* to be urgent, press

aprender *vtr* to learn

aprendiz,-diza *m,f* apprentice, trainee

aprendizaje *m* ◆ learning ◆ *(periodo)* apprenticeship, traineeship

aprensión *f* apprehension

aprensivo,-a *adj* apprehensive

apresurado,-a *adj* hurried, hasty

apresurar *vtr* to speed up ■ **apresurarse** *vr* to hurry up

apretado,-a *adj* tight

apretar *vtr (pulsar un botón)* to press; *(el cinturón, un tornillo)* to tighten; *(el gatillo)* to pull ■ **apretarse** *vr* to squeeze together, crowd together

apretón *m* ◆ squeeze, crush ◆ **a. de manos,** handshake

apretujar *vtr* to squeeze, crush ■ **apretujarse** *vr* to squeeze together, crowd together

aprieto *m* tight spot, fix

aprisa *adv* quickly

aprisionar *vtr* to trap

aprobación *f* approval
aprobado *m Educ* pass
aprobar *vtr* ♦ *(autorizar)* to approve ♦ *(suscribir)* to approve of ♦ *Educ* to pass ♦ *Pol (una ley)* to pass
apropiado,-a *adj* suitable, appropriate
apropiarse *vr* to appropriate
aprovechado,-a 1 *adj* ♦ *(el tiempo, un recurso)* well-spent ♦ *(el espacio)* well-planned **|2** *m,f pey* opportunist, scrounger
aprovechamiento *m* use
aprovechar 1 *vtr* ♦ to make the most of ♦ *(la situación)* to take advantage of **|2** *vi* **¡que aproveche!,** enjoy your meal!, bon appétit! ■ **aprovecharse** *vr* to use to one's advantage, take advantage
aprovisionar *vtr* to supply, provide
aproximación *f* approximation
aproximado,-a *adj* approximate; *(estimado)* rough
aproximar *vtr* to bring *o* put nearer ■ **aproximarse** *vr* to approach
aptitud *f* aptitude
apto,-a *adj* ♦ *(adecuado)* suitable, appropriate [**para,** for] ♦ *(capacitado)* capable, able
apuesta *f* bet, wager
apuesto,-a *adj* good-looking, handsome
apuntalar *vtr* to prop up, shore up, underpin
apuntar *vtr* ♦ *(escribir)* to note down, make a note of ♦ *(sugerir, indicar)* to indicate, suggest; **a. a...,** to point to... ♦ *(un arma)* to aim ♦ *(señalar)* to point out ■ **apuntarse** *vr* to enrol, put one's name down
apunte *m* note
apuñalar *vtr* to stab
apurado,-a *adj* ♦ *(agobiado)* in need; *(de dinero)* short of money; *(de tiempo)* in a hurry ♦ *(avergonzado)* embarrassed ♦ *LAm (con prisa)* in a hurry
apurar *vtr* ♦ *(acabar)* to finish off ♦ *(avergonzar)* to embarrass ■ **apurarse** *vr* ♦ *(preocuparse)* to worry, get worried ♦ *(darse prisa)* to rush, hurry
apuro *m* ♦ *(aprieto)* tight spot, fix ♦ *(falta de dinero)* hardship ♦ *(vergüenza)* embarrassment
aquel, aquella *adj dem* ♦ that; **a. individuo,** that man ♦ **aquellos,-as,** those; **aquellas señoras,** those women
aquél, aquélla *pron dem m,f* ♦ that one; *(mencionado antes)* the former ♦ **a. que,** anyone who, whoever ♦ **aquéllos,-as,** those; *(los mencionados antes)* the former
aquello *pron dem neut* that, it
aquí *adv* ♦ *(lugar)* here; **a. abajo/arriba,** down/up here; **a. mismo,** right here ♦ *(tiempo)* **de a. a julio,** between now and July
árabe 1 *adj (de Arabia)* Arab **|2** *mf (persona)* Arab **|3** *m (idioma)* Arabic
arábigo,-a *adj (número, costumbre, arte)* Arabic; *(península)* Arabian
arado *m* plough, *US* plow
arancel *m* tariff, customs duty
arandela *f Téc* washer
araña *f* ♦ *Zool* spider ♦ *(lámpara)* chandelier
arañar *vtr* to scratch
arañazo *m* scratch
arar *vtr* to plough, *US* plow
arbitraje *m* ♦ arbitration ♦ *Dep* refereeing; *Ten* umpiring
arbitrar *vtr* ♦ to arbitrate ♦ *Dep* to referee; *Ten* umpire
arbitrariedad *f* ♦ *(cualidad)* arbitrariness ♦ *(actuación caprichosa)* arbitrary action
arbitrario,-a *adj* arbitrary
arbitrio *m (voluntad)* will; *(dictamen)* judgement
árbitro,-a *m,f* ♦ *Dep* referee; *(de tenis)* umpire ♦ *(en un conflicto)* arbitrator
árbol *m Bot* tree
arboleda *f* grove
arbusto *m* bush, shrub
arca *f* ♦ *(baúl)* chest ♦ *(para guardar dinero)* strongbox, safe
arcada *f* ♦ *(náusea)* retching ♦ *Arquit* arcade; *(ojo de un puente)* arch
arcaico,-a *adj* archaic
arcén *m (de carretera)* verge; *(de autopista)* hard shoulder

archipiélago *m* archipelago
archivador *m* filing cabinet
archivar *vtr* ◆ *(guardar)* to file (away) ◆ *(considerar concluido)* to shelve ◆ *Inform* to save
archivo *m* ◆ *(documento)* file ◆ *(archivador)* filing cabinet
arcilla *f* clay
arco *m* ◆ *Arquit* arch ◆ *Dep Mús* bow ◆ **a. iris,** rainbow
arder *vi* to burn: *fam* **el jefe está que arde,** the boss is really fuming
ardid *m* scheme, plot
ardiente *adj (apasionado, fervoroso)* passionate ◆ **capilla a.,** chapel of rest, funeral chapel
ardilla *f* squirrel
ardor *m* ◆ *(calor)* heat; *Med* **a. de estómago,** heartburn ◆ *fig (pasión)* ardour, *US* ardor, fervour, *US* fervor
arduo,-a *adj* arduous
área *f* area
arena *f* ◆ sand ◆ *Taur* bullring ◆ *(lugar para luchar)* arena
arenoso,-a *adj* sandy
arenque *m* herring
argamasa *f* mortar
Argentina *f* Argentina
argentino,-a 1 *adj* ◆ *(de Argentina)* Argentinian, Argentine |**2** *m,f* Argentinian
argolla *f* ◆ (large) ring ◆ *LAm (alianza)* wedding ring
argot *m (de un grupo social)* slang; *(de un grupo profesional)* jargon
argucia *f* ruse
argüir *vtr* to argue
argumentación *f* argument
argumentar *vtr* & *vi* to argue
argumento *m* ◆ *(razonamiento)* argument ◆ *(trama)* plot
árido,-a *adj* arid; *fig* dry
Aries *m Astrol* Aries
ario,-a *adj* & *m,f* Aryan
arisco,-a *adj* unfriendly
arista *f* edge
aristocracia *f* aristocracy
aristócrata *mf* aristocrat
aristocrático,-a *adj* aristocratic
aritmética *f* arithmetic
arma *f (objeto)* weapon; **a. blanca,** knife; **a. de fuego,** firearm; **a. homicida,** murder weapon ◆ *Mil* arm
armada *f* navy; *Hist* **la Armada Invencible,** the Spanish Armada
armado,-a *adj* armed
armador,-ora *m,f* shipowner
armadura *f* ◆ *Hist* (suit of) armour, *US* (suit of) armor ◆ *(estructura)* frame
armamento *m* armaments *pl*
armar *vtr* ◆ *(dar armas)* to arm ◆ *(ensamblar)* to fit *o* put together, assemble ■ **armarse** *vr* to arm oneself
armario *m (ropero)* wardrobe; *(de cocina)* cupboard; **a. empotrado,** built-in wardrobe *o* cupboard
armazón *m* frame, framework; *Arquit (estructura)* shell
armisticio *m* armistice
armonía *f* harmony
armónica *f* mouth organ
armonioso,-a *adj* harmonious
armonizar *vtr* & *vi* to harmonize
aro *m* hoop
aroma *m* aroma; *(de vino)* bouquet
aromático,-a *adj* aromatic
arpa *f* harp
arpía *f Mit* harpy; *fig* old witch, old hag
arpón *m* harpoon
arquear *vtr*, **arquearse** *vr* to bend, curve
arqueología *f* archaeology, *US* archeology
arqueólogo,-a *m,f* archaeologist, *US* archeologist
arquero,-a *m,f* archer
arquetipo *m* archetype
arquitecto,-a *m,f* architect
arquitectónico,-a *adj* architectural
arquitectura *f* architecture
arraigado,-a *adj* deeply rooted
arraigo *m fig* roots *pl*
arrancar 1 *vtr* ◆ *(una planta)* to uproot, pull up ◆ *(una página)* to tear out; *(un diente)* to pull out ◆ *fig (una confesión)* to extract ◆ *Auto Téc* to start |**2** *vi* ◆ *Auto Téc* to start
arranque *m* ◆ *(inicio)* start ◆ *Auto Téc* starting ◆ *fam (arrebato)* outburst, fit

arrasar 1 *vtr* to devastate, destroy **|2** *vi (en una votación)* to win by a landslide

arrastrar *vtr* to pull (along), drag (along) ■ **arrastrarse** *vr* to drag oneself; *fig (rebajarse)* to crawl

arrastre *m* ♦ pulling, dragging ♦ *(pesca)* trawling

arrear *vtr* ♦ *(caballos)* to spur on ♦ *fam (un golpe, un cachete)* to give

arrebatar *vtr* ♦ *(arrancar)* to snatch, seize ♦ *fig (cautivar, apasionar)* to captivate, fascinate

arrebato *m* outburst, fit

arrecife *m* reef

arreglado,-a *adj* ♦ *(funcionando)* repaired, fixed ♦ *(ordenado)* tidy, neat ♦ *(solucionado)* settled ♦ *(elegante)* well-dressed, smart

arreglar *vtr* ♦ *(poner en funcionamiento)* to repair, fix ♦ *(solucionar)* to sort out ♦ *(ordenar una habitación)* to tidy ♦ *(poner elegante)* to get ready ■ **arreglarse** *vr* ♦ *(ponerse elegante)* to get ready ♦ *(reconciliarse)* to make up

arreglo *m* ♦ *(reparación)* repair ♦ *(trato)* compromise, agreement ♦ *(solución)* solution ♦ *Mús* arrangement

arremeter *vi* to attack

arrendamiento *m frml* ♦ *(acción de alquilar)* renting ♦ *(precio)* rent

arrendar *vtr* to rent

arrepentido,-a *adj* regretful

arrepentimiento *m* regret

arrepentirse *vr* ♦ *(sentir remordimiento)* to regret [**de**, -]; *Rel* to repent [**de**, -] ♦ *(volverse atrás)* to change one's mind

arrestar *vtr* to arrest

arresto *m* arrest; *Jur* **a. domiciliario,** house arrest

arriba 1 *adv* up; *(encima)* on the top; **está ahí a.,** it's up there; **vive en el piso de a.,** he lives upstairs; **hacia/para a.,** upwards; **más a.,** higher up, further up; **véase más a.,** see above; **la parte de a.,** the top (part) **|2** *excl* get up!, up you get!; **¡a. las manos!,** hands up! **|3** *prep LAm* on top of

arribar *vi* to reach port, arrive

arribeño,-a *LAm adj* & *m,f* from the highlands

arriesgado,-a *adj* ♦ *(que entraña peligro)* risky ♦ *(temerario)* fearless, daring

arriesgar *vtr,* **arriesgarse** *vr* to risk

arrimar *vtr,* **arrimarse** *vr* to move closer

arrinconar *vtr* ♦ *(acorralar)* to corner ♦ *(poner en un rincón)* to put in a corner

arrodillarse *vr* to kneel down

arrogancia *f* arrogance

arrogante *adj* arrogant

arrojar *vtr* ♦ *(lanzar)* to throw, fling ♦ *Com (un resultado)* to show ■ **arrojarse** *vr* to throw oneself, fling oneself

arrojo *m* daring, courage

arrollador,-ora *adj fig* overwhelming; *(éxito)* resounding; *(carácter)* captivating

arrollar *vtr* to run over

arropar *vtr* to wrap up; *(para dormir)* to tuck in ■ **arroparse** *vr* to wrap oneself up

arroyo *m* brook, stream

arroz *m* rice; **a. integral,** brown rice

arruga *f (en la cara)* wrinkle; *(en la tela, papel, etc)* crease

arrugar *vtr (la tela)* to crease; *(un papel)* to crumple (up) ■ **arrugarse** *vr (la cara)* to wrinkle; *(la tela, un papel, etc)* to crease

arruinado,-a *adj* bankrupt, ruined

arruinar *vtr* to ruin ■ **arruinarse** *vr* to be ruined

arsenal *m* arsenal

arsénico *m* arsenic

arte *m* & *f* ♦ art ♦ *(habilidad)* skill ♦ **artes,** *(trucos, mañas)* tricks ♦ **bellas artes,** fine arts

artefacto *m* device

arteria *f* ♦ *Anat* artery ♦ *(carretera)* highway

artesanal *adj* handmade

artesanía *f* ♦ *(oficio, actividad)* craftwork ♦ *(objetos hechos a mano)* crafts *pl,* handicrafts *pl*

artesano,-a 1 *m,f (hombre)* craftsman; *(mujer)* craftswoman **|2** *adj* handmade

ártico,-a 1 *adj* arctic; **el océano Á.**, the Arctic Ocean |**2** *m* **el Á.**, the Arctic

articulación *f* ◆ *Anat* joint, articulation ◆ *Téc* joint

articular *vtr* to articulate

artículo *m* article

artífice *mf* author

artificial *adj* ◆ artificial ◆ *Tex* man-made *o* synthetic

artificio *m* ◆ artifice ◆ *(truco, ingenio)* ruse

artillería *f* artillery

artilugio *m* gadget, device

artimaña *f* trick, ruse

artista *mf* artist

artístico,-a *adj* artistic

artritis *f* arthritis

artrosis *f* degenerative osteoarthritis

arveja *f LAm* pea

arzobispo *m* archbishop

as *m* ace

asa *f* handle

asado,-a 1 *adj* roast |**2** *m Culin* roast

asalariado,-a 1 *adj* wage-earning |**2** *m,f* wage-earner

asaltar *vtr* to assault, attack; *(atracar un banco, una tienda)* to rob; *fig (un pensamiento)* to assail

asalto *m* ◆ assault, attack ◆ *Box* round

asamblea *f* meeting

asar *vtr* to roast ■ **asarse** *vr fig (de calor)* to be roasting, be boiling hot

ascendencia *f* ancestry, ancestors *pl*

ascender 1 *vtr (en el trabajo)* to promote |**2** *vi* ◆ *(subir)* move upward; *(temperatura)* to rise ◆ *(al trono, a una montaña)* to ascend ◆ *(de categoría)* to be promoted

ascendente 1 *adj* ascendant, ascending |**2** *m* ascendant

ascensión *f* ◆ climb ◆ *(al trono)* accession

ascenso *m* ◆ promotion ◆ *(subida a un monte)* ascent; *(de precios)* rise

ascensor *m* lift, *US* elevator

asco *m* disgust, repugnance

ascua *f* ember

aseado,-a *adj* tidy, neat

asear *vtr* to clean, tidy up ■ **asearse** *vr* to wash, get washed

asediar *vtr* to besiege

asedio *m* siege

asegurado,-a *adj* ◆ insured ◆ *(garantizado)* secure

asegurador,-ora *m,f* insurer

asegurar *vtr* ◆ to insure ◆ *(garantizar)* **a. el éxito de una empresa,** to ensure the success of a project; **te aseguro que...,** I assure you that... ■ **asegurarse** *vr* to make sure

asentado,-a *adj (consolidado)* established, settled

asentamiento *m* settlement

asentarse *vr* to settle down, establish oneself

asentimiento *m* assent, consent

asentir *vi* to assent, agree

aseo *m (cuarto de baño)* bathroom; *(retrete)* toilet

asequible *adj* ◆ *(barato)* affordable ◆ *(fácil de comprender)* easy to understand; *(alcanzable)* attainable

asesinar *vtr* to murder; *(perpetrar un magnicidio)* to assassinate

asesinato *m* murder; *(magnicidio)* assassination

asesino,-a 1 *adj* murderous |**2** *m,f* killer; *(hombre)* murderer; *(mujer)* murderess; *(magnicida)* assassin

asesor,-ora 1 *m,f* adviser |**2** *adj* advisory

asesoramiento *m* advice

asesorar *vtr* ◆ to advise ◆ *(dar opinión profesional)* to act as consultant to ■ **asesorarse** *vr* to consult

asesoría *f* consultant's office

aseverar *vtr* to assert

asexual *adj* asexual

asfalto *m* asphalt

asfixia *f* asphyxiation, suffocation

asfixiante *adj* ◆ asphyxiating, suffocating ◆ *(calor)* stifling ◆ *(ambiente)* oppressive

asfixiar *vtr*, **asfixiarse** *vr* to asphyxiate, suffocate

así 1 *adv* ◆ *(de este modo)* like this *o* that, this way: **es a. de grande/alto,** it is this big/tall ◆|LOC: **a. a.**, so-so; **a. como,** as well as; **a. que...,** so...; **o a.**, or so

Asia *f* Asia; **A. Menor,** Asia Minor
asiático,-a *adj* & *m,f* Asian
asiduidad *f* **con a.,** frequently, regularly
asiduo,-a 1 *adj* assiduous, regular **|2** *m,f (cliente)* regular customer
asiento *m* ◆ seat ◆ *Fin* entry
asignación *f* ◆ *(de fondos, de tarea)* assignment, allocation ◆ *(paga)* allowance
asignar *vtr* to assign, allocate
asignatura *f* subject; *Educ* **a. pendiente,** failed subject; *fig* unresolved matter
asilo *m* asylum; **a. político,** political asylum
asimétrico,-a *adj* asymmetric, asymmetrical
asimilar *vtr* to assimilate
asimismo *adv* also, as well
asintomático,-a *adj* asymptomatic
asir *vtr* to grasp, seize
asistencia *f* ◆ *(presencia)* attendance ◆ *(afluencia)* audience, public ◆ **a. médica,** medical assistance
asistenta *f* cleaning lady
asistente 1 *adj* attending; **personas asistentes,** the audience **|2** *mf* ◆ *(ayudante)* assistant ◆ **los asistentes,** the public *sing* ◆ **a. social,** social worker
asistir 1 *vtr* to assist, help; *Med* to attend **|2** *vi* to attend [**a,** -]
asma *f* asthma
asmático,-a *adj* & *m,f Med* asthmatic
asno *m* donkey, ass
asociación *f* association
asociado,-a 1 *adj* associated **|2** *m,f* associate, partner
asociar *vtr* to associate ■ **asociarse** *vr* ◆ to be associated ◆ *Com* to become partners
asolar *vtr* to devastate, destroy
asomar 1 *vtr* to put out, stick out **|2** *vi* to appear ■ **asomarse** *vr* to lean out
asombrar *vtr* to amaze, astonish ■ **asombrarse** *vr* to be amazed [**de,** at]
asombro *m* amazement, astonishment
asombroso,-a *adj* amazing, astonishing
asomo *m* trace, hint
asorocharse *vr LAm* ◆ to get altitude sickness ◆ *(ruborizarse)* to blush
aspa *f (de molino)* arm; *(de ventilador)* blade
aspaviento *m* **hacer aspavientos,** to wave one's arms about, to gesticulate
aspecto *m* ◆ look, appearance ◆ *(matiz de un asunto)* aspect
áspero,-a *adj* ◆ *(al tacto)* rough ◆ *fig (de carácter)* surly
aspiración *f* ◆ inhalation, breathing in ◆ *(ambición, deseo)* aspiration
aspiradora *f* vacuum cleaner
aspirante *mf* candidate, applicant
aspirar 1 *vtr* ◆ *(respirar)* to inhale, breath in ◆ *(absorber)* to suck in, draw in **|2** *vi* to aspire
aspirina *f* aspirin
asqueroso,-a 1 *adj (sucio)* filthy; *(repulsivo)* revolting, disgusting **|2** *m,f* disgusting *o* filthy *o* revolting person
asta *f* ◆ *(de bandera)* staff, pole; **a media a.,** at half-mast ◆ *Zool (cuerno)* horn
asterisco *m* asterisk
astilla *f* splinter
astillero *m* shipyard
astral *adj* astral
astringente *adj* & *m* astringent
astro *m* star
astrología *f* astrology
astrólogo,-a *m,f* astrologer
astronauta *mf* astronaut
astronave *f* spaceship
astronomía *f* astronomy
astronómico,-a *adj* astronomical
astrónomo,-a *m,f* astronomer
astucia *f* shrewdness; *(triquiñuela)* ruse
astuto,-a *adj* astute, shrewd
asumir *vtr* to assume
asunto *m* ◆ subject: **no es a. tuyo,** it's none of your business ◆ **Asuntos Exteriores,** Foreign Affairs
asustar *vtr* to frighten, scare ■ **asustarse** *vr* to be frightened, be scared
atacar *vtr* to attack, assault
atadura *f fig* hindrance
atajar *vi* to take a shortcut [**por,** through]

atajo *m* ♦ shortcut ♦ *(puñado)* bunch
atañer *v impers* to concern, have to do with
ataque *m* ♦ attack, assault ♦ **a. al corazón,** heart attack
atar *vtr* ♦ to tie ♦ *fig (generar obligaciones)* to tie down ■ **atarse** *vr fig* to get tied up
atardecer 1 *m* evening, dusk; **al a.,** at dusk |**2** *v impers* to get *o* grow dark
atareado,-a *adj* busy
atascado,-a *adj* stuck
atascar *vtr* to block, obstruct ■ **atascarse** *vr* ♦ *(obstruirse)* to become obstructed *o* blocked ♦ *fig (quedarse bloqueado)* to get bogged down
atasco *m* traffic jam
ataúd *m* coffin
atemorizar *vtr* to frighten, scare
atención 1 *f* attention ♦|LOC: **prestar a.,** to pay attention [**a,** to] |**2** *excl* attention!
atender 1 *vtr* to attend to; *(una solicitud)* to agree to |**2** *vi (escuchar)* to pay attention [**a,** to]
atenerse *vr* to abide [**a,** by]
atentado *m* attack; **a. terrorista,** terrorist attack
atentamente *adv (en carta)* yours sincerely *o* faithfully
atentar *vi* **atentaron contra la vida de un famoso escritor,** there was an attempt on a famous writer's life
atento,-a *adj* ♦ attentive ♦ *(amable)* considerate, thoughtful
atenuante 1 *adj* attenuating |**2** *m Jur* extenuating circumstance
ateo,-a 1 *adj* atheistic |**2** *m,f* atheist
aterrador,-ora *adj* terrifying
aterrar *vtr* to terrify ■ **aterrarse** *vr* to be terrified
aterrizaje *m Av* landing; **pista de a.,** runway; **tren de a.,** landing gear
aterrizar *vi* to land
aterrorizar *vtr* to terrify ■ **aterrorizarse** *vr* to be terrified
atesorar *vtr* to accumulate; *(bienes, riquezas)* to hoard
atestado[1] *m Jur* affidavit, statement
atestado,-a[2] *adj* packed with, full of
atestar[1] *vtr Jur* to testify
atestar[2] *vtr (abarrotar)* to pack, cram [**de,** with]
atestiguar *vtr* & *vi Jur* to testify to
atiborrar *vtr* to pack, stuff ■ **atiborrarse** *vr fam* to stuff oneself
ático *m* attic
atinar *vi* ♦ *(dar en, alcanzar)* to hit ♦ *(dar con una calle, un objeto)* to find; *(hallar una solución, respuesta)* to get
atípico,-a *adj* atypical
atisbo *m fig* hint, inkling
atizar *vtr* ♦ *(el fuego)* to poke, stoke ♦ *(un golpe)* to deal
atlántico,-a 1 *adj* Atlantic |**2** *m* **el (océano) A.,** the Atlantic (Ocean)
atlas *m inv* atlas
atleta *mf* athlete
atlético,-a *adj* athletic
atletismo *m* athletics *sing*
atmósfera *f* atmosphere
atolondrado,-a *adj* stunned, bewildered
atómico,-a *adj* atomic
átomo *m* atom
atónito,-a *adj* amazed, astonished
atontado,-a *adj* ♦ *(bobo)* silly, foolish ♦ *(aturdido)* bewildered, amazed
atontar *vtr* to confuse, bewilder
atormentar *vtr* to torment ■ **atormentarse** *vr* to torment oneself
atornillar *vtr* to screw on
atosigar *vtr* to harass
atracador,-ora *m,f (de bancos)* (bank) robber; *(en la calle)* attacker, mugger
atracar 1 *vtr* to hold up; *(asaltar a una persona)* to rob |**2** *vi Náut* to tie up ■ **atracarse** *vr (de comida)* to stuff oneself
atracción *f* attraction
atraco *m* robbery, hold-up
atracón *m fam* blowout
atractivo,-a *adj* attractive, appealing
atraer *vtr* to attract
atragantarse *vr* to choke [**con,** on]
atrapar *vtr* to catch
atrás 1 *adv* ♦ *(lugar)* at the back, behind; **echarse hacia/para a.,** to move backwards; **mirar hacia/para a.,** to

look back ♦ *(tiempo)* in the past, ago; **dos meses a.**, two months ago ♦ *excl* **¡a.!**, get back!

atrasado,-a *adj* ♦ *(un pago)* overdue; *(un reloj)* slow; *(un país)* backward; *(un fascículo)* back number

atrasar 1 *vtr* to put back |**2** *vi (un reloj)* to be slow ■ **atrasarse** *vr* to remain *o* stay behind, lag behind

atraso *m* ♦ delay ♦ *(de un país)* backwardness ♦ *Fin* **atrasos**, arrears

atravesar *vtr* ♦ *(una pared)* to pierce, go through ♦ *(una calle, un río)* to cross ♦ *(una etapa)* to go through ■ **atravesarse** *vr* to get in the way; *fig* **se me ha atravesado este libro**, I can't stand this book

atreverse *vr* to dare

atrevido,-a *adj* ♦ *(descarado)* daring, bold ♦ *(insolente)* cheeky, impudent ♦ *(un vestido)* risqué

atribuir *vtr* to attribute, ascribe ■ **atribuirse** *vr* to assume

atril *m (para libros)* bookrest; *(para partituras)* music stand

atrocidad *f* atrocity

atrofiarse *vr* to atrophy

atropellar *vtr* ♦ *Auto* to knock down, run over ♦ *(no respetar)* to abuse

atropello *m* ♦ *Auto* knocking down, running over ♦ *(abuso)* abuse

atroz *adj* ♦ *(pésimo, insoportable)* atrocious ♦ *fam (enorme)* enormous, tremendous

ATS *mf Esp (abr de* ***ayudante técnico sanitario****)* nurse

atuendo *m* dress, attire

atún *m* tuna

aturdido,-a *adj* stunned, dazed

aturdir *vtr* to stun, daze

audacia *f* audacity

audaz *adj* audacious, bold

audible *adj* audible

audición *f* ♦ hearing ♦ *Mús Teat* audition

audiencia *f* ♦ *(público)* audience ♦ *Jur (institución)* high court ♦ *Jur (juicio)* hearing

audiovisual *adj* audio-visual

auditivo,-a *adj* auditory

auditor,-ora *m,f Fin* auditor

auditorio *m* ♦ *(público)* audience ♦ *(sala)* auditorium, hall

auge *m* peak; *Econ* boom

augurar *vtr* to augur

aula *f (en colegio)* classroom; *(en universidad)* lecture room

aullar *vtr* to howl

aullido *m* howl

aumentar 1 *vtr* to increase; *Fot* to enlarge; *Ópt* to magnify |**2** *vi (una cantidad)* to go up, rise; *(de valor)* to appreciate

aumento *m* increase

aun *adv* even; **a. así**, even so

aún *adv* still; *(en negativas)* yet

aunar *vtr* to combine

aunque *conj* although, though; *(incluso si)* even if; *(a pesar de)* even though

aúpa *excl* up!, get up!

auricular *m* ♦ *Tel* receiver ♦ **auriculares**, earphones, headphones

aurora *f* daybreak, dawn

ausencia *f* absence

ausentarse *vr* to leave

ausente 1 *adj* absent |**2** *mf* absentee

austeridad *f* austerity

austero,-a *adj* austere

Australia *f* Australia

australiano,-a *adj & m,f* Australian

Austria *f* Austria

austriaco,-a, austríaco,-a *adj & m,f* Austrian

auténtico,-a *adj* authentic

autista *adj* autistic

auto[1] *m* car

auto[2] *m Jur* decree, writ

autoadhesivo,-a *adj* self-adhesive

autobiografía *f* autobiography

autobiográfico,-a *adj* autobiographical

autobús *m* bus

autocar *m* coach

autóctono,-a *adj* indigenous, autochthonous

autodefensa *f* self-defence, *US* self-defense

autoescuela *f* driving school

autógrafo *m* autograph

automático,-a *adj* automatic

automóvil *m* car
automovilismo *m* motoring
automovilista *mf* motorist
autonomía *f* ♦ autonomy ♦ *Esp* autonomous region
autonómico,-a *adj* autonomous
autónomo,-a *adj* autonomous, self-governing
autopista *f* motorway
autopsia *f* autopsy, post mortem
autor,-ora *m,f (hombre)* author; *(mujer)* authoress
autoridad *f* authority
autoritario,-a *adj* authoritarian
autorizado,-a *adj* authorized, official
autorizar *vtr* to authorize
autorretrato *m* self-portrait
autoservicio *m* ♦ *(restaurante)* self-service restaurant ♦ *(supermercado)* supermarket
autostop *m* hitchhiking; **hacer a.,** to hitchhike
autosuficiente *adj* self-sufficient
autovía *f* dual carriageway
auxiliar 1 *adj* & *mf* auxiliary, assistant **|2** *vtr* to help, assist
auxilio *m* ♦ assistance, help; **primeros auxilios,** first aid *sing* ♦ *excl* **¡a.!,** help!
avalancha *f* avalanche
avalar *vtr* to guarantee, endorse
avance *m* advance
avanzado,-a *adj* advanced
avanzar *vtr* to advance
avaricioso *adj* greedy
avaro,-a 1 *adj* avaricious, miserly **|2** *m,f* miser
avasallar 1 *vtr* to tyrannize; *(apabullar)* to push sb around **|2** *vi* to trample on
AVE *m Esp (abr de* ***(tren de) alta velocidad español****)* high speed train
ave *f* bird
avecinarse *vr* to approach, come near
avellana *f* hazelnut
avena *f* oats *pl*
avenida *f* avenue
aventajado,-a *adj* outstanding, exceptional
aventajar *vtr* to be ahead [**a,** of]
aventura *f* ♦ adventure ♦ *(amorosa)* (love) affair
aventurado,-a *adj* risky
aventurar *vtr* to venture ■ **aventurarse** *vr* to dare, venture
aventurero,-a *adj* adventurous
avergonzado,-a *adj* ashamed
avergonzar *vtr* to shame ■ **avergonzarse** *vr* to be ashamed
avería *f* breakdown
averiado,-a *adj* out of order; *(automóvil)* broken down
averiarse *vr* to break down
averiguación *f* enquiry
averiguar *vtr* to ascertain
aversión *f* aversion
avestruz *m* ostrich
aviación *f (civil)* aviation; *(militar)* air force
aviador,-ora *m,f (civil)* aviator, flier; *(militar)* air force pilot
avicultura *f* poultry farming
avidez *f* avidity, eagerness
ávido,-a *adj* avid
avinagrarse *vr* to turn sour; *fig* to become sour *o* bitter
avión *m* aeroplane, *US* airplane, plane, aircraft
avioneta *f* light aircraft
avisar *vtr* ♦ *(advertir)* to warn ♦ *(comunicar)* to inform
aviso *m* ♦ notice; *(advertencia)* warning; *(comunicado)* note
avispa *f* wasp
avispado,-a *adj fam* quick-witted
avispero *m* wasps' nest
avivar *vtr* ♦ *(fuego)* to stoke (up) ♦ *(intensificar)* to intensify
axila *f* armpit
ay *excl* ♦ *(dolor)* ouch! ♦ *(pena, sorpresa)* oh!
ayer 1 *adv* yesterday **|2** *m* **el a.,** yesterday, the past
ayuda *f* help, assistance, aid
ayudante *mf* assistant
ayudar *vtr* to help ■ **ayudarse** *vr (mutuamente)* to help oneself *o* each other
ayunar *vi* to fast

ayunas *fpl en la loc* **en a.,** with an empty stomach

ayuntamiento *m* ♦ *(institución)* town/city council ♦ *(edificio) GB* town hall, *US* city hall

azabache *m* jet; *(color)* jet black

azada *f* hoe

azafata *f* ♦ *Av* air hostess, stewardess ♦ *(de congresos, ferias)* hostess

azafrán *m* saffron

azahar *m (del naranjo)* orange blossom; *(del limonero)* lemon blossom

azar *m* chance ♦|LOC: **al a.,** at random

azotar *vtr* ♦ *(con la mano)* to beat; *(con el látigo)* to whip, flog

azote *m (golpe con la mano)* smacking; *(con el látigo)* lash, stroke (of the whip)

azotea *f* flat roof

azteca *adj* & *mf* Aztec

azúcar *m* & *f* sugar

azucarero,-a 1 *m* sugar bowl |**2** *adj* sugar

azucena *f* white lily

azufre *m* sulphur, *US* sulfur

azul *adj* & *m* blue; **pescado a.,** blue fish

azulejo *m* glazed tile

B

B, b *f (letra)* B, b

baba *f* dribble

babear *vi* ♦ *(un bebé)* to dribble ♦ *(un animal)* to slobber

babero *m* bib

babosa *f* slug

baca *f Auto* roof rack

bacalao *m Zool* cod

bache *m* ♦ *(en una carretera)* pot hole ♦ *fig* bad patch

bachillerato *m* ≈ General Certificate of Secondary Education, *US* high school degree

bacteria *f* bacterium *(pl* bacteria)

badén *m* ♦ *(hundimiento del terreno)* dip ♦ *(en la acera)* dip in the kerb

bafle *m* loudspeaker

bagaje *m* wealth, background

bahía *f* bay

bailaor,-ora *m,f* flamenco dancer

bailar 1 *vtr* & *vi* to dance |**2** *vi (moverse)* to move, wobble

bailarín,-ina *adj* & *m,f* dancer

baile *m* ♦ *(actividad)* dance ♦ *(fiesta de sociedad)* ball; **b. de disfraces,** fancy dress ball

baja *f* ♦ *(informe médico)* sick note; **b. por enfermedad/maternidad,** sick/maternity leave ♦ *(descenso)* drop, fall ♦ *Mil (víctima, herido)* casualty

bajada *f* ♦ *(descenso)* descent ♦ *(pendiente)* slope ♦ *(de precios, temperaturas)* drop, fall ♦ **b. de bandera,** minimum fare

bajamar *f* ebb, ebb tide

bajar 1 *vtr* ♦ *(descender)* to come *o* go down ♦ *(llevar algo abajo)* to bring *o* get *o* take down; *(un telón)* to lower; *(la cabeza)* to bow *o* lower ♦ *(el volumen)* to turn down; *(la voz)* to lower; *(los precios, etc)* to reduce, cut |**2** *vi* ♦ to go *o* come down ♦ *(de un tren, un autobús)* to get off; *(de un coche)* to get out [**de,** of] ♦ *(disminuir)* to fall, drop ■ **bajarse** *vr* ♦ to come *o* go down ♦ *(de un tren, un autobús)* to get off; *(de un coche)* to get out [**de,** of]

bajista *m,f Mús* bass guitarist

bajo,-a 1 *adj* ◆ low ◆ *(de poca estatura)* short ◆ *(poco intenso)* faint, soft: *(escaso)* **su nivel es muy b.,** his level is very poor ◆ *Mús* low ◆ *fig (mezquino, vil)* base, despicable ◆ **bajos fondos,** underworld **|2** *adv* low **|3** *m* ◆ *Mús (instrumento, cantante, instrumentista)* bass ◆ *(de un edificio)* ground floor ◆ *(de una prenda)* hem **|4** *prep* ◆ *(lugar)* under, underneath; **b. techo,** under shelter: **b. tierra,** underground ◆ *Pol Hist* under: **b. la dictadura,** under the dictatorship ◆ **b. cero,** *(temperatura)* below zero ◆ *Jur* **b. fianza,** on bail; **b. juramento,** under oath

bajón *m* sharp fall, slump

bajorrelieve *m* bas-relief

bala *f* bullet

balada *f* ballad

balance *m* ◆ *Fin* balance: *(documento financiero)* balance sheet ◆ *(valoración, resultado)* outcome

balancear *vtr* to swing ■ **balancearse** *vr (en una mecedora)* to rock; *(en un columpio)* to swing; *(uno mismo)* to move to and fro

balanceo *m* rocking, swinging

balanza *f* scales *pl*; **b. comercial,** balance of trade; **b. de pagos,** balance of payments

balaustrada *f* balustrade

balazo *m* ◆ *(tiro)* shot ◆ *(herida de bala)* bullet wound

balboa *m* balboa *(national currency of Panamá)*

balbucear *vt* to stutter, stammer

balcón *m* balcony

balda *f* shelf

baldado,-a *adj* ◆ *fam (agotado)* shattered ◆ *(maltrecho)* crippled

balde[1] *m* bucket

balde[2] *loc adv* ◆ **de b.,** *(gratis)* free ◆ **en b.,** *(en vano)* in vain

baldosa *f (en el interior)* (ceramic) floor tile; *(en el exterior)* flagstone, paving stone

balido *m* bleating, bleat

ballena *f Zool* whale

ballet *m* ballet

balneario *m* spa

balón *m* ◆ ball, football ◆ **b. de oxígeno,** *Med* oxygen cylinder

baloncesto *m* basketball

balonmano *m* handball

balsa[1] *f Náut* raft

balsa[2] *f* pool, pond

balsámico,-a *adj* soothing

bálsamo *m* balsam, balm

balsero,-a *m,f* rafter

bambolearse *vr (algo que cuelga)* to swing; *(una embarcación)* to roll

banal *adj* banal, trivial

banana *f* banana

banca *f* ◆ *(conjunto de bancos)* (the) banks; *(actividades bancarias)* banking ◆ *(en juegos)* bank

bancario,-a 1 *adj* banking **|2** *m,f* bank employee

bancarrota *f Fin* bankruptcy

banco *m* ◆ *(para sentarse)* bench ◆ *Com Fin* bank ◆ *(de peces)* shoal, school ◆ *Med (de órganos, etc)* bank ◆ **b. de niebla,** fog bank

banda[1] *f* ◆ *Mús* band ◆ *(de criminales)* gang

banda[2] *f* ◆ *(cinta)* sash ◆ *(franja, lista)* strip ◆ *(lado)* side ◆ *(billar)* cushion ◆ *Ftb* **saque de b.,** throw-in ◆ *Telec* **b. de frecuencia,** frequency band; *Cine* **b. sonora,** sound track

bandada *f* flock

bandazo *m* lurch

bandeja *f* tray

bandera *f* flag

banderilla *f Tauro* banderilla

bandido,-a *m,f* ◆ *fam (travieso)* rascal ◆ *(granuja)* crook ◆ *(ladrón)* bandit

bando[1] *m (edicto)* edict, proclamation

bando[2] *m* faction, side

bandoneón *m Mús LAm* large accordeon

banquero,-a *m,f* banker

banqueta *f* stool

banquete *m* banquet, feast; **b. de bodas,** wedding reception

banquillo *m* ◆ *Jur* dock ◆ *Dep* bench, benches *pl*

bañador *m (de mujer)* swimming costume: *(de hombre)* swimming trunks *pl*
bañar *vtr* to bath ■ **bañarse** *vr (para lavarse)* to have *o* take a bath: *(para nadar)* to go for a swim
bañera *f* bath
bañista *mf* bather. swimmer
baño *m* ◆ bath: **darse un b.**, to have a bath ◆ *(cuarto de baño)* bathroom: *(retrete)* toilet ◆ *(de oro, etc)* coat ◆ **b. María**, bain marie
bar *m* bar. pub
baraja *f* pack. deck
barajar *vtr* ◆ *(los naipes)* to shuffle ◆ *fig (distintas posibilidades)* to consider. juggle with
barandilla *f (pasamanos)* handrail. banister: *(de una ventana, balcón)* railing
barata *f LAm* ◆ *(rebajas)* sale ◆ *(cucaracha)* cockroach
baratija *f* trinket. bauble
barato,-a *adj* cheap
barba *f* beard
barbaridad *f* ◆ atrocity. act of cruelty ◆ *(despropósito)* piece of nonsense ◆ *(cantidad excesiva)* a lot
bárbaro,-a 1 *adj* ◆ *(cruel)* barbaric ◆ *(incivilizado)* barbarous ◆ *fam (en mucha cantidad)* massive ◆ *Hist* barbarian **|2** *m,f Hist* barbarian
barbilla *f* chin
barbudo,-a *adj* bearded
barca *f* small boat
barco *m* boat. ship: **b. de pasajeros/de vela,** passenger/sailing ship
barítono *m* baritone
barniz *m* ◆ *(para proteger)* varnish: *(para vitrificar)* glaze
barnizar *vtr (madera, cuadro)* to varnish: *(barro, loza)* to glaze
barómetro *m* barometer
barra *f* ◆ bar ◆ *(de un bar, cafetería, etc)* bar ◆ *(de labios)* lipstick ◆ *(de pan)* French loaf. baguette ◆ *Inform* **b. de desplazamiento,** scroll bar
barracón *m* accomodation block. barrack hut
barranco *m* ◆ *(precipicio)* precipice ◆ *(hendidura profunda)* gully. ravine
barrendero,-a *m,f* (street) sweeper
barreño *m* tub
barrer 1 *vtr* ◆ to sweep ◆ *(destruir, rechazar)* to sweep away **|2** *vi (en una votación)* to win by a landslide
barrera *f* barrier
barriada *f* neighbourhood. district
barricada *f* barricade
barriga *f* belly: *fam* tummy
barrigón,-ona, barrigudo,-a *adj* potbellied
barril *m* barrel
barrio *m* ◆ area. district ◆ *(vecindario)* neighbourhood ◆ **barrios bajos,** slums ◆|LOC: **de b.**, local
barro *m* ◆ *(tierra)* mud ◆ *(para alfarería)* clay
barroco,-a *adj* baroque
barrote *m (barra gruesa)* bar: *(en un respaldo)* crosspiece
bártulos *mpl fam* things. goods and chattels
barullo *m (ruido)* row. din: *(lío, embrollo)* confusion
basar *vtr* to base [**en,** on] ■ **basarse** *vr* to be based [**en,** on]
basca *f argot* people. crowd
báscula *f* scales *pl*
base *f* ◆ base ◆ *(fundamento)* basis. *(motivo)* grounds ◆ *(conocimientos previos)* grounding ◆ *Mil* base ◆ *Inform* **b. de datos**, data base ◆ **las bases,** *Pol* the grass roots: *(de un concurso)* rules
básico,-a *adj* basic
basílica *f* basilica
bastante 1 *adj* ◆ *(suficiente)* enough ◆ *(en abundancia)* quite a lot of **|2** *adv* ◆ *(suficiente)* enough: **nunca tiene b.**, it's never enough for her ◆ *(muy, mucho)* fairly. quite: **viaja b.**, she travels quite often
bastar *vi* to be enough. suffice ■ **bastarse** *vr* to be self-sufficient. be able to manage
basto,-a *adj* ◆ *(rugoso)* rough. coarse ◆ *(grosero, vulgar)* coarse. uncouth
bastón *m* stick. walking stick ◆ *(para esquiar)* ski pole ◆ *Anat (de la retina)* rod
basura *f* rubbish. *US* trash. garbage

basurero *m* ♦ *(oficio)* dustman, refuse collector, *US* garbage collector ♦ *(vertedero)* (rubbish) dump, (refuse) tip, *US* garbage dump

bata *f* ♦ *(de casa)* dressing gown, housecoat ♦ *(de profesional sanitario)* white coat

batalla *f* ♦ battle ♦ **b. campal,** pitched battle

batallar *vi* to fight, quarrel

batallón *m* battalion

batata *f* sweet potato

bate *m Dep* bat

batería 1 *f* ♦ *Auto* battery ♦ *Mús* drums *pl* ♦ **b. de cocina,** pots and pans, kitchen pans |**2** *mf Mús* drummer

batiburrillo *m* jumble, hotchpotch

batida *f* ♦ *(búsqueda)* search ♦ *(para que salga la caza)* beat

batido,-a 1 *adj Culin* whipped, whisked |**2** *m* milk shake

batidora *f Culin* whisk, mixer

batir *vtr* ♦ to beat ♦ *Culin (mezclar ingredientes)* to beat, *(levantar claras, etc)* to whip, whisk ♦ *(un récord)* to break ♦ *(las alas)* to flap ■ **batirse** *vr* to fight

batuta *f Mús* baton

baúl *m* ♦ trunk ♦ *LAm Auto* boot, *US* trunk

bautismo *m* baptism, christening

bautizar *vtr* to baptize, christen

bautizo *m* baptism, christening

baya *f* berry

bayeta *f* cloth: *(de la cocina)* dishcloth: *(del suelo)* floorcloth

bazar *m* bazaar

bazo *m* spleen

bazofia *f pey* rubbish

beato,-a 1 *adj pey* prudish: *(piadoso)* devout |**2** *m,f* pious person: *pey* prudish person

bebé *m* baby

bebedor,-ora *m,f* heavy drinker

beber *vtr* & *vi* to drink

bebida *f* drink

bebido,-a *adj (ebrio)* drunk: *(achispado)* tipsy

beca *f* grant: *(de estudios)* scholarship: **b. de investigación,** research fellowship

becar *vtr* to award a grant to, to award a scholarship

becario,-a *m,f* grant holder, scholar

becerro *m* calf

bechamel *f* bechamel sauce, white sauce

bedel *m* beadle

beduino,-a *adj* & *m,f* Bedouin

beige *adj* & *m inv* beige

béisbol *m* baseball

belén *m* nativity scene, crib

belga *adj* & *mf* Belgian

Bélgica *f* Belgium

bélico,-a *adj* war: **conflicto b.,** war: **material b.,** armaments *pl*

beligerante *adj* belligerent

belleza *f* beauty

bello,-a *adj* ♦ *(hermoso)* beautiful ♦ **la Bella Durmiente,** Sleeping Beauty

bellota *f Bot* acorn

bemol 1 *adj Mús* flat: **la b.,** A-flat |**2** *m* flat: **doble b.,** double-flat

bencina *f LAm* petrol, gasoline

bendecir *vtr* to bless: *(la mesa)* to say grace

bendición *f* blessing

bendito,-a 1 *adj* blessed |**2** *m,f (bondadoso)* good sort, kind soul: *(pánfilo, cándido)* simple soul

beneficencia *f* charity

beneficiado,-a *adj* favoured, *US* favored

beneficiar *vtr* to benefit ■ **beneficiarse** *vr* to profit [**de algo,** from sthg] [**con algo,** by sthg]

beneficio *m* ♦ *Com Fin* profit ♦ *(provecho, ventaja)* benefit ♦ *(ayuda)* **a b. de,** in aid of

beneficioso,-a *adj* beneficial

benéfico,-a *adj* charitable

benevolencia *f* benevolence

benevolente, benévolo,-a *adj* benevolent, lenient

bengala *f* ♦ *(de salvamento)* flare ♦ *(fuego artificial)* sparkler

benigno,-a *adj* benign

benjamín,-ina *m,f* youngest child

berberecho *m* (common) cockle

berenjena *f* aubergine, *US* eggplant

bermudas *mpl (prenda)* Bermuda shorts

berrear *vi* ◆ *(mugir)* to bellow, low ◆ *(llorar un niño)* to howl, bawl ◆ *(cantar mal, gritar)* to yell, bawl

berrido *m* ◆ *(mugido)* bellowing, lowing ◆ *(de un niño)* howl

berrinche *m fam* tantrum

berro *m* cress, watercress

besamel *f* ➔ **bechamel**

besar *vtr* to kiss ■ **besarse** *vr* to kiss

beso *m* kiss

bestia 1 *f* beast, animal **|2** *m,f fam fig* brute, beast **|3** *adj fig* brutish

bestial *adj* ◆ bestial ◆ *fam (muy grande)* huge, tremendous

bestialidad *f* ◆ *(atrocidad)* act of cruelty ◆ *fam (gran cantidad)* a lot

besugo *m Zool* sea bream

betún *m* ◆ *(para el calzado)* shoe polish ◆ *Quím* bitumen

biberón *m* feeding bottle

Biblia *f* Bible

bíblico,-a *adj* biblical

bibliografía *f* bibliography

biblioteca *f* library

bibliotecario,-a *m,f* librarian

bicameral *adj* ◆ *Pol* bicameral ◆ **sistema b.,** two-chamber system

bicarbonato *m* bicarbonate

bicentenario *m* bicentenary, *US* bicentennial

bíceps *m inv* biceps

bicho *m* ◆ *(insecto)* bug, insect; *(animal)* animal ◆ *(niño)* little devil ◆ **(mal) b.,** *(persona perversa)* nasty piece of work; *fig fam* **b. raro,** weirdo: **Pedro es un b. raro,** Pedro is a weirdo; *fam hum* **b. viviente,** living soul: **todo b. viviente tiene un móvil,** every mother's son has a mobile phone

bici *f fam* bike

bicicleta *f* bicycle: **andar/montar en b.,** to ride a bicycle; **b. estática,** exercise bike

bien 1 *m* ◆ *(justicia, bondad)* good ◆ *(provecho)* **en b. de la comunidad,** for the good of community ◆ **bienes,** goods; **bienes de consumo,** consumer goods *pl*; **bienes gananciales,** communal property **|2** *adv* ◆ *(correctamente)* well ◆ *(sano)* well, fine; **sentirse/encontrarse b.,** to feel well ◆ *(satisfactoriamente)* **oler b.,** to smell nice; **vivir b.,** to be comfortably off ◆ *(muy)* very, quite: **una cerveza b. fría,** a nice cold beer **|3** *conj* **ahora b.,** now, now then; **b. ... o b. ...,** either... or...; **más b.,** rather, a little; **o b.,** or, or else; **si b.,** although, even though **|4** *excl* ◆ **¡está b.!,** fine!, all right; **¡muy b.!,** excellent!, first class!; **¡qué b.!,** great!, fantastic ◆ *(desaprobación)* **¡ya está b.!,** that's (quite) enough! **|5** *adj inv* **un barrio b.,** a well-to-do neighbourhood

bienal *f* biennial exhibition

bienestar *m* well-being, welfare

bienintencionado,-a *adj* well-meaning, well-intentioned

bienio *m* two-year period

bienvenida *f* welcome; **dar la b.,** to welcome

bienvenido,-a *adj* welcome

bifocal *adj* bifocal; **gafas bifocales,** bifocals

bifurcación *f* bifurcation; *fam (de un camino)* fork

bifurcarse *vr* to bifurcate, to fork

bigamia *f* bigamy

bígamo,-a 1 *adj* bigamous **|2** *m,f* bigamist

bigote *m (de persona)* moustache, *US* mustache; *(de animales)* whiskers *pl*

bilabial *adj* & *f* bilabial

bilateral *adj* bilateral

bilingüe *adj* bilingual

bilis *f* bile

billar *m* ◆ *(juego)* billiards *sing*; **b. americano,** pool ◆ *tb pl (local)* billard hall

billete *m* ◆ *(de transporte)* ticket; **b. de ida y vuelta,** return (ticket), *US* round-trip ticket; **b. de ida/sencillo,** single (ticket) ◆ *(de dinero)* note, *US* bill

billetera *f*, **billetero** *m* wallet, *US* billfold

billón *m GB anteriormente* billion; *US* & *GB mod* trillion (10^{12})

bimensual *adj* twice-monthly, bimonthly

binomio *m Mat* binomial
biodegradable *adj* biodegradable
biografía *f* biography
biográfico,-a *adj* biographical
biógrafo,-a *m,f* biographer
biología *f* biology
biológico,-a *adj* biological
biólogo,-a *m,f* biologist
biombo *m* (folding) screen
biopsia *f* biopsy
bioquímica *f* biochemistry
bípedo *adj* & *m* biped
biquini *m* bikini
birrete *m* mortarboard
birria *f fam* rubbish
bis 1 *m* encore **|2** *adv* twice
bisabuela *f* great-grandmother
bisabuelo *m* great-grandfather; **bisabuelos,** great-grandparents
bisagra *f* hinge
bisexual *adj* & *mf* bisexual
bisiesto *adj* & *m* **año b.,** leap year
bisnieto,-a *m,f (niño)* great-grandson; *(niña)* great-granddaughter; **bisnietos,** great-grandchildren
bisonte *m* bison, buffalo
bisté, bistec *m* steak
bisturí *m* scalpel
bisutería *f* imitation jewellery *o US* jewelry
bit *m Inform* bit
bizantino,-a *adj* ♦ *(complicado e irrelevante)* hair-splitting ♦ *(de Bizancio)* Byzantine
bizco,-a 1 *adj* cross-eyed **|2** *m,f* cross-eyed person
bizcocho *m* sponge cake
biznieto,-a *m,f* → **bisnieto,-a**
blanca *f Mús* minim, *US* half note
Blancanieves *f Lit* Snow White
blanco,-a 1 *adj* ♦ white ♦ *(pálido)* fair **|2** *m,f (hombre)* white man; *(mujer)* white woman; **los blancos,** whites **|3** *m* ♦ *(color)* white ♦ *(diana)* target ♦ *(espacio sin imprimir)* blank
blancura *f* whiteness
blando,-a *adj* ♦ *(mullido)* soft ♦ *(de carácter)* weak
blanquear *vtr (con cal)* to whitewash ♦ *(dinero)* to launder
blasfemar *vi* to blaspheme [**contra/de,** against]
blasfemia *f* blasphemy
blindado,-a *adj* ♦ *(vehículo)* armoured, *US* armored ♦ *(antibalas)* bullet-proof ♦ *(puerta)* reinforced
bloc *m* ♦ pad ♦ **b. de notas,** notepad
bloque *m* ♦ *(trozo grande)* block ♦ *(edificio)* block ♦ *Pol* bloc
bloquear *vtr* ♦ *(el movimiento, el acceso, una gestión)* to block ♦ *(una cuenta)* to freeze ♦ *(colapsar un servicio, un aparato)* to jam, seize up
bloqueo *m* blockade; *Dep* block
blusa *f* blouse
boa *f* boa
bobada *f* ♦ *(tontería)* nonsense ♦ *(desacierto)* mistake
bobina *f* ♦ reel, spool ♦ *Elec* coil
bobo,-a 1 *adj (simple, lelo)* stupid, silly; *(cándido)* naïve **|2** *m,f* fool
boca *f* ♦ mouth; **b. abajo,** face down(ward); **b. arriba,** face up(ward) ♦ *(entrada)* entrance; **b. de metro,** entrance to the tube *o* underground station; **b. de riego,** hydrant; **el b. a b.,** kiss of life *o* mouth-to-mouth respiration
bocacalle *f* entrance to a street
bocadillo *m* sandwich
bocado *m* ♦ *(trozo de comida)* mouthful ♦ *(mordisco)* bite
bocajarro (a) *loc adv* point-blank
bocanada *f* ♦ *(de humo)* puff ♦ *(golpe de aire, etc)* gust
boceto *m Arte* sketch, outline ♦ *(borrador)* outline, plan
bochorno *m* ♦ *(tiempo muy caluroso)* sultry *o* close weather ♦ *fig (vergüenza)* shame, embarrassment
bochornoso,-a *adj* ♦ *(caluroso)* sultry, close, muggy ♦ *fig (vergonzoso)* shameful, embarrassing
bocina *f* horn
boda *f* ♦ *(ceremonia)* wedding; *(enlace)* marriage
bodega *f* ♦ *(fábrica de vinos)* winery; *(almacén)* wine cellar; *(tienda de vinos y licores)* wine shop ♦ *Náut Av* hold ♦ *LAm* grocery store, grocer's

bodegón *m* still-life

body m ◆ *(de lencería)* body ◆ *(de gimnasia)* leotard

bofetada *f* slap on the face

bogavante *m* lobster

bohío *m LAm* hut

boicot *m* boycott

boicotear *vtr* to boycott

boina *f* beret

bol *m* bowl

bola *f* ◆ ball: *(canica)* marble ◆ *(mentira)* fib

bolera *f* bowling alley

boletería *f LAm* ◆ *Dep Ferroc* ticket office, *GB* booking office ◆ *Teat* ticket office, box office

boletín *m* ◆ *(informativo)* bulletin ◆ *(publicación oficial)* gazette: **B. Oficial del Estado,** Official Gazette

boleto *m* ◆ *LAm (entrada)* ticket ◆ *(de rifa)* ticket ◆ *(seta)* boletus

boli *m fam* ball-point pen, biro®

bolígrafo *m* ballpoint (pen), biro®

bolívar *m* bolivar *(national currency of Venezuela)*

Bolivia *f* Bolivia

boliviano,-a 1 *adj* & *m,f* Bolivian |**2** *m* boliviano *(national currency of Bolivia)*

bollo *m* ◆ *Culin* bun, bread roll ◆ *(abolladura)* dent

bolo *m* ◆ skittle, ninepin ◆ **bolos,** *(juego)* skittles

bolsa[1] *f* ◆ bag ◆ **b. de la compra,** shopping bag; **b. de estudios,** educational grant; **b. de trabajo,** labour exchange, employment bureau

bolsa[2] *f Fin* Stock Exchange

bolsillo *m* pocket ◆|LOC: **de b.,** pocket, pocket-size: **libro de b.,** paperback

bolso *m* handbag, bag, *US* purse

boludo,-a *adj* & *m,f LAm vulgar* ◆ *(tonto, memo)* jerk ◆ *(vago)* good for nothing ◆ *ofens (gilipollas)* prick

bomba *f* ◆ *(explosivo)* bomb: **b. atómica/incendiaria,** nuclear/incendiary bomb ◆ *(de bicicleta, de líquidos)* pump; **b. de agua,** water pump: **b. de incendios,** fire engine ◆ *fam (notición)* bombshell

bombardear *vtr* to bomb, shell

bombardero *m Av* bomber

bombazo *m* ◆ *fig fam (una gran sorpresa)* sensation, stir ◆ *(explosión)* bomb blast

bombeo *m (de líquido, aire)* pumping

bombero,-a *m,f* ◆ *(hombre)* fireman: *(mujer)* firewoman; *US (ambos sexos)* firefighter

bombilla *f* (light) bulb

bombo *m* ◆ *Mús* bass drum ◆ *(de un sorteo)* lottery drum

bombón *m* ◆ chocolate ◆ *fam (niño)* lovely: *(adulto)* stunner

bombona *f* cylinder: **b. de butano,** butane gas cylinder

bondad *f* ◆ goodness ◆ *frml* **tenga la b. de pasar,** please be so kind as to come in

bondadoso,-a *adj* kind

boniato *m* sweet potato

bonificar *vtr Com* to give a bonus to

bonito,-a[1] *adj* pretty, nice

bonito[2] *m* tuna

bono *m* ◆ *(vale)* voucher ◆ *Fin* bond, debenture ◆ **bonos del Tesoro** *o* **del Estado,** Treasury bonds

bonobús *m* bus pass

bonsái *m* bonsai

boquerón *m* (fresh) anchovy

boquete *m* hole

boquiabierto,-a *adj (atónito)* flabbergasted

boquilla *f* ◆ *(para un cigarrillo)* tip: *(de pipa)* mouthpiece ◆ *Mús* mouthpiece

borda *f Náut* gunwale: **fuera b.,** *(motor) m* outboard motor: *(lancha) f* outboard

bordado,-a 1 *adj Cost* embroidered |**2** *m Cost* embroidery

bordar *vtr Cost* to embroider

borde[1] *m (de una mesa, un camino)* edge: *(de una taza, etc)* rim, brim

borde[2] **1** *m,f* stroppy person |**2** *adj* stroppy

bordear *vtr* ◆ *(ir por el borde, rodear)* to go round, skirt ◆ *(estar en el borde)* to border

bordillo *m* kerb, *US* curb

bordo *m* ◆|LOC: **a b.,** on board

borrachera *f* drunkenness: **cogió una buena b.,** he got really drunk

borracho,-a 1 *adj* drunk; **estar b.,** to be drunk |**2** *m,f* drunkard, drunk

borrador *m* ◆ *(escrito provisional)* rough copy, *US* first draft ◆ *(croquis)* rough *o* preliminary sketch ◆ *(de la pizarra)* duster

borrar *vtr* ◆ *(con una goma)* to erase, rub out; *(una pizarra)* to clean ◆ *Inform* to delete

borrasca *f* area of low pressure

borrascoso,-a *adj* stormy

borrego,-a *m,f* ◆ yearling lamb

borrico,-a *m,f* ◆ ass, donkey ◆ *fam (persona testaruda)* ass, stubborn ◆ *fam pey (ignorante, simple)* thickhead, dimwit

borrón *m* ◆ blot, smudge

borroso,-a *adj* ◆ *(percepción)* blurred ◆ *(un recuerdo, una idea)* fuzzy

bosque *m* wood

bosquejar *vtr* to draft, outline

bosquejo *m (en pintura)* sketch; *(de un proyecto)* draft, outline

bostezar *vi* to yawn

bostezo *m* yawn

bota *f* ◆ boot ◆ *(de vino)* wineskin ◆ **botas de agua,** rubber boots, wellingtons

botana *f tb fpl LAm* snack

botánica *f* botany

botar 1 *vi* ◆ *(una persona)* to jump ◆ *(un objeto)* to bounce |**2** *vtr* ◆ *Náut* to launch ◆ *(un balón, una pelota)* to bounce ◆ *LAm (echar de un lugar, despedir)* to throw o chuck out

bote[1] *m* ◆ jump, bound ◆ *(de pelota)* bounce, rebound

bote[2] *m* ◆ *(de lata)* can, tin; *(de vidrio)* jar; *(para propinas)* jar *o* box for tips ◆ *(en lotería)* jackpot

bote[3] *m Náut* boat

bote[4] *loc* **estar de b. en b.,** to be packed, full to bursting

botella *f* bottle

botín[1] *m (de un robo)* loot, booty

botín[2] *m (calzado)* ankle boot

botiquín *m* medicine chest *o* cabinet; *(maletín)* first aid kit

botón *m* button

botones *m inv (empleado de un hotel)* bellboy, *US* bellhop

bóveda *f* vault

bovino,-a *adj* ◆ bovine ◆ **ganado b.,** cattle

boxeador *m* boxer

boxear *vi* to box

boxeo *m* boxing

boya *f* ◆ *Náut* buoy ◆ *(corcho de pescar)* float

boyante *adj* buoyant

bozal *m* muzzle

braga *f tb fpl* panties *pl*, knickers *pl*

bragueta *f (de pantalón)* fly, flies *pl*

bramar *vi* ◆ *(el ganado)* to low, bellow ◆ *(el mar, el viento)* to roar, howl

branquia *f* gill

brasa *f* ember, red-hot coal

Brasil, *m* Brazil

brasileño,-a *adj & m,f* Brazilian

bravo,-a 1 *adj* ◆ *(salvaje, fiero)* fierce, ferocious ◆ *(mar)* rough, stormy ◆ *LAm* angry |**2** *excl* **¡bravo!, well done!,** bravo!

braza *f* breaststroke

brazada *f* stroke

brazalete *m* ◆ *(joya, adorno)* bracelet ◆ *(distintivo)* armband

brazo *m* ◆ arm; *(de un candelabro, etc)* branch ◆ *fig* **b. armado,** armed wing; *fig* **b. derecho,** right-hand man ◆|LOC: **ir (agarrados) del b.,** to walk arm in arm; **en brazos,** in one's arms

brebaje *m* concoction, brew

brecha *f* ◆ *(herida en la cabeza)* gash ◆ *Mil & fig* breach

brécol *m* broccoli

Bretaña *f* Brittany

breva *f* early fig

breve *adj* ◆ brief ◆|LOC: **en b.,** shortly, soon

brezo *m* heather

bricolaje *m* do-it-yourself, DIY

brigada 1 *f* ◆ *Mil* brigade ◆ *(de policías, de trabajadores, etc)* squad |**2** *m Mil* sergeant major

brillante 1 *adj* ◆ *(un color, una persona)* brilliant ◆ *(una superficie)* gleaming |**2** *m* diamond

brillar *vi* ◆ *(emitir luz)* to shine; *(emitir destellos)* to sparkle; *(centellear)* to glitter
brillo *m (resplandor)* shine; *(del sol, de un foco de luz)* brightness; *(centelleo)* glittering; *(de un color)* brilliance; **sacar b. a,** to shine, polish
brincar *vi* to skip
brindar 1 *vi* to drink a toast: **brindo por los novios,** here's to the bride and groom |**2** *vtr* ◆ *(ofrecer)* to offer, provide ◆ *Taur* to dedicate ■ **brindarse** *vr* to offer [**a,** to]
brindis *m* toast
brisa *f* breeze
británico,-a 1 *adj* British; **las Islas Británicas,** the British Isles |**2** *m,f* ◆ Briton ◆ **los británicos,** the British
brizna *f* ◆ *(de hierba)* blade ◆ *(pizca)* scrap
broca *f Téc* bit
brocha *f* ◆ *(para pintar)* paintbrush ◆ *(de afeitar)* shaving brush; *(de maquillar)* blusher brush
broche *m* ◆ *(joya)* brooch ◆ *(de un collar)* clasp
brocheta *f* ◆ *(varilla para ensartar alimentos)* brochette, skewer ◆ *(comida servida ensartada)* kebab
broma *f* joke ◆|LOC: **gastar una b.,** to play a joke; **hablar en b.,** to be joking
bromear *vi* to joke
bromista 1 *adj* fond of joking *o* playing jokes |**2** *m,f* joker, prankster
bronca *f* ◆ *(disputa, pelea)* quarrel, row ◆ *(reprimenda)* telling-off
bronce *m* ◆ bronze; **edad de b.,** bronze age ◆ *Dep* bronze medal
bronceado,-a 1 *adj* suntanned, tanned |**2** *m* suntan, tan
bronceador *m* suntan cream *o* lotion
broncearse *vr* to get a tan *o* a suntan
bronquitis *f inv* bronchitis
brotar *vi* ◆ *(germinar, retoñar)* to sprout ◆ *(surgir la violencia)* to break out ◆ *(manar)* to spring, gush
brote *m* ◆ *Bot (retoño)* bud, shoot ◆ *(de enfermedad, violencia, etc)* outbreak
bruces (de) *loc adv* face downwards
bruja *f* witch, sorceress
brujería *f* witchcraft, sorcery
brújula *f* compass
bruma *f* mist
brusco,-a *adj* ◆ *(rudo)* brusque, abrupt ◆ *(súbito)* sudden, sharp
brutal *adj* ◆ brutal ◆ *fam (excesivo, intenso)* huge, enormous
brutalidad *f* brutality
bruto,-a 1 *adj* ◆ *(poco inteligente)* stupid, thick ◆ *(grosero)* coarse, uncouth ◆ *(sin descuentos)* gross ◆ *(peso)* gross |**2** *m,f* blockhead, brute
buceador,-ora *m,f* diver
bucear *vi (en aguas profundas)* to dive; *(en la piscina)* to swim under water
budismo *m* Buddhism
budista *adj* Buddhist
buen *adj (delante de un nombre masculino singular o infinitivo)* good: **¡b. viaje!,** have a good trip! ➛ **bueno,-a**
buenaventura *f* good fortune, good luck
bueno,-a 1 *adj* ◆ good ◆ *(saludable)* well, in good health ◆ *Meteor (apacible)* good; **hace muy buena noche,** it's a lovely night ◆ *(rico, sabroso)* good, nice ◆ *fam (macizo)* good-looking, sexy ◆ *irón* fine, real: **armó un buen jaleo,** he kicked up quite a fuss ◆|LOC: **¡buenas!,** hello!; **dar algo por b.,** to approve sthg; **estar de buenas,** to be in a good mood; **de buenas a primeras,** suddenly, all at once; **por las buenas,** willingly|**2** *excl* **¡b.!,** *(vale)* all right, OK
buey *m* ox, bullock; **b. de mar** crab
búfalo,-a *m,f* buffalo
bufanda *f* scarf
bufé *m* buffet; **b. libre,** self-service buffet meal
bufete *m* lawyer's office, lawyer's practice
bufón,-ona *m,f* buffoon
buhardilla *f* attic
búho *m Orn* owl
buitre *m* ◆ *Zool* vulture ◆ *fig pey (persona)* vulture
bujía *f Auto* spark plug
bulbo *m Bot* bulb
bulevar *m* boulevard

Bulgaria *f* Bulgaria
búlgaro,-a *adj* & *m,f* Bulgarian
bulimia *f* bulimia
bulla *f* ♦ *(jaleo)* noise, fuss, racket ♦ *(aglomeración)* crowd, mob
bullicio *m* hubbub
bullir *vi* ♦ *(un líquido)* to boil, bubble (up) ♦ *(hormiguear)* to bustle
bulto *m* ♦ *(volumen, objeto indeterminado)* shape, form ♦ *(equipaje)* piece of luggage ♦ *Med* lump
buque *m* ship ♦ **b. cisterna,** tanker; **b. de guerra,** warship; **b. escuela,** training ship
burbuja *f* bubble
burdel *m* brothel
burgués,-guesa *adj* & *m,f* bourgeois
burguesía *f* bourgeoisie
burla *f* ♦ *(mofa)* mockery ♦ *(broma)* joke
burladero *m Taur* refuge in bullring
burlar *vtr* ♦ *(engañar)* to outwit ♦ *(esquivar)* to evade ■ **burlarse** *vr* to mock, to make fun [**de,** of]
burocracia *f* bureaucracy
burócrata *mf* bureaucrat
burocrático,-a *adj* bureaucratic
burrada *f* ♦ *(comentario tonto)* piece of nonsense ♦ *fam (cantidad desmedida)* loads *pl*, lots *pl*
burro,-a 1 *m,f* ♦ donkey, ass ♦ *fam (estúpido)* dimwit, blockhead |2 *adj* ♦ *fam (necio)* stupid, dumb ♦ *fam (terco)* stubborn
bursátil *adj* stock-market
bus *m* bus
busca 1 *f* search |2 *m inv* bleeper, pager
buscar *vtr* ♦ to look for ♦ *(en un diccionario)* to look up ♦ *(recoger cosas)* to collect; *(recoger personas)* to pick up ■ **buscarse** *vr* to ask for
búsqueda *f* search
busto *m* bust
butaca *f* ♦ *(mueble)* armchair ♦ *(localidad)* seat
butano *m* butane (gas)
buzo *m* ♦ *(submarinista)* diver ♦ *(prenda de vestir)* overall
buzón *m* letter box, *US* mailbox
byte *m Inform* byte

C

C, c *f (letra)* C, c
c/ *(abr de calle)* street, St
cabal *adj* upright, worthy
cabalgar *vtr* & *vi* to ride
cabalgata *f* cavalcade
caballa *f Zool* mackerel
caballería *f* ♦ *Mil* cavalry ♦ *Hist* chivalry
caballero *m* ♦ gentleman ♦ *Hist* knight ♦ *frml (señor)* sir ♦ **caballeros,** *(en un lavabo)* gents ♦ **ropa de c.,** menswear
caballete *m* ♦ *(de pintor)* easel ♦ *(hueso de la naríz)* bridge
caballito *m* 1 *Zool* sea-horse |2 *mpl* **caballitos,** *(tiovivo)* merry-go-round *sing*, *US* carousel *sing*
caballo *m* ♦ horse ♦ *Ajedrez* knight ♦ *Naipes* ≈ queen ♦ *argot (heroína)* horse, smack ♦ *Fís* **c. de vapor,** horse power ♦|LOC: **montar a c.,** to ride; **a c.,** on horseback
cabaña *f* cabin

cabaré, cabaret *m* cabaret
cabecear *vi* ♦ *(mover la cabeza)* to nod off ♦ *Dep (un balón)* to head
cabecera *f* ♦ *(de una cama)* headboard ♦ *(de una mesa)* top, head ♦ **libro de c.,** bedside book; **médico de c.,** family doctor
cabecilla *mf* leader
cabello *m* ♦ hair; *Culin* **c. de ángel,** sweet made of pumpkin and syrup
caber *vi* ♦ *(poder entrar)* to fit; **no cabe por la ventana,** it won't go through the window; **no sé si cabrán los tres,** I don't known if there is room for all three of them ♦ *(en un recipiente)* to hold
cabestrillo *m* sling: **tiene el brazo en c.,** he has his arm in a sling
cabeza *f* ♦ head ♦ *(sentido común)* sense ♦ *(mente)* mind, head ♦ **c. de ajo,** bulb of garlic; **c. rapada,** skinhead ♦|LOC: **tirarse de c.,** to dive; **en c.,** in the lead; **por c.,** per person
cabezada *f* nod ♦|LOC: *fam* **dar cabezadas,** to nod
cabezota *fam* **1** *adj* pig-headed |**2** *mf* pig-headed person
cabida *f* capacity
cabina *f* cabin; *(de un conductor)* cab; *(de teléfono)* telephone box, *US* telephone booth
cable *m* ♦ cable ♦ *(de un aparato eléctrico)* wire
cabo *m* ♦ *(extremo)* end ♦ *Geog* cape ♦ *Náut* rope, cable ♦ *Mil* corporal ♦ **C. Verde,** Cape Verde; **Ciudad de El C.,** Cape Town ♦|LOC: **al c. de,** after; **de c. a rabo,** from start to finish
cabra *f* goat ♦|LOC: *fam* **estar como una c.,** to be off one's head
cabrear *vtr fam* to make angry ■ **cabrearse** *vr* to get worked up
cabrito *m Zool* kid
cabrón,-ona 1 *m Zool* billy goat |**2** *m,f vulgar ofens (hombre)* bastard; *(mujer)* bitch
caca *f fam* poo
cacahuete *m* peanut
cacao *m* ♦ *Bot* cacao ♦ *(bebida)* cocoa
cacarear *vi* to cluck
cacatúa *f Orn* cockatoo
cacería *f* hunt, shoot
cacerola *f* saucepan, *(de barro)* casserole
cacharro *m* ♦ *(de loza)* earthenware pot *o* jar ♦ *fam (objeto inservible o viejo)* thing, piece of junk ♦ **cacharros** *pl,* pots and pans
cachear *vtr* to frisk, search
cachemir *m,* **cachemira** *f* cashmere
cachete *m (en la cara)* slap; *(en las nalgas)* smack
cacho[1] *m fam* ♦ *(pedazo)* bit, piece ♦ *LAm (rato)* while
cacho[2] *m LAm* horn
cachondearse *vr fam* to take the mickey out [**de,** of]; *US* to make fun of
cachondeo *m fam* ♦|LOC: **estar de c.,** to be joking
cachorro,-a *m,f (de perro)* pup, puppy; *(de gato)* kitten; *(de otros animales)* cub, baby
cacique *m pey Pol* local (political) boss; *(persona influyente e injusta)* tyrant
cacto *m,* **cactus** *m inv Bot* cactus *inv*
cada *adj* ♦ *(distribución) (entre dos)* each; *(entre más)* each, every; **seis de c. diez,** six out of (every) ten ♦ *(frecuencia)* **c. día,** every day; **c. dos días,** every second day *o* every other day; **cada vez,** every time ♦|LOC: **a c. instante/paso,** constantly; **c. vez más,** more and more
cadáver *m* ♦ *(de persona)* corpse, (dead) body ♦ *(de animal)* body, carcass
cadena *f* ♦ chain ♦ *(de una mascota, etc)* lead, leash ♦ *TV* channel ♦ *(de trabajo)* line; **c. de montaje,** assembly line ♦ *Geog* **c. montañosa,** mountain range ♦ *Jur* **c. perpetua,** life imprisonment ♦ **cadenas** *pl, Auto* tyre o *US* tire chains
cadera *f* hip
cadete *m Mil* cadet
caducar *vi* to expire
caducidad *f* ♦ expiry ♦ **fecha de c.,** *(en alimentos)* sell-by date; *(en medicinas)* to be used before
caer *vi* ♦ to fall ♦ *(captar)* to understand, see: **ya caigo,** I get it ♦ *(causar buena o mala impresión)* **le cae bien/**

mal, he likes/doesn't like her ■ **caerse** *vr* ◆ to fall ◆ *(el pelo, los dientes)* to lose

café *m* ◆ coffee; **c. con leche/solo,** white/black coffee ◆ *(establecimiento)* café

cafeína *f* caffeine

cafetera *f* ◆ *(para hacer café)* coffee-maker; *(en una cafetería)* expresso machine ◆ *(para servir café)* coffeepot

cafetería *f* snack bar,café; *Ferroc* buffet, refreshment room

cagar *vi & vtr vulgar* to (have a) shit

caída *f* ◆ fall ◆ *(del pelo, los dientes)* loss ◆ *(de los precios)* drop ◆ *Pol* downfall, collapse

caimán *m Zool* alligator

caja *f* ◆ box ◆ *(de embalaje)* crate, case ◆ *Fin (en tienda)* cash desk; *(en banco)* cashier's desk ◆ *Com* **c. de ahorros,** savings bank; *Auto* **c. de cambios,** gearbox; **c. fuerte,** safe ◆|LOC: *Com* **hacer c.,** to cash up

cajero,-a *m,f* cashier; **c. automático,** cash point, dispenser; *US* ATM machine

cajetilla *f* packet, *US* pack

cajón *m* ◆ drawer ◆|LOC: *fam* **de c.,** obvious, self-evident

cal[1] *f* lime

cal[2] *abr de **caloría(s),*** calorie(s), cal

cala *f* ◆ *Geog* creek, cove ◆ *Esp fam fpl* peseta

calabacín *m Bot (grande)* marrow, *US* squash; *(pequeño)* courgette, *US* zucchini

calabaza *f Bot* pumpkin

calabozo *m (de una comisaría)* jail; *(de un castillo)* dungeon; *(de una cárcel)* cell

calada *f fam* drag, puff

calamar *m Zool* squid *inv*

calambre *m* ◆ *Elec (descarga)* electric shock ◆ *(contracción en músculo)* cramp

calaña *f pey* kind, sort

calar 1 *vtr* ◆ *(empapar)* to soak, drench ◆ *(atravesar)* to pierce, penetrate ◆ *fam (a alguien o sus intenciones)* to rumble ■ **calarse** *vr* ◆ *(empaparse)* to get soaked ◆ *Auto* to stall

calavera 1 *f* skull |**2** *m (libertino)* tearaway, madcap

calcar *vtr* ◆ *(un dibujo)* to trace ◆ *(imitar)* to copy, imitate

calcetín *m* sock

calcio *m* calcium

calco *m* ◆ tracing ◆ *(imitación exacta)* exact replica, straight copy

calcomanía *f* transfer

calculador,-ora 1 *adj (persona, mente)* calculating |**2** *f* calculator

calcular *vtr* ◆ *Mat* to calculate ◆ *(evaluar)* to (make an) estimate ◆ *(conjeturar)* to figure, guess, reckon

cálculo *m* ◆ *(operación matemática)* calculation ◆ *(conjetura)* reckoning ◆ *Med* gallstone ◆ *Mat (disciplina)* calculus

caldear *vtr* to heat up

caldera *f* boiler

calderilla *f* small change

caldo *m (de verduras, ave)* stock; *(con tropezones)* broth; *(consomé)* clear soup

calé *adj & mf* gypsy

calefacción *f* heating; *US* **heat; c. central/eléctrica,** central/electric heating

calefactor *m* heater

caleidoscopio *m* kaleidoscope

calendario *m* ◆ calendar ◆ *(de trabajo)* schedule

calentador *m* heater

calentamiento *m Dep* warm-up

calentar *vtr* ◆ *(la leche, el horno)* to heat; *(algo o a alguien que se quedó frío)* to warm up ◆ *vulgar (excitar sexualmente)* to arouse (sexually), turn on ■ **calentarse** *vr* to get hot *o* warm, heat up

calentura *f* ◆ *(en los labios)* cold sore ◆ *(fiebre)* temperature

calibre *m* ◆ *(de arma, tubo)* calibre, bore ◆ *(importancia, categoría)* importance, magnitude

calidad *f* quality

cálido,-a *adj* warm

caliente *adj* ◆ hot ◆ *(una discusión, etc)* heated ◆ *vulgar (sexualmente excitado)* hot, randy

calificación *f Educ* mark

calificar *vtr* ♦ to describe [**de,** as] ♦ *(poner nota)* to mark, grade
caligrafía *f* handwriting
cáliz *m* ♦ *Rel* chalice ♦ *Bot* calyx
callado,-a *adj* quiet
callar 1 *vi* ♦ *(parar de hablar)* to stop talking ♦ *(no decir nada)* to keep quiet, say nothing **|2** *vtr* & *vr (dejar de dar una noticia)* not to mention, keep to oneself ■ **callarse** *vr* to stop talking, be quiet; **¡cállate!,** shut up!
calle *f* ♦ street, road; **c. cortada,** cul-de-sac, dead end; **c. mayor,** high street, *US* main street ♦ *Dep (de una pista, un circuito)* lane
callejero,-a 1 *m* street directory **|2** *adj* street; *(animal)* alley; **perro c.,** stray dog
callejón *m* alley; *(sin salida)* cul-de-sac, dead end
callo *m* ♦ *Med* callus, corn ♦ *Culin* **callos,** tripe *sing*
calma *f* calm: **¡c.!,** calm down!, keep calm!; **tomárselo con c.,** to take it easy
calmante *m* painkiller
calmar *vtr* ♦ *(a una persona)* to calm (down) ♦ *(un dolor)* to soothe, relieve ■ **calmarse** *vr* ♦ *(una persona)* to calm down ♦ *(dismunir, apaciguarse)* to ease off
calor *m* ♦ heat: **hacía mucho c.,** it was very hot; **pasar/tener c.,** to feel hot *o* to be hot ♦ *(afecto, cariño)* warmth ♦|LOC: **entrar en c.,** to warm up
caloría *f* calorie
calumnia *f* ♦ calumny ♦ *Jur* slander
caluroso,-a adj hot
calva *f* bald patch
calvicie *f* baldness
calvo,-a *adj* bald
calzada *f* road, carriageway
calzado *m* shoes *pl*, footwear
calzar *vtr* to wear: **¿qué número calza?,** what size does he take? ■ **calzarse** *vr* to put one's shoes on
calzoncillos *mpl* underpants, pants, *US* shorts
cama *f* bed; **c. de matrimonio/individual,** double/single bed
camaleón *m Zool* chameleon
cámara 1 *f* ♦ *Fot TV* camera ♦ *(habitación, reservado)* room, chamber ♦ *(refrigerador industrial)* cold-storage room ♦ *Pol* Chamber, House ♦ *Auto (de un neumático)* inner tube ♦|LOC: **a c. lenta,** in slow motion
camarada *m,f Pol* comrade
camarero,-a *m,f* ♦ *(de un restaurante) (hombre)* waiter, *(mujer)* waitress; *(de una barra de bar) (hombre)* barman, *(mujer)* barmaid ♦ *(servicio de hotel) (hombre)* bellboy, *(mujer)* chambermaid
camarón *m Zool* (common) prawn
camarote *m* cabin
cambiar 1 *vtr* ♦ to change ♦ *(cromos, etc)* to swap, *(en un comercio)* exchange **|2** *vi* to change; **c. de casa,** to move (house); **c. de idea,** to change one's mind ■ **cambiarse** *vr* ♦ *(de ropa)* to change (clothes) ♦ *(de dirección)* to move
cambiazo *m fam* ♦ big change ♦ *(estafa)* switch
cambio *m* ♦ change; *(de opinión)* shift ♦ *Fin (de la moneda extranjera)* exchange ♦|LOC: **a c. de,** in exchange for; **en c.,** on the other hand
camelia *f Bot (flor)* camellia
camello,-a 1 *m,f Zool* camel **|2** *m argot* (drug) pusher
camelo *m fam* ♦ *(estafa)* hoax ♦ *(mentira)* cock-and-bull story
camerino *m* dressing room
camilla *f* stretcher; *(para reconocer a un paciente)* examining couch
camillero,-a *m,f* stretcher
caminante *mf* walker
caminar *vtr* & *vi* to walk
camino *m* ♦ *(estrecho, sin asfaltar)* path, track; *(en general)* road ♦ *(itinerario, ruta)* route, way ♦ *(medio, modo)* way ♦|LOC: **ir por buen/mal c.,** to be on the right/wrong track; **ponerse en c.,** to set off; **de c. a,** on the way to
camión *m Auto* lorry, *US* truck; **c. cisterna,** tanker; **c. de la basura,** refuse lorry, *US* garbage truck
camionero,-a *m,f* lorry *o US* truck driver
camioneta *f* van

camisa *f* ◆ *Indum* shirt ◆ **c. de fuerza,** straightjacket
camiseta *f* ◆ *Indum (interior)* vest, *US* undershirt; *(exterior)* T-shirt ◆ *Dep* shirt
camisón *m* nightdress, *fam* nightie
campamento *m* camp
campana *f* ◆ bell ◆ *Cost* bell-bottom ◆ **c. extractora,** extractor hood; **vuelta de c.,** roll over
campanilla *f Bot* harebell
campaña *f* ◆ *(electoral, etc)* campaign ◆ *Mil* expedition
campechano,-a *adj fam* unpretentious, straightforward
campeón,-ona *m,f* champion
campeonato *m* championship
campero,-a *adj* ◆ country, rural ◆ **(botas) camperas,** cowboy boots
campesino,-a *m,f* peasant; *(hombre)* countryman; *(mujer)* countrywoman |**2** *adj* rural, peasant-like
camping *m* ◆ *(espacio para acampar)* campsite ◆ *(acampada)* camping
campo *m* ◆ country, countryside ◆ *(tierra de cultivo)* land ◆ *(parcela de cultivo)* field ◆ *Dep* field; *(de fútbol)* pitch; *(de golf)* course ◆ *(ámbito)* field ◆ *Fís Fot* field ◆ **c. de concentración,** concentration camp; **c. visual,** field of vision; **trabajo de c.,** fieldwork
camuflar *vtr* to camouflage
cana *f (gris)* grey hair; *(blanca)* white hair
Canadá *m* Canada
canadiense *adj* & *mf* Canadian
canal *m* ◆ *(artificial)* canal; *(natural)* channel ◆ *TV Elec Inform* channel ◆ *(vía, conducto)* channel
canalizar *vtr* to channel
canalla *pey* **1** *mf* swine, rotter |**2** *f* riffraff, mob
canalón *m* gutter
canapé *m Culin* canapé
Canarias *fpl* the Canaries; **las islas Canarias,** the Canary Islands
canario *m Orn* canary
canario,-a 1 *adj* of/from the Canary Islands |**2** *m,f* native of the Canary Islands
canasta *f* basket
canasto *m* big basket, hamper
cancelar *vtr* ◆ *(una cuenta, viaje, etc)* to cancel ◆ *(una deuda)* to pay off
cáncer *m* ◆ *Med* cancer ◆ *Astron* Cancer
cancerígeno,-a *adj* carcinogenic
cancha *f* ground; *Ten* court
canciller *m* ◆ chancellor ◆ *LAm (ministro de Exteriores)* Foreign Secretary
canción *f* song; **c. de cuna,** lullaby
candado *m* padlock
candelabro *m* candelabra
candente *adj* ◆ *(un hierro, etc)* red-hot ◆ *(un tema)* burning
candidato,-a *m,f (a un cargo, premio)* candidate; *(a un empleo)* applicant
cándido,-a *adj* candid
candor *m* candour, *US* candor
canela *f* cinnamon
canelones *mpl Culin* canneloni
cangrejo *m Zool (marino)* crab; *(de agua dulce)* freshwater crayfish
canguro 1 *m Zool* kangaroo |**2** *mf fam* baby-sitter
caníbal *adj* & *mf* cannibal
canica *f* marble
caniche *m Zool* poodle
canijo,-a *adj fam* puny, weak
canino,-a 1 *adj* canine |**2** *m (colmillo)* canine tooth
canjear *vtr* to exchange
canoa *f* canoe
canódromo *m* dogtrack
canon *m* ◆ canon, norm ◆ *Mús Rel* canon ◆ *Com* royalty, toll
canónigo *m* canon
canonizar *vtr* to canonize
canoso,-a *adj (pelo)* white, grey; *(de pelo blanco)* white-haired; *(de pelo gris)* grey-haired;
cansado,-a *adj* tired
cansancio *m* tiredness, weariness
cansar 1 *vtr* ◆ to tire ◆ *(hartar, aburrir)* to get tired ■ **cansarse** *vr* to get tired
cantante *mf* singer
cantaor,-ora *m,f* flamenco singer
cantar[1] *vtr* & *vi* to sing
cantar[2] *m* ◆ song, chant ◆ *Lit* poem; **un c. de gesta,** an epic poem

cántaro *m* pitcher ◆|LOC: *fig* **llover a cántaros,** to pour with rain

cantautor,-ora *m,f* singer-songwriter

cante *m* ◆ *(modo de cantar)* singing; *(canción)* song ◆ *Esp* **c. flamenco,** flamenco singing

cantera *f* ◆ *(de piedra, grava, etc)* quarry ◆ *fig Ftb* junior players

cantidad *f* ◆ quantity ◆ *fam (número o porción grande)* lots of ◆ *(suma de dinero)* amount, sum ◆ *(cifra)* figure ◆|LOC: **en c.,** a lot

cantimplora *f* water bottle

canto[1] *m* ◆ *(modo de cantar, arte)* singing ◆ *(canción)* chant, song

canto[2] *m* edge ◆|LOC: **de c.,** on its side

canto[3] *m* **c. rodado,** *(grande)* boulder; *(pequeño)* pebble

canturrear *vi* & *vtr* to hum, croon

caña *f* ◆ *(para pescar)* rod ◆ *Bot* reed; *(tallo)* cane, stem; **c. de azúcar,** sugar cane ◆ *(de cerveza)* glass of draught o *US* draft beer

cañada *f* ◆ *(entre dos montañas)* gully ◆ *(para el ganado)* cattle (o sheep) track

cañería *f* pipe

cañón *m* ◆ *Mil* cannon; *(de escopeta, etc)* barrel ◆ *Geog* canyon

cañonazo *m* gunshot, cannon shot

caoba *f* & *adj* mahogany

caos *m* chaos

caótico,-a *adj* chaotic

capa *f* ◆ *(recubrimiento)* layer, coat; **c. de ozono,** ozone layer ◆ *Culin* coating ◆ *(prenda)* cloak, cape

capacidad *f* capacity

capacitar *vtr* to qualify [**para,** for]

caparazón *m* shell

capataz *mf (hombre)* foreman; *(mujer)* forewoman

capaz *adj* capable, able; **ser c. de hacer algo,** *(tener la habilidad de)* to be able to do sthg; *(tener la audacia de)* to dare to do sthg ◆|LOC: *LAm* **es c. que llueva,** it is likely to rain

capcioso,-a *adj* captious, cunning

capellán *m* chaplain

Caperucita Roja *f Lit* Little Red Riding Hood

capicúa *adj* & *m (número)* reversible number

capilla *f Rel* chapel; **c. ardiente,** chapel of rest

capital 1 *f* capital |**2** *m Fin* capital; **c. activo/social,** working/share capital |**3** *adj* capital, main; **pena c.,** capital punishment

capitalista *adj* & *mf* capitalist

capitán,-ana *m,f Mil Náut Dep* captain; **c. general,** field marshal, *US* general of the army

capitel *m Arquit* capital

capitulación *f* ◆ *(convenio, pacto)* agreement ◆ *Mil (de una rendición)* capitulation ◆ *Jur* **capitulaciones matrimoniales,** marriage settlement

capitular *vi* ◆ *Mil (rendirse)* to capitulate, surrender ◆ *(pactar)* to reach an agreement

capítulo *m* ◆ *(de un libro, una serie)* chapter ◆ *fig (apartado, tema)* area

capo *m* gangster

capó *m Auto* bonnet, *US* hood

capote *m* ◆ *Taur* cape ◆ *Mil* greatcoat

capricho *m* ◆ *(deseo)* whim, caprice ◆ *(marca de nacimiento)* birthmark ◆ *Mús* caprice, capriccio

caprichoso,-a *adj* ◆ *(antojadizo)* whimsical, fanciful ◆ *(maniático, exigente)* fussy

Capricornio *m Astrol* Capricorn

cápsula *f* capsule

captar *vtr* ◆ *(una señal)* to receive, pick up ◆ *(clientes)* to gain, to win ◆ *(una broma, ironía)* to understand, grasp

capturar *vtr* ◆ *(a un criminal, etc)* to capture, seize ◆ *(una presa)* to catch

capucha *f* hood

capuchino *m* ◆ *(café)* capuccino ◆ *Rel* capuchin

capullo *m* ◆ *Zool* cocoon ◆ *Bot* bud

caqui 1 *adj (color)* khaki |**2** *m Bot (fruta)* persimmon

cara *f* ◆ face; **tener buena/mala c.,** to look good/bad ◆ *fam (desfachatez)* cheek, nerve ◆ *(de un folio, disco)* side ◆ *(anverso de una moneda)* right side: **¿c. o cruz?,** heads or tails? |**2** *mf fam (fresco, descarado)* cheeky person

caracol *m* ◆ *Zool* snail; *LAm* shell ◆ *Anat* cochlea ◆ *(rizo del pelo)* kiss-curl, ringlet

caracola *f* conch

carácter *m* character; **tener buen/mal c.,** to be good-natured/bad-tempered

característico,-a *adj* & *f* characteristic

caracterizar *vtr* ◆ *(diferenciar)* to characterize ◆ *(a un personaje)* to play ■ **caracterizarse** *vr Teat (vestirse y maquillarse de)* to portray

caradura *mf fam* cheeky devil

caramba *excl fam (sorpresa)* good grief!; *(enfado)* damn it!

caramelo *m* ◆ sweet, *US* candy ◆ *(azúcar quemado)* caramel

carantoña *f* caress

carátula *f* ◆ *(de un casete, vídeo)* cover; *(de un disco)* sleeve

caravana *f* ◆ *(de camellos)* caravan; *(de coches en carretera)* tailback, *US* backup ◆ *(remolque, roulotte)* caravan

carbón *m* coal

carboncillo *m* charcoal

carbono *m* carbon

carburador *m* carburettor, *US* carburetor

carburante *m* fuel

carca *adj* & *mf fam (chapado a la antigua)* old fogey; *Pol* reactionary

carcajada *f* guffaw

cárcel *f* prison, jail

carcelero,-a *m,f* jailer, warder, *US* warden

carcoma *f Zool* woodworm

cardenal *m* ◆ *Med (moratón)* bruise ◆ *Rel* cardinal

cardiaco,-a, cardíaco,-a *adj* cardiac, heart; **ataque/paro c.,** heart attack/failure

cardinal *adj* cardinal

cardiólogo,-a *m,f* cardiologist

cardo *m Bot* thistle

carecer *vi* **c. de algo,** to lack something

carencia *f (falta, privación)* lack [**de,** of]; *(escasez)* shortage [**de,** of]

careta *f* mask

carga *f* ◆ *(acción)* loading ◆ *(peso)* load ◆ *(cantidad de explosivo)* charge ◆ *Fin (impuesto)* tax; **libre de cargas,** free of charges ◆ *fig (deber, obligación)* burden ◆ *Mil Elec* charge

cargado,-a *adj* ◆ *(lleno)* loaded ◆ *(un café, té, combinado)* strong ◆ *(el tiempo, la atmósfera)* sultry; *(lleno de humo, poco ventilado)* stuffy

cargador 1 *m* ◆ *(de una pistola)* magazine ◆ *Elec (de una pila, batería eléctrica)* charger

cargar 1 *vtr* ◆ to load ◆ *(un mechero, una pluma)* to fill ◆ *(poner carga eléctrica)* to charge ◆ *Com* to charge; **cárguelo a mi cuenta,** charge it to my account **|2** *vi* ◆ *(soportar)* to lumber [**con,** with] ◆ *(llevar un peso)* to carry ◆ *(atacar)* to charge [**contra,** (against)] ■ **cargarse** *vr* ◆ *fam (estropear)* to smash, ruin ◆ *fam (asesinar)* to kill

cargo *m* ◆ *(puesto)* post, position ◆ *(cuidado, responsabilidad)* charge; **estar a c. de,** to be in charge of ◆ *Jur* charge, accusation ◆ *Fin* charge, debit ◆|LOC: **correr a c. de,** *(gastos)* to be met by

carguero *m* ◆ *Náut* freighter ◆ *Av* transport plane

Caribe *m* the Caribbean

caribeño,-a 1 *adj* Caribbean **|2** *m,f* person from the Caribbean region

caribú *m Zool* caribou

caricatura *f* caricature

caricia *f* caress, *(a un animal)* stroke

caridad *f* charity

caries *f inv* decay

cariño *m* ◆ *(afecto)* affection; **siento mucho c. por este disco,** I'm very fond of this record ◆ *(cuidado)* care ◆ *(querido)* darling

carisma *m* charisma

caritativo,-a *adj* charitable

cariz *m* look

carmesí *adj* & *m* crimson

carmín 1 *m* & *adj* carmine **|2** *m* lipstick

carnaval *m* carnival

carne *f* ◆ flesh ◆ *(alimento)* meat; **c.**

de cerdo, pork ♦ *(de un fruto)* pulp ♦ *fig fam* **c. de gallina,** goosepimples

carné, carnet *m* card; **c. de conducir,** driving licence, *US* driver license; **c. de identidad,** identity card

carnicería *f* butcher's (shop)

carnicero,-a *m,f* butcher

carnívoro,-a 1 *adj* carnivorous **|2** *m,f* carnivore

caro,-a 1 *adj* expensive, dear **|2** *adv* dearly

carpa *f* ♦ *Zool* carp ♦ *(lona)* big top, *(pequeña techumbre)* marquee ♦ *LAm (tienda de campaña)* tent

carpeta *f* folder

carpetazo *m* **dar c. a un asunto,** to shelve a matter

carpintería *f* ♦ *(arte, oficio)* carpentry; *(marcos, suelos de madera de una casa)* woodwork ♦ *(taller)* carpenter's workshop

carpintero,-a *m,f* carpenter

carraspear *vi* to clear one's throat

carrera *f* ♦ *(competición)* race ♦ *(estudios universitarios)* degree; **c. técnica,** technical degree ♦ *(profesión)* career, profession ♦ *(en una media)* run, ladder ♦ *(trayecto en taxi)* journey

carrete *m* ♦ *(bobina de hilo, sedal)* reel; *(de alambre, cable, etc)* coil ♦ *(de fotografías)* roll

carretera *f* road; **c. comarcal/nacional,** *GB* B/A road

carretilla *f* wheelbarrow

carril *m* ♦ *Ferroc* rail ♦ *Auto* lane ♦ *(de una ventana, puerta)* slide

carrillo *m* cheek

carrito *m* **c. de la compra,** shopping trolley, *US* shopping cart

carro *m* ♦ *(carreta)* cart ♦ *(de máquina de escribir)* carriage ♦ *(de supermercado, aeropuerto)* trolley, *US* cart ♦ *Mil* **c. de combate,** tank ♦ *LAm* car

carrocería *f Auto* bodywork

carroña *f* carrion

carroza 1 *f* ♦ *(coche de caballos)* coach, carriage ♦ *(de desfile)* float **|2** *m,f fam* old fogey

carruaje *m* carriage, coach

carta *f* ♦ letter; **c. certificada,** registered letter ♦ *(de un restaurante)* menu; **c. de vinos,** wine list ♦ *Naipes* card ♦ *Av Náut* chart ♦ *(documento oficial)* papers ♦ **c. magna,** constitution

cartabón *m* set square

cartel *m* poster

cartelera *f* ♦ *Prensa* entertainments section ♦ *(de un cine)* hoarding, *US* billboard

cartera *f* ♦ *(billetera, monedero)* wallet ♦ *(para llevar documentos)* briefcase; *(de niño)* satchel, schoolbag ♦ *Pol* portfolio ♦ *Com (de clientes)* client list ♦ *LAm (bolso)* handbag, *US* purse

carterista *mf* pickpocket

cartero,-a *m,f (hombre)* postman; *(mujer)* postwoman

cartilla *f* ♦ book; **c. de ahorros,** savings book; **c. del médico,** medical card ♦ *(para aprender a leer)* first reader, primer

cartón *m* ♦ *(materia)* card, cardboard ♦ *(envase)* carton

cartucho *m* ♦ *(de escopeta)* cartridge ♦ *Inform Téc (de tóner)* print cartridge; *(para la pluma)* refill

cartulina *f* card

casa *f* ♦ *(edificio)* house ♦ *(hogar)* home: **vete a c.,** go home; **estábamos en c. de Rosa,** we were at Rosa's ♦ *(empresa)* company, firm ♦ **c. de empeños,** pawnshop; **c. de huéspedes,** boarding house; *fam* **c. de locos,** madhouse; **c. de socorro,** first aid post

casado,-a *adj* married

casar 1 *vtr* to marry **|2** *vi (encajar)* to match, go *o* fit together ■ **casarse** *vr* to marry, get married

cascabel 1 *m* ♦ bell, jingle bell ♦ *(de una serpiente)* rattle **|2** *f Zool* rattlesnake

cascada *f* waterfall, cascade

cascado,-a *adj fig* ♦ *(achacoso)* worn-out, aged ♦ *(estropeado)* clapped-out

cascanueces *m inv* nutcracker

cascar *vtr* ♦ *(romper)* to crack ♦ *fam (pegar)* to hit ■ **cascarse** *vr* to crack

cáscara *f* ♦ *(de huevo, nuez, etc)* shell ♦ *(piel de la fruta)* skin, peel ♦ *(de grano, semilla)* husk

casco 1 *m* ♦ *(para la cabeza)* helmet;

c. azul, blue helmet ♦ *(envase vacío)* empty bottle ♦ *(de barco)* hull ♦ **c. antiguo,** old town |2 *mpl* **cascos,** *(de música)* headphones

cascote *m* piece of rubble *o* debris

casero,-a 1 *adj* ♦ *(hecho en casa)* home-made ♦ *(hogareño)* home-loving |2 *m,f (hombre)* landlord; *(mujer)* landlady

caseta *f* ♦ *(de perro)* kennel ♦ *(de feria, exposición)* stand, stall

casete 1 *m (magnetófono)* cassette player *o* recorder |2 *f (cinta)* cassette (tape)

casi *adv* almost, nearly; *fam* **c., c.,** just about; **c. nadie,** hardly anyone; **c. nunca,** hardly ever; **c. siempre,** almost always

casilla *f* ♦ *(de un casillero)* pigeonhole ♦ *(de un tablero)* square; *(de un impreso)* box ♦ *LAm* P.O. Box ♦|LOC: *fam* **sacar a alguien de sus casillas,** to drive somebody mad

casillero *m* pigeonholes *pl*

casino *m* casino

caso *m* ♦ *(suceso)* case ♦ *Med* case ♦ *Jur* affair ♦|LOC: **en el mejor/peor de los casos,** at best/worst; **en ese/tal c.,** in that case; **hacer c. a alguien,** to pay attention to sb; **no venir al c.,** to be beside the point; **poner por c.,** to suppose; **en todo c.,** in any case; **en último c.,** as a last resort

caspa *f* dandruff

casquillo *m* ♦ *(de bala)* case, *US* bullet shell ♦ *(de una bombilla)* fitting

cassette *m* & *f* → **casete**

casta *f* ♦ *(división social)* caste ♦ *(raza, pedigrí)* breed

castaña *f* chestnut

castañetear *vi (los dientes)* to chatter

castaño,-a 1 *m* ♦ *Bot* chestnut ♦ *(color)* chestnut-brown |2 *adj (color de un objeto)* chestnut-brown; *(del pelo, los ojos)* brown, dark

castañuelas *fpl* castanets

castellano,-a 1 *adj* Castilian |2 *m,f (nativo)* Castilian |3 *m (idioma)* Spanish, Castilian

castidad *f* chastity

castigar *vtr* ♦ to punish ♦ *Jur Dep* to penalize

castigo *m* ♦ punishment ♦ *Jur* penalty

Castilla *f* Castile

castillo *m* castle

casto,-a *adj* chaste

castor *m Zool* beaver

castrar *vtr* to castrate

casual *adj* accidental, chance

casualidad *f* chance, coincidence; **de c.,** by chance

cataclismo *m* cataclysm

catalán,-ana 1 *adj* & *m,f* Catalonian |2 *m (idioma)* Catalan

catalejo *m* small telescope

catálogo *m* catalogue, *US* catalog

Cataluña *f* Catalonia

catapulta *f Mil* catapult

catar *vtr* to taste

catarata *f* ♦ *Geo* waterfall ♦ *Med* cataract

catarro *m* (common) cold

catástrofe *f* catastrophe

catear *vtr fam Educ* to fail, *US* flunk

catecismo *m* catechism

catedral *f* cathedral

catedrático,-a *m,f Educ Univ* professor; *(de instituto, bachillerato)* head of department

categoría *f* ♦ category ♦ *(prestigio, estilo)* class ♦ *(grado en la calidad)* **de primera/segunda c.,** first/second rate

católico,-a *adj* & *m,f* Catholic

catorce *adj* & *m inv* fourteen

cauce *m* bed

caucho *m* ♦ rubber ♦ *LAm (neumático)* tyre, *US* tire

caudal *m* ♦ *(de un río)* flow ♦ *(bienes)* wealth, riches pl

caudillo *m* leader, head

causa *f* ♦ cause ♦ *(motivo)* reason ♦ *Jur (proceso)* trial ♦|LOC: **a** *o* **por c. de,** because of

causar *vtr* to cause, bring about

cautela *f* caution

cauteloso,-a *adj* cautious

cautivar *vtr (fascinar)* to captivate

cautivo,-a *adj* & *m,f* captive

cauto,-a *adj* cautious

cava *m* cava, sparkling wine
cavar *vtr* to dig
caverna *f* cave
caviar *m* caviar
cavidad *f* cavity
caza 1 *f* ◆ hunting; **c. furtiva,** poaching ◆ *(animales)* game ◆ **c. de brujas,** witch hunt |**2** *m Av* fighter, fighter plane
cazador,-ora *m,f* hunter; **c. furtivo,** poacher
cazadora *f* (waist-length) jacket: *(de cuero)* leather jacket
cazar *vtr* to hunt
cazatalentos *mf inv* head-hunter
cazo *m* ◆ *(cacerola pequeña)* saucepan ◆ *(cucharón)* ladle
cazuela *f (cacerola)* saucepan; *(de gres)* casserole ◆|LOC: **a la c.,** stewed
c/c *(abr de **cuenta corriente**)* current account, c/a
CD *m* ◆ *(abr de **compact disk**)* CD ◆ *(abr de **cuerpo diplomático**)* diplomatic corps
cebada *f Bot* barley
cebar *vtr (a un animal)* to fatten; *fam (a una persona)* to feed up
cebo *m* bait
cebolla *f* onion
cebolleta *f* spring onion, *US* scallion
cebra *f* ◆ *Zool* zebra ◆ **paso de c.,** zebra crossing, *US* crosswalk
cecear *vi* to lisp
ceder 1 *vtr (voluntariamente)* to hand over; *(obligatoriamente)* to give; **c. el paso,** to give way, *US* to yield |**2** *vi (una cuerda, un cable)* to give way
cedro *m Bot* cedar
cédula *f Fin* bond, warrant
cegar *vtr* to blind
ceguera *f* blindness
ceja *f* eyebrow
celador,-ora *m,f* attendant; *(de una cárcel)* warder, *US* guard
celda *f* cell
celebración *f* ◆ *(fiesta)* celebration ◆ *(de un juicio, unas elecciones, etc)* holding
celebrar *vtr* ◆ *(festejar)* to celebrate ◆ *(un juicio, unas elecciones)* to hold; *(una boda)* to perform ■ **celebrarse** *vr* ◆ *(tener lugar)* to take place, be held ◆ *(conmemorarse)* to be celebrated
célebre *adj* famous, well-known
celeste 1 *adj* ◆ *(de cielo)* celestial ◆ *(color)* sky-blue |**2** *m* sky blue
celo *m Zool (en los machos)* rut; *(en las hembras)* heat; **tener celos,** to be jealous
celo® *m fam* sellotape®, *US* Scotch tape®
celofán *m* cellophane®
celoso,-a *adj* jealous
celta 1 *adj* Celtic |**2** *m,f* Celt |**3** *m (idioma)* Celtic
célula *f* cell
celulitis *f inv* cellulitis
cementerio *m* ◆ cemetery, graveyard ◆ **c. de coches,** scrapyard
cemento *m* cement; **c. armado,** reinforced cement
cena *f* dinner, supper
cenar 1 *vi* to have supper *o* dinner |**2** *vtr* to have for supper *o* dinner
cenicero *m* ashtray
cenit *m* zenith
ceniza *f* ash
censo *m* census; **c. electoral,** electoral roll
censura *f* ◆ censorship ◆ *Pol* **moción de c.,** vote of no confidence
censurar *vtr* ◆ *(libro, película)* to censor ◆ *(criticar, reprobar)* to censure, criticize
centavo *m LAm Fin* cent, centavo
centellear *vi* to flash, sparkle
centena *f*, **centenar** *m* hundred
centenario,-a 1 *adj* hundred-year-old |**2** *m* centenary, hundredth anniversary
centeno *m* rye
centésimo,-a *adj* & *m,f* hundredth
centígrado,-a *adj* centigrade
centilitro *m* centilitre, *US* centiliter
centímetro *m* centimetre, *US* centimeter
céntimo *m* cent
centinela *mf* sentry
centollo *m* spider crab
central 1 *adj* central |**2** *f* ◆ *(oficina principal)* head office; **c. de correos,**

main post office ♦ *Elec (de energía)* power station

centralita *f Tel* switchboard

centralizar *vtr* to centralize

centrar *vtr* ♦ to centre, *US* center ♦ *(los esfuerzos, la atención)* to concentrate, centre, *US* center ■ **centrarse** *vr* ♦ to be centred, *US* centered *o* based ♦ *(concentrarse)* to concentrate [**en,** on]

céntrico,-a *adj* central

centrifugar *vtr* to spin-dry

centrista 1 *adj Pol* centre, *US* center |**2** *m,f Pol* centrist

centro *m* centre, *US* center ♦ *Pol* centre party ♦ **c. comercial,** shopping centre

Centroamérica *f* Central America

centroamericano,-a *adj* & *m,f* Central American

centroeuropeo,-a *adj* & *m,f* Central European

ceñido,-a *adj* tight

ceñirse *vr* to limit oneself, stick [**a,** to]

ceño *m* scowl, frown: **frunció el c.,** he frowned

cepa *f Agr* vine

cepillar *vtr,* **cepillarse** *vr* to brush

cepillo *m* ♦ brush; **c. de dientes,** toothbrush; **c. del pelo,** hairbrush ♦ *Rel (limosnero)* alms box

cepo *m* ♦ *Caza* trap ♦ *Auto* clamp

cera *f* wax

cerámica *f* ceramics *sing*

cerca[1] *adv* ♦ *(a poca distancia)* near, close ♦ *(próximo en el tiempo)* soon ♦|LOC: **c. de,** nearly, around

cerca[2] *f* fence, wall

cercado *m* ♦ *(vallado)* enclosure ♦ *(valla)* fence, wall

cercanía 1 *f* proximity, nearness |**2** *fpl* **cercanías,,** outskirts, suburbs

cercano,-a *adj* ♦ close, nearby ♦ **Cercano Oriente,** Near East

cercar *vtr* ♦ *(con una valla)* to fence, enclose ♦ *(al enemigo)* to surround

cerco *m* ♦ circle, ring ♦ *Mil (sitio)* siege

cerda *f* bristle

cerdo-a 1 *m,f Zool* pig |**2** *m (carne)* pork

cereal *m* cereal

cerebro *m* ♦ *Anat* brain ♦ *fig (inteligencia)* brains *pl:* **es el c. de la banda,** he's the brains of the gang

ceremonia *f* ceremony

cereza *f* cherry

cerilla *m* match

cero *m* ♦ zero ♦ *Dep* nil: **ganaron dos a c.,** they won two nil

cerrado,-a *adj* ♦ closed, shut; *(recinto)* enclosed ♦ *(a las novedades, etc)* narrow minded ♦ *(tímido)* reserved ♦ *(curva)* tight, sharp

cerradura *f* lock

cerrajero,-a *m,f* locksmith

cerrar 1 vtr ♦ to shut, close; *(con llave)* to lock; *(un grifo abierto)* to turn off; *(subir una cremallera)* to do up; *(un sobre)* to seal ♦ *(un trato, acuerdo)* to finalize ♦ *(bloquear)* **cerrarle el paso a alguien,** to block sb's way |**2** *vi* ♦ to close, shut ♦ *(un negocio)* to close down ■ **cerrarse** *vr* to close, shut ♦ *(una jornada, actividad)* to end ♦ *fam (ponerse intransigente)* to close one's mind

cerro *m* hill

cerrojo *m* bolt

certamen *m* competition, contest

certero,-a *adj (en la puntería)* accurate; *(en la opinión)* sound

certeza, certidumbre *f* certainty: **no lo sé con c.,** I'm not certain of it

certificado,-a 1 *adj* ♦ certified ♦ *(correo)* registered |**2** *m* certificate

certificar *vtr* ♦ to certify ♦ *(una carta)* to register

cervatillo *m Zool* fawn

cervecería *f* ♦ *(bar)* pub, bar ♦ *(fábrica de cerveza)* brewery

cerveza *f* beer; **c. de barril/sin alcohol,** draught/alcohol-free beer

cervical 1 *adj* cervical |**2** *fpl* cervical vertebraurts

cesar *vi* ♦ *(parar)* to stop, cease [**de,** -] ♦ *(en un cargo o puesto)* to resign [**como/en,** as]

cesárea *f Med* Caesarean (section), *US* Cesarean (section)

cese *m* ♦ *(suspensión)* cessation, suspension ♦ *(dimisión, renuncia)* resignation

césped *m* lawn, grass

cesta *f* basket
cesto *m* basket
cetáceo *m Zool* cetacean, whale
chabacano,-a *adj pey (de mal gusto)* cheap
chabola *f* shack
chabolismo *m* the existence *o* problem of shanty towns
chacal *m Zool* jackal
cháchara *f fam* small talk, chinwag, chat
chacinería *f LAm* pork butcher's shop
chafar *vtr* ◆ *fam (un plan, una sorpresa, etc)* to ruin, spoil ◆ *(espachurrar)* to squash, crush, flatten
chal *m* shawl
chalado,-a *adj fam* crazy, nuts
chalé *m* ➛ **chalet**
chaleco *m* ◆ *(de tela)* waistcoat, *US* vest; *(de lana)* sleeveless pullover ◆ **c. antibalas,** bullet-proof vest; **c. salvavidas,** life jacket
chalet *m* house
champán, champaña *m* champagne
champiñón *m* mushroom
champú *m* shampoo
chamuscar *vtr* to singe, scorch
chance *m LAm* opportunity
chancear *vi LAm* to joke, horse around
chancho,-a *m,f LAm* pig, hog
chanchullo *m fam* fiddle, swindle
chancla *f* flipflop
chándal *m* track *o* jogging suit
chantaje *m* blackmail; **hacer c.,** to blackmail
chantajista *mf* blackmailer
chapa *f* ◆ *(lámina)* sheet, plate; *(de un coche)* bodywork ◆ *(de una botella)* bottle top, cap ◆ *(insignia)* pin, badge ◆ *LAm (cerradura)* lock
chaparrón *m* downpour, heavy shower
chapotear *vi* to splash about, paddle
chapucero,-a 1 *adj (hecho con descuido)* shoddy, amateurish ◆ *(poco cuidadoso)* bungling, amateurish **|2** *m,f* bungler
chapuza *f* ◆ *(trabajo mal hecho)* shoddy piece of work ◆ *(trabajo ocasional)* odd job
chapuzón *m (baño)* dip
chaqué *m* morning coat
chaqueta *f* jacket; **traje de c.,** suit
chaquetero,-a *m,f fam pey Pol* turncoat
chaquetón *m* short coat
charanga *f Mús* brass band
charca *f* pond, pool
charco *m* puddle
charcutería *f* delicatessen
charla *f* ◆ *(palique)* talk, chat ◆ *(conferencia)* informal lecture *o* address
charlar *vi* to talk, chat
charlatán,-ana *m,f* ◆ *(hablador)* chatterbox; *(indiscreto)* indiscreet person, gossip; *(fanfarrón)* boaster, show off ◆ *(embaucador, timador)* trickster
charol *m* patent leather
chárter *adj inv* charter
chasco *m fam* disappointment
chasis *m inv Auto* chassis
chasquido *m (ruido)* crack; *(de los dedos)* snap
chatarra *f* ◆ scrap (metal), scrap iron ◆ *fam* (piece of) junk
chatarrero,-a *m,f* scrap dealer *o* merchant
chato,-a 1 *adj* ◆ *(nariz)* snub; *(persona)* snub-nosed ◆ *(objeto)* flat, flattened, squat **|2** *m* (small) glass of wine
chauvinista *adj* & *mf* chauvinist
chaval,-a *m,f fam (chico)* boy, lad; *(chica)* girl
checo,-a 1 *adj* Czech; **República Checa,** The Czech Republic **|2** *m,f (persona)* Czech **|3** *m (idioma)* Czech
chelín *m* shilling
chepa *f fam* hump
cheque *m* cheque, *US* check; **c. de viaje,** traveller's cheque, *US* traveler's check
chequeo *m* checkup
chévere *adj LAm fam*, terrific, great, fantastic
chicano,-a *adj* & *m,f* chicano
chicha *f LAm* chicha, maize liquor
chícharo *m LAm* pea
chichón *m* bump, lump
chicle *m* chewing gum
chico,-a 1 *m,f (muchacho)* boy, lad; *(muchacha)* girl **|2** *adj* small, little
chicote *m LAm* whip

chiflado,-a 1 *adj fam* mad, crazy [**por,** about] |**2** *m,f (loco)* nut, loony

chiflar *vi fam (gustar mucho)* **me chifla esta música,** I love this music

chiíta *adj* & *mf Rel* Shiite

chile *m* chilli (pepper)

Chile *m* Chile

chileno,-a *adj* & *m,f* Chilean

chillar *vi* ◆ *(emitir un chillido)* to scream, shriek ◆ *(levantar la voz)* to shout ◆ *(un ave)* to screech; *(un cerdo)* to squeal

chillido *m* ◆ *(de terror, dolor)* scream, shriek ◆ *(grito, berrido de persona)* shout ◆ *(grito de ave)* screech; *(de cerdo)* squeal

chillón,-ona *adj* ◆ *(voz)* shrill, high-pitched; *(sonido)* harsh, strident ◆ *(color)* loud, gaudy

chimenea *f* ◆ *(hogar)* fireplace, hearth ◆ *(tiro del humo)* chimney

chimpancé *m Zool* chimpanzee

china *f* ◆ *(piedrecilla)* pebble, small stone ◆ *argot (de hachís)* deal ◆ *Geog* **(la) C.,** China

chinche *f Zool* bug, bedbug

chincheta *f* drawing pin, *US* thumbtack

chino *m* ◆ *(idioma)* Chinese ◆ *fam (lenguaje incomprensible)* Greek

chip *m Inform* chip

chipirón *m Zool* baby squid

chiquillo,-a *m,f* kid, youngster

chirimiri *m* drizzle

chirimoya *f* custard apple

chiringuito *m* refreshment stall

chirla *f Zool* small clam

chirriar *vi (una bisagra, etc)* to creak; *(los frenos del coche)* to screech, squeal

chisme *m* ◆ *(cosa, aparato)* thing ◆ *(cotilleo)* piece of gossip

chismorrear *vi fam* to gossip

chismoso,-a 1 *adj* gossipy |**2** *m,f* gossip

chispa *f* ◆ spark ◆ *fam (un poco, una pizca)* bit, dash ◆ *fam (ingenio)* wit, sparkle

chispear *vi* ◆ to spark ◆ *(lloviznar)* to spit, drizzle

chiste *m* joke; **un c. verde,** a blue *o* dirty joke

chivarse *vr fam* to tell tales

chivato,-a 1 *m,f fam* ◆ *(soplón)* squealer, grass ◆ *(acusica)* telltale |**2** *m* alarm, warning device

chivo,-a *m,f Zool* kid, young goat

chocar 1 *vi* ◆ to crash, collide; **c. con/contra,** to run into, collide with |**2** *vtr* ◆ to knock; *(la mano)* to shake; *fam* **¡chócala!, ¡choca esos cinco!,** shake (on it)!, *US* give me five!

chochear *vi* to be senile *o* in one's dotage

chocolate *m* ◆ chocolate ◆ *argot (hachís)* dope

chófer, *LAm* **chofer** *m (conductor)* driver; *(conductor particular)* chauffeur

chollo *m fam* ◆ *(cosa barata)* bargain, snip ◆ *(trabajo cómodo)* cushy job

chopo *m Bot* poplar

choque *m* ◆ *(golpe)* impact ◆ *(accidente de tráfico)* crash, collision; **c. en cadena,** pile-up

chorizo,-a 1 *m* ◆ *Culin* chorizo |**2** *m,f fam (ladrón de poca monta)* thief, pickpocket

chorrada *f fam* piece of nonsense

chorrear 1 *vi* ◆ to drip, trickle; *fam* **estoy chorreando de sudor,** I'm pouring with sweat ◆ *fam (estar empapado)* to be soaked |**2** *vtr* to flow out

chorro *m* ◆ *(de líquido abundante)* spurt; *(pequeño)* trickle ◆ *(de gas, de vapor)* jet; **propulsión a c.,** jet propulsion ◆ *fig* stream, flood

chovinista 1 *adj* chauvinistic |**2** *mf* chauvinist

choza *f* hut, shack

chubasco *m* heavy shower, downpour

chubasquero *m* raincoat

chufa *f* tiger nut

chuleta *f* ◆ chop, cutlet ◆ *Educ fam* crib (note)

chulo,-a 1 *m,f fam (presuntuoso)* show-off; *(insolente)* cocky |**2** *adj fam (bonito)* smashing |**3** *m fam (proxeneta)* pimp

chupa *f argot* short jacket

chupachups® *m* lollipop

chupado,-a *adj (delgado)* skinny, thin ◆ *fam (pregunta, actividad)* very easy; **eso está ch.,** it's dead easy

chupar 1 *vtr* ◆ *(sacar líquido de algo)* to suck ◆ *(lamer)* to lick |**2** *vi* to suck

chupete *m* dummy, *US* pacifier
churrasco *m* barbecued meat, steak
churro *m Culin* fritter, *US* cruller
chusma *f* rabble, mob
chutar *vi Dep* to shoot ■ **chutarse** *vr argot* to shoot up
Cía *(abr de* **compañía***)* company, Co
cianuro *m Farm Quím* cyanide
ciberespacio *m Inform* cyberspace
cibernética *f* cybernetics *sing*
cicatriz *f* scar
cicatrizar *vtr* & *vi Med* to heal
cíclico,-a *adj* cyclical
ciclismo *m* cycling
ciclista 1 *adj* cycling |**2** *m,f* cyclist
ciclo *m* ◆ cycle ◆ *(de conferencias, etc)* course, series
ciclomotor *m* moped, motorbike
ciclón *m Meteor* cyclone
ciego,-a 1 *adj* ◆ *(persona)* blind |**2** *m,f* blind person ◆ **los ciegos,** the blind *pl*
cielo 1 *m* ◆ sky ◆ *Rel* Heaven ◆ *(persona adorable)* angel |**2** *interj (sorpresa)* ¡**c. santo**!, good heavens!
ciempiés *m inv Zool* centipede
cien *adj* & *m inv* hundred; **c. por c.,** one hundred per cent
ciencia *f* ◆ science ◆ *frml (conocimiento)* knowledge ◆ **c. ficción,** science fiction; **ciencias ocultas,** the occult *sing* ◆|LOC: **a c. cierta,** for certain
científico,-a 1 *adj* scientific |**2** *m,f* scientist
ciento *adj* & *m* hundred ◆ **un diez por c.,** a ten per cent; **tanto por c.,** percentage
cierre *m* ◆ *(acción de cerrar)* closing, shutting ◆ *(cese de un negocio)* shutdown, closing-down ◆ *(de un bolso)* clasp; *(una puerta)* catch; *(un collar)* fastener ◆ *TV (final de emisión)* close-down ◆ **c. centralizado,** central locking
cierto,-a 1 *adj* ◆ *(no falso)* true; *(seguro)* certain: **lo c. es que...,** the fact is that... ◆ *(algún)* certain; **estoy de acuerdo hasta c. punto,** I agree up to a point |**2** *adv* certainly ◆|LOC: **por c.,** by the way
ciervo,-a *m,f Zool* deer; *(macho)* stag; *(hembra)* hind, doe
cifra *f* ◆ *(número)* figure, number ◆ *(código secreto)* cipher, code
cigala *f Zool* Norway lobster, crayfish
cigarra *f Zool* cicada
cigarrillo *m* cigarette
cigarro *m* ◆ *(puro)* cigar ◆ *(cigarrillo)* cigarette
cigüeña *f Orn* stork
cilantro *m Culin* coriander
cilindrada *f Auto* cubic capacity
cilíndrico,-a *adj* cylindrical
cilindro *m* cylinder
cima *f* summit
cimientos *mpl* foundations
cinc *m* zinc
cincel *m* chisel
cincelar *vtr* to chisel
cinco *adj* & *m* five
cincuenta *adj* & *m* fifty
cine *m* ◆ *(local)* cinema, *US* movie theater ◆ *(arte)* cinema; **c. mudo/sonoro,** silent/talking films *pl*
cineasta *mf* film director *o* maker
cínico,-a 1 *adj* cynical |**2** *m,f* cynic
cinta *f* ◆ *(para el pelo)* band, strip; *(para envolver, para la máquina de escribir)* ribbon ◆ *Téc Mús* tape ◆ *Cine* film; **c. de vídeo/virgen,** video/blank tape ◆ **c. transportadora,** conveyor belt
cintura *f* waist
cinturilla *f Cost* braid, edging
cinturón *m* belt; **c. de seguridad,** safety belt
ciprés *m Bot* cypress
circo *m* circus
circuito *m* ◆ *Elec* circuit ◆ *Auto Dep* track, circuit
circulación *f* ◆ circulation ◆ *Auto (tráfico)* traffic
circular 1 *f (notificación)* circular |**2** *vi (la sangre)* to circulate ◆ *(tren, autobús)* to run; *(un peatón)* to walk ◆ *fig (difundirse un rumor)* to go round; *(moneda)* to be in circulation
círculo *m* ◆ *Geom* circle ◆ *(social)* circle; **su c. de amigos,** her friends
circunferencia *f* circumference
circunscribirse *vr* to be limited [**to,** a]
circunscripción *f* ◆ district ◆ **c. electoral,** constituency

circunstancia *f* circumstance: **bajo ninguna c.,** under no circumstances
cirrosis *f Med* cirrhosis
ciruela *f Bot (fruta)* plum; **c. claudia,** greengage; **c. pasa,** prune
cirugía *f* surgery
cirujano,-a *m,f* surgeon
cisma *m* ♦ *Rel* schism ♦ *Pol* split
cisne *m Orn* swan
cisterna *f* ♦ *(del baño)* cistern ♦ *(contenedor)* tank
cistitis *f inv Med* cystitis
cita *f* ♦ *(para un encuentro formal)* appointment ♦ *(para un encuentro informal)* date ♦ *(de un autor, libro)* quotation
citación *f Jur* citation, summons *sing*
citar *vtr* ♦ *(dar fecha)* to arrange to meet, make an appointment with ♦ *(mencionar, repetir textualmente)* to quote ♦ *Jur* to summon
cítrico,-a 1 *adj* citric, citrus **|2** *mpl* **cítricos,** citrus fruits
ciudad *f (mediana o pequeña)* town; *(grande)* city; **c. deportiva,** sport center; **c. dormitorio,** dormitory town; **c. universitaria,** university campus
ciudadano,-a 1 *m,f* citizen
civil 1 *adj* ♦ civil: **se casaron por lo c.,** they got married in the registry office ♦ *Mil* civilian **|2** *m,f* civilian
civilización *f* civilization
civilizar *vtr* to civilize
cizaña *f* ♦|LOC: *fig* **meter/sembrar c.,** to sow discord
clamar *vtr* to cry out for, clamour *o US* clamor for
clamor *m* clamour, *US* clamor
clan *m* clan
clandestino,-a *adj* clandestine, underground
clara *f* ♦ *(bebida)* beer with lemonade, shandy ♦ *(del huevo)* white
claraboya *f* skylight
clarete *adj* & *m* rosé
claridad *f* ♦ *(luminosidad)* light, brightness ♦ *(comprensibilidad)* clarity; **con c.,** clearly ♦ *(perspicacia)* clearness
clarificar *vtr* to clarify
clarín *m Mús* bugle
clarinete *m Mús* clarinet
claro,-a 1 *adj* ♦ *(despejado, evidente)* clear ♦ *(poco espeso)* thin ♦ *(color)* light **|2** *adv* clearly **|3** *excl* of course!: **¡c. que puedo!,** of course I can!
clase *f* ♦ *(género, tipo)* kind, sort ♦ *(categoría)* class: **viajar en primera/segunda c.,** to travel first/second class ♦ *(grupo social)* class: **c. alta/media,** upper/middle class ♦ *Educ (aula)* classroom; *(grupo de estudiantes)* class; *(lección)* lesson, class ♦ *(elegancia, estilo)* class
clásico,-a 1 *adj* ♦ *Arte* classical ♦ *(tradicional)* classic ♦ *(típico)* classic **|2** *m* classic
clasificación *f* ♦ classification ♦ *Dep (lista)* table; *(acción)* qualification
clasificar *vtr* to classify, class ■ **clasificarse** *vr Dep* to qualify
clasista 1 *adj pey (ideas, sociedad, persona)* class-conscious, classist **|2** *mf pey* snob
claustro *m* ♦ *Educ Univ (de profesores, etc)* staff meeting ♦ *Arquit Rel* cloister
claustrofobia *f* claustrophobia
cláusula *f Jur* clause
clausura *f* closure; **ceremonia de c.,** closing ceremony
clausurar *vtr* to close
clavar 1 *vtr* ♦ *(con un martillo)* to hammer in; *(sujetar con clavos)* to nail ♦ *(una estaca)* to drive in ♦ *fam (cobrar demasiado)* to sting *o* fleece ■ **clavarse** *vr* **c. un alfiler,** to stick a pin into oneself
clave 1 *f* ♦ *(meollo, pista)* key ♦ *(código, cifra)* code, cipher ♦ *Mús (símbolo)* clef **|2** *m Mús* harpsichord
clavel *m Bot* carnation
clavícula *f Anat* collarbone
clavo *m* ♦ *(punta)* nail ♦ *Med* pin ♦ *Culin (especia)* clove
clemencia *f* mercy, clemency
clementina *f Bot (fruto)* clementine
cleptómano,-a *adj* & *m,f Med* kleptomaniac
clérigo *m* priest
clero *m* clergy

cliente *mf* client, customer
clima *m* climate
climatizado,-a *adj* air-conditioned
clímax *m inv* climax
clínica *f* clinic
clínico,-a *adj* clinical
clip *m* paperclip
clítoris *m inv Anat* clitoris
cloaca *f* sewer, drain
cloro *m* chlorine
club *m* club
cm *(abr de* ***centímetros****)* centimetre, cm
coacción *f* coercion
coaccionar *vtr* to coerce
coágulo *m* clot, coagulum *frml*
coalición *f* coalition
coartada *f* alibi
coartar *vtr* to restrict
cobarde 1 *adj* cowardly |**2** *m,f* coward
cobaya *f Zool* guinea pig
cobertizo *m* shed
cobertura *f* cover, coverage
cobija *f LAm* blanket
cobijo *m* shelter, protection
cobrador,-ora *m,f* ◆ *(de la luz, el agua, etc)* collector ◆ *(de autobús) (hombre)* conductor; *(mujer)* conductress
cobrar 1 *vtr* ◆ *(pedir un precio)* to charge; *(exigir el pago)* to collect; *(recibir el pago de una deuda)* to recover ◆ *(un cheque, billete de lotería)* to cash; *(recibir el salario)* to earn |**2** *vi* ◆ *(recibir el salario)* to be paid ◆ *fam (recibir una zurra)* to catch it, get it ■ **cobrarse** *vr* to take it
cobre *m* ◆ *Min* copper ◆ *LAm (moneda)* copper cent, penny
cobro *m (de un pago, una deuda)* collection; *(de un cheque)* cashing ◆|LOC: *Tel* **llamar a c. revertido,** to reverse the charges, *US* to call collect
cocaína *f* cocaine
cocer 1 *vtr* ◆ to cook; *(hervir)* to boil; *(el pan, una masa)* to bake ◆ *(un ladrillo, cerámica)* to fire |**2** *vi (un líquido)* to boil ■ **cocerse** *vr* ◆ *(un alimento)* to cook; *(hervir)* to boil; *(hornear)* to bake ◆ *fam (pasar mucho calor)* to roast
coche *m* ◆ car; **ir en c.,** to go by car; **c. fúnebre,** hearse ◆ *(carruaje de caballos, vagón de tren)* carriage, coach; **c. cama,** sleeping car, *US* sleeper
cochecito *m (para bebés)* pram, *US* baby carriage
cochera *f* ◆ *(aparcamiento de autobuses)* depot ◆ *LAm* garage
cochinillo *m* suckling pig
cochino,-a 1 *m,f* ◆ *(cerdo)* pig; *(cerda)* sow ◆ *fam (persona sucia)* pig, filthy person |**2** *adj (sucio)* filthy, disgusting
cocido *m Culin* stew
cocina *f* ◆ *(habitación de la casa)* kitchen ◆ *(electrodoméstico)* cooker, *US* stove ◆ *(modo de cocinar)* cooking, cuisine
cocinar *vtr* & *vi* to cook
cocinero,-a *m,f* cook
coco *m* ◆ *Bot (fruto)* coconut ◆ *fam (inteligencia)* brains ◆ *fam (cabeza)* head
cocodrilo *m Zool* crocodile
cóctel *m* ◆ *(de bebidas, etc)* cocktail ◆ *(fiesta)* cocktail party
codazo *m* ◆ *(golpe en el codo)* blow to one's elbow; **le di un c. en las costillas,** I elbowed him in the ribs ◆ *(señal dada con el codo)* nudge with one's elbow
codearse *vr* to hobnob [**con,** with], rub shoulders [**con,** with]
codicia *f* greed
codicioso,-a *adj* covetous, greedy
código *m* code
codo *m Anat* elbow
codorniz *f Zool* quail
coeficiente *m* ◆ *Mat* coefficient ◆ *Fís Quím (grado)* rate
coexistencia *f* coexistence
cofradía *f* ◆ *(hermandad religiosa)* brotherhood ◆ *(de carpinteros, canteros, etc)* association, guild
cofre *m (arca)* trunk, chest
coger 1 *vtr* ◆ to take; *(agarrar)* to seize; *(sostener)* to hold ◆ *(un medio de transporte)* to take, catch; *(una pelota, un resfriado, a alguien que huye, etc)* to catch: **¡te cogí!,** I caught you! ◆ *(una cosecha, flores, ropa tendida)* to pick ◆ *(un hábito)* to pick up; *(velocidad, impulso)* to gather ◆ *(entender el sentido de*

algo) to grasp: **no lo cojo,** I don't understand it ◆ *LAm vulgar* to fuck |2 *vi fam* to fit ■ **cogerse** *vr* to hold on; **c. de la mano,** to hold hands

cogollo *m* ◆ *(de una lechuga)* heart ◆ *(de un asunto)* core, heart

cogote *m* nape *o* back of the neck

coherente *adj* ◆ coherent ◆ consistent

cohesión *f* cohesion

cohete *m* ◆ *(fuego artificial)* firework ◆ *(propulsado a chorro)* rocket

cohibir *vtr* to inhibit ■ **cohibirse** *vr* to feel inhibited

coincidencia *f* coincidence

coincidir *vi* ◆ *(ocurrir al mismo tiempo)* to coincide [**con,** with] ◆ *(dar el mismo resultado, encajar)* to fit in [**con,** with] ◆ *(estar de acuerdo)* to agree

coito *m* coitus, intercourse

cojear *vi* ◆ *(caminar defectuosamente)* to limp, hobble ◆ *(bailar un mueble)* to wobble

cojera *f* limp

cojín *m* cushion

cojo,-a 1 *adj* ◆ *(que camina con dificultad)* lame ◆ *(que no se apoya firmemente)* rickety |2 *m,f* lame person

col *f Bot* cabbage; **c. de Bruselas,** Brussels sprout

cola[1] *f* ◆ *(de anima)* tail ◆ *(peinado)* ponytail ◆ *(de un vestido)* train ◆ *(fila)* queue, *US* line ◆ **a la c.,** at the back o rear

cola[2] *f (pegamento)* glue

colaboración *f* collaboration

colaborador,-ora 1 *m,f* ◆ collaborator ◆ *Prensa* contributor |2 *adj* collaborating

colaborar *vi* to collaborate, cooperate

colada *f* wash, laundry; **hacer la c.,** to do the washing *o* laundry

colador *m* strainer

colapsar *vtr* to bring to a standstill ■ **colapsarse** *vr* to come to a standstill

colapso *m Med* collapse

colar *vtr* ◆ *(la leche, el caldo)* to strain ◆ *(hacer pasar por una abertura)* to slip ■ **colarse** *vr* ◆ *(entrar sin ser visto)* to slip in; *(sin ser invitado)* to gatecrash ◆ *(saltarse el turno)* to jump the queue, *US* to cut in the line

colcha *f* bedspread

colchón *m* mattress

colchoneta *f* ◆ *(de playa, hinchable)* air bed, *US* air mattress ◆ *(en un gimnasio)* mat

colección *f* collection

coleccionable *adj* & *m* collectable

coleccionar *vtr* to collect

coleccionista *mf* collector

colecta *f* collection; **hacer una c.,** to collect (for charity)

colectivo,-a 1 *adj* collective |2 *m* ◆ *(asociación)* association ◆ *LAm* long-distance taxi; *LAm* bus

colega *mf* ◆ colleague ◆ *argot* mate, buddy

colegial 1 *adj (escolar)* school |2 *m,f* student; **colegiales**, schoolchildren

colegio *m* ◆ school; **c. privado,** *GB* public o independent school, private school; **c. público,** state school, *US* public school ◆ *(asociación profesional)*, college, association; **c. de médicos,** Medical Association ◆ *Pol* **c. electoral**, electoral college ◆ *Univ* **c. mayor** *o* **universitario,** hall of residence

cólera 1 *f* anger, rage |2 *m Med* cholera

colesterol *m Med* cholesterol

coleta *f (dos a los lados o una pequeña)* pigtail; *(de caballo)* ponytail

colgante *m* pendant

colgar 1 *vtr* ◆ *(un cuadro)* to hang (up); *(tender la ropa)* to hang (out) ◆ *(suspender)* to fail ◆ *(ahorcar)* to hang ◆ *(el teléfono)* to put down |2 *vi* ◆ to hang [**de,** from] ◆ *Tel (cortar la comunicación)* to hang up

colibrí *m Orn* hummingbird

cólico *m Med* colic

coliflor *f Bot* cauliflower

colilla *f* butt

colina *f* hill

colirio *m Farm* eyedrops

colisión *f* collision, crash

colitis *f* colitis

collar *m* ♦ *(joya)* necklace ♦ *(de una mascota)* collar

colmar *vtr frml* ♦ to fill (right up); *(un cuenco, una copa)* to fill to the brim ♦ *(satisfacer)* to fulfil, satisfy

colmena *f* beehive

colmillo *m* ♦ *(de carnívoro)* fang; *(de mamut, elefante)* tusk ♦ *(de persona)* canine tooth

colmo *m* ♦ height ♦ |LOC: **¡eso es el c.!**, that's the last straw!; **para c. (de males)**, to top it all

colocación *f* ♦ *(distribución)* layout ♦ *(empleo)* job, employment

colocar *vtr* to place, put ■ **colocarse** *vr* ♦ *(en un lugar)* to put oneself ♦ *(encontrar trabajo)* to take a job [**de**, as]

Colombia *f* Colombia

colombiano,-a *adj* & *m,f* Colombian

colon *m Anat* colon

colón m colon, *Costa Rican and Salvadoran national currency*

colonia[1] *f* ♦ colony ♦ *(campamento de verano)* summer camp

colonia[2] *f (agua perfumanda)* cologne

colonizar *vtr* to colonize

coloquial *adj* colloquial

coloquio *m* ♦ *(conversación)* conversation ♦ *(debate)* discussion

color *m* colour, *US* color

colorado,-a *adj* & *m* red ♦|LOC: **ponerse colorado** to blush, go bright red

colorante *m* colouring, *US* coloring

colorear *vtr* to colour, *US* color

colorete *m* rouge, *US* blusher

columna *f* ♦ column ♦ *(pila)* stack, pile ♦ *Prensa* columna ♦ **c. vertebral,** *Anat* spine

columnista *mf Prensa* columnist

columpiar *vtr*, **columpiarse** *vr* to swing

columpio *m* swing

coma[1] *f* ♦ *Mat* point ♦ *Ling* comma; **punto y c.,** semicolon

coma[2] *m Med* coma

comadreja *f Zool* weasel

comadrona *f* midwife

comandante *m* ♦ *Mil Náut* commander, commanding officer ♦ *Av* captain

comando *m* ♦ *Mil (individuo)* commando; *(grupo)* unit; **c. terrorista,** terrorist unit ♦ *Inform* command

comarca *f* region

comba *f* skipping rope

combar *vtr* to bend

combate *m* combat; *Box* fight; *Mil* battle

combatir 1 *vi* to fight [**contra,** against] |**2** *vtr* to combat

combinación *f* ♦ combination ♦ *(prenda interior femenina)* slip

combinado *m* ♦ *(cóctel)* cocktail, *US* mixed drink ♦ *Dep* line-up

combinar *vtr* to combine

combustible 1 *m* fuel |**2** *adj* combustible

combustión *f* combustion

comedia *f* ♦ *Teat* comedy ♦ *fam (farsa)* act

comediante,-a *m,f* ♦ *Teat (hombre)* actor; *(mujer)* actress ♦ *(farsante)* fraud

comedido,-a *adj* self-restrained

comedor *m* ♦ *(habitación de la casa)* dining room, *(conjunto de muebles)* suite of dining room furniture ♦ *(de una fábrica, universidad, etc)* canteen

comensal *mf* table companion

comentar *vtr* ♦ *(mencionar)* to mention; *(hacer una observación)* to comment ♦ *(contrastar opiniones)* to discuss ♦ *(un texto)* to comment on

comentario *m* ♦ comment, remark ♦ *(de texto)* commentary ♦ **comentarios,** *(cotilleos)* gossip

comenzar *vtr* & *vi* to begin, start

comer 1 *vtr* ♦ to eat ♦ *(en el juego)* to take |**2** *vi* to eat ■ **comerse** *vr* ♦ to eat ♦ *(omitir)* to skip

comercial *adj* commercial

comercializar *vtr* to market

comerciante *mf* merchant

comerciar *vi* to trade

comercio *m* ♦ *(establecimiento)* shop ♦ *(relación)* commerce, trade; **c. exterior/interior,** foreign/domestic trade

cometa 1 *m Astron* comet |**2** *f (juguete, volatín)* kite

cometer *vtr* ♦ *(un error)* to make ♦ *(perpetrar)* to commit

cometido *m* ♦ *(tarea)* task, assignment ♦ *(función)* duty

cómic *m* comic

comicios *mpl* elections

cómico,-a 1 *adj* ♦ *(gracioso)* comical, funny |**2** *m,f* comic; *(hombre)* comedian; *(mujer)* comedienne

comida *f* ♦ *(alimentos)* food ♦ *(ingesta de alimentos)* meal; *(al mediodía)* lunch

comienzo *m* beginning, start ♦|LOC: **a comienzos de,** at the beginning of; **dar c.,** to begin o start

comilón,-ona *m,f* big eater, glutton

comilona *f fam* big meal, feast

comillas *fpl* inverted commas, *US* quotation marks ♦|LOC: **entre c.,** in inverted commas, *US* in quotation marks

comino *m Culin* cumin, cummin

comisaría *f* police station

comisario *m* ♦ *(de policía)* police inspector ♦ *(delegado)* commissioner

comisión *f* ♦ *Com (de un comerciante)* commission ♦ *(comité)* committee

comité *m* committee

comitiva *f* suite, retinue

como 1 *adv* ♦ *(manera)* how: **hazlo c. quieras,** do it however you like ♦ *(semejanza, equivalencia)* as: **es como tú,** he's just like you ♦ *(conformidad)* as: **c. estaba diciendo...,** as I was saying... ♦ *(aproximadamente)* about: **c. unos treinta,** about thirty |**2** *conj* ♦ **c.** [+ *subj*], *(si)* if: **c. no comas, no vas al cine,** if you don't eat, you won't go to the cinema ♦ *(porque)* as, since; **c. llamó tan tarde, ya no me encontró,** as he phoned so late, he didn't find me in ♦ **c. si,** as if |**3** *prep (en calidad de)* as: **lo aconsejé c. amigo,** I advised him as a friend

cómo *adv* ♦ *(interrogativo)* how: **¿c. estás?,** how are you? ♦ *(cuánto)* **¿a c. están los plátanos?,** how much are the bananas? ♦ *(cuando no se ha oído bien)* **¿c.?,** what? ♦ *(exclamativo)* how: **¡c. ha cambiado!,** how she's changed! ♦|LOC: **c. no,** of course

cómoda *f* chest of drawers

comodidad *f* ♦ comfort ♦ *(interés propio)* convenience

comodín *m Naipes* joker

cómodo,-a *adj* ♦ comfortable ♦ *(fácil, conveniente)* handy, convenient

compacto,-a 1 *adj (denso)* compact |**2** *m* ♦ *Audio (disco compacto)* compact disc; *(reproductor de compactos)* CD player, compact disc player

compadecer *vtr* to feel sorry for, pity ■ **compadecerse** *vr* to have *o* take pity [**de,** on]

compaginar *vtr* to combine [**con,** with]

compañerismo *m* companionship, comradeship

compañero,-a *m,f* ♦ companion; *(de piso)* flatmate; *(de habitación)* roommate ♦ *(pareja sentimental)* partner

compañía *f* company; **hacer c. (a alguien),** to keep sb company

comparación *f* comparison; **en c.,** comparatively

comparar *vtr* to compare [**con,** with]

comparecer *vi Jur* to appear [**ante,** before]

compartim(i)ento *m* compartment

compartir *vtr* to share

compás *m* ♦ *Téc* (pair of) compasses ♦ *Mús* time, measure; *(en el pentagrama)* bar ♦ *Náut* compass ♦|LOC: **al c. de,** in time to

compasión *f* compassion, pity

compasivo,-a *adj* compassionate

compatible *adj* compatible

compatriota *mf* compatriot; *(hombre)* fellow countryman; *(mujer)* fellow countrywoman

compenetrarse *vr* to understand each other

compensación *f* compensation

compensar 1 *vtr* ♦ *(equilibrar)* to make up for ♦ *(indemnizar)* to compensate (for) |**2** *vi (merecer la pena)* to be worthwhile

competencia *f* ♦ *(aptitud)* competence ♦ *(entre competidores)* competition ♦ *(responsabilidad)* field, province

competente *adj* competent

competición *f* competition, contest
competidor,-ora 1 *m,f* competitor
competir *vi* to compete [**con**, with *o* against] [**en**, in] [**por**, for]
competitividad *f* competitivity
competitivo,-a *adj* competitive
complacer *vtr frml* to please
complejidad *f* complexity
complejo,-a *adj* & *m* complex
complementario,-a *adj* complementary
complemento *m* ◆ complement; **ropa y complementos,** clothes and accessories ◆ *Ling (de un verbo)* object
completar *vtr* to complete
completo,-a *adj* ◆ *(entero, total)* complete ◆ *(lleno)* full ◆ *(exhaustivo)* comprehensive
complicación *f* complication
complicar *vtr (dificultar)* to complicate, make difficult ■ **complicarse** *vr* to get complicated
cómplice *mf* accomplice; *Jur* accessory
complot *m* conspiracy, plot
componente 1 *adj* component **|2** *mf (de un grupo, equipo)* member **|3** *m (elemento, pieza)* component; *(ingrediente)* ingredient
componer 1 *vtr* ◆ *(constituir)* to compose, make up ◆ *(reparar)* to mend, repair **|2** *vtr* & *vi Mús Lit* to compose ■ **componerse** *vr* ◆ to be made up [**de,** of], consist [**de,** of] ◆|LOC: *fam* **componérselas,** to manage
comportamiento *m* behaviour, *US* behavior
comportarse *vr* to behave
composición *f* composition
compositor,-ora *m,f* composer
compota *f Culin* compote
compra *f* ◆ *(acción)* buying; **ir de compras,** to go shopping ◆ *(objeto comprado)* purchase, buy; *(conjunto de alimentos)* shopping
comprador,-ora *m,f* purchaser, buyer
comprar *vtr* to buy
comprender *vtr* ◆ to comprise, include ◆ *(entender)* to understand
comprensión *f* understanding
comprensivo,-a *adj* understanding
compresa *f* ◆ *Med* compress ◆ *(para la menstruación)* sanitary towel, *US* sanitary napkin
comprimido *m Farm* tablet
comprimir *vtr* to compress
comprobante m receipt
comprobar *vtr* to check
comprometer *vtr* ◆ *(obligar)* to compel, oblige ◆ *(implicar)* to involve, compromise ◆ *(poner en peligro)* to jeopardize ■ **comprometerse** *vr* ◆ to commit oneself ◆ *(hacerse novios)* to become engaged
compromiso *m* ◆ *(obligación)* obligation, commitment ◆ *(acuerdo)* agreement ◆ *frml* **c. (de boda)**, engagement
compuesto,-a *adj* & *m* compound
comulgar *vi Rel* to receive Holy Communion
común 1 *adj* ◆ common, usual: **es poco c.,** it's unusual ◆ *(ordinario, corriente)* ordinary ◆ *(compartido)* shared, communal **|2** *m GB Pol* **los Comunes,** the Commons
comunicación *f* ◆ communication ◆ *(contacto)* contact ◆ *(conexión)* connection ◆ *(escrito)* paper
comunicado *m* communiqué; **c. de prensa,** press release
comunicar 1 *vtr* to communicate **|2** *vi* ◆ to communicate ◆ *(estar unido a otro sitio)* to get in touch ◆ *Tel* to be engaged ■ **comunicarse** *vr* to communicate
comunicativo,-a *adj* communicative
comunidad *f* community; **c. autónoma,** autonomous region; **c. de bienes,** co-ownership; **C. Europea,** European Community
comunión *f* communion
comunista *adj* & *mf* communist
comunitario,-a *adj* ◆ of *o* relating to the community ◆ *(de CE)* of *o* relating to the EC; **los países comunitarios,** the members of the EC
con *prep* ◆ with ◆ *(con infinitivo)* **c. avisar les evitas el disgusto,** just by phoning you'll save them any worry; *(+ que + subjuntivo)* **basta c. que lo di-**

gas, it will be enough if you just say it ◆|LOC: **c. tal (de) que...,** provided that...; **c. todo (y c. eso),** even so

cóncavo,-a *adj* concave

concebir *vtr* ◆ to conceive ◆ *(comprender)* to understand

conceder *vtr* ◆ *(admitir)* to admit, concede ◆ *(un deseo, préstamo)* to grant; *(un premio, una beca)* to award

concejal,-a *m,f* town councillor

concentración *f* ◆ concentration ◆ *(de personas)* gathering; *(de vehículos)* rally; *(de equipo)* base

concentrar *vtr* to concentrate, bring together ■ **concentrarse** *vr* ◆ to concentrate ◆ *(congregarse)* to gather, congregate

concepción *f* conception

concepto *m* ◆ concept ◆ *(opinión, juicio)* opinion ◆ *(en un recibo, etc)* item ◆|LOC: **bajo ningún c.,** under no circumstances

concernir *v impers* ◆ *(corresponder)* to be up to ◆ *(interesar, preocupar)* to concern; **en lo que a vosotros concierne,** as far as you are concerned

concertar *vtr* ◆ *(un precio)* to agree on; *(una cita)* to arrange ◆ *(coordinar)* to co-ordinate

concesión *f* ◆ *(adjudicación)* awarding ◆ *(explotación, cesión)* franchise ◆ *(en una negociación, disputa)* concession

concesionario,-a *m,f* dealer

concha *f Zool* shell

conciencia *f* ◆ *(moral)* conscience ◆ *(conocimiento)* consciousness, awareness; **tomar c. de algo,** to become aware of sthg ◆ *Med* **perder/recobrar la c.,** to lose/regain consciousness

concienciar *vtr* to make aware [de, of] ■ **concienciarse** *vr* to become aware [de, of]

concierto *m* ◆ *Mús (composición)* concerto; *(función)* concert ◆ *(pacto)* agreement

conciliar *vtr* to reconcile

concilio *m Rel* council

conciso,-a *adj* concise

concluir *vtr* to conclude

conclusión *f* conclusion

concluyente *adj* conclusive

concordar *vi* to agree

concretar *vtr* ◆ *(precisar un tema, un punto)* to specify ◆ *(concertar una fecha, hora)* to fix

concreto,-a 1 *adj* ◆ *(preciso, real)* concrete ◆ *(particular)* specific; **en este caso c. ...,** in this particular case... |**2** *m LAm (hormigón)* concrete

concurrencia *f* ◆ *(público)* audience ◆ *(de circunstancias, características)* concurrence

concurrido,-a *adj* crowded, busy

concurrir *vi* to concur, coincide

concursante *mf (en una competición)* competitor, *(en un concurso)* contestant

concursar *vi* to compete, take part

concurso *m (competición)* competition; *(de pintura, baile, etc)* contest; *(de televisión)* quiz show

condado *m* county

conde *m* count

condecoración *f* decoration

condecorar *vtr* to decorate

condena *f* ◆ *(juicio negativo)* condemnation, disapproval ◆ *Jur* sentence

condenado,-a 1 *adj* ◆ *Jur* convicted ◆ *(destinado, abocado)* doomed ◆ *Rel* damned |**2** *m,f* ◆ *Jur* convicted person; *(a muerte)* condemned person ◆ *Rel* damned

condenar *vtr* ◆ *Jur* to convict, find guilty: **lo condenaron a muerte,** he was condemned to death ◆ *(reprobar)* to condemn

condensador *m* condenser

condensar *vtr*, **condensarse** *vr* to condense

condesa *f* countess

condescender *vi* ◆ to condescend ◆ *(ceder)* to comply (with), consent (to)

condescendiente *adj* condescending

condición 1 *f* ◆ condition ◆ *(situación social)* status |**2** *fpl* **condiciones** *(circunstancias)* conditions ◆ *(estado)* condition; **en buenas/malas condiciones,** in good/bad condition ◆ *(aptitudes)* talent

condicional *adj* conditional

condicionar *vtr* ◆ *(supeditar)* to make conditional ◆ *(influir, determinar)* to condition

condimentar *vtr* to season, flavour, *US* flavor

condimento *m* seasoning, flavouring, *US* flavoring

condón *m* condom

cóndor *m Orn* condor

conducir 1 *vtr* ◆ *(un coche)* to drive ◆ *(llevar a un sitio)* to take; *(a una situación)* to lead **|2** *vi* ◆ *Auto* to drive ◆ *(camino, actitud)* to lead

conducta *f* ◆ behaviour, *US* behavior, conduct ◆ **mala c.,** misbehaviour, misconduct

conducto *m* ◆ *(canalización)* channel, pipe ◆ *Anat* duct, canal ◆ *fig (medio, vía)* channels

conductor,-ora 1 *m,f Auto* driver **|2** *m Elec* conductor

conectar 1 *vtr* ◆ to connect (up) ◆ *(a la red eléctrica)* to plug in, switch on ◆ *(dos puntos distantes)* to unit, link up **|2** *vi* ◆ *(establecer comunicación)* to communicate ◆ *fam (simpatizar)* **no conecto con mi padre,** I don't get on with my father

conejillo *m en la loc* **c. de Indias,** guinea pig

conejo *m Zool* rabbit

conexión *f* connection [**con,** to/with] [**entre,** between]

confabularse *vr* to conspire, plot

confeccionar *vtr* to make (up)

confederación *f* confederation

conferencia *f* ◆ *(charla, disertación)* lecture ◆ *Tel* long-distance call ◆ *(reunión)* conference; **c. de prensa,** press conference

conferenciante *mf* lecturer

confesar 1 *vtr & vi* to confess, admit ■ **confesarse** *vr Rel* to go to confession

confesión *f* confession

confiado,-a *adj* ◆ *(que tiene confianza en los demás)* trusting, unsuspecting ◆ *(seguro)* confident

confianza 1 *f* ◆ *(fe, seguridad)* confidence: **tiene mucha c. en sí mismo,** he is very self-confident ◆ *(intimidad)* **con María tengo c.,** I'm on very close terms with María **|2** *fpl* **confianzas,** liberties ◆|LOC: **de c.,** reliable; **en c.,** *(confidencialmente)* in confidence

confiar 1 *vtr* ◆ *(poner bajo la tutela)* to entrust ◆ *(decir reservadamente)* to confide **|2** *vi (fiarse de)* **c. en,** to trust ■ **confiarse** *vr* to be over-confident

confidencia *f* confidence

confidencial *adj* confidential

configuración *f* configuration

configurar *vtr* ◆ to shape, form ◆ *Inform* to configure

confirmación *f* confirmation

confirmar *vtr* to confirm

confiscar *vtr* to confiscate

confitería *f* ◆ confectioner's (shop), *US* candy store ◆ *LAm* café

confitura *f* preserve, jam

conflicto *m* conflict

confluir *vi* ◆ *(personas, situaciones)* to converge ◆ *(corrientes de agua, caminos)* to meet

conformar *vtr* to shape ■ **conformarse** *vr* to resign oneself, be content

conforme 1 *adj* ◆ *(de acuerdo)* **conforme,** agreed, all right ◆ *(satisfecho)* satisfied **|2** *adv* as: **dejé todo c. estaba,** I left things as they were

conformidad *f* approval, consent

confortable *adj* comfortable

confrontación *f* ◆ *(cotejo)* contrast ◆ *(careo)* confrontation

confrontar *vtr* ◆ *(cotejar)* to compare ◆ *(carear)* to confront

confundir *vtr* ◆ to confuse [**con,** with] ◆ *(embarullar a alguien)* to mislead ◆ *(turbar)* to confound ■ **confundirse** *vr* ◆ *(cometer un error)* to make a mistake ◆ *(desaparecer, mezclarse)* to mingle

confusión *f* ◆ *(desorden)* confusion ◆ *(error)* mistake

confuso,-a *adj* confused

congelado,-a 1 *adj* ◆ frozen ◆ *Med* frostbitten **|2** *mpl* **congelados,** frozen food *sing*

congelador *m* freezer

congelar *vtr* to freeze ■ **congelarse** *vr* ◆ to freeze ◆ *Med* to get *o* become frostbitten

congeniar *vi* to get on along [**con,** with]

conglomerado *m* ♦ *(masa compacta)* conglomerate ♦ *(de circunstancias)* conglomeration

congregación *f* congregation

congregar *vtr,* **congregarse** *vr* to congregate, assemble

congresista *mf* member of a congress

congreso *m* ♦ *Univ* congress, conference ♦ *Pol* **C. de los Diputados,** Parliament, *US* Congress

cónico,-a *adj* ♦ *(en forma de cono)* conical ♦ *Geom* conic

conjetura *f* conjecture

conjeturar *vtr* to conjecture

conjugación *f* conjugation

conjugar *vtr* ♦ *Ling* to conjugate ♦ *fig (estilos, intereses)* to combine

conjunción *f* conjunction

conjuntivitis *f Med* conjunctivitis

conjunto,-a *m* ♦ *(grupo)* group, set ♦ *(totalidad de algo)* whole ♦ *Mús (grupo de música)* group, band ♦ *Indum* ensemble ♦ *Mat* set ♦ *Dep* team

conllevar *vtr* to entail

conmemoración *f* commemoration

conmemorar *vtr* to commemorate

conmigo *pron pers* ♦ with me ♦ **c. mismo/misma,** to/with myself

conmoción *f* commotion, shock

conmocionar *vtr* to shake

conmovedor,-ora *adj* moving, touching

conmover *vtr* to move, touch

connotación *f* connotation

cono *m* ♦ cone ♦ **C. Sur,** South America

conocer *vtr* ♦ to know ♦ *(por primera vez)* to meet ■ **conocerse** *vr (dos personas)* to know each other

conocido,-a 1 ♦ *(familiar)* familiar ♦ *(famoso)* well-known |**2** *m,f* acquaintance

conocimiento *m* ♦ knowledge ♦ *(conciencia)* consciousness ♦ **conocimientos,** knowledge

conque *conj* so

conquista *f* conquest

conquistador,-ora *m,f* conqueror

conquistar *vtr* ♦ *(territorios)* to conquer ♦ *(a una persona)* to win over

consagrar *vtr* ♦ to devote ♦ *Rel* to consecrate ■ **consagrarse** *vr* ♦ to devote oneself [**a,** to], dedicate oneself [**a,** to] ♦ *(lograr reconocimiento)* to establish oneself

consciente *adj* ♦ conscious, aware ♦ *Med* conscious

consecuencia *f* ♦ *(efecto)* consequence ♦ *(conclusión)* conclusion ♦|LOC: **a c. de,** as a consequence *o* result of; **en c.,** therefore

consecutivo,-a *adj* consecutive

conseguir *vtr* ♦ *(obtener)* to get, obtain; *(alcanzar)* to achieve ♦ *(+ infinitivo)* to manage to

consejero,-a *m,f* ♦ *Pol* councillor ♦ *Com* **c. delegado,** managing director ♦ *(consultor)* adviser

consejo *m* ♦ *(opinión)* advice ♦ *(de un banco, administración)* board; *(de un organismo público)* council; **c. de ministros,** cabinet meeting

consenso *m* consensus

consentido,-a 1 *adj (malcriado)* spoiled |**2** *m,f* spoiled child

consentimiento *m* consent

consentir 1 *vtr* ♦ *(permitir)* to allow, permit ♦ *(malcriar, mimar)* to spoil |**2** *vi* to consent

conserje *m* ♦ *(en una escuela, edificio público, etc)* caretaker; *(en un hotel)* receptionist ♦ *(en un bloque de edificios)* doorman

conserjería *m* ♦ reception ♦ *(en un bloque de viviendas)* porter's office, porter's lodge

conserva *f* tinned *o* canned food

conservación *f* ♦ *(cuidado)* maintenance, upkeep ♦ *(de un bosque, una especie)* conservation ♦ *(de un alimento)* preservation

conservador,-ora 1 *adj* & *m,f* conservative; *Pol* Conservative |**2** *m,f* ♦ *Pol* Conservative ♦ *(de un museo, una biblioteca)* curator

conservar *vtr* ♦ to conserve, preserve ♦ *(mantener, guardar)* to keep up, maintain ■ **conservarse** *vr* ♦ *(pervivir)* to survive ♦ *(mantener aspecto joven)* **se conserva muy mal,** she looks very old

conservatorio *m* conservatory

consideración *f* ♦ *(ponderación, juicio)* consideration; **tomar en c.,** to take into account ♦ *(respeto a los demás)* regard

considerar *vtr* to consider

consigna *f* ♦ *(para el equipaje)* left-luggage office, *US* check-room ♦ *(orden)* orders, instructions

consigo *pron pers* ♦ *(tercera persona) (con él)* with him; *(con ella)* with her; *(cosa, animal)* with it; *(con ellos)* with them; *(con usted o ustedes; con uno)* with you ♦ **c. mismo,** with/to himself; **c. misma,** with/to herself; **c. mismos,** with/to themselves

consiguiente *adj* resulting, consequent ♦LOC: **por c.,** therefore, consequently

consistente *adj* ♦ *(argumento)* consistent ♦ *(objeto)* solid, thick ♦ *(que consiste)* consisting [**en,** of]

consistir *vi* ♦ to consist [**en,** of] ♦ *(radicar)* to lie [**en,** in]

consola *f* ♦ console table ♦ *Inform* console

consolación *f* consolation

consolar *vtr* to console ■ **consolarse** *vr* to console oneself

consolidar *vtr,* **consolidarse** *vr* to consolidate

consomé *m* clear soup, consommé

consonante *adj* & *f* consonant

consorcio *m* consortium

consorte 1 *adj* **príncipe c.,** prince consort |**2** *mf frml (cónyuge)* partner, spouse

conspiración *f* conspiracy, plot

conspirar *vi* to conspire, plot

constancia *f* ♦ constancy, perseverance ♦ *(prueba)* proof, evidence

constante 1 *adj* ♦ constant ♦ *(incesante)* constant, incessant |**2** *f* ♦ constant feature ♦ *Mat* constant

constar *vi* ♦ *(figurar)* to figure in, be included (in) ♦ *(tener certidumbre)* **me consta que...,** I am absolutely certain that... ♦ *(estar compuesto)* to be made up [**de,** of], consist [**de,** of]

constelación *f* constellation

consternar *vtr* to dismay

constipado,-a 1 *adj* **estar c.,** to have a cold *o* a chill |**2** *m* cold, chill

constiparse *vr* to catch a cold *o* a chill

constitución *f Jur Med* constitution

constitucional *adj* constitutional

constituir *vtr* ♦ to constitute ♦ *(representar)* to represent ♦ *(fundar)* to constitute, set up ■ **constituirse** *vr* to set oneself up [**en,** as]

constituyente *adj* & *mf* constituent

construcción *f* ♦ *(edificio)* building ♦ *(acción)* construction

constructivo,-a *adj* constructive

constructor,-ora 1 *m,f* builder |**2** *f* building firm

construir *vtr* to construct, build

consuelo *m* consolation

cónsul *mf* consul

consulado *m* consulate

consulta *f* ♦ *(petición de consejo)* query ♦ *(búsqueda de información)* search ♦ *Med (visita al médico)* consultation; *(despacho)* consulting room; **horas de c.,** surgery hours

consultar *vtr* ♦ to consult, seek advice [**con,** from] ♦ *(un diccionario)* to look up

consumado,-a *adj* consummate

consumición *f (bebida)* drink

consumido,-a *adj* emaciated

consumidor,-ora *m,f* consumer

consumir *vtr* to consume; **c. antes de...,** best before... ■ **consumirse** *vr* ♦ *(evaporarse)* to boil away ♦ *(un enfermo)* to waste away

consumismo *m* consumerism

consumo *m* consumption; **bienes/sociedad de c.,** consumer goods/society

contabilidad *f Com* ♦ accountancy ♦ *(de un negocio, empresa)* accounts

contable *mf* accountant

contactar *vi* to contact, get in touch [**con,** with]

contacto *m* ♦ contact; **pegamento de c.,** contact glue ♦ *(amigo, influencia)* contact ♦ *Auto* ignition ♦ *(trato)* touch; **ponerse en c.,** to get in touch

contado,-a *adj* ♦ *(escaso)* few and far between; **en contadas ocasiones,** rarely ♦ *(numerados)* numbered ♦|LOC: **pagar al c.,** to pay cash

contador *m* meter; **c. de la luz,** electricity meter

contagiar *vtr Med* to pass on ■ **contagiarse** *vr* ♦ *(ser contagioso)* to be contagious ♦ *(adquirir por contagio)* to get infected [**de,** by *o* with]

contagioso,-a *adj* contagious, infectious

contaminación *f* contamination; **c. atmosférica,** pollution

contaminar *vtr* ♦ *(la atmósfera)* to pollute ♦ *(un alimento, etc)* to contaminate ♦ *(una cultura, lengua)* to corrupt

contar 1 *vtr* ♦ *(un suceso, una historia)* to tell ♦ *(numerar)* to count |**2** *vi* to count ♦|LOC: **c. con,** *(confiar en)* to count on; *(constar de)* to have ■ **contarse** *vr* to be included

contemplación 1 *f* contemplation |**2** *fpl* **contemplaciones,** *(miramientos)* ceremony

contemplar *vtr* ♦ *(admirar, recrearse)* to contemplate ♦ *(una posibilidad)* to consider

contemporáneo,-a *adj* & *m,f* contemporary

contendiente *mf* contender, contestant

contenedor *m* ♦ container ♦ *(de escombros)* skip; *(de basuras)* bin; **c. de vidrio/papel,** bottle/paper bank

contener *vtr* ♦ to contain ♦ *(refrenar una pasión)* to hold back, restrain ■ **contenerse** *vr* to hold (oneself) back

contenido *m* content, contents *pl*

contentar *vtr* ♦ *(alegrar)* to cheer up ♦ *(satisfacer)* to please ■ **contentarse** *vr* ♦ *(alegrarse)* to cheer up ♦ *(darse por satisfecho)* to make do [**con,** with], be satisfied [**con,** with]

contento,-a *adj* happy, pleased [**con,** with]

contestación *f* answer

contestador *m* **c. (automático),** answering machine

contestar *vtr* to answer

contestatario,-a *adj* anti-establishment, non-conformist

contexto *m* context

contigo *pron pers* with you

contiguo,-a *adj* contiguous [**a,** to], adjoining

continente *m* ♦ *Geog* continent ♦ *(que contiene algo)* container

continuación *f* continuation ♦|LOC: **a c.,** next

continuar *vtr* & *vi* to continue

continuidad *f* continuity

continuo,-a *adj* ♦ *(incesante)* continuous; *Auto* **línea c.,** solid white line; **sesión c.,** continuous showing ♦ *(repetido)* continual, constant

contorno 1 *m* outline |**2** *mpl* **contornos,** surroundings *pl,* environment

contra *prep* against ♦|LOC: **los pros y los contras,** the pros and cons

contraataque *m* counterattack

contrabajo *m* double bass

contrabandista *mf* smuggler; *(de armas)* gunrunner

contrabando *m* smuggling; *(de armas)* gunrunning

contracción *f* contraction

contradecir *vtr* to contradict

contradicción *f* contradiction

contradictorio,-a *adj* contradictory

contraer *vtr,* **contraerse** *vr* to contract

contraindicación *f* contraindication

contraproducente *adj* counterproductive

contrapunto *m* counterpoint

contrariar *vtr* ♦ *(disgustar)* to upset ♦ *(contradecir)* to go against

contrariedad *f* ♦ *(trastorno)* setback ♦ *(fastidio)* annoyance, irritation

contrario,-a 1 *adj* ♦ opposite ♦ *(negativo, nocivo)* contrary [**a,** to] |**2** *m,f* rival, opponent ♦|LOC: **al c./por el c.,** on the contrary; **de lo c.,** otherwise

contrarrestar *vtr* to offset, counteract

contraseña *f* password

contrastar *vtr* to contrast [**con,** with]

contraste *m* contrast

contratar *vtr* to hire, engage

contratiempo *m* setback, hitch

contrato *m* contract; **c. de alquiler,** lease, leasing agreement
contraventana *f* shutter
contribución *f* contribution
contribuir *vi* to contribute [**a,** to] [**para,** towards]
contribuyente *mf* taxpayer
contrincante *mf* opponent, rival
control *m* ◆ *(dominio)* control ◆ *Educ* test ◆ *(inspección)* check ◆ *(de Policía, militar)* checkpoint, roadblock
controlador,-ora *m,f* **c. (aéreo),** air traffic controller
controlar *vtr* ◆ to control ◆ *(comprobar)* to check ■ **controlarse** *vr* to control oneself
controversia *f* controversy
controvertido,-a *adj* controversial
contundente *adj* ◆ *(concluyente)* conclusive ◆ *(golpe)* heavy
contusión *f* contusion, bruise
convaleciente *adj* & *mf* convalescent
convalidar *vtr* to validate; *(documento)* to ratify
convencer *vtr* ◆ *(una idea)* to convince ◆ *(persuadir)* to persuade ◆ *(satisfacer)* **el peinado no me convence,** I'm not sure about the hairstyle
convencional *adj* conventional
conveniencia *f* ◆ *(interés)* benefit ◆ *(provecho)* advisability, convenience
conveniente *adj* ◆ *(medida)* advisable ◆ *(comentario)* convenient
convenio *m* agreement
convenir *vtr* & *vi* ◆ *(ser ventajoso)* to be advisable ◆ *(venir bien)* to suit, to be suitable ◆ *(acordar)* to agree
convento *m (de monjas)* convent; *(de monjes)* monastery
converger *vi* to converge
conversación *f* conversation
conversar *vi* to talk [**con,** to/with] [**sobre,** about]
conversión *f* conversion
convertir *vtr* ◆ to turn, change ◆ *Rel* to convert ■ **convertirse** *vr* ◆ **c. en,** to turn into, become ◆ *Rel* to be converted [**a,** to]
convexo,-a *adj* convex
convicción *f* conviction
convicto,-a *adj* convicted
convivencia *m* ◆ *(vida en común)* life together ◆ *(de culturas, situaciones)* coexistence
convivir *vi* ◆ *(en la misma casa)* to live together ◆ *fig* to coexist [**con,** with]
convocar *vtr* ◆ to call ◆ *(citar)* to summon
convocatoria *f* ◆ *Educ* examination session ◆ *(de una oposición, reunión, etc)* notification, announcement; *(de una huelga)* call
convulsión *f* ◆ *Med* convulsion ◆ *fig (agitación social)* unrest, upheaval
conyugal *adj* conjugal
cónyuge *mf* spouse
coñac *m* brandy, cognac
cooperación *f* cooperation
cooperar *vi* to cooperate [**a, en,** in] [**con,** with]
cooperativa *f* cooperative
coordinación *f* coordination
coordinador,-ora *m,f* coordinator
coordinar *vtr* to coordinate
copa *f* ◆ *(de vino, etc)* glass ◆ *(trago, bebida)* drink; **tomar una c.,** to have a drink ◆ *Dep* cup ◆ *(de un árbol)* top ◆ *Naipes* **copas** ~ hearts
copia *f* ◆ copy ◆ *Inform* **c. de seguridad,** backup
copiar *vtr* to copy
copiloto *m Auto* co-driver; *Av* copilot
copla *f* verse, couplet
copo *m* flake; **c. de nieve,** snowflake
copular *vtr* to copulate [**con,** with]
coquetear *vi* to flirt [**con**, with]
coqueto,-a 1 *adj (persona)* vain, coquettish; *(decoración)* nice, pretty; *(gesto)* flirting |**2** *m,f* flirt
coraje *m* ◆ *(entereza)* courage ◆ *(rabia)* anger
coral[1] *m Zool* coral
coral[2] *f Mús* choral, chorale
Corán *m Rel* Koran
corazón *m* heart
corazonada *f* hunch, feeling
corbata *f* tie, *US* necktie
corchete *m* ◆ *Impr* square bracket ◆ *Cost (cierre automático)* hook (and eye), fastener

corcho *m* cork
cordel *m* string
cordero,-a *m,f* lamb
cordial 1 *m (bebida)* cordial **|2** *adj* cordial, warm
cordialidad *f* cordiality, warmth
cordillera *f* mountain chain o range
córdoba *m* cordoba, *national currency of Nicaragua*
cordón *m* ♦ cord; *(de zapatos)* shoelace ♦ *Anat* **c. umbilical,** umbilical cord
cordura *f* common sense
coreografía *f* choreography
cornada *f Taur* goring
corneta *f* bugle
coro *m Teat* chorus; *Mús* choir
corona *f* ♦ crown ♦ *(de flores)* wreath, garland ♦ *Fin (moneda danesa, noruega)* krone; *(sueca)* krona; *(histórica)* crown
coronar *vtr* to crown
coronel *m Mil* colonel
coronilla *f* crown of the head
corporativo,-a *adj* corporative
corpulento,-a *adj* corpulent, stout
corral *m* ♦ *(para animales)* farmyard, *US* corral ♦ *(patio interior)* courtyard ♦ *Hist (teatro)* open-air auditorium
correa *f* ♦ *(tira)* strap; *(de reloj)* watchstrap; *(de pantalón)* belt; *(de perro)* lead, *US* leash ♦ *Téc* belt
corrección *f* ♦ *(rectificación)* correction ♦ *(urbanidad)* courtesy, politeness
correcto,-a *adj* ♦ *(atento, educado)* polite, courteous [**con,** to] ♦ *(sin fallos)* correct
corredor,-ora 1 *m,f* ♦ *Dep* runner ♦ *Fin* **c. de bolsa,** stockbroker **|2** *m Arquit* corridor
corregir *vtr* to correct ■ **corregirse** *vr* to mend one's ways
correo *m* post, *US* mail; **echar al c.,** to post; **c. aéreo,** airmail; *Inform* **c. electrónico,** e-mail; **por c.,** by post
correr 1 *vi* ♦ to run; *(ir deprisa)* to go fast; *(al conducir)* to drive fast ♦ *(el viento)* to blow; *(un río)* to flow ♦ *(darse prisa)* to hurry ♦ *(estar en situación de)* **c. peligro,** to be in danger; **c. prisa,** to be urgent **|2** *vtr* ♦ to run ♦ *(una cortina)* to draw; *(un cerrojo)* to close ♦ *(un mueble)* to pull up, draw up ■ **correrse** *vr* ♦ *(desplazarse)* to move ♦ *(desteñirse)* to run ♦ *vulgar (tener un orgasmo)* to come
correspondencia *f* correspondence
corresponder *vi* ♦ *(pertenecer)* to belong ♦ *(ser adecuado)* to correspond [**a,** to] [**con,** with] ♦ *(incumbir)* to concern ■ **corresponderse** *vr* to correspond
corresponsal *mf Prensa* correspondent
corrida *f* **c. (de toros),** bullfight
corriente 1 *adj* ♦ *(común)* common, ordinary ♦ *(agua)* running ♦ *(actual, presente)* current, present ♦ *Fin (cuenta)* current **|2** *f* ♦ current, stream ♦ *Elec* **c. eléctrica,** (electric) current ♦ *(de aire)* draught, *US* draft ♦ *(tendencia)* trend, current
corro *m* ♦ circle, ring ♦ *(juego)* ring-a-ring-a-roses
corroborar *vtr* to corroborate
corromper *vtr* ♦ *(pudrir)* to turn bad, rot ♦ *(pervertir)* to corrupt, pervert ■ **corromperse** *vr* ♦ *(pudrirse)* to go bad, rot ♦ *(pervertirse)* to become corrupted
corrosivo,-a *adj* corrosive
corrupción *f* ♦ corruption ♦ *(putrefacción)* rot, decay
corrupto,-a *adj* corrupt
cortacésped *m* & *f* lawnmower
cortado,-a 1 *adj* ♦ *(leche)* sour ♦ *(piel)* flaky, dry ♦ *fam (tímido)* shy **|2** *m* small coffee with a dash of milk
cortafuego *m* firebreak
cortar 1 *vtr* ♦ to cut; *(un árbol)* to cut down; *(el césped)* to mow ♦ *(amputar)* to cut off ♦ *(la luz, el teléfono)* to cut off ♦ *(impedir el paso)* to block ♦ *(censurar)* to cut out **|2** *vi* ♦ *(partir)* to cut ♦ *(atajar)* to cut across, to take a short cut ♦ *fam (interrumpir una relación)* to split up ■ **cortarse** *vr* ♦ *(herirse)* to cut oneself ♦ *(las uñas, etc)* to cut ♦ *(la leche, mayonesa)* to curdle ♦ *(la piel, los labios)* to chap ♦ *(el suministro)* to cut off ♦ *fam (avergonzarse)* to become shy
cortaúñas *m inv* nail clippers *pl*

corte[1] *m* ♦ cut; **c. de pelo,** haircut ♦ **c. y confección,** dressmaking ♦ *(sección)* section ♦ **c. de digestión,** stomach cramp
corte[2] *f* ♦ court ♦ **Las Cortes,** (Spanish) Parliament *sing* ♦|LOC: **hacer la c. a alguien,** to court sb
cortés *adj* courteous, polite
cortesía *f* courtesy, politeness
corteza *f* ♦ *(del pan)* crust; *(del queso)* rind ♦ *(de un tronco)* bark
cortina *f* curtain
corto,-a 1 *adj* short |2 *m Cine* short (film)
cortocircuito *m* short circuit
cortometraje *m* short (film)
cosa *f* thing; **es c. mía,** that's my business; **eso es otra c.,** that's different
cosecha *f* ♦ *Agr* harvest ♦ *(año de vendimia)* vintage
cosechar 1 *vtr* ♦ *Agr* to harvest, gather (in) ♦ *(éxitos)* to reap, achieve |2 *vi* to harvest
coser *vtr* ♦ to sew ♦ *Med* to stitch up
cosmético,-a *adj* & *m* cosmetic
cosmopolita *adj* & *mf* cosmopolitan
cosmos *m inv* cosmos
cosquillas *fpl* tickling *sing;* **hacerle c. a alguien,** to tickle sb; **tener c.,** to be ticklish
cosquilleo *m* tickling
costa 1 *f* coast |2 *fpl Jur* **costas,** costs
costado *m* side
costar *vtr* & *vi* ♦ *(tener un precio)* to cost ♦ *(llevar tiempo)* to take ♦ *(ser trabajoso)* **me cuesta hablar alemán,** I find it difficult to speak German
Costa Rica *f* Costa Rica
costarricense *adj* & *mf* Costa Rican
costarriqueño,-a *adj* & *m,f* Costa Rican
coste *m* cost
costear *vtr* to afford, pay for ■ **costearse** *vr* to pay one's way
costilla *f* rib
costo *m* ♦ cost ♦ *argot (hachís)* dope, shit, stuff
costra *f* ♦ *Med (postilla)* scab ♦ *(capa)* crust
costumbre *f* ♦ habit; **como de c.,** as usual ♦ *(de un pueblo, una cultura, etc)* custom
costura *f* ♦ sewing ♦ *(oficio)* dressmaking
costurero *m (cesto de costura)* sewing basket
cotidiano,-a *adj* daily, everyday
cotilla *mf fam* busybody, gossip
cotillear *vi fam* to gossip [**de,** about]
cotilleo *m fam* gossip
cotización *f* ♦ *(a la Seguridad Social)* contribution ♦ *Fin (en bolsa)* price, quotation; *(de una moneda)* exchange rate
cotizar 1*vi* ♦ *Fin (en bolsa)* to be quoted ♦ *(a la Seguridad Social)* to pay national insurance ■ **cotizarse** *vr Fin* to sell
coto *m* reserve; **c. privado,** private property
cotorra *f* ♦ *Orn* parrot ♦ *fig pey (persona)* chatterbox
COU *m Educ (abr de **Curso de Orientación Universitaria**)* ~ GCE A-level studies
coyote *m Zool* coyote
coz *f* kick
cráneo *m Anat* cranium, skull
cráter *m Geol* crater
creación *f* creation
creador,-ora *m,f* creator
crear *vtr* to create
creatividad *f* creativity
creativo,-a *adj* creative
crecer *vi* to grow
creciente *adj* growing, increasing
crecimiento *m* growth
credencial 1 *adj* credential |2 *f (acreditación)* documents *pl;* credentials
crédito *m* ♦ *Com Fin* credit; *(préstamo)* loan ♦ *(credibilidad)* credibility ♦ *(prestigio)* reputation ♦|LOC: **a c.,** on credit
credo *m* creed
crédulo,-a *adj* credulous, gullible
creencia *f* belief
creer 1 *vtr* ♦ to believe ♦ *(suponer)* to think: **creo que sí/no,** I think so/don't think |2 *vi* to believe ■ **creerse** *vr* to consider oneself to be

creíble *adj* credible, believable

creído,-a 1 *adj* arrogant, vain |**2** *m,f* big head

crema *f* cream

cremallera *f* zip (fastener), *US* zipper

crematorio,-a *adj* & *m* crematorium

cremoso,-a *adj* creamy

crepe *f* crêpe, pancake

crepería *f* creperie

crepúsculo *m* twilight

cresta *f* crest

cretino,-a 1 *adj* stupid, cretinous |**2** *m,f* cretin

creyente *mf* believer

cría *f* ♦ *(crianza)* breeding, raising ♦ *(de un animal)* young

criada *f* maid

criado,-a *m,f* servant

criar *vtr* ♦ *(niños)* to bring up, rear ♦ *(animales)* to breed, raise

criatura *f* ♦ *(ser vivo)* creature ♦ *(niño pequeño)* baby, child

criba *f* ♦ *Agr* sieve ♦ *fig* filter

crimen *m* serious crime; *(Esp)* murder

criminal *mf* & *adj* criminal

crines *fpl* mane *sing*

crío,-a *m,f fam* kid

criollo,-a *adj* & *m,f* Creole

crisis *f inv* ♦ crisis ♦ *Med (ataque)* fit, attack

cristal *m* ♦ *(mineral)* crystal ♦ *(vidrio)* glass; *(de una ventana, un escaparate)* (window) pane; *(de unas gafas)* lens

cristalero,-a *m,f* glazier

cristalizar *vi* to crystallize

cristiandad *f* Christendom, Christianity

cristianismo *m* Christianity

cristiano,-a *adj* & *m,f* Christian

Cristo *m* Christ

criterio *m* ♦ *(opinión)* opinion ♦ *(juicio)* discretion ♦ *(norma, regla)* criterion

crítica *f* ♦ *(censura)* criticism ♦ *Prensa* review ♦ *(los críticos profesionales)* critics

criticar 1 *vtr* to criticize |**2** *vi (murmurar)* to gossip

crítico,-a 1 *adj* critical |**2** *m,f* critic

croar *vi* to croak

crol *m Natación* crawl

cromo *m* ♦ *(estampa)* picture card ♦ *(metal)* chromium, chrome

crónico,-a *adj* chronic

cronológico,-a *adj* chronological

cronometrar *vtr* to time

cronómetro *m* stopwatch

croqueta *f* croquette

croquis *m inv* sketch

cruce *m* ♦ crossing; *(de carreteras)* crossroads ♦ *(entre animales)* cross, *(animal cruzado)* crossbreed ♦ *Tel* crossed line

crucero *m* ♦ *(viaje por mar)* cruise ♦ *(barco)* cruiser ♦ *Arquit* transept

crucial *adj* crucial

crucificar *vtr* to crucify

crucifijo *m* crucifix

crucigrama *m* crossword (puzzle)

crudo,-a 1 *adj* ♦ raw ♦ *(comida poco hecha)* underdone ♦ *(clima, realidad)* harsh ♦ *(color)* cream, natural |**2** *m (petróleo)* crude

cruel *adj* cruel

crueldad *f* cruelty

crujiente *adj* crunchy

crujir *vi* to crunch; *(del suelo, los muebles)* to creak

crustáceo *m Zool* crustacean

cruz *f* ♦ cross ♦ *(reverso de una moneda)* tails: **¿cara o c.?**, heads or tails? ♦ **C. Roja,** Red Cross

cruzada *f* crusade

cruzar 1 *vtr* ♦ to cross; *(las piernas)* to cross one's legs; *(los brazos)* to fold one's arms ♦ *(dirigir unas palabras, miradas)* to exchange ♦ *(animal, planta)* to cross, crossbreed |**2** *vi (atravesar)* to cross ■ **cruzarse** *vr* ♦ to cross ♦ *(encontrarse)* to pass sb [**con, -**] ♦ *(información, apuntes)* to exchange ♦ *(interponerse)* to cut in front of sb

cuaderno *m* notebook

cuadra *f* ♦ *(establo)* stable ♦ *LAm* block (of houses)

cuadrado,-a 1 *adj* ♦ *Geom* square ♦ *(musculoso)* muscled, stocky ♦ *fig (mente)* rigid |**2** *m* square; **elevar al c.,** to square

cuadrar 1 *vi* ◆ *(coincidir)* to square, agree [**con,** with] ◆ *(las cuentas)* to balance, tally |**2** *vtr* to balance
■ **cuadrarse** *vr (soldado)* to stand to attention
cuadrilátero *m Box* ring
cuadrilla *f* ◆ *(equipo)* team ◆ *Taur* bullfighter's team ◆ *Mil* squad
cuadro *m* ◆ *Arte* painting, picture ◆ *Teat* scene ◆ *Geom* square; **tela a cuadros,** checked cloth ◆ *(gráfico)* chart, graph; **c. clínico,** medical profile; **c. sinóptico,** diagram
cuádruple *adj* quadruple, fourfold
cuajada *f* curd, junket
cuajar *vi* ◆ to curdle ◆ *(nieve)* to lie ◆ *(moda)* to catch on; *(plan, esfuerzo)* to get off the ground
cual 1 *pron rel* ◆ *(persona) (sujeto)* who; *(objeto)* whom ◆ *(cosa)* which |**2** *conj* like
cuál 1 *pron interr* which (one)?, what? |**2** *adj interr* which
cualidad *f* quality
cualificado,-a *adj* qualified
cualquier *adj indef* any: **c. cosa,** anything; **c. sitio,** anywhere
cualquiera 1 *adj indef* ◆ any ◆ *(corriente, poco importante)* ordinary |**2** *pron indef* ◆ *(persona)* anybody ◆ *(cosa, animal)* any one
cuando 1 *conj* ◆ when ◆ *(condicional) (si)* if ◆ *(concesiva) (aunque)* (**aun**) **c.,** even if ◆|LOC: **c. quiera que,** whenever; **de c. en c./de vez en c.,** from time to time
cuándo *adv interr* when
cuantioso,-a *adj* substantial, considerable
cuanto,-a 1 *adj* all: **come c. arroz quieras,** eat as much rice as you want; **unas cuantas veces,** a few times |**2** *pron rel* as much as: **dice todo c. piensa,** he says everything he thinks |**3** *pron indef pl* **unos cuantos,** a few |**4** *adv* ◆ *(cantidad)* **cuantos más (seamos), mejor,** the more the merrier ◆ *(tiempo)* **ven c. antes,** come as soon as possible ◆|LOC: **en c.,** as soon as; **en c. a,** with respect to, regarding
cuánto,-a 1 *adj* & *pron interr (sing)* how much?; *(pl)* how many?: **¿c. es?,** how much is it?; **¿cuántos días faltan?,** how many days are left? |**2** *adv* how, how much
cuarenta *adj* & *m inv* forty
cuarentena *f Med* quarantine
cuaresma *f* Lent
cuartel *m* ◆ *Mil* barracks *pl* ◆ **c. general,** headquarters
cuarteto *m* quartet
cuarto,-a 1 *adj* & *m,f* fourth |**2** *m* ◆ *(habitación)* room; **c. de baño,** bathroom; **c. de estar,** living room ◆ *(cuarta parte)* quarter ◆ *(de un animal)* **c. delantero/trasero,** shoulderquarter/ hindquarter ◆ **cuartos,** *fam (dinero)* dough, money; *Dep* **cuartos de final,** quarter finals |**3** *f Auto Mús* fourth
cuarzo *m* quartz
cuatro *adj* & *m inv* four
cuatrocientos,-as *adj* & *m,f* four hundred
cuba *f* barrel, cask
Cuba *f* Cuba
cubano,-a *adj* & *m,f* Cuban
cubertería *f* cutlery
cúbico,-a *adj* cubic
cubierta *f* ◆ cover ◆ *(de rueda)* tyre, *US* tire ◆ *Náut* deck ◆ *(techo)* roof
cubierto,-a 1 *adj* ◆ covered; *(piscina)* indoor |**2** *m* ◆ *(para un comensal)* place setting ◆ **cubiertos,** cutlery *sing*
cubismo *m Arte* cubism
cubo *m* ◆ *(recipiente)* bucket ◆ *Mat* cube ◆ *(de una rueda)* hub ◆ **c. de la basura,** rubbish bin
cubrir *vtr* to cover
cucaracha *f Zool* cockroach
cuchara *f* spoon
cucharada *f* spoonful
cucharadita *f* teaspoonful
cucharilla *f* teaspoon
cuchichear *vi* to whisper
cuchilla *f* ◆ blade ◆ **c. de afeitar,** razor blade
cuchillada *f* stab
cuchillo *m* knife
cuclillas (en) *loc adv* crouching

cuco *m Orn* cuckoo

cuco,-a *adj fam* pretty

cucurucho *m* cone

cuello *m* ♦ neck ♦ *(de la camisa)* collar

cuenca *f Geog* basin

cuenco *m* earthenware bowl

cuenta *f* ♦ *(recibo)* bill ♦ *(cálculo)* count; **c. atrás,** countdown ♦ *(de collar)* bead ♦ *Fin (de banco)* account; **c. corriente,** current account, *US* checking account ♦|LOC: **caer en la c.** *o* **darse c.,** to realize; **tener en c.,** to take into account; **trabajar por c. propia,** to be self-employed

cuentagotas *m inv* dropper

cuentakilómetros *m inv (distancia)* milometer; *(velocidad)* speedometer

cuento *m* ♦ story ♦ *Lit* short story; **c. de hadas,** fairy story ♦ *(embuste)* lie

cuerda *f* ♦ *(soga gruesa)* rope; *(fina, cordel)* string ♦ *(de instrumento)* string; **instrumento de cuerda,** stringed instrument ♦ *(del reloj)* spring ♦ **cuerdas vocales,** vocal chords ♦|LOC: **dar c. al reloj,** to wind up a watch

cuerdo,-a *adj* sane

cuerno *m* ♦ horn; *(de ciervo)* antler ♦ *(instrumento musical)* horn

cuero *m* ♦ *(piel curtida)* leather ♦ **c. cabelludo,** scalp ♦|LOC: *fam* **en cueros,** naked

cuerpo *m* ♦ body ♦ *(cadáver)* corpse ♦ *(de un edificio o mueble)* section, part ♦ *(grupo)* corps, force; **c. de bomberos,** fire brigade; **c. diplomático,** diplomatic corps

cuervo *m Orn* raven

cuesta *f* slope; **c. abajo,** downhill; **c. arriba,** uphill ♦|LOC: *adv* **a cuestas,** on one's back o shoulders

cuestión *f* ♦ *(asunto)* matter, question ♦ *(pregunta)* question ♦|LOC: **en c.,** in question; **poner en c. algo,** to doubt sthg

cuestionario *m* questionnaire

cueva *f* cave

cuidado,-a 1 *adj* well cared for |**2** *m* ♦ care; **tener c.,** to be careful; **con c.,** carefully ♦ *(cargo, vigilancia)* **estar al c. de,** *(cosa)* to be in charge of; *(persona)* to look after |**3** *excl* **¡c.!,** look out!, watch out!; **¡c. con el escalón!,** mind the step! ♦ *Med* **cuidados intensivos,** intensive care *sing* ♦|LOC: **me trae sin c.,** I couldn't care less

cuidadoso,-a *adj* careful

cuidar *vtr & vi* ♦ *(vigilar, atender)* to care for, look after ■ **cuidarse** *vr* to look after oneself

culata *f* ♦ *(de arma)* butt ♦ *Auto* cylinder head

culebra *f Zool* snake

culminación *f* culmination

culminante *adj (punto)* highest, topmost; *(momento)* culminating

culminar *vi* to culminate

culo *m* ♦ *fam (trasero)* backside ♦ *(de recipiente)* bottom

culpa *f* ♦ fault **echarle la c. a alguien,** to put the blame on sb; **es c. nuestra,** it is our fault ♦ *(culpabilidad)* guilt

culpable 1 *mf* culprit, offender |**2** *adj* guilty; *Jur* **declararse c.,** to plead guilty

culpar *vtr* ♦ to blame ♦ *(de un delito)* to accuse [**de,** of]

cultivar *vtr* ♦ to cultivate ♦ *Biol* to culture

cultivo *m* ♦ cultivation; *(planta)* crop ♦ *Biol* culture

culto,-a 1 *adj* educated; *(palabra)* learned |**2** *m* cult; *Rel* worship

cultura *f* culture

cultural *adj* cultural

culturismo *m* bodybuilding

cumbre *f* ♦ summit ♦ *fig (culminación)* pinnacle, peak

cumpleaños *m inv* birthday

cumplido,-a 1 *adj* ♦ *(cortés)* polite ♦ *(plazo)* expired; *(misión)* accomplished |**2** *m* compliment

cumplir 1 *vtr* ♦ *(un proyecto, una tarea)* to carry out, fulfil, *US* fulfill ♦ *(un deseo)* to fulfil; *(promesa)* to keep ♦ *(sentencia)* to serve ♦ *(años)* **ayer cumplí treinta años,** I was thirty (years old) yesterday |**2** *vi* ♦ *(actuar de acuerdo con)* **c. con lo pactado,** to carry out an agreement ♦ *(quedar bien)* **tenemos**

que c. con tu madre, we have to do our bit for your mother ♦ *(plazo)* to expire, end ■ **cumplirse** *vr* ♦ *(un deseo)* to be fulfilled ♦ *(un plazo)* to expire

cúmulo *m* pile, load

cuna *f* ♦ cot ♦ *fig (linaje)* cradle

cundir *vi* ♦ *(extenderse)* to spread, grow ♦ **no me cunde el tiempo,** I haven't got much work done

cuneta *f* gutter

cuña *f* wedge

cuñado,-a *m,f* ♦ *(hombre)* brother-in-law; *(mujer)* sister-in-law ♦ **cuñados,** *(hombres)* brothers-in-law; *(hombres y mujeres)* brother(s) and sister(s) -in-law

cuota *f* ♦ *(pago)* instalment; *(a un club)* membership fees *pl*, dues *pl* ♦ *(porción)* quota, share ♦ *LAm* **carretera de c.,** toll road

cupón *m* coupon, voucher

cúpula *f* ♦ *Arquit* dome ♦ *(de dirigentes)* leadership

cura 1 *f Med* cure **|2** *m Rel* priest

curación *f* treatment; *(recuperación)* recovery

curandero,-a *m,f* quack

curar 1 *vtr* ♦ *(a un enfermo)* to cure ♦ *(vendar, desinfectar)* to dress ♦ *(carne, pescado)* to cure ■ **curarse** *vr (hacerse una cura)* to heal (up); *(recuperarse)* to recover, get well

curiosidad *f* ♦ curiosity

curioso,-a 1 *adj* ♦ curious ♦ *(extraño)* strange, odd ♦ *(limpio)* neat, tidy **|2** *m,f* ♦ *(mirón)* onlooker ♦ *pey (chismoso)* nosey-parker, busybody

currículum *m* **c. vitae**, curriculum vitae, *US* résumé

cursar *vtr* ♦ *(estudiar)* to study ♦ *(tramitar)* to process

cursi *adj pey* pretentious, affected, genteel

cursillo *m* short course

cursiva *f* italics *pl*

curso *m* ♦ course ♦ *(año académico)* academic year; *(niños de una misma clase)* class ♦ *Fin* **moneda de c. legal,** legal tender

cursor *m* cursor

curva *f* ♦ curve ♦ *(en carretera)* bend; **c. cerrada,** sharp bend

cúspide *f* peak

custodia *f* custody

custodiar *vtr* to watch over

cutáneo,-a *adj* cutaneous, skin

cutis *m* complexion, skin

cutre *adj fam* ♦ *(de mala calidad)* grotty, seedy ♦ *(tacaño)* stingy

cuyo,-a *pron rel* & *pos (de persona)* whose; *(de cosa)* of which

CV *(abr de* ***currículum vitae****)* curriculum vitae, CV

D

D, d *f (letra)* D, d

D. *(abr de* ***Don****)* Mister, Mr

D.ª *(abr de* ***Doña****)* Mistress, Mrs

dactilar *adj* finger; **huella d.,** fingerprint

dado,-a¹ *adj* given ♦|LOC: **d. que,** since, given that; **ser d. a,** *(aficionado, propenso)* to be given to

dado² *m* ♦ die *(pl* dice) ♦ *(juego)* dice *(pl* dice)

dalia *f Bot* dahlia

dálmata *adj* & *mf* Dalmatian: *(perro)* Dalmatian (dog)

daltónico,-a 1 *adj* colour-blind, *US* color-blind **|2** *m,f* colour-blind person, *US* color blind person

dama *f* ◆ *(señora)* lady; **primera d.**, *US* First Lady ◆ *(en el juego de damas)* king; *(en el ajedrez)* queen ◆ **damas,** *(juego de mesa)* draughts, *US* checkers

danés,-esa 1 *adj* Danish **|2** *m,f (persona)* Dane **|3** *m* ◆ *(idioma)* Danish ◆ **gran d.**, *(perro)* Great Dane

danza *f* dancing; *(baile)* dance

danzar *vtr* & *vi* to dance

dañar *vtr* ◆ *(estropear)* to damage ◆ *(perjudicar, molestar)* to harm, prejudice

dañino,-a *adj* harmful, damaging [**para,** to]

daño *m* ◆ damage; *Jur* **daños y perjuicios,** (legal) damages ◆ **se hizo d. en la pierna,** he hurt his leg

dar 1 *vtr* ◆ to give ◆ *(transmitir una noticia)* to tell; *(un recado, recuerdos)* to pass on, give; **d. las gracias,** to thank ◆ *(ofrecer un espectáculo)* to show, put on ◆ *(organizar una fiesta)* to throw, give ◆ *(producir lana, miel, etc)* to produce, yield; *(fruto, flores)* to bear; *(beneficio, interés)* to give, yield ◆ *(un sentimiento)* **d. pena,** to make sad; **le da vergüenza,** he's embarrassed ◆ *(proporcionar)* to provide ◆ *(impartir clases)* to teach ◆ *(estropear)* to ruin, spoilt ◆ *(abrir el paso de la luz)* to switch on; *(del gas, agua)* to turn on ◆ *(una bofetada, un puntapié, etc)* to deal, to give ◆ *(una mano de pintura, cera)* to apply, put on ◆ **d. por supuesto/sabido,** to take for granted, to assume ◆ **d. un paseo,** to go for a walk **|2** *vi* ◆ **le dio un ataque de nervios,** she had an attack of hysterics ◆ **dar de comer/cenar,** to provide with lunch/dinner ◆ **d. a,** *(estar orientado a)* to look out onto, to overlook ◆ **d. con,** *(una persona, objeto)* to come across ◆ **d. de sí,** *(una camiseta, bañador)* to stretch, give ◆ **d. en,** to hit ◆ **le dio por ponerse a cantar,** she took it into her head to start singing ◆ **d. a conocer,** *(noticia)* to release ■ **darse** *vr* ◆ *(tener lugar)* to happen: **se dieron una serie de coincidencias,** a series of coincidences occurred ◆ *(hallarse)* to be found, exist ◆ *(aplicarse)* devote oneself ◆ *(tener habilidad para algo)* **se le dan bien las matemáticas,** he's good at maths ◆ **d. a,** *(entregarse, abandonarse)* to take to: **se dio a la bebida,** he took to drink ◆ **d. con** *o* **contra,** to bump *o* crash into ◆|LOC: **d. por vencido,** to give in; **dárselas de,** to boast about

dardo *m* dart

dátil *m* date

dato *m* ◆ piece of information ◆ **datos,** *Inform* data; *(pormenores)* information; **datos personales,** personal details

dcha. *(abr de* **derecha***)* right

d. C. *(abr de* **después de Cristo***)* anno Domini, AD

de *prep* ◆ of; **la dirección de mis padres,** my parents' address; **un vaso de vino,** a glass of wine ◆ *(asunto)* about, on; **un curso de inglés,** an English course; **un libro de arte,** a book on art ◆ *(oficio)* as: **está/trabaja de enfermera,** she is working as a nurse ◆ *(cualidad)* **una persona de carácter,** a person with character ◆ *(procedencia)* from: **es de Bilbao,** he is *o* comes from Bilbao; **de Madrid a Cáceres,** from Madrid to Cáceres ◆ *(causa)* with, because of; **llorar de alegría,** to cry with joy ◆ *(localización)* **el señor de la camisa azul,** the man in the blue shirt; **la casa de la esquina,** the house on the corner ◆ *(tiempo)* **a las cinco de la mañana,** at five in the morning; **de día,** by day; **de noche,** at night ◆ *(finalidad)* **libro de consulta,** reference book; **máquina de escribir,** typewriter ◆ *(comparación)* **el discurso fue más largo de lo esperado,** the speech was longer than expected; *(con superlativo)* in; **el coche más caro del mundo,** the most expensive car in the world ◆ *(precio)* for ◆ **una avenida de quince**

kilómetros, an avenue fifteen kilometres long; **una botella de litro,** a litre bottle ◆ *(condicional)* if: **de no ser así, if** that wasn't *o* weren't the case ◆ **de tres en tres,** in threes, three at a time

deambular *vi* to saunter, stroll

debajo *adv* underneath, below: **d. de,** under; **coge el de d.,** take the one below

debate *m* debate

debatir *vtr* to debate ■ **debatirse** *vr* to struggle

debe *m Com* debit, debit side

deber[1] *m* **1** duty |**2** *Educ* **deberes,** homework *sing*

deber[2] **1** *vtr* ◆ *(tener una deuda)* to owe ◆ *(+ infinitivo: estar obligado a)* must, to have to ◆ *(para dar un consejo)* should |**2** *vi (deber + de + infinitivo: ser posible) (positivo)* must, *(negativo)* can not ■ **deberse** *vr (ser efecto de)* **d. a,** to be due to

debido,-a *adj* due, proper ◆|LOC: **d. a,** because of, due to; **como es d.,** properly

débil *adj (fuerza, salud)* weak; *(intensidad de luz o sonido)* faint

debilidad *m* weakness

debilitar *vtr,* **debilitarse** *vr* to weaken

debutar *vi* to make one's début

década *f* decade

decadencia *f* decadence

decaído,-a *adj* down

decano,-a *m,f Univ* dean

decantarse *vr* to opt [**por,** for]

decapitar *vtr* to behead, decapitate

decena *f* ten

decencia *f* decency

decenio *m* ten-year period, decade

decente *adj* decent

decepción *f* disappointment

decepcionado,-a *adj* disappointed

decepcionante *adj* disappointing

decepcionar *vtr* to disappoint

decidido,-a *adj* determined, resolute

decidir *vtr* & *vi* to decide ■ **decidirse** *vr* to make up one's mind

decimal *adj* & *m* decimal; **sistema métrico d.,** decimal system

décimo,-a 1 *adj* & *m,f* tenth |**2** *m* ◆ *(fracción)* tenth ◆ *(de lotería)* tenth part of a lottery ticket

decir 1 *m* saying |**2** *vtr* ◆ to say ◆ *(con complemento indirecto)* to tell: **no le dije mi opinión,** I didn't tell him my opinion ◆ *(suscitar interés, una idea)* to mean, appeal: **¿le dice algo esta cara?,** does this face mean anything to you? ◆ |LOC: *Tel Esp* **diga** *o* **dígame,** hello?; **digamos,** let's say; **es d.,** that is (to say); **ni que d. tiene,** needless to say; **por así decirlo,** as it were *o* so to speak; **querer d.,** to mean ■ **decirse** *vr* ◆ *(a uno mismo)* to say to oneself ◆ *(una palabra, frase)* **¿cómo se dice «ombligo'» en inglés?,** how do you say «ombligo» in English? ◆ *(impersonal)* **se dice que...,** they say that...

decisión *f* ◆ decision ◆ *(firmeza)* decisiveness

decisivo,-a *adj* decisive

declamar *vtr* & *vi* to declaim, recite

declaración *f* ◆ declaration; *(de la renta)* tax declaration; *US* tax return ◆ *(comentario)* comment ◆ *Jur* statement; **d. jurada,** sworn statement

declarar 1 *vtr* ◆ to declare ◆ *(decir, anunciar)* to state ◆ *Jur* **les declararon culpables/inocentes,** they were found guilty/not guilty |**2** *vi Jur (ante un juez)* to testify ■ **declararse** *vr* ◆ to declare oneself ◆ *(reconocerse) Jur* **d. culpable/inocente,** to plead guilty/not guilty ◆ *(una guerra)* to be declared, break out; *(una epidemia)* to break out

declinar *vi* & *vtr* to decline

declive *m* decline

decoración *f* decoration

decorado *m* scenery, set

decorador,-ora *m,f* ◆ decorator ◆ *Teat* set designer

decorar *vtr* to decorate

decorativo,-a *adj* decorative

decretar *vtr* to decree

decreto *m* decree

dedal *m* thimble

dedicación *f* dedication

dedicar *vtr* ◆ to dedicate ◆ *(tiempo, esfuerzos)* to devote [**a,** to] ■ **dedicarse** *vr* ◆ to devote oneself ◆ *(tener como pro-*

fesión) **¿a qué se dedica su suegro?,** what does her father-in-law do for a living?

dedicatoria *f* dedication

dedo *m (de la mano)* finger; *(del pie)* toe

deducción *f* deduction

deducir *vtr* ◆ to deduce, infer ◆ *Com* to deduct ■ **deducirse** *vr* ◆ *(concluirse)* to be deduced ◆ *Com (restar)* to be deducted

defecto *m* defect, fault

defender *vtr* to defend [**contra,** against] [**de,** from] ■ **defenderse** *vr* ◆ to defend oneself ◆ *fam (tener cierta habilidad)* to get by: **se defiende bien con el inglés,** he can get by in English

defensa 1 *f* ◆ defence, *US* defense ◆ *Auto* bumper, *US* fender ◆ *Med* **defensas,** defences **|2** *m Dep* defender, back

defensor,-ora *m,f* defender; **abogado d.,** counsel for the defence; **el d. del pueblo,** the ombudsman

deficiencia *f* deficiency, shortcoming; **d. mental,** mental handicap; **d. respiratoria,** respiratory failure

deficiente 1 *adj* deficient **|2** *mf* mentally handicapped person **|3** *m Educ* fail

déficit *m* ◆ *Fin* deficit ◆ *(escasez)* shortage

deficitario,-a *adj* loss-making

definición *f* definition

definir *vtr* to define

definitivo,-a *adj* definitive

deformación *f* deformation

deformar *vtr* ◆ to deform; *(una prenda)* to put out of shape ◆ *(la verdad, realidad)* to distort ■ **deformarse** *vr* ◆ to become deformed ◆ *(una prenda)* to go out of shape

deforme *adj (persona)* deformed; *(objeto)* misshapen

defraudar *vtr* ◆ *(decepcionar)* to disappoint ◆ *(estafar, sustraer una suma)* to defraud, cheat

degenerar *vi* to degenerate

degradar *vtr* to degrade

degustar *vtr* to taste, sample

dehesa *f* pasture, meadow

dejadez *f* slovenliness

dejado,-a *adj* ◆ *(descuidado en el aseo)* untidy, slovenly ◆ *(negligente, despreocupado)* negligent, careless

dejar *vtr* ◆ *(poner en un sitio una cosa)* to leave; *(a una persona en un lugar)* to drop off ◆ *(prestar)* to lend ◆ *(abandonar a un niño)* to abandon; *(romper relaciones con)* to leave; *(una actividad)* to give up ◆ *(autorizar, dar permiso)* to let, allow; **d. entrar/salir,** to let in/out ◆ *(producir beneficios)* to produce ◆ *(aplazar)* to put off ◆|LOC: **déjame en paz,** leave me alone; **d. fuera,** to leave out, omit ■ **dejarse** *vr* ◆ *(olvidar)* to leave ◆ **déjate de tonterías,** stop that nonsense

delantal *m* apron

delante *adv* ◆ *(lugar)* in front: **siéntate tú d.,** sit in the front; **la puerta de d.,** the front door; *(movimiento)* **iban caminando d. de mí,** they were walking ahead of me; **pase usted d., por favor,** you first, please; **se inclinó hacia d.,** he bent forward ◆ *(en presencia de)* in front of

delantero,-a 1 *adj* front **|2** *mf Ftb* forward; **d. centro,** centre forward

delatar *vtr* ◆ to betray ◆ *(traicionar, descubrir)* to give away

delegación *f* ◆ *(representación)* delegation ◆ *(oficina)* local office, branch; **D. de Hacienda,** Tax Office

delegado,-a *m,f* ◆ delegate ◆ *Com* representative

delegar *vtr* to delegate [**en,** to]

deletrear *vtr* to spell (out)

delfín *m Zool* dolphin

delgado,-a *adj* thin; *(persona)* slim

deliberado,-a *adj* deliberate

deliberar *vi* to deliberate (on), consider

delicadeza *f* delicacy

delicado,-a *adj* delicate

delicia *f* delight

delicioso,-a *adj* delicious

delimitar *vtr* to delimit

delincuencia *f* delinquency, crime

delincuente *adj* & *mf* delinquent, criminal

delineante *mf (hombre)* draughtsman; *(mujer)* draughtswoman

delirante *adj* delirious
delirar *vi* to be delirious
delirio *m* delirium
delito *m* ♦ crime, offence, *US* offense ♦ *fig (barbaridad)* outrage
delta *m* delta; *Dep* **ala d.,** hang-glider
demacrado,-a *adj* emaciated
demagogia *f* demagogy
demanda *f* ♦ *Jur* lawsuit ♦ *Com* demand ♦ *(petición, solicitud)* demand
demandado,-a 1 *m,f* defendant |**2** *adj* in demand
demandante *mf* claimant, *US* plaintiff
demandar *vtr* to sue
demás 1 *adj* **los/las d.,** the rest of |**2** *pron* **lo/los/las d.,** the rest
demasiado,-a 1 *adj (cuando el sustantivo inglés es singular)* too much; *(cuando el sustantivo inglés es plural)* too many |**2** *adv (modificando un adjetivo)* too: **es d. pesado/ caro,** it is too heavy/expensive; *(modificando un verbo)* too much: **bebe/habla d.,** he drinks/talks too much
demente 1 *adj* insane, mad |**2** *mf* insane person, *(hombre)* madman, *(mujer)* madwoman
democracia *f* democracy
demócrata 1 *adj* democratic |**2** *mf* democrat
democrático,-a *adj* democratic
democratizar *vtr* to democratize
demografía *f* demography
demoler *vtr* to demolish
demonio *m* devil
demora *f* delay
demorar *vtr* to delay, hold up ■ **demorarse** *vr* ♦ *(tardar)* to be delayed, be held up ♦ *(detenerse, entretenerse)* to linger
demostración *f* ♦ demonstration ♦ *(de una teoría)* proof
demostrar *vtr* ♦ *(enseñar)* to show, demonstrate ♦ *(hacer evidente)* to prove
denegar *vtr* to refuse
denigrante *adj* humiliating, degrading
denominador *m Mat* denominator; **mínimo común d.,** lowest common denominator
denominar *vtr* to name, designate
densidad *f* ♦ density; **d. de población,** population density ♦ *(de un texto, argumento)* heaviness, denseness
denso,-a *adj* dense
dentadura *f* teeth, set of teeth; **d. postiza,** false teeth *pl*, dentures *pl*
dentífrico *m* toothpaste
dentista *mf* dentist
dentro *adv* ♦ *(en el interior de un objeto)* inside; **por d. es rojo,** it's red (on the) inside; *(de un edificio, casa)* inside, indoors ♦ *(de una persona)* deep down: **lo llevo muy d.,** I feel it deep down ♦|LOC: **d. de,** *(lugar)* inside; *(plazo)* **d. de poco,** shortly, soon; **d. de un año,** in a year's time; **d. de lo que cabe,** all things considered
denuncia *f* ♦ *Jur* report ♦ *(protesta, crítica)* denunciation
denunciar *vtr* ♦ *(un crimen, abuso)* to report ♦ *(a alguien)* to press *o* bring charges: **denunciamos al dueño,** we pressed charges against the owner ♦ *(hacer una crítica)* to denounce
departamento *m* ♦ *(de universidad, de empresa, territorial)* department ♦ *Ferroc* compartment ♦ *LAm (piso)* flat
dependencia *f* ♦ dependence [**de,** on] ♦ **dependencias,** premises
depender *vi* ♦ *(estar condicionado por)* to depend [**de,** on]: **depende de nosotros,** it is up to us; **no sé, depende,** I don't know, it depends ♦ *(estar subordinado a)* to be dependent [**de,** on]: **depende de sus padres,** she's dependent on her parents, **el teatro depende de la comunidad,** the theatre is run by the regional government
dependienta *f* shop assistant
dependiente 1 *adj* dependent [**de,** on] |**2** *m* shop assistant
depilarse *vr* to remove the hair from; *(con pinzas)* to pluck; *(con cera)* to wax
deportar *vtr* to deport
deporte *m* sport
deportista 1 *mf (hombre)* sportsman; *(mujer)* sportswoman |**2** *adj* sporty

deportivo,-a 1 *adj* sports **|2** *m Auto* sports car

depositar *vtr* ♦ *Fin* to deposit ♦ *(poner)* to place, put [**en,** on] ■ **depositarse** *vr* to settle

depósito *m* ♦ *Fin* deposit ♦ *(contenedor)* tank, store ♦|LOC: **en d.,** *(mercancía)* on deposit

depreciarse *vr* to depreciate, lose value

depredador,-ora 1 *adj* predatory **|2** *m,f* predator

depresión *f* depression

depresivo,-a *adj* depressive

deprimente *adj* depressing

deprimir *vtr* to depress ■ **deprimirse** *vr* to get depressed

deprisa *adv* quickly

depuración *f* ♦ *(limpieza)* purification, treatment ♦ *(expulsión, purga)* purge

depurar *vtr* ♦ *(limpiar un líquido)* to purify ♦ *(un partido, una empresa)* to purge ♦ *(el estilo, vocabulario, etc)* to refine

derecha *f* ♦ right ♦ *(mano)* right hand ♦ *(lugar)* right, right-hand side ♦ *Pol* **la d.,** the right ♦|LOC: *Pol* **de derechas,** right-wing

derecho,-a 1 *adj* ♦ *(lado, acera, etc)* right ♦ *(recto, erguido)* upright, straight **|2** *m* ♦ *(exigencia legítima)* right: **d. de admisión,** right to refuse admission ♦ *Jur (conjunto de leyes)* law; **d. laboral/procesal,** labour/procedural law ♦ *(justicia)* **no hay d. a que nos traten así,** it's not fair to treat people like that **|3** *adv* straight

deriva *f* drift ♦|LOC: **ir a la d.,** *(un barco)* to drift *o* to go adrift; *(una persona)* to lose one's way

derivado *m* derivative

derivar 1 *vi* ♦ *(proceder)* to derive *o* stem [**de,** from] ♦ *(desviarse)* to move on [**hacia,** to] **|2** *vtr* ♦ *(la conversación)* to steer [**hacia,** towards]

dermatólogo,-a *m,f* dermatologist

derramar *vtr* to spill; *(lágrimas)* to shed ■ **derramarse** *vr* to spill

derrame *m Med* bleeding; **d. cerebral,** brain haemorrhage, *US* brain hemorrhage

derrapar *vi* to skid

derretir *vtr,* **derretirse** *vr* to melt; *(hielo, nieve)* to thaw

derribar *vtr* ♦ *(un edificio)* to pull down; *(a una persona)* to knock down; *(un avión)* to shoot down ♦ *(un gobierno)* to bring down

derrocar *vtr* to overthrow, bring down

derrochar *vtr* to waste, squander

derroche *m* ♦ *(gasto excesivo)* waste, squandering ♦ *(sobreabundancia)* profusion, abundance

derrota *f* defeat

derrotar *vtr* to defeat, beat

derruir *vtr* to demolish

derrumbar *vtr (hacer caer)* to knock/pull down ■ **derrumbarse** *vr* ♦ *(desplomarse, caer)* to collapse, fall down; *(un techo)* to fall in, cave in ♦ *(abatirse una persona)* to break down

desabrochar *vtr* to undo ■ **desabrocharse** *vr* ♦ *(una persona su ropa)* to undo ♦ *(la prenda sola, sin querer)* to come undone

desacato *m* ♦ lack of respect, disrespect [**a,** for] ♦ *Jur (a un tribunal, juez)* contempt of court

desacierto *m* mistake, error

desactivar *vtr* ♦ *(un explosivo)* to defuse ♦ *(un plan, una organización)* to deactivate

desacuerdo *m* disagreement

desafiante *adj* defiant

desafiar *vtr* to challenge

desafinar *vi* to be out of tune ■ **desafinarse** *vr* to go out of tune

desafío *m* challenge

desafortunado,-a *adj* unlucky, unfortunate

desagradable *adj* unpleasant, disagreeable

desagradar *vi* to displease

desagradecido,-a 1 *adj* ♦ *(persona)* ungrateful ♦ *(tarea)* thankless **|2** *m,f* ungrateful person

desagrado *m* displeasure

desagüe *m* ♦ *(cañería)* waste pipe, drainpipe ♦ *(acción de desaguar)* drainage

desahogarse *vr (la ira, rabia)* to let off steam; *(contar las penas, los secretos)* to unburden oneself
desahogo *m* ◆ *(alivio)* relief ◆ *(holgura económica)* comfort
desahuciar *vtr* ◆ *(a un inquilino)* to evict ◆ *(a un enfermo)* to declare to be terminally ill
desajuste *m* economic imbalance
desalentador,-ora *adj* discouraging, disheartening
desaliñado,-a *adj* scruffy, untidy
desalmado,-a *adj* cruel, heartless
desalojar *vtr* ◆ to evacuate, to clear ◆ *(a un inquilino)* to evict;
desamparado,-a 1 *adj (persona)* helpless, unprotected; *(lugar)* bleak, forsaken |**2** *m,f* helpless *o* abandoned person
desangrarse *vr* to lose (a lot of) blood, to bleed to death
desanimado,-a *adj* ◆ *(abatido, entristecido)* downhearted, dejected ◆ *(reunión, verbena, etc)* dull, lifeless
desanimar *vtr* to discourage, dishearten ■ **desanimarse** *vr* to lose heart, get discouraged
desapacible *adj* nasty, unpleasant; *(persona)* ill-natured
desaparecer *vi* to disappear
desaparecido,-a 1 *adj* missing |**2** *m,f* missing person
desapasionado,-a *adj* dispassionate
desapercibido,-a *adj* unnoticed
desaprensivo,-a 1 *adj* unscrupulous |**2** *m,f* unscrupulous person
desaprobar *vtr* ◆ *(no aprobar)* to disapprove of ◆ *(reprobar, condenar)* to condemn, to reject
desaprovechar *vtr* to waste
desarmar *vtr* ◆ *(un mueble, juguete, etc)* to dismantle, take to pieces ◆ *Mil* to disarm ◆ *(a una persona)* to disarm
desarme *m* disarmament
desarraigado,-a *adj* rootless, without roots
desarrollado,-a *adj* developed
desarrollar *vtr* ◆ to develop ◆ *(exponer con mayor detalle)* to explain ■ **desarrollarse** *vr* ◆ to develop ◆ *(suceder, tener lugar)* to take place
desarrollo *m* development
desarticular *vtr* to dismantle
desasosiego *m* restlessness, uneasiness
desastre *m* disaster
desastroso,-a *adj* disastrous
desatar *vtr* ◆ to untie, undo ◆ *(provocar, desencadenar)* to unleash ■ **desatarse** *vr* ◆ *(un zapato, cordón)* to come undone; *(una persona a sí misma)* to untie oneself ◆ *(desencadenarse: una tormenta)* to break; *(: una pasión)* to run wild
desatascar *vtr* to unblock, clear
desatornillar *vtr* to unscrew
desatrancar *vtr* to unblock; *(puerta)* to unbolt
desautorizar *vtr* ◆ *(no dar permiso para)* to ban, forbid ◆ *(una declaración)* to deny; *(a alguien)* to discredit, undermine the authority of
desayunar 1 *vi* to have breakfast; *frml* to breakfast |**2** *vtr* to have for breakfast
desayuno *m* breakfast
desbandada *f* scattering ◆|LOC: **en d.**, in all directions *o* in disorder
desbarajuste *m* confusion, disorder
desbaratar *vtr* to ruin, wreck
desbloquear *vtr* ◆ *(un camino, acceso)* to unblock ◆ *Mil* to raise the blockade on ◆ *(una negociación)* to get going again ◆ *(una cuenta, los salarios)* to unfreeze
desbocado,-a *adj* ◆ *(caballo)* runaway ◆ *(el cuello, las mangas)* stretched
desbocarse *vr* ◆ *(caballo)* to bolt, run away ◆ *(el cuello, las mangas)* to stretch
desbordar 1 *vtr* to overflow; *fig* to overwhelm |**2** *vi* to overflow [**de,** with] ■ **desbordarse** *vr* to overflow, flood
descabellado,-a *adj* crazy, wild
descafeinado,-a *adj* decaffeinated
descalificar *vtr* ◆ *(de una competición)* to disqualify ◆ *(desacreditar)* to discredit
descalzarse *vr* to take one's shoes off
descalzo,-a *adj* barefoot
descaminado,-a *adj fig* **ir d.,** to be on the wrong track
descampado *m* waste ground

descansar *vi* to rest, have a rest; *(un momento)* to take a break

descansillo *m* landing

descanso *m* ♦ rest, break: **me tomaré un día de d.,** I'll take a day off ♦ *Cine Teat* interval; *Dep* half-time, interval

descapotable *adj* & *m Auto* convertible

descarado,-a 1 *adj* ♦ *(insolente)* cheeky, insolent ♦ *(desvergonzado)* shameless |**2** *m,f* cheeky person

descarga *f* ♦ *(de mercancías)* unloading ♦ *Elec Mil* discharge

descargar 1 *vtr* ♦ *(sacar la carga)* to unload ♦ *Elec Mil* to discharge ♦ *(un golpe)* to deal ♦ *(de una obligación)* to relieve *o* free [**de,** of] ♦ *(el malhumor)* to take out [**en/sobre,** on] ■ **descargarse** *vr (una pila, etc)* to go flat, *US* to go dead

descaro *m* cheek, nerve

descarrilar *vi Ferroc* to derail, be derailed

descartar *vtr* to rule out ■ **descartarse** *vr Naipes* to discard, throw away

descascarillarse *vr (loza, etc)* to chip, peel

descendencia *f* descendants *pl*

descender 1 *vi* ♦ *(ir hacia abajo)* to go down, to descend; *(la temperatura, precio)* to fall, drop ♦ *(provenir de)* **d. de,** to descend from, come from |**2** *vtr* to bring down

descendiente *mf* descendant

descenso *m* ♦ descent ♦ *(de temperatura, precios)* fall, drop ♦ *Dep (de categoría)* relegation

descentralizar *vtr* to decentralize

descifrar *vtr* to decipher; *(un mensaje)* decode; *(un misterio)* to solve; *(los motivos, las causas)* to figure out

descodificar *vt* to decode

descolgado,-a *adj (teléfono)* off the hook

descolgar *vtr (el teléfono)* to pick up; *(una lámpara, un cuadro, etc)* to take down

descolorido,-a *adj* faded

descompasado,-a *adj* out of time

descomponer *vtr* ♦ *(dividir)* to break up, split ♦ *(pudrir)* to rot, decompose ♦ *(poner nervioso)* to get on sb's nerves ♦ *(el rostro)* to distort ■ **descomponerse** *vi* ♦ *(pudrirse)* to rot, decompose ♦ *(ponerse nervioso)* to lose one's cool ♦ *(ponerse enfermo)* to feel ill, get diarrhoea, *US* to get diarrhea

descompuesto,-a *adj* ♦ *(podrido)* rotten, decomposed ♦ *(desencajado)* contorted, distorted ♦ *fam* having diarrhoea, *US* diarrhea

descomunal *adj* huge, massive

desconcertado,-a *adj* **su reacción me dejó d.,** I was taken aback by his reaction

desconchado,-a *adj (una pared)* flaking; *(una pieza de loza)* chipped

desconcierto *m* chaos, confusion

desconectar *vtr* ♦ to disconnect ♦ *(apagar)* to switch off ♦ *(desenchufar)* to unplug ♦ *fig (desentenderse)* to switch off ■ **desconectarse** *vr* ♦ *(desentenderse)* to switch off ♦ *(dejar de tener relación)* to lose touch

desconfiado,-a *adj* distrustful, wary

desconfianza *f* distrust, mistrust

desconfiar *vi* to distrust [**de,** -]: **desconfiaba de él,** I didn't trust him

descongelar *vtr* to defrost

desconocido,-a 1 *adj* ♦ unknown; **una voz d.,** an unfamiliar voice ♦ *(irreconocible)* unrecognizable: **estás desconocida,** you have changed a lot |**2** *m,f* stranger

desconsiderado,-a 1 *adj* inconsiderate, thoughtless |**2** *m,f* inconsiderate *o* thoughtless person

desconsolado,-a *adj* disconsolate, grief-stricken

descontado,-a *adj fam* ♦|LOC: **dar por d.,** to take for granted; **por d.,** needless to say, of course

descontar *vtr* ♦ *(rebajar)* to deduct, give a discount; *(no incluir)* to leave out, disregard ♦ *Dep (tiempo)* to add on

descontento,-a *adj* unhappy, dissatisfied [**con,** with]

descontrol *m fam* lack of control, chaos

descontrolarse *vr* to lose control

desconvocar *vtr* to call off

descorchar *vtr* to uncork
descortesía *f* discourtesy, impoliteness
descoser *vtr* to unstitch, unpick ■ **descoserse** *vr* to come unstitched
descosido *m (en una prenda)* open seam
descrédito *m* disrepute, discredit
descremado,-a *adj* skimmed
describir *vtr* to describe
descripción *f* description
descriptivo,-a *adj* descriptive
descuartizar *vtr* to cut up *o* into pieces
descubierto,-a 1 *adj* ◆ *(sin cubrir)* open, uncovered ◆ *(desvelado, hallado)* discovered |**2** *m Fin* overdraft ◆|LOC: **al d.,** in the open; **poner al d.,** to uncover, bring out into the open
descubrimiento *m* discovery
descubrir *vtr* ◆ *(algo oculto o ignorado)* to discover; *(un plan secreto)* to uncover ◆ *(algo tapado)* to uncover ◆ *(enterarse)* to find out ◆ *(revelar, manifestar)* to give away
descuento *m* discount
descuidado,-a *adj* ◆ *(poco aseado)* untidy, neglected ◆ *(poco cuidadoso)* careless, negligent ◆ *(desprevenido)* off one's guard
descuidar *vtr* to neglect, overlook ■ **descuidarse** *vr* ◆ *(distraerse)* to be careless ◆ *(el propio aspecto)* to let oneself go
descuido *m* ◆ *(distracción)* oversight, mistake ◆ *(dejadez)* negligence, carelessness
desde 1 *prep* ◆ *(punto en que comienza a contarse el tiempo)* from, since: **¿d. cuándo lo sabes?,** how long have you known?; **d. ayer,** since yesterday ◆ *(punto en que comienza a contarse una distancia, o se señala una perspectiva)* from; **d. aquí,** from here; **d. ahora,** from now on ◆|LOC: **d. luego,** of course; **d. siempre,** always
desdén *m* disdain
desdeñar *vtr* to disdain
desdicha *f* misfortune
desdichado,-a 1 *adj* unlucky, unfortunate |**2** *m,f* poor devil, unfortunate
deseable *adj* desirable
desear *vtr* ◆ *(anhelar, querer con intensidad)* to desire: **estoy deseando verte,** I'm looking forward to seeing you; *(suerte, felicidad, etc)* to wish ◆ *(querer)* to want: **¿desea algo, caballero?,** can I help you, Sir?
desechable *adj* disposable, throwaway
desechar *vtr* ◆ *(un objeto)* to discard, throw out *o* away ◆ *(una oferta)* to turn down, refuse; *(una idea)* to drop, discard
desechos *mpl* waste *sing*
desembalar *vtr* to unpack
desembarcar 1 *vtr (bultos, carga)* to unload; *(pasajeros, tripulación)* to disembark |**2** *vi* to disembark
desembocadura *f* mouth
desembocar *vi (río)* to flow [**en,** into]; *(calle, situación)* to lead [**en,** to]
desembolsar *vtr* to pay out
desembolso *m* expenditure, payment
desempatar *vi Dep* to break the deadlock
desempate *m* play-off
desempeñar *vtr* ◆ *(un puesto)* to hold, occupy; *(una función)* to fulfil; *(un papel)* to play ◆ *(recuperar de la casa de empeños)* to redeem
desempleado,-a 1 *adj* unemployed, out of work |**2** *m,f* unemployed person; **los desempleados,** the unemployed
desempleo *m* unemployment
desencadenar 1 *vtr* ◆ to unchain ◆ *(producir, dar lugar)* to unleash ■ **desencadenarse** *vr (comenzar, originarse)* to break out, start
desencajado,-a *adj* ◆ *(un hueso)* out of joint; *(una puerta)* off its hinges; *(una pieza)* out of position ◆ *(rostro)* contorted, distorted
desencajar *vtr (pieza)* to free, knock out of position; *(hueso)* to dislocate ■ **desencajarse** *vr* ◆ *(pieza)* to come out; *(hueso)* to become dislocated ◆ *(el rostro)* to become distorted
desencaminado,-a *adj* → **descaminado,-a**
desencanto *m* disenchantment

desenchufar *vtr* to unplug

desenfadado,-a *adj* ◆ *(persona)* carefree, easy going ◆ *(ropa)* casual

desenfocado,-a *adj* out of focus

desenfrenado,-a *adj (ritmo, etc)* frantic, uncontrolled; *(pasión)* unbridled

desenganchar *vtr (algo que se queda prendido)* to unhook; *(un vagón)* to uncouple

desengañarse *vr* to open one's eyes, to face the facts

desengaño *m* disappointment

desenlace *m* ◆ result, outcome; **un feliz d.**, a happy end ◆ *Cine Teat* ending, dénouement

desenmascarar *vtr* to unmask

desenredar *vtr* to untangle, disentangle

desenroscar *vtr* to unscrew

desentenderse *vr* not to want to have anything to do [**de,** with]

desenterrar *vtr* ◆ *(un cadáver)* to disinter, exhume; *(un hueso, cofre, etc)* to dig up ◆ *(un recuerdo)* to revive, rake up

desentonar *vi* ◆ *(no armonizar)* not to match ◆ *(estar fuera de lugar)* to be out of place

desentrañar *vtr* to unravel, get to the bottom of

desentrenado,-a *adj* out of training *o* shape

desenvolver *vtr* to unwrap ■ **desenvolverse** *vr* ◆ *(una persona)* to manage, cope ◆ *(un acontecimiento)* to develop

deseo *m* ◆ wish ◆ *(sexual, pasional)* desire

deseoso,-a *adj* eager

desequilibrado,-a 1 *adj* unbalanced |**2** *m,f* unbalanced person

desequilibrio *m* imbalance

deserción *f* desertion

desertar *vi* to desert

desértico,-a *adj* desert

desertización *f* desertification

desertor,-ora *m,f* deserter

desesperación *f (tristeza absoluta)* despair; *(ante una medida extrema)* desperation

desesperado,-a *adj* desperate, hopeless, in despair

desesperante *adj* exasperating

desesperar *vtr* ◆ to drive to despair ◆ *(poner nervioso, irritado)* to exasperate ■ **desesperarse** *vr* ◆ *(perder la esperanza)* to despair ◆ *(perder la calma)* to get exasperated

desestabilizar *vtr* to destabilize

desestimar *vtr* to reject

desfalco *m Fin* embezzlement

desfallecer *vi* ◆ *(de hambre, cansancio)* to feel faint; *(perder el conocimiento)* to faint ◆ *(perder el ánimo, abatirse)* to lose heart

desfasado,-a *adj* ◆ *(objeto, moda, etc)* outdated ◆ *(persona)* old-fashioned, behind the times ◆ *Téc* out of phase

desfase *m* difference, gap

desfavorable *adj* unfavourable, *US* unfavorable

desfigurar *vtr* ◆ *(deformar físicamente)* to disfigure ◆ *(alterar, distorsionar)* to distort

desfiladero *m Geog* narrow pass

desfilar *vi* ◆ to march in single file ◆ *Mil* to march past, parade ◆ *(pasar por un lugar un grupo)* to pass [**ante,** in front of] [**por,** through]

desfile *m Mil* parade, march-past; **d. de modas,** fashion show

desfogarse *vr* to let off steam

desgajarse *vr* to come off, split off

desgana *f* ◆ *(falta de apetito)* lack of appetite ◆ *(falta de interés)* apathy, indifference; **con d.,** unwillingly

desgarbado,-a *adj* ungraceful, ungainly

desgarrador,-ora *adj* heart-rending

desgarrar *vtr* to tear

desgarrón *m* large tear, rip

desgastar *vtr,* **desgastarse** *vr* to wear out

desgracia *f* ◆ *(mala suerte)* misfortune ◆ *(suceso penoso)* tragedy ◆|LOC: **caer en d.,** to fall into disgrace; **por d.,** unfortunately

desgraciado,-a 1 *adj* ◆ *(sin suerte)* unfortunate ◆ *(sin felicidad)* unhappy |**2** *m,f* ◆ unfortunate person ◆ *pey ofens* wretch

desgravar *vtr* to deduct

desguazar *vtr* to break up
deshabitado,-a *adj* uninhabited, unoccupied
deshacer *vtr* ♦ *(un nudo)* to undo; *(el equipaje)* to unpack; *(una cama)* to strip ♦ *(estropear)* to destroy, ruin ♦ *(un trato)* to break off ♦ *(en un líquido)* to dissolve ♦ *(derretir)* to melt ■ **deshacerse** *vr* ♦ *(un nudo)* to come undone ♦ *(en un líquido)* to dissolve ♦ *(derretirse)* to melt ♦ *(por la tristeza)* to go to pieces ♦ **d. de alguien/algo,** to get rid of sb/sthg
deshecho,-a *adj* ♦ *(muy triste)* devastated, shattered ♦ *(muy cansado)* exhausted, tired out
desheredar *vtr* to disinherit
deshidratar *vtr* to dehydrate
deshielo *m* thaw
deshinchar *vtr* to deflate
deshonesto,-a *adj* ♦ *(no honrado)* dishonest ♦ *(no pudoroso)* indecent, improper
deshonor *m*, **deshonra** *f* dishonour, *US* dishonor
deshonrar *vtr* to dishonour, *US* dishonor
deshora (a) *loc adv* at odd times
deshuesar *vtr (un ave, la carne)* to bone; *(una aceituna, fruta)* to stone, pit
desidia *f* apathy, carelessness, neglect
desierto,-a 1 *adj* deserted **|2** *m* desert
designar *vtr* ♦ to designate ♦ *(un lugar, momento)* to fix
desigual *adj* ♦ *(irregular)* uneven ♦ *(descompensado)* unequal ♦ *(variable)* changeable
desilusión *f* disappointment, disillusionment
desilusionar *vtr* to disappoint, disillusion
desinfectante *adj* & *m* disinfectant
desinfectar *vtr* to disinfect
desinflar *vtr* to deflate; *(un neumático)* to let the air out of ■ **desinflarse** *vr* to go flat
desinhibido,-a *adj* uninhibited
desintegrar *vtr*, **desintegrarse** *vr* to disintegrate
desinterés *m* ♦ *(desidia, abulia)* lack of interest, apathy ♦ *(altruismo, desapego)* unselfishness
desinteresado,-a *adj* unselfish
desintoxicar *vtr* to detoxify ■ **desintoxicarse** *vr* to undergo detoxification *frml*; *(de drogas)* to come off drugs; *(de alcohol)* to dry out
desistir *vi* to desist *frml*
desleal *adj* ♦ *(falto de lealtad)* disloyal ♦ *(injusto)* unfair
desligar *vtr* ♦ *(cuestiones, asuntos)* to separate ♦ *(una cuerda, amarra, etc)* to untie, unfasten ■ **desligarse** *vr* **d. de,** to disassociate oneself from
desliz *m* ♦ *(equivocación)* mistake, slip ♦ *euf (aventura amorosa)* indiscretion
deslizar *vt (pasar algo por una superficie)* to slide; *(introducir algo con discreción)* to slip [**en,** into] [**por,** through] [**debajo de,** under] ■ **deslizarse** *vr* ♦ *(sobre una superficie)* to slide ♦ *(un río)* to flow ♦ *(en un lugar, silenciosamente)* to glide
deslumbrante *adj* dazzling; *fig* stunning
deslumbrar *vtr* to dazzle
desmadrarse *vr fam* to go wild
desmantelar *vtr* to dismantle
desmaquillador,-ora 1 *m* make-up remover **|2** *adj* **leche desmaquilladora,** cleansing cream
desmaquillarse *vr* to remove one's make-up
desmayado,-a *adj* unconscious
desmayarse *vr* to faint
desmayo *m* faint, fainting fit
desmedido,-a *adj* disproportionate, excessive
desmejorado,-a *adj* worse
desmentir *vtr* to deny
desmenuzar *vtr (desmigar)* to crumble; *(el bacalao, etc)* to flake, shred
desmesurado,-a *adj* excessive
desmilitarizar *vtr* to demilitarize
desmontable *adj* ♦ *(mueble, artefacto)* that can be dismantled, collapsible ♦ *(prenda de vestir)* removable, detachable
desmontar *vtr* to dismantle, take to

pieces |2 *vi* to dismount [**de,** -], get off [**de,** -]

desmoralizar *vtr* to demoralize

desmoronarse *vr* to crumble, fall to pieces

desnatado,-a *adj* skimmed

desnivel *m* ♦ *(pendiente)* drop, difference in height ♦ *(desproporción, contraste)* gap

desnivelado,-a *adj* ♦ not level, uneven ♦ *(descompensado)* out of balance

desnivelar *vtr* to throw out of balance

desnucarse *vr* to break one's neck

desnudar *vtr* to undress, strip ■ **desnudarse** *vr* to get undressed, strip

desnudo,-a 1 *adj (una persona)* naked, nude; *(una parte del cuerpo, algo sin adornos)* bare; **la verdad desnuda,** the bare/naked truth |2 *m Arte* nude

desnutrido,-a *adj* undernourished

desobedecer *vtr* to disobey

desobediencia *f* disobedience

desobediente 1 *adj* disobedient |2 *mf* disobedient person

desocupado,-a *adj* ♦ *(libre, sin ocupar)* free, vacant ♦ *(sin nada que hacer)* free, not busy

desodorante *adj* & *m* deodorant

desolación *f* desolation

desolador,-ora *adj* ♦ *(asolador, arrasador)* devastating ♦ *(descorazonador)* distressing

desollar *vtr* ♦ *(quitar la piel)* to skin ♦ *fig (criticar)* to pull to pieces

desorbitado,-a *adj (precio)* exorbitant

desorden *m* ♦ disorder ♦ *(de una habitación)* untidiness, mess

desordenado,-a *adj (alborotado)* messy, untidy; *(no correlativo)* out of order; *(sin norma)* chaotic

desordenar *vtr* to make untidy, mess up; *(romper el orden)* to put out of order, to mix up

desorganizado,-a *adj* disorganized

desorganizar *vtr* to disorganize, disrupt

desorientar *vtr* to disorientate ■ **desorientarse** *vr* to lose one's sense of direction *o* one's bearings

despabilado,-a *adj* → **espabilado,-a**

despachar *vtr* ♦ *(en un comercio)* to serve ♦ *(un asunto)* to get through, deal with ♦ *(el correo)* to dispatch

despacho *m* ♦ *(oficina)* office; *(en casa)* study ♦ *(comunicado oficial)* dispatch

despacio *adv* ♦ *(lentamente)* slowly ♦ *LAm (en voz baja)* quietly

desparpajo *m (desenvoltura)* self-confidence; *(desenfado)* ease

desparramar *vtr,* **desparramarse** *vr* to spread, scatter; *(líquido)* to spill

despavorido,-a *adj* terrified

despectivo,-a *adj* derogatory, disparaging

despedazar *vtr* to cut *o* tear to pieces

despedida *f* farewell, goodbye; **d. de soltera/soltero,** hen/stag party

despedir *vtr* ♦ *(a un empleado)* to sack, fire ♦ *(a alguien que se va)* to see off, say goodbye to ♦ *(un aroma, humo, etc)* to give off ■ **despedirse** *vr* ♦ *(decir adiós)* to say goodbye [**de,** to] ♦ *(dejar un trabajo)* to leave, resign ♦ *fig (perder las esperanzas)* to forget, give up

despegar 1 *vtr* to take off, detach |2 *vi Av* to take off ■ **despegarse** *vr* to come unstuck

despegue *m* takeoff

despeinado,-a *adj* dishevelled, with untidy hair

despeinarse *vr* to mess one's hair up

despejado,-a *adj* ♦ *(sin obstáculos)* clear ♦ *(sin nubes)* cloudless ♦ *(espabilado)* wide awake, quick

despejar *vtr* ♦ *(quitar obstáculos)* to clear ♦ *(aclarar un misterio, una duda)* to clear up ♦ *Mat* to work out the value of ♦ *Ftb (el balón)* to clear ■ **despejarse** *vr* ♦ *(el cielo)* to clear ♦ *(una persona)* to clear one's head/mind ♦ *(aclararse)* to become clear

despensa *f* pantry, larder

despeñadero *m* cliff, precipice

despeñarse *vr* to go over a cliff

desperdiciar *vtr* ♦ *(malgastar)* to waste ♦ *(no aprovechar)* to throw away

desperdicio *m* ◆ *(desaprovechamiento)* waste ◆ **desperdicios,** *(basura)* rubbish *sing, (desechos)* scraps, leftovers ◆|LOC: **no tener d.,** to be excellent

desperdigar *vtr,* **desperdigarse** *vr* to scatter, separate

desperezarse *vr* to stretch (oneself)

desperfecto *m* ◆ *(tara, fallo)* flaw, imperfection ◆ *(daño leve)* damage

despertador *m* alarm clock

despertar 1 *vtr* ◆ to wake (up) ◆ *fig (un sentimiento, recuerdo)* to arouse |**2** *m* awakening ■ **despertarse** *vr* to wake (up)

despido *m* dismissal, sacking

despierto,-a *adj* ◆ *(no dormido)* awake ◆ *(vivo, espabilado)* quick, sharp

despilfarrar *vtr* to waste, squander

despistado,-a 1 *adj* ◆ *(olvidadizo)* scatterbrained, absent-minded ◆ *(desorientado)* confused |**2** *m,f* scatterbrain

despistar *vtr* ◆ *(hacer perder la pista)* to lose, throw off the scent ◆ *fig* to mislead ■ **despistarse** *vr* ◆ *(distraerse)* to get distracted, switch off ◆ *(equivocarse)* to get confused ◆ *(perderse)* to get lost

desplazamiento *m* ◆ *(viaje, trayecto)* trip, journey ◆ *(movimiento, cambio)* movement ◆ *Inform* scroll(ing)

desplazar *vtr* ◆ to displace ◆ *Inform* to scroll ■ **desplazarse** *vr* ◆ *(moverse)* to move; *(viajar)* to travel

desplegar *vtr* ◆ *(las velas, un mapa)* to open (out), spread (out) ◆ *(una cualidad, etc)* to use, deploy ■ **desplegarse** *vr* ◆ to open (out), spread (out) ◆ *Mil* to deploy

despliegue *m* ◆ *Mil* deployment ◆ *(alarde, demostración)* display, show

desplomarse *vr* to collapse

desplumar *vtr* ◆ *(un ave)* to pluck ◆ *fam (dejar sin dinero)* to clear out

despoblado,-a *adj* uninhabited, deserted

despojar *vtr* to strip [**de,** of]

déspota *mf* despot

despotricar *vi* to rant and rave [**contra,** about]

despreciable *adj* ◆ *(odioso)* despicable, worthless ◆ *(poco importante)* negligible

despreciar *vtr* ◆ *(odiar)* to despise ◆ *(menospreciar)* to look down on, scorn ◆ *(desdeñar)* to reject, spurn

desprecio *m* ◆ *(menosprecio)* contempt, scorn, disdain ◆ *(descortesía, desaire)* slight, snub

desprender *vtr* ◆ *(despegar)* to remove, detach ◆ *(un olor, humo)* to give off ■ **desprenderse** *vr* ◆ *(soltarse)* to come off ◆ *(emanar)* to be given off ◆ *(deshacerse de algo)* to get rid of; *(regalarlo)* to give away

desprendido,-a *adj (generoso)* generous, unselfish, open-handed

despreocupado,-a *adj* ◆ *(tranquilo)* unconcerned ◆ *(negligente)* careless; *(estilo)* casual

despreocuparse *vr* ◆ to stop worrying ◆ *(no prestar atención, etc)* to be unconcerned *o* indifferent [**de,** to]

desprestigiar *vtr* to discredit, run down

desprevenido,-a *adj* unprepared

desproporcionado,-a *adj* disproportionate

desprovisto,-a *adj* lacking [**de,** in], without [**de,** -], devoid [**de,** of]

después *adv* ◆ *(más tarde)* later, afterwards; *(luego)* then; *(seguidamente)* next; **unos días d.,** few days later; **poco d.,** soon after ◆ *(pospuesto a nombres de espacio o tiempo: siguiente)* **el día d.,** the next day ◆|LOC: **d. de,** after

desquiciarse *vr (persona)* to go crazy, become unhinged

destacado,-a *adj* outstanding

destacar *vtr fig* to emphasize, stress

destacar(se) *vi* & *vr* to stand out

destapar *vtr* ◆ to take the lid off; *(una botella)* to open ◆ *(desarropar)* to uncover ◆ *fig (asunto)* to uncover ■ **destaparse** *vr* to become uncovered

destartalado,-a *adj* ramshackle

destello *m* flash, sparkle

desteñir *vi* & *vtr* to discolour, *US* discolor ■ **desteñirse** *vr* to lose colour *o US* color, fade

desterrar *vtr* ◆ *(a una persona)* to exile ◆ *(una idea)* to dismiss

destiempo (a) *loc adv* at the wrong moment

destierro *m* exile
destilar *vtr* to distil
destilería *f* distillery
destinar *vtr* ♦ *(para algún fin)* to set aside, assign ♦ *(a un trabajador)* to appoint ♦ *(un envío)* to address
destinatario,-a *m,f* ♦ *(de una carta)* addressee ♦ *(de una mercancía, carga)* consignee
destino *m* ♦ *(sino)* fate, fortune ♦ *(rumbo)* destination ♦ *(de un puesto de trabajo)* post ♦ *(finalidad, uso)* purpose
destituir *vtr* to dismiss o remove from office
destornillador *m* screwdriver
destornillar *vtr* to unscrew
destreza *f* skill
destrozado,-a *adj* ♦ *(un objeto)* torn-up, ruined, smashed ♦ *(muy cansado, agotado)* worn-out, exhausted ♦ *(muy triste)* devastated
destrozar *vtr* ♦ to ruin ♦ *(apenar, desgarrar)* to shatter, devastate
destrucción *f* destruction
destructivo,-a *adj* destructive
destructor,-ora 1 *adj* destructive |**2** *m Náut* destroyer
destruir *vtr* to destroy
desuso *m* disuse ♦|LOC: **en d.,** obsolete, outdated
desvalido,-a *adj* defenceless, *US* defenseless
desvalijar *vtr (una casa, tienda)* to burgle; *(a una persona)* to rob, clean out *fam*
desván *m* attic, loft
desvanecerse *vr* ♦ *(un recuerdo, una imagen, duda)* to vanish, fade ♦ *(perder el conocimiento)* to faint
desvariar *vi* to talk nonsense
desvarío *m* delirium
desvelado,-a *adj* awake, wide awake
desvelar *vtr* ♦ *(no dejar dormir)* to keep awake ♦ *(descubrir, revelar)* to reveal ■ **desvelarse** *vr (no poder dormirse)* to stay awake
desvencijado,-a *adj* ramshackle, rickety
desventaja *f* ♦ disadvantage ♦ *(inconveniente)* drawback
desvergonzado,-a *adj* ♦ *(sin pudor, vergüenza)* shameless ♦ *(atrevido, sin respeto)* insolent
desvergüenza *f* ♦ *(falta de pudor)* shamelessness ♦ *(atrevimiento, descaro)* insolence
desvestir *vtr* to undress ■ **desvestirse** *vr* to undress, get undressed
desviación *f* ♦ deviation ♦ *(en una carretera)* diversion, detour ♦ *Med* curvature
desviar *vtr* ♦ *(un río, el tráfico, fondos)* to divert ♦ *(un tiro, golpe)* to deflect ♦ *(la conversación)* to change ♦ *(la mirada)* to avert ■ **desviarse** *vr* ♦ *(de un camino, ruta)* to go off course ♦ *(coger una desviación)* to turn off ♦ *fig (del tema, asunto)* to digress
desvincular *vtr* to separate ■ **desvincularse** *vr* to cut oneself off [**de,** from]
desvío *m* diversion, detour
desvivirse *vr* to live [**por,** for], to devote oneself [**por,** to]
detallar *vtr* to give the details of
detalle *m* ♦ detail ♦ *(atención, cortesía)* kindness ♦ *(toque decorativo)* touch
detectar *vtr* to detect
detective *mf* detective
detector,-ora *m,f* detector
detención *f* ♦ *Jur* detention, arrest ♦ *(parón, interrupción)* stoppage ♦|LOC: **con d.,** carefully, thoroughly
detener *vtr* ♦ to stop, halt ♦ *Jur (a un sospechoso)* to arrest, detain ■ **detenerse** *vr* to stop
detenido,-a 1 *adj* ♦ *(sin movimiento)* standing still, stopped ♦ *(un sospechoso)* arrested, detained ♦ *(análisis)* detailed, thorough |**2** *m,f* detainee, person under arrest
detenimiento *m* **con d.,** carefully
detergente *adj* & *m* detergent
deteriorar *vtr* to spoil, damage ■ **deteriorarse** *vr* ♦ *(echarse a perder)* to get damaged ♦ *(desgastarse)* wear out ♦ *(ir a peor)* to deteriorate, get worse
deterioro *m* deterioration
determinación *f* ♦ *(valor)* determination ♦ *(decisión)* decision

determinado,-a *adj* ♦ *(concreto, preciso)* fixed ♦ *Ling (artículo)* definite ♦ *(decidido, convencido)* decisive, resolute

determinar *vtr* ♦ *(concretar)* to fix, set ♦ *(tomar una decisión)* to decide on ♦ *(condicionar)* to determine ♦ *(causar)* to bring about

detestar *vtr* to detest, hate

detonante *m* ♦ *(de una bomba)* detonator ♦ *(de una situación)* trigger

detonar *vi* & *vtr* to detonate

detractor,-ora *m,f* detractor

detrás *adv (lugar)* behind, at the back ♦|LOC: **d. de,** behind

detrimento *m* detriment

deuda *f* debt

deudor,-ora *m,f* debtor

devaluación *f* devaluation

devaluar *vtr* to devalue

devastador,-ora *adj* devastating

devastar *vtr* to devastate

devoción *f* devotion

devolución *f* return; *Com* refund, repayment

devolver 1 *vtr (un objeto)* to give back, return; *(dinero)* to refund |2 *vi (vomitar)* to vomit, throw up ■ **devolverse** *vr LAm* to return

devorar *vtr* to devour

devoto,-a 1 *adj Rel* pious, devout |2 *m,f* ♦ *Rel* pious person ♦ *(admirador)* devotee

DF *(abr de* ***distrito federal****)* Federal District

día *m* day; **una vez al d.,** once a day; *(periodo de luz diurna)* daytime, daylight; **d. festivo,** holiday; **d. hábil/laborable,** working day; **d. lectivo,** school day; **d. libre,** day off ♦|LOC: **al d.,** up to date; **de d.,** by day, during daylight; **de un d. para otro,** overnight; **hoy (en) d.,** nowadays

diabetes *f Med* diabetes

diabético,-a *adj* & *m,f* diabetic

diablo *m* ♦ devil ♦ *excl* **¡vete al d.!,** go to hell!

diabólico,-a *adj* ♦ *(relacionado con el diablo)* diabolical ♦ *(perverso)* devilish

diadema *f* hairband

diafragma *m* diaphragm

diagnosticar *vtr* to diagnose

diagnóstico *m* diagnosis

diagonal *adj* & *f* diagonal

diagrama *m* diagram

dial *m* dial

dialecto *m* dialect

dialogar *vi* to talk

diálogo *m* dialogue

diamante *m* ♦ diamond ♦ *Naipes* **diamantes,** diamonds

diámetro *m* diameter

diapositiva *f* slide

diario,-a 1 *m* ♦ *Prensa* (daily) newspaper ♦ *(cuaderno íntimo)* diary; *Náut* **d. de a bordo,** logbook |2 *adj* daily ♦|LOC: **a d.,** daily, everyday; **de d.,** everyday

diarrea *f* diarrhoea, *US* diarrhea

dibujar *vtr* to draw

dibujo *m* drawing; **dibujos animados,** cartoons *pl*

diccionario *m* dictionary

dicha *f* happiness

dicho,-a 1 *adj (mencionado)* **dicha publicación,** the above-mentioned publication |2 *m (refrán, sentencia)* saying

dichoso,-a *adj* ♦ *(contento)* happy ♦ *fam (condenado)* damned

diciembre *m* December

dictado *m* dictation

dictador,-ora *m,f* dictator

dictadura *f* dictatorship

dictamen *m (de un juez, tribunal)* ruling; *(de un experto)* report

dictar *vtr* ♦ *(un texto)* to dictate ♦ *(sentencia)* to pass

didáctico,-a *adj* didactic

diecinueve *adj* & *m inv* nineteen

dieciocho *adj* & *m inv* eighteen

dieciséis *adj* & *m inv* sixteen

diecisiete *adj* & *m inv* seventeen

diente *m* ♦ tooth; **dientes postizos,** false teeth ♦ *Téc* cog ♦ *(de ajo)* clove

diesel *adj* & *m* diesel

diestra *f* right hand

dieta *f* ♦ diet: **está a d.,** he is on a diet ♦ *Fin* **dietas,** expenses

diez *adj* & *m inv* ten

difamar *vtr* to defame

diferencia *f* difference

diferenciar *vtr* ♦ *(saber discernir)* to distinguish, tell the difference ♦ *(hacer distinto)* to differentiate ■ **diferenciarse** *vr* to differ [**de,** from], be different [**de,** from]

diferente 1 *adj* different [**de,** from] |**2** *adv* differently

diferido,-a *adj TV* **en d.,** recorded

difícil *adj* ♦ difficult ♦ *(improbable)* unlikely

difuminar *vtr* to blur

difundir *vtr,* **difundirse** *vr* to spread

difunto,-a 1 *adj* late, deceased |**2** *m,f* deceased

difusión *f* ♦ *(de noticias, etc)* spreading, circulation ♦ *Rad TV* broadcasting ♦ *Fís Quím* diffusion

digerir *vtr* to digest

digestión *f* digestion

digestivo,-a *adj* digestive

digital *adj* digital; **huellas digitales,** fingerprints

digitalizar *vtr* digitize, digitalize

dígito *m* digit

dignidad *f* dignity

digno,-a *adj* ♦ worthy ♦ *(suficiente)* decent, good

dilación *f* delay

dilatar 1 *vtr* ♦ *(un cuerpo)* to expand ♦ *(la pupila)* to dilate ♦ *(hacer durar)* to prolong ♦ *(retrasar, posponer)* to postpone, put off

dilema *m* dilemma

diligencia *f* ♦ *(eficacia)* diligence ♦ *(de caballos)* stagecoach ♦ *Jur* **diligencias,** proceedings

diligente *adj* diligent

diluir *vtr,* **diluirse** *vr* to dilute

diluviar *v impers* to pour with rain

diluvio *m* flood; **el D. (Universal),** the Flood

dimensión *f* dimension

diminutivo,-a *adj* & *m* diminutive

diminuto,-a *adj* minute, tiny

dimisión *m* resignation

dimitir *vi* to resign

Dinamarca *f* Denmark

dinámica *f* dynamics *sing*

dinámico,-a *adj* dynamic

dinamita *f* dynamite

dinamitar *vtr* to dynamite

dinamo, dínamo *f* dynamo

dinastía *f* dynasty

dineral *m fam* fortune

dinero *m* money; **d. en efectivo,** cash; **d. negro,** undeclared income

dinosaurio *m* dinosaur

dioptría *f Med* dioptre, *US* diopter

dios *m* ♦ god ♦ *excl* **¡D. mío!,** Oh my God!

diosa *f* goddess

dióxido *m Quím* dioxide

diploma *m* diploma

diplomacia *f* diplomacy

diplomático,-a 1 *adj* diplomatic |**2** *m,f* diplomat

diptongo *m* diphthong

diputación *f* delegation; **d. provincial** ≈ county council

diputado,-a *m,f* Member of Parliament, M.P.

dique *m* dike

dirección *f* ♦ direction; **d. obligatoria,** one way only; **d. prohibida,** no entry; **en d. a,** towards ♦ *(domicilio)* address ♦ *(conjunto de dirigentes de una empresa)* management; *(de un partido)* leadership; *(de un colegio)* headship ♦ *(cargo de dirección)* directorship ♦ *Auto Téc* steering; **d. asistida,** power steering

directivo,-a 1 *adj* directive; **junta directiva,** board of directors |**2** *m,f* director, member of the board

directo,-a *adj* direct ♦|LOC: *TV Rad* **en d.,** live

director,-ora *m,f* ♦ director; *(de un colegio)* head teacher, *US* principal; *(de un periódico)* editor ♦ *(de una película, musical)* director; *(de orquesta)* conductor

directorio *m Inform* directory

dirigente *mf* leader

dirigir *vtr* ♦ to direct; *(una empresa)* to manage; *(un negocio, una escuela)* to run; *(un sindicato, partido)* to lead; *(un periódico)* to edit ♦ *(una orquesta)* to conduct; *(una película)* to direct ♦ *(unas palabras, un escrito)* to address; *(una mirada)* to give ■ **dirigirse** *vr* ♦ *(en-*

caminarse) to go [**a/hacia,** to], to make one's way [**a/hacia,** towards] ◆ *(a una persona)* to address

discapacitado,-a *adj* disabled, handicapped

disciplina *f* discipline

discípulo,-a *m,f* disciple

disco *m* ◆ disc, *US* disk ◆ *Mús* record; **d. compacto,** compact disc ◆ *Inform* disk; **d. duro,** hard disk

discográfico,-a *adj* **compañía discográfica,** record company

discontinuo,-a *adj* discontinuous

discordia *f* discord

discoteca *f* ◆ discotheque ◆ *(colección de discos)* record collection

discreción *f* discretion

discrepancia *f* ◆ *(diferencia)* discrepancy ◆ *(desacuerdo)* disagreement

discrepar *vi* to disagree [**de,** with] [**en,** on]

discreto,-a *adj* ◆ *(prudente)* discreet ◆ *(mediocre)* average

discriminación *f* discrimination

discriminar *vtr* to discriminate

disculpa *f* excuse, apology

disculpar *vtr* to excuse ■ **disculparse** *vr* to apologize [**por,** for]

discurso *m* speech

discusión *f* argument

discutir 1 *vi* to argue, have an argument |**2** *vtr* ◆ *(debatir)* to discuss, talk about ◆ *(poner en cuestión)* to challenge, question

disecar *vtr* ◆ *(un animal)* to stuff ◆ *(una flor, hoja)* to dry

diseminar *vtr* to disseminate, spread

disentir *vi* to dissent, disagree [**de,** with]

diseñador,-ora *m,f* designer

diseñar *vtr* to design

diseño *m* design

disfraz *m* ◆ *(para una fiesta)* fancy dress, *US* costume ◆ *(para disimular)* disguise

disfrazar *vtr* to disguise ■ **disfrazarse** *vr (para no ser reconocido)* to disguise oneself; *(para una fiesta)* to dress up [**de,** as]

disfrutar 1 *vi* ◆ *(gozar)* to enjoy oneself ◆ *(estar en posesión de)* to enjoy [**de,** -] |**2** *vtr* to enjoy

disgustado,-a *adj* upset, displeased

disgustarse *vr* to get upset, be annoyed

disgusto *m* ◆ *(preocupación, pesar)* upset ◆ *(desgracia)* trouble ◆ *(enfado)* quarrel, row

disidente *adj* & *mf* dissident

disimular 1 *vtr* to conceal, hide |**2** *vi* to pretend

disimulo *m* cunning

disiparse *vr* to disappear, vanish

dislexia *f* dyslexia

dislocar *vtr* to dislocate

disminución *f* decrease, drop

disminuir 1 *vtr* to reduce |**2** *vi* to diminish

disolvente *adj* & *m* solvent

disolver *vtr* to dissolve ◆ *(una reunión)* to break up ■ **disolverse** *vr* ◆ to dissolve ◆ *(deshacerse un grupo)* to be dissolved

disparar *vtr* ◆ *(un arma de fuego)* to fire; *(un proyectil)* to shoot ◆ *Ftb* to shoot ■ **dispararse** *vr* ◆ *(una pistola)* to go off, fire ◆ *(los precios)* to rocket

disparatado,-a *adj* absurd

disparate *m* ◆ *(que se dice)* nonsense ◆ *(que se hace)* foolish act

disparo *m* ◆ shot ◆ *Dep Ftb* shot

dispersar *vtr* ◆ to disperse ◆ *(desperdigar)* to scatter ■ **dispersarse** *vr* to disperse

disponer 1 *vtr* ◆ *(colocar)* to arrange, set out ◆ *(preparar)* to prepare: **lo dispuso todo para el encuentro,** she prepared everything for the meeting ◆ *(mandar, establecer)* to lay down, state: **así lo dispuso en su testamento,** so he stipulated in his will |**2** *vi* **d. de,** to have at one's disposal ■ **disponerse** *vr* to prepare, get ready

disponible *adj* available

disposición *f* ◆ *(orden)* order, law; **una d. judicial,** a judicial resolution ◆ *(distribución)* layout: **no me gusta la d. de los muebles,** I don't like the arrangement of the furniture ◆ *(servicio, disfrute)* disposal ◆ *(situación, ánimo)* condition, mood: **estoy en d. de enfrentarme con ella,** I'm prepared to face her; **no estás en d. de ir al baile,** you are in no condition to go to the ball ♦ *(voluntad, predisposición)* will

dispositivo *m* device

dispuesto,-a *adj* ♦ *(preparado)* ready ♦ *(colocado)* arranged ♦ *(resuelto, convencido)* determined

disputa *f* ♦ *(enfrentamiento)* dispute; *(por un puesto, etc)* contest ♦ *(riña, pelea)* argument

disputar 1 *vi* ♦ *(debatir)* to argue ♦ *(competir por)* to contest **|2** *vtr* ♦ *(competir)* to compete ♦ *Dep (un encuentro)* to play ■ **disputarse** *vr* ♦ *(luchar por)* to contest ♦ *(un bien, derecho, porcentaje)* to fight over

disquete *m Inform* diskette, floppy disk

disquetera *f Inform* disk drive

distancia *f* distance

distanciar *vtr* to separate ■ **distanciarse** *vr (de un punto)* to become separated; *(de otra persona)* to distance oneself

distante *adj* distant, far-off

distinción *f* ♦ distinction ♦ *(privilegio)* honour

distinguir *vtr* ♦ *(reconocer)* to recognize ♦ *(apreciar la diferencia)* to distinguish ♦ *(conferir un privilegio, honor)* to honour, *US* honor ■ **distinguirse** *vr* ♦ *(ser apreciable)* to stand out ♦ *(caracterizarse)* to be characterized

distinto,-a *adj* different

distorsión *f* distortion

distracción *f* ♦ *(para divertirse)* entertainment ♦ *(falta de atención)* distraction

distraer *vtr* ♦ *(entretener)* to entertain ♦ *(desviar la atención)* to distract ■ **distraerse** *vr* ♦ *(divertirse)* to amuse oneself ♦ *(perder la atención)* to get *o* be distracted

distraído,-a *adj* ♦ *(entretenido)* entertaining ♦ *(despistado)* absent-minded

distribución *f* ♦ *(reparto)* distribution ♦ *(de una casa, los muebles)* layout

distribuidor,-ora *m,f* ♦ distributor ♦ *Com* wholesaler

distribuir *vtr* to distribute

distrito *m* district

disturbio *m* riot, disturbance

disuadir *vtr* to dissuade [**de,** from]

disuasorio,-a *o* **disuasivo,-a** *adj* dissuasive

DIU *m (abr de* ***dispositivo intrauterino****)* intrauterine device, IUD

diurético,-a *adj* & *m* diuretic

diurno,-a *adj* ♦ daytime ♦ *Bot Zool* diurnal

divagar *vi* to digress, wander

diván *m* divan, couch

divergencia *f* divergence

diversidad *f* diversity

diversificar *vtr* to diversify ■ **diversificarse** *vr* to be diversified *o* varied; *(empresa)* to diversify

diversión *f* fun

diverso,-a *adj* ♦ *(distinto)* different ♦ *(variado)* varied ♦ **diversos,** several

divertido,-a *adj* funny, amusing

divertir *vtr* to amuse, entertain ■ **divertirse** *vr* to enjoy oneself, have a good time: **¡que os divirtáis!,** have a good time!

dividir *vtr* & *vi,* **dividirse** *vr* to divide

divinidad *f* divinity

divino,-a *adj* divine

divisar *vtr* to make out, discern

división *f* division

divorciado,-a 1 *adj* divorced **|2** *m,f (hombre)* divorcé; *(mujer)* divorcée

divorciar *vtr* to divorce ■ **divorciarse** *vr* to get divorced

divorcio *m* divorce

divulgar *vtr* ♦ *(un secreto, etc)* to disclose ♦ *Rad TV* to broadcast ■ **divulgarse** *vr* to spread

DNI *m (abr de* ***documento nacional de identidad****)* Identity Card, ID card

do *m Mús* doh, C

doberman *m Zool* Doberman (pinscher)

dobladillo *m Cost* hem

doblar *vtr* ♦ *(duplicar)* to double ♦ *(un mapa, la ropa)* to fold ♦ *(flexionar)* to bend ♦ *(torcer)* to bend ♦ *(una esquina)* to go round ♦ *(una película)* to dub

doble 1 *adj* double; *(hipócrita)* two-faced **|2** *m* ♦ double ♦ *Dep* **dobles,** doubles

doblegar *vtr* to bend ■ **doblegarse** *vr* to give in

doce *adj* & *m inv* twelve

doceavo,-a *adj* & *m* twelfth

docena *f* dozen

docencia *f* teaching

dócil *adj* docile

doctor,-ora *m,f* doctor

doctorado *m Univ* doctorate, PhD

doctrina *f* doctrine

documentación *f* documentation; *(DNI, de conducir, etc)* papers *pl*

documental *adj* & *m* documentary

documentar *vtr* to document ■ **documentarse** *vr* to research [**sobre,** -], get information [**sobre,** about *o* on]

documento *m* document; **D. Nacional de Identidad,** Identity Card

dogma *m* dogma

dogmático,-a *adj* & *m,f* dogmatic

dólar *m* dollar

doler *vi* to hurt, ache

dolor *m* ♦ *Med* pain; **d. de espalda,** backache ♦ *(aflicción)* grief, sorrow

dolorido,-a *adj* ♦ *(un brazo, músculo)* sore, aching ♦ *(entristecido, afligido)* hurt, sore

doloroso,-a *adj* painful

domar *vtr* to tame

domesticar *vtr* to domesticate

doméstico,-a *adj* domestic

domiciliar *vtr Fin* to pay by standing order

domicilio *m* ♦ home, residence ♦ *(dirección habitual)* address

dominación *f* domination

dominante *adj* dominant

dominar 1 *vtr* ♦ *(un pueblo, país)* to dominate, rule ♦ *(contener, controlar)* to control ♦ *(conocer perfectamente: un idioma)* to speak very well; *(un asunto, una actividad)* to master **|2** *vi* to dominate ■ **dominarse** *vr* to control oneself

domingo *m* Sunday

dominguero,-a *m,f fam (en el campo)* weekend tripper; *(en la carretera)* Sunday driver

dominical 1 *adj* Sunday **|2** *m Prensa* Sunday supplement

dominicano,-a *adj* & *m,f* Dominican

dominio *m* ♦ *(poder)* control ♦ *(conocimiento profundo)* command, grasp ♦ *(ámbito, campo)* scope, sphere ♦ *(territorio)* lands; *(colonias)* colonies

dominó *m* dominoes *pl*

don[1] *m* ♦ *(capacidad)* gift, talent ♦ *(regalo, dádiva)* gift

don[2] *m* **Señor D. Carlos Jiménez,** Mr Carlos Jiménez; **ser un d. nadie,** to be a nobody

donante *mf* donor, *Med* **d. de sangre,** blood donor

donar *vtr* ♦ to donate ♦ *(la sangre, un órgano)* to give

donativo *m* donation

dónde *adv interr* where: **¿de d. es?,** where is he from?

donde *adv rel* where

dondequiera *adv (en cualquier lugar)* everywhere: **d. que esté,** wherever it is

doña *f* **(Señora) D.ª Aurora Leite,** Mrs Aurora Leite

doparse *vr* to take drugs

doping *m Dep* drug-taking

dorado,-a 1 *adj* golden **|2** *m Téc* gilding

dorar *vtr* ♦ to gild ♦ *(tostar)* to brown

dormido,-a *adj* ♦ asleep ♦ *(con sueño)* sleepy ♦ *(pierna, brazo)* numb

dormir 1 *vi* to sleep **|2** *vtr* **d. una siesta,** to have a nap ■ **dormirse** *vr* to fall asleep

dormitorio *m* ♦ bedroom ♦ *(de colegio, residencia)* dormitory

dorsal 1 *adj* dorsal; **espina d.,** spine **|2** *m Dep* number

dos 1 *adj* ♦ *(cardinal)* two ♦ *(ordinal)* second **|2** *pron* ♦ *(cardinal)* two **|3** *m* two

doscientos,-as *adj* & *m,f* two hundred

dosificar *vtr* to dose

dosis *f inv* dose

dotado,-a *adj* ◆ *(con un don especial)* gifted ◆ *(surtido, provisto)* equipped ◆ *(un premio)* **el premio está d. con tres millones**, the prize is worth three million

dotar *vtr* ◆ *(conceder)* **d. de**, to provide with ◆ *(un premio, etc)* to assign

dote *f* ◆ *(de una mujer)* dowry ◆ **dotes**, *(don, capacidad)* gift *sing*, talent *sing*

Dr *(abr de* **doctor***)* doctor, Dr

Dra *(abr de* **doctora***)* doctor, Dr

dragón *m Mit* dragon

drama *m* drama

dramático,-a *adj* dramatic

dramaturgo,-a *m,f* playwright, dramatist

drástico,-a *adj* drastic

drenar *vtr* to drain

droga *f Med* & *fig* drug

drogadicto,-a *m,f* drug addict

drogar *vtr* to drug ■ **drogarse** *vr* to drug oneself, take drugs

droguería *f* ◆ *España shop selling cosmetics, cleaning and decorating materials* ◆ *LAm* chemist's, drugstore

dromedario *m Zool* dromedary

dualidad *f* duality

dubitativo,-a *adj* doubtful

ducha *f* shower

ducharse *vr* to shower, have *o* take a shower

duda *f* doubt

dudar 1 *vi* ◆ to doubt ◆ *(estar indeciso)* to hesitate [**en,** to] |**2** *vtr* to doubt

dudoso,-a *adj* ◆ *(poco probable)* unlikely, doubtful; *(incierto)* uncertain ◆ *(indeciso, vacilante)* undecided

duelo[1] *m (enfrentamiento, lucha)* duel

duelo[2] *m (luto)* mourning

duende *m* ◆ *(ser fantástico)* goblin, elf ◆ *(gracia, atractivo)* magic, charm

dueño,-a *m,f* ◆ owner ◆ *(de un hostal, una casa alquilada) (hombre)* landlord, *(mujer)* landlady

dulce 1 *adj* ◆ sweet ◆ **agua d.**, fresh water |**2** *m* ◆ *Culin (pastel)* cake; **d. de membrillo,** quince jelly ◆ *(caramelo)* sweet, *US* candy

duna *f* dune

dúo *m* duet

duodécimo,-a *adj* & *m,f* twelfth

dúplex *m* duplex, duplex apartment

duplicado *m* duplicate, copy

duplicar *vtr* ◆ *(hacer una copia)* to duplicate ◆ *(doblar una cifra)* to double ■ **duplicarse** *vr* to double

duque *m* duke

duquesa *f* duchess

duración *f* duration, length

durante *prep* during

durar *vi* to last

dureza *f* ◆ hardness; *(de una persona)* harshness, severity ◆ *(en las manos, en los pies)* corn

duro,-a 1 *adj* ◆ hard ◆ *(violento, brusco)* rough |**2** *m (moneda)* five-peseta coin |**3** *adv* hard

E

E, e *f (letra)* E, e

E *(abr de* **Este***)* East, E

e *conj* and

ebanista *m* cabinet-maker

ébano *m* ebony

echar *vtr* ◆ *(por el aire)* to throw ◆ *(añadir)* to put; *(una bebida)* to pour ◆ *(despedir: humo, olor)* to give off; *(del* *trabajo)* to sack, fire; *(obligar a salir)* to throw out ◆ *(calcular subjetivamente)* to reckon ◆ *fam (un espectáculo)* to show ◆ *(derribar)* **e. abajo,** to demolish ◆ *(+ sustantivo) fig* **échale una ojeada a esto,** have a look at this; *fig* **echarle una mano a alguien,** to give sb a hand ◆ **e. de menos** *o* **en falta,** to miss ■ **echarse** *vr* ◆ *(acostarse)* to lie down; *(tirarse)* to throw oneself ◆ *(empezar)* to begin to

eclipsar *vtr* to eclipse

eclipse *m* eclipse

eco *m* ◆ echo ◆ *(rumor)* rumour ◆ *(alcance, propagación)* impact

ecografía *f* scan

ecología *f* ecology

ecológico,-a *adj* ecological

ecologista 1 *adj* ecological, environmental |**2** *mf* ecologist

economía *f* ◆ economy ◆ *(rama del saber)* economics

económico,-a *adj* ◆ *(país, empresa)* economic; *(persona)* financial ◆ *(barato)* economical, inexpensive

economista *mf* economist

ecosistema *m* ecosystem

ecu *m (abr de **european currency unity**)* ecu

ecuación *f* equation

Ecuador *m* Ecuador

ecuador *m Geog* **el e.,** the Equator

ecualizador *m* graphic equalizer

ecuánime *adj* ◆ *(persona)* calm, even-tempered ◆ *(opinión)* impartial

ecuatorial *adj* equatorial; **Guinea E.,** Ecuatorial Guinea

ecuestre *adj* equestrian

eczema *m* eczema

edad *f* ◆ age: **¿qué e. tienes?,** how old are you? ◆ **E. de Oro,** Golden Age; **E. Media,** Middle Ages *pl* ◆|LOC: **ser mayor de e.,** to be of age; **ser menor de e.,** to be under age

edición *f* ◆ *(de un libro, cartel)* publication ◆ *(ejemplares)* edition

edicto *m* edict, proclamation

edificar *vtr* to build

edificio *m* building

editar *vtr* ◆ *(en papel)* to publish ◆ *(disco, CD)* to bring out ◆ *Inform* to edit

editor,-ora 1 *adj* publishing |**2** *m,f* ◆ *(dueño de editorial)* publisher ◆ *(supervisor de edición)* editor

editorial 1 *adj* publishing |**2** *f* publisher(s), publishing house |**3** *m Prensa* editorial, leading article

edredón *m* quilt, duvet, eiderdown

educación *f* ◆ education ◆ *(crianza)* upbringing ◆ *(urbanidad, cortesía)* manners *pl*

educado,-a *adj (cortés)* polite: **es un niño muy bien/mal e.,** he's a very well-mannered/rude boy

educador,-ora *m,f* teacher

educar *vtr* ◆ *(criar)* to raise ◆ *(enseñar)* to educate ◆ *(un sentido, la voz)* to train

educativo,-a *adj* educational: **sistema e.,** education system

edulcorante *m* sweetener

EE.UU. *mpl (abr de **Estados Unidos**)* United States of America, USA; United States, US

efectivo,-a 1 *adj* effective |**2** *m* ◆ *Fin* **en e.,** in cash |**3** *mpl Mil* **efectivos,** forces

efecto *m* ◆ *(consecuencia, resultado)* effect ◆ *(impresión)* impression ◆ *(fin, propósito)* purpose ◆ **efectos especiales,** special effects ◆ **efectos personales,** personal belongings *o* effects ◆ *Dep* spin

efectividad *f* ◆ *(de una medida, etc)* effectiveness ◆ *(validez)* validity

efectuar *vtr* to carry out

efervescente *adj* effervescent; *(bebida)* fizzy; *(aspirina)* soluble

eficacia *f* ◆ *(de una medida, etc)* effectiveness ◆ *(de una persona)* efficiency

eficaz *adj* ◆ *(medida, medicamento)* effective ◆ *(persona)* efficient

eficiente *adj* efficient

efímero,-a *adj* ephemeral

efusivo,-a *adj* effusive

egocéntrico,-a *adj* egocentric, self-centred

egoísmo *m* egoism, selfishness

egoísta 1 *adj* egoistic, selfish |**2** *mf* egoist, selfish person

egresar *vi LAm (terminar: la escuela)* to leave school; *(: los estudios universitarios)* to graduate

ej. *(abr de **por ejemplo**)* exempli gratia, e.g.

eh *excl* hey (you)!

eje *m* ♦ *Téc (de una rueda)* axle; *(de una máquina)* shaft ♦ *Mat* axis *(pl axes)*; **e. de coordenadas,** x and y axes

ejecución *f* ♦ execution ♦ *Mús* performance

ejecutar *vtr* ♦ *(llevar a cabo, cumplir)* to carry out ♦ *(a un condenado)* to execute ♦ *Mús* to perform, play ♦ *Inform* to run

ejecutivo,-a *adj & m* executive

ejecutor,-ora *m,f* ♦ executant, performer ♦ *Jur* executor ♦ *(verdugo)* executioner

ejemplar 1 *m* ♦ *(de un libro)* copy; *(de publicación periódica)* number, issue ♦ *(de una especie)* specimen |**2** *adj* exemplary, model

ejemplo *m* example ♦|LOC **por e.,** for example

ejercer 1 *vtr* ♦ *(un oficio, una profesión)* to practise ♦ *(una influencia, acción)* to exert ♦ *(un derecho)* to exercise |**2** *vi* to practise [**de,** as]

ejercicio *m* ♦ exercise ♦ *(desempeño de profesión)* practice ♦ *Fin* tax year; **e. económico,** financial year ♦ *(examen)* exam, proof

ejercitar *vtr* to practise

ejército *m* army

ejote *m LAm* green bean

el *art def m* ♦ the ♦ *(no se traduce) (ante un tratamiento formal)* **el Sr. Gómez,** Mr Gomez; *(cuando el sustantivo es general)* **el hambre/tiempo,** hunger/time ♦ *(se traduce por un posesivo) (con partes del cuerpo)* **se ha cortado el pelo,** she's cut her hair; *(prendas)* **se lo metió en el bolsillo,** he put it in his pocket; *(pertenencias)* **guarda el diario en el cajón,** put your diary into the drawer ♦ *(con días de la semana)* **iré el miércoles,** I'll go on Wednesday ♦ *(cuando el sustantivo está elidido)* the one: **prefiero el azul,** I prefer the blue one; *(delante de un posesivo)* **el de María,** Maria's; **es el mío,** it's mine

él *pron pers* ♦ *(sujeto) (persona)* he; *(animal, cosa)* it: **fue él,** it was him ♦ *(complemento) (persona)* him; *(animal, cosa)* it; **dáselo a él,** give it to him ♦ *(posesivo)* **de él,** his

elaborar *vtr* ♦ *(fabricar)* to manufacture, produce ♦ *(un proyecto, una teoría)* to develop

elasticidad *f* elasticity

elástico,-a *adj & m* elastic

elección *f* ♦ choice ♦ *Pol* election *(usu en pl)* **elecciones,** election(s)

electorado *m* electorate *pl*

electoral *adj* electoral; **campaña e.,** election campaign; **colegio e.,** polling station; **jornada e.,** polling day

electricidad *f* electricity

electricista *mf* electrician

eléctrico,-a *adj* electric

electrificar *vtr* to electrify

electrizar *vt* to electrify

electro *m fam* electrocardiogram

electrochoque *m* electric shock therapy

electrocutar *vtr* to electrocute

electrodo *m* electrode

electrodoméstico *m* electrical appliance

electromagnético,-a *adj* electromagnetic

electrón *m* electron

electrónica *f* electronics *sing*

electrónico,-a *adj* electronic

elefante *m* elephant; **e. marino,** sea elephant, elephant seal

elegancia *f* elegance

elegante *adj* elegant

elegir *vtr* ♦ to choose ♦ *Pol* to elect

elemental *adj* ♦ *(esencial)* basic, elemental; **escuela e.,** elementary school ♦ *(indivisible)* **partícula e.,** elementary particle ♦ *(sencillo, sin complejidad)* elementary

elemento *m* ♦ element ♦ *(parte integrante)* component, part ♦ *fam (tipo, sujeto)* type, sort ♦ **elementos,** elements; *(nociones básicas)* rudiments ♦ *(medio vital)* habitat

elepé *m* LP

elevación *f* ♦ elevation ♦ *(del terreno)* rise (in the ground)

elevado,-a *adj* ◆ *(temperatura)* high; *(torre, construcción)* tall ◆ *(altruista, espiritual)* noble

elevalunas *m inv Auto* **e. eléctrico,** electric windows

elevar *vtr* ◆ to raise ◆ *Mat* to raise (to the power of); **e. al cuadrado,** to square; **e. al cubo,** to cube; **e. a la cuarta, etc, potencia,** raised to the power of four, etc ■ **elevarse** *vr* ◆ *(levantarse del suelo)* to rise ◆ *(alzarse)* to stand ◆ **e. a,** *(cantidad)* to amount *o* come to

eliminar *vtr* to eliminate

eliminatoria *f Dep* heat

eliminatorio,-a *adj* qualifying, preliminary

elipse *f Mat* ellipse

elite *f* élite

elitista *adj* & *mf* elitist

elixir *m* elixir

ella *pron pers f* ◆ *(sujeto)* she; *(animal, cosa)* it; **fue e.,** it was her ◆ *(complemento)* her; *(animal, cosa)* it, her; **es para e.,** it's for her ◆ *(posesivo)* **de e.,** hers

ellas *pron pers fpl* → **ellos**

ello *pron pers neut* it

ellos *pron pers mpl* ◆ *(sujeto)* they ◆ *(complemento)* them ◆ *(posesivo)* **de e.,** theirs → **él, ella**

elocuencia *f* eloquence

elocuente *adj* eloquent

elogiar *vtr* to praise

elogio *m* praise

elote *m LAm* tender corncob

El Salvador *m* El Salvador

eludir *vtr* to avoid

emanar *vi* ◆ to emanate [**de,** from] ◆ *fig (tener origen)* to stem *o* come [**de,** from]

emancipar *vtr* to emancipate ■ **emanciparse** *vr* to become emancipated

embadurnar *vtr* to smear [**de,** with] ■ **embadurnarse** *vr* to get covered [**de,** in]

embajada *f* embassy

embajador,-ora *m,f* ambassador

embalaje *m* packing, packaging

embalar *vtr* to pack ■ **embalarse** *vr* ◆ *(coger velocidad)* to speed up ◆ *(precipitarse, entusiasmarse)* to rush into sthg

embalsamar *vtr* to embalm

embalse *m* reservoir

embarazada 1 *adj* pregnant; **quedarse e.,** to get pregnant |**2** *f* pregnant woman

embarazo *m* pregnancy

embarazoso,-a *adj* awkward, embarrassing

embarcación *f* ◆ *(barco)* boat, craft ◆ *(acción de subir a un barco)* embarkation

embarcadero *m* quay, pier

embarcar 1 *vtr (pasajeros)* to board; *(bultos, maletas)* to load |**2** *vi* to board ■ **embarcarse** *vr* ◆ *Náut* to go on board; *Av* to board ◆ *(emprender)* to embark

embargar *vtr* ◆ *Jur (una propiedad)* to seize ◆ *(arrebatar, poseer)* to fill, overcome

embargo *m* ◆ *Jur* seizure of property ◆ *Com Pol* embargo ◆|LOC: **sin e.,** however, nevertheless

embarque *m (de pasajeros)* boarding; *(de bultos, maletas)* loading; **puerta de e.,** gate; **tarjeta de e.,** boarding card

embellecer *vtr* to embellish

embestir *vtr* & *vi* ◆ *Taur* to charge ◆ *(contra el enemigo)* to attack [**contra,** on]

emblema *m* emblem

embolia *f* embolism

embolsar *vtr*, **embolsarse** *vr* to pocket

emborrachar *vtr*, **emborracharse** *vr* to get drunk

emboscada *f* ambush

embotellamiento *m Auto* traffic jam

embotellar *vtr* ◆ *(meter en una botella)* to bottle ◆ *Auto (producir un atasco)* to block

embrague *m Auto* clutch

embravecerse *vr* ◆ *(mar, viento)* to become rough ◆ *LAm (ponerse furioso)* to become enraged

embriagar *vtr* ◆ *(emborrachar, achispar)* to intoxicate ◆ *(causar placer)* to enrapture ■ **embriagarse** *vr* ◆ *(embo-*

rracharse) to get drunk ♦ *(deleitarse)* to feel heady
embriaguez *f* intoxication
embrión *m* ♦ embryo ♦ *Bot* seed, germ
embrollo *m* ♦ *(enredo)* muddle, confusion ♦ *(situación apurada)* fix, jam
embrujado,-a *adj (persona)* bewitched; *(objeto)* haunted
embrujo *m* ♦ *(hechizo mágico)* spell, charm ♦ *(encanto)* attraction, charm
embudo *m* funnel
embuste *m* lie, trick
embustero,-a *m,f* cheat, liar
embutido *m* sausage
embutir *vtr* to stuff
emergencia *f* emergency
emerger *vi* to emerge
emigración *f* emigration; *(de animales)* migration
emigrante *adj* & *mf* emigrant
emigrar *vi* to emigrate; *(los animales)* to migrate
eminencia *f* ♦ *(especialista en un campo)* leading figure ♦ *Rel* Eminence
eminente *adj* eminent
emirato *m* emirate
emisario,-a *m,f* emissary
emisión *f* ♦ emission ♦ *(de moneda, papel oficial)* issue ♦ *Rad TV* broadcasting
emisora *f* radio *o* television station
emitir *vtr* ♦ to emit, send out ♦ *(un parecer, una opinión)* to express; *(un veredicto)* to bring in ♦ *(moneda, papel oficial)* to issue ♦ *Rad TV* to broadcast
emoción *f* ♦ *(sentimiento)* emotion ♦ *(nerviosismo)* excitement
emocionar *vtr* ♦ *(causar emoción)* to move, touch ♦ *(ilusionar)* to excite, thrill ■ **emocionarse** *vr* ♦ *(conmoverse)* to be moved ♦ *(ilusionarse)* to get excited
emotivo,-a *adj* emotional
empacar *vi LAm (hacer la maleta)* to pack up
empacharse *vtr* to get indigestion
empacho *m* indigestion, upset stomach
empadronar *vtr*, **empadronarse** *vr* to register
empalagar *vtr* & *vi* ♦ *(ser demasiado dulce)* to be too rich *o* sweet ♦ *(disgustar)* to bore
empalagoso,-a *adj* ♦ *(excesivamente dulce)* sickly sweet ♦ *(persona, película, libro)* cloying
empalizada *f* fence
empalmar 1 *vtr* to join **|2** *vi* to connect
empalme *m* ♦ *Elect* connection; *Fot* splice ♦ *Ferroc* junction; *Auto* intersection
empanada *f* pie
empanadilla *f* pasty
empanado,-a *adj* breaded
empantanarse *vr* to become flooded
empañar *vtr*, **empañarse** *vr* to steam up
empapado,-a *adj* soaked
empapar *vtr* to soak ■ **empaparse** *vr* ♦ *(mojarse, calarse)* to get drenched *o* soaked
empapelar *vtr* to wallpaper
empaquetar *vtr* to pack
emparedado *m* sandwich
emparejar *vtr* ♦ *(hacer pares iguales)* to match ♦ *(personas)* to pair off
emparentado,-a *adj* related
empastar *vtr* to fill
empaste *m* filling
empatado,-a *adj Dep* drawn
empatar 1 *vi Dep* to tie, draw **|2** *vtr* ♦ *Dep* to equalize ♦ *LAm (empalmar)* to join
empate *m Dep* draw, tie; **e. a cero,** nil-all draw
empedernido,-a *adj* hardened
empedrado,-a 1 *adj* cobbled **|2** *m (pavimento de piedras)* cobbles *pl*
empeine *m* instep
empeñado,-a *adj (con deudas)* in debt ♦ *(decidido, obstinado)* determined ♦ *(en una casa de empeños)* in pawn
empeñar *vtr* to pawn, *US* hock ■ **empeñarse** *vr* ♦ *(obstinarse)* to insist [**en,** on] ♦ *(adquirir deudas)* to get into debt
empeño *m* ♦ insistence ♦ **casa de empeños,** pawnshop
empeorar 1 *vi* to get worse **|2** *vtr* to make worse
emperador *m* ♦ emperor ♦ *Zool* swordfish

emperatriz *f* empress

empezar *vtr* & *vi* to begin, start: *(un paquete, una caja)* to open, start

empinado,-a *adj (camino)* steep

empírico,-a *adj* empirical

empleado,-a *m,f* employee: *(administrativo, funcionario)* clerk: **empleada de hogar,** domestic servant

emplear *vtr* ◆ *(utilizar)* to use: *(esfuerzo, tiempo)* to spend ◆ *(a un trabajador)* to employ

empleo *m* ◆ *(trabajo)* job: **estar sin e.,** to be unemployed: *Pol* employment ◆ *(utilización)* use: **modo de e.,** instructions for use

emplomar *vtr LAm (empastar)* to fill

empobrecer *vi* to impoverish

empollar *vtr* ◆ *(la gallina: huevos)* to sit on ◆ *fam (estudiar mucho)* to swot (up), *US* bone up on

empollón,-ona *fam pey m,f* swot

empolvarse *vr* to powder

empotrado-a *adj* fitted, built in

emprendedor,-ora *adj* enterprising

emprender *vtr* ◆ *(una tarea)* to undertake ◆ *(un viaje)* to embark on, to set out

empresa *f* ◆ *Com Ind* company, firm ◆ *(proyecto, tarea)* undertaking, task

empresario,-a *m,f* ◆ *(hombre)* businessman: *(mujer)* businesswoman ◆ *(miembro de la patronal)* employer

empujar *vtr* ◆ *(desplazar)* to push, shove ◆ *(inducir)* to drive

empuje *m* ◆ push ◆ *(resolución)* energy, drive

empujón *m* push, shove

empuñadura *f* hilt

empuñar *vtr* ◆ *(esgrimir un arma)* to brandish ◆ *(coger por el puño)* to hold

emular *vtr* to emulate

emulsión *f* emulsion

en *prep* ◆ *(lugar, tiempo)* in, on, at: **en el cajón,** in the drawer: **en casa/el trabajo,** at home/work: **en ese preciso instante,** at that very moment: **en un minuto,** in a minute: *LAm* **en la mañana,** in the morning ◆ *(sobre)* on: **en la mesa,** on the table ◆ *(modo)* **en bata,** in a dressing gown: **en francés,** in French ◆ *(medio)* by, in: **puede venir en avión/coche/metro/tren,** she can come by air/car/tube/train ◆ *(movimiento)* into: **entró en la habitación,** he went into the room ◆ *(tema, materia)* at, in: **experto en finanzas,** expert in finances ◆ *(partición, fases)* in: **hicimos el viaje en dos etapas,** we did the journey in two stages ◆ **de tres en tres,** in three by three ◆ *(con infinitivo)* **fue rápido en desenfundar,** he was quick to pull out

enajenación *f frml* ◆ *(locura)* insanity ◆ *Jur* transfer

enamorado,-a 1 *adj* in love **|2** *m,f* person in love

enamorarse *vr* to fall in love [**de,** with]

enano,-a *adj* & *m,f* dwarf

encabezar *vtr* ◆ *(una lista)* to head ◆ *(una manifestación, actividad)* to lead

encadenar *vtr* ◆ to chain [**a,** to] ◆ *(ideas)* to link, connect

encajar 1 *vtr* ◆ *(algo dentro de algo)* to insert ◆ *(aceptar)* to take ◆ *(un golpe a alguien)* to land sb a blow **|2** *vi* to fit

encaje *m* lace

encalar *vtr* to whitewash

encallar *vi Náut* to run aground

encaminado,-a *adj* ◆ *(orientado)* **ir bien/mal e.,** to be on the right/wrong track ◆ *(dirigido, destinado)* aimed

encaminar *vtr* to direct ■ **encaminarse** *vr* to head [**a,** for] [**hacia,** towards]

encantado,-a *adj* ◆ *(satisfecho)* delighted: **e. de conocerle,** pleased to meet you ◆ *(hechizado)* enchanted

encantador,-ora 1 *adj* charming, lovely **|2** *m,f* enchanter

encantamiento *m* spell

encantar 1 *vi (gustar mucho)* to love **|2** *vi (embrujar)* to bewitch, cast *o* put a spell on

encanto *m* charm

encapricharse *vr* to take a fancy [**de,** to]

encarcelar *vtr* to imprison

encarecer *vtr* to put up the price of ■ **encarecerse** *vr* to become more expensive

encargado,-a 1 *m,f* ♦ *Com* manager ♦ *(responsable)* person in charge **|2** *adj* in charge

encargar 1 *vtr* ♦ *(encomendar)* to entrust ♦ *Com (solicitar mercancías)* to order ■ **encargarse** *vr* **e. de,** to see to, deal with, look after

encargo *m* ♦ *(recado)* errand ♦ *Com* order

encariñado,-a *adj* fond [**con,** of], attached [**con,** to]

encariñarse *vr* to become fond [**con,** of], get attached [**con,** to]

encarnar *vtr* to personify

encarnizado,-a *adj* fierce

encarrilar *vtr* ♦ *(un tren)* to put on the rails ♦ *(una persona)* to put on the right track

encasillar *vtr* to pigeonhole

encauzar *vtr* to channel

encéfalo *m* brain

encefalograma *m* encephalogram

encendedor *m* lighter

encender *vtr* ♦ *(con interruptor)* to switch on; *(con fuego)* to light ♦ *(avivar)* to stir up ■ **encenderse** *vr* ♦ *(un fuego)* to catch; *(una luz)* to come on

encendido *m* ignition

encerado *m* blackboard

encerar *vtr* to polish

encerrar *vtr* ♦ to shut in; *(con llave)* to lock in ♦ *(entrañar)* to contain, include ■ **encerrarse** *vr* ♦ to shut oneself up *o* in; *(con llave)* to lock oneself in ♦ *(en uno mismo)* to become withdrawn

encestar *vi Dep* to score (a basket)

encharcado,-a *adj* ♦ *(anegado)* flooded ♦ *(estancado)* stagnant

encharcar *vtr* to flood ■ **encharcarse** *vr* to get flooded

enchufado,-a 1 *adj* ♦ *(un electrodoméstico)* plugged in ♦ *fam (recomendado)* **estar e.,** to have good connections **|2** *m,f fam (preferido)* pet

enchufar *vtr* ♦ *Elec (a la red)* to plug in; *(poner en marcha)* to turn on ♦ *(dirigir un chorro de luz)* to shine; *(de agua)* **me enchufó con la manguera,** he turned the hose on me ♦ *fam (favorecer)* to pull strings for

enchufe *m* ♦ *Elec (hembra)* socket; *(macho)* plug ♦ *(persona)* contact

encía *f* gum

enciclopedia *f* encyclopedia

encierro *m* ♦ *Pol (como protesta)* sit-in ♦ *(confinamiento)* confinement ♦ *(reclusión)* seclusion ♦ *(de toros)* running of bulls (through the streets)

encima *adv* ♦ *(en la parte superior de)* on top ♦ *(sobre uno)* **no tenía e. la documentación,** she didn't have her papers on her; **se me cayó e. el café,** I spilt the coffee over myself ♦ *(además)* besides, on top of that ♦ **|LOC: e. de,** on, over; **hablamos de ello por e.,** we scarcely talked about it

encimera *f* worktop

encina *f Bot* holm oak

encinta *adj* pregnant

encoger 1 *vi (prenda)* to shrink **|2** *vtr (prenda)* to shrink ♦ *(una parte del cuerpo)* to contract ■ **encogerse** *vr* to contract; **se encogió de hombros,** she shrugged her shoulders

encolar *vtr* to glue

encolerizar *vtr* to infuriate, anger ■ **encolerizarse** *vr* to get angry

encomendar *vtr* to entrust ■ **encomendarse** *vr* to entrust oneself [**a,** to]

encontrar *vtr* ♦ to find ♦ *(tropezar)* to meet ■ **encontrarse** *vr* ♦ *(con alguien)* to meet ♦ *(sentirse)* to feel, be ♦ *(hallarse)* to be ♦ *(descubrir)* to discover

encorvar *vtr* to bend ■ **encorvarse** *vr* to stoop, bend

encuadernar *vtr* to bind

encuadrar *vtr* ♦ *Fot Cine* to frame ♦ *(incluir, clasificar)* to include, classify

encubrir *vtr* ♦ *(un hecho, la verdad)* to conceal ♦ *Jur (a un delincuente)* to cover up for

encuentro *m* ♦ meeting ♦ *Dep* match

encuesta *f* ♦ *(de opiniones)* opinion poll ♦ *(de datos)* survey

encuestador,-ora *m,f* pollster

encuestar *vtr* to poll

encumbrar *vtr* to exalt, elevate

endeble *adj* feeble, weak

enderezar *vtr* ♦ *(poner recto)* to straighten up ♦ *(corregir, poner en buen* *camino)* to sort out ■ **enderezarse** *vr* to straighten up

endeudarse *vr* to get into debt

endibia, endivia *f* chicory

endosar *vtr* ◆ *(un cheque)* to endorse ◆ *fam (un trabajo)* to lumber with

endulzar *vtr* to sweeten

endurecer *vtr,* **endurecerse** *vr* to harden

enema *m* enema

enemigo,-a *adj & m,f* enemy

enemistad *f* enmity

enemistar *vtr* to cause a rift between ■ **enemistarse** *vr* to fall out [**con,** with]

energético,-a *adj* energy

energía *f* energy: **e. eléctrica,** electricity: **e. nuclear,** nuclear power

enero *m* January

enésimo,-a *adj* ◆ *Mat* n^{th} ◆ *fam* umpteenth

enfadado,-a *adj* angry

enfadar *vtr* to make angry ■ **enfadarse** *vr* ◆ to get angry [**con,** with] ◆ *(uno con otro)* to fall out

énfasis *m inv* emphasis, stress

enfatizar *vtr* to emphasize, stress

enfermar *vi* to become *o* fall ill, get sick

enfermedad *f* illness: **una e. crónica,** a chronic disease

enfermería *f* ◆ *(lugar)* sickbay ◆ *(oficio)* nursing

enfermero,-a *m,f* nurse

enfermizo,-a *adj* unhealthy, sickly

enfermo,-a 1 *adj* ill, sick |**2** *m,f* sick person: *(paciente)* patient

enfocado,-a *adj* **estar bien/mal e.,** *(una fotografía)* to be in/out of focus: *(un problema)* to have a good/bad approach

enfocar *vtr* ◆ *(una cámara)* to focus ◆ *(un problema)* to approach ◆ *(con un haz de luz)* to shine a light on

enfoque *m* ◆ *(de un problema)* approach ◆ *Fot TV* focus: *(acción)* focusing

enfrentamiento *m* confrontation

enfrentar *vtr* ◆ *(afrontar)* to confront, face up to ◆ *(enemistar)* to set at odds ◆ *(poner frente a frente)* to bring face to face ■ **enfrentarse** *vr* ◆ to face ◆ *Dep (un equipo)* to play: *(una persona)* to meet [**a,** -]

enfrente *adv* ◆ opposite, facing

enfriar 1 *vtr* to cool (down), chill |**2** *vi* to cool down ■ **enfriarse** *vr* ◆ to get *o* go cold ◆ *(coger un resfriado)* to get *o* catch a cold ◆ *(el entusiasmo)* to cool down

enfurecer *vtr* to enrage, infuriate ■ **enfurecerse** *vr* to become furious, lose one's temper

enganchado,-a *adj argot* hooked

enganchar *vtr* ◆ *(con un gancho, una rama)* to hook ◆ *Ferroc* to couple ◆ *(prender)* to catch ■ **engancharse** *vr* ◆ to get caught *o* hooked ◆ *fam (a la droga)* to get hooked

engañar *vtr* ◆ to deceive, mislead ◆ *(mentir)* to lie ◆ *(timar)* to cheat, trick ◆ *(ser infiel)* to be unfaithful to |**2** *vi* to be deceptive ■ **engañarse** *vr* to deceive *o* fool oneself

engaño *m* ◆ *(mentira)* deception, swindle: *(estafa)* fraud: *(infidelidad)* unfaithfulness

engendrar *vtr* ◆ *Biol* to engender ◆ *(dar lugar, provocar)* to give rise to, cause

englobar *vtr* to include

engordar 1 *vi* ◆ to put on weight, get fat ◆ *(causar gordura)* to be fattening |**2** *vtr* to fatten (up), make fat

engranaje *m Téc* gears

engrandecer *vtr* to exalt

engrasar *vtr* ◆ *(untar con grasa, etc)* to lubricate, oil ◆ *(ensuciar con grasa)* to make greasy

engreído,-a *adj* conceited

engrosar *vtr* to swell, increase

engullir *vtr* to gobble up, wolf down

enharinar *vtr* to flour

enhebrar *vtr* to thread

enhorabuena *f* congratulations *pl*

enigma *m* enigma

enjabonar *vtr* to soap

enjambre *m* swarm

enjaular *vtr* to cage

enjuagar *vtr* to rinse

enjugar *vtr,* **enjugarse** *vr* to wipe away

enjuiciar *vtr* ◆ to judge, examine ◆ *Jur (a un sospechoso)* to prosecute

enlace *m* ◆ *(relación)* link, connection ◆ *frml (boda)* wedding ◆ *(persona de contacto)* liaison ◆ *Ferroc* connection

enlatado,-a *adj* canned, tinned

enlatar *vtr* to can, tin

enlazar *vtr & vi* to link [**con,** with/to], connect [**con,** with]

enloquecer 1 *vi* to go mad |**2** *vtr* to drive mad

enmarcar *vtr* to frame

enmascarar *vtr* ◆ *(poner una máscara)* to mask ◆ *(disimular)* to disguise

enmendar *vtr* to correct ■ **enmendarse** *vr* to reform

enmienda *f* ◆ *Jur Pol* amendment ◆ *(rectificación)* correction

enmohecerse *vr* to go mouldy *o US* moldy

enmudecer *vi* to fall silent

ennegrecer *vtr*, **ennegrecerse** *vr* to blacken, turn black

enojado,-a *adj* angry

enojar *vtr* to anger, annoy ■ **enojarse** *vr* to get angry [**por,** about]

enorgullecerse *vtr* to be *o* feel proud [**de,** of]

enorme *adj* enormous, huge

enormidad *f* ◆ enormity ◆ *(intensificador)* **una e.,** loads

enraizado,-a *adj* rooted

enredadera *f* creeper, climbing plant

enredar *vtr* ◆ to entangle, tangle up ◆ *(un asunto, situación)* to confuse, complicate ◆ *fig (implicar en algo ilegal)* to involve [**en,** in], to mix up [**en,** in] ■ **enredarse** *vr* ◆ to get entangled ◆ *(asunto, situación)* to get complicated *o* confused ◆ *fig (implicarse en algo turbio)* to get mixed up, involved [**en,** in] ◆ *(aturullarse, aturdirse)* to get mixed up

enredo *m* ◆ tangle ◆ *(asunto lioso)* muddle, mess

enrevesado,-a *adj* complicated, difficult

enriquecer *vtr* ◆ *(con bienes materiales)* to make rich ◆ *(mejorar)* to enrich ■ **enriquecerse** *vr* ◆ to get *o* become rich ◆ *(espiritualmente)* to be enriched

enrojecer *vtr* ◆ to redden, turn red ◆ *(de ira, vergüenza)* to blush

enrolarse *vr Mil* to enlist in, join up

enrollado,-a *adj* ◆ *(una alfombra, etc)* rolled up; *(en un carrete)* coiled up ◆ *fam (estupendo)* great ◆ *fam* **está e. con Marisa,** he has a thing going with Marisa

enrollar *vtr (una persiana, etc)* to roll up; *(un cable)* to coil; *(un hilo)* to wind up ■ **enrollarse** *vr* ◆ *fam (hablar mucho)* to go on and on ◆ *fam (con una persona)* to have an affair with sb

enroque *m Ajedrez* castling

enroscar *vtr* ◆ to coil, wind ◆ *(atornillar)* to screw in *o* on ■ **enroscarse** *vr* to coil up

ensalada *f* salad

ensaladera *f* salad bowl

ensamblaje *m Téc* assembly

ensamblar *vtr* to assemble

ensanchar *vtr* ◆ *Cost* to let out ◆ *(una calle, etc)* to enlarge, widen ■ **ensancharse** *vr* to get wider

ensangrentado,-a *adj* bloodstained, covered in blood

ensartar *vtr* ◆ *(cuentas de un collar, etc)* to string ◆ *(con un pincho)* to spit

ensayar 1 *vtr* ◆ *Teat Mús* to rehearse ◆ *(un método, una técnica)* to test, try out |**2** *vi* to rehearse

ensayo *m* ◆ *(escrito)* essay ◆ *Teat Mús* rehearsal ◆ *(prueba)* test, trial

enseguida, en seguida *adv* ◆ *(tiempo) (de inmediato)* at once; *(en muy poco tiempo)* **e. les atenderán,** you will be served in a moment ◆ *(espacio)* immediately after, next

ensenada *f* inlet

enseñanza *f* ◆ *(transmisión de conocimientos)* teaching ◆ *(sistema de formación)* education

enseñar *vtr* ◆ to teach ◆ *(dejar ver)* to show

ensimismado,-a *adj (muy concentrado)* engrossed; *(ausente)* lost in thought

ensombrecer *vtr* ◆ to cast a shadow over ◆ *(entristecer)* to sadden ■ **ensombrecerse** *vr* to darken

ensordecedor,-ora *adj* deafening

ensuciar *vtr*, **ensuciarse** *vr* to get dirty

ensueño *m* dream

entablar *vtr (iniciar una conversación)* to strike up, begin; *(un negocio)* to start

entablillar *vtr Med* to splint

entallado,-a *adj* fitted

entarimado *m* floorboards

ente *m* ◆ *(ser)* being ◆ *(organismo, colectividad)* body, entity

entender 1 *vtr (comprender)* to understand **|2** *vi* **e. de,** *(saber)* to know about ■ **entenderse** *vr (llevarse bien)* to get on well

entendido,-a *m,f* expert

entendimiento *m* understanding

enterado,-a 1 *adj* well-informed **|2** *m,f fam pey* know-all

enterarse *vr* to find out

enternecedor,-ora *adj* moving, touching

entero,-a 1 *adj* ◆ entire, whole ◆ *(cabal, sensato)* honest, upright ◆ *fig (ante una desgracia)* strong **|2** *m* ◆ *Mat* whole number ◆ *Fin (en Bolsa)* point

enterrador *m* gravedigger

enterrar *vt* to bury

entidad *f* organization

entierro *m* ◆ burial ◆ *(exequias, ritual)* funeral

entomología *f* entomology

entonación *f* intonation

entonar 1 *vtr* ◆ *Mús* to sing ◆ *Med* to tone up **|2** *vi* ◆ *Mús* to sing in tune ◆ *(combinar)* to go [**con,** with]

entonces *adv* then

entornar *vtr* to half-close; *(una puerta, ventana)* to leave ajar

entorno *m* ◆ *(medio)* environment ◆ *(proximidades)* surroundings *pl*

entorpecer *vtr* ◆ *(un acuerdo, camino)* to hinder ◆ *(las capacidades)* to dull

entrada *f* ◆ *(acceso)* entrance ◆ *(para espectáculos)* ticket: **e. libre,** free admission ◆ *(concurrencia, taquilla) Dep* gate: *Teat* attendance ◆ *(vestíbulo)* hall ◆ *(pago inicial)* deposit ◆ *(en un grupo, lugar)* entry ◆ *Culin* starter ◆ *Com (ingresos)* income ◆ *(en la cabellera)* receding hairline ◆ *Ftb* tackle

entrante 1 *adj* coming, next **|2** *m Culin* starter

entrañar *vtr* to entail

entrañas *fpl (de persona)* entrails; *(de animal)* guts; *fig* bowels

entrar 1 *vi* ◆ to come in, go in, enter ◆ *(encajar)* to fit ◆ *(estar incluido)* to be included ◆ *(en una organización, partido)* to join, get into ◆ *(en una situación)* to go into: **e. en calor,** to warm up ◆ *(sobrevenir)* to come over: **le entraron ganas de llorar,** he felt like crying ◆ *(agradar)* **no me entran las lentejas,** I don't like lentils **|2** *vtr* ◆ to introduce ◆ *Inform* to enter

entre *prep* ◆ *(señalando límites)* between ◆ *(rodeado de, incluido en)* among(st)

entreabierto,-a *adj* half-opened; *(puerta, ventana)* ajar

entreacto *m* interval

entrecejo *m* space between the eyebrows ◆|LOC: **fruncir el e.,** to frown

entrecot *m* fillet steak

entredicho ◆|LOC: **en e.,** in doubt, in question

entrega *f* ◆ *(de un pedido)* delivery; *(de un premio)* presentation ◆ *(fascículo)* issue ◆ *(dedicación)* devotion

entregar *vtr* ◆ *(poner en poder de)* to hand over ◆ *(unos papeles, trabajo, etc)* to give in, hand in ◆ *Com* to deliver ■ **entregarse** *vr* ◆ *(al enemigo, a la policía)* to give oneself up, surrender ◆ *(abandonarse)* to abandon oneself, give oneself over ◆ *(poner interés)* to devote oneself

entrelazar *vtr*, **entrelazarse** *vr* to entwine

entremés *m* ◆ *Culin* hors d'œuvres ◆ *Lit* short farce or play

entremezclarse *vr* to mix, mingle

entrenador,-ora *m,f* trainer, coach

entrenamiento *m* training

entrenar *vtr* & *vi*, **entrenarse** *vr* to train

entresijos *mpl fam* ins and outs

entresuelo *m* mezzanine
entretanto *adv* meanwhile
entretener *vtr* ◆ *(divertir)* to entertain, amuse ◆ *(retrasar)* to hold up ■ **entretenerse** *vr* ◆ *(divertirse)* to amuse oneself ◆ *(retrasarse)* to be delayed, be held up
entretenido,-a *adj* amusing, entertaining
entretenimiento *m* ◆ *(diversión)* entertainment, amusement ◆ *(pasatiempo)* pastime
entrever *vtr* to glimpse, catch sight of
entrevista *f* interview
entrevistador,-ora *m,f* interviewer
entrevistar *vtr* to interview ■ **entrevistarse** *vr* to have an interview
entristecer *vtr* to sadden, make sad ■ **entristecerse** *vr* to be sad [**por,** about]
entrometerse *vr* to meddle, interfere [**en,** in]
entrometido,-a 1 *m,f* busybody, meddler **|2** *adj* interfering
entroncar *vi* ◆ to connect ◆ to be related [**con,** to]
entumecido,-a *adj* numb
enturbiar *vtr* ◆ *(agua)* to make cloudy ◆ *fig (asunto)* to cloud ■ **enturbiarse** *vr* to become cloudy
entusiasmar *vtr* to delight, love ■ **entusiasmarse** *vr* to get excited *o* enthusiastic [**con,** about]
entusiasmo *m* enthusiasm
entusiasta 1 *adj* keen [**de,** on], enthusiastic **|2** *mf* enthusiast
enumerar *vtr* to enumerate, list
enunciado *m* ◆ *(de pregunta)* wording ◆ *Ling* statement
enunciar *vtr* to enunciate
envasar *vtr (empaquetar)* to pack; *(en vidrio)* to bottle; *(en lata)* to can, tin
envase *m* container; **e. no retornable,** non-returnable bottle
envejecer 1 *vi (persona)* to grow old; *(vino, licor)* to age **|2** *vtr (persona, vino)* to age
envenenar *vtr* to poison
enviado,-a *m,f* ◆ envoy ◆ *Prensa* **e. especial,** special correspondent
enviar *vtr* to send
enviciar *vtr* to corrupt ■ **enviciarse** *vr* to become addicted [**con,** to], to get hooked [**con,** on]
envidia *f* envy
envidiable *adj* enviable
envidiar *vtr* to envy
envidioso,-a *adj* envious
envío *m* ◆ *(acción)* sending ◆ *(en grandes cantidades)* consignment; *(un paquete)* parcel; **e. contra reembolso,** cash on delivery; **gastos de e.,** postage and packing
enviudar *vi* to be widowed; *(un hombre)* to become a widower; *(una mujer)* to become a widow
envoltorio *m*, **envoltura** *f* wrapper
envolver *vtr* ◆ *(con papel)* to wrap ◆ *(rodear, cubrir)* to envelop ◆ *(involucrar)* to involve ■ **envolverse** *vr* ◆ *(en una manta, etc)* to wrap oneself up [**en,** in] ◆ *(involucrarse)* to become involved [**en,** in]
enyesar *vtr* ◆ *(una pared)* to plaster ◆ *(un brazo, etc)* to put in plaster
enzima *f* enzyme
épica *f* epic poetry
epicentro *m* epicentre, *US* epicenter
épico,-a *adj* epic
epidemia *f* epidemic
epilepsia *f* epilepsy
epílogo *m* epilogue, *US* epilog
episodio *m* episode
epístola *f* epistle
epitafio *m* epitaph
epíteto *m* epithet
época *f* ◆ *(periodo de tiempo)* period, time ◆ *Agr* season
equilibrar *vtr* to balance
equilibrio *m* balance
equilibrista *mf* ◆ *(volatinero)* acrobat; *(en la cuerda floja)* tightrope walker, *(en el alambre)* wire-walker
equino,-a *adj* equine, horse
equipaje *m* luggage; **hacer el e.,** to pack
equipar *vtr* to equip [**con,** with]
equiparar *vtr* to compare
equipo *m* ◆ *(grupo de profesionales)* team ◆ *(conjunto de aparatos)* equipment; **e. de música,** music system ◆ *(conjunto de ropa, etc)* outfit

equitación *f* horse riding, *US* horseback riding

equitativo,-a *adj* fair, equitable

equivalente *adj* & *m* equivalent

equivaler *vi* to be equivalent [**a,** to]

equivocación *f* error, mistake

equivocado,-a *adj* mistaken, wrong

equivocar *vtr* ♦ *(no acertar)* to get wrong ♦ *(confundir)* to mix up ■ **equivocarse** *vr* ♦ *(confundirse, errar)* to make a mistake ♦ *(estar en un error)* to be mistaken

equívoco,-a 1 *adj* equivocal, ambiguous |**2** *m* misunderstanding

era *f* age, era: **la e. de la informática,** the age of the computer

erario *m* treasury: **el e. público,** the Exchequer

erección *f* erection

erguir *vtr* to erect, lift up ■ **erguirse** *vr* to straighten up, stand up straight

erial *m* wasteland

erigir *vtr* to erect, build ■ **erigirse** *vr* to place oneself

erizar *vtr* to make stand on end ■ **erizarse** *vr* to stand on end

erizo *m* hedgehog: **e. de mar,** sea urchin

ermita *f* hermitage

ermitaño,-a *m,f* ♦ hermit ♦ *Zool* hermit crab

erosión *f* erosion

erosionar *vtr* to erode

erótico,-a *adj* erotic

erotismo *m* eroticism

erradicar *vtr* to eradicate

errar 1 *vtr* ♦ *(un tiro, golpe)* to miss ♦ *(una elección)* to get wrong |**2** *vi* to wander

errata *f* misprint

erróneo,-a *adj* erroneous, wrong

error *m* error, mistake

eructar *vi* to burp, belch

eructo *m* burp, belch

erudición *f* erudition

erudito,-a 1 *adj* erudite, learned |**2** *m,f* scholar

erupción *f* ♦ *Geol* eruption: **entrar en e.,** to erupt ♦ *Med* rash

esbelto,-a *adj* slender

esbozar *vi* ♦ *(un proyecto, un dibujo)* to sketch, outline ♦ *(amagar un gesto)* to hint, give a hint of

esbozo *m* sketch, outline, rough draft

escabeche *m* pickle, marinade: **en e.,** pickled

escabroso,-a *adj* ♦ *(terreno)* rough ♦ *(difícil de abordar)* tricky, distasteful

escabullirse *vr* ♦ *(escurrirse, deslizarse)* to slip away ♦ *(desaparecer de un sitio)* to melt away

escafandra *f (de buzo)* diving helmet: *(de astronauta)* spacesuit

escala *f* ♦ *(serie, gradación)* scale: *(de colores)* range: **e. de valores,** set of values ♦ *(parada provisional) Náut* port of call: *Av* stopover

escalador,-ora *m,f* climber, mountaineer

escalar *vtr* to climb, scale

escalera *f* ♦ stairs *pl*, staircase: **e. de incendios**, fire escape ♦ *(portátil)* ladder

escalerilla *f* steps *pl; Náut* gangway

escalofrío *m* ♦ *(de fiebre, frío)* shiver: **tener escalofríos,** to shiver ♦ *(de horror)* shudder

escalón *m* step

escalonar *vtr* ♦ *(distribuir en el tiempo)* to stagger ♦ *(en el espacio)* to space out

escalope *m* escalope

escama *f* ♦ *Zool Bot* scale ♦ *(de jabón, piel)* flake

escampar *vi* to stop raining, clear up

escandalizar 1 *vtr* to shock |**2** *vi* to kick up a racket ■ **escandalizarse** *vr* to be shocked

escándalo *m* ♦ *(jaleo)* row, racket, din ♦ *(inmoralidad)* scandal

escandaloso,-a *adj* ♦ *(ruidoso)* noisy, rowdy ♦ *(inmoral)* scandalous, shameful

escáner *f* scanner

escaño *m Parl* seat

escapada *f* ♦ escape: *(fuga)* breakout ♦ *Dep* breakaway ♦ *(viaje fugaz)* short trip

escapar *vi* to escape ■ **escaparse** *vr* ♦ to escape, run away ♦ *(una oportunidad, transporte)* **se me escapó el au-**

tobús, I missed the bus ♦ *(gas, líquido)* to leak, escape

escaparate *m* shop window

escapatoria *f* way out

escape *m* ♦ *(de gas, líquido)* leak, escape ♦ *Téc* exhaust; **tubo de e.,** exhaust (pipe)

escarabajo *m* beetle

escarbar 1 *vtr* & *vi* ♦ *(en la tierra)* to scratch [**en,** around, in] ♦ *(en un asunto)* to delve into |**2** *vtr* ♦ *(en una herida, nariz)* to pick ♦ *(remover)* to poke

escarcha *f* frost

escarchado,-a *adj* ♦ *(cubierto de escarcha)* frosty ♦ *(cubierto de azúcar)* candied, crystallized

escarlata *adj* scarlet

escarmentar 1 *vi* to learn one's lesson |**2** *vtr* to teach a lesson to

escarmiento *m* punishment, lesson

escarola *f Bot* (curly) endive

escarpado,-a *adj (accidentado, montañoso)* craggy; *(pendiente, cuesta)* steep, sheer

escarpia *f* hook

escasear *vi* to be scarce

escasez *f* shortage

escaso,-a *adj (alimentos, recursos)* scarce, scant; *(dinero, tiempo)* short; *(luz)* poor ♦|LOC: **andar e. de,** to be short of

escatimar *vtr* to skimp on

escayola *f* ♦ plaster, stucco ♦ *Med* plaster

escayolar *vtr Med* to put in plaster

escena *f* ♦ scene ♦ *(escenario)* stage

escenario *m* ♦ *Teat* stage ♦ *(entorno)* scenario; *(de suceso)* scene; *(ambientación)* setting

escénico,-a *adj* scenic

escenografía *f Teat* stage design; *Cine* set design

escepticismo *m* scepticism, *US* skepticism

escéptico,-a 1 *adj* sceptical, *US* skeptical |**2** *m,f* sceptic, *US* skeptic

escindirse *vr* to split

escisión *f* split

esclarecer *vtr* to clarify; *(un suceso)* to throw light on

esclavitud *f* slavery

esclavizar *vtr* to enslave

esclavo,-a *adj* & *m,f* slave

esclusa *f* lock

escoba *f* broom, brush

escocer *vi* to sting, smart ■ **escocerse** *vr* to get sore

escocés,-cesa 1 *adj* Scottish |**2** *m,f* Scots; *(hombre)* Scotsman; *(mujer)* Scotswoman

Escocia *f* Scotland

escoger *vtr* to choose [**entre,** between] [**de,** from]

escolar 1 *adj* school; **año e.,** school year |**2** *m,f (niño)* schoolboy; *(niña)* schoolgirl

escollo *m* ♦ *(roca)* reef ♦ *(obstáculo)* pitfall, handicap

escolta *f* ♦ *(grupo)* escort ♦ *(guardaespaldas)* bodyguard

escoltar *vtr* to escort

escombros *mpl* rubble, debris *sing*

esconder *vtr* to hide [**de,** from]; *(la verdad)* to conceal [**de,** from] ■ **esconderse** *vr* to hide [**de,** from]

escondidas *fpl LAm* **jugar a las e.,** to play hide-and-seek ♦|LOC: **a e.,** secretly

escondite *m* ♦ *(escondrijo)* hiding place ♦ *(juego)* hide-and-seek

escopeta *f* shotgun

Escorpio *m Astrol* Scorpio

escorpión *m Zool* scorpion

escotado,-a *adj* low-cut

escote *m* neckline ♦|LOC: **pagar a e.,** *(dos personas)* to go Dutch; *(varias personas)* to chip in

escotilla *f* hatch

escozor *m Med* stinging, smarting

escribir *vtr* to write; *(a máquina, en el ordenador)* to type ■ **escribirse** *vr* ♦ *(mantener correspondencia)* to write to each other ♦ *(deletrear)* to spell

escrito,-a 1 *adj* written; **e. a mano,** handwritten |**2** *m* writing

escritor,-ora *m,f* writer

escritorio *m* writing desk

escritura *f* ♦ writing; *(manera de escribir)* handwriting ♦ *Jur* deed, document ♦ *Rel* **las (Sagradas) Escrituras,** the (Holy) Scriptures

escrúpulo *m* scruple

escrupuloso,-a *adj* ♦ *(minucioso)* painstaking ♦ *(aprensivo)* squeamish ♦ *(riguroso)* scrupulous

escrutinio *m* ♦ *(recuento)* count ♦ *(examen detenido)* scrutiny

escuadra *f* ♦ *(de dibujo, de carpintería)* set square ♦ *Mil* squad; *Náut* squadron

escuadrón *m* squadron

escuálido,-a *adj* emaciated

escuchar 1 *vtr* to listen to; *(un consejo, una propuesta)* to take |**2** *vi* to listen

escudero *m* squire

escudo *m* ♦ *(de un guerrero)* shield ♦ *(emblema)* coat of arms

escudriñar *vtr* to scrutinize

escuela *f* school

escueto,-a *adj* plain; *(lenguaje)* concise

esculpir *vtr* to sculpt; *(madera)* to carve; *(metal)* to engrave

escultor,-ora *m,f (hombre)* sculptor; *(mujer)* sculptress

escultura *f* sculpture

escupir 1 *vi* to spit |**2** *vtr* to spit out

escupitajo *m vulgar* spittle

escurreplatos *m inv* dish rack

escurridizo,-a *adj* ♦ *(suelo, objeto)* slippery ♦ *(persona)* elusive, slippery

escurridor *m* colander; *(escurreplatos)* dish rack

escurrir *vtr (ropa)* to wring out; *(vajilla)* to drain ■ **escurrirse** *vr* to slip

ese,-a *adj dem* ♦ that ♦ **esos,-as,** those

ése,-a *pron dem m,f* ♦ that one ♦ **ésos,-as,** those (ones)

esencia *f* essence

esencial *adj* essential

esfera *f* ♦ sphere ♦ *(de un aparato)* dial; *(de un reloj)* face

esférico,-a *adj* spherical

esfinge *f* sphinx

esforzar *vtr* to strain

esforzarse *vr* to make an effort [**por,** to]

esfuerzo *m* effort

esfumarse *vr fam* to disappear, vanish

esgrima *f Dep* fencing

esgrimir *vtr* to wield

esguince *m* sprain

eslabón *m* link

eslavo,-a 1 *adj* Slav, Slavonic |**2** *m,f (persona)* Slav |**3** *m (idioma)* Slavonic

eslovaco,-a 1 *adj* Slovak(ian); **República Eslovaca,** Slovakia |**2** *m,f (persona)* Slovak

Eslovaquia *f* Slovaquia

Eslovenia *f* Slovenia

esloveno,-a 1 *adj* & *m,f* Slovene |**2** *m (idioma)* Slovene

eslip *m* men's briefs *pl*, underpants *pl*

eslogan *m* slogan

esmalte *m (de porcelana, etc)* enamel; *(de uñas)* nail polish *o* varnish

esmeralda *f* emerald

esmerarse *vr* ♦ *(poner cuidado)* to take care ♦ *(esforzarse)* to try very hard [**en, por,** to]

esmero *m* (great) care

esmoquin *m* dinner jacket, *US* tuxedo

esnob 1 *adj* ♦ *(persona)* snobbish ♦ *(sitio)* posh |**2** *mf* snob

eso *pron dem neut* that: **¡e. es!,** that's it! ♦|LOC: **a e. de,** around

ESO *f (abr de **Enseñanza Secundaria Obligatoria**) secondary education*

esófago *m* oesophagus, *US* esophagus

esos,-as *adj dem pl* ➛ **ese,-a**

ésos,-as *pron dem m,fpl* ➛ **ése,-a**

esotérico,-a *adj* esoteric

espabilado,-a *adj* ♦ *(despejado)* wide awake ♦ *(listo, despierto)* bright; *(ingenioso, astuto)* shrewd

espabilar 1 *vtr* to wake up |**2** *vi (avivar el ingenio)* to wise up ♦ *(darse prisa)* to hurry up ■ **espabilarse** *vr* ♦ *(despejarse, despertarse)* to wake up ♦ *(darse prisa)* to hurry (up) ♦ *fam US (avivarse)* to wise up

espacial *adj* space

espaciar *vtr* to space out

espacio *m* ♦ space ♦ *(periodo de tiempo)* period ♦ *(sitio)* room ♦ *Rad TV* programme, *US* program

espacioso,-a *adj* spacious, roomy

espada *f* ◆ sword ◆ *Naipes* spade
espagueti *m* spaghetti *sing*
espalda *f* ◆ *Anat* back ◆ *Natación* backstroke
espantapájaros *m inv* scarecrow
espantar 1 *vtr* ◆ *(causar miedo)* to frighten, scare, terrify ◆ *(ahuyentar)* to frighten off, scare away |**2** *vi (horrorizar)* to be frightening
espanto *m* fright
espantoso,-a *adj* dreadful
España *f* Spain
español,-a 1 *adj* Spanish |**2** *m,f* Spaniard; **los españoles,** the Spanish |**3** *m (idioma)* Spanish
esparadrapo *m* (sticking) plaster
esparcir *vtr* ◆ *(diseminar)* to scatter ◆ *(divulgar)* to spread
espárrago *m Bot* asparagus
esparto *m Bot* esparto grass
espasmo *m* spasm
espátula *f Culin* spatula; *Arte* palette knife; *(de albañilería)* trowel
especia *f* spice
especial *adj* special
especialidad *f* speciality, *US* specialty; *Educ* main subject
especialista *mf* specialist
especializarse *vr* to specialize [**en,** in]
especie *f* ◆ *Biol* species *inv* ◆ *(clase, tipo)* kind, sort
especificar *vtr* to specify
específico,-a *adj* specific
espécimen *m* specimen
espectacular *adj* spectacular
espectáculo *m* ◆ spectacle, sight ◆ *(representación, entretenimiento)* show ◆ *pey* sight: **esta mujer es un e.,** this woman is a real sight
espectador,-ora *m,f* ◆ *Teat Cine* member of the audience; *Dep* spectator ◆ **los espectadores,** the audience *sing*
espectro *m* ◆ *Fís* spectrum ◆ *(espíritu, aparición)* spectre, *US* specter ◆ *(gama)* range
especular *vi* to speculate
especulativo,-a *adj* speculative
espejismo *m* mirage
espejo *m* mirror; *Auto* **e. retrovisor,** rear-view mirror
espeluznante *adj* hair-raising, terrifying
espera *f* ◆ wait ◆|LOC: **a la e. de,** expecting; **en e. de...,** waiting for...
esperanza *f* hope
esperanzador,-ora *adj* encouraging
esperar 1 *vtr* ◆ *(aguardar)* to wait for ◆ *(tener esperanza)* to hope ◆ *(desear, suponer)* to expect ◆ *fig (un hijo)* to expect |**2** *vi* to wait
esperma *m Biol* sperm
espermatozoide *m* spermatozoid
espesar *vtr,* **espesarse** *vr* to thicken
espeso,-a *adj* thick
espesor *m* thickness
espía *mf* spy
espiar 1 *vi* to spy |**2** *vtr* to spy on
espiga *f* ◆ *(de trigo)* ear ◆ *Téc* peg, pin
espigado,-a *adj* slender
espina *f* ◆ *Bot* thorn ◆ *(de un pez)* bone ◆ *Anat* **e. dorsal,** spine
espinaca *f* spinach
espinilla *f* ◆ *Anat* shin ◆ *(impureza de la piel)* blackhead
espionaje *m* spying, espionage
espiral *adj* & *f* spiral
espirar *vi* to breathe out, exhale
espiritismo *m* spiritualism
espíritu *m* spirit
espiritual *adj* spiritual
espléndido,-a *adj* ◆ splendid ◆ *(generoso)* generous
esplendor *m* splendour, *US* splendor
espolvorear *vtr* to sprinkle [**de, con,** with]
esponja *f* sponge
esponjoso,-a *adj* spongy; *(mullido)* soft
espontaneidad *f* spontaneity
espontáneo,-a *adj* spontaneous
esporádico,-a *adj* sporadic
esposar *vtr* to handcuff
esposas *fpl* handcuffs
esposo,-a *m,f* spouse; *(hombre)* husband; *(mujer)* wife
espuela *f* spur
espuma *f* foam; *(del mar)* surf, foam; *(de la cerveza)* froth; *(de jabón)* lather; **e. moldeadora,** hair gel

espumoso,-a *adj* frothy; *(vino)* sparkling
esqueje *m Bot* cutting
esquela *f* announcement of a death, obituary
esqueleto *m* ◆ *Anat* skeleton ◆ *(estructura)* framework
esquema *m* diagram
esquemático,-a *adj* schematic
esquí *m* ◆ *(tabla)* ski ◆ *(actividad)* skiing
esquiador,-ora *m,f* skier
esquiar *vi* to ski
esquilar *vtr* to shear
esquimal *adj* & *mf* Eskimo, *(de Canadá)* Inuit
esquina *f* corner
esquirol *m pey* blackleg
esquivar *vtr* ◆ *(un obstáculo, golpe)* to dodge ◆ *(a una persona)* to avoid, dodge
esquivo,-a *adj* aloof, unsociable
esquizofrenia *f* schizophrenia
esquizofrénico,-a *adj* & *m,f* schizophrenic
esta *adj dem* ➝ **este,-a**
ésta *pron dem f* ➝ **éste**
estabilidad *f* stability
estabilizar *vtr* to stabilize
estable *adj* stable
establecer *vtr* to establish; *(un récord)* to set (up) ■ **establecerse** *vr* to settle
establecimiento *m* establishment
establo *m (para vacas)* cow shed; *(para caballos)* stable
estaca *f* ◆ *(palo puntiagudo)* stake, post ◆ *(garrote)* stick, club
estación *f* ◆ station ◆ *(del año)* season
estacionamiento *m Auto* ◆ *(acción de aparcar)* parking ◆ *(aparcamiento)* car park, *US* parking lot
estacionar *vtr* & *vi Auto* to park ■ **estacionarse** *vr* to stabilize, halt
estacionario,-a *adj* stationary
estadía *f LAm* stay
estadio *m* stadium
estadista *mf Pol (hombre)* statesman; *(mujer)* stateswoman
estadística *f* ◆ *(ciencia)* statistics *sing* ◆ *(datos, resultado)* statistic
estado *m* ◆ state ◆ *(circunstancia, situación)* state, condition; **e. civil,** marital status ◆|LOC: **estar en e.,** to be expecting
Estados Unidos *mpl* United States (of America)
Estados Unidos Mexicanos *mpl frml* United States of Mexico
estadounidense **1** *adj* United States, American |**2** *mf* United States citizen, American
estafa *f* swindle
estafar *vtr* to swindle, cheat, trick
estalactita *f* stalactite
estalagmita *f* stalagmite
estallar *vi* ◆ *(explotar)* to explode, blow up; *(reventar)* to burst ◆ *(un conflicto)* to break out
estallido *m* explosion; *(de un suceso, una guerra)* outbreak
estampa *f* illustration
estampado *m* print
estampar *vtr* ◆ *(en tela, papel)* to print ◆ *(dejar huella o señal)* to imprint ■ **estamparse** *vr* to crash [**contra,** into], to smash [**contra,** into]
estampida *f* stampede
estampilla *f LAm* (postage) stamp
estancado,-a *adj* ◆ *(agua)* stagnant ◆ *(situación)* static
estancar *vtr* ◆ *(agua)* hold back ◆ *fig (un asunto)* to block; *(proceso, investigación)* to bring to a standstill ■ **estancarse** *vr* ◆ *(detenerse el agua)* to stagnate ◆ *(detenerse un asunto o proceso)* to come to a standstill
estancia *f* ◆ *(en un sitio)* stay ◆ *frml (habitación, cuarto)* room ◆ *LAm (hacienda)* ranch, farm
estanco,-a **1** *m* tobacconist's |**2** *adj* watertight
estándar *adj* & *m* standard
estandarte *m* standard, banner
estanque *m* pond
estanquero,-a *m,f* tobacconist
estante *m* shelf
estantería *f* ◆ shelves *pl* ◆ *(para libros)* bookcase
estaño *m* tin
estar *vi* ◆ *(existir, hallarse)* to be:

está al norte, it is to the north: **su pedido aún no está,** your order isn't ready yet ♦ *(permanecer)* to stay: **estos días estoy en casa de mis padres,** these days I'm staying at my parents' place ♦ *(tener una situación actual determinada: con adjetivo o participio)* **está dormido,** he's asleep; *(con gerundio)* **está estudiando,** he is studying; *(con adverbio)* **está muy mal,** he is very ill ♦ *(quedar, sentar)* **el jersey me está pequeño,** the sweater is too small for me ♦ *(para indicar precio, grados, fecha)* (+ *a: fecha)* to be: **¿a qué día estamos?,** what's the date?; *(: precio)* to be at: **¿a cómo/cuánto están las manzanas?,** how much are the apples?; *(: grados)* **en Madrid estamos a cuarenta grados,** it's forty degrees in Madrid ♦|LOC: **e. al caer,** to be just round the corner; **estoy con María,** I agree with Mary; **estoy de broma,** I'm joking; **está de vacaciones,** he's on holiday; **esa ropa está para planchar,** these clothes are ready to be ironed; **estoy por la igualdad de derechos,** I'm for equal rights; **está tras el ascenso,** he is after promotion; *fam* **está que trina,** he's hopping mad ■ **estarse** *vr* **¡estáte quieto!,** keep still!; **estáte tranquilo, yo lo arreglo,** don't worry, I'll fix it

estatal *adj* state

estático,-a *adj* static

estatua *f* statue

estatura *f (altura)* height: **¿qué e. tiene?,** how tall is he?

estatuto *m* ♦ *Jur (ley)* statute ♦ *(conjunto de reglas)* rules

este 1 *m* east |**2** *adj* ♦ east ♦ *(zona, parte)* eastern ♦ *(dirección, rumbo)* easterly

este,-a *adj dem* ♦ this ♦ **estos,-as,** these

éste,-a *pron dem m,f* ♦ this one ♦ **éstos,-as,** these (ones)

estela *f (de barco)* wake; *(de avión)* vapour trail

estelar *adj* stellar

estepa *f* steppe

estera *f* rush mat

estercolero *m* dunghill

estéreo *m* & *adj* stereo

estereofónico,-a *adj* stereophonic, stereo

estereotipo *m* stereotype

estéril *adj* sterile; *(sin resultado)* futile

esterilidad *f* sterility; *(inutilidad)* futility

esterilizar *vtr* to sterilize

esterilla *f* small mat

esterlina *adj* & *f* sterling; **libra e.,** pound (sterling)

esternón *m* sternum, breastbone

estero *m LAm* marsh, swamp

estética *f* aesthetics, *US* esthetics *sing*

esteticienne, esteticista *mf* beautician

estético,-a *adj* aesthetic, *US* esthetic

estiércol *m* manure, dung

estigma *m* stigma

estilizar *vtr* to stylize

estilo *m* ♦ style ♦ *(elegancia)* **es una mujer con mucho e.,** she's a very stylish woman ♦ *Natación* stroke ♦ *Ling* **e. directo/indirecto,** direct/indirect speech

estima *f* esteem, respect

estimación *f* ♦ *(aprecio)* esteem, respect ♦ *(de resultados, daños, gastos, etc))* estimate ♦ *(valoración, apreciación)* estimation

estimado,-a *adj* ♦ esteemed, respected: **E. Señor Pérez,** *(en carta)* Dear Mr Pérez ♦ *(apreciado, valorado)* appreciated

estimar *vtr* ♦ *frml (sentir cariño)* to esteem, respect ♦ *(juzgar, considerar)* to consider, think ♦ *(valorar)* to appreciate ♦ *(calcular)* to estimate

estimulante 1 *adj* stimulating |**2** *m* stimulant

estimular *vtr* ♦ *(dar ánimos)* to encourage ♦ *(potenciar, activar)* to stimulate

estímulo *m* ♦ *(acicate, ánimo)* encouragement ♦ *Biol Fís* stimulus; *(acción)* stimulation

estío *m frml* summer

estipular *vtr* to stipulate

estirar *vtr* ♦ *(alargar, tensar)* to stretch ♦ *(alisar)* to smooth out ■ **estirarse** *vr* to stretch

esto *pron dem neut* this: **¿qué es e.?**, what's this?

estofado *m* stew

estoico,-a 1 *adj* stoical |**2** *m,f* stoic

estómago *m* stomach

Estonia *f* Estonia

estonio,-a *adj* & *m,f* Estonian

estorbar 1 *vtr* ♦ *(obstaculizar)* to hinder ♦ *(incomodar a alguien)* to disturb |**2** *vi* to be in the way

estorbo *m* ♦ *(obstáculo)* hindrance ♦ *(algo incómodo)* nuisance

estornudar *vi* to sneeze

estornudo *m* sneeze

estos,-as *adj dem pl* ➛ **este,-a**

éstos,-as *pron dem m,fpl* ➛ **éste,-a**

estrabismo *m Med* squint

estrado *m* ♦ *(palestra)* platform ♦ *Mús* bandstand ♦ *Jur* stand

estrafalario,-a *adj fam* outlandish, eccentric

estragos *m* damage, destruction

estrambótico,-a *adj fam* outlandish, eccentric

estrangular *vtr* ♦ to strangle ♦ *Med (un conducto)* to strangulate

estratagema *f* stratagem

estrategia *f* strategy

estratégico,-a *adj* strategic

estrato *m* ♦ *Geol Sociol* stratum ♦ *Meteor* stratus

estrechar *vtr* ♦ to make narrow ♦ *(la mano)* to shake ♦ *(entre los brazos)* to hug ♦ *(una relación)* to strengthen ■ **estrecharse** *vr* ♦ to narrow, become narrower ♦ *(las manos)* to shake ♦ *(abrazarse)* to hug

estrecho,-a 1 *adj* ♦ *(espacio)* narrow ♦ *(indumentaria)* tight ♦ *(íntimo)* close, intimate |**2** *m Geog* strait, straits *pl*

estrella *f* star; **e. de cine,** film star; *Zool* **e. de mar,** starfish

estrellar *vtr fam* to smash [**contra,** into, against] ■ **estrellarse** *vr* ♦ *Auto Av (chocar)* to crash [**contra,** into] ♦ *(fallar estrepitosamente)* to founder, fail

estremecerse *vr* to shudder, tremble [**de,** with]

estrenar *vtr* ♦ *(un objeto)* to use for the first time; *(una prenda)* to wear for the first time ♦ *Cine* to première; *Teat* to perform for the first time

estreno *m Teat* first night; *Cine* première

estreñido,-a *adj* constipated

estreñimiento *m* constipation

estrépito *m* din, racket

estrepitoso,-a *adj* ♦ *(con mucho ruido)* deafening ♦ *(enorme, descomunal)* spectacular

estrés *m* stress

estresante *adj* stressful

estría *f* ♦ *(de la piel)* stretch mark ♦ *(en un objeto)* groove

estribillo *m (de una canción)* chorus; *(de un poema)* refrain

estribo *m* stirrup

estribor *m* starboard

estricto,-a *adj* strict

estridente *adj* strident

estrofa *f* verse

estropajo *m* scourer

estropear *vtr* ♦ *(causar daños)* to damage ♦ *(frustrar, malograr)* to spoil, ruin ♦ *(una máquina)* to break ■ **estropearse** *vr (máquina)* to break down; *(alimento)* to go off *o* bad

estructura *f* ♦ structure ♦ *(de un edificio, etc)* frame, framework

estruendo *m* roar, racket

estrujar *vtr* ♦ *(apretar con fuerza)* to crush ♦ *(exprimir)* to squeeze

estuario *m Geol* estuary

estuche *m* ♦ case ♦ *(para lápices)* pencil case

estudiante *mf* student

estudiar *vtr* & *vi* to study

estudio *m* ♦ study ♦ *(investigación)* research ♦ *(sala)* studio ♦ *(apartamento)* studio (flat) ♦ *Educ* **estudios,** studies

estudioso,-a *adj* studious

estufa *f* heater

estupefaciente *m* drug, narcotic

estupefacto,-a *adj* astounded, flabbergasted

estupendo,-a *adj* fantastic

estupidez *f* stupidity
estúpido,-a 1 *adj* stupid |**2** *m,f* idiot
etapa *f* stage, phase
eternidad *f* eternity
eternizarse *vr fam* ◆ *(no tener fin)* to be endless ◆ *fam (demorarse mucho)* to take ages
eterno,-a *adj* eternal
ética *f* ◆ *(moral)* ethic ◆ *(disciplina)* ethics *sing*
ético,-a *adj* ethical
etimología *f* etymology
etiqueta *f* ◆ *(en envases, ropa, etc)* label ◆ *(protocolo)* etiquette
etnia *f* ethnic group
étnico,-a *adj* ethnic
eucalipto *m* eucalyptus
eucaristía *f* eucharist
eufemismo *m* euphemism
eufórico,-a *adj* euphoric
euro *m Fin* euro
eurodiputado,-a *m,f* Euro MP
Europa *f* Europe
europeo,-a *adj* & *m,f* European
euskera, eusquera *m (idioma)* Basque
eutanasia *f* euthanasia
evacuación *f* evacuation
evacuar *vtr* to evacuate
evadir *vtr* ◆ *(dificultad, tarea)* to shirk, avoid ◆ *(dinero, impuestos)* to evade ■ **evadirse** *vr* to escape
evaluación *f* ◆ evaluation ◆ *Educ* assessment
evaluar *vtr* to evaluate, assess
evangelio *m* gospel
evangelista *m* evangelist
evaporar *vtr*, **evaporarse** *vr* to evaporate
evasión *f* ◆ *(de una persona)* escape ◆ *(de dinero, impuestos)* evasion
evasiva *f* evasive answer
evasivo,-a *adj* evasive
evento *m* event
eventual *adj* ◆ *(probable)* possible ◆ *(temporal)* casual, temporary
evidencia *f* evidence
evidente *adj* obvious
evitar *vtr* ◆ to avoid ◆ *(una enfermedad, etc)* to prevent
evocar *vtr* to evoke
evolución *f* ◆ *Biol* evolution ◆ *(de los acontecimientos)* development
evolucionar *vi* ◆ *Biol* to evolve ◆ *(funcionar, desarrollarse)* to develop
ex *pref* former, ex-; **ex ministro,** former minister; *fam* **mi ex,** my ex
exactitud *f* accuracy
exacto,-a *adj (cantidad)* exact; *(comentario, observación)* precise
exageración *f* exaggeration
exagerado,-a *adj (persona, historia)* exaggerated; *(cálculo, cantidad)* excessive
exagerar *vtr* to exaggerate
exaltar *vtr* to praise ■ **exaltarse** *vr* to get overexcited
examen *m* examination, exam; **e. de conducir,** *LAm* **e. de manejar,** driving test; *Med* **e. médico,** checkup
examinador,-ora *m,f* examiner
examinar *vtr* to examine ■ **examinarse** *vr* to take *o* sit an examination
exasperante *adj* exasperating
exasperar *vtr* to exasperate
excavación *f* excavation
excavadora *f* digger
excavar *vtr Arqueol* to excavate; *(un túnel, un hoyo)* to dig
exceder *vtr* to exceed, surpass ■ **excederse** *vr* to go too far
excelencia *f* ◆ excellence ◆ *(título)* **Su E.,** His *o* Her *o* Your Excellency ◆ |LOC: **por e.,** par excellence
excelente *adj* excellent
excéntrico,-a *adj* eccentric
excepción *f* exception
excepcional *adj* exceptional
excepto *adv* except (for)
excesivo,-a *adj* excessive
exceso *m* excess
excitación *f* ◆ *(nerviosismo, expectación)* excitement ◆ *(sexual)* arousal ◆ *Biol* stimulation
excitante 1 *adj* exciting; *Med* stimulating |**2** *m* stimulant
excitar *vtr* to excite ■ **excitarse** *vr* to get excited
exclamación *f* exclamation
exclamar *vtr* & *vi* to exclaim

excluir *vtr* to exclude
exclusión *f* exclusion
exclusiva *f* exclusive
exclusivo,-a *adj* exclusive
excomulgar *vtr* to excommunicate
excremento *m* excrement
excursión *f* excursion
excursionista *mf (a pie)* hiker, rambler; *(en autobús, etc)* tripper
excusa *f (pretexto)* excuse; *(disculpa)* apology
excusar *vtr* to excuse ■ **excusarse** *vr* to apologize
exento,-a *adj* exempt, free
exhalar *vtr* to exhale, breathe out; *(un gas, perfume)* to give off, emit
exhaustivo,-a *adj* exhaustive
exhausto,-a *adj* exhausted
exhibición *f* ♦ *(demostración)* exhibition, display ♦ *(de una película, espectáculo)* showing, performance
exhibicionista *mf* exhibitionist
exhibir *vtr* ♦ to exhibit ■ **exhibirse** *vr* to show off
exigencia *f* ♦ demand ♦ *(requisito)* requirement
exigente *adj* demanding
exigir *vtr* to demand
exiliado,-a 1 *adj* exiled, in exile **|2** *m,f* exile
exiliar *vtr* to exile ■ **exiliarse** *vr* to go into exile
exilio *m* exile
existencia 1 *f* existence **|2** *fpl Com* **existencias**, stock *sing*, stocks
existir *vi* to exist
éxito *m* success: **la obra tuvo mucho é.**, the play was very successful
exitoso,-a *adj* successful
éxodo *m* exodus
exorbitante *adj* exorbitant, excessive
exorcista *mf* exorcist
exótico,-a *adj* exotic
expandir *vtr* to expand ■ **expandirse** *vr* ♦ *Fís* to expand ♦ *(un rumor)* to spread
expansión *f* ♦ expansion; *(de un rumor)* spreading ♦ *(entretenimiento)* relaxation
expatriado,-a *adj & m,f* expatriate
expectación *f* excitement, expectancy
expectativa *f* expectation
expedición *f* expedition
expediente *m* ♦ *(documentación, informes)* dossier, file; *(historial de un estudiante, etc)* record ♦ *Jur* proceedings *pl*
expedir *vtr* ♦ *(un documento)* to issue ♦ *(enviar)* to send, dispatch
expendedor,-ora 1 *adj* vending **|2** *m,f* seller
expensas *f pl* ♦|LOC: **a e. de,** at the expense of
experiencia *f* experience
experimentado,-a *adj* experienced
experimental *adj* experimental
experimentar 1 *vtr* ♦ to experience ♦ *(un cambio)* to undergo **|2** *vi* to experiment
experimento *m* experiment
experto,-a *m,f* expert
explanada *f* esplanade
explayarse *vr* to talk at length (about)
explicación *f* explanation
explicar *vtr* to explain ■ **explicarse** *vr* ♦ to explain (oneself) ♦ *(comprender)* to understand
explícito,-a *adj* explicit
exploración *f* exploration
explorador,-ora *m,f* explorer
explorar *vtr* to explore
explosión *f* explosion, blast
explosivo,-a *adj & m* explosive
explotación *f* ♦ exploitation ♦ *Agr* cultivation (of land); *(de una granja)* farming
explotador,-ora *m,f* exploiter
explotar 1 *vi* to explode, go off **|2** *vtr* ♦ *(desarrollar, utilizar)* to exploit; *(una mina)* to work; *(la tierra)* to cultivate ♦ *(a una persona)* to exploit
expoliar *vtr* to plunder, pillage
exponente 1 *mf* exponent **|2** *m Mat* exponent
exponer *vtr* ♦ *(contar, explicar)* to expound, put forward ♦ *(en una galería, un escaparate)* to exhibit, display ♦ *(a una situación)* to expose ■ **exponerse** *vr* to expose oneself

exportación *f* export
exportador,-ora 1 *adj* exporting **|2** *m,f* exporter
exportar *vtr* to export
exposición *f* ◆ *Arte* exhibition ◆ *(de un argumento, proyecto)* account ◆ *Fot* exposure
expresar *vtr* to express ■ **expresarse** *vr* to express oneself
expresión *f* expression
expresivo,-a *adj* expressive
expreso,-a *adj* express
exprimidor *m* squeezer, *US* juicer
exprimir *vtr* to squeeze
expropiar *vtr* to expropriate
expuesto,-a *adj* ◆ *(arriesgado)* risky, dangerous ◆ *(en un escaparate, galería)* on display, on show; *(sin protección)* exposed
expulsar *vtr* ◆ to expel ◆ *Dep (a un jugador)* to send off
expulsión *f* ◆ *(permanente)* expulsion ◆ *Dep* sending off
exquisito,-a *adj* ◆ exquisite ◆ *(sabroso)* delicious ◆ *(gusto, persona)* refined
éxtasis *m inv* ecstasy, rapture
extender *vtr* ◆ to extend; *(un territorio)* to enlarge ◆ *(desplegar, estirar)* to spread (out), open (out); *(una mano, las piernas, etc)* to stretch (out) ◆ *(untar)* to spread ◆ *(un cheque)* to make out; *(un documento)* to draw up; *(un certificado)* to issue ■ **extenderse** *vr* ◆ *(en el tiempo)* to extend, last ◆ *(en el espacio)* to spread out, stretch ◆ *(divulgarse)* to spread, extend ◆ *(hablar mucho)* to go on
extendido,-a *adj* ◆ *(desplegado)* spread out, open; *(alas, brazos)* outstretched ◆ *(hábito, uso, rumor)* widespread
extensión *f* extension; *(de un escrito, de tiempo)* length; *(de un territorio, superficie)* area
extenso,-a *adj* extensive; *(en tiempo, desarrollo)* long
exterior 1 *adj* ◆ *(que está fuera)* outer; *(fachada, puerta, temperatura)* outside ◆ *Pol Econ* foreign **|2** *m* ◆ *(parte de fuera)* exterior, outside ◆ *(extranjero)* abroad ◆ *Cine* **exteriores,** location *sing*
exteriorizar *vtr* to show, reveal
exterminio *m* extermination
externo,-a 1 *adj* external **|2** *m,f Educ* day pupil
extinción *f* extinction
extinguir *vtr* ◆ *(un fuego)* to extinguish, put out ◆ *(una especie)* to wipe out ■ **extinguirse** *vr* ◆ *(el fuego)* to go out ◆ *(una especie)* to become extinct, die out
extintor *m* fire extinguisher
extirpar *vtr* ◆ *Med* to remove ◆ *(vicios, abusos)* to eradicate
extorsión *f* extortion
extra 1 *adj* ◆ *(de más, plus)* extra; **horas extras,** overtime; **paga e.,** bonus ◆ *(de calidad superior)* top quality **|2** *m (gasto adicional)* extra expense **|3** *m,f Cine Teat* extra
extracción *f* ◆ extraction ◆ *(en lotería, sorteo)* draw
extracto *m* ◆ extract ◆ *(resumen)* summary; *Fin* **e. de cuenta,** statement of account
extractor *m* extractor
extradición *f* extradition
extraer *vtr* to extract, take out
extraescolar *adj* extracurricular
extranjero,-a 1 *adj* foreign **|2** *m,f* foreigner **|3** *m* abroad
extrañar *vtr* ◆ *(asombrar)* to surprise ◆ *(echar de menos)* to miss ◆ *(notar extraño)* **extraño mucho la cama,** I find this bed strange ■ **extrañarse** *vr* **e. de,** to be surprised at
extraño,-a 1 *adj* ◆ strange ◆ *Med* foreign **|2** *m,f* stranger
extraoficial *adj* unofficial
extraordinario,-a *adj* extraordinary
extrarradio *m* outskirts *pl*, suburbs *pl*
extraterrestre 1 *adj* extraterrestrial **|2** *mf* alien
extravagante *adj* odd, outlandish
extraviado,-a *adj* lost
extraviar *vtr* to lose ■ **extraviarse** *vr (un objeto)* to go missing; *(una persona)* to get lost
extremidad *f* ◆ *(de un ser vivo)* limb, extremity ◆ *(extremo)* end, tip

extremista *adj & mf* extremist

extremo,-a 1 *adj* extreme: *(lejano)* **E. Oriente,** Far East |**2** *m* ◆ *(fin o principio)* end ◆ *(situación límite)* extreme; *(asunto)* point

extrovertido,-a *adj & m,f* extrovert

exuberante *adj (persona)* exuberant; *(vegetación)* lush, abundant

eyacular *vi* to ejaculate

F

F, f *f (letra)* F, f

fa *m Mús* fah, F

fabada *f* bean stew

fábrica *f* factory

fabricación *f (en serie)* manufacture; *(de un objeto)* making

fabricado,-a *adj loc* **f. en Corea,** made in Korea

fabricar *vtr* ◆ *(en serie)* to manufacture ◆ *(elaborar)* to make

fábula *f* fable

fabuloso,-a *adj* fabulous

faceta *f* facet

facha *f fam* look, appearance

fachada *f* façade

facial *adj* facial

fácil 1 *adj* ◆ easy ◆ *(probable)* likely |**2** *adv* easily

facilidad *f* ◆ *(simplicidad)* easiness ◆ *(sin esfuerzo)* ease ◆ *(ayuda para hacer algo)* facility; **facilidades de pago,** credit terms

facilitar *vtr* ◆ *(proveer)* to provide ◆ *(hacer más fácil)* to make easy, facilitate

factible *adj* practicable, feasible

factor *m* factor

factoría *f* factory

factura *f* ◆ *Com* invoice ◆ *(recibo)* bill

facturar *vtr* ◆ *Com* to invoice ◆ *Av (equipaje)* to check in

facultad *f* faculty

facultativo,-a *m,f* doctor

faena *f* ◆ *(trabajo)* work: **faenas de la casa,** household chores ◆ *(mala pasada)* dirty trick

faisán *m* pheasant

fajo *m* wad, bundle

falda *f* ◆ *(prenda)* skirt ◆ *(de una montaña)* slope, hillside, foot

falla *f* ◆ *(defecto)* defect, fault ◆ *LAm (error, fallo)* mistake, fault ◆ *Geol* fault

fallar[1] **1** *vi Jur* to rule |**2** *vtr (un premio)* to award

fallar[2] *vi* ◆ to fail ◆ *(decepcionar)* to disappoint

fallecer *vi frml* to pass away, die

fallecido,-a *adj* deceased

fallido,-a *adj* unsuccessful

fallo[1] *m* ◆ *Jur* judgement, sentence ◆ *(de un premio)* award

fallo[2] *m* ◆ *(error)* mistake ◆ *(de un órgano, motor)* failure

falsificación *f* ◆ *(acción)* forgery, counterfeit ◆ *(lo falsificado)* falsification, fake

falsificar *vtr (distorsionar)* to falsify; *(crear una copia falsa)* to forge, counterfeit

falso,-a *adj* ◆ false ◆ *(persona)* insincere

falta *f* ◆ lack ◆ *(ausencia)* absence ◆ *(imperfección)* fault, defect: **faltas de ortografía,** spelling mistakes ◆ *Jur* misdemeanour ◆ *Dep Ftb* foul; *Ten* fault

faltar *vi* ♦ *(estar ausente)* to be missing ♦ *(no tener)* to be lacking ♦ *(restar)* to be left: **no falta nada por hacer,** there's nothing more to be done ♦ *(no acudir)* **tu hermano faltó a la cita,** your brother didn't turn up/come ♦ *(incumplir)* **f. a su palabra,** to break one's word ♦ *(insultar)* **f. a alguien,** to be rude to someone

fama *f* ♦ *(popularidad)* fame, renown ♦ *(opinión pública)* reputation

famélico,-a *adj* starving, starved, famished

familia *f* family

familiar 1 *adj* ♦ *(de la familia)* family ♦ *(conocido)* familiar **|2** *mf* relative

familiarizarse *vr* to familiarize oneself [**con,** with]

famoso,-a 1 *adj* famous **|2** *m* famous person

fan *mf* fan

fanático,-a 1 *adj* fanatical **|2** *m,f* fanatic

fanfarrón,-ona *fam* **1** *adj* boastful **|2** *m,f* show-off

fango *m* mud

fantasía *f* ♦ fantasy ♦ *Mús* fantasia

fantasma *m* ♦ *(aparición)* ghost ♦ *fam (fanfarrón)* show-off, loud-mouth

fantástico,-a *adj* fantastic

faquir *m* fakir

faraón *m* Pharaoh

faringe *f* pharynx

faringitis *f* pharyngitis

farmacéutico,-a 1 *adj* pharmaceutical **|2** *m,f* pharmacist, chemist

farmacia *f* chemist's (shop), *US* pharmacy

fármaco *m* medicine

faro *m (de la costa)* lighthouse; *(de un vehículo)* headlight, headlamp

farola *f* streetlight, streetlamp

farolillo *m* Chinese lantern

farragoso,-a *adj* confused, rambling

farsa *f* farce

farsante *mf* fake, impostor

fascículo *m* instalment, *US* installment

fascinante *adj* fascinating

fascinar *vtr* to fascinate

fascista *adj* & *mf* fascist

fase *f* ♦ *(etapa)* phase, stage ♦ *Elec Fís* phase ♦ *(de la Luna)* phase

fastidiar *vtr* ♦ *(causar molestia)* to annoy, bother ♦ *fam (un coche, etc)* to damage, ruin; *(un proyecto, plan)* to spoil ■ **fastidiarse** *vr* ♦ *(conformarse, aguantarse)* to put up with it, resign oneself ♦ *fam (una máquina)* to get damaged, break down

fastidio *m* ♦ *(enojo)* nuisance ♦ *(molestia, lata)* bother

fatal 1 *adj* ♦ fatal ♦ *(lamentable, pésimo)* awful, dreadful **|2** *adv fam* awfully, terribly

fatídico,-a *adj* fateful

fatiga *f* fatigue, tiredness

fatigar *vtr* to tire, weary ■ **fatigarse** *vr* to tire, become tired

fatigoso,-a *adj* ♦ *(que produce cansancio)* tiring, exhausting ♦ *(respiración)* laboured

fauces *fpl Zool* jaws

fauna *f* fauna

favor *m* favour, *US* favor: **¿me puedes hacer un f.?,** could you do me a favour?

favorable *adj* favourable, *US* favorable

favorecer *vtr* ♦ to favour, *US* favor ♦ *(un sombrero, vestido)* to flatter

favorito,-a *adj* & *m,f* favourite, *US* favorite

fax *m* fax

faz *f* face

fdo. *(abr de* ***firmado****)* signed

fe *f* ♦ faith ♦ *(documento oficial)* certificate

febrero *m* February

febril *adj Med* feverish

fecha *f* ♦ date: **f. de caducidad,** sell-by date; **f. límite,** deadline ♦ **fechas,** *(momento, tiempo)* time *sing*; **por aquellas fechas,** at that time

fechar *vtr* to date

fecundar *vtr* to fertilize

fecundo,-a *adj* fertile

federación *f* federation

federal *adj* & *mf* federal

felicidad *f* ♦ happiness ♦ **felicidades** *(por un cumpleaños)* happy birthday;

(por una boda, un ascenso) congratulations

felicitación *f* congratulation: **tarjeta de f.** greetings card

felicitar *vtr* to congratulate [**por,** on]

feligrés,-gresa *m,f* parishioner

felino,-a *adj* & *m* feline

feliz *adj* happy: **f. cumpleaños,** happy birthday; **que tengas un f. viaje,** have a good trip

felpudo *m* mat, doormat

femenino,-a 1 *adj* ♦ *(propio de mujer)* feminine ♦ *(para mujer)* women's ♦ *(órgano, sexo)* female ♦ *Ling* feminine |**2** *m Ling* feminine

feminista *adj* & *mf* feminist

fémur *m* femur

fenomenal 1 *adj fam* great, terrific |**2** *adv fam* wonderfully, marvellously

fenómeno,-a 1 *m* phenomenon |**2** *adv* marvellously

feo,-a 1 *adj* ♦ *(carente de belleza)* ugly ♦ *(turbio)* nasty |**2** *m (desaire, descortesía)* snub

féretro *m* coffin

feria *f* fair; **f. de ganado,** cattle market; **f. del libro,** book fair

fermentación *f* fermentation

fermentar *vi* to ferment

ferocidad *f* ferocity, fierceness

feroz *adj* fierce, ferocious

férreo,-a *adj* ♦ *(fuerte)* iron; **una voluntad f.,** an iron will ♦ *(relativo al hierro)* ferrous ♦ *Ferroc* **vía f.,** railway

ferretería *f* ironmonger's (shop), hardware store

ferrocarril *m* railway, *US* railroad

ferroviario,-a *adj* railway, rail

ferry *m* ferry

fértil *adj* fertile

fertilidad *f* fertility

fertilizante 1 *m* fertilizer |**2** *adj* fertilizing

fertilizar *vtr* to fertilize

ferviente *adj* fervent

fervor *m* fervour, *US* fervor

festejar *vtr* to celebrate

festejos *mpl* festivities

festín *m* feast, banquet

festival *m* festival

festividad *f* festivity

festivo,-a 1 *adj* ♦ *(humor, ambiente)* festive ♦ *(no laborable)* **día f.,** holiday |**2** *m* holiday

fetiche *m* fetish

fétido,-a *adj* stinking, fetid

feto *m* foetus, *US* fetus

FF.CC. *mpl (abr de **ferrocarriles**)* railways, *US* railroad

fiable *adj* reliable, trustworthy

fiambre *m Culin* cold meat

fiambrera *f* lunch box

fiambrería *f LAm* delicatessen

fianza *f* ♦ *(pago como garantía)* deposit ♦ *Jur* bail: **le pondrán en libertad bajo f.,** he'll be released on bail

fiar *vi* to sell on credit ■ **fiarse** *vr* to trust [**de,** -]

fiasco *m* fiasco

fibra *f* fibre, *US* fiber

ficción *f* fiction

ficha *f* ♦ *(tarjeta de cartón)* filing card; **f. técnica,** *(de un ordenador, etc)* specifications *pl*, technical data; *(de un libro, disco, película)* credits *pl* ♦ *(de un juego de mesa, parchís)* counter; *(de dominó)* domino ♦ *(de guardarropa)* number ♦ *(en el casino)* chip ♦ *(de un futbolista, etc)* signing-on fee, contract

fichado,-a *adj* **estar f. por la Policía,** to have a police record

fichaje *m Dep* signing

fichar 1 *vtr* ♦ to put on file; *(la policía)* to record ♦ *Dep* to sign up |**2** *vi* ♦ *(en un empleo) (la entrada)* to clock in; *(la salida)* to clock out ♦ *Dep* to sign

fichero *m* ♦ card index ♦ *Inform* file

ficticio,-a *adj* fictitious

fidelidad *f* ♦ *(lealtad)* faithfulness ♦ *(en una reproducción)* fidelity; **alta f.,** high fidelity, hi-fi

fideo *m* noodle

fiebre *f* fever; **tener fiebre,** to have a temperature

fiel 1 *adj* ♦ *(constante)* faithful, loyal ♦ *(preciso, exacto)* accurate, exact |**2** *m* ♦ *(de una balanza)* needle, pointer ♦ *Rel* **los fieles,** the congregation

fieltro *m* felt

fiera *f* wild animal

fiero,-a *adj* ♦ *(animal)* wild ♦ *(batalla, combate)* fierce, ferocious

fierro *m LAm* ♦ *(hierro)* iron ♦ *(navaja)* knife ♦ **fierros** *mpl LAm* tools

fiesta *f* ♦ *(reunión)* party ♦ *(festividad)* celebration, festivity; **las fiestas del pueblo,** the village fiesta/carnival; **día de f.,** holiday; **f. nacional,** bank holiday ♦ *Rel* feast

figura *f* figure

figurado,-a *adj* figurative

figurar *vi* to figure [**como,** as] [**entre,** among] ■ **figurarse** *vr* ♦ to imagine, suppose

fijador *m* ♦ *(del pelo)* gel ♦ *Fot* fixative

fijar *vtr* ♦ to fix; ♦ *(acordar, establecer)* to set ■ **fijarse** *vr* ♦ *(percatarse)* to notice ♦ *(prestar atención)* to pay attention ♦ *(una meta, tarea)* to set

fijo,-a 1 *adj* ♦ fixed ♦ *(trabajo)* steady **|2** *adv* for sure

fila 1 *f* ♦ file, row ♦ *(de butacas)* row **|2** *fpl* **filas** ♦ *Mil* ranks ♦ *(de un partido político)* rank and file

filántropo,-a *m,f* philanthropist

filarmónico,-a *adj* philharmonic

filatelia *f* philately, stamp collecting

filete *m* fillet

filial 1 *adj* ♦ *(relativo a los hijos)* filial ♦ *Com* subsidiary **|2** *f* subsidiary

filmar *vtr* to film, shoot

filmoteca *f* film library

filo *m* (cutting) edge; **de doble f.,** double-edged

filología *f* philology

filón *m Min* seam, vein

filoso,-a *adj LAm* sharp-edged

filosofía *f* philosophy

filósofo,-a *m,f* philosopher

filtrar *vtr* ♦ *(un líquido)* to filter ♦ *(una noticia, un dato)* to leak ■ **filtrarse** *vr* ♦ *(un líquido)* to seep ♦ *(una noticia)* to leak out

filtro *m* filter

fin *m* ♦ *(final, término)* end; **f. de semana,** weekend; **noche de f. de año,** New Year's Eve ♦ *(meta)* purpose, aim; **con el f. de,** with the aim of ♦LOC: **¡por** *o* **al f.!,** at last!

final 1 *adj* final **|2** *m* end; **al f.,** in the end; **f. feliz,** happy ending **|3** *f Dep* final

finalidad *f* purpose, aim

finalista *mf* finalist

finalizar *vtr* & *vi* to end, finish

financiar *vtr* to finance

financiero,-a 1 *adj* financial **|2** *m,f* financier

financista *mf LAm* financier, financial expert

finanzas *fpl* finances

finca *f* ♦ *(casa de campo)* country house ♦ *(terreno)* estate ♦ *(inmueble urbano edificado)* building ♦ *(inmueble)* property

fingir *vtr* to pretend ■ **fingirse** *vr* to pretend to be

finiquito *m* settlement

finlandés,-desa 1 *adj* Finnish **|2** *m,f* *(persona)* Finn **|3** *m* *(idioma)* Finnish

Finlandia *f* Finland

fino,-a 1 *adj* ♦ *(poco espeso)* fine, thin ♦ *(con gusto)* refined, polite ♦ *(suave, terso)* delicate ♦ *(vista, oído)* sharp, acute; *(olfato)* keen ♦ *(sutil, inteligente)* subtle ♦ *(trabajo laborioso)* fine **|2** *m* *(vino andaluz)* type of dry sherry

firma *f* ♦ signature ♦ *(acto)* signing ♦ *(empresa)* firm, company

firmamento *m* firmament

firmar *vtr* to sign

firme 1 *adj* firm **|2** *m* road surface **|3** *adv* firm, firmly **|4** *excl Mil* **¡firmes!** attention!

fiscal 1 *adj* *(relativo al fisco)* fiscal, tax ♦ *(relativo al fiscal)* prosecuting **|2** *mf Jur* public prosecutor, *US* district attorney; **F. General del Estado,** Director of Public Prosecutions, *US* Attorney General

fisco *m* treasury, exchequer

fisgonear *vi* to snoop, pry

física *f* physics *sing*

físico,-a 1 *adj* physical **|2** *m,f* *(especialista)* physicist **|3** *m* physique

fisioterapeuta *mf Med* physiotherapist

fisioterapia *f Med* physiotherapy

fisonomía *f* physiognomy

fisura *f* fissure

flácido,-a *adj* flaccid, flabby
flaco,-a *adj* ◆ *(delgado)* skinny ◆ *(débil)* weak
flagrante *adj* flagrant
flamante *adj* ◆ *(recién estrenado)* brand-new ◆ *(llamativo, atractivo)* splendid, brilliant
flamenco,-a 1 *adj* ◆ *Mús* flamenco ◆ *(de Flandes)* Flemish |**2** *m* ◆ *Mús* flamenco ◆ *Orn* flamingo ◆ *(idioma)* Flemish
flan *m* caramel custard
flanco *m* flank, side
flanquear *vtr* to flank
flaquear *vi* to weaken, give way
flash *m Fot* flash
flatulencia *f* flatulence
flauta *f* flute; **f. dulce** *o* **de pico,** recorder
flautista *mf Mús* flautist, *US* flutist, flute player
flecha *f* arrow
flechazo *m* ◆ *(lanzamiento de flecha)* arrow shot ◆ *(herida)* arrow wound ◆ *(enamoramiento repentino)* love at first sight
fleco *m* ◆ *(de alfombra, vestido)* fringe ◆ *(de un asunto, negociación)* loose end
flema *f* phlegm
flemón *m* gumboil, abscess
flequillo *m* fringe, *US* bangs
fletar *vtr* to charter
flexibilidad *f* flexibility
flexible *adj* flexible
flexionar *vtr* to flex
flexo *m* reading lamp
flirtear *vi* to flirt
flojear *vi (ir mal)* to fall off, go down; *(estar débil, flaquear)* to weaken, grow weak
flojo,-a *adj* ◆ *(tornillo, cuerda, etc)* loose, slack ◆ *(examen, trabajo)* poor ◆ *(vago, perezoso)* lazy, idle
flor *f* ◆ flower ◆ *(lo mejor de algo)* best part, cream; **la f. de la vida,** the prime of life
flora *f Biol* flora; **f. intestinal,** intestinal bacteria
florecer *vi* ◆ *(dar flor)* to flower ◆ *(prosperar)* to flourish, thrive
florero *m* vase
florido,-a *adj* ◆ *(con motivos florales)* flowery ◆ *(escrito, expresión)* florid
florista *mf* florist
floristería *f* florist's (shop)
flota *f* fleet
flotador *m* ◆ *(de caña, redes)* float ◆ *(para nadar)* rubber ring
flotar *vi* to float
flote (a) *loc adv* afloat
fluctuar *vi* to fluctuate
fluidez *f* fluency
fluido,-a 1 *adj* fluid; *(discurso, narración)* fluent |**2** *m* fluid; **f. (eléctrico),** current, power
fluir *vi* to flow
flujo *m* ◆ *(de un líquido, gas)* flow ◆ *(marea alta)* rising tide, flow ◆ *Fís* flux ◆ *Med* discharge
fluorescente *adj* fluorescent
fluvial *adj* river
FM *f (abr de* ***frecuencia modulada****)* FM (Frequency Modulation)
FMI *m (abr de* ***Fondo Monetario Internacional****)* IMF (International Monetary Fund)
fobia *f* phobia [a, about]
foca *f* seal
foco *m* ◆ *(lámpara)* spotlight, floodlight ◆ *(núcleo, centro)* centre, *US* center, focal point ◆ *LAm (bombilla)* (electric light) bulb; *(de automóvil)* (car) headlight; *(de la calle)* street light
fofo,-a *adj pey* flabby
fogata *f* bonfire
fogón *m (de una cocina)* ring, burner
folclore *m* folklore
folclórico,-a *adj* folk
folio *m* sheet of paper
folletín *m* ◆ *(novela por entregas)* newspaper serial ◆ *fig* melodrama
folleto *m* leaflet; *(grapado, con varias hojas)* brochure
follón *m fam* ◆ *(escándalo, jaleo)* row, fuss ◆ *(confusión, caos)* mess, trouble
fomentar *vtr* to promote
fonda *f* inn
fondear *vtr* & *vi Náut* to anchor
fondo *m* ◆ *(parte más profunda)* bottom ◆ *(interior de una persona)* **en el f.**

es muy tierno, deep down he's very gentle ◆ *(extremo opuesto) (de una habitación)* back; *(de un pasillo)* end ◆ *(segundo plano)* background ◆ *(núcleo, meollo)* essence, core ◆ *Prensa* **artículo de f.,** leading article ◆ *Dep* **corredor de f.,** long-distance runner ◆ *Fin* fund

fonética *f* phonetics *sing*

fontanero,-a *m,f* plumber

footing *m* jogging

forajido,-a *m,f* outlaw

forastero,-a *m,f* outsider, stranger

forcejear *vi* to wrestle, struggle

fórceps *m inv* forceps *pl*

forense 1 *adj* forensic **|2** *mf* **(médico) f.,** forensic surgeon

forestal *adj* forest; **repoblación f.,** reafforestation

forjado,-a *adj* wrought

forjar *vtr* ◆ *(un metal)* to forge ◆ *(una empresa, una ilusión)* to create, make

forma *f* ◆ form, shape ◆ *(modo)* way; **f. de pago,** method of payment ◆ *Dep* form: **está en baja f.,** she's off form ◆ **formas,** *(modales)* manners ◆|LOC: **de f. que,** so that; **de todas formas,** anyway, in any case

formación *f* ◆ formation ◆ *(crianza)* upbringing ◆ *(instrucción)* training; **formación profesional,** vocational training

formal *adj* ◆ formal ◆ *(serio, educado)* serious, serious-minded; *(cumplidor)* reliable, dependable

formalidad *f* ◆ *(trámite, protocolo)* formality ◆ *(seriedad, corrección)* seriousness ◆ *(responsabilidad)* reliability

formalizar *vtr* to formalize ■ **formalizarse** *vr* to settle down

formar *vtr* ◆ to form ◆ *(criar)* to bring up ◆ *(instruir)* to educate, train ■ **formarse** *vr* ◆ to be formed, form ◆ *(educarse, instruirse)* to be educated *o* trained

formatear *vt Inform* to format

formato *m* format; *(de papel, fotografía)* size

formidable *adj* ◆ *(muy bueno)* wonderful, terrific ◆ *(muy grande, impresionante)* formidable

fórmula *f* formula

formular *vtr* ◆ to formulate ◆ *(una pregunta)* to ask; *(un deseo)* to express

formulario *m* form

foro *m* ◆ forum ◆ *(de discusión)* round table, forum

forofo,-a *m,f fam* fan, supporter

forrar *vtr (el interior)* to line; *(el exterior)* to cover ■ **forrarse** *vr fam* to make a packet

forro *m (interior)* lining; *(exterior)* cover, case

fortalecer *vtr* to fortify, strengthen

fortaleza *f* ◆ strength; *(de carácter)* fortitude ◆ *(edificio)* fortress, stronghold

fortificar *vtr* to fortify

fortuito,-a *adj* fortuitous, chance

fortuna *f* ◆ fortune ◆ *(buena suerte)* luck

forzado,-a *adj* forced

forzar *vtr* to force

forzoso,-a *adj* obligatory, compulsory

fosa *f* ◆ *(para un muerto)* grave ◆ **fosas nasales,** nostrils ◆ *Geog* (deep) trough ◆ *(zanja)* pit; **f. séptica,** septic tank

fósforo *m* ◆ *Quím* phosphorus ◆ *(cerilla)* match

fósil *adj* & *m* fossil

foso *m* ◆ *(zanja)* pit ◆ *(rodeando un castillo)* moat ◆ *(para la orquesta)* pit ◆ *(en un garaje mecánico)* inspection pit

foto *f* photo

fotocopia *f* photocopy

fotocopiadora *f* photocopier

fotocopiar *vtr* to photocopy

fotografía *f* ◆ photograph ◆ *(profesión)* photography

fotografiar *vtr* to photograph, take a photograph of

fotógrafo,-a *m,f* photographer

fotomatón *m* photo booth

FP *f (abr de* ***Formación Profesional****)* vocational training

frac *m Indum* dress coat, tails *pl*

fracasar *vi* to fail

fracaso *m* failure

fracción *f* fraction

fraccionar *vtr*, **fraccionarse** *vr* to break up

fractura *f* fracture
fracturar *vtr*, **fracturarse** *vr* to fracture, break
fragancia *f* fragrance
fragata *f* frigate
frágil *adj* ◆ *(fácil de romper)* fragile ◆ *(poco fuerte)* frail, weak
fragmento *m* fragment; *(pasaje, párrafo)* passage
fraguar 1 *vtr* ◆ *(un metal)* to forge ◆ *(idear)* to think up, fabricate; *(urdir)* to hatch **|2** *vi* to set, harden
fraile *m* friar, monk
frailecillo *m Zool* puffin
frambuesa *f* raspberry
francés,-cesa 1 *adj* French **|2** *m,f (hombre)* Frenchman; *(mujer)* Frenchwoman **|3** *m (idioma)* French
Francia *f* France
francmasón,-ona *m,f* Freemason, Mason
franco,-a 1 *adj* ◆ *(sincero)* frank ◆ *Hist* Frankish ◆ *(libre de impuestos)* tax-free **|2** *m* ◆ *Fin (moneda)* franc ◆ *Hist* Frank
francotirador,-ora *m,f* sniper
franela *f* flannel
franja *f* ◆ *(de tierra)* strip ◆ *(en una tela)* stripe
franquear *vtr* ◆ *(traspasar, cruzar)* to cross ◆ *(un obstáculo)* to overcome ◆ *(poner sellos)* to frank
franqueo *m* postage
franquicia *f* exemption; *Com* franchise
franquista *adj* & *mf* Francoist
frasco *m* small bottle, flask
frase *f* ◆ *(oración)* sentence; *(dicho)* phrase ◆ *Mús* phrase
fraternal *adj* brotherly, fraternal
fraternidad *f* brotherhood, fraternity
fraude *m* fraud
fraudulento,-a *adj* fraudulent
fray *m Rel* brother
frecuencia *f* frequency; **f. modulada** (FM), frequency modulation (FM) ◆|LOC: **con f.,** frequently, often
frecuentar *vtr* to frequent
frecuente *adj* ◆ *(que se repite a menudo)* frequent ◆ *(habitual, normal)* common
fregadero *m* (kitchen) sink
fregado *m* ◆ *(lavado)* washing ◆ *(asunto complicado)* messy affair ◆ *LAm fam (molestia)* pain in the neck
fregar *vtr* ◆ to wash ◆ *LAm fam* to annoy, irritate
fregona *f* mop
freidora *f* (deep) fryer
freír *vtr*, **freírse** *vr* to fry
frenar *vtr* ◆ *(un vehículo, una máquina)* to brake ◆ *(contener) (crisis, inflación, etc)* to slow down; *(una tendencia, un impulso)* to restrain
frenazo *m* sudden braking
frenesí *m* frenzy
frenético,-a *adj* frantic
freno *m* ◆ brake; **f. de mano,** handbrake ◆ *(límite, traba)* curb, check
frente 1 *m* front **|2** *f Anat* forehead ◆|LOC: **hacer f. a algo,** to face sthg; **de f.,** ahead; **f. a,** in front of, opposite
fresa *f Bot* strawberry
fresco,-a 1 *adj* ◆ *(temperatura)* cool ◆ *(alimentos)* fresh ◆ *(noticias, acontecimientos)* fresh, new ◆ *(campante, indiferente)* cheeky **|2** *m* ◆ *(frescor)* fresh air, cool air ◆ *Arte* fresco
fresón *m* (large) strawberry
fricción *f* ◆ friction ◆ *(masaje)* massage
friegaplatos *mf inv (persona)* dishwasher
frígido,-a *adj* frigid
frigorífico,-a 1 *m* refrigerator, fridge **|2** *adj* **cámara frigorífica,** cold-store
fríjol, frijol *m* kidney bean
frío,-a 1 *adj* & *m* cold
friolero,-a *adj* sensitive to the cold
fritanga *f* ◆ *LAm* fried food ◆ *Esp pey* greasy food
frito,-a 1 *adj* ◆ *Culin* fried ◆ *fam (dormido)* fast asleep; **quedarse f.,** to fall asleep **|2** *m* piece of fried food
frívolo,-a *adj* frivolous
frondoso,-a *adj* leafy
frontal *adj* frontal; **choque f.,** head-on crash
frontera *f* frontier, border
fronterizo,-a *adj* frontier, border
frontón *m Dep* pelota

frotar *vtr*, **frotarse** *vr* to rub
fructífero,-a *adj* fruitful
frugal *adj* frugal
fruncir *vtr* ◆ *Cost* to gather ◆ *(el ceño)* to frown, knit one's brow
frustración *f* frustration
frustrante *adj* frustrating
frustrar *vtr* to frustrate; *(una esperanza)* to disappoint ■ **frustrarse** *vr* ◆ *(esperanza, planes)* to fail, come to nothing ◆ *(persona)* to get frustrated
fruta *f* fruit
frutal 1 *adj* fruit; **árbol f.,** fruit tree |**2** *m* fruit tree
frutería *f* fruit shop
frutero,-a 1 *m,f* fruiterer |**2** *m* fruit bowl
frutilla *f LAm* strawberry
fruto *m* ◆ fruit; **frutos secos,** nuts ◆ *(provecho, partido)* profit, benefit ◆ *(resultado)* result, fruit
fucsia *f* fuchsia
fuego *m* ◆ fire ◆ *(lumbre)* light: **¿me das f., por favor?,** have you got a light, please? ◆ *(de una cocina) (de gas)* burner; *(eléctrica)* plate ◆ **fuegos (artificiales),** fireworks
fuente *f* ◆ fountain ◆ *(plato de servir)* (serving) dish ◆ *(origen de algo)* source
fuera *adv* ◆ *(en/hacia la parte exterior)* outside, out ◆ *(no en el lugar habitual)* out, away: **está f.,** she's away ◆ *Dep* **f. de juego,** offside; **nuestro equipo juega f.,** our team is playing away ◆ *(sobrepasando límites prescritos)* after; **f. de horario,** after hours; **f. de plazo,** after the deadline; *(más allá)* beyond, out of; **f. de mis posiblidades,** beyond my means; **f. de peligro,** out of danger
fuerte 1 *adj* ◆ strong ◆ *(intenso) (dolor)* severe; *(color)* intense ◆ *(comida)* heavy ◆ *(volumen)* loud ◆ *(impactante)* shocking |**2** *m* ◆ *(fortificación)* fort ◆ *(punto fuerte)* forte, strong point |**3** *adv (con fuerza)* hard; *(con intensidad, apretadamente)* tight: **¡agárrate f.!,** hold on tight!
fuerza 1 *f* ◆ *Fís* force ◆ *(vigor físico)* strength ◆ *(violencia física)* force; *(obligación, autoridad)* force ◆ *(garra, ímpetu)* grip ◆ *(grupo de tropas)* force; **las Fuerzas Armadas,** the Armed Forces ◆|LOC: **a la f.,** by force
fuete *m LAm* whip
fuga *f* ◆ *(de una persona)* escape, flight; **f. de cerebros,** brain drain ◆ *(de un líquido, gas, etc)* leak
fugarse *vr* to escape: *(con alguien)* to run off
fugaz *adj* fleeting, brief
fugitivo,-a *m,f* fugitive
fulano,-a *m,f* so-and-so; **Don F. de tal,** Mr So-and-so
fulgor *m lit* brilliance, glow
fulminante *adj* ◆ *(repentino)* sudden; *(de efecto instantáneo)* immediate, summary ◆ *(mirada)* withering
fulminar *vtr fig* to strike dead
fumada *f LAm (calada)* pull, drag
fumador,-ora *m,f* smoker; **los no fumadores,** nonsmokers
fumar *vtr & vi*, **fumarse** *vr* to smoke
fumigar *vtr* to fumigate
función *f* ◆ *Cine Teat* performance ◆ *(finalidad, tarea)* function ◆ *(cargo, empleo)* duties *pl* ◆ *Mat* function ◆|LOC: **en f. de,** depending on
funcionamiento *m* operation
funcionar *vi* to work: **no funciona,** *(en letrero)* out of order
funcionario,-a *m,f* civil servant; **f. público,** public official
funda *f* cover; *(de gafas, reloj)* case; *(de un cuchillo)* sheath
fundación *f* foundation
fundador,-ora *m,f* founder
fundamental *adj* fundamental
fundamento *m* basis, grounds
fundar *vtr* ◆ *(una institución)* to found ◆ *(una sospecha, teoría)* to base, found ■ **fundarse** *vr* ◆ *(una institución)* to be founded ◆ *(una sospecha, teoría)* to be based; *(persona)* to base oneself
fundir *vtr* ◆ *(derretir)* to melt ◆ *(fusionar, unir)* to unite, join ◆ *(una bombilla, un plomo)* to blow ■ **fundirse** *vr* ◆ *(derretirse)* to melt ◆ *(bombilla, plomos)* to blow
fúnebre *adj* funeral; **coche f.,** hearse
funeral *m* funeral

funeraria *f* undertaker's, *US* funeral parlor
funesto,-a *adj (causa)* ill-fated, fatal; *(consecuencias)* disastrous
fungir *vi LAm* to act [**como/de,** as]
funicular *m* funicular (railway)
furgón *m Auto* van
furgoneta *f Auto* van
furia *f* fury
furioso,-a *adj* furious
furor *m* fury, rage
furtivo,-a *adj* furtive, stealthy
furúnculo *m Med* boil
fuselaje *m* fuselage
fusible *m* fuse
fusil *m* gun, rifle
fusilar *vtr* to shoot, execute
fusión *f* ♦ *Com* merger ♦ *Fís (de un metal, fundición)* fusion; *(del hielo, licuefacción)* thawing, melting
fusionar *vtr,* **fusionarse** *vr* ♦ *Fís* to fuse ♦ *Com* to merge
futbito *m* five-a-side football
fútbol *m* football, *US* soccer
futbolín *m* table football
futbolista *mf* footballer, football *o* soccer player
futuro,-a 1 *adj* future **|2** *m* future

G

G, g *f (letra)* G, g
gabardina *f* raincoat
gabinete *m* ♦ *(oficina)* study; **g. psicológico,** psychologist's consulting room ♦ *Pol* cabinet
gafar *vtr fam* to put a jinx on
gafas *fpl* ♦ glasses, spectacles; **g. de sol,** sunglasses ♦ *(de protección, de submarinista)* goggles
gafe *adj* & *mf fam* jinx
gaita *f* bagpipes *pl*
gaitero,-a *m,f* piper
gajes *mpl fam irón* **g. del oficio,** occupational hazards
gajo *m* segment
gala *f* ♦ *(traje de fiesta)* full dress ♦ *(espectáculo)* gala ♦ **galas,** finery *sing*
galáctico,-a *adj* galactic
galán *m* ♦ handsome young man ♦ *Teat* leading man
galante *adj* gallant
galápago *m Zool* turtle
galardón *m* prize
galardonado,-a *m,f* prizewinner
galardonar *vtr* to award a prize to
galaxia *f* galaxy
galera *f* galley
galería *f* ♦ *Arquit* covered balcony ♦ *(de arte)* art gallery ♦ *(gente, público)* gallery ♦ *(conjunto de tiendas)* **g. de alimentación,** market
Gales *m* **(el país de) G.,** Wales
galés,-esa 1 *adj* Welsh **|2** *m,f (hombre)* Welshman; *(mujer)* Welshwoman; **los galeses,** the Welsh **|3** *m (idioma)* Welsh
galgo *m Zool* greyhound
galimatías *m inv fam* gibberish
gallego,-a 1 *adj* ♦ Galician ♦ *LAm pey* Spanish **|2** *m,f* ♦ Galician, native of Galicia ♦ *LAm pey* Spaniard **|3** *m (idioma)* Galician
galleta *f* ♦ *Culin* biscuit, *US* cookie ♦ *fam (bofetada)* slap; *(golpe)* bump
gallina 1 *f Zool* hen **|2** *mf fam* coward, chicken; **la g. ciega,** blind man's buff

gallinero *m* ♦ hen run ♦ *Teat* **el g.**, the gods *pl*
gallo *m* ♦ *Zool* cock, rooster ♦ *(pez)* sole ♦ *Mús fam* off-key note
galopar *vi* to gallop
galope *m* gallop
gama *f* range
gamba *f* prawn
gamberrada *f* act of hooliganism
gamberro,-a 1 *m,f* hooligan, *fam* yob |**2** *adj* uncouth
gamo *m Zool* fallow deer
gamuza *f* ♦ *Zool* chamois ♦ *(trapo para el polvo)* duster
gana *f* ♦ *(deseo)* wish [**de**, for]: **tengo muchas ganas de verle**, I really want to see him ♦ *(voluntad)* will: **de buena g.**, willingly; *fam* **no le da la g.**, she doesn't feel like it ♦ *(hambre, apetencia)* appetite
ganadería *f* ♦ *(cría del ganado)* cattle farming, stockbreeding ♦ *(conjunto de ganado)* livestock
ganadero,-a *m,f* livestock farmer
ganado *m* livestock
ganador,-ora 1 *adj* winning |**2** *m,f* winner
ganancia *f* profit
ganar 1 *vtr* ♦ *(un salario)* to earn ♦ *(un premio)* to win ♦ *(al contrincante)* to beat ♦ *(una cima, orilla)* to reach |**2** *vi* ♦ *(vencer)* to win ■ **ganarse** *vr* ♦ *(el sustento, la vida)* to earn ♦ *(granjearse)* to win ♦ *(merecer)* to deserve
ganchillo *m* crochet work; **hacer g.**, to crochet
gancho *m* ♦ hook ♦ *fam (gracia, encanto)* charm ♦ *(cómplice de un estafador)* bait, decoy; *(de la Policía)* stoolpigeon ♦ *LAm (para el pelo)* hairpin
gandul,-a *m,f* loafer
ganga *f* bargain
gangoso,-a *adj* nasal
gángster *m* gangster
gansada *f fam* silly thing to say *o* do
ganso,-a 1 *m,f* ♦ *Zool* goose; *(macho)* gander ♦ *fam* dimwit |**2** *adj fam* dumb, stupid
garabato *m* scrawl
garaje *m* garage
garantía *f* ♦ guarantee ♦ *Fin (prenda, fianza)* bond, security
garantizar *vtr* to guarantee
garbanzo *m* chickpea
garbo *m* grace
garfio *m* hook, grappling iron
garganta *f* ♦ *(de persona, animal)* throat ♦ *(entre montañas)* gorge, narrow pass
gargantilla *f* short necklace
gárgaras *fpl* ♦ gargling *sing* ♦ *LAm (elixir bucal)* gargle *sing*
gárgola *f* gargoyle
garita *f* ♦ *Mil* sentry box ♦ *(de portero, etc)* lodge
garito *m fam* joint
garra *f* ♦ *Zool* claw; *(de buitre, águila)* talon ♦ **tener g.**, to be compelling
garrafa *f* carafe
garrafal *adj* monumental
garrapata *f Zool* tick
garrote *m* ♦ *(palo grueso)* club ♦ *Jur* garrotte
garza *f Orn* heron
gas *m* ♦ gas: **g. butano/ciudad**, butane/town gas ♦ *(de una bebida)* fizz; **bebidas con g.**, fizzy drinks ♦ *Med* **gases**, flatulence *sing*
gasa *f* ♦ *Tex* gauze, chiffon ♦ *Med* lint
gaseosa *f* lemonade, *fizzy soft drink*
gasoducto *m* gas pipeline
gasoil, gasóleo *m* diesel oil
gasolina *f* petrol, *US* gasoline, gas; **g. normal/súper**, three-star/four-star petrol; **g. sin plomo**, unleaded petrol
gasolinera *f* petrol, *US* gas station
gastado,-a *adj* worn-out
gastar *vtr* ♦ *(dinero, tiempo)* to spend; *(gasolina, energía)* to consume ♦ *(desperdiciar)* to waste ♦ *(terminar)* to use up ♦ *(ropa)* to wear out ♦ *(una broma)* to play ■ **gastarse** *vr* ♦ *(desgastarse)* to wear out ♦ *(consumirse)* to run out
gasto *m* ♦ *(cantidad de dinero)* expenditure; *(más en pl)* **gastos**, expenses ♦ *(uso, consumo)* consumption
gatas (a) *loc adv* on all fours
gatear *vi* ♦ *(un bebé)* to crawl ♦ *(trepar)* to climb
gatillo *m* trigger

gato,-a *mf* 1 *Zool* cat |2 *Auto Téc* jack
gavilán *m Orn* sparrowhawk
gaviota *f Orn* seagull, gull
gay *adj inv* & *m* homosexual, gay
gazpacho *m Culin* gazpacho
gel *m* gel
gelatina *f* ◆ *(sustancia)* gelatin ◆ *Culin GB* jelly, *US* Jell-O®
gema *f Min* gem
gemelo,-a 1 *adj* & *m,f* twin; **alma gemela,** soul mate |2 *m* ◆ *(de la pantorrilla)* calf ◆ *(de la camisa)* cufflink |3 *mpl* **gemelos** binoculars
gemido *m* groan
Géminis *m Astrol* Gemini
gemir *vi* to groan
gen *m* gene
generación *f* generation
general 1 *adj* general |2 *m Mil Rel* general ◆|LOC: **por lo** *o* **en g.,** in general, generally
Generalitat *f Pol Catalan/Valencian autonomous government* ≈ Catalan/Valencian Parliament
generalizar *vtr* ◆ to generalize ◆ *(extender, propagar)* to spread ■ **generalizarse** *vr* to become widespread *o* common
generar *vtr* to generate
género *m* ◆ *(clase, tipo)* kind, sort ◆ *Arte Lit Mús* genre ◆ *(mercancía)* article, goods; *(tejido, paño)* fabric ◆ *Ling* gender ◆ *Biol* genus
generosidad *f* generosity
generoso,-a *adj* generous [**con,** to]
genética *f* genetics *sing*
genético,-a *adj* genetic
genial 1 *adj* brilliant |2 *adv* wonderfully
genio *m* ◆ *(mal carácter)* temper: **está de mal g.,** he's in a bad mood ◆ *(talento, capacidad)* genius ◆ *(ente fantástico)* genie
genital 1 *adj* genital |2 *mpl* **genitales,** genitals
genocidio *m* genocide
gente *f* ◆ people *pl* ◆|LOC: *LAm* **ser g.,** to be good, kind *o* respectable
gentil *adj* kind
gentío *m* crowd
gentuza *f pey* riffraff
genuino,-a *adj (no mezclado)* genuine; *(no falseado)* authentic
geografía *f* geography
geología *f* geology
geometría *f* geometry
geranio *m Bot* geranium
gerente *mf* manager
geriátrico,-a 1 *adj* geriatric |2 *m* geriatric hospital
germen *m* germ
germinar *vi* to germinate
gesta *f* exploit
gestación *f* gestation
gestarse *vr* ◆ *(un movimiento artístico)* to grow ◆ *(una idea)* to develop ◆ *(una revolución, etc)* to brew
gesticular *vi* to gesticulate
gestión *f* ◆ *(de una empresa)* management ◆ **gestiones,** *(trámites)* formalities, steps
gestionar *vtr* ◆ *(negociar)* to negotiate ◆ *(administrar)* to administer
gesto *m* ◆ *(de dolor, disgusto)* face ◆ *(acción, comportamiento)* gesture
gestor,-ora *m,f* solicitor
Gibraltar *m* Gibraltar
gibraltareño, -a 1 *adj* of Gibraltar, Gibraltarian |2 *m,f* Gibraltarian, inhabitant of Gibraltar; **los gibraltareños,** the Gibraltarians
giganta *f* giant
gigante 1 *m* giant |2 *adj* giant, enormous
gilipollas *mf ofens* bloody fool *o* idiot
gimnasia *f* gymnastics *pl*
gimnasio *m* gymnasium
gimotear *vi* to snivel, to grizzle
ginebra *f* gin
ginecología *f* gynaecology, *US* gynecology
ginecólogo,-a *m,f* gynaecologist, *US* gynecologist
gira *f* tour
girar 1 *vi* ◆ *(unas aspas, un trompo, etc)* to spin ◆ *(cambiar de dirección)* to turn ◆ *(tratar)* to revolve |2 *vtr* ◆ *(la cabeza, llave)* to turn ◆ *Fin (dinero)* to send by giro; *(una letra de cambio)* to draw

girasol *m Bot* sunflower
giro *m* ♦ turn ♦ *(expresión, locución)* turn of phrase ♦ *Fin* draft; **g. postal/telegráfico,** money order
gitano,-a *adj* & *m,f* gypsy, gipsy
glacial *adj* icy
glaciar *m* glacier
glándula *f* gland
glasear *vtr Culin* to glaze
global *adj* ♦ *(en conjunto)* comprehensive ♦ *(mundial)* global
globo *m* ♦ *(con aire)* balloon ♦ *(esfera)* globe; **g. terráqueo,** globe
glóbulo *m* globule; **glóbulos rojos/blancos,** red/white corpuscles
gloria 1 *f* ♦ *(renombre, reconocimiento)* glory ♦ *Rel* heaven **|2** *m Rel (cántico)* Gloria
glorieta *f* ♦ *(plazuela)* small square ♦ *(rotonda, cruce de calles)* roundabout, *US* traffic circle ♦ *(en un jardín, cenador)* bower, arbour, *US* arbor
glorioso,-a *adj* glorious
glosario *m* glossary
glotón,-ona 1 *adj* greedy **|2** *m,f* glutton
glotonería *f* gluttony
glucosa *f Quím* glucose
gobernador,-ora *m,f* governor
gobernante 1 *adj* ruling **|2** *mf* ruler
gobernar *vtr* & *vi* ♦ to govern ♦ *Náut* to steer
gobierno *m* government
gol *m* goal
golear *vtr Ftb* to hammer
golf *m* golf
golfista *mf* golfer
golfo[1] *m Geog* gulf
golfo,-a[2] *mf* good-for-nothing; *(descarado)* cheeky person
golondrina *f Orn* swallow
golosina *f* sweet, *US* candy
goloso,-a *adj* sweet-toothed
golpe *m* ♦ *(que se da o que da alguien)* blow; *(en una fruta)* bruise; *(en una puerta)* knock; **g. de Estado,** coup d'état; **g. de suerte,** stroke of luck ♦ *Auto* bump ♦ *(disgusto)* blow ♦ *(ocurrencia)* witticism ♦ *(robo)* robbery
golpear *vtr* ♦ *(accidentalmente)* to hit ♦ *(con intención de herir)* to beat, hit; *(con el puño)* to punch ♦ *(una puerta, ventana, etc)* to bang
goma *f* ♦ rubber; **g. de borrar,** rubber, *US* eraser ♦ *(elástica, para el pelo)* rubber band
gomaespuma *f* foam rubber
gomero *m LAm* ♦ *(planta)* rubber plant ♦ *(trabajador)* rubber plantation worker
gomina *f* hair cream
góndola *f* gondola
gordo,-a 1 *adj* ♦ *(persona)* fat ♦ *(cable, jersey, etc)* thick ♦ *(importante, serio)* big **|2** *m,f* fat person; *fam* fatty **|3** *m* **el g.,** *(de una lotería)* the jackpot
gorila *m* ♦ *Zool* gorilla ♦ *(portero de discoteca)* bouncer; *(guardaespaldas)* bodyguard
gorjear *vi* to chirp ■ **gorjearse** *vr LAm* **g. de alguien,** to laugh at sb's expense
gorra *f* peaked cap ♦|LOC: *fam* **con la g.,** easily; **de g.,** free
gorrión *m Orn* sparrow
gorro *m* cap
gorrón,-ona *m,f* sponger
gota *f* ♦ drop ♦ *Med* gout ♦ **gotas,** *(para los ojos, oídos)* drops
gotear *vi* & *impers* to drip
gotera *f* leak
gótico,-a *adj* Gothic
gozar 1 *vtr* to enjoy **|2** *vi* to enjoy [**de,** -]
gozo *m* ♦ *(alegría)* joy ♦ *(placer)* enjoyment
gozoso,-a *adj* joyful, happy
grabación *f* recording
grabado *m* ♦ print ♦ *(técnica, oficio)* engraving
grabadora *f* tape recorder
grabar *vtr* ♦ to record ♦ *Inform* to save ♦ *Arte* to engrave
gracia *f* ♦ *(encanto)* grace ♦ *(ocurrencia, chispa)* joke; **¡qué g.!,** how funny! ♦ *(indulto)* pardon ♦ *Mit* grace; **las tres Gracias,** the Three Graces
gracias *interj (agradecimiento)* thanks ♦|LOC: **dar las g. a alguien,** to thank; **g.**

a, thanks to; **muchas g.,** thank you very much

gracioso,-a 1 *adj* ◆ *(con chispa)* funny ◆ *(con atractivo, encanto)* graceful |**2** *m,f* joker

grada *f* ◆ *(escalón)* step ◆ **gradas** *(de un anfiteatro, estadio)* stands, terraces

grado *m* ◆ degree ◆ *Mil* rank ◆ *(gusto, voluntad)* desire, will

graduable *adj* adjustable

graduación *f* ◆ graduation ◆ *Mil* rank

gradual *adj* gradual

graduar *vtr* ◆ *(calibrar)* to regulate; *(la vista)* to test; *(un termómetro)* to graduate ◆ *Educ Mil* to confer a degree *o* a rank on ■ **graduarse** *vr* ◆ **necesito graduarme la vista,** I need to have my eyes tested ◆ *Educ Mil* to graduate

gráfico,-a 1 *adj* graphic; **diseño g.,** graphic design |**2** *m,f* graph

gragea *f Med* pill

grajo,-a 1 *m,f Orn* rook |**2** *m LAm (olor)* body odour

gral. *(abr de **general**)* general, gen

gramática *f* grammar

gramo *m* gram, gramme

gran *adj* → **grande**

Gran Bretaña *f* Great Britain

granada *f* ◆ *Bot* pomegranate ◆ *Mil* grenade

granate 1 *adj inv (color)* maroon |**2** *m (color)* maroon

grande *adj* ◆ *(tamaño)* big, large ◆ *(cantidad)* large ◆ *fig (fuerte, intenso)* great

grandioso,-a *adj* grandiose

granel (a) *loc adv (sin medir exactamente)* loose; *(en grandes cantidades)* in bulk

granero *m Agr* granary

granito *m* granite

granizada *f*, **granizado** *m* iced drink

granizar *v impers* to hail

granizo *m* hail

granja *f* farm

granjero,-a *m,f* farmer

grano *m* ◆ *(de cereal)* grain; *(de café)* bean ◆ *(en la piel)* spot ◆ *(de la lija, una fotografía)* grain

granuja *m* ◆ *(pillastre)* urchin ◆ *(truhán)* swindler

grapa *f* staple

grapadora *f* stapler

grapar *vtr* to staple

grasa *f* ◆ grease ◆ *(de un cuerpo)* fat

grasiento *adj* greasy

graso,-a *adj* ◆ *(pelo, piel)* greasy ◆ *(adiposo)* fatty

gratificar *vtr* ◆ *(complacer, compensar)* to gratify ◆ *(compensar con dinero una tarea)* to give a bonus; *(dar una recompensa)* to reward

gratinar *vtr Culin* to cook in a sauce until golden brown

gratis *adv inv* free

gratitud *f* gratitude

grato,-a *adj* pleasant

gratuito,-a *adj* ◆ *(gratis)* free (of charge) ◆ *(sin justificación, fundamento)* gratuitous

grava *f* gravel

gravamen *m* ◆ *(impuesto)* tax ◆ *(carga, obligación)* burden

gravar *vtr Jur* to tax

grave *adj* ◆ *(crítico)* serious ◆ *(voz, nota, tono)* low

gravedad *f* ◆ *(de una situación, estado)* seriousness ◆ *Fís* gravity

gravilla *f* chippings

gravitar *vi* ◆ *Fís* to gravitate ◆ **g. sobre,** *(descansar, apoyarse en)* to rest on; *(cernirse)* to hang over

gravoso,-a *adj* costly

graznido *m (sonido desagradable)* squawk; *(de un pato)* quack; *(de un cuervo)* caw

Grecia *f* Greece

gregario,-a *adj* gregarious

gremio *m* ◆ *Hist* guild ◆ **el g. de la construcción,** the building trade; **el g. de libreros,** booksellers

greña *f* lock of tangled hair

gres *m* stoneware

gresca *f* ◆ *(riña, pelea)* row ◆ *(alboroto)* racket

griego,-a *adj* & *m,f* Greek

grieta *f* crack

grifo *m* tap, *US* faucet

grillete *m* shackle

grillo *m Zool* cricket

grima *f* ♦ *(desazón)* uneasiness ♦ *(dentera)* reluctance ♦ *(asco)* disgust

gripe *f* flu

gris *adj* & *m* grey, *US* gray

gritar *vtr* & *vi* to shout

grito *m* shout

grosella *f* redcurrant; **g. negra,** blackcurrant

grosería *f* ♦ *(expresión insultante)* rude word *o* expression ♦ *(carencia de modales)* rudeness

grosero,-a 1 *adj (tosco, de baja calidad)* coarse ♦ *(ofensivo, desagradable)* rude **|2** *m,f* **es un g.,** he's very rude

grosor *m* thickness

grotesco,-a *adj* grotesque

grúa *f* ♦ *(para construcción)* crane ♦ *(para arrastrar coches)* breakdown van, *US* tow truck ♦ *Cine TV* crane

grueso,-a 1 *adj* ♦ *(objeto)* thick ♦ *(rollizo)* fat **|2** *m* ♦ *(mayor parte)* bulk ♦ *(grosor)* thickness

grulla *f Orn* crane

grumo *m* lump

gruñido *m* grunt

gruñir *vi* to grunt

gruñón,-ona *adj* grumpy

grupo *m* ♦ group; **g. sanguíneo,** blood group ♦ *Mús* group, band

gruta *f* cave

guacamayo,-a *m,f Orn* macaw

guacamole *m LAm Culin* guacamole, avocado sauce

guachinango,-a *adj LAm* ♦ *(zalamero)* slimy ♦ *(astuto)* sharp

guacho,-a *adj* & *m,f LAm* ♦ *(huérfano)* orphan ♦ *(bastardo)* bastard

guadaña *f* scythe

guagua *f* ♦ *Can Cuba* bus ♦ *LAm* baby

guajira *f Cuban folk song*

guanaco,-a 1 *m Zool* guanaco **|2** *adj LAm* dumb, stupid

guanche *adj* & *mf* Guanche

guano *m* guano

guantazo *m* slap

guante *m* glove

guantera *f Auto* glove compartment

guapo,-a 1 *adj* ♦ good-looking, *US* cute; *(mujer)* beautiful, pretty; *(hombre)* handsome

guaraca *f LAm* slingshot

guarango,-a *adj LAm* rude, coarse

guarda *m,f* guard; **g. jurado,** security guard

guardabarros *m inv Auto* mudguard, *US* fender

guardabosque *mf* gamekeeper

guardacoches *mf inv* parking attendant

guardacostas *m inv* coastguard vessel

guardaespaldas *mf inv* bodyguard

guardameta *mf Dep* goalkeeper

guardapolvo *m* overalls *pl*

guardar *vtr* ♦ *(preservar)* to keep: **¿puedes guardármelo?,** can you look after it for me? ♦ *(un secreto, recuerdo)* to keep; **g. silencio,** to remain silent ♦ *(en un sitio)* to put away ♦ *(reservar)* to keep ♦ *Inform* to save ■ **guardarse** *vr* **se guardó la cartera en el bolsillo,** he put his wallet in his pocket

guardarropa *m* ♦ *(del museo, teatro)* cloakroom ♦ *(conjunto de ropa)* wardrobe

guardería *f* **g. infantil,** nursery (school)

guardia 1 *f* ♦ *(custodia, vigilancia)* watch ♦ *(cuerpo armado)* guard; **la G. Real,** the Royal Guard ♦ *(turno de servicio)* duty; *Mil* guard duty; **farmacia de g.,** duty chemist **|2** *mf (hombre)* policeman; *(mujer)* policewoman

guardián,-ana *m,f* watchman, watchwoman

guarecer *vtr* to shelter ■ **guarecerse** *vr* to take shelter *o* refuge [**de,** from]

guarida *f* ♦ *(de animal)* lair ♦ *(de criminales)* hide-out

guarnición *f* ♦ *Culin* garnish ♦ *Mil* garrison

guarrada *f*, **guarrería** *f fam* ♦ dirty *o* disgusting thing ♦ *(mala pasada)* dirty trick

guarro,-a 1 *adj* filthy, disgusting **|2** *m,f* pig

guasa *f* mockery

guasón,-ona 1 *adj* humorous **|2** *m,f* joker

guata *f* ◆ *(relleno de algodón)* (cotton) padding ◆ *LAm fam (barriga)* belly, paunch
Guatemala *f* Guatemala
guatemalteco,-a *adj* Guatemalan, of Guatemala |2 *m, f* Guatemalan
guateque *mn* party
guay *adj inv fam* brilliant, terrific
guayaba *f* ◆ *(fruta)* guava ◆ *LAm* fib, lie
guayabera *f* loose-fitting shirt
guayabo,-a 1 *m,f LAm (persona guapa)* smasher |2 *m* guava tree
guepardo *m Zool* cheetah
guerra *f* war; **g. civil/mundial,** civil/world war
guerrero,-a 1 *m,f* warrior |2 *adj* warlike
guerrilla *f* guerrilla force *o* band
guía 1 *mf (cicerone, consejero, etc)* guide |2 *f* ◆ *(orientación)* guideline ◆ *(libro de pautas)* guide ◆ *(listado)* directory; **g. de teléfonos,** telephone directory
guiar *vtr* to guide ■ **guiarse** *vr* to be guided, to go [**por,** by]
guijarro *m* pebble
guinda *f* morello (cherry)
guindilla *f* chilli
guiñapo *m* ◆ *(harapo)* rag ◆ *fig (persona)* wreck
guiñar *vtr* to wink
guiño *m* ◆ wink ◆ *(mensaje indirecto)* message, codeword
guiñol *m* puppet show
guión *m* ◆ *Cine TV* script ◆ *Ling* hyphen, dash ◆ *(de una conferencia, etc)* sketch, outline
guionista *mf* scriptwriter
guiri *mf argot* foreigner
guirigay *m* hubbub
guirnalda *f* garland
guisado *m Culin* stew
guisante *m Bot* pea
guisar *vtr* to cook
guiso *m* dish; *(guisado)* stew
guitarra *f* guitar
guitarrista *mf* guitarist
gusano *m* worm; *(oruga)* caterpillar; *(de mosca)* maggot
gustar *vi* **me gusta el pan,** I like bread; *(con infinitivo)* **me gusta escribir,** I like to write *o* I like writing; **me gustaría ir,** I would like to go ◆ *frml cortesía:* **cuando gustes,** whenever you like ◆ *frml (sentir agrado)* **g. de,** to enjoy
gusto *m* ◆ *(sentido)* taste; **tener buen g.,** to have good taste ◆ *(inclinación, agrado)* liking ◆ *(placer)* pleasure ◆|LOC: **a g.,** comfortable *o* at ease; **con (mucho) g.,** with (great) pleasure; **tanto g.,** pleased to meet you
gutural *adj* guttural

H

H, h *f (letra)* H, h
haba *f* broad bean
habano *m* Havana cigar
haber 1 *v aux* ◆ *(en tiempos compuestos)* to have: **lo he comido todo,** I've eaten it all |2 *v impers* ◆ *(existir, estar, hallarse)* **hay,** there is *o* are; **había,** there was *o* were: **hay poco que decir,** there is little to be said ◆ *(ocurrir, suceder)* **habrá una reunión,** there will be a meeting; **hoy hay fiesta en el club náutico,** there's a party today in the sailing

club |3 *(h. de + infin) (obligación)* to have to: **has de ser más estudioso,** you must be more studious ◆ *(h. que + infin) (conveniencia, necesidad u obligación)* it is necessary to: **habrá que ir,** we will have to go; **habría que pintar el salón,** we should paint the living room; **hay que hacerlo,** you must do it |4 *nm* ◆ *Fin* credit; **haberes,** assets ◆|LOC: **había una vez...,** once upon a time...; **no hay de qué,** you're welcome *o* don't mention it

habichuela *f* kidney bean

hábil *adj* ◆ *(mañoso)* skilful, *US* skillful ◆ *(astuto, ingenioso)* smart ◆ *(laboral)* working; **dos días hábiles,** two working days

habilidad *f* ◆ *(con una herramienta, etc)* skill ◆ *(astucia, ingenio)* cleverness

habilidoso,-a *adj* skilful

habilitar *vtr* ◆ *(una casa, un edificio)* to fit out ◆ *(a una persona)* to entitle

habitación *f (pieza de una casa)* room; *(dormitorio)* bedroom: **reservé una h. doble,** I booked a double room

habitante *mf* inhabitant

habitar 1 *vi* to live |2 *vtr* to live in, to inhabit

hábito *m* habit

habitual *adj* ◆ *(corriente)* usual, habitual ◆ *(asiduo)* regular

habituar *vtr* to accustom [**a,** to] ■ **habituarse** *vr* to get used [**a,** to], become accustomed [**a,** to]

habla *f* ◆ *(lengua, idioma)* language; **los países de h. hispana,** Spanish-speaking countries ◆ *(capacidad para hablar)* speech

hablador,-ora *adj (charlatán)* talkative; *pey (indiscreto)* gossipy

habladurías *fpl* gossip, rumours

hablante *mf* speaker

hablar 1 *vi* ◆ to speak, talk: **estaba hablando con Jorge,** I was speaking to Jorge ◆ *(charlar)* to talk, chat: **le encanta h. por teléfono,** he loves chatting on the phone |2 *vtr* ◆ *(una lengua)* to speak: **habla francés,** he speaks French ◆ *(discutir, tratar)* to talk over, discuss: **háblalo con tu madre,** talk it over with your mother ■ **hablarse** *vr* ◆ to speak *o* talk to one another ◆ *(relacionarse)* **no nos hablamos,** we are not on speaking terms ◆ *(en un letrero)* **«se habla danés»,** «Danish spoken»

hacer 1 *vtr* ◆ *(crear, fabricar, construir)* to make; **h. un jersey,** to make a sweater; **h. un puente,** to build a bridge ◆ *(una acción)* to do: **haz lo que quieras,** do what you want; **h. una carrera/medicina,** to do a degree/ medicine ◆ *(amigos, dinero)* to make ◆ *(obligar, forzar)* to make: **hazle entrar en razón,** make him see reason ◆ *(causar, provocar)* to make: **no hagas llorar a tu hermana,** don't make your sister cry ◆ *(arreglar)* to make; **h. la cama,** to make the bed; **h. la casa,** to do the housework ◆ *(producir una impresión)* to make... look: **ese vestido la hace mayor,** that dress makes her look older ◆ *(en sustitución de otro verbo)* to do: **cuido mi jardín, me gusta hacerlo,** I look after my garden, I like doing it ◆ *(actuar como)* to play: **no hagas el tonto,** don't play the fool |2 *vi* ◆ *(en el teatro, etc)* to play: **hizo de Electra,** she played Electra ◆ *(h. por + infin)* to try to: **hice por ayudar,** I tried to help ◆ *(simular)* to pretend: **hice como si no lo conociera,** I acted as if I didn't know him |3 *v impers* ◆ *(tiempo transcurrido)* ago: **hace mucho (tiempo),** a long time ago; **hace tres semanas que no la veo,** I haven't seen her for three weeks ◆ *(condición atmosférica)* **hacía mucho frío,** it was very cold ■ **hacerse** *vr* ◆ *(convertirse)* to become, grow; **h. mayor,** to grow old ◆ *(simular)* to pretend: **me vio, pero se hizo el despistado,** he saw me, but pretended he hadn't ◆ *(acostumbrarse)* to get used [**a,** to]: **me tengo que hacer a la idea,** I've got to get used to the idea

hacha *f* axe, *US* ax

hacia *prep* ◆ *(en dirección a)* towards, to; **h. abajo,** down, downwards; **h. delante,** forwards; **h. arriba,** up, upwards; **h. atrás,** back, backwards ◆ *(en torno a)* at about, at around; **h. las cinco,** at about five o'clock

hacienda *f* ◆ *Fin* Treasury; **h. pública,** public funds *o* finances *pl*; **Ministerio de H.,** *GB* Exchequer, *US* Treasury ◆ *(finca, rancho)* estate, *US* ranch

hada *f* fairy

halagar *vtr* to flatter

halago *m* flattery

halcón *m Orn* falcon

halterofilia *f* weight-lifting

hallar *vtr* to find ■ **hallarse** *vr* ◆ *(estar, encontrarse)* to be ◆ *(estar ubicado)* to be (situated)

hallazgo *m* ◆ *(descubrimiento)* discovery ◆ *(objeto encontrado)* find

hamaca *f* ◆ *(chinchorro)* hammock ◆ *(mecedora)* rocking chair ◆ *(tumbona)* sun lounger

hambre *f* ◆ *(apetito)* hunger: **tengo mucha h.,** I'm very hungry ◆ *(inanición)* starvation

hambriento,-a *adj (por inanición)* starving; *(por apetito)* hungry

hamburguesa *f* hamburger

hampa *f* underworld

hámster *m Zool* hamster

harapo *m* rag

harén *m* harem

harina *f* flour

hartar *vtr* ◆ *(molestar, cansar)* to annoy ◆ *(saciar)* to satiate ■ **hartarse** *vr* ◆ *(atiborrarse)* to eat one's fill ◆ *(cansarse)* to get fed up [**de,** with], grow/get tired [**de,** of]

harto,-a 1 *adj* ◆ *(de comida)* full ◆ *(hastiado, aburrido)* fed up |**2** *adv frml* very

hasta 1 *prep* ◆ *(marca límite: en el espacio)* up to, as far as, down to; **h. el final,** right to the end; *(: en el tiempo)* until, till, up to; **h. junio,** until June; **h. la fecha,** up to now; *(: en la cantidad)* up to, as many as; *(: en la acción)* till, until: **h. sus últimas consecuencias,** till the bitter end ◆ *(indica sorpresa)* even |**2** *conj (seguido de gerundio o* **cuando***)* even when: **h. llorando está guapo,** he's good-looking even when he cries ◆ **h. que,** until ◆|LOC: **h. luego,** see you later

hastío *m* weariness

haya *f* beech

haz *m* ◆ *Agr* sheaf ◆ *(de luz)* shaft

hazaña *f* deed, exploit

hazmerreír *m* laughing stock

hebilla *f* buckle

hebra *f* ◆ *(trozo de hilo)* thread ◆ *(de carne)* sinew

hebreo,-a 1 *adj* Hebrew |**2** *m,f* Hebrew

hechicero,-a *m,f (hombre)* wizard, sorcerer; *(mujer)* witch, sorceress

hechizar *vtr* ◆ *(con magia)* to cast a spell on ◆ *(encandilar, cautivar)* to bewitch, charm

hechizo *m* ◆ *(embrujo, sortilegio)* spell ◆ *(seducción, encanto)* fascination, charm

hecho,-a 1 *adj* ◆ *(realizado)* made, done; **bien h.,** well done ◆ *(acostumbrado)* used ◆ *(cocinado, cocido)* done; **un filete muy/poco h.,** a well-cooked/rare steak ◆ *(persona)* mature |**2** *m* ◆ *(suceso real)* fact; **de h.,** in fact ◆ *(obra, acción)* act, deed ◆ *(acontecimiento, caso)* event, incident

hechura *f* ◆ *(de un vestido)* cut; *(confección)* making up, tailoring

hectárea *f* hectare

hectolitro *m* hectolitre, *US* hectoliter

heder *vi* to stink, smell foul

hediondo,-a *adj* foul-smelling

hedor *m* stink, stench

hegemonía *f* hegemony

helada *f* frost

heladería *f* ice-cream parlour

helado,-a 1 *m* ice cream |**2** *f* frost |**3** *adj* ◆ *(muy frío)* frozen ◆ *fig (atónito)* stunned, flabbergasted: **la noticia me dejó h.,** I was flabbergasted by the news

helar *vtr & v impers* to freeze ■ **helarse** *vr* to freeze

helecho *m Bot* fern

hélice *f* ◆ *Av Náut* propeller ◆ *Anat Arquit Mat* helix

helicóptero *m Av* helicopter

helio *m Quím* helium

hematoma *m Med* haematoma, *US* hematoma

hembra *f* ◆ *Bot Zool* female ◆ *vulgar*

(mujer) woman ♦ *Téc* female; *(de un tornillo)* nut; *(de un enchufe)* socket

hemeroteca *f* newspaper library

hemisferio *m* hemisphere

hemorragia *f Med* haemorrhage, *US* hemorrhage

hemorroides *fpl* haemorrhoids, piles

hendidura *f* crack

heno *m* hay

heráldica *f* heraldry

herbívoro,-a 1 *adj* herbivorous, grass-eating **|2** *m,f Zool* herbivore

herbolario,-ria 1 *m,f* herbalist **|2** *m* ♦ *(establecimiento)* herbalist's (shop), health food shop ♦ *(colección de plantas)* herbarium

hercio *m* hertz

heredar *vtr* to inherit

heredero,-a *m,f* heir; *(mujer)* heiress: **la heredera del trono español,** the heir to the Spanish throne

hereje *mf Rel* heretic

herejía *f Rel* heresy

herencia *f* ♦ *Jur* inheritance, legacy ♦ *Biol* heredity

herida *f* ♦ *(de bala, de cuchillo)* wound; *(lesión, golpe)* injury

herido,-a *m,f* casualty, injured person

herir *vtr* ♦ *(en un accidente)* to injure; *(con un arma, instrumento)* to wound ♦ *(espiritualmente)* to hurt, to wound ■ **herirse** *vr* to injure *o* hurt oneself

hermana *f* sister → **hermano**

hermanastro,-a *m,f (hombre)* stepbrother; *(mujer)* stepsister

hermandad *f* fraternity, brotherhood, sisterhood

hermano *m* brother; **primo h.,** first cousin

hermético,-a *adj* ♦ *(cierre, frasco)* hermetic, airtight ♦ *(impenetrable, secreto)* secretive, inscrutable

hermoso,-a *adj* ♦ *(bello)* beautiful, lovely ♦ *(grande, espléndido)* fine

hermosura *f* beauty

héroe *m* hero

heroico,-a *adj* heroic

heroína *f* ♦ *(mujer)* heroine ♦ *(droga)* heroin

heroinómano,-a *m,f* heroin addict

herradura *f* horseshoe

herramienta *f Téc* tool

herrar *vtr* ♦ *(poner herraduras)* to shoe ♦ *(marcar a hierro)* to brand

herrería *f* forge, smithy

herrero *m* blacksmith, smith

hervidero *m fig* hotbed

hervir *vtr & vi* to boil

heterodoxo,-a *adj* unorthodox

heterogéneo,-a *adj* heterogeneous

heterosexual *adj & mf* heterosexual

hiato *m Ling* hiatus

hibernar *vi* to hibernate

híbrido,-a *adj & m,f* hybrid

hidratante *adj* moisturizing

hidratar *vtr* to moisturize

hidrato *m Quím* hydrate

hidráulico,-a *adj* hydraulic

hidroavión *m* seaplane, *US* hydroplane

hidrógeno *m Quím* hydrogen

hiedra *f Bot* ivy

hiel *f* ♦ *Anat* bile ♦ *fig (amargura, resentimiento)* bitterness

hielo *m* ice

hiena *f Zool* hyena

hierba *f* ♦ grass ♦ *Culin* herb: **paté a las finas hierbas,** pâté with herbs

hierbabuena *f* mint

hierbajo *m* weed

hierro *m* ♦ *(metal)* iron ♦ *(señal de ganadería)* brand

hígado *m* liver

higiene *f* hygiene

higiénico,-a *adj* hygienic; **papel h.,** toilet paper

higo *m* fig

hija *f* daughter → **hijo**

hijastro,-a *m,f (hombre)* stepson; *(mujer)* stepdaughter

hijo *m* ♦ son, child; **h. natural,** illegitimate child; **h. único,** only child ♦ **mis/sus hijos,** my/her children

hilar *vtr & vi* to spin

hilaridad *f* hilarity

hilera *f* line, row

hilo *m* ♦ thread; *(de perlé, de tejer)* yarn; *(tela de hilo)* linen ♦ **h. musical,** background music ♦ *(cable)* wire

hilvanar *vtr* ♦ *Cost* to tack, baste ♦ *(relacionar)* to link
himno *m* hymn
hincapié *m* **hacer h. en,** *(recalcar)* to emphasize, stress; *(insistir)* to insist on
hincar *vtr* to drive (in) ■ **hincarse** *vr* **h. de rodillas,** to kneel (down)
hincha *mf fam* fan, supporter
hinchado,-a *adj* ♦ *(de aire)* inflated, blown up ♦ *Med (inflamado)* swollen, puffed up
hinchar *vtr* ♦ *(un globo)* to inflate, blow up ♦ *fig (una historia, un presupuesto)* to inflate, exaggerate ■ **hincharse** *vr* ♦ *Med* to swell (up) ♦ *fam (comer en exceso)* to stuff oneself [**de,** with]
hindú *adj* & *mf* Hindu
hiperactivo,-a *adj* hyperactive
hipermercado *m* hypermarket
hipertensión *f* high blood pressure
hípica *f* (horse) riding
hípico,-a *adj* related to horses; **club h.**, riding club
hipnotizar *vtr* to hypnotize
hipo *m* hiccups, hiccoughs
hipocresía *f* hypocrisy
hipócrita 1 *adj* hypocritical **|2** *mf* hypocrite
hipódromo *m* racetrack, racecourse
hipopótamo *m Zool* hippopotamus
hipoteca *f Fin* mortgage
hipotecar *vtr* ♦ *Fin* to mortgage ♦ *(poner en peligro)* to jeopardize
hipótesis *f inv* hypothesis
hispánico,-a *adj* Hispanic, Spanish
hispano,-a 1 *adj (español)* Spanish; *(español y latinoamericano)* Hispanic; *(latinoamericano)* Spanish American **|2** *m,f* Spanish American, *US* Hispanic
Hispanoamérica *f* Spanish America
hispanoamericano,-a *adj* & *m,f* Spanish American
hispanohablante 1 *mf* Spanish speaker **|2** *adj* Spanish-speaking
histeria *f* hysteria
histérico,-a *adj* hysterical
historia *f* ♦ history ♦ *(cuento)* story, tale
historiador,-ora *m,f* historian
historial *m* ♦ *Med* medical record, case history ♦ *(académico, laboral)* curriculum vitae
histórico,-a *adj* ♦ historical ♦ *(verdadero, real)* factual, true
historieta *f* ♦ *(cuento)* short story, tale ♦ *(viñeta)* comic strip
hito *m* milestone
Hnos *(abr de **Hermanos**)* Brothers, Bros
hocico *m* snout
hogar *m* ♦ *(lugar en que se habita)* home: **no tenía h.**, he was homeless ♦ *(de una chimenea)* hearth, fireplace ♦ *(asilo)* home; *(orfanato)* orphanage
hogareño,-a *adj (ambiente)* home, family; *(persona)* home-loving
hoguera *f* bonfire
hoja *f* ♦ *Bot* leaf; **un árbol de h. perenne/caduca,** an evergreen/deciduous tree ♦ *(de papel)* sheet, leaf; *(de un libro)* leaf, page; *(impreso)* hand-out, printed sheet; *Inform* **h. de cálculo,** spreadsheet ♦ *(plancha de metal)* sheet ♦ *(de un arma blanca)* blade ♦ *(de una puerta o ventana)* leaf
hojalata *f* tin, tin plate
hojaldre *m Culin* puff pastry
hojear *vtr* to leaf through, flick through
hola *excl* hello!, hullo!, hi!
Holanda *f* Holland
holandés,-esa 1 *adj* Dutch **|2** *m,f* *(hombre)* Dutchman; *(mujer)* Dutchwoman **|3** *m (idioma)* Dutch
holgado,-a *adj* ♦ *(despegado del cuerpo)* loose, baggy ♦ *(sobrado: de dinero)* comfortable; *(: de espacio, etc)* ample, roomy
holgazán,-ana 1 *adj* lazy, idle **|2** *m,f* lazybones *inv*, layabout
holgazanear *vi* to laze *o* loaf around
hollín *m* soot
holocausto *m* holocaust
hombre 1 *m* ♦ *(individuo)* man; **h. de estado,** statesman; **h. de paja,** dummy, figurehead ♦ *(género)* mankind, man **|2** *interj* ♦ *(en un saludo)* hey!, hey there!: **¡h., José!**, hey, José! ♦ *(enfáti-*

co) **¡h., claro!**, sure!, of course!; *(incredulidad)* **¡sí h.!**, oh come on!

hombrera *f* shoulder pad

hombro *m* shoulder ♦LOC: **encogerse de hombros**, to shrug one's shoulders; **mirar a alguien por encima del h.**, to look down one's nose at sb

homenaje *m* homage, tribute

homenajear *vtr* to pay tribute to

homeopatía *f* homeopathy

homicida 1 *mf (hombre)* murderer; *(mujer)* murderess |**2** *adj* murder, homicidal; **el arma h.**, the murder weapon

homicidio *m* homicide

homogéneo,-a *adj* homogeneous, uniform

homologar *vtr* to give official approval *o* recognition to

homólogo,-a 1 *adj (semejante)* comparable |**2** *m,f* counterpart

homosexual *adj* & *mf* homosexual

homosexualidad *f* homosexuality

hondo,-a *adj* ♦ *(profundo)* deep: **plato h.**, soup dish ♦ *fig (sentimiento)* profound, deep

hondonada *f Geog* hollow, depression

Honduras *f* Honduras

hondureño,-a *adj* & *m,f* Honduran

honestidad *f* ♦ *(justicia, rectitud)* honesty, uprightness ♦ *(pudor)* modesty

honesto,-a *adj* ♦ *(justo, recto)* honest, upright ♦ *(decente)* modest

hongo *m* ♦ fungus ♦ *(sombrero)* bowler, bowler hat

honor *m* honour, *US* honor: **nos hizo el h. de visitarnos,** we were honoured by his visit; **en h. a la verdad...**, to be fair...

honorable *adj* honourable, *US* honorable

honorario,-a 1 *adj* honorary |**2** *mpl* **honorarios,** fees, fee *sing*

honorífico,-a *adj* honorary

honra *f* ♦ *(respeto)* dignity, self-esteem ♦ *(reconocimiento)* reputation, good name

honradez *f* honesty, integrity

honrado,-a *adj* ♦ *(persona)* honest ♦ *(negocio, trabajo)* upright, respectable

honrar *vtr* ♦ *(respetar, venerar)* to honour, *US* honor ♦ *(enaltecer, ennoblecer)* to be a credit to: **ese gesto le honra,** that gesture does him credit

hora *f* ♦ *(60 minutos)* hour: **te veo dentro de media h.,** I'll see you in half an hour; **me pagan por horas,** they pay me by the hour; **horas extras,** overtime ♦ *(momento)* time: **¿qué hora es?,** what's the time? ♦ *(cita)* appointment: **pedir h. con el dentista,** to ask for an appointment with the dentist

horario-a *m* timetable, *US* schedule

horca *f* gallows *pl*

horcajadas (a) *loc adv* astride

horchata *f Culin* sweet drink made from tiger nuts and sugar

horizontal *adj* horizontal

horizonte *m* ♦ horizon ♦ *(línea entre cielo y tierra)* skyline

hormiga *f* ant

hormigón *m* concrete

hormigueo *m* ♦ pins and needles *pl*, tingling *o* itching sensation ♦ *(desasosiego)* anxiety

hormiguero *m* anthill

hormona *f* hormone

hornada *f* batch

hornillo *m* ♦ *(portátil)* portable *o* camping stove ♦ *(fuego de una cocina)* ring

horno *m* ♦ *(para: cocinar)* oven ♦ *(: fundir metal, vidrio)* furnace ♦ *(: cocer cerámica)* kiln

horóscopo *m* horoscope

horquilla *f* ♦ *(del pelo)* hairpin, *US* bobby pin ♦ *Agr* pitchfork

horrendo-a *adj* horrifying, horrible

horrible *adj* horrible, dreadful, awful

horror *m* ♦ horror, terror: **¡qué h.!**, how awful! ♦ *(antipatía, aversión) fam* **le tengo h. a la plancha,** I hate doing the ironing

horrorizar *vtr* to horrify, terrify

horroroso,-a *adj* ♦ *(que causa terror)* horrifying, terrifying ♦ *fam (muy feo)* hideous, ghastly ♦ *fam (muy desagradable)* awful, dreadful

hortaliza *f* vegetable

hortensia *f Bot* hydrangea

hortera *adj fam (persona)* flashy, vulgar ♦ *(objeto)* tacky, kitsch

hospedaje *m* lodgings *pl*, accommodation, *US* accommodations
hospedar *vtr* to put up, to lodge ■ **hospedarse** *vr* to stay [**en**, at]
hospital *m* hospital
hospitalario,-a *adj* ◆ *(agradable, acogedor)* hospitable ◆ *Med* hospital
hospitalidad *f* hospitality
hospitalizar *vtr* to hospitalize
hostal *m* guest house
hostelería *f* ◆ *(empresa)* catering trade ◆ *(estudios)* hotel management
hostería *f LAm* inn, lodging house
hostia 1 *f* ◆ *Rel* host ◆ *vulgar (golpazo)* belt, smash, thump |**2** *excl vulgar (usu tb pl)* shit! bloody hell!
hostil *adj* hostile
hostilidad *f* hostility
hotel *m* hotel
hotelero,-a 1 *adj* hotel |**2** *m,f* hotelkeeper, hotelier
hoy *adv* ◆ *(en el día actual)* today ◆ *fig (en la actualidad)* now ◆|LOC: **h. (en) día,** nowadays; **h. por h.,** at the present time
hoyo *m* hole, pit
hoyuelo *m* dimple
hoz *f Agr* sickle
hucha *f* money box
hueco,-a 1 *adj* ◆ *(vacío)* empty, hollow ◆ *(voz, sonido)* resonant |**2** *m* ◆ *(cavidad vacía)* hollow, hole ◆ *(rato libre)* free time ◆ *(sitio libre)* empty space
huelga *f* strike
huelguista *mf* striker
huella *f* ◆ *(pisada)* footprint; *(de vehículo, animal)* track ◆ **h. dactilar** *o* **digital,** fingerprint ◆ *(rastro, señal)* trace, sign
huérfano,-a *mf* orphan
huerta *f Agr* ◆ *(parcela de cultivo)* market *o US* truck garden ◆ *(zona de regadío)* irrigated area used for cultivation
huerto *m* ◆ *(de frutales)* orchard ◆ *(de verduras)* vegetable garden, kitchen garden
hueso *m* ◆ *Anat* bone ◆ *(de una fruta)* stone, *US* pit ◆ *LAm (enchufe)* contact
huésped,-a *m,f* ◆ *(invitado)* guest; *(cliente de hotel, etc)* lodger, boarder, guest ◆ *Biol* host
hueva *f tb fpl* **huevas** ◆ *Zool* spawn ◆ *Culin* roe
huevo *m* ◆ egg; **h. duro,** hard-boiled egg; **h. escalfado,** poached egg; **h. frito,** fried egg; **h. pasado por agua,** soft-boiled egg; **huevos revueltos,** scrambled eggs ◆ *vulgar (usu pl)* balls *pl*
huida *f* flight, escape
huir *vi* ◆ *(escapar)* to run away [**de,** from], flee: **huyeron a Méjico,** they fled to México ◆ *(esquivar, rehuir)* to avoid
hule *m* oilcloth, oilskin
hulla *f Min* coal
humanidad *f* humanity
humanitario,-a *adj* humanitarian
humano,-a 1 *adj* ◆ *(relativo al hombre)* human ◆ *(benévolo, indulgente)* humane |**2** *m* **(ser) h.,** human (being)
humareda *f* dense cloud of smoke
humedad *f* ◆ *(de la ropa, una habitación)* dampness ◆ *(del ambiente)* humidity
humedecer *vtr* to moisten, dampen ■ **humedecerse** *vr* ◆ to become damp *o* wet
húmedo,-a *adj (una prenda, habitación)* damp; *(clima)* humid, moist
humildad *f* ◆ *(de carácter)* humility ◆ *(de condición social)* humbleness
humilde *adj* humble
humillación *f* humiliation
humillante *adj* humiliating, humbling
humillar *vtr* to humiliate
humo *m* ◆ smoke; *(vapor)* vapour, *US* vapor, steam; *(de un tubo de escape, de un extractor)* fumes *pl* ◆ **humos** *mpl (soberbia, vanidad)* airs
humor *m* ◆ *(talante, ánimo)* mood: **hoy estoy de buen h.,** today I'm in a good mood ◆ *(alegría, ingenio)* humour, *US* humor
humorista *mf* humorist
hundido,-a *adj* ◆ *(bajo el agua)* sunken; *(ojos)* deep-set ◆ *(desmoralizado)* down, demoralized
hundir *vtr* ◆ *(una embarcación)* to sink ◆ *(una construcción)* to bring *o*

knock down ◆ *fig (a alguien)* to demoralize ■ **hundirse** *vr* ◆ *(una embarcación)* to sink ◆ *(una construcción)* to collapse ◆ *(un negocio)* to collapse, crash ◆ *fig (una persona)* to fall to pieces

húngaro,-a 1 *adj* Hungarian |**2** *m,f (persona)* Hungarian |**3** *m (idioma)* Hungarian

Hungría *f* Hungary

huracán *m* hurricane

huraño,-a *adj* unsociable

hurra *excl* hurray!, hurrah!

hurtadillas (a) *loc adv* stealthily, on the sly

hurtar *vtr* to steal, pilfer

husmear 1 *vtr (rastrear con el olfato)* to sniff out, scent |**2** *vi fig (fisgar)* to snoop, pry

I

I, i *f (letra)* I, i; **i griega,** Y, y

ibérico,-a *adj* Iberian

Iberoamérica *f* Latin America

iberoamericano,-a *adj* & *m,f* Latin American

iceberg *m* iceberg

icono *m* icon; *Inform* icon

ida *f* departure, going; **billete de i. y vuelta,** return ticket; **idas y venidas,** comings and goings

idea *f* idea; **cambiar de i.,** to change one's mind

ideal *adj* & *m* ideal

idealista 1 *adj* idealistic |**2** *mf* idealist

idealizar *vtr* to idealize, glorify

idear *vtr* ◆ *(un invento, diseño)* to devise, invent ◆ *(una teoría, un plan)* to think up, conceive

ídem *adv* idem, ditto

idéntico,-a *adj* identical

identidad *f* identity; **carné de i.,** identity card

identificar *vtr* to identify [**con,** with] ■ **identificarse** *vr* to identify oneself; *fig (sentir simpatía)* to identify [**con,** with]

ideología *f* ideology

ideológico,-a *adj* ideological

idílico,-a *adj* idyllic

idilio *m* ◆ *Lit* idyll ◆ *(romance)* romance, love affair

idioma *m* language

idiota 1 *adj* idiotic, stupid |**2** *mf* idiot, fool

ido,-a *adj* ◆ *(ausente, distraído)* absent-minded ◆ *fam (loco)* crazy, nuts

idólatra 1 *adj* idolatrous |**2** *mf* idolater

idolatrar *vtr* to idolize, to worship

idolatría *f* idolatry

ídolo *m* idol

idóneo,-a *adj* suitable, fit

iglesia *f* church; **la I. anglicana/católica,** the Anglican/Catholic Church

ignorancia *f* ignorance

ignorante 1 *adj* ignorant, unaware [**de,** of] |**2** *mf* ignoramus

ignorar *vtr* ◆ *(desconocer algo)* not to know ◆ *(no dar importancia)* to ignore ■ **ignorarse** *vr (desconocerse)* to be unknown

igual 1 *adj* ◆ *(del mismo aspecto)* the same: **llevaban sombreros iguales,** they wore identical hats ◆ *(indiferente)* **me da i.,** it's all the same to me; **es i.,** it doesn't matter ◆ *(del mismo tamaño)* equal: **los dos trozos son iguales,** both pieces are the same size ◆ *Dep (empatados)* even; *Ten* **treinta iguales,** thirty all ◆ *Mat* equal: **tres más cinco i. a ocho,** three plus five equals eight |**2** *m* equal; **de i. a i.,** on an equal footing |**3** *adv (de la misma manera)* the same: **todo sigue i.,** everything remains the same ◆ *(probablemente)* probably: **i. vengo,** I'll probably come

igualar *vtr* ◆ to make equal ◆ *(una superficie)* to level ◆ *Dep (empatar)* to equalize ■ **igualarse** *vr* ◆ to become equal ◆ **i. con alguien,** to place oneself on an equal footing with sb

igualdad *f* ◆ *(de trato)* equality; **en i. de condiciones,** on equal terms ◆ *(coincidencia, parecido)* similarity

igualmente *adv* ◆ *(por igual)* equally ◆ *(del mismo modo, lo mismo digo)* **¡gracias! - ¡i.!,** thank you! - the same to you!

ijada *f,* **ijar** *m Anat* flank

ilegal *adj* illegal

ilegalidad *f* illegality

ilegible *adj* illegible, unreadable

ilegítimo,-a *adj* ◆ *(hijo)* illegitimate ◆ not legitimate, unlawful

ileso,-a *adj* unhurt, unharmed

ilícito,-a *adj* illicit, unlawful

ilimitado,-a *adj* unlimited, limitless

ilógico,-a *adj* illogical

iluminación *f* lighting

iluminar *vtr* ◆ to illuminate, light (up) ◆ *(enseñar)* to enlighten; *(esclarecer)* to throw light upon

ilusión *f* ◆ illusion; **hacerse ilusiones,** to build up one's hopes ◆ *(sueño)* dream, hope: **es la i. de mi vida,** it's the dream of my life ◆ *(felicidad, alegría)* excitement, thrill: **a los niños les hace i. ir al zoo,** the children are excited about going to the zoo; **¡qué i.!,** how exciting!

ilusionar *vtr* ◆ *(crear expectativas)* to build up sb's hopes ◆ *(causar alegría)* to excite, thrill ■ **ilusionarse** *vr* ◆ *(esperanzarse)* to build up one's hopes ◆ *(alegrarse)* to be excited *o* thrilled [**con,** about]

iluso,-a *adj* gullible

ilustración *f* ◆ illustration ◆ *Hist* **la I.,** the Enlightenment

ilustrar *vtr* ◆ *(un libro, tema)* to illustrate ◆ *(enseñar)* to instruct ■ **ilustrarse** *vr* to acquire knowledge [**sobre,** of], learn

ilustre *adj* distinguished

imagen *f* ◆ image ◆ *TV* picture

imaginación *f* imagination

imaginar *vtr* to imagine ■ **imaginarse** *vr* ◆ to imagine ◆ *(suponer)* to suppose

imaginario,-a *adj* imaginary

imaginativo,-a *adj* imaginative

imán *m* ◆ *(mineral)* magnet ◆ *(líder espiritual musulmán, tb* **imam***)* imam

imbécil 1 *adj* stupid, silly |**2** *mf* idiot, fool

imborrable *adj* indelible

imitación *f* imitation

imitar *vtr* to imitate

impaciencia *f* impatience

impaciente *adj (ansioso)* impatient; *(agitado)* anxious

impactar *vtr* to shock, stun

impacto *m* ◆ *(conmoción)* impact ◆ *(de arma)* hit

impar *adj Mat* odd

imparcial *adj* impartial, unbiased

impartir *vtr* to give

impasible *adj* impassive

impecable *adj* impeccable

impedido,-a 1 *adj* disabled, handicapped |**2** *m,f* disabled *o* handicapped person

impedimento *m (dificultad)* hindrance, obstacle; *Jur* impediment

impedir *vtr* ◆ *(entorpecer)* to impede, hinder ◆ *(frustrar)* to prevent, stop

impenetrable *adj* ◆ impenetrable ◆ *(persona)* inscrutable

impensable *adj* unthinkable

imperante *adj (dinastía, partido)* ruling; *(moda, tendencia)* prevailing

imperar *vi (mandar, dominar)* to rule; *(preponderar)* to prevail

imperativo,-a 1 *adj* imperative |**2** *m Ling* imperative

imperdible *m* safety pin

imperdonable *adj* unforgivable, inexcusable

imperecedero,-a *adj* everlasting; *fig* enduring

imperfección *f* ◆ imperfection ◆ *(tara)* defect, fault

imperfecto,-a *adj* ◆ imperfect, fallible ◆ *Ling* imperfect

imperio *m* ◆ empire ◆ *(dominación)* rule, *Hist frml* imperium

impermeable 1 *adj (tejido)* waterproof |**2** *m* raincoat, mac

impersonal *adj* impersonal

impertinencia *f* impertinence

impertinente 1 *adj (atrevido)* impertinent; *(improcedente)* irrelevant |**2** *mf* impertinent person

imperturbable *adj* imperturbable, unruffled

ímpetu *m* ◆ *(violencia)* violence ◆ *(brío)* energy

impetuosidad *f* ◆ *(precipitación)* impetuosity, impulsiveness ◆ *(violencia)* violence

impetuoso,-a *adj* ◆ *(apasionado, irreflexivo)* impetuous, impulsive ◆ *(violento)* violent

impío,-a *adj* ungodly, irreligious

implantar *vtr* ◆ *(una moda, etc)* to introduce ◆ *Med* to implant

implicar *vtr* ◆ *(comprometer)* to involve, implicate [**en,** in] ◆ *(comportar)* to imply

implícito,-a *adj* implicit, implied

implorar *vtr* to implore, beg

imponente *adj* ◆ *(impresionante)* imposing, impressive ◆ *fam (guapo)* terrific, tremendous

imponer *vtr* ◆ to impose ◆ *(sobrecoger)* to be impressive; *(suscitar respeto)* to inspire respect ◆ *Fin* to deposit ■ **imponerse** *vr* ◆ *(prevalecer)* to prevail ◆ *(ser necesario)* to be necessary ◆ *(dominar)* to impose ◆ *(una carga, un deber)* to take on

impopular *adj* unpopular

importación *f* import, importation

importador,-ora *m,f* importer

importancia *f* importance

importante *adj* important

importar *vi* ◆ *(tener valor o interés)* to be important, matter: **no importa,** it doesn't matter ◆ *(incumbir)* **eso no les importa a los vecinos,** that doesn't concern the neighbours ◆ *(estorbar, disgustar)* to mind: **¿le importaría deletrearlo?,** would you mind spelling it? |**2** *vtr Fin Inform* to import

importe *m Com Fin* amount, total

imposibilitar *vtr* ◆ *(impedir)* to make impossible, prevent ◆ *(incapacitar)* to disable, cripple

imposible *adj* impossible

imposición *f* ◆ *(de una norma, etc)* imposition ◆ *Fin* deposit; *(tributo)* taxation

impostor,-ora *m,f* impostor

impotente *adj* ◆ powerless, helpless ◆ *Med* impotent

impreciso,-a *adj* imprecise, vague

impregnar *vtr* to impregnate [**en, con,** with] ■ **impregnarse** *vr* to become impregnated [**de, con,** with]

imprenta *f* ◆ *(taller)* printing works ◆ *(máquina)* printing press ◆ *(técnica)* printing

imprescindible *adj* essential, indispensable

impresión *f* ◆ impression: **causar buena/mala i.,** to make a good/bad impression ◆ *Impr (de un libro)* printing ◆ *(impacto desagradable)* shock

impresionante *adj (admirable)* impressive, striking; *(sobrecogedor)* shocking

impresionar 1 *vtr* ◆ *(causar admiración)* to impress; *(sobrecoger)* to shock ◆ *Fot* to expose |**2** *vi* to impress

impresionista *adj* & *mf* impressionist

impreso,-a 1 *adj* printed |**2** *m* ◆ *(papel, folleto)* printed matter ◆ *(para cumplimentar)* form

impresor,-ora 1 *m,f* printer |**2** *f Inform* printer

imprevisible *adj* unforeseeable, unpredictable

imprevisto,-a 1 *adj* unforeseen, unexpected |**2** *m* unforeseen event

imprimir *vtr* to print

improbable *adj* improbable, unlikely

improductivo,-a *adj* unproductive

impropio,-a *adj* inappropriate, unsuitable

improvisación *f* improvisation

improvisar *vtr* to improvise

improviso (de) *loc adv* unexpectedly, suddenly

imprudencia *f* imprudence, rashness

imprudente *adj* imprudent, unwise

impuesto *m Fin* tax; **i. sobre el valor añadido (IVA),** value added tax (VAT); **i. sobre la renta de las personas físicas (IRPF),** income tax; **libre de impuestos,** tax-free

impugnar *vtr* to challenge, contest

impulsar *vtr* to impel, drive

impulsivo,-a *adj* impulsive

impulso *m* impulse, thrust

impunidad *f* impunity

impureza *f* impurity

impuro,-a *adj* impure

imputar *vtr* to impute, attribute

inaccesible *adj* inaccessible

inaceptable *adj* unacceptable

inactivo,-a *adj* inactive

inadaptado,-a 1 *adj* maladjusted **|2** *m,f* misfit

inadecuado,-a *adj* unsuitable, inappropriate

inadmisible *adj* inadmissible

inadvertido,-a *adj* unnoticed, unseen

inagotable *adj* ◆ *(que no agota sus recursos)* inexhaustible ◆ *(que no se cansa nunca)* tireless

inaguantable *adj* unbearable, intolerable

inalámbrico,-a 1 *adj* cordless **|2** *m* cordless telephone

inalcanzable *adj* unattainable, unachievable

inanición *f* starvation

inanimado,-a *adj* inanimate

inapreciable *adj* ◆ *(imperceptible)* insignificant ◆ *(valioso, no calculable materialmente)* invaluable, inestimable

inaudito,-a *adj* ◆ *(insólito)* unprecedented ◆ *fig (inaceptable)* outrageous

inauguración *f* inauguration, opening

inaugurar *vtr* to inaugurate, open

inca *adj* & *mf* Inca

incalculable *adj* incalculable

incansable *adj* tireless

incapacidad *f* ◆ incapacity, inability ◆ *(incompetencia)* incompetence

incapacitado,-a *adj* ◆ *(física, psíquicamente)* incapacitated, disabled ◆ *(legalmente)* disqualified, unfit [**para,** for]

incapaz *adj* ◆ *(que carece de: habilidad)* unable [**de,** to] ◆ *(: cualidad)* incapable [**de,** of] ◆ *(: fuerza moral o física)* **soy i. de continuar,** I can't go on ◆ *Jur* unfit [**para,** for]

incauto,-a *adj* incautious, unwary

incendiar *vtr* to set fire to, to set alight ■ **incendiarse** *vr* to catch fire

incendio *m* fire; **i. provocado,** arson

incentivo *m* incentive

incertidumbre *f* uncertainty, doubt

incesante *adj* incessant, never-ending

incesto *m* incest

incestuoso,-a *adj* incestuous

incidencia *f* ◆ *(repercusión)* effect, incidence ◆ *(hecho)* incident

incidente *m* incident

incidir *vi* ◆ *(incurrir)* to fall [**en,** into] ◆ *(hacer hincapié)* to insist [**en,** on] ◆ *(tener efecto)* to affect, influence

incienso *m* incense

incierto,-a *adj* uncertain

incineración *f* ◆ *(de basuras)* incineration ◆ *(de cadáveres)* cremation

incinerar *vtr* ◆ *(basura)* to incinerate ◆ *(cadáveres)* to cremate

incipiente *adj* incipient, budding

incisión *f* incision, cut

incisivo,-a 1 *adj* ◆ *(comentario, persona)* incisive, cutting ◆ *(instrumento)* sharp **|2** *m Anat* incisor

incitar *vtr* to incite, urge

inclinación *f* ◆ *(del terreno, de un edificio)* slope, incline; *(del cuerpo)* stoop ◆ *(reverencia)* bow ◆ *(cariño, afición)* inclination [**por,** for]; *(predisposición)* tendency, inclination [**a,** to]

inclinar *vtr* ◆ to incline, bend; *(la cabeza)* to nod ■ **inclinarse** *vr* ◆ to lean, slope, incline ◆ *(al saludar)* to bow ◆ *fig (tener tendencia)* to be inclined [**a,** towards] ◆ *(optar)* to prefer

incluir *vtr* to include ◆ *(contener)* to contain, comprise ◆ *(adjuntar)* to enclose

inclusive *adv* ◆ *(después de sustantivo: incluido)* inclusive ◆ *(incluso)* even

incluso *adv* even

incógnita *f* ◆ *Mat* unknown quantity, unknown ◆ *(misterio)* mystery

incógnito *adj usu en la loc* **de i.**, incognito

incoherente *adj* incoherent

incoloro,-a *adj* colourless

incombustible *adj* incombustible

incomodar *vtr* ◆ *(causar molestia)* to inconvenience, put out ◆ *(disgustar)* to bother, annoy ■ **incomodarse** *vr* ◆ *(tomarse molestias)* to put oneself out, go out of one's way ◆ *(enojarse)* to get annoyed *o* angry

incómodo,-a *adj* uncomfortable

incompatibilidad *f* incompatibility

incompatible *adj* incompatible [**con**, with]

incompetencia *f* incompetence

incompetente *adj* & *mf* incompetent

incompleto,-a *adj* incomplete; *(sin acabar)* unfinished

incomprensible *adj* incomprehensible

incomprensión *f* incomprehension

incomunicado,-a *adj* ◆ *(aislado)* isolated ◆ *(en la cárcel)* in solitary confinement

inconcebible *adj* inconceivable, unthinkable

incondicional *adj (amistad, rendición)* unconditional; *(respaldo)* wholehearted; *(amigo)* faithful; *(simpatizante, defensor)* staunch

inconexo,-a *adj* unconnected, disjointed

inconformista *adj* & *mf* nonconformist

inconfundible *adj* unmistakable, obvious

incongruencia *f* incongruity

incongruente *adj* incongruous

inconmensurable *adj* immeasurable, vast

inconsciencia *f* ◆ *(irreflexión)* thoughtlessness, irresponsibility ◆ *Med* unconsciousness

inconsciente *adj* ◆ *(no voluntario)* unconscious ◆ *(alocado, irresponsable)* thoughtless, irresponsible

incontable *adj* countless

incontestable *adj* indisputable, unquestionable

incontrolable *adj* uncontrollable

inconveniente 1 *adj* ◆ inconvenient ◆ *(inoportuno)* unsuitable |**2** *m* ◆ *(objeción)* objection; *(problema)* difficulty ◆ *(desventaja)* disadvantage, drawback

incordiar *vtr fam* to bother, pester

incordio *m fam* nuisance, pain

incorporado,-a *adj* ◆ incorporated [**a**, into] ◆ *Téc* built-in

incorporar *vtr* ◆ *(añadir)* to add ◆ *(incluir)* to incorporate [**a**, into] ■ **incorporarse** *vr* ◆ *(a un grupo)* to join; *(a un empleo)* to start; *Mil* **i. a filas**, to join up ◆ *(sentarse)* to sit up

incorrecto,-a *adj* ◆ *(erróneo)* incorrect, inaccurate ◆ *(descortés)* discourteous, rude

incorregible *adj* incorrigible

incrédulo,-a 1 *adj* ◆ incredulous, *GB* sceptical, *US* skeptical ◆ *Rel* unbelieving |**2** *m,f* ◆ *GB* sceptic, *US* skeptic, disbeliever ◆ *Rel* unbeliever

increíble *adj* incredible, unbelievable

incrementar *vtr*, **incrementarse** *vr* to increase

incremento *m* increase, growth; **i. salarial,** wage rise

incrustar *vtr* to inlay

incubadora *f* incubator

incubar *vtr* to incubate

incuestionable *adj* unquestionable, indisputable

inculcar *vtr (sentimientos, valores)* to instil [**en**, into], *US* to instill

inculpar *vtr* to accuse [**de**, of], to blame [**de**, for]; *Jur* to charge [**de**, with]

inculto,-a 1 *adj (poco instruido, iletrado)* uneducated |**2** *m,f* ignoramus, uneducated person

incultura *f* ignorance, lack of culture

incumbencia *f* concern

incumbir *vi* be incumbent [**a**, upon]

incumplir *vtr* not to fulfil; *(deber)* to

fail to fulfil; *(promesa, contrato)* to break; *(orden)* to fail to carry out

incurrir *vi* to fall [**en,** into]

indagar *vtr* to investigate

indecente *adj* indecent

indeciso,-a *adj* ♦ *(dubitativo)* hesitant, unsure ♦ *(sin decidir)* inconclusive

indefenso,-a *adj* defenceless, helpless

indefinido,-a *adj* ♦ *(sin límites concretos)* indefinite; *(sin precisión)* undefined, vague ♦ *Ling* indefinite

indemnización *f* indemnity, compensation

indemnizar *vtr* to indemnify, compensate [**por,** for]

independencia *f* independence

independiente *adj* independent

independizarse *vr* to become independent

indescriptible *adj* indescribable

indeseable *adj* & *mf* undesirable

indeterminado,-a *adj* ♦ indefinite, vague ♦ *Ling* indefinite

indicación *f* ♦ *(consejo, instrucción)* instruction ♦ *(de tráfico)* indication, sign

indicado,-a *adj* right, suitable

indicador,-ora *m* ♦ indicator ♦ *Téc* gauge, dial, meter

indicar *vtr* to indicate, show, point out

indicativo,-a *adj* & *m* indicative

índice *m* ♦ *(de libro)* index, contents *pl* ♦ *(proporción, tasa)* rate ♦ *Anat* (**dedo**) **í.,** index finger, forefinger

indicio *m* ♦ *(señal)* indication, sign, trace [**de,** of] ♦ *Jur (prueba)* evidence

índico,-a *adj* Indian; **Océano I.,** Indian Ocean

indiferencia *f* indifference

indiferente *adj* ♦ *(irrelevante)* unimportant ♦ *(impasible)* indifferent

indígena 1 *adj* indigenous, native [**de,** to] |**2** *mf* native [**de,** of]

indigencia *f* poverty

indigestión *f* indigestion

indigesto,-a *adj* indigestible, difficult to digest

indignación *f* indignation

indignante *adj* outrageous, shocking

indignar *vtr* to infuriate, make angry ■ **indignarse** *vr* to get indignant [**por,** at, about]

indigno,-a *adj* ♦ *(no merecedor)* unworthy [**de,** of] ♦ *(impropio)* wrong ♦ *(infame, humillante)* wretched, dreadful

indio,-a *adj* & *m,f* Indian ♦|LOC: *fam* **hacer el i.,** to play the fool

indirecta *f fam* hint, insinuation

indirecto,-a *adj* indirect

indisciplinado,-a *adj* undisciplined

indiscreción *f* indiscretion; *(comentario)* tactless remark: **si no es i.,** if you don't mind my asking

indiscreto,-a *adj* indiscreet

indiscriminado,-a *adj* indiscriminate

indiscutible *adj* indisputable

indispensable *adj* indispensable, essential

indispuesto,-a *adj* indisposed, unwell

individual 1 *adj* individual; *(para un solo individuo)* single |**2** *mpl Dep* **individuales,** singles

individualista 1 *adj* individualistic |**2** *mf* individualist

individuo *m* individual

índole *f* ♦ *(carácter)* character, nature ♦ *(clase)* kind, sort

indolente *adj* lazy, indolent

indoloro,-a *adj* painless

indómito,-a *adj (rebelde)* indomitable

inducir *vtr* ♦ to lead ♦ *Fís* to induce

indudable *adj* unquestionable

indulgencia *f* indulgence, leniency

indulgente *adj* indulgent [**con,** towards/about], lenient [**con,** with]

indultar *vtr Jur* to pardon

indulto *m Jur* pardon, amnesty

indumentaria *f* clothing, clothes *pl*

industria *f* industry

industrial 1 *adj* industrial |**2** *mf* industrialist

industrializar *vtr* to industrialize

inédito,-a *adj* ♦ *(no editado)* unpublished ♦ *(desconocido)* unknown

ineficaz *adj* ineffective

ineficiencia *f* inefficiency
ineludible *adj* unavoidable
INEM *m (abr de* **Instituto Nacional** *de Empleo)* national employment office ≈ *GB* Job Centre
inepto,-a 1 *adj* inept, incompetent **|2** *m,f* incompetent person
inequívoco,-a *adj* unmistakable, unequivocal
inercia *f* inertia
inerte *adj* inert
inesperado,-a *adj (no esperado)* unexpected; *(no previsto)* unforeseen
inestable *adj* unstable, unsteady; *(tiempo)* changeable
inevitable *adj* inevitable, unavoidable
inexistente *adj* non-existent
inexorable *adj* inexorable
inexperto,-a *adj* inexperienced
inexplicable *adj* inexplicable
infalible *adj* infallible
infame 1 *adj* ◆ *(pésimo)* dreadful, awful ◆ *(persona)* infamous, vile **|2** *mf* vile person
infancia *f* childhood, infancy
infanta *f* infanta, princess
infante *m* ◆ infante, prince ◆ *Mil* infantryman
infantería *f Mil* infantry
infantil *adj* ◆ *(para niños)* children's ◆ *(propio de niños)* childlike; *pey* childish, infantile
infarto *m Med* heart attack, *US* coronary
infatigable *adj* tireless
infección *f* infection
infeccioso,-a *adj* infectious
infectar *vtr* to infect ■ **infectarse** *vr* to become infected [**de,** with]
infeliz *adj* unhappy
inferior 1 *adj* ◆ *(en posición)* lower ◆ *(en calidad)* inferior ◆ *(en cantidad)* lower, less ◆ *(en rango)* inferior **|2** *mf (persona)* subordinate, inferior
inferioridad *f* inferiority
infernal *adj* infernal, hideous
infestar *vtr* ◆ *(con una plaga)* to be infested with ◆ *(abarrotar)* to overrun, invade
infidelidad *f* infidelity, unfaithfulness
infiel 1 *adj* unfaithful **|2** *mf Rel* infidel
infierno *m* hell
infiltrado,-a *m,f* infiltrator
infiltrar *vtr,* **infiltrarse** *vr* to infiltrate
ínfimo,-a *adj frml* ◆ *(superlativo de* **bajo:** *mínimo)* extremely low ◆ *(superlativo de* **malo:** *sin calidad)* very poor
infinidad *f* infinity
infinitivo,-a *adj* & *m Ling* infinitive
infinito,-a 1 *adj* infinite, endless **|2** *m* ◆ *Mat* infinity ◆ *Fil* the infinite
inflación *f Econ* inflation
inflamable *adj* flammable
inflamación *f Med* inflammation
inflamar *vtr* to inflame ■ **inflamarse** *vr* ◆ to become inflamed
inflar *vtr* ◆ *(un globo, etc)* to inflate, blow up; *Náut (vela)* to swell ◆ *fig (una noticia, historia, etc)* to exaggerate ■ **inflarse** *vr* to inflate; *Náut (vela)* to swell
inflexible *adj* inflexible
infligir *vtr* to inflict
influencia *f* influence
influenciar *vtr* to influence
influir 1 *vtr* to influence **|2** *vi* to have influence [**en,** on]
influyente *adj* influential
información *f* ◆ information ◆ *(de periódico, radio, TV)* news *sing* ◆ *Tel* directory enquiries *pl*
informal *adj* ◆ *(sin protocolo)* informal ◆ *(ropa, estilo)* casual ◆ *(irresponsable)* unreliable
informar 1 *vtr* to inform [**de,** of] **|2** *vi* & *vtr* to report ■ **informarse** *vr* to find out [**de/sobre,** about]; to enquire [**de/sobre,** about]
informática *f* computing, information technology
informático,-a 1 *adj* computer, computing **|2** *m,f* (computer) technician
informativo *m* news (bulletin)
informe *m* ◆ report ◆ **informes,** *(para un empleo)* references
infracción *f* infringement
infractor,-ora *m,f* offender
in fraganti *loc adv* red-handed

infranqueable *adj* ◆ impassable ◆ *(una dificultad)* insurmountable
infrarrojo,-a *adj* infra-red
infringir *vtr* to infringe
infructuoso,-a *adj* unsuccessful, fruitless
infundado,-a *adj* unfounded, groundless
infundir *vtr* to instil, *US* to instill
infusión *f* infusion
ingeniar *vtr* to invent, devise ◆|LOC: **ingeniárselas para hacer algo,** to manage to do sthg
ingeniería *f* engineering
ingeniero,-a *m,f* engineer; **i. agrónomo,** agronomist; **i. de caminos, canales y puertos,** civil engineer
ingenio *m* ◆ *(para idear cosas)* talent, inventiveness ◆ *(para dar respuestas)* wit ◆ *(aparato)* device
ingenioso,-a *adj* ◆ ingenious ◆ *(gracioso, agudo)* witty
ingente *adj* huge, enormous
ingenuo,-a 1 *adj* naive |**2** *m,f* naive person
Inglaterra *f* England
ingle *f Anat* groin
inglés,-esa 1 *adj* English |**2** *m,f (hombre)* Englishman; *(mujer)* Englishwoman; **los ingleses,** the English |**3** *m (idioma)* English
ingratitud *f* ingratitude, ungratefulness
ingrato,-a 1 *adj* ◆ *(persona)* ungrateful ◆ *(objeto, situación)* unpleasant ◆ *(que no compensa)* thankless, unrewarding |**2** *m,f* ungrateful person
ingrediente *m* ingredient
ingresar 1 *vtr* ◆ *Fin (en un banco)* to deposit, pay in; *(recibir ganancias)* to take in ◆ *Med* to admit |**2** *vi* ◆ to enter ◆ *Med* to admit; **i. cadáver,** to be dead on arrival
ingreso *m* ◆ *Fin* deposit ◆ *(entrada)* entry [**en,** into]; *(admisión)* admission [**en,** to] ◆ **ingresos,** *(sueldo, renta)* income *sing*; revenue *sing*
inhabilitar *vtr* to disqualify
inhalador *m Med* inhaler
inhalar *vtr* to inhale
inhibir *vtr* to inhibit ■ **inhibirse** *vr* ◆ to be inhibited
inhóspito,-a *adj* inhospitable
inhumano,-a *adj* inhuman
inhumar *vtr* to bury
inicial *adj* & *f* initial
iniciar *vtr* ◆ *(dar comienzo)* to begin, start; *(poner en marcha)* to initiate ◆ *(introducir)* to initiate [**en,** into] ■ **iniciarse** *vr* ◆ *(comenzar)* to begin, start
iniciativa *f* initiative
inicio *m* beginning, start
inimitable *adj* inimitable
injerencia *f* interference, meddling [**en,** in]
injerto *m* graft
injusticia *f* injustice
injusto,-a *adj* unjust, unfair
inmadurez *f* immaturity
inmaduro,-a *adj* immature
inmediaciones *fpl* neighbourhood *sing*
inmediato,-a *adj* ◆ *(que sucede en seguida)* immediate ◆ *(próximo, contiguo)* next [**a,** to], adjoining
inmejorable *adj (muy bueno)* excellent; *(no superable)* unbeatable
inmenso,-a *adj* immense, vast
inmerecido,-a *adj* undeserved, unmerited
inmersión *f* immersion
inmerso,-a *adj* immersed [**en,** in]
inmigración *f* immigration
inmigrante *adj* & *m,f* immigrant
inmigrar *vi* to immigrate
inminente *adj* imminent, impending
inmiscuirse *vr* to interfere, meddle [**en,** in]
inmobiliaria *f* estate agency, *US* real estate company
inmobiliario,-a *adj* property, real-estate; **agente i.,** estate agent, *US* realtor
inmoral *adj* immoral
inmortal *adj* & *mf* immortal
inmóvil *adj* motionless, immobile, still
inmovilizar *vtr* to immobilize
inmueble 1 *adj* **bienes inmuebles,** real estate |**2** *m* building, property
inmundo,-a *adj* filthy
inmune *adj* immune

inmunidad *f* immunity
inmunizar *vtr* to immunize
inmunodeficiencia *f* immunodeficiency
inmutarse *vr* **escuchó la sentencia sin i.,** he heard the sentence without turning a hair
innato,-a *adj* innate, inborn
innecesario,-a *adj* unnecessary
innovación *f* innovation
innovar *vtr* & *vi* to innovate
innumerable *adj* innumerable, countless
inocencia *f* innocence
inocente 1 *adj* ◆ innocent ◆ *(ingenuo)* gullible **2** *mf* innocent
inodoro,-a 1 *adj* odourless **|2** *m* toilet, lavatory
inofensivo,-a *adj* harmless
inolvidable *adj* unforgettable
inoportuno,-a *adj* inappropriate
inorgánico,-a *adj* inorganic
inoxidable *adj* **acero i.,** stainless steel
inquietar *vtr,* **inquietarse** *vr* to worry
inquieto,-a *adj* ◆ *(preocupado)* worried, [**por,** about] ◆ *(emprendedor)* eager ◆ *(agitado)* restless
inquietud *f* ◆ *(falta de sosiego)* worry ◆ *(nerviosismo)* restlessness ◆ *(interés, inclinacion)* interest
inquilino,-a *m,f* tenant
inquisitivo,-a *adj* inquisitive
insaciable *adj* insatiable
insano,-a *adj* unhealthy
insatisfecho,-a *adj* dissatisfied
inscribir *vtr* ◆ *(en un registro)* to register ◆ *(matricular)* to enrol, *US* enroll ◆ *(grabar)* to inscribe ■ **inscribirse** *vr* ◆ *(en un registro)* to register; *(en un club, etc)* to join ◆ *(matricularse)* to enrol, *US* enroll
inscripción *f* ◆ *(en piedra, metal)* inscription ◆ *(matriculación)* enrolment, *US* enrollment, registration ◆ *(en un registro)* registration
insecticida *m* insecticide
insecto *m* insect
inseguridad *f* ◆ insecurity ◆ *(duda)* uncertainty
inseguro,-a *adj* ◆ *(sin confianza)* insecure ◆ *(vacilante)* uncertain ◆ *(peligroso)* unsafe
inseminar *vtr* to inseminate
insensato,-a 1 *adj* foolish **|2** *m,f* fool
insensible *adj* ◆ *(impasible, inconmovible)* insensitive [**a,** to] ◆ *(difícil de percibir)* imperceptible ◆ *Med (sin sensibilidad)* numb
inseparable *adj* inseparable
insertar *vtr* to insert
inservible *adj* useless
insigne *adj* distinguished
insignia *f* ◆ *(distintivo)* badge ◆ *(bandera)* flag; *Náut* **buque i.,** flagship ◆ *(medalla)* medal
insignificante *adj* insignificant
insinuar *vtr* to insinuate ■ **insinuarse** *vr* **i. a alguien,** to make advances to sb
insípido,-a *adj* ◆ *(soso)* insipid ◆ *(aburrido)* dull
insistencia *f* insistence
insistente *adj* insistent
insistir *vi* to insist [**en/sobre,** on]
insociable *adj* unsociable
insolación *f Med* sunstroke
insolente *adj* insolent
insólito,-a *adj* unheard-of
insoluble *adj* insoluble
insolvencia *f Fin* insolvency
insolvente *adj Fin* insolvent
insomnio *m* insomnia
insonorizado,-a *adj* soundproof
insonorizar *vtr* to soundproof
insoportable *adj* unbearable
insostenible *adj* untenable
inspección *f* inspection
inspeccionar *vtr* to inspect
inspector,-ora *m,f* inspector
inspiración *f* ◆ *(creatividad, genio)* inspiration ◆ *(de aire)* inhalation
inspirar *vtr* ◆ *(sugerir)* to inspire ◆ *(inhalar)* to inhale, breathe in ■ **inspirarse** *vr* to be inspired [**en,** by]
instalación *f* ◆ installation ◆ **instalaciones** *(deportivas, etc)* facilities
instalar *vtr* ◆ to instal, *US* install ◆ *(puesto, tienda)* to set up ■ **instalarse** *vr* to settle (down)

instancia *f* ♦ *(petición)* request ♦ *(escrito)* application form ♦ *Jur* instance
instantánea *f* snapshot
instantáneo,-a *adj* ♦ instantaneous ♦ *(con productos solubles)* instant
instante *m* instant, moment
instaurar *vtr* to found
instigador,-ora *m,f* instigator
instigar *vtr* to instigate
instintivo,-a *adj* instinctive
instinto *m* instinct
institución *f* institution
instituir *vtr* to institute
instituto *m* ♦ *(institución cultural)* institute ♦ *Educ* state secondary school, *US* high school ♦ **i. de belleza,** beauty parlour *o* salon
institutriz *f* governess
instrucción *f* ♦ *(educación, conocimientos)* education ♦ *(de un expediente)* preliminary investigation; **la i. del sumario,** proceedings *pl;* **juez de i.**, examining magistrate ♦ *Mil* drill ♦ *(indicación)* instruction
instrumento *m* instrument; **i. de cuerda/percusión/viento,** stringed/percussion/wind instrument
insubordinado,-a *adj* insubordinate
insubordinarse *vr* to become unruly, to rebel
insuficiencia *f* insufficiency; *Med* **i. renal/respiratoria,** kidney/respiratory failure
insuficiente 1 *adj* insufficient **|2** *m Educ (nota)* fail (F)
insular 1 *adj* insular, island **|2** *mf* islander
insultar *vtr* to insult
insulto *m* insult
insumiso,-a 1 *adj* unsubmissive **|2** *m* person who refuses to do military service or any substitute social work
insuperable *adj* ♦ *(excelente)* unsurpassable ♦ *(no superable, insalvable)* insurmountable
insurrección *f* insurrection
intacto,-a *adj* intact
intachable *adj* irreproachable
integración *f* integration [**en,** into]
integral 1 *adj* integral **|2** *f Mat* integral
integrar *vtr* to compose, make up ■ **integrarse** *vr* to integrate [**en,** with]
integridad *f* integrity
íntegro,-a *adj* ♦ *(completo)* whole, entire ♦ *(honesto, incorruptible)* upright
intelecto *m* intellect
intelectual *adj* & *mf* intellectual
inteligencia *f* intelligence
inteligente *adj* intelligent
intemperie *f* ♦|LOC: **a la i.**, in the open (air)
intempestivo,-a *adj (inoportuno)* untimely; *(inconveniente)* inconvenient, unsuitable
intención *f* intention
intencionado,-a *adj* deliberate
intensidad *f* intensity
intensificar *vtr (hacer más intenso)* to intensify, make stronger; *(hacer más activo)* to step up ■ **intensificarse** *vr* to intensify; *(amistad)* to strengthen
intensivo,-a *adj* intensive
intenso,-a *adj* intense
intentar *vtr* to try, attempt
intento *m* attempt
intercalar *vtr* to insert
intercambiar *vtr* to exchange
intercambio *m* exchange
interceder *vi* to intercede [**a favor de,** on sb's behalf]
interceptar *vtr* ♦ *(apoderarse)* to intercept ♦ *(bloquear, detener)* to block
intercontinental *adj* intercontinental
interés *m* ♦ interest ♦ *(provecho personal)* self-interest ♦ *Fin* interest
interesado,-a 1 *adj* ♦ interested [**en,** in] ♦ *(egoísta)* selfish **|2** *m,f* interested person; **los interesados,** those interested *o* concerned
interesante *adj* interesting
interesar 1 *vtr* ♦ *(inspirar interés)* to interest ♦ *(incumbir)* to concern **|2** *vi (ser motivo de interés)* to be of interest, to be important ■ **interesarse** *vr* **i. por** *o* **en,** to be interested in
interferencia *f* interference; *Rad TV* jamming
interferir *vtr* ♦ to interfere [**con,** with] ♦ *Rad TV* to jam

interfono *m Tel* intercom

interino,-a *m,f* temporary worker

interior 1 *adj* ♦ inner, inside, interior; **ropa i.**, underwear ♦ *(espiritual)* inward, interior ♦ *Pol* domestic, internal; **comercio i.**, inland trade ♦ *Geog* inland |**2** *m* ♦ inside, interior ♦ *Geog* interior ♦ *Pol* **Ministerio del I.**, Home Office, *US* Department of the Interior ♦ *Cine (usu pl)* interiors *pl*

interiorizar *vtr* to internalize

interjección *f Ling* interjection

interlocutor,-ora *m,f* speaker; *(en una negociación)* negotiator

intermediario *m* ♦ *Com* middleman ♦ *(en una negociación)* mediator

intermedio,-a 1 *adj* intermediate |**2** *m TV (de una película, un programa)* break, interval

interminable *adj* endless

intermitente 1 *adj* intermittent |**2** *m Auto* indicator

internacional *adj* international

internado *m* boarding school

internar *vtr* to confine ■ **internarse** *vr* ♦ *(penetrar)* to advance [**en,** into] ♦ *Dep* to break through

Internet *f* Internet

interno,-a 1 *adj* ♦ internal ♦ *Pol* domestic ♦ |**2** *m,f (alumno)* boarder; *Med (enfermo)* patient; *(preso)* inmate

interponer *vtr* ♦ to insert [**entre,** between] ♦ *Jur* to lodge ■ **interponerse** *vr* to intervene [**entre,** between]

interpretación *f* ♦ interpretation ♦ *Mús Teat* performance

interpretar *vtr* ♦ to interpret ♦ *Teat (un papel)* to play; *(obra)* to perform; *Mús* to play, perform

intérprete *mf* ♦ *(traductor)* interpreter ♦ *Teat (actor)* performer; *Mús (cantante)* singer; *(músico)* performer

interrogación *f* ♦ interrogation ♦ *Ling* (**signo de**) **i.**, question *o* interrogation mark

interrogar *vtr* to interrogate

interrogatorio *m* interrogation

interrumpir *vtr* to interrupt; *(tráfico)* to block

interrupción *f* interruption

interruptor *m Elec* switch

intersección *f* intersection

interurbano,-a *adj* intercity

intervalo *m* interval

intervención *f* intervention

intervenir 1 *vi (mediar)* to intervene [**en,** in]; *(participar)* to take part [**en,** in] |**2** *vtr* ♦ *(un alijo de droga, etc)* to confiscate, to seize ♦ *(bloquear una cuenta bancaria)* to block ♦ *(un teléfono)* to tap ♦ *Med (a un paciente)* to operate on

interviú *f* interview

intestino *m Anat* intestine

intimar *vi* to become close [**con,** to]

intimidad *f* ♦ *(relación)* intimacy ♦ *(vida privada)* private life

intimidar *vtr* to intimidate

íntimo,-a *adj* ♦ *(muy profundo, interno)* intimate ♦ *(reservado, no público)* private ♦ *(amistad)* close

intolerante 1 *adj* intolerant |**2** *mf* intolerant person

intoxicación *f* poisoning

intoxicar *vtr* to poison

intranquilidad *f* worry

intranquilo,-a *adj (angustiado)* worried; *(en movimiento continuo)* restless

intransigente *adj* intransigent

intransitable *adj* impassable

intransitivo,-a *adj Ling* intransitive

intravenoso,-a *adj* intravenous

intrépido,-a *adj* intrepid

intriga *f* ♦ *(maquinación)* intrigue ♦ *Cine Teat (trama)* plot ♦ *(curiosidad intensa)* curiosity; **sentir i.**, to be intrigued

intrigar *vtr* to intrigue, interest

intrincado,-a *adj* ♦ *(problema)* intricate ♦ *(camino)* hard, winding

intrínseco,-a *adj* intrinsic

introducción *f* introduction

introducir *vtr* ♦ to introduce ♦ *(meter)* to insert, put in

intromisión *f* meddling, interference

introspectivo,-a *adj* introspective

introvertido,-a 1 *adj* introverted |**2** *m,f* introvert

intruso,-a 1 *adj* intrusive |**2** *m,f* intruder; *Jur* trespasser

intuición *f* intuition

intuir *vtr* ◆ to know by intuition ◆ *(sospechar)* to suspect
inundación *f* flood
inundar *vtr* to flood
inútil 1 *adj* ◆ *(sin utilidad)* useless; *(sin resultado)* vain, pointless ◆ *Mil* unfit (for service) **|2** *mf fam* good-for-nothing
inutilizar *vtr* to make *o* render useless
invadir *vtr* to invade
invalidar *vtr* to invalidate
invalidez *f* ◆ *Jur (nulidad)* invalidity ◆ *Med (minusvalía)* disability
inválido,-a 1 *adj* ◆ *Jur (nulo)* invalid ◆ *Med (minusválido)* disabled, handicapped **|2** *m,f Med* disabled *o* handicapped person
invariable *adj* invariable
invasión *f* invasion
invasor,-ora 1 *adj* invading **|2** *m,f* invader
invencible *adj* ◆ *(no derrotable)* invincible ◆ *(no superable)* insurmountable
invención *f* invention
inventar *vtr* ◆ *(un objeto, una técnica)* to invent ◆ *(excusa, mentira)* to make up, to concoct
inventario *m* inventory
invento *m* invention
inventor,-ora *m,f* inventor
invernadero *m* greenhouse
invernar *vi* to hibernate
inverosímil *adj* unlikely, implausible
inversión *f* ◆ *(de tiempo, dinero, esfuerzo)* investment ◆ *(de una magnitud, una figura)* inversion
inverso,-a *adj* opposite; *(orden)* reverse
inversor,-ora *m,f Fin* investor
invertebrado,-a *adj* & *m Zool* invertebrate
invertir *vtr* ◆ *(orden, magnitudes)* to invert, reverse ◆ *(dinero, tiempo, esfuerzo)* to invest [**en,** in]
investigación *f* ◆ *(pesquisa, indagación)* investigation ◆ *(estudio riguroso)* research
investigador,-ora *m,f* ◆ *(detective)* investigator ◆ *(científico)* researcher, research worker
investigar *vtr* ◆ *(estudiar)* to research ◆ *(indagar)* to investigate
invidente 1 *adj* sightless, blind **|2** *mf* blind person
invierno *m* winter
invisible *adj* invisible
invitación *f* invitation
invitado,-a *m,f* guest
invitar *vtr* to invite
in vitro *adj inv* in vitro
involucrar *vtr* to involve [**en,** in] ■ **involucrarse** *vr* to get involved [**en,** in]
involuntario,-a *adj* involuntary
inyección *f* injection
inyectar *vtr* to inject [**en,** into]
IPC *m (abr de* ***índice de precios al consumo****)* consumer price index, CPI
ir 1 *vi* ◆ *(dirigirse a un lugar)* to go: **voy a París,** I'm going to Paris ◆ *(acudir regularmente)* to go: **va al colegio,** he goes to school ◆ *(conducir a)* to lead, go to: **esta carretera va a Londres,** this road leads to London ◆ *(abarcar)* to cover: **las lecciones que van desde la página 1 a la 53,** the lessons on pages 1 to 53 ◆ *(guardarse habitualmente)* **va al lado de éste,** it goes beside this one ◆ *(mantener una posición)* to be: **va el primero,** he's in first place ◆ *(tener un estado de ánimo, una apariencia)* to be: **iba furioso/radiante,** he was furious/radiant; **vas muy guapa,** you look very smart ◆ *(desenvolverse)* **¿cómo te va?,** how are things? *o* how are you doing? ◆ *(funcionar)* to work (properly): **el reloj no va,** the clock doesn't go ◆ *(sentar bien)* to suit: **ese corte de pelo no te va nada,** that haircut doesn't suit you at all ◆ *(combinar)* to match, go: **el rojo no va con el celeste,** red doesn't go with pale blue ◆ *(vestir)* to wear; **ir de negro/de uniforme,** to be dressed in black/in uniform ◆ *fam (importar, concernir)* to concern: **eso va por ti también,** and the same goes for you ◆|LOC: *(ir + de) fam (tratar)* to be about: **¿de qué va la película?,** what's the film about? ◆ *(ir + por)* **ir por la derecha,** to keep (to the) right; *(ir a buscar)* **ve (a) por agua,** go and fetch some water;

(haber llegado) **voy por la página noventa,** I've got as far as page ninety ◆ *(ir + para) (tener casi, estar cercano a)* **va para los cuarenta,** she's getting on for forty; *(encaminarse a)* **iba para ingeniero,** he was studying to be an engineer ◆ **a eso iba,** I was coming to that; **¡qué va!,** of course not! *o* nothing of the sort!; **¡vamos a ver!,** let's see!; **van a lo suyo,** they look after their own interests; **ir a parar,** to end up |2 *v aux* ◆ *(ir + gerundio)* **ir caminando,** to go on foot; **va mejorando,** he's improving ◆ *(ir a + inf)* **vas a caerte,** you'll fall; **iba a decir que,** I was going to say that; **va a nevar,** it's going to snow ■ **irse** *vr* ◆ *(marcharse)* to go away, leave: **¡vámonos!,** let's go!; **¡vete!,** go away!; **vete a casa,** go home ◆ *(líquido, gas) (escaparse)* to leak ◆ *(direcciones)* **¿por dónde se va a...?,** which is the way to...? ◆ *(gastar)* to go, to be spent

ira *f* wrath, anger

irascible *adj* irascible, irritable

iris *m inv* iris; **arco i.,** rainbow

Irlanda *f* Ireland; **I. del Norte,** Northern Ireland

irlandés,-esa 1 *adj* Irish |**2** *m,f (hombre)* Irishman; *(mujer)* Irishwoman; **los irlandeses,** the Irish |**3** *m (idioma)* Irish

ironía *f* irony

irónico,-a *adj* ironic

IRPF *m (abr de* ***Impuesto sobre la Renta de las Personas Físicas****)* income tax

irracional *adj* irrational

irradiar *vtr* ◆ *(luz, calor, alegría)* to radiate ◆ *LAm fig (expulsar)* to expel

irreal *adj* unreal

irreconocible *adj* unrecognizable

irrefutable *adj* irrefutable

irregular *adj* irregular

irrelevante *adj* irrelevant

irremediable *adj* irremediable

irreparable *adj* irreparable

irrepetible *adj* unrepeatable

irreprochable *adj* irreproachable, blameless

irresistible *adj* ◆ *(ganas, atractivo, persona)* irresistible ◆ *(inaguantable)* unbearable

irresponsable *adj* irresponsible

irrigar *vtr* to irrigate, water

irrisorio,-a *adj* derisory, laughable, ridiculous

irritación *f* irritation

isósceles *m Mat* isosceles

IVA *m (abr de* ***Impuesto sobre el Valor Añadido, LAm Impuesto sobre el Valor Agregado****)* value-added tax, VAT

izq. *(abr de* ***izquierdo,-a****)* left

izquierdo,-a 1 *adj* left |**2** *f (mano)* left hand ◆ *(lado)* **la izquierda,** the left ◆ *Pol* the left; **una política/un partido de izquierda(s),** a left-wing policy/party

J

J, j *f (letra)* J, j

jabalí *m Zool* wild boar

jabalina *f Dep* javelin

jabón *m* soap

jabonera *f* soapdish

jacinto *m Bot* hyacinth

jactancia *f frml* boastfulness

jactarse *vr* to boast, brag [**de,** about]

jadear *vi* to pant, gasp

jadeo *m* panting, gasping

jalea *f* jelly
jalear *vtr* to cheer (on)
jaleo *m* ♦ *(ruido)* din, racket; **armar j.**, to make a racket ♦ *(situación confusa)* muddle ♦ *(bronca)* row
jamás *adv* ♦ *(nunca)* never ♦ *(alguna vez)* ever; **la peor historia j. contada**, the worst story ever told ♦ *(intensificador)* **nunca j.**, never again
jamón *m* ham
jaque *m Ajedrez* check; **j. mate**, checkmate
jaqueca *f* migraine
jara *f Bot* rockrose
jarabe *m* syrup
jardín *m* garden; **j. de infancia**, nursery school, kindergarten
jardinera *f* window box
jardinería *f* gardening
jardinero,-a *m,f* gardener
jarra *f* jug
jarro *m* ♦ *(recipiente)* jug ♦ *(contenido)* jugful
jarrón *m* vase
jaspe *m Min* jasper
jaula *f (para animales)* cage
jazmín *m Bot* jasmine
jefa *f* female boss, manageress
jefatura *f* ♦ *(cargo, dirección)* leadership ♦ *(sede)* central office; **j. de Policía**, police headquarters
jefe,-a *m,f* ♦ boss; *Com* manager; *(líder)* leader; **j. de estación**, stationmaster; **j. de Estado**, Head of State
Jehová *m* Jehovah; **testigos de J.**, Jehovah's Witnesses
jengibre *m Bot* ginger
jeque *m* sheik, sheikh
jerarquía *f* ♦ hierarchy ♦ *(grado, escalafón)* rank
jerárquico,-a *adj* hierarchical
jerez *m* sherry
jerga *f (de un grupo profesional)* jargon; *(argot)* slang
jeringuilla *f* syringe
jeroglífico,-a 1 *adj* hieroglyphic **|2** *m* ♦ *Ling* hieroglyph, hieroglyphic ♦ *(pasatiempo)* rebus
jersey *m* sweater, pullover, jumper
Jesucristo *m* Jesus Christ
jesuita *adj* & *mf* Jesuit
Jesús 1 *m* Jesus **|2** *excl* ♦ *(expresa sorpresa)* good heavens! ♦ *(al estornudar)* bless you!
jet *f* jet set
jicote *m LAm* wasp
jilguero,-a *m,f Orn* goldfinch
jinete *m* rider, horseman
jipijapa *m* panama hat
jirafa *f Zool* giraffe
jirón *m* ♦ *(trozo de tela)* shred, strip ♦ *(parte desgarrada de algo)* bit, scrap
joder 1 *vtr vulgar* to fuck **|2** *excl* shit
jornada 1 *f* ♦ *(día de trabajo)* working day; **trabajo de media j./j. completa**, part-time/full-time work ♦ *(día)* day ♦ *(día de viaje)* day's journey **|2** *fpl* **jornadas**, conference *sing*
joroba 1 *f* hump **|2** *excl* drat!
jorobado,-a 1 *adj* hunchbacked **|2** *m,f* hunchback
jorobar *fam vtr* ♦ *(molestar, enfadar)* to annoy, bother ♦ *(arruinar, estropear)* to ruin, wreck ■ **jorobarse** *vr* ♦ *(fastidiarse)* to grin and bear it ♦ *(estropearse)* to break
jota *f (de una baraja)* jack
joven 1 *adj* young **|2** *mf (hombre)* youth, young man; *(mujer)* girl, young woman ♦ **los jóvenes**, young people, youth
jovial *adj* jovial, good-humoured
joya *f* ♦ jewel, piece of jewellery ♦ *(persona)* **es una j.**, he's a real treasure
joyería *f* jewellery shop, jeweller's (shop)
joyero,-a 1 *m,f* jeweller **|2** *m* jewel case *o* box
juanete *m* bunion
jubilación *f* ♦ *(retirada del trabajo)* retirement ♦ *(pensión)* pension
jubilado,-a 1 *adj* retired **|2** *m,f* retired person, pensioner; **los jubilados**, retired people
jubilarse *vr* to retire
judaísmo *m* Judaism
judería *f* Jewish quarter

judía *f Bot (seca)* bean; *(verde)* green bean
judicial *adj* judicial
judío,-a 1 *adj* Jewish **|2** *m,f* Jew
judo *m Dep* judo
juego *m* ◆ game; **j. de cartas,** card game; **j. de palabras,** play on words, pun ◆ *(de apuestas)* gambling ◆ *Dep* game; **Juegos Olímpicos,** Olympic Games; **terreno de j.,** *Ten* court; *Ftb* field; **estar fuera de j.,** to be offside ◆ *(coordinado)* set; **j. de sábanas,** set of sheets
juerga *f fam* binge, rave-up
juerguista 1 *adj* fun-loving **|2** *mf* fun-loving person, raver
jueves *m inv* Thursday; **J. Santo,** Maundy Thursday
juez *mf* judge; **j. de instrucción,** examining magistrate; **j. de paz,** justice of the peace; **j. de línea,** linesman; **j. de silla,** umpire
jugada *f* ◆ move; *(en billar)* shot ◆ *(faena)* dirty trick
jugador,-ora *m, f* ◆ player ◆ *(persona con vicio de apostar)* gambler
jugar 1 *vi* ◆ to play ◆ *(no tomar en serio, manipular)* **j. con,** to toy with **|2** *vtr* ◆ to play: **jugamos una partida de ajedrez,** we had a game of chess ◆ *(apostar)* to bet, stake ■ **jugarse** *vr* ◆ *(arriesgar)* to risk ◆ *(apostar)* to bet, stake
jugo *m* juice
jugoso,-a *adj* juicy, succulent
juguete *m* toy
juguetear *vi* to play
juguetería *f* toy shop
juguetón,-ona *adj* playful
juicio *m* ◆ *(facultad mental)* judgement, discernment ◆ *(parecer, criterio)* opinion, judgement ◆ *(sentido común)* reason, common sense ◆ *Jur* trial, lawsuit; **llevar a alguien a j.,** to take legal action against sb, sue sb ◆|LOC: **perder el j.,** to go mad *o* insane
julio *m* ◆ *(mes)* July ◆ *Fís* joule
junco *m* ◆ *Bot* rush ◆ *Náut* junk
jungla *f* jungle
junio *m* June
junta *f* ◆ *(reunión)* meeting, assembly ◆ *(grupo de dirección)* board, committee; **j. directiva,** board of directors ◆ *Téc* joint
juntar *vtr* ◆ *(unir)* to join, put together; *(ensamblar)* to assemble ◆ *(personas)* to gather ◆ *(coleccionar)* to collect ◆ *(una cantidad de dinero)* to raise ■ **juntarse** *vr* ◆ *(aproximarse, unirse)* to join; *(converger)* to meet ◆ *(congregarse)* to gather
junto,-a 1 *adj* together **|2** *adv* **junto** ◆ *(cerca de)* **j. a,** next to ◆ *(en colaboración con, además de)* **j. con,** together with
jurado *m* ◆ *(tribunal)* jury; *(en un concurso)* panel of judges ◆ *(miembro del tribunal)* juror, member of the jury
juramento *m* oath
jurar 1 *vi Jur Rel* to swear, take an oath **|2** *vtr* to swear ■ **jurarse** *vr* to swear
jurel *m* scad, horse mackerel
jurídico,-a *adj* legal
jurisdicción *f* jurisdiction
jurisdiccional *adj* jurisdictional; **aguas jurisdiccionales,** territorial waters
jurista *mf* jurist, lawyer
justamente *adv* ◆ *(con justicia)* fairly; *(merecidamente)* deservedly ◆ *(exactamente)* right; *(precisamente)* precisely
justicia *f* justice
justificación *f* justification
justificante *m* written proof
justificar *vtr* to justify ■ **justificarse** *vr* to excuse oneself
justo,-a 1 *adj* ◆ just, fair, right ◆ *(adecuado, idóneo)* right, accurate ◆ *(exacto)* exact ◆ *(preciso)* very ◆ *(apretado)* tight **|2** *adv* **justo** *(exactamente)* exactly, precisely, just; **j. ahora,** just now
juvenil *adj* youthful, young
juventud *f* ◆ *(edad)* youth ◆ *(jóvenes)* young people
juzgado *m* court, tribunal
juzgar *vtr* to judge

K

K, k *f (letra)* K, k
kárate *m Dep* karate
kilo *m* ◆ *(unidad de peso)* kilo ◆ *fig (cantidad excesiva)* ton, loads ◆ *argot (millón)* a million pesetas
kilogramo *m* kilogram, kilogramme
kilometraje *m* mileage
kilómetro *m* kilometre, *US* kilometer
kilovatio *m* kilowatt
kimono *m* kimono
kiosco *m* ➛ **quiosco**
kiwi *m* ◆ *Orn* kiwi ◆ *(fruto)* kiwi (fruit)
Kleenex® *m* Kleenex®, tissue
koala *m Zool* koala (bear)
kung fu *m* kung fu

L

L, l *f (letra)* L, l
l *(abr de litro)* litre, *US* liter, 1
la¹ *art def f* ◆ the; **la camisa,** the shirt ◆ *(cuando el nombre está elidido)* the one, **la de Juan,** Juan's ➛ **el**
la² *pron pers f* ◆ *(persona)* her: **me la encontré,** I met her; *(usted)* you: **la recogeré a las tres, madre,** I'll fetch you at three o'clock, mother ◆ *(cosa)* it: **la encontré,** I found it ➛ **le**
la³ *m Mús* la, A
laberinto *m* labyrinth
labia *f fam* loquacity
labio *m* lip
labor *f* ◆ job, task ◆ *Agr* farmwork ◆ *(de costura)* needlework, sewing
laborable *adj* **día l.,** working day
laboral *adj* industrial, labour
laboratorio *m* laboratory
laborioso,-a *adj* ◆ *(trabajador)* hardworking ◆ *(trabajoso)* laborious
laborista *Pol* **1** *adj* Labour; **partido l.,** Labour Party **|2** *mf* Labour Party member
labrador,-ora *m,f* ◆ *(dueño de sus tierras)* farmer ◆ *(asalariado)* farm worker
labrar *vtr* ◆ *Agr* to farm ◆ *(la madera)* to carve; *(un mineral)* to cut; *(un metal)* to work ■ **labrarse** *vr* to build (for oneself)
laca *f* ◆ lacquer; *(para el pelo)* hairspray
lacio,-a *adj* ◆ *(cabello)* lank, limp ◆ *(lánguido)* languid, weak
lacra *f* evil, curse
lactante *mf* unweaned baby
lácteo,-a *adj* milky, milk; **productos lácteos,** dairy products; *Astron* **Vía Láctea,** Milky Way
ladear *vtr* to tilt
ladera *f* slope

lado *m* ◆ side; **a un l.,** aside ◆ *(lugar)* place ◆ *(camino, dirección)* direction, way: **nos fuimos por otro l.,** we went another way ◆|LOC: **al l.,** close by, nearby; **al l. de,** next to, beside; **por un l. ..., por otro l. ...,** on the one hand..., on the other (hand)...

ladrar *vi* to bark

ladrillo *m* brick

ladrón,-ona 1 *m,f* thief, robber |**2** *m Elec* multiple socket *o* adaptor

lagartija *f* small lizard

lagarto *m* lizard

lago *m* lake

lágrima *f* tear

laguna *f* ◆ small lake ◆ *(de la memoria, de un trabajo)* gap

laico,-a 1 *adj* lay, secular |**2** *m,f* lay person; *(hombre)* layman; *(mujer)* laywoman

lamentar *vtr* to regret ■ **lamentarse** *vr* to complain

lamento *m* moan, wail

lamer *vtr* to lick

lámina *f* ◆ *(porción plana y fina)* sheet, plate ◆ *Impr* plate ◆ *(estampa)* print

lámpara *f* lamp; *(de pie)* standard lamp, *US* floor lamp

lana *f* wool

lanar *adj* **ganado l.,** sheep

lancha *f* motorboat, launch; **l. neumática,** rubber dinghy; **l. salvavidas,** lifeboat

langosta *f Zool* ◆ *(de mar)* lobster ◆ *(de tierra)* locust

langostino *m Zool* king prawn

languidecer *vi* to languish

lánguido,-a *adj* ◆ *(apagado)* languid ◆ *(sin fuerzas)* listless

lanza *f* spear

lanzadera *f* shuttle

lanzado,-a *adj fam* reckless

lanzamiento *m* ◆ *(de un objeto)* throwing, hurling ◆ *(de un producto, misil)* launch; **oferta de l.,** introductory offer ◆ *Dep (de jabalina, disco)* throw; *(de peso)* put

lanzar *vtr* ◆ *(arrojar)* to throw ◆ *(insulto, grito)* to let out ◆ *Mil & Com* to launch ■ **lanzarse** *vr* ◆ *(tirarse, arrojarse)* to throw *o* hurl oneself ◆ *(iniciar una tarea)* to embark on

lapa *f Zool* limpet

lapicero *m* pencil

lápida *f* headstone

lápiz *m* pencil; **l. de labios,** lipstick; **l. de ojos,** eyeliner

lapso *m* ◆ *(de tiempo)* lapse, space ◆ *(lapsus)* lapse, slip

lapsus *m* lapse, slip

largarse *vr fam* to clear off, *US* split

largo,-a 1 *adj* long |**2** *m* ◆ length: **¿cuánto tiene de l.?,** how long is it?; **a lo l. de,** *(longitud)* along; *(tiempo)* through ◆ *Natación* length |**3** *adv* **largo,** at length

largometraje *m* feature film

laringe *f* larynx

las[1] *art def fpl* ◆ the; **l. camisas,** the shirts ◆ **l. que,** *(personas)* the ones who, those who; *(cosas)* the ones that, those that: **compra las que te gusten,** buy the ones you like → **la**

las[2] *pron pers fpl (a ellas)* them; *(a ustedes)* you: **l. veré el lunes,** I'll see you this Monday; **no l. estropees,** don't damage them → **la, les** *y* **los**

lasaña *f* lasagne

láser *m inv* laser

lástima *f* pity

lastimar *vtr* to hurt, injure

lastre *m* ◆ *(de barco, globo)* ballast ◆ *(rémora)* dead weight

lata *f* ◆ *(bote)* tin, *US* can ◆ *fam* nuisance, pain (in the neck)

lateral 1 *adj* side, lateral |**2** *m* side

latido *m* beat

latifundio *m* large estate

latigazo *m* ◆ lash ◆ *(dolor intenso)* sharp pain

látigo *m* whip

latín *m* Latin

latino,-a 1 *adj* Latin; **América Latina,** Latin America |**2** *m,f* Latin American

Latinoamérica *f* Latin America

latinoamericano,-a *adj* & *m,f* Latin American

latir *vi* to beat

latitud *f* latitude
latón *m* brass
laurel **1** *m Bot* laurel; *Culin* bay leaf **|2** *mpl* **laureles**, success, glory
lava *f* lava
lavable *adj* washable
lavabo *m* ◆ *(pila)* washbasin ◆ *(cuarto de baño)* washroom; *(en una cafetería, tienda)* lavatory, toilet
lavado *m* wash, washing; **l. en seco,** dry-cleaning
lavadora *f* washing machine
lavanda *f* lavender
lavandería *f* ◆ *(autoservicio)* launderette, *US* laundromat ◆ *(con personal)* laundry
lavaplatos *m inv* dishwasher
lavar *vtr* to wash
lavavajillas *m inv* dishwasher
laxante *adj* & *m* laxative
lazo *m* ◆ *(lazada)* bow ◆ *(nudo)* knot ◆ *fig (usu pl) (vínculo, relación)* tie, bond
le **1** *pron pers mf (objeto indirecto) (a él)* (to *o* for) him; *(a ella)* (to *o* for) her; *(a usted)* (to *o* for) you; *(a una cosa)* (to *o* for) it **|2** *pron pers m (objeto directo) (él)* him; *(usted)* you
leal *adj* loyal; *(un animal)* faithful
lealtad *f* loyalty, faithfulness
lección *f* lesson
lechal *m adj* suckling lamb
leche *f* ◆ milk; **l. descremada** *o* **desnatada,** skim *o* skimmed milk; **l. entera,** full-fat milk, *US* whole milk ◆ *Cosm* milk, cream ◆ *fam* **mala l.,** nastiness
lechero,-a **1** *adj* milk, dairy **|2** *m* milkman
lecho *m* ◆ *frml (cama)* bed ◆ *(fondo)* **l. del río,** river-bed
lechón *m* suckling pig
lechuga *f* lettuce
lechuza *f* owl
lector,-ora **1** *m,f* ◆ *(persona)* reader ◆ *Univ* (language) assistant **|2** *m (aparato)* reader; **l. de (discos) compactos,** CD player
lectura *f* reading
leer *vtr* to read
legal *adj* legal
legalidad *f* legality
legalizar *vtr* ◆ to legalize ◆ *(certificar)* to authenticate
legaña *f* sleep
legendario,-a *adj* legendary
legión *f* legion
legislación *f* legislation
legislar *vi* to legislate
legislativo,-a *adj* legislative
legislatura *f* legislature: **el presidente no agotará la l.,** the Prime Minister won't finish his term of office
legitimidad *f Jur* legitimacy, lawfulness
legítimo,-a *adj* ◆ *Jur* legitimate, lawful ◆ *(puro, genuino)* authentic, real
legumbre *f* pulse, legume
lehendakari *m* head of the Basque government
lejanía *f* distance
lejano,-a *adj* distant, far-off; **el L. Oeste,** the Far West
lejía *f* bleach
lejos *adv* far (away); **a lo l.,** in the distance; **de l.,** from a distance; **l. de,** far from
lelo,-a *fam* **1** *adj* stupid, silly **|2** *m,f* dummy, dimwit
lema *m* ◆ *(de una compañía, persona)* motto, slogan ◆ *(en un diccionario)* headword
lencería *f* lingerie
lengua *f* ◆ *Anat* tongue ◆ *Ling* language; **l. materna,** native *o* mother tongue
lenguado *m* sole
lenguaje *m* language
lengüeta *f* ◆ *Mús* reed ◆ *(del calzado)* tongue
lente *mf* lens
lenteja *f Bot* lentil
lentejuela *f* sequin
lentilla *f* contact lens
lentitud *f* slowness
lento,-a **1** *adj* slow **|2** *adv* slowly
leña *f* firewood
leñador,-ora *m,f* woodcutter
leño *m* log
Leo *m Astrol* Leo
león *m Zool* lion

leona *f Zool* lioness
leopardo *m Zool* leopard
leotardos *mpl* thick tights
lepra *f* leprosy
leproso,-a 1 *adj* leprous **|2** *m,f* leper
les 1 *pron pers mpl (objeto directo) (ellos)* them; *(ustedes)* you **|2** *pron pers mfpl (objeto indirecto) (a ellos,-as)* them; *(a ustedes)* you
lesbiana *f* lesbian
lesión *f* ◆ *(física)* injury ◆ *(económica, moral)* damage
lesionar *vtr* to injure
letal *adj* lethal
letargo *m* lethargy
letra 1 *f* ◆ letter ◆ *(manera de escribir)* handwriting, writing ◆ *Mús* words *pl* ◆ *Fin* **l. (de cambio)**, bill of exchange; *(de un pago aplazado)* instalment **|2** *fpl Univ* **Letras**, Arts *pl*
letrado,-a *m,f Jur* lawyer
letrero *m* notice, sign
leucemia *f Med* leukaemia, *US* leukemia
levadura *f* yeast; **l. en polvo,** baking powder
levantamiento *m* ◆ raising, lifting; *Dep* **l. de pesos,** weightlifting ◆ *(de un pueblo)* uprising, insurrection
levantar *vtr* ◆ to lift; **l. la voz/mano,** to raise one's voice/hand ◆ *(una construcción, un monumento)* to erect ◆ *fig (el ánimo)* to raise; *(sublevar)* to make rise ◆ *(poner fin)* to lift ■ **levantarse** *vr* ◆ *(de una silla, del suelo)* to stand up, rise; *(de la cama)* to get up ◆ *(para protestar)* to rise, revolt ◆ *(viento, brisa)* to get up; *(una tormenta)* to gather ◆ *(acabar)* to finish
levante *m* ◆ east ◆ *(viento del este)* east wind ◆ **(el) L., español,** the regions of Valencia and Murcia
leve *adj* slight
léxico,-a *m* vocabulary, word list
ley *f* law; **oro de l.,** pure gold; **plata de l.,** sterling silver
leyenda *f* ◆ *(narración)* legend ◆ *(inscripción)* inscription, lettering
liar *vtr* ◆ *(envolver)* to wrap up; *(un cigarro)* to roll ◆ *(embrollar)* to muddle up; *(aturdir)* to confuse ■ **liarse** *vr* ◆ *(embrollarse)* to get muddled up ◆ *fam (tener un idilio)* to get involved
libelo *m* libel
libélula *f Zool* dragonfly
liberación *f (de una ciudad)* liberation; *(de un prisionero)* release, freeing
liberal *adj* & *mf* liberal
liberalizar *vtr* to liberalize
liberar *vtr (de un invasor, opresor, etc)* to liberate; *(sacar de la cárcel)* to free, release
libertad *f* freedom, liberty; *Jur* **l. condicional,** parole; **l. bajo fianza,** bail; **l. de comercio,** free trade; **l. de culto/prensa,** freedom of worship/the press
libertino,-a *adj* & *m,f* libertine
Libra *f Astrol* Libra
libra *f Medida Fin* pound; **l. esterlina,** pound sterling
librar 1 *vtr* ◆ to free ◆ *(una orden de pago)* to draw **|2** *vi (tener el día libre)* **libra los fines de semana,** he has weekends off ■ **librarse** *vr* ◆ to escape ◆ *(deshacerse, desentenderse)* to get rid of
libre *adj* free
librería *f* ◆ *(establecimiento)* bookshop, *US* bookstore ◆ *(mueble)* bookcase
librero,-a *m,f* bookseller
libreta *f* ◆ notebook ◆ *Fin (cartilla)* passbook
libro *m* book
licencia *f* ◆ *(autorización)* permission; *(documento oficial)* permit, licence, *US* license
licenciado,-a *m,f* ◆ *Univ* graduate; **l. en Ciencias/Humanidades,** Bachelor of Science/Arts ◆ *LAm* lawyer
licenciar *vtr Mil* to discharge ■ **licenciarse** *vr* ◆ *Univ* to graduate ◆ *Mil* to be discharged
licenciatura *f Univ (titulación superior)* (bachelor's) degree; *(estudios superiores)* degree (course)
liceo *m* ◆ lyceum ◆ *(de enseñanza secundaria)* secondary school
lícito,-a *adj* ◆ *Jur* lawful ◆ *frml (permisible)* allowed

licor *m* liquor, spirits *pl*, *US* liqueur
licuadora *f* blender
líder *mf* leader
liderar *vtr* to lead
liderato, liderazgo *m* ◆ leadership ◆ *Dep* top *o* first position
lidia *f* bullfighting
lidiar 1 *vtr Taur* to fight |**2** *vi* to fight
liebre *f* ◆ *Zool* hare ◆ *Dep* pacemaker
liendre *f* nit
lienzo *m* ◆ *Arte* canvas ◆ *Tex* linen
lifting *m* facelift
liga *f* ◆ *Dep Pol* league ◆ *(prenda femenina)* garter
ligamento *m Anat* ligament
ligar 1 *vtr* ◆ *(unir)* to join; *fig* **mis recuerdos me ligan a esta ciudad**, my memories bind me to this town ◆ *(relacionar)* to link |**2** *vi fam (seducir)* to pick up
ligereza *f* ◆ lightness; *(de un tejido)* flimsiness ◆ *(falta de responsabilidad)* flippancy; *(en el comportamiento)* indiscretion; *(comentario)* indiscreet remark ◆ *(prontitud, velocidad)* speed
ligero,-a 1 *adj* ◆ *(de poco peso)* light, lightweight ◆ *(rápido)* swift, quick ◆ *(acento, etc)* slight; *(cena, brisa)* light ◆ *(poco serio)* light |**2** *adv* **ligero** *(veloz)* fast, swiftly
light *adj inv* **fuma Camel l.**, he smokes Camel lights
ligón,-ona *adj* & *m,f fam (hombre)* ladies' man; *(mujer)* man-eater
ligue *m fam (hombre)* boyfriend; *(mujer)* girlfriend; *(pareja ocasional)* pick-up
liguero,-a *m* suspenders *pl*, *US* garter belt
lijar *vtr* to sand *o* sandpaper (down)
lila *adj inv* & *f* lilac
lima[1] *f (fruta)* lime
lima[2] *f (de trabajo)* file; *(de uñas)* nail-file
limar *vtr* ◆ to file ◆ *(diferencias)* to smooth out
limbo *m* limbo
limitar 1 *vtr* to limit, restrict |**2** *vi* to border
límite *m* ◆ limit ◆ *Geog Pol* boundary, border |**2** *adj* ◆ *(tope)* limit; **fecha l.**, deadline
limítrofe *adj* neighbouring, *US* neighboring, bordering
limón *m* lemon
limonada *f (natural)* lemonade; *(de bote)* lemon squash
limosna *f* alms
limpiabotas *m inv* shoeshine, bootblack
limpiacristales *m inv* window cleaner
limpiador,-ora *m,f* cleaner
limpiaparabrisas *m inv* windscreen *o US* windshield wiper
limpiar 1 *vtr* ◆ to clean; *(con un paño)* to wipe; *(el calzado)* to polish ◆ *(la sangre, el organismo)* to cleanse |**2** *vi* to clean
limpieza *f* ◆ *(aseo, pulcritud)* cleanliness ◆ *(acción de limpiar)* cleaning ◆ *(precisión)* neatness; **con l.**, neatly
limpio,-a 1 *adj* ◆ clean ◆ *Fin (neto)* net ◆ *Dep* **juego l.**, fair play |**2** *adv* **limpio** fairly
linaje *m* lineage
lince *m* lynx
linchar *vtr* to lynch
lindar *vi* to border [**con**, on]
linde *mf* boundary, limit
lindo,-a 1 *adj* pretty |**2** *adv LAm (bien)* nicely ◆|LOC: **de lo l.**, a great deal
línea *f* ◆ line ◆ *(trayecto de autobús)* route *(de ferrocarril, metro)* line; **l. aérea**, airline ◆ *Inform* **en l.**, on-line ◆ *(figura, cuerpo esbelto)* figure
lineal *adj* linear; **dibujo l.**, technical drawing
lingote m bar, ingot
lingüística *f* linguistics
lingüístico,-a *adj* linguistic
lino *m* ◆ *Bot* flax ◆ *Tex* linen
linterna *f* torch
lío *m* ◆ *fam (desorden)* mess, muddle; **meterse en un l.**, to get into trouble ◆ *fam (romance)* affair ◆ *(de ropa, etc)* bundle
liquen *m Bot* lichen
liquidación *f* ◆ *(de un negocio)* liquidation; *(de un producto)* clearance sale

◆ *(de una deuda)* settlement; *(al finalizar un contrato)* settlement

liquidar 1 *vtr (una deuda)* to settle; *(un producto)* to sell off ◆ *fam (dilapidar)* to waste away ◆ *fam (asesinar)* to bump sb off

liquidez *f Fin* liquidity

líquido,-a 1 *m* ◆ liquid ◆ *Fin* liquid assets *pl* **|2** *adj* ◆ liquid ◆ *Fin* net

lira *f* ◆ *Mús* lyre ◆ *Fin* lira

lírico,-a *adj* lyrical

lirio *m Bot* iris

lirón *m Zool* dormouse

lisiado,-a 1 *adj* crippled **|2** *m,f* cripple

lisiar *vtr* to cripple

liso,-a *adj* ◆ *(textura)* smooth, even ◆ *(sin rizos, pliegues)* straight ◆ *(sin estampar)* plain ◆ *LAm (descarado)* rude

lista *f* list ◆ *(raya, franja)* stripe

listado *m* ◆ list ◆ *Inform (de un informe, etc)* listing, printout

listín *m* telephone directory

listo,-a *adj* ◆ *(despierto, agudo)* smart ◆ *(preparado)* ready

listón *m Dep* bar

litera *f* bunk bed; *Ferroc* berth

literal *adj* literal

literario,-a *adj* literary

literatura *f* literature

litigar *vi Jur* to litigate

litigio *m* ◆ *Jur* lawsuit ◆ *fig* dispute; **en l.,** at stake

litoral 1 *m* coast, seaboard **|2** *adj* coastal

litro *m* litre, *US* liter

liturgia *f* liturgy

liviano,-a *adj* lightweight

lívido,-a *adj* livid

llaga *f (en el cuerpo)* sore; *(en la boca)* ulcer

llama *f* flame

llamada *f* ◆ call ◆ *Tel* (phone) call; **l. a cobro revertido,** reverse-charge call

llamado,-a *adj* so-called

llamamiento *m* appeal

llamar 1 *vtr* ◆ to call ◆ *(telefonear)* to call up, phone, ring ◆ *(suscitar vocación, interés)* to appeal ◆ *(por un nombre de pila)* to name; *(por un apodo, dimitutivo)* to call **|2** *vi (con los nudillos)* to knock; *(con el timbre)* to ring ■ **llamarse** *vr* to be called: **¿cómo se llama?,** what's his name?

llamativo,-a *adj* ◆ *(sugerente)* eye-catching ◆ *(persona)* striking

llano,-a 1 *adj* ◆ *(sin desniveles, plano)* flat, level ◆ *(campechano)* straightforward ◆ *(explicación, estilo, etc)* clear **|2** *m* plain

llanta *f Auto (de una rueda)* wheel rim; *LAm (neumático)* tyre, *US* tire

llanto *m* crying

llanura *f* plain

llave *f* ◆ *(de una cerradura)* key: **cierra con l.,** lock the door; *Auto* **la l. de contacto,** the ignition key; *(de una cañería)* tap; *(del fluido eléctrico)* switch ◆ *(herramienta)* **l. fija,** spanner; **l. inglesa,** adjustable spanner, *US* monkey wrench ◆ *(en defensa personal)* lock ◆ *Tip* brace

llavero *m* keyring

llegada *f* arrival; *Dep* finish

llegar *vi* ◆ to arrive ◆ *(momento, acontecimiento)* to come; **llegó la hora de...,** the time has come to... ◆ *(alcanzar)* to reach: **no llego al último estante,** I can't reach the top shelf ◆ *(ser suficiente)* to be enough ◆ *(l. a + inf)* to go so far as to: **llegué a creerlo,** I even believed it

llenar 1 *vtr* ◆ to fill ◆ *(una superficie)* to cover ◆ *(una comida, actividad, etc)* to satisfy **|2** *vi* to be filling ■ **llenarse** *vr* to fill (up), become full

lleno,-a 1 *adj* ◆ *(colmado)* full (up): **estoy l.,** I'm full ◆ *(superficie)* covered ◆ *(gordito)* plump **|2** *m (en espectáculos)* full house

llevar *vtr* ◆ to take: **llévame a casa,** take me home; *(en dirección al oyente)* to bring ◆ *(vestir)* to wear: **lleva el pelo suelto,** she wears her hair down ◆ *(transportar)* to carry: **no llevo dinero encima,** I don't carry any money on me ◆ *(tolerar, sufrir)* **lleva muy mal la separación,** she is taking the separation very badly ◆ *(una diferencia de edad)* **le lleva dos años a su hermana,** he is two years older than his sister ◆ *(cobrar)* to charge ◆ *(tiempo)* **llevo dos horas esperando,** I've been waiting for two hours; **esto llevará un buen rato,** this will take a long time ◆ *(un negocio, empresa)* to be in charge of; *(a una persona)* to handle ■ **llevarse** *vr* ◆ *(de un sitio a otro)* to take away: **¡llévatelo de aquí!,** take it away! ◆ *(un premio, una felicitación)* to win ◆ *(arrebatar)* to carry away ◆ *fam (estar de moda)* to be fashionable ◆ **l. bien/mal con alguien,** to get on well/badly with sb

llorar *vi* to cry; *Lit* weep

lloriquear *vi* to snivel

lloroso,-a *adj* tearful

llover *v impers* to rain

llovizna *f* drizzle

lloviznar *v impers* to drizzle

lluvia *f* rain

lluvioso,-a *adj* rainy

lo[1] *art det neut* the; **lo mío,** mine; **lo nuestro,** ours; **lo otro,** the other thing; **lo peor,** the worst (thing)

lo[2] *pron pers m & neut* ◆ *(objeto)* it: **no lo compliques,** don't complicate it; *(persona)* him ➛ **le** ◆ **lo que...,** what...: **pídeme lo que quieras,** ask me for whatever you want ◆ **lo cual...,** which...

lobo *m Zool* wolf

lóbulo *m* (ear) lobe

local 1 *adj* local **|2** *m* premises *pl*

localidad *f* ◆ *(ciudad, villa)* locality, place ◆ *Cine Teat (plaza, butaca)* seat; *(entrada)* ticket

localizar *vtr* ◆ to find ◆ *(una epidemia, un incendio)* to localize

loción *f* lotion

loco,-a 1 *adj* mad, crazy; **volverse l.,** to go mad **|2** *m,f (hombre)* madman, *(mujer)* madwoman

locomotora *f* locomotive

locuaz *adj* loquacious, talkative

locución *f* idiom

locura *f* madness, insanity

locutor,-ora *m,f TV Rad* presenter

locutorio *m* telephone booth

lodo *m* mud

lógica *f* logic

lógico,-a *adj* logical

logística *f* logistics *sing o pl*

logotipo *m* logo

lograr *vtr* ◆ to achieve; **logró hacerse escuchar,** he managed to make himself heard ◆ *(medalla, reconocimiento)* to win

logro *m* achievement

loma *f* hillock, hill

lombriz *f* worm, earthworm

lomo *m* ◆ back ◆ *Culin* loin ◆ *(de un libro)* spine

lona *f* canvas

loncha *f* slice

lonchería *f LAm* snack bar

longaniza *f* spicy (pork) sausage

longitud *f* ◆ *(dimensión)* length; **un metro de l.,** one metre long ◆ *Geog* longitude

lonja[1] *f* ➛ **loncha**

lonja[2] *f* fish market

lord *m* lord; *GB Pol* **Cámara de los Lores,** House of Lords

loro *m* parrot

los[1] **1** *art def mpl* ◆ the; **l. perros,** the dogs ◆ *(no se traduce)* **l. mamíferos,** mammals ◆ ➛ **el, las** *y* **lo** ◆ *(cuando el sustantivo está elidido)* **l. que están ahí sentados,** those who are sitting there; **l. míos/suyos son azules,** mine/yours are blue ➛ **les**

los[2] *pron pers mpl* them

losa *f* ◆ (stone) slab, flagstone; *(de una tumba)* gravestone ◆ *(carga)* burden

lote *m* ◆ set ◆ *Com* lot ◆ *Inform* batch

lotería *f* lottery

loto *f* ◆ *Bot* lotus ◆ *(lotería)* lottery

loza *f* ◆ *(barro fino)* china ◆ *(objetos)* crockery

lozano,-a *adj* ◆ *(con buena salud)* healthy-looking ◆ *(una planta)* lush

lubricante *m* lubricant

lucero *m* bright star

lucha *f* ◆ *(pelea)* fight ◆ *(motivo, objetivo)* struggle ◆ *Dep* wrestling; **l. libre,** free-style wrestling

luchador,-ora *m,f* ◆ fighter ◆ *Dep* wrestler

luchar *vi* ◆ to fight, struggle ◆ *Dep* to wrestle

lúcido,-a *adj* lucid

luciérnaga *f* glow-worm

lucir 1 *vi* to shine |**2** *vtr* ◆ *(ropas, joyas, peinado)* to wear ◆ *(cualidades)* to display ■ **lucirse** *vr* ◆ *(quedar bien)* to do very well ◆ *(presumir)* to show off

lucrativo,-a *adj* lucrative

lucro *m* gain, profit

luego 1 *adv* ◆ *(a continuación)* then, afterwards, next ◆ *(un poco más tarde)* later (on); *LAm* **l. de,** after |**2** *conj* therefore ◆|LOC: **desde l.,** of course

lugar *m* place ◆ *(ocasión)* time; *(motivo)* occasion ◆|LOC: **dar l. a,** to cause, give rise to; **tener l.,** to take place; **en l. de,** instead of; **en primer l.,** in the first place, firstly

lugareño,-a *adj* & *m,f* local

lugarteniente *mf* lieutenant

lúgubre *adj* dismail, lugubrious

lujo *m* luxury

lujoso,-a *adj* luxurious

lujuria *f* lust

lumbre *f (hoguera)* fire; *(para encender un cigarro, etc)* light

luminoso,-a *adj* ◆ luminous ◆ *(habitación, casa, etc)* light

luna *f* ◆ moon; **l. de miel,** honeymoon ◆ *(de una tienda)* window; *(de un espejo)* mirror

lunar 1 *m (en la piel)* mole, beauty spot; *(en una tela)* dot |**2** *adj* lunar

lunático,-a *m,f* lunatic

lunes *m inv* Monday

lupa *f* magnifying glass

lustro *m* five-year period

luto *m* mourning

luz *f* ◆ light; **l. natural,** sunlight; *Auto* **l. larga,** headlights *pl;* **luces de cruce,** dipped headlights; **luces de posición,** sidelights ◆ **luces,** *(entendimiento)* intelligence *sing* ◆ **traje de luces,** bullfighter's costume ◆|LOC: **dar a l.,** to give birth to

M

M, m *f (letra)* M, m

m ◆ *(abr de **metro**)* metre, metres *US* meter, meters, m ◆ *(abr de **minuto**)* minute, minutes, min

macabro,-a *adj* macabre

macanudo,-a *adj LAm fam* great

macarra *mf argot* **su hermana es una m.,** his sister is a big-head

macarrones *mpl* macaroni

macedonia *f Culin* fruit salad

Macedonia *f* Macedonia

macedonio,-a 1 *adj* & *m,f* Macedonian |**2** *m (idioma)* Macedonian

macerar *vtr Culin (pescado, etc)* to marinade; *(fruta)* to soak

maceta *f* plant pot, flowerpot

machacar 1 *vtr* ◆ *(a golpes)* to crush ◆ *fam (vencer, derrotar)* to crush, thrash ◆ *fam (agotar, cansar)* to exhaust, wear out |**2** *vi fam (insistir)* to harp on, go on

machete *m* machete

machista *adj* & *mf* male chauvinist

macho 1 *adj* ◆ *(ser vivo)* male ◆ *fam (viril)* macho, manly, virile |**2** *m* ◆ *(ser vivo)* male ◆ *fam (hombre)* macho, tough guy ◆ *Téc (pieza encajable)* male piece o part; *(de un enchufe)* plug

macizo,-a 1 *adj* ◆ *(compacto)* solid ◆ *(recio)* solid, robust ◆ *fam (hombre, mujer)* good looking |**2** *m Geog (montañoso)* mountain mass, massif

macro *f Inform* macro
macuto *m fam* back pack, haversack
madalena *f* → **magdalena**
madeja *f* hank, skein
madera *f* wood; *(para construir)* timber, *US* lumber
madero *m* ◆ *(tabla)* piece of timber, *US* piece of lumber ◆ *(leño)* log ◆ *argot (policía)* cop
madrastra *f* stepmother
madre 1 *f* mother
madreselva *f* honeysuckle
madriguera *f* burrow, hole
madrina *f* ◆ *(de bautismo)* godmother ◆ *(de boda)* ~ matron of honour, chief bridesmaid ◆ *fig (benefactora)* protectress, benefactress
madrugada *f* ◆ *(amanecer)* dawn ◆ *(después de medianoche)* early morning; **las cuatro de la m.**, four o'clock in the morning
madrugar *vi* to get up early
madurar 1 *vtr fig (una idea)* to think out |**2** *vi* ◆ *(fruta)* to ripen ◆ *(persona)* to mature
maduro,-a *adj* ◆ *(persona)* mature ◆ *(fruta)* ripe
maestría *f* mastery, skill
maestro,-a 1 *m,f* ◆ *Educ* teacher, schoolteacher ◆ *(en un oficio)* master ◆ *Mús* maestro |**2** *adj* ◆ *(excelente, destacado)* master; **obra maestra,** masterpiece ◆ *(principal)* main, master
mafia *f* mafia
mafioso,-a 1 *adj* mafia |**2** *m,f* mafioso
magdalena, **madalena** *f* fairy cake, *US* muffin
magia *f* magic
mágico,-a *adj* ◆ *(truco, amuleto)* magic ◆ *fig (fascinante)* magical, wonderful
magistrado,-a *m,f Jur* judge; *LAm* **primer m.**, prime minister
magistral *adj* masterly
magnánimo,-a *adj* magnanimous
magnate *mf* magnate, tycoon
magnesio *m* magnesium
magnético,-a *adj* magnetic
magnetófono, **magnetofón** *m* tape recorder
magnífico,-a *adj* magnificent, wonderful
magnitud *f* magnitude, dimension
mago,-a *m,f* wizard, magician; **el m. de Oz,** the Wizard of Oz; **los Reyes Magos,** the Wise Men
magro,-a 1 *adj (sin grasa)* lean |**2** *m (de cerdo)* loin of pork
magullar *vtr* to bruise, damage ■ **magullarse** *vr* to get bruised *o* damaged
mahometano,-a *adj* & *m,f Rel* Muslim
mahonesa *f* → **mayonesa**
maillot *m (para gimnasia, ballet)* leotard; *Dep* shirt
maíz *m* maize, *US* corn
majestad *f* majesty
majestuoso,-a *adj* majestic, stately
majo,-a *adj fam* nice
mal 1 *adj (delante de sustantivo masculino)* bad: **está atravesando un m. momento,** he's going through a bad patch → **malo,-a** |**2** *m* ◆ evil, wrong ◆ *(perjuicio)* harm: **me ha hecho mucho m.**, it really hurt me ◆ *(dolencia)* illness, disease |**3** *adv* badly, wrong: **oye muy m.**, she can hardly hear
malabarista *mf* juggler
malcriado,-a *adj* & *m,f* bad-mannered
maldad *f* ◆ wickedness, evil ◆ *(comentario)* wicked *o* evil remark
maldecir *vtr* to curse
maldición *f* curse
maldito,-a *adj* ◆ *(sujeto a maldición)* damned, cursed ◆ *fam (incordiante)* damned, bloody
maleante *adj* & *mf* criminal, thug, delinquent
maleducado,-a 1 *adj* bad-mannered |**2** *m,f* bad-mannered person
malentendido *m* misunderstanding
malestar *m* ◆ *(físico)* discomfort ◆ *(intranquilidad)* uneasiness
maleta *f* suitcase, case
maletero *m Auto* boot, *US* trunk
maletín *m* briefcase
maleza *f* ◆ *(matorrales, espesura)* undergrowth ◆ *(yerbajos, rastrojos)* weeds *pl*

malgastar *vtr* & *vi* to waste

malhablado,-a 1 *adj* foul-mouthed |**2** *m,f* foulmouthed person

malherido,-a *adj* seriously wounded

malicia *f* ◆ *(picardía)* cunning ◆ *(mala intención)* malice, maliciousness

malicioso,-a 1 *adj* ◆ *(pícaro)* mischievous ◆ *(malintencionado)* malicious |**2** *m,f* malicious person

malintencionado,-a 1 *adj* spiteful, ill-intentioned |**2** *m,f* spiteful *o* ill-intentioned person

malla 1 *f* ◆ *Tex* mesh ◆ *(para gimnasia)* leotard ◆ *LAm (bañador)* swimsuit, swimming costume |**2** *fpl* **mallas,** leggings

malo,-a 1 *adj* → **mal** ◆ bad: **he tenido un día muy m.,** I've had a bad day ◆ *(perverso)* wicked, bad; *(desobediente, travieso)* naughty ◆ *(dañino)* harmful ◆ *(enfermo)* ill, sick ◆ *(alimentos)* rotten |**2** *m,f fam* **el m.,** the baddy *o* villain

malograr *vtr* to upset ■ **malograrse** *vr* to fail, fall through

maloliente *adj* foul-smelling, stinking

malpensado,-a 1 *adj* nasty-minded |**2** *m,f* nasty-minded person

malsonante *adj* rude, foul

malta *f* malt

maltratar *vtr* ◆ *(un objeto)* to mistreat ◆ *(psicológicamente)* to maltreat, ill-treat, *(golpear)* to batter

malva 1 *adj inv* & *m (color)* mauve |**2** *f Bot* mallow

malvado,-a *adj* evil, wicked

malvivir *vi* to live badly

mamá *f fam* mum, mummy

mama *f (de mujer)* breast; *(de animal)* teat

mamar 1 *vtr* to suck |**2** *vi* to feed

mamífero,-a *m,f* mammal

mampara *f* screen

mampostería *f* masonry

mamut *m* mammoth

manada *f Zool* herd; *(de lobos, perros)* pack

manantial *m* spring

manar 1 *vi* to flow [**de,** from] |**2** *vtr* to flow with

manazas *mf inv fam* clumsy person

mancha *f* ◆ *(de grasa, pintura, etc)* stain ◆ *(en la piel)* spot

manchar *vtr* to stain ■ **mancharse** *vr* to get dirty

manco,-a 1 *adj* ◆ *(sin brazo)* one-armed; *(sin mano)* one-handed ◆ *(sin brazos)* armless; *(sin manos)* handless |**2** *m,f (sin mano)* one-handed person; *(sin brazo)* one-armed person; *(sin brazos)* armless person; *(sin manos)* handless person

mandamiento *m* ◆ *(orden)* order; **un m. judicial,** warrant ◆ *Rel* commandment

mandar *vtr* ◆ *(dar órdenes)* to order ◆ *(remitir)* to send: **mándalo por correo,** send it by post ◆ *(capitanear, dirigir)* to lead, be in charge *o* command of; *Mil* to command

mandarina *f* tangerine

mandatario,-a *m,f* leader

mandato *m* ◆ *(orden)* order, command; *Jur* warrant ◆ *(periodo de gobierno)* term of office

mandíbula *f* jaw

mando *m* ◆ *(autoridad)* command, control ◆ *Téc (control)* controls *pl*; *Auto* **cuadro** *o* **tablero de mandos,** dashboard; **m. a distancia,** remote control

mandón,-ona 1 *adj fam* bossy |**2** *m,f fam* bossy person

manecilla *f* hand

manejable *adj* ◆ *(objeto)* easy to use; *(vehículo)* easy to drive ◆ *(persona)* easily led

manejar 1 *vtr* ◆ *(manipular)* to handle, operate ◆ *(controlar)* to handle; *(a alguien)* to manipulate ◆ *LAm (automóvil)* to drive |**2** *vi LAm* to drive ■ **manejarse** *vr* to manage

manejo *m* ◆ *(utilización)* handling, use ◆ *(más en pl) (chanchullos)* tricks *pl* ◆ *LAm (conducción)* driving

manera 1 *f* way, manner |**2** *fpl* **maneras,** manners ◆|LOC: **de cualquier m./de todas maneras,** anyway, at any rate, in any case; **de m. que,** so (that); **de ninguna m.,** in no way, certainly not

manga *f* ◆ *Cost* sleeve; **de m. corta/larga,** short-/long-sleeved; **un vesti-**

do sin mangas, a sleeveless dress ◆ *(para regar)* hose (pipe)

mangar *vtr argot* to nick, pinch, swipe

mango[1] *m (asidor)* handle

mango[2] *m Bot* mango

manguera *f* hose

maní *m Bot* peanut

manía *f* ◆ *(costumbre)* habit ◆ *(odio, ojeriza)* dislike ◆ *Med* mania

maniaco,-a, maníaco,-a 1 *adj* manic |**2** *m,f* maniac

maniático,-a 1 *adj* fussy |**2** *m,f* fusspot

manicomio *m* mental hospital

manicura *f* manicure

manifestación *f* ◆ *(de trabajadores, etc)* demonstration ◆ *(muestra)* manifestation, sign

manifestante *mf* demonstrator

manifestar *vtr* ◆ *(una opinión)* to state, declare ◆ *(un sentimiento)* to show; display ■ **manifestarse** *vr* ◆ *(un grupo)* to demonstrate ◆ *(declararse)* to declare oneself

manifiesto,-a 1 *adj* clear, obvious |**2** *m Pol* manifesto

manilla *f* ◆ *(de reloj)* hand ◆ *(tirador)* handle

manillar *m* handlebar

maniobra *f* manoeuvre, *US* maneuver

manipulación *f* manipulation

manipular *vtr* ◆ *(con manos, instrumento)* to handle ◆ *(dirigir, utilizar)* to manipulate

maniquí *m Cost Com* dummy

manirroto,-a *adj* spendthrift

manivela *f Téc* crank

mano *f* ◆ hand; **a m. derecha/izquierda,** on the right/left (hand side) ◆ *(de animal)* forefoot; *(de perro, gato)* paw; *(de cerdo)* trotter ◆ *(capa)* coat ◆ **m. de obra,** labour (force) ◆|LOC: **echar una m. a alguien,** to give sb a hand; **estrechar la m. a alguien,** to shake hands with sb; **a m.,** *(sin máquina)* by hand; *(asequible)* at hand; **de segunda m.,** second-hand

manojo *m* bunch

manopla *f* mitten

manosear *vtr (un objeto)* to finger; *(a alguien)* to grope

manotazo *m* smack, slap

mansión *f* mansion

manso,-a *adj* ◆ *(persona)* gentle, meek ◆ *(animal)* tame, docile

manta *f* blanket

manteca *f* ◆ *(grasa animal)* fat; *(de cerdo)* lard ◆ *(de leche, frutos)* butter

mantecado *m (bollo)* bun (made with lard)

mantel *m* tablecloth

mantener *vtr* ◆ *(conservar)* to keep ◆ *(una conversación)* to have; *(una teoría, hipótesis)* to defend, maintain ◆ *(alimentar, sustentar)* to support, feed ■ **mantenerse** *vr* ◆ *(conservarse)* to keep ◆ *(persistir)* to maintain ◆ *(subsistir)* to live [**con/de,** on]

mantenimiento *m Téc* maintenance, upkeep

mantequilla *f* butter

mantillo *m* humus

mantón *m* shawl

manual 1 *adj* manual |**2** *m* manual, handbook

manufactura *f* ◆ *(fabricación)* manufacture ◆ *(industria)* factory

manuscrito,-a *m* manuscript

manutención *f* maintenance

manzana *f* ◆ *Bot* apple ◆ *(de una calle)* block

manzanilla *f* ◆ *Bot* camomile ◆ *(infusión)* camomile tea ◆ *(vino blanco)* manzanilla, dry sherry

maña *f* ◆ *(destreza)* skill ◆ *(truco, engaño)* trick

mañana 1 *adv* tomorrow: **pasado m.,** the day after tomorrow |**2** *f* morning: **cerramos los sábados por la m.,** we close on Saturday morning; **¡hasta m.!,** see you tomorrow!; *Teat* **función de m.,** morning performance, matinée |**3** *m* tomorrow, the future

mañoso,-a *adj* skilful, *US* skillful

mapa *m* map

mapamundi *m* world map

maqueta *f* ◆ *(modelo)* scale model ◆ *Mús* demo

maquillaje *m* make-up

maquillar *vt* to make up ■ **maquillarse** *vr* ◆ to put one's make-up on, make (oneself) up

máquina *f* ◆ machine: **m. de escribir,** typewriter: **m. tragaperras,** fruit machine
maquinar *vtr* to scheme, plot
maquinaria *f* ◆ *(grupo de máquinas)* machinery, machines *pl* ◆ *(mecanismo)* mechanism, works *pl*
maquinilla *f* razor
mar 1 *m* & *f* ◆ sea: **en alta m.,** on the high seas: **m. adentro,** out to sea |**2** *m* ◆ sea: **M. Cantábrico,** Cantabrian Sea ◆ *(gran cantidad)* **un m. de deudas,** a flood of debts ◆|LOC: **a mares,** a lot: **hacerse a la m.,** to set sail
maraña *f* tangle
maratón *m* marathon
maravilla *f* marvel, wonder: **es una m. de persona,** he's a wonderful person
maravilloso,-a *adj* wonderful, marvellous, *US* marvelous
marca *f* ◆ *(huella)* mark ◆ *(distintivo)* sign ◆ *Com* brand, make ◆ *(impronta)* stamp ◆ *Dep* time, result
marcador *m* ◆ marker ◆ *Dep* scoreboard
marcaje *m Dep* marking, cover
marcapasos *m inv Med* pacemaker
marcar *vtr* ◆ *(señalar)* to mark ◆ *(resaltar)* **ese gesto marca la importancia del tratado,** that gesture stresses the importance of the treaty ◆ *Tel* to dial ◆ *(una hora, grados, etc)* to indicate, show, mark ◆ *Dep (un tanto)* to score: *(a otro jugador)* to mark ◆ *(un peinado)* to set
marcha *f* ◆ *(partida)* departure ◆ *(camino)* **realizamos una m. de cinco horas,** we had a five hours walk ◆ *(curso, rumbo)* course ◆ *(funcionamiento)* running: **la impresora está en m.,** the printer is working ◆ *(velocidad, ritmo)* **aminora la m.,** slow down: **aprieta la m.,** speed up ◆ *Auto* gear: **íbamos m. atrás,** we were going in reverse (gear) ◆ *Dep* walk ◆ *Mús* march ◆ *fam (diversión)* going on: **tiene mucha m.,** he likes a good time
marchar *vi* ◆ *(ir)* to go, walk ◆ *(funcionar)* to go, work ◆ *Mil* to march ■ **marcharse** *vr (irse)* to leave, go away
marchitar *vtr,* **marchitarse** *vr* to shrivel, wither
marchito,-a *adj* shrivelled, *US* shriveled, withered
marchoso,-a *fam* **1** *adj (persona)* fun-loving: *(música, local)* lively |**2** *m,f* fun lover, partygoer
marciano,-a *adj* & *m,f* Martian
marco *m* ◆ *(de fotografía, óleo)* frame: **pinté el m. de la puerta,** I painted the doorframe ◆ *(contexto)* framework ◆ *(moneda)* mark
marea *f* tide: **m. alta/baja,** high/low tide
mareado,-a *adj* **estoy m.,** *(con ganas de vomitar)* I feel sick: *(a punto de desmayarse)* I feel dizzy
marear *vtr* ◆ *(producir náuseas)* to make sick: *(producir desfallecimiento)* to make dizzy ◆ *fam (molestar)* to confuse, puzzle ■ **marearse** *vr (sentir ganas de vomitar)* to feel sick: *(sentir desfallecimiento)* to feel dizzy
maremoto *m* tidal wave
mareo *m (ganas de vomitar)* sickness: *(en el mar)* seasickness: *(en un avión)* airsickness: *(en un coche)* carsickness, travel-sickness: *(desfallecimiento)* dizziness, lightheadedness
marfil *m* ivory
margarina *f* margarine
margarita *f Bot* daisy
margen 1 *m* ◆ *(de un libro)* margin ◆ *(en un cálculo)* margin ◆ *Com* profit ◆ *(espacio)* margin |**2** *mf (de un camino, terreno)* border, edge: *(de un río)* bank
marginación *f* marginalization
marginado,-a 1 *adj* marginalized |**2** *m,f* dropout
marginal *adj* marginal
marginar *vtr* ◆ *(a un sector)* to marginalize, to reject ◆ *(a una persona)* to leave out, ostracize
maría *f* ◆ *fam Educ* easy subject ◆ *argot (droga)* marijuana, pot
marido *m* husband
marimandón,-ona *m,f fam* bossy person
marina *f* ◆ *Mil* navy: **m. mercante,** merchant navy ◆ *Arte* seascape ◆ *Geog* seacoast

marinero,-a *m* sailor
marino,-a 1 *adj* marine |**2** *m* sailor
marioneta *f* marionette, puppet
mariposa *f Zool* butterfly
mariquita 1 *f* ladybird |**2** *m pey ofens (marica)* queer, pansy, poof
mariscal *m* marshal
marisco *m* seafood, shellfish
marisma *f* marsh
marisquería *f* seafood/shellfish restaurant
marítimo,-a *adj* maritime, sea
mármol *m* marble
maroma *f* ◆ *Náut* cable ◆ *(cuerda)* thick rope
marqués *m* marquis
marquesa *f* marchioness
marquesina *f* shelter
marrano,-a 1 *adj (sucio)* filthy, dirty |**2** *m,f* ◆ *Zool* pig ◆ *(persona sucia)* dirty pig, slob
marrón *adj & m* brown
marroquinería *f* leather goods
Marte *m Astron* Mars
martes *m inv* Tuesday
martillo *m* hammer
mártir *mf* martyr
martirio *m* ◆ *Rel* martyrdom ◆ *(padecimiento)* torment ◆ *fam (lata, fastidio)* torture
martirizar *vtr* ◆ *Rel* to martyr ◆ *(hacer sufrir)* to torment ◆ *(aburrir, fastidiar)* to torture
marxista *adj & mf* Marxist
marzo *m* March
mas *conj frml* but: **sé que es difícil, m. no debes darte por vencido,** I know it's hard, but you musn't give up
más 1 *adv & pron* ◆ *(aumento)* more: **parte dos trozos m.,** cut two more pieces: **tendría que ser m. barato,** it should be cheaper: **asistieron m. de cien personas,** more than a hundred people attended; *(con pron interrogativo)* else: **¿alguien m. quiere repetir?**, would anybody else like a second helping?; *(con pron indefinido)* **no sé nada m.,** I don't know anything else ◆ *(comparación)* more: **es m. complicado que el primero,** it's more complicated than the first one ◆ *(superlativo)* most: **ella es la m. divertida,** she's the funniest ◆ *(otra vez)* **no volví a verle m.,** I never saw him again ◆ *(sobre todo)* **debiste llamar, y m. sabiendo que estoy sola,** you should have phoned me, especially knowing I'm alone ◆ *(otro)* **no tengo m. cuchillo que éste,** I have no other knife but this one ◆ *excl* so..., such a..., what a...!: **¡está más pesado!,** he's such a pain!: **¡qué cosa m. fea!,** what an ugly thing! |**2** *prep Mat* plus; **dos m. dos,** two plus *o* and two ◆|LOC: **m. bien,** rather; **m. o menos,** more or less
masa *f* ◆ mass; **cultura de masas,** mass culture ◆ *Culin* dough, pastry
masacrar *vtr* to massacre
masacre *f* massacre
masaje *m* massage
masajista *mf (hombre)* masseur; *(mujer)* masseuse
mascar *vtr & vi* to chew
máscara *f* mask
mascarilla *f* ◆ *Med* face mask ◆ *(cosmética)* face pack
mascota *f* ◆ *(muñeco, objeto, persona)* mascot ◆ *(animal)* pet
masculino,-a *adj* ◆ *(sexo)* male ◆ *(propio de hombre)* male, masculine ◆ *(destinado a hombres)* men's ◆ *Ling* masculine
masificación *f* overcrowding
masificado,-a *adj* overcrowded
masivo,-a *adj* massive
masón *m* mason, freemason
masonería *f* masonry, freemasonry
masoquista 1 *adj* masochistic |**2** *mf* masochist
máster *m* master's degree
masticar *vt* to chew
mástil *m* ◆ *(de bandera)* mast, pole ◆ *Náut* mast ◆ *(de instrumento de cuerda)* neck
mastín *m* mastiff
mata *f* bush
matadero *m* slaughterhouse
matador *m* matador, bullfighter
matanza *f* slaughter
matar *vtr* ◆ *(a una persona)* to kill; *(al ganado)* to slaughter ◆ *(el hambre, la*

sed, el tiempo) to kill ■ **matarse** *vr* to kill oneself

matasellos *m inv* postmark

matasuegras *m inv* party blower

mate[1] *adj (sin brillo)* matt

mate[2] *m* ♦ *Ajedrez* mate: **jaque m.**, checkmate ♦ *LAm (infusión)* maté

matemáticas *fpl* mathematics *sing*: **me gustan las m.**, I like maths

matemático,-a 1 *adj* mathematical |**2** *m,f* mathematician |**3** *f* mathematics

materia *f* ♦ matter ♦ *Educ (asignatura)* subject

material 1 *adj (no espiritual)* material, physical |**2** *m* material; **m. informático**, computer materials *pl*

materialista 1 *adj* materialistic |**2** *mf* materialist

maternal *adj* maternal, motherly

maternidad *f* maternity, motherhood

materno,-a *adj* maternal

mates *fpl fam* maths *sing*, *US* math *sing*

matinal *adj* morning

matiz *m* ♦ *(de color)* shade ♦ *(de intención)* shade of meaning, nuance

matizar *vtr* ♦ *(precisar)* to clarify ♦ *Arte* to blend; harmonize ♦ *(palabras, discurso)* to tinge

matón,-ona *m,f fam* thug, bully

matorral *m* brushes, thicket

matriarcado *m* matriarchy

matrícula *f* ♦ registration ♦ *Auto (número)* registration number: *(placa)* number *o US* license plate ♦ *Educ* **m. de honor**, distinction

matricular *vtr*, **matricularse** *vr* to register

matrimonio *m* ♦ *(pareja casada)* married couple; **cama de m.**, double bed ♦ *(institución)* marriage: **contraer m.**, to get married

matriz *f* ♦ *Anat* womb, uterus ♦ *(molde)* mould ♦ *Mat* matrix

matrona *f* midwife

matutino,-a *adj* morning

maullar *vi* to miaow

maullido *m* miaowing, miaow

maxilar *m* jawbone

máxima *f* ♦ *(enseñanza, regla)* maxim ♦ *Meteor* maximum temperature

máximo,-a 1 *adj* maximum, highest |**2** *m (tope)* maximum; **como m.**, *(como mucho)* at the most; *(a más tardar)* at the latest

mayo *m* May

mayonesa, mahonesa *f* mayonnaise

mayor 1 *adj* ♦ *(comparativo de tamaño)* larger, bigger; *(superlativo)* largest, biggest ♦ *(comparativo de grado)* greater; *(superlativo)* greatest ♦ *(comparativo de edad)* older; *(superlativo)* oldest ♦ **está muy m.**, *(crecido, maduro)* he's quite grown-up; *(anciano)* he looks old; **ser m. de edad**, to be of age; *(maduro)* old ♦ *(principal)* major, main ♦ *Mús* major ♦ *Com* **al por m.**, wholesale |**2** *m* ♦ *Mil* major ♦ **mayores**, *(adultos)* grownups, adults; *(ancianos)* elders

mayordomo *m* butler

mayoría *f* majority, most

mayoritario,-a *adj* majority

mayúscula *f* capital letter

mazapán *m* marzipan

mazmorra *f* dungeon

mazo *m* mallet

mazorca *f Agr* cob

me *pron pers* ♦ *(objeto directo)* me: **me abrazó con fuerza**, he hugged me tight ♦ *(objeto indirecto)* me; to me, for me: **préstame una moneda**, lend me a coin ♦ *(pron reflexivo)* myself: **me prometí conseguirlo**, I promised myself I would manage it

mear *vi vulgar* to piss, pee

mecánica *f* ♦ *(ciencia)* mechanics *sing* ♦ *(funcionamiento)* mechanics *pl*, workings *pl*

mecánico,-a 1 *adj* mechanical |**2** *m,f* mechanic

mecanismo *m* mechanism

mecanizar *vtr* to mechanize

mecanografiar *vtr* to type

mecanógrafo,-a *m,f* typist

mecedora *f* rocking chair

mecenas *mf inv* patron

mecer *vtr* to rock ■ **mecerse** *vr* to swing, rock

mecha *f* ♦ *(de cirio, etc)* wick ♦ *(de barreno, bomba)* fuse ♦ *(de pelo)* streak

mechero *m* lighter

mechón *m* ◆ *(de pelo)* lock ◆ *(de lana)* tuft

medalla 1 *f* medal |**2** *mf Dep* medallist. *US* medalist

medallón *m* medallion

media *f* ◆ *(hasta el muslo)* stocking ◆ *(hasta la cintura)* (pair of) tights ◆ *(calcetín alto)* long socks ◆ *(cantidad proporcional)* average ◆|LOC: **a medias,** *(no del todo)* unfinished; *(a partes iguales)* half and half

mediación *f* mediation, intervention

mediado,-a *adj* half-full, half-empty ◆|LOC: **a mediados de,** about the middle of

mediador,-ora *m,f* mediator

mediana *f* ◆ *Auto* central reservation ◆ *Mat* median

mediano,-a 1 *adj* ◆ *(tamaño)* medium-sized ◆ *(calidad, estatura)* average ◆ *(hermano)* middle |**2** *m,f* the middle one

medianoche *f* midnight

mediante *prep* by means of

mediar *vi* to mediate

medicación *f* medication, medical treatment

medicamento *m* medicine, medicament

medicina *f* medicine

médico,-a 1 *m,f* doctor: **m. de cabecera,** family doctor |**2** *adj* medical

medida *f* ◆ *(medición)* measurement: *(unidad)* measure ◆ *(grado, intensidad)* extent: **no sé en qué m. nos afectará,** I don't know to what extent it will affect us ◆ *Pol* measure

medieval *adj* medieval

medievo *m* Middle Ages *pl*

medio,-a 1 *adj* ◆ *(mitad)* half:; **una hora y media,** an hour and a half ◆ *(no extremo)* middle: **clase media,** middle class ◆ *(prototípico)* average: **la calidad media es baja,** the average quality is poor |**2** *adv* half: **el trabajo está m. hecho,** the work is half done |**3** *m* ◆ *(mitad)* half ◆ *(centro)* middle: *(entre dos)* in between ◆ *(instrumento, vía)* means ◆ *(entorno)* environment

mediocre *adj* mediocre

mediocridad *f* mediocrity

mediodía *m* ◆ *(media mañana)* midday, lunchtime ◆ *(doce de la mañana)* midday, noon

medir 1 *vtr* ◆ *(dimensiones)* to measure ◆ *(ponderar)* to weigh up |**2** *vi* to measure, be: **mide cinco metros de ancho,** it is five metres wide

meditar *vtr* & *vi* ◆ to meditate ◆ *(pensar)* to think

mediterráneo,-a *adj* & *m* Mediterranean

médula *f* ◆ *(de hueso, tallo)* marrow: **m. espinal,** spinal cord ◆ *(núcleo, meollo)* marrow, pith

medusa *f* jellyfish

megáfono *m* megaphone

megalómano,-a *adj* megalomaniac

mejilla *f* cheek

mejillón *m* mussel

mejor 1 *adj* ◆ *(comparativo de bueno)* better: **no hay nada m.,** there's nothing better ◆ *(superlativo de bueno)* best: **lo m.,** the best thing |**2** *adv* ◆ *(comparativo de bien)* better: **canta mucho m.,** he sings much better ◆ *(superlativo de bien)* best: **soy la que m. lo hace,** I'm the one who does it best ◆ *(antes, preferiblemente)* **m. lo escribes,** you'd better write it down ◆|LOC: **a lo m.,** maybe, perhaps, **tanto m.,** so much the better

mejora *f* improvement

mejorar 1 *vtr* ◆ to improve ◆ *Dep (un tiempo, una marca)* to break |**2** *vi* to improve, get better ■ **mejorarse** *vr* to get better

mejoría *f* improvement

melancolía *f* melancholy

melancólico,-a *adj* melancholic, melancholy

melena *f* ◆ *(de persona)* hair ◆ *(de león)* mane

mella *f* ◆ *(hendedura)* nick, notch: *(en plato, diente, etc)* chip ◆ *(hueco)* gap ◆ *(efecto)* impression

mellado,-a *adj (sin dientes)* gap-toothed

mellizo,-a *adj* & *m,f* twin

melocotón *m* peach

melodía *f* melody, tune

melodrama *m* melodrama
melón *m* melon
meloso,-a *adj* sweet, honeyed
membrana *f* membrane
membrete *m* letterhead
membrillo *m* ◆ quince ◆ *(dulce)* quince preserve *o* jelly
memo,-a 1 *adj ofens* silly, stupid |**2** *m,f ofens* idiot
memorándum *m* memorandum
memoria *f* ◆ *(facultad)* memory ◆ *(recuerdo)* memory ◆ *(informe)* report, statement ◆ **memorias,** *(biografía)* memoirs ◆|LOC: **de m.,** by heart
memorizar *vtr* to memorize
menaje *m* household goods *pl*
mencionar *vtr* to mention
mendigar *vtr* & *vi* to beg
mendigo,-a *m,f* beggar
mendrugo *m* crust of stale bread
menear *vtr* ◆ to shake, move ◆ *(el rabo)* to wag, waggle
menestra *f* vegetable stew
menguar 1 *vtr* ◆ to diminish; reduce ◆ *(en la calceta)* to decrease |**2** *vi* ◆ to diminish, decrease ◆ *(la Luna)* to wane
menopausia *f Med* menopause
menor 1 *adj* ◆ *(comparativo de tamaño)* smaller; *(superlativo)* smallest ◆ *(comparativo de grado)* less; *(superlativo)* least, slightest: **no tiene la m. idea,** he hasn't the slightest idea ◆ *(comparativo de edad)* younger; *(superlativo)* youngest ◆ *Mús* minor ◆ *Com* **al por m.,** retail |**2** *mf Jur* minor
menos 1 *adv* ◆ *(en menor cantidad, grado) (con no contable)* less: **tengo m. fuerza que antes,** I have less strength than before; *(con contable)* fewer: **mi casa tiene m. habitaciones,** my house has fewer rooms ◆ *(superlativo)* least: **es el m. indicado para opinar,** he's the worst person to judge ◆ *(sobre todo)* **no pienso discutir, y m. contigo,** I don't want to argue, especially with you |**2** *prep* ◆ but, except ◆ *Mat* minus: **siete m. dos,** seven minus two ◆|LOC: **a m. que,** unless; **al** *o* **por lo m.,** at least; **cada vez m.,** less and less; **¡m. mal!,** thank goodness!
menospreciar *vtr* ◆ *(despreciar)* to scorn, disdain ◆ *(infravalorar)* to underestimate
menosprecio *m* ◆ contempt, scorn, disdain ◆ disrespect, indifference
mensaje *m* message
mensajero,-a *m,f* messenger, courier
menstruación *f* menstruation
mensual *adj* monthly
mensualidad *f* ◆ *(sueldo)* monthly salary ◆ *(pago)* monthly payment *o* instalment
menta *f* mint
mental *adj* mental
mentalidad *f* mentality
mentalizar *vtr* to make aware ■ **mentalizarse** *vr* to become aware
mente *f* mind
mentir *vi* to lie, tell lies
mentira *f* lie
mentiroso,-a 1 *adj* lying |**2** *m,f* liar
mentón *m* chin
menú *m* menu; **m. del día,** set menu
menudillos *mpl* giblets
menudo,-a *adj* ◆ *(persona)* thin, slight; *(cosa)* small, tiny ◆ *excl* **¡m. golpe me di!,** what a bump I had! ◆|LOC: **a m.,** often
meñique *adj* & *m* **(dedo) m.,** little finger
meollo *m* ◆ *Anat* marrow ◆ *fig* pith, heart
mercadillo *m* street market
mercado *m* market
mercancía *f* merchandise, goods *pl*
mercante *adj* merchant
mercería *f* haberdasher's (shop), *US* notions store
mercurio *m* mercury
merecer *vtr* to deserve: **m. la pena,** to be worth the trouble *o* to be worth it ■ **merecerse** *vr* to deserve
merendar 1 *vtr* **merendé un bocadillo,** I had a sandwich for tea |**2** *vi* to have an afternoon snack, have tea
merendero *m* ◆ *(chiringuito)* outdoor bar, kiosk ◆ *(en el campo)* picnic spot
merengue *m* meringue
meridiano *m* meridian
meridional 1 *adj* southern |**2** *mf* southerner

merienda *f* afternoon snack, tea
mérito *m* merit
merluza *f Zool* hake
mermar 1 *vtr* to cause to decrease *o* diminish |**2** *vi* to decrease, diminish
mermelada *f* ◆ *(dulce)* jam, *US* jelly: **m. de ciruela,** plum jam ◆ *(ácida)* marmalade
mero[1] *m Zool* grouper
mero[2]**,-a** *adj* mere, pure
merodear *vi* to prowl, loiter
mes *m* ◆ *(tiempo)* month: **dentro de dos meses,** in two month's time ◆ *(sueldo)* monthly salary *o* wages *pl*; *(pago)* monthly payment
mesa *f* ◆ *(mueble)* table: *(de oficina)* desk ◆ *(comida)* **pon la m.,** set the table ◆ *(presidencia)* board, executive: **el presidente de la m.,** the chairman
meseta *f* plateau, tableland, meseta
mesilla, mesita *f* **m. (de noche),** bedside table
mesón *m* bar
mestizo,-a 1 *adj (persona)* of mixed race |**2** *m,f* mestizo, person of mixed race
meta *f* ◆ *Dep (llegada)* finish, finishing line: *(portería)* goal ◆ *(finalidad, objetivo)* goal, aim
metáfora *f* metaphor
metal *m* ◆ metal ◆ *Mús* brass
metálico,-a 1 *adj* metallic |**2** *m* cash
metalúrgico,-a 1 *adj* metallurgical |**2** *m,f* metallurgist
metedura *f fam* **m. de pata,** blunder
meteorito *m* meteorite
meteorológico,-a *adj* meteorological: **información meteorológica,** weather report
meter *vtr* ◆ to put [**en,** in]; *(en colegio, cárcel)* to put; *(dinero)* **metimos el dinero en el banco,** we paid the money into our bank ◆ *(involucrar)* to involve [**en,** in], to get mixed up [**en,** in] ■ **meterse** *vr* ◆ *(entrar)* to go *o* come, get [**in/into, en**]: **se metió en una secta,** he joined a sect ◆ *(involucrarse)* to get into, get mixed up ◆ *(entrometerse)* to meddle ◆ *(tomar el pelo)* **no te metas con María,** don't pick on Maria
meticuloso,-a *adj* meticulous
metódico,-a *adj* methodical
método *m* ◆ method ◆ *Educ* course
metralleta *f* submachine-gun
métrico,-a *adj* metric
metro *m* ◆ metre, *US* meter; **m. cuadrado/cúbico,** square/cubic metre ◆ *(instrumento para medir)* tape measure ◆ *(transporte)* underground, tube, *US* subway
metrópoli *f* metropolis
metropolitano,-a 1 *adj* metropolitan |**2** *m frml* → **metro**
mezcla *f* ◆ *(acción)* mixing, blending; *Rad Cine* mixing ◆ *(producto)* mixture, blend; *Audio Text* mix
mezclar *vtr* ◆ *(combinar, amalgamar)* to mix, blend ◆ *(algo ordenado antes)* to mix up ◆ *(involucrar)* to involve, mix up ■ **mezclarse** *vr* ◆ *(sentimientos, ideas, cosas)* to get mixed up ◆ *(involucrarse)* to get involved [**con,** with]
mezquino,-a *adj* ◆ *(persona)* mean, stingy ◆ *(escaso, despreciable)* miserable
mezquita *f* mosque
mi[1] *adj pos* my
mi[2] *m Mús* E
mí *pron pers* me; *(reflexivo)* myself: **lo hago por mí,** I do it for myself
mía *adj & pron pos f* → **mío**
miau *m* miaow
micra *f* micron
microbio *m* microbe
microbús *m* minibus
microchip *m Inform* microchip
micrófono *m* microphone
microondas *m* microwave (oven)
microscopio *m* microscope
miedo *m* ◆ *(terror)* fear, fright: **me da m. la oscuridad,** I'm scared of the dark ◆ *(recelo, preocupación)* concern: **tengo m. por ti,** I'm worried about you
miedoso,-a *adj* fearful
miel *f* honey
miembro *m* ◆ *(parte integrante)* member ◆ *Anat* limb; *(pene)* penis
mientras 1 *conj* ◆ *(a la vez, durante)* while: **no comas m. estudias,** don't eat while you are studying ◆ *(+ subj)* as long

as: **m. no mejores,** as long as you don't improve ◆ **m. que** *(por el contrario)* whereas |2 *adv (entre tanto)* meanwhile, in the meantime

miércoles *m inv* Wednesday

mierda *f vulgar* shit

miga *f* crumb

migraña *f Med* migraine

mil *adj* & *m* thousand: **m. millones,** a billion; **m. personas,** a *o* one thousand people

milagro *m* miracle

milagroso,-a *adj* miraculous

milenario,-a 1 *adj* thousand-year-old, millenial |2 *m* millenium

milenio *m* millenium

milésimo,-a *adj* & *m,f* thousandth

mili *f fam* military service

milicia *f (ejército no regular)* militia

milímetro *m* millimetre, *US* millimeter

militar 1 *adj* military |2 *m* soldier |3 *vi Pol (ser miembro de)* to be a member

milla *f* mile

millar *m* thousand

millón *m* million

millonario,-a *adj* & *m,f* millionaire

mimar *vtr* ◆ *(consentir)* to spoil ◆ *(tratar con cariño)* to fuss over

mimbre *m* wicker

mímica *f* mimicry, mime

mimo *m* ◆ *(muestra de cariño)* pampering, fuss ◆ *(cuidado)* care ◆ *Teat (actor)* mime

mina *f* ◆ mine ◆ *(de lápiz)* lead, *(de portaminas)* refill

minar *vtr* ◆ *(con explosivos)* to mine ◆ *fig (debilitar, destruir)* to undermine

mineral *adj* & *m* mineral

minería *f* ◆ *(industria)* mining industry ◆ *Téc* mining

minero,-a 1 *m,f* miner |2 *adj* mining

miniatura *f* miniature

minifalda *f* miniskirt

minimizar *vtr* to minimize

mínimo,-a 1 *adj* ◆ *(muy pequeño)* minute, tiny ◆ *(muy escaso)* minimal ◆ *(menor posible)* minimum |2 *m* minimum

ministerio *m* ministry

ministro,-a *m,f* minister: **primer m.,** Prime Minister

minoría *f* minority

minoritario,-a *adj* minority

minucioso,-a *adj* ◆ *(detallista)* meticulous ◆ *(detallado)* minute, detailed

minúsculo,-a 1 *adj* minuscule, tiny |2 *f (letra)* small letter, lower-case

minusválido,-a 1 *adj* handicapped |2 *m,f* handicapped person

minuta *f* ◆ *(de un abogado)* bill ◆ *(de un restaurante)* menu

minutero *m* minute hand

minuto *m* minute

mío,-a 1 *adj pos* of mine: **tienes un libro m.,** you have got a book of mine |2 *pron pos* mine: **el m. es más grande,** mine is bigger

miope *adj* short-sighted

miopía *f* short-sightedness

mirada *f* look

mirador *m* ◆ *(natural)* viewpoint ◆ *(galería)* windowed balcony

mirar *vtr* ◆ to look at ◆ *(en el diccionario)* to look up ◆ *(examinar)* to watch: **miraba la película atentamente,** she was watching the film carefully |2 *vi* ◆ *(buscar)* **miraré en ese rincón,** I'll have a look in that corner ◆ *(cuidar)* to look after sb/sthg: **mira por tus intereses,** she is looking after your interests ◆ *(estar orientado)* to face ■ **mirarse** *vr* ◆ to look at each other ◆ *(uno a sí mismo)* to look at oneself

mirilla *f* spyhole, peephole

mirlo *m Orn* blackbird

misa *f* mass

miserable 1 *adj* ◆ *(lástimoso, pobre)* wretched, poor ◆ *(malvado, ruin)* despicable ◆ *(avariento)* mean |2 *mf* ◆ *(mezquino)* miser ◆ *(canalla)* wretch, scoundrel

miseria *f* ◆ *(pobreza)* extreme poverty ◆ *(cantidad despreciable)* pittance, miserable amount ◆ *(más en pl) (desgracias, penalidades)* miseries

misericordia *f* mercy, compassion

mísero,-a *adj* miserable

misil *m* missile

misión *f* mission

misionero,-a *m,f* missionary
mismo,-a 1 *adj* ◆ same ◆ *(uso enfático)* **el rey m. apareció en el umbral,** the king himself appeared on the threshold **|2** *pron* same: **es el m. árbol,** it's the same tree: **por uno** *o* **sí m.,** by oneself **|3** *adv* ◆ **ahora m.,** right now ◆ **así m.,** likewise
misógino,-a 1 *adj* misogynous **|2** *m,f* misogynist
miss *f* beauty queen
míster *m fam Ftb* coach, trainer
misterio *m* mystery
misterioso,-a *adj* mysterious
mitad *f* ◆ half: **leí la m. del libro.** I read half of the book ◆ *(centro)* middle: **a m. de camino,** half-way
mítico,-a *adj* mythical
mitin *m Pol* meeting
mito *m* myth
mitología *f* mythology
mixto *adj* mixed
mobiliario *m* furniture
mochila *f* rucksack, backpack
mochuelo *m Zool* little owl
moción *f* motion: **m. de censura,** vote of non confidence
mocos *mpl* **sonarse los m.,** to blow one's nose: **tener m.,** to have a runny nose
moda *f* ◆ fashion: **está pasado de m.,** it is old-fashioned ◆ *(fiebre)* craze
modales *mpl* manners
modalidad *f* form, category: *Com* **m. de pago,** method of payment
modelar *vtr* to model, shape
modelo 1 *adj inv* & *m* model **|2** *mf* (fashion) model
módem *m Inform Tel* modem
moderado,-a *adj* ◆ *(persona, ideas)* moderate ◆ *(precio)* reasonable: *(temperatura, viento)* mild
moderador,-ora *m,f* chairperson
moderar *vtr* ◆ to moderate ◆ *(velocidad)* to reduce ◆ *(una discusión)* to chair ■ **moderarse** *vr* to be moderate, control oneself
modernizar *vtr,* **modernizarse** *vr* to modernize
moderno,-a *adj* modern
modestia *f* modesty
modesto,-a *adj* modest
módico,-a *adj* moderate
modificar *vtr* to modify
modismo *m* idiom
modisto,-a 1 *m,f (de alta costura)* fashion designer, couturier,-ère **|2** *f (costurera)* dressmaker
modo *m* ◆ *(forma de hacer)* way, manner ◆ *Ling* mood ◆ **modos,** manners
modorra *f* drowsiness
modular *vtr* to modulate
módulo *m* module
mofa *f* mockery
mofarse *vr* to jeer [**de,** at], scoff [**de,** at], make fun [**de,** of]
moflete *m* chubby cheek
mogollón *m fam* ◆ *(gran cantidad)* loads, an awful lot [**de,** of] ◆ *(alboroto)* mess, racket
moho *m* mould, *US* mold
mohoso,-a *adj* mouldy, *US* moldy
mojado,-a *adj* wet
mojar *vtr* ◆ to wet ◆ *(en la leche, el café, etc)* to dip, dunk ■ **mojarse** *vr* to get wet
mojón *m* boundary stone; *(en la carretera)* milestone
moka *m* mocha
Moldavia *f* Moldavia
moldavo,-a *adj* & *m,f* Moldavian
molde *m* mould, *US* mold: *(de cocina)* tin
moldear *vtr (barro, masa)* to mould, *US* mold ◆ *(sacar el molde)* to cast ◆ *(el carácter)* to shape
mole *f* mass, bulk
molécula *f* molecule
moler *vtr* to grind
molestar *vtr* ◆ *(causar incomodidad)* to disturb, bother: **¿le molestaría contestar a unas preguntas?,** would you mind answering some questions? ◆ *(causar dolor)* to hurt ■ **molestarse** *vr* ◆ *(ofenderse)* to take offence *o US* offense [**por,** at] ◆ *(hacer el esfuerzo)* to bother
molestia *f* ◆ *(incomodidad)* trouble ◆ *(trabajo, esfuerzo)* bother ◆ *(fastidio)* nuisance ◆ *(dolor)* slight pain

molesto,-a *adj* ♦ *(incómodo)* uncomfortable ♦ *(fastidioso)* annoying, pestering ♦ *(enfadado, disgustado)* annoyed
molinillo *m* grinder
molino *m* mill
momentáneo,-a *adj* momentary
momento *m* ♦ *(instante)* moment ♦ *(periodo, ocasión)* time ♦|LOC: **al m.,** at once; **de un m. a otro,** at any moment; **en un m. dado,** at a given moment
momia *f* mummy
monada *f fam* cute, lovely person *o* thing
monarca *mf* monarch
monarquía *f* monarchy
monasterio *m Rel* monastery
monda *f* peel, skin
mondadientes *m inv* toothpick
mondar *vtr* to peel ■ **mondarse** *vr fam* to die laughing
moneda *f* ♦ coin ♦ *(de un país)* currency
monedero *m* purse
monería *f* → **monada**
monetario,-a *adj* monetary
monitor,-ora 1 *m,f (profesor)* instructor |2 *m Inform (pantalla)* monitor
monja *f* nun
monje *m* monk
mono,-a 1 *m,f Zool* monkey |2 *m Indum (para trabajo)* overalls *pl; US* coveralls *pl* ♦ *argot (de abstinencia)* cold turkey |3 *adj fam* lovely, pretty
monólogo *m* monologue
monopatín *m* skateboard
monopolio *m* monopoly
monopolizar *vtr* to monopolize
monótono,-a *adj* monotonous
monóxido *m Quím* monoxide
monstruo *m* ♦ monster; *pey* freak ♦ *(genio)* genius, giant
monstruoso,-a *adj* ♦ *(feo, antinatural)* monstrous ♦ *(desmesurado, muy grande)* massive, huge
montacargas *m inv* service lift, *US* freight elevator
montador,-ora *m,f* ♦ *Cine TV* film editor ♦ *(de máquinas)* fitter
montaje *m* ♦ *Téc (de una máquina, un mueble, etc)* assembly ♦ *Cine* editing and mounting ♦ *Fot* montage; **m. fotográfico,** photomontage ♦ *fam (simulación, engaño)* farce, set-up
montaña *f* ♦ mountain ♦ *fam (montón)* pile
montañismo *m* mountaineering
montañoso,-a *adj* mountainous
montar 1 *vi (subirse)* to get in; *(en bici, a caballo)* to ride |2 *vtr* ♦ *(un mueble, arma)* to assemble ♦ *(engarzar)* to set, mount ♦ *(un negocio)* to set up, start ♦ *Culin* to whip ♦ *Teat (un espectáculo)* to stage, mount ■ **montarse** *vr* ♦ *(subirse)* to get on; *(en un vehículo)* to get in [**en,** to]
monte *m* ♦ mountain ♦ *(terreno)* **m. alto,** forest; **m. bajo,** scrubland
montón *m* ♦ *(pila, taco)* heap, pile ♦ *(gran cantidad)* **un m. de,** a load of, lots of
montura *f* ♦ *(animal)* mount; *(silla)* saddle ♦ *(de gafas)* frame; *(de joyas)* mount
monumento *m* monument
monzón *m* monsoon
moño *m* bun
moqueta *f* fitted carpet
mora *f Bot* blackberry
morada *f frml* dwelling
morado,-a 1 *adj* purple |2 *m* ♦ *(color)* purple ♦ *(moratón)* bruise
moral 1 *adj* moral |2 *f* ♦ *(ética)* morals *pl* ♦ *(ánimo)* morale, spirits *pl*
moraleja *f* moral
moralista 1 *adj* moralistic |2 *mf* moralist
morboso,-a *adj* morbid
morcilla *f* black pudding
mordaz *adj* biting, scathing
mordaza *f* gag
mordedura *f* bite
morder *vtr* to bite
mordisco *m* bite
mordisquear *vtr* to nibble (at)
moreno,-a *adj* ♦ *(de pelo)* dark-haired; *(de piel)* dark-skinned; **pan/azúcar m.,** brown bread/sugar ♦ *(bronceado)* tanned
morera *f Bot* white mulberry
morfina *f* morphine

moribundo,-a *adj* & *m,f* moribund, dying
morir *vi,* **morirse** *vr* to die
mormón,-ona *adj* & *m,f* Mormon
moro,-a *adj* & *m,f* ◆ *(norteafricano)* Moor ◆ *Hist (musulmán)* Muslim
morro *m* ◆ *(hocico)* snout ◆ *(de coche, avión)* nose ◆ *(caradura)* cheek, nerve
morrón *adj* **pimiento m.**, sweet red pepper
morsa *f* walrus
morse *m* morse
mortadela *f* mortadella
mortaja *f* shroud
mortal 1 *adj* ◆ mortal ◆ *(accidente, veneno, etc)* fatal |2 *mf* mortal
mortalidad *f* mortality
mortero *m Culin Mil* mortar
mortífero,-a *adj* deadly, lethal
mortificar *vtr* to mortify
moruno,-a *adj* Moorish
mosaico *m* mosaic
mosca 1 *f* fly |2 *adj fam (enfadado)* annoyed; *(inquieto)* worried; *(intrigado)* suspicious
mosquitero *m* mosquito net
mosquito *m* mosquito
mostaza *f* mustard
mosto *m* grape juice
mostrador *m (de comercio)* counter; *(de cafetería)* bar
mostrar *vtr* to show
mota *f* speck
mote[1] *m* nickname
mote[2] *m LAm* stewed maize *o US* corn
moteado,-a *adj* ◆ *(con lunares)* dotted ◆ *(la piel)* mottled
motín *m* ◆ *(en un barco, en el ejército)* mutiny ◆ *(levantamiento)* riot
motivar *vtr* ◆ *(provocar)* to cause ◆ *(animar)* to motivate
motivo *m* ◆ *(causa)* reason ◆ *Arte Mús* motif, leitmotif
moto *f* motorbike
motocicleta *f* motorbike
motociclismo *mf* motorcycling
motocross *m* motocross
motor *m (de combustible)* engine; *(eléctrico)* motor; **m. de arranque,** starter (motor); **m. de explosión,** internal combustion engine
motor, motriz *adj* motor
motora *f* motorboat
motorista *mf* motorcyclist
motosierra *f* power saw
mover *vtr* ◆ to move; **m. la cabeza** *(afirmativamente)* to nod; *(negativamente)* to shake one's head ◆ *(activar)* to drive ■ **moverse** *vr* ◆ to move ◆ *(apurarse)* to hurry up: **¡muévete!**, get a move on!
movido,-a *adj* ◆ *Fot* blurred ◆ *(ajetreado)* busy
móvil 1 *adj* mobile |2 *m* ◆ *(razón)* motive ◆ *fam Tel* mobile phone
movilización *f* mobilization
movilizar *vtr* to mobilize
movimiento *m* ◆ movement; **el m. feminista,** the feminist movement ◆ *Fís Téc* motion ◆ *(actividad)* activity ◆ *Com Fin (de una cuenta)* operations
moza *f* young girl, lass
mozo *m* ◆ young boy, lad ◆ *(de estación)* porter; *(de hotel)* bellboy, *US* bellhop
mucamo,-a *m,f LAm* servant
muchacha *f* girl
muchacho *m* boy
muchedumbre *f* crowd
mucho,-a 1 *adj indef* ◆ *(abundante, numeroso) (en frases afirmativas)* a lot of, lots of; **mucha comida,** a lot of food; *(en frases negativas)* much, many *pl*: **no queda m. azúcar,** there isn't much sugar left; **no conozco muchos sitios,** I don't know many places ◆ *(demasiado)* **es mucha responsabilidad,** it's too much responsibility |2 *pron* ◆ a lot, much, many: **de ésos tengo muchos,** I've got lots of those |3 *adv* ◆ *(cantidad)* a lot, very much: **me arrepentí m.**, I was very sorry ◆ *(tiempo)* **hace m. que desapareció,** he went missing a long time ago; *(a menudo)* often ◆|LOC: **como m.**, at the most; **con m.**, by far; **¡ni m. menos!**, no way!
muda *f* ◆ *(de ropa)* change of clothes ◆ *Zool* shedding
mudanza *f* move

mudar *vtr* to change ■ **mudarse** *vr* ◆ *(de casa)* to move ◆ *(de ropa)* to change one's clothes

mudo,-a 1 *adj* ◆ *(que no habla)* dumb ◆ *fig (sin palabras)* speechless, dumbstruck ◆ *(cine)* mute, silent |**2** *m,f* mute

mueble *m* piece of furniture

mueca *f* ◆ *(gesto de burla)* mocking face ◆ *(gesto de dolor, reprobación)* grimace

muela *f* molar; **m. del juicio,** wisdom tooth

muelle[1] *m* spring

muelle[2] *m Náut* dock

muerte *f* death

muerto,-a 1 *adj* ◆ *(sin vida)* dead ◆ *(cansado)* exhausted ◆ *Dep* **tiempo m.,** time-out ◆ *(enfático)* **m. de frío/miedo,** frozen/scared to death ◆ *Auto* **(en) punto m.,** (in) neutral |**2** *m,f* ◆ *(cadáver)* dead person ◆ *(tarea fastidiosa)* dirty job ◆ *(víctima de accidente)* fatality

muesca *f* notch

muestra *f* ◆ *(de un producto, sustancia)* sample, specimen ◆ *Estad* sample ◆ *(gesto, demostración)* sign

mugido *m (de vaca)* moo; *(de toro)* bellow

mugir *vi (vaca)* to moo; *(toro)* to bellow

mugre *f* filth, muck

mugriento,-a *adj* filthy, mucky

mujer *f* ◆ woman; **varias mujeres,** several women ◆ *(esposa)* wife

muleta *f* crutch

muletilla *f (palabra)* pet word; *(frase)* pet phrase

mullido,-a *adj* soft

multa *f* fine, *Auto* ticket

multar *vtr* to fine

multicolor *adj* multicoloured, *US* multicolored

multinacional *adj* & *f* multinational

múltiple *adj* ◆ multiple ◆ **múltiples,** many

multiplicación *f Mat* multiplication

multiplicar *vtr* & *vi* to multiply [**por,** by] ■ **multiplicarse** *vr* to multiply

múltiplo,-a *adj* & *m* multiple

multitud *f* ◆ *(gente)* crowd, mass ◆ *(gran cantidad)* multitude

mundano,-a *adj* mundane

mundial 1 *adj* worldwide; **el comercio m.,** world trade |**2** *m Dep* world championship

mundo *m* ◆ world ◆ **todo el m.,** everybody

munición *f* ammunition

municipal 1 *adj* municipal |**2** *m (policía)* policeman

municipio *m* ◆ *(territorio)* municipality ◆ *(ayuntamiento, concejo)* town *o* city council

muñeca *f* ◆ *(juguete)* doll ◆ *Anat* wrist

muñeco *m (juguete)* boy doll

muñequera *f* wristband

muñón *m* stump

mural *m* & *adj* mural

muralla *f* wall

murciélago *m Zool* bat

murmullo *m* murmur

murmurar *vi* ◆ *(hablar mal, cotillear)* to gossip ◆ *(hablar bajo)* to whisper; *(hablar entre dientes)* to grumble

muro *m* wall

musa *f* muse

muscular *adj* muscular

músculo *m* muscle

musculoso,-a *adj* muscular

museo *m* museum; *(de pintura, escultura)* gallery

musgo *m* moss

música *f* music

musical *adj* & *m* musical

músico,-a 1 *adj* musical |**2** *m,f* musician

muslo *m* thigh

musulmán,-ana *adj* & *m,f* Muslim, Moslem

mutante *m,f* & *adj* mutant

mutilación *f* mutilation

mutilado,-a *m,f* disabled person

mutilar *vtr* to mutilate

mutua *f* friendly society; *US* benefit society

mutuo,-a *adj* mutual

muy *adv* ◆ very; **m. tierno,** very tender ◆ *(demasiado)* too: **está m. caliente,** it's too hot

N

N, n *f (letra)* N, n

nabo *m Bot* turnip

nácar *m* mother-of-pearl

nacer *vi* ◆ to be born: **nació en el mes de julio,** she was born in July; *(ave)* to hatch (out) ◆ *(pelo, dientes)* to begin to grow ◆ *(río, manantial)* to rise ◆ *(originarse)* to start

nacido,-a *adj* born; **recién n.,** newborn

naciente *adj (incipiente)* new, incipient; *(Sol)* rising

nacimiento *m* ◆ birth ◆ *(inicio, origen)* origin, beginning ◆ *(de un río, manantial)* source ◆ *(belén)* Nativity scene, crib

nación *f* nation

nacional *adj* ◆ national ◆ *(interior, no internacional)* domestic; **llegadas nacionales,** domestic arrivals

nacionalidad *f* nationality

nacionalista *adj & mf* nationalist

nacionalizar *vtr* ◆ *(a una persona)* to naturalize ◆ *Econ (hacer estatal)* to nationalize ■ **nacionalizarse** *vr* to become naturalized

nada 1 *pron* ◆ *(ninguna cosa)* nothing; *(con otro negativo)* nothing, not ... anything: **no hay n. más importante,** there is nothing more important ◆ *(en preguntas)* anything: **¿no tienes n. que decir?,** don't you have anything to say? ◆ *(muy poco)* **con la niebla no veíamos n.,** we couldn't see a thing in the fog ◆ *(en ciertas construcciones)* anything; **sin decir n.,** without saying anything/a word |**2** *adv* not at all: **no escribe n. mal,** he doesn't write at all badly |LOC: **casi n.,** almost nothing; **gracias, - de n.,** thanks, - you are welcome; **n. más oírlo,** as soon as she heard it

nadador,-ora *m,f* swimmer

nadar *vi* ◆ *Dep* to swim ◆ *(un objeto)* to float

nadie *pron* ◆ *(ninguna persona)* no one, nobody; *(con otro negativo)* anyone, anybody: **no quiere a n.,** she doesn't love anyone ◆ **sin que n. lo oyese,** without anyone hearing; **casi n.,** hardly anyone ◆|LOC: **ser un don n.,** to be a nobody

nado (a) *loc adv* swimming

naftalina *f* mothballs

nailon *m* nylon

naipe *m* playing card

nalga *f* buttock; **nalgas,** bottom *sing,* buttocks

nana *f* lullaby

napia *f fam (tb en pl)* nose

naranja 1 *f* orange |**2** *adj & m (color)* orange

naranjada *f* orangeade

narciso *m Bot (blanco)* narcissus; *(amarillo)* daffodil

narcótico *m* narcotic

narcotraficante *mf* drug dealer

narcotráfico *m* drug trafficking

nariz *f* ◆ *(tb en pl* **narices***)* nose ◆|LOC: *fam* **en mis/tus/sus (propias) narices,** right under my/your/his very nose; *fam* **meter las narices en algo,** to poke one's nose into sthg

narración *f* narration

narrador,-ora *m,f* narrator

narrar *vtr* to narrate, tell

narrativa *f* narrative

narrativo,-a 1 *adj* narrative

nata *f* ◆ *(de pastelería)* cream ◆ *(sobre la leche hervida)* skin ◆ *(lo más selecto)* cream, best

natación *f* swimming

natal *adj* **mi ciudad n.,** my home town; **tu país n.,** your native country

natalidad *f* birth rate

natillas *fpl Culin* custard *sing*
natividad *f* Nativity
nativo,-a *adj* & *m,f* native
natural 1 *adj* ◆ natural; **a tamaño n.,** life-size ◆ *(nativo)* **soy n. de Castilla,** I come from Castilla **|2** *m* ◆ *(temperamento, inclinación)* nature ◆ *Arte* life: **lo pintó del n.,** he painted it from life
naturaleza *f* ◆ nature ◆ *Arte* **n. muerta,** still life ◆ *(constitución)* physical constitution
naturalista 1 *adj* naturalistic **|2** *mf* naturalist
naturismo *m* naturism
naturista *mf* naturist
naufragar *vi* ◆ *(una embarcación)* to sink, be wrecked; *(una persona)* to be shipwrecked ◆ *(un proyecto, negocio)* to founder, fail
naufragio *m Náut* shipwreck
náufrago,-a *m,f* shipwrecked person, castaway
náusea *f (usu pl)* nausea, sickness: **siento/tengo náuseas,** I feel sick
náutico,-a *adj* nautical
navaja *f* ◆ *(cuchillo de bolsillo)* penknife, pocketknife; *(arma blanca)* knife; *(de afeitar)* razor ◆ *Zool* razor-shell
naval *adj* naval
nave *f* ◆ *(barco)* ship; *(espacial)* spaceship, spacecraft ◆ *Ind* plant; *(almacén)* warehouse; *(local amplio)* building ◆ *(de iglesia)* nave
navegable *adj* navigable
navegar *vi* to navigate
Navidad *nf (tb en pl)* Christmas; **¡Feliz N.!,** Merry Christmas!
navideño,-a *adj* Christmas
nazi *adj* & *mf* Nazi
neblina *f* mist, thin fog
necedad *f* ◆ *(ignorancia, imprudencia)* stupidity, foolishness ◆ *(hecho o dicho)* stupid thing to say *o* to do
necesario,-a *adj* necessary
neceser *m* toilet bag, sponge bag
necesidad *f* ◆ necessity, need ◆ *(dificultad económica)* hardship
necesitado,-a *adj* needy
necesitar *vtr* to need
néctar *m* nectar
nectarina *f* nectarine
neerlandés,-esa 1 *adj* Dutch, of *o* from the Netherlands **|2** *m,f (persona) (hombre)* Dutchman; *(mujer)* Dutchwoman; **los neerlandeses,** the Dutch **|3** *m (idioma)* Dutch
nefasto,-a *adj* unlucky, ill-fated
negación *f* ◆ *(de los hechos, de una acusación)* denial; *(a colaborar, participar)* refusal ◆ *Ling* negative
negar *vtr* ◆ to deny ◆ *(rechazar)* to refuse, deny ■ **negarse** *vr* to refuse [**a,** to]
negativa *f* refusal
negativo,-a *adj* & *m,f* negative
negligencia *f* negligence
negociación *f* negotiation
negociante *mf* dealer; *(hombre)* businessman; *(mujer)* businesswoman
negociar 1 *vtr (acordar, tratar)* to negotiate **|2** *vi (traficar, comerciar)* to do business, deal
negocio *m* ◆ *Com Fin* business ◆ *(asunto)* affair
negrilla, negrita *adj* & *f Impr* bold
negro,-a 1 *adj* ◆ black; *(bronceado)* suntanned ◆ *(muy sucio)* filthy, black ◆ *(suerte, situación)* awful ◆ *(furioso)* furious ◆ *(raza, música)* black ◆ *(no legalizado)* **mercado n.,** black market **|2** *m,f (hombre)* black man; *(mujer)* black woman **|3** *m* ◆ *(color)* black ◆ *(tabaco)* black tobacco ◆ *(escritor anónimo)* ghostwriter **|4** *f* ◆ *Mús* crotchet, *US* quarter note ◆ **la negra,** bad luck
nene,-a *m,f (niño)* baby boy; *(niña)* baby girl
neolítico,-a *adj* neolithic
neozelandés, esa 1 *adj* of/from New Zealand **|2** *m,f* New Zealander
Neptuno *m* Neptune
nervio *m* ◆ nerve; *(de la carne)* sinew ◆ *(vigor, carácter)* nerve, courage, spirit ◆ **nervios,** nerves *pl*
nerviosismo *m* nerves *pl*
nervioso,-a *adj* ◆ nervous
neto,-a *adj* net
neumático *m Auto* tyre, *US* tire
neumonía *f* pneumonia
neurólogo,-a *m,f* neurologist
neurótico,-a *adj* & *m,f* neurotic
neutral *adj* neutral

neutralizar *vtr* to neutralize

neutro,-a *adj* ◆ neutral ◆ *Ling* neuter

nevada *f* snowfall

nevado,-a *adj* snowcovered

nevar *v impers* to snow

nevera *f* ◆ *(electrodoméstico)* refrigerator, *fam* fridge ◆ *(para excursiones)* cool box

nexo *m* connection, link

ni *conj* ◆ **no ... ni, ni ... ni,** neither ... nor, not ... or: **ni vive ni deja vivir,** she won't live or let live; **no iréis ni tú ni él,** neither you nor he will go ◆ *(siquiera)* even: **ni aunque me maten,** not even if they kill me

Nicaragua *f* Nicaragua

nicaragüense *adj & mf* Nicaraguan

nicho *m* niche

nicotina *f* nicotine

nido *m* nest

niebla *f* fog

nieto,-a *m,f (niño)* grandson; *(niña)* granddaughter; **los nietos,** the grandchildren

nieve *f* snow

ningún *adj* → **ninguno,-a**

ninguno,-a 1 *adj* ◆ no: **no tienes ninguna vergüenza,** you have no shame; *(con otro negativo)* not ... any: **no queda ninguna galleta,** there aren't any biscuits left |**2** *pron* ◆ *(persona)* no one: **él tiene un hermano y yo n.,** he has a brother and I don't; *(referido a dos personas)* neither: **n. de nosotros (dos) tiene hermanas,** neither of us has a sister; *(referido a un grupo)* **n. vino a misa,** none of them came to mass; *(nadie)* nobody, no one: **n. lo sabía,** nobody knew it ◆ *(objeto)* **yo tengo una oportunidad, pero él ninguna,** I have a chance, but he has none; *(referido a dos objetos)* neither: **n. es útil,** neither is useful; *(referido a un grupo)* **n. era rojo,** none of them was red

niña *f* ◆ girl; *adj* → **niño,-a** ◆ *Anat* pupil

niñera *f* nursemaid, nanny

niñez *f* childhood

niño,-a *m,f* child; *(muchacho)* boy; *(muchacha)* girl; *(bebé)* baby |**2** *adj (persona infantil)* child

níquel *m* nickel

níspero *m* medlar

nítido,-a *adj (claro, límpido)* clear; *(bien definido)* sharp

nitrógeno *m* nitrogen

nivel *m* ◆ level ◆ *(norma)* standard ◆ *Ferroc* **paso a n.,** level crossing, *US* grade crossing

nivelar *vtr* ◆ to level out ◆ *(las fuerzas, el presupuesto, etc)* to balance out

no 1 *adv* ◆ *(como respuesta)* no: **¿quieres un poco? - no, gracias,** would you like a bit? - no, thanks; **no fumar,** no smoking ◆ *(en frases negativas)* not: **aún no está dormido,** he isn't asleep yet; **¿por qué no?,** why not? ◆ *(en preguntas retóricas o de confirmación)* **está enfadado, ¿no es así?,** he is angry, isn't he? |**2** *m* no: **¿es un no definitivo?,** is that a definite no?

noble 1 *adj* ◆ *(aristocrático)* noble ◆ *(sincero, honrado)* honest, noble |**2** *mf (hombre)* nobleman; *(mujer)* noblewoman

nobleza *f* nobility

noche *f* ◆ night; **esta n.,** tonight ◆ *(hasta la hora de acostarse)* evening ◆|LOC: **buenas noches,** *(saludo)* good evening, *(despedida)* good night; **de la n. a la mañana,** overnight

Nochebuena *f* Christmas Eve

Nochevieja *f* New Year's Eve

noción *f* ◆ notion, idea ◆ **nociones,** basic knowledge *sing*

nocivo,-a *adj* harmful

nocturno,-a *adj* ◆ night ◆ *Bot Zool* nocturnal

nodriza *f* ◆ *(ama de cría)* wet nurse ◆ *(vehículo)* **nave n.,** supply spaceship

nogal *m Bot* walnut (tree)

nómada 1 *adj* nomadic |**2** *mf* nomad

nombramiento *m* appointment

nombrar *vtr* ◆ *(para un cargo)* to appoint ◆ *(mencionar)* to name, mention

nombre *m* ◆ name ◆ *Ling* noun ◆|LOC: **en n. de algo/alguien,** on behalf of sthg/sb

nómina *f* ◆ *(sueldo mensual)* salary; *(documento)* payslip ◆ *(plantilla de trabajadores)* payroll

nominar *vtr* to nominate

nominativo,-a *adj* bearing a person's name

nordeste *m* → **noreste**

nórdico,-a 1 *adj* ♦ *(escandinavo)* Nordic |**2** *m,f* Nordic person

noreste *m* northeast

noria *f* ♦ *(atracción de feria)* big wheel ♦ *(para sacar agua)* water-wheel

norirlandés,-esa 1 *adj* Northern Irish |**2** *m,f (hombre)* Northern Irishman; *(mujer)* Northern Irishwoman

norma *f* norm, rule

normal *adj* normal, usual

normalidad *f* normality

normalizar *vtr* ♦ *(sujetar a norma)* to standardize ♦ *(volver a la normalidad)* to normalize, restore to normal ■ **normalizarse** *vr* to return to normal

normativa *f* rules *pl*

noroeste *m* northwest

norte 1 *m* north |**2** *adj* ♦ north ♦ *(zona, parte)* northern ♦ *(dirección rumbo)* northerly

norteño,-a 1 *adj* northern |**2** *m,f* Northerner

Noruega *f* Norway

noruego,-a 1 *adj* Norwegian |**2** *m,f* Norwegian |**3** *m (idioma)* Norwegian

nos *pron pers* ♦ us: **no nos lo dijo,** he didn't tell us ♦ *(reflexivo)* ourselves: **nos hemos portado bien,** we behaved ourselves ♦ *(recíproco)* each other: **nos conocemos desde hace tiempo,** we have known each other for a long time

nosotros,-as *pron pers pl* ♦ *(como sujeto)* we: **n. somos simpáticos,** we are nice ♦ *(como complemento)* us: **ven con n.,** come with us

nostalgia *f (de otros tiempos)* nostalgia; *(del hogar, la patria)* homesickness

nostálgico,-a *adj (de otros tiempos)* nostalgic; *(del hogar, la patria)* homesick

nota *f* ♦ *(escrito breve)* note; **tomar notas,** to take notes ♦ *Educ* mark, grade ♦ *(cuenta, factura)* bill ♦ *Mús* note

notable 1 *adj (cualidad, mérito)* outstanding, remarkable; *(distancia, diferencia)* noticeable |**2** *m Educ* ≈ B

notar *vtr* ♦ *(darse cuenta)* to notice ♦ *(a alguien en un estado)* to find ♦ *(sentir)* to feel ■ **notarse** *vr* ♦ to be noticeable *o* evident, show ♦ *(sentirse)* to feel

notaría *f* notary's office

notario,-a *m,f* notary (public); *(en determinadas funciones)* solicitor

noticia *f* news *sing*

notificar *vtr* to notify

novato,-a 1 *adj* inexperienced; *fam* green |**2** *m,f* novice, beginner

novecientos,-as *adj* & *m,f* nine hundred

novedad *f* novelty

novedoso,-a *adj* ♦ *(un estilo, punto de vista)* new, original ♦ *(una técnica, solución)* innovative

novela *f* novel

novelista *mf* novelist

noveno,-a *adj* & *m* ninth

noventa *adj* & *m inv* ninety

novia *f* ♦ *(pareja)* girlfriend ♦ *(prometida oficial)* fiancée ♦ *(en la boda)* bride

noviazgo *m* engagement

noviembre *m* November

novillada *f* bullfight with young bulls

novillero,-a *m,f* apprentice matador

novillo,-a *m,f (toro)* young bull; *(vaca)* young cow

novio *m* ♦ *(pareja)* boyfriend ♦ *(prometido oficial)* fiancé ♦ *(en la boda)* (bride) groom; **los novios,** the bride and groom

nube *f* cloud

nublado,-a *adj* cloudy, overcast

nublarse *vr* ♦ to become cloudy, cloud over ♦ *(una imagen, la vista, memoria)* to cloud over

nuboso,-a *adj* cloudy

nuca *f* nape, back of the neck

nuclear *adj* nuclear

núcleo *m* ♦ nucleus ♦ *(parte más importante)* core ♦ *(foco)* focus ♦ **n. urbano,** city centre

nudillo *m (usu pl)* knuckle

nudista *adj* & *mf* nudist

nudo *m* knot

nuera *f* daughter-in-law

nuestro,-a 1 *adj pos* ♦ *(antepuesto al sustantivo)* our; **n. padre,** our father ♦

(pospuesto sin artículo) our: **es primo n.**, he's our cousin; *(pospuesto con artículo indeterminado)* of ours; **un libro n.**, a book of ours |2 *pron pos* ours: **la nuestra es más grande,** ours is bigger

nueve *adj* & *m inv* nine

nuevo,-a *adj* ◆ new ◆ *(añadido)* further ◆|LOC: **de n.**, again

nuez *f* ◆ walnut ◆ **n. moscada,** nutmeg ◆ *Anat* Adam's apple

nulo,-a *adj* ◆ *(no válido)* null and void, invalid; *Dep* **lanzamiento/gol n.**, disallowed shot/goal ◆ *(inepto)* useless, hopeless

numeración *f* numeration; **n. arábiga/romana,** Arabic/Roman numerals *pl*

numerar *vtr* to number

número *m* ◆ number: **n. de teléfono,** telephone number ◆ *(de una revista)* number, issue ◆ *(de calzado)* size ◆ *(de un espectáculo)* sketch, act

numeroso,-a *adj* numerous

nunca *adv* ◆ never ◆ *(con otra negación)* ever ◆ *(con otros adverbios)* ever; **casi n.**, hardly ever; **más que n.**, more than ever; **n. jamás,** never ever

nupcial *adj* wedding, nuptial

nutria *f Zool* otter

nutrición *f* nutrition

nutrir *vtr* to nourish, feed ■ **nutrirse** *vr* to feed [**de/con,** on]

nutritivo,-a *adj* nutritious, nourishing

Ñ

Ñ, ñ *f (letra)* Ñ, ñ

ñame *m LAm* yam

ñandú *m* rhea

ñoñería, ñoñez *f* ◆ *(falta de gracia)* insipidness ◆ *(mojigatería)* prudery

ñoño,-a 1 *adj* ◆ *(sin gracia)* drippy, dull ◆ *(mojigato)* prudish; *(remilgado)* whiny, fussy |2 *m,f* whiny person, drip

ñoqui *m* gnocchi

O

O, o *f (letra)* O, o

O *(abr de oeste)* West, W

o *conj* ◆ or; **carne o pescado,** meat or fish ◆ **o ... o,** either ... or: **o es zurdo o es diestro,** he must be either left-handed or righthanded

oasis *m inv* oasis
obedecer 1 *vtr* to obey **|2** *vi* ◆ *(ser debido a)* to be due to ◆ *(los frenos, un animal)* to respond
obediencia *f* obedience
obediente *adj* obedient
obertura *f* overture
obesidad *f* obesity
obeso,-a *adj* obese
obispo *m* bishop
objeción *f* objection
objetar *vtr* to object
objetividad *f* objectivity
objetivo,-a 1 *adj* objective **|2** *m* ◆ *(finalidad)* objective, aim ◆ *(de un misil, disparo)* target ◆ *Cine Fot* lens
objeto *m* ◆ object ◆ *(finalidad)* aim, purpose ◆ *Ling* object
objetor,-ora 1 *m,f* objector: **o. de conciencia,** conscientious objector
oblicuo,-a *adj* oblique
obligación *f* ◆ *(deber, compromiso)* obligation, duty ◆ *Fin* bond, debenture
obligar *vtr* to force, oblige
obligatorio,-a *adj* compulsory, obligatory
obra *f* ◆ *(producto)* (piece of) work: **o. de arte,** work of art ◆ *(acción)* deed ◆ *Constr* building site; *(de la carretera, etc)* repairs ◆ *Teat* play ◆ *(efecto, resultado)* result
obrar 1 *vi* ◆ *(proceder)* to act, behave ◆ *(hallarse)* **el testamento obra en mi poder/mis manos...,** the will is in my possession **|2** *vtr (causar)* to work
obrero,-a 1 *m,f* worker **|2** *adj* working: **el movimiento o.,** the labour, *US* labor movement
obsceno,-a *adj* obscene
obsequio *m* gift, present
observación *f* observation
observador,-ora 1 *m,f* observer **|2** *adj* observant
observar *vtr* ◆ *(mirar detenidamente)* to observe, watch ◆ *(advertir)* to notice ◆ *(la ley, las costumbres, etc)* to observe
observatorio *m* observatory
obsesión *f* obsession
obsesionar *vtr* to obsess ■ **obsesionarse** *vr* to get obsessed
obsesivo,-a *adj* obsessive
obsoleto,-a *adj* obsolete
obstaculizar *vtr* ◆ *(un propósito, una actividad)* to hinder ◆ *(el paso de una persona, un animal, etc)* to stand in the way of; *(de un fluido)* to obstruct
obstáculo *m* ◆ *(dificultad)* handicap ◆ *(en un camino, etc)* obstacle
obstante (no) 1 *conj* nevertheless **|2** *adv* in spite of, despite
obstinado,-a *adj* obstinate
obstinarse *vr* to persist [**en,** in]
obstrucción *f* ◆ obstruction ◆ *Med* blockage
obstruir *vtr* to block, obstruct ■ **obstruirse** *vr* to get blocked up
obtener *vtr* to obtain, get ■ **obtenerse** *vr* to come from
obvio,-a *adj* obvious
oca *f* ◆ *Zool* goose ◆ *(juego de mesa)* ~ snakes and ladders
ocasión *f* ◆ *(circunstancia)* occasion ◆ *(coyuntura favorable)* opportunity, chance ◆ *Com* bargain: **coches de o.,** second-hand cars; **precios de o.,** discount prices
ocasional *adj* ◆ *(casual)* accidental, chance ◆ *(temporal, circunstancial)* occasional
ocasionar *vtr* to cause, bring about
ocaso *m* ◆ *(puesta de Sol)* sunset ◆ *(decadencia)* decline, twilight
occidental *adj* western, occidental
occidente *m* west; **el O.,** the West
océano *m* ocean
ochenta *adj* & *m inv* eighty
ocho *adj* & *m inv* eight
ochocientos,-as *adj* & *m,f* eight hundred
ocio *m* leisure time
ocre *m* ochre, *US* ocher
octavilla *f* pamphlet, leaflet
octavo,-a *adj* & *m,f* eighth
octubre *m* October
ocular *adj* eye
oculista *mf* ophthalmologist, oculist
ocultar *vtr* to conceal, hide ■ **ocultarse** *vr* to hide
oculto,-a *adj* concealed, hidden
ocupación *f* occupation

ocupado,-a *adj* ◆ *(atareado)* busy ◆ *(asiento)* taken; *(aseos, teléfono)* engaged ◆ *(invadido, sitiado)* occupied

ocupar *vtr* ◆ *(espacio, tiempo)* to take up ◆ *(un puesto)* to hold, fill ◆ *(casa, territorio)* to occupy; *(ilegalmente)* to squat (in) ■ **ocuparse** *vr* ◆ *(de alguien)* to look after ◆ *(de hacer algo)* to see to; *(de una actividad)* to be in charge of

ocurrencia *f* ◆ *(comentario ingenioso)* witty remark, wisecrack ◆ *(idea repentina)* idea

ocurrente *adj* witty

ocurrir *v impers* to happen, occur ■ **ocurrirse** *vr* **se le ocurrió que fuésemos a Murcia,** it occured to him that we could go to Murcia

odiar *vtr* to detest, hate

odio *m* hatred, loathing

odioso,-a *adj* hateful

odontólogo,-a *m,f* odontologist

oeste 1 *m* west **|2** *adj* ◆ west ◆ *(zona, parte)* western ◆ *(dirección, rumbo)* westerly

ofender *vtr* to offend ■ **ofenderse** *vr* to get offended [**con/ por,** by], take offence *o US* offense [**con/ por,** at]

ofensa *f* offence, *US* offense; *(insulto)* insult, affront

ofensivo,-a *adj* offensive

oferta *f* ◆ offer ◆ *Econ* **o. y demanda,** supply and demand ◆ *Com* bargain

ofertar *vtr* to offer

oficial 1 *adj* official **|2** *mf* officer

oficialista *adj LAm* pro-government

oficina *f* ◆ office ◆ **o. de correos/ turismo,** post/tourist office; **o. de empleo,** job centre, *US* job office

oficinista *mf* office worker, clerk

oficio *m* ◆ *(profesión)* job, occupation; *(manual)* trade ◆ **abogado de o.,** state-appointed lawyer ◆ *Rel* service

ofimática *f Inform* office automation

ofrecer *vtr* ◆ to offer ◆ *(posibilidad, solución, consejo)* to give ◆ *(un homenaje, banquete, etc)* to hold ■ **ofrecerse** *vr* to offer, volunteer [**para,** to]

oftalmólogo,-a *m,f* ophthalmologist

ogro *m* ogre

oídas (de) *loc adv* by hearsay

oído *m* ◆ ear: **de o.,** by ear ◆ *(facultad)* hearing

oír 1 *vtr* ◆ *(un sonido o ruido)* to hear ◆ *(un ruego, consejo)* to pay attention, listen to

ojal *m* buttonhole

ojalá *excl* ◆ *(como respuesta)* let's hope so! ◆ *(+ subj)* **¡o. venga mañana!,** I hope she comes tomorrow!

ojeada *f* quick look

ojera *f (más en pl)* ring *o* bag under the eyes

ojo 1 *m* ◆ eye: **mírame a los ojos,** look into my eyes ◆ *(de cerradura)* keyhole ◆ *(de un puente)* span ◆ *(precaución)* **ten mucho o. al cruzar la calle,** be very careful when you cross the street ◆ *(tino, acierto)* **¡qué o. tienes para las tallas!,** you're such a good judge of sizes! **|2** *excl* careful!, watch out!

okupa *mf* squatter

ola *f* wave

oleada *f* wave

oleaje *m* swell

óleo *m* oil

oleoducto *m* pipeline

oler *vtr* & *vi* to smell ■ **olerse** *vr* to suspect, sense

olfatear *vtr* ◆ *(un olor, rastro)* to sniff ◆ *fig (fisgar, husmear)* to pry into

olfato *m* ◆ *(sentido)* sense of smell ◆ *fig (intuición, sagacidad)* good nose, instinct

oligarquía *f* oligarchy

olimpiada *f Dep* Olympiad, Olympic Games *pl*; **las Olimpiadas,** the Olympic Games

olímpico,-a *adj* Olympic

oliva *f* olive

olivo *m Bot* olive (tree)

olla *f* ◆ saucepan, pot; **o. exprés** *o* **a presión,** pressure cooker ◆ *(modo de cocinar)* stew

olmo *m Bot* elm

olor *m* smell

olvidadizo,-a *adj* forgetful

olvidar *vtr* ◆ *(desterrar de la memoria)* to forget ◆ *(dejar por descuido)* to leave (behind) ■ **olvidarse** *vr* to forget

olvido *m* ◆ oblivion ◆ *(despiste)* oversight
ombligo *m* navel
omisión *f* omission
omiso,-a *adj en la loc* **hacer caso o. de,** to take no notice of
omitir *vtr* to omit, leave out
omnipotente *adj* omnipotent, almighty
omnipresente *adj* omnipresent
omnívoro,-a 1 *adj* omnivorous **|2** *m,f* omnivore
omóplato, omoplato *m* shoulder blade
once 1 *adj inv* eleven **|2** *m inv* ◆ eleven ◆ *Ftb* eleven, team
onda *f* ◆ wave; **o. electromagnética,** electromagnetic wave; **o. corta/media,** short/medium wave ◆ *(en un líquido)* ripple
ondear *vi* to flutter
ondulado,-a *adj (pelo)* wavy; *(terreno, perfil)* undulating
ondular 1 *vtr (el pelo)* to wave **|2** *vi (una superficie)* to undulate; *(una bandera)* to flutter
onomatopeya *f* onomatopoeia
onza *f* ◆ *(de chocolate)* square ◆ *(medida de peso de 28,7 gr)* ounce
opaco,-a *adj* ◆ *(no translúcido)* opaque ◆ *(sin brillo, sombrío)* dull
ópalo *m* opal
opción *f* ◆ option ◆ *(alternativa)* alternative
opcional *adj* optional
open *m* open
ópera *f* opera
operación *f* ◆ operation ◆ *Fin* transaction, deal
operador,-ora *m,f* ◆ operator ◆ *Cine (de una cámara) (hombre)* cameraman, *(mujer)* camerawoman; *(de un proyector)* projectionist
operar 1 *vtr* ◆ *Med* to operate [**a,** on] ◆ *(llevar a cabo)* to bring about **|2** *vi* ◆ *(actuar)* to operate ◆ *Fin* to deal, do business ■ **operarse** *vr* ◆ *Med* to have an operation ◆ *(efectuarse)* to occur, take place
operario,-a *m,f* operator; *(obrero)* worker
opinar *vi* ◆ *(tener una opinión)* to think ◆ *(declarar una opinión)* to give one's opinion
opinión *f* opinion
opio *m* opium
oponente *mf* opponent
oponer *vtr* ◆ to put up ◆ *(un argumento, razón)* to put forward ■ **oponerse** *vr* ◆ *(manifestarse en contra)* to be opposed, object ◆ *(contradecir)* to be opposite
oporto *m (vino)* port (wine)
oportunidad *f* ◆ opportunity, chance ◆ **oportunidades,** bargains department
oportuno,-a *adj* ◆ *(momento, acción)* timely ◆ *(persona, comentario, medidas)* appropriate
oposición *f* ◆ *(disparidad)* opposition ◆ *(examen)* competitive examination, entrance examination
opositar *vi* to sit a competitive examination
opositor,-ora *m,f* ◆ *(en un examen público)* candidate for a competitive examination ◆ *(a un proyecto, opinión, etc)* opponent
opresión *f* oppression
opresivo,-a *adj* oppressive
oprimir *vtr* ◆ *(un botón)* to press; *(zapatos, prenda)* to be too tight ◆ *(someter)* to oppress
optar *vi* ◆ *(decidirse)* to choose [**entre,** between] ◆ *(a un puesto, a un galardón)* to apply [**a,** for]
optativo,-a *adj* optional
óptica *f* ◆ *(establecimiento)* optician's (shop) ◆ *(ciencia)* optics ◆ *(forma de considerar)* point of view
óptico,-a 1 *adj* optical **|2** *m,f* optician
optimista 1 *adj* optimistic **|2** *mf* optimist
opuesto,-a *adj* opposite
opulento,-a *adj* opulent
oración *f* ◆ *Rel* prayer ◆ *Ling* sentence
orador,-ora *m,f* speaker, orator
oral *adj* oral
orangután *m Zool* orangutan
orar *vi Rel* to pray
órbita *f* ◆ orbit ◆ *Anat* eye socket

orden 1 *m* order: **o. del día,** agenda |**2** *f* ♦ order: **estar a la o. del día,** to be common; *Mil* **¡a la o.!,** yes, sir! ♦ *Jur* warrant, order

ordenado,-a *adj* tidy

ordenador *m* computer

ordenanza 1 *m* ♦ *(en una oficina)* office boy, porter ♦ *Mil* orderly |**2** *fpl* regulations *pl*

ordenar *vtr* ♦ *(los papeles, etc)* to put in order, arrange; *(una habitación, la casa)* to tidy up ♦ *(dar un mandato)* to order ■ **ordenarse** *vr Rel* to be ordained

ordeñar *vtr* to milk

ordinario,-a *adj* ♦ *(habitual)* ordinary, common ♦ *(basto, grosero)* vulgar, common

orégano *m Bot* oregano

oreja *f Anat* ear

orfanato *m* orphanage

orfebre *m (del oro)* goldsmith; *(de la plata)* silversmith

orfelinato *m* orphanage

orfeón *m Mús* choral society, choir

orgánico,-a *adj* organic

organismo *m* ♦ *Zool Biol Bot* organism ♦ *(institución)* organization

organización *f* organization: **O. No Gubernamental (ONG),** Non-Governmental Organization (NGO)

organizar *vtr* to organize ■ **organizarse** *vr* ♦ to organize oneself ♦ *(una bronca, fiesta)* to take place

órgano *m* organ

orgasmo *m* orgasm

orgía *f* orgy

orgullo *m* ♦ *(autoestima, pundonor)* pride ♦ *(soberbia, altivez)* arrogance

orgulloso,-a *adj* ♦ proud ♦ *(altivo, soberbio)* arrogant, haughty

orientación *f* ♦ *(en el espacio)* orientation, direction ♦ *(en el conocimiento)* guidance ♦ *(ideología, tendencia)* direction

oriental 1 *adj* eastern, oriental |**2** *mf* Oriental

orientar *vtr* ♦ *(un objeto)* to position ♦ *(a una persona)* to advise, guide ♦ *(indicar camino)* to give directions ♦ *(hacia un fin determinado)* to direct, aim ■ **orientarse** *vr (en un lugar)* to get one's bearings, find one's way

oriente *m* East: **el Extremo/Medio O.,** the Far/Middle East

orificio *m* ♦ hole ♦ *Anat Téc* orifice; *(de la nariz)* nostrils

origen *m* ♦ origin: **dar o. a,** to give rise to ♦ *(causa)* cause

original *adj & m* original

originar *vtr* to cause, give rise to ■ **originarse** *vr* to originate, tstart

orilla *f* ♦ *(de una superficie, un camino)* edge ♦ *(de un río)* bank ♦ *(del mar, de un lago)* shore

orina *f* urine

orinal *m* chamberpot; *fam* potty; *(en hospital)* bedpan

orinar *vi* to urinate ■ **orinarse** *vr* to wet oneself

ornamento *m* ornament

oro *m* ♦ gold: **o. de ley,** fine gold ♦ *(en la baraja española)* **oros** ≈ diamonds

orquesta *f* ♦ *(de concierto)* orchestra ♦ *(de verbena, jazz, etc)* band

orquestar *vtr* to orchestrate

orquídea *f* orchid

ortiga *f* (stinging) nettle

ortodoxo,-a *adj & m,f* orthodox

ortografía *f* orthography, spelling

ortográfico,-a *adj* orthographic(al): **signos ortográficos,** punctuation marks

ortopedia *f* ♦ *(ciencia)* orthopaedics, *US* orthopedics ♦ *(establecimiento)* surgical aids shop

oruga *f* caterpillar

orzuelo *m* sty, stye

os *pron pers* ♦ you: **os llevo al aeropuerto,** I'll take you to the airport ♦ *(reflexivo)* yourselves: **os vais a hacer daño,** you're going to hurt yourselves ♦ *(recíproco)* each other: **siempre os estáis fastidiando,** you're always bothering each other

osadía *f* ♦ *(falta de temor)* daring ♦ *(falta de respeto)* impudence

osar *vi* to dare

oscilación *f* ♦ *(movimiento)* oscillation ♦ *(cambio en un valor)* fluctuation

oscilar *vi* ♦ *Fís* to oscillate, swing; *(la*

luz de una vela) to flicker ◆ *(variar)* to vary, fluctuate

oscuras (a) *loc adv* in darkness

oscurecer 1 *vi impers* to get dark **|2** *vtr* ◆ *(un material)* to darken, make darker ◆ *(la comprensión, la razón)* to obscure ■ **oscurecerse** *vr* to get darker

oscuridad *f* ◆ *(falta de luz)* darkness, dark ◆ *(falta de información)* obscurity, obscureness

oscuro,-a *adj* ◆ *(el día, un color)* dark ◆ *(un asunto, una idea)* obscure

óseo,-a *adj* bony

oso,-a *m,f* bear; **o. de peluche,** teddy bear; **o. hormiguero,** anteater

ostentación *f* ostentation

ostentar *vtr* ◆ *(exhibir)* to flaunt ◆ *(un cargo, título)* to hold

ostentoso,-a *adj* ostentatious

ostra 1 *f* oyster **|2** *interj fam* **¡ostras!,** gosh!, *US* gee!

otitis *f inv Med* otitis

otoñal *adj* autumnal

otoño *m* autumn, *US* fall

otorgar *vtr* ◆ *(un reconocimiento, premio)* to award **[a,** to] ◆ *(un derecho, una petición)* to grant

otorrinolaringólogo,-a *m,f* ear, nose and throat specialist

otro,-a 1 *adj indef* ◆ *(adicional, añadido)* another: **había otra muñeca,** there was another doll; *(distinto, diferente)* **no veo otra solución,** I can see no other solution ◆ *(con artículo definido)* other: **la otra hermana es rubia,** the other sister is blonde **|2** *pron indef* ◆ *(adicional, extra)* another (one): **me tomaría otra,** I'll have another one; *(distinto, diferente)* **no quiero o.,** I don't want any other one ◆ *(con artículo definido) (sing)* the other (one); *(pl) (personas, cosas)* the others, the other ones

ovación *f* ovation

ovalado,-a *adj* oval

ovario *m* ovary

oveja *f* sheep

ovillo *m* ball (of wool)

ovni *m (abr de* ***objeto volador no identificado****)* unidentified flying object, UFO

ovular 1 *adj* ovular **|2** *vi* to ovulate

óvulo *m Bot* ovule; *Zool* ovum

oxidado,-a *adj* rusty

oxidar *vtr* ◆ *Quím* to oxidize ◆ *(herrumbrar)* to rust ■ **oxidarse** *vr* ◆ *Quím* to oxidize ◆ *(herrumbrarse)* to rust, go rusty

óxido *m* ◆ *Quím* oxide ◆ *(herrumbre)* rust

oxigenado,-a *adj* oxygenated; **agua oxigenada,** (hydrogen) peroxide

oxígeno *m* oxygen

oyente *mf* ◆ *Rad* listener ◆ *Univ* occasional student

ozono *m* ozone

P

P, p *f (letra)* P, p

pabellón *m (de una feria, exposición)* stand, pavilion; *(de un edificio)* wing; *Dep* sports hall

pacer *vtr & vi* to graze

paciencia *f* patience

paciente *adj & mf* patient

pacificación *f* pacification

pacificar *vtr* ◆ *(una zona en conflicto, etc)* to pacify ◆ *(los ánimos, personas)* to appease, calm ■ **pacificarse** *vr* to calm down

pacífico,-a *adj* peaceful

Pacífico *m* **el (océano) P.**, the Pacific (Ocean)

pacifista *adj* & *mf* pacifist

pactar 1 *vtr* to agree |**2** *vi* to come to an agreement

pacto *m* pact, agreement

padecer 1 *vtr* ◆ *(una enfermedad)* to suffer from ◆ *(soportar)* to endure |**2** *vi* to suffer

padrastro *m* ◆ stepfather ◆ *(de un dedo)* hangnail

padrazo *m* loving father

padre 1 *m* ◆ father ◆ **los padres** the parents

padrenuestro *m* Lord's Prayer

padrino *m* ◆ *(de bautizo)* godfather; *(de boda)* best man; **padrinos**, godparents ◆ *(protector)* benefactor, guarantor

padrón *m* census

paella *f* paella

paga *f* pay, wages; *(de un niño)* pocket money

pagano,-a *adj* & *m,f* pagan

pagar *vtr* ◆ *(abonar)* to pay ◆ *(recompensar)* to repay ◆ *(expiar)* to pay for: **¡me las pagarás!**, you'll pay for this! |**2** *vi* to pay

pagaré *m Fin* promissory note, IOU

página *f* page

pago *m* paymen

país *m* country, land; **P. Valenciano,** Valencia; **P. Vasco,** Basque Country; **Países Bajos,** Netherlands *pl*

paisaje *m* landscape, scenery

paisano,-a 1 *adj* ◆ of the same country ◆ *(local, campesino)* village |**2** *m,f* ◆ *(compatriota: hombre)* countryman, *(: mujer)* countrywoman ◆ *(campesino, lugareño)* villager |**3** *m (no militar)* civil

paja *f* ◆ straw ◆ *fam (relleno, palabrería)* waffle

pajar *m* barn

pajarita *f* ◆ *Indum* bow tie ◆ *(de papel)* paper bird

pájaro *m* ◆ *Zool* bird ◆ *(granuja)* crook

pala *f* ◆ *(cóncava)* shovel; *(plana)* spade ◆ *(para servir alimentos)* slice; *(para el pescado)* fish slice ◆ *(palada)* shovelful ◆ *Dep (de tenis de mesa, etc)* bat ◆ *(de remo, hélice, etc)* blade

palabra *f* ◆ word ◆ *(turno para hablar)* right to speak ◆|LOC: **dirigir la p. a alguien,** to address sb

palabrota *f* swearword

palacio *m* palace

paladar *m* palate

palanca *f* ◆ lever; **hacer p.**, to lever ◆ *(de un aparato, de un control de mandos)* handle, stick ◆ *(influencia)* leverage

palangana *f* washbasin

palco *m Teat Cine* box

paleolítico *adj* palaeolithic, *US* paleolithic

paleontología *f* palaeontology, *US* paleontology

paleta *f* ◆ *(de albañilería)* trowel ◆ *(de artista)* palette ◆ *Dep (de pimpón)* bat

paletilla *f* ◆ *Anat* shoulder blade ◆ *Culin* shoulder

paleto,-a *m,f fam pey* peasant, country bumpkin

paliar *vtr* to alleviate

palidecer *vi* ◆ *(persona)* to turn pale ◆ *(mermar su importancia, brillo)* to pale

palidez *f* paleness, pallor

pálido,-a *adj* pale

palillo 1 *m* ◆ stick; *(para los dientes)* toothpick ◆ *Mús* drumstick |**2** *mpl* ◆ *(para la comida oriental)* chopsticks ◆ *(castañuelas)* castanets

paliza 1 *f* ◆ beating ◆ *(esfuerzo físico o mental)* slog ◆ *(tostón, rollo)* drag, pain

palma *f* ◆ *(de la mano)* palm ◆ *(palmera)* palm tree ◆ **palmas,** clapping

palmada *f* clap

palmera *f* palm tree

palmo *m* span, handspan; *fig* few inches

palo *m* ◆ stick ◆ *(estacazo)* blow ◆ *fam (disgusto, golpe)* blow; *(decepción)* disappointment; *(rollo)* drag ◆ *(madera)* **una cuchara de p.,** wooden spoon ◆ *Naút (mástil)* mast ◆ *Dep (de portería)* woodwork ◆ *Golf* club ◆ *Naipes* suit

paloma *f* ◆ *Orn* pigeon ◆ *Lit Arte Rel* dove; **p. de la paz,** dove of peace

palomitas *fpl* popcorn *sing*

palpar *vtr* ◆ *(con las manos)* to touch, feel; *Med* to palpate ◆ *fig (sentir, notar)* to feel

palpitación 1 *f* throbbing; *(del corazón)* beating **|2** *fpl* **palpitaciones,** palpitations *pl*

palpitar *vi* to throb; *(corazón)* to beat

pálpito *m* hunch, feeling

pamela *f* broad-brimmed hat

pampa *f* pampas *pl*

pan *m* ◆ *(alimento, sustento)* bread; *(hogaza)* loaf; *(barra)* French bread; **p. integral,** wholemeal bread; **p. rallado,** breadcrumbs *pl* ◆ *Arte* **p. de oro/plata,** gold/silver leaf

pana *f* corduroy

panadería *f* baker's (shop), bakery

panadero,-a *m,f* baker

panal *m* honeycomb

panamá *m* Panamá hat

Panamá *m* Panama

panameño,-a *adj* & *m,f* Panamanian

pancarta *f (reivindicativa)* banner; *(anunciadora)* placard, sign

páncreas *m inv Anat* pancreas

panda[1] *m Zool* panda

panda[2] *f* ◆ *(de criminales)* gang ◆ *(de amigos)* group, gang

pandereta *f* tambourine

pandilla *f fam* gang

panecillo *m* bread roll

panel *m* panel

panfleto *m* pamphlet

pánico *m* panic

panorama *m* ◆ *(paisaje)* panorama, view ◆ *(visión, aspecto)* scene ◆ *(situación general, previsión)* outlook

panorámico,-a *adj* panoramic

pantalón *m (usu pl)* trousers *pl;* **p. vaquero,** jeans *pl*

pantalla *f* ◆ *Cine TV Inform* screen ◆ *(de una lámpara)* shade

pantano *m* ◆ *(ciénaga)* marsh, bog ◆ *(presa, embalse)* reservoir

pantera *f* panther

pantis *m* tights *pl*

pantorrilla *f Anat* calf

pañal *m* nappy, *US* diaper

paño *m* ◆ *Tex* cloth material; *(de lana)* woollen *o US* woolen cloth ◆ *(trapo)* cloth; *(para limpiar)* duster, rag; *(de cocina)* tea towel

pañuelo *m* ◆ *(de mano)* handkerchief ◆ *(de cabeza)* shawl

papa[1] *f LAm* potato

papa[2] *m* ◆ **el P.,** the Pope ◆ *fam* dad, daddy

papá *m fam* dad, daddy

papada *f* double chin

papagayo *m* parrot

papel *m* ◆ paper; **p. de aluminio,** aluminium foil; **p. de fumar/higiénico,** cigarette/toilet paper; *Fin* **p. moneda,** paper money, banknotes *pl* ◆ *(trozo, hoja)* piece *o* sheet of paper ◆ *(documento)* document ◆ *Cine Teat* role, part ◆ *(función, cometido)* role ◆ **papeles,** *(documentación)* documents, identification papers

papelera *f (de oficina, casa)* wastepaper basket; *(en la calle)* litter bin

papelería *f* stationer's

papeleta *f* ◆ *(de un sorteo)* ticket; *(electoral)* ballot paper; *(de resultados)* report ◆ *fam (situación complicada)* tricky problem, difficult job

paperas *fpl Med* mumps

papilla *f* pap, mush; *(de niños)* baby food

paquete *m* ◆ package, parcel; *(de café, cereales, folios, etc)* packet, *US* pack ◆ *(conjunto, grupo)* set, package; **p. de medidas,** package of measures ◆ *Inform* software package

par 1 *adj Mat* even **|2** *m* ◆ *(conjunto de dos)* pair; **un p. de calcetines,** a pair of socks; *(número reducido, dos)* couple: **bebimos un p. de copas,** we had a couple of drinks ◆ *Mat* even number; **pares y nones,** odds and evens ◆ *(noble)* peer **|**LOC: **a la p.,** at the same time; **de p. en p.,** wide open

para *prep* ◆ *(utilidad, aptitud)* for: **¿p. qué tanto esfuerzo?,** what's all this effort for? ◆ *(finalidad, motivo)* to, in order to: **lo hace p. que te fijes en él,** he does it so that you notice him ◆ *(destinatario)* for: **es p. mamá,** it's for mum

◆ *(opinión)* **p. Paco todas las mujeres son guapas,** in Paco's opinion, all women are pretty ◆ *(comparación, concesión)* for: **p. ser tan joven tiene ideas muy sensatas,** he has very sensible ideas for his age ◆ *(tiempo)* by: **estará listo p. las cinco,** it'll be ready by five ◆ *(a punto de)* **está p. salir,** it's about to leave ◆ *(dirección)* **el tren p. Burgos acaba de salir,** the train for Burgos has just left

parábola *f* ◆ *Geom* parabola ◆ *Rel* parable

parabrisas *m inv Auto* windscreen, *US* windshield

paracaídas *m inv* parachute

paracaidista *mf Dep* parachutist; *Mil* paratrooper

parachoques *m inv* bumper, *US* fender

parada *f* ◆ stop; **p. de autobús,** bus stop; **p. de taxis,** taxi rank, *US* taxi stand ◆ *Ftb* save, stop ◆ *Mil* parade

paradero *m* ◆ *(lugar)* whereabouts *pl* ◆ *LAm Ferroc (apeadero)* halt

parado,-a 1 *adj* ◆ *(máquina, vehículo, etc)* stopped, stationary; *(persona)* still ◆ *(sin trabajo)* unemployed, out of work ◆ *(sin iniciativa)* slow ◆ *LAm (de pie)* standing |**2** *m,f* unemployed person

paradójico,-a *adj* paradoxical

parador *m* roadside inn; **p. nacional,** state-run hotel

paraguas *m inv* umbrella

paragüero *m* umbrella stand

paraíso *m* paradise

paraje *m* spot, place

paralelo,-a *adj* & *m,f* parallel

parálisis *m inv* paralysis

paralítico,-a *adj* & *m,f* paralytic

paralizar *vtr* to paralyse; *(tráfico, etc)* to stop ■ **paralizarse** *vr (un miembro, órgano)* to become paralysed; *(obra, proyecto)* to come to a standstill

paramilitar *adj* paramilitary

páramo *m* moor

paranoico,-a 1 *adj* paranoid |**2** *m,f* paranoic

parapléjico,-a *adj* & *m,f* paraplegic

parar 1 *vi* ◆ to stop ◆ *(alojarse)* to stay ◆ *(terminar)* **el cuadro fue a p. al rastro,** the painting ended up in the flea market |**2** *vtr* ◆ to stop ◆ *Dep* to save ◆ *LAm* to stand up ■ **pararse** *vtr* ◆ to stop ◆ *LAm (ponerse en pie)* to stand up

pararrayos *m inv* lightning conductor

parásito,-a *adj* & *m* parasite

parcela *f* ◆ *(de tierra)* plot ◆ *(de influencia, poder)* area

parche *m* patch

parchís *m* ludo

parcial 1 *adj* ◆ *(no completo)* partial: **un contrato a tiempo p.,** a part-time contract ◆ *(no ecuánime, injusto)* biased |**2** *m* mid-term exam

pardo,-a *adj* brown

parecer[1] *m* opinion

parecer[2] **1** *vi* ◆ *(tener un parecido)* to look like; *(tener un aspecto)* to look ◆ *(causar una impresión)* to seem ◆ *(al emitir un juicio)* **le pareces un engreído,** he thinks you are a bighead |**2** *v impers* to seem ■ **parecerse** *vr* ◆ *(tener afinidad)* to be alike ◆ *(tener parecido físico)* to look like, resemble

parecido,-a 1 *adj* ◆ alike, similar |**2** *m* likeness, resemblance

pared *f* wall

pareja *f* ◆ *(de objetos)* pair ◆ *(hombre y mujer)* couple ◆ *(compañero)* partner

parentesco *m* relationship, kinship

paréntesis *m inv* ◆ parenthesis, bracket ◆ *(digresión)* digression ◆ *(descanso, pausa)* break, interruption

pariente *mf* relative

parir *vtr* & *vi* to give birth (to)

parking *m* car park, *US* parking lot

parlamentario,-a 1 *adj* parliamentary |**2** *m,f* member of parliament, *US (hombre)* congressman, *(mujer)* congresswoman

parlamento *m* parliament

paro *m* ◆ *(desempleo)* unemployment ◆ *(huelga)* strike, stoppage ◆ **p. cardiaco,** heart failure

parodia *f* parody

parpadear *vi* ◆ *(pestañear)* to blink ◆ *(una bombilla, las estrellas)* to flicker

párpado *m* eyelid

parque *m* ◆ *(terreno verde)* park; **p. de atracciones,** funfair ◆ *(de un servicio público)* station; **p. de bomberos,** fire station ◆ *(para bebés)* playpen

parqué *m* parquet

parra *f Bot* grapevine

párrafo *m* paragraph

parrilla *f Culin* grill

párroco *m* parish priest

parroquia *f* parish; *(iglesia)* parish church

parte 1 *f* ◆ *(porción)* part ◆ *(de dinero, herencia, etc)* share ◆ *(lado, sitio)* place, spot; **en cualquier p.,** anywhere ◆ *(en un enfrentamiento, una discusión)* side; **tomar p. en,** to take part in ◆ *Jur* party |**2** *m* ◆ *(informe)* report; **p. médico/meteorológico,** medical/weather report ◆ *Rad Tel* news ◆|LOC: **de p. de...,** on behalf of...; *Tel* **¿de p. de quién?,** who's calling?; **en gran p.,** to a large extent; **por mi p.,** as far as I am concerned; **por otra p.,** on the other hand

participación *f* ◆ participation ◆ *(de un décimo de lotería)* part of a lottery ticket ◆ *Fin* share, *US* stock ◆ *(comunicación formal)* notice, notification

participante 1 *adj* participating |**2** *mf* participant

participar 1 *vi* ◆ to take part, participate [**en,** in] ◆ *Fin* to have shares [**en,** in] ◆ *(compartir)* **p. de,** to share |**2** *vtr (comunicar)* to notify

partícipe *mf* participant

participio *m Ling* participle

partícula *f* particle

particular 1 *adj* ◆ *(concreto, singular)* particular ◆ *(privado)* private, personal ◆ *(raro, extraordinario)* peculiar |**2** *m* ◆ *(persona)* private individual ◆ *(asunto)* subject, matter

partida *f* ◆ *(del tren, de una persona)* departure ◆ *Com (cargamento, lote)* batch, consignment ◆ *(de ajedrez)* game ◆ *Jur (documento oficial)* certificate ◆ *Fin (de un presupuesto)* item

partido *m* ◆ *Pol* party ◆ *Dep* match, game ◆ *(beneficio)* advantage, benefit ◆ **ser un buen p.,** to be a good catch

partir 1 *vtr* ◆ *(romper)* to break ◆ *(dividir)* to split, divide; *(con un cuchillo)* to cut |**2** *vi* to leave, set out *o* off ◆|LOC: **a p. de aquí/ahora,** from here on/now on ■ **partirse** *vr* to break (up)

partitura *f* score

parto *m* childbirth, labour, *US* labor

parvulario *m* nursery school

pasa *f* raisin; **p. de Corinto,** currant

pasada *f* ◆ *(repaso: de la lección, trabajo)* revision; *(: de pintura)* coat; *(: para limpiar)* wipe ◆ **mala p.,** dirty trick ◆|LOC: **de p.,** in passing

pasadizo *m* passage

pasado,-a 1 *adj* ◆ *(último)* last ◆ *(sin actualidad, trasnochado)* old-fashioned, dated ◆ *(estropeado, podrido)* bad ◆ *Culin* overcooked ◆ **p. mañana,** the day after tomorrow |**2** *m* past

pasador *m* ◆ *(de corbata)* pin; *(del pelo)* (hair) slide ◆ *(de una puerta)* bolt

pasaje *m* ◆ passage ◆ *(pasajeros)* passengers *pl* ◆ *(billete)* ticket

pasajero,-a 1 *adj* passing, temporary |**2** *m,f* passenger

pasamanos *m inv* handrail; *(de una escalera)* banister

pasamontañas *m inv* balaclava

pasaporte *m* passport

pasar 1 *vtr* ◆ to pass ◆ *(trasladar)* to move ◆ *(dar)* to pass, give ◆ *(hojas de libro)* to turn ◆ *(el tiempo, la vida)* to spend, pass ◆ *(soportar, sufrir)* to suffer, endure ◆ *(río, calle, frontera)* to cross ◆ *(tragar)* to swallow ◆ *(tolerar, aguantar)* to bear ◆ *(introducir)* to insert, put through ◆ *(un examen, una eliminatoria)* to pass |**2** *vi* ◆ to pass ◆ *(entrar)* to come in ◆ *(ser tolerable)* to be acceptable ◆ *(exceder)* to surpass ◆ *(a otro asunto)* to go on to ◆ *(tiempo)* to pass, go by ◆ *(arreglarse, apañarse)* **p. sin,** to do without ◆ *(suceder)* to happen: **¿qué pasa?,** what's going on?; **pase lo que pase,** whatever happens, come what may ◆|LOC: **pasarlo bien/mal,** to have a good/difficult time ■ **pasarse** *vr* ◆ *(perder)* **se le pasó el turno,** she missed her turn ◆ *(el momento, tiempo, etc)* to spend *o* pass time ◆ *(un alimento)* to go off ◆ *fam (excederse)* to go too far ◆

pásate por mi casa, call round to my place

pasarela *f* ◆ *(puente pequeño)* footbridge; *(para embarcar)* gangway ◆ *(de desfile de moda)* catwalk

pasatiempo *m* pastime, hobby

pascua *f* ◆ Easter ◆ **pascuas,** Christmas *sing*

pase *m* ◆ pass, permit ◆ *Cine* showing

pasear 1 *vi* to go for a walk |**2** *vtr* to take for a walk ■ **pasearse** *vr* to go for a walk

paseo *m* ◆ *(caminando)* walk; *(en caballo, vehículo)* ride ◆ *(calle ancha)* avenue

pasillo *m* corridor

pasión *f* passion

pasividad *f* passivity

pasivo,-a 1 *adj* passive |**2** *m Com* liabilities *pl*

pasmado,-a *adj* amazed, stunned

paso *m* ◆ step; *(sonido de pisadas)* footstep; *(de un baile)* step ◆ *(camino, pasillo)* passage, way; *Auto* **ceda el p.,** give way; **prohibido el p.,** no entry; **p. a nivel,** level *o US* grade crossing; **p. de cebra,** zebra crossing; **p. de peatones,** pedestrian crossing, *US* crosswalk; **p. subterráneo,** *(para peatones)* subway; *(para vehículos)* underpass ◆ *(acción)* passage, passing: **estamos de p. en la ciudad,** we are just passing through the town ◆ *Tel* unit ◆|LOC: **abrirse p.,** *(entre la multitud, maleza)* to make one's way, *(en la vida)* to get ahead

pasta *f* ◆ paste; **p. de dientes,** toothpaste ◆ *(italiana)* pasta ◆ *(de pastelería)* pastry ◆ *fam (dinero)* dough, cash

pastar *vtr* & *vi* to graze

pastel *m* ◆ cake; *(relleno de carne, compota, etc)* pie ◆ *Arte* pastel

pastelería *f* ◆ *(establecimiento) frml* confectioner's (shop), cake shop ◆ *(productos)* cakes

pastilla *f* ◆ *Med* tablet, pill ◆ *(de jabón)* bar; *(de chocolate)* piece

pasto *m* ◆ *(pastizal, pradera)* pasture; *(hierba)* grass ◆ *(alimento)* fodder

pastor,-ora 1 *m,f (hombre)* shepherd; *(mujer)* shepherdess; **perro p.,** sheepdog |**2** *m Rel* pastor, minister

pata *f* leg ◆|LOC: **meter la p.,** to put one's foot in it; **patas arriba,** in a mess

patada *f* kick, *(pisotón)* stamp

patalear *vi* to stamp one's feet

patata *f* potato; **patatas fritas,** chips, *US* French fries; *(de bolsa)* crisps, *US* potato chips

paté *m* pâté

patear 1 *vtr* ◆ *(dar patadas)* to kick ◆ *(recorrer a pie)* to walk |**2** *vi (en señal de protesta)* to stamp

patentar *vtr* to patent

patente 1 *adj* patent, obvious |**2** *f* patent

paternal *adj* paternal, fatherly

paternidad *f* paternity, fatherhood

paterno,a *adj* paternal

patético,-a *adj* pathetic

patilla *f* ◆ *(de unas gafas)* arm ◆ **patillas,** *(de una persona)* sideboards, *US* sideburns

patín *m* ◆ *(para ponerse en el pie)* skate; *(de ruedas)* roller skate; *(de hielo)* ice skate ◆ *Náut* pedal boat

patinaje *m* skating; **p. artístico,** figure skating

patinar *vi* ◆ to skate ◆ *(resbalar)* to slip; *(vehículo)* to skid ◆ *fam (equivocarse)* to put one's foot in it

patinete *m* scooter

patio *m* ◆ *(de una casa)* yard, patio; *(de un colegio)* playground ◆ *Teat Cine* **p. de butacas,** stalls

pato *m* duck

patoso,-a *adj* clumsy

patria *f* native country

patrimonio *m* wealth; **p. cultural,** cultural heritage

patriota *mf* patriot

patrocinador,-ora 1 *adj* sponsoring |**2** *m,f* sponsor

patrocinar *vtr* to sponsor

patrón,-ona 1 *m,f* ◆ *(de una empresa, negocio)* employer; *fam (jefe)* boss ◆ *Rel* patron saint ◆ *(de un barco)* skipper ◆ *(de una pensión) (hombre)* landlord; *(mujer)* landlady |**2** *m* ◆ *(modelo)* pattern ◆ *(medida)* standard

patronal 1 *adj* employers' |**2** *f (empresarios)* employers; *(dirección de empresa)* management

patrulla *f* ◆ *Mil* patrol ◆ *(grupo de personas)* **p. de rescate/vigilancia,** rescue/surveillance party

patrullar 1 *vtr* to patrol |**2** *vi* to be on patrol

paulatino,-a *adj* gradual

pausa *f* ◆ *(descanso)* pause, break ◆ *Mús* rest ◆ *(botón)* pause button

pauta *f* ◆ *(directrices)* guidelines *pl* ◆ *(líneas sobre papel)* lines

pavimento *m (de la calle)* paving; *(de la carretera)* road surface

pavo *m Zool* turkey; **p. real,** peacock

pavor *m* terror, dread

payaso *m* clown

paz *f* ◆ *(concordia)* peace ◆ *(tranquilidad, apacibilidad)* peacefulness ◆|LOC: **¡déjame en p.!,** leave me alone!

peaje *m* ◆ *(pago, importe)* toll ◆ *(lugar)* toll gate

peatón,-ona *m, f* pedestrian

peatonal *adj* pedestrian; **paso p.,** pedestrian crossing

peca *f* freckle

pecado *m* sin

pecador,-ora *m,f* sinner

pecar *vi* ◆ *Rel* to sin ◆ *(excederse en una cualidad)* **mi hermana peca de ingenua,** my sister is too naive

pecera *f* fishbowl, fishtank

pecho *m* ◆ chest; *(de animal)* breast; *(de mujer)* breast, bust: **dar el p. (a un bebé),** to breast-feed (a baby) ◆ *fig* heart, deep down

pechuga *f* breast

peculiar *adj* ◆ *(inusual, raro)* peculiar, odd ◆ *(que es propio de algo/alguien)* characteristic, distinctive

pedagogía *f* pedagogy, teaching

pedagógico,-a *adj* pedagogical

pedal *m* pedal

pedalear *vi* to pedal

pedante 1 *adj* pedantic |**2** *mf* pedant

pedazo *m* piece

pedestal *m* pedestal

pediatra *mf* paediatrician, *US* pediatrician

pediatría *f* paediatrics *sing, US* pediatrics *sing*

pedicura *f* pedicure

pedido *m* order

pedir *vtr* ◆ to ask for ◆ *(en la tienda, en el bar, etc)* to order ◆ *(limosna)* to beg ◆ *(requerir, necesitar)* to need

pedo *m* ◆ fart ◆ *fam (borrachera)* drunkenness; **estar p.,** to be pissed

pega *f* objection, drawback

pegadizo,-a *adj* catchy

pegajoso,-a *adj* ◆ *(una cosa)* sticky ◆ *fam (una persona)* clingy

pegamento *m* glue

pegar 1 *vtr* ◆ *(adherir)* to stick; *(con pegamento)* to glue ◆ *(coser)* to sew on ◆ *(arrimar)* to lean against ◆ *(un susto, una enfermedad)* to give ◆ *(maltratar)* to hit |**2** *vi* ◆ *(combinar)* to match: **ese jersey no pega con esos pantalones,** that sweater doesn't go with those trousers ◆ *(sol)* to beat down ■ **pegarse** *vr* ◆ *(adherirse)* to stick ◆ *(una persona a otra)* to latch on to somebody ◆ *(comida)* to get burnt ◆ *(pelearse)* to fight ◆ *(una enfermedad, una manía)* to catch

pegatina *f* sticker

peinado,-a *m* hairstyle, *fam* hairdo

peinar *vtr* to comb ■ **peinarse** *vr* to comb one's hair

peine *m* comb

pelar *vtr* ◆ *(piel, fruta)* to peel ◆ *(un ave)* to pluck ◆ *fam (cortar el pelo a)* to cut the hair of ■ **pelarse** *vr* ◆ *fam (cortarse el pelo)* to get one's hair cut ◆ *(caérsele a uno la piel)* to peel

peldaño *m* step, stair; *(en una escalera de mano)* rung

pelea *f* ◆ *(lucha)* fight ◆ *(discusión)* row, quarrel

pelear *vi* ◆ *(luchar)* to fight ◆ *(discutir)* to quarrel, argue ■ **pelearse** *vr* ◆ *(luchar)* to fight ◆ *(discutir)* to quarrel ◆ *(enemistarse)* to fall out

peletería *f* ◆ *(tienda)* furrier's ◆ *(industria, oficio)* fur trade

peletero,-a *m,f* furrier

peliagudo,-a *adj* tricky, difficult

pelícano *m* pelican

película *f* ◆ *Cine* film, movie ◆ *(ca-*

rrete, bobina) film ◆ *(capa fina)* film, thin layer

peligrar *vi* to be in danger, be threatened

peligro *m* ◆ *(situación)* danger, risk ◆ *(persona)* menace ◆ *(amenaza, riesgo)* hazard; **p. de incendio,** fire hazard

peligroso,-a *adj* dangerous, risky

pelirrojo,-a 1 *adj* red-haired, ginger |**2** *m,f* redhead

pellizcar *vtr* ◆ *(a una persona)* to pinch, nip ◆ *(alimentos)* to nibble

pellizco *m* pinch, nip

pelo *m* ◆ *(de una persona)* hair ◆ *(de un animal)* coat, fur

pelota 1 *f* ball |**2** *mf fam* crawler

pelotón *m* ◆ *Mil* squad ◆ *Dep (en ciclismo, atletismo)* pack, bunch ◆ *(tropel)* crowd, knot

peluca *f* wig

peluche *m* felt, plush; **muñeco de p.,** cuddly toy

peludo,-a *adj* ◆ *(una persona)* hairy ◆ *(un animal)* furry

peluquería *f* ◆ *(establecimiento)* hairdresser's ◆ *(oficio)* hairdressing

peluquero,-a *m,f* hairdresser

peluquín *m* toupee

pelusa, pelusilla *f* ◆ *(de polvo)* fluff ◆ *(en la fruta, en las plantas)* down ◆ *(en las personas)* fuzz ◆ *fam (envidia)* jealousy; **tener p.,** to be jealous

pelvis *f inv* pelvis

pena *f* ◆ *(castigo)* punishment, penalty ◆ *(tristeza)* grief, sorrow, sadness ◆ *(dificultad)* hardships *pl*, trouble ◆|LOC: **merecer** *o* **valer la p.,** to be worth; **a duras penas,** hardly

penal 1 *adj* penal, criminal |**2** *m* prison

penalizar *vtr* to penalize

penalti, penalty *m Dep* penalty

pendiente 1 *adj* ◆ *(sin resolver)* unresolved, pending ◆ *(dinero)* unpaid, outstanding ◆ *(estar atento)* **tienes que estar p. de la comida,** you must pay attention to the cooking ◆ *(esperar)* to be waiting for ◆ *(colgante)* hanging [**de,** from] |**2** *m* earring |**3** *f* ◆ incline, slope

péndulo *m* pendulum

pene *m* penis

penetrante *adj* ◆ *(mirada, voz)* penetrating ◆ *(dolor)* piercing ◆ *(olor)* pungent ◆ *(herida)* deep ◆ *(frío)* bitter, biting ◆ *(mente, observación)* incisive, sharp, acute

penetrar 1 *vtr* to penetrate |**2** *vi (en un recinto)* to go *o* get [**en,** in]

penicilina *f* penicillin

península *f* peninsula

penique *m* penny, *pl* pence

penitencia *f* penance

penoso,-a *adj* ◆ *(un estado, una situación)* terrible, painful ◆ *(un trabajo, esfuerzo)*, difficult, arduous

pensamiento *m* ◆ thought ◆ *(conjunto de ideas)* thinking ◆ *Bot* pansy

pensar 1 *vi* to think [**en,** of, about] [**sobre,** about, over] |**2** *vtr* ◆ *(formarse una idea)* to think ◆ *(examinar una idea)* to think over *o* about ◆ *(tener una intención)* to intend ◆ *(tomar una decisión)* to think, decide

pensativo,-a *adj* pensive, thoughtful

pensión *f* ◆ *(establecimiento)* boarding house, guesthouse ◆ *(modo de alojamiento)* board; **p. completa,** full board ◆ *(cantidad de dinero)* pension, allowance, maintenance; **p. de invalidez,** invalidity benefit

pensionista *mf* ◆ *(que cobra una pensión)* pensioner ◆ *(que se aloja en una pensión)* resident, lodger

pentagrama *m Mús* stave

penúltimo,-a *adj* & *m,f* penultimate, last but one

penumbra *f* half-light

peña *f* ◆ rock, crag ◆ *(de socios, de amigos)* club ◆ *fam (gente)* people

peñón *m* rock; **el P. de Gibraltar,** the Rock of Gibraltar

peón *m* ◆ unskilled labourer *o US* laborer ◆ *Ajedrez* pawn

peonza *f* (spinning) top

peor 1 *adj* ◆ *(comparativo de* **malo***)* worse: **esa marca es p. que esta otra,** that brand is worse than this one ◆ *(superlativo de* **malo***)* worst: **es la p. película que he visto,** it's the worst film I've ever seen |**2** *adv* ◆ *(comparativo de* *mal)* worse: **con estas gafas veo p.**, I see worse with these glasses ♦ *(superlativo de mal)* worst: **esa cama es donde p. se duerme**, that is the worst bed to sleep in

pepinillo *m* gherkin

pepino *m Bot* cucumber

pepita *f* ♦ *(hueso de fruta)* pip, seed ♦ *(de oro, etc)* nugget

pequeño,-a *adj* ♦ *(de tamaño)* small, little ♦ *(de estatura)* short ♦ *(de edad)* little, young ♦ *(en importancia)* small, slight

pera *f* ♦ *Bot* pear ♦ *(objeto de goma)* bulb

peral *m* pear tree

percance *m* mishap

percatarse *vr* to realize, notice

percepción *f* ♦ perception ♦ *(de dinero)* payment

percha *f* ♦ *(para ropa)* hanger ♦ *(para aves)* perch

perchero *m* ♦ *(de pared)* clothes rack ♦ *(de pie)* clothes stand

percibir *vtr* ♦ to perceive ♦ *(dinero)* to receive

percusión *f* percussion

perdedor,-ora 1 *adj* losing **|2** *m,f* loser

perder 1 *vtr* ♦ *(un objeto)* to lose ♦ *(un medio de transporte)* to miss ♦ *(el tiempo)* to waste ♦ *(oportunidad)* to miss ♦ *(una cualidad, costumbre, sentido)* to lose ♦ *(agua, aceite)* to leak **|2** *vi* ♦ *(disminuir una cualidad)* to lose ♦ *(estropear)* to ruin, go off ♦ *(en una competición, batalla)* to lose ■ **perderse** *vr* ♦ *(extraviarse)* to get lost ♦ *(desaparecer)* to disappear ♦ *(pervertirse)* to go to rack and ruin

pérdida *f* ♦ loss ♦ *(de tiempo, etc)* waste ♦ *(escape de agua, de gas)* leak ♦ *(daños materiales) (usu pl)* damage

perdido,-a *adj* ♦ lost ♦ *(desorientado)* confused ♦ *(perro, bala)* stray

perdigón *m* pellet *pl*

perdiz *f* partridge

perdón 1 *m* ♦ forgiveness: **me pidió p.**, she apologized to me ♦ *Jur* pardon, mercy **|2** *excl* ♦ *(al disculparse)* I'm so sorry! ♦ *(al pedir permiso)* **p., ¿puede decirme dónde está la catedral?**, excuse me, can you tell me where the cathedral is?

perdonar *vtr* ♦ to forgive; **p. algo a alguien**, to forgive sb for sthg ♦ *(un castigo, una deuda)* to let off ♦ *(absolver de un delito)* to pardon ♦ *(una obligación)* to exempt

perdurar *vi* ♦ *(continuar)* to remain, last ♦ *(persistir)* to endure, persist

perecer *vi* to perish, die

peregrinación *f*, **peregrinaje** *m* pilgrimage

peregrino,-a 1 *m,f* pilgrim **|2** *adj* ♦ *(ave)* migratory ♦ *(disparatado)* strange, odd

perejil *m* parsley

perenne *adj* perennial

pereza *f* laziness, idleness

perezoso,-a *adj* lazy, idle

perfección *f* perfection

perfeccionar *vtr* ♦ *(hacer perfecto)* to perfect ♦ *(mejorar)* to improve

perfeccionista *adj* & *mf* perfectionist

perfecto,-a *adj* perfect

perfil *m* ♦ profile ♦ *(contorno)* silhouette, outline, contour ♦ *Geom* cross section

perfilar *vtr* ♦ *(dibujo, plano, etc)* to draw the outline of ♦ *(una idea)* to shape

perforación *f* ♦ perforation ♦ *(en roca, madera, pozo, etc)* drilling, boring

perforadora *f* ♦ drill ♦ *(de papel, sellos, etc)* punch

perforar *vtr* ♦ to perforate ♦ *(la tierra, un pozo, etc)* to drill, bore

perfumar *vtr* & *vi* to perfume ■ **perfumarse** *vr* to put perfume on

perfume *m* perfume, scent

perfumería *f* ♦ *(tienda)* perfumery ♦ *(industria)* perfume industry

pergamino *m* parchment

pericia *f* skill

periferia *f* ♦ periphery ♦ *(de la ciudad)* outskirts *pl*

periférico,-a *adj* ♦ peripheral ♦ *(barrio)* outlying

perímetro *m* perimeter
periódico,-a 1 *adj* periodic, periodical **|2** *m* newspaper
periodismo *m* journalism
periodista *mf* journalist
periodo, período *m* period
periquito *m* budgerigar; *fam* budgie
perito,-a *adj* & *m,f* expert
perjudicar *vtr* to damage, harm
perjuicio *m* harm, damage
perjurio *m* perjury
perla *f* pearl
permanecer *vi* to remain
permanente 1 *adj* permanent, constant **|2** *f* perm
permisivo,-a *adj* permissive
permiso *m* ◆ *(autorización)* permission ◆ *(documento)* licence, permit; **p. de conducir,** driving licence, **p. de residencia,** residence permit ◆ *(días libres)* leave: **estoy de p.,** I'm on leave
permitir *vtr* ◆ to allow, permit: **no le permitas ir,** don't let him go ◆ *(consentir, tolerar)* **¿me permite hablar?,** may I speak? ◆ *(hacer posible)* to make possible ■ **permitirse** *vr* ◆ to permit *o* allow oneself ◆ to be allowed: **no se permite cantar,** singing is not allowed ◆ *(un gasto)* to afford
pero 1 *conj* but **|2** *m* ◆ objection: **¡no hay peros que valgan!,** I don't want any excuses!
perpendicular *adj* & *f* perpendicular
perpetuar *vtr* to perpetuate
perpetuo,-a *adj* perpetual, everlasting
perplejo,-a *adj* bewildered, perplexed
perra *f* ◆ *Zool* bitch ◆ *fam (rabieta, disgusto)* tantrum
perro *m Zool* dog; **p. callejero,** stray dog; **p. de compañía,** pet dog
persecución *f* ◆ pursuit ◆ *(por ideología, política)* persecution
perseguir *vtr* ◆ *(ir detrás de alguien)* to chase ◆ *(por ideas)* to persecute ◆ *(un objetivo)* to pursue
perseverar *vi* to persevere, persist
persiana *f* blind
persignarse *vr* to cross oneself
persistente *adj* persistent
persistir *vi* ◆ *(perdurar, durar)* to persist ◆ *(perseverar)* to persist **[en,** in]
persona *f* ◆ *(individuo)* person, people *pl:* **había demasiadas personas,** there were too many people ◆ *Ling* person
personaje *m* ◆ *(de cine, teatro, etc)* character ◆ *(persona importante o conocida)* celebrity, important figure
personal 1 *adj* personal **|2** *m* staff, personnel
personalidad *f* personality
personificar *vtr* to personify, embody
perspectiva *f* ◆ perspective ◆ *(apreciación)* point of view ◆ *(porvenir)* prospect, outlook
perspicacia *f* perceptiveness
perspicaz *adj* perceptive, sharp
persuadir *vtr* to persuade, convince ■ **persuadirse** *vr* to become convinced **[de,** of]
persuasivo,-a *adj* persuasive
pertenecer *vi* to belong **[a,** to]
pertenencia *f* ◆ property, possessions *pl* ◆ **pertenencias,** belongings
pértiga *f* pole
pertinaz *adj* ◆ *(tos, lluvia, etc)* persistent, prolonged ◆ *(persona)* obstinate
pertinente *adj* ◆ *(relevante)* pertinent, relevant ◆ *(adecuado, oportuno)* appropriate
perturbar *vtr* ◆ *(el orden)* to disturb, disrupt ◆ *(inquietar)* to upset ◆ *(enloquecer)* to drive mad
perversión *f* perversion
perverso,-a 1 *adj* evil, wicked **|2** *m,f* wicked person
pervertir *vtr* ◆ to pervert, corrupt ◆ *(alterar, distorsionar)* to distort ■ **pervertirse** *vr* to become corrupted
pesa *f Dep* weight; *(pequeña)* dumbbell
pesadilla *f* nightmare, bad dream
pesado,-a 1 *adj* ◆ heavy ◆ *(trabajo, viaje)* tiring ◆ *(aburrido, molesto)* boring, dull **|2** *m,f* pain, pest
pésame *m* condolences *pl*
pesar|1 *vi* ◆ to weigh ◆ *(causar arrepentimiento, dolor)* to regret, grieve **|2**

vtr to weigh |3 *m* ◆ *(pena, pesadumbre)* sorrow, grief ◆ *(remordimiento)* regret ◆|LOC: **a p. de,** in spite of

pesca *f* fishing

pescadería *f* fishmonger's

pescadero,-a *m,f* fishmonger

pescadilla *f* young hake

pescado *m* fish

pescador,-ora *m,f (hombre)* fisherman; *(mujer)* fisherwoman

pescar *vtr* ◆ to fish ◆ *fam (una enfermedad, a una persona)* to catch ◆ *(una idea, broma)* to get

pescuezo *m* neck

pesebre *m* ◆ *Agr* manger ◆ *(de Navidad)* crib

peseta *f* peseta

pesimista 1 *adj* pessimistic |**2** *mf* pessimist

pésimo,-a *adj* dreadful, awful

peso *m* ◆ weight; **ganar/perder p.,** to put on/lose weight ◆ *(moneda)* peso ◆ *(carga, preocupación)* weight, burden ◆ *(influencia)* importance ◆ *(utensilio)* scales

pesquero,-a 1 *adj* fishing |**2** *m* fishing boat

pestaña *f* eyelash

pestañear *vi* to blink

peste *f* ◆ *Med* plague ◆ *(mal olor)* stench, stink

pesticida *m* pesticide

pestillo *m* ◆ *(cerrojo, pasador)* bolt ◆ *(de una cerradura)* latch

pétalo *m* petal

petardo *m* ◆ *(de una traca)* firecracker, banger ◆ *Mil* petard ◆ *fam (aburrido)* bore

petición *f* ◆ *(acción)* request ◆ *(escrito, solicitud)* petition

peto *m* ◆ *(de un babero)* bib ◆ *Indum (pantalones)* dungarees *pl*

petrificar *vtr,* **petrificarse** *vr* to petrify

petróleo *m* petroleum, oil

petrolero,-a 1 *adj* oil; **compañía petrolera,** oil company |**2** *m* oil tanker

petunia *f* petunia

peyorativo,-a *adj* pejorative

pez *m* ◆ *Zool* fish ◆ *fam* **p. gordo,** bigwig, big shot

pezón *m* nipple

pezuña *f* hoof

piadoso,-a *adj* devout, pious ◆ **mentira piadosa,** white lie

pianista *mf* pianist

piano *m* piano; **p. de cola,** grand piano

piar *vi* to chirp, cheep, tweet

picado,-a *adj* ◆ *(ajo, cebolla, etc)* chopped ◆ *(carne)* minced ◆ *(fruta)* bad, rotten ◆ *(diente)* decayed, bad ◆ *(mar)* choppy ◆ *fam (ofendido, enojado)* offended, put out

picador *m* picador

picadora *f* mincer

picadura *f* ◆ *(de insecto, serpiente)* bite ◆ *(de avispa, abeja)* sting

picante 1 *adj* hot, spicy |**2** *m* ◆ *(alimentos)* hot spices *pl* ◆ *(sabor)* hot taste

picaporte *m* ◆ *(pomo, tirador)* door handle ◆ *(aldaba)* door knocker

picar 1 *vtr* ◆ *(carne)* to mince ◆ *(cebolla, ajo, etc)* to chop up ◆ *(hielo)* to crush ◆ *(una avispa, abeja)* to sting ◆ *(una serpiente, un mosquito)* to bite ◆ *(tarjeta, billete)* to punch ◆ *(piedra)* to chip ◆ *(comer) (las aves)* to peck; *(una persona)* to nibble; **p. algo,** to have a snack/nibble ◆ *fam (incitar)* to incite ◆ *fam (molestar)* to annoy ◆ *(curiosidad)* **me picó la curiosidad,** it aroused my curiosity |**2** *vi* ◆ *(pez)* to bite ◆ *(comida)* to be hot ◆ *(escocer, irritar)* to itch ■ **picarse** *vr* ◆ *(fruta)* to rot ◆ *(vino)* to go sour ◆ *(dientes)* to decay ◆ *(el mar)* to become choppy ◆ *fam (enfadarse)* to get annoyed

picardía *f* ◆ *(astucia)* craftiness ◆ *(dicho, acción)* mischievous comment *o* act

pichón *m Orn* young pigeon

pico *m* ◆ *(de ave)* beak ◆ *fam (boca)* mouth ◆ *Geog* peak ◆ *(herramienta)* pick ◆ *(de una jarra)* spout ◆ *(de una mesa, etc)* corner

picor *m* itch

picotear 1 *vtr (un ave)* to peck |**2** *vi* & *vtr (una persona)* to nibble

pictórico,-a *adj* pictorial

pie *m* ◆ foot; **ponerse de p.,** to stand up; **pies planos,** flat feet ◆ *(de una co-*

lumna, lámpara, etc) base ♦ *(de una copa)* stem ♦ *(de una fotografía)* caption ♦ **una nota a p. de página,** a footnote ♦ *(medida)* foot

piedad *f* ♦ *(fervor religioso)* devotion, piety ♦ *(lástima)* mercy ♦ *Arte* Pietà

piedra *f* ♦ stone ♦ *(de mechero)* flint

piel *f* ♦ skin ♦ *(de frutas, etc)* skin, peel ♦ *(cuero curtido)* leather ♦ *(con pelo)* fur

pienso *m* fodder, feed

pierna *f* leg

pieza *f* piece, part; **una p. de repuesto,** a spare part ♦ *(en una casa)* room

pigmento *m* pigment

pijama *m* pyjamas *pl*

pijo,-a *fam, pey* **1** *adj* posh, snooty |**2** *m,f* rich kid

pila *f* ♦ *Elec* battery ♦ *(de fregar)* sink ♦ *(de lavabo)* basin ♦ *(montón de cosas)* pile, heap ♦ *(cantidad grande)* loads

pilar *m* pillar

píldora *f* pill, tablet; *(anticonceptiva)* pill

pillar *vtr* ♦ *(una cosa, enfermedad)* to catch ♦ *(atropellar)* to run over ♦ *(sorprender)* to catch ♦ *(un chiste, una idea)* to get ■ **pillarse** *vr* to catch

pilotar *vtr* ♦ to pilot ♦ *(un coche)* to drive ♦ *(una moto)* to ride

piloto 1 *mf* ♦ *(de un avión, una nave)* pilot ♦ *(de un coche)* driver ♦ *(de una moto)* rider |**2** *m* pilot lamp, light |**3** *adj* pilot

pimentón *m* ♦ *(dulce)* paprika ♦ *(picante)* cayenne *o* red pepper

pimienta *f* pepper

pimiento *m* ♦ *(fruto)* pepper; **p. morrón/verde,** sweet/green pepper

pinacoteca *f* art gallery

pinar *m* pine wood *o* forest

pincel *m* ♦ *Arte* paintbrush ♦ *(de maquillaje)* brush

pinchadiscos *mf inv fam* disc jockey, DJ

pinchar 1 *vtr* ♦ *(con algo punzante)* to prick ♦ *(un balón, globo, etc)* to burst ♦ *(una rueda)* to puncture ♦ *Med* to give an injection [to] ♦ *(un teléfono, etc)* to bug, tap ♦ *(discos)* to play ♦ *(provocar)* to needle, egg sb on |**2** *vi* ♦ *(una planta, espina, etc)* to prickle ♦ *Auto* to get a flat tyre

pinchazo *m* ♦ *(con algo punzante)* prick ♦ *(de una rueda)* puncture, flat tyre ♦ *(de dolor)* sharp pain

pinche *m* kitchen assistant

pincho *m* ♦ *(de una planta)* prickle ♦ *(de un animal)* spine ♦ *(de un objeto)* spike ♦ *(de comida)* small portion

pingüino *m Orn* penguin

pino *m* pine

pinta *f* ♦ *fam (aspecto)* look ♦ *(mancha, mota)* dot, spot ♦ *(medida)* pint

pintada *f* graffiti

pintado,-a *adj* painted; **papel p.,** wallpaper

pintar 1 *vtr* ♦ *(una superficie)* to paint ♦ *(dibujar)* to draw, sketch |**2** *vi* ♦ *(un bolígrafo, etc)* to write ♦ *(ser importante)* to count ♦ *(en juegos de naipes)* to be trumps ■ **pintarse** *vr* to put make-up on; **p. las uñas,** to paint one's nails

pintor,-ora *m,f* painter

pintoresco,-a *adj* ♦ *(lugar)* picturesque, quaint ♦ *(persona)* bizarre

pintura *f* ♦ *(material)* paint ♦ *(arte, representación)* painting ♦ *(cosmética)* makeup

pinza 1 *f* ♦ *(para ropa)* clothes peg ♦ *(para el pelo)* clip, hairgrip ♦ *(de langosta, cangrejo, etc)* claw ♦ *(en ropa)* dart; **pantalón de pinzas,** pleated trousers |**2** *fpl* **pinzas,** *(para hielo, azúcar)* tongs *pl* ♦ *(para depilar)* tweezers *pl*

piña *f* ♦ *(fruto tropical)* pineapple ♦ *(de pino)* pine cone

piñón *m* pine nut

pío,-a *adj* pious

piojo *m* louse

pionero,-a *m,f* pioneer

pipa *f* ♦ *(de fumar)* pipe ♦ *(de fruta)* pip, seed; *(de girasol)* sunflower seed

pique *m* ♦ *(rivalidad)* rivalry, needle ♦ *(resentimiento, enfado)* resentment, grudge

piquete *m* ♦ *(de soldados)* squad ♦ *(de huelga)* picket

piragua *f* canoe

piragüismo *m* canoeing

piragüista *mf* canoeist

pirámide *f* pyramid

piraña *f* piranha

pirarse *vr fam* ♦|LOC: **pirárselas,** to make oneself scarce, clear off

pirata *adj* & *m,f* pirate; **p. aéreo,** hijacker; **p. informático,** hacker

pirómano,-a *m,f* pyromaniac; arsonist

piropo *m* compliment

pirulí *m* lollipop

pis *m fam* pee

pisada *f* ♦ *(sonido)* footstep ♦ *(huella)* footprint

pisar 1 *vtr* ♦ to tread on, step on: **le pisé el vestido,** I stepped on her dress ♦ *fam (adelantarse)* **me pisó la idea,** he pinched the idea from me ♦ *(avasallar, humillar)* to walk all over sb |**2** *vi* to tread, step

piscina *f* swimming pool; **p. climatizada,** heated swimming-pool, **p. cubierta,** indoor pool

Piscis *m Astrol* Pisces

piso *m* ♦ flat; **p. piloto,** show flat ♦ *(planta)* floor: **vive en el tercer piso,** he lives on the third floor

pisotear *vtr* to stamp on, trample on

pisotón *m* **dar un p. a alguien,** *(accidentalmente)* to tread on sb's foot; *(intencionadamente)* to stand on sb's foot

pista *f* ♦ *(indicio)* clue ♦ *(rastro)* track, trail: **p. falsa,** false trail ♦ *(de casete, vídeo, etc)* track ♦ *Dep (de carreras)* track; **p. de hielo/patinaje,** ice/skating rink; **p. de hierba,** grass court ♦ **p. de baile,** dance floor ♦ **p. de aterrizaje/despegue,** landing strip/runway

pistacho *m* pistachio nut

pistola *f* ♦ pistol, gun ♦ *(para pintar)* spray gun

pistolero *m* gunman

pitar 1 *vtr Dep* **el árbitro no pitó la falta,** the referee didn't give the foul |**2** *vi* ♦ *(una olla, un tren)* to whistle ♦ *(tocar el pito)* to blow one's whistle, *(la bocina)* to toot one's horn ♦ *(abuchear)* to boo

pitido *m* ♦ *(de silbato)* whistle ♦ *(de claxon)* hoot ♦ *(de una alarma, etc)* beep

pitillera *f* cigarette case

pitillo *m* cigarette

pito *m* ♦ *(de silbato)* whistle ♦ *(de claxon)* hooter, horn ♦ *fam (pene)* willy

pitón[1] *mf (serpiente)* python

pitón[2] *m* ♦ *(de toro)* horn ♦ *(de tetera, jarra)* spout ♦ *Bot* shoot

pívot *Dep mf* pivot

pizarra *f* ♦ blackboard ♦ *Min* slate

pizca *f* bit, tiny amount

pizza *f Culin* pizza

placa *f* ♦ *(de metal)* plate ♦ *(con una inscripción)* plaque ♦ *(matrícula de un vehículo)* number plate ♦ *(de identificación personal)* badge ♦ *(dental)* plaque

placer *m* pleasure

plaga *f* ♦ plague, pest ♦ *(desgracia, azote)* curse, menace

plagio *m* plagiarism

plan *m* ♦ *(intención)* plan ♦ *(conjunto de ideas, etc)* scheme, programme; **p. de estudios,** curriculum ♦ *fam (cita)* date

plana *f* ♦ page ♦ *Mil* **p. mayor,** staff

plancha *f* ♦ *(para ropa)* iron ♦ *(para alimentos)* grill, griddle

planchar *vtr* to iron

planeador *m* glider

planear 1 *vtr (preparar, pensar)* to plan; *(tramar, urdir)* to plot |**2** *vi* to glide

planeta *m* planet

planetario,-a 1 *adj* planetary |**2** *m* planetarium

planificación *f* planning

planificar *vtr* to plan

plano,-a 1 *m* ♦ *(de una ciudad)* map ♦ *(de un edificio, de calles)* plan, draft ♦ *Cine* shot; **primer p.,** close-up ♦ *(nivel, aspecto)* level ♦ *Mat* plane |**2** *adj* flat, even

planta *f* ♦ *Bot* plant ♦ *(piso)* floor; **p. baja,** ground floor, *US* first floor ♦ *(del pie)* sole

plantación *f* plantation

plantar *vtr* ♦ to plant ♦ *fam (una cosa)* to put, place ♦ *(los estudios, un trabajo)* to quit, give up ♦ *(a una persona)* to dump, ditch ■ **plantarse** *vr* ♦

fam (quedarse) to stand ◆ *(llegar)* to arrive

planteamiento *m* ◆ *(enfoque)* approach ◆ *(exposición, desarrollo)* posing, raising

plantear *vtr* ◆ *(una duda, un problema)* to pose, raise ◆ *(hacer una sugerencia)* to suggest, propose ◆ *(causar)* to create, cause ■ **plantearse** *vr* to consider, think about

plantilla *f* ◆ *(de una empresa)* staff ◆ *(de calzado)* insole ◆ *(guía, modelo)* pattern; *(para dibujar)* template, stencil ◆ *Dep* team

plástico,-a *adj & m* plastic

plastificar *vtr* to laminate

plastilina® *f* Plasticine®

plata *f* ◆ silver ◆ *LAm (dinero)* money

plataforma *m* platform

plátano *m* ◆ *(fruta)* banana ◆ *(árbol frutal)* banana tree ◆ *(árbol ornamental)* plane tree

plateado,-a *adj* ◆ *(color)* silver ◆ *(con baño de plata)* silverplated

platillo *m* ◆ saucer ◆ *Mús* cymbal ◆ **p. volante,** flying saucer

platino *m (metal)* platinum

plato *m* ◆ *(pieza de vajilla)* plate, dish ◆ *(contenido)* plateful, dish ◆ *(parte de una comida)* course; **primer p.,** starter ◆ *(receta)* dish ◆ *(de balanza)* pan, tray ◆ *(de tocadiscos)* turntable

plató *m Cine TV* set

playa *f* beach

playeras *fpl* plimsolls, *US* sneakers

plaza *f* ◆ square ◆ *(mercado)* market, marketplace ◆ *(de toros)* bullring ◆ *(asiento)* seat ◆ *(laboral)* post ◆ *Mil* garrison *o* fortified town

plazo *m* ◆ *(de tiempo)* term ◆ *(cuota)* instalment; *US* installment

plegable *adj* folding

plegar *vtr* to fold ■ **plegarse** *vr* ◆ *(silla, mesa, etc)* to fold up ◆ *(acomodarse, ceder)* to submit [**a,** to]

pleito *m Jur* lawsuit

pleno,-a 1 *adj* full; **a p. sol,** in the full sun, **en p. invierno,** in the depths of winter **|2** *m* ◆ *(reunión)* plenary *o* full session ◆ *(en quinielas)* maximum correct prediction

pliegue *m* ◆ fold ◆ *(en tela, ropa)* pleat

plisar *vtr* to pleat

plomizo,-a *adj* ◆ leaden ◆ *(color)* lead-coloured ◆ *(cielo)* grey, *US* gray

plomo *m* ◆ *(metal)* lead ◆ *(plomada)* plumb line ◆ *(en electricidad)* fuses *pl* ◆ *fam (aburrido, pesado)* **ser un p.,** to be a pain in the neck *o* to be deadly boring

pluma *f* ◆ *(de ave)* feather ◆ *(para escribir)* pen, fountain pen

plumaje *m* plumage

plumero *m* feather duster

plural *adj & m* plural

pluriempleo *m* having more than one job, *fam* moonlighting

plus *m* bonus, extra pay

plusmarquista *mf* record holder *o* breaker

Plutón *m* Pluto

población *f* ◆ *(habitantes)* population; **p. activa,** working population ◆ *(ciudad)* town; *(pueblo)* village

poblado,-a 1 *adj* ◆ *(ciudad, área)* populated ◆ *(barba, cejas)* bushy, thick **|2** *m* settlement

pobre 1 *adj* poor **|2** *mf* poor person; **los pobres,** the poor

pobreza *f* poverty

pocilga *f* pigsty

poco,-a 1 *adj* ◆ *(con el sustantivo en singular)* not much, little: **tengo p. apetito,** I haven't got much appetite ◆ *(con el sustantivo en plural)* not many, few: **conozco pocos lugares de Italia,** I don't know many places in Italy **|2** *pron (singular)* little, not much; *(plural) (objetos)* few, not many; *(personas)* few people, not many people **|3** *adv* ◆ *(con verbo)* not (very) much, little: **entiendo p. del tema,** I don't understand much about the issue ◆ *(con adjetivo)* not very: **está p. claro,** it's not very clear ◆ *(de tiempo)* **hace p. que nos conocemos,** we met a short time ago **|4** *m* **un poco,** a little, a bit ◆|LOC: **a p. de,** shortly after; **dentro de p.,** soon; **por p.,** almost

podar *vtr* to prune

poder[1] *m* power

poder[2] **1** *vtr* ◆ *(tener capacidad)* to be able to, can: **no puedo evitarlo,** I can't help it ◆ *(tener derecho o autorización)* may, might, can: **¿puedo repetir?**, may I have a second helping? ◆ *(uso impers)* may, might: **puede que sí, puede que no,** maybe, maybe not |**2** *vi* ◆ to cope [**con,** with] ◆ *(vencer, tener más fuerza)* to be stronger than

poderoso,-a *adj* powerful

poema *m* poem

poesía *f* ◆ *(poema)* poem ◆ *(género, arte)* poetry

poeta *mf* poet

poetisa *f* poet

polaco,-a 1 *adj* Polish |**2** *m,f* Pole |**3** *m (idioma)* Polish

polea *f* pulley

polémica *f* controversy

polémico,-a *adj* controversial

polen *m* pollen

poli 1 *mf fam* cop |**2** *f* **la p.,** the fuzz *pl*

policía 1 *f* police (force); **p. nacional,** national police force |**2** *mf (hombre)* policeman; *(mujer)* policewoman

policiaco,-a, policíaco,-a *adj* police

polideportivo *m* sports centre *o US* center

polifacético,-a *adj* versatile, many-sided

poligamia *f* polygamy

polígono *m* ◆ *Mat* polygon ◆ **p. industrial,** industrial estate

polilla *f* moth

politécnico,-a *adj* & *m,f* polytechnic

política *f* ◆ politics *sing* ◆ *(forma de actuar)* policy

político,-a 1 *adj* ◆ political ◆ *(parentesco)* in-law |**2** *m,f* politician

póliza *f* ◆ *(documento)* **p. de seguros,** insurance policy ◆ *(sello)* stamp

pollo *m* chicken

polo[1] *m* ◆ *Elec Geog* pole; **P. Norte/Sur,** North/South Pole ◆ *(helado de hielo)* ice lolly, *US* Popsicle ◆ *(jersey)* polo shirt

polo[2] *Dep* polo

Polonia *f* Poland

polución *f* pollution

polvo *m* ◆ *(de suciedad, tierra)* dust ◆ *(de una sustancia)* powder

pólvora *f* gunpowder

polvoriento,-a *adj* dusty

pomada *f* ointment

pomelo *m* grapefruit

pomo *m* knob

pompa *f* ◆ *(de jabón, etc)* bubble ◆ *(esplendor)* pomp

pompis *m inv fam* bottom

pómulo *m* cheekbone

ponche *m* punch

poncho *m* poncho

ponencia *f* paper, address

ponente *mf* reader of a paper, speaker

poner *vtr* ◆ *(en un lugar, una situación)* to put: **me puso en un aprieto,** he put me in a tight corner; *(seguido de adjetivo)* to make: **me pone contento,** he makes me happy ◆ *(hacer funcionar)* to turn *o* switch on ◆ *(un fax, telegrama)* to send; **p. una conferencia,** to make a long-distance call ◆ *(una multa, un castigo)* to impose ◆ *(abrir un negocio)* to set up ◆ *(vestir)* to put on ◆ *(aportar)* **yo puse mil pesetas,** I contributed a thousand pesetas ◆ *(estar escrito)* **lo pone aquí,** it's written here ◆ *TV Cine* to put on, show ◆ *Tel* **ponme con él,** put me through to him ◆ *(un nombre)* **le pondremos Tadeo,** we are going to call him Tadeo ■ **ponerse** *vr* ◆ to put oneself ◆ *(vestirse)* to put on, wear ◆ *(con adjetivo)* to become: **se puso enfermo,** he felt ill ◆ *(sol)* to set ◆ *Tel* **p. al teléfono,** to answer the phone ◆ *(empezar)* **p. a,** to start

poni *m* pony

poniente *m* ◆ west ◆ *(viento)* westerly (wind)

pontífice *m* Pontiff; **el Sumo P.,** the Pope

popa *f Náut* stern

popular *adj* ◆ *(folclórico)* folk ◆ *(humilde)* **las clases populares,** the people, the working class ◆ *(bien aceptado)* popular ◆ *(conocido, famoso)* well-known

popularidad *f* popularity

por *prep* ♦ for ♦ *(autoría)* by: **está escrito p. mí,** it was written by me ♦ *(a través)* through: **viajamos p. Castilla,** we travelled round Castilla ♦ *(medio)* **lo enviaron p. avión,** they sent it by plane ♦ *(motivo, causa)* because of; **p. tu culpa,** because of you; *(en favor de)* for: **hazlo p. ellos,** do it for their sake ♦ *(en torno a)* **p. San Juan,** near Saint John's Day ♦ *(durante)* **p. la mañana/noche,** in the morning/at night; **p. el momento,** for the time being ♦ *(delante de)* **paso todos los días p. tu casa,** I go by your house every day ♦ *(en una distribución, cálculo)* per; **p. cabeza,** per person ♦ *(en una multiplicación)* **dos p. dos, cuatro,** two times two is four; **un diez p. ciento,** ten per cent ♦ *(con infinitivo)* in order to, so as to ♦|LOC: **p. así decirlo,** so to speak; **p. más/mucho que...,** no matter how...; **p. qué,** why

porcelana *f* porcelain; **una taza de p.,** a china cup

porcentaje *m* percentage

porción *f* portion, part

porche *m* porch

pornografía *f* pornography

pornográfico,-a *adj* pornographic

poro *m* pore

porque *conj causal* because

porqué *m* reason

porquería *f* ♦ *(mugre, suciedad)* dirt, filth ♦ *(birria)* rubbish

porra *f* ♦ *(de policía)* truncheon ♦ *Culin* fritter ♦|LOC: **mandar a alguien a la p.,** to send sb packing; **¡porras!,** damn!

porro *m argot* joint

portaaviones *m inv* aircraft carrier

portada *f (de un libro)* cover; *(de un periódico)* front page; *(de un disco)* sleeve

portador,-ora *m,f* ♦ *Com* bearer ♦ *Med* carrier

portaequipajes *m inv Auto (maletero)* boot, *US* trunk; *(baca)* roof rack

portafolios *m inv* briefcase

portal *m* ♦ *(puerta de la calle)* main door; *(de una finca)* gateway ♦ *(recinto de entrada)* entrance hall

portaminas *m* propelling pencil

portarse *vr* to behave: **pórtate bien,** behave yourself

portátil *adj* portable

portavoz *mf* spokesperson

portazo *m* slam (of a door)

porte *m* ♦ *(presencia)* bearing, appearance ♦ *(transporte)* carriage, freight

portería *f* ♦ *(de un edificio)* porter's lodge ♦ *Dep* goal

portero,-a *m,f* ♦ *(de una vivienda)* porter, caretaker; *(de un edificio público)* doorman; **p. automático,** entryphone ♦ *Dep* goalkeeper

pórtico *m* ♦ *(portal)* portico, porch ♦ *(soportal)* arcade

portorriqueño,-a *adj* & *m,f* Puerto Rican

Portugal *m* Portugal

portugués,-guesa 1 *adj* & *m,f* Portuguese |**2** *m (idioma)* Portuguese

porvenir *m* future

posada *f* inn

posadero,-a *m,f* innkeeper

posar 1 *vi* to pose |**2** *vtr* to put *o* lay down ■ **posarse** *vr* ♦ *(aves)* to alight, land [**en,** on] ♦ *(polvo, posos, etc)* to settle [**en,** on]

posavasos *m* coaster

posdata *f* postscript

pose *f* pose

poseedor,-ora *m,f* holder

poseer *vtr* to possess, own

posesión *f* possession

posesivo,-a *adj* possessive

poseso,-a *adj* & *m,f* possessed

posgraduado,-a *adj* & *m,f* postgraduate

posguerra *f* postwar period

posibilidad 1 *f* possibility |**2** *mpl* means

posible *adj* possible

posición *f* position

positivo,-a *adj* positive

poso *m* dregs *pl*

posponer *vtr* ♦ *(una decisión, un viaje)* to postpone, put off ♦ *(poner en segundo plano)* to put in second place *o* behind

postal 1 *adj* postal |**2** *f* postcard

poste *m* ♦ pole ♦ *Dep (de una portería)* post
póster *m* poster
posteridad *f* posterity
posterior *adj* ♦ *(lugar)* back, rear ♦ *(tiempo)* later [**a**, than], subsequent [**a**, to]
postizo,-a 1 *adj* false, artificial **|2** *m* hairpiece
postre *m* dessert
póstumo,-a *adj* posthumous
postura *f* ♦ *(física)* position, posture ♦ *(intelectual)* attitude
potable *adj* drinkable
potaje *m* vegetable stew
potencia *f* power
potente *adj* powerful
potestad *f* authority, power
potro *m* ♦ *Zool* colt ♦ *(de gimnasia)* horse
pozo *m* ♦ well ♦ *(de una mina)* shaft, pit
práctica *f* ♦ practice ♦ **prácticas,** teaching practice
practicante 1 *adj Rel* practising, *US* practicing **|2** *mf Med* medical assistant, nurse
practicar 1 *vtr* ♦ to practise, *US* practice ♦ *(una actividad)* to play, practise ♦ *(una operación, etc)* to carry out, perform **|2** *vi* to practise
práctico,-a *adj* ♦ *(un objeto)* handy, useful ♦ *(una persona, disciplina)* practical
pradera *f* grassland
prado *m* meadow
pragmático,-a 1 *adj* pragmatic **|2** *m,f* pragmatist
precalentamiento *m* warm-up
precalentar *vtr* to preheat
precario,-a *adj* ♦ *(circunstancias)* precarious, unstable ♦ *(medios)* poor, scarce, meagre
precaución *f* ♦ *(prudencia)* caution ♦ *(prevención)* precaution
precavido,-a *adj* cautious, prudent
precedente 1 *adj* previous **|2** *m* precedent
preceder *vtr* to precede
precepto *m* rule
preciado,-a *adj* valuable, esteemed
preciarse *vr* to pride oneself [**de,** on]
precintar *vtr* ♦ *(un objeto)* to seal ♦ *(un establecimiento)* to close down
precinto *m* seal
precio *m* price, cost: **¿qué p. tiene este abrigo?,** how much is this coat?
preciosidad *f* gorgeous, lovely
precioso,-a *adj* ♦ *(de gran belleza)* lovely, beautiful ♦ *(de gran valor)* precious
precipicio *m* precipice
precipitación *f* ♦ *(prisa)* hurry, haste ♦ *Meteor (de lluvia)* rainfall, *(de nieve)* snowfall ♦ *Quím* precipitation
precipitado,-a 1 *adj* ♦ *(con prisa)* hasty, hurried ♦ *(sin pensar)* rash **|2** *m Quím* precipitate
precipitarse *vr* ♦ *(con prisa)* to hurry ♦ *(sin pensar)* to rush ♦ *(en una caída)* to plunge, hurl oneself
precisar *vtr* ♦ *(determinar)* to specify ♦ *(necesitar)* to require, need
precisión *m* precision
preciso,-a *adj* ♦ precise ♦ *(necesario)* necessary, essential: **no es p. que vayas,** there's no need for you to go
precocinado,-a *adj* precooked
precoz *adj* ♦ *(una persona)* precocious ♦ *(un diagnóstico, una cosecha, etc)* early
precursor,-ora *m,f* precursor
predecesor,-ora *m,f* predecessor
predecir *vtr* to predict
predestinado,-a *adj* predestined
predicado *m* predicate
predicador,-ora *m,f* preacher
predicar *vtr* to preach
predisposición *f* predisposition
predominar *vi* to predominate
predominio *m* predominance
preescolar 1 *adj* preschool; **educación p.,** nursery education **|2** *m* nursery (school)
prefabricado,-a *adj* prefabricated
prefacio *m* preface
preferencia *f* preference
preferente *adj* preferential
preferible *adj* preferable
preferido,-a *adj & m,f* favourite, *US* favorite

preferir *vtr* to prefer
prefijo *m* ♦ *Tel* (dialling) code, *US* area code ♦ *Ling* prefix
pregonar *vtr* ♦ *(un bando)* to proclaim, announce ♦ *(una mercancía)* to cry, hawk ♦ *(una noticia)* to make public, reveal
pregunta *f* question
preguntar *vtr* to ask ■ **preguntarse** *vr* to wonder
prehistoria *f* prehistory
prehistórico,-a *adj* prehistoric
prejuicio *m* prejudice
preliminar *adj* & *m* preliminary
prematrimonial *adj* premarital
prematuro,-a *adj* premature, soon
premeditación *f* premeditation
premiado,-a *adj* ♦ prize-winning ♦ *(número)* winning
premiar *vtr* ♦ *(dar un premio)* to award *o* give a prize [**a,** to] ♦ *(recompensar un esfuerzo, sacrificio)* to reward
premio *m* ♦ *(sorteo, competición)* prize, award ♦ *(recompensa a un esfuerzo)* reward, recompense
premonición *f* premonition
prenatal *adj* antenatal, *US* prenatal
prenda *f* ♦ *(de vestir)* garment ♦ *(garantía)* security, pledge ♦ *(en juegos)* forfeit; **jugar a las prendas,** to play forfeits
prender 1 *vtr* ♦ *(sujetar)* to fasten, attach; *(con alfileres)* to pin ♦ *(una cerilla, un cigarro)* to light; **p. fuego,** to set fire ♦ *(a una persona)* to catch, capture **2** *vi* ♦ to catch ♦ *(planta)* to take root ■ **prenderse** *vr* to catch fire
prensa *f* ♦ press; **p. hidráulica,** hidraulic press ♦ *(periódicos)* newspapers *pl;* **p. amarilla,** gutter press
prensar *vtr* to press
preñado,-a *adj* pregnant
preocupación *f* worry, concern
preocupado,-a *adj* worried, concerned
preocupar *vtr* to worry, bother ■ **preocuparse** *vr* ♦ to worry, get worried [**por,** about] ♦ *(encargarse)* **tienes que preocuparte de tus cosas,** you should look after your own things
preparación *f* ♦ preparation ♦ *(formación)* training
preparado,-a 1 *adj* ♦ *(dispuesto)* ready ♦ *(para ser consumido)* **comida preparada,** ready-cooked meal ♦ *(capacitado, experto)* trained, qualified **2** *m Farm* preparation
preparar *vtr* ♦ to prepare ♦ *Dep* to train, coach ■ **prepararse** *vr* ♦ to prepare oneself, get ready ♦ *Dep* to train
preparativos *m* preparations
preposición *f Ling* preposition
prepotente *adj* overbearing, arrogant
presa *f* ♦ *(de caza)* prey ♦ *(dique, embalse)* dam
presagio *m* ♦ *(anuncio)* omen ♦ *(premonición, intuición)* premonition
prescindir *vi* ♦ *(arreglárselas sin)* to do without ♦ *(deshacerse de)* to dispense with ♦ *(no hacer caso)* to disregard
prescripción *f* prescription
presencia *m* ♦ *(en un lugar)* presence ♦ *(aspecto exterior)* appearance
presenciar *vtr* ♦ *(un accidente, etc)* to witness ♦ *(un espectáculo, etc)* to attend
presentación *f* ♦ presentation ♦ *(de un producto)* launch ♦ *(de personas)* introduction
presentador,-ora *m,f* ♦ presenter ♦ *(de un informativo)* newsreader
presentar *vtr* ♦ to present ♦ *(un producto)* to launch ♦ *(a una persona)* to introduce ♦ *(síntomas, características, etc)* to have, show ♦ *(disculpas)* to give, present; *(condolencias)* to give, pay ♦ *(la dimisión)* to hand in ♦ *(una queja)* to file, make ■ **presentarse** *vr* ♦ *(para un cargo)* to stand for ♦ *(en un lugar)* to turn up, appear ♦ *(a un examen, una prueba)* to sit, take ♦ *(la ocasión, un problema)* to arise, come up ♦ *(a uno mismo)* to introduce oneself
presente 1 *adj* present **2** *m* ♦ *(regalo)* gift, present ♦ *Ling* present tense
presentimiento *m* feeling
presentir *vtr* to have a feeling
preservativo *m* condom
presidencia *f* ♦ *Pol* presidency ♦ *(en una empresa, reunión)* chairmanship
presidencial *adj* presidential

presidente,-a *m,f* ◆ *Pol* president; **p. del Gobierno,** prime minister, premier ◆ *(de una empresa, reunión) (hombre)* chairman, *(mujer)* chairwoman

presidiario,-a *m,f* prisoner, convict

presidio *m* prison

presidir *vtr* ◆ *Pol* to be president of ◆ *(una empresa, reunión)* to chair ◆ *(un tribunal)* to preside over ◆ *(una característica)* to prevail ◆ *(una cosa)* to be the dominant element in

presión *f* pressure

presionar *vtr* ◆ *(un timbre, etc)* to press ◆ *(a una persona)* to put pressure on

preso,-a 1 *adj* imprisoned |**2** *m,f* prisoner, convict

prestación *f* ◆ *(de un servicio)* provision, assistance; **p. por desempleo,** unemployment benefit ◆ **prestaciones,** *(de un coche)* performance, features *pl*

préstamo *m* loan

prestar *vtr* ◆ *(un objeto, dinero)* to lend; *(pedir prestado)* to borrow ◆ *(auxilio, colaboración)* to give ◆ *(servicio)* to render ◆|LOC: **p. atención,** to pay attention ■ **prestarse** *vr* ◆ *(ofrecerse)* to offer oneself [**a,** to] ◆ *(inducir)* to cause, be open to ◆ *(ser idóneo)* to be suitable

prestigio *m* prestige

prestigioso,-a *adj* prestigious

presumido,-a 1 *adj* vain |**2** *m,f* vain person, *fam* poser

presumir *vi* ◆ *(de una cualidad)* to fancy oneself as ◆ *(de una posesión)* to boast

presunto,-a *adj* ◆ supposed ◆ *(un delincuente, criminal)* alleged

presupuesto *m* ◆ *Fin* budget ◆ *(cálculo aproximado)* estimate; *(más detallado)* quote ◆ *(presuposición)* supposition, assumption

pretencioso,-a *adj* pretentious

pretender *vtr* ◆ *(aspirar, intentar)* to expect, try to: **pretendía que le diera la razón,** he was trying to make me agree with him ◆ *(simular)* to try: **pretendió no habernos visto,** he pretended he hadn't seen us

pretendiente,-a 1 *m,f* ◆ *(a un cargo)* applicant ◆ *(al trono)* pretender |**2** *m* *(de una mujer)* suitor

pretensión *f* ◆ *(deseo)* hope, wish ◆ *(objetivo)* aim, aspiration ◆ *(al trono)* claim ◆ **pretensiones,** pretention

pretérito *m* preterite (tense)

pretexto *m* pretext, excuse

prevalecer *vi* to prevail

prevención *f* ◆ *(de enfermedades, etc)* prevention ◆ *(medidas)* precaution

prevenir *vtr* ◆ *(enfermedades, etc)* to prevent ◆ *(advertir, alertar)* to warn

preventivo,-a *adj* preventive

prever *vtr* to foresee, predict

previo,-a *adj* previous, prior

previsible *adj* predictable

previsión *f* ◆ *(predicción)* forecast ◆ *(precaución)* precaution

previsor,-ora *adj* far-sighted

prima *f* ◆ *(pago suplementario)* bonus ◆ *(cuota de seguro)* premium ◆ *(persona)* → **primo,-a**

primario,-a *adj* primary

primavera *f* spring

primer *adj (delante de m)* → **primero,-a**

primera *f* ◆ *(en viajes)* first class ◆ *(marcha)* first gear ◆|LOC: **a la p.,** at the first attempt

primero,-a 1 *adj* first; **en los primeros años,** in the early years ◆ *(en importancia)* basic, primary; **un artículo de primera necesidad,** an essential item |**2** *adv* first ◆|LOC: **a primeros,** at the beginning of

primitivo,-a *adj* ◆ primitive ◆ *(estado originario)* original

primo,-a 1 *m,f* ◆ *(pariente)* cousin; **p. carnal,** first cousin ◆ *fam (ingenuo)* fool, sucker |**2** *adj Mat* prime

primogénito,-a *adj* & *m,f* first-born

primordial *adj* essential, fundamental

princesa *f* princess

principal *adj* main, principal

príncipe *m* prince

principiante *mf* beginner

principio *m* ◆ *(comienzo)* beginning, start ◆ *(causa, origen)* premise, origin ◆ *(idea fundamental, norma)* principle ◆ **principios,** rudiments, basics ◆|LOC: **al p.,** at first; **en p.,** in principle

pringoso,-a *adj* ◆ *(de grasa)* greasy ◆ *(pegajoso)* sticky, dirty

prioridad *f* priority

prisa *f* hurry, rush: **tengo mucha p.,** I'm in a hurry

prisión *f* ◆ *(lugar)* prison, jail ◆ *(condena)* imprisonment

prisionero,-a *m,f* prisoner

prismáticos *mpl* binoculars *pl*

privación *f* ◆ *(de libertad, cariño)* deprivation ◆ *(escasez)* lack, hardship

privado,-a *adj* private

privar *vt* ◆ *(despojar)* to deprive [**de,** of] ◆ *fam (gustar mucho)* **me priva la fruta,** I love fruit

privilegiado,-a *adj* ◆ privileged ◆ *(excepcional)* exceptional

privilegio *m* privilege

pro 1 *prep* for; **campaña p. amnistía,** campaign for amnesty |**2** *m* advantage; **los pros y los contras,** the pros and cons ◆|LOC: **en p. de,** in favour of

proa *f* bow(s)

probabilidad *f* probability

probable *adj* ◆ likely, probable ◆ *(demostrable)* provable

probador *m* changing *o* fitting room

probar 1 *vtr* ◆ *(una teoría, un hecho)* to prove ◆ *(una máquina, un aparato, etc)* to test ◆ *(comida, bebida)* to try; *(sabor, etc)* to taste |**2** *vi (intentar)* to try ■ **probarse** *vr* to try on

problema *m* problem

procedencia *f* ◆ origin, source ◆ *Ferroc Av* **con p. de,** (arriving) from

procedente *adj* ◆ coming, arriving: **el vuelo p. de Madrid,** the flight from Madrid ◆ *(pertinente)* appropriate

proceder *vi* ◆ *(provenir)* **p. de,** to come from ◆ *(actuar)* to act, proceed ◆ *(ser pertinente)* to be appropriate *o* right

procedimiento *m* ◆ *(método)* procedure, method ◆ *Jur (trámites)* proceedings *pl*

procesado,-a *m,f* accused, defendant

procesador *m* processor; **p. de datos/textos,** data/word processor

procesamiento *m* ◆ *Jur* prosecution, trial ◆ *Inform* processing

procesar *vtr* ◆ *(información, productos)* to process ◆ *Jur* to prosecute

procesión *f* procession

proceso *m* ◆ process ◆ *Jur* trial, proceedings

proclamar *vtr* to proclaim

procreación *f* procreation

procrear *vtr* to procreate

procurador,-ora *m,f Jur* attorney, solicitor

procurar *vtr* ◆ *(intentar)* to try ◆ *(proporcionar)* to secure, get

prodigio *m* ◆ *(una persona, un animal o una cosa)* wonder, prodigy ◆ *(un suceso)* miracle

producción *f* production

producir *vtr* ◆ to produce ◆ *(sensaciones, efectos)* to cause, generate ■ **producirse** *vr (un suceso)* to take place, happen

productividad *f* productivity

producto *m* product

productor,-ora 1 *adj* producing |**2** *m,f* producer

productora *f* production company

profanar *vtr* to desecrate

profano,-a 1 *adj* profane |**2** *m,f* layperson

profecía *f* prophecy

profesión *f* profession

profesional *adj* & *mf* professional

profesor,-ora *m,f* ◆ teacher; **p. de autoescuela,** driving instructor ◆ *Univ* lecturer

profeta *m* prophet

profiláctico,-a 1 *adj* prophylactic |**2** *m* condom, *US* prophylactic

profundidad *f* depth

profundizar *vtr* & *vi (en un asunto)* to study in depth

profundo,-a *adj* ◆ deep ◆ *(idea, sensación)* profound, deep ◆ *(conocimientos)* in-depth

progenitor,-ora *m,f* ◆ *(padre)* father; *(madre)* mother

programa *m* ◆ *(de radio, televisión)* programme; **p. concurso,** quiz show ◆ *(plan, proyecto)* programme, schedule ◆ *(de estudios)* curriculum ◆ *Inform* program

programación *f* ◆ *(de radio, televisión)* programmes ◆ *(planificación)* planning, organization ◆ *Inform* programming

programador,-ora *m,f* programmer

programar *vtr* ◆ *(actividades, eventos)* to programme ◆ *(radio, televisión)* to schedule; *(medios de transporte, entradas/salidas)* to schedule, timetable ◆ *Inform* to program

progresar *vi* to progress

progresivo,-a *adj* progressive

progreso *m* progress

prohibición *f* ◆ *(acción)* prohibition ◆ *(efecto)* ban

prohibido,-a *adj* forbidden, prohibited

prohibir *vtr* ◆ to forbid, prohibit ◆ *(legalmente)* to ban

prójimo *m* fellow man, neighbour, *US* neighbor

proletario,-a *adj* & *m,f* proletarian

prólogo *m* prologue, *US* prolog

prolongar *vtr* ◆ *(duración)* to prolong, extend ◆ *(longitud)* to extend ■ **prolongarse** *vr* ◆ *(duración)* to carry on, go on ◆ *(longitud)* to extend

promedio *m* average

promesa *f* promise

prometedor,-ora *adj* promising

prometer 1 *vtr* to promise |**2** *vi* to be promising ■ **prometerse** *vr* to get engaged

prominente *adj* prominent

promiscuo,-a *adj* promiscuous

promoción *f* ◆ *(de una persona, un producto)* promotion ◆ *(de estudios, etc)* year, class

promocionar *vtr* to promote

promover *vtr* ◆ to promote ◆ *(disturbios, etc)* to instigate, give rise to

pronombre *m* pronoun

pronosticar *vtr* to predict, forecast

pronóstico *m* ◆ forecast, prediction ◆ *Med* prognosis

pronto,-a 1 *adj* ◆ prompt, speedy |**2** *adv* ◆ *(en poco tiempo)* soon, quickly ◆ *(temprano)* early ◆|LOC: **de p.,** suddenly; **tan p. como,** as soon as

pronunciación *f* pronunciation

pronunciar *vtr* ◆ to pronounce ◆ *(un discurso)* to deliver, give ■ **pronunciarse** *vr* ◆ *(opinión)* to declare oneself ◆ *Mil* to rebel, revolt

propaganda *f* ◆ *(política)* propaganda ◆ *(comercial)* advertising

propagar *vtr* to propagate, spread ■ **propagarse** *vr* to spread

propasarse *vr* to go too far

propenso,-a *adj* prone [**a,** to]

propiedad *f* ◆ property; **p. intelectual,** copyright ◆ *(de lenguaje, comportamiento)* correctness

propietario,-a *m,f* owner

propina *f* tip

propio,-a *adj* ◆ *(posesión)* own ◆ *(adecuado)* suitable, appropriate ◆ *(característico)* typical, peculiar ◆ *(intensificador)* *(hombre)* himself; *(mujer)* herself; *(animal, cosa)* itself: **se lo dijo el p. presidente,** the President himself told her so

proponer *vtr* ◆ *(una idea, etc)* to propose, suggest ◆ *(a una persona)* to nominate ■ **proponerse** *vr* to intend, decide

proporción *f* ◆ proportion ◆ **proporciones,** *(tamaño)* size *sing* ◆ *Mat* ratio

proporcionado,-a *adj* proportionate

proporcional *adj* proportional

proporcionar *vtr* ◆ *(comida, etc)* to provide with ◆ *(placer, preocupaciones, etc)* to give

proposición *f* ◆ proposal, proposition ◆ *Ling* clause

propósito *m* purpose ◆|LOC: **a p.,** *(por cierto)* by the way; *(adrede)* on purpose

propuesta *f* proposal, offer

propulsión *f* propulsion

propulsor,-ora *m,f* ◆ *(de una idea, etc)* promoter ◆ *(de un mecanismo)* propellant

prórroga *f* ◆ *(de un plazo de tiempo)* extension ◆ *Dep* extra time, *US* overtime ◆ *(de una decisión, pago, etc)* deferral ◆ *Mil* deferment

prorrumpir *vi* to burst [**en,** into]

prosa *f* prose

proseguir *vtr* & *vi* to carry on, continue

prospecto *m* ◆ *(de medicamento)* patient information leaflet ◆ *(de propaganda)* leaflet ◆ *Fin* prospectus

prosperar *vi* ♦ to prosper ♦ *(una idea, etc)* to be accepted *o* successful
prosperidad *f* prosperity
próspero,-a *adj* prosperous
prostíbulo *m* brothel
prostitución *f* prostitution
prostituir *vtr* to prostitute ■ **prostituirse** *vr* to prostitute oneself
prostituta *f* prostitute
protagonista *mf* ♦ *(personaje)* main character ♦ *(actor)* leading actor, *(actriz)* leading actress ♦ *(en una velada, etc)* main protagonist
protagonizar *vtr* to star in
protección *f* protection
protector,-ora *m,f* patron, protector
proteger *vtr* ♦ to protect ♦ *(a un artista)* to act as patron to ■ **protegerse** *vr* to protect oneself
proteína *f* protein
prótesis *f inv* prosthesis
protesta *f* ♦ protest ♦ *Jur* objection
protestante *adj* & *mf Rel* Protestant
protestar *vi* ♦ *(manifestar desacuerdo)* to protest ♦ *(quejarse)* to complain ♦ *Jur* to object
prototipo *m* ♦ *(primer modelo)* prototype ♦ *(paradigma)* archetype
provecho *m* benefit
proveedor,-ora *m,f* supplier
proveer *vtr* ♦ *(suministrar, aportar)* to supply ♦ *(cubrir una vacante)* to fill
provenir *vi* **p. de algo/alguien,** to come from sthg/sb
proverbio *m* proverb
provincia *f* ♦ *(territorio)* province ♦ **provincias,** *(opuesto a capital)* provinces
provinciano,-a *adj* & *m,f* provincial
provisión *f* ♦ provision, supply ♦ **provisiones,** *(víveres)* provisions *pl*
provisional *adj* provisional
provocación *f* provocation
provocador,-ora 1 *adj* provocative |**2** *m,f* instigator
provocar *vtr* ♦ *(causar)* to cause ♦ *(un parto, etc)* to induce ♦ *(irritar, enfadar)* to provoke ♦ *(la ira, etc)* to rouse ♦ *(excitar el deseo sexual)* to arouse, provoke
provocativo,-a *adj* provocative
proximidad 1 *f* nearness, proximity |**2** *fpl* **proximidades,** *(alrededores)* vicinity
próximo,-a *adj* ♦ *(cercano)* near, close ♦ *(siguiente)* next
proyección *f* projection
proyectar *vtr* ♦ *(luz)* to project, throw ♦ *(un chorro, etc)* to send out, give out [**hacia,** at] ♦ *(una película)* to show ♦ *(planear)* to plan
proyectil *m* missile, projectile
proyecto *m* ♦ *(idea)* plan ♦ *(de trabajo)* project ♦ *(escrito, dibujo)* designs ♦ *(de una ley)* bill
proyector *m* ♦ projector; **p. de diapositivas,** slide projector ♦ *Teat (foco de luz)* spotlight
prudencia *f* ♦ prudence ♦ *(precaución)* care, caution
prudente *adj* ♦ prudent, sensible ♦ *(actitud)* careful
prueba *f* ♦ proof ♦ *(experimento, examen, etc)* test, trial ♦ *(competición)* event ♦ *Jur* piece of evidence
psicoanálisis *m inv* psychoanalysis
psicología *f* psychology
psicólogo,-a *m,f* psychologist
psicotécnico,-a *adj* psychometric; **prueba/test p.,** aptitude test
psicoterapia *f* psychotherapy
psiquiatra *mf* psychiatrist
psiquiatría *f* psychiatry
psiquiátrico,-a 1 *adj* psychiatric |**2** *m* psychiatric hospital
psíquico,-a *adj* psychic
púa *f* ♦ *(de planta)* thorn ♦ *(de animal)* quill, spine ♦ *(de peine)* tooth ♦ *(de alambre)* barb ♦ *(para guitarra, etc)* plectrum
pub *m* pub
pubertad *f* puberty
pubis *m* pubis
publicación *f* publication
publicar *vtr* to publish
publicidad *f* ♦ publicity ♦ *(propaganda)* advertising ♦ *(anuncios)* advertisements *pl*
público,-a 1 *adj* ♦ public; **un colegio p.,** a state school |**2** *m* ♦ public ♦ *Cine Teat* audience ♦ *(en deporte)* crowd, spectators *pl*

puchero *m* ◆ *(recipiente)* cooking-pot ◆ *(guiso)* stew ◆LOC: **hacer pucheros,** to pout

pudor *m* shame

pudrirse *vr* to rot, decay

pueblo *m* ◆ village, small town ◆ *(comunidad, nación)* people ◆ *(clase popular)* common people

puente *m* ◆ bridge; *(de un castillo)* drawbridge ◆ *Av* **p. aéreo,** shuttle service ◆ *(entre dos fiestas)* long weekend

puerco,-a *m,f* ◆ pig ◆ **p. espín,** porcupine

puericultura *f* childcare

puerro *m* leek

puerta *f* door; *(en una valla, de una ciudad)* gate; **p. de embarque,** (boarding) gate; **p. principal (de edificio),** main entrance

puerto *m* ◆ *(de mar o río)* port, harbour, *US* harbor; **p. franco,** free port ◆ *(de montaña)* (mountain) pass ◆ *Inform* gate, port

pues *conj* ◆ *(puesto que)* since, as: **no lo hagas, pues no lo necesitas,** don't do it, since you don't need it ◆ *(en consecuencia)* then ◆ *(vacilación)* well ◆ *(como pregunta)* **¿y p.?,** and so?

puesta *f* ◆ **p. a punto,** tuning ◆ **p. al día,** updating ◆ **p. de Sol,** sunset ◆ *Teat* **p. en escena,** staging

puesto,-a 1 *adj* ◆ *(la mesa)* set, laid ◆ *(prenda de vestir)* **con los zapatos puestos,** with one's shoes on |**2** *m* ◆ *(lugar)* place ◆ *(empleo)* position, post: **es un p. fijo,** it's a permanent job ◆ *(tienda)* stall, stand ◆ *Mil* post |**3** *conj* **p. que,** since, as

púgil *m* boxer

pulcro,-a *adj* ◆ *(aseado)* neat, tidy ◆ *(trabajo)* meticulous

pulga *f Zool* flea

pulgada *f* inch

pulgar *m* thumb; *(del pie)* big toe

pulir *vtr* ◆ *(metal, madera, etc)* to polish ◆ *(perfeccionar)* to polish up

pulmón *m* lung

pulmonía *f* pneumonia

pulpa *f* pulp

púlpito *m* pulpit

pulpo *m Zool* octopus

pulsación *f* ◆ *(latido, etc)* pulsation, beat ◆ *(en mecanografía)* keystroke

pulsar *vtr* ◆ *(timbre)* to ring; *(botón)* to press ◆ *Mús (una tecla)* to press; *(una cuerda)* to pluck

pulsera *f* ◆ *(aro)* bracelet ◆ *(de reloj)* strap

pulso *m* ◆ pulse ◆ *(mano firme)* steady hand; **un dibujo a p.,** a freehand drawing

pulverizador *m* spray, atomizer

pulverizar *vtr* ◆ *(hacer polvo)* to pulverize, crush to pieces ◆ *(un líquido)* to spray, atomize

puma *m* puma

punta *f* ◆ *(extremo puntiagudo)* point; *(extremo)* end, tip ◆ *(de un sitio)* **trabaja en la otra p. del país,** he works at the other side of the country ◆ *(del pelo)* **puntas,** ends *pl*

puntapié *m* kick

puntería *f* aim

puntero,-a 1 *adj* leading |**2** *m* pointer

puntiagudo,-a *adj* pointed; *(afilado)* sharp

puntilla *f* lace edging

punto *m* ◆ point; **p. de vista,** point of view; *Auto* **p. muerto,** neutral ◆ *(lugar)* place, point ◆ *(pintado, dibujado)* dot; **línea de puntos,** dotted line ◆ *(en una competición)* point ◆ *(en un examen)* mark ◆ *Cost Med* stitch ◆ *(grado, medida)* point; **hasta cierto p.,** to a certain extent ◆ *Ling* full stop; **dos puntos,** colon; **p. y aparte,** full stop, new paragraph; **p. y coma,** semicolon; **puntos suspensivos,** dots ◆LOC: **hacer p.,** to knit; **a p.,** ready; **a p. de,** on the point of; **a las seis en p.,** at six o'clock sharp

puntuación *f* ◆ punctuation ◆ *Educ (acción)* marking; *(nota)* mark ◆ *(en deportes)* score

puntual 1 *adj* ◆ *(una persona)* punctual ◆ *(concreto)* specific |**2** *adv* punctually, on time

puntualidad *f* punctuality

puntuar 1 *vtr* ◆ *(un texto)* to punctuate ◆ *(exámenes, pruebas)* to mark |**2** *vi Dep* to score

punzada *f* sharp pain
punzante *adj* ♦ *(dolor)* sharp, stabbing ♦ *(objeto)* sharp
puñado *m* handful
puñal *m* dagger
puñalada *f* stab
puñetazo *m* punch
puño *m* ♦ *(mano cerrada)* fist ♦ *(de camisa, etc)* cuff ♦ *(de herramienta, bastón, etc)* handle ♦ *(de espada)* hilt
pupila *f Anat* pupil
pupitre *m* desk
puré *m* purée, thick soup; **p. de patatas,** mashed potatoes
pureza *f* purity
purgatorio *m* purgatory
purificación *f* purification
purificar *vtr* to purify
purista *mf* purist
puritano,-a 1 *adj* puritanical **|2** *m,f* puritan
puro,-a 1 *adj* ♦ pure ♦ *(enfático)* sheer, mere **|2** *m* cigar
púrpura *adj inv* purple
pus *m* pus
puta *f pey* whore
puzzle *m* jigsaw puzzle
PVP *m (abr de* **precio de venta al público***)* retail price

Q

Q, q *f (letra)* Q, q
que 1 *pron rel* ♦ *(de persona) (como sujeto)* who: **la mujer q. vendió el coche,** the woman who sold the car; *(como objeto)* who, *frml* whom: **el hombre del q. hablé,** the man of whom I spoke ♦ *(de cosa) (como sujeto)* that, which; **lo q.,** what; **la casa q. se incendió,** the house (which *o* that) was burned down; *(como complemento)* **la casa en la q. vive ahora,** the house where he lives now **|2** *conj* ♦ *(introducción de sujeto o complemento)* that **creo q. va a llover,** I think (that) it's going to rain ♦ *(expresión de deseo, mandato, etc)* **q. tengas un buen día,** have a nice day ♦ *(consecución)* that **hacía tanto frío q. me quedé en casa,** it was so cold (that) I stayed at home ♦ *(comparación)* than: **su coche es mejor q. el mío,** his car is better than mine
qué 1 *adj* ♦ *(pron interr)* what, which: **¿q. has comprado?,** what have you bought? ♦ *(pron excl)* what, how: **¡q. de gente!,** what a lot of people! **|2** *adv excl* so: **¡q. buenas son!,** they are so good!
quebrado *m Mat* fraction
quebrar 1 *vtr* to break **|2** *vi Fin* to go bankrupt ■ **quebrarse** *vr* to break
quechua 1 *adj* Quechua **|2** *mf* Quechua **|3** *m (idioma)* Quechua
quedar *vi* ♦ *(en un estado)* **q. bien,** *(una persona)* to make a good impression; *(un objeto)* to look nice; **q. en ridículo,** to make a fool of oneself ♦ *(en un lugar)* to be: **mi casa no queda lejos,** my house is not far from here ♦ *(sobrar)* to be left: **¿queda más té?,** is there any tea left? ♦ *(faltar) (tiempo)* to go: **quedan tres semanas para las vacaciones,** there are three weeks to go till the holidays ♦ *(convenir)* to agree ♦ *(citarse)* to meet ♦ *(una ropa, un peinado, etc)* to suit: **te queda pequeño,** it's too small for you ■ **quedarse** *vr* ♦ *(en un estado)* to remain: **me quedé sor-**

prendida, I was astonished ♦ *(en un lugar)* to stay ♦ *(sin algo)* to run out of sthg; **q. sin trabajo,** to lose one's job ♦ *(con algo)* to keep, take ♦ *(en la memoria)* to remember

quehacer *m* task, work

queja *f* ♦ *(reproche, protesta)* complaint ♦ *(de dolor)* groan, moan

quejarse *vr* ♦ to complain [**de,** about] ♦ *(de dolor)* to groan, moan

quejido *m* groan, moan

quemador *m* burner

quemadura *f* ♦ *(de fuego, etc)* burn ♦ *(de líquido)* scald ♦ *(de sol)* sunburn

quemar 1 *vtr (con el sol, fuego, etc)* to burn ♦ *(con líquido)* to scald **|2** *vi* to be boiling hot ■ **quemarse** *vr* ♦ *(una persona) (con fuego, etc)* to burn oneself ♦ *(con líquido)* to scald oneself ♦ *(con el sol)* to get burned ♦ *(una cosa)* to get burned, burn down ♦ *(psíquicamente) fam* to burn oneself out

querella *f* ♦ *Jur* lawsuit ♦ *(conflicto)* dispute

querer 1 *vtr* ♦ *(a alguien)* to love ♦ *(algo)* to want, wish ♦ *(intención, ofrecimiento)* to like: **¿quieres otra taza de té?,** would you like another cup of tea? **|2** *m* love, affection ■ **quererse** *vr* to love each other

querido,-a 1 *adj* dear, beloved **|2** *m,f* ♦ darling ♦ *pey (amante)* lover

queso *m* cheese

quicio *m* jamb

quid *m* crux

quiebra *f* ♦ *(de valores)* breakdown ♦ *(económica)* bankruptcy

quien *pron rel* ♦ *(sujeto)* who ♦ *(complemento)* who, whom; *(como negativa)* nobody, no one: **no hay q. soporte este calor,** nobody can stand this heat ♦ *(indefinido)* whoever, anyone who: **q. lo haya visto, que lo diga,** anyone who has seen him should tell us

quién *pron* ♦ *(interrogativo) (sujeto)* who?; **¿q. es?,** who is it?; *(complemento)* who; **¿con q. fuiste?,** who did you go with? ♦ *(posesivo)* **de q.,** whose: **¿de quién es ese libro?** whose is that book? ♦ *(en exclamaciones)* **¡q. sabe!,** who knows!

quienquiera *pron indef* whoever

quieto,-a *adj* ♦ *(sin movimiento)* still ♦ *(tranquilo, pacífico)* placid, calm

quijada *f* jaw (bone)

quilate *m* carat

quilla *f* keel

quimera *f* pipe dream, wishful thinking

química *f* chemistry

químico,-a 1 *adj* chemical **|2** *m,f* chemist

quimioterapia *f* chemotherapy

quince *adj* & *m inv* fifteen

quinceañero,-a *adj* & *m,f* ♦ fifteen-year-old ♦ *fam (adolescente)* teenager

quincena *f* fortnight

quiniela *f* (football) pools *pl*

quinientos,-as *adj* & *m,f* five hundred

quinina *f* quinine

quinqué *m* oil lamp

quinta *f* ♦ *(casa)* country house, country estate ♦ *Mil* call-up *US* draft

quinteto *m* quintet

quinto,-a 1 *adj* fifth **|2** *m* ♦ *Mat* fifth ♦ *Mil (recluta)* conscript

quiosco *m* kiosk

quirófano *m* operating theatre

quirúrgico,-a *adj* surgical

quisquilloso,-a 1 *adj* & *m,f* ♦ *(meticuloso)* fussy ♦ *(suspicaz)* touchy

quiste *m* cyst

quitaesmalte *m* nail polish remover

quitamanchas *m inv* stain remover

quitanieves *m* **(máquina) q.,** snowplough

quitar 1 *vtr* ♦ *(retirar, separar)* to remove; **q. la mesa,** to clear the table ♦ *(ropa, gafas, etc)* to take off ♦ *(eliminar) (la sed)* to quench; *(el hambre)* to take away ♦ *(el dolor)* to relieve ♦ *(arrebatar, privar de)* **le quitó el lápiz,** he took the pencil away from him; *(robar)* to steal ♦ *Mat (restar)* to substract; *fig* **q. las ganas a alguien,** to put sb off ■ **quitarse** *vr* ♦ *(la ropa, las gafas)* to take off ♦ *(apartarse, retirarse)* to get out ♦ *(un dolor)* to go away ♦ *(mancha)* to come out

quizá(s) *adv* perhaps, maybe

R

R, r *f (letra)* R, r
rábano *m* radish
rabia *f* ◆ *(fastidio)* **¡qué r.!**, how annoying! ◆ *(ira)* fury, anger ◆ *Med* rabies *sing* ◆ *fam* **tenerle r. a alguien**, to have it in for sb
rabieta *f fam* tantrum
rabino *m* rabbi
rabioso,-a *adj* ◆ *Med* rabid ◆ *fam (de enfado)* furious
rabo *m* ◆ *(de un animal)* tail ◆ *(de una hoja, fruto)* stalk
rácano,-a *fam pey* **1** *adj* stingy, mean |**2** *m,f* scrooge, miser
racimo *m* bunch, cluster
ración *f* portion
racional *adj* rational
racionar *vtr* to ration
racista *adj* & *mf* racist
radar *m Téc* radar
radiactividad *f* radioactivity
radiador *m* radiator
radiante *adj* radiant
radical *adj & mf* radical
radicar *vi* to lie
radio 1 *f* ◆ *(transmisión)* radio ◆ *(aparato receptor)* radio (set) |**2** *m* ◆ *Geom* radius ◆ *Quím* radium ◆ *Anat* radius ◆ *(de rueda)* spoke ◆ *(en el espacio)* radius, area
radioaficionado,-a *m,f* radio ham
radiocasete *m* radio cassette player
radiografía *f* X-ray
radiología *f* radiology
radioyente *mf* listener
ráfaga *f* ◆ *(de viento)* gust ◆ *(de luz)* flash ◆ *(de disparos)* burst
raído,-a *adj* worn (out)
raíl *m* rail
raíz *f* root
raja *f* ◆ *(de fruta, embutido)* slice ◆ *(herida)* cut ◆ *(en un objeto)* crack ◆ *(en confección)* split
rajar 1 *vtr* ◆ *(una fruta, un embutido)* to slice ◆ *(un objeto)* to crack, split; *(un neumático)* to slash ◆ *argot (a una persona)* to knife, stab |**2** *vi* to chat ■ **rajarse** *vr* ◆ *(un objeto)* to crack ◆ *(una tela)* to split ◆ *fam (acobardarse)* to back out, chicken out
rajatabla (a) ◆|LOC: strictly, to the letter
rallador *m Culin* grater
rallar *vtr* to grate
rama *f* branch
ramaje *m* branches *pl*
ramificación *f* ramification, branch
ramificarse *vr* to ramify, branch
ramillete *m* posy
ramo *m* ◆ *(de flores)* bunch, bouquet ◆ *(de ciencia, actividad)* branch, industry
rampa *f* ramp
rana *f* ◆ frog ◆ **hombre r.**, frogman
rancho *m* ◆ *(en el campo)* ranch ◆ *Mil fam* communal meal; *pey* bad food
rancio,-a *adj* ◆ *(un alimento)* stale, rancid ◆ *(linaje, tradición)* ancient ◆ *(una persona)* unpleasant
rango *m* ◆ rank ◆ *(social)* status
ranura *f* slot
rapar *vtr* to shave
rapaz *adj* predatory
rape *m* monkfish
rápido,-a 1 *adj* quick, fast, rapid |**2** *adv* quickly, fast |**3** *m* **rápidos** *(de un río)* rapids *pl*
rapiña *f* robbery, pillage
raptar *vtr* to kidnap
rapto *m* ◆ *(de un rehén)* kidnapping, abduction ◆ *(impulso)* fit
raqueta *f* ◆ *(de tenis)* racket; *(de pim-*

pón) bat, *US* paddle ◆ *(para caminar sobre nieve)* snowshoe

raquítico,-a *adj* ◆ *fam* skinny, emaciated ◆ *Med* rachitic

raquitismo *m Med* rickets *pl*

rareza *f* ◆ *(objeto)* rarity ◆ *(cualidad)* rareness ◆ *(manía)* peculiarity, odd

raro,-a *adj* ◆ *(no frecuente)* rare ◆ *(poco común)* odd, strange

ras *m* ◆ *(nivel)* level; **a r. de tierra,** at ground level

rascacielos *m inv* skyscraper

rascar 1 *vtr (la piel, etc)* to scratch; *(la pintura, suciedad)* to scrape (off) **|2** *vi* to be scratchy ■ **rascarse** *vr* to scratch

rasgado,-a *adj (ojos)* almond-shaped

rasgar *vtr* ◆ *(una tela, un papel)* to tear, rip ◆ *(una guitarra, etc)* to strum

rasgo *m* ◆ *(trazo)* stroke ◆ *(aspecto distintivo)* characteristic, feature ◆ *(del rostro)* feature

rasguño *m* scratch, graze

raso,-a 1 *adj* ◆ level ◆ *(cielo)* clear ◆ *(vuelo)* low ◆ **soldado r.,** private **|2** *m* satin

raspa *f* bone

raspar 1 *vtr* to scrape **|2** *vi* to be rough

rastrear *vtr* ◆ *(seguir la pista)* to trail, track ◆ *(una zona)* to comb ◆ *(los orígenes, las raíces)* to search for

rastrillo *m* ◆ *Agr* rake ◆ *(mercadillo)* flea market; *(de objetos usados)* second-hand market

rastro *m* ◆ *(de un animal, etc)* trail, track ◆ *(vestigio)* trace, sign ◆ *(mercado callejero)* flea market

rastrojo *m* ◆ *(hierba seca)* stubble ◆ *(mala hierba)* weeds *pl*

rata 1 *f* rat **|2** *mf fam* miser **|3** *adj* mean, stingy

ratero,-a *m,f* petty thief

raticida *m* rat poison

ratificar *vtr (un tratado)* to ratify; *(una decisión, opinión)* to confirm

rato *m* ◆ while, time: **al poco r. llegó Juan,** shortly after Juan came; **ratos libres,** spare time *sing*

ratón *m* mouse

ratonera *f* ◆ *(para cazar ratones)* mousetrap ◆ *(antro)* dive, dump

raudal *m* ◆ torrent, flood ◆ *(oleada, gran afluencia)* flow, stream

raya *f* ◆ line; *(del pelo)* parting; *(en un pantalón)* crease ◆ *Zool* skate, ray

rayar 1 *vtr* to scratch

rayo *m* ◆ *(de una tormenta)* lightning ◆ *(haz de luz)* ray, beam; **r. láser,** laser beam; **rayos X,** X-rays

raza *f* ◆ *(humana)* race ◆ *(de un animal)* breed

razón *f* ◆ *(facultad)* reason ◆ *(verdad, acierto)* rightness; **tiene r.,** he's right; ◆ *(motivo)* reason: **no hay r. para enfadarse,** there is no reason to get angry ◆ *(argumento)* argument, reason ◆ *Mat* ratio

razonable *adj* reasonable

razonamiento *m* reasoning

razonar *vi* to reason

re *m Mús* re, D

reacción *f* reaction

reaccionar *vi* to react

reaccionario,-a *adj & m,f Pol* reactionary

reacio,-a *adj* reluctant

reactor *m (motor)* jet engine; *(avión)* jet (plane)

reajuste *m* readjustment

real[1] *adj (no ficticio)* real

real[2] *adj (de la realeza)* royal

realeza *f* royalty

realidad *f* ◆ reality; **en r.,** in fact, actually ◆ *(hecho, circunstancia)* fact, truth

realista 1 *adj* realistic **|2** *mf* realist

realización *f* ◆ *(ejecución)* carrying out; *(consecución)* achievement ◆ *TV* production; *Cine* direction

realizar *vtr* ◆ *(llevar a cabo)* to carry out ◆ *(un sueño, deseo)* to achieve ◆ *Cine* to direct; *TV* to produce ■ **realizarse** *vr* ◆ *(un proyecto, una idea)* to come true ◆ *(como persona)* to fulfil *o US* fulfill oneself

realzar *vtr* ◆ to enhance ◆ *(destacar)* to bring out

reanimar *vtr* ◆ to revive ◆ *(devolver a la consciencia)* to bring sb round ◆ *(animar)* to cheer up ■ **reanimarse** *vr* ◆ to revive ◆ *(recuperar la consciencia)* to come round

reanudar *vtr*, **reanudarse** *vr* to start again, resume

reavivar *vtr* to revive

rebaja 1 *f* reduction, discount |**2** *fpl* **rebajas**, sales

rebajar *vtr* ◆ *(una superficie)* to lower ◆ *(un precio)* to cut, reduce ◆ *(una sustancia)* to dilute; *(con agua)* to water; *(un color, tono)* to soften ◆ *(hacer disminuir)* to diminish ◆ *(humillar)* to humiliate ◆ *(una pena, multa)* to reduce ■ **rebajarse** *vr* to lower oneself

rebanada *f* slice

rebañar *vtr* to wipe clean, mop up

rebaño *m* flock; *(de vacas, etc)* herd

rebasar *vtr* ◆ to exceed, go beyond ◆ *Auto* to overtake

rebatir *vtr* to refute

rebelarse *vr* to rebel, revolt

rebelde 1 *adj* ◆ rebellious ◆ *(persistente)* stubborn |**2** *mf* rebel

rebelión *f* rebellion, revolt

reblandecer *vtr*, **reblandecerse** *vr* to soften

rebobinar *vtr* to rewind

rebosante *adj* overflowing

rebosar 1 *vi (un líquido)* to overflow, brim over; *(un recipiente)* to be overflowing |**2** *vtr (rezumar, desbordar)* to ooze, exude

rebotar *vi (una pelota, rueda, etc)* to bounce, rebound; *(una bala)* to ricochet

rebote *m* ◆ *(de una pelota)* rebound; *(de bala)* ricochet ◆ *fam (enfado, mosqueo)* anger

rebozar *vtr (en pan rallado)* to coat in breadcrumbs; *(en huevo y harina)* to coat in batter

rebuscado,-a *adj* ◆ *(complicado)* round-about ◆ *(con afectación)* stilted, recherché

rebuznar *vi* to bray

recado *m* ◆ *(aviso)* message ◆ *(encargo, gestión)* errand

recaer *vi* ◆ to relapse ◆ *(culpa, sospechas, responsabilidad)* to fall [**sobre**, on] ◆ *(premio)* to go to

recaída *f* relapse

recalcar *vtr* to stress

recalentar *vtr* ◆ *(calentar en exceso)* to overheat ◆ *(volver a calentar)* to reheat

recambio *m* ◆ refill ◆ *(de una máquina)* spare (part)

recapacitar *vi* to think over

recargable *adj (con recambio)* refillable; *(con combustible)* rechargeable

recargar *vtr* ◆ *(un decorado, una habitación)* to overelaborate ◆ *(una pila, un mechero)* to recharge

recargo *m Fin* surcharge, extra charge

recaudación *f* ◆ *(de un comercio, del cine, etc)* takings *pl* ◆ *(de impuestos, de una colecta, etc)* collection

recaudar *vtr* to collect

recelo *m* distrust, mistrust

recepción *f* reception

recepcionista *mf* receptionist

receptivo,-a *adj* receptive

receptor,-ora 1 *m,f* recipient |**2** *m Tel Rad TV* receiver

recesión *f* recession

receta *f* ◆ *Culin* recipe ◆ *Med* prescription

recetar *vtr* to prescribe

rechazar *vtr* to reject; *(una oferta, contrato)* turn down

rechazo *m* rejection

rechinar *vi* to grind

rechistar *vi fam* **aguantó el dolor sin r.**, she bore the pain without saying a word

rechoncho,-a *adj fam* chubby, dumpy

recibidor *m* (entrance) hall

recibimiento *m* welcome, reception

recibir 1 *vtr* ◆ to receive ◆ *(un premio)* to win ◆ *(acoger)* to welcome ◆ *(en el aeropuerto, etc)* to meet |**2** *vi* to receive, see visitors

recibo *m* ◆ *(de una transacción comercial)* receipt ◆ *(factura)* bill; **r. del gas**, gas bill

reciclado,-a 1 *adj* recycled |**2** *m (acción)* recycling

reciclar *vtr* ◆ *(materiales)* to recycle ◆ *(profesionales)* to retrain

recién *adv* ◆ *(antecediendo a un participio pasivo)* **estoy r. afeitado**, I've just shaved; **r. nacido**, newborn baby ◆ *LAm* *(tan pronto como)* as soon as ◆ *LAm (hace poco)* recently

reciente *adj* recent

recinto *m* precincts; **r. ferial,** fairground

recio,-a 1 *adj* ◆ *(vigoroso)* strong, vigorous; *(de complexión robusta)* sturdy

recipiente *m* receptacle, container

recíproco,-a *adj* reciprocal

recital *m* recital

recitar *vtr* to recite

reclamación *f* ◆ *(queja)* complaint ◆ *(petición)* claim, demand

reclamar 1 *vtr* ◆ *(un derecho, una propiedad)* to claim, demand ◆ *(requerir)* to call **|2** *vi* to complain

reclinar *vtr* ◆ *(un asiento)* to fold down ◆ *(la cabeza, el cuerpo)* to lean ■ **reclinarse** *vr* to lean back, recline

recluir *vtr* ◆ to shut away, confine ◆ *(en una cárcel)* to imprison ◆ *(en un hospital, etc)* to intern ■ **recluirse** *vr* to shut oneself away

recluso,-a *m,f* prisoner, inmate

recluta *mf* ◆ *(voluntario)* recruit ◆ *(forzoso)* conscript

reclutamiento *m* ◆ *(voluntario)* recruitment ◆ *(obligatorio)* conscription

recobrar *vtr*, **recobrarse** *vr* to recover

recodo *m* twist, bend

recogedor *m* dustpan

recoger *vtr* ◆ *(un objeto caído)* to pick up ◆ *(información, dinero, etc)* to gather, collect ◆ *(una casa)* to tidy up ◆ *(en un sitio a alguien o algo)* to pick up, collect ◆ *(a una persona o animal necesitados)* to take in ◆ *(cosecha)* to harvest, gather in ◆ *(fruta)* to pick ■ **recogerse** *vr* ◆ *(en casa)* to go home ◆ *(en un lugar tranquilo)* to withdraw ◆ *(pelo)* to put up, tie back

recogida *f* ◆ *(de información, dinero, basura, etc)* collection ◆ *Agr* harvest ◆ *(de una persona)* withdrawal, retirement

recolección *f* ◆ *(de datos, dinero, etc)* collection ◆ *Agr (acción)* harvest; *(temporada)* harvest time

recolectar *vtr* ◆ *(cosecha)* to harvest, gather in ◆ *(fruta)* to pick ◆ *(datos, dinero, etc)* to collect

recomendable *adj* advisable

recomendación *f* ◆ *(consejo)* recommendation, advice ◆ *(para un empleo)* reference, recommendation

recomendar *vtr* to recommend

recompensa *f* reward

recompensar *vtr* to reward

reconciliación *f* reconciliation

reconciliar *vtr* to reconcile ■ **reconciliarse** *vr* to be reconciled, to make it up

reconfortante *adj* comforting

reconfortar *vtr* to comfort

reconocer *vtr* ◆ to recognize ◆ *(un error, etc)* to admit ◆ *(a un paciente)* to examine ◆ *(un territorio)* to reconnoitre

reconocimiento *m* ◆ *(de un hecho)* recognition, acknowledgement ◆ *(de un paciente)* examination, checkup ◆ *(de un territorio)* reconnaissance ◆ *(gratitud)* appreciation

Reconquista *f* Reconquest

reconsiderar *vtr* to reconsider

reconstituyente *m* tonic

reconstruir *vtr* ◆ *(un edificio)* to rebuild ◆ *(un suceso)* to reconstruct

reconversión *f* restructuring, rationalization; *(de un trabajador)* retraining

recopilar *vtr* to compile, gather together

récord *m* record

recordar 1 *vtr* ◆ *(acordarse)* to remember, recall ◆ *(hacer recordar)* to remind: **me recuerda a su madre,** she reminds me of her mother **|2** *vi* to remember

recorrer *vtr* ◆ *(una distancia)* to cover, travel ◆ *(un territorio)* to travel across ◆ *(una exposición, etc)* to visit, go round ◆ *(con la mirada)* to look around, scan

recorrido *m* ◆ *(trayecto)* route ◆ *(viaje)* trip, tour

recortable *adj* & *m* cutout

recortar *vtr* ◆ *(una foto, un texto)* to cut out ◆ *(bordes, puntas del pelo)* to trim ◆ *(gastos)* to reduce, cut

recorte *m* ◆ *(de prensa)* cutting, clipping ◆ *(de gastos)* reduction, cut

recostar *vtr* to lean, rest ■ **recostarse** *vr* ♦ *(en una cama)* to lie down ♦ *(en un asiento)* to lie back, recline

recoveco *m* ♦ *(en un camino, río, etc)* turn, bend ♦ *(en un lugar)* nook ♦ **recovecos,** ins and outs

recrear *vtr* ♦ to recreate ♦ *(deleitar)* to give pleasure, entertain ■ **recrearse** *vr* to enjoy oneself, take pleasure in

recreativo,-a *adj* recreational

recreo *m* ♦ *(diversión)* entertainment, pleasure ♦ *(en la escuela)* break

recriminar *vtr* to reproach

recrudecer *vtr,* **recrudecerse** *vr* to worsen

recta *f* ♦ *Geom* straight line ♦ *(de una carretera, un circuito, etc)* straight, stretch

rectangular *adj* rectangular

rectángulo *m* rectangle

rectificar *vtr* ♦ *(un error, defecto)* to rectify, correct ♦ *(una conducta)* to change, reform ♦ *(una declaración)* to modify

rectitud *f* rectitude, honesty

recto,-a 1 *adj* ♦ straight ♦ *(un ángulo)* right ♦ *(un individuo)* upright, honest |**2** *m Anat* rectum |**2** *adv* straight

rector,-ora *m,f* vice-chancellor

recubrir *vtr* to cover, coat

recuento *m* count

recuerdo *m* ♦ *(en la mente)* memory ♦ *(objeto) (para recordar: a alguien)* keepsake; *(: un lugar)* souvenir ♦ **recuerdos** *(saludo)* regards

recuperación *f* ♦ recovery ♦ *(de una asignatura)* resit, retake

recuperar *vtr* ♦ to recover ♦ *(el tiempo)* to make up ♦ *(una asignatura)* to retake ■ **recuperarse** *vr* to recover, get over

recurrir 1 *vi* ♦ *(a una persona)* to turn to ♦ *(a una cosa)* to resort to ♦ *Jur* to appeal |**2** *vtr Jur* to appeal against

recurso 1 *m* ♦ resort ♦ *Jur* appeal |**2** *mpl* **recursos,** resources

red *f* ♦ net ♦ *(de comunicaciones, transporte, etc)* network; *(eléctrica)* mains *pl* ♦ *(comercio, empresa)* chain; **r. hotelera,** hotel chain

redacción *f* ♦ *(acción)* writing; *(de un borrador)* drafting ♦ *(escrito)* composition, essay ♦ *Prensa (redactores)* editorial staff

redactar *vtr* to write; *(un contrato, etc)* to draw up

redactor,-ora *m,f* editor; **r. jefe,** editor in chief

redada *f* raid

redil *m* fold, sheepfold

redimir *vtr* to redeem

redoble *m* drumroll

redomado,-a *adj* utter

redonda *f* semibreve ♦|LOC: **a la r.,** around

redondear *vtr* ♦ to make round ♦ *Mat (cantidad por exceso)* to round up; *(por defecto)* to round down

redondel *m fam* circle

redondo,-a *adj* ♦ *(cosa, forma, número)* round ♦ *(perfecto)* perfect, complete

reducción *f* reduction

reducir 1 *vtr* ♦ to reduce ♦ *(gastos, consumo, etc)* to cut (down), minimize ♦ *(subyugar)* to subdue |**2** *vi Auto* to change down, *US* to downshift ■ **reducirse** *vr* ♦ *(disminuir)* to be reduced ♦ *(limitarse)* to be limited

redundar *vi* **redundará en su beneficio,** it will benefit him

reelegir *vtr* to re-elect

reembolsar *vtr* ♦ to reimburse, refund ♦ *Fin (préstamo, deuda)* to repay

reembolso *m* ♦ reimbursement, refund ♦ *(pago de un envío)* **entrega contra r.,** cash on delivery, COD

reemplazar *vtr* ♦ to replace ♦ *(por tiempo limitado)* to substitute for

reestructurar *vtr* to restructure, reorganize

referencia *f* reference

referéndum *m* referendum

referente *adj* **r. a,** concerning

referirse *vr* **r. a algo o alguien,** to refer to sb/sthg

refinado,-a *adj* refined

refinar *vtr* to refine

refinería *f* refinery

reflejar *vtr* & *vi* to reflect ■ **reflejarse** *vr* ♦ to be reflected

reflejo *m* ♦ *(imagen)* reflection ♦ *(des-*

tello) gleam ◆ **reflejos,** *(movimiento)* reflexes *pl; (en el pelo)* highlights

reflexión *f* reflection

reflexionar *vi* to reflect

reflexivo,-a *adj* ◆ *(persona)* reflective, thoughtful ◆ *Ling* reflexive

reforma *f* ◆ *(de una ley)* reform ◆ *(en un edificio)* alteration, repair

reformar *vtr* ◆ *(una ley, empresa, etc)* to reform, change ◆ *(edificio, casa)* to make improvements, refurbish ■ **reformarse** *vr* to mend one's ways, reform oneself

reformatorio *m* reformatory

reforzar *vtr* ◆ *(fortalecer)* to reinforce, strengthen ◆ *(incrementar)* to increase

refrán *m* proverb, saying

refrescante *adj* refreshing

refrescar 1 *vtr* to refresh **2** *vi* to get cooler ■ **refrescarse** *vr* to cool down

refresco *m* soft drink

refrigeración *f* ◆ refrigeration ◆ *(sistema técnico)* cooling (system); *(aire acondicionado)* air conditioning

refrigerador *m* ◆ *(nevera)* refrigerator, fridge ◆ *Téc* cooling unit

refrigerar *vtr* ◆ *(alimentos, bebidas)* to refrigerate ◆ *(una sala)* to air-condition ◆ *Téc* to cool

refuerzo *m* ◆ reinforcement ◆ *(de vitaminas, etc)* supplement

refugiado,-a *adj* & *m,f* refugee

refugiarse *vr* to take refuge, take shelter

refugio *m* refuge, shelter

refunfuñar *vi* to grumble, grouch

refutar *vtr* to refute

regadera *f* watering can

regadío *m* irrigation

regalar *vtr* ◆ to give (as a present) ◆ *(en general, a nadie en concreto)* to give away

regaliz *m* liquorice, *US* licorice

regalo *m* gift, present

regañar 1 *vtr* to tell off **|2** *vi* to argue, quarrel

regar *vtr* ◆ to water ◆ *(un terreno)* to irrigate ◆ *(una calle, un suelo, etc)* to hose down

regata *f Dep* boat race

regatear 1 *vi* ◆ *(al comprar algo)* to haggle, bargain ◆ *Dep* to dribble; *Náut* to participate in a boat-race **|2** *vtr* ◆ *(un precio)* to haggle over ◆ *(esfuerzos, etc)* to spare

regazo *m* lap

regenerar *vtr* to regenerate

regentar *vtr* ◆ *(un negocio)* to run, manage ◆ *(un cargo)* to hold

regente *mf Pol* regent

régimen *m* ◆ *Med* diet; **a r.,** on a diet ◆ *Pol* regime

regimiento *m* ◆ *Mil* regiment ◆ *fam (multitud)* crowd

región *f* region

regir 1 *vtr* ◆ to govern, rule ◆ *(un negocio)* to manage, run **|2** *vi* ◆ to be in force, apply ■ **regirse** *vr* to be ruled, be guided

registrar *vtr* ◆ *(una casa, a una persona, etc)* to search ◆ *(un nacimiento, una marca)* to register ◆ *(información, datos, etc)* to include ◆ *(una imagen, un sonido)* to record ◆ *(una acción, un fenómeno)* to record, register ■ **registrarse** *vr* ◆ *(en un hotel, etc)* to register, check in ◆ *(un suceso)* to be recorded, happen

registro *m* ◆ *(inspección policial, etc)* search ◆ *(de nacimientos, firmas, marcas)* register ◆ *(oficina)* registry office

regla *f* ◆ *(de medir)* ruler ◆ *(norma)* rule ◆ *(menstruación)* period

reglamento *m* regulations *pl*, rules *pl*

regocijarse *vr* to be delighted, rejoice

regocijo *m* delight, joy

regodearse *vr fam* to (take) delight

regordete,-a *adj fam* chubby

regresar *vi* to return

regreso *m* return

reguero *m* ◆ *(rastro)* trail ◆ *Agr* irrigation channel ◆ *(regato)* small stream

regular 1 *adj* ◆ regular ◆ *(mediano)* average **|2** *adv* so-so **|3** *vtr* to regulate, control

regularizar *vtr* to regularize

rehabilitación *f* ◆ *(de un criminal, enfermo)* rehabilitation ◆ *(de un edificio)* restoration ◆ *(a un puesto de trabajo)* reinstatement

rehabilitar *vtr* ◆ *(a un enfermo, preso)* to rehabilitate ◆ *(a un trabajador)* to reinstate ◆ *(una casa, un edificio)* to restore

rehacer *vtr* to redo ■ **rehacerse** *vr* to recover

rehén *m* hostage

rehogar *vtr* to fry lightly

rehuir *vtr* to shun, avoid

rehusar *vtr* to refuse

reina *f* queen

reinar *vi* to reign

reincidente *adj* & *mf* recidivist, reoffender

reincidir *vi* ◆ *Jur* to reoffend ◆ *(en un comportamiento)* to relapse

reincorporarse *vr* to return, go back

reino *m* ◆ kingdom ◆ *frml* realm

reinserción *f* reintegration

reintegrar *vtr* to refund, repay ■ **reintegrarse** *vr* to return, go back

reintegro *m* ◆ repayment, refund ◆ *(en el banco)* withdrawal ◆ *(en lotería)* refund (of the ticket *o* stake price)

reír 1 *vi* to laugh; **echarse a r.,** to burst out laughing |**2** *vt* to laugh at ■ **reírse** *vr* ◆ to laugh ◆ *(mofarse)* to laugh off, make fun of sb

reiterar *vtr* to reiterate

reivindicación *f* claim, demand

reivindicar *vtr* ◆ to claim, demand ◆ *(atribuirse)* to claim responsibility for

reja *f* grille, bars

rejuvenecer *vtr* to rejuvenate

relación *f* ◆ *(entre personas)* relationship; **tener relaciones influyentes,** to have good contacts ◆ *(entre ideas o cosas)* connection, relation; **con r. a su pregunta,** regarding your question ◆ *(de nombres, elementos, etc)* list ◆ *(de un hecho o situación)* account ◆ *Mat* ratio, proportion

relacionar *vtr* ◆ to relate, link ◆ *(hacer un listado)* to list ■ **relacionarse** *vr* ◆ to be related to, be connected with ◆ *(una persona con otra)* to mix, meet

relajación *f* ◆ *(corporal)* relaxation ◆ *(moral)* laxity

relajante *adj* relaxing

relajar *vtr* to relax ■ **relajarse** *vr* ◆ *(corporalmente)* to relax ◆ *(la moral, las costumbres, etc)* to decline, become lax

relamido,-a *adj fam pey* affected, hoity-toity

relámpago *m* flash of lightning

relanzar *vtr* to relaunch

relatar *vtr* to relate

relatividad *f* relativity

relativo,-a *adj* ◆ relative ◆ *(referido a algo o alguien)* relating to, regarding

relato *m* ◆ *(de ficción)* tale, story ◆ *(de un hecho real)* account

relax *m* relaxation

relegar *vtr* to relegate

relevancia *f* importance

relevante *adj* ◆ *(una persona)* prominent ◆ *(un asunto, trabajo)* important, outstanding

relevar *vtr* ◆ to take over from ◆ *(de una carga u obligación)* to exempt from, let off ◆ *(de un puesto o cargo)* to remove, relieve ◆ *Dep* to substitute, replace ■ **relevarse** *vr* to take turns

relevo *m* ◆ *(acción)* changing ◆ *(persona o grupo)* relief ◆ *Dep* **(carrera de) relevos,** relay (race)

relieve *m* ◆ relief ◆ *(en importancia o valor)* prominence, importance

religión *f* religion

religioso,-a 1 *adj* religious |**2** *m,f* member of a religious order

relinchar *vi* to neigh, whinny

reliquia *f* relic

rellano *m* ◆ *(de la escalera)* landing ◆ *(explanada, llano en una pendiente)* flat area

rellenar *vtr* ◆ *(un recipiente, hueco)* to fill; *(volver a llenar)* to refill ◆ *(un cojín, muñeco)* to stuff ◆ *Culin (un ave)* to stuff; *(un pastel, una tarta)* to fill ◆ *(un impreso)* to fill in

relleno,-a 1 *m (de ave, pimiento, etc)* stuffing; *(de pastel, tarta)* filling |**2** *adj* ◆ *Culin (un ave)* stuffed; *(un pastel)* filled ◆ *fam (un individuo)* plump

reloj *m* ◆ *(de pared, de pie)* clock ◆ *(de pulsera, de bolsillo)* watch ◆ *(de arena)* hourglass ◆ *(de sol)* sundial

relojería *f* ◆ *(tienda)* clock and watch shop ◆ *(taller)* watchmaker's, clockmaker's

relojero,-a *m,f* watchmaker, clockmaker

reluciente *adj* ◆ shining ◆ *(joyas,*

oro) glittering ♦ *(el suelo, un coche)* sparkling, gleaming

remachar *vtr* ♦ *(un clavo)* to clinch, hammer home; *(unir con remaches)* to rivet

remache *m* rivet

remangarse *vr (mangas, pantalones)* to roll up, tuck up; *(falda, vestido)* to hitch up

remar *vi* to row

remarcar *vtr* to emphasize, underline

rematar 1 *vtr* ♦ to finish off, round off ♦ *Com (liquidar)* to sell off **|2** *vi Dep* to shoot; *Ten* to smash

remate *m* ♦ culmination, end ♦ *Dep* shot; *Ten* smash

remediar *vtr* ♦ *(un daño, un perjuicio)* to repair, put right ♦ *(una necesidad, urgencia)* to find a remedy for, solve ♦ *(evitar)* to avoid ♦ **no lo pude remediar,** I couldn't help it

remedio *m* remedy; **como último r.,** as a last resort

remendar *vtr* ♦ *(zapatos, etc)* to mend ♦ *(pantalones, etc)* to patch ♦ *(calcetines)* to darn

remesa *f* delivery, consignment

remilgado,-a *adj pey (repipi)* fussy; *(con la comida)* picky

reminiscencia *f* reminiscence

remite *m* sender's name and address, return address

remitente *mf* sender

remitir 1 *vtr* ♦ *(enviar)* to send ♦ *(una condena)* to remit **|2** *vi* ♦ *(la intensidad)* to subside, drop, go down ♦ *(un texto a otro texto)* to refer ■ **remitirse** *vr* to refer to

remo *m* ♦ *(largo)* oar; *(corto)* paddle ♦ *Dep* rowing

remodelación *f* ♦ *Arquit* remodelling, redesigning ♦ *(de un organismo)* reorganization, restructuring ♦ *Pol* reshuffle

remojar *vtr* to soak

remolacha *f Bot* beetroot; **r. azucarera,** sugar beet

remolcar *vtr* to tow

remolino *m* ♦ *(de agua)* whirlpool ♦ *(de aire)* whirlwind ♦ *(de polvo)* swirl ♦ *(en el pelo)* cowlick

remolque *m* ♦ *(acción)* towing ♦ *(vehículo)* trailer ♦ *Náut (soga, cabo)* towrope

remontar *vtr* ♦ *(una pendiente)* to go up, climb ♦ *(un río)* to go upriver ♦ *(en el aire)* to gain height ♦ *(un problema)* to overcome, surmount, get over ♦ *(puestos, posiciones)* to move up ■ **remontarse** *vr* ♦ *(en el aire)* to gain height ♦ *(a una época pasada)* to go back, date back [**a,** to]

remordimiento *m* remorse

remoto,-a *adj* remote

remover *vtr* ♦ *(objetos)* to move round, change over ♦ *(la tierra)* to turn over, dig up ♦ *(las brasas, cenizas)* to poke, stir ♦ *(un líquido)* to stir ♦ *(una ensalada)* to toss ♦ *(un asunto)* to bring up again, stir up ■ **removerse** *vr* to shift

renacer *vi* ♦ to be reborn ♦ *(tras un accidente)* to revive

renacimiento *m* ♦ revival, rebirth ♦ **el R.,** the Renaissance

renacuajo *m* ♦ *Zool* tadpole ♦ *fam (niño pequeño)* shrimp

renal *adj* kidney, renal

rencor *m* resentment

rencoroso,-a *adj* resentful

rendición *f* surrender

rendido,-a *adj* exhausted

rendija *f* ♦ *(de ventana, puerta, etc)* gap ♦ *(en una pared, roca, etc)* crack, crevice

rendimiento *m* ♦ performance ♦ *Fin* yield, return

rendir 1 *vtr* ♦ *Mil* to conquer ♦ *(en señal de homenaje o respeto)* to lower ♦ *(de cansancio)* to exhaust, tire out ♦ *Fin* to yield **|2** *vi* ♦ *(en el trabajo, etc)* to make headway ♦ *(un negocio)* to be profitable ♦|LOC: **r. culto,** to worship; **r. homenaje,** to pay homage; **r. tributo,** to pay tribute ■ **rendirse** *vr* ♦ to surrender ♦ *(desistir)* to give up

renegar *vi* ♦ *(de creencias, etc)* to renounce ♦ *(repudiar)* to disown ♦ *fam (refunfuñar)* to grumble

renglón *m* line

reno *m Zool* reindeer

renombre *m* renown

renovación *f* ◆ *(de un documento)* renewal ◆ *(de una casa, un edificio, etc)* renovation ◆ *Pol* restructuring, reorganization ◆ *(de equipamientos, sistemas)* updating

renovar *vtr* ◆ to renew ◆ *(un edificio, etc)* to renovate; *(sistemas, maquinaria, etc)* to update; *(modernizar)* to transform, reform

renta *f* ◆ *(ingresos)* income; *(por trabajo)* earned income ◆ *(alquiler)* rent

rentable *adj* profitable

renuncia *f* ◆ renunciation ◆ *(a un cargo)* resignation; *(documento)* letter of resignation

renunciar *vi* ◆ to renounce ◆ *(a un placer, proyecto)* to give up ◆ *(no aceptar)* to decline ◆ *(a un cargo)* to resign

reñir 1 *vi (tener una discusión)* to quarrel, argue; *(dejar de hablarse)* to fall out |**2** *vtr* ◆ to tell off ◆ *(una batalla)* to fight

reo *mf* ◆ *(acusado de un delito)* defendant, accused ◆ *(declarado culpable)* guilty person, convicted criminal

reojo (de) *loc adv* **la miraba de r.,** he was looking at her out of the corner of his eye

reparación *f* ◆ *(arreglo)* repair ◆ *(por un daño, perjucio)* amends *pl*

reparar 1 *vtr* ◆ *(una máquina, etc)* to repair, mend ◆ *(un daño, una pérdida)* to make good; *(una ofensa)* to make amends for ◆ *(fuerzas, energías)* **necesitas reparar fuerzas,** you need to get your strength back |**2** *vi* ◆ *(darse cuenta)* to notice

reparo *m* ◆ *(escrúpulo)* qualm ◆ *(vergüenza)* shame; *(timidez)* embarrassment

repartidor,-ora *m,f (hombre)* delivery man, *(mujer)* delivery woman

repartir *vtr* ◆ *(una tarta, los beneficios)* to share out, *US* to divide up ◆ *(distribuir)* to give out: **repartieron programas a los asistentes,** they handed out programmes to the audience ◆ *(un pedido, el correo)* to deliver ◆ *(extender)* to spread ◆ *Naipes* to deal

reparto *m* ◆ distribution, sharing out ◆ *(de regalos, etc)* sharing; *(de pedidos, encargos, correo)* delivery ◆ *Cine Teat* cast

repasar 1 *vtr* ◆ to revise ◆ *(un trabajo)* to check, go over |**2** *vi* to revise

repaso *m* ◆ check, going over ◆ *Educ* revision, *US* review

repecho *m* short steep slope

repelente 1 *m (para insectos)* repellent |**2** *adj* ◆ *(repugnante)* repulsive, repellent ◆ *(redicho)* affected

repeler *vtr* to repel

repente *m fam* fit, burst ◆|LOC: **de r.,** suddenly, all of a sudden

repentino,-a *adj* sudden

repercusión *f* ◆ repercussion ◆ *(resonancia, trascendencia)* impact

repercutir *vi* to affect

repertorio *m* repertoire, repertory

repetición *f* ◆ repetition ◆ *TV (de una escena deportiva)* replay

repetido,-a *adj* ◆ **tengo este libro r.,** I've got two copies of this book ◆ *(varios)* several: **nos hemos visto en repetidas ocasiones,** we have met several times

repetir 1 *vtr* ◆ to repeat ◆ *(un trabajo)* to do again ◆ *Educ* to repeat |**2** *vi* ◆ *Educ* to repeat a year ◆ *(volver a servirse el plato)* to have a second helping ◆ *(un alimento)* **el ajo me repite,** garlic repeats on me ■ **repetirse** *vr* ◆ *(una persona al hablar)* to repeat oneself ◆ *(un suceso)* to recur

repicar *vi* to peal

repipi 1 *adj fam (ñoño)* fussy; *(cursi)* affected |**2** *mf (ñoño)* fussy person; *(cursi)* affected person

repique *m* peal

repisa *f* ledge

replantear *vtr,* **replantearse** *vr* to reconsider

repleto,-a *adj* ◆ full (up) ◆ *(de gente) fam* jam-packed

réplica *f* ◆ *(a un discurso o escrito)* answer, reply ◆ *(imitación exacta)* replica ◆ *Jur* answer to a charge

replicar *vi* ◆ *(a una afirmación)* to reply, retort ◆ *(a una orden)* to answer back

repoblación *f* ♦ *(de personas)* repopulation ♦ *(de animales)* restocking ♦ **r. forestal,** reforestation

repoblar *vtr* ♦ *(con personas)* to repopulate ♦ *(con animales)* to restock ♦ *(con especies vegetales)* to reforest

repollo *m Bot* cabbage

reponer *vtr* ♦ to put back, replace; **r. existencias,** to restock; **r. fuerzas,** to get one's strength back ♦ *(a una afirmación)* to reply ♦ *(una obra) (de teatro)* to put on again, revive; *(cinematográfica)* to rerun; *(de TV)* to repeat ■ **reponerse** *vr* to recover from

reportaje *m* ♦ *(de prensa)* article ♦ *(de radio o TV)* report, item

reportero,-a *m,f* reporter

reposar 1 *vi* ♦ to rest ♦ *(un alimento, un líquido)* to settle, stand **|2** *vtr* to rest, lay

reposición *f* ♦ *(de objetos o productos)* replacement ♦ *(de una obra de teatro)* revival; *(cinematográfica)* rerun, reshowing; *(de TV)* repeat

reposo *m* ♦ rest; **guardar r.,** to rest ♦ *(de un alimento o líquido)* **dejar en r.,** to leave to stand

repostar *vtr* ♦ *(provisiones)* to stock up with ♦ *(un automóvil)* to fill up with; *(un avión, una embarcación)* to refuel

repostería *f* ♦ confectionery ♦ *(establecimiento)* confectioner's (shop), bakery

reprender *vtr* to reprimand, tell off

represalia *f* reprisal, retaliation

representación *f* ♦ *(de una imagen, idea, etc)* representation, illustration ♦ *(de personas)* delegation ♦ *Teat* performance ♦ *Com* dealership

representante *mf* ♦ representative ♦ *(de un artista)* agent, manager ♦ *Com* sales representative

representar *vtr* ♦ to represent ♦ *(un cuadro, fotografía)* to depict ♦ *(una edad)* to look ♦ *(en la imaginación)* to imagine ♦ *(en valor, importancia)* to mean, represent ♦ *(una obra de teatro)* to perform; *(un papel)* to play

represión *f* repression

represivo,-a *adj* repressive

reprimenda *f* reprimand, telling-off

reprimir *vtr* ♦ *(un impulso)* to suppress ♦ *(un sentimiento)* to repress ♦ *(una rebelión, protesta)* to put down, suppress ■ **reprimirse** *vr* to control oneself

reprobar *vtr* to condemn, disapprove

reprochar *vtr* to reproach

reproche *m* reproach

reproducción *f* reproduction

reproducir *vtr* ♦ to reproduce ♦ *(unas palabras)* to repeat ■ **reproducirse** *vr* ♦ *(las especies)* to reproduce, breed ♦ *(una situación, un fenómeno)* to occur *o* happen again

reproductor,-ora *adj* reproductive

reptar *vi* to crawl; *(una serpiente)* to slither

reptil *m Zool* reptile

república *f* republic

republicano,-a *adj* & *m,f* republican

repuesto *m* spare part; **de r.,** as a spare

repugnancia *f* repugnance

repugnante *adj* ♦ *(físicamente)* disgusting, revolting ♦ *(moralmente)* repugnant

repugnar *vi* ♦ *(físicamente)* to disgust, revolt ♦ *(moralmente)* to find repugnant *o* abhorrent

repulsa *f* condemnation, rejection

repulsión *f* repulsion

repulsivo,-a *adj* ♦ *(físicamente)* repulsive, revolting ♦ *(moralmente)* repugnant

reputación *f* reputation

requerir *vtr* to require

requesón *m* cottage cheese

requisito *m* requirement, requisite

res *f* animal, beast

resabiado,-a *adj (desconfiado)* distrustful; *(taimado)* crafty

resaca *f* ♦ *Náut* undertow, undercurrent ♦ *fam (por el alcohol)* hangover

resaltar 1 *vi* ♦ *(destacar)* to stand out ♦ *(en una construcción)* to project, jut out **|2** *vtr* ♦ *(realzar)* to enhance, bring out ♦ *(acentuar, hacer más visible)* to emphasize

resbaladizo,-a *adj* ♦ slippery ♦ *(comprometido)* difficult, delicate

resbalar *vi* ◆ *(patinar)* to slip ◆ *(caer lentamente)* to roll: **la lluvia resbala por el cristal,** the rain trickles down the window-pane ◆ *(ser deslizante)* to be slippery ◆ *Auto* to skid ◆ *(ser indiferente)* to be indifferent

resbalón *m* ◆ slip ◆ *(metedura de pata)* slip-up

rescatar *vtr* ◆ to rescue ◆ *(del olvido)* to recover

rescate *m* ◆ *(liberación)* rescue ◆ *(pago exigido por un secuestrador)* ransom

rescindir *vtr* to cancel

rescoldo *m* embers *pl*

resecarse *vr* to dry out

reseco,-a *adj (terreno, boca)* parched; *(piel)* dry; *(el pelo, el pan)* dried up

resentido,-a *adj* resentful

resentimiento *m* resentment

resentirse *vr* ◆ *(volver a sentir dolor)* to suffer [**de,** from] ◆ *(debilitarse)* to weaken ◆ *(ofenderse)* to feel offended

reseña *f* ◆ *Prensa* review ◆ *(breve relato)* summary, quick account

reserva 1 *f* ◆ *(en un hotel, restaurante, etc)* reservation, booking ◆ *(depósito)* reserve, stock; *Auto* **el depósito del coche está en r.,** the tank is almost empty ◆ *(prudencia, discreción)* reserve, discretion ◆ *(objeción, duda)* reservation ◆ *(territorio acotado)* reserve ◆ *Mil* reserve, reserves *pl* |**2** *m* vintage wine |**3** *mf Dep* reserve, substitute

reservado,-a 1 *adj* ◆ *(información, etc)* confidential ◆ *(callado, discreto)* reserved |**2** *m* private room

reservar *vtr* ◆ *(algo para más tarde)* to keep back; *(guardar para alguien)* to keep (aside) ◆ *(en un hotel, restaurante, etc)* to book, reserve ■ **reservarse** *vr* ◆ *(abstenerse)* to save oneself ◆ *(un comentario, secreto, etc)* to reserve, keep to oneself

resfriado,-a 1 *adj* **está resfriado,** he has a cold |**2** *m (catarro)* cold

resfriarse *vr* to catch (a) cold

resguardar *vtr* to protect, shelter

resguardo *m* ◆ *(documento)* receipt ◆ *(refugio, abrigo)* shelter

residencia *f* ◆ residence; **permiso de r.,** residence permit ◆ *(en hostelería)* boarding house ◆ **r. de ancianos** *o* **de la tercera edad,** old people's home ◆ **r. de estudiantes,** hall of residence

residencial *adj* residential

residente *adj* & *mf* resident

residir *vi* to reside

residuo *m* ◆ residue ◆ **residuos,** waste *sing*

resignación *f* resignation

resignarse *vr* to resign oneself

resina *f* resin

resistencia *f* ◆ *(aguante de una persona)* endurance: **r. física,** stamina ◆ *(oposición a una fuerza, medida)* resistance ◆ *Elec* element ◆ *Hist Pol* **la R.,** the Resistance

resistente *adj* ◆ resistant; **r. al agua,** water-resistant; *(duradero, fuerte)* strong, tough ◆ *(persona)* tough, resilient; *(planta)* hardy

resistir 1 *vtr* ◆ to resist ◆ *(soportar, tener paciencia)* to put up with, to stand |**2** *vi* ◆ to resist ◆ *(mantenerse en pie, aguantar)* to hold (out) ■ **resistirse** *vr* ◆ to resist ◆ *(a la autoridad)* to offer resistance ◆ *(a hacer algo)* to be reluctant

resolución *f* ◆ resolution ◆ *(de un problema, etc)* solution

resolver *vtr* ◆ *(tomar una determinación)* to resolve ◆ *(un asunto, problema)* to solve, resolve ◆ *(zanjar)* to settle ■ **resolverse** *vr* ◆ *(determinarse)* to resolve ◆ *(solucionarse)* to be solved

resonancia *f* ◆ resonance ◆ *(eco)* echo ◆ *(de un suceso, una noticia, etc)* impact, repercussions *pl*

resoplar *vi* ◆ *(por cansancio)* to puff, gasp ◆ *(por disgusto)* to snort

resorte *m* ◆ *Mec* spring ◆ *(para lograr un fin)* means *pl*

respaldar *vtr* to support, back

respaldo *m* ◆ back ◆ *(económico, moral)* support, backing

respectar *v impers* to concern: **por lo que a él respecta,** as for him

respectivo,-a *adj* respective

respecto *m* ◆|LOC: **al r.,** on the subject *o* matter; **(con) r. a/de,** with regard to, regarding

respetable 1 *adj* ◆ *(por edad, ideas, etc)* respectable ◆ *(por tamaño, cantidad, etc)* considerable

respetar *vtr* ◆ to respect ◆ *(una orden, ley)* to observe, obey

respeto *m* ◆ respect; **faltar al r.,** to be disrespectful

respetuoso,-a *adj* respectful

respingón,-ona *adj* turned-up

respiración *f* ◆ breathing; **contener la r.,** to hold one's breath; **r. artificial,** artificial respiration; **r. boca a boca,** mouth-to-mouth resuscitation, the kiss of life

respirar 1 *vi* to breathe

respiratorio,-a *adj* respiratory

respiro *m* ◆ breath ◆ *(en un trabajo o actividad)* break, breather ◆ *(en una situación de angustia)* respite

resplandecer *vi* ◆ to shine ◆ *(un objeto de metal, cristal)* to gleam, glitter

resplandeciente *adj* ◆ *(por luminoso)* shining, gleaming ◆ *(por limpio)* sparkling ◆ *(una persona)* radiant, glowing

resplandor *m* ◆ *(de luz)* brightness ◆ *(de fuego)* glow ◆ *(de un metal, cristal)* gleam, glitter

responder 1 *vtr* to answer, reply |**2** *vi* ◆ *(a una acción, pregunta, etc)* to answer, reply ◆ *(a un tratamiento, estímulo, etc)* to respond ◆ *(de un error o falta)* to pay for ◆ *(por una persona)* to vouch for ◆ *(de un acto, una cosa)* to be responsible for, answer for

responsabilidad *f* responsibility

responsabilizar *vtr* to hold responsible ■ **responsabilizarse** *vr* to accept *o* take responsibility

responsable 1 *adj* responsible |**2** *mf* ◆ *(en un establecimiento, oficina, etc)* the person in charge ◆ *(de otra persona, de una acción)* responsible person

respuesta *f* ◆ answer, reply ◆ *(a un tratamiento, estímulo)* response

resquebrajarse *vr* to crack

resquicio *m* ◆ chink, gap ◆ *(posibilidad)* chance

resta *f* subtraction

restablecer *vtr* to re-establish, restore; *(la calma, el orden, etc)* to restore ■ **restablecerse** *vr Med* to recover

restante *adj* remaining

restar 1 *vtr* ◆ *Mat* to subtract, take away ◆ *(quitar)* to minimize ◆ *(en tenis)* to return |**2** *vi* *(quedar)* to be left, remain

restauración *f* restoration

restaurante *m* restaurant

restaurar *vtr* to restore

restituir *vtr* to restore

resto *m* ◆ rest, remainder ◆ *Mat* remainder ◆ *Tenis* return ◆ **restos,** remains; *(de alimento)* leftovers

restregar *vtr* ◆ *(con un paño, cepillo)* to rub, scrub ◆ *fig fam (refregar)* to rub in

restricción *f* restriction

restrictivo,-a *adj* restrictive

restringir *vtr* to restrict

resucitar 1 *vtr* ◆ to resurrect ◆ *(una tradición, costumbre)* to revive ◆ *(reanimar, dar nuevas energías)* to revive |**2** *vi* to resurrect

resuelto,-a *adj* ◆ *(determinado)* resolute, determined ◆ *(solucionado)* solved

resultado *m* ◆ result ◆ *(de un experimento)* outcome

resultar 1 *vi* ◆ *(originarse, ser consecuencia)* to result, come ◆ *(ser, mostrarse)* to turn out, work out ◆ *(tener éxito, funcionar)* to be successful |**2** *v impers* **resulta que...,** the thing is...

resumen *m* summary ◆|LOC: **en r.,** in short

resumir *vtr* *(una situación)* to sum up; *(un texto, informe, una noticia)* to summarize ■ **resumirse** *vr* ◆ *(condensarse, sintetizarse)* to be summed up ◆ *(reducirse)* to be reduced to

resurgir *vi* to reappear, reemerge

retablo *m Arte* altarpiece

retaguardia *f* rearguard

retal *m* remnant

retar *vtr* to challenge

retención *f* ◆ retention ◆ *(de sueldo, capital)* deduction, withholding ◆ *(de vehículos)* hold-up, delay ◆ *Med* retention

retener *vtr* ◆ to retain ◆ *(en un lugar)* to keep; *(en una comisaría)* to detain, keep in custody ◆ *(en la memoria)* to remember ◆ *(parar)* to stop, hold back ◆ *(un sueldo, capital)* to deduct, withhold

reticencia *f* reticence, reluctance

reticente *adj* reticent, reluctant

retina *f Anat* retina

retirada *f* ◆ withdrawal ◆ *(de una actividad)* retirement, withdrawal ◆ *Mil* retreat

retirado,-a *adj* ◆ *(en un lugar apartado)* remote, secluded ◆ *(de una actividad)* retired

retirar *vtr* ◆ *(de un lugar)* to remove, move away ◆ *(de una actividad)* to retire from ◆ *(una ayuda, dinero)* to withdraw ◆ *(el pasaporte, carné)* to take away ■ **retirarse** *vr* ◆ *(de una actividad)* to retire, withdraw ◆ *(de un lugar)* to move away, leave ◆ *(a casa, a dormir)* to retire, go to bed ◆ *Mil* to retreat

retiro *m* ◆ retirement ◆ *(pensión)* (retirement) pension ◆ *(lugar)* retreat

reto *m* challenge

retocar *vtr* to touch up

retomar *vtr* to take up again

retoño *m* sprout

retoque *m* retouching, touching up

retorcer *vtr* ◆ to twist ◆ *(ropa)* to wring (out) ■ **retorcerse** *vr* ◆ *(un cable, etc)* to twist up, become tangled (up) ◆ *(de dolor)* to writhe in pain

retórica *f* rhetoric

retórico,-a *adj* rhetorical

retornar *vtr & vi* to return

retorno *m* return

retortijón *m fam* stomach cramp

retozar *vi* to frolic, gambol

retractarse *vr* to retract, withdraw

retraído,-a *adj* shy, reserved

retransmisión *f* broadcast

retransmitir *vtr* to broadcast

retrasado,-a 1 *adj* ◆ *(en el desarrollo físico)* underdeveloped, immature ◆ *(en el desarrollo mental)* retarded, backward **|2** *m,f* **r. (mental)**, mentally handicapped *o* retarded person

retrasar *vtr* ◆ to slow down ◆ *(posponer)* to delay, postpone ◆ *(un reloj)* to put back ■ **retrasarse** *vr* ◆ *(ir más lento)* to fall behind ◆ *(llegar más tarde)* to be late ◆ *(suceder más tarde)* to be delayed, be postponed ◆ *(un reloj)* to be slow

retraso *m* ◆ delay: **llegó con r.**, he was late ◆ *(con el trabajo, etc)* behind schedule: **llevamos dos meses de retraso,** we are two months behind ◆ *(en el desarrollo físico o mental)* subnormality

retratar *vtr* ◆ *Fot* to take a photograph of; *(en un cuadro)* to paint a portrait of ◆ *(describir)* to describe ■ **retratarse** *vr* ◆ *Arte* to have one's portrait painted; *Fot* to have one's photograph taken ◆ *(describirse)* to depict oneself

retrato *m* ◆ *Arte* portrait; *Fot* photograph ◆ *(descripción)* portrayal

retrete *m* ◆ *(cuarto de baño)* lavatory, toilet, *US* bathroom, restroom ◆ *(inodoro)* bowl, pan, *US* toilet

retribuir *vtr* ◆ *(pagar)* to pay ◆ *(recompensar)* to reward

retroceder *vi* to move back, back away

retroceso *m* ◆ backward movement ◆ *Med* deterioration, worsening ◆ *Econ* recession

retrógrado,-a *adj & m,f* reactionary

retrovisor *m Auto* rear-view mirror

retumbar *vi* ◆ to resound ◆ *(hacer mucho ruido)* to thunder, boom

reuma, reumatismo *m* rheumatism

reunión *f* ◆ *(de negocios, etc)* meeting ◆ *(reencuentro)* reunion

reunir *vtr* ◆ *(juntar)* to collect; *(información)* to gather; *(valor, fuerza)* to muster (up) ◆ *(congregar)* to gather together ◆ *(cualidades, características)* to have, possess; *(requisitos)* to fulfil ■ **reunirse** *vr* to meet, gather

revalorizarse *vr* to go up in value

revancha *f* ◆ revenge ◆ *fam Dep* return match

revelación *f* revelation

revelado *m* developing

revelar *vtr* ◆ to reveal ◆ *Fot (un carrete)* to develop ■ **revelarse** *vr* ◆ to show oneself to be

reventa *f* touting, *US* scalping

reventar 1 *vi* ◆ to burst ◆ *(una situación)* to blow up ◆ *(una persona)* to explode ◆ *fam (de deseos, ganas)* to be dying |**2** *vtr* ◆ to burst ◆ *(a un caballo)* to ride to death ◆ *(una propuesta, huelga)* to break ◆ *(enfadar)* to annoy, bother ◆ *(con explosivos)* to blow open ■ **reventarse** *vr* to burst

reventón *m* blowout, flat tyre *o US* tire

reverencia *f* ◆ *(sentimiento)* reverence ◆ *(física) (de un varón)* bow; *(de una mujer)* curtsy ◆ *(tratamiento)* **Su Reverencia,** Your/His Reverence

reversible *adj* reversible

reverso *m* ◆ *(de una moneda)* reverse ◆ *(de un sobre, folleto, etc)* back

revés *m* ◆ *(de un objeto)* back; *(de una prenda de vestir)* wrong side ◆ *(con la mano)* slap ◆ *(en juegos de raqueta)* backhand ◆ *(económico, sentimental, etc)* setback, misfortune ◆|LOC: **al r.,** *(al contrario)* the other way round; **al r./del r.,** *(con lo de delante atrás)* back to front, *US* backwards; *(con lo de dentro fuera)* inside out; *(boca abajo)* upside down

revestimiento *m* ◆ covering, coating ◆ *(de un cable)* sheathing ◆ *(de madera)* (wooden) panelling ◆ *(de azulejos)* tiling

revestir *vtr* ◆ *(como protección o adorno)* to cover [**de,** with] ◆ *(presentar un aspecto, cualidad)* to have ◆ *(encubrir)* to disguise [**de,** in]

revisar *vtr* ◆ to check ◆ *Téc* to check, overhaul; *(un coche)* to service ◆ *(un texto)* to revise

revisión *f* ◆ *Téc* check, overhaul; *(de coche)* service ◆ *(de un texto)* revision, *US* checking ◆ *(de una cuenta)* audit ◆ *Med* checkup

revisor,-ora *m,f* inspector

revista *f* ◆ magazine; *(publicación especializada)* journal ◆ *Teat* revue, variety show ◆|LOC: **pasar r.,** to review

revivir 1 *vi* to revive |**2** *vtr* to relive

revocar *vtr* to revoke

revolcar *vtr* to knock down ■ **revolcarse** *vr* to roll around, roll over

revolotear *vi* to flutter

revoltijo *m* ◆ *(de cosas)* jumble, clutter ◆ *(situación)* chaos, mess

revoltoso,-a *adj* & *m,f* naughty

revolución *f* revolution

revolucionario,-a *adj* & *m,f* revolutionary

revolver 1 *vtr* ◆ *(dando vueltas)* to stir ◆ *(disgustar, causar desagrado)* to make sick, upset ◆ *(un asunto)* to think over ◆ *(los cajones, una casa, etc)* to turn upside down |**2** *vi* to rummage through, dig around in ■ **revolverse** *vr* ◆ *(agitadamente)* to fidget; *(en la cama)* to toss and turn ◆ *(contra algo o alguien)* to turn on *o* against sb *o* sthg

revólver *m* revolver

revuelo *m* stir, commotion

revuelta *f* revolt, riot

revuelto,-a 1 *adj* ◆ *(desordenado)* in a mess ◆ *(una persona)* restless ◆ *(el tiempo)* unsettled ◆ *(el mar)* rough |**2** *m Culin* **un r. de (espárragos, etc),** scrambled eggs with (asparagus, etc)

revulsivo,-a *adj* & *m* revulsive

rey *m* ◆ king ◆ **(el día de) Reyes,** Epiphany *o* Twelfth Night *o* 6 January; **los Reyes Magos,** the (Three) Wise Men

rezagarse *vr* to linger behind

rezar 1 *vi* ◆ to pray ◆ *(una lápida, un párrafo)* to say: **la dedicatoria reza así:...,** the dedication goes as follows:... |**2** *vtr* to say

rezumar *vtr* to ooze

ría *f Geog* ria

riachuelo *m* stream, brook

riada *f* flood

ribera *f* ◆ *(de río)* bank; *(del mar)* shore ◆ *(franja de tierra a orillas de un río)* riverside; *(del mar)* seaside ◆ *(vega)* fertile plain

rico,-a 1 *adj* ◆ rich ◆ *(suntuoso)* sumptuous ◆ *(acaudalado)* wealthy ◆ *(sabroso)* delicious ◆ *(un niño, bebé, una mascota)* lovely, adorable |**2** *m,f* rich *o* wealthy person; **los ricos,** the wealthy

ridiculez *f* ◆ *(cualidad)* ridiculousness; *(objeto o idea absurda)* ridiculous thing ◆ *(cantidad minúscula)* pittance

ridiculizar *vtr* to ridicule

ridículo,-a 1 *adj* ridiculous |**2** *m*

ridicule; **poner a alguien en r.**, to make a fool of sb; **ponerse en r.**, to make a fool of oneself

riego *m* ♦ *Agr (de una zona de cultivo)* irrigation; *(de un jardín, parque, etc)* watering ♦ *Med* **r. (sanguíneo)**, (blood) circulation

riel *m* ♦ *(de cortinas)* rail ♦ *(de una puerta corredera)* slide

rienda *f* ♦ *(de un caballo)* rein ♦ **riendas**, direction, control

riesgo *m* risk ♦|LOC: **correr el r. de,** to run the risk of; **seguro a todo r.**, fully-comprehensive insurance

rifa *f* raffle

rifar *vtr* to raffle (off)

rifle *m* rifle

rigidez *f* ♦ *(de un material)* rigidity; *Anat* stiffness ♦ *(de una persona)* strictness, *(de un horario, una costumbre, etc)* inflexibility

rígido,-a *adj* ♦ *(un material)* rigid; *Anat* stiff ♦ *(una persona)* strict, intolerant; *(un horario, una costumbre)* inflexible

rigor *m* ♦ *(dureza, inflexibilidad)* severity ♦ *(precisión, fundamento)* rigour, *US* rigor

riguroso,-a *adj* ♦ *(inflexible)* severe, strict ♦ *(trabajo, investigador)* rigorous

rima *f* ♦ rhyme ♦ **rimas**, poems

rimar *vtr* & *vi* to rhyme

rímel *m* mascara

rincón *m* ♦ *(ángulo de una estancia)* corner ♦ *(espacio pequeño)* small space ♦ *(lugar apartado)* spot ♦ *(espacio privado)* corner

rinoceronte *m Zool* rhinoceros

riña *f* ♦ *(pelea, discusión)* quarrel, argument ♦ *(reprimenda)* telling-off

riñón *m* ♦ *Anat* kidney; **r. artificial,** artificial kidney ♦ **riñones,** *fam (parte baja de la espalda)* **me duelen los riñones,** my back aches

río *m* river; **r. abajo,** downstream; **r. arriba,** upstream

riqueza *f* ♦ *(caudal, bienes)* wealth ♦ *(suntuosidad, concentración)* richness

risa *f* ♦ *(sonido)* laughter: **se oía su r. desde el portal,** you could hear their laughter from the entrance; *(modo de reír)* laugh: **tiene una r. muy contagiosa,** she has a very infectious laugh ♦ *(persona o cosa divertida)* (good) laugh; *(risible)* **el argumento es de r.,** the argument is laughable

ristra *f* string

risueño,-a *adj* smiling

ritmo *m* ♦ *Mús Ling* rhythm ♦ *(marcha)* rate: **el r. de los acontecimietos era vertiginoso,** the pace of events was dramatic; **hazlo a tu r.,** do it at your own pace

rito *m* ♦ *Rel* rite ♦ ceremony: **se casaron por el r. judío,** they got married in a Jewish ceremony ♦ *(ritual)* ritual

ritual *adj* & *m* ritual

rival *adj* & *mf* rival

rivalidad *f* rivalry

rivalizar *vi* to rival [**en,** in]

rizado,-a *adj* ♦ *(pelo)* curly ♦ *(mar)* choppy

rizar *vtr* ♦ *(el pelo)* to curl ♦ *(una cinta)* to curl, loop ■ **rizarse** *vr* ♦ *(el pelo)* to curl, go curly ♦ *(el mar)* to ripple

rizo *m* curl

robar *vtr* ♦ *(cosas materiales)* to steal: **r. algo a alguien,** to steal sthg from sb; *(a una persona, un banco)* to rob: **me robaron en la calle,** I was robbed in the street; *(en una casa)* to burgle: **anoche robaron en casa de mi vecino,** my neighbour's house was burgled last night ♦ *(el tiempo)* to take up ♦ *(metros de un espacio)* to take off ♦ *Naipes* to draw, pick up

roble *m* oak (tree)

robo *m* ♦ *(de cosas materiales)* theft; *(en un banco, etc)* robbery; *(en una casa)* burglary ♦ *(cosa robada)* stolen article ♦ *fam (de precios)* daylight robbery, rip-off

robot *m* robot

robótica *f* robotics *sing*

robustecer *vtr* to strengthen ■ **robustecerse** *vr* to become stronger

robusto,-a *adj* ♦ *(una persona)* robust, sturdy ♦ *(una cosa)* strong, solid

roca *f* rock

roce *m* ♦ *(acción)* rubbing, friction ♦ *(en la piel)* graze; *(en una superficie)* rub, scuff mark ◆ *(trato)* regular contact; *(discusión)* friction, brush

rociar *vtr* to spray, sprinkle

rocío *m* dew

rocoso,-a *adj* rocky

rodaballo *m Zool* turbot

rodaja *f* slice

rodaje *m* ◆ *(de una película)* filming, shooting ◆ *Auto (de un vehículo)* running in

rodamiento *m* bearing

rodapié *m* skirting board, *US* baseboard

rodar 1 *vtr* ◆ *(una película)* to film, shoot ◆ *(un vehículo)* to run in |**2** *vi* ◆ to roll ◆ *(alrededor de un eje)* to turn ◆ *(de un sitio a otro)* to go around

rodear 1 *vtr* ◆ to surround ■ **rodearse** *vr* to surround oneself

rodeo *m* ◆ *(en el camino)* detour ◆ *(de animales)* rodeo ◆ **rodeos** circumlocution; **hablar sin rodeos,** to speak out plainly

rodilla *f* knee ◆|LOC: **de rodillas,** kneeling, on one's knees

rodillera *f* ◆ *(de remiendo)* knee patch ◆ *(de protección)* knee pad

rodillo *m* roller; **r. de cocina,** rolling pin

roedor *m Zool* rodent

roer *vtr* ◆ *(un hueso, una cosa)* to gnaw ◆ *(una galleta, queso)* to nibble

rogar *vtr* ◆ *(formalmente)* to request, ask: **se ruega confirmación,** please confirm ◆ *(con súplicas o humildad)* to beg ◆|LOC: **hacerse de r.,** to play hard to get

rojo,-a 1 *adj* ◆ *(de color)* red; **estar en números rojos,** to be in the red ◆ *(de ideología)* red |**2** *m* red |**3** *m,f* red ◆|LOC: **ponerse r.,** to go *o* turn red

rol *m* role

rollizo,-a *adj* chubby, plump

rollo *m* ◆ *(de papel, tela, etc)* roll ◆ *(de alambre, cuerda, etc)* coil, reel ◆ *Culin (para amasar)* rolling pin; *(para comer)* roll ◆ *fam (una persona, una cosa)* drag, bore ◆ *fam (asunto)* affair, matter

romance 1 *m* ◆ *Lit* ballad ◆ *(idilio)* romance ◆ *Ling* Romance language |**2** *adj Ling* Romance

románico,-a 1 *adj* ◆ *Arte Arquit* Romanesque ◆ *Ling* Romance |**2** *m Arte Arquit* Romanesque

romano,-a 1 *adj* Roman |**2** *m,f* Roman

romántico,-a *adj* & *m,f* romantic

rombo *m* rhombus

romería *f* ◆ *(fiesta popular)* celebration of a saint's day held close to a country church or shrine ◆ *Rel* pilgrimage

romero,-a 1 *m,f* pilgrim |**2** *m Bot Culin* rosemary

romo,-a *adj* blunt

rompecabezas *m inv* ◆ *(juego para encajar piezas)* puzzle, jigsaw; *(para crear una figura geométrica, dividir un espacio, etc)* brain-teaser, puzzle ◆ *(problema, acertijo)* riddle, puzzle

rompeolas *m inv* breakwater

romper 1 *vtr* ◆ to break ◆ *(un cristal, una pieza de loza)* to smash, shatter; *(una tela, un papel)* to tear (up) ◆ *(relaciones, una negociación)* to break off ◆ *(una norma)* to fail to fulfil, break |**2** *vi* to break ■ **romperse** *vr* ◆ to break; *(una falda, un documento)* to tear ◆ *(una negociación, relación)* to break down: **se ha roto la tregua,** the truce has been broken

ron *m* rum

roncar *vi* to snore

roncha *f* swelling

ronco,-a *adj* hoarse

ronda *f* ◆ *(de muchachos, pretendientes)* group of serenaders ◆ *(grupo de vigilancia)* patrol; **hacer la r.,** *(una enfermera, un vigilante)* to do one's rounds; *(una pareja de policías)* to walk the beat; *(una patrulla del ejército)* patrol ◆ *(carretera)* ring road; *(paseo)* avenue ◆ *(de bebidas, negociaciones)* round

rondar 1 *vtr* ◆ *(a una mujer)* to court *frml*; *(a alguien con algún fin)* to be after sb ◆ *(merodear)* to loiter, prowl around ◆ *(vigilar)* to patrol ◆ *(estar en torno a, aproximarse a)* to be about ◆ *(gripe, sueño, enfermedad)* to approach: **me está rondando la gripe,** I think I'm coming down with flu; *(una idea)* to think about **|2** *vi* ◆ *(un vigilante, etc)* to do the rounds ◆ *(merodear)* to loiter, prowl around

ronquera *f* hoarseness

ronquido *m* snore

ronronear *vi* to purr

roña *f* filth, dirt

roñoso,-a *adj* ◆ *(muy sucio)* filthy, dirty ◆ *(oxidado)* rusty ◆ *fam (tacaño, avariento)* stingy

ropa *f* clothes *pl*, clothing; **r. blanca,** household linen; **r. interior,** underwear

ropero *m* wardrobe

rosa 1 *adj inv* pink **|2** *f* rose **|3** *m* pink

rosado,-a 1 *adj* pink ◆ *(piel)* rosy ◆ *(vino)* rosé **|2** *m* rosé

rosal *m Bot* rosebush

rosaleda *f* rose garden

rosca *f* ◆ *Culin* ring-shaped cake, bread roll ◆ *(de un tornillo, una tuerca, etc)* thread ◆|LOC: **hacer la r. a alguien,** to butter up

rosco *m Culin* ring-shaped cake, bread roll

rosetón *m* ◆ *(en iglesias)* rose window ◆ *(en el techo)* ceiling rose

rosquilla *f* ring-shaped pastry

rostro *m* face

rotación *f* rotation

rotar 1 *vi* ◆ *(alrededor de un eje)* to rotate ◆ *(en un trabajo o función)* to take it in turns **|2** *vtr Agr* to rotate

roto,-a 1 *adj* ◆ broken; *(una camisa, un papel)* torn ◆ *(una persona)* worn-out **|2** *m* tear, hole

rotonda *f* ◆ roundabout, *US* traffic circle ◆ *Arquit* rotunda, circular gallery

rótula *f* ◆ *Anat* kneecap ◆ *Téc* ball-and-socket joint

rotulador *m* felt-tip pen; *(de punta gruesa)* marker

rótulo *m* ◆ *(en carretera, etc)* sign; *(en museos, etc)* label ◆ *Arte* title, heading

rotundo,-a *adj* ◆ emphatic, categorical ◆ *(una voz, un lenguaje)* expressive, well-rounded

rotura *f* ◆ *(de un objeto)* breakage; *(de un hueso)* fracture; **r. de ligamentos,** torn ligaments ◆ *(en un objeto)* break, crack; *(en una prenda)* tear, rip

rozadura *f* ◆ *(en la piel)* mark of rubbing, chafing ◆ *(en un objeto)* scratch; *(en una camisa, etc)* mark of wear

rozamiento *m* ◆ rubbing ◆ *Fís* friction

rozar 1 *vtr* ◆ *(una cosa o persona a otra)* to touch, brush ◆ *(produciendo daño)* to graze ◆ *(una cualidad o defecto, una cifra)* to border on, verge on ◆ *(por el uso)* to wear out **|2** *vi* ◆ *(una cosa o persona a otra)* to touch, brush; **pasar rozando,** to brush past ◆ *(produciendo daño)* to rub ◆ *(una cualidad o defecto, una cifra)* to border on, verge on ■ **rozarse** *vr* ◆ *(una cosa por el uso)* to wear out ◆ *fam (entre personas)* to come into contact, to rub shoulders

rubeola, rubéola *f* German measles *pl*, rubella

rubí *m* ruby

rubio,-a 1 *adj* ◆ *(pelo)* fair, blond ◆ *(una persona)* fair-haired; *(hombre)* blond, *(mujer)* blonde ◆ *(tabaco)* Virginia **|2** *m,f (hombre)* blond, *(mujer)* blonde

rubor *m* blush, flush

ruborizarse *vr* to blush, go *o* turn red

rúbrica *f* ◆ signature ◆ rubric

rudeza *f* roughness, coarseness

rudimentario,-a *adj* rudimentary

rudimento *m* rudiment

rudo,-a *adj* ◆ *(una persona, un material)* rough, coarse ◆ *(un golpe, trabajo, etc)* hard

rueda *f* ◆ *Auto* wheel ◆ *(en un mueble)* roller, caster ◆ *(de personas o cosas)* ring, circle ◆ **r. de prensa,** press conference

ruedo *m* bullring

ruego *m* request; *(en una reunión)* **ruegos y preguntas,** any other business

rugby *m* rugby

rugido *m* ◆ *(de animal, persona, multitud)* roar ◆ *(del viento, etc)* howl, roaring

rugir *vi* ◆ *(un animal)* to roar ◆ *(el viento, etc)* to howl, roar

ruibarbo *m* rhubarb

ruido *m* ◆ noise; **sin r.,** quietly ◆ *(jaleo)* fuss, row ◆ *fam* stir, commotion
ruidoso,-a *adj* noisy, loud
ruin *adj* ◆ mean, despicable ◆ *(con el dinero)* stingy, miserly
ruina *f* ◆ ruin: **la empresa está en la r.,** the company has collapsed *o* gone bankrupt ◆ *(de una persona)* downfall, ruin: **el juego fue su r.,** gambling was his downfall ◆ **en ruinas,** in ruins
ruiseñor *m* nightingale
ruleta *f* roulette
rulo *m* curler, roller; **ponerse los r.,** to curl one's hair
Rumania *f* Rumania, Romania
rumano,-a 1 *adj* Rumanian, Romanian **|2** *m,f (persona)* Rumanian, Romanian **|3** *m (idioma)* Rumanian, Romanian
rumba *f* rumba
rumbo *m* ◆ *(dirección)* direction, course; **poner r. a,** to head *o* be bound for; *Náut* course ◆ *(conducta, tendencia)* course; **perder el r.,** to lose one's way
rumiante *adj* & *m* ruminant
rumiar *vtr* to ruminate, chew the cud
rumor *m* ◆ *(noticia imprecisa)* rumour ◆ *(sonido)* murmur
rumorearse *v impers* to be rumoured, *US* be rumored
rupestre *adj* cave; **pintura r.,** cave painting
ruptura *f (de relaciones)* breaking-off; *(de amistad, matrimonio, etc)* break-up
rural *adj* rural
Rusia *f* Russia
ruso,-a 1 *adj* & *m,f* Russian **|2** *m (idioma)* Russian
rústico,-a 1 *adj* ◆ rustic, country, rural ◆ *(tosco)* coarse **|2** *m,f pey* rustic, country person
ruta *f* route
rutina *f* routine; **por r.,** as a matter of course
rutinario,-a *adj* routine

S

S, s *f (letra)* S, s
S. ◆ *(abr de san o santo)* Saint, St ◆ *(abr de Sur)* South, S
S.A. *(abr de Sociedad Anónima) GB* Public Limited Company, PLC, *US* Incorporated, Inc.
sábado *m* Saturday
sabana *f* savannah
sábana *f* sheet
sabañón *m* chilblain
sabático,-a *adj* sabbatical
sabelotodo *adj* & *m,f inv* know-all, *US* know-it-all
saber[1] *m* knowledge
saber[2] **1** *vtr* ◆ to know ◆ *(cómo hacer algo)* to know how to: **no sabe nadar,** he can't swim ◆ *(comportarse, reaccionar)* can: **no sabe aguantar una broma,** she can't take a joke ◆ *(enterarse)* to learn, find out ◆ *(imaginar)* **no sabes qué frío hacía,** you can't imagine how cold it was **|2** *vi* ◆ *(sobre una materia)* to know ◆ *(tener noticias) (de alguien por él mismo)* to hear from sb; *(de alguien por otros)* to have news of sb; *(de un asunto)* to hear about sthg ◆ *(tener sabor)* to taste [**a,** of]: **este guiso sabe a quemado,** this stew tastes burnt

sabiduría *f* wisdom
sabio,-a 1 *adj* wise **|2** *m,f* wise person
sable *m* sabre, *US* saber
sabor *m* taste, flavour, *US* flavor
saborear *vtr* to savour, *US* savor
sabotaje *m* sabotage
sabotear *vtr* to sabotage
sabroso,-a *adj* tasty
sabueso *m* ◆ *Zool* bloodhound ◆ *fam (una persona)* sleuth
sacacorchos *m inv* corkscrew
sacamuelas *mf inv fam* dentist
sacapuntas *m inv* pencil sharpener
sacar *vtr* ◆ *(de un sitio)* to take out; *(dinero del banco)* to withdraw ◆ *(un beneficio, etc)* to get ◆ *(una cosa de otra)* to extract, get ◆ *(una solución)* to work out; **s. conclusiones,** to draw conclusions ◆ *(un documento)* to get ◆ *(una entrada, un billete)* to buy, get ◆ *(poner en circulación)* to bring out, release ◆ *fam (una fotografía)* to take ◆ *(un jugador una carta o una ficha)* to draw ◆ *Cost (de largo)* to let down; *(de ancho)* to let out **|2** *vi Dep (en tenis)* to serve; *(en fútbol, baloncesto, etc)* to kick off
sacarina *f* saccharin
sacerdote *m* priest
saciar *vtr* ◆ *(el hambre)* to satisfy ◆ *(la sed)* to quench ◆ *(una ambición, etc)* to fulfill, satisfy
saciedad *f* satiety
saco *m* sack; **s. de dormir,** sleeping bag
sacramento *m* sacrament
sacrificar *vtr* ◆ to sacrifice ◆ *(a un animal) (para su consumo)* to slaughter; *(por enfermedad)* to put down ■ **sacrificarse** *vr* to make sacrifices [**por,** for]
sacrificio *m* sacrifice
sacrilegio *m* sacrilege
sacristán *m* sacristan, verger
sacristía *f* vestry, sacristy
sacro,-a *adj* ◆ *Rel* sacred ◆ *Anat* sacrum
sacudir *vtr* ◆ *(de un lado a otro)* to shake ◆ *(para limpiar)* to shake off; *(una alfombra)* to beat ◆ *(algo molesto)* to brush off ◆ *fam (pegar a alguien)* to wallop, beat sb up ◆ *(con una emoción intensa)* to shock, shake
sádico,-a 1 *adj* sadistic **|2** *m,f* sadist
sadomasoquista 1 *adj* sadomasochistic **|2** *mf* sadomasochist
saeta *f* ◆ *(flecha)* dart, arrow ◆ *(copla)* devotional song sung in Holy Week in Andalusia
safari *m* safari
sagacidad *f* shrewdness, astuteness
sagaz *adj* shrewd, astute
Sagitario *m Astrol* Sagittarius
sagrado,-a *adj* holy, sacred; **las Sagradas Escrituras,** the Holy Scriptures *pl*
sagrario *m* tabernacle
Sahara *m* Sahara
saharaui *adj* & *mf* Saharan
sainete *m Teat* one-act farce, comic sketch
sajón,-ona *adj* & *m,f* Saxon
sal *f* salt; **s. fina** *o* **de mesa,** table salt; **s. gruesa** *o* **gorda,** cooking salt; **sales de baño,** bath salts
sala *f* ◆ room; **s. de espera,** waiting room; **s.** *o* **salita de estar,** lounge, living room ◆ *(para espectáculos, actos públicos, etc)* **s. de conferencias,** conference *o* lecture hall; *(de cine, teatro, música)* auditorium; **un cine con seis salas,** a six-screen cinema; **s. de exposiciones,** exhibition hall, gallery ◆ **s. de fiestas,** night club
salado,-a *adj* ◆ *Culin* salted; *(con mucha sal)* salty ◆ *(no dulce)* savoury, *US* savory ◆ *fig fam (divertido, jovial)* amusing, witty
salamandra *f Zool* salamander
salami *m* salami
salar *vtr* ◆ *(echar sal)* to add salt to ◆ *(poner en salazón)* to salt
salarial *adj* wage, salary
salario *m* pay; *(sueldo mensual)* salary; *(sueldo semanal)* wage
salazón *f* ◆ *(producto)* salted meat *o* fish ◆ *(operación de salar)* salting
salchicha *f* sausage
salchichón *m* (salami-type) spiced sausage
saldar *vtr* to settle

saldo *m* ◆ *Fin (de una cuenta)* balance: *(de una deuda, factura)* settlement ◆ *Com* **saldos,** sales: **precios de s.,** sale prices: *(resto, remanente)* remainder, leftover

salero *m* saltcellar *US* salt shaker

salida *f* ◆ exit, way-out: **callejón sin s.,** dead end: *(de una tubería, un desagüe)* outlet, outflow: *Inform* output ◆ *(acción de salir)* leaving: **a la s. del trabajo,** on leaving work: *(de un tren, un avión)* departure: *(del Sol, la Luna, etc)* rising: *(viaje corto, excursión)* trip ◆ *Dep* start ◆ *(solución)* option, solution ◆ *(profesional)* prospect ◆ *(agudeza, ocurrencia)* witty remark

salina *f* ◆ *(yacimiento, mina)* salt mine: *(instalación)* saltworks *pl* ◆ *(laguna)* salt marsh

salino,-a *adj* saline

salir *vi* ◆ *(de un lugar)* to go out: *(si el hablante está fuera)* to come out: **¡sal de la habitación, por favor!** please, come out of the room! ◆ *Inform* to exit: *(de un sistema)* to log off ◆ *(partir)* to leave: **nuestro avión sale a las seis,** our plane departs at six ◆ *(para divertirse)* to go out ◆ *(tener una relación)* to go out: **está saliendo con Ana,** he's going out with Ana ◆ *Dep* to start: *(en juegos)* to lead ◆ *(manifestarse, emerger)* **le ha salido un grano en la cara,** he has got a spot on his face: *(un astro)* to rise: *(retoñar, germinar)* to sprout ◆ *(surgir)* **la idea salió de ti,** it was your idea ◆ *(aparecer)* **mi hermana salió en (la) televisión,** my sister appeared on television: *(un libro, un disco, etc)* to come out ◆ *(parecerse)* **ha salido a su hermano,** he takes after his brother ◆ *(resultar)* **salió premiado el número 5566,** the winning number was 5566: *(una operación matemática)* **a él le da 20, pero a mí me sale 25,** he gets 20, but I make it 25 ◆ *(costar)* **nos sale barato,** it works out cheap ◆ *(superar una situación, dificultad)* to come through, get over ■ **salirse** *vr* ◆ *(irse)* to leave ◆ *(de un límite)* **el coche se salió de la calzada,** the car went off the road: *(desbordarse, rebosar)* to overflow: *(al hervir)* to boil over ◆ *(escaparse un gas o un líquido por una grieta)* to leak (out) ◆ *(no encajar bien, soltarse)* **se salió una pieza del motor,** a part of the engine came off

saliva *f* saliva

salmo *m* psalm

salmón *adj & m* salmon

salmonete *m Zool* red mullet

salón *m* ◆ *(de una casa)* lounge, living *o* sitting room ◆ *(de un edificio para diversos usos)* hall: **s. de actos,** assembly hall, *US* auditorium: **s. de conferencias,** conference room ◆ *(establecimiento)* **s. de belleza,** beauty salon *o* parlour *US* parlor: **s. de té,** tearoom, teashop ◆ *(exposición)* exhibition

salpicadero *m Auto* dashboard

salpicar *vtr* ◆ *(con un líquido, barro, etc)* to splash, spatter ◆ *(con especias, etc)* to sprinkle

salpicón *m Culin* **s. de marisco,** seafood cocktail

salpimentar *vtr* to season, spice

salsa *f* ◆ sauce ◆ *Mús* salsa

saltamontes *m inv* grasshopper

saltar 1 *vi* ◆ to jump, leap: **s. con una pierna,** to hop ◆ *(el aceite, etc)* to spit ◆ *(una alarma, etc)* to go off ◆ *(con una explosión o estallido)* to explode, blow up ◆ *(con una frase)* to retort **|2** *vtr* ◆ *(por encima de algo)* to jump (over) ■ **saltarse** *vr* ◆ *(una página, comida, etc)* to skip, miss out ◆ *(una obligación, norma)* to ignore: **s. el semáforo,** to jump the lights

saltimbanqui *mf fam* acrobat, tumbler

salto *m* ◆ jump, leap: **dar un s. de alegría,** to jump for joy ◆ *Dep* jump: **s. con pértiga,** pole vault: **s. mortal,** somersault: *(en el agua)* dive ◆ *(por omisión, diferencia, vacío)* gap ◆ **s. de agua,** waterfall ◆ **s. de cama,** negligée

salud *f* ◆ health ◆ *excl* **¡s.!,** *(al brindar)* cheers!: *(al estornudar)* bless you!

saludable *adj* healthy

saludar *vtr* ◆ *(a alguien directamente) (de palabra)* to say hello to, greet:

(con la mano) to wave to ◆ *(a alguien a través de otros)* to send regards to: **salúdales de nuestra parte,** give them our regards ◆ *(a alguien en una carta)* **le saluda atentamente,** yours faithfully *o* sincerely ◆ *Mil* to salute ■ **saludarse** *vr* to say hello to each other

saludo *m* ◆ *(de palabra)* greeting ◆ *(con la mano)* wave ◆ *Mil* salute

salva *f* salvo, salute

salvación *f* salvation

salvado *m* bran

salvador,-ora 1 *m,f* saviour *US* savior **|2** *m Geog* **El Salvador,** El Salvador

salvadoreño,-a *adj* & *m,f* Salvadorean, Salvadoran

salvaguardar *vtr* to safeguard

salvajada *f* ◆ *(acción violenta)* atrocity ◆ *fam (actitud insensata)* stupid thing to do

salvaje 1 *adj* ◆ *Bot Zool* wild ◆ *(terreno)* uncultivated ◆ *(cultura, tribu)* savage ◆ *(comportamiento)* cruel, brutal **|2** *m, f* savage

salvamanteles *m inv* (table) mat

salvar *vtr* ◆ to save ◆ *(pasar un obstáculo)* to cross ◆ *(superar una dificultad, un apuro)* to overcome ■ **salvarse** *vr* ◆ to survive ◆ *(librarse de algo)* **se salvó del castigo,** she escaped punishment ◆ *Rel* to be saved

salvavidas *m inv* life belt; **bote s.,** lifeboat

salvo,-a 1 *adj* safe, unharmed **|2** *prep* not including, except ◆|LOC: **a s.,** out of danger; **s. que,** unless, except that

san *adj* saint; **san Pedro,** Saint Peter → **santo,-a**

sanar 1 *vtr* to cure **|2** *vi* ◆ *(recobrar la salud)* to recover, get well ◆ *(una herida)* to heal

sanatorio *m* sanatorium *US* sanitarium

sanción *f* ◆ *(castigo)* punishment, sanction; *(multa)* fine ◆ *(confirmación, validación)* sanction, *frml* approval

sandalia *f* sandal

sándalo *m* sandalwood

sandez *f fam* stupid thing

sandía *f* watermelon

sandwich *m* sandwich

saneamientos *m pl* bathroom fittings *pl*

sanear *vtr* ◆ to clean up ◆ *(un río, terreno)* to drain ◆ *(una empresa)* to reorganise *o* reorganize

sangrar 1 *vtr* ◆ *Med* to bleed ◆ *(un párrafo)* to indent ◆ *fam (aprovecharse)* to bleed dry **|2** *vi* to bleed

sangre *f* blood

sangría *f (bebida)* sangria

sangriento,-a *adj* bloody

sanguijuela *f Zool* leech

sanguinario,-a *adj* bloodthirsty

sanguíneo,-a *adj* blood

sanitario,-a 1 *adj* health; **asistencia sanitaria,** medical care; **condiciones sanitarias,** sanitary conditions **|2** *mf* ◆ health worker ◆ **sanitarios,** bathroom fittings

sano,-a *adj* ◆ healthy; **s. y salvo,** safe and sound ◆ *(indemne)* undamaged

San Salvador *m* San Salvador

Santa Sede *f* **la Santa Sede,** the Holy See, the Vatican

santiamén *m fam* **en un s.,** in no time at all

santificar *vtr* to sanctify

santiguarse *vr* to cross oneself

santo,-a 1 *adj* ◆ *(lugar, hecho, vida, etc)* holy ◆ *(persona canonizada)* Saint; **santo Tomás,** Saint Thomas ◆ *fam* **todo el s. día,** the whole blessed day **|2** *m,f* saint **|3** *m* saint's day

santuario *m* shrine, sanctuary

sapo *m* toad

saque *m (en tenis, bádminton, voleibol, etc)* service; *Ftb* kick-off; **s. de banda,** throw-in; **s. de puerta,** goal-kick

saquear *vtr* ◆ *(una población)* to sack, plunder ◆ *(una tienda, una casa)* to loot, rifle

S.A.R. *(abr de Su Alteza Real)* His *o* Her Royal Highness, H.R.H.

sarampión *m* measles

sarcasmo *m* sarcasm

sarcástico,-a *adj* sarcastic

sarcófago *m* sarcophagus

sardina *f Zool* sardine

sargento *m,f* sergeant

sarna *f (en animales)* mange; *(en personas)* scabies

sarpullido *m* rash

sarro *m* tartar

sarta *f* string

sartén *f* frying pan

sastre *m,f* tailor

Satanás *m* Satan

satélite *m* satellite

satén *m* satin

sátira *f* satire

satirizar *vtr* to satirize

satisfacción *f* satisfaction

satisfacer *vtr* ◆ to satisfy; **s. la curiosidad,** to satisfy one's curiosity ◆ *(gustar, complacer)* to please ◆ *(reunir condiciones, requisitos)* to satisfy, meet

satisfecho,-a *adj* satisfied

saturar *vtr* to saturate

Saturno *m Astron* Saturn

sauce *m Bot* willow; **s. llorón,** weeping willow

saudí, saudita *adj* & *mf* Saudi

sauna *f* sauna

savia *f* sap

saxo *m* sax, saxophone

saxofón *m* saxophone

saxofonista *mf* saxophonist

sazonar *vtr* to season

se[1] *pron pers* ◆ *(reflexivo) 3.ª pers sing (a él mismo)* himself; *(a ella misma)* herself: **se cuida mucho,** she takes good care of herself; *(un animal a sí mismo)* itself; *plural (a sí mismos/mismas)* themselves ◆ *frml 2.ª pers sing (a usted mismo)* yourself; *plural (a ustedes mismos)* yourselves ◆ *(recíproco)* each other, one another ◆ *(impersonal)* **se puede ir en tren,** you can go by train ◆ *(pasiva)* **la casa se construyó en 1780,** the house was built in 1780

se[2] *pron pers* ◆ *(objeto indirecto) 3.ª persona sing (masculino)* (to *o* for) him; *(femenino)* (to *o* for) her; *(plural)* (to *o* for) them ◆ *2.ª persona (a usted o ustedes)* (to *o* for) you

SE *(abr de* **sudeste** *o* **sureste***)* southeast, SE

sebo *m* fat

secado *m* drying

secador *m* **s. de manos,** hand-dryer; **s. de pelo,** hairdryer

secadora *f* tumble dryer

secano *m* unirrigated land

secar *vtr* to dry ■ **secarse** *vr* ◆ to dry ◆ *(una planta, un río)* to dry up ◆ *(una persona)* to dry oneself

sección *f* ◆ section ◆ *(en grandes almacenes)* departement; **s. de bisutería,** costume jewellery department

seco,-a *adj* ◆ dry ◆ *(planta)* dried up ◆ *(poco afable)* curt, sharp; *(contestación)* crisp, terse ◆ *(golpe, ruido)* sharp ◆ *(delgado, con poca carne)* skinny

secretaría *f* secretary's office

secretario,-a *m,f* secretary

secreto,-a 1 *adj* & *m* secret

secta *f* sect

sectario,-a 1 *adj* sectarian **|2** *m,f* sectarian

sector *m* ◆ sector ◆ *(de una ciudad, edificio, etc)* area

secuela *f* effect, consequence

secuencia *f* sequence

secuestrador,-ora *m,f* ◆ *(raptor)* kidnapper; *(de un vehículo)* hijacker

secuestrar *vtr* ◆ *(a una persona)* to kidnap; *(un vehículo)* to hijack

secuestro *m* ◆ *(de una persona)* kidnapping; *(de un vehículo)* hijacking

secundar *vtr* to back, support

secundario,-a *adj* secondary

secuoya *f Bot* sequoia

sed *f* thirst: **tengo mucha sed,** I'm thirsty

seda *f* silk; **s. dental,** dental floss

sedal *m* fishing line

sedante *adj* & *m* sedative

sede *f* ◆ *(de una organización, un negocio)* headquarters, head office ◆ *(de un acontecimiento)* venue ◆ *(de gobierno)* seat

sediento,-a *adj* thirsty

sedimentarse *vr* to settle

sedimento *m* sediment, deposit

sedoso,-a *adj* silky

seducción *f* seduction

seducir *vtr* ◆ *(físicamente)* to seduce ◆ *(tentar, atraer)* to tempt ◆ *(arrastrar, embaucar)* to take in

seductor,-ora 1 *adj* seductive |**2** *m,f* seducer

sefardí, sefardita 1 *adj* Sephardic |**2** *mf* Sephardi: **los sefardí(e)s,** the Sephardim

segador,-ora *m,f* harvester

segadora *f Agr* reaper

segar *vtr* to reap. cut

seglar 1 *adj* secular. lay |**2** *mf* layman. laywoman

segmento *m* segment

segregación *f* ◆ *(de una sustancia, un jugo gástrico, etc)* secretion ◆ *(separación)* segregation ◆ *(marginación)* **s. racial,** racial segregation

segregar *vtr* ◆ *(una sustancia, un jugo)* to secrete ◆ *(separar)* to segregate

seguido,-a 1 *adj* ◆ *(sin interrupción)* continuous ◆ *(uno tras otro)* consecutive |**2** *adv* **seguido** straight: **todo s.,** straight on. straight ahead

seguir 1 *vtr* ◆ to follow: **me sigue a todas partes,** he follows me wherever I go ◆ *(comprender)* to understand. follow ◆ *(el ritmo, la moda)* to keep ◆ *(el rastro, las huellas)* to track |**2** *vi* ◆ *(continuar)* to keep (on). go on: **seguiremos mañana,** we'll continue tomorrow ◆ *(extenderse, llegar hasta)* to stretch (out) ■ **seguirse** *vr* to follow. ensue

según 1 *prep* according to: **s. mis cálculos,** according to my calculations |**2** *adv* ◆ *(tal como)* just as: **cóselo s. indica el patrón,** sew it just as the pattern shows ◆ *(a medida que)* as: **s. nos íbamos acercando...,** as we were coming closer...

segundero *m* second hand

segundo,-a 1 *adj* second |**2** *pron* second (one): **viajaremos en segunda,** we'll travel second class |**3** *m* second |**4** *f Auto* second (gear) |**5** *fpl (intención disimulada)* **su comentario iba con segundas,** his remark had a double meaning

seguridad *f* ◆ *(confianza)* confidence: **hablaba con mucha s.,** he spoke with great self-confidence ◆ *(certeza)* sureness: **con toda s.,** surely ◆ *(garantía)* **no me dan la s. de que me vayan a contratar,** they won't guarantee that they'll hire me ◆ *(contra accidentes)* safety: **cinturón de s.,** safety belt ◆ *(contra robos, etc)* security: **cerradura de s.,** security lock ◆ **S. Social,** Social Security. *GB* National Health Service

seguro,-a 1 *adj* ◆ **es una persona muy segura (de sí misma),** he's very self-confident ◆ *(convencido, sin dudas)* sure. definite: **estaba segura de que vendrías,** I was sure you would come ◆ *(garantizado, cierto)* assured: **su dimisión es prácticamente segura,** his resignation is almost certain ◆ *(sin peligro)* safe: **un lugar s.,** a safe place ◆ *(sin temor, riesgo)* secure: **no se siente s.,** he doesn't feel secure ◆ *(paso, voz)* steady. firm |**2** *m* ◆ *Seg* insurance: **s. a todo riesgo,** fully comprehensive insurance: **s. de vida,** life insurance ◆ *(de un arma)* safety catch *o* device |**3** *adv* for sure. definitely

seis *adj* & *m* six: *(en fechas)* sixth

seiscientos,-as *adj* & *m,f* six hundred

seísmo *m (temblor de tierra)* (earth) tremor: *(de gran intensidad)* earthquake

selección *f* ◆ selection ◆ *Dep* team

seleccionar *vtr* to select

selectividad *f* university entrance examination

selectivo,-a *adj* selective

selector,-ora *m,f* selector

selva *f* jungle: **selva tropical,** rainforest

sellar *vtr* ◆ to stamp ◆ *(cerrar un acuerdo)* to seal ◆ *(un recipiente, una entrada)* to seal

sello *m* ◆ stamp ◆ *(precinto)* seal ◆ *(impronta)* mark. stamp

semáforo *m* ◆ *Auto* traffic lights *pl* ◆ *Ferroc* semaphore. signal

semana *f* ◆ week: **hace dos semanas que nos conocemos,** we met two weeks ago: **S. Santa,** Holy Week ◆|LOC: **entre s.,** during the week

semanal *adj* weekly

semanario *m Prensa* weekly magazine *o* newpaper

sembrado *m Agr* sown field

sembrar *vtr* ◆ *Agr* to sow ◆ *fig (esparcir)* to scatter: *(dar inicio, causar)* to spread: **s. un rumor,** to spread a rumour

semejante 1 *adj* ♦ *(parecido)* similar ♦ *(tal)* such: **¿de dónde sacó s. idea?**, where did he get such an idea from? |2 *m* fellow man

semejanza *f* likeness, resemblance

semen *m* semen

semental *adj* & *m* stud

semestral *adj* half-yearly

semestre *m* semester

semicírculo *m* semicircle

semifinal *f* semifinal

semifinalista *mf* semifinalist

semilla *f* seed

semillero *m* seedbed

seminario *m* ♦ *Rel* seminary ♦ *Univ* seminar

semisótano *m* semibasement

sémola *f* semolina

senado *m* senate

senador,-ora *m,f* senator

sencillez *f* ♦ *(de un problema, de un diseño)* simplicity ♦ *(de una persona)* naturalness

sencillo,-a 1 *adj* ♦ simple ♦ *(persona)* natural, unassuming ♦ *(habitación, billete)* single |2 *m* single

senda *f*, **sendero** *m* path

senil *adj* senile

seno *m* ♦ *(pecho)* breast ♦ *Mat* sine ♦ *fig (interior)* bosom, heart: **nació en el s. de una familia humilde,** he was born into a humble family

sensación *f* ♦ feeling ♦ *(emoción, impacto)* sensation: **la noticia causó s.,** the news caused a sensation

sensacional *adj* sensational

sensacionalista *adj* & *mf* sensationalist

sensatez *f* good sense

sensato,-a *adj* sensible

sensibilidad *f* ♦ *(percepción sensorial)* feeling ♦ *(delicadeza, afectividad)* sensitivity, sensibility ♦ *(de un aparato)* sensitivity

sensibilizar *vtr* to make aware

sensible *adj* ♦ *(persona, aparato)* sensitive ♦ *(notable, evidente)* clear

sensiblería *f pey (de una persona)* mawkishness: *(de una obra, novela)* sentimentality

sensiblero,-a *adj (persona)* mawkish: *(obra, novela)* mushy

sensitivo,-a *adj* sense

sensorial *adj* sensory

sensual *adj* sensual

sensualidad *f* sensuality

sentada *f fam (modo de manifestarse, protestar)* sit-in (demonstration), *US* sit-down ♦LOC: **de/en una s.,** in one sitting

sentar 1 *vtr* ♦ *(en un asiento)* to sit ♦ *(establecer)* **s. las bases,** to lay the foundations: **s. precedente,** to establish a precedent |2 *vi* ♦ **s. bien/mal algo a alguien,** *(un peinado, vestido)* to suit sb/not to suit sb: *(una comida, bebida, un clima)* to agree/disagree with sb ♦ *(un comentario, una broma)* **le sentó fatal,** he took it badly ■ **sentarse** *vr* to sit (down)

sentencia *f* sentence

sentenciar *vtr* ♦ to sentence [**a,** to] ♦ *(culpar, condenar)* to condemn

sentido,-a 1 *adj* ♦ deeply felt: **su muerte fue muy sentida,** his death was deeply felt ♦ *(susceptible)* sensitive |2 *m* ♦ sense: **s. del gusto/olfato,** sense of taste/smell: **s. común,** common sense: **s. del humor,** sense of humour ♦ *(conocimiento, consciencia)* consciousness ♦ *(significado)* meaning ♦ *Auto* direction: **de doble s.,** two-way: **(de) s. único,** one-way

sentimental 1 *adj* sentimental |2 *mf* sentimental person

sentimiento *m* ♦ feeling ♦ *(pena, aflicción)* grief, sorrow

sentir 1 *m* feeling |2 *vtr* ♦ to feel ♦ *(oír, percibir)* to hear ♦ *(lamentar)* to regret, be sorry about ■ **sentirse** *vr* to feel

seña *f* ♦ *(con la mano, el rostro)* sign ♦ **señas,** *(dirección)* address *sing*: *(descripción)* description

señal *f* ♦ sign: **en s. de respeto/duelo,** as a sign/token of respect/mourning ♦ *(con la mano, el rostro)* sign: **hacer señales a alguien,** to signal to sb ♦ *(huella, indicio)* trace, sign ♦ *Tel* tone: **s. de llamada,** dialling *o US* dial tone ♦ *Com* deposit ♦ *Auto* **s. de tráfico,** road sign

señalar *vtr* ♦ to point out ♦ *(señalizar)* to indicate ♦ *(una fecha)* to fix

señalizar *vtr* to signpost

señor *m* ♦ *(hombre)* man, gentleman ♦ sir *(en inglés británico indica una posición social inferior)* **s., se le ha caído la cartera,** excuse me, you have dropped your wallet: **señoras y señores,** ladies and gentlemen ♦ *(tratamiento)* Mr: **ha llegado el Sr. Gómez,** Mr Gómez is here ♦ *(en cartas)* **estimado s.,** Dear Sir ♦ *Hist* lord ♦ *Rel* **El S.,** the Lord

señora *f* ♦ *(mujer)* woman, lady ♦ *(directo, sin apellido)* madam ♦ *(tratamiento)* **la Sra. Pérez,** Mrs Pérez ♦ *(en cartas)* **estimada s.,** Dear Madam ♦ *(esposa)* wife ♦ *Rel* **Nuestra S.,** Our Lady

señorita *f* ♦ *(joven)* young lady ♦ *(tratamiento)* Miss: **la s. Menéndez,** Miss Menéndez ♦ *Educ fam* **la s.,** the teacher

separación *f* ♦ separation ♦ *(distancia, espacio)* space

separado,-a *adj* ♦ separate ♦ *(persona casada)* separated ♦|LOC: **por s.,** separately, individually

separar *vtr* ♦ *(aumentar la distancia física)* to move apart ♦ *(poner aparte)* to separate ♦ *(reservar)* to save ♦ *(algo pegado, grapado)* to detach ♦ *(distanciar, disgregar)* to divide ■ **separarse** *vr* ♦ *(aumentar la distancia)* to move away ♦ *(una banda, un grupo, partido)* to split up ♦ *(un matrimonio)* to separate

separatista *adj* & *mf* separatist

sepia 1 *f Zool* cuttlefish |**2** *adj* & *m (color)* sepia

septentrional *adj* northern

septiembre *m* September

séptimo,-a *adj* & *m,f* seventh

sepulcro *m GB* sepulchre, *US* sepulcher

sepultura *f* grave

sepulturero,-a *m,f* gravedigger

sequía *f* drought

ser 1 *m* ♦ being: **s. humano,** human being: **s. vivo,** living being ♦ *(esencia)* essence |**2** *vi* ♦ to be: **eres muy modesto,** you are very modest: **hoy es lunes,** today is Monday: **¿cuánto es?,** how much is it?: **son doscientas,** it is two hundred pesetas: *Mat* **dos y tres son cinco,** two and three make five ♦ *(oficio)* to be a(n): **Elvira es enfermera,** Elvira is a nurse ♦ *(pertenencia)* **esto es mío,** that's mine: **es de Pedro,** it is Pedro's ♦ *(afiliación)* to belong: **es del partido,** he's a member of the party ♦ *(origen)* **es de Málaga,** she is from Málaga ♦ *(composición, material)* to be made of: **este jersey no es de lana,** this sweater is not (made of) wool ♦ *(suceder)* **¿qué fue de ella?,** what became of her? ♦ **s. para,** to be for ♦ *(auxiliar en pasiva)* to be: **fuimos rescatados por la patrulla de la Cruz Roja,** we were rescued by the Red Cross patrol ♦ **s. de** (+ *infinitivo):* **era de esperar que se marchase,** it was to be expected that she would leave ♦|LOC: **a no s. que,** unless: **como sea,** anyhow: **de no s. por...,** had it not been for: **es más,** furthermore: **es que...,** it's just that...: **lo que sea,** whatever: **o sea,** that is (to say): **sea como sea,** in any case

Serbia *f* Serbia

serbio,-a 1 *adj* & *m,f* Serbian, Serb |**2** *m* Serbian

serbocroata 1 *adj* & *mf* Serbo-Croat, Serbo-Croatian |**2** *m* Serbo-Croat

serenar *vt* to calm, soothe ■ **serenarse** *vr* to calm down

serenidad *f* serenity

sereno,-a 1 *adj* ♦ *(tranquilo)* calm ♦ *(sobrio)* sober |**2** *m* night watchman

serie *f* ♦ series *sing*: **asesino en s.,** serial killer ♦ *(de sellos, billetes)* issue: **número de s.,** serial number ♦ *(grupo)* **una s. de parlamentarios decidieron oponerse,** a group of M.P.'s decided to object ♦ *Rad TV* series *sing* ♦|LOC: **los fabrican en s.,** they are mass-produced

seriedad *f* ♦ seriousness ♦ *(de una persona, empresa)* reliability

serio,-a *adj* ♦ serious ♦ *(comprometido, de confianza)* reliable ♦|LOC: **en s.,** seriously

sermón *m* ♦ *Rel* sermon ♦ *fam (reprimenda, monserga)* lecture

sermonear *vi* & *vtr fam* to lecture

seropositivo,-a *adj* HIV-positive
serpentina *f* streamer
serpiente *f* snake, serpent: **s. de cascabel,** rattlesnake; **s. pitón,** python
serranía *f* mountainous region
serrar *vtr* to saw
serrín *m* sawdust
serrucho *m* handsaw
servicial *adj* helpful, obliging
servicio *m* ◆ service: **estar de s.,** to be on duty; **s. a domicilio,** delivery service; **s. doméstico,** domestic service; **s. militar,** military service; **fuera de s.,** out of order ◆ *(en la mesa)* **en esta mesa falta un s.,** we need to set another place at the table ◆ *(cuarto de baño)* toilet *sing, US* rest room *sing*
servidor *m Inform* server
servil *adj* servile
servilleta *f* napkin, serviette
servir 1 *vi* ◆ to serve ◆ *(ser útil)* to be useful, be suitable ◆ *(ropa)* **los pantalones ya no le sirven,** the trousers don't fit him now ◆ *(tener capacidad)* **este muchacho sirve para estudiar,** this boy is good at studying |**2** *vtr* ◆ to serve: **¿en qué puedo servirle?,** may I help you? ◆ *(comida)* to serve; *(bebida)* to pour ◆ *(una mercancía)* to deliver ■ **servirse** *vr* ◆ *(utilizar, valerse)* to use ◆ *(un plato de comida)* to help oneself
sésamo *m* sesame
sesenta *adj* & *m inv* sixty
sesgo *m* ◆ *(cariz, rumbo)* turn ◆ *(enfoque)* slant
sesión *f* ◆ session: **s. plenaria,** plenary session ◆ *Cine* showing
seso *m* ◆ *Anat* brain ◆ *(juicio, prudencia)* wit, prudence ◆ *Culin* **sesos,** brains
set *m Ten* set
seta *f Bot* mushroom
setecientos,-as *adj* & *m* seven hundred
setenta *adj* & *m* seventy: **los años s.,** the seventies
seto *m* ◆ *Bot* hedge ◆ *(cerca, valla)* fence
seudónimo *m* pseudonym
severo,-a *adj* ◆ *(juicio, castigo, crítica)* severe ◆ *(clima)* harsh ◆ *(actitud, carácter)* strict
sexi *adj* sexy
sexista *adj* & *m,f* sexist
sexo *m* ◆ sex: **s. masculino/femenino,** male/female sex ◆ *(órganos sexuales)* sexual organs
sexólogo,-a *m,f* sexologist
sexto,-a 1 ◆ *adj* & *pron* sixth: **el s. hijo,** the sixth son ◆ **una sexta parte,** a sixth |**2** *m* **un s.,** one sixth
sexual *adj* sexual: **acoso/discriminación s.,** sexual harassment/discrimination
sexualidad *f* sexuality
show *m* show
si[1] *conj* ◆ *(expresando una condición)* if: **si vienes te lo cuento,** if you come I will tell you ◆ *fam (uso enfático)* **¡si ya te lo decía yo!,** but I told you!; *(expresando deseo)* if only: **¡si tuviera más tiempo!,** if only I had more time! ◆ *(en interrogativas indirectas)* if, whether: **me pregunto si llegará pronto,** I wonder if *o* whether she'll come soon; *(disyuntiva)* whether: **querría saber si te gusta o no,** I'd like to know whether you like it or not ◆ **si no,** otherwise, if not ◆|LOC: **como si,** as if; **por si acaso,** just in case
si[2] *m Mús* B, te, ti
sí[1] *pron pers refl* ◆ *(3.ª persona de singular) (masculino)* himself; *(femenino)* herself: **lo dijo para sí,** she said it to herself; *(3.ª persona de plural)* themselves ◆ *(referido a uno mismo)* oneself ◆ *(usted)* yourself: **compruébelo por sí mismo,** see for yourself; *(ustedes)* yourselves
sí[2] **1** *adv* ◆ yes: **¿te gusta? - sí,** do you like it? - yes *o* yes, I do; **¿estás seguro? - sí,** are you sure? - yes *o* yes, I am; **ellos no irán, pero yo sí,** they will not go, but I will; **creo que sí,** I think so; **dijo que sí,** he said yes *o* he accepted; **me temo que sí,** I'm afraid so; **¡sí que la has hecho buena!,** you've really done it!; **es un actor famoso - ¿sí?,** he's a famous actor - really?; **un día sí y otro no,** every other day |**2** *m* yes

siamés,-esa *adj* & *m,f* Siamese

sida, SIDA *m (abr de* ***síndrome de inmunodeficiencia adquirida****)* acquired immune deficiency syndrome, AIDS, Aids

sidecar *m* sidecar

siderúrgico,-a *adj* iron and steel: **sector s.**, iron and steel sector

sidra *f* cider *US* hard cider

siembra *f (acción)* sowing; *(temporada)* sowing time, sowing season

siempre *adv* always: **llega tarde, como s.**, he's late, as usual; **para s.**, for ever; **por s. jamás**, for ever and ever ♦|LOC: **s. que**, *(en cada ocasión)* whenever; *(a condición de que)* as long as, provided (that)

sien *f Anat* temple

sierra *f* ♦ *(cadena de montañas)* mountain range; *(región montañosa)* the mountains *pl* ♦ *Téc* saw

siervo,-a *m,f* slave, serf

siesta *f* nap, siesta

siete *adj* & *m* seven; *(en fechas)* seventh

sietemesino,-a 1 *adj* premature, two months premature |**2** *m,f* premature baby, two-month-premature baby

sífilis *f inv* syphilis

sifón *m (botella para soda)* soda siphon; *(agua carbónica)* soda (water)

sigilo *m* ♦ stealth: **el gato salió con mucho s.**, the cat went out very stealthily ♦ *(reserva)* **con gran s.**, in great secrecy

sigiloso,-a *adj* stealthy

sigla *f* abbreviation

siglo *m* ♦ century: **a comienzos del s. XV**, at the beginning of the 15th century ♦ *fam (mucho tiempo)* **hacía siglos que no la veía**, I had not seen her for ages

significado *m* meaning

significar 1 *vtr* to mean: **¿qué significa** ***sextante*****?**, what does *sextante* mean? |**2** *intr* **sus palabras significan mucho para mí**, his words are very important to me

significativo,-a *adj (sintomático)* meaningful: **una mirada s.**, a meaningful look; *(notorio, destacable)* significant, noteworthy

signo *m* ♦ sign ♦ *Mat* sign: **s. (de) más/(de) menos/(de) igual**, plus/minus/equals sign ♦ *Ling* mark: **s. de exclamación, s. de admiración**, exclamation mark *o US* point

siguiente 1 *adj* following, next |**2** *m,f* next person, next one

sílaba *f* syllable

silbar 1 *vtr* & *vi* to whistle

silbato *m* whistle

silbido *m* whistle: *(del viento)* whistling

silenciador *m Auto* silencer, *US* muffler; *(de arma de fuego)* silencer

silenciar *vtr* ♦ to silence ♦ *(ocultar un hecho)* to keep quiet about: **los informativos silenciaron la manifestación**, the news hushed up the demonstration

silencio *m* ♦ silence: **¡s., por favor!**, quiet, please! ♦ *Mús* rest

silencioso,-a *adj* silent, quiet

silicona *f* silicone

silla *f* chair: **s. de montar**, saddle; **s. de ruedas**, wheelchair; **s. giratoria/plegable**, swivel/folding chair

sillín *m* saddle

sillón *m* armchair

silueta *f (contorno)* silhouette ♦ *(tipo, cuerpo)* figure

silvestre *adj* wild

simbólico,-a *adj* symbolic: **una cantidad simbólica**, a symbolic *o* token sum

simbolizar *vtr* to symbolize

símbolo *m* symbol

simetría *f* symmetry

simétrico,-a *adj* symmetrical

simiente *f* seed

similar *adj* similar

simio,-a *m, f* ape

simpatía *f* ♦ *(aprecio)* affection, liking ♦ *(atractivo)* charm ♦ *Fís Med* sympathy

simpático,-a *adj* ♦ *(agradable)* pleasant, nice ♦ *(divertido)* amusing

simpatizante *mf Pol* sympathizer, supporter

simpatizar *vi (con alguien)* to get on [**con**, with]; *(con unas ideas)* to sympathise [**con**, with]

simple 1 *adj* ♦ simple ♦ *(mero, tan solo)* mere, pure: **somos simples espectadores,** we are mere observers ♦ *(cándido, sin malicia)* naive, innocent; *(tonto) pey* simple-minded, half-witted, foolish **|2** *mf (ingenuo, inocente)* innocent, naive person; *pey (tonto, torpe)* simpleton, half-wit

simplificar *vtr* to simplify

simposio *m* symposium

simulacro *m* sham, pretence *US* pretense

simular *vtr (aparentar, fingir)* to feign, pretend: **simuló un accidente,** he pretended to have an accident; *(representar)* to represent

simultáneo,-a *adj* simultaneous

sin *prep* without ♦**|**LOC: **s. embargo,** however

sinagoga *f* synagogue

sincero,-a *adj* sincere

sincronizar *vtr* to synchronize

sindical *adj* trade union *US* labor union

sindicalista 1 *adj* syndicalist **|2** *m,f* trade unionist *US* labor unionist

sindicato *m* trade union, *US* labor union

síndrome *m* syndrome; **s. de abstinencia,** withdrawal symptoms *pl;* **s. premenstrual,** premenstrual syndrome *o* tension

sinfín *m* **un s. de,** a great many, no end of

sinfonía *f* symphony

sinfónico,-a *adj* symphonic; **orquesta sinfónica,** symphony orchestra

singular 1 *adj* ♦ singular ♦ *(raro, excepcional)* peculiar, odd ♦ *frml (único, inigualable)* outstanding **|2** *m Ling* singular

siniestro,-a 1 *adj* sinister, evil **|2** *m* disaster, catastrophe

sino[1] *m* destiny, fate

sino[2] *conj* but

sinónimo,-a 1 *adj* synonymous **|2** *m* synonym

sintético,-a *adj* ♦ synthetic

sintetizador *m* synthesizer

sintetizar *vtr* to synthesize

síntoma *m Med* symptom ♦ *(indicio, señal)* sign

sintonizar 1 *vtr* ♦ *Rad* to tune in to ♦ *Elec* to tune **|2** *vi* ♦ *Rad* to tune in ♦ *(congeniar)* to be in tune

sinvergüenza *mf* ♦ *(inmoral, sin escrúpulos)* crook ♦ *(pillo, descarado)* rogue

siquiera 1 *adv* ♦ *(al menos)* at least ♦ *(con negativas)* even: **no me saludó s.,** she didn't even greet me **|2** *conj frml (aunque)*: **hazlo s. sea por contentarla,** do it, if only to please her

sirena *f* ♦ *(sonido)* siren ♦ *Mit* mermaid

siroco *m* sirocco

sirviente,-a *m,f* servant

sisa *f* armhole

sísmico,-a *adj* seismic

sismógrafo *m* seismograph

sistema *m* ♦ system; **s. circulatorio/operativo,** circulatory/operating system

sistemático,-a *adj* systematic

sitiar *vtr* to besiege

sitio[1] *m* ♦ *(espacio)* room: **no hay s. para tres,** there is no room for three ♦ *(lugar)* place: **en algún s.,** somewhere; **en cualquier s.,** anywhere; **en todos los sitios,** everywhere

sitio[2] *m Mil* siege

situación *f* ♦ situation ♦ *(emplazamiento)* location ♦ *(condiciones, disposición)* state

situar *vtr* to locate ■ **situarse** *vr* ♦ *(una persona)* to place oneself, position oneself ♦ *(una casa, un castillo)* to be situated *o* located ♦ *(alcanzar una posición social)* to achieve a good position

S.L. *(abr de **Sociedad Limitada**)* Ltd.

slogan *m* → **eslogan**

S.M. *(abr de **Su Majestad**)* His *o* Her Majesty

SME *m (abr de **Sistema Monetario Europeo**)* European Monetary System, EMS

SMI *m (abr de **Sistema Monetario**

Internacional) International Monetary System, IMS

s/n *(abr de **sin número**)* unnumbered (in an address)

SO *(abr de **sudoeste**)* southwest, SW

sobaco *m* armpit

sobar *vtr (manosear)* to handle, touch; *(a una persona)* to paw, grope

soberano,-a 1 *adj* ◆ *(pueblo, estado)* sovereign ◆ *fam (enorme)* huge, tremendous **|2** *m,f* sovereign

soberbia *f* pride

soberbio,-a *adj* ◆ *(altivo)* haughty ◆ *(espléndido, insuperable)* superb, splendid

sobornar *vtr* to bribe

soborno *m (cohecho)* bribery; *(dinero, favor aceptado)* bribe

sobra *f* ◆ *(excedente)* surplus ◆ *(remanente)* remainder; *(de comida)* **sobras,** leftovers

sobrar *vi* ◆ *(quedar)* to be left (over) ◆ *(haber en exceso)* to be more than enough ◆ *(estar de más, ser innecesario)* **sobran las disculpas,** there is no need for you to apologize

sobrasada *f* soft spicy sausage

sobre[1] *m* ◆ envelope ◆ *(de sopa)* packet; *(de una medicina, azúcar, etc)* sachet

sobre[2] *prep* ◆ on: **toda la responsabilidad recae s. él,** the entire responsibility falls on him ◆ *(por encima)* over, above ◆ *(en torno a, acerca)* about: **hablaremos s. ello,** we'll talk about it ◆ *(además de)* upon **|**LOC: **s. todo,** above all

sobrecarga *f* overload

sobrecargar *vtr* to overload

sobrecogedor,-ora *adj* eerie, awesome

sobrecubierta *f* ◆ *(de un libro)* jacket ◆ *Náut* upper deck

sobredosis *f inv* overdose

sobrehumano,-a *adj* superhuman

sobrellevar *vtr* to bear, endure

sobremesa *f* **la s. duró hasta las cinco,** we were talking (round the table) after lunch until five o'clock

sobrenatural *adj* supernatural

sobrentender *vt* to understand ■ **sobrentenderse** *vr* **se sobrentiende que una opción excluye la otra,** it is understood that one option excludes the other

sobrepasar *vtr* ◆ *(un límite)* to exceed ◆ *(aventajar)* to be ahead of

sobreponerse *vr* ◆ *(a un sentimiento)* to overcome: **se sobrepuso a su timidez,** she overcame her shyness ◆ *(recobrarse, superar)* to recover

sobresaliente 1 *adj* outstanding, excellent **|2** *m Educ* A

sobresalir *vi* ◆ *(asomar)* to protrude [**de,** from], stick out [**de,** from]; *(de una superficie horizontal)* to stand out; *(de un plano vertical)* to project [**de,** from] ◆ *(distinguirse, destacar)* to stand out

sobresaltar *vtr* to startle ■ **sobresaltarse** *vr* to be startled

sobresalto *m* start

sobresueldo *m* extra money

sobretodo *m* overcoat

sobrevalorar *vtr* to overestimate

sobrevivir *vi* to survive

sobrevolar *vtr* to fly over

sobriedad *f* ◆ *(austeridad)* sobriety ◆ *(ausencia de embriaguez)* soberness

sobrina *f* niece

sobrino *m* nephew

sobrio,-a *adj* sober

socarrón,-ona *adj* mocking, ironic

socavar *vtr* to undermine

socavón *m* (large) hole

sociable *adj* sociable, friendly

social *adj* social

socialdemócrata 1 *adj* social democratic **|2** *mf* Social Democrat

socialismo *m* socialism

socialista *adj* & *mf* socialist

sociedad *f* ◆ society; **alta s.,** (high) society ◆ *Fin* company; **s. anónima,** public limited company; **s. limitada,** limited company

socio,-a *m,f* ◆ *(de una empresa)* partner ◆ *(de un club)* member

socioeconómico,-a *adj* socioeconomic

sociología *f* sociology

sociólogo,-a *m,f* sociologist

socorrer *vtr* to help, aid

socorrista *mf* lifeguard, lifesaver
socorro *m* help, aid; **pedir s.,** to ask for help
soda *f* soda (water)
soez *adj* crude, coarse
sofá *m* sofa
sofisticado,-a *adj* sophisticated
sofocante *adj* suffocating, stifling
sofocar *vtr* ♦ *(un incendio)* to extinguish, smother; *(una rebelión)* to put out; *(una protesta)* to stifle ♦ *(asfixiar)* to suffocate ■ **sofocarse** *vr* ♦ *(por falta de aire, por calor)* to stifle ♦ *fam (enardecerse, alterarse)* to get upset
sofocón *m fam* **se llevó un s.,** he got very upset
sofreír *vtr* to fry lightly
sofrito *m* chopped onion and garlic fried in oil
software *m* software
soga *f* rope
soja *f* soya, *US* soy
sol[1] *m* ♦ *(estrella)* sun ♦ *(luz)* sunlight ♦ *(luz y calor)* sunshine ♦ *(unidad monetaria de Perú)* sol ♦ *fam* **eres un s.,** you are an angel ♦|LOC: **tomar el s.,** to sunbathe
sol[2] *m Mús* G, soh
solamente *adv* only
solapa *f (de una chaqueta, un abrigo)* lapel; *(de un libro, una carpeta, etc)* flap
solapado,-a *adj* underhand
solaparse *vr* to overlap
solar[1] *m* plot
solar[2] *adj* solar; **energía s.,** solar energy
soldado *m* soldier; **s. raso,** private
soldador,-ora 1 *m,f* welder |**2** *m* soldering iron
soldar *vtr* to weld
soleado,-a *adj* sunny
soledad *f* ♦ *(tristeza, melancolía)* loneliness ♦ *(aislamiento)* solitude
solemne *adj* solemn
soler *vi defect* ♦ *(en presente)* to be in the habit of: **solemos ir en coche,** we usually go by car; **sueles equivocarte,** you are usually wrong ♦ *(en pasado)* **solía pasear por aquí,** he used to walk round here
solera *f* tradition
solfeo *m* sol-fa
solicitar *vtr* to request
solícito,-a *adj* obliging, solicitous
solicitud *f* ♦ *(formulario)* application ♦ *(diligencia)* diligence
solidaridad *f* solidarity
solidarizarse *vr* to show one's solidarity
sólido,-a *adj & m* solid
soliloquio *m* soliloquy
solista *mf* soloist
solitario,-a 1 *adj* ♦ *(paraje, calle)* solitary ♦ *(sin compañía)* alone; *(al que le gusta la soledad)* loner |**2** *m* solitaire
sollozar *vi* to sob
sollozo *m* sob
solo,-a 1 *adj* ♦ *(único)* only, single ♦ *(sin compañía)* alone: **me gusta estar sola,** I like to be alone ♦ *(sin protección, apoyo)* lonely ♦ *(sin añadidos)* **un whisky solo,** a whisky on its own ♦ *(sin ayuda, sin intervención)* **se desconecta solo,** it switches itself off automatically; **podemos resolverlo (nosotros) solos,** we can solve it by ourselves |**2** *m* ♦ *Mús* solo ♦ black (coffee) ♦|LOC: **a solas,** alone
sólo *adv* only
solomillo *m* sirloin
soltar *vtr* ♦ *(dejar en libertad)* to release ♦ *(desasir)* to let go off ♦ *(despedir)* to give off: **suelta un olor pestilente,** it stinks; *(un líquido)* to ooze ♦ *(decir inopinadamente)* **soltó una tontería,** he made a silly remark ♦ *(una carcajada, estornudo)* to let out ■ **soltarse** *vr* ♦ *(un perro, etc)* to get loose ♦ *(una cuerda, un tornillo, etc)* to come loose ♦ *(adquirir desenvoltura)* to gain in confidence ♦ *(desprenderse, caerse)* to come off
soltero,-a 1 *adj* single |**2** *mf (hombre)* bachelor, single man; *(mujer)* single woman, spinster
solterón,-ona *mf pey (hombre)* confirmed bachelor; *(mujer)* old maid
soltura *f* ♦ *(agilidad)* agility ♦ *(en un idioma, discurso)* fluency
soluble *adj* soluble; *(sopa, café)* instant

solución *f* solution
solucionar *vtr* to solve
solvencia *f* ◆ *(crédito, responsabilidad)* reliability; *(capacidad, competencia)* competence ◆ *Fin* solvency
solventar *vtr* ◆ *(liquidar una deuda)* to settle, clear ◆ *(resolver un problema)* to solve: **tenemos que s. este asunto de una vez por todas,** we have to settle this matter once and for all
solvente *adj* ◆ *Fin* solvent ◆ *(capaz, competente)* competent ◆ *(digno de crédito, responsable)* reliable
sombra *f* ◆ *(ausencia de sol)* shade ◆ *(proyección de una silueta)* shadow ◆ *Cosm* **s. de ojos,** eyeshadow ◆ *(clandestinidad, desconocimiento público)* **dirige la empresa en la s.,** he manages the company behind the scenes
sombrero *m* hat
sombrilla *f* ◆ *(de paseo)* parasol, sunshade ◆ *(de playa, terraza)* (beach) umbrella
sombrío,-a *adj* ◆ *(umbrío, sin sol)* shadowy ◆ *(tétrico, desesperanzador)* sombre, bleak, gloomy ◆ *fig (preocupado, triste, abatido)* sullen, gloomy
someter *vtr* ◆ *(subyugar, sojuzgar)* to subdue, put down ◆ *(a votación, opinión, juicio)* **lo sometió a nuestro juicio,** he left it to us to judge ◆ *(a una prueba, un experimento, interrogatorio, etc)* to subject [**a,** to] ■ **someterse** *vr* ◆ *(a un poder, una ley, voluntad)* to submit ◆ *(a una acción física, un tratamiento)* **se sometió a un régimen,** he went on a diet
somier *m (de metal)* spring mattress; *(de lamas, madera forrada)* bed base
somnífero *m* sleeping pill
somnoliento,-a *adj* drowsy, sleepy
son *m (sonido)* sound
sonajero *m* baby's rattle
sonámbulo,-a *m,f* sleepwalker
sonar *vi* ◆ to sound; *(el despertador, teléfono)* to ring, buzz ◆ *(ser familiar)* **ese nombre no me suena de nada,** that name is completely unknown to me ■ **sonarse** *vr* **s. (la nariz),** to blow one's nose
sonda *f* ◆ *Med (para explorar)* probe; *(para eliminar fluidos, etc)* catheter, tube ◆ *Náut* sounding line
sondeo *m* ◆ *Náut* sounding ◆ *(de opinión)* poll
soneto *m Lit* sonnet
sonido *m* sound
sonoro,-a *adj* ◆ *(audible)* audible ◆ *(que suena bien)* sonorous, rich ◆ *(que suena con fuerza)* loud
sonotone, *m* hearing aid
sonreír *vi,* **sonreírse** *vr* to smile
sonriente *adj* smiling
sonrisa *f* smile
sonrojarse *vr* to blush
sonrosado,-a *adj* rosy, pink
sonsacar *vtr* to winkle out
soñador,-ora *m,f* dreamer
soñar *vtr & vi* to dream: **deja de s. (despierto),** stop daydreaming
soñoliento,-a *adj* drowsy, sleepy
sopa *f* soup
sopesar *vtr* to weigh up
soplar 1 *vi* to blow **|2** *vtr* ◆ *(algo caliente)* to blow on ◆ *(una vela)* to blow out ◆ *(apartar con un soplo)* to blow away ◆ *fam (una respuesta, un cotilleo)* to whisper: **me sopló el resultado,** he passed the result on to me
soplete *m* blowlamp, blowtorch
soplo *m* ◆ *(de persona)* blow, puff; *(de viento)* blow ◆ *(instante breve)* flash ◆ *fam (delación, chivatazo)* tip-off ◆ *Med* murmur
soplón,-ona *m,f fam (chivato)* grass, informer; *(acusica)* sneak, telltale
soportal 1 *m* porch **|2** *mpl* **soportales,** arcade *sing*
soportar *vtr* ◆ *(una carga, un peso)* to support, bear, carry ◆ *(sufrir, tolerar)* to bear, stand
soporte *m* ◆ support ◆ *(objeto en el que se apoya otro)* **un s. para los discos,** a record stand ◆ *Inform* medium
soprano *mf* soprano
sorber *vtr* ◆ *(beber aspirando)* to sip; *(haciendo ruido)* to slurp
sorbo *m* sip
sordera *f* deafness
sórdido,-a *adj* sordid
sordo,-a 1 *adj* ◆ *(que no oye)* deaf ◆

(golpe, ruido, dolor) dull |2 *m,f* deaf person; **los sordos,** the deaf *pl*

sordomudo,-a 1 *adj* deaf and dumb |2 *m,f* deaf-mute

soroche *m LAm* altitude sickness

sorprendente *adj* surprising, amazing

sorprender *vtr* ◆ *(conmover, maravillar)* to wonder, marvel ◆ *(extrañar)* to surprise ◆ *(coger desprevenido)* to catch unawares

sorpresa *f* surprise

sortear *vtr* to avoid, get round, overcome

sorteo *m* draw; *(rifa)* raffle

sortija *f* ring

sosa *f* soda

sosegado,-a *adj* calm

sosegar *vtr* to calm ■ **sosegarse** *vr* to calm down

soslayo *loc adv* **de s.,** sideways

soso,-a 1 *adj* ◆ *(sin sal)* lacking in salt; *(sin sabor)* flavourless, tasteless ◆ *fig (sin gracia)* insipid, dull |2 *m,f* bore

sospecha *f* suspicion

sospechar *vtr & vi* to suspect

sospechoso,-a 1 *m,f* suspect |2 *adj* suspicious

sostén *m* ◆ *(prenda femenina)* bra, brassiere ◆ *(apoyo, pilar)* support

sostener *vtr* ◆ to hold ◆ *(una teoría)* to maintain ◆ *(a la familia)* to support ◆ *(negociaciones, una conversación)* to have ■ **sostenerse** *vr* ◆ *(en pie)* to support oneself ◆ *(descansar, permanecer)* to stay, remain

sota *f* jack, knave

sotana *f* cassock

sótano *m* cellar, basement

soviético,-a *adj & m,f* Soviet

sport (de) *loc adj* casual

spray *m* spray

Sr. *(abr de **señor**)* Mister, Mr

Sra. *(abr de **señora**)* Mrs

Sres. *(abr de **señores**)* **Sres. de Rodríguez,** Mr and Mrs Rodríguez; *(en correspondencia comercial)* Messrs

Srta. *(abr de **señorita**)* Miss

SS *f (abr de **Seguridad Social**)* National Health Service, NHS

SS.MM. *(abr de **Sus Majestades**)* Their Majesties

Sta. *(abr de **santa**)* Saint, St

stand *m* stand

standard *adj & nm* → **estándar**

status *m inv* status

stock *m* stock

stop *m* stop sign

su *adj pos* ◆ *(de él)* his; *(de ella)* her; *(de ellos, ellas)* their; *(de cosa, animal)* its; *(de usted, ustedes)* your

suave *adj* ◆ *(liso, terso)* smooth, soft ◆ *(tenue, poco fuerte)* soft; *(color)* pale; *(música, tono, luz)* soft; *(clima)* mild ◆ *(actitud agradable, poco severa)* mild, gentle

suavidad *f* smoothness, softness

suavizante *m (para tejidos)* fabric softener; *(para el cabello)* conditioner

suavizar *vtr* ◆ *(la piel, el pelo, etc)* to make soft, make smooth ◆ *(un sabor)* to make less strong ◆ *(el trato, el carácter)* to soften, temper ■ **suavizarse** *vr* ◆ *(el clima)* to get milder ◆ *(el carácter)* to mellow

subalterno,-a *adj & m,f* subordinate

subarrendar *vtr* to sublet

subasta *f* ◆ *(venta)* auction ◆ *(oferta de servicios, de obras públicas)* tender

subastar *vtr* ◆ *(vender)* to auction (off), sell at auction ◆ *(sacar a concurso un contrato)* to put out to tender

subcampeón,-ona *m,f Dep* runner-up

subconsciente *adj & m* subconscious

subdesarrollado,-a *adj* underdeveloped

subdirector,-ora *m,f* assistant director *o* manager; *(en un colegio)* deputy headteacher, assistant principal; *(en una empresa: hombre)* vice-chairman; *(: mujer)* vice-chairwoman *US* vice-president

súbdito,-a *adj & m, f* subject

subdividir *vtr* to subdivide

subestimar *vtr* to underestimate

subida *f* ◆ *(incremento de precios, temperatura, etc)* rise, increase ◆ *(cuesta, pendiente)* slope, hill ◆ *(a una montaña)* ascent

subir 1 *vtr* ◆ *(una pendiente, las escaleras)* to go up; *(hacia el hablante)* to come up; *(una montaña)* to climb ♦ *(llevar arriba)* to take up; *(hacia el hablante)* to bring up ♦ *(elevar)* to raise: **sube la mano izquierda,** lift your left hand; *(el sueldo, la temperatura, la voz, etc)* to raise |2 *vi* ♦ *(ascender)* to go up; *(acercándose al hablante)* to come up ♦ *(a un avión, tren, autobús)* to get on *o* onto; *(a un coche)* to get into *o* in ♦ *(la marea, las aguas, la temperatura, el sueldo, etc)* to rise ♦ *(de categoría)* to go up ■ **subirse** *vr* ♦ *(ascender, trepar)* to climb up ♦ *(a un tren, autobús, avión)* to get on *o* onto; *(a un coche)* to get into ♦ *(los pantalones, los calcetines)* to pull up; *(la cremallera)* to do up; *(las mangas)* to roll up

subjetivo,-a *adj* subjective

subjuntivo *adj* & *m Ling* subjunctive

sublevación *f* rebellion, uprising

sublevar *vtr* ♦ to incite to revolt ♦ *(enojar, indignar)* to infuriate ■ **sublevarse** *vr* to rise up, revolt

sublime *adj* sublime

submarinismo *m* skin-diving; *Dep* scuba diving

submarinista *mf* ♦ skin-diver; *Dep* scuba diver ♦ *(tripulante de submarino)* submariner

submarino,-a 1 *adj* underwater; **pesca s.,** underwater fishing |2 *m* submarine

subnormal 1 *adj* subnormal, mentally handicapped |2 *mf* ♦ mentally handicapped person

suboficial *m,f* noncommissioned officer; *Náut* petty officer

subordinado,-a *adj* & *m,f* subordinate

subordinar *vtr* to subordinate

subproducto *m* by-product, derivative, spin-off

subrayar *vtr (una palabra, frase, etc)* to underline ♦ *(poner énfasis, destacar)* to emphasize, underline

subrepticio,-a *adj* surreptitious

subsecretario,-a *m,f* undersecretary

subsidio *m* allowance, benefit

subsistir *vi* ♦ to live, subsist ♦ *(una costumbre, creencia, etc)* to remain, survive

subterráneo,-a 1 *adj* underground, subterranean |2 *m* tunnel, underground passage

subtítulo *m* subtitle

suburbano,-a 1 *adj* suburban |2 *adj* & *m* **tren s.,** suburban train

suburbio *m* slum

subvención *f* subsidy, subvention

subvencionar *vtr* to subsidize

subversivo,-a *adj* subversive

subyugar *vtr* ♦ *(someter)* to subjugate ♦ *(cautivar, fascinar)* to enthrall, captivate

succionar *vtr* to suck

sucedáneo,-a *adj* & *m* substitute

suceder 1 *vi* ♦ to happen: **¿qué sucede?,** what's the matter?; **suceda lo que suceda...,** whatever happens... ♦ *(seguir, ir después)* to follow |2 *vtr* to succeed ■ **sucederse** *vr* to follow one another

sucesión *f* ♦ succession ♦ *(herederos, descendencia)* heirs *pl*, issue

sucesivamente *adv* successively; **y así s.,** and so on, and so forth

suceso *m* ♦ happening, event ♦ *Prensa* **sucesos,** accident and crime reports

sucesor,-ora *m,f (a un cargo, al trono)* successor; *(heredero)* heir

suciedad *f* ♦ *(basura)* dirt, filth ♦ *(estado)* dirtiness

sucio,-a 1 *adj* ♦ dirty; **juego s.,** foul play; **una jugada sucia,** a dirty trick; **negocio s.,** shady business *o* deal |2 *adv* unfairly; **jugar s.,** to play unfairly

sucre *m (unidad monetaria de Ecuador)* sucre

suculento,-a *adj* succulent

sucumbir *vi* ♦ *(ante el enemigo)* to succumb, surrender, yield ♦ *frml (perecer)* to die

sucursal *f Com* branch

sudadera *f* sweatshirt

Sudáfrica *f* South Africa

sudafricano,-a *adj* & *m,f* South African

Sudamérica *f* South America

sudamericano,-a *adj* & *m,f* South American

sudar *vtr* & *vi* to sweat, perspire

sudeste *m* southeast
sudoeste *m* southwest
sudor *m* sweat, perspiration
sudoroso,-a *adj* sweaty
Suecia *f* Sweden
sueco,-a 1 *adj* Swedish **|2** *m,f* Swede **|3** *m (idioma)* Swedish
suegra *f* mother-in-law
suegro *m* father-in-law; **sus suegros,** her in-laws
suela *f* sole
sueldo *m* pay, wages *pl; (mensual)* salary
suelo *m* ◆ *(tierra)* ground ◆ *Agr* land; *(de cultivo)* soil ◆ *(de una casa)* floor; *(de la calle, carretera)* surface, road ◆ *(país, territorio)* soil ◆ *(edificable)* building land
suelto,-a 1 *adj* ◆ loose: **lleva el pelo s.,** she wears her hair loose ◆ *(libre, huido)* **el ladrón aún anda s.,** the burglar is still at large *o* free ◆ **dinero s.,** loose *o* small change ◆ *(por separado)* separate: **se venden sueltos,** they are sold separately **|2** *m* loose *o* small change
sueño *m* ◆ *(estado de dormir)* sleep: **tenía s.,** she felt *o* was sleepy ◆ *(lo soñado)* dream: **se cumplieron sus sueños,** her dreams came true
suero *m* ◆ *Med* serum ◆ *(alimenticio, fisiológico)* saline solution; *(de la leche)* whey
suerte *f* ◆ *(fortuna)* luck: **es un hombre de s.,** he's a lucky man; **tuviste mala s.,** you were unlucky; **por s.,** fortunately *o* luckily ◆ *(casualidad, azar)* chance: **depende de la s.,** it depends on chance ◆ *(sino, destino)* fate, destiny ◆ *frml (tipo, género)* sort, type: **es una s. de,** it's a kind of
suéter *m* sweater
suficiencia *f* arrogance, smugness, complacency
suficiente 1 *adj* ◆ enough ◆ *(presuntuoso)* smug, complacent **|2** *m Educ* pass, pass-mark
sufijo *m* suffix
sufragar 1 *vtr* to defray **|2** *vi LAm* to vote **[por,** for]
sufragio *m* suffrage; **s. universal,** universal suffrage
sufrido,-a *adj* ◆ *(resignado, conforme)* long-suffering ◆ *(ropa)* hard-wearing
sufrimiento *m* suffering
sufrir 1 *vi* to suffer: **sufre de reumatismo,** he suffers from rheumatism **|2** *vtr* ◆ *(un daño, un perjuicio)* to suffer: **sufría una extraña enfermedad,** he had a rare illness; *(un accidente)* to have; *(una derrota)* to suffer; *(una operación)* to undergo ◆ *(cambios)* to undergo ◆ *(soportar, aguantar)* to bear
sugerencia *f* suggestion
sugerente *adj* suggestive
sugerir *vtr* to suggest
sugestión *f* **no creo que sea un fantasma, es pura s.,** I don't think it can be a ghost, it's all in your mind
sugestionar *vtr* to influence ■ **sugestionarse** *vr* to get ideas into one's head, convince oneself
sugestivo,-a *adj* ◆ suggestive ◆ *(atractivo, apetecible)* attractive
suicida 1 *mf* suicide **|2** *adj* suicidal
suicidarse *vr* to commit suicide
suicidio *m* suicide
suite *f* suite
Suiza *f* Switzerland
suizo,-a *adj & m,f* Swiss
sujetador *m* bra, brassiere
sujetar *vtr* ◆ *(coger, agarrar)* to hold: **sujétalo fuerte,** hold it tight; *(retener)* to hold down; *(fijar)* to fasten, fix ◆ *(controlar, someter)* to restrain, keep in check ■ **sujetarse** *vr* ◆ *(agarrarse)* to hold on [**a,** to]; *(sostener)* to be held ◆ *(a unas reglas)* to abide by
sujeto,-a 1 *adj (fijo)* secure ◆ *(expuesto, sometido)* subject: **s. a cambios,** subject to change **|2** *m* ◆ *(individuo)* individual, person ◆ *Ling* subject
sulfato *m* sulphate *US* sulfate
sulfurar *vtr fam* to infuriate ■ **sulfurarse** *vr fam* to blow one's top, lose one's temper
sultán *m* sultan
suma *f* ◆ *Mat* addition ◆ *(cantidad)* sum; **la s. total,** the total amount
sumamente *adv* extremely
sumar *vtr* ◆ *Mat* to add (up): **seis y dos suman ocho,** six and *o* plus two

add up to *o* make eight ♦ *(la cuenta, la factura)* **la factura suma tres mil pesetas,** the bill comes to three thousand pesetas ■ **sumarse** *vr* to join, subscribe

sumario,-a 1 *adj* ♦ *(resumido, breve)* concise, brief ♦ *Jur (juicio)* summary |**2** *m* ♦ *(índice)* contents *pl* ♦ *Jur* indictment

sumarísimo,-a *adj* **juicio s.,** summary trial

sumergible 1 *adj (nave)* submersible; *(reloj, cámara)* waterproof |**2** *m* submarine

sumergir *vtr* to immerse, submerge, submerse ■ **sumergirse** *vr* ♦ to submerge, dive ♦ *fig (sumirse)* to become absorbed

sumidero *m* drain

suministrar *vtr* to supply

suministro *m* supply, provision

sumir *vtr* ♦ *(sumergir)* to submerge, sink, plunge ♦ *fig* **la noticia le sumió en la tristeza,** the news plunged him into sadness

sumiso,-a *adj* submissive, docile, obedient

sumo,-a *adj (muy grande)* extreme; **de s. importancia,** extremely important ♦ *(máximo en una jerarquía)* supreme ♦|LOC: **a lo s.,** at the most

suntuoso,-a *adj* sumptuous

supeditar *vtr* to subordinate

súper 1 *adj fam* super, fantastic, great |**2** *adj* & *f (gasolina)* four-star petrol *US* super |**3** *m fam* supermarket

superar *vtr* ♦ *(estar por encima de)* to exceed: **la temperatura superó los treinta grados,** the temperature rose above thirty degrees: *(expectativas)* **esto supera todo lo imaginado,** this defies the imagination; *(un récord, una marca)* to beat, break ♦ *(pasar, sobreponerse)* to overcome: *(un examen)* to pass, get through ■ **superarse** *vr* to improve *o* better oneself

superávit *m* surplus

superdotado,-a 1 *adj* exceptionally *o* highly gifted |**2** *m,f* exceptionally *o* highly gifted person

superficial *adj* superficial

superficialidad *f* superficiality

superficie *f* ♦ surface: **el delfín salió a la s.,** the dolphin surfaced ♦ *(extensión, área)* area; *Mat* area

superfluo,-a *adj* superfluous

superior 1 *adj* ♦ *(que está más alto)* top, upper; **el piso s.,** the upper floor ♦ *(que es mejor)* superior, better: **su sueldo es s. al mío,** his salary is higher than mine ♦ *(en número)* **un número s. a 10,** a number greater *o* higher *o* more than 10 ♦ *(indicando grado: en enseñanza)* higher; *(en el ejército, la policía)* superior |**2** *m* superior

superioridad *f* superiority

supermercado *m* supermarket

superponer *vtr* to superimpose, put on top

superproducción *f* ♦ *Econ* overproduction ♦ *Cine* blockbuster, lavish production

supersónico,-a *adj* supersonic

superstición *f* superstition

supersticioso,-a *adj* superstitious

supervisar *vtr* to supervise, oversee

supervisor,-ora *m,f* supervisor

superviviente 1 *adj* surviving |**2** *mf* survivor

supino,-a *adj* ♦ *(posición)* supine, face up ♦ *(enorme)* **tontería/ignorancia supina,** crass stupidity/ignorance

suplantar *vtr (sustituir)* to replace *frml* supplant; *(hacerse pasar por otro)* to impersonate

suplementario,-a *adj* supplementary, additional

suplemento *m* ♦ *(cantidad extra)* surcharge, extra charge ♦ *(de un diario)* supplement

suplente 1 *adj* substitute |**2** *m, f* substitute; *(en enseñanza)* supply *o US* substitute teacher; *Dep* reserve, substitute; *Teat* understudy

supletorio,-a *adj* extra, additional; **teléfono s.,** extension

súplica *f* entreaty, plea

suplicar *vtr* to beg, implore

suplicio *m* torture

suplir *vtr* ♦ *(reemplazar a una persona)* to replace, substitute ♦ *(sustituir, compensar)* to make up for

suponer *vtr* ♦ to suppose: **supongamos que...,** let's assume *o* suppose that...: **supongo que sí,** I suppose so: **se supone que acaba a las seis,** it's supposed to finish at six ♦ *(conllevar, significar)* to mean, involve: **no supone ningún riesgo,** it doesn't involve any risk: *(la amistad, el aprecio)* to mean

suposición *f* supposition

supositorio *m* suppository

supremacía *f* supremacy

supremo,-a *adj* supreme

supresión *f* supression: *(de una ley, un impuesto, etc)* abolition: *(de un servicio)* withdrawal: *(en un texto)* deletion

suprimir *vtr* ♦ to supress: *(un derecho, una ley: etc)* to abolish: *(un servicio)* to withdraw: *(gastos)* to eliminate, cut out: *(en un texto)* to delete ♦ *(omitir, pasar por alto)* to omit

supuesto,-a 1 *adj* ♦ *(presumiendo falsedad)* **ese s. artista,** that so-called artist: *(presumiendo inocencia)* alleged; **el s. asesino,** the alleged murderer **|2** *m (conjetura)* assumption: **en el s. de que,** on the assumption that: **en el s. de que te pregunten,** supposing you are asked

supurar *vi* to weep, suppurate

sur 1 *m* south **|2** *adj* ♦ south ♦ *(zona, parte)* southern ♦ *(dirección, rumbo)* southerly

Suráfrica *f* South Africa

surafricano,-a *adj* & *m,f* South African

Suramérica *f* South America

suramericano,-a *adj* & *m,f* South American

surcar *vtr* ♦ *Agr* to plough, *US* to plow ♦ *(la piel, el rostro)* to furrow, crease ♦ *(el mar, las aguas)* to cross

surco *m (en la tierra)* furrow: *(en un disco)* groove: *(en la piel)* wrinkle

sureño,-a 1 *adj* southern **|2** *m,f* southerner

sureste *adj* & *m* → **sudeste**

surfista *m,f* surfer

surgir *vi* to arise, come up

suroeste *adj* & *m* → **sudoeste**

surrealista *adj* & *mf* surrealist

surtido,-a 1 *adj* ♦ *(bien provisto)* **una papelería bien/mal surtida,** a well/poorly stocked stationer's ♦ *(variado)* assorted **|2** *m (de caramelos, galletas, etc)* assortment: *(de ropa, muebles, etc)* range, selection

surtidor *m* ♦ *(de gasolina)* petrol *o* *US* gas pump ♦ *(chorro de agua)* jet

surtir *vtr* ♦ *(aprovisionar)* to supply, provide ♦ *(producir)* **s. efecto,** to take effect

susceptible *adj* ♦ *(suspicaz)* touchy ♦ *frml (capaz)* susceptible, **s. de mejora,** capable of improvement

suscitar *vtr* to cause, arouse

suscribir *vtr* ♦ *(una propuesta, opinión)* to endorse, subscribe to ♦ *Fin (acciones)* to subscribe for ♦ *frml (un acuerdo, tratado)* to sign ■ **suscribirse** *vr* to subscribe [**a,** to]

suscripción *f* subscription

susodicho,-a *adj* & *m,f* above-mentioned, aforesaid

suspender 1 *vtr* ♦ *(poner en alto, colgar)* to hang [**de,** from] ♦ *(interrumpir, cancelar)* to cancel, call off: *(una reunión)* to adjourn: *(leyes, derechos)* to suspend ♦ *(un examen)* to fail ♦ *(en un cargo)* to suspend **|2** *vi Educ* to fail

suspense *m* suspense

suspensión *f* ♦ *(en el aire)* hanging, suspension ♦ *(interrupción)* cancellation, halting ♦ *(en un cargo, trabajo)* suspension: **s. de empleo y sueldo,** suspension without pay ♦ *Auto* suspension ♦ **s. de pagos,** temporary receivership

suspensivo,-a *adj* **puntos suspensivos,** suspension points, dots (...)

suspenso,-a *adj* & *m* fail

suspicacia *f* suspicion, distrust

suspicaz *adj* suspicious, distrustful

suspirar *vi* to sigh

suspiro *m* sigh

sustancia *f* substance

sustancioso,-a *adj (beneficios)* substantial: *(alimentos)* nourishing, wholesome

sustantivo *m* noun

sustentar *vtr* ♦ *(mantener)* to support, maintain ♦ *(una opinión, una teoría)* to uphold, maintain ♦ *(sujetar, soportar un peso)* to support, hold up

sustitución *f* replacement; *(temporal)* substitution

sustituir *vtr* ◆ to replace ◆ *(a una persona)* to replace; *(temporalmente)* to stand in for

sustituto,-a *m, f* replacement; *(temporal)* substitute

susto *m* fright, scare

sustraer *vtr* ◆ *(hurtar)* to steal ◆ *(papeletas)* to remove ◆ *Mat (restar)* to subtract

susurrar 1 *vi (una persona)* to whisper; *(el agua)* to murmur; *(el viento, las hojas)* to rustle |**2** *vtr* to whisper

susurro *m* whisper; *(del agua)* murmuring; *(del viento)* sighing, whispering; *(de las hojas)* rustling

sutil *adj* ◆ *(insinuación, argumento, diferencia)* subtle; *(inteligencia)* sharp; **una s. observación,** a subtle remark ◆ *(un tejido)* thin, fine ◆ *(una fragancia)* delicate, subtle

sutileza *f* subtlety

suyo,-a 1 *adj (de él)* his; *(de ella)* hers; *(de usted, ustedes)* yours; **hablé con un hermano s.,** I spoke with a brother of yours; *(de ellos, ellas)* theirs |**2** *pron (de él)* his; **éste no es el s.,** this is not his; *(de ella)* hers; **me dejó el s.,** she lent me hers; *(de usted, ustedes)* yours; *(de ellos, ellas)* theirs

T

T, t *f (letra)* T, t

tabaco *m* ◆ tobacco ◆ *(cigarrillos)* cigarettes *pl*; **t. negro/rubio,** dark/Virginia tobacco

tábano *m Zool* horsefly

tabarra *f fam pey* pest, bore

tabasco *m* Tabasco

taberna *f* tavern, bar

tabique *m* ◆ *(pared)* partition wall ◆ *(de la nariz)* septum

tabla *f* ◆ board; *(más gruesa)* plank; **t. de planchar,** ironing board ◆ *(para nadar)* float; *(de surf)* surfboard; *(de windsurf)* sailboard ◆ *(de una falda)* pleat ◆ *(lista, índice)* table; **t. periódica,** periodic table ◆ *Mat* table; **la t. del 4,** the 4 times table ◆ *(en ajedrez)* **tablas,** draw *sing*, stalemate *sing*

tablado *m* ◆ *(entarimado)* platform ◆ *(escenario)* stage

tablao *m* flamenco bar *o* club; *(espectáculo)* flamenco show

tablero *m* ◆ *(tabla)* board, plank; *(de una mesa)* top; *(panel)* panel ◆ *(de juegos de mesa)* board; **t. de ajedrez,** chessboard ◆ **t. de mandos,** instrument panel ◆ *Dep (de baloncesto)* backboard

tableta *f* ◆ *(de turrón, chocolate)* bar ◆ *Farm* tablet

tablón *m* ◆ *(de madera)* plank ◆ **t. de anuncios,** notice *o US* bulletin board

tabú *adj* & *m* taboo

taburete *m* stool

tacaño,-a 1 *adj* mean, stingy |**2** *m,f* miser, scrooge

tacatá, tacataca *m* baby-walker

tachar *vtr* ◆ *(en un escrito)* to cross out ◆ **t. de** *(tildar, acusar)* to brand

tachuela *f (clavo corto)* tack; *(en cinturón, botas, etc)* stud

tácito,-a *adj* tacit

taciturno,-a *adj* ◆ *(melancólico, triste)* gloom, gloomy ◆ *(silencioso, reservado)* uncommunicative, taciturn

taco *m* ◆ *(de billetes, papeles)* wad; *(de entradas)* book ◆ *Dep (de bota)* stud, *US* cleat ◆ *(de billar)* cue ◆ *(de tortilla, jamón, etc)* cube ◆ *(comida mexicana)* taco ◆ *fam (jaleo, follón)* hubbub, racket ◆ *fam (palabra malsonante)* swearword

tacón *m* heel; **zapatos de t.**, high-heeled shoes

táctico,-a 1 *adj* tactical **|2** *f* **táctica**, tactics *pl*

táctil *adj* tactile

tacto *m* ◆ touch: **al t.**, by touch ◆ *(cualidad del objeto)* feel: **esta tela tiene un t. áspero**, this cloth feels rough ◆ *(tiento, cuidado)* tact: **no tuvieron mucho t.**, they weren't very tactful

tailandés,-desa 1 *adj* & *m,f* Thai **|2** *m (idioma)* Thai

Tailandia *f* Thailand

taimado,-a *adj* astute, cunning

tajada *f* slice, piece

tajante *adj (contundente)* categorical; *(brusco)* sharp

tajo *m* ◆ *(corte)* cut ◆ *fam (trabajo)* grind, drudgery

tal 1 *adj* ◆ *(dicho, semejante)* such: **no dije t. cosa**, I never said such a thing; **de t. madre, t. hija**, like mother, like daughter; **de t. manera**, in such a way; **en tales condiciones**, in such conditions; *(uso enfático)* **tenía t. dolor de cabeza...**, I had such a headache... ◆ *(valor indeterminado)* such and such; **t. día, en t. sitio**, such and such a day at such and such a place **|2** *pron* **él es el jefe, y como t. es el culpable**, he's the boss and, as such, he's to blame **|3** *adv (en expresiones)* ◆ **¿qué t. tu familia?**, how is your family? ◆ **t. vez**, perhaps, maybe ◆ **t. cual**, just as it is ◆ **con t. (de) que**, so long as, provided

tala *f* tree felling

taladradora *f* drill

taladrar *vtr* to drill, bore

taladro *m* ◆ *(instrumento)* drill ◆ *(agujero)* hole

talante *m* ◆ *(estado de ánimo)* temper, mood: **está de buen t.**, she's in a good mood ◆ *(disposición, gana)* willingness

talar *vtr* to fell, cut down

talco *m* talc; **polvos de t.**, talcum powder

talego *m* sack

talento *m* talent

talismán *m* lucky charm, talisman

talla *f* ◆ *(de ropa)* size: **¿cuál es tu t.?**, what size are you? ◆ *(altura)* height, stature ◆ *(categoría, importancia)* standing ◆ *(acción de tallar: piedras preciosas)* cutting; *(madera)* carving; *(metal)* engraving ◆ *(escultura tallada)* sculpture, (wood) carving

tallar *vtr* ◆ *(dar forma, esculpir)* to sculpt; *(piedras preciosas)* to cut; *(la madera)* to carve; *(el metal)* to engrave ◆ *(medir a una persona)* to measure the height of

tallarines *mpl (italianos)* tagliatelle *sing*; *(chinos)* noodles *pl*

talle *m* ◆ *(cintura)* waist ◆ *(figura, planta)* figure, shape

taller *m* ◆ workshop; *(de un artista)* studio; *Educ* workshop ◆ *Auto* garage *US* repair shop

tallo *m* stem, stalk

talón *m* ◆ *(del pie, del calzado)* heel ◆ *(cheque)* cheque, *US* check

talonario *m* chequebook, *US* checkbook

tamaño *m* size

tambalearse *vr (persona)* to totter, stagger; *(un objeto)* to wobble

también *adv* too, as well; *(como respuesta)* **él sabe italiano - yo también**, he knows Italian - so do I

tambor *m* drum

Támesis *m* **el Támesis**, the (River) Thames

tamiz *m* sieve

tamizar *vtr* to sieve, sift

tampoco *adv* neither, not ... either; *(como respuesta)* **no he visto esa película - yo t.**, I haven't seen that film neither *o* nor have I

tampón *m* tampon

tan *adv* ◆ *(para intensificar)* so, such, such a: **¡es t. sensible!**, he's so sensitive! ◆ *(en comparaciones)* **es t. inteligente como su hermano**, he's as intelligent as his brother ◆ **t. sólo**, only

tanda *f (grupo)* batch; *(serie ininterrumpida)* series *pl*

tándem *m* tandem

tangente *adj* & *f* tangent

tango *m* tango

tanque *m* tank

tantear *vtr* ◆ *(una situación)* to size up; *(a una persona)* to sound out ◆ *(orientarse con el tacto)* to feel

tanteo m *Dep* score

tanto,-a 1 *adj* & *pron* ◆ *(mucho) (con singular)* so much; *(con plural)* so many: **¿cómo puedes ahorrar t. (dinero)?,** how are you able to save so much money?; **no necesito tantos folios,** I don't need so many sheets of paper ◆ *(cantidad imprecisa)* **le costó cuarenta y tantos dólares,** it cost her forty-odd dollars ◆ *(en comparaciones: con singular)* as much; *(en plural)* as many **|2** *adv* **tanto** ◆ *(hasta tal punto)* so much ◆ *(referido a tiempo)* so long: **tardé un mes en escribirlo - ¿t.?,** I spent one month writing it - so long?; *(a menudo)* **ya no sale t.,** nowadays he doesn't go out so often **|3** *m* **tanto** ◆ *Dep* point; *Ftb* goal ◆ *(una cantidad determinada)* a certain amount ◆|LOC: **estar al t.,** to be up-to-date; **me llamó a las tantas de la noche,** she phoned me very late at night; **entre t.,** meanwhile; **por lo t.,** therefore; **t. Pedro como María,** both Pedro and María; **t. por ciento,** percentage

tapa *f* ◆ *(de una cazuela, del piano, etc)* lid; *Aut (del depósito, del radiador)* cap ◆ *(de un libro)* cover ◆ *(del tacón)* heelpiece ◆ *(en los bares)* tapa, savoury snack, appetizer

tapadera *f* ◆ *(de un recipiente)* lid, cover ◆ *fig (de una actividad ilegal)* cover, front

tapar *vtr* ◆ *(cubrir)* to cover; *(una botella)* to put the top on; *(un frasco, una caja, etc)* to put the lid on ◆ *(un orificio)* to plug, fill; *(obstruir)* to block ◆ *(abrigar, arropar)* to wrap up; *(en la cama)* to tuck in ■ **taparse** *vr* ◆ *(abrigarse)* to wrap up; *(en la cama)* to cover oneself ◆ *(los ojos, oídos, etc)* to cover

taparrabos *m inv* loincloth

tapete *m* (protective) table cloth

tapia *f* wall

tapiar *vtr* ◆ to wall in ◆ *(tapar un hueco)* to brick up, block off

tapicería *f* ◆ *(de un sofá, coche, etc)* upholstery ◆ *(taller, tienda)* upholsterer's

tapiz *m* tapestry

tapizar *vtr* to upholster

tapón *m* ◆ *(de una botella)* cap, top; *(de corcho)* cork; *(de un desagüe)* plug; *(de goma)* stopper; *(para los oídos)* earplug; **t. de rosca,** screw-on cap ◆ *(obstrucción)* blockage ◆ *Auto fam (atasco)* traffic jam, tailback ◆ *(en baloncesto)* block

taponar *vtr* to plug, block ■ **taponarse** *vr* to get blocked

taquigrafía *f* shorthand, *US* stenography

taquígrafo,-a *m,f* shorthand typist, *US* stenographer

taquilla *f* ◆ ticket office, box office ◆ *(dinero recaudado)* takings *pl* ◆ *(armario individual)* locker ◆ *(casillero en un hotel, etc)* pigeonholes *pl*

tara *f* ◆ defect, fault ◆ *Auto (peso sin carga)* tare

tarántula *f Zool* tarantula

tararear *vtr* to sing to oneself; *(con la boca cerrada)* to hum

tardar *vi* ◆ *(un tiempo determinado)* to take time: **¿cuánto se tarda de aquí a Madrid?,** how long does it take from here to Madrid?; **no tardó mucho,** it didn't take long ◆ *(demasiado tiempo)* to take a long time: **tardaron en abrir la puerta,** they took a long time to open the door

tarde 1 *f* ◆ *(después de mediodía)* afternoon; *(cerca del anochecer)* evening: **por la t.,** in the afternoon, in the evening **|2** *adv* late: **no llegues t.,** don't be late ◆|LOC: **de t. en t.,** from time to time ◆ **(más) t. o (más) temprano** *o* **más pronto o más t.,** sooner or later

tardío,-a *adj* late

tarea *f* job, task; *(del colegio)* homework, *US* assignments *pl*

tarifa *f* ♦ *(lista de precios)* tariff, price list ♦ *(precio unitario: en suministros)* price, rate; *(del autobús, metro, etc)* fare

tarima *f (plataforma, estrado)* dais, platform

tarjeta *f* card; **t. de crédito,** credit card; **t. de embarque,** boarding pass *o* card; **t. postal,** postcard; **t. telefónica,** phonecard; *Inform* **t. de sonido,** sound card

tarro *m* ♦ *(de barro, de vidrio)* jar, pot ♦ *LAm (bote de hojalata)* tin, *US* can

tarta *f* tart; *(pastel)* cake; **t. de cumpleaños,** birthday cake

tartamudear *vi* to stammer, stutter

tartamudo,-a 1 *adj* stammering, stuttering **|2** *m,f* stutterer, stammerer

tartera *f* lunch box, *US* lunch pail

tasa *f* ♦ *(proporción)* rate; **t. de desempleo,** rate of unemployment ♦ *(precio establecido)* fee; **tasas académicas,** course fees ♦ *Econ (impuesto)* tax ♦ *(valoración)* valuation

tasar *vtr* to value

tasca *f fam* cheap bar

tatarabuelo,-a *mf (hombre)* great-great-grandfather; *(mujer)* great-great-grandmother; **tatarabuelos,** great-great grandparents;

tataranieto,-a *mf (hombre)* great-great-grandson; *(mujer)* great-great-granddaughter; **tataranietos,** great-great-grandchildren

tatuaje m tattoo

taurino,-a *adj* bullfighting

Tauro *m Astrol* Taurus

tauromaquia *f* (art of) bullfighting

taxi *m* taxi, cab

taxímetro *m* taximeter, meter

taxista *mf* taxi driver, cab driver

taza *f* ♦ *(recipiente)* cup; *(medida, contenido)* cupful ♦ *(del retrete)* bowl

tazón *m* bowl

te *pron pers* ♦ *(objeto directo)* you; **te quiero,** I love you ♦ *(objeto indirecto)* you, to you, for you; **te lo guardaré,** I'll keep it for you ♦ *(con verbos reflexivos)* yourself; **cuídate mucho,** look after yourself; *(sin traducción en verbos pronominales)* **no te preocupes,** don't worry

té *m* tea

tea *f* torch

teatral *adj* ♦ theatre ♦ *(efectista)* theatrical

teatro *m* theatre, *US* theater

tebeo *m* (children's) comic

techo *m* ♦ *(tejado)* roof; *(de una estancia)* ceiling

tecla *f* key

teclado *m* keyboard

técnica *f* ♦ *(método)* technique ♦ *(tecnología)* technology

técnico,-a 1 *adj* technical **|2** *m,f* technician, technical expert

tecnócrata *mf Pol* technocrat

tecnología *f* technology; **t. punta,** high technology

tecnológico,-a *adj* technological

tedioso,-a *adj* boring, tedious

teja 1 *f Arquit* tile **|2** *m (color)* russet

tejado *m* roof

tejano,-a 1 *adj* & *m,f* Texan **|2** *mpl Indum* **tejanos,** jeans

tejer *vtr* ♦ to weave ♦ *(hacer punto)* to knit ♦ *(maquinar, urdir)* to plot

tejido *m* ♦ *(tela, paño)* fabric ♦ *Anat Bot* tissue

tejón *m* badger

tel. *(abr de teléfono)* telephone, tel.

tela *f* ♦ *Tex* cloth; *(en sastrería, tapicería)* fabric, material

telar *m* loom

telaraña *f* spider's web

tele *f fam* telly

telecomunicaciones *fpl* telecommunications

telediario *m TV* television news bulletin

teledirigido,-a *adj* remote-controlled

teleférico *m* cable car *o* railway

telefonazo *m fam* ring

telefonear *vtr* & *vi* to telephone, phone

telefónico,-a *adj* telephone

telefonillo *m (en el portal)* Entryphone®; *(entre dos pisos, habitaciones)* intercom

telefonista *mf* telephonist, operator

teléfono *m* telephone; **t. inalámbrico,** cordless phone; **t. móvil,** mobile

telegráfico,-a *adj* telegraphic

telégrafo *m* telegraph

telegrama *m* telegram

telemando *m* remote control

telenovela *f* serial, soap opera

teleobjetivo *m* zoom lens *sing*

telepatía *f* telepathy

telescopio *m* telescope

teleserie *f* television series

telesilla *m* chair lift

telespectador,-ora *m,f* viewer

telesquí *m* ski lift

teletexto *m* teletext

teletipo *m* teleprinter

televisar *vtr* to televise

televisión *f* ◆ television ◆ *(receptor de televisión)* television (set)

televisor *m* television (set)

telón *m* curtain

tema *m* ◆ *(de un libro, una conversación)* subject, topic ◆ *(de una tesis, clase, conferencia)* topic ◆ *Mús* theme

temario *m (programa)* syllabus; *(de oposición, examen)* list of topics

temático,-a 1 *adj* thematic **|2** *f* themes, subject matter

temblar *vi* ◆ *(de emoción, la voz)* to quiver; *(el pulso)* to shake; *(de miedo, temor)* to tremble ◆ *(de frío)* to shiver ◆ *(la tierra, un edificio)* to shake

temblor *m* ◆ *(de miedo, temor)* tremor, shudder; *(de frío)* shiver ◆ *Geol (de baja intensidad)* earth tremor; *(de gran intensidad)* earthquake

temer 1 *vtr* to fear, be afraid **|2** *vi* to be afraid ■ **temerse** *vr* to be afraid

temerario,-a *adj (acción)* reckless; *(comentario, acusación)* rash

temible *adj* fearsome

temor *m* fear

témpera *f* tempera

temperamental *adj* temperamental

temperamento *m* temperament

temperatura *f* temperature

tempestad *f* storm, tempest

tempestuoso,-a *adj* stormy

templado,-a *adj* ◆ warm; **agua templada,** lukewarm water ◆ *Meteor* mild, temperate

templo *m Rel* temple

temporada *f* ◆ *(espacio de tiempo)* time ◆ *(época propicia)* season; **t. alta,** high *o* peak season; **t. baja,** low *o* off season

temporal 1 *adj* temporary, provisional **|2** *m* storm

temprano,-a *adj* & *adv* early; **por la mañana t.,** early in the morning

tenaz *adj* ◆ *(persona)* tenacious ◆ *(constipado, sequía)* persistent

tenaza *f*, **tenazas** *fpl* ◆ *(de electricista)* pliers; *(de carpintero, albañil)* pincers; *(de chimenea)* tongs

tendedero *m (lugar donde se tiende ropa)* drying area; *(conjunto de cuerdas)* clothes line; *(portátil)* clothes horse

tendencia *f* ◆ tendency ◆ *(del mercado, moda, etc)* trend

tendencioso,-a *adj* tendentious

tender 1 *vtr* ◆ *(la ropa)* to hang out ◆ *(tumbar)* to lay ◆ *(extender, desplegar)* to spread ◆ *(cables, una vía)* to lay; *(puente)* to build ◆ *(ofrecer)* to hold out; *(alargar, aproximar)* to pass, hand ◆ *(una emboscada, trampa)* to set **|2** *vi* to tend [**a,** to] ■ **tenderse** *vr* to lie down

tenderete m stall

tendero,-a *m,f* shopkeeper

tendido *m* ◆ *(de un cable, una vía)* laying ◆ **t. eléctrico,** electrical installation ◆ *Taur (graderío)* terraces

tendón *m Anat* tendon, sinew

tenebroso,-a *adj* ◆ *(oscuro, sombrío)* dark, gloomy ◆ *(perverso, malvado)* sinister

tenedor *m* fork

tener 1 *vtr* ◆ to have, have got: **tiene mucho talento,** he's very talented ◆ *(ser dueño de)* to own ◆ *(contener)* to contain ◆ *(asir, sujetar)* to hold: **la tenía en brazos,** she was carrying her in her arms ◆ *(una sensación)* **tiene celos,** he's jealous; **tengo hambre/sed,** I'm hungry/thirsty ◆ *(años, tiempo)* to be: **el bebé tiene ocho días,** the baby is eight days old ◆ *(mantener)* to keep: **nos tuvo dos horas esperando,** he kept us waiting for two hours |2 *v aux* (**t. que** + *inf*) to have to: **tienes que ir,** you have to go; **tengo que hacerlo,** I must do it; **tendrías que habérselo dicho,** you ought to have told her ■ **tenerse** *vr* ◆ **t. en pie,** to stand (up) ◆ *(valorarse, estimarse)* to consider oneself

teniente *m* lieutenant

tenis *m* tennis

tenista *mf* tennis player

tenor *m* tenor

tensar *vtr* ◆ *(una cuerda, un cable, etc)* to tighten ◆ *(un arco)* to draw ◆ *(un músculo)* to tense

tensión *f* ◆ *Fís* strain ◆ *Med (arterial)* blood pressure: **tiene la t. baja,** she has low blood pressure; *(nerviosa)* strain, stress ◆ *Elec* tension, voltage

tenso,-a *adj* ◆ *(persona)* tense ◆ *(negociaciones, relaciones, etc)* strained ◆ *(cuerda, cable)* tight, taut

tentación *f* temptation

tentáculo *m* tentacle

tentador,-ora *adj* tempting

tentar *vtr* ◆ *(incitar)* to tempt ◆ *(palpar)* to feel, touch

tentativa *f* attempt, try

tentempié *m fam* snack, bite

tenue *adj* ◆ *(tejido, humo, niebla)* thin, light ◆ *(débil, apagado)* faint

teñir *vtr* to dye ■ **teñirse** *vr* ◆ to dye one's hair, tint one's hair ◆ *(colorearse, volverse)* **el cielo se tiñó de rojo,** the sky turned red

teología *f* theology

teorema *m* theorem

teoría *f* theory

teórico,-a *adj* theoretical

tequila *m* tequila

terapeuta *mf* therapist

terapia *f* therapy

tercer *adj* third: **el T. Mundo,** the Third World

tercermundista *adj* third world

tercero,-a 1 *adj* third: **la tercera edad,** old age |2 *pron* third (one) |3 *m* ◆ mediator: **pidamos opinión a un t.,** let's ask someone else's opinion ◆ *Jur* third party |4 *f Dep* third division

terceto *m* trio

terciarse *v impers* **si se tercia les hacemos una visita,** we can visit them if the chance arises

tercio *m* ◆ *(tercera parte)* (one) third ◆ *Taur* stage, part (of a bullfight) ◆ *(de cerveza)* medium-size bottle of beer

terciopelo *m Tex* velvet

terco,-a *adj* stubborn

tergiversar *vtr* to distort

termas *fpl* hot baths *o* springs *pl*

térmico,-a *adj* thermal

terminación *f* ◆ *(de un verbo, número)* ending ◆ *(finalización)* completion

terminal 1 *m Elec Inform* terminal |2 *f Av* terminal; *(de autobús)* terminus |3 *adj* terminal

terminar 1 *vtr* to finish |2 *vi* ◆ to finish, end: **mi trabajo termina a las seis,** I finish work at six o'clock; *(acabar la vida, carrera, etc)* to end up: **terminó amargada,** she ended up being embittered ◆ *(eliminar, acabar)* **tenemos que t. con esta situación,** we have to put an end to this situation ◆ *(estar rematado)* to end: **termina en vocal,** it ends with a vowel ■ **terminarse** *vr* ◆ to finish, end, be over ◆ *(consumirse toda la reserva)* to run out: **se terminó el azúcar,** we have run out of sugar

término *m* ◆ term, word ◆ *(fin, extremo)* end ◆ *(territorio)* **el t. municipal de Arganda,** Arganda municipal district ◆ *(plazo)* **contéstame en el t. de una semana,** give me an answer within a week ◆ **términos** *mpl (de un contrato, etc)* terms ◆ **por t. medio,** on average

termo *m* flask, Thermos® (flask)

termómetro *m* thermometer

termostato *m* thermostat

ternera *f* ◆ *Zool* calf ◆ *Culin* veal

ternero *m* calf

ternilla *f* cartilage

ternura *f* tenderness

terraplén *m* embankment

terrateniente *mf* landowner

terraza *f* ◆ *(azotea)* flat roof; *(balcón grande, mirador)* balcony, terrace ◆ *(de un bar, café)* terrace, pavement café, *US* sidewalk café

terremoto *m* earthquake

terreno *m* ◆ *Geol* terrain ◆ *(extensión de tierra)* (piece of) land, ground ◆ *fig (campo de acción, investigación)* field, sphere ◆ *Dep* **t. (de juego),** field, ground

terrestre *adj* ◆ *Geol* terrestrial: **la corteza t.,** the earth's crust ◆ *(tierra firme)* land: **animal t.,** a land animal

terrible *adj* terrible

territorio *m* territory: **t. nacional,** country

terrón *m* lump

terror *m* terror

terrorista *adj* & *mf* terrorist

terso,-a *adj* smooth

tertulia *f* get-together, gathering

tesauro *m* thesaurus

tesina *f* (first degree) dissertation

tesis *f inv* ◆ *(opinión)* theory ◆ *Univ* thesis

tesón *m* tenacity, perseverance

tesorero,-a *m,f* treasurer

tesoro *m* ◆ treasure ◆ *(fondos del Estado)* exchequer

test *m* test

testaferro *m* front man

testamento *m* ◆ will ◆ *Rel* **Antiguo/Nuevo T.,** Old/New Testament

testarudo,-a *adj* stubborn, pigheaded

testículo *m* testicle

testificar *vtr & vi* to testify

testigo 1 *mf* ◆ witness: **t. presencial,** eyewitness ◆ *Rel* **Testigos de Jehová,** Jehovah's Witnesses

testimonio *m* ◆ *Jur* testimony: *Jur* **falso t.,** perjury ◆ *(prueba)* evidence, proof

teta *f fam* ◆ boob ◆ *(de animal)* teat

tétanos *m inv* tetanus

tetera *f* teapot

tetina *f* teat

tétrico,-a *adj* gloomy, dismal

textil *adj* textile

texto *m* text: **libro de t.,** textbook

textura *f* texture

tez *f* skin, complexion

ti *pron pers* you: **esos libros son para ti,** those books are for you: **no iré sin ti,** I won't go without you: *(reflexivo)* yourself

tía *f* ◆ aunt: **tía abuela,** great-aunt ◆ *fam (mujer)* women, girl

tibio,-a *adj* lukewarm

tiburón *m* shark

tic *m (movimiento involuntario)* tic, twitch: *(gesto peculiar)* mannerism

tictac, tic-tac *m* tick-tock, ticking

tiempo *m* ◆ time: **hace mucho t.,** a long time ago: **me llevó mucho t.,** it took me a long time: **¿cuánto t. tienes para acabarlo?,** how long have you got to finish it?: **tómate tu t.,** take your time: **no puedo quedarme más t.,** I can't stay any longer: **a un t./al mismo t.,** at the same time: **t. libre,** free time ◆ *(de un bebé)* **¿cuánto** *o* **qué t. tiene?,** how old is she? ◆ *(época)* **en mis tiempos de estudiante,** in my student days: **nació en tiempos de Luis XIV,** he was born in the time of Louis XIV ◆ *Meteor* weather: **hace buen t.,** the weather is good ◆ *Dep* half: **primer t.,** first half: **t. muerto,** time out ◆ *Ling* tense

tienda *f* ◆ shop, *US* store; **t. de comestibles** *o* **ultramarinos,** grocer's (shop) *US* grocery: **t. libre de impuestos,** dutyfree shop ◆ **t. de campaña,** tent

tierno,-a *adj* ◆ *(carne, hortaliza, etc)* tender: *(pan)* fresh ◆ *(cariñoso, afectuoso)* affectionate: *(gesto, mirada)* tender

tierra *f* ◆ earth ◆ *(medio terrestre)* land: **viajar por t.,** to travel by land: **t. adentro,** inland ◆ *(país, lugar de origen)* homeland ◆ *(superficie terrestre, suelo)* ground: **bajo t.,** below ground: *(materia)* soil, earth: **un puñado de t.,** a handful of earth *o* soil ◆ *Elec* earth *US* ground

tieso,-a *adj* ◆ *(erguido)* upright, erect ◆ *(rígido)* stiff

tiesto *m* flowerpot, plant pot

tifón *m* typhoon

tifus *m Med* typhus: *(fiebre)* typhus *o* typhoid fever

tigre,-gresa *m,f* tiger *m*, tigress *f*

tijeras *f* (pair of) scissors *pl*

tijereta *f* ◆ *Zool* earwig ◆ *(salto)* scissors kick

tila *f* lime tea

tilde *mf* written accent
tilo *m* lime tree
timar *vtr* to cheat, rip off
timbal *m* kettledrum
timbre *m* ◆ timbre, tone ◆ *(para llamar, avisar)* bell ◆ *(en documento oficial)* fiscal stamp
timidez *f* shyness
tímido,-a *adj* shy
timo *m* swindle, rip-off
timón *m* ◆ rudder, helm ◆ *LAm (volante)* steering wheel
timonel *m* helmsman
tímpano *m* ◆ *Anat* eardrum ◆ *Arquit* tympanum
tinaja *f* (large) earthenware jar
tinglado *m* ◆ *fam fig (enredo, lío)* mess; *fam fig (negocio sucio)* racket
tinieblas *fpl* darkness *sing*
tino *m* ◆ *(sensatez)* good sense, sound judgement ◆ *(puntería)* aim
tinta *f* ink; **t. china,** Indian ink
tinte *m* ◆ *(tintorería)* dry cleaner's ◆ *(teñido)* dyeing; *(sustancia)* dye
tintero *m* inkpot, inkwell
tinto *m* red wine
tintorería *f* dry-cleaner's
tío *m* ◆ uncle: **es mi tío-abuelo,** he's my great-uncle ◆ **tíos** *(el tío y la tía)* aunt and uncle; *(sólo hombres)* uncles ◆ *fam (persona)* bloke, guy
tiovivo *m* merry-go-round, roundabout *US* carousel
típico,-a *adj (característico)* typical; *(tradicional)* traditional
tipo *m* ◆ *(modelo, clase)* type, kind, sort ◆ *fam (individuo)* guy, bloke, fellow ◆ *(constitución física)* build, physique; *(de mujer)* figure ◆ *Econ* rate; **t. de cambio,** exchange rate
tipográfico,-a *adj* typographic; **error t.,** misprint
tique, tiquet *m* ◆ *(entrada, billete)* ticket ◆ *(recibo, comprobante)* receipt
tiquismiquis 1 *m,f fam* fussyperson, *fam* fuss-pot |**2** *m* fuss and bother
tira *f* ◆ *(de tela, papel, adhesiva, etc)* strip ◆ *(en periódico, revista)* strip cartoon, comic strip
tirabuzón *m* ringlet
tirachinas *m inv* catapult, *US* slingshot
tirada *f* ◆ *(en el juego)* throw ◆ *(de un libro, un periódico)* print run
tirado,-a *adj fam* ◆ *(muy barato)* dirt cheap ◆ *(muy fácil)* very easy, dead easy
tirador *m* knob, handle
tiralíneas *m inv* drawing *o* ruling pen
tiranía *f* tyranny
tiránico,-a *adj* tyrannical
tiranizar *vtr* to tyrannize
tirano,-a *m,f* tyrant
tirante 1 *adj (una cuerda)* tight, taut; *(una situación)* tense |**2** *m* ◆ *(de una prenda)* strap ◆ *(para sujetar el pantalón)* **tirantes,** braces *pl*, *US* suspenders *pl* ◆ *Téc (abrazadera)* brace
tirar 1 *vtr* ◆ *(arrojar, echar)* to throw: **lo tiró al agua,** he threw it into the water ◆ *(deshacerse de)* to throw out *o* away; **tiré mis zapatos viejos,** I threw my old shoes away ◆ *(hacer caer)* to knock over: **tiré el vaso,** I knocked the glass over; *(derribar a alguien)* to knock *o* push over; **t. abajo** *(una pared, una puerta)* to knock down; *(demoler)* to pull down ◆ *(una bomba)* to drop; *(un tiro, un cohete)* to fire ◆ *(una foto)* to take ◆ *Impr* to print |**2** *vi* ◆ *(hacer fuerza hacia sí)* to pull ◆ *(disparar)* to shoot; *Dep* to shoot; *(dados, dardos)* to throw ◆ *fam (gustar)* **le tira mucho el baloncesto,** he's very keen on basketball ◆ *fam (arreglárselas)* **ir tirando,** to get by, manage ◆ *(ir)* **tira a la derecha,** turn right ■ **tirarse** *vr* ◆ *(saltar, arrojarse)* to throw *o* hurl oneself; **se tiró al agua,** she dived *o* jumped into the water ◆ *(tenderse, dejarse caer)* **se tiró en el sillón,** he flung himself into the armchair; *(tumbarse)* to lie down ◆ *fam (pasar un tiempo)* to spend
tirita *f* (sticking) plaster, Elastoplast®, *US* Band-Aid®,
tiritar *vi* to shiver
tiro *m* ◆ shot; **t. libre,** free shot; **t. al plato,** claypigeon shooting *US* skeet shooting; **t. al blanco,** target shooting ◆ *(de la chimenea)* flue, draught ◆ **animal de t.,** draught animal

tirón *m* ♦ tug; **un t. fuerte,** a hard pull *o* tug ♦ *(sacudida de un vehículo)* jerk ♦ *(de un músculo)* **le dio un t.,** he pulled a muscle ♦ *(robo)* **dar el t. a alguien,** to snatch sb's bag

tiroteo *m* shooting, shoot-out

tirria *f fam* grudge

tisis *f inv* tuberculosis, consumption

títere *m* ♦ puppet ♦ *(espectáculo)* **títeres,** puppet show *sing*

titilar *vi* to twinkle

titiritero,-a *m,f* ♦ *(de títeres)* puppeteer ♦ *(acróbata)* acrobat

titubeo *m* ♦ *(vacilación)* hesitation, hesitancy

titulación *f Educ* qualifications *pl*

titulado,-a 1 *adj Educ* with a university degree **|2** *m, f* graduate

titular[1] **1** *adj Dep* first-team player; *Educ* permanent; **médico t.,** permanent doctor **|2** *m, f (de una cuenta, un cargo)* holder; *(de una propiedad, casa, etc)* owner **|3** *m Prensa* headline; *(en televisión)* **titulares,** main stories

titular[2] *vtr* to call, title ■ **titularse** *vr* ♦ *(película, etc)* to be called, be entitled ♦ *Educ* to get one's degree, graduate

título *m* ♦ *(de una obra, ley)* title ♦ *Educ (cualificación)* qualification; *(universitario)* degree ♦ **t. nobiliario,** title

tiza *f* chalk

toalla *f* towel

toallero *m* towel rail

tobillera *f* ankle support

tobillo *m* ankle

tobogán *m* slide

toca *f* wimple

tocadiscos *m inv* record player, phonograph

tocado,-a *adj fam* nuts, crazy

tocador *m* ♦ *(cómoda)* dressing table ♦ *(cuarto)* dressing room

tocar 1 *vtr* ♦ to touch; *(manipular, manejar)* to handle; *(sentir al tacto)* to feel ♦ *(hacer alusión)* to touch on ♦ *(un instrumento)* to play ♦ *(el timbre, la campana)* to ring **|2** *vi* ♦ *(corresponder)* **a ti te toca decírselo,** you're the one who has to tell him; *(por turno)* **me toca,** it's my turn ♦ *(en el juego, en un concurso)* to win: **le tocaron dos millones,** he won two million pesetas ♦ *(sonar)* **tocan las campanas,** the bells are ringing ■ **tocarse** *vr* ♦ to touch

tocayo,-a *m,f* namesake

tocino *m* fatty pork; **t. de cielo,** sweet made with egg yolk and sugar

tocólogo,-a *m,f* obstetrician

todavía *adv* ♦ *(en afirmativas e interrogativas)* still: **t. viven en Francia,** they're still living in France; *(en negativas)* yet: **t. no he acabado,** I haven't finished yet ♦ *(en comparaciones)* **t. más/menos,** even more/less

todo,-a 1 *adj* ♦ *(la totalidad: singular)* all, whole: **toda la semana,** the whole week *o* all week; *(plural)* all: **todos sus hermanos,** all his brothers; **todos lo sabíamos,** we all knew; *(todo el mundo)* **todos están riendo,** everybody is laughing ♦ *(cada, cualquier)* every: **viene todos los meses,** he comes every month; **t. el que desee...,** anyone who wishes to...♦ *fam* **es toda una atleta,** she is every inch an athlete **|2** *pron* ♦ *(sin excepciones)* everything: **lo perdió t.,** he lost everything; **lo compró t.,** he bought it all; **eso es t.,** that's all; *(todo el mundo)* everybody; **nos invitó a todos,** he invited all of us; **todos y cada uno,** each and every one **|3** *m* **todo** whole

todopoderoso,-a 1 *adj* all-powerful **|2** *m* **el T.,** the Almighty

todoterreno *m* all-terrain vehicle

toga *f* gown, robe

toldo *m* awning

tolerancia *f* tolerance

tolerante *adj* tolerant

tolerar *vtr* to tolerate; *(comida)* **no tolera las hamburguesas,** hamburgers don't agree with her

toma *f* ♦ *(acción de tomar)* taking; *(de datos)* gathering; *Mil* capture; **t. de posesión,** investiture ♦ *Cine Fot* shot; *(secuencia)* take ♦ *(dosis)* dose ♦ *Elec* **t. de corriente,** power point *US* socket; **t. de tierra,** earth, *US* ground

tomar *vtr* ♦ to take ♦ *(autobús, taxi, etc)* to take, catch ♦ *(alimentos)* to have; *(bebidas)* to drink; *(medicinas)* to take

♦ *(adoptar)* to take, adopt: **tomaron medidas desesperadas,** they took desperate measures ♦ *(tener cierta reacción)* **no lo tomes a broma,** don't take it as a joke ♦ *(juzgar)* **no me tomes por idiota,** don't think I'm stupid; *(confundirse)* **le tomaron por Robert Redford,** they mistook him for Robert Redford ♦ *(el aire, el fresco, etc)* to get; **t. el sol,** to sunbathe ♦ *Av* **t. tierra,** to land, touch down ■ **tomarse** *vr* ♦ to take: **me tomé el día libre,** I took the day off ♦ *(alimentos)* to have; *(bebida)* to drink

tomate *m* tomato; *(salsa)* tomato sauce

tomillo *m* thyme

tomo *m* volume

tonalidad *f* tonality

tonel *m* barrel, cask

tonelada *f* ton; **t. métrica,** metric ton, tonne

tonelaje *m* tonnage

tónico,-a 1 *adj & m* tonic |**2** *f* ♦ *(bebida)* tonic (water) ♦ *Mús Ling* tonic

tono *m* ♦ *(de la voz)* tone, pitch: **un t. alto/bajo,** a high/low pitch ♦ *(de un color)* shade, tone: **diferentes tonos de verde,** different shades of green ♦ *Mús* key ♦ *(del teléfono)* tone

tontear *vi* ♦ *(hacer tonterías)* to play the fool, fool about ♦ *(coquetear)* to flirt

tontería *f* silly thing: **¡deja de decir tonterías!,** stop talking nonsense! *(cosa sin importancia)* trifle, small thing

tonto,-a 1 *adj* silly, *fam* dumb |**2** *m,f* fool, idiot, *fam* dummy; **hacer el t.,** to play the fool

topacio *m* topaz

toparse *vr* **me topé con ella en el ascensor,** I ran *o* bumped into her in the lift

tope 1 *m* ♦ *(límite, extremo)* limit; **fecha t.,** deadline ♦ *(pieza: en las puertas)* doorstop ♦|LOC: *fig (lleno a rebosar)* **estar a tope** *o* **hasta los topes,** to be full to bursting; *(un estadio, el autobús, etc)* to be packed (out), be jam-packed

tópico *m* commonplace, cliché

topo *m* ♦ *Zool* mole ♦ *(infiltrado)* mole

topografía *f* topography

topónimo *m* place name

toque *m* ♦ *(golpe suave)* rap ♦ *(matiz, detalle)* touch ♦ *fam (aviso)* **un t. de atención,** warning; *(llamada)* call ♦ *Mil* **t. de queda,** curfew

toquilla *f* shawl

tórax *m* thorax

torbellino *m* ♦ *(remolino de viento)* whirlwind, *US* twister ♦ *fig (agitación)* whirl; *(de sentimientos)* turmoil

torcer 1 *vtr* to twist |**2** *vi* to turn ■ **torcerse** *vr* ♦ *(curvarse)* to bend ♦ *(el tobillo, etc)* to twist ♦ *(los planes)* to fall through, go wrong

torcido,-a *adj* ♦ *(curvo)* bent ♦ *(un cuadro, la corbata, etc)* crooked

tordo *m* thrush

torear *vtr & vi* to fight

toreo *m* bullfighting

torero,-a *m,f* bullfighter

tormenta *f* storm

tormento *m* torture

tormentoso,-a *adj* stormy

tornado *m* tornado

torneo *m* tournament

tornillo *m* screw

torniquete *m* tourniquet

torno *m* ♦ *(de dentista)* drill ♦ *(de carpintero)* lathe; *(de alfarero)* potter's wheel ♦|LOC: **en t. a,** around

toro 1 *m Zool* bull |**2** *mpl* **los toros,** bullfighting

torpe *adj* ♦ clumsy ♦ *pey* dim, dense, thick

torpedo *m* torpedo

torre *f* ♦ tower ♦ *(pieza de ajedrez)* rook, castle ♦ *(edificio)* tower block, *US* apartment block

torrencial *adj* torrential

torrente *m* torrent

tórrido,-a *adj* torrid

torta *f* ♦ *Culin* flat cake; *LAm* cake, tart ♦ *fam (bofetada)* slap ♦ *fam (golpe fuerte)* blow, thump ♦ *(de coche, moto, etc)* crash, smash

tortazo *m fam* ♦ *(golpe fuerte)* blow, thump; *(accidente)* crash, smash ♦ *(bofetada)* slap

tortícolis *f inv* stiff neck

tortilla *f* ◆ *Culin* omelette, *US* omelet: **t. de patatas** *o* **española,** Spanish omelette; **t. francesa,** plain omelette

tórtola *f* turtledove

tortuga *f (terrestre)* tortoise, *US* turtle; *(marina)* turtle

tortuoso,-a *adj* tortuous

tortura *f* torture

torturar *vtr* to torture

tos *f* cough

tosco,-a *adj* rough, coarse

toser *vi* to cough

tostada *f* (piece *o* slice of) toast

tostado,-a 1 *adj* ◆ *(pan)* toasted; *(café)* roasted ◆ *(color)* tan, brown

tostador *m* **tostadora** *f* toaster

tostar *vtr* to toast; *(café)* to roast

tostón *m fam* boring

total 1 *adj* total |**2** *m* total; **el t. de la población,** the whole population; **el t. de los trabajadores,** all the workers; **en t. costó unas dos mil pesetas,** altogether it cost over two thousand pesetas |**3** *adv (en resumen)* so; *fam (con indiferencia)* anyway: **t., a mí no me gustaba,** I didn't like it anyway

totalidad *f (singular)* whole; *(plural)* all

totalitario,-a *adj* totalitarian

tóxico,-a *adj* toxic

toxicología *f* toxicology

toxicólogo,-a *m,f* toxicologist

toxicómano,-a 1 *adj* addicted to drugs |**2** *m* drug addict

tozudo,-a *adj* stubborn, obstinate

traba *f* hindrance, obstacle

trabajador,-ora 1 *adj* hard-working |**2** *m,f* worker

trabajar 1 *vi* ◆ to work: **trabaja de secretaria,** she works as a secretary ◆ *Cine (actuar)* to act |**2** *vtr* to work ◆ *(pulir, ejercitar)* to work on ◆ *(comerciar)* to trade, sell: **nosotros no trabajamos ese artículo,** we don't stock that item

trabajo *m* ◆ work: **hoy tengo poco t.,** I have little work today ◆ *(empleo)* job: **no tiene t.,** he is unemployed ◆ *Educ (sobre un tema)* paper; *(de manualidades)* craft work ◆ *(tarea)* task

trabajoso,-a *adj* laborious, arduous

trabalenguas *m inv* tongue twister

trabarse *vr* **se me traba la lengua,** I get tongue-tied

trabilla *f (de un pantalón)* belt loop; *(de un abrigo)* half-belt

tracción *f* traction; *Auto* drive; **t. delantera/trasera,** front-/rear-wheel drive

tractor *m* tractor

tradición *f* tradition

tradicional *adj* traditional

traducción *f* translation

traducir *vtr* to translate [**a,** into]

traductor,-ora *m,f* translator

traer *vtr* ◆ to bring: **me trae recuerdos,** it brings back old memories ◆ *(tener)* to have ◆ *(llevar puesto)* to wear ■ **traerse** *vr* ◆ *(a una amiga)* to bring along; *(un objeto)* to bring: **no se trajeron la cámara,** they didn't bring the camera

traficante *mf* trafficker; *(de drogas)* dealer, pusher; *(de armas)* dealer

traficar *vi* to traffic

tráfico *m* traffic

tragaperras *f inv* slot machine

tragar 1 *vtr* ◆ to swallow ◆ *fam (comer muy deprisa)* to gobble up, tuck away ◆ *(un desagüe)* to drain off ◆ *(transigir, tolerar)* to put up with |**2** *vi* to swallow ■ **tragarse** *vr* ◆ to swallow ◆ *fig (creer)* to believe, swallow

tragedia *f* tragedy

trágico,-a *adj* tragic

trago *m* ◆ gulp, swallow ◆ *(bebida alcohólica)* nip, drink ◆ *(situación)* **fue un t. muy amargo,** it was a bitter pill to swallow

traición *f* ◆ betrayal, treachery ◆ *(al Estado, a la patria)* treason, betrayal ◆ **a t.,** treacherously; **alta t.,** high treason

traicionar *vtr* to betray

traicionero,-a *adj* treacherous

traidor,-ora 1 *adj* treacherous |**2** *m,f* traitor

traje *m* ◆ *(de hombre)* suit; *(de mujer)* dress; **t. de baño,** bathing suit *o* costume, swimsuit; **t. de novia,** wedding dress ◆ *(regional, de época)* costume; **t. de luces,** bullfighter's costume

trajín *m fam* ◆ *(movimento)* comings and goings *pl* ◆ *(trabajo)* work

trajinar *vi* to be busy

trama *f* ◆ *Lit Cine* plot ◆ *Tex* weft

tramar *vtr* to plot: **¿qué estará tramando?** what is he up to?

tramitar *vtr* to process

trámite *m* ◆ *(gestión)* step; *(procedimiento administrativo)* procedure ◆ *(formalidad)* formality

tramo *m* ◆ *(de suelo, autopista)* stretch ◆ *(de una escalera)* flight

tramoya *f Teat* stage machinery

trampa *f* ◆ trap; **caer en la t.,** to fall into the trap; **tender una t.,** to set a trap ◆ *(puerta en el suelo, techo, trampilla)* trap door ◆ *(fullería, fraude)* fiddle: **eso es hacer t.,** that's cheating ◆ *(deuda)* debt

trampilla *f* trap door

trampolín *m Natación* diving board; *Gim* springboard, trampoline; *Esquí* ski jump

tramposo,-a 1 *adj* deceitful **|2** *m,f* cheat

tranca *f* ◆ *(palo grueso, garrote)* cudgel ◆ *(para una puerta, ventana)* bar

trance *m* ◆ *(situación, circunstancia crítica)* critical moment, difficult situation ◆ *(éxtasis)* trance; **entrar en t.,** to go into a trance

tranquilidad *f* ◆ *(sosiego, quietud)* stillness, tranquillity ◆ *(serenidad)* calmness, tranquillity, *US* tranquility ◆ *(despreocupación)* **se lo toma con una t. pasmosa,** he takes it incredibly calmly

tranquilizante 1 *adj* calming **|2** *m Med* tranquillizer, *US* tranquilizer

tranquilizar *vtr* ◆ *(calmar)* to calm down ◆ *(eliminar el desasosiego)* to reassure ■ **tranquilizarse** *vr* to calm down

tranquilo,-a *adj* ◆ *(sosegado, sereno)* calm; *(sin turbulencias)* still; *(lugar)* quiet ◆ *(sin nervios, preocupación)* **dile que se esté t.,** tell her to not worry; *(conciencia)* clear ◆ *(despreocupado, con pachorra)* laid-back

tranquillo *m fig* knack: **ya le cogerás el t.,** you'll get the knack of it

transacción *f Fin* transaction, deal

transatlántico,-a 1 *adj* transatlantic **|2** *m* (ocean) liner

transbordador *m* ferry; **t. espacial,** space shuttle

transbordar 1 *vi Ferroc* to change trains **|2** *vtr* to transfer; *(a otro barco)* to transship

transbordo *m* ◆ *Ferroc* change, *US* transfer; **hacer t.,** to change *o* transfer ◆ *Náut (de mercancías)* transshipment

transcribir *vtr* to transcribe

transcripción *f* transcription

transcurrir *vi* ◆ *(tiempo)* to pass, to go by ◆ *(una época, un suceso)* to pass

transcurso *m* ◆ course (of time) ◆ *(plazo)* **deberá presentarse en comisaría en el t. de la semana,** he has to report to the police within a week

transeúnte *mf* ◆ *(viandante, peatón)* passer-by ◆ *(habitante temporal)* temporary resident, *US* transient

transferencia *f* transfer

transferir *vtr* to transfer

transformación *f* transformation

transformador *m* transformer

transformar *vtr* ◆ to transform, change ◆ *(convertir, mudar)* to change ■ **transformarse** *vr* ◆ to change, to turn [**en,** into] ◆ *(convertirse)* to convert

tránsfuga *mf* ◆ deserter ◆ *Pol* turncoat

transfusión *f* transfusion

transgredir *vtr* to break

transgresión *f* breaking

transgresor,-ora *m,f* transgressor, lawbreaker

transición *f* transition

transigente *adj* tolerant: **eres demasiado t.,** you are too lenient

transigir *vi* to compromise, give in

transistor *m* transistor

transitable *adj* passable

transitado,-a *adj* busy

transitar *vi* to pass

transitivo,-a *adj* transitive

tránsito *m* ◆ *(paso de un lugar a otro)* transition ◆ *(de personas)* movement, passage; *Auto* traffic

transitorio,-a *adj* transitory, temporary

translucir *vi* → **traslucir**

transmisión *f* ♦ transmission ♦ *(de bienes)* transfer ♦ *Rad TV* broadcast, transmission

transmisor *m* transmitter

transmitir *vtr* ♦ to transmit, pass on; **t. una orden,** to give an order ♦ *(comunicar)* to communicate: **me transmitieron la noticia por teléfono,** I was informed of the news by phone ♦ *Rad TV* to broadcast ♦ *(una enfermedad)* to transmit ♦ *Jur* to transfer

transparencia *f* ♦ transparency ♦ *Fot* slide

transparentar 1 *vtr* to reveal |**2** *vi* to be transparent ■ **transparentarse** *vr* ♦ *(una prenda)* to show through ♦ *(una intención)* to be apparent

transparente *adj* ♦ *(un cristal, las aguas, etc)* transparent ♦ *(gestión, información)* open, clear ♦ *(intención, mentira, etc)* clear

transpiración *f* perspiration

transpirar *vi* to perspire

transponer *vtr* → **trasponer**

transportador,-ora 1 *adj* transporting; **cinta transportadora,** conveyor belt |**2** *m Arte Téc* protractor

transportar *vtr* ♦ to transport: **el avión transporta a doscientas personas,** the plane carries two hundred people

transporte *m* ♦ transport ♦ *(porte de mercancías)* freight

transportista *mf* carrier

transvasar *vtr* → **trasvasar**

transvase *m* → **trasvase**

transversal *adj* transverse, cross

tranvía *m* tram, tramcar, *US* streetcar

trapecio *m* ♦ *Geom* trapezium ♦ *(en el circo)* trapeze

trapecista *mf* trapeze artiste

trapo *m* ♦ *(para limpiar)* cloth; **t. de cocina,** dishcloth; **t. del polvo,** duster, dust cloth ♦ *(para tirar, andrajo)* rag ♦ *Náut* sails ♦ *fam* **trapos,** clothes

tráquea *f* trachea, windpipe

traqueteo *m* clatter

tras *prep* ♦ *(detrás de)* behind: **cuélgalo t. la puerta,** hang it behind the door ♦ *(después de)* after; **t. largos años de espera,** after years of waiting ♦ *(en busca de)* after: **iba t. sus pasos,** he was after him

trasatlántico,-a *adj* & *m* → **transatlántico,-a**

trasbordador *m* → **transbordador**

trasbordar *vtr* & *vi* → **transbordar**

trasbordo *m* → **transbordo**

trascendencia *f* significance, importance

trascendental, trascendente *adj* ♦ significant, very important ♦ *Fil* transcendental

trascender 1 *vi* to become known, get out |**2** *vtr* ♦ to go beyond: **el problema trasciende los límites de mis competencias,** the problem is outside my area of responsibility

trascribir *vtr* → **transcribir**

trascripción *f* → **transcripción**

trascurrir *vi* → **transcurrir**

trascurso *m* → **transcurso**

trasero,-a 1 *adj* back, rear; **en la parte trasera de la casa,** at the rear of the house |**2** *m* bottom, behind

trasferencia *f* → **transferencia**

trasferir *vtr* → **transferir**

trasfondo *m* background

trasformación *f* → **transformación**

trasformador *adj* & *m* → **transformador**

trasformar *vtr* → **transformar**

trasfusión *f* → **transfusión**

trasgredir *vtr* → **transgredir**

trasgresión *f* → **transgresión**

trasgresor,-ora *m,f* → **transgresor,-ora**

trashumancia *f* seasonal migration of livestock

trashumante *adj* migrating

trasiego *m* activity, hustle and bustle

trasladar *vtr* ♦ *(cambiar de lugar)* to move ♦ *(a un empleado)* to transfer; *(a un enfermo)* to move ♦ *(una fecha, un evento)* to move ■ **trasladarse** *vr* to go, move

traslado *m (de vivienda, oficina)* removal, *US* move ♦ *(de un trabajador)* transfer; *(de un enfermo)* move ♦ *(de un documento)* transfer

traslucir *vtr* to reveal, show ■ **traslucirse** *vr* to show (through)
trasluz (al) *loc adv* against the light
trasmano (a) *loc adv* out of reach: **la papelería me queda muy a t.,** the stationer's is well out of my way
trasmisión *f* → **transmisión**
trasmisor *m* → **transmisor**
trasmitir *vtr* → **transmitir**
trasnochado,-a *adj* out, old-fashioned
trasnochador,-ora 1 *adj* given to staying up late |**2** *m,f* night-owl
trasnochar *vi* to stay up (very) late *o* all night
traspapelar *vtr* to mislay ■ **traspapelarse** *vr* to get mislaid, go astray
trasparencia *f* → **transparencia**
trasparentar *vtr* → **transparentar**
trasparente *adj* → **transparente**
traspasar *vtr* ♦ *(un muro, una madera, etc)* to go through ♦ *(una frontera, un río)* to cross (over) ♦ *(una barrera, un límite)* to go beyond: **traspasó la barrera del sonido,** it broke the sound barrier ♦ *Com* to transfer, sell
traspaso *m* ♦ *(cesión)* transfer ♦ *Com (de negocio)* transfer, sale
traspié *m (tropezón)* stumble, slip; *(desliz, error)* blunder, slip-up
traspiración *f* → **transpiración**
traspirar *vi* → **transpirar**
trasplantar *vt* to transplant
trasplante *m* transplant
trasponer *vtr* to pass through, surpass
trasportador,-ora *adj* & *m* → **transportador,-ora**
trasportar *vtr* → **transportar**
trasporte *m* → **transporte**
traspuesto,-a *adj* **quedarse t.,** to doze off
trasquilar *vtr* ♦ *(una oveja)* to shear ♦ *(a una persona)* to crop, *fam* to scalp
trastabillar *vi* to stagger, stumble
trastada *f fam* ♦ *(de un niño, travesura)* prank ♦ *(faena, mala pasada)* dirty trick
trastazo *m fam* bump: **se dio un t. contra la puerta,** she bumped against the door

traste *m* ♦ fret ♦|LOC: **al t.: aquello dio al t. con mis planes,** that spoilt my plans; **el negocio se fue al t.,** the business collapsed
trastero *m* boxroom, storage room, junk room
trastienda *f* back shop
trasto *m* ♦ *(cosa vieja, inútil)* piece of junk: **este coche es un t.,** this car is a pile of junk ♦ *(niño travieso)* naughty boy, little monkey
trastocar *vtr* to change around; **t. el orden,** to mix up
trastornar *vtr* ♦ *(volver loco)* to drive mad ♦ *(causar molestias)* to trouble ♦ *(alterar, desbaratar)* to disrupt
trastorno *m* ♦ *(molestia)* trouble, nuisance ♦ *Med* disorder
trasvasar *vtr* to transfer
trasvase *m* transfer
trasversal *adj* → **transversal**
tratable *adj* amiable, congenial
tratado *m* ♦ *(ensayo, libro)* treatise ♦ *(acuerdo, pacto)* treaty
tratamiento *m* ♦ *Med* treatment ♦ *(al dirigirse a una persona)* form of address ♦ *(de basuras, un material)* processing ♦ *Inform* processing
tratar 1 *vtr* ♦ to treat ♦ *(cuidar)* to look after, care: **trátame bien el libro,** look after my book ♦ *(dirigirse a una persona)* to address: **nos tratamos de tú,** we call each other «tú» ≈ we're on first name terms ♦ *(tener relación social)* **la he tratado muy poco,** I don't know her very well ♦ *(considerar, discutir)* to deal with: **no hemos tratado la cuestión,** we haven't discussed that subject |**2** *vi* ♦ **t. de,** *(un libro, una película)* to be about: **¿de qué trata?,** what is it about? ♦ *(intentar)* to try [de, to] ♦ **t. con,** *(negociar)* to negotiate with ■ **tratarse** *vr* ♦ *(tener contacto o relación)* to be on speaking terms ♦ *(referirse)* **se trata de Juan,** it is about Juan
trato *m* ♦ *(pacto)* treaty ♦ *Com* deal ♦ *(relación)* **es una persona de t. muy agradable,** he's very pleasant; **no quiero tener t. con ellos,** I don't want anything to do with them

trauma *m* trauma

traumático,-a *adj* traumatic

traumatizar *vtr*, **traumatizarse** *vr Med* to traumatize

través *m* ♦LOC: **a t. de,** *(pasando por en medio)* through: **lo escuché a t. de la puerta,** I heard it through the door; *(por vía de)* from, through: **me enteré a t. del periódico,** I learnt it from the paper; **de t.,** crosswise

travesaño *m* ♦ *(de una escalera)* rung; *(de una puerta, ventana, silla)* crosspiece ♦ *(de una portería de fútbol)* crossbar

travesía *f* *(en un barco)* crossing; *(avión)* flight

travestí, travesti *mf* transvestite

travesura *f* prank, mischief

travieso,-a *adj* mischievous

trayecto *m* ♦ *(distancia)* distance ♦ *(viaje, recorrido)* way ♦ *(de un autobús, metro)* route

trayectoria *f* ♦ *(de un proyectil)* path, trajectory ♦ *fig (de una vida, carrera, etc)* course, path

traza 1 *f Arquit* plan, design **|2** *fpl* **trazas,** looks *pl*, appearance

trazado *m* ♦ *(de una carretera)* route; *(de un oleoducto, canal)* course ♦ *Arquit (diseño, plano)* design, layout

trazar *vtr* ♦ *(una línea, un dibujo)* to draw ♦ *(un plan)* to draw up ♦ *(describir a grandes rasgos)* to sketch, outline

trazo *m* ♦ *(línea, dibujo)* line ♦ *(de letra manuscrita)* stroke

trébol *m* ♦ *Bot* clover, trefoil ♦ *Naipes* club

trece *inv* **1** *adj* ♦ *(cardenal)* thirteen ♦ *(ordinal)* thirteenth: **vive en el piso trece,** he lives on the thirteenth floor **|2** *m* thirteen

treceavo,-a *adj* & *m* thirteenth

trecho *m* way, distance

tregua *f* ♦ *Pol Mil* truce ♦ *fig (respiro, descanso)* rest, break

treinta *adj* & *m inv* thirty

treintañero,-a 1 *adj* in one's thirties **|2** *m,f* person in his/her thirties

treintavo,-a *adj* & *m* thirtieth

treintena *f (de objetos)* set of (about) thirty; *(de personas)* a group of (about) thirty

tremendo,-a *adj* ♦ *(muy grande, excesivo)* tremendous ♦ *(terrible)* terrible ♦ *(colmo)* limit

trémulo,-a *adj* ♦ *(pulso, voz)* quivering ♦ *(luz)* flickering

tren *m* ♦ train ♦ *Av* **t. de aterrizaje,** undercarriage, *US* landing gear

trenca *f* duffle coat, hooded coat

trenza *f* plait, *US* braid

trenzar *vtr* to plait, *US* to braid

trepa 1 *adj* social-climbing **|2** *mf fam* social climber

trepador,-ora *adj* climbing

trepar *vtr* & *vi* to climb

tres 1 *adj inv (cardinal)* three; *(ordinal)* third **|2** *m* three; **t. en raya,** noughts and crosses, *US* tick-tack-toe

trescientos,-as *adj* & *m,f (cardinal)* three hundred; *(ordinal)* three hundredth

tresillo *m* three-seater settee, three-seat sofa

treta *f* ruse

triangular *adj* triangular

triángulo *m* triangle

tribal *adj* tribal

tribu *f* tribe

tribulación *f* tribulation

tribuna *f* ♦ *(de un orador)* rostrum ♦ *Teat* stalls; *Dep* grandstand, stand

tribunal *m* ♦ *Jur (órgano, edificio)* court; **T. Supremo,** High Court, *US* Supreme Court ♦ *(de una oposición, un concurso)* board

tributar *vtr* ♦ *(impuestos)* to pay (tax) ♦ *(profesar, sentir)* to have

tributo *m* ♦ *(impuesto)* tax ♦ *fig (precio, contrapartida)* price ♦ *(homenaje)* tribute; **rendir t. a,** to pay tribute to

triciclo *m* tricycle

tricornio *m* three-cornered hat

tridente *m* trident

tridimensional *adj* three-dimensional

trienio *m* three-year period

trifulca *f* row

trigésimo,-a *adj* & *m,f* thirtieth; **t. primero,** thirty-first

trigo *m Bot Agr* wheat

trigonometría *f* trigonometry

trilogía *f* trilogy
trilla *f* threshing
trilladora *f* threshing machine
trillar *vtr* to thresh
trillizo,-a *m,f* triplet
trimestral *adj* quarterly, three-monthly
trimestre *m* quarter; *Educ* term
trinar *vi (un pájaro)* to warble, sing ◆ *fam* to rage, fume
trinchar *vtr* to carve
trinchera *f* trench
trineo *m (para jugar)* sledge, *US* sled; *(tirado por perros)* sleigh, *US* dog sled
trinidad *f* **la Santísima T.,** the Holy Trinity
trino *m* trill
trío *m* trio
tripa *f* ◆ *Anat* gut, intestine ◆ *fam (barriga)* tummy, belly: **tiene mucha t.,** he has a big paunch ◆ *fam* **tripas,** innards, guts
tripartito,-a *adj* tripartite
triple *adj* & *m* triple: **me costó el t. que a él,** I paid three times as much as he
triplicado,-a *adj* triplicate; **por t.,** in triplicate
triplicar *vtr* to triple, treble
trípode *m* tripod
tríptico *m* ◆ *Arte* triptych ◆ *(de publicidad)* leaflet
tripulación *f* crew
tripulante *mf* crewmember
tripular *vtr* to man, crew
triquiñuela *f fam* dodge, ruse
triste *adj* ◆ sad ◆ *(paisaje, habitación, etc)* gloomy, dismal ◆ *fam (insignificante, simple)* single: **no tenemos ni un t. limón en la nevera,** we haven't got a single lemon in the fridge
tristeza *f* ◆ sadness ◆ *(penas, desdichas)* woes
triturar *vtr* to grind (up)
triunfador,-ora 1 *adj* winning **|2** *m,f* winner
triunfal *adj* triumphant
triunfar *vi* to triumph
triunfo *m* triumph, victory
trivial *adj* trivial
trivialidad *f* triviality
trivializar *vtr* to trivialize, minimize
triza *f* **el jarrón se hizo trizas,** the vase shattered; **está hecho trizas,** *(anímicamente)* he is devastated; *(físicamente)* he's worn out
trocear *vtr* to cut up (into pieces)
trofeo *m* trophy
trola *f fam* fib
tromba *f* downpour
trombón *m* trombone
trombosis *f inv* thrombosis
trompa *f* ◆ *(de un elefante)* trunk; *(de un mosquito, insecto)* proboscis ◆ *Anat* tube ◆ *Mús* horn
trompazo *m fam (golpe fuerte)* bump; *(con un coche)* crash, smash: **me di un t. contra la puerta,** I bumped into the door
trompeta *f* trumpet
trompetista *mf* trumpet (player), trumpeter
tronar *v impers* to thunder
tronchar *vtr* to break off ■ **troncharse** *vr* to break ◆|LOC: **t. de risa,** to die laughing *o* to laugh one's head off
tronco 1 *m* ◆ *(de un árbol)* trunk; *(para la chimenea)* log ◆ *Anat* trunk, torso **|2** *m,f argot* mate, *US* buddy
tronera *f* ◆ *(de un barco, una fortaleza)* loophole ◆ *(ventanuco)* small window ◆ *(de una mesa de billar)* pocket
trono *m* throne; **subir al t.,** to come to the throne
tropa *f* ◆ *Mil* troop; **t. de asalto,** assault troops ◆ *fam (de niños, etc)* mob, troop
tropel *m (de personas)* mob; *(de cosas)* heap
tropezar *vi (dar un traspié)* to trip, stumble; *(chocar)* to bump ■ **tropezarse** *vr* to bump *o* run into: **me tropecé con tu madre en la librería,** I bumped *o* ran into your mother in the bookshop
tropezón *m* trip, stumble: **dar un t.,** to stumble, trip
tropical *adj* tropical
trópico *m* tropic; **T. de Cáncer/Capricornio,** Tropic of Cancer/Capricorn
tropiezo *m* ◆ *(traspié)* trip ◆ *(contratiempo)* hindrance; **sin tropiezos,**

without obstacles ◆ *(equivocación)* mistake, blunder

trotar *vi* to trot

trote *m* ◆ trot ◆ *fam (fatiga, trabajo)* **yo ya no estoy para estos trotes,** I'm not up to this sort of thing any more

trozo *m* piece

trucar *vtr* ◆ *(una fotografía)* to touch up ◆ *(un contador, etc)* to fix, fiddle, *US* to rig ◆ *Auto* soup up

truco *m* ◆ *(maña, magia, etc)* trick: **¿tienes algún t. para quitar las manchas de vino?,** do you know any trick to remove wine stains? ◆ *(tranquillo)* knack: **ya le cogerás el t.,** you'll get the knack

truculento,-a *adj (sangriento)* cruel, bloodthirsty; *(sórdido)* squalid

trucha *f* trout

trueno *m* thunder

trueque *m* barter

trufa *f* truffle

truncado,-a *adj* truncated

truncar *vtr* ◆ *(una pirámide, un cono)* to truncate ◆ *(una ilusión, esperanza)* to shatter; *(una vida, carrera profesional, etc)* to cut short

tu *adj pos* your; **tu hermana,** your sister; **tus hermanas,** your sisters

tú *pron* you ◆|LOC: **hablar de tú a tú,** to speak on equal terms; **tratar a alguien de tú,** to address sb using the familiar «tú» form

tuba *f* tuba

tubérculo *m* tuber

tuberculosis *f inv* tuberculosis

tubería *f* ◆ *(conducto)* pipe ◆ *(conjunto de tubos)* piping

tubo *m* tube; **t. de escape,** exhaust pipe

tucán *m* toucan

tuerca *f* nut

tuerto,-a 1 *adj* one-eyed |**2** *m,f* one-eyed person

tuétano *m* bone marrow

tufo *m (de un tubo de escape)* fumes *pl; (mal olor)* stink

tugurio *m pey* dive

tul *m* tulle

tulipa *f* lampshade

tulipán *m* tulip

tullido,-a 1 *adj* crippled |**2** *m,f* cripple

tumba *f* grave, tomb

tumbar *vtr (hacer caer de un golpe)* to knock down ◆ *(acostar)* to lie down ◆ *fam (suspender)* **me tumbaron en matemáticas,** I failed maths ■ **tumbarse** *vr* to lie down

tumbo *m (vaivén)* **aquel hombre iba dando tumbos,** that man was staggering along; *(de un vehículo)* jolt

tumbona *f* deck chair

tumor *m Med* tumour, *US* tumor; **t. benigno/maligno,** benign/malignant tumour

tumulto *m* tumult, uproar

tumultuoso,-a *adj* tumultuous, uproarious

tuna *f music group made up of university student minstrels*

tunante,-a *m,f (afectivo)* rascal; *(peyorativo)* rogue

túnel *m* tunnel

túnica *f* tunic

tuno,-a 1 *m,f* rascal |**2** *m* member of a ***tuna***

tuntún (al) *loc adv fam (al azar)* at random; *(sin pensar, de cualquier manera)* thoughtlessly, anyhow

tupido,-a *adj (alfombra, tela)* close-woven; *(bosque, vegetación)* dense

turba *f* ◆ *(carbón)* peat ◆ *pey* herd, crowd

turbante *m* turban

turbar *vtr* ◆ *(confundir, desconcertar)* to baffle, shock; *(causar torpeza, timidez)* to embarrass ◆ *(perturbar)* to unsettle; **t. la calma,** to disturb peace ■ **turbarse** *vr* ◆ *(azorarse)* to feel embarrassed; *(desconcertarse)* to become baffled ◆ *(alterarse)* to be altered; *(el silencio, la paz)* to be disturbed

turbina *f* turbine

turbio,-a *adj* ◆ *(agua del grifo)* cloudy; *(de un charco)* muddy ◆ *pey (asunto)* shady

turbulencia *f* ◆ *Av Meteor* turbulence ◆ *Soc* disorder

turbulento,-a *adj* ◆ *Meteor* turbulent ◆ *(pasión, actividad)* stormy ◆ *(persona, carácter)* turbulent

turco,-a 1 *adj* ◆ Turkish ◆ **cama tur-**

ca, divan |2 *m* Turkish |3 *m,f* Turk; *fig* **cabeza de t.,** scapegoat

turismo *m* ◆ tourism; **t. rural,** country holidays; *(industria)* tourism trade ◆ *Auto* (saloon) car

turista *mf* ◆ tourist ◆ *Ferroc Av* economy class

turístico,-a *adj* tourist

turnarse *vr* to take turns

turno *m* ◆ *(en una cola, el juego, etc)* turn ◆ *(de trabajo)* shift

turquesa *adj* & *f* turquoise

Turquía *f* Turkey

turrón *m* nougat candy

tute *m* ◆ *Naipes* card game ◆ *fam (esfuerzo, paliza)* exhausting job; **darse un t.,** to work oneself to a standstill

tutear *vtr* to address as **tú** ■ **tutearse** *vr* ~ to be on first-name terms

tutela *f* ◆ *Jur* guardianship, tutelage ◆ *fig (protección, supervisión)* guidance

tuteo *m* use of the **tú** form of address

tutor,-ora *m,f* ◆ *Jur* guardian ◆ *Educ* tutor

tuyo,-a 1 *adj pos* yours: **este dinero es tuyo,** this money is yours; **tengo un libro tuyo,** I've got a book of yours |2 *pron pos* yours: **el t. es el verde,** the green one is yours

TV *(abr de* ***televisión****)* television, TV

TVE *f (abr de* ***Televisión Española****)* Spanish state television corporation

U

U, u *f (letra)* U, u

u *conj* or; **siete u ocho,** seven or eight

ubicación *f* location, position

ubicar *vtr* to locate ■ **ubicarse** *vr* ◆ to be located ◆ *(orientarse)* to find one's way

ubre *f* udder

UCI *f (abr de* ***Unidad de Cuidados Intensivos****)* Intensive Care Unit, ICU

Ucrania *f* Ukraine

ucraniano,-a *adj* & *m,f* Ukrainian

ud. *(abr de* ***usted****)* you

uds. *(abr de* ***ustedes****)* you

UE *(abr de* ***Unión Europea****)* EU

ufano,-a *adj (contento)* cheerful; *(satisfecho, orgulloso)* proud

ufología *f* ufology, study of UFO's

ujier *m* ◆ *(de un juzgado, palacio)* usher ◆ *(de una administración)* attendant

ukelele *m Mús* ukulele

úlcera *f Méd* ulcer

ulcerar *vtr,* **ulcerarse** *vr* to ulcerate

ulterior *adj* subsequent

últimamente *adv* lately, recently

ultimar *vtr* ◆ *(un proyecto, una tarea)* to finalize ◆ *LAm (rematar, asesinar)* to kill, finish off

ultimátum *m* ultimatum

último,-a 1 *adj* ◆ last ◆ *(más reciente)* latest; **última moda,** latest fashion ◆ *(más remoto)* farther ◆ *(más alto)* top; **el ú. piso,** the top floor ◆ *(definitivo)* last, final: **era su última oferta,** it was his final offer |2 *pron* last one ◆|LOC: **por ú.,** finally

ultra *mf* ◆ *Pol* right-wing extremist ◆ *Ftb* extremist supporter, hooligan

ultraderecha *f Pol* extreme right

ultrajar *vtr* to outrage

ultraje *m* outrage

ultramar *m* overseas (countries)

ultramarinos *m* groceries; **una tienda de u.,** a grocer's (shop)

ultranza (a) *f loc adv* **defendió su postura a u.,** he fought tooth and nail to defend his position

umbral *m* ♦ threshold ♦ *fig (inicio, despertar)* beginning

umbrío,-a *adj* shady

un, una 1 *art indet* ♦ a; *(antes de vocal)* an; **un paraguas,** an umbrella; **una azafata,** a hostess ♦ **unos,-as,** some: **unos días,** some days **|2** *adj* one: **sólo queda una,** there is only one → *tb* **uno,-a 1**

unánime *adj* unanimous

unanimidad *f* unanimity

undécimo,-a *adj* eleventh

UNED *f (abr de* ***Universidad Nacional de Educación a Distancia****)* Spanish Open University

UNESCO *f (abr de* ***United Nations Educational, Scientific and Cultural Organization****)* UNESCO

UNICEF *f (abr de* ***United Nations International Children's Emergency Fund****)* UNICEF

único,-a *adj* ♦ only; **talla única,** one size ♦ *(fuera de lo común, extraordinario)* unique

unidad *f* unit

unido,-a *adj* ♦ *(federado, asociado, etc)* united ♦ *(sentimentalmente)* close, attached ♦ *(pegado, comunicado)* linked, jointed

unifamiliar *adj* single-family; **vivienda u.,** house

unificación *f* unification

unificar *vtr* to unify

uniforme 1 *adj* ♦ uniform ♦ *(sin variaciones, cambios)* even ♦ *(común)* standardized **|2** *m* uniform

uniformidad *f* ♦ uniformity ♦ *(de un color, una superficie)* evenness

unilateral *adj* unilateral

unión *f* ♦ union; **Unión Europea,** European Union ♦ *(asociación)* association; **u. de consumidores,** consumers' association ♦ *(cohesión)* unity ♦ *(juntura)* joint

unir *vtr* ♦ to join, unite ♦ *(empresas)* to merge ♦ *(comunicar)* to link ■ **unirse** *vr* ♦ to unite ♦ *(juntarse)* to join

unisex *adj inv* unisex

unísono (al) *loc adv* in unison

universal *adj* universal; **Declaración U. de los Derechos Humanos,** Universal Declaration of Human Rights

universidad *f* university

universitario,-a 1 *adj* university **|2** *m,f (estudiante)* university student, undergraduate; *(licenciado)* graduate

universo *m* universe

uno,-a 1 *adj* ♦ *(cardinal)* one; **una manzana y dos limones,** one apple and two lemons ♦ *(ordinal)* first; **el u. de cada mes,** the first of every month **|2** *pron* one: **u. de ellos,** one of them; **u.s cuantos,** a few; **el u. al otro,** each other **|3** *m Mat* one

untar *vtr* ♦ *(el pan, la tostada)* to spread; *(un molde, una bandeja, etc)* to grease

uña *f* ♦ *(de una persona)* nail; *(de la mano)* fingernail; *(del pie)* toenail ♦ *(de animal: en la garra, zarpa)* claw; *(casco, pezuña)* hoof

uperizado,-a *adj* **leche uperizada,** UHT milk

uranio *m* uranium

Urano *m Astron* Uranus

urbanismo *m* town planning

urbanización *f* ♦ *(construcción)* development, urbanization ♦ *(zona residencial)* estate, (housing) development

urbanizar *vtr* to develop

urbano,-a *adj* urban

urbe *f* large *o* major city

urdir *vtr* to devise, scheme for

urgencia *f* ♦ urgency ♦ *(en medicina)* emergency; *(departamento de hospital)* **urgencias,** Accident and Emergency department *o* ward, *US* emergency room

urgente *adj* ♦ urgent ♦ *(correo)* express

urgir *vi* to be urgent

urna *f* ♦ *(para depositar el voto)* ballot box ♦ *(vasija antigua)* urn ♦ *(para exhibir objetos)* glass case, display case

urólogo,-a *m,f Med* urologist

urraca *f* magpie
URSS *f Hist (abr de **Unión de Repúblicas Socialistas Soviéticas**)* Union of Socialist Soviet Republics, USSR
urticaria *f* hives *pl*
Uruguay *m* Uruguay
uruguayo,-a *adj* & *m,f* Uruguayan
usado,-a *adj* ◆ *(de segunda mano)* second-hand ◆ *(viejo)* worn
usar 1 *vtr* ◆ to use ◆ *(llevar ropa, perfume, etc)* to wear |**2** *vi* to use ■ **usarse** *vr* to be used *o* in fashion
uso *m* ◆ use; **instrucciones de u.,** instructions for use; **u. externo/tópico,** external/local application ◆ *(costumbre)* custom
usted, *pl* **ustedes** *pron pers frml* you
usual *adj* usual, common
usuario,-a *m,f* user
usura *f* usury
usurero,-a *m,f* usurer
usurpar *vtr* ◆ to usurp ◆ *(una propiedad)* to misappropriate
utensilio *m (herramienta)* tool; *(de cocina)* utensil
útero *m* uterus, womb
útil 1 *adj* useful ◆ |**2** *m* tool
utilidad *f* usefulness, utility
utilitario *m* small (economical) car
utilización *f* use, utilization
utilizar *vtr* to use, utilize
utopía *f* utopia
utópico,-a *adj* & *m,f* utopian
uva *f* ◆ *Bot* grape; **u. pasa,** raisin ◆ *fam* **mala u.,** *(mala intención)* ill will; *(mal genio)* bad temper
UVI *f (abr de **Unidad de Vigilancia Intensiva**)* intensive care unit, ICU

V

V, v *f (letra)* V, v
vaca *f* ◆ *Zool* cow ◆ *Culin* beef
vacaciones *fpl* holidays *pl*, *US* vacation: **cogí una semana de v.,** I took a week off; **José está de v.,** José is on holiday
vacante 1 *adj* vacant |**2** *f* vacancy
vaciar *vtr* ◆ to empty ◆ *Arte (una escultura, etc)* to mould, *US* mold ■ **vaciarse** *vr* to empty
vacilante *adj (al decidir)* hesitant, irresolute; *(al caminar)* unsteady
vacilar *vi* ◆ *(titubear, dudar)* to hesitate ◆ *argot (hacer burla)* to tease ◆ *argot (presumir)* to boast, show off
vacío,-a 1 *adj* ◆ empty; *(hueco)* hollow ◆ *(sin ocupante)* vacant: **el piso está vacío,** the flat is unoccupied ◆ *(superficial)* shallow |**2** *m* ◆ *Fís* vacuum; **envasado al v.,** vacuum-packed ◆ **el vacío,** the void: **el camión se precipitó al v.,** the truck plunged into the void ◆ *(hueco)* gap
vacuna *f Med* vaccine
vacuo,-a *adj* vacuous
vacunación *f* vaccination
vacunar *vtr* to vaccinate ■ **vacunarse** *vr* to get oneself vaccinated
vacuno,-a *adj* bovine; **ganado v.,** cattle
vadear *vtr* to ford
vado *m* ◆ *(de un río)* ford ◆ *(para entrada de vehículos)* dropped kerb; **«v. permanente»,** «keep clear»
vagabundo,-a *m,f* tramp
vagar *vi* to wander, roam

vagina *f* vagina
vago,-a 1 *adj* ◆ *(holgazán)* lazy ◆ *(difuso)* slight, vague |**2** *m,f* layabout
vagón *m* carriage, coach; *(de mercancías, correo)* wagon; **v. restaurante,** dining car
vaho *m* steam, vapour, *US* vapor
vaina 1 *f* ◆ *(funda de espada, etc)* scabbard, sheath ◆ *(de la judía, etc)* pod ◆ *LAm fam (fastidio)* bother
vainilla *f* vanilla
vaivén *m* ◆ *(movimiento oscilante: de un cuerpo suspendido)* swinging; *(de una cuna, de un tren)* rocking; *(de un barco)* rolling; *(de una persona)* swing ◆ *(cambio inesperado)* swing; **los vaivenes de la fortuna,** the ups and downs of fortune
vajilla *f* crockery
vale 1 *m* ◆ *(bono, papeleta canjeable)* voucher ◆ *(compromiso de pago, pagaré)* promissory note, IOU |**2** *excl* all right, OK
valedero,-a *adj* valid
valentía *f* bravery
valer 1 *vtr* ◆ *(costar)* to cost ◆ *(tener valor)* to be worth ◆ *(ser causa)* to earn ◆ *(merecer)* to be worth: **vale la pena leerlo,** it is worth reading |**2** *vi* ◆ *(ser meritorio)* **es una mujer que vale mucho,** she is a fine woman ◆ *(ser útil, capaz)* **no vale para estudiar,** he is no good at studying ◆ *(ropa, zapatos)* to fit ■ **valerse** *vr* ◆ *(desenvolverse)* to be able to manage on one's own ◆ *(utilizar)* to use, make use
valeroso,-a *adj* brave, courageous
validez *f* validity
válido,-a *adj* valid
valiente *adj* brave, courageous
valija *f* mailbag; **v. diplomática,** diplomatic bag
valioso,-a *adj* valuable
valla *f* ◆ fence ◆ *(en atletismo)* hurdle; **los 400 metros vallas,** the 400 metres hurdles ◆ *(para anuncios)* **v. publicitaria,** hoarding, *US* billboard
vallado *m* fence
vallar *vtr* to fence in
valle *m* valley
valor *m* ◆ value ◆ *(valentía, arrojo)* courage, bravery ◆ *(precio)* price ◆ *(vigencia, validez legal)* validity ◆ *fam (jeta, caradura)* cheek ◆ *Fin* **valores** securities, bonds; *(éticos)* values
valorar *vtr* to value
vals *m* waltz
válvula *f* valve; **v. de seguridad,** safety valve
vampiro *m* ◆ *Zool* vampire bat ◆ *(criatura imaginaria)* vampire
vanagloriarse *vr* to boast
vándalo,-a *m,f* vandal
vanguardia *f* vanguard, avant-garde
vanguardista 1 *adj* avant-garde; **el movimiento v.,** the avant-garde movement |**2** *m,f* member of the avant-garde
vanidad *f* vanity
vanidoso,-a *adj* conceited
vano,-a 1 *adj* vain |**2** *m Arquit* opening ◆|LOC: **en v.,** in vain
vapor *m* ◆ steam, vapour, *US* vapor ◆ **barco de v.,** steamship, steamboat, steamer ◆|LOC: *Culin* **al v.,** steamed
vaporizador *m* atomizer, spray
vaporoso,-a *adj* light, sheer
vapulear *vtr* ◆ *(golpear)* to beat ◆ *fam (criticar con dureza)* to slate, pan
vaquero,-a 1 *adj Indum* denim |**2** *m* ◆ *(oficio)* cowherd, *US* cowboy ◆ *Indum* jeans, pair *sing* of jeans
vara *f* rod, stick
variable 1 *adj* variable; **un tiempo v.,** changeable weather; *(humor, carácter)* moody, changeable |**2** *f Mat* variable
variación *f* variation
variado,-a *adj (que tiene variedad)* varied; *(surtido)* assorted
variante *f* ◆ *(de una palabra, un problema)* variant ◆ *(diferencia)* variation, change ◆ *Auto (desviación)* detour, link road
variar *vtr* & *vi* to vary, change
varicela *f* chickenpox
variedad *f* ◆ variety ◆ *(espectáculo)* **variedades,** variety show *US* vaudeville
varilla *f* stick; *(de un abanico, paraguas, etc)* rib
varios,-as *adj* ◆ *(más de dos, algunos)* several ◆ *(distintos, diversos)* **me en-**

señó vestidos de varios colores, he showed me dresses in different colours

varita *f* **v. mágica,** magic wand

variz *f* varicose vein

varón *m (hombre)* male; *(chico, niño)* male child, boy

varonil *adj* virile, manly

vasallo,-a *m,f* vassal

vasco,-a 1 *adj* & *m,f* Basque; **el País V.,** the Basque Country **|2** *m (idioma)* Basque

vaselina *f* Vaseline

vasija *f* ◆ *Arte Arqueol* vessel ◆ *(de barro, para cocinar)* pot

vaso *m* ◆ glass ◆ *Anat* vessel

vasto,-a *adj* vast

vaticinio *m* prediction

vatio *m Elec* watt

Vd., Vds. *(abr de* ***usted, ustedes****)* you

Vda. *(abr de* ***viuda****)* widow

vecinal *adj* local

vecindario *m* ◆ *(barrio)* neighbourhood, *US* neighborhood ◆ *(conjunto de residentes)* residents *pl*, neighbours *pl*

vecino,-a 1 *m,f* ◆ *(de una casa, barrio)* neighbour, *US* neighbor ◆ *(de una población)* resident **|2** *adj* neighbouring, *US* neighboring

veda *f* close season, *US* closed season

vedar *vtr* to forbid, prohibit

vegetación 1 *f Bot* vegetation **|2** *fpl Med* **vegetaciones,** adenoids

vegetal *adj & m* vegetable

vegetar *vi fig* to vegetate

vegetariano,-a *adj* & *m,f* vegetarian

vehemente *adj* vehement

vehículo *m* vehicle

veinte *adj* & *m inv* twenty

veintena *f* twenty, score

vejación *f* humiliation

vejatorio,-a *adj* humiliating

vejez *f* old age

vejiga *f Anat* bladder

vela *f* ◆ *Náut* sail; *Dep* sailing ◆ *(cirio)* candle ◆ *(vigilia)* wakefulness: **se pasó la noche en v.,** he had a sleepless night

velada *f* evening

velador *m* ◆ *(mesa pequeña)* (pedestal) table ◆ *LAm (mesilla de noche)* bedside table

velar[1] **1** *vi* ◆ *(cuidar, vigilar)* to watch ◆ *(permanecer despierto)* to stay awake **|2** *vtr (a un enfermo)* to keep watch; *(a un difunto)* to hold a wake for

velar[2] *Fot vtr* to blur ■ **velarse** *vr* to become blurred

velatorio *m* vigil, wake

velero *m* sailing boat *o* ship

veleta *f* weathervane, weathercock

velo *m* ◆ veil ◆ **v. del paladar,** soft palate

velocidad *f* ◆ speed: **no puedo escribir a esa v.,** I can't write so quickly ◆ *Fís* velocity ◆ *Auto (marcha)* gear

velocista *mf Dep* sprinter

veloz *adj* fast

vello *m* hair

vena *f* vein

venado *m* ◆ *Zool* deer, stag ◆ *Culin* venison

vencedor,-ora 1 *m,f* ◆ *(competidor, ganador)* winner ◆ *(ejército)* victor: **en esta guerra no hay vencedores ni vencidos,** there are no winners or losers in this war **|2** *adj* ◆ *(persona, propuesta)* winning ◆ *(ejército, bando)* victorious

vencer 1 *vtr* ◆ *Mil* to defeat; *Dep* to beat ◆ *(superar)* **v. un obstáculo/una dificultad,** to surmount an obstacle/a difficulty ◆ *(ser dominado por)* to overcome; **nos venció el sueño,** we were overcome by sleep **|2** *vi* ◆ *(una letra, factura)* to fall due ◆ *(un plazo, contrato)* to expire ◆ *Mil Dep* to win ■ **vencerse** *vr* to warp

vencido,-a 1 *adj* ◆ *Mil* defeated; *Dep* beaten ◆ *(plazo)* expired, out-of-date ◆ *(letra, deuda)* due, payable **|2** *m,f* defeated person

vencimiento *m* ◆ *(de una letra)* maturity ◆ *(de un plazo)* expiry

venda *f* bandage

vendaje *m* dressing

vendar *vtr* to bandage

vendaval *m* gale, strong wind

vendedor,-ora *m,f* ◆ *(hombre)* salesman; *(mujer)* saleswoman ◆ *(en un contrato, relación)* seller

vender *vtr* ◆ *(un objeto)* to sell; **v. al por mayor/menor,** to (sell) wholesale/retail ♦ *(traicionar)* to sell out, betray ■ **venderse** *vr* ♦ to sell ♦ *(una persona)* to sell out; *(aceptar un soborno)* to take a bribe

vendimia *f* vintage, grape harvest

vendimiar *vtr* & *vi* to pick, harvest

Venecia *f* Venice

veneno *m* poison; *(de culebra, serpiente)* venom

venenoso,-a *adj* poisonous, venomous

venerable *adj* venerable

veneración *f* veneration

venerar *vtr* ♦ *(a una persona)* to adore, worship ♦ *(rendir culto)* to venerate

venéreo,-a *adj* venereal

venezolano,-a *adj* & *m,f* Venezuelan

Venezuela *f* Venezuela

venga *excl fam* come on!

venganza *f* revenge, vengeance

vengar *vtr* to avenge ■ **vengarse** *vr* to take *o* get revenge

vengativo,-a *adj* vindictive, vengeful

venida *f (retorno)* return; *(llegada)* arrival

venir *vi* ♦ to come ♦ *(volver)* to come back: **vengo en un minuto,** I'll be back in a minute ♦ *(surgir, sobrevenir)* **me vino la gripe,** I went down with flu; *(suceder)* **entonces vino la guerra civil,** then came the civil war ♦ *(quedar)* **este jersey me viene grande,** this sweater is too big for me ♦ *(aparecer, presentarse)* to come: **¿viene algo del terremoto?,** is there anything about the earthquake? ♦ *(indicando aproximación)* **este libro viene a tener unos cien años,** this book must be about a hundred years old ♦|LOC: **v. al mundo,** to be born ■ **venirse** *vr* to come: **v. abajo,** *(derrumbarse)* to collapse; *(fracasar)* to fall through

venta *f* sale: **no está en v.,** it's not for sale; **v. a plazos**, hire purchase *US* installment plan; **v. al contado,** cash sale

ventaja *f* ♦ advantage ♦ *(en carrera)* **les lleva treinta segundos de v.,** he's thirty seconds ahead of them

ventana *f* ♦ window ♦ *(de la nariz)* nostril

ventanal *m* large window

ventanilla *f (de coche, tren, etc)* window; *(taquilla)* box *o* ticket office

ventilación *f* ventilation

ventilador *m* (electric) fan, ventilator

ventilar *vtr* ♦ *(un lugar)* to air, ventilate ♦ *fam (solucionar)* to clear up ■ **ventilarse** *vr* ♦ *(un lugar, ropa, etc)* to air ♦ *fam (terminar deprisa)* to finish off

ventisca *f* blizzard

ventosa *f* sucker

ventoso,-a *adj* windy

ventrílocuo,-a *m,f* ventriloquist

ventura *f* ♦ *(fortuna)* fortune ♦ *(dicha)* happiness

Venus *m Astron* Venus

ver 1 *vtr* ♦ to see: **no veo nada,** I can't see anything; *(la televisión)* to watch: **estabamos viendo las noticias de las tres,** we were watching the three o'clock news; *(cine)* **me gustaría v. esa película,** I'd like to see that film ♦ *(entender)* **no veo por qué no te gusta,** I can't see why you don't like it ♦ *(considerar)* **a mi modo de ver,** as far as I can see, as I see it ♦ *(parecer)* **se te ve nervioso,** you look nervous ♦ *fam (enfático)* **¡no veas qué sitio tan bonito!,** you wouldn't believe what a beautiful place! ♦ **a v.,** let's see ♦ *(visitar)* to see, visit: **le fui a ver al hospital,** I visited him in hospital |**2** *vi* ♦ to see: **no ve bien de lejos,** he's shortsighted, *US* nearsighted ♦ *(tener relación)* **no tengo nada que v. con ese asunto,** I have nothing to do with that business ■ **verse** *vr* ♦ *(con alguien)* to meet ♦ *(en un problema, una tesitura)* to find oneself ♦ *fam (como despedida)* **¡nos vemos!,** see you!

veracidad *f* veracity, truthfulness

veraneante *m,f* holidaymaker, *US* (summer) vacationist, vacationer

veranear *vi* to spend one's summer holidays *US* to vacation

veraneo *m* summer holidays, *US* summer vacation

veraniego,-a *adj* summery

verano *m* summer

veras (de) 1 *loc adv* really |**2** *loc adj* real

verbal *adj* verbal
verbo *m* verb
verborrea *f* verbal diarrhoea
verdad *f* ♦ truth ♦ *(buscando asentimiento)* **es una gran soprano, ¿v.?,** she's a great soprano, isn't she?; **no eres racista, ¿v.?,** you're not racist, are you? ♦|LOC: **a decir v.,** to tell the truth, **de v.,** *(ciertamente)* really: **de v. que lo lamento,** I really am sorry; *(auténtico)* **un amigo de v.,** a real friend
verdadero,-a *adj* ♦ *(cierto)* true ♦ *(auténtico)* real
verde 1 *m* ♦ green; **v. esmeralda,** emerald |**2** *m,f Pol* **los Verdes,** the Greens |**3** *adj* ♦ green: **verdes campos,** green fields ♦ *(fruto inmaduro)* unripe, green ♦ *fam (impúdico)* dirty; *pey* **viejo v.,** dirty old man
verdugo *m* executioner
verdulería *f* greengrocer's, *US* fruit and vegetable store
verdulero,-a *m,f* greengrocer
verdura *f* vegetable
vereda *f* ♦ *(sendero, camino)* lane, path ♦ *LAm (acera de una calle)* pavement, *US* sidewalk
veredicto *m* verdict
vergonzoso,-a *adj* ♦ *(que siente vergüenza)* shy, timid ♦ *(que causa vergüenza)* shameful, disgraceful
vergüenza *f* ♦ embarrassment: **estaba rojo** *o* **colorado de v.,** he was red with embarrassment ♦ *(dignidad, autoestima)* shame ♦ *(escándalo)* disgrace: **es una v. para su familia,** he's a disgrace to his family ♦|LOC: **sentir v. ajena,** to feel embarrassed for sb
verídico,-a *adj* true
verificar *vtr* to verify, check ■ **verificarse** *vr (un acuerdo, etc)* to take place; *(una previsión)* to come true
verja *f* railings *pl*
vermú, vermut *m* vermouth
verosímil *adj* credible, plausible
verruga *f* wart
versalita *f* small capital
versar *vi* **v. sobre,** to be about
versátil *adj* versatile
versículo *m* verse
versión *f* ♦ version ♦ *(traducción)* translation ♦ *(de una obra, película, etc)* version; **una película en v. original,** a film in the original language
verso *m* ♦ verse; **en v.,** in verse ♦ *(cada línea del poema)* line
vértebra *f* vertebra
vertebrado,-a *adj* & *m* vertebrate
vertebral *adj* vertebral, spinal
vertedero *m* tip, rubbish dump
verter 1 *vtr* ♦ *(pasar de un recipiente a otro)* to pour ♦ *(basura, escombros)* tip, dump ♦ *(dejar caer, derramar)* to spill
vertical *adj* & *f* vertical
vértice *m* vertex
vertiente *f* ♦ slope ♦ *(consideración, aspecto)* aspect, side
vertiginoso,-a *adj* vertiginous, giddy, dizzy
vértigo *m* vertigo
vesícula *f Anat* vesicle; **v. biliar,** gall bladder
vespertino,-a *adj* evening; **diario v.,** evening newspaper
vestíbulo *m* hall; *(en un edificio público)* lobby; *(en el cine, teatro)* foyer
vestido,-a 1 *adj* dressed |**2** *m* ♦ *(prenda femenina)* dress ♦ *(vestimenta)* clothes *pl*
vestigio *m* trace, vestige
vestimenta *f* clothes *pl*, clothing
vestir 1 *vtr* ♦ *(poner la ropa)* to dress ♦ *(llevar puesto)* to wear |**2** *vi* ♦ *(llevar)* to dress; *(ser apropiado, elegante)* to look smart ■ **vestirse** *vr* ♦ *(ponerse ropa)* to get dressed, dress ♦ *(comprarse la ropa)* **se viste en mercadillos,** she buys her clothes in markets
vestuario *m* ♦ *(conjunto de ropa)* wardrobe ♦ *Dep* changing room *sing; Teat (camerino)* dressing room
veta *f* ♦ *Min Geol (filón)* vein, seam ♦ *(en la carne)* streak; *(en la madera)* grain
vetar *vtr* to veto
veterano,-a *adj* & *m,f* veteran
veterinario,-a 1 *adj* veterinarian |**2** *m,f* vet, veterinary surgeon, *US* veterinarian |**3** *f* veterinary medicine *o* science

veto *m* veto: **poner v.,** to veto

vez *f* ♦ time: **una v.,** once: **dos veces,** twice: **tres veces,** three times: **a veces/ algunas veces,** sometimes; **a la v.,** at the same time: **cada v.,** every *o* each time; **cada v. más/menos,** more and more/less and less: **de v. en cuando** o **alguna que otra v.,** from time to time; **de una v.,** in one go; **de una v. por todas/para siempre,** once and for all; **en v. de,** instead of; **otra v.,** again; **rara v.,** seldom, rarely; **érase** *o* **había una v. ....,** once upon a time there was...; **tal v.,** perhaps, maybe ♦ *(funcionar como algo)* **hacer las veces de,** to act as, serve as ♦ *(turno en una cola, etc)* turn

v.g., v.gr. *(abr de* **verbigracia** *o* **verbi gratia***)* e.g.

vía 1 *f* ♦ *(camino, ruta)* route, way ♦ *Ferroc (raíles)* line, track; **v. férrea,** railway track, *US* railroad track; *(en la estación)* **el tren entra por la v. dos,** the train arrives at platform *o US* track two ♦ *(modo de transporte)* **por v. aérea/ terrestre/marítima,** by air/by land/by sea; **(correo) por v. aérea,** airmail ♦ *Anat (conducto)* tract ♦ *Med* **v. oral,** orally ♦ *(procedimiento, sistema)* channel, means |**2** *prep* vi; **v. satélite,** via satellite

viable *adj* viable

viajante *m,f* commercial traveller *o* representative, travelling salesman *o* saleswoman

viajar *vi* to travel

viaje *m* journey, trip; **v. de novios,** honeymoon; **v. organizado,** package tour

viajero,-a *m,f* ♦ traveller, *US* traveler ♦ *(pasajero del tren, etc)* passenger

vial *adj* road

víbora *f* viper

vibración *f* vibration

vibrar *vi (objetos)* to vibrate; *(la voz)* to tremble; *(por la emoción)* to vibrate, quiver

vicario *m* vicar

vicepresidente,-a *m,f* ♦ *Pol* vice-president; *Esp* deputy prime minister ♦ *(en una empresa: hombre)* deputy chairman; *(mujer)* deputy chairwoman, *US* vice-president

vicesecretario,-a *m,f* assistant secretary

viceversa *adv* vice versa

vicio *m* ♦ vice ♦ *(costumbre censurable)* bad habit

vicioso,-a 1 *adj* ♦ depraved, profligate ♦ **círculo v.,** vicious circle |**2** *m,f* depraved person, dissolute person

vicisitud *f (usu pl)* ♦ *(contrariedades)* vicissitude, difficulty ♦ *(avatares, altibajos)* ups and downs

víctima *f* victim

victoria *f* victory

victorioso,-a *adj* victorious

vid *f* vine

vida *f* life; **ganarse la v.,** to earn one's living; **de por v.,** for life; **de toda la v.,** lifelong

vídeo *m* video

videocámara *f* video camera

videoclub *m* video club, video shop

videojuego *m* video game

videoteca *f* video library

vidriera *f* stained-glass window

vidrio *m* glass

vieira *f* scallop

viejo,-a 1 *adj* old |**2** *m,f* old person; *(hombre)* old man; *fam (padre)* dad; *(mujer)* old woman; *fam (madre)* mum *US* mom; *fam (los padres)* **los viejos,** the parents *o* folks

viento *m* ♦ wind; **hacer v.,** to be windy ♦ *Mús (de la orquesta)* wind section

vientre *m* abdomen; *(estómago)* stomach, *fam* belly; *(de una mujer embarazada)* womb

viernes *m inv* Friday

viga *f (de madera)* beam, joist; *(de hierro)* beam, girder

vigente *adj (argumento, costumbre, etc)* valid; *(ley, decreto)* **estar v.,** to be in force

vigésimo,-a *adj* & *m,f* twentieth

vigía *m,f* lookout

vigilancia *f* vigilance, watchfulness

vigilante *m,f* watchman, guard; **v. jurado,** security guard

vigilar 1 *vtr* to watch, keep an eye on; *(un lugar, un preso, una frontera)* to guard |**2** *vi* ◆ *(gen)* to keep watch ◆ *(en un examen)* to invigilate, *US* to proctor

vigilia *f* ◆ *(vela)* wakefulness ◆ *Rel* abstinence; *(víspera de festividad)* vigil

vigor *m* ◆ *(fortaleza)* vigour, *US* vigor, energy ◆ *(una ley, un decreto)* **entrar en v.,** to come into force *o* effect

vigoroso,-a *adj* vigorous

VIH *(abr de* ***Virus de Inmunodeficiencia Humana****)* Human Immunodeficiency Virus, HIV

vil *adj* despicable, vile

vilo (en) *loc adv (suspendido en el aire)* up in the air; *(inquieto, expectante)* on tenterhooks

villa *f* ◆ *(población)* town ◆ *(casa en el campo)* villa

villancico *m* (Christmas) carol

vinagre *m* vinegar

vinagrera 1 *f* vinegar bottle |**2** *fpl* **vinagreras,** cruet *sing*

vinagreta *f* vinaigrette

vinculante *adj* binding

vincular *vtr* ◆ *(unir, relacionar)* to link, connect ◆ *(comprometer)* to bind

vínculo *m* link, bond

vinícola *adj* wine; *(zona, región)* wine-producing

vinicultura *f* wine production, viniculture

vinilo *m* vinyl

vino *m* wine; **v. rosado/ clarete,** rosé; **v. tinto/blanco/dulce,** red/white/sweet wine

viña *f* vineyard

viñedo *m* vineyard

viñeta *f* cartoon

viola *f* viola

violación *f* ◆ violation ◆ *(sexual)* rape

violador *m* rapist

violar *vtr* ◆ to violate, infringe ◆ *(a una persona)* to rape

violencia *f* violence

violento,-a *adj* ◆ violent ◆ *(apurado)* embarrassing

violeta *adj* & *mf* violet

violín *m* violin

violinista *mf* violinist

violón *m* double bass

violoncelista, violonchelista *mf* cellist

violoncelo, violonchelo *m* violoncello, cello

virar *vi* ◆ to turn; *(con brusquedad)* to swerve; *(un barco)* to tack, veer ◆ *(ideológicamente)* to change, shift

virgen 1 *adj* ◆ virgin ◆ *(cinta)* blank |**2** *m,f (persona)* virgin |**3** *f Rel* **la Virgen,** the Virgin

virginidad *f* virginity

virgo *m* hymen

Virgo *m Astrol* Virgo

vírico,-a *adj* viral

viril *adj* virile, manly

virtual *adj* virtual

virtud *f* ◆ virtue ◆ *(capacidad, propiedad)* property, power; **virtudes curativas,** curative *o* healing properties

viruela *f* smallpox

virulencia *f* virulence

virus *m inv* virus

visa *f LAm (visado)* visa

visado *m* visa

vísceras *fpl* viscera *pl*, entrails *pl*

viscoso,-a *adj* viscous

visera *f* visor; *(de una gorra)* peak

visibilidad *f* visibility

visillo *m* net curtain, lace curtain

visión *f* ◆ vision ◆ *(opinión)* viewpoint, view ◆ *(capacidad de anticipación)* sense

visionario,-a *m,f* visionary

visita *f* ◆ visit ◆ *(el invitado)* visitor: **tienen v.,** they have visitors

visitante 1 *m,f* visitor |**2** *adj Dep* **el equipo v.,** the visiting team

visitar *vtr* to visit

vislumbrar *vtr* to glimpse

viso *m* ◆ *(reflejos)* sheen, overtones ◆ *(apariencia)* **tiene visos de ser importante,** it seems to be important

visón *m* mink

visor *m* viewfinder

víspera *f* ◆ day before, eve ◆|LOC: **en vísperas de,** on the eve of; *Rel* vespers *pl*

vista *f* ◆ sight: **de v.,** by sight; **a primera v.** o **a simple v.,** at first sight *o* glance: **tener buena v.,** to have good eyesight: **corto de v.,** shortsighted *o US* nearsighted: *(los ojos)* **me hace daño a la v.,** it hurts my eyes ◆ *(perspectiva, paisaje)* view: **con vistas a la calle,** overlooking the street ◆ *Jur* hearing, trial

vistazo *m* **echar/dar un v. a algo,** to have a (quick) look at sthg

visto,-a 1 *adj* ◆ **estar bien v.,** to be considered correct *o* acceptable: **estar mal v.,** to be frowned upon *o* frowned on ◆ *(común, poco original)* common ◆ **estar v.,** to be obvious *o* clear ◆ *(al parecer)* **por lo v.,** apparently ◆ *Jur* **v. para sentencia,** ready for judgement |**2** *m* **v. bueno,** approval

visual *adj* visual

visualizar *vtr* to visualize

vital *adj* ◆ vital **ciclo v.,** life cycle ◆ *(persona dinámica)* full of life, lively

vitalicio,-a *adj* life, for life: **un cargo v.,** a post held for life

vitalidad *f* vitality

vitamina *f* vitamin

viticultura *f* vine growing

vitorear *vtr* to cheer

vitrina *f* ◆ *(mueble)* glass *o* display cabinet: *Com (para exponer productos)* showcase ◆ *LAm (escaparate)* shop window

vituperar *vtr* to vituperate

viudo,-a 1 *adj* widowed |**2** *m,f (hombre)* widower: *(mujer)* widow

viva 1 *m* cheer! |**2** *excl* hurray; **¡v. la Reina!,** long live the Queen!

vivacidad *f* vivacity

vivaz *adj* lively, vivacious

vivencia *f* experience

víveres *mpl* supplies, provisions

vivero *m (de peces, moluscos)* hatchery, fish farm: *(de plantas)* nursery

vividor,-ora *m,f* ◆ *fam pey* one who enjoys life, bon viveur ◆ *fam pey (gorrón)* sponger, scrounger

vivienda *f* housing: **han perdido su v.,** they've lost their home; *(domicilio)* dwelling; *(piso)* flat, apartment

vivir 1 *vi* ◆ to live: **¡aún vive!,** he's still alive!; **no es suficiente para v.,** it's not enough to live on |**2** *vtr* to live through

vivo,-a *adj* ◆ alive ◆ *(vital, alegre)* vivacious: *(astuto)* sharp ◆ *(intenso, brillante)* bright ◆ *(un relato, descripción)* lively, graphic: *(un sentimiento)* intense, deep ◆|LOC: **al rojo v.,** red-hot: **en v.,** live

VO *Cine (abr de* ***versión original****)* **VO subtitulada,** subtitled version

vocabulario *m* vocabulary

vocación *f* vocation

vocacional *adj* vocational

vocal 1 *m,f* member |**2** *f Ling* vowel |**3** *adj* vocal

vocalizar *vtr* & *vi* to vocalize

vocerío *m* shouting, clamour

vocero,-a *m,f LAm* spokesperson: *m* spokesman: *f* spokeswoman

vociferar *vi* to shout, vociferate

vodka *m* vodka

vol. *(abr de* ***volumen****)* volume, vol.

volandas (en) *loc adv* in the air

volante 1 *adj* flying |**2** *m* ◆ *(de automóvil)* steering wheel ◆ *Cost* ruffle, flounce, frill ◆ *(para el médico)* referral note

volar 1 *vi* ◆ to fly; **volando,** in a flash, in a hurry: **nos fuimos volando,** we rushed off ◆ *(terminarse, desaparecer)* to disappear, vanish| **2** *vtr* to blow up: *(una caja blindada, etc)* to blow open ■ **volarse** *vr* to blow away

volátil *adj* volatile

volcán *m* volcano

volcánico,-a *adj* volcanic

volcar 1 *vtr* ◆ to knock over ◆ *(vaciar)* to empty (out) ◆ *(descargar)* to dump ◆ *Inform* to dump |**2** *vi* to turn over, overturn ■ **volcarse** *vr fam (poner gran empeño)* **v. en algo,** to throw oneself into sthg; *(para ayudar, agradar)* to bend over backwards

voleibol *m* volleyball

voleo (a) *loc adv fam* at random

voltaje *m* voltage

voltear 1 *vtr (en el aire)* to toss: *(la tortilla, la tierra)* to turn over |**2** *vi LAm* to turn

voltereta *f* somersault

voltio *m Elec* volt
volumen *m* volume: **sube el v.,** turn the volume up
voluminoso,-a *adj* voluminous, bulky
voluntad *f* ◆ will; **fuerza de v.,** willpower ◆ *(deseo)* wish ◆ *(intención)* **con su mejor v.,** with the best of intentions
voluntario,-a 1 *adj* voluntary **|2** *m,f* volunteer
voluntarioso,-a *adj* willing, determined
voluptuoso,-a *adj* voluptuous
volver 1 *vi* ◆ *(retornar, regresar: hacia el hablante)* to come back: **volverá mañana,** he'll come back tomorrow; *(a otro sitio)* to go back ◆ *(una acción, situación, etc)* **volveremos sobre ese asunto esta tarde,** we'll come back to that subject this afternoon; *(expresando repetición)* **lo volvió a hacer,** he did it again; **v. a empezar,** to start again *o US* over **|2** *vtr* ◆ *(dar la vuelta: a una tortilla, etc)* to turn over; *(a un calcetín, etc)* to turn inside out; *(a la esquina, la página)* to turn; *(la mirada, etc)* to turn ◆|LOC: **v. en sí,** to come round; **v. la vista atrás,** to look back ■ **volverse** *vr* ◆ *(girar el cuerpo)* to turn round ◆ *(hacia el hablante)* to come back; *(ir)* to go back, return ◆ *(cambiar el carácter)* to become
vomitar *vi & vtr* to vomit
vómito *m (acción)* vomiting; *(resultado)* vomit
voraz *adj* voracious
vos *pron pers* ◆ *LAm* you ◆ *arc (usted)* ye, you
vosotros,-as *pron pers pl* you; **con v.,** with you; **entre v.,** among yourselves
votación *f* vote, ballot; **someter a v.,** to be put to the vote
votante *mf* voter
votar 1 *vtr & vi* to vote: **votó al partido X,** he voted for the X party
voto *m* ◆ *Pol* vote; **derecho de v.,** right to vote; **v. en blanco,** blank ballot-paper; **v. nulo,** spoiled ballot-paper; **v. secreto,** secret ballot *o* vote ◆ *Rel* vow
voz *f* ◆ *(sonido)* voice; **a media v.,** in a low voice, softly; **de viva v.,** verbally; **en v. alta,** aloud, out loud; **en v. baja,** in a low voice, quietly ◆ *(grito)* shout: **dales una voz,** give them a shout; **a voces,** shouting ◆ *(opinión)* **no tener ni v. ni voto,** to have no say in the matter ◆ *Ling Mús* voice
vox populi *loc adj* **ser** ***vox populi,*** to be common knowledge
vudú *m* voodoo
vuelco *m* ◆ **dar un v.,** *(un coche, camión)* to turn over, overturn; *(un barco)* to capsize ◆ *(las circunstancias)* to change drastically: **le dio un v. el corazón,** his heart missed *o* skipped a beat
vuelo *m* ◆ flight; **v. chárter,** charter flight; **v. espacial,** spaceflight; **v. regular,** scheduled flight; **v. sin motor,** gliding ◆ *Cost (amplitud de una falda)* **tiene mucho v.,** it's very full
vuelta *f* ◆ return: **ya estamos de v.,** we are back already ◆ *(giro, circunvolución)* turn; *(volverse)* **dar la v.** *(a un disco, una página)* to turn over; **dar la v. al mundo,** to go around the world; **dar media v.,** to turn round; **dar vueltas sobre su eje,** to spin on its axis; **a la v. de la esquina,** just around the corner; **v. de campana,** somersault ◆ *(paseo)* **fueron a dar una vuelta,** they went for a walk ◆ *Dep (ciclista)* tour; *(en carreras)* lap ◆ *Com (cambio)* change
vuestro,-a 1 *adj pos (delante del nombre)* your; **v. perro,** your dog; *(después del nombre)* of yours; **un obsequio v.,** a present of yours; **este libro es v.,** this book is yours **|2** *pron pos* yours: **éste es el v.,** this is yours
vulgar *adj* ◆ *(corriente, común)* common ◆ *(poco elegante)* vulgar
vulgaridad *f* ◆ vulgarity ◆ *(comentario, etc)* vulgar remark, vulgar act
vulnerable *adj* vulnerable
vulnerar *vtr* ◆ *(incumplir una ley, acuerdo)* to infringe, violate ◆ *(la intimidad, etc)* to hurt, damage
vulva *f Anat* vulva

W

W, w *f (letra)* W, w
walkie-talkie *m* walkie-talkie
walkman® *m* walkman®
wáter *m fam* toilet
waterpolo *m* water polo
whisky *m* whisky, whiskey
windsurf *m* windsurfing
windsurfista *mf* windsurfer
wolframio *m* wolfram

X

X, x *f (letra)* X, x
xenofobia *f* xenophobia
xenófobo,-a 1 *adj* xenophobic |**2** *m,f* xenophobe
xerografía *f* xerography
xilofonista *mf* xylophonist
xilófono *m* xylophone

Y

Y, y *f (letra)* Y, y
y *conj* ◆ and ◆ *(al dar una hora)* past: **son las cinco y diez,** it's ten past five ◆ *(en preguntas)* **¿y bien?,** well?; **¿y eso?,** how come?; **¿y qué?,** so what? ➛ e
ya 1 *adv* ◆ already ◆ *(presente)* now: **decídelo ya,** decide right now ◆ *(pasado)* already: **ya entonces nos conocíamos,** we already knew each other ◆ *(futuro)* later: **ya veré lo que hago,** I'll see; **ya tendremos tiempo para hacerlo,** we'll have time to do it later ◆ *(con fra-*

ses negativas) **ya no lo soporto más,** I can't bear him any more; **ya no trabaja aquí,** she no longer works here ♦ *(uso enfático)* **ya era hora,** about time too; **¡ya está bien!,** enough is enough! |2 *conj* **ya que,** since

yacaré m alligator, cayman (from South America)

yacer *vi* to lie

yacimiento *m (minero)* bed, deposit; *(arqueológico)* site; **y. petrolífero,** oil field

yaguar *m* jaguar

yanqui *adj* & *mf* Yankee

yarda *f (91 ,4 cm)* yard

yate *m* yacht

yayo,-a *mf fam (abuelo, bisabuelo)* grandpa; *(abuela, bisabuela)* granny

yedra *f* → **hiedra**

yegua *f* mare

yema *f* ♦ *(de un huevo)* yolk ♦ *Culin* sweet made from egg yolks and sugar ♦ *Bot* bud ♦ *(de un dedo)* fingertip

yen *m* yen

yerba *f* → **hierba**

yermo,-a *adj* ♦ *(sin cultivar)* uncultivated, waste; *(estéril)* barren ♦ *(deshabitado)* uninhabited

yerno *m* son-in-law

yeso *m* ♦ *Geol (mineral)* gypsum ♦ *Constr Med* plaster ♦ *Arte* plaster cast

yiddish *m* Yiddish

yo *pron pers* I: **¿quién está ahí? - soy yo,** who is there? - it's me; **no hay nada entre Paco y yo,** there's nothing between Paco and me; **yo mismo,** I myself

yodo *m* iodine

yoga *m* yoga

yogur *m* yogurt, yoghurt

yonqui *mf* junkie

yoyó *m* yo-yo

yuca *f* yucca

Yucatán *m* Yucatan

yudo *m* judo

yudoca *mf* judoka

yugo *m* yoke

Yugoslavia *f* Yugoslavia

yugoslavo,-a *adj* & *m,f* Yugoslav, Yugoslavian

yugular *f* jugular

yunque *m* anvil

yunta *f* yoke *o* pair of oxen, mules

yuxtaponer *vtr* to juxtapose

yuxtaposición *f* juxtaposition

Z

Z, z *f (letra)* Z, z

zacate *m LAm* ♦ *(hierba, pasto)* grass, feed; *(forraje)* fodder ♦ *(estropajo)* scourer

zafarse *vr* ♦ *(de un peligro)* to get away, escape ♦ *(de una persona)* to get rid of; *(de una tarea, un castigo)* to get out: **no intentes zafarte,** don't try to get out of it ♦ *LAm (un hueso)* to dislocate

zafio,-a *adj* coarse, uncouth

zafiro *m* sapphire

zaguán *m* hall, hallway

zalamero,-a 1 *m,f* flatterer, fawner |2 *adj* flattering, fawning

zamarra *f* sheepskin jacket

zambo,-a 1 *adj* knock-kneed |2 *m,f* ♦ knock-kneed person ♦ *LAm* person who is half Amerindian and half African

zambullirse *vr* ♦ *(en el agua)* to dive, plunge ♦ *fig (en una actividad)* to immerse oneself

zamparse *vr fam* to gobble up
zanahoria *f Agr Bot* carrot
zancada *f* stride
zancadilla *f* **ponerle la z. a alguien,** *(con el pie)* to trip sb (up), *fig (con un ardid, plan, etc)* to hinder
zanco *m* stilt
zancudo,-a 1 *adj* ♦ long-legged; **ave zancuda,** wading bird, wader |**2** *m LAm* mosquito
zángano,-a 1 *m* drone |**2** *m,f fam* idler, lazybones *inv*
zanja *f* ditch, trench
zanjar *vtr* to settle
zapata *f* brake shoe
zapatear *vi* to tap one's feet
zapatería *f* shoe shop
zapatero,-a 1 *m,f (reparador)* shoe repairer, cobbler; *(fabricante)* shoemaker; *(vendedor)* shoe seller |**2** *adj* shoemaking
zapatilla *f* ♦ *(de casa)* slipper ♦ **zapatillas de deporte,** trainers
zapato *m* shoe
zar *m* czar, tsar
zarandajas *fpl* nonsense, trifles
zarandear *vtr* to shake
zarcillo *m* earring
zarina *f* czarina, tsarina
zarpa *f* paw
zarpar *vi* to set sail
zarpazo *m* clawing
zarza *f* blackberry bush, bramble
zarzal *m* bramble patch
zarzamora *f (arbusto)* blackberry bush; *(fruto)* blackberry
zarzuela *f* ♦ *Mús* Spanish operetta ♦ *Culin* seafood casserole
zigzag *m* zigzag
zigzaguear *vi* to zigzag
zinc *m* zinc
zócalo *m* skirting board
zodiaco, zodíaco *m* zodiac
zombi *mf* zombie
zona *f* ♦ zone ♦ *(de un territorio, gran extensión)* area, region; **z. verde,** park, green space
zoo *m* zoo
zoología *f* zoology
zoológico,-a 1 *adj* zoological; **parque z.,** zoo |**2** *m* zoo
zoom *m* zoom
zopilote *m* buzzard
zoquete *mf fam* blockhead
zorro,-a *mf* ♦ *Zool* fox; *(hembra)* vixen ♦ *(hombre taimado, astuto)* cunning person
zozobrar *vi* to capsize
zueco *m* clog
zumbado,-a *adj fam* crazy, mad
zumbar 1 *vi* to buzz, hum |**2** *vtr fam* to thrash
zumbido *m* buzzing, humming
zumo *m* juice
zurcir *vtr* to darn
zurdo,-a 1 *adj* left-handed |**2** *m,f* left-handed person
zurrar *vtr fam* to beat, flog
zurrón *m* pouch

INGLÉS / ESPAÑOL

A

A, a [eɪ] *n* ◆ *(letra)* A, a ◆ *Mús* la

AA [eɪ'eɪ] ◆ *GB (abr de* ***Alcoholics Anonymous****)* Alcohólicos Anónimos ◆ *GB (abr de* ***Automobile Association****)* ≈ RACE (Real Automóvil Club de España) *(asociación para la defensa de los intereses del automovilista)*

a [eɪ, *forma débil* ə] *art indef (delante de vocal o h muda* ***an****)* ◆ un, una; **a man/a woman,** un hombre/una mujer; **he has a loud voice,** tiene una voz fuerte ◆ *(profesión)* **my brother is a doctor,** mi hermano es médico ◆ *(se omite en español)* **have you got a dog?,** ¿tienes perro?; **what a lovely day!,** ¡qué día más bonito!; **half an hour,** media hora ◆ *(cada)* **once a day,** una vez al día; **two dollars a kilo,** dos dólares el kilo

aback [ə'bæk] *adv* **to be taken a.,** quedarse desconcertado

abandon [ə'bændən] **1** *n* despreocupación |**2** *vtr* ◆ abandonar ◆ *(el trabajo)* dejar

abate [ə'beɪt] *vi* ◆ *(cólera)* apaciguarse ◆ *(tormenta)* amainar

abbey ['æbɪ] *n* abadía

abbreviate [ə'briːvɪeɪt] *vtr* abreviar

abbreviation [əbriːvɪ'eɪʃən] *n* abreviatura

abdicate ['æbdɪkeɪt] *vtr* & *vi* abdicar

abdication [æbdɪ'keɪʃən] *n* abdicación

abdomen ['æbdəmən] *n* abdomen

abduct [æb'dʌkt] *vtr* raptar, secuestrar

aberration [æbə'reɪʃən] *n* aberración

abhor [əb'hɔːʳ] *vtr* aborrecer

abide [ə'baɪd] *vtr frml* soportar, aguantar ■ **abide by** *vtr* ◆ *(promesa)* cumplir ◆ *(normas)* atenerse a, acatar

ability [ə'bɪlɪtɪ] *n* ◆ capacidad ◆ aptitud, talento

ablaze [ə'bleɪz] *adj* en llamas, ardiendo

able ['eɪbəl] *adj* capaz: **I wasn't a. to say goodbye,** no pude despedirme

abnormal [æb'nɔːməl] *adj* anormal

aboard [ə'bɔːd] **1** *adv* a bordo; **to go a.,** *(barco)* embarcarse; *(tren)* subir |**2** *prep* a bordo de

abolish [ə'bɒlɪʃ] *vtr* abolir

abolition [æbə'lɪʃən] *n* abolición

aborigine [æbə'rɪdʒɪnɪ] *n* aborigen australiano,-a

abort [ə'bɔːt] **1** *vtr* archivar, suspender |**2** *vi Med* abortar

abortion [ə'bɔːʃən] *n* aborto; **to have an a.,** abortar

abortive [ə'bɔːtɪv] *adj* fracasado,-a

about [ə'baʊt] *adv* & *prep* ◆ acerca de, sobre; **to speak a. sthg,** hablar de algo ◆ *(presenta un motivo, una causa)* por; **to be worried a. sthg,** estar preocupado,-a por algo ◆ *(aquí y allá =* ***around****)* por todas partes; **to look a.,** mirar alrededor; **don't leave things lying a.,** no dejes las cosas por el medio ◆ *(aproximadamente)* más o menos; **at a. eight o'clock,** a eso de las ocho ◆ *(casi)* **it's just a. finished,** está casi terminado ◆ *(acción inmediata)* **I was a. to ring you,** estaba a punto de llamarte

above [ə'bʌv] *adv* & *prep* ◆ *(más alto)* encima de, sobre, arriba; **a. the clouds,** por encima de las nubes; **200 metres a. sea level,** a 200 metros sobre el nivel del mar; **the floor a.,** la planta de arriba ◆ *(más grande)* superior; **distances a. 100 km,** distancias superiores a los 100 km ◆ **a. all,** sobre todo ◆ *(en un texto)* más arriba: **as I said a...,** como dije más arriba...

above-board [ə'bʌvbɔːd] *adj* honrado, legal

above-mentioned [ə'bʌvmenʃənd] *adj* mencionado,-a, susodicho,-a
abrasive [ə'breɪsɪv] **1** *adj* abrasivo,-a |**2** *n* abrasivo
abreast [ə'brest] *adv* ♦ **to march three a.,** marchar en columna de a tres ♦ **to keep a. of things,** mantenerse al día
abridged [ə'brɪdʒd] *adj* abreviado,-a
abroad [ə'brɔːd] *adv* en el extranjero
abrupt [ə'brʌpt] *adj* ♦ *(manera)* brusco,-a; *(tono)* áspero,-a ♦ *(cambio)* súbito,-a
abscess ['æbses] *n Med* absceso; *(en la boca)* flemón
absence ['æbsəns] *n* ♦ *(de cosa, calidad)* falta ♦ *(de persona)* ausencia
absent 1 *adj* ['æbsənt] ausente |**2** *vt* [æb'sənt] ausentarse
absent-minded [æbsənt'maɪndɪd] *adj* distraído,-a, despistado,-a
absolute ['æbsəluːt] *adj* total, absoluto,-a
absolutely [æbsə'luːtlɪ] **1** *adv* completamente |**2** *excl* **a.!,** ¡desde luego!
absolve [əb'zɒlv] *vtr* absolver
absorb [əb'zɔːb] *vtr* ♦ *(líquido)* absorber ♦ *(sonido, golpe)* amortiguar ♦ *(tiempo)* exigir, llevar
absorbed [əb'zɔːbd] *adj* absorto,-a
absorption [əb'zɔːpʃən] *n* absorción
abstain [əb'steɪn] *vi* abstenerse
abstemious [əb'stiːmɪəs] *adj* abstemio,-a
abstention [əb'stenʃən] *n* abstención
abstinence ['æbstɪnəns] *n* abstinencia
abstract ['æbstrækt] **1** *adj* abstracto,-a |**2** *n* resumen
absurd [əb'sɜːd] *adj* absurdo,-a
abundance [ə'bʌndəns] *n* abundancia
abundant [ə'bʌndənt] *adj* abundante
abuse [ə'bjuːs] **1** *n* ♦ abuso ♦ malos tratos; **child a.,** maltrato infantil ♦ insultos, injurias |**2** [ə'bjuːz] *vtr* ♦ *(hacer daño a alguien)* maltratar ♦ *(decir palabras ofensivas)* insultar, injuriar ♦ *(hacer un mal uso de las drogas, etc)* abusar de
abusive [əb'juːsɪv] *adj* insultante, ofensivo,-a
abyss [ə'bɪs] *n* ♦ *Geog* abismo ♦ *fig* extremo
academic [ækə'demɪk] **1** *adj* académico,-a, universitario,-a; **a. year,** año escolar |**2** *n* profesor,-ora universitario,-a
academy [ə'kædəmɪ] *n* academia
accede [æk'siːd] *vi* acceder
accelerate [æk'seləreɪt] *vtr* & *vi* acelerar
acceleration [ækselə'reɪʃən] *n* aceleración
accelerator [æk'seləreɪtəʳ] *n* acelerador
accent ['æksənt] *n* acento
accept [ək'sept] **1** *vtr* ♦ aceptar ♦ *(admitir)* reconocer
acceptable [ək'septəbəl] *adj* aceptable
acceptance [ək'septəns] *n* aceptación
access ['ækses] **1** *n* ♦ acceso, entrada; **to gain a. (to),** entrar (en), acceder (a) ♦ *Med frml* ataque |**2** *vtr Inform* entrar, acceder a
accessible [ək'sesəbəl] *adj* accesible
accessory [ək'sesərɪ] *n* ♦ accesorio ♦ *Jur* cómplice ♦ **accessories** *pl,* accesorios; *(para ropa)* complementos
accident ['æksɪdənt] *n* accidente; **by a.,** sin querer; *(casualmente)* por casualidad
accidental [æksɪ'dentəl] *adj* ♦ *(producto de la casualidad)* fortuito,-a ♦ *(sin intención)* accidental
accidentally [æksɪ'dentəlɪ] *adv* ♦ por accidente ♦ por casualidad
acclaim [ə'kleɪm] **1** *n* aclamación |**2** *vtr* aclamar, aplaudir, vitorear
acclimatize [ə'klaɪmətaɪz] *vtr* aclimatar
accommodate [ə'kɒmədeɪt] *vtr* ♦ *(personas)* alojar ♦ *(cosas)* contener, tener espacio para
accommodation [əkɒmə'deɪʃən] *n (US tb* ***accommodations****)* alojamiento
accompaniment [ə'kʌmpənɪmənt] *n* acompañamiento
accompany [ə'kʌmpənɪ] *vtr* acompañar
accomplice [ə'kʌmplɪs] *n* cómplice
accomplish [ə'kʌmplɪʃ] *vtr* ♦ *(objetivo)* conseguir ♦ *(tarea)* llevar a cabo
accomplished [ə'kʌmplɪʃt] *adj* dotado,-a, experto,-a

accomplishment [ə'kʌmplɪʃmənt] *n* ♦ *(de una tarea)* realización, conclusión; *(del deber)* cumplimiento ♦ *(de un objetivo)* logro, éxito ♦ *(proeza)* hazaña ♦ **accomplishments** *pl*, talento, dotes

accord [ə'kɔːd] **1** *n* acuerdo; **of one's own a.**, por decisión propia, espontáneamente |**2** *vtr* conceder, entregar

accordance [ə'kɔːdəns] *n* **in a. with**, de acuerdo con

according [ə'kɔːdɪŋ] *prep* **a. to**, según: **a. to the Bible**, según la Biblia

accordingly [ə'kɔːdɪŋlɪ] *adv* ♦ *(adecuadamente)* como corresponde ♦ *(como consecuencia)* por consiguiente

accordion [ə'kɔːdɪən] *n* acordeón

account [ə'kaʊnt] *n* ♦ *Fin* cuenta; **bank a.**, cuenta bancaria ♦ informe, relato: **by all accounts**, por lo que dicen todos *o* según se cuenta ♦ **on a. of**, a causa de, por ♦ **on no a.**, bajo ningún concepto; **to take a. of** *o* **to take into a.**, tomar en cuenta ■ **account for** *vtr* ♦ responder de ♦ explicar, justificar

accountable [ə'kaʊntəbəl] *adj* responsable

accountancy [ə'kaʊntənsɪ] *n* contabilidad

accountant [ə'kaʊntənt] *n* contable

accumulate [ə'kjuːmjʊleɪt] **1** *vtr* acumular |**2** *vi* acumularse

accumulation [əkjuːmjʊ'leɪʃən] *n* ♦ *(acción)* acumulación ♦ *(de objetos)* montón

accuracy ['ækjʊrəsɪ] *n* exactitud, precisión

accurate ['ækjərɪt] *adj* ♦ *(número)* exacto,-a ♦ *(puntería, golpe, crítica)* certero,-a; *(respuesta)* correcto,-a; *(comentario)* acertado,-a ♦ *(instrumento)* de precisión ♦ *(traducción)* fiel

accusation [ækjʊ'zeɪʃən] *n* acusación, denuncia

accuse [ə'kjuːz] *vtr* acusar

accused [ə'kjuːzd] *n* **the a.**, *(singular)* el/la acusado,-a; *(plural)* los/as acusados/as

accustom [ə'kʌstəm] *vtr frml* acostumbrar

ace [eɪs] *n* as

acetate ['æsɪteɪt] *n* acetato

acetone ['æsɪtəʊn] *n* acetona

ache [eɪk] **1** *n* dolor: **head-a.**, dolor de cabeza |**2** *vi* doler

achieve [ə'tʃiːv] *vtr* ♦ *(lograr)* conseguir, alcanzar ♦ *(cumplir)* llevar a cabo, realizar

achievement [ə'tʃiːvmənt] *n* ♦ *(acción)* realización ♦ *(objetivo realizado)* éxito, logro ♦ *(proeza)* hazaña

acid ['æsɪd] **1** *adj* ácido,-a |**2** *n* ácido

acknowledge [ək'nɒlɪdʒ] *vtr* ♦ reconocer ♦ *(argumento)* admitir ♦ *(carta)* acusar recibo de

acknowledgement [ək'nɒlɪdʒmənt] *n* ♦ reconocimiento ♦ *(de carta)* acuse de recibo ♦ **acknowledgements** *pl*, *(en un libro)* agradecimientos

acne ['æknɪ] *n* acné

acorn ['eɪkɔːn] *n* bellota

acoustic [ə'kuːstɪk] **1** *adj* acústico,-a |**2** *npl* **acoustics**, acústica

acquaint [ə'kweɪnt] *vtr frml* **to be acquainted with sthg/sb**, saber algo/conocer a alguien

acquaintance [ə'kweɪntəns] *n* ♦ conocido,-a; **to make sb's a.**, conocer a alguien

acquiescent [ækwɪ'esənt] *adj frml* aquiescente

acquire [ə'kwaɪəʳ] *vtr* adquirir

acquisition [ækwɪ'zɪʃən] *n* adquisición

acquit [ə'kwɪt] *vtr* ♦ *Jur* **to a. sb of sthg**, absolver a alguien de algo ♦ **to a. oneself well/badly**, defenderse bien/mal

acre ['eɪkəʳ] *n* *(medida de superficie)* acre (4.047 m²)

acrid ['ækrɪd] *adj* *(sabor, olor)* acre

acrobat ['ækrəbæt] *n* acróbata

across [ə'krɒs] **1** *adv* a través, de un extremo a otro; **to go a.**, atravesar |**2** *prep* ♦ a través de; **to go a. the street**, cruzar la calle ♦ al otro lado de

acrylic [ə'krɪlɪk] *adj* acrílico,-a

act [ækt] **1** *n* acto ♦ *Jur* ley, decreto ♦ *Teat* acto; *(parte de un espectáculo)* número |**2** *vtr* *Teat* interpretar; *(personaje)* representar |**3** *vi* ♦ actuar ♦ *(realizar una acción)* comportarse, obrar ♦

(una medicina) tener efecto ■ **act out** *vtr* ♦ *(pensamientos)* exteriorizar ♦ *Teat* representar ■ **act up** *vi fam* ♦ *(máquina)* funcionar mal ♦ *(persona)* dar guerra

acting ['æktɪŋ] **1** *adj* interino,-a |**2** *n (profesión)* teatro

action ['ækʃən] *n* ♦ acción; **to be out of a.,** *(persona)* estar inactivo,-a; *(máquina)* estar estropeado,-a ♦ *Jur* demanda

activate ['æktɪveɪt] *vtr* activar

active ['æktɪv] *adj* ♦ activo,-a ♦ *(enérgico)* vigoroso,-a ♦ *(interés)* vivo,-a ♦ *Ling* **a. voice,** voz activa

activist ['æktɪvɪst] *n* activista

activity [æk'tɪvɪtɪ] *n (persona)* actividad; *(calle, ciudad, etc)* bullicio

actor ['æktə^r] *n* actor

actress ['æktrɪs] *n* actriz

actual ['æktʃʊəl] *adj* real, verdadero,-a

actually ['æktʃʊəlɪ] *adv* en efecto, realmente: **what do you a. think about it?,** ¿qué piensa de ello en realidad? ♦ incluso, hasta: **they a. stole the carpet,** robaron hasta la moqueta

acupuncture ['ækjʊpʌŋktʃə^r] *n* acupuntura

acute [ə'kjuːt] *adj* ♦ agudo,-a ♦ *(carencia)* grave ♦ *(comentario)* perspicaz

ad [æd] *n fam* anuncio; **small ads,** anuncios breves

AD [eɪ'diː] *(abr de* **Anno Domini***)* después de Cristo, d.C.

adamant ['ædəmənt] *adj* firme, inflexible

adapt [ə'dæpt] **1** *vtr* adaptar |**2** *vi* adaptarse

adaptation [ædəp'teɪʃən] *n* adaptación

adapter, adaptor [ə'dæptə^r] *n* adaptador; *(para varios enchufes)* ladrón

add [æd] **1** *vtr* ♦ *Mat* sumar ♦ añadir, agregar |**2** *vi Mat* sumar ■ **add up 1** *vtr Mat* sumar |**2** *vi* ♦ *Mat* sumar ♦ tener lógica

adder ['ædə^r] *n* víbora

addict ['ædɪkt] *n* adicto,-a

addicted [ə'dɪktɪd] *adj* adicto,-a

addiction [ə'dɪkʃən] *n* adicción

addictive [ə'dɪktɪv] *adj* adictivo,-a

addition [ə'dɪʃən] *n* adición; **in a. to,** además de

additional [ə'dɪʃənəl] *adj* adicional

additive ['ædɪtɪv] *n* aditivo

address [ə'dres] **1** *n* ♦ *(de casa, etc)* dirección, señas ♦ *Inform* dirección ♦ conferencia, discurso |**2** *vtr* ♦ *(carta)* dirigir ♦ *(a una persona, al público)* dirigirse

adenoids ['ædɪnɔɪdz] *npl* vegetaciones (adenoideas)

adept [ə'dept] *adj & n* experto,-a

adequate ['ædɪkwɪt] *adj* ♦ *(en cantidad)* suficiente ♦ *(en calidad, etc)* adecuado,-a

adhere [əd'hɪə^r] *vi* adherirse

adherent [əd'hɪərənt] *n* partidario,-a

adhesive [əd'hiːsɪv] **1** *adj* pegajoso,-a, adhesivo,-a |**2** *n* adhesivo, pegamento

adjacent [ə'dʒeɪsənt] *adj* ♦ *(edificio)* contiguo,-a ♦ *(tierra)* colindante

adjective ['ædʒɪktɪv] *n* adjetivo

adjoining [ə'dʒɔɪnɪŋ] *adj* contiguo,-a; de al lado

adjourn [ə'dʒɜːn] **1** *vtr* ♦ posponer, aplazar ♦ *Jur (una sesión)* levantar |**2** *vi* aplazarse

adjust [ə'dʒʌst] **1** *vtr* ♦ *(una máquina, etc)* ajustar, regular ♦ *(la ropa)* arreglar ♦ *(un horario, precio)* ajustar, variar, modificar |**2** *vi* adaptarse

adjustment [ə'dʒʌstmənt] *n* ♦ *(de una máquina, etc)* ajuste; *(de una persona)* adaptación ♦ *(cambio)* modificación

administer [əd'mɪnɪstə^r] *vtr* ♦ *(país)* gobernar ♦ *(justicia)* administrar

administration [ədmɪnɪ'streɪʃən] *n* ♦ *(de un país)* gobierno ♦ *(burocracia, justicia)* administración ♦ *(de una empresa)* dirección

administrative [əd'mɪnɪstrɪtɪv] *adj* administrativo,-a

administrator [əd'mɪnɪstreɪtə^r] *n* administrador,-ora

admirable [æd'mərəbəl] *adj* admirable

admiral ['ædmərəl] *n* almirante

admiration [ædmə'reɪʃən] *n* admiración
admire [əd'maɪəʳ] *vtr* admirar
admissible [əd'mɪsəbəl] *adj* admisible
admission [əd'mɪʃən] *n* ♦ *(en un colegio, etc)* ingreso; *(en un museo, teatro, etc)* entrada ♦ *(de un hecho)* reconocimiento; *(crimen, culpabilidad, pecado)* confesión
admit [əd'mɪt] *vtr* ♦ admitir ♦ *(un hecho)* reconocer; *(crimen, culpabilidad, pecado)* confesar ♦ *(en un sitio)* dejar entrar
admittance [əd'mɪtəns] *n* entrada
admonish [əd'mɒnɪʃ] *vtr* amonestar
ado [ə'duː] *n* **without further a.,** sin más
adolescence [ædə'lesəns] *n* adolescencia
adolescent [ædə'lesənt] *n* adolescente
adopt [ə'dɒpt] *vtr* adoptar
adopted [ə'dɒptɪd] *adj* **a. child,** hijo,-a adoptivo,-a
adoption [ə'dɒpʃən] *n* adopción
adore [ə'dɔːʳ] *vtr* adorar
adorn [ə'dɔːn] *vtr* adornar
adornment [ə'dɔːnmənt] *n* adorno
adrenalin [ə'drenəlɪn] *n* adrenalina
adrift [ə'drɪft] *adj* & *adv* **to go a.,** irse a la deriva
adult ['ædʌlt] *n* adulto,-a
adulterate [ə'dʌltəreɪt] *vtr* adulterar
adultery [ə'dʌltərɪ] *n* adulterio
advance [əd'vɑːns] **1** *n* ♦ *Mil* avance; *fig* progreso, adelanto ♦ *(de sueldo, etc)* anticipo ♦ **to do sthg in a.,** hacer algo con antelación |**2** *adj* adelantado,-a; *Cine Teat* **a. booking,** reserva anticipada |**3** *vtr* ♦ avanzar ♦ *(dinero)* anticipar, dejar |**4** *vi* avanzar
advanced [əd'vɑːnst] *adj* ♦ avanzado,-a ♦ *(estudiante)* adelantado,-a
advantage [əd'vɑːntɪdʒ] *n* ventaja; **to take a. of sthg,** aprovechar algo
adventure [əd'ventʃəʳ] *n* aventura
adventurous [əd'ventʃərəs] *adj* aventurero,-a
adverb ['ædvɜːb] *n* adverbio
adversary ['ædvəsərɪ] *n* adversario,-a
adverse ['ædvɜːs] *adj* adverso,-a
adversity [əd'vɜːsɪtɪ] *n* adversidad
advert ['ædvɜːt] *n fam* anuncio
advertise ['ædvətaɪz] **1** *vtr* anunciar |**2** *vi (anunciarse)* hacer publicidad
advertisement [əd'vɜːtɪsmənt] *n* anuncio
advertiser ['ædvətaɪzəʳ] *n* anunciante
advertising ['ædvətaɪzɪŋ] **1** *n* publicidad, propaganda; *(periódico, TV)* anuncios |**2** *adj* publicitario,-a: **a. agency,** agencia de publicidad
advice [əd'vaɪs] *n* ♦ consejos; **a piece of a.,** un consejo; *(profesional, técnico)* asesoramiento ♦ notificación, aviso
advisable [əd'vaɪzəbəl] *adj* aconsejable
advise [əd'vaɪz] *vtr* ♦ aconsejar; *(un profesional, etc)* asesorar ♦ informar, notificar
adviser [əd'vaɪzəʳ] *n* consejero,-a; *(un profesional)* asesor,-ora
advisory [əd'vaɪzərɪ] *adj* asesor,-ora
advocacy ['ædvəkəsɪ] *n* apoyo
advocate ['ædvəkɪt] **1** *n* ♦ *Jur* abogado,-a ♦ *(partidario)* defensor,-ora |**2** ['ædvəkeɪt] *vtr* abogar por, recomendar
aerial ['eərɪəl] **1** *adj* aéreo,-a |**2** *n* antena
aerobics [eə'rəubɪks] *n* aerobic
aerodrome ['eərədrəum] *n* aeródromo
aerodynamics [eərəudaɪ'næmɪks] *n* aerodinámica
aeroplane ['eərəpleɪn] *n GB* avión
aerosol ['eərəsɒl] *n* aerosol
aesthetic [iːs'θetɪk] *adj* estético,-a
affair [ə'feəʳ] *n* ♦ *(tema)* asunto ♦ *(caso)* acontecimiento, episodio ♦ *(romance)* aventura amorosa
affect [ə'fekt] *vtr* ♦ afectar ♦ *(precios, futuro)* influir en ♦ *(emocionar)* conmover
affectation [æfek'teɪʃən] *n* afectación
affected [ə'fektɪd] *adj* afectado,-a
affection [ə'fekʃən] *n* afecto
affectionate [ə'fekʃənɪt] *adj* cariñoso,-a
affiliated [ə'fɪlɪeɪtɪd] *adj* afiliado,-a

affinity [ə'fɪnɪtɪ] *n* afinidad
affirm [ə'fɜːm] *vtr* afirmar
affirmation [æfə'meɪʃən] *n* afirmación
affirmative [ə'fɜːmətɪv] *adj* afirmativo,-a
affix [ə'fɪks] *vtr* pegar
afflict [ə'flɪkt] *vtr* afligir
affluence ['æflʊəns] *n* opulencia
affluent ['æflʊənt] *adj* opulento,-a
afford [ə'fɔːd] *vtr* poder pagar, permitirse el lujo de
affront [ə'frʌnt] *n* afrenta, ofensa
afield [ə'fiːld] *adv* **far a.,** muy lejos
afloat [ə'fləʊt] *adv* a flote
aforementioned [ə'fɔːmenʃənd], **aforesaid** [ə'fɔːsed] *adj* mencionado,-a
afraid [ə'freɪd] *adj* **to be a.** tener miedo, lamentar
afresh [ə'freʃ] *adv* de nuevo
Africa ['æfrɪkə] *n* África
African ['æfrɪkən] *adj* & *n* africano,-a
after ['ɑːftə'] **1** *prep* ♦ *(tiempo, orden)* después de ♦ *(posición)* detrás de |**2** *adv* después |**3** *conj* después (de) que
afterlife ['ɑːftəlaɪf] *n* vida eterna, vida después de la muerte
aftermath ['ɑːftəmæθ] *n* secuelas
afternoon [ɑːftə'nuːn] *n* tarde
aftershave (lotion) ['ɑːftəʃeɪv ('ləʊʃən)] *n* aftershave
afterwards ['ɑːftəwədz] *adv* después, más tarde
again [ə'gen] *adv* ♦ otra vez, de nuevo; **a. and a.,** una y otra vez; **never a.!,** ¡nunca más!; **now and a.,** de vez en cuando; **once a.,** otra vez ♦ además; **then a.,** por otra parte
against [ə'genst] **1** *prep* contra, en contra (de) |**2** *adv* en contra
age [eɪdʒ] **1** *n* ♦ edad; **to come of a.,** llegar a la mayoría de edad; **old a.,** vejez; **under a.,** demasiado joven ♦ *(periodo)* época; **the Middle Ages** *pl*, la Edad Media |**2** *vtr* & *vi* envejecer
aged [eɪdʒd] **1** *adj* **a man a. 45,** un hombre de 45 años |**2** ['eɪdʒɪd] *npl* **the a.,** los ancianos
agency ['eɪdʒənsɪ] *n* agencia; *(humana)* acción
agenda [ə'dʒendə] *n* orden del día
agent ['eɪdʒənt] *n* agente
aggravate ['ægrəveɪt] *vtr* empeorar
aggravating ['ægrəveɪtɪŋ] *adj* molesto,-a, irritante
aggression [ə'greʃən] *n* agresión
aggressive [ə'gresɪv] *adj* agresivo,-a
aggrieved [ə'griːvd] *adj* apenado,-a
aghast [ə'gɑːst] *adj* horrorizado,-a
agile ['ædʒaɪl] *adj* ágil
agitate ['ædʒɪteɪt] **1** *vtr* ♦ *(sacudir)* agitar ♦ *fig (preocupar)* perturbar |**2** *vi Pol* hacer campaña
agitator ['ædʒɪteɪtə'] *n* agitador,-ora
agnostic [æg'nɒstɪk] *n* agnóstico,-a
ago [ə'gəʊ] *adv* hace: **how long a.?,** ¿cuánto tiempo hace?; **ten years ago,** hace diez años
agonizing ['ægənaɪzɪŋ] *adj* ♦ *(dolor)* atroz ♦ *(decisión)* desesperante
agony ['ægənɪ] *n* ♦ agonía ♦ dolor muy fuerte
agree [ə'griː] **1** *vi* ♦ estar de acuerdo: **he agrees with me,** está de acuerdo conmigo ♦ **to a. to do sthg,** consentir en hacer algo ♦ *(una comida)* **garlic doesn't a. with me,** el ajo me sienta mal ♦ *(personas)* llevarse bien |**2** *vtr* acordar
agreeable [ə'griːəbəl] *adj* agradable
agreement [ə'griːmənt] *n* acuerdo; *Com* contrato
agricultural [ægrɪ'kʌltʃərəl] *adj* agrícola
agriculture ['ægrɪkʌltʃə'] *n* agricultura
aground [ə'graʊnd] *adv Náut* & *fig* **to run a.,** encallar [**on,** en]
ah! [ɑː] *excl* ¡ah!, ¡ay!
ahead [ə'hed] *adv* ♦ delante ♦ *(hacia delante)* **go a.!,** ¡adelante!; **go straight a.,** siga todo recto; **to go a.,** ir adelante
aid [eɪd] **1** *n* ayuda, auxilio; **first a.,** primeros auxilios |**2** *vtr* ayudar
aide [eɪd] *n* ayudante
Aids [eɪdz] *n (abr de* ***acquired immune deficiency syndrome****)* síndrome de inmunodeficiencia adquirida, sida
ailing ['eɪlɪŋ] *adj* achacoso,-a, debilitado,-a
ailment ['eɪlmənt] *n* enfermedad (leve), achaque

aim [eɪm] **1** *n* ◆ *(con arma)* puntería ◆ *(objetivo)* propósito **|2** *vtr* ◆ *(arma)* apuntar ◆ *(ataque)* dirigir ■ **aim to** *vtr* **to a. to do sthg,** tener la intención de hacer algo

aimless ['eɪmlɪs] *adj* sin rumbo, sin propósito

ain't [eɪnt] *US fam* ◆ **is not** ◆ **are not** ◆ **has not** ◆ **have not**

air [eəʳ] **1** *n* ◆ *(elemento)* aire; **a. conditioning,** aire acondicionado; **a. freshener,** ambientador ◆ *(medio de transporte)* **to travel by a.,** viajar en avión; **a. force,** fuerzas aéreas; **a. traffic controller,** controlador,-ora aéreo,-a ◆ *(apariencia)* aspecto **|2** *vtr* ◆ *(cama, ropa)* airear; *(habitación)* ventilar ◆ *fig (queja)* airear ◆ *(conocimiento)* hacer alarde de

air-conditioned ['eəkɒndɪʃənd] *adj* climatizado,-a

aircraft ['eəkrɑːft] *n inv* avión; **a. carrier,** porta(a)viones

airline ['eəlaɪn] *n* línea aérea

airmail ['eəmeɪl] *n* correo aéreo; **by a.,** por avión

airplane ['eəpleɪn] *n US* avión

airport ['eəpɔːt] *n* aeropuerto

airstrip ['eəstrɪp] *n* pista de aterrizaje

airtight ['eətaɪt] *adj* hermético,-a

airy ['eərɪ] *adj* **(airier, airiest)** bien ventilado,-a

aisle [aɪl] *n (iglesia)* nave; *(teatro)* pasillo

ajar [ə'dʒɑːʳ] *adj* entreabierto,-a

akin [ə'kɪn] *adj* semejante

alarm [ə'lɑːm] **1** *n* alarma; **a. clock,** despertador **|2** *vtr* alarmar

alas [ə'læs] **1** *excl* ¡a!, ¡ay! **|2** *adv* desgraciadamente

albatross ['ælbətrɒs] *n* albatros

albeit [ɔːl'biːɪt] *conj frml* aunque, no obstante

album ['ælbəm] *n* álbum

alcohol ['ælkəhɒl] *n* alcohol

alcoholic [ælkə'hɒlɪk] *adj* & *n* alcohólico,-a

ale [eɪl] *n* cerveza

alert [ə'lɜːt] **1** *adj* ◆ alerta ◆ listo,-a, despabilado,-a **|2** *n* alerta **|3** *vtr* alertar

A-level ['eɪlevəl] *n GB Educ (abr de Advanced level)* ≈ Curso de Orientación Universitaria, COU

algae ['ældʒiː] *npl* algas

algebra ['ældʒɪbrə] *n* álgebra

alibi ['ælɪbaɪ] *n* coartada

alien ['eɪlɪən] **1** *adj* ◆ *frml (de otro país)* extranjero,-a ◆ *(de otro planeta)* extraterrestre **|2** *n* ◆ *frml* extranjero,-a ◆ extraterrestre

alienate ['eɪlɪəneɪt] *vtr* alejar, apartar

alight[1] [ə'laɪt] *adj* ardiendo,-a

alight[2] [ə'laɪt] *vi frml (de un vehículo)* apearse

align [ə'laɪn] *vtr* alinear

alike [ə'laɪk] **1** *adj* ◆ *(semejante)* parecido,-a ◆ *(idéntico)* igual **|2** *adv* del mismo modo, igualmente

alimony ['ælɪmənɪ] *n Jur* pensión alimenticia

alive [ə'laɪv] *adj* vivo,-a

alkaline ['ælkəlaɪn] *adj* alcalino,-a

all [ɔːl] **1** *adj* todo,-a, todos,-as, entero,-a: **all the children,** todos los niños; **all England,** toda Inglaterra **|2** *pron* ◆ todo,-a: **I'll do all I can,** haré todo lo que pueda; **that's all,** eso es todo ◆ todos,-as: **all of us,** todos,-as nosotros,-as; **he's the worst of all,** él es el peor de todos ◆ **above all,** sobre todo; **after all,** al fin y al cabo; **she didn't say anything at all,** no dijo nada en absoluto; **in all,** en total; **thanks - not at a.,** gracias - de nada **|3** *adv* ◆ totalmente: **she lived all alone,** vivía totalmente sola ◆ **he loved her all along,** la quería desde el primer momento ◆ **she's not all that beautiful,** tan guapa no es ◆ *Dep* **two all,** empate a dos

Allah ['ælə] *n* Alá

allegation [ælɪ'geɪʃən] *n* alegato, alegación

allege [ə'ledʒ] *vtr* sostener, pretender

alleged [ə'ledʒd] *adj* presunto,-a

allegiance [ə'liːdʒəns] *n* lealtad

allergic [ə'lɜːdʒɪk] *adj* alérgico,-a

allergy ['ælədʒɪ] *n* alergia

alleviate [ə'liːvɪeɪt] *vtr* aliviar

alley ['ælɪ] *n* callejón

alliance [ə'laɪəns] *n* alianza
allied ['ælaɪd] *adj* aliado,-a
alligator ['ælɪgeɪtəʳ] *n* caimán
allocate ['æləkeɪt] *vtr* destinar
allocation [ælə'keɪʃən] *n* asignación
allot [ə'lɒt] *vtr* asignar, adjudicar
allotment [ə'lɒtmənt] *n* ◆ asignación ◆ *(tierra)* parcela
allow [ə'laʊ] *vtr* permitir, dejar ■ **allow for** *vtr* tener en cuenta
allowable [ə'laʊəbəl] *adj* permisible
allowance [ə'laʊəns] *n* ◆ *(pago)* pensión, subvención; *(de viaje)* dieta ◆ *(fiscal)* desgravación
alloy ['ælɔɪ] *n* aleación
all right [ɔːl'raɪt] 1 *adj* bien |2 *adv* ◆ bien ◆ *(sí)* de acuerdo, vale
all-round [ɔːl'raʊnd] *adj* versátil, polifacético,-a
all-time ['ɔːltaɪm] *adj* sin precedentes
allusion [ə'luːʒən] *n* alusión
ally ['ælaɪ] 1 *n* aliado,-a |2 *vtr* **to a. oneself to/with sb,** aliarse con alguien
almighty [ɔːl'maɪtɪ] 1 *adj* todopoderoso,-a |2 *n Rel* **the A.,** El Todopoderoso
almond ['ɑːmənd] *n* ◆ *(fruto)* almendra ◆ *(árbol)* almendro
almost ['ɔːlməʊst] *adv* casi
alms [ɑːmz] *npl* limosna
aloft [ə'lɒft] *adv* arriba; *Av* en vuelo
alone [ə'ləʊn] 1 *adj* ◆ solo,-a ◆ **let a.,** ni mucho menos |2 *adv* solamente, sólo
along [ə'lɒŋ] 1 *adv* **you can come a.,** puedes venir; **a. with,** junto con |2 *prep* a lo largo de
alongside [ə'lɒŋsaɪd] 1 *prep* al lado de |2 *adv* al lado
aloof [ə'luːf] 1 *adj* distante |2 *adv* **to keep oneself a.,** mantenerse apartado,-a
aloud [ə'laʊd] *adv* en voz alta
alphabet ['ælfəbet] *n* alfabeto
alphabetical [ælfə'betɪkəl] *adj* alfabético,-a
alphabetically [ælfə'betɪkəlɪ] *adv* por orden alfabético
alpine ['ælpaɪn] *adj* alpino,-a
already [ɔːl'redɪ] *adv* ya
alright [ɔːl'raɪt] *US adj & adv* → **all right**
Alsatian [æl'seɪʃən] *n (perro)* pastor alemán
also ['ɔːlsəʊ] *adv* también, además
altar ['ɔːltəʳ] *n* altar
alter ['ɔːltəʳ] 1 *vtr* cambiar, modificar |2 *vi* cambiar(se)
alteration [ɔːltə'reɪʃən] *n* ◆ cambio, modificación ◆ **alterations** *pl, (de edificio)* reformas
alternate [ɔːl'tɜːnət] 1 *adj* alterno,-a |2 ['ɔːltəneɪt] *vtr* alternar
alternative [ɔːl'tɜːnətɪv] 1 *adj* alternativo,-a |2 *n* alternativa
although [ɔːl'ðəʊ] *conj* aunque
altitude ['æltɪtjuːd] *n* altitud
altogether [ɔːltə'geðəʳ] *adv* en conjunto, en total
altruism ['æltruːɪzəm] *n* altruismo
aluminium [ælјʊ'mɪnɪəm], *US* **aluminum** [ə'luːmɪnəm] *n* aluminio
always ['ɔːlweɪz] *adv* siempre
am [æm] *1.ª persona sing pres* → **be**
a.m. [eɪ'em] *(abr de* **ante meridiem***)* de la mañana
amalgam [ə'mælgəm] *n* amalgama
amalgamate [ə'mælgəmeɪt] 1 *vtr* fusionar |2 *vi* fusionarse
amateur ['æmətəʳ] 1 *n* amateur, aficionado,-a |2 *adj* aficionado,-a
amateurish ['æmətərɪʃ] *adj* chapucero,-a, de aficionados
amaze [ə'meɪz] *vtr* asombrar
amazement [ə'meɪzmənt] *n* asombro
amazing [ə'meɪzɪŋ] *adj* increíble
ambassador [æm'bæsədəʳ] *n* embajador,-ora
amber ['æmbəʳ] 1 *n* ámbar |2 *adj* de color ámbar
ambiguity [æmbɪ'gjuːɪtɪ] *n* ambigüedad
ambiguous [æm'bɪgjʊəs] *adj* ambiguo,-a
ambition [æm'bɪʃən] *n* ambición
ambitious [æm'bɪʃəs] *adj* ambicioso,-a
ambivalent [æm'bɪvələnt] *adj* ambivalente
amble ['æmbəl] *vi* deambular

ambulance ['æmbjʊləns] *n* ambulancia

ambush ['æmbʊʃ] **1** *n* emboscada **|2** *vtr* tender una emboscada

amen [ɑː'men] *excl* amén

amenable [ə'miːnəbəl] *adj* susceptible

amend [ə'mend] *vtr* enmendar, subsanar

amendment [ə'mendmənt] *n* enmienda

amends [ə'mendz] *npl* **to make a.,** compensar

amenities [ə'miːnɪtɪz] *npl* ◆ *(de la vida)* comodidades ◆ *(de una casa, ciudad)* servicios, instalaciones

America [ə'merɪkə] *n* ◆ *(país)* Estados Unidos ◆ *(continente)* América

American [ə'merɪkən] *adj* & *n* americano,-a; *(de EE.UU.)* norteamericano,-a, estadounidense

amiable ['eɪmɪəbəl] *adj* amable

amicable ['æmɪkəbəl] *adj* amistoso,-a

ammonia [ə'məʊnɪə] *n* amoníaco

ammunition [æmjʊ'nɪʃən] *n* munición

amnesia [æm'niːʒə] *n* amnesia

amnesty ['æmnɪstɪ] *n* amnistía

among(st) [ə'mʌŋ(st)] *prep* entre

amoral [eɪ'mɒrəl] *adj* amoral

amorphous [ə'mɔːfəs] *adj* amorfo,-a

amount [ə'maʊnt] *n* ◆ cantidad ◆ *(dinero)* suma ■ **amount to** *vtr* ascender a

amphetamine [æm'fetəmiːn] *n* anfetamina

amphibian [æm'fɪbɪən] *adj* & *n* anfibio,-a

amphitheatre ['æmfɪθɪətəʳ] *n* anfiteatro

ample ['æmpəl] *adj* abundante, extenso,-a

amplifier ['æmplɪfaɪəʳ] *n* amplificador

amplify ['æmplɪfaɪ] *vtr* ◆ *(sonido)* amplificar ◆ *(comentario)* ampliar

amputate ['æmpjʊteɪt] *vtr* amputar

amuse [ə'mjuːz] *vtr* divertir, entretener

amusement [ə'mjuːzmənt] *n* ◆ diversión; **a. park,** parque de atracciones

amusing [ə'mjuːzɪŋ] *adj* divertido,-a

an [æn, *forma débil* ən] *art indef* ➛ **a**

anaemia [ə'niːmɪə] *n* anemia

anaemic [ə'niːmɪk] *adj Med* anémico,-a; *fig* débil

anaesthetic [ænɪs'θetɪk] *n* anestesia

anaesthetist [ə'niːsθətɪst] *n* anestesista

analogy [ə'nælədʒɪ] *n* analogía

analyse ['ænəlaɪz] *vtr* analizar

analysis [ə'nælɪsɪs] *n (pl* ***analyses*** [ə'nælɪsiːz]*)* análisis

analyst ['ænəlɪst] *n* ◆ analista ◆ psicoanalista

analyze ['ænəlaɪz] *vtr US* ➛ **analyse**

analytic(al) [ænə'lɪtɪk(əl)] *adj* analítico,-a

anarchist ['ænəkɪst] *n* anarquista

anarchy ['ænəkɪ] *n* anarquía

anatomy [ə'nætəmɪ] *n* anatomía

ancestor ['ænsestəʳ] *n* antepasado,-a

ancestral [æn'sestrəl] *adj* ancestral

ancestry ['ænsestrɪ] *n* ascendencia

anchor ['æŋkəʳ] **1** *n* ancla; **to drop a.,** echar el ancla; **to weigh a.,** levar anclas **|2** *vtr* & *vi* anclar

anchovy ['æntʃəvɪ] *n* anchoa

ancient ['eɪnʃənt] *adj* antiguo,-a

and [ænd, *forma débil* ənd, ən] *conj* ◆ y, e; **a. so on** etcétera ◆ *(delante del infinitivo)* **come a. see me,** ven a verme

Andes ['ændiːz] *npl* los Andes

anecdote ['ænɪkdəʊt] *n* anécdota

anemia [ə'niːmɪə] *n US* ➛ **anaemia**

anesthetic [ænɪs'θetɪk] *n US* ➛ **anaesthetic**

angel ['eɪndʒəl] *n* ángel

anger ['æŋgəʳ] **1** *n* ira **|2** *vtr* enfadar **|3** *vi* enfadarse, enojarse

angina [æn'dʒaɪnə] *n* angina (de pecho)

angle ['æŋgəl] *n* ángulo

Anglican ['æŋglɪkən] *adj* & *n* anglicano,-a

Anglo-Saxon ['æŋgləʊ'sæksən] *adj* & *n* anglosajón,-ona

angry ['æŋgrɪ] *adj (****angrier, angriest****)* enfadado,-a; **to get a.,** enfadarse

anguish ['æŋgwɪʃ] *n* angustia

animal ['ænɪməl] *adj* & *n* animal

animate ['ænɪmɪt] **1** *adj* vivo,-a **|2** ['ænɪmeɪt] *vtr* animar

aniseed ['ænɪsiːd] *n* anís

ankle ['æŋkəl] *n* tobillo

annexe, *US* **annex** ['æneks] *n* anexo

annihilate [ə'naɪəleɪt] *vtr* aniquilar

anniversary [ænɪ'vɜːsərɪ] *n* aniversario

announce [ə'naʊns] *vtr* anunciar

announcement [ə'naʊnsmənt] *n* declaración, comunicado

annoy [ə'nɔɪ] *vtr* molestar

annoyance [ə'nɔɪəns] *n* disgusto, molestia

annoying [ə'nɔɪɪŋ] *adj* molesto,-a

annual ['ænjʊəl] **1** *adj* anual **|2** *n (libro)* anuario

annul [ə'nʌl] *vtr* anular

anomaly [ə'nɒməlɪ] *n* anomalía

anonymous [ə'nɒnɪməs] *adj* anónimo,-a

anorak ['ænəræk] *n* anorak

anorexia [ænɒ'reksɪə] *n* anorexia

another [ə'nʌðəʳ] **1** *adj* otro,-a: **a. one,** otro,-a **|2** *pron* ♦ otro,-a: **would you like a.?,** ¿quieres otro? ♦ **they hate one a.,** se odian mutuamente

answer ['ɑːnsəʳ] **1** *n* ♦ respuesta ♦ *(de un problema)* solución **|2** *vtr* ♦ *(pregunta, teléfono)* contestar; *(puerta)* abrir ♦ *(problema)* resolver **|3** *vi* contestar, responder ■ **answer back** *vi* contestar

answering machine ['ɑːnsərɪŋməʃiːn] *n Tel* contestador automático

ant [ænt] *n* hormiga: **a. eater,** oso hormiguero

antagonism [æn'tægənɪzəm] *n* antagonismo

Antarctic [ænt'ɑːktɪk] **1** *adj* antártico,-a: **A. Ocean,** océano Antártico **|2** *n* **the A.,** la región antártica

Antarctica [ænt'ɑːktɪkə] *n* Antártida

antecedent [æntɪ'siːdənt] *n* antecedente

antelope ['æntɪləʊp] *n* antílope

antenatal [æntɪ'neɪtəl] *adj* prenatal

antenna [æn'tenə] *n (pl* ***antennae*** [æn'teniː]*)* antena

anthem ['ænθəm] *n* himno nacional

anthology [æn'θɒlədʒɪ] *n* antología

anthropology [ænθrə'pɒlədʒɪ] *n* antropología

antibiotic [æntɪbaɪ'ɒtɪk] *n* antibiótico

antibody ['æntɪbɒdɪ] *n* anticuerpo

anticipate [æn'tɪsɪpeɪt] *vtr* ♦ *(confiar)* esperar ♦ *(predecir)* prever; *(acontecimientos, movimientos)* anticiparse a

anticipation [æntɪsɪ'peɪʃən] *n* expectación, ilusión

anticlimax [æntɪ'klaɪmæks] *n* decepción

anticyclone [æntɪ'saɪkləʊn] *n* anticiclón

antidote ['æntɪdəʊt] *n* antídoto

antifreeze ['æntɪfriːz] *n* anticongelante

antihistamine [æntɪ'hɪstəmɪn] *n* antihistamínico

antipathy [æn'tɪpəθɪ] *n* antipatía

antiquated ['æntɪkweɪtɪd] *adj* anticuado,-a

antique [æn'tiːk] **1** *adj* ♦ antiguo,-a ♦ *(mobiliario)* de época **|2** *n* antigüedad

antiquity [æn'tɪkwɪtɪ] *n* antigüedad

anti-Semitism [æntɪ'semɪtɪzəm] *n* antisemitismo

antiseptic [æntɪ'septɪk] *adj* & *n* antiséptico,-a

antithesis [æn'tɪθɪsɪs] *n* antítesis

anus ['eɪnəs] *n* ano

anvil ['ænvɪl] *n* yunque

anxiety [æŋ'zaɪɪtɪ] *n* ♦ inquietud, preocupación ♦ *(deseo)* ansiedad

anxious ['æŋkʃəs] *adj* ♦ inquieto,-a, preocupado,-a ♦ *(entusiasmado)* ansioso,-a

any ['enɪ] **1** *adj* ♦ *(en preguntas, frases condicionales)* algún,-una, algo de ♦ *(en frases negativas)* ningún,-una: **I don't feel a. pain,** no siento ningún dolor ♦ *(no importa cuál)* cualquier(a): **come a. day,** ven cualquier día **|2** *pron* ♦ *(en preguntas)* alguno,-a ♦ *(en frases negativas)* ninguno,-a ♦ *(no importa cuál)* cualquiera **|3** *adv* **I don't live here a. more,** ya no vivo aquí

anybody ['enɪbɒdɪ] *pron* ♦ *(en pre-*

guntas. frases condicionales) alguien. alguno.-a: **if a. calls, tell me,** si alguien llama. dímelo ♦ *(en frases negativas)* nadie. ninguno.-a ♦ *(no importa quién)* cualquiera: **a. could understand it,** cualquiera podría entenderlo

anyhow ['enɪhaʊ] *adv* en todo caso

anyone ['enɪwʌn] *pron* → **anybody**

anyplace ['enɪpleɪs] *adv US* → **anywhere**

anything ['enɪθɪŋ] **1** *pron* ♦ *(en preguntas, frases condicionales)* algo. alguna cosa ♦ *(en frases negativas)* nada ♦ *(no importa qué)* cualquier cosa

anyway ['enɪweɪ] *adv* → **anyhow**

anywhere ['enɪweəʳ] *adv* ♦ *(situación)* en alguna parte *(movimiento)* a alguna parte ♦ *(en frases negativas)* en ninguna parte ♦ *(no importa dónde)* dondequiera. en cualquier parte

apart [ə'pɑːt] *adv* ♦ aparte ♦ *(distancia)* alejado.-a. separado.-a ♦ **a. from,** aparte de

apartment [ə'pɑːtmənt] *n* ♦ *US (vivienda)* piso. apartamento: **a. block,** bloque de pisos

apathy ['æpəθɪ] *n* apatía

ape [eɪp] **1** *n* mono. simio **|2** *vtr* imitar. copiar

aperture ['æpətʃəʳ] *n* abertura

apex ['eɪpeks] *n* ápice. cumbre

apiece [ə'piːs] *adv* cada uno.-a

aplomb [ə'plɒm] *n* aplomo

apocalypse [ə'pɒkəlɪps] *n* apocalipsis

apologetic [əpɒlə'dʒetɪk] *adj* de disculpa: **to be a.,** pedir perdón

apologize [ə'pɒlədʒaɪz] *vi* disculparse

apology [ə'pɒlədʒɪ] *n* disculpa. excusa

apostle [ə'pɒsəl] *n* apóstol

apostrophe [ə'pɒstrəfɪ] *n* apóstrofo

appal, *US* **appall** [ə'pɔːl] *vtr* horrorizar

appalling [ə'pɔːlɪŋ] *adj* ♦ *(terrible)* atroz. horroroso.-a ♦ *(de ínfima calidad)* pésimo.-a. fatal

apparatus [æpə'reɪtəs] *n* ♦ aparato ♦ equipo

apparent [ə'pærənt] *adj* aparente

apparently [ə'pærəntlɪ] *adv* por lo visto

apparition [æpə'rɪʃən] *n* aparición

appeal [ə'piːl] **1** *n* ♦ *(cuestación)* llamamiento. solicitud. súplica ♦ *(encanto)* atractivo ♦ *Jur* apelación **|2** *vi* ♦ pedir. rogar ♦ *(al sentido común)* apelar a ♦ *(atraer)* interesar ♦ *Jur* apelar

appealing [ə'piːlɪŋ] *adj* atractivo.-a

appear [ə'pɪəʳ] *vi* ♦ aparecer ♦ *(en público)* presentarse. actuar ♦ *(semejar)* parecer

appearance [ə'pɪərəns] *n* ♦ *(acción)* aparición ♦ *(en público)* presentación. actuación ♦ *(ante un tribunal)* comparecencia ♦ *(aspecto)* apariencia ♦ **appearances,** apariencias

appendicitis [əpendɪ'saɪtɪs] *n* apendicitis

appendix [ə'pendɪks] *n (pl* ***appendices*** [ə'pendɪsiːz]*)* apéndice

appetite ['æpɪtaɪt] *n* apetito

appetizer ['æpɪtaɪzəʳ] *n* aperitivo

applaud [ə'plɔːd] *vtr* & *vi* aplaudir

applause [ə'plɔːz] *n* aplausos

apple ['æpəl] *n* ♦ manzana ♦ **a. tree,** manzano

appliance [ə'plaɪəns] *n* dispositivo

applicant ['æplɪkənt] *n* ♦ *(a un puesto)* candidato.-a ♦ *(de una prestación. un crédito)* solicitante

application [æplɪ'keɪʃən] *n* ♦ aplicación ♦ *(para un trabajo. una beca)* solicitud: **a. form,** (impreso de) solicitud

apply [ə'plaɪ] **1** *vtr* ♦ aplicar ♦ *Auto (freno)* poner ♦ *(la ley)* imponer: *(fuerza)* usar: **to a. oneself to,** dedicarse a **|2** *vi* ♦ aplicarse ♦ *(puesto de trabajo)* solicitar. presentarse ■ **apply for** *vtr* solicitar. pedir

appoint [ə'pɔɪnt] *vtr* ♦ *(persona)* nombrar. designar ♦ *(hora)* fijar. señalar

appointment [ə'pɔɪntmənt] *n* ♦ cita: **to make an a.,** pedir hora ♦ *(a un puesto)* nombramiento

appraisal [ə'preɪzəl] *n* evaluación

appreciate [ə'priːʃɪeɪt] **1** *vtr* ♦ agradecer: **I a. your help,** agradezco tu ayuda ♦ *(valorar)* apreciar ♦ *(reconocer)* entender |2 *vi Fin* apreciarse, valorarse

appreciation [əpriːʃɪ'eɪʃən] *n* agradecimiento

appreciative [ə'priːʃɪətɪv] *adj* agradecido,-a

apprehend [æprɪ'hend] *vtr (arrestar)* detener

apprehension [æprɪ'henʃən] *n* aprensión

apprehensive [æprɪ'hensɪv] *adj* aprensivo,-a

apprentice [ə'prentɪs] *n* aprendiz,-iza

apprenticeship [ə'prentɪsʃɪp] *n* aprendizaje

approach [ə'prəʊtʃ] 1 *n* ♦ *(movimiento)* acercamiento ♦ *(a un sitio)* acceso ♦ *(de un problema)* enfoque ♦ *(oferta)* propuesta |2 *vtr* ♦ *(movimiento)* acercarse a ♦ *(asunto)* abordar ♦ *(persona)* dirigirse a |3 *vi* acercarse

appropriate [ə'prəʊprɪɪt] 1 *adj* apropiado,-a, adecuado,-a |2 [ə'prəʊprɪeɪt] *vtr* apropiarse de

approval [ə'pruːvəl] *n* aprobación

approve [ə'pruːv] 1 *vtr* aprobar |2 *vi* estar de acuerdo ■ **approve of** *vtr* ♦ *(plan)* aprobar ♦ *(persona)* tener buena opinión de

approximate [ə'prɒksɪmɪt] 1 *adj* aproximado,-a |2 [ə'prɒksɪmeɪt] *vtr* aproximarse a

apricot ['eɪprɪkɒt] *n* albaricoque

April ['eɪprəl] *n* abril; **A. Fools' Day,** uno de abril ≈ día de los Santos Inocentes (28 de diciembre)

apron ['eɪprən] *n* delantal

apt [æpt] *adj* apropiado,-a; *(comentario)* oportuno,-a

aptitude ['æptɪtjuːd] *n* aptitud, capacidad

aquamarine [ækwəmə'riːn] 1 *n Min* aguamarina |2 *adj* de color aguamarina

aquarium [ə'kweərɪəm] *n* acuario

Aquarius [ə'kweərɪəs] *n* Acuario

aquatic [ə'kwætɪk] *adj* acuático,-a

aqueduct ['ækwɪdʌkt] *n* acueducto

Arab ['ærəb] *adj* & *n* árabe

Arabian [ə'reɪbɪən] *adj* & *n* árabe

Arabic ['ærəbɪk] 1 *adj* árabe, arábigo,-a |2 *n (idioma)* árabe

arbitrary ['ɑːbɪtrərɪ] *adj* arbitrario,-a

arbitrate ['ɑːbɪtreɪt] *vtr* & *vi* arbitrar

arc [ɑːk] *n* arco

arcade [ɑː'keɪd] *n* ♦ arcada, soportales ♦ **shopping a.,** galería comercial

arch [ɑːtʃ] *n* ♦ *Arquit* arco ♦ *Anat* empeine

archaeologist [ɑːkɪ'ɒlədʒɪst] *n* arqueólogo,-a

archaeology [ɑːkɪ'ɒlədʒɪ] *n* arqueología

archaic [ɑː'keɪɪk] *adj* arcaico,-a

archbishop [ɑːtʃ'bɪʃəp] *n* arzobispo

archeology [ɑːkɪ'ɒlədʒɪ] *n US* → **archaeology**

archer ['ɑːtʃə^r] *n* arquero,-a

archery ['ɑːtʃərɪ] *n* tiro con arco

archetypal ['ɑːkɪtaɪpəl] *adj* arquetípico,-a

archipelago [ɑːkɪ'pelɪgəʊ] *n* archipiélago

architect ['ɑːkɪtekt] *n* arquitecto,-a

architecture ['ɑːkɪtektʃə'] *n* arquitectura

archives ['ɑːkaɪvz] *npl* archivos

arctic ['ɑːktɪk] 1 *adj* ártico,-a; **A. Circle,** Círculo Polar Ártico |2 *n* **the A.,** el Ártico

ardent ['ɑːdənt] *adj* ♦ *(amante)* apasionado,-a ♦ *(deseo)* ardiente

ardour, *US* **ardor** ['ɑːdə'] *n* pasión, ardor

arduous ['ɑːdjʊəs] *adj* arduo,-a

are [ɑː'] *pres* → **be**

area ['eərɪə] *n* ♦ área ♦ *Geog* región; **the Amazon a.,** la región del Amazonas; *Tel* **a. code,** prefijo local

arena [ə'riːnə] *n Dep* estadio; *Taur* plaza

Argentina [ɑːdʒən'tiːnə] *n* Argentina

Argentinian [ɑːdʒən'tɪnɪən] *adj* & *n* argentino,-a

arguable [ɑːgjʊəbəl] *adj* discutible

argue ['ɑːgjuː] 1 *vtr* ♦ *(un caso)* exponer ♦ *(opinión)* defender ♦ *(debatir)* discutir |2 *vi* discutir

argument ['ɑːgjʊmənt] *n* ♦ discusión; **to have an a.,** discutir ♦ *(debate)* argumento

arid ['ærɪd] *adj* árido,-a
Aries ['eəriːz] *n* Aries
arise [ə'raɪz] *vi (ps* ***arose****; pp* ***arisen*** [ə'rɪzən]*)* ♦ *frml* levantarse ♦ *(aparecer)* surgir
aristocracy [ærɪ'stɒkrəsɪ] *n* aristocracia
aristocrat ['ærɪstəkræt] *n* aristócrata
arithmetic [ə'rɪθmətɪk] *n* aritmética
arm [ɑːm] *n* ♦ *Anat* brazo; **a. in a.**, cogidos del brazo ♦ *(de una prenda)* manga; *(de una silla)* brazo ♦ *Mil* **arms** *pl*, armas
armchair ['ɑːmtʃeəʳ] *n* sillón, butaca
armed ['ɑːmd] *adj* armado,-a; **a. robbery**, robo a mano armada
armistice ['ɑːmɪstɪs] *n* armisticio
armour, *US* **armor** ['ɑːməʳ] **1** *n* ♦ *(de vehículo)* blindaje ♦ *(de persona)* armadura **|2** *vtr* blindar
armpit ['ɑːmpɪt] *n* axila
army ['ɑːmɪ] *n* ejército
aroma [ə'rəʊmə] *n* aroma
arose [ə'rəʊz] *ps* → **arise**
around [ə'raʊnd] **1** *adv* ♦ alrededor; **all a.,** por todas partes ♦ **to turn a.,** dar la vuelta ♦ cerca **|2** *prep* ♦ alrededor de ♦ por ♦ cerca; **a. here**, por aquí ♦ aproximadamente
arouse [ə'rəʊz] *vtr* ♦ *frml* despertar ♦ *(sexualmente)* excitar
arrange [ə'reɪndʒ] *vtr* ♦ ordenar ♦ *(reunión)* organizar; *(hora, precio)* fijar
arrangement [ə'reɪndʒmənt] *n* ♦ arreglo, colocación ♦ *Mús* adaptación, arreglo ♦ *(trato)* acuerdo, convenio ♦ **arrangements** *pl*, planes, preparativos
array [ə'reɪ] *n* colección, selección
arrears [ə'rɪəz] *npl* atrasos
arrest [ə'rest] **1** *n* detención, arresto **|2** *vtr* detener
arrival [ə'raɪvəl] *n* llegada
arrive [ə'raɪv] *vi* llegar
arrogance ['ærəgəns] *n* arrogancia
arrogant ['ærəgənt] *adj* arrogante
arrow ['ærəʊ] *n* flecha
arse ['ɑːs] *n vulgar* culo
arsenal ['ɑːsənəl] *n* arsenal
arsenic ['ɑːsənɪk] *n* arsénico
arson ['ɑːsən] *n* incendio provocado
art [ɑːt] *n* ♦ arte ♦ **the arts** *pl*, las bellas artes; **arts and crafts,** artes y oficios
artery ['ɑːtərɪ] *n* arteria
artful ['ɑːtful] *adj* astuto,-a
arthritis [ɑː'θraɪtɪs] *n* artritis
artichoke ['ɑːtɪtʃəʊk] *n* alcachofa
article ['ɑːtɪkəl] *n* artículo
articulate¹ [ɑː'tɪkjʊlɪt] *adj* ♦ *(persona)* elocuente ♦ *(discurso)* claro,-a
articulate² [ɑː'tɪkjʊleɪt] *vtr* ♦ articular ♦ *(emociones)* expresar
artificial [ɑːtɪ'fɪʃəl] *adj* artificial
artillery [ɑː'tɪlərɪ] *n* artillería
artisan ['ɑːtɪzæn] *n* artesano,-a
artist ['ɑːtɪst] *n* artista, pintor,-ora
artistic [ɑː'tɪstɪk] *adj* artístico,-a
as [æz, *forma débil* əz] *adv* & *conj* ♦ *(comparación)* **as... as...**, tan... como...; **as far as,** hasta; **as many as,** tantos,-as como; **as much as,** tanto,-a como; **as soon as possible,** cuanto antes; **just as good,** igual de bueno,-a; **men such as him,** hombres como él; **the same as,** igual que; **twice as expensive,** dos veces más caro,-a ♦ *(modo)* como: **it serves as a desk,** sirve de escritorio; **as you like/wish,** como quieras; **as usual,** como siempre; **as yet,** aún, todavía ♦ *(tiempo)* cuando, mientras (que) ♦ *(concesión)* no obstante, aunque; **be that as it may,** por mucho que así sea ♦ *(causa)* como, ya que ♦ *(de la misma manera)* igual que; **as well,** también ♦ *(resultado)* para; **so as to do sthg,** para hacer algo ♦ **to act as if,** actuar como si ♦ **as it were,** por así decirlo ♦ **as long as,** *(sólo si)* siempre que ♦ *(relativo a)* **as regards,** por lo que se refiere a
ascend [ə'send] *vi* subir, ascender
ascent [ə'sent] *n* subida
ash [æʃ] *n* ceniza
ashamed [ə'ʃeɪmd] *adj* avergonzado,-a
ashore [ə'ʃɔːʳ] *adv* **to go a.,** desembarcar
ashtray ['æʃtreɪ] *n* cenicero
Asia ['eɪʒə] *n* Asia
Asian ['eɪʒən] *adj* & *n* asiático,-a
aside [ə'saɪd] **1** *adv* al lado **|2** *prep* **a. from** aparte de

ask [ɑːsk] **1** *vtr* ♦ preguntar ♦ *(un favor, etc)* pedir ♦ invitar **|2** *vi* ♦ preguntar ♦ solicitar, pedir ■ **ask about/after** *vtr* **to a. after/about sb,** preguntar por alguien ■ **ask for** *vtr* ♦ pedir ♦ *(persona)* preguntar por

asleep [əˈsliːp] *adj* dormido,-a: **to fall a.,** quedarse dormido,-a

asparagus [əˈspærəgəs] *n inv* espárragos

aspect [ˈæspekt] *n* aspecto

asphyxiate [æsˈfɪksɪeɪt] **1** *vtr* asfixiar **|2** *vi* asfixiarse

aspire [əˈspaɪəʳ] *vi* aspirar

aspirin [ˈæsprɪn] *n* aspirina®

ass[1] [æs] *n* asno,-a

ass[2] [æs] *n US vulgar* culo

assailant [əˈseɪlənt] *n* agresor,-ora

assassin [əˈsæsɪn] *n* asesino,-a

assassinate [əˈsæsɪneɪt] *vtr* asesinar

assault [əˈsɔːlt] **1** *n* asalto, ataque **|2** *vtr* ♦ *Mil* asaltar, atacar ♦ *Jur* agredir: *(sexualmente)* acosar

assemble [əˈsembəl] **1** *vtr* ♦ *(a personas)* reunir ♦ *(una máquina, un mueble)* montar **|2** *vi* reunirse

assembly [əˈsemblɪ] *n* reunión, asamblea

assent [əˈsent] **1** *n* asentimiento **|2** *vi* asentir

assert [əˈsɜːt] *vtr* ♦ afirmar ♦ *(derechos, etc)* hacer valer

assertive [əˈsɜːtɪv] *adj* enérgico,-a, firme

assess [əˈses] *vtr* valorar, tasar

assessment [əˈsesmənt] *n* juicio, evaluación

assessor [əˈsesəʳ] *n* asesor,-ora

asset [ˈæset] *n* ♦ ventaja, recurso ♦ *Fin* **assets** *pl,* activo

assiduous [əˈsɪdjʊəs] *adj* asiduo,-a

assign [əˈsaɪn] *vtr* asignar

assignment [əˈsaɪnmənt] *n* asignación

assimilate [əˈsɪmɪleɪt] *vtr* asimilar

assist [əˈsɪst] *vtr & vi* ayudar

assistance [əˈsɪstəns] *n* ayuda

assistant [əˈsɪstənt] *n* ♦ ayudante ♦ **shop a.,** dependiente,-a ♦ *Educ* **(language) a.,** lector,-ora

associate[1] [əˈsəʊʃɪeɪt] **1** *vtr* relacionar, asociar **|2** *vi* **to a. with sb,** tratar/relacionarse con alguien

associate[2] [əˈsəʊʃɪɪt] **1** *adj* asociado,-a **|2** *n* ♦ *(colega)* compañero,-a, socio,-a ♦ *Jur (de un crimen)* cómplice

association [əsəʊsɪˈeɪʃən] *n* ♦ *(conexión)* asociación, relación ♦ *(empresa)* sociedad

assorted [əˈsɔːtid] *adj* variado,-a

assortment [əˈsɔːtmənt] *n* surtido, variedad

assume [əˈsjuːm] **1** *vtr* ♦ suponer ♦ *frml (el poder, mando)* asumir: *(una postura, un nombre)* adoptar **|2** *vi* suponer

assumption [əˈsʌmpʃən] *n* suposición, supuesto

assurance [əˈʃʊərəns] *n* ♦ garantía ♦ *(confianza en sí mismo)* seguridad ♦ *Com* seguro (de vida)

assure [əˈʃʊəʳ] *vtr* asegurar

asterisk [ˈæstərɪsk] *n* asterisco

asthma [ˈæsmə] *n* asma

astonish [əˈstɒnɪʃ] *vtr* asombrar

astonishing [əˈstɒnɪʃɪŋ] *adj* asombroso,-a

astonishment [əˈstɒnɪʃmənt] *n* asombro

astray [əˈstreɪ] *adv* **to go a.,** extraviarse

astride [əˈstraɪd] *prep* a horcajadas

astrology [əˈstrɒlədʒɪ] *n* astrología

astronaut [ˈæstrənɔːt] *n* astronauta

astronomer [əˈstrɒnəməʳ] *n* astrónomo,-a

astronomy [əˈstrɒnəmɪ] *n* astronomía

astute [əˈstjuːt] *adj* ♦ *(persona)* listo,-a, astuto,-a ♦ *(decisión)* inteligente

asylum [əˈsaɪləm] *n* ♦ asilo: **political a.,** asilo político ♦ **mental a.,** manicomio

at [æt] *prep* ♦ *(posición)* a, en: **at the door,** en la puerta ♦ *(hacia)* a: **to look at sthg/sb,** mirar algo/a alguien ♦ *(tiempo)* a, en: **at Christmas,** en Navidad: **at first,** al principio: **at last,** por fin: **at once,** en seguida: **at the moment,** ahora ♦ *(al expresar la edad)* **he died at ninety,** murió con noventa años ♦ *(modo)* a, en: **at best/worst,** en el mejor/peor de los casos; **at least,** por lo menos

ate [et, eɪt] *ps* → **eat**

atheist ['eɪθɪɪst] *n* ateo,-a

athlete ['æθliːt] *n* atleta

athletic [æθ'letɪk] **1** *adj* atlético,-a **|2** *npl* **athletics,** atletismo

Atlantic [ət'læntɪk] *adj* **the A. (Ocean),** el (océano) Atlántico

atlas ['ætləs] *n* atlas

atmosphere ['ætməsfɪəʳ] *n* ◆ *Meteor* atmósfera ◆ *(entorno)* ambiente

atom ['ætəm] *n* átomo

atomic [ə'tɒmɪk] *adj* atómico,-a; **a. weapons,** armas nucleares

atrocity [ə'trɒsɪtɪ] *n* atrocidad

attach [ə'tætʃ] *vtr* ◆ *(asegurar)* sujetar, atar ◆ *(documento)* adjuntar

attached [ə'tætʃt] *adj* adjunto

attachment [ə'tætʃmənt] *n* ◆ *Téc* accesorio ◆ *(apego)* cariño

attack [ə'tæk] **1** *n* ataque, asalto **|2** *vtr* ◆ atacar, asaltar ◆ *(un problema)* abordar

attacker [ə'tækəʳ] *n* asaltante, agresor,-ora

attain [ə'teɪn] *vtr* ◆ lograr, conseguir ◆ *(una edad, etc)* alcanzar

attainment [ə'teɪnmənt] *n* logro

attempt [ə'tempt] **1** *n* intento, tentativa **|2** *vtr* ensayar, intentar

attend [ə'tend] **1** *vtr* ◆ asistir a ◆ *(la mesa)* servir ◆ *Med* atender **|2** *vi* asistir

■ **attend to** *vtr* atender a

attendance [ə'tendəns] *n* asistencia

attendant [ə'tendənt] *n* empleado

attention [ə'tenʃən] *n* atención; **to pay a.,** prestar atención

attentive [ə'tentɪv] *adj* ◆ atento,-a ◆ cortés, solícito,-a

attic ['ætɪk] *n* ático, desván

attitude ['ætɪtjuːd] *n* actitud

attorney [ə'tɜːnɪ] *n US* abogado,-a; **A. General** ~ *GB* Fiscal General del Estado, *US* ministro,-a de Justicia

attract [ə'trækt] *vtr* atraer

attraction [ə'trækʃən] *n* atracción, atractivo

attractive [ə'træktɪv] *adj* atractivo,-a

attribute¹ ['ætrɪbjuːt] *n* atributo

attribute² [ə'trɪbjuːt] *vtr* atribuir

aubergine ['əʊbəʒiːn] *n* berenjena

auburn ['ɔːbən] *adj* caoba

auction ['ɔːkʃən] **1** *n* subasta **|2** *vtr* subastar

audacious [ɔː'deɪʃəs] *adj* audaz

audible ['ɔːdɪbəl] *adj* audible

audience ['ɔːdɪəns] *n* audiencia

audio [ɔːdɪəʊ] *adj* audio; **a. equipment,** equipo de sonido

audit ['ɔːdɪt] **1** *n* auditoría **|2** *vtr* auditar

audition [ɔː'dɪʃən] **1** *n* prueba, audición **|2** *vtr* **to a. sb,** hacer a alguien una prueba **|3** *vi* hacer una prueba

auditor ['ɔːdɪtəʳ] *n* revisor,-ora de cuentas, auditor,-ora

auditorium [ɔːdɪ'tɔːrɪəm] *n* auditorio

augment [ɔːg'ment] *vtr frml* aumentar

August ['ɔːgəst] *n* agosto

aunt [ɑːnt] *n (también fam* ***auntie, aunty*** ['ɑːntɪ]*)* tía

au pair [əʊ'peəʳ] *n* au pair

aura ['ɔːrə] *n frml* aura

austere [ɒ'stɪəʳ] *adj* austero,-a

austerity [ɒ'sterɪtɪ] *n* austeridad

Australia [ɒ'streɪlɪə] *n* Australia

Australian [ɒ'streɪlɪən] *adj* & *n* australiano,-a

Austria ['ɒstrɪə] *n* Austria

Austrian ['ɒstrɪən] *adj* & *n* austriaco,-a

authentic [ɔː'θentɪk] *adj* auténtico,-a

authenticity [ɔːθen'tɪsɪtɪ] *n* autenticidad

author ['ɔːθəʳ] *n* autor,-ora

authoritarian [ɔːθɒrɪ'teərɪən] *adj* autoritario,-a

authoritative [ɔː'θɒrɪtətɪv] *adj* ◆ autoritario,-a ◆ *(de confianza, oficial)* autorizado,-a

authority [ɔː'θɒrɪtɪ] *n* ◆ autoridad ◆ **authorities** *pl, (de un país, una ciudad)* autoridades

authorization [ɔːθəraɪ'zeɪʃən] *n* autorización

authorize ['ɔːθəraɪz] *vtr* autorizar

auto ['ɔːtəʊ] *n US* coche

autobiographical [ɔːtəʊbaɪə'græfikəl] *adj* autobiográfico,-a

autobiography [ɔːtəʊbaɪ'ɒgrəfɪ] *n* autobiografía

autograph ['ɔːtəgrɑːf] **1** *n* autógrafo |**2** *vtr* firmar; *(un libro, una fotografía)* dedicar

automatic [ɔːtə'mætɪk] **1** *adj* automático,-a |**2** *n* ◆ *Auto* coche automático ◆ *(arma)* pistola automática

automation [ɔːtə'meɪʃən] *n* automatización

automaton [ɔː'tɒmətɒn] *n (pl* ***automata*** [ɔː'tɒmətə]*)* autómata

automobile ['ɔːtəməbiːl] *n US* coche, automóvil

autonomous [ɔː'tɒnəməs] *adj* autónomo,-a

autonomy [ɔː'tɒnəmɪ] *n* autonomía

autopsy ['ɔːtəpsɪ] *n* autopsia

autumn ['ɔːtəm] *n* otoño

auxiliary [ɔːg'zɪljərɪ] *adj* auxiliar

Av, Ave *(abr de* ***Avenue****)* avenida, Avda

available [ə'veɪləbəl] *adj* ◆ *(cosa)* disponible ◆ *(persona)* libre

avalanche ['ævəlɑːnʃ] *n* avalancha

avant-garde [ævɒŋ'gɑːd] **1** *n Arte* vanguardia |**2** *adj* vanguardista, de vanguardia

avarice ['ævərɪs] *n* avaricia

avenue ['ævɪnjuː] *n* avenida

average ['ævərɪdʒ] **1** *n* promedio, media; **above/below a.,** superior/inferior a la media; **on (the) a.,** por término medio |**2** *adj* medio,-a; **the a. man,** el hombre medio ◆ *(condición)* regular: **how are things?- oh, a.,** ¿qué tal? - pues, regular |**3** *vtr* calcular la media de ■ **average out at** *vtr* salir a una media de

averse [ə'vɜːs] *adj* **to be a. to,** sentir rechazo por

aversion [ə'vɜːʃən] *n* aversión

avert [ə'vɜːt] *vtr* ◆ *(los ojos, el pensamiento)* apartar ◆ *(un accidente, peligro)* prevenir, evitar ◆ *(un golpe)* desviar

avid ['ævɪd] *adj* ávido,-a

avocado [ævə'kɑːdəʊ] *n (tb* ***avocado pear****)* aguacate

avoid [ə'vɔɪd] *vtr* ◆ evitar ◆ *(deber, pregunta)* eludir

avoidable [ə'vɔɪdəbəl] *adj* evitable

await [ə'weɪt] *vtr* esperar, aguardar

awake [ə'weɪk] **1** *adj* ◆ despierto,-a ◆ *fig* consciente |**2** *vtr frml (ps* ***awoke, awaked****; pp* ***awoken, awaked****)* despertar

awaken [ə'weɪkən] *vtr* & *vi (ps* ***awakened****; pp* ***awoken****)* → **awake 2**

awakening [ə'weɪkənɪŋ] *n* despertar

award [ə'wɔːd] **1** *n* ◆ galardón, premio ◆ *(medalla)* condecoración ◆ *Jur* indemnización ◆ *(para estudiar)* beca |**2** *vtr* ◆ *(un premio)* conceder, otorgar ◆ *Jur* adjudicar

aware [ə'weə^r] *adj* consciente, enterado,-a

awareness [ə'weənɪs] *n* conciencia

awash [ə'wɒʃ] *adj* inundado,-a

away [ə'weɪ] *adv* ◆ *(posición)* lejos: **it's 20 kilometres a. from here,** está a 20 kilómetros de aquí; **to be a.,** estar ausente *o* estar fuera ◆ *(movimiento)* **to go a.,** irse: **go a.!,** ¡lárgate! ◆ *(como parte de verbos compuestos)* **to give sthg a.,** regalar algo; *(secreto)* revelar algo; **to run a.,** irse corriendo

awe [ɔː] *n* sobrecogimiento; **to be in a. of sb,** sentirse intimidado,-a por alguien

awe-inspiring ['ɔːɪnspaɪərɪŋ] *adj* impresionante, imponente

awesome ['ɔːsəm] *adj* impresionante

awful ['ɔːfʊl] *adj* tremendo,-a, espantoso,-a, horrible: **I feel a.,** me siento fatal

awkward ['ɔːkwəd] *adj* ◆ *(cosa)* incómodo,-a ◆ *(persona)* torpe, desmañado,-a ◆ *(situación)* embarazoso,-a ◆ *(problema, pregunta)* difícil

awning ['ɔːnɪŋ] *n* toldo, marquesina

awoke [ə'wəʊk] *ps* → **awake**

awoken [ə'wəʊkən] *pp* → **awake**

axe, ax [æks] **1** *n* hacha |**2** *vtr* recortar/reducir drásticamente

axle ['æksl] *n* eje

Aztec ['æztek] *adj* & *n* azteca

B

B, b [biː] *n* ♦ *(letra)* B, b ♦ *Mús* si

babble ['bæbəl] *vi* balbucear

baby ['beɪbɪ] *n* ♦ bebé ♦ *(persona muy joven)* niño,-a ♦ *fam US (término de cariño)* querido,-a

baby-sit ['beɪbɪsɪt] *vi* cuidar niños

baby-sitter ['beɪbɪsɪtəʳ] *n* canguro

bachelor ['bætʃələʳ] *n* ♦ soltero ♦ *Univ* ≈ licenciado,-a

back [bæk] **1** *n* ♦ espalda; *(de animal)* lomo ♦ *(de silla)* respaldo ♦ *(de mano)* dorso ♦ *(de casa, coche)* parte de atrás **|2** *adj* trasero,-a, de atrás; **b. door,** puerta de atrás; **b. seat,** asiento de detrás; *Auto* **b. wheel,** rueda trasera **|3** *adv* ♦ *(sitio)* atrás; *(dirección)* hacia atrás; **b. and forth,** de acá para allá ♦ *(de nuevo)* de vuelta; **when will you be b.?,** ¿cuándo volverás?; **give it b.!** ¡devuélvelo! **|4** *vtr* ♦ *(ayudar)* apoyar, respaldar ♦ *Fin* financiar ♦ *(juegos)* apostar por ♦ *(coche, etc)* dar marcha atrás a **|5** *vi* ♦ retroceder ■ **back away** *vi* retirarse ■ **back down** *vi* echarse atrás ■ **back off** *vi* desistir ■ **back out** *vi* retractarse, volverse atrás ■ **back up 1** *vtr* apoyar **|2** *vi Auto* ir marcha atrás

backache ['bækeɪk] *n* dolor de espalda

backbencher ['bækbentʃəʳ] *n GB* diputado,-a (sin cargo específico)

backbiting ['bækbaɪtɪŋ] *n* murmuraciones

backbone ['bækbəʊn] *n Anat* columna

backdrop ['bækdrɒp] *n Teat y fig* telón de fondo

backfire [bæk'faɪəʳ] *vi* fracasar

background ['bækgraʊnd] *n* ♦ *(de una escena)* fondo ♦ *(de persona)* origen, procedencia; *(educación)* formación ♦ *(circunstancias)* antecedentes

backing ['bækɪŋ] *n* ♦ apoyo, respaldo ♦ *Mús* acompañamiento

backlash ['bæklæʃ] *n* reacción violenta, contragolpe

backlog ['bæklɒg] *n* trabajo atrasado

backpack ['bækpæk] *n* mochila

backside [bæk'saɪd] *n fam* trasero, culo

backstage [bæk'steɪdʒ] *adj* & *adv Teat* entre bastidores

backstroke ['bækstrəʊk] *n Natación (estilo)* espalda

backup ['bækʌp] *n* ♦ apoyo, respaldo ♦ *Inform* copia de seguridad

backward ['bækwəd] *adj* ♦ *(mirada, movimiento)* hacia atrás ♦ *(país, etc)* subdesarrollado,-a ♦ *(persona)* retrasado,-a

backwards ['bækwədz] *adv* ♦ hacia atrás ♦ al revés

backyard [bæk'jɑːd] *n* patio trasero

bacon ['beɪkən] *n* bacon, *LAm* tocino

bacteria [bæk'tɪərɪə] *npl* bacterias

bad [bæd] *adj* ***(worse, worst)*** ♦ malo,-a ♦ *(en mal estado)* podrido,-a ♦ *(accidente)* grave; *(dolor de cabeza, etc)* fuerte ♦ *(de salud)* enfermo,-a ♦ **I feel b.,** me siento mal

badge [bædʒ] *n* ♦ insignia ♦ *(disco de metal)* chapa

badly ['bædlɪ] *adv* ♦ mal ♦ *(enfermo, etc)* gravemente

badminton ['bædmɪntən] *n* bádminton

bad-mannered [bæd'mænəd] *adj* maleducado,-a

bad-tempered [bæd'tempəd] *adj* ♦ *(temperamento)* **he is b.,** tiene mal genio ♦ *(estado transitorio)* **he is b.,** está de mal humor

baffle ['bæfəl] *vtr* desconcertar

bag [bæg] *n* ◆ bolsa ◆ *(de señora)* bolso ◆ **bags,** ojeras

baggage ['bægɪdʒ] *n* ◆ equipaje; *Av* **b. reclaim,** recogida de equipajes

baggy ['bægɪ] *adj* ***(baggier, baggiest)*** *(ropa)* holgado,-a, suelto,-a, grande

bagpipes ['bægpaɪps] *npl* gaita

baguette [bæg'et] *n* baguette

bail [beɪl] *n Jur* fianza ■ **bail out 1** *vtr* ◆ pagar la fianza a alguien ◆ *fig* sacar a alguien de un apuro **|2** *vi* ◆ saltar en paracaídas

bailiff ['beɪlɪf] *n* alguacil

bait [beɪt] **1** *n* cebo **|2** *vtr* ◆ *(al pescar)* cebar ◆ *(a una persona)* provocar

bake [beɪk] *vtr* cocer al horno, asar

baked [beɪkt] *adj* al horno; **b. potato,** patata asada

baker ['beɪkəʳ] *n* panadero,-a

bakery ['beɪkərɪ] *n* panadería

balance ['bæləns] **1** *n* ◆ equilibrio ◆ *(aparato)* balanza ◆ *(de una cuenta)* saldo ◆| LOC: *fig* **it hangs in the b.,** pende de un hilo; **on b.,** bien pensado *o* tras pensarlo mucho **|2** *vtr* ◆ mantener en equilibrio ◆ *(presupuesto)* equilibrar **|3** *vi* mantener el equilibrio

balanced ['bælənst] *adj* equilibrado,-a

balcony ['bælkənɪ] *n* ◆ balcón, terraza ◆ *Teat* galería

bald [bɔːld] *adj* ◆ *(persona)* calvo,-a ◆ *(neumático)* desgastado,-a

baldness ['bɔːldnɪs] *n* calvicie

ball [bɔːl] *n* ◆ *(tenis)* pelota; *Ftb* balón; *(billar, golf, etc)* bola ◆ *(de papel)* bola; *(de hilo, lana)* ovillo ◆ *vulgar* **balls** *pl,* pelotas

ballad ['bæləd] *n* balada

ballet ['bæleɪ] *n* ballet; **b. dancer,** bailarín,-ina

ballistics [bə'lɪstɪks] *n* balística

balloon [bə'luːn] **1** *n* ◆ globo ◆ *(en un dibujo)* bocadillo **|2** *vi* hincharse, inflarse

ballot ['bælət] *n Pol* votación; **to hold a b. on sthg,** someter algo a votación; **b. box,** urna (electoral); **b. (paper),** papeleta

ballroom ['bɔːlruːm] *n* salón de baile; **b. dancing,** baile de salón

balm [bɑːm] *n* bálsamo

balmy ['bɑːmɪ] *adj* ***(balmier, balmiest)*** suave

balustrade ['bæləstreɪd] *n* barandilla

bamboo [bæm'buː] *n* bambú

ban [bæn] **1** *n* prohibición **|2** *vtr* ◆ prohibir ◆ *(persona)* excluir

banal [bə'nɑːl] *adj* banal

banana [bə'nɑːnə] *n* plátano, *LAm* banana

band [bænd] *n* ◆ *Mús* banda, orquesta ◆ grupo; *(de amigos)* pandilla; *(de criminales)* banda ◆ *(de tela)* tira, cinta ◆ *(de color)* lista, raya ◆ *Rad* frecuencia

bandage ['bændɪdʒ] **1** *n* venda **|2** *vtr* vendar

Band-Aid ['bændeɪd] *n* tirita®

B & B [biːən 'biː] *n* *(abr de* ***bed and breakfast****)* habitación y desayuno

bandit ['bændɪt] *n* bandido,-a

bang [bæŋ] **1** *n* ◆ golpe violento ◆ *(sonido)* ruido fuerte; *(explosión)* estallido; **the Big B. theory,** la teoría del Big Bang **|2** *vtr* golpear **|3** *vi* golpear; *(puerta)* **to b. shut,** cerrarse de golpe **|4** *excl* *(golpe)* ¡zas!

banger ['bæŋəʳ] *n* ◆ *fam Culin GB* salchicha ◆ *(fuego artificial)* petardo ◆ *fam* **old b.,** *(coche)* viejo cacharro

bangle ['bæŋgəl] *n* brazalete

banish ['bænɪʃ] *vtr* desterrar

banister ['bænɪstəʳ] *n* pasamanos, barandilla

banjo ['bændʒəʊ] *n* banjo

bank [bæŋk] **1** *n* ◆ *Com Fin* banco; **b. account,** cuenta bancaria; **b. balance,** saldo; **b. holiday,** fiesta nacional ◆ *(en juegos)* banca ◆ *(de río)* ribera, orilla ◆ *(pequeña colina)* loma; *(artificial)* terraplén **|2** *vi Com Fin* **I b. with the County Bank,** tengo una cuenta en el Banco County ■ **bank on** *vtr* contar con

bankbook ['bæŋkbʊk] *n* libreta de ahorros

banker ['bæŋkəʳ] *n* banquero,-a

banknote ['bæŋknəʊt] *n* billete de banco

bankrupt ['bæŋkrʌpt] **1** *adj Fin* en bancarrota, insolvente; **to go b.,** quebrar **|2** *vtr* llevar a la bancarrota

bankruptcy ['bæŋkrʌptsɪ] *n* quiebra, bancarrota

banner ['bænəʳ] *n* ◆ *(en manifestación, etc)* pancarta ◆ *(símbolo)* bandera

banning ['bænɪŋ] *n* prohibición

banquet ['bæŋkwɪt] *n* banquete

baptism ['bæptɪzəm] *n* bautismo

baptize [bæp'taɪz] *vtr* bautizar

bar [bɑːʳ] **1** *n* ◆ *(taberna)* bar, cantina; *(mostrador)* barra ◆ barra: *(de oro, plata)* lingote; *(de chocolate)* tableta; *(de jabón)* pastilla; *(de jaula)* barrote; *Dep* listón ◆ *Com* **b. code,** código de barras ◆ *(impedimento)* obstáculo ◆ *Mús* compás **|2** *vtr (puerta)* atrancar; *(el paso)* bloquear, cortar

barbarian [bɑː'beərɪən] *adj & n* bárbaro,-a

barbaric [bɑː'bærɪk] *adj* bárbaro,-a

barbecue ['bɑːbɪkjuː] **1** *n* barbacoa **|2** *vtr* asar a la parrilla

barbed [bɑːbd] *adj* **b. wire,** alambre de espino

barber ['bɑːbəʳ] *n* barbero,-a

barbiturate [bɑː'bɪtjʊrɪt] *n* barbitúrico

bare [beəʳ] **1** *adj* ◆ desnudo,-a; *(cabeza)* descubierto,-a; *(pie)* descalzo,-a; *(árboles)* sin hojas ◆ *(habitación)* con pocos muebles; *(armario)* vacío,-a

barefoot ['beəfʊt] *adj & adv* descalzo,-a

barely ['beəlɪ] *adv* apenas

bargain ['bɑːgɪn] **1** *n* ganga, chollo; **b. price,** precio de oferta **|2** *vi* ◆ negociar ◆ *(al negociar)* regatear

barge [bɑːdʒ] *n* barcaza ■ **barge in** *vi* ◆ *(irrumpir)* entrar sin permiso ◆ *(involucrarse)* entrometerse ■ **barge into** *vtr* ◆ *(habitación)* irrumpir en ◆ *(persona)* dar contra, chocar con

baritone ['bærɪtəʊn] *adj & n* barítono

bark [bɑːk] **1** *n* ladrido ◆ *Bot* corteza **|2** *vi* ladrar

barley ['bɑːlɪ] *n* cebada

barmaid ['bɑːmeɪd] *n* camarera

barman ['bɑːmən] *n* camarero, barman

barmy ['bɑːmɪ] *adj fam* lelo-a, chiflado,-a

barn [bɑːn] *n* granero; *(para animales)* establo

barnacle ['bɑːnəkl] *n* percebe

barometer [bə'rɒmɪtəʳ] *n* barómetro

baron ['bærən] *n* ◆ *(noble)* barón ◆ *fig* magnate

baroness ['bærənɪs] *n* baronesa

baroque [bə'rɒk] *adj* barroco,-a

barracks ['bærəks] *n Mil* cuartel

barrage ['bærɑːdʒ] *n (en un río)* presa

barrel ['bærəl] *n (de cerveza, petróleo)* barril; *(de vino)* tonel

barren ['bærən] *adj* estéril

barricade [bærɪ'keɪd] *n* barricada

barrier ['bærɪəʳ] *n* barrera

barrister ['bærɪstəʳ] *n GB* abogado,-a

barrow ['bærəʊ] *n* carretilla

bartender ['bɑːtendəʳ] *n* camarero, barman

base [beɪs] **1** *n* base **|2** *vtr* basar **|3** *adj* vil, infame

baseball ['beɪsbɔːl] *n* béisbol

basement ['beɪsmənt] *n* sótano

bash [bæʃ] **1** *n* ◆ *(golpe fuerte)* golpetazo ◆ *(resultado de un golpe)* bollo, abolladura **|2** *vtr* golpear

bashful ['bæʃfʊl] *adj* tímido,-a

basic ['beɪsɪk] **1** *adj* ◆ básico,-a ◆ *(derecho)* fundamental ◆ *(sin lujo)* sencillo,-a **|2** *npl* **basics,** lo esencial

basil ['bæzəl] *n* albahaca

basin ['beɪsən] *n* ◆ *(recipiente)* cuenco ◆ *(para fregar)* barreño; *(en cuarto de baño)* lavabo

basis ['beɪsɪs] *n (pl* **bases** ['beɪsiːz]*)* base; **on the b. of,** sobre la base de

basket ['bɑːskɪt] *n* cesta, cesto

basketball ['bɑːskɪtbɔːl] *n* baloncesto

Basque [bæsk, bɑːsk] **1** *adj* vasco,-a; **B. Country,** País Vasco, Euskadi **|2** *n* ◆ *(persona)* vasco,-a ◆ *(idioma)* vasco, euskera

bass[1] [bæs] *n inv* lubina

bass[2] [beɪs] **1** *n* ◆ *Mús (cantante)* bajo

◆ *Mús (instrumento)* **(double) b.**, contrabajo |2 *adj Mús* bajo,-a

bat [bæt] 1 *n* ◆ *Dep (críquet, béisbol)* bate; *(pimpón)* pala ◆ *Zool* murciélago |2 *vi* batear

batch [bætʃ] *n* ◆ *(de gente, de pan)* tanda ◆ *(de mercancías)* lote

bath [bɑːθ] 1 *n* ◆ *(proceso)* baño; **to have** *o* **take a b.**, bañarse (en el baño); **b. towel**, toalla de baño ◆ *(tina)* bañera ◆ **(swimming) baths**, piscina pública |2 *vtr* bañar |3 *vi* bañarse

bathe [beɪð] 1 *vi* bañarse (en el mar, la piscina) |2 *vtr (una herida)* lavar

bathrobe ['bɑːθrəʊb] *n* albornoz

bathroom ['bɑːθruːm] *n* cuarto de baño

battalion [bə'tæljən] *n* batallón

batter ['bætəʳ] 1 *vtr* ◆ apalear, golpear; *(a una mujer, un niño)* maltratar ◆ *Culin* rebozar |2 *n (béisbol)* bateador,-ora

battered ['bætəd] *adj* ◆ *(coche)* abollado,-a ◆ *(persona)* maltratado,-a

battery ['bætərɪ] *n (para linterna, radio)* pila; *Auto* batería

battle ['bætəl] 1 *n* batalla |2 *vi* luchar

battle-cry ['bætəlkraɪ] *n* ◆ grito de de guerra ◆ *fig* lema

battlefield ['bætəlfiːld] *n* campo de batalla

battleship ['bætəlʃɪp] *n* acorazado

bawl [bɔːl] *vi* gritar, chillar

bay [beɪ] 1 *n* ◆ *Geog* bahía; *(grande)* golfo ◆ **parking b.**, plaza de aparcamiento ◆ *Bot* laurel |2 *vi* aullar

BBC [biːbiː'siː] *(abr de* ***British Broadcasting Corporation****)* compañía británica de radiodifusión, BBC

BC [biː'siː] *(abr de* ***before Christ****)* antes de Cristo, a.C.

be [biː, *forma débil* bɪ] |1 *vi* ◆ ser: **she is (she's) very clever**, es muy lista ◆ *(con la fecha, hora)* **it's the 10th of February**, es el 10 de febrero; **it's six o'clock**, son las seis ◆ *(profesión)* ser: **he's a doctor**, es médico ◆ costar, ser: **how much is a newspaper?**, ¿cuánto cuesta un periódico? ◆ *(condición)* estar: **how are you?**, ¿cómo estás? ◆ *(lugar)* estar: **Seattle is five thousand kilometres from Boston**, Seattle está a cinco mil kilómetros de Boston ◆ tener: **she is twenty (years old)**, tiene veinte años; **to be cold/afraid/hungry/lucky**, tener frío/miedo/hambre/suerte ◆ tardar: **I won't be long**, no tardaré mucho ◆ *(en tiempos perfectos)* ir, estar: **have you ever been in Rome?**, ¿has estado alguna vez en Roma? ◆ *(existir)* haber: **there were ten of them**, eran diez ◆ *(tiempo)* **it's cold/hot**, hace frío/calor; **it's sunny**, hay sol |2 *v aux* ◆ *(con participio presente)* estar: **they are waiting for a friend**, están esperando a un amigo ◆ *(en voz pasiva)* ser: **the house was demolished**, la casa fue derribada ◆ *(obligación)* **nobody is to leave until the police arrive**, nadie puede salir hasta que llegue la policía ◆ *(en las coletillas)* **this isn't yours, is it?**, esto no es tuyo, ¿verdad?

beach [biːtʃ] *n* playa

bead [biːd] *n* cuenta, abalorio

beak [biːk] *n* pico

beam [biːm] 1 *n* ◆ *(de luz)* rayo ◆ *Gimn* barra fija |2 *vi* ◆ *(sol)* brillar ◆ sonreír (abiertamente)

bean [biːn] *n* ◆ alubia, judía, *LAm* frijol; **green b.**, judía verde ◆ *(de café)* grano

beansprouts [biːnspraʊt] *npl* brotes de soja

bear[1] [beəʳ] *(ps* ***bore****; pp* ***borne****)* 1 *vtr* ◆ *frml* portar, llevar ◆ *(soportar)* aguantar, resistir ◆ *(pp* ***born****) (sólo en voz pasiva)* **to be born**, nacer |2 *vi* torcer, girar; **to b. left/right**, girar a la izquierda/derecha ■ **bear out** *vtr* corroborar

bear[2] [beəʳ] *n* oso

beard [bɪəd] *n* barba

bearer ['beərəʳ] *n* ◆ *(de noticias, de cheque)* portador,-ora ◆ *(de pasaporte, puesto)* titular

bearing ['beərɪŋ] *n* ◆ relación ◆ *(aspecto, prestancia)* porte ◆ **to get one's bearings**, orientarse

beast [biːst] *n* bestia

beat [biːt] 1 *vtr (ps* ***beat****; pp* ***beaten*** ['biːtən]*)* ◆ *(persona)* pegar, golpear;

(una alfombra) sacudir; *(tambor)* tocar ◆ *Mil Dep* ganar, batir; *(un récord)* superar ◆ *Culin* batir ◆ *Mús (compás)* marcar |2 *vi* ◆ *(corazón)* latir ◆ dar golpes |3 *n* ◆ *(de corazón)* latido ◆ *Mús* ritmo, compás ◆ *(de policía)* ronda |4 *adj fam* agotado,-a ■ **beat down 1** *vi (sol)* pegar fuerte |2 *vtr (el precio)* regatear ■ **beat up** *vtr* dar una paliza

beating ['biːtɪŋ] *n* paliza

beautician [bjuː'tɪʃən] *n* esteticista

beautiful ['bjuːtɪfʊl] *adj* hermoso,-a, bello,-a

beauty ['bjuːtɪ] *n* belleza, hermosura; **b. spot,** *(en el cuerpo)* lunar; *(lugar)* sitio pintoresco

beaver ['biːvəʳ] *n* castor

became [bɪ'keɪm] *ps* → **become**

because [bɪ'kɒz] **1** *conj* porque |2 *prep* **b. of,** a causa de, por

beckon ['bekən] *vtr* & *vi* llamar por señas

become [bɪ'kʌm] *vi* ◆ *(profesiones, etc)* hacerse ◆ *(cosas)* convertirse ◆ *(con adjetivo)* volverse, ponerse

becoming [bɪ'kʌmɪŋ] *adj* favorecedor,-ora

bed [bed] *n* ◆ *(mueble)* cama; **to go to b.,** acostarse; **to make the b.,** hacer la cama ◆ **b. and breakfast (B & B),** *(servicio)* cama y desayuno

bedbug ['bedbʌg] *n* chinche

bedclothes ['bedkləʊðz] *npl*, **bedding** ['bedɪŋ] *n* ropa de cama

bedroom ['bedruːm] *n* dormitorio

bedside ['bedsaɪd] *n fig* cabecera; **b. lamp,** lámpara de noche; **b. table,** mesilla de noche

bedsit ['bedsɪt] *n fam*, **bedsitter** [bed'sɪtəʳ] *n (apartamento)* estudio

bedspread ['bedspred] *n* colcha, cubrecama

bedtime ['bedtaɪm] *n* hora de acostarse

bee [biː] *n* abeja

beech [biːtʃ] *n* haya

beef [biːf] *n* carne de vaca

beehive ['biːhaɪv] *n* colmena

been [biːn, bɪn] *pp* → **be**

beep [biːp] *n* pitido

beer [bɪəʳ] *n* cerveza

beet [biːt] *n* remolacha azucarera

beetle ['biːtəl] *n* escarabajo

beetroot ['biːtruːt] *n* → **beet**

before [bɪ'fɔːʳ] **1** *prep* antes de, antes que |2 *conj* antes de (que) |3 *adv* antes

beforehand [bɪ'fɔːhænd] *adv* antes, de antemano

befriend [bɪ'frend] *vtr* hacerse amigo de

beg [beg] **1** *vtr* pedir, suplicar |2 *vi* mendigar, pedir

began [bɪ'gæn] *ps* → **begin**

beggar ['begəʳ] *n* mendigo,-a

begin [bɪ'gɪn] *vtr* & *vi (ps* **began;** *pp* **begun)** empezar, comenzar; **to b. with...,** para empezar...

beginner [bɪ'gɪnəʳ] *n* principiante

beginning [bɪ'gɪnɪŋ] *n* ◆ principio, comienzo; **in the b.,** al principio ◆ origen, inicio

begonia [bɪ'gəʊnjə] *n* begonia

begrudge [bɪ'grʌdʒ] *vtr* tener envidia

begun [bɪ'gʌn] *pp* → **begin**

behalf [bɪ'hɑːf] *n* **on b. of,** *US* **in b. of,** en nombre de, de parte de

behave [bɪ'heɪv] **1** *vi* ◆ portarse ◆ *(máquina)* funcionar |2 *vtr* **to b. oneself,** portarse bien

behaviour, *US* **behavior** [bɪ'heɪvjəʳ] *n* ◆ comportamiento, conducta ◆ *(de máquina)* funcionamiento

behead [bɪ'hed] *vtr* decapitar

behind [bɪ'haɪnd] **1** *prep* ◆ detrás de ◆ estar atrasado,-a en/con algo |2 *adv* detrás, atrás |3 *n fam* trasero

beige [beɪʒ] *adj* & *n* beige

being ['biːɪŋ] *n* ◆ ser; **a human b.,** un ser humano ◆ existencia

belated [bɪ'leɪtɪd] *adj* tardío,-a

belch [beltʃ] **1** *vi* eructar |2 *n* eructo

belfry ['belfrɪ] *n* campanario

Belgian ['beldʒən] *adj* & *n* belga

Belgium ['beldʒəm] *n* Bélgica

belief [bɪ'liːf] *n* ◆ creencia, opinión; **beyond b.,** increíble ◆ *Rel* fe

believe [bɪ'liːv] **1** *vtr* creer, pensar |2 *vi Rel* creer

believer [bɪ'liːvəʳ] *n* ◆ *Rel* creyente ◆ partidario,-a

bell [bel] *n* ◆ campana ◆ *(eléctrico, de bicicleta)* timbre

belligerent [bɪ'lɪdʒərənt] *adj* agresivo,-a

bellow ['beləʊ] *vi* bramar

bellows ['beləʊz] *npl* fuelle

belly ['belɪ] *n* ◆ vientre; *pey (de persona)* vientre ◆ *(de animal)* panza

belly button ['belɪbʌtən] *n fam* ombligo

belong [bɪ'lɒŋ] *vi* ◆ pertenecer ◆ *(tener su sitio)* corresponder

belongings [bɪ'lɒŋɪŋz] *npl* pertenencias

beloved [bɪ'lʌvɪd] *adj & n* amado,-a

below [bɪ'ləʊ] **1** *prep* ◆ *(sitio)* debajo de ◆ *(inferior)* **b. normal**, por debajo de lo normal |**2** *adv* abajo: **see b.**, véase más abajo

belt [belt] *n* ◆ cinturón ◆ *(area)* zona

bemused [bɪ'mjuːzd] *adj* perplejo,-a

bench [bentʃ] *n* ◆ banco ◆ *Pol* escaño ◆ *Jur* **the B.**, *(los jueces)* el tribunal ◆ *Dep* banquillo

benchmark ['bentʃmɑːk] *n* punto de referencia

bend [bend] **1** *vtr (ps & pp* ***bent****)* curvar, doblar, torcer |**2** *vi* ◆ doblarse ◆ **to b. (over)**, inclinarse |**3** *n* ◆ *(de carretera, río)* curva; *(de tubería)* codo ■ **bend down** *vi* inclinarse

beneath [bɪ'niːθ] **1** *prep frml* bajo, debajo de |**2** *adv frml* debajo

beneficial [benɪ'fɪʃəl] *adj* beneficioso,-a

benefit ['benɪfɪt] **1** *vtr* beneficiar |**2** *vi* beneficiarse |**3** *n* ◆ ventaja, beneficio ◆ prestación social, subsidio

benevolence [bɪ'nevələns] *n* benevolencia

benevolent [bɪ'nevələnt] *adj* benévolo,-a

benign [bɪ'naɪn] *adj* benigno,-a

bent [bent] *adj* curvado-a, torcido-a

bereaved [bɪ'riːvd] *npl frml* deudos, afligidos

beret ['bereɪ] *n* boina

berry ['berɪ] *n* baya

berserk [bə'zɜːk] *adj* **to go b.**, volverse loco,-a

berth [bɜːθ] **1** *n* ◆ *Náut* amarradero ◆ *(camastro)* litera |**2** *vi* amarrar, atracar

beside [bɪ'saɪd] *prep* ◆ al lado de, junto a ◆ comparado con

besides [bɪ'saɪdz] **1** *prep* ◆ además de ◆ excepto |**2** *adv* además

besiege [bɪ'siːdʒ] *vtr* sitiar

best [best] **1** *adj (superlativo de* ***good****)* mejor; **b. man** ~ padrino de boda; **b. wishes,** *(en carta)* un saludo |**2** *adv (superlativo de* ***well****)* mejor |**3** *n* ◆ lo mejor: **I'll do my b.**, haré todo lo posible

bestow [bɪ'stəʊ] *vtr frml* conceder, otorgar

best-seller [best'selə^r] *n* éxito editorial

best-selling [best'selɪŋ] *adj* **a b. author**, un autor de éxito

bet [bet] **1** *n* apuesta |**2** *vtr &vi (ps & pp* ***bet*** *o* ***betted****)* apostar

betray [bɪ'treɪ] *vtr* ◆ traicionar ◆ *(ser infiel a)* engañar ◆ *(un secreto)* revelar

betrayal [bɪ'treɪəl] *n* traición

better ['betə^r] **1** *adj (comparativo de* ***good****)* mejor; **to get b.**, *(de salud)* mejorar |**2** *adv (comparativo de* ***well****)* mejor ◆|LOC: **b. off**, mejor; **so much the b.**, tanto mejor; **the sooner the b.**, cuanto antes mejor |**3** *n pron* ◆ mejor (de dos) ◆ **for the b.**, para bien

between [bɪ'twiːn] **1** *prep* entre |**2** *adv* **in b.**, en medio

beverage ['bevərɪdʒ] *n* bebida

beware [bɪ'weə^r] *vi* tener cuidado

bewildered [bɪ'wɪldəd] *adj* desconcertado,-a

bewitch [bɪ'wɪtʃ] *vtr* hechizar

beyond [bɪ'jɒnd] **1** *prep* ◆ *(en el espacio)* más allá ◆ *(en el tiempo)* después de |**2** *adv* más allá, más lejos

bias ['baɪəs] *n* ◆ predisposición, tendencia ◆ prejuicio

biased ['baɪəst] *adj* parcial, predispuesto,-a

bib [bɪb] *n* babero

Bible ['baɪbəl] *n* Biblia

bibliography [bɪblɪ'ɒgrəfɪ] *n* bibliografía

bicarbonate [baɪ'kɑːbənɪt] *n* bicarbonato

biceps ['baɪseps] *n* bíceps

bicker ['bɪkəʳ] *vi* reñir, discutir

bicycle ['baɪsɪkəl] *n* bicicleta

bid [bɪd] **1** *(ps* ***bid****; pp* ***bid****) vtr & vi* pujar **|2** *n* ◆ puja ◆ intento

bidet ['biːdeɪ] *n* bidé

bifocals [baɪ'fəʊkəls] *npl* gafas bifocales

big [bɪg] **1** *adj (****bigger, biggest****)* gran, grande ◆ importante

bighead ['bɪghed] *n fam* creído,-a

bigot ['bɪgət] *n* intolerante

bigotry ['bɪgətrɪ] *n* intolerancia

bike [baɪk] *n fam (abr de* ***bicycle*** *o* ***motorbike****)* ◆ bici ◆ moto

bikini [bɪ'kiːnɪ] *n* bikini

bilateral [baɪ'lætərəl] *adj* bilateral

bile [baɪl] *n* bilis

bilingual [baɪ'lɪŋgwəl] *adj* bilingüe

bill [bɪl] **1** *n* ◆ cuenta, nota ◆ *US* billete (de banco) **|2** *vtr* facturar

billboard ['bɪlbɔːd] *n US* valla, cartelera

billfold ['bɪlfəʊld] *n US* cartera, billetero

billiards ['bɪljədz] *n* billar

billion ['bɪljən] *n US* mil millones (10^9); *GB (ahora menos frecuente)* billón (10^{12})

billionaire [bɪljə'neəʳ] *n* multimillonario,-a

bin [bɪn] *n* ◆ *(para la basura)* cubo; **litter b.,** papelera ◆ *(para el pan)* panera

binary ['baɪnərɪ] *adj* binario

bind [baɪnd] *vtr (ps & pp* ***bound****)* ◆ *(con cuerda)* atar ◆ *Med* vendar ◆ *(un libro)* encuadernar ◆ *(contrato)* obligar

binder ['baɪndəʳ] *n* carpeta

binding ['baɪndɪŋ] **1** *adj (contrato)* vinculante **|2** *n* encuadernación

bingo ['bɪŋgəʊ] *n* bingo

binoculars [bɪ'nɒkjʊləz] *npl* prismáticos

biochemical [baɪəʊ'kemɪkəl] *adj* bioquímico,-a

biochemist [baɪəʊ'kemɪst] *n* bioquímico,-a

biochemistry [baɪəʊ'kemɪstrɪ] *n* bioquímica

biodegradable [baɪəʊdɪ'greɪdəbəl] *adj* biodegradable

biographical [baɪɒ'græfɪkəl] *adj* biográfico,-a

biography [baɪ'ɒgrəfɪ] *n* biografía

biological [baɪə'lɒdʒɪkəl] *adj* biológico,-a

biologist [baɪ'ɒlədʒɪst] *n* biólogo,-a

biology [baɪ'ɒlədʒɪ] *n* biología

biorhythm ['baɪəʊrɪðəm] *n* biorritmo

biosphere ['baɪəsfɪəʳ] *n* biosfera

bird [bɜːd] *n* pájaro, ave

birdcage ['bɜːdkeɪdʒ] *n* jaula

bird's-eye view [bɜːdzaɪ'vjuː] *n* vista de pájaro

bird-watcher ['bɜːdwɒtʃəʳ] *n* ornitólogo,-a

Biro ['baɪrəʊ] *n fam* boli

birth [bɜːθ] *n* ◆ nacimiento; **to give b.,** dar a luz; **b. certificate,** partida de nacimiento; **b. control,** control de la natalidad ◆ *fig* origen

birthday ['bɜːθdeɪ] *n* cumpleaños

birthmark ['bɜːθmɑːk] *n* antojo

birthplace ['bɜːθpleɪs] *n* lugar de nacimiento

biscuit ['bɪskɪt] *n* galleta

bisexual [baɪ'seksjʊəl] *adj* bisexual

bishop ['bɪʃəp] *n* ◆ *Rel* obispo ◆ *Ajedrez* alfil

bison ['baɪsən] *n inv* bisonte

bit[1] [bɪt] **1** *n* ◆ trozo, pedazo ◆ **a bit of a,** algo de ◆ **bits and pieces,** trastos, cosas ◆ *(de taladro)* broca ◆ *Inform* bit **|2** *adv* ◆ **b. by b.,** poco a poco ◆ **a b.,** un poco

bit[2] [bɪt] *ps* ➞ **bite**

bitch [bɪtʃ] *n* ◆ *Zool* perra ◆ *vulgar* puta

bitchy ['bɪtʃɪ] *adj fam* malintencionado,-a

bite [baɪt] **1** *n* ◆ mordisco; *(de insecto, serpiente)* picadura ◆ *(de comida)* bocado, piscolabis **|2** *vtr & vi (ps* ***bit****; pp* ***bitten****)* morder; *(insecto)* picar

biting ['baɪtɪŋ] *adj* ◆ *(viento)* cortante ◆ *(comentario)* mordaz

bitten ['bɪtən] *pp* ➞ **bite**

bitter ['bɪtəʳ] **1** *adj* ◆ *(sabor, sentimiento)* amargo,-a ◆ *(persona)* amargado,-a ◆ *(batalla)* encarnizado,-a ◆ *(tiempo)* glacial ◆ *(viento)* cortante |2 *n* cerveza amarga

bitterness ['bɪtənɪs] *n* ◆ amargura ◆ *(de persona)* rencor

bittersweet [bɪtə'swiːt] *adj* agridulce

bitumen ['bɪtjʊmɪn] *n* betún

bizarre [bɪ'zɑːʳ] *adj* ◆ rarísimo,-a, extraño,-a ◆ *(persona)* estrafalario,-a

black [blæk] **1** *adj* ◆ negro,-a ◆ *(café)* sólo,-a ◆ *(ojo)* morado,-a ◆ *(de raza)* negro,-a ◆ oscuro,-a |2 *n* ◆ *(color)* negro ◆ *(persona)* negro,-a |3 *vtr* ◆ ennegrecer ■ **black out** **1** *vtr* ◆ dejar a oscuras ◆ *(suprimir)* censurar |2 *vi* desmayarse

blackberry ['blækbərɪ] *n* zarzamora

blackboard ['blækbɔːd] *n* pizarra

blackcurrant [blæk'kʌrənt] *n* grosella negra

blacken ['blækən] *vtr* ◆ ennegrecer ◆ *fig* difamar

blackhead ['blækhed] *n* espinilla, punto negro

blackleg ['blækleg] *n Pol* esquirol

blacklist ['blæklɪst] *n* lista negra

blackmail ['blækmeɪl] **1** *n* chantaje |2 *vtr* chantajear

blackout ['blækaʊt] *n* ◆ *(de luces)* apagón ◆ *TV* censura ◆ desmayo

blacksmith ['blæksmɪθ] *n* herrero,-a

bladder ['blædəʳ] *n* vejiga

blade [bleɪd] *n* ◆ *(de cuchillo)* hoja ◆ *(de máquina)* cuchilla ◆ *(de hierba)* brizna

blame [bleɪm] **1** *n* culpa; **to bear** *o* **take the b.,** asumir la responsabilidad; **to lay** *o* **put the b. on sb,** culpar a alguien |2 *vtr* echar la culpa a

blameless ['bleɪmlɪs] *adj* ◆ inocente ◆ *(acción)* intachable

blank [blæŋk] **1** *adj* ◆ *(papel)* en blanco ◆ *(cinta)* virgen

blanket ['blæŋkɪt] *n* manta

blare [bleəʳ] *vi* sonar muy fuerte

blasphemous ['blæsfɪməs] *adj* blasfemo,-a

blasphemy ['blæsfɪmɪ] *n* blasfemia

blast [blɑːst] **1** *n* ◆ explosión ◆ onda expansiva |2 *vtr* ◆ volar ◆ arremeter contra

blasted ['blɑːstɪd] *adj* maldito,-a

blast-furnace ['blɑːstfɜːnɪs] *n* alto horno

blast-off ['blɑːstɒf] *n Astronáut* despegue

blatant ['bleɪtənt] *adj* descarado,-a

blaze [bleɪz] **1** *n* incendio, llamarada |2 *vi* arder

blazer ['bleɪzəʳ] *n* americana, chaqueta

bleach [bliːtʃ] **1** *n* lejía |2 *vtr* ◆ blanquear ◆ *(pelo)* aclarar, teñir de rubio |3 *vi* decolorarse

bleak [bliːk] *adj* ◆ inhóspito,-a ◆ *(tiempo)* deprimente ◆ *(futuro)* sombrío,-a

bleary ['blɪərɪ] *adj* ***(blearier, bleariest)*** legañoso,-a

bleary-eyed [blɪərɪ'aɪd] *adj* con los ojos legañosos *o* llorosos

bleat [bliːt] **1** *n* balido |2 *vi* balar

bled [bled] *ps* & *pp* → **bleed**

bleed [bliːd] *vtr* & *vi* *(ps* & *pp* ***bled)*** sangrar

bleeding ['bliːdɪŋ] **1** *n* pérdida de sangre |2 *adj* sangrante

bleep [bliːp] **1** *n* bip, pitido |2 *vi* pitar

bleeper ['bliːpəʳ] *n fam* busca, buscapersonas

blemish ['blemɪʃ] *n* imperfección, mancha

blend [blend] **1** *n* mezcla |2 *vtr* combinar, mezclar |3 *vi* armonizar, encajar

blender ['blendəʳ] *n* batidora

bless [bles] *vtr* *(ps* & *pp* ***blessed*** *o* ***blest)*** bendecir ◆ |LOC: *excl* **b. you!,** *(al estornudar)* ¡Jesús!

blessing ['blesɪŋ] *n* bendición

blew [bluː] *ps* → **blow**

blind [blaɪnd] **1** *adj* ◆ ciego,-a; **to go b.,** quedarse ciego,-a; **b. in one eye,** tuerto,-a ◆ *(tapado)* **b. alley,** callejón sin salida |2 *n* ◆ persiana ◆ **the b.** *pl,* los ciegos |3 *vtr* cegar

blindfold ['blaɪndfəʊld] **1** *n* venda |2 *vtr* vendar los ojos

blinding ['blaɪndɪŋ] *adj* deslumbrante

blindly ['blaɪndlɪ] *adv* a ciegas

blindness ['blaɪndnɪs] *n* ceguera

blink [blɪŋk] **1** *vi* ♦ parpadear |**2** *vtr* guiñar |**3** *n* parpadeo
blinkers ['blɪnkəz] *npl Auto* intermitentes
bliss [blɪs] *n* felicidad, éxtasis
blister ['blɪstəʳ] *n* ampolla
blistering ['blɪstərɪŋ] *adj* abrasador,-ora
blitz [blɪts] **1** *n* bombardeo aéreo |**2** *vtr* bombardear
blizzard ['blɪzəd] *n* ventisca
bloated ['bləʊtɪd] *adj* hinchado,-a
blob [blɒb] *n* gota
bloc [blɒk] *n* bloque
block [blɒk] **1** *n* ♦ bloque ♦ *(de edificios)* manzana ♦ *Fin* paquete ♦ **b. capitals** *pl*, mayúsculas |**2** *vtr* obstruir ■ **block up** *vtr* ♦ obstruir
blockade [blɒ'keɪd] *n* bloqueo
blockage ['blɒkɪdʒ] *n* bloqueo, obstrucción
blockbuster ['blɒkbʌstəʳ] *n fam* ♦ *(película)* éxito de taquilla ♦ *(libro)* éxito de ventas
bloke [bləʊk] *n GB fam* tío, tipo
blond, blonde [blɒnd] *adj* & *n* rubio, rubia
blood [blʌd] *n* sangre; **b. bank,** banco de sangre; **b. group,** grupo sanguíneo; **b. test,** análisis de sangre; **bad b.,** mala uva; **in cold b.,** a sangre fría
bloodbath ['blʌdbɑːθ] *n fig* carnicería
blood-curdling ['blʌdkɜːdlɪŋ] *adj* espeluznante
bloodhound ['blʌdhaʊnd] *n* sabueso
bloodshed ['blʌdʃed] *n* derramamiento de sangre
bloody ['blʌdɪ] **1** *adj* ***(bloodier, bloodiest)*** ♦ sangriento,-a ♦ *vulgar* maldito,-a, puñetero,-a |**2** *adv vulgar* extremadamente
bloom [bluːm] **1** *n frml* flor; **in full b.,** en flor |**2** *vi* florecer
blooming ['bluːmɪŋ] *adj* floreciente
blossom ['blɒsəm] **1** *n* flor de árbol frutal |**2** *vi* florecer
blot [blɒt] **1** *n* mancha |**2** *vtr* emborronar ■ **blot out** *vtr* borrar
blotch ['blɒtʃ] *n* mancha
blotchy ['blɒtʃɪ] *adj* con manchas
blouse [blaʊz] *n* blusa
blow [bləʊ] **1** *n* ♦ golpe ♦ desgracia |**2** *vi* ***(ps blew, pp blown)*** ♦ soplar ♦ *(un neumático)* reventar ♦ *(una sirena)* sonar |**2** *vtr* ♦ *(un barco, las hojas)* llevar ♦ *(instrumento)* tocar ♦ *(la nariz)* sonarse ♦ *fam (una oportunidad)* desperdiciar ♦ *(a causa de una explosión)* volar ■ **blow away** → **blow off** ■ **blow down** *vtr* derribar ■ **blow off 1** *vtr (el viento)* llevarse |**2** *vi (un sombrero, etc)* salir volando ■ **blow out 1** *vtr* apagar |**2** *vi* apagarse ■ **blow over** *vtr (por la fuerza del viento)* derribar ■ **blow up 1** *vtr* ♦ *(un edificio)* volar ♦ *(un neumático, etc)* inflar |**2** *vi* estallar, explotar
blowlamp ['bləʊlæmp] *n* soplete
blown [bləʊn] *pp* → **blow**
blowout ['bləʊaʊt] *n Auto* reventón
blow-up ['bləʊʌp] *n Fot* ampliación
blue [bluː] **1** *adj* ♦ azul; **b. jeans,** vaqueros ♦ triste, deprimido,-a ♦ verde; **b. joke,** chiste verde; **b. film,** película pornográfica |**2** *n* azul
blueberry ['bluːbərɪ] *n* arándano
blueprint ['bluːprɪnt] *n* anteproyecto
blues [bluːz] *n* ♦ *Mús* **the b.,** el blues ♦ *fam* tristeza, melancolía
bluff [blʌf] **1** *n* farol |**2** *vi* tirarse un farol
blunder ['blʌndəʳ] **1** *n* error garrafal |**2** *vi* ♦ meter la pata ♦ tropezar
blunt [blʌnt] **1** *adj* ♦ desafilado,-a; *(lápiz)* despuntado,-a ♦ *(persona)* abrupto,-a; **to be b.,** hablar con franqueza, sin rodeos |**2** *vtr* desafilar
bluntly ['blʌntlɪ] *adv* francamente, sin rodeos
blur [blɜːʳ] **1** *n* imagen borrosa |**2** *vtr* hacer borroso,-a
blurred [blɜːd] *adj* borroso,-a
blush [blʌʃ] **1** *n* rubor |**2** *vi* ruborizarse
blusher ['blʌʃəʳ] *n* colorete
boar [bɔːʳ] *n* verraco; **wild b.,** jabalí
board [bɔːd] **1** *n* ♦ tabla, tablero ♦ **notice b.,** tablón de anuncios ♦ *(del colegio)* pizarra ♦ *Dep* **diving b.,** trampo-

lín; **score b.**, marcador; **surf b.**, tabla de surf ♦ *(alojamiento)* pensión ♦ *Com* junta, consejo; **Gas/Water/Electricity B.**, compañía del gas/del agua/de la luz ♦ *Náut* **on b.**, a bordo |2 *vtr* embarcarse en, subir a

boarder ['bɔːdəʳ] *n* ♦ *(en pensión)* huésped ♦ *(de colegio)* interno,-a

boarding ['bɔːdɪŋ] *n* ♦ *Náut Av* embarque; **b. card**, tarjeta de embarque ♦ *(vivienda)* alojamiento, pensión; **b. house**, pensión, casa de huéspedes; **b. school**, internado

boast [bəʊst] **1** *n* presunción |2 *vi* presumir |3 *vtr* ostentar, disponer de

boastful ['bəʊstfʊl] *adj* fanfarrón,-ona

boat [bəʊt] *n* barco; *(pequeño)* barca

boatyard ['bəʊtjɑːd] *n* astillero

bodily ['bɒdɪlɪ] *adj* físico,-a; **b. needs**, necesidades físicas

body ['bɒdɪ] *n* ♦ cuerpo ♦ *(muerto)* cadáver ♦ parte principal ♦ *Com (ente)* organismo

body-building ['bɒdɪbɪldɪŋ] *n* culturismo

bodyguard ['bɒdɪgɑːd] *n* guardaespaldas

bodywork ['bɒdɪwɜːk] *n Auto* carrocería

bog [bɒg] *n* ciénaga

bogus ['bəʊgəs] *adj* falso,-a

boil [bɔɪl] **1** *n* **to bring to the b.**, llevar a ebullición |2 *vtr* hervir; *(alimentos)* cocer |3 *vi* hervir ■ **boil down** *vi* reducirse ■ **boil over** *vi (leche)* salirse

boiler ['bɔɪləʳ] *n* caldera

boiling ['bɔɪlɪŋ] *adj* muy caliente, hirviendo; **b. point**, punto de ebullición

boisterous ['bɔɪstərəs] *adj* bullicioso,-a

bold [bəʊld] 1 *adj* ♦ valiente ♦ audaz |2 *n Tip* negrita

boldness ['bəʊldnɪs] *n* audacia, osadía

Bolivia [bə'lɪvɪə] *n* Bolivia

Bolivian [bə'lɪvɪən] *adj* & *n* boliviano,-a

bolster ['bəʊlstəʳ] **1** *n* almohada, cabezal |2 *vtr* ♦ reforzar ♦ apoyar

bolt [bəʊlt] **1** *n* ♦ *(de una puerta)* cerrojo ♦ fuga precipitada ♦ **b. of lightning**, rayo, relámpago |2 *vtr* cerrar con cerrojo |3 *vi* ♦ *(una persona)* irse corriendo ♦ *(un caballo)* desbocarse

bomb [bɒm] **1** *n* bomba |2 *vtr* bombardear

bombardment [bɒm'bɑːdmənt] *n* bombardeo

bombastic [bɒm'bæstɪk] *adj* rimbombante

bomber ['bɒməʳ] *n* ♦ *Av* bombardero ♦ persona que coloca bombas

bombing ['bɒmɪŋ] *n* bombardeo

bombshell ['bɒmʃel] *n* ♦ obús ♦ sorpresa

bond [bɒnd] **1** *n* ♦ lazo, vínculo ♦ **bonds** *pl*, cadenas |2 *vtr* pegar

bondage ['bɒndɪdʒ] *n* esclavitud

bone [bəʊn] *n* ♦ hueso; *(de pescado)* espina ♦ **b. china**, porcelana fina ♦ *fig* **the bare bones**, el meollo

bone-dry [bəʊn'draɪ] *adj* totalmente seco,-a

bone-idle [bəʊn'aɪdəl] *adj* vago,-a

bonfire ['bɒnfaɪəʳ] *n* hoguera, fogata

bonnet ['bɒnɪt] *n* ♦ gorro, capota ♦ *Auto* capó

bonus ['bəʊnəs] *n* ♦ prima ♦ ventaja ♦ oferta especial

bony ['bəʊnɪ] *adj (bonier, boniest)* huesudo,-a

boo [buː] **1** *n* abucheo |2 *vtr* abuchear

booby ['buːbɪ] *n* **b. trap**, trampa explosiva

book [bʊk] **1** *n* ♦ libro; **note b.**, cuaderno, **savings b.**, libreta de ahorros ♦ *Com* **the books** *pl*, las cuentas |2 *vtr* ♦ *(una mesa, un hotel, vuelo)* reservar ♦ *(persona)* contratar ♦ *fam (por infracciones de tráfico)* multar ♦ *Dep* amonestar |3 *vi* reservar ■ **book in 1** *vi* registrarse |2 *vtr* **to b. sb in**, hacer una reserva para alguien ■ **book into** *vtr* reservar una habitación ■ **book out** *vi (de un hotel)* marcharse

bookcase [bʊkkeɪs] *n* librería, estantería

booking ['bʊkɪŋ] *n esp GB* ◆ *(hotel, viaje, etc)* reserva ◆ *(en una estación)* **b. office,** taquilla ◆ *Dep* amonestación

booklet ['bʊklɪt] *n* folleto

bookmaker ['bʊkmeɪkəʳ] *n* corredor,-ora de apuestas

bookseller ['bʊkseləʳ] *n* librero,-a

bookshelf ['bʊkʃelf] *n* estante

bookshop ['bʊkʃɒp] *n* librería

bookstore ['bʊkstɔːʳ] *n US* librería

bookworm ['bʊkwɜːm] *n fam* ratón de biblioteca

boom [buːm] **1** *n* ◆ boom, prosperidad repentina ◆ estruendo, trueno |**2** *vi* ◆ estar en auge ◆ retumbar

boomerang ['buːməræŋ] *n* bumerán

booming ['buːmɪŋ] *adj* en auge

boost [buːst] **1** *n* estímulo, empuje |**2** *vtr* ◆ aumentar ◆ *(la moral)* levantar ◆ fomentar

boot [buːt] **1** *n* ◆ *Inform* arranque ◆ *GB Auto* maletero ◆ *Indum* bota |**2** *vtr Inform* arrancar

booth [buːð, buːθ] *n* ◆ *(de votación, teléfono, etc)* cabina; **photo b.,** fotomatón ◆ *(en una verbena)* caseta

booze [buːz] *n fam* bebida alcohólica

border ['bɔːdəʳ] **1** *n* ◆ borde ◆ *Pol* frontera |**2** *vtr* rodear ■ **border on** *vtr* lindar con

borderline ['bɔːdəlaɪn] **1** *n* ◆ línea divisoria ◆ *Pol* línea fronteriza |**2** *adj* fronterizo,-a

bore[1] [bɔːʳ] **1** *vtr* aburrir |**2** *n* ◆ *(persona)* pesado,-a, pelma ◆ *(cosa)* lata, rollo ◆ *Téc* taladro

bore[2] [bɔːʳ] *ps* ➛ **bear**[1]

bored [bɔːd] *adj* aburrido,-a; **to be b.,** aburrirse *o* estar aburrido,-a

boredom ['bɔːdəm] *n* aburrimiento

boring ['bɔːrɪŋ] *adj (libro, película)* aburrido,-a; **to be b,** ser aburrido,-a

born [bɔːn] **1** *pp* ➛ **bear**[1]; **to be b.,** nacer |**2** *adj* nato,-a; **he's a b. leader,** es un líder nato

borough ['bʌrə] *n* municipio

borrow ['bɒrəʊ] ◆ pedir *o* tomar prestado ◆ *(ideas, etc)* adoptar, apropiarse

bosom ['bʊzəm] *n* ◆ *frml* pecho ◆ *fig* seno

boss [bɒs] *n fam* jefe,-a ■ **boss about** *o* **around** *vtr* dar órdenes a

bossy ['bɒsɪ] *adj (bossier, bossiest) fam* mandón,-ona

botanic(al) [bə'tænɪk(əl)] *adj* botánico,-a; **b. garden,** jardín botánico

botany ['bɒtənɪ] *n* botánica

botch [bɒtʃ] **1** *n* chapuza, chapucería |**2** *vtr* chapucear

both [bəʊθ] **1** *adj & pron* ambos,-as |**2** *conj* ◆ **b. he and his wife,** tanto él como su mujer

bother ['bɒðəʳ] **1** *vtr* molestar |**2** *vi* ◆ preocuparse ◆ molestarse |**3** *n* molestia, lata

bottle ['bɒtəl] **1** *n* botella; *(pequeño)* frasco; *(vacío)* envase; *(para bebé)* biberón; **b. opener,** abrebotellas |**2** *vtr* ◆ embotellar ◆ *(fruta)* envasar

bottle-bank ['bɒtəlbæŋk] *n* contenedor de vidrio

bottled ['bɒtəld] *adj* embotellado,-a

bottle-fed ['bɒtəlfed] *adj* alimentado,-a con biberón

bottle-green ['bɒtəlgriːn] *adj* verde botella

bottom ['bɒtəm] **1** *n* ◆ parte inferior ◆ *(de un río, escenario, una calle, caja, etc)* fondo ◆ *(de una escalera, colina, página)* pie ◆ *fam (de una persona)* trasero, nalgas ◆ **at the b. of the list,** al final de la lista |**2** *adj* ◆ *(posición)* más bajo,-a, de abajo ◆ *(en orden)* último,-a; *Fin fig* **the b. line,** el resultado final ■ **bottom out** *vi Fin* tocar fondo

bottomless ['bɒtəmlɪs] *adj* ◆ sin fondo ◆ insondable

bough [baʊ] *n* rama

bought [bɔːt] *ps & pp* ➛ **buy**

boulder ['bəʊldəʳ] *n* pedrusco

bounce [baʊns] *vi* ◆ rebotar ◆ *fam (un cheque)* ser incobrable

bouncer ['baʊnsəʳ] *n fam (de una discoteca, un club)* gorila

bound [baʊnd] **1** *ps & pp* ➛ **bind** |**2** *adj* ◆ atado,-a ◆ **b. (up),** vinculado,-a ◆ *(libro)* encuadernado,-a ◆ obligado,-a ◆ destinado,-a; *fig* **it's b. to rain,** seguro que va a llover |**3** *n* ◆ salto, brinco ◆ **bounds** *pl,* límites; *(letrero)* **out of**

bounds, prohibida la entrada |4 *vi* dar un salto

boundary ['baʊndərɪ] *n* ◆ límite ◆ frontera

boundless ['baʊndlɪs] *adj* ilimitado,-a

bouquet [buː'keɪ, bəʊ'keɪ] *n* ◆ *(de flores)* ramillete ◆ [buː'keɪ] *(de vino)* aroma, buqué

bourgeois ['bʊəʒwɑː] *adj* & *n* burgués,-esa

bourgeoisie [bʊəʒwɑː'ziː] *n* burguesía

bout [baʊt] *n* ◆ *Boxeo* combate ◆ *(enfermedad)* ataque

bow[1] [baʊ] 1 *vi* ◆ inclinarse ◆ *fig* **to b. to sb/sthg,** reconocer la superioridad de alguien/algo |2 *vtr* inclinar |3 *n* ◆ reverencia, saludo ◆ *Náut (a menudo pl)* proa

bow[2] [bəʊ] ◆ *n Dep Mús* arco ◆ *(nudo)* lazo; **b. tie,** pajarita

bowel ['baʊəl] *n* ◆ intestino ◆ *fig* **bowels** *pl,* entrañas

bowl[1] [bəʊl] *n* ◆ *Culin* bol, cuenco ◆ *(para lavar)* palangana, barreño ◆ *(de WC)* taza ◆ *Geol* cuenca

bowl[2] [bəʊl] 1 *n Dep* bola |2 *vi Dep* jugar a los bolos

bowler ['bəʊlə'] *n* jugador de bolos

bowling ['bəʊlɪŋ] *n Dep* bolos; **b. alley,** bolera

box[1] [bɒks] 1 *n* ◆ caja; *(grande)* cajón; **musical b.,** caja de música ◆ *(en un formulario)* casilla, recuadro ◆ *Teat* palco; **b. office,** taquilla |2 *vtr* embalar

box[2] [bɒks] *Dep vi* boxear

boxer ['bɒksə'] *n* ◆ *Dep* boxeador ◆ *(perro)* bóxer

boxing ['bɒksɪŋ] *n* boxeo; **b. ring,** cuadrilátero

Boxing Day ['bɒksɪŋdeɪ] *n GB* el día de San Esteban (26 de diciembre)

boxroom ['bɒksruːm] *n* trastero

boy [bɔɪ] *n* ◆ *(muy joven)* niño; *(chico)* joven ◆ hijo ◆ **the boys** *pl,* los amigos, la pandilla ◆ *excl* **(oh) b.!,** ¡madre mía!

boycott ['bɔɪkɒt] 1 *n* boicot |2 *vtr* boicotear

boyfriend ['bɔɪfrend] *n* amigo, novio

boyhood ['bɔɪhʊd] *n* niñez, juventud

boyish ['bɔɪɪʃ] *adj* ◆ *(por edad)* juvenil ◆ *(por sexo)* de muchacho

bracelet ['breɪslɪt] *n* pulsera, brazalete

bracket ['brækɪt] 1 *n* ◆ paréntesis; **in brackets,** entre paréntesis ◆ *(división)* grupo, sector |2 *vtr* ◆ poner entre paréntesis ◆ agrupar

brag [bræg] *vi* jactarse, presumir

braid [breɪd] 1 *vtr* trenzar |2 *n esp US (pelo)* trenza

brain [breɪn] *n* ◆ *Anat* cerebro ◆ *fam* **brains** *pl,* inteligencia; cerebro ◆ *Culin* **brains** *pl,* sesos

brainchild ['breɪntʃaɪld] *n* invento, creación

brainless ['breɪnlɪs] *adj* descerebrado,-a

brainwash ['breɪnwɒʃ] *vtr* lavarle el cerebro a

brainwashing ['breɪnwɒʃɪŋ] *n* lavado de cerebro

brake [breɪk] 1 *n* freno; **hand b.,** freno de mano |2 *vi* frenar

bramble ['bræmbəl] *n* zarza, zarzamora

bran [bræn] *n* salvado

branch [brɑːntʃ] 1 *n* ◆ rama ◆ *(carretera)* bifurcación ◆ *Com* sucursal |2 *vi (carretera)* bifurcarse ■ **branch off** *vi* desviarse ■ **branch out** *vi* diversificarse

brand [brænd] 1 *n* ◆ marca ◆ *(clase)* tipo |2 *vtr* marcar, tildar

brandish ['brændɪʃ] *vtr* blandir

brand-new [brænd'njuː] *adj* completamente nuevo,-a

brandy ['brændɪ] *n* brandy

brash [bræʃ] *adj* ◆ descarado,-a ◆ hortera, chillón,-ona

brass [brɑːs] 1 *n* ◆ latón ◆ *Mús* instrumentos de metal; **b. band,** banda de música

brassiere ['bræzɪə'] *n* sostén, sujetador

brat [bræt] *n fam* mocoso,-a

bravado [brə'vɑːdəʊ] *n* bravuconería

brave [breɪv] 1 *adj* valiente |2 *vtr* desafiar

bravery ['breɪvərɪ] *n* valentía, valor

bravo [brɑː'vəʊ] *excl* ¡bravo!

brawl [brɔːl] **1** *n* reyerta **|2** *vi* pelearse

brawn [brɔːn] *n* fuerza física

bray [breɪ] **1** *n* rebuzno **|2** *vi* rebuznar

brazen ['breɪzən] *adj* descarado,-a

Brazil [brə'zɪl] *n* Brasil

Brazilian [brə'zɪlɪən] *adj* brasileño,-a

breach [briːtʃ] **1** *n* ♦ brecha, grieta ♦ *Jur (de la ley)* incumplimiento **|2** *vtr* incumplir

bread [bred] *n* pan; **a loaf of b.,** una barra de pan; **white/brown b.,** pan blanco/integral

breadcrumbs ['bredkrʌms] *npl* pan rallado

breadth [bredθ] *n* ♦ *frml (de un lado a otro)* anchura ♦ *(superficie)* amplitud

breadwinner ['bredwɪnəʳ] *n* cabeza de familia

break [breɪk] **1** *n* ♦ rotura, grieta ♦ *Med* fractura ♦ pausa, interrupción ♦ descanso, vacaciones ♦ *(de relaciones)* ruptura ♦ **b. of day,** amanecer ♦ oportunidad: **give me a b.,** dame un respiro **|2** *vi (ps broke; pp broken)* ♦ romperse ♦ *(máquina, etc)* averiarse, estropearse ♦ descansar, parar ♦ *(noticias)* hacerse público ♦ *(día)* amanecer ♦ *(tormenta)* desatarse ♦ *(ola)* romper **|3** *vtr* ♦ romper ♦ *(una máquina)* estropear, romper ♦ *(una promesa, ley)* incumplir ♦ *(un récord)* batir ♦ *(un código)* descifrar ♦ *(un caballo)* domar ■ **break away** *vi* ♦ desprenderse, separarse ♦ escaparse ■ **break down 1** *vi* ♦ sufrir un colapso ♦ *(una máquina)* averiarse ♦ fracasar **|2** *vtr* derribar ■ **break in** *vi* forzar la entrada ■ **break into** *vtr* ♦ entrar en (para robar) ♦ *(caja fuerte)* forzar ♦ **to b. into tears,** romper a llorar ■ **break off 1** *vtr* ♦ *(relaciones)* romper ♦ partir **|2** *vi* desprenderse ■ **break out** *vi* ♦ evadirse (de la cárcel) ♦ *(la violencia)* estallar ■ **break through** *vtr* atravesar ■ **break up 1** *vi* ♦ hacerse pedazos ♦ *(una reunión, un matrimonio)* terminar **|2** *vtr* ♦ romper, quebrar ♦ *(un coche)* desguazar ♦ *(una multitud)* disolver

breakable ['breɪkəbəl] *adj* frágil

breakage ['breɪkɪdʒ] *n* rotura

breakaway ['breɪkəweɪ] *adj* disidente; **b. group,** un grupo disidente

breakdown ['breɪkdaʊn] *n* ♦ *Auto* avería; **b. crane/truck,** grúa ♦ **(nervous) b.,** crisis nerviosa

breakfast ['brekfəst] **1** *n* desayuno; **to have b.,** desayunar **|2** *vi* desayunar

break-in ['breɪkɪn] *n* robo (con allanamiento de morada)

breakthrough ['breɪkθruː] *n* avance, paso adelante

breast [brest] *n* ♦ pecho ♦ *Culin (de pollo, etc)* pechuga

breast-feed ['brestfiːd] *vtr* amamantar

breaststroke ['breststrəʊk] *n Natación* braza

breath [breθ] *n* aliento; **to be out of b.,** estar sin aliento; **to hold one's b.,** contener la respiración; **to speak under one's b.,** hablar en voz baja; *Auto* **b. test,** test de alcoholemia

Breathalyzer® ['breθəlaɪzəʳ] *n GB* alcoholímetro

breathe [briːð] **1** *vtr* ♦ respirar ♦ hablar en voz baja **|2** *vi* respirar; **to b. in/out,** aspirar/espirar

breathless ['breθlɪs] *adj* sin aliento, jadeante

breathtaking ['breθteɪkɪŋ] *adj* impresionante

breed [briːd] **1** *n* ♦ raza ♦ *(de persona)* clase ♦ *(de ordenadores, etc)* generación **|2** *vtr (ps & pp bred)* ♦ *(animales)* criar ♦ *fig* engendrar, producir **|3** *vi* reproducirse

breeder ['briːdəʳ] *n* criador,-ora

breeding ['briːdɪŋ] *n* ♦ reproducción ♦ *(de animales)* cría ♦ *(de persona)* educación, cultura

breeze [briːz] *n* brisa

breezy ['briːzɪ] *adj (breezier, breeziest) (tiempo)* **it's b.,** hace aire

brevity ['brevɪtɪ] *n* brevedad

brew [bruː] **1** *vtr (cerveza)* elaborar; *(café, infusión, etc)* preparar **|2** *n* ♦ poción, brebaje ♦ *(té, etc)* infusión ♦ *fam (cerveza)* birra

brewer ['bruːəʳ] *n* cervecero,-a
brewery ['brʊərɪ] *n* cervecería, fábrica de cerveza
brewing ['bruːɪŋ] **1** *adj* cervecero,-a |**2** *n* elaboración de la cerveza
bribe [braɪb] **1** *vtr* sobornar |**2** *n* soborno
bribery ['braɪbərɪ] *n* soborno
brick [brɪk] *n* ladrillo
bricklayer ['brɪkleɪəʳ] *n* albañil
bridal ['braɪdəl] *adj* nupcial
bride [braɪd] *n* novia: **the b. and groom,** los novios
bridegroom ['braɪdgruːm] *n* novio
bridesmaid ['braɪdzmeɪd] *n* ~ dama de honor
bridge [brɪdʒ] **1** *n* ◆ puente ◆ *Naipes* bridge ◆ *(de barco)* puente de mando |**2** *vtr (río)* tender un puente sobre
bridle ['braɪdəl] **1** *n* brida |**2** *vi* molestarse
brief [briːf] **1** *adj* breve |**2** *n* informe |**3** *vtr* informar
briefcase ['briːfkeɪs] *n* maletín, portafolios
briefing ['briːfɪŋ] *n* ◆ sesión informativa ◆ información
briefly ['briːflɪ] *adv* brevemente
bright [braɪt] *adj* ◆ brillante ◆ *(color)* vivo,-a ◆ *(día)* soleado,-a ◆ inteligente, listo,-a ◆ *(cara, sonrisa)* feliz, alegre ◆ optimista
brighten ['braɪtən] *vi* ◆ mejorarse ◆ *(cara)* iluminarse ■ **brighten up 1** *vtr* alegrar |**2** *vi* ◆ *(el tiempo)* despejarse ◆ *(una persona)* animarse
brightness ['braɪtnɪs] *n* ◆ resplandor ◆ *(del día)* claridad, luminosidad ◆ *(de un color)* viveza ◆ *(de una persona)* inteligencia
brilliance ['brɪljəns] *n* ◆ *(de la luz)* resplandor ◆ *(de un color)* viveza ◆ *(de una persona)* brillantez
brilliant ['brɪljənt] *adj* brillante
brim [brɪm] **1** *n* ◆ *(sombrero)* ala ◆ *(de recipiente)* borde |**2** *vi* rebosar ■ **brim over** *vi* rebosar
brine [braɪn] *n* salmuera
bring [brɪŋ] *vtr (ps & pp* ***brought)*** traer ■ **bring about** *vtr* provocar, ocasionar ■ **bring along** *vtr* traer: **b. a friend along!,** ¡tráete a un amigo! ■ **bring back** *vtr* devolver ■ **bring forward** *vtr* ◆ adelantar ◆ *(una idea, un tema)* presentar ■ **bring in** *vtr* ganar ■ **bring off** *vtr* lograr, conseguir ■ **bring on** *vtr* provocar ■ **bring out** *vtr* ◆ sacar ◆ *(un libro)* publicar; *(un producto)* lanzar, sacar ■ **bring up** *vtr* ◆ *(a un niño)* educar ◆ *(un asunto)* plantear ◆ vomitar
brink [brɪŋk] *n* borde; *fig* **on the b. of,** al borde de
brisk [brɪsk] *adj* ◆ enérgico,-a ◆ *(comercio)* activo,-a ◆ *(tiempo)* fresco,-a ◆ *(persona)* dinámico,-a
bristle ['brɪsəl] **1** *n* cerda |**2** *vi* erizarse
Brit [brɪt] *n fam* británico,-a
Britain ['brɪtən] *n* **(Great) B.,** Gran Bretaña
British ['brɪtɪʃ] **1** *adj* británico,-a |**2** *npl* **the B.,** los británicos
brittle ['brɪtəl] *adj* quebradizo,-a, frágil
broach [brəʊtʃ] *vtr* abordar
broad [brɔːd] *adj* ◆ ancho,-a, extenso,-a ◆ *(mentalidad)* tolerante
broadcast ['brɔːdkɑːst] **1** *n Rad TV* emisión |**2** *vtr (ps & pp* ***broadcast)*** emitir, transmitir
broadcasting ['brɔːdkɑːstɪŋ] *n Rad* radiodifusión
broaden ['brɔːdən] *vtr & vi* ensanchar
broadly ['brɔːdlɪ] *adv* en términos generales
broad-minded [brɔːd'maɪndɪd] *adj* liberal, tolerante
broccoli ['brɒkəlɪ] *n* brécol
brochure ['brəʊʃjʊəʳ] *n* folleto
broil [brɔɪl] *vtr US* asar a la parrilla
broke [brəʊk] *adj fam* **to be b.,** estar sin un duro
broken ['brəʊkən] **1** *pp* → **break** |**2** *adj* ◆ roto,-a ◆ *(máquina)* averiado,-a ◆ *(persona)* arruinado,-a
broken-hearted [brəʊkən'hɑːtɪd] *adj fig* desolado,-a
broker ['brəʊkəʳ] *n* corredor,-ora o agente de Bolsa

bronchitis [brɒŋ'kaɪtɪs] *n* bronquitis

bronze [brɒnz] **1** *n* bronce **|2** *adj* ◆ de bronce ◆ bronceado,-a

bronzed [brɒnzd] *adj* bronceado,-a

brooch [brəʊtʃ] *n* broche

brood [bruːd] *vi* rumiar, meditar melancólicamente; **to b. over sthg,** obsesionarse con algo

brook [brʊk] *n* arroyo

broom [bruːm] *n* escoba

broomstick ['bruːmstɪk] *n* palo de escoba

broth [brɒθ] *n* caldo

brothel ['brɒθəl] *n* burdel

brother ['brʌðəʳ] *n* ◆ hermano ◆ *Pol* compañero

brotherhood ['brʌðəhʊd] *n* ◆ hermandad ◆ fraternidad

brother-in-law ['brʌðərɪnlɔː] *n* cuñado

brotherly ['brʌðəlɪ] *adj* fraternal

brought [brɔːt] *ps* & *pp* → **bring**

brow [braʊ] *n* ◆ frente ◆ **(eye) b.,** ceja

brown [braʊn] **1** *adj* ◆ marrón; *(piel, ojos)* castaño,-a; **b. paper,** papel de embalar; **b. sugar,** azúcar moreno ◆ bronceado,-a, moreno,-a; **to get b.,** ponerse moreno,-a **|2** *n* marrón **|3** *vtr* ◆ *Culin* dorar ◆ *(al sol)* broncear

brownie ['braʊnɪ] *n US* bizcocho de chocolate y nueces

brownish ['braʊnɪʃ] *adj* parduzco,-a

browse [braʊz] *vi* ◆ *(en una tienda)* mirar, echar un vistazo ◆ *(libro)* hojear

bruise [bruːz] **1** *n* moratón, cardenal, hematoma **|2** *vtr* magullar

brunch [brʌntʃ] *n (esp US)* combinación de desayuno y almuerzo

brunette [bruː'net] *adj* & *n (mujer)* morena

brunt [brʌnt] *n* **to bear/take the b. of sthg,** sufrir (lo peor de) algo

brush [brʌʃ] **1** *n* ◆ *(para el pelo, los dientes)* cepillo ◆ *(para limpiar)* escoba ◆ *Arte* pincel, brocha ◆ encontronazo **|2** *vtr* cepillar ■ **brush aside** *vtr* dejar de lado ■ **brush up** *vtr* repasar

brushwood ['brʌʃwʊd] *n* maleza

brusque [bruːsk, brʊsk] *adj* brusco,-a

brutal ['bruːtəl] *adj* brutal, cruel

brute [bruːt] **1** *adj* bruto,-a **|2** *n* bestia

BSc [biːes'siː] *(abr de* ***Bachelor of Science****)* diplomado,-a en Ciencias

bubble ['bʌbəl] **1** *n* ◆ burbuja ◆ pompa ◆ **b. gum,** chicle ◆ *(en dibujos)* bocadillo **|2** *vi* burbujear

bubbly ['bʌblɪ] *adj* ***(bubblier, bubbliest)*** efervescente

buck [bʌk] **1** *n* ◆ *US fam* dólar ◆ *Zool* macho ■ **buck up 1** *vtr fam* animar **|2** *vi* ◆ animarse ◆ darse prisa

bucket ['bʌkɪt] *n* cubo

buckle ['bʌkəl] **1** *n* hebilla **|2** *vtr* ◆ abrochar con hebilla ◆ torcer, combar **|3** *vi* combarse, torcerse

bud [bʌd] **1** *n* brote **|2** *vi* echar brotes

Buddhism ['bʊdɪzəm] *n* budismo

Buddhist ['bʊdɪst] *n* budista

budding ['bʌdɪŋ] *adj* en ciernes

buddy ['bʌdɪ] *n US fam* amigote, compinche

budge [bʌdʒ] *vi* ◆ moverse ◆ ceder

budgerigar ['bʌdʒərɪgɑːʳ] *n* periquito

budget ['bʌdʒɪt] **1** *n* presupuesto **|2** *vi* hacer un presupuesto

buff [bʌf] **1** *adj* beige **|2** *n fam* aficionado,-a **|3** *vtr* dar brillo a

buffalo ['bʌfələʊ] *n (pl* ***buffaloes*** *o* ***buffalo****)* búfalo

buffer ['bʌfəʳ] **1** *n* ◆ amortiguador ◆ *Inform* memoria intermedia **|2** *vtr* amortiguar

buffet ['bʊfeɪ] *n* ◆ bar ◆ *(autoservicio)* bufet libre

buffoon [bə'fuːn] *n* bufón, payaso

bug [bʌg] **1** *n* ◆ bicho ◆ *fig* manía, obsesión ◆ *(espionaje, etc)* micrófono oculto ◆ *Inform* error, virus **|2** *vtr fam* ◆ **to b. a phone,** pinchar un teléfono ◆ *US* molestar

buggy ['bʌgɪ] *n* cochecito de niño

build [bɪld] **1** *vtr* & *vi* ***(ps & pp built)*** construir **|2** *n (de persona)* físico ■ **build on 1** *vtr* agregar ■ **build up 1** *vtr* ◆

acumular ◆ *(una reputación)* forjarse ◆ *(los músculos)* fortalecer |2 *vi* ◆ *(suciedad, etc)* acumularse ◆ *(tensión)* aumentar

builder ['bɪldəʳ] *n* ◆ constructora ◆ *(empresario)* constructor,-ora ◆ albañil

building ['bɪldɪŋ] *n* ◆ edificio, inmueble ◆ construcción ◆ **b. site,** obra

build-up ['bɪldʌp] *n* ◆ aumento ◆ propaganda, bombo

built [bɪlt] *ps* & *pp* → **build**

built-in [bɪlt'ɪn] *adj* ◆ *(armario)* empotrado,-a ◆ *(aparato)* incorporado,-a

built-up [bɪlt'ʌp] *adj* urbanizado,-a

bulb [bʌlb] *n* ◆ bulbo ◆ bombilla

Bulgaria [bʌl'geərɪə] *n* Bulgaria

Bulgarian [bʌl'geərɪən] **1** *adj* búlgaro,-o |2 *n* búlgaro,-a

bulge [bʌldʒ] *n* protuberancia

bulk [bʌlk] *n* ◆ masa, volumen ◆ mole ◆ **in b.,** a granel ◆ mayoría

bulky ['bʌlkɪ] *adj* **(bulkier, bulkiest)** voluminoso,-a

bull [bʊl] *n* toro

bulldog ['bʊldɒg] *n* buldog

bulldoze ['bʊldəʊz] *vtr* derribar, arrasar

bulldozer ['bʊldəʊzəʳ] *n* bulldozer

bullet ['bʊlɪt] *n* bala

bulletin ['bʊlɪtɪn] *n* boletín

bullet-proof ['bʊlɪtpru:f] *adj* antibalas

bullfight ['bʊlfaɪt] *n* corrida de toros

bullfighter ['bʊlfaɪtəʳ] *n* torero,-a

bullfighting ['bʊlfaɪtɪŋ] *n* los toros, toreo

bullock ['bʊlək] *n* buey

bullring ['bʊlrɪŋ] *n* plaza de toros

bully ['bʊlɪ] **1** *n* matón |2 *vtr* intimidar

bum [bʌm] **1** *n* ◆ *fam* trasero ◆ vagabundo,-da |2 *vt fam* gorronear ■ **bum around** *vi fam* vaguear

bumblebee ['bʌmbəlbi:] *n* abejorro

bump [bʌmp] **1** *n* ◆ choque ◆ protuberancia; *(en la cabeza, etc)* chichón; *(de la carretera)* bache |2 *vtr* golpear ■ **bump into** *vtr* chocar ■ **bump off** *vtr fam* liquidar

bumper ['bʌmpəʳ] *n* parachoques

bumptious ['bʌmpʃəs] *adj* presuntuoso,-a

bumpy ['bʌmpɪ] *adj* **(bumpier, bumpiest)** ◆ lleno,-a de baches ◆ *(vuelo)* agitado,-a

bun [bʌn] *n* ◆ panecillo, bollo ◆ moño, rodete

bunch [bʌntʃ] *n* ◆ ramo; *(plátanos, uvas)* racimo; *(llaves)* manojo ◆ *(personas)* grupo ■ **to bunch together/up** *vi* juntarse, agruparse

bundle ['bʌndəl] **1** *n* ◆ *(de leña)* haz ◆ *(de papeles)* fajo ◆ *(de ropa)* bulto, fardo |2 *vtr* liar, atar

bung [bʌŋ] *n* tapón

bungalow ['bʌŋgələʊ] *n* chalé, bungalow

bunk [bʌŋk] *n* litera

bunker ['bʌŋkəʳ] *n* ◆ carbonera ◆ *Mil Golf* búnker

buoy [bɔɪ] *n* boya

buoyant ['bɔɪənt] *adj* ◆ flotante ◆ *Fin (mercado)* alcista

burble ['bɜ:bəl] *vi* balbucear

burden ['bɜ:dən] **1** *n* carga |2 *vtr* cargar

bureau ['bjʊərəʊ] *n (pl* **bureaux***)* ◆ escritorio ◆ agencia, oficina

bureaucracy [bjʊə'rɒkrəsɪ] *n* burocracia

bureaucratic [bjʊərə'krætɪk] *adj* burocrático,-a

burger ['bɜ:gəʳ] *n fam abr de* **hamburger**

burglar ['bɜ:gləʳ] *n* ladrón,-ona

burglar alarm ['bɜ:glərəlɑ:m] *n* alarma antirrobo

burglary ['bɜ:glərɪ] *n* robo (en una casa)

burgle ['bɜ:gəl] *vtr* robar, desvalijar

burgundy ['bɜ:gəndɪ] *n* vino de Borgoña

burial ['berɪəl] *n* entierro

burly ['bɜ:lɪ] *adj* **(burlier, burliest)** fornido,-a

burn [bɜ:n] **1** *n* quemadura |2 *vtr (ps* & *pp* **burnt** *o* **burned***)* quemar |3 *vi* arder ■ **burn down 1** *vtr* incendiar |2 *vi* incendiarse ■ **burn up** *vtr* quemar

burner ['bɜ:nəʳ] *n* quemador

burning ['bɜːnɪŋ] *adj* ♦ en llamas ♦ candente

burnt [bɜːnt] *adj* quemado,-a

burp [bɜːp] **1** *n* eructo **|2** *vi* eructar

burst [bɜːst] **1** *n* ♦ estallido ♦ *(de neumático, tubería)* reventón ♦ *(de cólera, energía, velocidad)* arranque ♦ *(de tiros)* ráfaga ♦ *(de risa)* carcajada **|2** *vtr (ps & pp* **burst***)* reventar **|3** *vi* reventar(se) ■ **burst in** *vi* irrumpir ■ **burst into** *vi* ♦ irrumpir

bursting ['bɜːstɪŋ] *adj* atestado,-a

bury ['berɪ] *vtr* enterrar, sepultar

bus [bʌs] *n* autobús, bus; *(de largo recorrido)* autocar; **b. station,** estación de autobuses; **b. stop,** parada de autobús

bush [bʊʃ] *n* arbusto

bushy ['bʊʃɪ] *adj* espeso,-a, tupido,-a

busily ['bɪzɪlɪ] *adv* enérgicamente

business ['bɪznɪs] **1** *n* ♦ comercio, negocios; **to do b. with,** comerciar con; **to travel on b.,** hacer un viaje de negocios; **b. hours,** horas de oficina ♦ empresa; **a family b.,** una empresa familiar ♦ responsabilidad, asunto: **it's not my b.,** no es asunto mío; **mind your own b.,** no te metas en lo que no te incumbe ♦ situación, asunto **|2** *adj* ♦ comercial ♦ económico,-a ♦ **b. studies,** estudios empresariales

businessman ['bɪznɪsmən] *n* hombre de negocios

businesswoman ['bɪznɪswʊmən] *n* mujer de negocios

busk [bʌsk] *vi* tocar música en la calle

busker ['bʌskəʳ] *n fam* músico,-a callejero,-a

bust [bʌst] **1** *n* busto **|2** *vtr* ♦ *fam* romper ♦ *(un sitio)* registrar **|3** *adj fam* roto,-a

bustle ['bʌsəl] *n* ajetreo, bullicio

bustling ['bʌslɪŋ] *adj* bullicioso,-a

bust-up ['bʌstʌp] *n fam* ♦ ruptura ♦ pelea, bronca

busy ['bɪzɪ] *adj* ♦ ocupado,-a ♦ *(sitio)* animado,-a, concurrido,-a ♦ *Tel* ocupado,-a, comunicando

but [bʌt] **1** *conj* ♦ pero ♦ *(después de negación)* sino **|2** *adv frml* sólo **|3** *prep* salvo, menos

butane ['bjuːteɪn] *n* butano; **b. gas,** gas butano

butcher ['bʊtʃəʳ] **1** *n* carnicero,-a; **b.'s (shop),** carnicería **|2** *vtr* ♦ *(ganado)* matar ♦ *(personas)* masacrar

butler ['bʌtləʳ] *n* mayordomo

butt [bʌt] *n* ♦ extremo ♦ *(de rifle)* culata ♦ *(de cigarrillo)* colilla

butter ['bʌtəʳ] **1** *n* mantequilla **|2** *vtr* untar con mantequilla

butterfly ['bʌtəflaɪ] *n* mariposa

buttock ['bʌtək] *n* nalga

button ['bʌtən] **1** *n* botón **|2** *vtr* **to b. (up),** abrochar(se), abotonar(se)

buttonhole ['bʌtənhəʊl] *n* ojal

buy [baɪ] **1** *n* compra **|2** *vtr (ps & pp* **bought***)* comprar

buyer ['baɪəʳ] *n* comprador,-ora

buzz [bʌz] **1** *n* ♦ *(de abeja)* zumbido ♦ *(de conversación)* rumor **|2** *vi* zumbar

buzzer ['bʌzəʳ] *n* timbre

by [baɪ] **1** *prep* ♦ *(agente)* por; **a poster by Picasso,** un póster de Picasso ♦ *(manera)* **by bus/car/train,** en autobús/coche/tren; **to pay by cheque,** pagar con talón; **made by hand,** hecho,-a a mano ♦ *(vía)* **he went in by the front door,** entró por la puerta principal ♦ *(resultado)* **by accident,** por accidente; **by chance,** por casualidad ♦ *(cantidad, ritmo)* **she's paid by the hour,** cobra por horas; **day by day,** día a día ♦ *(espacio)* al lado de, junto a: **she sat by my side,** se sentó a mi lado; *(movimiento)* **he passed by the church,** pasó delante *o* al lado de la iglesia ♦ *(tiempo)* para: **I need it by six,** lo necesito para las seis ♦ de: **by day/night,** de día/noche ♦ según: **do it by the rules,** hazlo según las reglas ♦ **by the way,** por cierto ♦ *Mat* **ten by ten is one hundred,** diez por diez son cien **|2** *adv* ♦ **as time goes by,** con el paso del tiempo; **to walk by,** pasar de largo

bye [baɪ], **bye-bye** ['baɪbaɪ] *n fam* ¡adiós!, ¡hasta luego!

by-law ['baɪlɔː] *n* ordenanza municipal

bypass ['baɪpɑːs] **1** *n* ◆ carretera de circunvalación ◆ *Med* bypass **|2** *vtr* ◆ *(problema)* evitar ◆ *(ciudad)* circunvalar

by-product ['baɪprɒdʌkt] *n* subproducto

by-road ['baɪrəʊd] *n* carretera secundaria

bystander ['baɪstændəʳ] *n* ◆ transeúnte ◆ mirón

byte [baɪt] *n Inform* byte

C

C, c [siː] *n* ◆ *(letra)* C, c ◆ *Mús* do ◆ *(abr de **Celsius**)*, C ◆ *(abr de **Centigrade**)* C

cab [kæb] *n* ◆ taxi ◆ *(de camión)* cabina

cabbage ['kæbɪdʒ] *n* col, repollo

cabin ['kæbɪn] *n* ◆ cabaña ◆ *Náut* camarote ◆ *(camión, avión)* cabina

cabinet ['kæbɪnɪt] *n* ◆ *(mueble)* armario ◆ *Pol* consejo de ministros, gabinete

cable ['keɪbəl] *n* cable; **c. car,** teleférico

cackle ['kækəl] *vi* cacarear

cactus ['kæktəs] *n (pl **cacti** ['kæktaɪ])* cactus

Caesarean [siː'zeərɪən] *n Med* cesárea

café ['kæfeɪ] *n* café

cafeteria [kæfɪ'tɪərɪə] *n* cafetería

caffeine ['kæfiːn] *n* cafeína

cage [keɪdʒ] **1** *n* jaula **|2** *vtr* enjaular

cagey ['keɪdʒɪ] *adj (**cagier, cagiest**) fam* cauteloso,-a, reservado,-a

cake [keɪk] *n* ◆ pastel, tarta; **c. shop,** pastelería ◆ *(de jabón)* pastilla

calcium ['kælsɪəm] *n* calcio

calculate ['kælkjʊleɪt] *vtr* calcular

calculated ['kælkjʊleɪtɪd] *adj* intencionado,-a

calculating ['kælkjʊleɪtɪŋ] *adj pey* calculador,-ora

calculation [kælkjʊ'leɪʃən] *n* cálculo

calculator ['kælkjʊleɪtəʳ] *n* calculadora

calendar ['kælɪndəʳ] *n* calendario

calf [kɑːf] *n (pl **calves** [kɑːvz])* ◆ *(vacuno)* becerro,-a, ternero,-a; *(otros animales)* cría ◆ *Anat* pantorrilla

caliber, *US* **calibre** ['kælɪbəʳ] *n* calibre

call [kɔːl] **1** *vtr* ◆ llamar: **my daughter's called Alison,** mi hija se llama Alison ◆ *(una reunión, huelga, etc)* convocar ◆ **to call sb's attention to sthg,** llamar la atención de alguien sobre algo **|2** *vi* ◆ llamar: *Tel* **who's calling?,** ¿de parte de quién? ◆ gritar, dar voces ◆ *(tren, autobús)* parar: **the next train calls at Gatwick,** el próximo tren para en Gatwick **|3** *n* ◆ llamada, grito ◆ visita; **to pay a c.,** visitar ◆ llamamiento ◆ *Tel* llamada ◆ *Med* **to be on c.,** estar de guardia ◆ motivo ■ **call back** *vi* ◆ devolver la llamada ◆ *(visitar de nuevo)* volver ■ **call for** *vtr* exigir ■ **call off** *vtr* suspender, cancelar ■ **call on** *vtr* ◆ visitar ◆ apelar a ■ **call out** *vtr* ◆ *(a la policía, al médico)* llamar, hacer venir ◆ *(palabras)* gritar ◆ *Pol* convocar a la huelga ■ **call up** *vtr Tel* llamar (por teléfono)

caller ['kɔːləʳ] *n* ◆ *(en una casa)* visita; *(en una tienda)* cliente ◆ *Tel* persona que llama

callous ['kæləs] *adj* insensible, cruel

calm [kɑːm] **1** *adj* ♦ tranquilo,-a ♦ *(tiempo, mar)* en calma **|2** *n* calma, tranquilidad **|3** *vtr* calmar, tranquilizar **|4** *vi* **to c. (down)**, calmarse, tranquilizarse

calorie ['kælərɪ] *n* caloría

calves [kɑːvz] *npl* → **calf**

came [keɪm] *ps* → **come**

camel ['kæməl] *n Zool* camello

camera ['kæmərə] *n* cámara

cameraman ['kæmərəmən] *n (persona)* cámara

camomile ['kæməmaɪl] *n* manzanilla

camouflage ['kæməflɑːʒ] **1** *n* camuflaje **|2** *vtr* camuflar; *fig* disfrazar

camp [kæmp] **1** *n* campamento; **c. site,** camping **|2** *vi* acampar

campaign [kæm'peɪn] **1** *n* campaña **|2** *vi* hacer una campaña

camper ['kæmpəʳ] *n* ♦ *(persona)* campista ♦ *US Auto* caravana

camping ['kæmpɪŋ] *n* **to go c.**, ir de cámping

campus ['kæmpəs] *n* campus, ciudad universitaria

can[1] [kæn] *v aux (ps* ***could)*** ♦ poder: **he can't do it,** no puede hacerlo; **can Jimmy come out to play?**, ¿puede Jimmy salir a jugar? ♦ saber: **c. you play the guitar?**, ¿sabes tocar la guitarra?

can[2] [kæn] **1** *n* lata, bote **|2** *vtr* envasar, enlatar

Canada ['kænədə] *n* Canadá

Canadian [kə'neɪdɪən] *adj & n* canadiense

canal [kə'næl] *n* canal

canary [kə'neərɪ] *n* ♦ *Orn* canario ♦ **C. Islands,** islas Canarias

cancel ['kænsəl] *vtr* ♦ cancelar ♦ *(partido, espectáculo)* suspender

cancellation [kænsɪ'leɪʃən] *n* cancelación

cancer ['kænsəʳ] *n* ♦ *Med* cáncer ♦ *Astrol* **C.**, Cáncer

candid ['kændɪd] *adj* franco,-a, sincero,-a

candidate ['kændɪdeɪt] *n* candidato,-a

candle ['kændəl] *n* vela

candlelight ['kændəllaɪt] *n* **by c.**, a la luz de una vela

candlestick ['kændəlstɪk] *n* candelabro

candour, *US* **candor** ['kændəʳ] *n* franqueza

candy ['kændɪ] *n US* caramelo

candyfloss ['kændɪflɒs] *n GB* algodón de azúcar

cane [keɪn] **1** *n* ♦ *Bot* caña; **c. sugar,** azúcar de caña ♦ *(para castigos)* palmeta, vara **|2** *vtr* castigar con la palmeta

canine ['keɪnaɪn] **1** *adj Zool* canino,-a **|2** *n Anat* **c. (tooth),** colmillo

canister ['kænɪstəʳ] *n* bote

canned [kænd] *adj* enlatado,-a

cannibal ['kænɪbəl] *adj & n* caníbal

cannon ['kænən] **1** *n (pl* ***cannons*** *o* ***cannon)*** cañón **|2** *vi* chocar violentamente

cannot ['kænɒt, kæ'nɒt] *v aux* → **can**[1]

canoe [kə'nuː] *n* canoa, piragua

canopy ['kænəpɪ] *n* ♦ dosel ♦ toldo

can't [kɑːnt] *v aux* → **can**[1]

canteen [kæn'tiːn] *n* ♦ cantina, comedor ♦ juego de cubiertos ♦ *(para agua)* cantimplora

canvas ['kænvəs] *n* ♦ *Tex* lona ♦ *(de un cuadro)* lienzo

canvass ['kænvəs] *vi* ♦ *Pol* hacer campaña electoral ♦ *Com* hacer encuestas

canyon ['kænjən] *n Geol* cañón

cap [kæp] **1** *n* ♦ gorra ♦ *(de botella)* chapa ♦ *(de bolígrafo)* capuchón ♦ *Auto* **petrol c.**, tapa del depósito **|2** *vtr* tapar

capability [keɪpə'bɪlɪtɪ] *n* habilidad

capable ['keɪpəbəl] *adj* ♦ capaz [**of,** de] ♦ hábil

capacity [kə'pæsɪtɪ] *n* ♦ capacidad ♦ *Auto* cilindrada ♦ trabajo, puesto

cape [keɪp] *n* ♦ *(prenda)* capa ♦ *Geol* cabo

caper ['keɪpəʳ] *n* alcaparra

capital ['kæpɪtəl] **1** *n* ♦ capital ♦ *(letra)* mayúscula ♦ *Fin* capital **|2** *adj* ♦ capital; **c. punishment,** pena capital ♦ *frml* primordial

capitalism ['kæpɪtəlɪzəm] *n* capitalismo

capitalist ['kæpɪtəlɪst] *adj & n* capitalista

capitalize ['kæpɪtəlaɪz] *vi* sacar provecho [**on**, de]

capitulate [kə'pɪtjʊleɪt] *vi* capitular

capricious [kə'prɪʃəs] *adj* caprichoso,-a

Capricorn ['kæprɪkɔːn] *n* Capricornio

capsize [kæp'saɪz] *vi* volcar(se)

capsule ['kæpsjuːl] *n* cápsula

captain ['kæptɪn] **1** *n* capitán **|2** *vtr* capitanear

caption ['kæpʃən] *n* ◆ leyenda, pie de foto ◆ *Cine* subtítulo

captivate ['kæptɪveɪt] *vtr* encantar, seducir

captive ['kæptɪv] *n & adj* cautivo,-a

captivity [kæp'tɪvɪtɪ] *n* cautiverio

captor ['kæptəʳ] *n* captor,-ora

capture ['kæptʃəʳ] **1** *vtr* ◆ capturar ◆ *Mil* tomar ◆ captar **|2** *n* ◆ *(de una persona)* captura ◆ *(de un sitio)* toma

car [kɑːʳ] *n* ◆ coche, *LAm* carro; **c. hire,** alquiler de coches ◆ *Ferroc* coche, vagón; **sleeping c.,** coche-cama

carafe [kə'ræf, kə'rɑːf] *n* garrafa

caramel ['kærəmel] *n* caramelo

carat, *US* **karat** ['kærət] *n* kilate, quilate

caravan ['kærəvæn] *n* caravana

carbohydrate [kɑːbəʊ'haɪdreɪt] *n Quím* hidrato de carbono

carbon ['kɑːbən] *n Quím* carbono; **c. dioxide,** dióxido de carbono (CO_2)

carburettor [kɑːbjʊ'retəʳ], *US* **carburetor** ['kɑːbjʊreɪtəʳ] *n* carburador

carcass, carcase ['kɑːkəs] *n* res muerta

card [kɑːd] *n* ◆ tarjeta; **post c.,** tarjeta postal ◆ ficha; **c. index,** fichero ◆ *(de identidad)* carné ◆ *(naipe)* carta

cardamom ['kɑːdəməm] *n* cardamomo

cardboard ['kɑːdbɔːd] *n* cartón, cartulina

cardholder ['kɑːdhəʊldəʳ] *n* ◆ *(de tarjeta de crédito)* titular ◆ *(de sindicato, partido)* militante

cardiac ['kɑːdɪæk] *adj Med* cardiaco,-a

cardigan ['kɑːdɪgən] *n* chaqueta (de punto); *(de mujer)* rebeca

cardinal ['kɑːdɪnəl] **1** *adj* cardinal **|2** *n Rel* cardenal

care [keəʳ] **1** *n* ◆ cuidado, atención: **take c. with that knife,** ten cuidado con ese cuchillo; **to take c. of,** cuidar ◆ *(letrero)* **handle with c.,** frágil ◆ *(desasosiego)* preocupación **|2** *vi* ◆ preocuparse; **I don't c.,** me da igual ◆ *frml (usu en frases interrogativas o negativas)* **would you c. to join me?,** ¿le gustaría acompañarme? **|3** *vtr* importar ■ **care for** *vtr* ◆ cuidar ◆ sentir cariño hacia ◆ *frml (usu en frases interrogativas o negativas)* gustar, interesar

career [kə'rɪəʳ] **1** *n* carrera, profesión **|2** *vi* ir a toda velocidad

carefree ['keəfriː] *adj* despreocupado,-a

careful ['keəfʊl] *adj* cuidadoso,-a

carefully ['keəfʊlɪ] *adv* con cuidado

careless ['keəlɪs] *adj* poco atento,-a, descuidado,-a

carelessness ['keəlɪsnɪs] *n* descuido

caress [kə'res] **1** *n* caricia **|2** *vtr* acariciar

caretaker ['keəteɪkəʳ] *n* portero,-a

cargo ['kɑːgəʊ] *n (pl* ***cargoes*** *o* ***cargos****)* carga, cargamento

Caribbean [kærɪ'bɪən], *US* [kə'rɪbɪən] **1** *adj* caribe, caribeño,-a; **a C. island,** una isla caribeña **|2** *n* Caribe

caricature ['kærɪkətjʊəʳ] *n* caricatura

caring ['keərɪŋ] *adj* ◆ solidario,-a ◆ comprensivo,-a, cariñoso,-a

carnal ['kɑːnəl] *adj* carnal

carnation [kɑː'neɪʃən] *n* clavel

carnival ['kɑːnɪvəl] *n* carnaval

carnivore [kɑː'nɪvɔːʳ] *adj* carnívoro,-a

carol ['kærəl] *n* villancico

carp [kɑːp] *n (pez)* carpa

carpenter ['kɑːpɪntəʳ] *n* carpintero,-a

carpentry ['kɑːpɪntrɪ] *n* carpintería

carpet ['kɑːpɪt] *n* moqueta, alfombra

carriage ['kærɪdʒ] *n* ◆ carruaje ◆ *GB Ferroc* vagón ◆ *(de mercancías)* porte, transporte

carrier ['kærɪəʳ] *n* ◆ empresa de transportes ◆ *Med (de enfermedad)* portador,-ora ◆ *GB* **c. bag,** bolsa de plástico

carrot ['kærət] *n* zanahoria

carry ['kærɪ] **1** *vtr* ◆ llevar; *(mercancías)* transportar ◆ *(responsabilidad, pena)* conllevar, implicar ◆ *(ley, moción)* aprobar ◆ *(enfermedad)* ser portador,-ora de **|2** *vi (sonido)* oírse ■ **carry away** *vtr* llevarse; **to get carried away,** dejarse llevar ■ **carry off** *vtr* ◆ llevarse ◆ llevar a cabo ■ **carry on 1** *vtr* ◆ continuar, seguir ◆ *(la conversación)* mantener **|2** *vi* continuar, seguir ■ **carry out** *vtr* ◆ *(un proyecto)* llevar a cabo, realizar ◆ *(el deber)* cumplir

carry-on ['kærɪ'ɒn] *n* lío

carsick ['kɑːsɪk] *adj* mareado,-a (en el coche)

cart [kɑːt] *n* ◆ *(de caballos)* carro ◆ *(de mano)* carretilla

carton ['kɑːtən] *n* cartón

cartoon [kɑː'tuːn] *n* ◆ viñeta ◆ tira cómica, historieta ◆ *Cine TV* dibujos animados

cartoonist [kɑː'tuːnɪst] *n* dibujante

cartridge ['kɑːtrɪdʒ] *n* cartucho

carve [kɑːv] *vtr* ◆ *(la madera)* tallar; *(una piedra, un metal)* cincelar, esculpir ◆ *(la carne)* trinchar ■ **carve up** *vt* repartir, dividir

carving [kɑːvɪŋ] *n* escultura, talla

cascade [kæs'keɪd] *n* cascada

case [keɪs] *n* ◆ caso: **in any c.,** en cualquier caso; **(just) in c.,** por si acaso ◆ funda, estuche; **cigarette c.,** pitillera; **pencil c.,** estuche de lápices; **pillow c.,** funda de almohada ◆ *(de vino, etc)* caja ◆ maleta

cash [kæʃ] **1** *n* dinero en efectivo; **c. card,** tarjeta (de cajero automático); **c. dispenser/machine,** cajero automático **|2** *vtr (un cheque)* cobrar

cashier [kæ'ʃɪəʳ] *n* cajero,-a

cashmere ['kæʃmɪəʳ] *n* cachemira

casino [kə'siːnəʊ] *n* casino

cask [kɑːsk] *n* barril

casket ['kɑːskɪt] *n* ◆ cofre ◆ *US* ataúd

casserole ['kæsərəʊl] *n* ◆ cazuela ◆ *Culin* guiso

cassette [kæ'set] *n* cinta, casete; **c. recorder,** grabadora

cast [kɑːst] **1** *n* ◆ *Teat* reparto ◆ *Téc* molde ◆ *Med* escayola **|2** *vtr (ps & pp cast)* ◆ echar ◆ *(una piedra)* arrojar, tirar ◆ *(la luz)* arrojar ◆ *(una sombra)* proyectar ◆ *(una mirada)* lanzar ◆ *(el voto)* emitir ◆ *(el metal)* moldear ■ **cast aside** *vtr* abandonar, desechar ■ **cast off** *vi* soltar amarras

castanets [kæstə'nets] *npl* castañuelas

castaway ['kɑːstəweɪ] *n* náufrago,-a

caste [kɑːst] *n* casta

Castile [kæ'stiːl] *n* Castilla

Castilian [kæ'stɪljən] **1** *adj* castellano,-a **|2** *n* castellano

casting ['kɑːstɪŋ] *n* selección de reparto, casting

cast-iron ['kɑːstaɪən] *adj* de hierro fundido

castle ['kɑːsəl] **1** *n* ◆ castillo ◆ *Ajedrez* torre **|2** *vi Ajedrez* enrocar

castor ['kɑːstəʳ] *n* **c. oil,** aceite de ricino

castrate [kæ'streɪt] *vtr* castrar

casual ['kæʒjʊəl] *adj* ◆ *(encuentro)* fortuito,-a ◆ *(persona)* despreocupado,-a ◆ *(trabajo)* eventual ◆ *(ropa)* (de) sport, informal

casually ['kæʒjʊəlɪ] *adv* ◆ de modo informal ◆ con aire de indiferencia

casualty ['kæʒjʊəltɪ] *n* ◆ *(persona)* herido,-a ◆ *Mil* baja ◆ *GB (en un hospital)* urgencias

cat [kæt] *n* gato,-a

Catalan ['kætəlæn] **1** *adj* catalán,-ana **|2** *n* ◆ *(persona)* catalán,-ana ◆ *(idioma)* catalán

catalogue, *US* **catalog** ['kætəlɒg] **1** *n* catálogo **|2** *vtr* catalogar

Catalonia [kætə'ləʊnɪə] *n* Cataluña

catalyst ['kætəlɪst] *n* catalizador

catapult ['kætəpʌlt] *n* tirachinas

catarrh [kə'tɑːʳ] *n* catarro

catastrophe [kə'tæstrəfɪ] *n* catástrofe

catch [kætʃ] **1** *vtr (ps & pp caught)* ◆ agarrar, coger: **he caught me by the**

arm, me agarró del brazo ♦ pillar, sorprender: **they caught him selling drugs,** le sorprendieron vendiendo droga ♦ *(entender)* oír ♦ *Med* contagiarase, coger ♦ *(la atención)* atraer ♦ *(la imaginación, el ambiente)* captar |**2** *vi* engancharse |**3** *n* ♦ *(de pelota, balón)* parada ♦ *(caza, pescado)* captura ♦ *(de caja, puerta)* pestillo ■ **catch on** *vi fam* ♦ ganar popularidad ♦ darse cuenta ■ **catch up** *vi* ponerse al día

catching ['kætʃɪŋ] *adj* contagioso,-a

catchphrase ['kætʃfreɪz] *n* eslogan, lema

catchy ['kætʃɪ] *adj (catchier, catchiest) fam* pegadizo,-a

categorize ['kætɪgəraɪz] *vtr* clasificar

category ['kætɪgərɪ] *n* categoría

cater ['keɪtəʳ] *vi* **to c. for,** *(boda, etc)* proveer comida; *(gustos)* atender a

caterer ['keɪtərəʳ] *n* proveedor,-ora (de comida)

catering ['keɪtərɪŋ] *n* abastecimiento (de comidas por encargo), catering

caterpillar ['kætəpɪləʳ] *n* oruga

cathedral [kə'θiːdrəl] *n* catedral

Catholic ['kæθəlɪk] *adj & n* católico,-a

Catholicism [kə'θɒlɪsɪzəm] *n* catolicismo

cattle ['kætəl] *npl* ganado (vacuno)

catty ['kætɪ] *adj (cattier, cattiest) fam* malicioso,-a

catwalk ['kætwɔːk] *n* pasarela

caught [kɔːt] *ps & pp* → **catch**

cauliflower ['kɒlɪflaʊəʳ] *n* coliflor

cause [kɔːz] **1** *n* causa, motivo |**2** *vtr* causar, provocar

caustic ['kɔːstɪk] *adj* cáustico,-a

caution ['kɔːʃən] **1** *n* ♦ cautela, prudencia ♦ *Dep Jur* amonestación |**2** *vtr* amonestar

cautious ['kɔːʃəs] *adj* cauteloso,-a, prudente

cavalier [kævə'lɪəʳ] *adj* arrogante

cavalry ['kævəlrɪ] *n* caballería

cave [keɪv] *n* cueva ■ **cave in** *vi* derrumbarse, hundirse

cavern ['kævən] *n* caverna

caviar(e) ['kævɪɑːʳ] *n* caviar

cavity ['kævɪtɪ] *n* cavidad

CD [siː'diː] *(abr de **compact disc**)*, CD

cease [siːs] *vtr frml* cesar

ceasefire [siːs'faɪəʳ] *n* alto el fuego

ceaseless ['siːslɪs] *adj* incesante

cedar ['siːdəʳ] *n* cedro

ceiling ['siːlɪŋ] *n* techo

celebrate ['selɪbreɪt] *vtr* celebrar

celebrated ['selɪbreɪtɪd] *adj* célebre

celebration [selɪ'breɪʃən] *n* celebración

celery ['selərɪ] *n* apio

celibate ['selɪbɪt] *adj & n* célibe

cell [sel] *n* ♦ célula ♦ *(cárcel, convento)* celda

cellar ['seləʳ] *n* sótano; *(para vino)* bodega

cello ['tʃeləʊ] *n* violonchelo

Cellophane® ['seləfeɪn] *n* celofán

cellular ['seljʊləʳ] *adj* celular; *Tel* **c. phone,** teléfono móvil

Celt [kelt] *n* celta

Celtic ['keltɪk] **1** *adj* celta |**2** *n (idioma)* celta

cement [sɪ'ment] **1** *n* cemento; **c. mixer,** hormigonera |**2** *vtr* ♦ unir con cemento ♦ *fig (relaciones, etc)* consolidar

cemetery ['semɪtrɪ] *n* cementerio

censor ['sensəʳ] **1** *n* censor,-ora |**2** *vtr* censurar

censorship ['sensəʃɪp] *n* censura

censure ['senʃəʳ] **1** *n* censura |**2** *vtr* censurar

census ['sensəs] *n* censo

cent [sent] *n* centavo, céntimo; **per c.,** por ciento

centenary [sen'tiːnərɪ] *n* centenario

center ['sentəʳ] *n & vtr US* → **centre**

centigrade ['sentɪgreɪd] *adj* centígrado,-a

centilitre, *US* **centiliter** ['sentɪliːtəʳ] *n* centilitro

centimetre, *US* **centimeter** ['sentɪmiːtəʳ] *n* centímetro

centipede ['sentɪpiːd] *n* ciempiés

central ['sentrəl] *adj* ♦ central ♦ *(piso, etc)* céntrico,-a

centralize ['sentrəlaɪz] *vtr* centralizar

centre ['sentəʳ] **1** *n* ♦ centro ♦ *Ftb* **c. forward,** delantero centro |**2** *vtr* centrar

century ['sentʃərɪ] *n* siglo; **the eleventh c.,** el siglo once

ceramic [sɪ'ræmɪk] *adj* de cerámica

ceramics [sɪ'ræmɪks] *n sing* cerámica

cereal ['sɪərɪəl] *n* ◆ *Bot* cereal ◆ *(para desayunar)* cereales

cerebral ['serɪbrəl] *adj* cerebral

ceremony ['serɪmənɪ] *n* ceremonia

certain ['sɜːtən] *adj* ◆ seguro,-a; **a c. defeat,** una derrota segura ◆ cierto,-a; **to a c. extent,** hasta cierto punto ◆ **for c.,** con certeza ◆ *frml* **a c. Ms Podd rang,** llamó una tal señorita Podd

certainly ['sɜːtənlɪ] *adv* ◆ ciertamente ◆ *(por supuesto)* desde luego

certainty ['sɜːtəntɪ] *n* certeza, seguridad

certificate [sə'tɪfɪkɪt] *n* certificado

certify ['sɜːtɪfaɪ] *vtr* certificar

cervix ['sɜːvɪks] *n* cuello del útero

chain [tʃeɪn] **1** *n* ◆ cadena ◆ *(de acontecimientos)* serie, sucesión **|2** *vtr* encadenar

chair [tʃeəʳ] **1** *n* ◆ silla; *(con brazos)* sillón, butaca; **c. lift,** telesilla ◆ *(puesto)* presidencia ◆ *Univ* cátedra **|2** *vtr* ◆ *(un comité)* presidir ◆ *(una reunión)* moderar

chairman ['tʃeəmən] *n* presidente

chairperson ['tʃeəpɜːsən] *n* presidente,-a

chairwoman ['tʃeəwʊmən] *n* presidenta

chalet ['ʃæleɪ] *n* chalet

chalk [tʃɔːk] *n* ◆ *(para escribir)* tiza ◆ *(piedra)* creta

challenge ['tʃælɪndʒ] **1** *vtr* ◆ retar, desafiar ◆ *(autoridad)* poner en duda, cuestionar **|2** *n* reto, desafío

challenging ['tʃælɪndʒɪŋ] *adj* ◆ *(manera)* desafiante ◆ *(tarea)* que exige mucho esfuerzo

chamber ['tʃeɪmbəʳ] *n* cámara

chambermaid ['tʃeɪmbəmeɪd] *n* camarera

chameleon [kə'miːlɪən] *n* camaleón

champagne [ʃæm'peɪn] *n* champán

champion ['tʃæmpɪən] **1** *n* ◆ campeón,-ona ◆ defensor,-ora **|2** *vtr* apoyar, abogar por

championship ['tʃæmpɪənʃɪp] *n* campeonato

chance [tʃɑːns] **1** *n* ◆ azar, casualidad; **game of c.,** juego de azar ◆ posibilidad: **there's a c. of rain,** cabe la posibilidad de que llueva ◆ oportunidad: **this is your last c.,** esta es tu última oportunidad ◆ riesgo: **don't take chances,** no tientes la suerte **|2** *vtr* arriesgarse

chancellor ['tʃɑːnsələʳ] *n* ◆ canciller ◆ *GB Univ* rector,-ora ◆ *GB Pol* **C. of the Exchequer,** ministro,-a de Economía y Hacienda

chandelier [ʃændɪ'lɪəʳ] *n* araña (de luces)

change [tʃeɪndʒ] **1** *vi* ◆ cambiar(se) ◆ *(transportes)* hacer transbordo **|2** *vtr* ◆ cambiar ◆ *(dueño, idea, ropa, tema, etc)* cambiar de **|3** *n* ◆ cambio, transformación; **for a c.,** para variar ◆ *(texto)* modificación ◆ *(de ropa)* muda ◆ *(transportes)* transbordo ◆ *(dinero)* cambio, vuelta; **(small) c.,** monedas sueltas

■ **change around** *vtr* cambiar de sitio

■ **change into** *vtr* convertirse en

changeable ['tʃeɪndʒəbəl] *adj* ◆ *(clima)* variable ◆ *(persona)* inconstante

changeover ['tʃeɪndʒəʊvəʳ] *n* conversión

changing room ['tʃeɪndʒɪŋruːm] *n* vestuario

channel ['tʃænəl] **1** *n* ◆ *Geog* canal, estrecho ◆ *(de río)* cauce ◆ *(para riego)* acequia ◆ *TV* canal, cadena ◆ *(administrativo)* vía **|2** *vtr* encauzar, canalizar

chant [tʃɑːnt] **1** *n* canto **|2** *vtr* & *vi* cantar

chaos ['keɪɒs] *n* caos

chap [tʃæp] *n GB fam* tipo, tío

chapel ['tʃæpəl] *n* capilla

chaplain ['tʃæplɪn] *n* capellán

chapped ['tʃæpt] *adj* agrietado,-a

chapter ['tʃæptəʳ] *n* capítulo

char [tʃɑːʳ] *vtr* chamuscar, carbonizar

character ['kærɪktəʳ] *n* ◆ carácter ◆ *(de ficción)* personaje

characteristic [kærɪktə'rɪstɪk] **1** *n* característica **|2** *adj* característico,-a

characterize ['kærɪktəraɪz] *vtr* caracterizar

charcoal ['tʃɑːkəʊl] *n* ◆ carbón vegetal ◆ *Arte* carboncillo

charge [tʃɑːdʒ] **1** *n* ◆ precio; *(de un banco)* comisión; *(de un servicio)* tarifa; *(de un abogado)* honorarios ◆ **c. account/card,** cuenta/tarjeta de crédito ◆ responsibilidad, cargo; **to be in the c. of,** estar a cargo de ◆ *Jur* acusación, cargo ◆ *Mil* carga, explosivo ◆ *(electricidad, explosivo)* carga **|2** *vtr* ◆ *Fin* cobrar: **c. it to my account,** cárguelo a mi cuenta ◆ *Jur* acusar ◆ *frml* encomendar ◆ *Mil* atacar, cargar ◆ *(una pila, batería)* cargar **|3** *vi* ◆ cobrar ◆ correr ◆ embestir

charisma [kæ'rɪzmə] *n* carisma

charitable ['tʃærɪtəbəl] *adj* ◆ caritativo,-a ◆ *(obra, organización)* benéfico,-a

charity ['tʃærɪtɪ] *n* ◆ caridad ◆ organización benéfica

charlatan ['ʃɑːlətən] *n* charlatán,-ana

charm [tʃɑːm] **1** *n* encanto **|2** *vtr* encantar

charming ['tʃɑːmɪŋ] *adj* encantador,-ora

chart [tʃɑːt] **1** *n* ◆ cuadro, gráfico, tabla ◆ *Náut* carta de navegación **|2** *vtr* *(la trayectoria)* trazar

charter ['tʃɑːtəʳ] **1** *n* ◆ *(de institución)* estatutos ◆ *(de derechos)* carta, fuero ◆ **c. flight,** vuelo chárter **|2** *vtr Av Náut* fletar

chartered accountant [tʃɑːtədə'kaʊntənt] *n GB* contable auditor,-ora

chase [tʃeɪs] **1** *vtr* perseguir, cazar **|2** *n* persecución, caza

chasm ['kæzəm] *n* abismo

chassis ['ʃæsɪ] *n* chasis

chaste [tʃeɪst] *adj* casto,-a

chat [tʃæt] **1** *n* ◆ charla ◆ *GB TV* **c. show,** tertulia, programa de entrevistas **|2** *vi* charlar

chatter ['tʃætəʳ] **1** *vi* ◆ *(persona)* parlotear ◆ *(pájaro)* trinar ◆ *(dientes)* castañetear **|2** *n* ◆ *(de persona)* parloteo, cháchara ◆ *(de pájaro)* trino

chatterbox ['tʃætəbɒks] *n fam* parlanchín,-ina

chatty ['tʃætɪ] *adj (chattier, chattiest)* hablador,-ora

chauffeur ['ʃəʊfəʳ] *n* chófer

chauvinist ['ʃəʊvɪnɪst] *adj & n* chovinista; **male c.,** machista

cheap [tʃiːp] *adj* ◆ barato,-a ◆ *(broma)* de mal gusto ◆ *(calidad)* de mala calidad

cheapen ['tʃiːpən] *vtr* abaratar

cheaply ['tʃiːplɪ] *adv* barato

cheat [tʃiːt] **1** *n* ◆ tramposo,-a ◆ estafador,-ora ◆ estafa, fraude **|2** *vtr* ◆ engañar, timar ◆ evitar, burlar **|3** *vi* ◆ *(en un juego)* hacer trampa ◆ *(en un examen)* copiar ◆ *(a un esposo)* engañar

check [tʃek] **1** *n* ◆ *(de coche, frenos)* inspección, revisión ◆ *(de aduana, policía)* control; **security c.,** control de seguridad ◆ *Ajedrez* jaque ◆ *(diseño)* cuadro ◆ *US (recibo)* cuenta, nota → **cheque** **|2** *vtr* ◆ *(una cantidad, cualidad)* comprobar ◆ *(cifras, documentos, frenos, un motor)* revisar ◆ asegurarse de ◆ *(un impulso, movimiento)* frenar **|3** *vi* comprobar ■ **check in** *vi Av* facturar; *(al llegar al hotel)* registrarse ■ **check out 1** *vi (al salir del hotel)* pagar y marcharse **|2** *vtr (los hechos, etc)* verificar ■ **check up on** *vtr* investigar

checked [tʃekt] *adj* a cuadros

checker ['tʃekəʳ] *n US* cajero,-a

checkered ['tʃekəd] *adj US* → **chequered**

checkers ['tʃekəz] *n US (juego)* damas

check-in ['tʃekɪn] *n Av* facturación

checklist ['tʃeklɪst] *n* lista

checkmate ['tʃekmeɪt] **1** *n Ajedrez* jaque mate **|2** *vtr Ajedrez* dar jaque mate a

checkout ['tʃekaʊt] *n* caja

checkpoint ['tʃekpɔɪnt] *n* puesto de control

checkup ['tʃekʌp] *n* chequeo, revisión médica

cheek [tʃiːk] *n* ◆ mejilla ◆ *fam (audacia)* cara: **what a c.!,** ¡qué cara!

cheekbone ['tʃiːkbəʊn] *n* pómulo

cheeky ['tʃiːkɪ] *adj (cheekier, cheekiest) fam* fresco,-a, descarado,-a

cheer [tʃɪəʳ] 1 *vi* aplaudir, aclamar |2 *vtr* ◆ *(con aplausos)* vitorear, aclamar ◆ *frml (dar esperanza)* animar |3 *n* ovación |4 *excl* **cheers!**, *fam* ¡gracias!; *(como brindis)* ¡salud! ■ **cheer up** 1 *vi* animarse: **c. up!**, ¡anímate! |2 *vtr* animar
cheerful ['tʃɪəfʊl] *adj* alegre
cheese [tʃiːz] *n* queso
cheetah ['tʃiːtə] *n* guepardo
chef [ʃef] *n* chef, cocinero,-a
chemical ['kemɪkəl] 1 *n* sustancia química |2 *adj* químico,-a
chemist ['kemɪst] *n* ◆ químico,-a ◆ *GB* farmacéutico,-a; **c.'s (shop)**, farmacia
chemistry ['kemɪstrɪ] *n* química
cheque [tʃek] *n* cheque, talón
chequered ['tʃekəd] *adj* a cuadros
cherish ['tʃerɪʃ] *vtr* ◆ *(a una persona)* querer ◆ *(una tradición)* mantener ◆ *fig (esperanza)* abrigar
cherry ['tʃerɪ] *n* cereza
chess [tʃes] *n* ajedrez
chessboard ['tʃesbɔːd] *n* tablero de ajedrez
chest [tʃest] *n* ◆ *Anat* pecho ◆ arca, cofre; **c. of drawers,** cómoda
chestnut ['tʃesnʌt] *n* ◆ castaña ◆ *(árbol, color)* castaño ◆ **horse c.,** castaño de Indias
chew [tʃuː] *vtr* ◆ masticar ◆ *(las uñas)* morder
chewing gum ['tʃuːɪŋgʌm] *n* chicle
chic [ʃiːk] *adj* elegante
chick [tʃɪk] *n* pollito
chicken ['tʃɪkɪn] *n* ◆ pollo ◆ *fam (cobarde)* gallina ■ **chicken out** *vi fam* acobardarse
chickenpox ['tʃɪkɪnpɒks] *n* varicela
chickpea ['tʃɪkpiː] *n* garbanzo
chicory ['tʃɪkərɪ] *n* achicoria
chief [tʃiːf] 1 *n* jefe,-a |2 *adj* principal
child [tʃaɪld] *n (pl* ***children)*** niño,-a, hijo,-a
childbirth ['tʃaɪldbɜːθ] *n* parto
childhood ['tʃaɪldhʊd] *n* infancia, niñez
childish ['tʃaɪldɪʃ] *adj* infantil
childlike ['tʃaɪldlaɪk] *adj (inocencia)* infantil
children ['tʃɪldrən] *npl* → **child**
Chile ['tʃɪlɪ] *n* Chile
Chilean ['tʃɪlɪən] *adj* & *n* chileno,-a
chill [tʃɪl] 1 *n* ◆ *Med* resfriado ◆ *(sensación de frío)* fresco |2 *adj* frío,-a |3 *vtr* enfriar: **serve chilled,** sírvase frío
chilli ['tʃɪlɪ] *n* chile, *LAm* ají
chilly ['tʃɪlɪ] *adj (****chillier, chilliest****)* frío,-a, fresquito,-a
chime [tʃaɪm] 1 *n* campanada, repique |2 *vi* sonar, repicar
chimney ['tʃɪmnɪ] *n* chimenea
chimpanzee [tʃɪmpæn'ziː] *n* chimpancé
chin [tʃɪn] *n* barbilla, mentón
china ['tʃaɪnə] *n* loza, porcelana
chink [tʃɪŋk] *n* ◆ *(sonido)* tintineo ◆ *(de puerta)* resquicio ◆ *(en pared)* grieta
chip [tʃɪp] 1 *n* ◆ *GB Culin* patata frita *(caliente)* ◆ *US* patata frita *(en bolsa)* ◆ *(de madera)* astilla ◆ *(en taza)* desportilladura, desconchado ◆ *Inform* chip ◆ *(en un casino)* ficha |2 *vtr* ◆ *(la madera)* astillar ◆ *(la pintura, vajilla)* desconchar |3 *vi* ◆ *(madera)* astillarse ◆ *(pintura, vajilla)* desconcharse ■ **chip in** *vi fam* ◆ *(con dinero)* contribuir ◆ *(en una conversación)* meterse, interrumpir
chirp [tʃɜːp] *vi* gorjear
chisel ['tʃɪzəl] 1 *n* ◆ *(para madera)* formón, escoplo ◆ *(para metal, piedra)* cincel |2 *vtr* cincelar, tallar
chivalry ['ʃɪvəlrɪ] *n* caballerosidad
chives [tʃaɪvz] *npl* cebollino
chlorine ['klɔːriːn] *n* cloro
chock-a-block [tʃɒkə'blɒk], **chock-full** [tʃɒk'fʊl] *adj fam* abarrotado,-a, a tope
chocolate ['tʃɒkəlɪt] 1 *n* ◆ chocolate ◆ **chocolates** *pl*, bombones |2 *adj* de chocolate
choice [tʃɔɪs] 1 *n* ◆ elección ◆ surtido |2 *adj frml* selecto,-a
choir ['kwaɪəʳ] *n* coro
choke [tʃəʊk] 1 *vtr* ◆ *(a una persona)* ahogar, estrangular ◆ *(un canal)* obstruir |2 *vi* asfixiarse |3 *n Auto* estárter
cholesterol [kə'lestərɒl] *n* colesterol

choose [tʃuːz] **1** *vtr (ps **chose;** pp **chosen)*** ◆ elegir, escoger ◆ decidir, optar por **|2** *vi* escoger, elegir
chop [tʃɒp] **1** *vtr* ◆ *(leña)* cortar ◆ *Culin* picar **|2** *n* ◆ *Culin* chuleta ◆ hachazo ■ **chop down** *vtr* talar
chopper ['tʃɒpəʳ] *n* ◆ *Culin* cuchillo de carnicero ◆ *fam* helicóptero
choppy ['tʃɒpɪ] *adj (**choppier, choppiest**)* picado,-a
chopsticks ['tʃɒpstɪks] *npl* palillos
choral ['kɔːrəl] *adj* coral
chord [kɔːd] *n* acorde
chore [tʃɔːʳ] *n* faena, tarea
choreography [kɒrɪ'ɒgrəfɪ] *n* coreografía
chorus ['kɔːrəs] *n* ◆ *Mús Teat (personas)* coro ◆ *(de canción)* estribillo
chose [tʃəʊz] *ps* → **choose**
chosen ['tʃəʊzən] *pp* → **choose**
Christ [kraɪst] *n* Cristo, Jesucristo
christen ['krɪsən] *vtr* bautizar
christening ['krɪsənɪŋ] *n* bautizo
Christian ['krɪstʃən] **1** *n* cristiano,-a **|2** *adj* cristiano,-a; **c. name,** nombre de pila
Christianity [krɪstɪ'ænɪtɪ] *n* cristianismo
Christmas ['krɪsməs] *n* Navidad; **C. card,** tarjeta de Navidad; **C. Day,** día de Navidad; **C. Eve,** Nochebuena; **Happy/ Merry C.,** Feliz Navidad
chrome [krəʊm], **chromium** ['krəʊmɪəm] *n* cromo
chromosome ['krəʊməsəʊm] *n* cromosoma
chronic ['krɒnɪk] *adj* crónico,-a
chronicle ['krɒnɪkəl] *n* crónica
chronological [krɒnə'lɒdʒɪkəl] *adj* cronológico,-a
chrysanthemum [krɪ'sænθəməm] *n* crisantemo
chubby ['tʃʌbɪ] *adj (**chubbier, chubbiest**)* gordinflón,-ona
chuck [tʃʌk] *vtr fam* tirar ■ **chuck away/out** *vt fam* tirar algo
chuckle ['tʃʌkəl] **1** *vi* reír entre dientes **|2** *n* risita
chum [tʃʌm] *n* amigo,-a, compinche
chunk [tʃʌŋk] *n fam* cacho, pedazo
church [tʃɜːtʃ] *n* iglesia
churchyard ['tʃɜːtʃjɑːd] *n* cementerio
churn [tʃɜːn] **1** *n* ◆ lechera ◆ *(para la mantequilla)* mantequera ■ **churn out** *vtr fam* producir en serie
chute [ʃuːt] *n* conducto
chutney ['tʃʌtnɪ] *n Culin* conserva agridulce de frutas o vegetales
CIA [siːaɪ'eɪ] *US (abr de **Central Intelligence Agency**)*, Agencia Central de Inteligencia, CIA
cider ['saɪdəʳ] *n* sidra
cigar [sɪ'gɑːʳ] *n* puro, cigarro
cigarette [sɪgə'ret] *n* cigarrillo
cinder ['sɪndəʳ] *n* ceniza
cinema ['sɪnɪmə] *n* cine
cinnamon ['sɪnəmən] *n* canela
circle ['sɜːkəl] **1** *n* ◆ círculo ◆ *(de gente agarrada de la mano)* corro **|2** *vtr* rodear, dar vueltas a **|3** *vi* dar vueltas
circuit ['sɜːkɪt] *n* ◆ circuito; **short c.,** cortocircuito ◆ *(de un viaje)* recorrido
circular ['sɜːkjʊləʳ] *adj* & *n* circular
circulate ['sɜːkjʊleɪt] **1** *vtr* hacer circular **|2** *vi* circular
circulation [sɜːkjʊ'leɪʃən] *n* circulación
circumcise ['sɜːkəmsaɪz] *vtr* circuncidar
circumcision [sɜːkəm'sɪʒən] *n* circuncisión
circumference [sə'kʌmfərəns] *n* circunferencia
circumstance ['sɜːkəmstəns] *n (usu pl)* circunstancia; **under no circumstances,** en ningún caso
circus ['sɜːkəs] *n* circo
cirrhosis [sɪ'rəʊsɪs] *n* cirrosis
cistern ['sɪstən] *n* cisterna
cite [saɪt] *vtr* citar
citizen ['sɪtɪzən] *n* ciudadano,-a
citizenship ['sɪtɪzənʃɪp] *n* ciudadanía
citrus ['sɪtrəs] *adj* cítrico
city ['sɪtɪ] *n* ◆ ciudad ◆ *GB Fin* **the C.,** el centro financiero de Londres ◆ **c. hall,** ayuntamiento
civic ['sɪvɪk] *adj* ◆ cívico,-a ◆ *(instalaciones)* municipal

civil ['sɪvəl] *adj* civil; **c. rights,** derechos civiles; *Pol* **c. servant,** funcionario,-a; **c. service,** administración pública
civilian [sɪ'vɪljən] *n & adj* civil
civilization [sɪvɪlaɪ'zeɪʃən] *n* civilización
civilized ['sɪvɪlaɪzd] *adj* civilizado,-a
claim [kleɪm] **1** *n* reivindicación, reclamación; *Jur* demanda |**2** *vtr* ♦ reclamar, reivindicar ♦ afirmar
clairvoyant [kleə'vɔɪənt] *n* clarividente
clam [klæm] *n* almeja
clammy ['klæmɪ] *adj (clammier, clammiest)* bochornoso,-a
clamour ['klæməʳ], *US* **clamor** ['klæməʳ] **1** *n* clamor |**2** *vi* **to c. for,** clamar por, pedir a gritos
clamp [klæmp] *n* ♦ grapa ♦ abrazadera ♦ cepo
clan [klæn] *n* clan
clandestine [klæn'destɪn] *adj* clandestino,-a
clang [klæŋ] **1** *vi* sonar |**2** *n* sonido metálico
clanger ['klæŋəʳ] *n fam* **to drop a c.,** meter la pata
clap [klæp] **1** *vi & vtr* aplaudir |**2** *n* aplauso
clapping ['klæpɪŋ] *n* aplausos
clarify ['klærɪfaɪ] *vtr* aclarar
clarinet [klærɪ'net] *n* clarinete
clarity ['klærɪtɪ] *n* claridad
clash [klæʃ] **1** *n* ♦ conflicto ♦ *(entre personas)* enfrentamiento ♦ *(contra un obstáculo)* choque |**2** *vi* ♦ estar en conflicto ♦ *(personas)* enfrentarse; *(con violencia)* chocar
clasp [klɑːsp] **1** *n* broche, cierre; *(de un cinturón)* hebilla |**2** *vtr* ♦ abrochar ♦ agarrar, sujetar
class [klɑːs] **1** *n* clase; **middle/upper/working c.,** clase media/alta/obrera; **first c. ticket,** billete de primera (clase) |**2** *vtr* clasificar, considerar
classic ['klæsɪk] **1** *adj* ♦ clásico,-a ♦ *fig* memorable |**2** *n* clásico,-a
classical ['klæsɪkəl] *adj* clásico,-a
classification [klæsɪfɪ'keɪʃən] *n* clasificación
classified ['klæsɪfaɪd] *adj* ♦ secreto,-a ♦ clasificado,-a; **c. advertisements,** anuncios por palabras
classify ['klæsɪfaɪ] *vtr* clasificar
classmate ['klɑːsmeɪt] *n* compañero,-a de clase
classroom ['klɑːsruːm] *n* aula, clase
classy ['klɑːsɪ] *adj fam* con clase, elegante
clatter ['klætəʳ] **1** *n* estrépito |**2** *vi* hacer estrépito
clause [klɔːz] *n* ♦ *Jur* cláusula ♦ *Ling* oración
claw [klɔː] **1** *n* ♦ garra ♦ *(de un centollo)* pinza |**2** *vtr* arañar
clay [kleɪ] *n* arcilla
clean [kliːn] **1** *adj* ♦ limpio,-a ♦ *(humor, vida)* decente, inocente ♦ *Jur* **he has a c. record,** no tiene antecedentes penales |**2** *adv* ♦ **to play c.,** jugar limpio |**3** *vtr* limpiar ■ **clean out** *vtr* limpiar a fondo ♦ *fam (a una persona)* desplumar ■ **clean up** *vtr & vi* limpiar
clean-cut ['kliːnkʌt] *adj* claro,-a
cleaner ['kliːnəʳ] *n* limpiador,-ora
cleaning ['kliːnɪŋ] *n* limpieza; **to do the c.,** limpiar
cleanliness ['klenlɪnɪs] *n* limpieza
cleanse [klenz] *vtr* limpiar
cleanser ['klenzəʳ] *n* producto para la limpieza
clean-shaven ['kliːn'ʃeɪvən] *adj* sin barba ni bigote
cleansing ['klenzɪŋ] *n* limpieza; **ethnic c.,** limpieza étnica
clean-up ['kliːnʌp] *n* limpieza
clear [klɪəʳ] **1** *adj* ♦ claro,-a ♦ *(agua, aire, cristal)* transparente ♦ *(mente)* lúcido,-a, despejado,-a ♦ *(conciencia)* tranquilo,-a ♦ *(carretera, cielo, día)* despejado,-a |**2** *adv* **keep c. of the doors,** no se acerquen a las puertas |**3** *vi* despejarse |**4** *vtr* ♦ *(la mesa)* quitar; *(una superficie)* despejar ♦ *(la carretera)* despejar, desbloquear ♦ *(un edificio)* evacuar ♦ *(aduana)* pasar ♦ *(un obstáculo)* salvar ♦ *(una deuda)* liquidar ■ **clear away 1** *vtr* quitar |**2** *vi* recoger ■ **clear off** *vi fam*

largarse ■ **clear out** *vtr* ◆ limpiar a fondo ◆ vaciar ■ **clear up 1** *vtr* ◆ recoger, ordenar ◆ *(un misterio)* esclarecer |**2** *vi (tiempo)* despejarse

clearance ['klɪərəns] *n* ◆ despeje ◆ evacuación ◆ autorización ◆ *Com* **c. sale,** liquidación

clear-cut [klɪə'kʌt] *adj* claro,-a

clear-headed ['klɪə'hedɪd] *adj* lúcido,-a

clearing ['klɪərɪŋ] *n* claro

clearly ['klɪəlɪ] *adv* ◆ claramente ◆ evidentemente

clear-sighted ['klɪə'saɪtɪd] *adj* perspicaz

cleavage ['kli:vɪdʒ] *n* escote

clef [klef] *n Mús* clave

clench [klentʃ] *vtr* apretar

clergy ['klɜ:dʒɪ] *n* clero

clergyman ['klɜ:dʒɪmən] *n* ◆ clérigo ◆ pastor protestante

clerical ['klerɪkəl] *adj* clerical

clerk [klɑ:k], *US* [klɜ:rk] *n* ◆ oficinista ◆ *US Com* dependiente,-ta ◆ *(en hotel)* recepcionista

clever ['klevəʳ] *adj* ◆ listo,-a ◆ *(argumento)* ingenioso,-a

cliché ['kli:ʃeɪ] *n* cliché

click [klɪk] **1** *n* clic |**2** *vtr* chasquear

client ['klaɪənt] *n* cliente,-a

cliff [klɪf] *n* acantilado

climate ['klaɪmɪt] *n* clima

climax ['klaɪmæks] *n* clímax

climb [klaɪm] **1** *n* ascensión |**2** *vtr (un árbol)* trepar; *(una escalera)* subir; *(una montaña)* escalar

climber ['klaɪməʳ] *n* alpinista

climbing ['klaɪmɪŋ] *n* montañismo, alpinismo

clinch [klɪntʃ] **1** *vtr* ◆ *(un trato)* cerrar ◆ *(una duda)* resolver

cling [klɪŋ] *vi (ps & pp clung)* ◆ agarrarse, aferrarse ◆ *(ropa)* ajustarse ◆ *(olor)* pegarse

clinic ['klɪnɪk] *n* consultorio, clínica

clinical ['klɪnɪkəl] *adj* clínico,-a

clink [klɪŋk] **1** *vi* tintinear |**2** *n* tintineo

clip [klɪp] **1** *vtr* ◆ cortar ◆ sujetar |**2** *n* ◆ *(de película)* extracto ◆ *(para papel)* clip

clippers ['klɪpəz] *npl* **hedge c.,** tijeras de podar; **nail c.,** cortaúñas

clipping ['klɪpɪŋ] *n* recorte de prensa

cloak [kləʊk] **1** *n* ◆ capa ◆ *fig* tapadera |**2** *vtr* encubrir

cloakroom ['kləʊkru:m] *n* guardarropa

clock [klɒk] **1** *n* reloj |**2** *vtr* cronometrar ■ **clock in/on** *vi* fichar a la llegada ■ **clock off/out** *vi* fichar a la salida

clockwise ['klɒkwaɪz] *adj & adv* en el sentido de las agujas del reloj

clockwork ['klɒkwɜ:k] **1** *n* mecanismo de relojería |**2** *adj* de cuerda

clog [klɒg] **1** *vtr* atascar |**2** *n* zueco

cloister ['klɔɪstəʳ] *n* claustro

close[1] [kləʊs] **1** *adj* ◆ cercano,-a ◆ *(relación, conexión)* íntimo,-a, estrecho,-a ◆ cuidadoso ◆ *(carácter)* reservado,-a |**2** *adv* cerca: **she lives c. by,** vive cerca ◆ |LOC: **c. on,** casi

close[2] [kləʊz] **1** *vtr* ◆ cerrar ◆ concluir, terminar |**2** *vi* cerrarse |**3** *n* fin, final; **to come to a c.,** llegar a su fin ■ **close down** *vtr & vi* cerrar

closed [kləʊzd] *adj* cerrado,-a

close-knit [kləʊs'nɪt] *adj* unido,-a

closely ['kləʊslɪ] *adv* ◆ estrechamente, muy ◆ con atención

closet ['klɒzɪt] *n US* armario

close-up ['kləʊsʌp] *n* primer plano

closing ['kləʊzɪŋ] *n* cierre; **c. date,** fecha límite; **c. time,** hora de cierre

closure ['kləʊʒəʳ] *n* cierre

clot [klɒt] **1** *n* coágulo |**2** *vi* ◆ coagularse ◆ *(leche)* cuajar

cloth [klɒθ] *n* ◆ tela, paño ◆ **(table) c.,** mantel

clothe [kləʊð] *vtr* ◆ vestir ◆ revestir, cubrir

clothes [kləʊðz] *npl* ropa; **c. hanger,** percha; **c. line,** tendedero; **c. peg,** pinza, alfiler

clothing ['kləʊðɪŋ] *n* ropa; **an item of c.,** una prenda de vestir

cloud [klaʊd] **1** *n* nube |**2** *vtr* ◆ *(la visión)* nublar ◆ *(un líquido)* enturbiar ◆ *(un asunto)* embrollar |**3** *vi* **to c. over,** nublarse

cloudy ['klaʊdɪ] *adj (cloudier, cloudiest)* nublado,-a
clout [klaʊt] *fam* **1** *n* tortazo |**2** *vtr* dar un tortazo a
clove [kləʊv] *n* ◆ clavo ◆ *(de ajo)* diente
clover ['kləʊvəʳ] *n* trébol
clown [klaʊn] *n* payaso
club [klʌb] **1** *n* ◆ club; **tennis c.,** club de tenis ◆ *(arma)* garrote, porra ◆ *Golf* palo ◆ *Naipes* trébol |**2** *vtr* aporrear
clubhouse ['klʌbhaʊs] *n* sede de un club
cluck [klʌk] **1** *n* cloqueo |**2** *vi* cloquear
clue [kluː] *n* ◆ indicio, pista ◆ |LOC: *fam* **he hasn't a c.,** no tiene ni la menor idea
clump [klʌmp] *n* grupo
clumsy ['klʌmzɪ] *adj (clumsier, clumsiest)* patoso,-a, torpe
clung [klʌŋ] *ps & pp* → **cling**
cluster ['klʌstəʳ] **1** *n* ◆ grupo ◆ *Inform* clúster |**2** *vi* agruparse
clutch [klʌtʃ] **1** *n Auto* embrague: **to engage/disengage the c.,** embragar/desembragar |**2** *vtr* agarrar
clutter ['klʌtəʳ] **1** *n* revoltijo, desorden |**2** *vtr* **to c. (up),** abarrotar, atestar
Co [kəʊ] *Com (abr de Company),* C., C.ª, Cía
coach [kəʊtʃ] **1** *n* ◆ carruaje, coche de caballos ◆ autocar ◆ *Ferroc* coche, vagón ◆ *Dep* entrenador,-ora ◆ profesor,-ora (particular) |**2** *vtr* entrenar
coagulate [kəʊ'ægjʊleɪt] *vi* coagularse
coal [kəʊl] *n* carbón, hulla
coalfield ['kəʊlfiːld] *n* cuenca minera
coalition [kəʊə'lɪʃən] *n* coalición
coarse [kɔːs] *adj* ◆ áspero,-a ◆ *(modales, lenguaje)* grosero,-a, ordinario,-a
coast [kəʊst] *n* costa, litoral
coastal ['kəʊstəl] *adj* costero,-a
coaster ['kəʊstəʳ] *n* posavasos
coastguard ['kəʊstgɑːd] *n* guardacostas
coastline ['kəʊstlaɪn] *n* litoral, costa
coat [kəʊt] **1** *n* ◆ abrigo, chaquetón; **c. hanger,** percha ◆ *(de médico)* bata ◆ *(de animal)* pelo, lana ◆ *(de grasa, polvo)* capa ◆ *(de pintura)* mano ◆ **c. of arms,** escudo de armas |**2** *vtr* cubrir
cob [kɒb] *n* mazorca
cobweb ['kɒbweb] *n* telaraña
cocaine [kə'keɪn] *n* cocaína
cock [kɒk] *n* gallo
cockcrow ['kɒkkrəʊ] *n* canto del gallo
cockle ['kɒkəl] *n* berberecho
Cockney ['kɒknɪ] *n* ◆ *habitante de los barrios obreros de Londres* ◆ *dialecto del Cockney*
cockpit ['kɒkpɪt] *n* cabina del piloto
cockroach ['kɒkrəʊtʃ] *n* cucaracha
cocktail ['kɒkteɪl] *n* cóctel
cock-up ['kɒkʌp] *n fam* lío
cocky ['kɒkɪ] *adj (cockier, cockiest) fam* chulo,-a
cocoa ['kəʊkəʊ] *n* cacao
coconut ['kəʊkənʌt] *n* coco
cocoon [kə'kuːn] *n* capullo
cod [kɒd] *n* bacalao
code [kəʊd] **1** *n* código; *Tel* prefijo |**2** *vtr* ◆ cifrar, poner en clave ◆ *Inform* codificar
coerce [kəʊ'ɜːs] *vtr* coaccionar
coercion [kəʊ'ɜːʃən] *n* coacción
coexist [kəʊɪg'zɪst] *vi* coexistir, convivir
coffee ['kɒfɪ] *n* café; **black c.,** café solo; **c. bean,** grano de café; **c. grinder,** molinillo de café
coffeepot ['kɒfɪpɒt] *n* cafetera
coffin ['kɒfɪn] *n* ataúd
cogent ['kəʊdʒənt] *adj* convincente
cognac ['kɒnjæk] *n* coñac
coherent [kəʊ'hɪərənt] *adj* coherente
coil [kɔɪl] **1** *n* ◆ *(de cuerda)* rollo ◆ *(de humo)* espiral ◆ *Med (anticonceptivo)* DIU |**2** *vtr* **to c. (up),** enrollar
coin [kɔɪn] **1** *n* moneda |**2** *vtr* acuñar
coincide [kəʊɪn'saɪd] *vi* coincidir
coincidence [kəʊ'ɪnsɪdəns] *n* coincidencia
Coke® [kəʊk] *n fam (abr de Coca-Cola®),* Coca-Cola®

colander ['kɒləndəʳ] *n* escurridor

cold [kəʊld] **1** *n* ♦ frío ♦ catarro, resfriado; **to catch/get a c.,** resfriarse **|2** *adj* ♦ frío,-a; **in c. blood,** a sangre fría ♦ *argot (droga)* **c. turkey,** el mono

coleslaw ['kəʊlslɔː] *n* ensalada de col

collaborate [kə'læbəreɪt] *vi* colaborar

collaborator [kə'læbəreɪtəʳ] *n* colaboracionista

collapse [kə'læps] **1** *vi* ♦ derrumbarse, hundirse ♦ *Med* sufrir un colapso ♦ *(precios)* desplomarse **|2** *n* ♦ derrumbamiento, hundimiento ♦ *Med* colapso ♦ *Fin* caída

collapsible [kə'læpsəbəl] *adj* plegable

collar ['kɒləʳ] *n* ♦ *(ropa)* cuello ♦ *(para perro)* collar

collarbone ['kɒləbəʊn] *n* clavícula

colleague ['kɒliːg] *n* colega

collect [kə'lekt] **1** *vtr* ♦ recoger ♦ *(información)* recopilar ♦ *(deudas)* cobrar ♦ *(impuestos)* recaudar ♦ *(sellos)* coleccionar ♦ *(polvo)* acumular **|2** *vi* ♦ *(personas)* reunirse ♦ *(para obras caritativas)* hacer una colecta ♦ *(polvo)* acumularse **|3** *adv US Tel* **to call c.,** llamar a cobro revertido

collection [kə'lekʃən] *n* ♦ *(de basura, correos)* recogida ♦ *(de información)* recopilación ♦ *(de impuestos)* recaudación ♦ *(de libros, sellos)* colección ♦ *(para obra benéfica)* colecta

collective [kə'lektɪv] **1** *adj* colectivo,-a **|2** *n* colectivo

collector [kə'lektəʳ] *n* coleccionista

college ['kɒlɪdʒ] *n* ♦ universidad ♦ instituto, escuela

collide [kə'laɪd] *vi* chocar, colisionar

colliery ['kɒljərɪ] *n GB* mina de carbón

collision [kə'lɪʒən] *n* choque

colloquial [kə'ləʊkwɪəl] *adj* coloquial

cologne [kə'ləʊn] *n* colonia

Colombia [kə'lɒmbɪə] *n* Colombia

Colombian kə'lɒmbɪən] *adj* & *n* colombiano,-a

colon ['kəʊlən] *n* ♦ *Anat* colon ♦ *Tip* dos puntos

colonel ['kɜːnəl] *n* coronel

colonize ['kɒlənaɪz] *vtr* colonizar

colony ['kɒlənɪ] *n* colonia

color ['kʌləʳ] *n* & *vtr* & *vi US* → **colour**

colour ['kʌləʳ] **1** *n* color **|2** *vtr* ♦ colorear ♦ *(opinión)* influir en **|3** *vi* ponerse colorado,-a

colour-blind ['kʌləblaɪnd] *adj* daltónico,-a

coloured ['kʌləd] *adj* ♦ de color ♦ *(foto)* en color

colourful ['kʌləfʊl] *adj* lleno,-a de color

colouring ['kʌlərɪŋ] *n* ♦ colorido ♦ *Culin* colorante

colourless ['kʌləlɪs] *adj* incoloro,-a

colt [kəʊlt] *n* potro

column ['kɒləm] *n* columna

columnist ['kɒləmnɪst] *n* columnista

coma ['kəʊmə] *n* coma

comb [kəʊm] **1** *n* peine **|2** *vtr* peinar

combat ['kɒmbæt] **1** *n* combate **|2** *vtr* combatir

combination [kɒmbɪ'neɪʃən] *n* combinación

combine [kəm'baɪn] **1** *vtr* combinar **|2** *vi* combinarse

combustion [kəm'bʌstʃən] *n* combustión

come [kʌm] *vi (ps* **came;** *pp* **come)** ♦ venir ♦ llegar: **spring has c.,** ha llegado la primavera ♦ hacerse, realidad ♦ llegar a ■ **come about** *vi* ocurrir, suceder ■ **come across** *vtr* dar con, encontrarse ■ **come along** *vi* ♦ presentarse, venir: **you can c. along with us,** puedes venir con nosotros ♦ progresar ■ **come away** *vi* ♦ salir(se), apartarse ♦ *(una parte de otra)* desprenderse ■ **come back** *vi* volver ■ **come by 1** *vi* pasar **|2** *vtr* adquirir, conseguir ■ **come down** *vi* ♦ bajar ♦ *(lluvia)* caer ♦ *(edificio)* derrumbarse ■ **come down with** *vt* enfermar de ■ **come forward** *vi* ♦ moverse hacia delante, avanzar ♦ *(un voluntario)* ofrecerse ■ **come in** *vi* ♦ entrar: **c.!,** ¡pase! ♦ *(un tren)* llegar ♦ *(la marea)* subir ■ **come off 1** *vtr* caerse **|2** *vi* ♦ caerse ♦ *(la suciedad)* quitarse ♦

tener lugar ■ **come on** *vi* ◆ *(lluvia, enfermedad)* comenzar ◆ progresar ◆ **c. on!**, *(darse prisa)* ¡date prisa!, ¡vamos! ■ **come out** *vi* ◆ salir, resultar ◆ *(un color)* desteñir ◆ *(una mancha)* quitarse ◆ *(un producto)* lanzarse ■ **come over** *vi* ◆ venir (a visitar) ◆ *fam* ponerse ■ **come round** *vi* volver en sí ■ **come to** *vi* volver en sí ◆ costar en total, ascender a ■ **come up** 1 *vtr* subir |2 *vi* ◆ acercarse ◆ *(un problema)* surgir ◆ *(el Sol)* salir ■ **come up against** *vtr* enfrentarse a ■ **come up with** *vtr* proponer

comeback ['kʌmbæk] *n fam* reaparición

comedian [kə'miːdɪən] *n* cómico

comedienne [kəmiːdɪ'en] *n* actriz cómica

comedy ['kɒmɪdɪ] *n* comedia

comet ['kɒmɪt] *n* cometa

comfort ['kʌmfət] 1 *n* ◆ comodidad ◆ *(en dolor, etc)* consuelo |2 *vtr* consolar

comfortable ['kʌmfətəbəl] *adj* ◆ cómodo,-a ◆ *(estado mental)* relajado,-a, a gusto ◆ *(persona)* acomodado,-a

comic ['kɒmɪk] 1 *adj* cómico,-a, divertido,-a |2 *n* tebeo, cómic

coming ['kʌmɪŋ] 1 *adj* venidero,-a, próximo,-a |2 *n* ◆ llegada ◆ *Rel* advenimiento

comma ['kɒmə] *n* coma

command [kə'mɑːnd] 1 *vtr* ◆ ordenar ◆ *(respeto)* inspirar ◆ *(precio)* venderse por |2 *n* ◆ orden ◆ *(autoridad)* mando ◆ *(de idioma)* dominio ◆ *Inform* instrucción

commander [kə'mɑːndəʳ] *n* ◆ comandante ◆ *Mil* capitán de fragata

commandment [kə'mɑːndmənt] *n* mandamiento

commando [kə'mɑːndəʊ] *n* comando

commemorate [kə'meməreɪt] *vtr* conmemorar

commence [kə'mens] *vtr* & *vi frml* comenzar

commend [kə'mend] *vtr* ◆ *frml* elogiar ◆ *frml* encomendar ◆ recomendar

comment ['kɒment] 1 *n* comentario |2 *vi* hacer comentarios

commentary ['kɒməntərɪ] *n* comentario

commentator ['kɒmənteɪtəʳ] *n* comentarista

commerce ['kɒmɜːs] *n* comercio

commercial [kə'mɜːʃəl] 1 *adj* comercial; **c. law**, derecho mercantil |2 *n* anuncio, spot publicitario

commission [kə'mɪʃən] 1 *n* comisión ◆ |LOC: **out of c.**, fuera de servicio |2 *vtr* encargar

commissioner [kə'mɪʃənəʳ] *n* comisario

commit [kə'mɪt] *vtr* ◆ cometer ◆ comprometer ◆ *(fondos, recursos)* destinar, asignar

commitment [kə'mɪtmənt] *n* compromiso

committee [kə'mɪtɪ] *n* comité

commodity [kə'mɒdɪtɪ] *n* artículo, mercancía

common ['kɒmən] 1 *adj* ◆ común ◆ *(persona) pey* ordinario,-a, vulgar |2 *n* ◆ campo comunal ◆ *GB Pol* **the (House of) Commons,** (la Cámara de) los Comunes

commonplace ['kɒmənpleɪs] 1 *adj* corriente |2 *n* tópico, lugar común

Commonwealth ['kɒmənwelθ] *n* **the C.**, la Commonwealth

commotion [kə'məʊʃən] *n* alboroto

commune [kə'mjuːn] *n* comuna

communicate [kə'mjuːnɪkeɪt] 1 *vi* comunicarse |2 *vtr* comunicar

communication [kəmjuːnɪ'keɪʃən] *n* comunicación

communion [kə'mjuːnjən] *n* comunión

communiqué [kə'mjuːnɪkeɪ] *n* comunicado oficial

communism ['kɒmjʊnɪzəm] *n* comunismo

communist ['kɒmjʊnɪst] *adj* & *n* comunista

community [kə'mjuːnɪtɪ] *n* comunidad

commute [kə'mjuːt] 1 *vi* viajar cada día para ir al trabajo |2 *vtr Jur* conmutar

compact [kəm'pækt] 1 *adj* compacto,-a |2 ['kɒmpækt] *n* ◆ *Pol* pacto ◆ *(para maquillarse)* polvera

compact disc (CD) ['kɒmpækt'dɪsk] *n* disco compacto

companion [kəm'pænjən] *n* compañero,-a

companionship [kəm'pænjənʃɪp] *n* compañerismo

company ['kʌmpənɪ] *n* compañía

comparative [kəm'pærətɪv] **1** *adj* comparativo,-a; relativo,-a |**2** *n Ling* comparativo

comparatively [kəm'pærətɪvlɪ] *adv* relativamente

compare [kəm'peəʳ] **1** *vtr* comparar |**2** *vi* compararse

comparison [kəm'pærɪsən] *n* comparación; **by c.,** en comparación

compartment [kəm'pɑːtmənt] *n* compartimiento

compass ['kʌmpəs] *n* ◆ brújula ◆ *(para trazar círculos)* compás

compassion [kəm'pæʃən] *n* compasión

compassionate [kəm'pæʃənət] *adj* compasivo,-a

compatible [kəm'pætəbəl] *adj* compatible

compel [kəm'pel] *vtr* forzar, obligar

compelling [kəm'pelɪŋ] *adj* irresistible

compensate ['kɒmpenseɪt] *vtr & vi* compensar

compensation [kɒmpen'seɪʃən] *n* ◆ compensación ◆ *(por daños)* indemnización

compete [kəm'piːt] *vi* competir

competence ['kɒmpɪtəns] *n* competencia

competent ['kɒmpɪtənt] *adj* competente

competition [kɒmpɪ'tɪʃən] *n* ◆ concurso ◆ *Dep* competición ◆ *(rivalidad)* competencia

competitive [kəm'petɪtɪv] *adj* competitivo,-a

competitor [kəm'petɪtəʳ] *n* competidor,-ora

compile [kəm'paɪl] *vtr* compilar, recopilar

complacent [kəm'pleɪsənt] *adj* satisfecho,-a consigo mismo,-a

complain [kəm'pleɪn] *vi* quejarse

complaint [kəm'pleɪnt] *n* ◆ queja ◆ *Com* reclamación ◆ *Med* dolencia

complement ['kɒmplɪmənt] **1** *n* complemento |**2** *vtr* complementar

complementary [kɒmplɪ'mentərɪ] *adj* complementario,-a

complete [kəm'pliːt] **1** *adj* ◆ completo,-a ◆ total |**2** *vtr* ◆ acabar, terminar ◆ *(un formulario)* rellenar

completely [kəm'pliːtlɪ] *adv* completamente

completion [kəm'pliːʃən] *n* finalización, conclusión

complex ['kɒmpleks] *adj & n* complejo

complexion [kəm'plekʃən] *n* ◆ cutis ◆ *fig* aspecto

compliance [kəm'plaɪəns] *n* conformidad

complicate ['kɒmplɪkeɪt] *vtr* complicar

complicated ['kɒmplɪkeɪtɪd] *adj* complicado,-a

complication [kɒmplɪ'keɪʃən] *n* complicación

complicity [kəm'plɪsɪtɪ] *n* complicidad

compliment ['kɒmplɪmənt] **1** *n* ◆ cumplido ◆ **compliments** *pl,* saludos |**2** ['kɒmplɪment] *vtr* felicitar

complimentary [kɒmplɪ'mentərɪ] *adj* ◆ elogioso,-a ◆ gratis; *Teat* **c. ticket,** invitación

comply [kəm'plaɪ] *vi* cumplir

component [kəm'pəʊnənt] *n* componente

compose [kəm'pəʊz] *vtr* ◆ componer ◆ **to c. oneself,** serenarse

composed [kəm'pəʊzd] *adj* tranquilo,-a, sereno,-a

composer [kəm'pəʊzəʳ] *n* compositor,-ora

composite ['kɒmpəzɪt] *adj* compuesto,-a

composition [kɒmpə'zɪʃən] *n* composición

compost ['kɒmpɒst] *n* abono

composure [kəm'pəʊʒəʳ] *n* calma, serenidad

compound ['kɒmpaʊnd] **1** *n* ◆ compuesto ◆ *Ling* nombre compuesto ◆ *(zona)* recinto **|2** *adj* ◆ compuesto,-a ◆ *Med (fractura)* complicado,-a **|3** [kəm'paʊnd] *vtr* agravar

comprehend [kɒmprɪ'hend] *vtr* comprender

comprehension [kɒmprɪ'henʃən] *n* comprensión

comprehensive [kɒmprɪ'hensɪv] *adj* ◆ *(conocimiento)* extenso,-a; *(estudio)* exhaustivo,-a ◆ *Com (seguro)* a todo riesgo ◆ *GB* **c. school** ~ instituto de enseñanza secundaria

compress [kəm'pres] *vtr* comprimir, condensar

comprise [kəm'praɪz] *vtr* ◆ comprender, constar de ◆ constituir, componer

compromise ['kɒmprəmaɪz] **1** *n* acuerdo **|2** *vi* llegar a un acuerdo; *(ceder)* transigir **|3** *vtr* comprometer

compulsion [kəm'pʌlʃən] *n* obligación

compulsive [kəm'pʌlsɪv] *adj* compulsivo,-a

compulsory [kəm'pʌlsərɪ] *adj* obligatorio,-a

computer [kəm'pjuːtəʳ] **1** *n* ordenador **|2** *adj* informático,-a; **c. science,** informática

computerize [kəm'pjuːtəraɪz] *vtr* informatizar

computing [kəm'pjuːtɪŋ] *n* informática

comrade ['kɒmreɪd] *n* ◆ compañero,-a ◆ *Pol* camarada

con [kɒn] *argot* **1** *vtr* estafar, timar **|2** *n* estafa, camelo

concave ['kɒnkeɪv] *adj* cóncavo,-a

conceal [kən'siːl] *vtr* ◆ ocultar ◆ *(las emociones)* disimular

concede [kən'siːd] *vtr* conceder

conceit [kən'siːt] *n* presunción

conceited [kən'siːtɪd] *adj* presumido,-a, vanidoso,-a

conceivable [kən'siːvəbəl] *adj* concebible

conceive [kən'siːv] *vtr* & *vi* concebir

concentrate ['kɒnsəntreɪt] **1** *vtr* concentrar **|2** *vi* concentrarse

concentration [kɒnsən'treɪʃən] *n* concentración

concept ['kɒnsept] *n* concepto

conception [kən'sepʃən] *n* ◆ concepción ◆ *(concepto)* idea

concern [kən'sɜːn] **1** *vtr* ◆ concernir, incumbir ◆ preocupar **|2** *n* ◆ preocupación ◆ *Com* negocio

concerned [kən'sɜːnd] *adj* ◆ afectado,-a ◆ preocupado,-a

concerning [kən'sɜːnɪŋ] *prep* acerca de, con respecto a

concert ['kɒnsət] *n* concierto; **c. hall,** sala de conciertos

concerto [kən'tʃeətəʊ] *n* concierto

concession [kən'seʃən] *n* concesión

conciliation [kənsɪlɪ'eɪʃən] *n* conciliación

conciliatory [kən'sɪlɪətərɪ] *adj* conciliador-ora

concise [kən'saɪs] *adj* conciso,-a

conclude [kən'kluːd] *vtr* & *vi* concluir

conclusion [kən'kluːʒən] *n* conclusión

conclusive [kən'kluːsɪv] *adj* concluyente

concourse ['kɒŋkɔːs] *n* vestíbulo

concrete ['kɒnkriːt] **1** *n* hormigón **|2** *adj* ◆ *(definido)* concreto,-a ◆ de hormigón

concur [kən'kɜːʳ] *vi* estar de acuerdo, coincidir

concurrent [kən'kʌrənt] *adj* simultáneo,-a

concussion [kən'kʌʃən] *n* conmoción cerebral

condemn [kən'dem] *vtr* condenar

condemnation [kɒndem'neɪʃən] *n* condena

condensation [kɒnden'seɪʃən] *n* condensación

condense [kən'dens] **1** *vtr* condensar **|2** *vi* condensarse

condescend [kɒndɪ'send] *vi* dignarse

condescending [kɒndɪ'sendɪŋ] *adj* condescendiente

condition [kən'dɪʃən] **1** *n* condición; **on c. that...,** con la condición de que... **|2** *vtr* condicionar

conditional [kən'dɪʃənəl] *adj* condicional
conditioner [kən'dɪʃənəʳ] *n* suavizante
condolences [kən'dəʊlənsɪz] *npl* condolencias, pésame
condom ['kɒndəm] *n* preservativo
condone [kən'dəʊn] *vtr* justificar, consentir
condor ['kɒndɔːʳ] *n* cóndor
conducive [kən'djuːsɪv] *adj* propicio,-a
conduct ['kɒndʌkt] **1** *n* conducta, comportamiento **|2** [kən'dʌkt] *vtr* ◆ *(a turistas)* guiar, acompañar ◆ *(una encuesta, un experimento)* llevar a cabo ◆ *Mús* dirigir ◆ *(calor, electricidad)* conducir
conductor [kən'dʌktəʳ] *n* ◆ *(de autobús)* cobrador ◆ *US Ferroc* revisor,-ora ◆ *Mús* director,-ora ◆ *Elec Fís* conductor
conductress [kən'dʌktrɪs] *n (de autobús)* cobradora
cone [kəʊn] *n* ◆ cono; *(de helado)* cucurucho ◆ *Bot* piña
confectioner [kən'fekʃənəʳ] *n* pastelero,-a, confitero,-a; **c.'s (shop),** confitería, pastelería
confectionery [kən'fekʃənərɪ] *n* dulces
confederation [kənfedə'reɪʃən] *n* confederación
confer [kən'fɜːʳ] **1** *vtr frml* conferir **|2** *vi* consultar
conference ['kɒnfərəns] *n* conferencia
confess [kən'fes] *vtr & vi* confesar
confession [kən'feʃən] *n* confesión
confetti [kən'fetɪ] *n* confeti
confide [kən'faɪd] *vi* confiar
confidence ['kɒnfɪdəns] *n* ◆ confianza ◆ *(secreto)* confidencia
confident ['kɒnfɪdənt] *adj* seguro,-a
confidential [kɒnfɪ'denʃəl] *adj* ◆ confidencial ◆ *(persona)* de confianza
confine [kən'faɪn] *vtr* ◆ restringir, limitar ◆ encerrar, recluir
confined [kən'faɪnd] *adj* reducido,-a
confinement [kən'faɪnmənt] *n* ◆ reclusión, prisión ◆ *Med* parto
confines ['kɒnfaɪnz] *npl* confines
confirm [kən'fɜːm] *vtr* confirmar
confirmation [kɒnfə'meɪʃən] *n* confirmación
confirmed [kən'fɜːmd] *adj* empedernido,-a
confiscate ['kɒnfɪskeɪt] *vtr* confiscar
conflict ['kɒnflɪkt] **1** *n* conflicto **|2** [kən'flɪkt] *vi* chocar
conflicting [kən'flɪktɪŋ] *adj* contradictorio,-a
conform [kən'fɔːm] *vi* ◆ conformarse ◆ ajustarse
conformist [kən'fɔːmɪst] *n & adj* conformista
confound [kən'faʊnd] *vtr* confundir
confront [kən'frʌnt] *vtr* hacer frente a
confrontation [kɒnfrʌn'teɪʃən] *n* confrontación
confuse [kən'fjuːz] *vtr* ◆ confundir; **to get confused,** confundirse ◆ *(una situación)* complicar
confused [kən'fjuːzd] *adj* confundido,-a, confuso,-a
confusing [kən'fjuːzɪŋ] *adj* confuso,-a, poco claro,-a
confusion [kən'fjuːʒən] *n* confusión
congeal [kən'dʒiːl] *vi* coagularse
congenital [kən'dʒenɪtəl] *adj* congénito,-a
congested [kən'dʒestɪd] *adj* congestionado,-a
congestion [kən'dʒestʃən] *n* congestión
conglomerate [kən'glɒmərət] *n* conglomerado
conglomeration [kənglɒmə'reɪʃən] *n* conglomeración
congratulate [kən'grætjʊleɪt] *vtr* felicitar
congratulations [kəngrætjʊ'leɪʃənz] *npl* ◆ felicitaciones ◆ *excl* **c.!,** ¡enhorabuena!
congregate ['kɒŋgrɪgeɪt] *vi* congregarse
congregation [kɒŋgrɪ'geɪʃən] *n* fieles, feligreses
congress ['kɒŋgres] *n* congreso
conifer ['kɒnɪfəʳ] *n* conífera
conjecture [kən'dʒektʃəʳ] **1** *n* conjetura **|2** *vtr & vi frml* hacer conjeturas

conjugal ['kɒndʒʊgəl] *adj* conyugal

conjugate ['kɒndʒʊgeɪt] *vtr* conjugar

conjunction [kən'dʒʌŋkʃən] *n* conjunción

conjunctivitis [kəndʒʌŋktɪ'vaɪtɪs] *n* conjuntivitis

conjure ['kʌndʒəʳ] *vtr* **to c. (up),** hacer aparecer; *(memorias, una imagen)* evocar

conjurer ['kʌndʒərəʳ] *n* prestidigitador,-ora

connect [kə'nekt] **1** *vtr* ♦ conectar ♦ juntar, unir ♦ *(relacionar)* asociar **|2** *vi* unirse; *(habitaciones)* comunicarse; *(un vuelo, un tren)* enlazar ■ **connect up** *vtr* conectar

connected [kə'nektɪd] *adj* ♦ unido,-a ♦ *(acontecimientos)* relacionado,-a

connection [kə'nekʃən] *n* ♦ *(de una cosa con otra)* juntura, unión ♦ *Elec* conexión ♦ *Tel* instalación ♦ *(de tren, avión)* enlace ♦ *(de ideas)* relación

connoisseur [kɒnɪ'sɜːʳ] *n* conocedor,-ora

conquer ['kɒŋkəʳ] *vtr* ♦ conquistar ♦ *(a un enemigo, vicio)* vencer

conqueror ['kɒŋkərəʳ] *n* conquistador

conquest ['kɒŋkwest] *n* conquista

conscience ['kɒnʃəns] *n* conciencia

conscientious [kɒnʃɪ'enʃəs] *adj* ♦ concienzudo,-a ♦ **c. objector,** objetor de conciencia

conscious ['kɒnʃəs] *adj* consciente

consciousness ['kɒnʃəsnɪs] *n* ♦ consciencia ♦ *Med* conocimiento

conscript ['kɒnskrɪpt] *n* recluta

conscription [kən'skrɪpʃən] *n* servicio militar obligatorio

consecrate ['kɒnsɪkreɪt] *vtr* consagrar

consecutive [kən'sekjʊtɪv] *adj* consecutivo,-a

consensus [kən'sensəs] *n* consenso

consent [kən'sent] **1** *n* consentimiento **|2** *vi* consentir, acceder

consequence ['kɒnsɪkwəns] *n* consecuencia

consequent ['kɒnsɪkwənt] *adj* consiguiente

consequently ['kɒnsɪkwəntlɪ] *adv* por consiguiente

conservation [kɒnsə'veɪʃən] *n* conservación

conservative [kən'sɜːvətɪv] **1** *adj* cauteloso,-a, prudente **|2** *adj & n Pol* **C.,** conservador,-ora

conservatory [kən'sɜːvətrɪ] *n* ♦ invernadero ♦ *Mús* conservatorio

conserve [kən'sɜːv] **1** *vtr* conservar **|2** ['kɒnsɜːv] *n* conserva

consider [kən'sɪdəʳ] *vtr* ♦ considerar ♦ tener en cuenta

considerable [kən'sɪdərəbəl] *adj* considerable

considerably [kən'sɪdərəblɪ] *adv* bastante

considerate [kən'sɪdərɪt] *adj* considerado,-a

consideration [kənsɪdə'reɪʃən] *n* ♦ consideración ♦ factor

considering [kən'sɪdərɪŋ] *prep* teniendo en cuenta

consign [kən'saɪn] *vtr* consignar

consignment [kən'saɪnmənt] *n* envío

consist [kən'sɪst] *vi* consistir

consistency [kən'sɪstənsɪ] *n* ♦ coherencia, consecuencia ♦ *(de una sustancia)* consistencia

consistent [kən'sɪstənt] *adj* consecuente

consolation [kɒnsə'leɪʃən] *n* consuelo

console [kən'səʊl] **1** *vtr* consolar **|2** *n* consola

consolidate [kən'sɒlɪdeɪt] **1** *vtr* consolidar **|2** *vi* consolidarse

consonant ['kɒnsənənt] *n* consonante

consortium [kən'sɔːtɪəm] *n* consorcio

conspicuous [kən'spɪkjʊəs] *adj* ♦ llamativo,-a, visible ♦ destacado,-a, sobresaliente

conspiracy [kən'spɪrəsɪ] *n* conjura

conspire [kən'spaɪəʳ] *vi* conspirar

constable ['kʌnstəbəl] *n* policía, guardia

constant ['kɒnstənt] **1** *adj* ♦ constante ♦ fiel, leal **|2** *n* constante

consternation [kɒnstə'neɪʃən] *n* consternación

constipated ['kɒnstɪpeɪtɪd] *adj* estreñido,-a
constipation [kɒnstɪ'peɪʃən] *n* estreñimiento
constituency [kən'stɪtjʊənsɪ] *n Pol* circunscripción electoral
constituent [kən'stɪtjʊənt] **1** *n* ◆ *Pol* elector,-ora ◆ *(parte)* componente **|2** *adj* constituyente
constitute ['kɒnstɪtjuːt] *vtr* constituir
constitution [kɒnstɪ'tjuːʃən] *n* constitución
constitutional [kɒnstɪ'tjuːʃənəl] *adj* constitucional
constraint [kən'streɪnt] *n* ◆ coacción, fuerza ◆ reserva, restricción
construct [kən'strʌkt] *vtr* construir
construction [kən'strʌkʃən] *n* construcción
constructive [kən'strʌktɪv] *adj* constructivo,-a
consul ['kɒnsəl] *n* cónsul
consulate ['kɒnsjʊlɪt] *n* consulado
consult [kən'sʌlt] *vtr* & *vi* consultar
consultant [kən'sʌltənt] *n* ◆ *Med* especialista ◆ *Fin Com Ind* asesor,-ora
consultation [kɒnsəl'teɪʃən] *n* consulta
consume [kən'sjuːm] *vtr* consumir
consumer [kən'sjuːməʳ] *n* consumidor,-ora
consummate ['kɒnsəmeɪt] **1** *vtr* consumar **|2** ['kɒnsəmɪt] *adj* consumado,-a
consumption [kən'sʌmpʃən] *n* consumo
contact ['kɒntækt] **1** *n* ◆ contacto; **c. lenses,** lentillas ◆ *pey* enchufe **|2** *vtr* ponerse en contacto con
contagious [kən'teɪdʒəs] *adj* contagioso,-a
contain [kən'teɪn] *vtr* contener
container [kən'teɪnəʳ] *n* ◆ recipiente, envase ◆ *Transp* contenedor
contaminate [kən'tæmɪneɪt] *vtr* contaminar
contamination [kəntæmɪ'neɪʃən] *n* contaminación
contemplate ['kɒntempleɪt] *vtr* ◆ considerar ◆ *(mirar)* contemplar
contemporary [kən'temprərɪ] *adj* & *n* contemporáneo,-a
contempt [kən'tempt] *n* desprecio, desdén
contemptible [kən'temptəbəl] *adj* despreciable
contemptuous [kən'temptjʊəs] *adj* despectivo,-a
contend [kən'tend] **1** *vi* ◆ *frml* competir ◆ *(problemas, etc)* enfrentarse **|2** *vtr* sostener
contender [kən'tendəʳ] *n* contendiente
content¹ ['kɒntent] *n* ◆ contenido ◆ *(en un libro)* **contents** *pl,* índice de materias
content² [kən'tent] **1** *adj* contento,-a, satisfecho,-a **|2** *vtr* contentar **|3** *n* contento, satisfacción
contention [kən'tenʃən] *n* ◆ controversia ◆ punto de vista
contest ['kɒntest] **1** *n* ◆ concurso; *Dep* prueba ◆ *(liderazgo, etc)* lucha **|2** [kən'test] *vtr* ◆ *(un argumento)* refutar ◆ *(una decisión, un testamento)* impugnar ◆ *Pol (un escaño)* luchar por
contestant [kən'testənt] *n* concursante
context ['kɒntekst] *n* contexto
continent ['kɒntɪnənt] *n* continente
continental [kɒntɪ'nentəl] *adj* continental
contingency [kən'tɪndʒənsɪ] *n* contingencia, eventualidad
contingent [kən'tɪndʒənt] *adj* & *n* contingente
continual [kən'tɪnjʊəl] *adj* continuo,-a
continually [kən'tɪnjʊəlɪ] *adv* continuamente
continuation [kəntɪnjʊ'eɪʃən] *n* continuación
continue [kən'tɪnjuː] *vtr* & *vi* continuar, seguir
continuous [kən'tɪnjʊəs] *adj* continuo,-a
continuously [kən'tɪnjʊəslɪ] *adv* continuamente
contort [kən'tɔːt] *vtr* retorcer
contortion [kən'tɔːʃən] *n* contorsión
contour ['kɒntʊəʳ] *n* contorno
contraband ['kɒntrəbænd] *n* contrabando

contraception [kɒntrə'sepʃən] *n* anticoncepción

contraceptive [kɒntrə'septɪv] *adj* & *n* anticonceptivo

contract [kən'trækt] **1** *vi* ♦ contraerse ♦ *Jur* hacer un contrato **|2** *vtr* ♦ contraer ♦ *(a una persona)* contratar **|3** ['kɒntrækt] *n* contrato

contraction [kən'trækʃən] *n* contracción

contractor [kən'træktə'] *n* contratista

contradict [kɒntrə'dɪkt] *vtr* contradecir

contradiction [kɒntrə'dɪkʃən] *n* contradicción

contradictory [kɒntrə'dɪktərɪ] *adj* contradictorio,-a

contrary ['kɒntrərɪ] **1** *adj* contrario,-a **|2** *n* **the c.,** lo contrario; **on the c.,** por el contrario **|3** *adv* **c. to,** en contra de

contrast [kən'trɑːst] **1** *vi* contrastar **|2** ['kɒntrɑːst] *n* contraste

contribute [kən'trɪbjuːt] **1** *vtr* contribuir **|2** *vi* ♦ contribuir ♦ *Prensa* escribir

contribution [kɒntrɪ'bjuːʃən] *n* ♦ contribución ♦ *Prensa* artículo, colaboración

contributor [kən'trɪbjʊtə'] *n* ♦ *(de dinero)* donante ♦ *(de un periódico)* colaborador,-ora

contrive [kən'traɪv] **1** *vtr* ♦ inventar ♦ efectuar, conseguir **|2** *vi* **to c. to do sthg,** lograr hacer algo

contrived [kən'traɪvd] *adj* artificial

control [kən'trəʊl] **1** *n* ♦ control; **out of c.,** fuera de control; **under c.,** bajo control ♦ *Téc* **controls** *pl,* mandos **|2** *vtr* controlar

controversial [kɒntrə'vɜːʃəl] *adj* controvertido,-a

controversy ['kɒntrəvɜːsɪ, kən'trɒvəsɪ] *n* controversia

convalesce [kɒnvə'les] *vi* convalecer

convalescence [kɒnvə'lesəns] *n* convalecencia

convalescent [kɒnvə'lesənt] *n* & *adj* convaleciente

convene [kən'viːn] **1** *vtr* convocar **|2** *vi* reunirse

convenience [kən'viːnɪəns] *n* ♦ conveniencia ♦ comodidad(es), facilidad

convenient [kən'viːnɪənt] *adj* ♦ conveniente, oportuno,-a ♦ *(sitio)* bien situado,-a, cómodo,-a ♦ *(cosa)* práctico,-a

convent ['kɒnvənt] *n* convento

convention [kən'venʃən] *n* convención

conventional [kən'venʃənəl] *adj* convencional

converge [kən'vɜːdʒ] *vi* converger

convergence [kən'vɜːdʒəns] *n* convergencia

conversation [kɒnvə'seɪʃən] *n* conversación

conversational [kɒnvə'seɪʃənəl] *adj* coloquial

converse [kən'vɜːs] *vi* conversar

conversely [kən'vɜːslɪ] *adv* a la inversa, en cambio

conversion [kən'vɜːʃən] *n* conversión

convert [kən'vɜːt] **1** *vtr* convertir **|2** *vi* convertirse **|3** ['kɒnvɜːt] *n* converso,-a

convertible [kən'vɜːtəbəl] **1** *adj* convertible **|2** *n* descapotable

convex ['kɒnveks, kɒn'veks] *adj* convexo,-a

convey [kən'veɪ] *vtr* ♦ *(mercancías, pasajeros)* transportar ♦ *(sonido)* transmitir ♦ *(una idea)* comunicar

conveyor [kən'veɪə'] *n* transportador; **c. belt,** cinta transportadora

convict [kən'vɪkt] **1** *vtr* declarar culpable **|2** ['kɒnvɪkt] *n* presidiario,-a

conviction [kən'vɪkʃən] *n* ♦ convicción ♦ *Jur* condena

convince [kən'vɪns] *vtr* convencer

convincing [kən'vɪnsɪŋ] *adj* convincente

convulsion [kən'vʌlʃən] *n* convulsión

coo [kuː] *vi* arrullar

cook [kʊk] **1** *vtr* hacer, preparar **|2** *vi* ♦ cocinar, guisar ♦ *(alimentos)* cocerse, hacerse **|3** *n* cocinero,-a

cookbook ['kʊkbʊk] *n* libro de cocina

cooker ['kʊkə'] *n* *(electrodoméstico)* cocina

cookery ['kʊkərɪ] *n (arte)* cocina
cookie ['kʊkɪ] *n US* galleta
cooking ['kʊkɪŋ] *n (actividad)* cocina; **home c.,** comida casera
cool [kuːl] **1** *n* ♦ fresco ♦ *fam* calma **|2** *adj* ♦ fresco,-a ♦ *(agradable)* **a c. drink,** una bebida fresca ♦ sereno,-a, tranquilo,-a ♦ *fam* guay **|3** *vi* enfriarse **|4** *vtr* enfriar
coolness ['kuːlnɪs] *n* ♦ frescor ♦ *(calma)* sangre fría ♦ *(enemistad)* frialdad
cooperate [kəʊ'ɒpəreɪt] *vi* cooperar
cooperation [kəʊɒpə'reɪʃən] *n* cooperación
cooperative [kəʊ'ɒpərətɪv] **1** *adj* ♦ cooperativo,-a ♦ servicial **|2** *n* cooperativa
coordinate [kəʊ'ɔːdmət] **1** *vtr* coordinar **|2** [kəʊ'ɔːdɪnɪt] *n* coordenada
coordination [kəʊɔːdɪ'neɪʃən] *n* coordinación
cop [kɒp] *n fam* poli
cope [kəʊp] *vi* arreglárselas, poder
copious ['kəʊpɪəs] *adj* copioso,-a, abundante
copper ['kɒpəʳ] **1** *n* cobre **|2** *adj* cobrizo,-a
copulate ['kɒpjʊleɪt] *vi* copular
copy ['kɒpɪ] **1** *n* ♦ copia ♦ *(libro)* ejemplar ♦ *Prensa* texto **|2** *vtr* & *vi* copiar
copycat ['kɒpɪkæt] **1** *n fam* copión,-ona **|2** *adj* **a c. crime,** un crimen que imita a otro
copyright ['kɒpɪraɪt] *n* derechos de autor
coral ['kɒrəl] **1** *n* coral **|2** *adj* de coral
cord [kɔːd] *n* ♦ cuerda; *Elec* cordón, cable ♦ *Tex* pana ♦ **cords** *pl,* pantalones de pana
cordon ['kɔːdən] **1** *n* cordón **|2** *vtr* **to c. sthg off,** acordonar algo
corduroy ['kɔːdərɔɪ] *n* pana
core [kɔːʳ] **1** *n* ♦ centro, núcleo ♦ *(de fruta)* corazón ♦ *Inform* **c. memory,** memoria central **|2** *vtr* quitarle el corazón
coriander [kɒrɪ'ændəʳ] *n* cilantro
cork [kɔːk] **1** *n* corcho; **c. oak,** alcornoque **|2** *vtr* poner el corcho
corkscrew ['kɔːkskruː] *n* sacacorchos
corn [kɔːn] *n* ♦ *(GB)* trigo ♦ *(US)* maíz ♦ *Med* callo
cornea ['kɔːnɪə] *n* córnea
corner ['kɔːnəʳ] **1** *n* ♦ *(interior)* rincón ♦ *(de la calle)* esquina ♦ *(de carretera)* curva **|2** *vtr* ♦ arrinconar ♦ *Com* acaparar, monopolizar **|3** *vi Auto* tomar una curva
cornerstone ['kɔːnəstəʊn] *n* piedra angular
cornet ['kɔːnɪt] *n* ♦ *Mús* corneta ♦ *GB (de helado)* cucurucho
cornflakes ['kɔːnfleɪks] *npl* copos de maíz
cornflour ['kɔːnflaʊəʳ], *US* **cornstarch** ['kɔːnstɑːtʃ] *n* maicena®
coronation [kɒrə'neɪʃən] *n* coronación
coroner ['kɒrənəʳ] *n* ≈ juez de instrucción
corporal ['kɔːpərəl] **1** *adj* corporal **|2** *n Mil* cabo
corporate ['kɔːpərɪt] *adj* corporativo,-a
corporation [kɔːpə'reɪʃən] *n* ♦ *Com* sociedad anónima ♦ *GB Pol* ayuntamiento
corps [kɔːʳ] *n (pl* **corps** [kɔːz]*)* cuerpo; **diplomatic c.,** cuerpo diplomático
corpse [kɔːps] *n* cadáver
correct [kə'rekt] **1** *vtr* corregir **|2** *adj* correcto,-a
correction [kə'rekʃən] *n* corrección
correlation [kɒrə'leɪʃən] *n* correlación
correspond [kɒrɪ'spɒnd] *vi* ♦ corresponder, coincidir ♦ cartearse
correspondence [kɒrɪ'spɒndəns] *n* correspondencia
correspondent [kɒrɪ'spɒndənt] *n* corresponsal
corridor ['kɒrɪdɔːʳ] *n* pasillo
corroborate [kə'rɒbəreɪt] *vtr* corroborar
corrode [kə'rəʊd] **1** *vtr* corroer **|2** *vi* corroerse
corrosion [kə'rəʊʒən] *n* corrosión
corrugated ['kɒrʊgeɪtəd] *adj* ondulado,-a

corrupt [kə'rʌpt] **1** *adj* corrupto,-a **|2** *vtr* ♦ corromper ♦ sobornar
corruption [kə'rʌpʃən] *n* corrupción
corset ['kɔːsɪt] *n* faja, corsé
cosh [kɒʃ] *n GB* porra
cosmetic [kɒz'metɪk] **1** *n* cosmético **|2** *adj* cosmético,-a
cosmic ['kɒzmɪk] *adj* cósmico,-a
cosmonaut ['kɒzmənɔːt] *n* cosmonauta
cosmopolitan [kɒzmə'pɒlɪtən] *adj* cosmopolita
cost [kɒst] **1** *n* ♦ precio, coste; **at c.**, a precio de coste ♦ **costs** *pl, Fin* costes; *Jur* costas **|2** *vi (ps & pp* ***cost****)* costar **|3** *vtr (ps & pp* ***costed****)* calcular el coste de
co-star ['kəʊstɑːʳ] *n* coprotagonista
Costa Rica [kɒstə'riːkə] *n* Costa Rica
Costa Rican [kɒstə'riːkən] *adj & n* costarricense, costarriqueño,-a
costly ['kɒstlɪ] *adj (****costlier, costliest****)* costoso,-a
costume ['kɒstjuːm] *n* traje
cosy ['kəʊzɪ] *adj (****cosier, cosiest****)* ♦ acogedor,-ora ♦ *(ropa)* calentito,-a
cot [kɒt] *n* cuna
cottage ['kɒtɪdʒ] *n* casa pequeña *(usu de campo)*
cotton ['kɒtən] *n* ♦ algodón ♦ *Cost* hilo ♦ **c. wool,** algodón (hidrófilo) ♦ *US* **c. candy,** algodón de azúcar
couch [kaʊtʃ] *n* sofá
couchette [kuː'ʃet] *n* litera
cough [kɒf] **1** *vi* toser **|2** *n* tos
could [kʊd] *v aux* → **can**[1]
council ['kaʊnsəl] *n* ♦ *(administrativo)* consejo; **C. of Europe,** Consejo de Europa ♦ **(town/city) c.,** ayuntamiento ♦ *GB* **c. housing,** viviendas de protección oficial
councillor, *US* **councilor** ['kaʊnsələʳ] *n* concejal
counsel ['kaʊnsəl] **1** *n* ♦ *frml* consejo ♦ *Jur* abogado,-a **|2** *vtr frml* aconsejar
counsellor, *US* **counselor** ['kaʊnsələʳ] *n* ♦ asesor,-ora ♦ *US Jur* abogado,-a
count [kaʊnt] **1** *vtr* ♦ contar ♦ incluir; **not counting,** sin incluir **|2** *vi* contar **|3** *n* ♦ cuenta ♦ *(de votos)* escrutinio ♦ *Jur frml* cargo ♦ *(noble)* conde ■ **count on** *vtr* contar con
countdown ['kaʊntdaʊn] *n* cuenta atrás
counter ['kaʊntəʳ] **1** *n* ♦ *(de tienda)* mostrador ♦ *(de banco)* ventanilla ♦ *(de bar)* barra ♦ *(de juegos, etc)* ficha ♦ *Téc* contador **|2** *adv* en contra **|3** *vtr* rebatir **|4** *vi* contestar
counteract [kaʊntər'ækt] *vtr* contrarrestar
counterattack ['kaʊntərətæk] *n* contraataque
counterfeit ['kaʊntəfɪt] **1** *vtr* falsificar **|2** *n* falsificación **|3** *adj* falso,-a
counterpart ['kaʊntəpɑːt] *n* homólogo,-a
counterproductive [kaʊntəprə'dʌktɪv] *adj* contraproducente
countess ['kaʊntɪs] *n* condesa
countless ['kaʊntlɪs] *adj* innumerable, incontable
country ['kʌntrɪ] **1** *n* ♦ país, nación ♦ región, zona ♦ campo **|2** *adj* de campo
countryman ['kʌntrɪmən] *n* ♦ campesino ♦ compatriota
countryside ['kʌntrɪsaɪd] *n* ♦ campiña, campo ♦ paisaje
countrywoman ['kʌntrɪwʊmən] *n* ♦ campesina ♦ compatriota
county ['kaʊntɪ] *n* condado
coup [kuː] *n* golpe; **c. d'état** [kuːde'tɑ] golpe de Estado
couple ['kʌpəl] **1** *n* ♦ par ♦ *(personas)* pareja **|2** *vtr* ♦ unir ♦ *(vagones)* enganchar
coupon ['kuːpɒn] *n* ♦ cupón ♦ *GB Ftb (quiniela)* boleto
courage ['kʌrɪdʒ] *n* coraje, valor
courageous [kə'reɪdʒəs] *adj* valeroso,-a, valiente
courgette [kʊə'ʒet] *n* calabacín
courier ['kʊərɪəʳ] *n* ♦ mensajero,-a ♦ guía turístico,-a
course [kɔːs] *n* ♦ curso ♦ *Av Náut* rumbo, dirección ♦ *(carretera)* recorrido ♦ *Culin* plato ♦ *Dep* **golf c.,** campo de golf; **race c.,** hipódromo ♦ **|LOC: of c.,** por supuesto

court [kɔːt] **1** *n* ♦ *Jur* tribunal, juzgado ♦ *(palacio)* corte ♦ *Dep* pista, cancha **|2** *vtr* ♦ *frml* cortejar ♦ *(un peligro, etc)* exponerse a

courteous ['kɜːtɪəs] *adj* cortés

courtesy ['kɜːtɪsɪ] *n* cortesía

courthouse ['kɔːthaʊs] *n* palacio de justicia

courtroom ['kɔːtruːm] *n* sala de justicia

courtyard ['kɔːtjɑːd] *n* patio

cousin ['kʌzən] *n* primo,-a; **first c.,** primo,-a hermano,-a

cove [kəʊv] *n* cala, ensenada

covenant ['kʌvənənt] *n* convenio, pacto

cover ['kʌvəʳ] **1** *vtr* cubrir **|2** *n* ♦ cubierta, tapa ♦ *(de almohada, silla)* funda; *(de cama)* colcha ♦ *(de un libro)* tapa; *(de un periódico)* portada ♦ abrigo; **to take c.,** abrigarse ♦ *(de un crimen)* tapadera ♦ *Fin* cobertura ■ **cover up 1** *vtr* ♦ tapar ♦ *(un crimen)* encubrir ♦ *(una emoción)* disimular

coverage ['kʌvərɪdʒ] *n* cobertura

coveralls ['kʌvərɔːlz] *npl US* mono

covert ['kʌvət] *adj* disimulado,-a, secreto,-a

cover-up ['kʌvərʌp] *n* encubrimiento

covet ['kʌvɪt] *vtr* codiciar

cow [kaʊ] **1** *n* vaca **|2** *vtr* intimidar

coward ['kaʊəd] *n* cobarde

cowardice ['kaʊədɪs] *n* cobardía

cowardly ['kaʊədlɪ] *adj* cobarde

cowboy ['kaʊbɔɪ] *n* vaquero

coy [kɔɪ] *adj* ♦ tímido,-a ♦ coquetón,-ona

cozy ['kəʊzɪ] *adj US* ➔ **cosy**

crab [kræb] *n* cangrejo

crabby [kræbɪ] *adj* malhumorado,-a

crack [kræk] **1** *n* ♦ *(en loza)* raja; *(en pared)* grieta; *(de hueso)* fractura ♦ *(de látigo)* restallido ♦ *(droga)* crack **|2** *vtr* ♦ *(un cristal)* romper; *(una pared, el suelo)* agrietar; *(un hueso)* fracturar ♦ *(una caja fuerte)* forzar; *(un huevo)* cascar **|3** *vi* ♦ *(cristal)* rajarse; *(hueso)* fracturarse; *(pared)* agrietarse ♦ *(voz)* quebrarse ♦ *(una persona)* sufrir una crisis nerviosa ■ **crack down** *vi* tomar medidas duras ■ **crack up** *vi* sufrir un ataque de nervios

cracker ['krækəʳ] *n* ♦ *Culin* galleta salada ♦ *(fuego artificial)* petardo ♦ *GB* paquete sorpresa que contiene un petardo

crackle ['krækəl] *vi* ♦ *(papel)* crujir ♦ *(fuego)* crepitar

cradle ['kreɪdəl] *n* cuna

craft ['krɑːft] *n* ♦ oficio ♦ *(habilidad especial)* arte, destreza ♦ **crafts** *pl,* manualidades, artesanía

craftsman ['krɑːftsmən] *n* artesano

craftsmanship ['krɑːftsmənʃɪp] *n* artesanía

crafty ['krɑːftɪ] *adj* **(craftier, craftiest)** astuto,-a

crag [kræg] *n* peñasco

craggy ['krægɪ] *adj* ♦ escarpado,-a ♦ *(cara)* de facciones muy marcadas

cram [kræm] **1** *vtr* atiborrar **|2** *vi fam* empollar

cramp [kræmp] **1** *n* ♦ *Med* calambre; **cramps** *pl, (estómago)* retortijones ♦ *Téc* grapa **|2** *vtr* entorpecer

cramped [kræmpt] *adj* ♦ *(habitación)* estrecho,-a ♦ *(letra)* apretado,-a

cranberry ['krænbərɪ] *n* arándano

crane [kreɪn] *n* ♦ grulla ♦ *Téc* grúa

crank [kræŋk] *n* ♦ excéntrico,-a ♦ *Téc* manivela

crap [kræp] *n fam* mierda

crash [kræʃ] **1** *vtr* estrellar **|2** *vi* ♦ *(coche, avión)* estrellarse, chocar ♦ *Com* quebrar ♦ *Inform* fallar, colgarse; *(la red)* caerse **|3** *n* ♦ *(ruido)* estrépito ♦ *(percance)* choque; **car/plane c.,** accidente de coche/avión ♦ *Com* quiebra

crash-land [kræʃ'lænd] *vi* hacer un aterrizaje forzoso

crass [kræs] *adj* ♦ insensible ♦ *(error)* craso, garrafal

crate [kreɪt] *n* cajón para embalar

crater ['kreɪtəʳ] *n* cráter

crave [kreɪv] *vi* ansiar

craving ['kreɪvɪŋ] *n* ♦ ansia ♦ *(durante el embarazo)* antojo

crawl [krɔːl] **1** *vi* ♦ *(bebé)* gatear ♦ *(insecto)* reptar, trepar ♦ *(coche, etc)* avanzar lentamente **|2** *n* crol

crayfish ['kreɪfɪʃ] *n* ◆ cangrejo de río ◆ cigala

crayon ['kreɪɒn] *n* lápiz de colores

craze [kreɪz] *n* moda, locura

crazy ['kreɪzɪ] *adj (**crazier, craziest**)* ◆ loco,-a ◆ *(idea)* disparatado,-a

creak [kriːk] *vi (el suelo)* crujir; *(una bisagra)* chirriar

cream [kriːm] **1** *n* ◆ *(de leche)* nata; **whipped c.,** nata montada ◆ *(color)* crema ◆ *(en cosmética)* crema **|2** *adj* crema

creamy ['kriːmɪ] *adj (**creamier, creamiest**)* cremoso,-a

crease [kriːs] **1** *n* ◆ *(no deseado)* arruga ◆ *(de pantalón)* raya ◆ *(de un papel, libro, etc)* pliegue **|2** *vtr* ◆ *(la ropa)* arrugar ◆ *(en un pantalón)* hacer la raya ◆ *(un papel)* plegar **|3** *vi* arrugarse

create [kriː'eɪt] *vtr* crear

creation [kriː'eɪʃən] *n* creación

creative [kriː'eɪtɪv] *adj* creativo,-a

creature ['kriːtʃəʳ] *n* criatura

crèche [kreɪʃ, kreʃ] *n GB* guardería

credentials [krɪ'denʃəlz] *npl* credenciales

credible ['kredɪbəl] *adj* creíble

credit ['kredɪt] **1** *n* ◆ crédito; **c. account/card,** cuenta/tarjeta de crédito ◆ *(mérito)* honor ◆ *Cine TV* **credits** *pl*, créditos **|2** *vt* ◆ *frml* creer ◆ *Com* abonar

creditor ['kredɪtəʳ] *n* acreedor,-ora

creek [kriːk] *n* ◆ *GB* cala ◆ *US* riachuelo

creep [kriːp] **1** *vi (ps & pp **crept**)* ◆ *(un animal)* reptar, arrastrarse ◆ *(planta)* trepar ◆ *(una persona, el tiempo)* moverse lentamente ◆ *fam* hacer la pelota **|2** *n fam* pelota, trepa

creeper ['kriːpəʳ] *n* enredadera

creepy ['kriːpɪ] *adj (**creepier, creepiest**) fam* espeluznante

cremate [krɪ'meɪt] *vtr* incinerar

cremation [krɪ'meɪʃən] *n* incineración

crematorium [kremə'tɔːrɪəm] *n* crematorio

crepe, crêpe [kreɪp] *n* crepe

crept [krept] *ps & pp* → **creep**

crescent ['kresənt] *n* ◆ medialuna ◆ *GB* calle en forma semicircular

cress [kres] *n* mastuerzo; **water c.,** berro

crest [krest] *n* ◆ cresta ◆ *(de colina)* cima ◆ *(heráldico)* blasón

crestfallen ['krestfɔːlən] *adj* alicaído,-a

cretin ['kretɪn] *n* cretino,-a

crevice ['krevɪs] *n* grieta, hendidura

crew [kruː] *n* tripulación

crib [krɪb] **1** *n* ◆ cuna ◆ *(para examen, etc)* chuleta **|2** *vi & vtr fam* copiar

cricket ['krɪkɪt] *n* ◆ *Zool* grillo ◆ *Dep* críquet

crime [kraɪm] *n* ◆ crimen ◆ *(menos grave)* delito ◆ *(en general)* delincuencia

criminal ['krɪmɪnəl] **1** *n* criminal, delincuente **|2** *adj* criminal; **c. law,** derecho penal

crimson ['krɪmzən] *adj & n* carmesí

cringe [krɪndʒ] *vi* encogerse, agacharse

crinkle ['krɪŋkəl] *vtr* fruncir, arrugar

cripple ['krɪpəl] **1** *n* lisiado,-a, mutilado,-a **|2** *vtr* lisiar

crisis ['kraɪsɪs] *n (pl **crises** ['kraɪsiːz])* crisis

crisp [krɪsp] **1** *adj* ◆ *(tostada, etc)* crujiente ◆ *(verduras)* fresco,-a ◆ *(persona)* seco,-a, tajante **|2** *n GB* patata frita *(de bolsa)*

crispy ['krɪspɪ] *adj* crujiente

criterion [kraɪ'tɪərɪən] *n (pl **criteria** [kraɪ'tɪərɪə])* criterio

critic ['krɪtɪk] *n* crítico,-a

critical ['krɪtɪkəl] *adj* crítico,-a

critically ['krɪtɪklɪ] *adv* ◆ críticamente ◆ *(enfermo)* gravemente

criticism ['krɪtɪsɪzəm] *n* crítica

criticize ['krɪtɪsaɪz] *vtr* criticar

Croat [krəʊæ] *n & adj* croata

Croatia [krəʊ'eɪʃə] *n* Croacia

Croatian [krəʊ'eɪʃən] *n & adj* croata

croak [krəʊk] *vi (un cuervo)* graznar; *(una rana)* croar; *(una persona)* hablar con voz ronca

crochet ['krəʊʃeɪ] *n* ganchillo

crockery ['krɒkərɪ] *n* loza, vajilla

crocodile ['krɒkədaɪl] *n* cocodrilo

crocus ['krəʊkəs] *n* azafrán

crook [krʊk] *n* ♦ *fam* sinvergüenza, criminal ♦ *(de pastor)* cayado
crooked ['krʊkɪd] *adj* ♦ torcido,-a ♦ *(sendero)* tortuoso,-a ♦ *(persona o acción)* deshonesto,-a
crop [krɒp] **1** *n* ♦ *(producción)* cultivo ♦ *(cantidad producida)* cosecha ♦ corte de pelo muy corto **|2** *vtr* rapar ■ **crop up** *vi fam* surgir
croquet ['krəʊkeɪ] *n* croquet
cross [krɒs] **1** *n* ♦ cruz ♦ *Biol* cruce **|2** *vtr* ♦ cruzar ♦ *Rel* **to c. oneself,** santiguarse **|3** *vi* cruzar **|4** *adj* enfadado,-a, malhumorado,-a ■ **cross off/out** *vtr* tachar, rayar
crossbar ['krɒsbɑːʳ] *n* travesaño
cross-country [krɒs'kʌntrɪ] *adj & adv* campo a través
cross-examine [krɒsɪg'zæmɪn] *vtr* interrogar
cross-eyed ['krɒsaɪd] *adj* bizco,-a
crossing ['krɒsɪŋ] *n* ♦ *(de carreteras, etc)* cruce ♦ paso; **pedestrian c.,** paso de peatones; *Ferroc* **level c.,** paso a nivel ♦ *(de mar)* travesía
cross-legged [krɒs'legɪd] *adj* con las piernas cruzadas
crossroads ['krɒsrəʊdz] *n* ♦ cruce ♦ *fig* encrucijada
crossword ['krɒswɜːd] *n* crucigrama
crotch [krɒtʃ] *n* entrepierna
crouch [kraʊtʃ] *vi* agacharse, ponerse en cuclillas
crow [krəʊ] **1** *vi* ♦ cacarear ♦ *fig* alardear **|2** *n* cuervo
crowbar ['krəʊbɑːʳ] *n* palanca
crowd [kraʊd] **1** *n* ♦ muchedumbre ♦ *Dep* público ♦ *fam* grupo, pandilla **|2** *vtr* llenar **|3** *vi* ♦ agolparse ♦ ir en tropel
crowded ['kraʊdɪd] *adj* atestado,-a, lleno,-a
crown [kraʊn] **1** *n* ♦ corona; **C. Prince,** príncipe heredero ♦ *Anat* coronilla ♦ *(de árbol, sombrero)* copa ♦ *(de colina)* cima ♦ *GB Jur* **the C.,** el Estado **|2** *vtr* ♦ coronar ♦ *(un diente)* poner una corona a
crucial ['kruːʃəl] *adj* crucial
crucifix ['kruːsɪfɪks] *n* crucifijo
crucify ['kruːsɪfaɪ] *vtr* crucificar
crude [kruːd] **1** *adj* ♦ ordinario,-a, grosero,-a ♦ *(utensilio, etc)* primitivo,-a ♦ *(petróleo)* crudo **|2** *n* crudo
cruel [kruːəl] *adj* cruel
cruelty ['kruːəltɪ] *n* crueldad
cruise [kruːz] **1** *vi* ♦ hacer un crucero ♦ viajar a velocidad constante; **c. speed,** velocidad de crucero **|2** *n* crucero
cruiser ['kruːzəʳ] *n* crucero
crumb [krʌm] *n* miga, migaja
crumble ['krʌmbəl] **1** *vtr* desmenuzar **|2** *vi* ♦ desmenuzarse ♦ *fig* desmoronarse
crumbly ['krʌmblɪ] *adj* ***(crumblier, crumbliest)*** que se desmigaja con facilidad
crumple ['krʌmpəl] *vtr* arrugar
crunch [krʌntʃ] **1** *vtr* morder algo crujiente **|2** *vi* crujir **|3** *n* punto decisivo
crunchy ['krʌntʃɪ] *adj* ***(crunchier, crunchiest)*** crujiente
crusade [kruː'seɪd] *n* cruzada
crush [krʌʃ] *vtr* aplastar
crust [krʌst] *n* corteza
crusty ['krʌstɪ] *adj* malhumorado
crutch [krʌtʃ] *n* ♦ *Med* muleta ♦ *fig* apoyo, sostén
crux [krʌks] *n* quid
cry [kraɪ] **1** *vi* *(ps & pp **cried**)* ♦ llorar ♦ gritar **|2** *n* ♦ grito ♦ llanto
crypt [krɪpt] *n* cripta
cryptic ['krɪptɪk] *adj* enigmático,-a
crystal ['krɪstəl] *n* cristal
crystallize ['krɪstəlaɪz] **1** *vtr* cristalizar **|2** *vi* cristalizarse
cub [kʌb] *n* cachorro
Cuba ['kjuːbə] *n* Cuba
Cuban ['kjuːbən] *adj & n* cubano,-a
cube [kjuːb] *n* ♦ cubo ♦ *(azúcar)* terrón
cubic ['kjuːbɪk] *adj* cúbico,-a
cubicle ['kjuːbɪkəl] *n* cubículo
cuckoo ['kʊkuː] *n* cuco
cucumber ['kjuːkʌmbəʳ] *n* pepino
cuddle ['kʌdəl] **1** *vtr* abrazar **|2** *vi* abrazarse
cuddly ['kʌdlɪ] *adj* mimoso,-a
cue [kjuː] *n* ♦ *Teat* entrada ♦ *(billar)* taco
cuff [kʌf] **1** *n* ♦ *(de manga)* puño ♦ *US (de pantalón)* dobladillo **|2** *vtr* abofetear

cufflinks ['kʌflɪŋks] *npl* gemelos
cuisine [kwɪ'ziːn] *n* cocina
cul-de-sac ['kʌldəsæk] *n* callejón sin salida
culminate ['kʌlmɪneɪt] *vi* culminar
culmination [kʌlmɪ'neɪʃən] *n* culminación
culottes [kjuː'lɒts] *npl* falda-pantalón
culprit ['kʌlprɪt] *n* culpable
cult [kʌlt] *n* culto
cultivate ['kʌltɪveɪt] *vtr* cultivar
cultivation [kʌltɪ'veɪʃən] *n* cultivo
cultural ['kʌltʃərəl] *adj* cultural
culture ['kʌltʃə[r]] *n* cultura
cultured ['kʌltʃəd] *adj* ♦ culto,-a ♦ **c. pearl,** perla cultivada
cumbersome ['kʌmbəsəm] *adj* ♦ incómodo,-a, engorroso,-a ♦ *(que abulta mucho)* voluminoso,-a
cumin ['kʌmɪn] *n* comino
cunning ['kʌnɪŋ] **1** *adj* astuto,-a **|2** *n* astucia
cup [kʌp] *n* ♦ taza ♦ *Dep* copa
cupboard ['kʌbəd] *n* armario
curate ['kjʊərɪt] *n Rel* coadjutor
curative ['kjʊərətɪv] *adj* curativo,-a
curator [kjʊə'reɪtə[r]] *n* conservador,-ora
curb [kɜːb] **1** *n (tb US* **kerb***)* bordillo **|2** *vtr* ♦ dominar ♦ *(gastos)* poner freno a, contener
curd [kɜːd] *n* cuajada
curdle ['kɜːdəl] *vi* cuajarse
cure [kjʊə[r]] **1** *vtr* curar **|2** *n* cura
curfew ['kɜːfjuː] *n* toque de queda
curiosity [kjʊərɪ'ɒsɪtɪ] *n* curiosidad
curious ['kjʊərɪəs] *adj* curioso,-a
curl [kɜːl] **1** *n* rizo **|2** *vtr* rizar **|3** *vi* rizarse ■ **curl up** *vi* enroscarse
curly ['kɜːlɪ] *adj (**curlier, curliest**)* rizado,-a
currant ['kʌrənt] *n* ♦ pasa ♦ grosella
currency ['kʌrənsɪ] *n* moneda; **foreign c.,** divisa
current ['kʌrənt] **1** *adj* ♦ actual, corriente: **the c. year,** el año en curso ♦ *(opinión)* general ♦ *(palabra)* en uso ♦ *Fin* **c. account,** cuenta corriente **|2** *n* corriente
currently ['kʌrəntlɪ] *adv* actualmente
curriculum [kə'rɪkjʊləm] *n (pl* ***curricula*** [kə'rɪkjʊlə]*)* ♦ *Educ* plan de estudios ♦ **c. vitae,** currículum (vitae)
curry ['kʌrɪ] *n* curry
curse [kɜːs] **1** *n* ♦ taco, palabrota ♦ maldición **|2** *vi* & *vtr* maldecir
cursor ['kɜːsə[r]] *n* cursor
cursory ['kɜːsərɪ] *adj* rápido,-a, superficial
curt [kɜːt] *adj* brusco,-a, seco,-a
curtail [kɜː'teɪl] *vtr* ♦ abreviar ♦ *(gastos)* reducir, acortar
curtain ['kɜːtən] *n* ♦ cortina ♦ *Teat* telón
curts(e)y ['kɜːtsɪ] **1** *n* reverencia **|2** *vi* hacer una reverencia
curve [kɜːv] **1** *n* curva **|2** *vtr* doblar **|3** *vi* torcerse, hacer/describir una curva
cushion ['kʊʃən] **1** *n* cojín **|2** *vtr* ♦ amortiguar ♦ proteger
cushy ['kʊʃɪ] *adj (**cushier, cushiest**) fam* cómodo,-a
custard ['kʌstəd] *n* ♦ *Culin* natillas ♦ **c. apple,** chirimoya
custody ['kʌstədɪ] *n* custodia
custom ['kʌstəm] *n* ♦ costumbre ♦ *Com* clientela
customary ['kʌstəmərɪ] *adj* habitual
customer ['kʌstəmə[r]] *n* cliente
customs ['kʌstəmz] *n sing o pl* aduana
cut [kʌt] **1** *n* ♦ corte ♦ recorte, reducción ♦ *(carne)* pieza, trozo ♦ **short c.,** atajo **|2** *vtr (ps & pp* ***cut****)* ♦ cortar ♦ *(un cristal)* tallar ♦ *(un disco)* grabar ♦ *(los gastos)* reducir **|3** *vi* cortar ■ **cut across** *vtr* tomar un atajo por ■ **cut down** *vtr* ♦ talar ♦ *(gastos)* reducir ■ **cut in** *vi* interrumpir ■ **cut off** *vtr* ♦ cortar ♦ *(un sitio)* aislar, dejar incomunicado ■ **cut out 1** *vtr* ♦ recortar ♦ excluir, eliminar ■ **cut up** *vtr* cortar en pedazos
cutback ['kʌtbæk] *n* reducción
cute [kjuːt] *adj* mono,-a, rico,-a
cuticle ['kjuːtɪkəl] *n* cutícula
cutlery ['kʌtlərɪ] *n* cubiertos, cubertería
cutlet ['kʌtlɪt] *n* chuleta
cut-off ['kʌtɒf] *n* **c. point,** punto límite
cutting ['kʌtɪŋ] **1** *n* ♦ *Prensa* recorte ♦ *Bot* esqueje **|2** *adj* mordaz

CV [siːˈviː] *(abr de* ***curriculum vitae****)*, currículum vitae, CV

cyanide [ˈsaɪənaɪd] *n* cianuro

cycle [ˈsaɪkəl] **1** *n* ◆ ciclo ◆ bicicleta |**2** *vi* ir en bicicleta

cycling [ˈsaɪklɪŋ] *n* ciclismo

cyclist [ˈsaɪklɪst] *n* ciclista

cyclone [ˈsaɪkləʊn] *n* ciclón

cylinder [ˈsɪlɪndəʳ] *n* ◆ cilindro ◆ *(para gas)* bombona

cymbal [ˈsɪmbəl] *n* címbalo, platillo

cynic [ˈsɪnɪk] *n* cínico,-a

cynical [ˈsɪnɪkəl] *adj* cínico,-a

cypress [ˈsaɪprəs] *n* ciprés

cyst [sɪst] *n* quiste

czar [zɑːʳ] *n* zar

Czech [tʃek] **1** *adj* checo,-a; **The C. Republic,** República Checa |**2** *n* ◆ checo,-a ◆ *(idioma)* checo

D

D, d [diː] *n* ◆ *(letra)* D, d ◆ *Mús* re

dab [dæb] **1** *n* toque; pizca |**2** *vtr* ◆ aplicar ◆ tocar ligeramente

dad [dæd], **daddy** [ˈdædɪ] *n fam* papá, papi

daffodil [ˈdæfədɪl] *n* narciso

daft [dɑːft] *adj GB fam* chalado,-a; *(idea)* ridículo,-a

dagger [ˈdægəʳ] *n* puñal, daga

daily [ˈdeɪlɪ] **1** *adj* diario,-a, cotidiano,-a |**2** *adv* diariamente |**3** *n* ◆ *(periódico)* diario ◆ *GB fam* asistenta

dainty [ˈdeɪntɪ] *adj* ***(daintier, daintiest)*** *(flor)* delicado,-a; *(comida)* exquisito,-a

dairy [ˈdeərɪ] *n* ◆ establo ◆ lechería; **d. produce,** productos lácteos

dais [ˈdeɪɪs] *n* estrado

daisy [ˈdeɪzɪ] *n* margarita

dam [dæm] **1** *n* dique, presa |**2** *vtr* embalsar, represar ■ **dam up** *vtr fig & lit* contener

damage [ˈdæmɪdʒ] **1** *n* ◆ daño; *(para la salud, etc)* perjuicio; *(de una relación)* deterioro ◆ *Jur* **damages,** daños y perjuicios |**2** *vtr* dañar, perjudicar; *(aparato, etc)* estropear

damn [dæm] **1** *vtr* condenar |**2** *excl fam* **d. (it)!**, ¡maldito,-a sea! |**3** *adj fam* maldito,-a

damning [ˈdæmɪŋ] *adj (evidencia)* irrefutable; *(crítica)* mordaz

damp [dæmp] **1** *adj* húmedo,-a; mojado,-a |**2** *n* humedad

dampen [ˈdæmpən] *vtr* ◆ humedecer ◆ *fig (entusiasmo)* aguar

dance [dɑːns] **1** *n* baile; *(clásico, ritual)* danza; **d. hall,** salón de baile |**2** *vi & vtr* bailar

dancer [ˈdɑːnsəʳ] *n* bailarín,-ina; *(de flamenco)* bailaor,-ora

dancing [ˈdɑːnsɪŋ] *n* baile

dandelion [ˈdændɪlaɪən] *n* diente de león

dandruff [ˈdændrəf] *n* caspa

Dane [deɪn] *n* danés,-esa

danger [ˈdeɪndʒəʳ] *n* ◆ peligro; **to be in d.,** estar en peligro ◆ riesgo

dangerous [ˈdeɪndʒərəs] *adj* peligroso,-a

dangle [ˈdæŋgəl] **1** *vi* colgar, pender |**2** *vtr* ◆ colgar ◆ dejar colgado,-a

Danish [ˈdeɪnɪʃ] **1** *adj* danés,-esa; **D.**

pastry, pastel de hojaldre |2 *n (idioma)* danés

dank [dæŋk] *adj* húmedo y frío

dare [deəʳ] **1** *vi* atreverse: **how d. you!,** ¡cómo se atreve! |**2** *vtr (lanzar un reto)* desafiar |**3** *n* desafío

daredevil ['deədevəl] *adj & n* atrevido,-a, temerario,-a

daring ['deərɪŋ] **1** *adj* ◆ *(persona, hazaña)* audaz, osado,-a ◆ *(ropa, idea)* atrevido,-a |**2** *n* atrevimiento, osadía

dark [dɑːk] **1** *adj* ◆ *(color, sitio)* oscuro,-a; *(tez, pelo)* moreno,-a; *(ojos, pronóstico)* negro,-a ◆ *(humor)* negro |**2** *n (falta de luz)* oscuridad

darken ['dɑːkən] *vtr* oscurecer

darkness ['dɑːknɪs] *n* oscuridad, tinieblas

darling ['dɑːlɪŋ] *adj & n* querido,-a

darn [dɑːn] **1** *vtr* zurcir |**2** *n* zurcido

dart [dɑːt] *n* ◆ dardo ◆ **darts** *Dep sing,* dardos

dartboard ['dɑːtbɔːd] *n* diana

dash [dæʃ] **1** *n* ◆ *(pequeña cantidad)* poquito, pizca ◆ *Tip* guión ◆ *Dep US (carrera)* esprint ◆ estilo |**2** *vtr* ◆ tirar, arrojar ◆ estrellar |**3** *vi* correr ■ **dash off** *vi* salir corriendo

dashboard ['dæʃbɔːd] *n Auto* salpicadero

dashing ['dæʃɪŋ] *adj* elegante

data ['deɪtə, 'dɑːtə] *npl* datos; *Inform* **d. base,** base de datos

date[1] [deɪt] *n* ◆ fecha: **what's the d. today?,** ¿a qué día estamos? ◆ **out of d.,** anticuado,-a, desusado,-a; *(billete)* caducado,-a ◆ compromiso; *fam (con chico/a)* cita; **blind d.,** cita a ciegas |**2** *vt* ◆ fechar ◆ *US* salir con (chicos/as) |**3** *vi* datar ■ **date back to/from** *vtr* remontar a, datar de

date[2] [deɪt] *n* dátil; **d. palm,** datilera

dated ['deɪtɪd] *adj* obsoleto,-a, anticuado,-a

daub [dɔːb] *vtr* embadurnar

daughter ['dɔːtəʳ] *n* hija

daughter-in-law ['dɔːtərɪnlɔː] *n* nuera

daunting ['dɔːntɪŋ] *adj* desalentador,-ora

dawdle ['dɔːdəl] *vi fam* perder el tiempo

dawn [dɔːn] **1** *n* alba, amanecer |**2** *vi* ◆ amanecer ◆ *fig* comenzar

day [deɪ] *n* ◆ día; **the d. after tomorrow,** pasado mañana; **the d. before yesterday,** anteayer; **d. by d.,** diariamente; **every d.,** todos los días; **the next d.,** al día siguiente; **once a d.,** una vez al día; *GB Ferroc* **d. return (ticket),** billete de ida y vuelta para el mismo día; **by d.,** de día; **these days,** hoy (en) día ◆ *(periodo de trabajo)* jornada; **a ten-hour d.,** una jornada de diez horas; **d. off,** día libre

daybreak ['deɪbreɪk] *n* amanecer

daydream ['deɪdriːm] **1** *n* ensueño, fantasía |**2** *vi* soñar despierto,-a

daylight ['deɪlaɪt] *n* luz del día

day off *n* día libre

daytime ['deɪtaɪm] *n* día; **in the d.,** de día

day-to-day ['deɪtədeɪ] *adj* cotidiano,-a, diario,-a

daze [deɪz] *n* aturdimiento

dazed [deɪzd] *adj* aturdido,-a

dazzle ['dæzəl] *vtr* deslumbrar

deacon ['diːkən] *n* diácono

dead [ded] **1** *adj* ◆ muerto,-a ◆ *(máquina)* averiado,-a; *(teléfono)* cortado,-a ◆ *(pierna)* dormido,-a ◆ total, absoluto; **d. silence,** silencio absoluto ◆ |LOC: **d. end,** callejón sin salida; *fam* **d. loss,** inútil, desastre |**2** *adv* absolutamente, totalmente

deaden ['dedən] *vtr* ◆ *(choque, sonido)* amortiguar ◆ *(dolor)* calmar, aliviar

deadline ['dedlaɪn] *n* fecha tope o límite

deadlock ['dedlɒk] *n* punto muerto

deadly ['dedlɪ] *adj* **(deadlier, deadliest)** ◆ mortal; *(arma)* mortífero,-a

deadpan ['dedpæn] *adj fam* inexpresivo,-a

deaf [def] *adj* sordo,-a; **to go d.,** quedarse sordo; **d.-and-dumb,** sordomudo,-a

deafen ['defən] *vtr* ensordecer

deafness ['defnɪs] *n* sordera

deal [diːl] **1** *n* ◆ *Com Pol* transacción ◆ acuerdo, trato ◆ |LOC: **a good d.,** mucho, bastante |2 *vtr (ps & pp* ***dealt)*** repartir, dar ■ **deal in** *vtr* comerciar en ■ **deal with** *vtr* ♦ *(persona, empresa)* tratar con ♦ *(asunto, problema)* abordar, ocuparse de ♦ *(libro, artículo, etc)* versar, tratar de

dealer ['di:lə^r] *n* ♦ *Com* comerciante; *(droga)* traficante ♦ *Naipes* persona que da las cartas

dealt [delt] *ps & pp* → **deal**

dean [di:n] *n* ♦ *Rel* deán ♦ *Univ* decano

dear [dɪə^r] 1 *adj* ♦ querido,-a ♦ *(en correspondencia)* Querido,-a, Estimado,-a ♦ *GB* costoso, caro,-a |2 *n (tratamiento personal)* querido,-a |3 *excl* **oh d.!, d. me!**, ¡vaya!, ¡Dios mío!

dearly ['dɪəlɪ] *adv* muchísimo

death [deθ] *n* muerte; *frml* fallecimiento, defunción; **d. penalty,** pena de muerte

deathly ['deθlɪ] *adj (****deathlier, deathliest****) (silencio)* sepulcral

debase [dɪ'beɪs] *vtr* degradar

debate [dɪ'beɪt] 1 *n* debate |2 *vtr* ♦ discutir, debatir ♦ *(dudar)* considerar

debauchery [dɪ'bɔ:tʃərɪ] *n* libertinaje

debit ['debɪt] 1 *n* débito; **d. balance,** saldo negativo |2 *vtr Fin* cargar, anotar

debris ['debri:, 'deɪbri:] *n sing* escombros

debt [det] *n* deuda

debtor ['detə^r] *n* deudor,-ora

debug [di:'bʌg] *vtr Inform* depurar, eliminar fallos

decade [de'keɪd, 'dekeɪd] *n* década

decadence ['dekədəns] *n* decadencia

decadent ['dekədənt] *adj* decadente

decaffeinated [dɪ'kæfɪneɪtɪd] *adj* descafeinado,-a

decapitate [dɪ'kæpɪteɪt] *vtr* decapitar

decay [dɪ'keɪ] 1 *n* ♦ *(de cuerpo, de comida)* descomposición ♦ *(de cultura)* decadencia; *(de dientes)* caries; *(de edificios)* desmoronamiento |2 *vi* pudrirse, descomponerse; *(dientes)* picarse; *(edificio)* deteriorarse

deceased [dɪ'si:st] *adj frml* difunto,-a, fallecido,-a

deceit [dɪ'si:t] *n* engaño, mentira

deceitful [dɪ'si:tfʊl] *adj* falso,-a

deceive [dɪ'si:v] *vtr* mentir, engañar

December [dɪ'sembə^r] *n* diciembre

decent ['di:sənt] *adj* decente

deception [dɪ'sepʃən] *n* engaño

deceptive [dɪ'septɪv] *adj* engañoso,-a

decide [dɪ'saɪd] 1 *vtr & vi* decidir ■ **decide on** *vtr* optar por

decided [dɪ'saɪdɪd] *adj* ♦ claro-a, marcado,-a ♦ resuelto, decidido,-a

decimal ['desɪməl] 1 *adj* decimal; **d. system,** sistema decimal |2 *n* decimal

decipher [dɪ'saɪfə^r] *vtr* descifrar

decision [dɪ'sɪʒən] *n* decisión

decisive [dɪ'saɪsɪv] *adj* ♦ decisivo,-a ♦ *(persona)* decidido,-a

deck [dek] *n* ♦ cubierta ♦ baraja ♦ *(del autobús)* piso ♦ *(para discos)* plato; *(para cintas)* pletina

declaration [deklə'reɪʃən] *n* declaración

declare [dɪ'kleə^r] *vtr* declarar

decline [dɪ'klaɪn] 1 *n* ♦ disminución ♦ declive |2 *vi* ♦ disminuir ♦ deteriorarse; *(salud)* empeorar |3 *vtr* ♦ rechazar

decode [di:'kəʊd] *vtr* descifrar

decompose [di:kəm'pəʊz] *vi* descomponerse

décor ['deɪkɔ:^r] *n* decoración; *Teat* decorado

decorate ['dekəreɪt] *vtr* ♦ decorar ♦ *(con pintura)* pintar; *(con papel pintado)* empapelar

decoration [dekə'reɪʃən] *n* decoración

decorative ['dekərətɪv] *adj* decorativo,-a

decorator ['dekəreɪtə^r] *n* decorador,-ora, pintor,-ora

decoy ['di:kɔɪ] *n* señuelo

decrease ['di:kri:s] 1 *n* disminución, reducción |2 [dɪ'kri:s] *vtr & vi* disminuir

decree [dɪ'kri:] 1 *n* ♦ *Pol* decreto ♦ *Jur* sentencia, fallo |2 *vtr Pol* decretar, pronunciar

dedicate ['dedɪkeɪt] *vtr* consagrar, dedicar

dedication [dedɪ'keɪʃən] *n* ◆ *(acción)* dedicación ◆ *(compromiso)* entrega ◆ *(en un libro)* dedicatoria
deduce [dɪ'dju:s] *vtr* deducir
deduct [dɪ'dʌkt] *vtr* descontar
deduction [dɪ'dʌkʃən] *n* ◆ deducción ◆ *Fin Com* descuento; *(de impuesto)* retención
deed [di:d] *n* acto; *(heroico)* hazaña
deem [di:m] *vtr frml* estimar
deep [di:p] **1** *adj* ◆ profundo,-a ◆ *(voz, nota)* grave ◆ *(color)* intenso ◆ *(persona)* grave, serio,-a
deepen ['di:pən] **1** *vtr* profundizar **|2** *vi* ◆ *(río, lago)* hacerse más hondo *o* profundo ◆ *fig (conocimientos)* aumentar
deep-freeze [di:p'fri:z] **1** *n* congelador **|2** *vtr* congelar
deep-fry [di:p'fraɪ] *vtr* freír en abundante aceite
deep-rooted [di:p'ru:tɪd] *adj* arraigado,-a
deer [dɪə'] *n inv* ciervo
defamation [defə'meɪʃən] *n* difamación
default [dɪ'fɔ:lt] **1** *n* ◆ *Dep* **to win by d.,** ganar por incomparecencia del adversario ◆ *Inform* **d. setting,** opción por defecto **|2** *vi* ◆ *(incumplir)* faltar a un compromiso ◆ *Jur* estar en rebeldía
defeat [dɪ'fi:t] **1** *n* derrota **|2** *vtr* ◆ derrotar ◆ *(una proposición, etc)* rechazar
defect ['di:fekt] **1** *n* ◆ defecto ◆ *(de diamante, etc)* impureza, imperfección **|2** [dɪ'fekt] *vi* desertar; *(de un país)* huir
defective [dɪ'fektɪv] *adj* ◆ *(mercancías)* defectuoso,-a; *(carente)* incompleto,-a ◆ *(persona)* anormal
defector [dɪ'fektə'] *n* tránsfuga
defence, *US* **defense** [dɪ'fens] *n* defensa; *GB* **Ministry** *US* **Department of D.,** Ministerio de Defensa; **witness for the d.,** testigo de la defensa
defend [dɪ'fend] *vtr* defender
defendant [dɪ'fendənt] *n* acusado,-a
defender [dɪ'fendə] *n* ◆ defensor,-ora ◆ *Dep* defensa
defense [dɪ'fens, 'di:fens] *n US* → **defence**
defensive [dɪ'fensɪv] **1** *adj* defensivo,-a **|2** *n* **to be/go on the d.,** estar/ir a la defensiva
defer [dɪ'fɜ:] *vtr* aplazar
deference ['defərəns] *n frml* deferencia, respeto
defiance [dɪ'faɪəns] *n* ◆ desafío ◆ resistencia
defiant [dɪ'faɪənt] *adj* desafiante; *(audaz)* insolente
deficiency [dɪ'fɪʃənsɪ] *n* ◆ *(de una cosa)* falta, carencia ◆ *(en una cosa)* defecto
deficient [dɪ'fɪʃənt] *adj* deficiente
deficit ['defɪsɪt] *n* déficit
define [dɪ'faɪn] *vtr* ◆ definir ◆ *(un problema)* delimitar
definite ['defɪnɪt] *adj* ◆ definitivo,-a ◆ *(sitio, hora)* determinado,-a
definitely ['defɪnɪtlɪ] *adv* sin duda
definition [defɪ'nɪʃən] *n* definición; **by d.,** por definición
definitive [dɪ'fɪnɪtɪv] *adj* definitivo,-a
deflate [dɪ'fleɪt] *vtr* desinflar
deflect [dɪ'flekt] *vtr* desviar
deforestation [di:fɒrɪs'teɪʃən] *n* deforestación
deform [dɪ'fɔ:m] *vtr* deformar
deformity [dɪ'fɔ:mɪtɪ] *n* deformidad
defraud [dɪ'frɔ:d] *vtr* estafar
defrost [di:'frɒst] **1** *vtr* descongelar **|2** *vi* descongelarse
defuse [di:'fju:z] *vtr* ◆ desactivar ◆ *(una situación)* calmar
defy [dɪ'faɪ] *vtr* retar, desafiar: **it defies belief,** resulta imposible creerlo
degenerate [dɪ'dʒenəreɪt] **1** *vi* degenerar **|2** [dɪ'dʒenərɪt] *adj* & *n* degenerado,-a
degrade [dɪ'greɪd] **1** *vtr* degradar **|2** *vi* degenerar
degrading [dɪ'greɪdɪŋ] *adj* degradante
degree [dɪ'gri:] *n* ◆ grado; **to some d.,** hasta cierto punto; **by degrees,** poco a poco ◆ *Univ* título; **to have a d. in languages,** ser licenciado,-a en Filología; **bachelor's d.** ≈ diplomatura, licenciatura; **doctor's d.,** doctorado; **master's d.** ≈ licenciatura superior
dehydrated [di:haɪ'dreɪtɪd] *adj* deshidratado,-a

deity ['deɪɪtɪ] *n* deidad

delay [dɪ'leɪ] **1** *vtr* ◆ *(el vuelo, tren)* retrasar; *(a una persona)* entretener ◆ *(posponer)* aplazar **|2** *vi* tardar **|3** *n* retraso, demora

delegate ['delɪgɪt] **1** *n* delegado,-a **|2** ['delɪgeɪt] *vtr* delegar

delegation [delɪ'geɪʃən] *n* delegación

delete [dɪ'li:t] *vtr* suprimir, borrar

deliberate [dɪ'lɪbərɪt] **1** *adj* ◆ *(a propósito)* deliberado,-a, intencionado,-a ◆ *(con cuidado)* prudente; *(sin prisas)* pausado,-a **|2** *vtr* [dɪ'lɪbəreɪt] deliberar **|3** *vi* deliberar

delicacy ['delɪkəsɪ] *n* ◆ delicadeza ◆ *(comida)* manjar

delicate ['delɪkɪt] *adj* delicado,-a; *(artesanía)* fino,-a; *(sabor)* delicado,-a

delicatessen [delɪkə'tesən] *n* delicatessen

delicious [dɪ'lɪʃəs] *adj* delicioso,-a

delight [dɪ'laɪt] *n* placer

delighted [dɪ'laɪtɪd] *adj* encantado,-a

delinquency [dɪ'lɪŋkwənsɪ] *n* delincuencia

delirious [dɪ'lɪrɪəs] *adj* ◆ *Med* delirante ◆ *fam* loco,-a de alegría

deliver [dɪ'lɪvə^r] *vtr* ◆ repartir, entregar; *(un pedido)* despachar; *(un recado)* dar ◆ *(un golpe)* asestar ◆ *(una conferencia, un veredicto)* pronunciar ◆ *Med* asistir en el parto

delivery [dɪ'lɪvərɪ] *n* ◆ reparto, entrega; **free home delivery,** entrega a domicilio gratis ◆ *(de bebé)* parto

delta ['deltə] *n* delta

delude [dɪ'lu:d] *vtr* engañar

deluge ['delju:dʒ] *n* diluvio

delusion [dɪ'lu:ʒən] *n* engaño

de luxe [də'lʌks, də'lʊks] *adj* de lujo

delve [delv] *vi* hurgar en

demand [dɪ'mɑ:nd] **1** *n* ◆ demanda ◆ *(solicitud urgente)* exigencia; *(de derechos)* reivindicación ◆ necesidad; **on d.,** disponible ◆ *(usu npl)* **demands,** requerimientos, exigencias **|2** *vtr* exigir

demanding [dɪ'mɑ:ndɪŋ] *adj* ◆ *(persona)* exigente ◆ *(trabajo)* agotador,-ora

demeaning [dɪ'mi:nɪŋ] *adj frml* humillante

demeanour, *US* **demeanor** [dɪ'mi:nə^r] *n frml* comportamiento, conducta

demented [dɪ'mentɪd] *adj* demente

demise [dɪ'maɪz] *n frml* fallecimiento

demo ['deməʊ] *n fam abr de **demonstration***

democracy [dɪ'mɒkrəsɪ] *n* democracia

democrat ['deməkræt] *n* demócrata

democratic [demə'krætɪk] *adj* democrático,-a

demographic [demɒ'græfɪk] *adj* demográfico,-a

demolish [dɪ'mɒlɪʃ] *vtr* derribar, demoler

demolition [demə'lɪʃən] *n* demolición

demon ['di:mən] *n* demonio

demonstrate ['demənstreɪt] **1** *vtr* demostrar **|2** *vi Pol* manifestarse

demonstration [demən'streɪʃən] *n* ◆ demostración ◆ *Pol* manifestación

demonstrative [dɪ'mɒnstrətɪv] *adj* expresivo

demonstrator ['demənstreɪtə^r] *n* manifestante

demoralize [dɪ'mɒrəlaɪz] *vtr* desmoralizar

demoralizing [dɪ'mɒrəlaɪzɪŋ] *adj* desmoralizador,-ora

demure [dɪ'mjʊə^r] *adj* recatado,-a

den [den] *n* ◆ *(de animal)* guarida ◆ *fam US* estudio ◆ *pey* antro

denial [dɪ'naɪəl] *n* ◆ desmentido ◆ negativa

denim ['denɪm] *n* tela de vaqueros; **denims,** tejanos, vaqueros

Denmark ['denmɑ:k] *n* Dinamarca

denomination [dɪnɒmɪ'neɪʃən] *n* ◆ *Rel* confesión ◆ *Fin (de billetes, monedas)* denominación, valor

denominator [dɪ'nɒmɪneɪtə^r] *n* denominador

denote [dɪ'nəʊt] *vtr* indicar, significar

denounce [dɪ'naʊns] *vtr* denunciar

dense [dens] *adj* denso,-a

density ['densɪtɪ] *n* densidad

dent [dent] 1 *n* abolladura |2 *vtr* abollar

dental ['dentəl] *adj* dental; **d. floss,** hilo dental; **d. surgeon,** odontólogo,-a, dentista; **d. surgery,** clínica dental

dentist ['dentɪst] *n* dentista

dentistry ['dentɪstrɪ] *n* odontología

denture ['dentʃəʳ] *n (usu pl)* dentadura postiza

deny [dɪ'naɪ] *vtr* ◆ negar ◆ *(una noticia)* desmentir

deodorant [diː'əʊdərənt] *n* desodorante

depart [dɪ'pɑːt] *vi* marcharse, irse, salir

department [dɪ'pɑːtmənt] *n* sección; *(de universidad, empresa)* departamento; *(de gobierno)* ministerio, secretaría ◆ |LOC: **d. store,** grandes almacenes

departmental [diːpɑːt'mentəl] *adj* departamental

departure [dɪ'pɑːtʃəʳ] *n* partida; *Av Ferroc* salida; *Av* **d. gate,** puerta de embarque

depend [dɪ'pend] *vi* ◆ depender ◆ *(tener confianza)* contar con

dependable [dɪ'pendəbəl] *adj (persona)* formal, fiable; *(máquina)* fiable; *(ingresos)* seguro,-a

dependant, *US* **dependent** [dɪ'pendənt] *n* dependiente

dependence [dɪ'pendəns] *n* dependencia

dependent [dɪ'pendənt] 1 *adj* dependiente |2 *n US* → **dependant**

depict [dɪ'pɪkt] *vtr* representar

deplete [dɪ'pliːt] *vtr* reducir

deplorable [dɪ'plɔːrəbəl] *adj* deplorable

deploy [dɪ'plɔɪ] *vtr* ◆ *Mil (un ejército)* desplegar ◆ *fig* utilizar

depopulate [diː'pɒpjʊleɪt] *vtr* despoblar

deport [dɪ'pɔːt] *vtr* deportar, expulsar

deportation [diːpɔː'teɪʃən] *n* deportación

depose [dɪ'pəʊz] *vtr* deponer

deposit [dɪ'pɒzɪt] 1 *n* ◆ *Fin* depósito; **d. account,** cuenta de ahorros ◆ *Com (compra)* señal ◆ *(para un alquiler)* depósito, fianza ◆ sedimento; *Min* yacimiento |2 *vtr* ◆ depositar ◆ *Fin (en cuenta bancaria)* ingresar

depot ['depəʊ] *n* ◆ almacén ◆ *Mil* depósito ◆ *(de autobuses, trenes)* cochera; *US* estación de trenes

depraved [dɪ'preɪvd] *adj* depravado,-a

depreciate [dɪ'priːʃɪeɪt] 1 *vtr Fin* depreciar |2 *vi* depreciarse

depreciation [dɪpriːʃɪ'eɪʃən] *n* depreciación

depress [dɪ'pres] *vtr* deprimir

depressed [dɪ'prest] *adj* ◆ deprimido,-a ◆ *(superficie)* hundido,-a

depressing [dɪ'presɪŋ] *adj* deprimente

depression [dɪ'preʃən] *n* depresión

deprivation [deprɪ'veɪʃən] *n* ◆ pobreza, privaciones ◆ *(de derechos, etc)* pérdida

deprive [dɪ'praɪv] *vtr* privar

deprived [dɪ'praɪvd] *adj* necesitado,-a

Dept *(abr de Department)*, dpto (departamento)

depth [depθ] *n* profundidad

deputation [depjʊ'teɪʃən] *n* delegación

deputy ['depjʊtɪ] *n* ◆ *(que sigue al jefe)* segundo (de a bordo); **d. director,** subdirector,-ora ◆ *(suplente)* sustituto,-a ◆ *US* **d. (sheriff),** ayudante del sheriff ◆ *Pol* diputado,-a

derail [dɪ'reɪl] 1 *vi (tren)* descarrilarse |2 *vtr* hacer descarrilar

deranged [dɪ'reɪndʒd] *adj* trastornado,-a

derelict ['derɪlɪkt] *adj* abandonado,-a, en ruinas

deride [dɪ'raɪd] *vtr* ridiculizar, burlarse de

derision [dɪ'rɪʒən] *n* irrisión

derivation [derɪ'veɪʃən] *n* derivación

derivative [de'rɪvətɪv] 1 *adj* poco original |2 *n* derivado

derive [dɪ'raɪv] 1 *vtr* obtener |2 *vi* derivarse

derogatory [dɪ'rɒgətərɪ] *adj* despectivo,-a

descend [dɪ'send] 1 *vi* descender |2 *vtr* bajar

descendant [dɪ'sendənt] *n* descendiente

describe [dɪ'skraɪb] *vtr* ♦ describir ♦ *(línea)* trazar

description [dɪ'skrɪpʃən] *n* ♦ descripción ♦ *(tipo)* clase

desecrate ['desɪkreɪt] *vtr* profanar

desert[1] ['dezət] *n* desierto

desert[2] [dɪ'zɜːt] **1** *vtr (sitio, familia)* abandonar **|2** *vi Mil* desertar

deserter [dɪ'zɜːtəʳ] *n* desertor,-ora

deserve [dɪ'zɜːv] *vtr* merecer(se)

deserving [dɪ'zɜːvɪŋ] *adj* meritorio,-a

design [dɪ'zaɪn] **1** *n* ♦ diseño, dibujo ♦ *(dibujo)* plano ♦ *(interior)* disposición ♦ *fig (plan)* intención; **by d.,** a propósito **|2** *vtr* diseñar

designate ['dezɪgneɪt] **1** *vtr* designar, nombrar **|2** ['dezɪgnɪt] *adj* designado,-a

designer [dɪ'zaɪnəʳ] **1** *n* ♦ *Arte* diseñador,-ora ♦ *(dibujo)* delineante **|2** *adj* de diseño

desirable [dɪ'zaɪərəbəl] *adj* deseable; *(oferta)* atractivo,-a

desire [dɪ'zaɪəʳ] **1** *n* deseo **|2** *vtr* desear

desist [dɪ'zɪst] *vi frml* desistir

desk [desk] *n (en el colegio)* pupitre; *(en la oficina, casa)* escritorio; **cash d.,** caja; *Av* **check-in d.,** mostrador de facturación; **reception d.,** recepción

desktop ['desktɒp] *adj Inform* **d. computer,** ordenador de mesa; **d. publishing,** autoedición

desolate ['desəlɪt] *adj* ♦ *(sitio)* desierto,-a ♦ *(persona)* desconsolado,-a

despair [dɪ'speəʳ] **1** *n* desesperación; **to be in d.,** estar desesperado,-a **|2** *vi* desesperar(se)

despatch [dɪ'spætʃ] *n* & *vtr* → **dispatch**

desperate ['despərət] *adj* ♦ desesperado,-a ♦ *(necesidad)* apremiante

desperation [despə'reɪʃən] *n* desesperación

despicable [dɪ'spɪkəbəl] *adj* despreciable

despise [dɪ'spaɪz] *vtr* despreciar

despite [dɪ'spaɪt] *prep* a pesar de

despondent [dɪ'spɒndənt] *adj* abatido,-a

dessert [dɪ'zɜːt] *n* postre

dessertspoon [dɪ'zɜːtspuːn] *n GB* cuchara de postre

destination [destɪ'neɪʃən] *n* destino

destined ['destɪnd] *adj* ♦ predestinado,-a ♦ *(transporte)* con destino

destiny ['destɪnɪ] *n* destino

destitute ['destɪtjuːt] *adj* indigente

destroy [dɪ'strɔɪ] *vtr* ♦ destruir ♦ *(la vida, reputación)* destrozar

destroyer [dɪ'strɔɪəʳ] *n* destructor

destruction [dɪ'strʌkʃən] *n* destrucción; *fig* ruina

destructive [dɪ'strʌktɪv] *adj* destructor,-ora, destructivo,-a

detach [dɪ'tætʃ] *vtr* separar

detachable [dɪ'tætʃəbəl] *adj* separable, de quita y pon

detached [dɪ'tætʃt] *adj* ♦ *(suelto)* separado,-a ♦ *(observador, etc)* objetivo,-a, imparcial

detachment [dɪ'tætʃmənt] *n* ♦ objetividad, imparcialidad ♦ *(reserva)* indiferencia ♦ *Mil* destacamento

detail ['diːteɪl] **1** *n* ♦ detalle, pormenor; **to go into detail(s),** entrar en detalles ♦ **details** *pl,* información ♦ *Mil* destacamento **|2** *vtr* detallar, enumerar

detailed ['diːteɪld] *adj* detallado,-a, minucioso,-a

detain [dɪ'teɪn] *vtr* ♦ *Jur* detener ♦ *(a una persona)* retener

detect [dɪ'tekt] *vtr* detectar

detection [dɪ'tekʃən] *n* ♦ descubrimiento ♦ detección

detective [dɪ'tektɪv] *n* detective

detector [dɪ'tektəʳ] *n* detector

detention [dɪ'tenʃən] *n* detención, arresto

deter [dɪ'tɜːr] *vtr* desalentar, disuadir

detergent [dɪ'tɜːdʒənt] *n* detergente

deteriorate [dɪ'tɪərɪəreɪt] *vi* deteriorarse

deterioration [dɪtɪərɪə'reɪʃən] *n* empeoramiento; deterioro

determination [dɪtɜːmɪ'neɪʃən] *n* resolución

determine [dɪ'tɜːmɪn] *vtr* determinar

determined [dɪ'tɜːmɪnd] *adj* decidido,-a, resuelto,-a

deterrent [dɪ'terənt] **1** *adj* disuasivo,-a, disuasorio,-a **|2** *n* fuerza *o* elemento disuasorio,-a

detest [dɪ'test] *vtr* detestar

detonate ['detəneɪt] *vtr* & *vi* detonar

detonation [detə'neɪʃən] *n* detonación

detour ['diːtuər] *n* desvío

detract [dɪ'trækt] *vi* restar mérito *o* valor

detractor [dɪ'træktəʳ] *n* detractor,-ora

detriment ['detrɪmənt] *n* perjuicio

deuce [djuːs] *n Ten* cuarenta iguales

devaluation [diːvæljuː'eɪʃən] *n* devaluación

devalue [diː'væljuː] **1** *vtr* devaluar **|2** *vi* devaluarse

devastate ['devəsteɪt] *vtr* devastar

devastating ['devəsteɪtɪŋ] *adj* ♦ devastador,-ora ♦ *(argumento)* arrollador,-ora

develop [dɪ'veləp] **1** *vtr* ♦ desarrollar ♦ *Constr (solar)* urbanizar ♦ *Fot* revelar **|2** *vi* ♦ desarrollarse ♦ *(sistema)* perfeccionarse ♦ *(interés)* crecer

developer [dɪ'veləpəʳ] *n* ♦ *(empresa)* inmobiliaria ♦ *(persona)* promotor,-ora inmobiliario,-a

developing [dɪ'veləpɪŋ] **1** *adj* en vías de desarrollo **|2** *n Fot* revelado

development [dɪ'veləpmənt] *n* ♦ desarrollo ♦ *(noticia) (sing o pl)* **there is no d.,** no hay ninguna novedad ♦ *(de recursos naturales)* explotación ♦ *Constr* urbanización

deviant ['diːvɪənt] *n* & *adj* pervertido,-a

deviate ['diːvɪeɪt] *vi* desviarse

deviation [diːvɪ'eɪʃən] *n* desviación

device [dɪ'vaɪs] *n* ♦ aparato, mecanismo ♦ *(artimaña)* estratagema

devil ['devəl] *n* diablo, demonio

devious ['diːvɪəs] *adj* ♦ *(camino)* tortuoso,-a ♦ *pey (persona)* taimado,-a, ladino,-a

devise [dɪ'vaɪs] *vtr* idear, concebir

devoid [dɪ'vɔɪd] *adj* desprovisto,-a

devolution [diːvə'luːʃən] *n Pol traspaso de competencias a las regiones autónomas*

devote [dɪ'vəʊt] *vtr* dedicar; **to d. oneself to sthg,** dedicarse a algo

devoted [dɪ'vəʊtɪd] *adj* fiel, leal

devotee [devə'tiː] *n* devoto,-a

devotion [dɪ'vəʊʃən] *n* devoción

devour [dɪ'vaʊəʳ] *vtr* devorar

devout [dɪ'vaʊt] *adj* devoto,-a

dew [djuː] *n* rocío

dexterity [dek'sterɪtɪ] *n* destreza

diabetes [daɪə'biːtiːz] *n* diabetes

diabetic [daɪə'betɪk] *adj* & *n* diabético,-a

diabolic(al) [daɪə'bɒlɪk(əl)] *adj* ♦ diabólico,-a ♦ *fam* espantoso,-a

diagnose ['daɪəgnəʊz] *vtr* diagnosticar

diagnosis [daɪəg'nəʊsɪs] *n (pl **diagnoses*** [daɪəg'nəʊsiːz]*)* diagnóstico

diagonal [daɪ'ægənəl] *adj* & *n* diagonal

diagram ['daɪəgræm] *n* diagrama

dial ['daɪəl, daɪl] **1** *n (de instrumento, radio)* cuadrante, dial; *(de teléfono)* disco; *(de reloj)* esfera **|2** *vi* & *vtr Tel* marcar; **dial code,** prefijo; **dial tone,** señal de marcar

dialect [daɪə'lekt] *n* dialecto

dialogue, *US* **dialog** ['daɪəlɒg] *n* diálogo

diameter [daɪ'æmɪtəʳ] *n* diámetro

diamond ['daɪəmənd] *n* ♦ diamante ♦ *Naipes* **diamonds** *pl,* diamantes

diaper ['daɪəpəʳ] *n US* pañal

diaphragm ['daɪəfræm] *n* diafragma

diarrhoea, *US* **diarrhea** [daɪə'rɪə] *n* diarrea

diary ['daɪərɪ] *n* ♦ *(personal)* diario ♦ *(libro para citas, etc)* agenda

dice [daɪs] *npl* dados

dictate [dɪk'teɪt] **1** *vtr* ♦ dictar ♦ *(órdenes)* imponer **|2** *vi* **to d. to sb,** darle órdenes a alguien

dictation [dɪk'teɪʃən] *n* dictado

dictator [dɪk'teɪtəʳ] *n* dictador,-ora

dictatorship [dɪk'teɪtəʃɪp] *n* dictadura

dictionary ['dɪkʃənərɪ] *n* diccionario

did [dɪd] *ps* → **do**

didactic [dɪ'dæktɪk] *adj* didáctico, -a

didn't ['dɪdənt] → **did not**

die [daɪ] *vi* ◆ morir(se) ◆ *fig (llama, luz)* extinguirse ◆ *(motor)* calarse ■ **die away** *vi (sonido)* irse apagando ■ **die down** *vi (fuego)* extinguirse; *(tormenta)* amainar; *(ruido)* disminuir ■ **die off** *vi* ir muriendo (uno tras otro) ■ **die out** *vi* ◆ extinguirse ◆ *(tradiciones)* caer en desuso

diesel ['di:zəl] *n* ◆ gasoil ◆ **d. engine,** motor diesel ◆ *fam (vehículo)* diesel

diet ['daɪət] **1** *n* dieta; *(para adelgazar, etc)* régimen |**2** *vi* estar a régimen

dietician [daɪɪ'tɪʃən] *n* especialista en dietética

differ ['dɪfə'] *vi* ◆ diferir ◆ discrepar

difference ['dɪfərəns] *n* ◆ diferencia ◆ discrepancia, desacuerdo

different ['dɪfərənt] *adj* diferente

differentiate [dɪfə'renʃɪeɪt] **1** *vtr* distinguir, diferenciar |**2** *vi* distinguir

differently ['dɪfərəntlɪ] *adv* de otra manera

difficult ['dɪfɪkəlt] *adj* difícil

difficulty ['dɪfɪkəltɪ] *n* dificultad

diffident ['dɪfɪdənt] *adj* tímido,-a

diffuse [dɪ'fju:s] **1** *adj* difuso,-a |**2** [dɪ'fju:z] *vtr (el calor)* difundir; *(la luz)* tamizar

dig [dɪg] **1** *n* ◆ codazo ◆ *fam (una indirecta)* pulla ◆ *Arq* excavación ◆ *GB* **digs** *pl, (esp de estudiantes)* alojamiento |**2** *vtr (ps & pp* **dug)** ◆ *(la tierra)* cavar, remover; *(un túnel)* excavar ◆ *(las uñas)* clavar ■ **dig in** *vi Mil & fig* atrincherarse ■ **dig out** *vtr fig (algo viejo)* sacar ■ **dig up** *vtr* ◆ *(plantas)* arrancar ◆ *(algo enterrado)* desenterrar

digest ['daɪdʒest] **1** *n* resumen |**2** [dɪ'dʒest] *vtr* ◆ digerir ◆ asimilar

digestion [dɪ'dʒestʃən] *n* digestión

digestive [dɪ'dʒestɪv] *adj* digestivo,-a

digger ['dɪgə'] *n* excavadora

digit ['dɪdʒɪt] *n* ◆ *Mat* dígito ◆ *frml* dedo

digital ['dɪdʒɪtəl] *adj* digital

dignified ['dɪgnɪfaɪd] *adj* ◆ digno ◆ *(apariencia)* majestuoso,-a

dignitary ['dɪgnɪtərɪ] *n* dignatario, -a

dignity ['dɪgnɪtɪ] *n* dignidad

digression [daɪ'greʃən] *n* digresión

dike [daɪk] *n US* → **dyke**

dilapidated [dɪ'læpɪdeɪtɪd] *adj (edificio)* deteriorado,-a, ruinoso,-a; *(vehículo)* destartalado,-a

dilemma [dɪ'lemə, daɪ'lemə] *n* dilema

diligent ['dɪlɪdʒənt] *adj* ◆ diligente ◆ *(investigación)* concienzudo,-a

dilute [daɪ'lu:t] **1** *vtr* ◆ diluir ◆ *fig* adulterar |**2** *adj* diluido,-a

dim [dɪm] **1** *adj* **(dimmer, dimmest)** ◆ oscuro,-a; *(luz)* tenue; vago,-a; *(perfil)* indistinto,-a ◆ *fam* torpe, tonto,-a |**2** *vtr* atenuar |**3** *vi (luz)* irse atenuando

dime [daɪm] *n Canadá, US moneda de diez centavos*

dimension [daɪ'menʃən] *n* dimensión

diminish [dɪ'mɪnɪʃ] *vtr & vi* disminuir

diminutive [dɪ'mɪnjʊtɪv] **1** *adj* diminuto,-a |**2** *n* diminutivo

dimple ['dɪmpəl] *n* hoyuelo

din [dɪn] *n* estruendo, estrépito

dine [daɪn] *vi frml* cenar; **to d. out,** cenar fuera

diner ['daɪnə'] *n* ◆ *(persona)* comensal ◆ *US* restaurante económico

dinghy ['dɪŋɪ] *n* bote

dingy ['dɪndʒɪ] *adj* **(dingier, dingiest)** ◆ lúgubre ◆ sucio,-a

dining car ['daɪnɪŋkɑ:'] *n* vagón restaurante

dining room ['daɪnɪŋru:m] *n* comedor

dinner ['dɪnə'] *n (a mediodía) fam* comida; *(por la tarde)* cena; **to have d.,** cenar; **d. jacket,** esmoquin

dinosaur ['daɪnəsɔ:'] *n* dinosaurio

diocese ['daɪəsɪs] *n* diócesis

dip [dɪp] **1** *n* ◆ *fam* baño, chapuzón ◆ *(de carretera)* pendiente; *(en el suelo)* depresión ◆ *Culin* salsa |**2** *vtr* meter; *GB Auto* **to d. one's headlights,** poner las luces cortas |**3** *vi* bajar ■ **dip into** *vtr (un libro)* hojear

diphthong ['dɪfθɒŋ] *n* diptongo

diploma [dɪ'pləʊmə] *n* diploma

diplomacy [dɪ'pləʊməsɪ] *n* diplomacia

diplomat ['dɪpləmæt] *n* diplomático,-a

diplomatic [dɪplə'mætɪk] *adj* diplomático,-a

dire [daɪə'] *adj* extremo,-a, grave

direct [dɪ'rekt, 'daɪrekt] **1** *adj* directo,-a; **d. current,** corriente continua **|2** *adv* directamente **|3** *vtr* ◆ dirigir ◆ *frml (dar órdenes)* mandar
direction [d(a)ɪ'rekʃən] *n* ◆ dirección ◆ **directions** *pl, (indicaciones)* señas; **directions for use,** modo de empleo
directly [d(a)ɪ'rektlɪ] *adv* ◆ *(al lado de, etc)* exactamente, justo ◆ *(hablar)* francamente ◆ *(sin parar)* directamente ◆ *(acudir)* en seguida, ahora mismo
directness [dɪ'rektnəs] *n* franqueza
director [d(a)ɪ'rektəʳ] *n* director,-ora
directory [d(a)ɪ'rektərɪ] *n Tel* guía telefónica; **d. enquiries,** información
dirt [dɜːt] *n* suciedad
dirt-cheap [dɜːt'tʃiːp] *adv* & *adj fam* muy barato
dirty ['dɜːtɪ] **1** *adj (dirtier, dirtiest)* ◆ sucio,-a, ◆ *(chiste)* verde; *(mente)* pervertido,-a **|2** *vtr* ensuciar
disability [dɪsə'bɪlɪtɪ] *n* invalidez
disable [dɪ'seɪbəl] *vtr* ◆ dejar inválido,-a ◆ *(máquina, arma)* inutilizar
disabled [dɪ'seɪbəld] **1** *adj* minusválido,-a **|2** *npl* **the d.,** los minusválidos
disadvantage [dɪsəd'vɑːntɪdʒ] *n* desventaja, inconveniente
disagree [dɪsə'griː] *vi* ◆ estar en desacuerdo ◆ *(comida)* sentar mal
disagreeable [dɪsə'grɪəbəl] *adj* desagradable
disagreement [dɪsə'griːmənt] *n* ◆ desacuerdo, discrepancia ◆ discusión, riña
disallow [dɪsə'laʊ] *vtr* ◆ *Dep (gol)* anular ◆ *(reivindicación)* rechazar
disappear [dɪsə'pɪəʳ] *vi* desaparecer
disappearance [dɪsə'pɪərəns] *n* desaparición
disappoint [dɪsə'pɔɪnt] *vtr* ◆ decepcionar ◆ *(un plan)* frustrar ◆ *(la esperanza)* defraudar
disappointed [dɪsə'pɔɪntɪd] *adj* decepcionado,-a, desilusionado,-a
disappointing [dɪsə'pɔɪntɪŋ] *adj* decepcionante
disappointment [dɪsə'pɔɪntmənt] *n* decepción, desilusión
disapproval [dɪsə'pruːvəl] *n* desaprobación
disapprove [dɪsə'pruːv] *vi* desaprobar **[of, -]**
disarm [dɪs'ɑːm] **1** *vtr* desarmar **|2** *vi* desarmarse
disarmament [dɪs'ɑːməmənt] *n* desarme
disarray [dɪsə'reɪ] *n* desorden
disassociate [dɪsə'səʊʃieɪt] → **dissociate**
disaster [dɪ'zɑːstəʳ] *n* desastre
disastrous [dɪ'zɑːstrəs] *adj* desastroso,-a
disband [dɪs'bænd] **1** *vtr* disolver **|2** *vi* disolverse
disbelief [dɪsbɪ'liːf] *n* incredulidad
disc [dɪsk] *n* disco; **d. jockey,** pinchadiscos; *Inform* **floppy d.,** disquete; **hard d.,** disco duro
discard [dɪs'kɑːd] *vtr* deshacerse de; *(plan)* descartar
discern [dɪ'sɜːn] *vtr* discernir
discernible [dɪ'sɜːnɪbəl] *adj* perceptible
discerning [dɪ'sɜːnɪŋ] *adj* ◆ *(persona)* perspicaz, exigente ◆ *(gusto)* refinado,-a
discharge [dɪs'tʃɑːdʒ] **1** *vtr* ◆ *(a un preso)* liberar; *Med* dar de alta a; *(a un soldado)* licenciar; *(a un empleado)* despedir ◆ *(una deuda)* liquidar; *(un compromiso)* cumplir ◆ *(un barco)* descargar ◆ *(humo)* emitir; *(líquido)* echar **|2** ['dɪstʃɑːdʒ] *n* ◆ *(de preso)* liberación; *(del hospital)* alta; *(del ejército)* baja ◆ *(del deber)* cumplimiento ◆ *(de un barco)* descarga ◆ *Elec* descarga
disciple [dɪ'saɪpəl] *n* discípulo,-a
discipline ['dɪsɪplɪn] **1** *n* disciplina **|2** *vtr* disciplinar
disclose [dɪs'kləʊz] *vtr* revelar
disclosure [dɪs'kləʊʒəʳ] *n* revelación
disco ['dɪskəʊ] *n (abr de* **discotheque***), fam* disco
discolour, *US* **discolor** [dɪs'kʌləʳ] **1** *vtr* de(s)colorar **|2** *vi* de(s)colorarse, desteñirse
discomfort [dɪs'kʌmfət] *n* incomodidad, malestar
disconcert [dɪskən'sɜːt] *vtr* desconcertar

disconcerting [dɪskən'sɜːtɪŋ] *adj* desconcertante

disconnect [dɪskə'nekt] *vtr* desconectar; *(gas, luz, agua)* cortar

disconnected [dɪskə'nektɪd] *adj* inconexo,-a

disconsolate [dɪs'kɒnsəlɪt] *adj* desconsolado,-a

discontented [dɪskən'tentɪd] *adj* descontento,-a

discontinue [dɪskən'tɪnjuː] *vtr frml* interrumpir, suspender

discotheque ['dɪskətek] *n* discoteca

discount ['dɪskaʊnt] **1** *n* descuento **|2** [dɪs'kaʊnt] *vtr* ◆ rebajar ◆ *(una opinión)* descartar

discourage [dɪs'kʌrɪdʒ] *vtr* ◆ *(quitar ánimos)* desanimar ◆ *(desaconsejar)* **to d. sb from doing sthg,** disuadir a alguien de hacer algo

discouraging [dɪs'kʌrɪdʒɪŋ] *adj* desalentador,-ora

discover [dɪ'skʌvəʳ] *vtr* ◆ descubrir ◆ *(un objeto)* encontrar

discovery [dɪ'skʌvərɪ] *n* descubrimiento

discredit [dɪs'kredɪt] **1** *n* descrédito **|2** *vtr* desacreditar

discreet [dɪ'skriːt] *adj* discreto,-a

discrepancy [dɪ'skrepənsɪ] *n* diferencia

discretion [dɪ'skreʃən] *n* discreción

discriminate [dɪ'skrɪmɪneɪt] *vi* discriminar

discriminating [dɪ'skrɪmɪneɪtɪŋ] *adj* entendido,-a, exigente

discrimination [dɪskrɪmɪ'neɪʃən] *n* discriminación

discuss [dɪ'skʌs] *vtr* ◆ discutir ◆ *(por escrito)* tratar de

discussion [dɪ'skʌʃən] *n* discusión

disdain [dɪs'deɪn] *frml* **1** *n* desdén **|2** *vtr* desdeñar

disease [dɪ'ziːz] *n* enfermedad

diseased [dɪ'ziːzd] *adj* enfermo,-a

disembark [dɪsɪm'bɑːk] *vtr* & *vi* desembarcar

disenchanted [dɪsɪn'tʃɑːntɪd] *adj* desencantado,-a, desilusionado,-a

disentangle [dɪsɪn'tæŋgəl] *vtr* desenredar

disfigure [dɪs'fɪgəʳ] *vtr* desfigurar

disgrace [dɪs'greɪs] **1** *n* ◆ vergüenza: **it's a d.!,** ¡es un escándalo! ◆ desgracia **|2** *vtr* deshonrar, desacreditar

disgraceful [dɪs'greɪsfʊl] **1** *adj* vergonzoso,-a

disgruntled [dɪs'grʌntəld] *adj* contrariado,-a, disgustado,-a

disguise [dɪs'gaɪz] **1** *n* disfraz **|2** *vtr* ◆ disfrazar ◆ *(emociones)* disimular

disgust [dɪs'gʌst] **1** *n* ◆ repugnancia, asco ◆ indignación **|2** *vtr* ◆ repugnar, dar asco a ◆ indignar

disgusting [dɪs'gʌstɪŋ] *adj* asqueroso,-a, repugnante; *(comportamiento, situación)* vergonzoso,-a

dish [dɪʃ] *n* ◆ *(para servir)* fuente ◆ *(comida)* plato; **the main d.,** el plato fuerte ■ **dish out** *vtr fam* ◆ *Culin* servir ◆ *(cosas)* repartir

dishcloth ['dɪʃklɒθ] *n* paño de cocina

dishearten [dɪs'hɑːtən] *vtr* desanimar

dishonest [dɪs'ɒnɪst] *adj* deshonesto,-a

dishonour, *US* **dishonor** [dɪs'ɒnəʳ] **1** *n* deshonra **|2** *vtr* deshonrar

dishonourable [dɪs'ɒnərəbəl] *adj* deshonroso,-a

dish-towel ['dɪʃtaʊəl] *n US* trapo de cocina

dishwasher ['dɪʃwɒʃəʳ] *n* lavaplatos

disillusion [dɪsɪ'luːʒən] *vtr* desilusionar

disinfect [dɪsɪn'fekt] *vtr* desinfectar

disinfectant [dɪsɪn'fektənt] *n* desinfectante

disinherit [dɪsɪn'herɪt] *vtr* desheredar

disintegrate [dɪs'ɪntɪgreɪt] *vi* desintegrarse

disintegration [dɪsɪntɪ'greɪʃən] *n* desintegración

disinterested [dɪs'ɪntrɪstɪd] *adj* desinteresado,-a

disjointed [dɪs'dʒɔɪntɪd] *adj* inconexo,-a

disk [dɪsk] *n US* disco; *Inform* **d. drive,** disquetera; **floppy d.,** disquete; **hard d.,** disco duro

diskette [dɪs'ket] *n* disquete

dislike [dɪs'laɪk] **1** *n* antipatía, aversión |**2** *vtr* **I d. noise,** no me gusta el ruido

dislocate ['dɪsləkeɪt] *vtr* dislocar

dislodge [dɪs'lɒdʒ] *vtr* sacar, desplazar

disloyal [dɪs'lɔɪəl] *adj* desleal

dismal ['dɪzməl] *adj* deprimente, triste

dismantle [dɪs'mæntəl] *vtr* desmontar

dismay [dɪs'meɪ] **1** *n* consternación |**2** *vtr* consternar

dismember [dɪs'membəʳ] *vtr* descuartizar, desmembrar

dismiss [dɪs'mɪs] *vtr* ♦ rechazar ♦ *Jur* desestimar; *(un caso)* sobreseer ♦ *(a un empleado)* despedir ♦ dejar ir *o* mandar retirarse

dismissal [dɪs'mɪsəl] *n* ♦ rechazo ♦ *Jur* desestimación ♦ *(de empleado)* despido, destitución

dismount [dɪs'maʊnt] *vi frml* apearse

disobedient [dɪsə'biːdɪənt] *adj* desobediente

disobey [dɪsə'beɪ] *vtr* & *vi* desobedecer

disorder [dɪs'ɔːdəʳ] *n* ♦ *(de cosas)* desorden ♦ *(de orden público)* disturbio ♦ *Med* trastorno

disorderly [dɪs'ɔːdəlɪ] *adj* ♦ desordenado,-a ♦ *(gente)* turbulento,-a

disorganized [dɪs'ɔːgənaɪzd] *adj* desorganizado,-a

disorient [dɪs'ɔːrɪənt], **disorientate** [dɪs'ɔːrɪenteɪt] *vtr* desorientar

disown [dɪs'əʊn] *vtr* ♦ desconocer ♦ repudiar

disparaging [dɪ'spærɪdʒɪŋ] *adj* despectivo,-a

dispatch [dɪ'spætʃ] **1** *n* ♦ envío ♦ informe; *Mil* parte |**2** *vtr* enviar

dispel [dɪ'spel] *vtr* disipar

dispense [dɪ'spens] *vtr* ♦ *(cosas)* repartir ♦ *(la justicia)* administrar ■ **dispense with** *vtr* prescindir de

dispenser [dɪ'spensəʳ] *n* máquina expendedora; **cash d.,** cajero automático

disperse [dɪ'spɜːs] **1** *vtr* dispersar |**2** *vi* dispersarse; *(niebla)* disiparse

displace [dɪs'pleɪs] *vtr* ♦ *(a una persona)* sustituir ♦ *(mover)* desplazar

display [dɪ'spleɪ] **1** *n* ♦ exposición; *(de emociones)* manifestación; *(de fuerza)* despliegue; *(de habilidades)* exhibición; **firework d.,** fuegos artificiales ♦ *Inform* visualización |**2** *vtr* ♦ exponer; *(emociones)* manifestar ♦ *Inform* visualizar

displeasure [dɪs'pleʒəʳ] *n* disgusto

disposable [dɪ'spəʊzəbəl] *adj* ♦ desechable ♦ *(persona, cosa)* disponible

disposal [dɪ'spəʊzəl] *n* ♦ *(de basura)* eliminación ♦ *(de bomba)* desactivación ♦ disponibilidad ♦ *(de bienes)* venta

dispose [dɪ'spəʊz] *vtr frml* disponer, ordenar ■ **dispose of** *vtr* ♦ deshacerse de; *(bienes)* vender ♦ *(asunto)* resolver

disposition [dɪspə'zɪʃən] *n* ♦ temperamento, genio ♦ *frml* disposición

disproportionate [dɪsprə'pɔːʃənɪt] *adj* desproporcionado,-a

disprove [dɪs'pruːv] *vtr* refutar, desmentir

dispute ['dɪspjuːt] **1** *n* ♦ disputa ♦ conflicto |**2** [dɪ'spjuːt] *vtr* ♦ discutir ♦ disputar

disqualify [dɪs'kwɒlɪfaɪ] *vtr* descalificar

disregard [dɪsrɪ'gɑːd] **1** *n* indiferencia |**2** *vtr* hacer caso omiso de

disreputable [dɪs'repjʊtəbəl] *adj* de mala fama

disrepute [dɪsrɪ'pjuːt] *n* descrédito

disrespect [dɪsrɪ'spekt] *n* falta de respeto

disrespectful [dɪsrɪ'spektfʊl] *adj* irrespetuoso,-a

disrupt [dɪs'rʌpt] *vtr* ♦ interrumpir ♦ *(planes)* desbaratar

disruption [dɪs'rʌpʃən] *n* interrupción

disruptive [dɪs'rʌptɪv] *adj* perjudicial, negativo,-a

dissatisfied [dɪs'sætɪsfaɪd] *adj* descontento,-a

disseminate [dɪ'semɪneɪt] *vtr frml* diseminar

dissent [dɪ'sent] **1** *n* disensión |**2** *vi* disentir

dissertation [dɪsəˈteɪʃən] *n* ◆ disertación ◆ *Univ* tesis, tesina
dissident [ˈdɪsɪdənt] *adj* & *n* disidente
dissimilar [dɪˈsɪmɪləʳ] *adj* distinto,-a
dissipate [ˈdɪsɪpeɪt] **1** *vtr* disipar **|2** *vi* disiparse
dissociate [dɪˈsəʊʃɪeɪt] *vtr* disociar
dissolution [dɪsəˈluːʃən] *n* disolución
dissolve [dɪˈzɒlv] **1** *vtr* disolver **|2** *vi* disolverse
dissuade [dɪˈsweɪd] *vtr* disuadir
distance [ˈdɪstəns] *n* distancia: **in the d.,** a lo lejos
distant [ˈdɪstənt] *adj* distante
distaste [dɪsˈteɪst] *n* repugnancia
distasteful [dɪsˈteɪstfʊl] *adj* desagradable
distend [dɪˈstend] *frml* **1** *vtr* dilatar **|2** *vi* dilatarse
distil, *US* **distill** [dɪsˈtɪl] *vtr* destilar
distillery [dɪˈstɪlərɪ] *n* destilería
distinct [dɪˈstɪŋkt] *adj* ◆ distinto,-a ◆ *(sensación, cambio)* marcado,-a
distinction [dɪˈstɪŋkʃən] *n* ◆ distinción ◆ *Educ* sobresaliente
distinctive [dɪˈstɪŋktɪv] *adj* distintivo,-a
distinguish [dɪˈstɪŋgwɪʃ] *vtr* distinguir
distinguished [dɪˈstɪŋgwɪʃt] *adj* distinguido,-a
distinguishing [dɪˈstɪŋgwɪʃɪŋ] *adj* distintivo,-a, característico,-a
distort [dɪˈstɔːt] *vtr* ◆ deformar ◆ distorsionar, tergiversar
distortion [dɪˈstɔːʃən] *n* ◆ deformación ◆ distorsión
distract [dɪˈstrækt] *vtr* distraer
distraction [dɪˈstrækʃən] *n* distracción
distraught [dɪˈstrɔːt] *adj* afligido,-a, angustiado,-a
distress [dɪˈstres] **1** *n* ◆ *(mental)* angustia ◆ *(físico)* dolor ◆ **d. signal,** señal de socorro **|2** *vtr* afligir, apenar
distressing [dɪˈstresɪŋ] *adj* penoso,-a
distribute [dɪˈstrɪbjuːt] *vtr* distribuir
distribution [dɪstrɪˈbjuːʃən] *n* distribución
distributor [dɪˈstrɪbjʊtəʳ] *n* ◆ *Com* distribuidor,-ora ◆ *Auto* delco®
district [ˈdɪstrɪkt] *n* ◆ barrio, distrito ◆ *(de país)* región
distrust [dɪsˈtrʌst] **1** *n* desconfianza, recelo **|2** *vtr* desconfiar de
disturb [dɪˈstɜːb] *vtr* ◆ molestar ◆ perturbar
disturbance [dɪˈstɜːbəns] *n* ◆ disturbio ◆ *(de rutina)* alteración ◆ *(ruido, etc)* alboroto
disturbed [dɪˈstɜːbd] *adj* ◆ preocupado,-a ◆ *Psic* perturbado,-a
disturbing [dɪˈstɜːbɪŋ] *adj* inquietante
disuse [dɪsˈjuːs] *n* desuso
disused [dɪsˈjuːzd] *adj* abandonado,-a
ditch [dɪtʃ] **1** *n* zanja; *(de carretera)* cuneta; *(para riego)* acequia **|2** *vtr fam* deshacerse de
ditto [ˈdɪtəʊ] *n* ídem, lo mismo
dive [daɪv] **1** *n* ◆ zambullida; *(de buzo)* inmersión; *Dep* salto ◆ *fam (bar)* antro **|2** *vi* ◆ *(al agua)* tirarse de cabeza ◆ *(buzo)* bucear ◆ *Dep* saltar
diver [ˈdaɪvəʳ] *n* buceador,-ora ◆ *(profesional)* buzo ◆ *Dep* saltador,-ora
diverge [daɪˈvɜːdʒ] *vi* divergir
diverse [daɪˈvɜːs] *adj* diverso,-a
diversion [daɪˈvɜːʃən] *n* ◆ distracción ◆ *GB (de carretera)* desvío
diversity [daɪˈvɜːsɪtɪ] *n* diversidad
divert [daɪˈvɜːt] *vtr* ◆ *(tráfico)* desviar ◆ *(entretener)* divertir
divide [dɪˈvaɪd] **1** *vtr* ◆ dividir ◆ separar **|2** *vi* bifurcarse
dividend [ˈdɪvɪdend] *n* dividendo
divine [dɪˈvaɪn] *adj* divino,-a
diving [ˈdaɪvɪŋ] *n* ◆ buceo, submarinismo ◆ *(competición)* saltos
divinity [dɪˈvɪnɪtɪ] *n* ◆ divinidad ◆ *(asignatura)* teología
division [dɪˈvɪʒən] *n* ◆ división ◆ reparto ◆ *(de una empresa)* sección
divorce [dɪˈvɔːs] **1** *n* divorcio **|2** *vtr* & *vi* divorciarse
divorcé [dɪˈvɔːseɪ] *n* divorciado
divorcée [dɪvɔːˈsiː] *n* divorciada
divulge [daɪˈvʌldʒ] *vtr frml* divulgar

DIY [diːaɪ'waɪ] *n GB (abr de* ***do-it-yourself****)*, bricolaje

dizziness ['dɪzɪnɪs] *n* vértigo, mareo

dizzy ['dɪzɪ] *adj (****dizzier, dizziest****)* mareado,-a

DJ ['diːdʒeɪ] *n fam abr de* ***disc jockey***

DNA [diːen'eɪ] *n (abr de* ***deoxyribonucleic acid****)*, ácido desoxirribonucleico, ADN

do[1] [duː, *forma débil* dʊ, də] *v aux irregular (3.ª persona sing pres* ***does****; ps* ***did****)* ◆ *(preguntas)* **do you live near here?**, ¿vives cerca de aquí?; **what did you say?**, ¿qué has dicho? ◆ *(frases negativas) (en uso corriente se suelen abreviar:* ***do not = don't, does not = doesn't, did not = didn't****):* **I don't want to go out**, no quiero salir; **she doesn't eat meat**, ella no come carne ◆ *(preguntas negativas)* **why don't you stop smoking?**, ¿por qué no dejas de fumar? ◆ *(imperativo negativo)* **don't be silly!**, ¡no seas tonto! ◆ *(afirmativo enfático)* **he does talk nonsense**, él sí que dice tonterías; *(suaviza un imperativo):* **do come in!**, ¡pase, por favor! ◆ *(sustitución del verbo principal)* **do you speak English? - yes, I do**, ¿hablas inglés? - sí, lo hablo ◆ *(confirmación de un comentario):* **you live in Boston, don't you?**, vives en Boston, ¿verdad?

do[2] *(3.ª persona sing pres* ***does****, ps* ***did****, pp* ***done****)* **1** *vtr* ◆ hacer: **what does she do? - she's a lawyer**, ¿a qué se dedica?- es abogada; **I'll do my best**, haré todo lo posible; **what can I do for you?**, ¿en qué puedo ayudarle?; **to do one's homework**, hacer los deberes ◆ cumplir; **to do one's duty**, cumplir con el deber ◆ *(+ ing)* **to do the cleaning/cooking**, limpiar/cocinar; **to do the shopping**, ir de compras ◆ *Teat* representar ◆ *(una carrera)* estudiar ◆ *(prepararse, arreglarse)* **do your hair**, péinate ◆ *(beneficiar)* **a bit of exercise does you good**, un poco de ejercicio viene bien ◆ *(vender, tener)* **that restaurant does a good paella**, ese restaurante tiene una buena paella |**2** *vi* ◆ hacer: **do as I tell you**, haz lo que te digo ◆ *(ir bien o mal)* **to do well**, tener éxito; **how are you doing?**, ¿qué tal? ◆ *(ser suficiente)* **fifty dollars will do**, con cincuenta dólares será suficiente: *fam* **that will do!**, ¡basta ya! ◆ *(servir de)* **this cave will do as a shelter**, esta cueva servirá de cobijo ◆ |LOC: *frml (al saludar por primera vez a alguien)* **how do you do? - how do you do?**, ¿cómo está usted? - mucho gusto *(la pregunta sirve a la vez de respuesta)* ■ **do away with** *vtr* ◆ abolir; *(cosas viejas, etc)* deshacerse de ◆ *fam* asesinar ■ **do for** *fam vtr* arruinar ■ **do up** *vtr* ◆ *(un regalo)* envolver ◆ *(el cinturón, etc)* abrochar; *(los zapatos)* atar ■ **do with** *vtr* ◆ **I could do with a holiday**, *(necesitar)* unas vacaciones no me vendrían mal ◆ **to have to do with**, tener que ver con ■ **do without** *vtr* pasar sin, prescindir de

docile ['dəʊsaɪl] *adj* dócil

dock [dɒk] **1** *n* ◆ *Jur* banquillo de los acusados ◆ **docks** *pl*, puerto |**2** *vi* atracar

docker ['dɒkə^r^] *n* estibador

doctor ['dɒktə^r^] *n* ◆ *Med* médico,-a ◆ *Univ* doctor,-ora

doctorate ['dɒktərɪt] *n* doctorado

doctrine ['dɒktrɪn] *n* doctrina

document ['dɒkjʊmənt] **1** *n* documento |**2** *vtr* documentar

documentary [dɒkjʊ'mentərɪ] *adj & n* documental

dodge [dɒdʒ] **1** *vtr* ◆ esquivar; eludir ◆ *(los impuestos, etc)* evadir |**2** *vi* escabullirse |**3** *n* regate

dodgy ['dɒdʒɪ] *adj (****dodgier, dodgiest****) GB fam* ◆ arriesgado,-a ◆ *(de mala calidad, etc)* poco fiable: **the roof is a bit d.**, el tejado tiene mala pinta

doe [dəʊ] *n inv* ◆ *(hembra de ciervo)* cierva ◆ *(hembra de conejo)* coneja

does [dʌz] → **do**[1] & **do**[2]

doesn't ['dʌzənt] ◆ **does not** ◆ → **do**[1]

dog [dɒg] **1** *n* ◆ perro ◆ *(zorro, lobo, etc)* macho |**2** *vtr* perseguir

doggie, doggy [dɒgɪ] *n fam* perrito

dogmatic [dɒg'mætɪk] *adj* dogmático,-a

doh [dəʊ] *n* do

doing ['du:ɪŋ] *n* obra
do-it-yourself [du:ɪtjə'self] *n* bricolaje
dole [dəʊl] *n GB fam* subsidio de paro
dole out *vtr* distribuir, repartir
doll [dɒl] *n* muñeca
dollar ['dɒləʳ] *n* dólar
dolly ['dɒlɪ] *n fam* muñequita
dolphin ['dɒlfɪn] *n* delfín
domain [də'meɪn] *n* campo, ámbito
dome [dəʊm] *n (por fuera)* cúpula; *(por dentro)* bóveda
domestic [də'mestɪk] *adj* ◆ doméstico,-a ◆ *(vuelo, noticias, producto)* nacional
domesticate [də'mestɪkeɪt] *vtr* domesticar
dominant ['dɒmɪnənt] *adj* dominante
dominate ['dɒmɪneɪt] *vtr & vi* dominar
domineering [dɒmɪ'nɪərɪŋ] *adj* dominante
Dominican [də'mɪnɪkən] *adj & n* dominicano,-a; **D. Republic,** República Dominicana
dominion [də'mɪnjən] *n* dominio
domino ['dɒmɪnəʊ] *n* ◆ ficha de dominó ◆ **dominoes** *pl, (juego)* dominó
donate [dəʊ'neɪt] *vtr* donar
donation [dəʊ'neɪʃən] *n* donativo
done [dʌn] *pp* → **do**¹ & **do**²
donkey ['dɒŋkɪ] *n* burro,-a
donor ['dəʊnəʳ] *n* donante
don't [dəʊnt] ◆ **do not** ◆ → **do**¹
doom [du:m] **1** *n* ◆ *(perdición)* fatalidad ◆ muerte **|2** *vtr* condenar: **we are all doomed,** estamos perdidos
doomsday ['du:mzdeɪ] *n* día del Juicio Final
door [dɔ:ʳ] *n* puerta; **out of doors,** al aire libre
doorbell ['dɔ:bel] *n* timbre de la puerta
doorknob ['dɔ:nɒb] *n* pomo
doorman ['dɔ:mən] *n* portero
doormat ['dɔ:mæt] *n* felpudo
doorstep ['dɔ:step] *n* umbral
door-to-door [dɔ:tə'dɔ:ʳ] *adj* a domicilio
doorway ['dɔ:weɪ] *n* entrada
dope [dəʊp] **1** *n* ◆ *argot* droga, hachís ◆ *fam (persona)* imbécil **|2** *vtr* dopar, drogar
dopey ['dəʊpɪ] *adj* **(dopier, dopiest)** *fam* atontado,-a, grogui
dormant ['dɔ:mənt] *adj* ◆ *(volcán)* inactivo,-a ◆ *(emoción, enfermedad)* latente
dormitory ['dɔ:mɪtərɪ] *n* ◆ *(en un internado)* dormitorio ◆ *US (en la universidad)* colegio mayor
dosage ['dəʊsɪdʒ] *n* dosis
dose [dəʊs] *n* dosis
dossier ['dɒsɪeɪ] *n* expediente
dot [dɒt] **1** *n* punto; **at seven on the d.,** a las siete en punto
double ['dʌbəl] **1** *adj* doble; **d. bed,** cama de matrimonio; **d. room,** habitación doble **|2** *adv* doble; **to pay d.,** pagar el doble **|3** *n* ◆ *Cine Teat* doble ◆ *Ten* **doubles** *pl,* (partido de) dobles **|4** *vtr* doblar **|5** *vi* doblarse ■ **double back** *vi* volver uno sobre sus pasos ■ **double up 1** *vtr* doblar **|2** *vi* ◆ *(de risa)* troncharse ◆ *(de dolor)* retorcerse
double bass [dʌbəl'beɪs] *n* contrabajo
double-breasted ['dʌbəlbrestɪd] *adj* cruzado,-a
double-check [dʌbəl'tʃek] *vtr & vi* verificar dos veces
double-decker [dʌbəl'dekəʳ] *n GB* **d.-d. (bus),** autobús de dos pisos
double-edged [dʌbəl'edʒd] *adj* de doble filo
doubly ['dʌblɪ] *adv* doblemente
doubt [daʊt] **1** *n* duda; **no d.** *o* **without a d.,** sin duda **|2** *vtr* dudar
doubtful ['daʊtfʊl] *adj* ◆ dudoso,-a, incierto,-a ◆ *(mirada, voz)* dubitativo,-a
doubtfully ['daʊtfʊlɪ] *adv* sin convicción
doubtless ['daʊtlɪs] *adv* sin duda, seguramente
dough [dəʊ] *n* ◆ masa, pasta ◆ *argot* dinero
doughnut ['dəʊnʌt] *n* rosquilla, dónut®
dour [dʊəʳ] *adj* severo,-a
dove [dʌv] *n* paloma

dowdy ['daʊdɪ] *adj (**dowdier, dowdiest**)* poco elegante

down [daʊn] **1** *prep* ♦ *(a un nivel más bajo)* **to go d. the stairs,** bajar la escalera; **d. the hill,** cuesta abajo ♦ *(a lo largo de)* por; **to walk d. the street,** andar por la calle **|2** *adv* ♦ *(movimiento)* (hacia) abajo; **to bend d.,** inclinarse hacia abajo ♦ *(posición)* abajo; **d. here,** aquí abajo ♦ **profits are d. by ten per cent,** los beneficios han bajado un diez por ciento; **to be d. with a cold,** estar resfriado,-a **|3** *adj* ♦ **cash d.,** pago al contado ♦ *Inform Mec Elec* averiado,-a **|4** *n* **ups and downs,** altibajos

downcast ['daʊnkɑːst] *adj* abatido,-a

downfall ['daʊnfɔːl] *n* ♦ *(de régimen)* caída ♦ *(de persona)* perdición

downgrade ['daʊngreɪd] *vtr* degradar

downhearted [daʊn'hɑːtɪd] *adj* desalentado,-a

downright ['daʊnraɪt] *adv* completamente

downstairs [daʊn'steəz] *adv* en un piso inferior

downstream [daʊn'striːm] *adv* río abajo

down-to-earth [daʊntʊ'ɜːθ] *adj* realista

downtown [daʊn'taʊn] *adj US* del centro de la ciudad

downward ['daʊnwəd] *adj (cuesta)* descendente; *(mirada)* hacia abajo

downward(s) ['daʊnwəd(z)] *adv* hacia abajo

dowry ['daʊrɪ] *n* dote

doze [dəʊz] **1** *vi* dormitar **|2** *n* cabezada, siestecita ■ **doze off** *vi* quedarse dormido,-a

dozen ['dʌzən] *n* docena

dozy ['dəʊzɪ] *adj* somnoliento,-a

Dr *(abr de **Doctor**)*, Doctor,-ora, Dr., Dra.

drab [dræb] *adj (**drabber, drabbest**)* monótono,-a

draft [drɑːft] **1** *n* ♦ borrador ♦ *Com* letra de cambio, cheque ♦ *US* → **draught** **|2** *vtr* ♦ hacer un borrador de ♦ *US Mil* reclutar

draftsman ['drɑːftsmən] *n US* → **draughtsman**

drag [dræg] **1** *vtr* ♦ *(tirar)* arrastrar ♦ *(un lago, río)* rastrear **|2** *vi* ♦ arrastrar ♦ *(persona)* rezagarse **|3** *n* ♦ *Téc* resistencia ♦ *fam (de cigarillo)* calada ♦ *argot* **to be in d.,** ir vestido de mujer ■ **drag off** *vtr* llevar arrastrando ■ **drag out** *vtr* alargar

dragon ['drægən] *n* dragón

dragonfly ['drægənflaɪ] *n* libélula

drag queen ['drægkwiːn] *n* travesti

drain [dreɪn] **1** *n* ♦ desagüe, alcantarilla ♦ *(en la calle, etc)* sumidero ♦ **drains** *pl,* alcantarillado **|2** *vtr* ♦ *(una ciénaga, etc)* avenar; *(un embalse)* desecar ♦ *(la vajilla)* escurrir

drainage ['dreɪnɪdʒ] *n* drenaje, desagüe; *(de ciudad)* alcantarillado

drama ['drɑːmə] *n* obra de teatro

dramatic [drə'mætɪk] *adj* ♦ espectacular ♦ *Teat* dramático,-a, teatral

dramatically [drə'mætɪklɪ] *adv* drásticamente

dramatist ['dræmətɪst] *n* dramaturgo,-a

dramatization [dræmətaɪ'zeɪʃən] adaptación teatral

dramatize ['dræmətaɪz] *vtr* ♦ *Te* escenificar ♦ exagerar, dramatizar

drank [dræŋk] *ps* → **drink**

drape [dreɪp] **1** *vtr* cubrir **|2** *n* *de tela)* caída

drastic ['dræstɪk] *adj* drástic ,-a

draught [drɑːft] *n* ♦ corriente ♦ **d. (beer),** cerveza de barril ♦ *GB* **draughts** *pl,* juego de damas

draughtsman ['drɑːftsmən] *n* delineante

draw [drɔː] **1** *vtr (ps **drew**; pp **drawn**)* ♦ dibujar; *(una línea)* trazar ♦ tirar de; *(tren, carroza)* arrastrar; *(cortinas)* descorrer; *(cerrar)* correr; *(persianas)* bajar ♦ *(la atención)* llamar ♦ *(un arma, una conclusión, confesión, un diente, dinero del banco, etc)* sacar; *(un talón)* librar; *(un sueldo)* cobrar ♦ **to d. breath,** respirar ♦ **to d. lots,** echar a suertes ♦ *(comparación)* hacer **|2** *vi* ♦ dibujar ♦ *(moverse)* **to d. apart (from),** separarse (de): **to d. to a halt/stop,** parar; **to d. to an end,** acabarse ◆ *Dep* **they drew three all,** empataron a tres |3 *n* ◆ sorteo ◆ *Dep* empate ■ **draw back 1** *vt* retirar **2** *vi* retroceder ■ **draw on** *vtr (ahorros)* recurrir a ■ **draw out** *vtr* sacar ■ **draw up** *vtr* preparar

drawback ['drɔːbæk] *n* inconveniente, pega

drawer ['drɔːəʳ] *n* cajón

drawing ['drɔːɪŋ] *n* ◆ dibujo ◆ *GB* **d. pin,** chincheta

drawl [drɔːl] *vi hablar arrastrando las palabras*

drawn [drɔːn] *adj* demacrado,-a, ojeroso,-a

dread [dred] **1** *vtr* temer a |**2** *n* temor

dreadful ['dredfʊl] *adj* espantoso,-a, atroz

dream [driːm] **1** *n* ◆ sueño ◆ *(despierto)* ensueño |**2** *vtr (ps & pp* ***dreamed*** *o* ***dreamt)*** soñar

dreamer ['driːməʳ] *n* soñador,-ora

dreamy [driːmɪ] *adj (****dreamier, dreamiest****)* distraído,-a

dreary ['drɪərɪ] *adj (****drearier, dreariest****)* lúgubre

dredge [dredʒ] *vtr & vi* dragar

drench [drentʃ] *vtr* empapar

dress [dres] **1** *n* ◆ vestido ◆ **d. rehearsal,** ensayo general |**2** *vtr* ◆ vestir ◆ *(la ensalada)* aliñar ◆ *(una herida)* vendar |**3** *vi* vestirse ■ **dress up 1** *vi* disfrazarse |**2** *vtr fig* disfrazar

dresser ['dresəʳ] *n* ◆ *GB (mueble de cocina)* aparador ◆ *US (mueble de dormitorio)* tocador

dressing ['dresɪŋ] *n* ◆ *Med* vendaje ◆ *(de ensalada)* aliño ◆ **d. gown,** bata, albornoz ◆ **d. room,** camerino

dressmaker ['dresmeɪkəʳ] *n* modisto,-a

dressy ['dresɪ] *adj (****dressier, dressiest****)* vistoso,-a

drew [druː] *ps* → **draw**

dribble ['drɪbəl] **1** *vi* ◆ babear ◆ *(líquido)* gotear |**2** *vtr* regatear |**3** *n fam* baba

dried [draɪd] *adj (flor, pescado)* seco,-a; *(leche)* en polvo

drier ['draɪəʳ] *n* → **dryer**

drift [drɪft] **1** *vi* ◆ *(barco)* ir a la deriva ◆ *(nieve, arena)* amontonarse |**2** *n* ◆ *(de gente, etc)* flujo ◆ *(de nieve, arena)* montón

drill [drɪl] **1** *n* taladro; **d. (bit),** broca |**2** *vtr* ◆ taladrar, perforar ◆ *(a soldados, niños)* entrenar, instruir

drink [drɪŋk] **1** *vtr (ps* ***drank;*** *pp* ***drunk)*** beber |**2** *vi* beber |**3** *n* bebida

drinker [drɪŋkəʳ] *n* bebedor,-ora

drinking ['drɪŋkɪŋ] *n* **d. water,** agua potable

drip [drɪp] **1** *n* goteo |**2** *vi* gotear

drive [draɪv] **1** *vtr (ps* ***drove;*** *pp* ***driven)*** ◆ conducir, *LAm* manejar ◆ *(a una persona)* llevar, forzar ◆ *(energía)* impulsar ◆ |LOC: **to d. sb mad,** volver loco,-a a alguien |**2** *vi Auto* conducir, *LAm* manejar |**3** *n* ◆ paseo en coche ◆ *(delante de una casa)* camino de entrada ◆ *Mec* **front-wheel d.,** tracción delantera ◆ *Golf* golpe inicial ◆ empuje, vigor ◆ instinto; **sex d.,** instinto sexual ◆ *Inform* disquetera

drive-in ['draɪvɪn] *n US Cine* autocine

driven ['drɪvən] *pp* → **drive**

driver ['draɪvəʳ] *n* conductor,-ora; *US* **d.'s license,** carné de conducir

driveway ['draɪvweɪ] *n* camino de entrada

driving ['draɪvɪŋ] *n* ◆ *GB* **d. licence,** carné de conducir; **d. school,** autoescuela; **d. test,** examen de conducir

drizzle ['drɪzəl] **1** *n* llovizna |**2** *vi* lloviznar

drone [drəʊn] **1** *n* zángano |**2** *vi (abeja)* zumbar; *fig* hablar monótonamente

drool [druːl] *vi* babear; **to d. over sthg/sb,** caérsele la baba a uno por algo/alguien

droop [druːp] *vi (flor)* marchitarse; *(párpados)* caerse

drop [drɒp] **1** *n* ◆ gota; **eye drops,** colirio ◆ *Geog* desnivel ◆ *(de precio)* bajada; *(de temperatura)* descenso |**2** *vtr* ◆ *(a propósito)* dejar caer; *(por accidente)* caérsele a uno; *(precios)* bajar ◆ *(una bomba)* lanzar, soltar |**3** *vi (objeto)* caerse; *(con paracaídas, etc)* tirarse; *(voz, precio, temperatura)* bajar; *(viento)* amainar; *(velocidad)* disminuir ■ **drop behind** *vi* rezagarse ■ **drop off 1** *vi fam* quedarse dormido,-a |2 *vtr fam* entregar, dejar ■ **drop out** *vi* ♦ *Educ* dejar los estudios ♦ *(de la sociedad)* marginarse ♦ *(de un concurso)* retirarse

dropout ['drɒpaʊt] *n pey* marginado,-a

droppings ['drɒpɪŋz] *npl* excrementos

drought [draʊt] *n* sequía

drown [draʊn] **1** *vtr* ahogar |2 *vi* ahogarse

drowsy ['draʊzɪ] *adj (**drowsier, drowsiest**)* somnoliento,-a

drudgery ['drʌdʒərɪ] *n* trabajo penoso

drug [drʌg] **1** *n* ♦ fármaco, medicamento ♦ droga, estupefaciente; **d. abuse,** consumo de drogas; **d. addict,** toxícomano,-a; **d. addiction,** toxicomanía |2 *vtr* drogar

drugstore ['drʌgstɔːʳ] *n US farmacia donde también se compran periódicos, comestibles, etc*

drum [drʌm] *n* tambor

drummer ['drʌməʳ] *n (persona)* batería

drumstick ['drʌmstɪk] *n* ♦ *Mús* baqueta ♦ *fam* palillo ♦ *Culin* muslo

drunk [drʌŋk] **1** *adj* borracho,-a; **to get d.,** emborracharse |2 *n* borracho,-a

drunkard ['drʌŋkəd] *n* borracho,-a

drunken ['drʌŋkən] *adj* borracho,-a, de borrachos

dry [draɪ] **1** *adj (**drier, driest** o **dryer, dryest**)* seco,-a; **d. wine,** vino seco |2 *vtr (ps & pp **dried**)* secar |3 *vi* **to d. (off),** secarse

dry-clean [draɪ'kliːn] *vtr* limpiar en seco

dryer ['draɪəʳ] *n* secadora

dryness ['draɪnəs] *n* sequedad

dub [dʌb] *vtr* ♦ *Cine TV* doblar ♦ apodar

dubious ['djuːbɪəs] *adj* ♦ dudoso,-a, sospechoso,-a ♦ **to be d.,** tener dudas

duchess ['dʌtʃɪs] *n* duquesa

duck [dʌk] **1** *n* pato,-a |2 *vtr* ♦ sumergir, hundir ♦ *(una pregunta, un deber, etc)* eludir |3 *vi* agacharse

duckling ['dʌklɪŋ] *n* patito

duct [dʌkt] *n* conducto

due [djuː] *adj* ♦ *frml* debido,-a; **with all d. respect,** con todo respeto; **in d. course,** en su debido momento ♦ esperado,-a: **the flight is d. at seven,** el vuelo se espera a las siete ♦ **d. to,** debido a

duel ['djuːəl] *n* duelo

duet [djuː'et] *n* dúo

dug [dʌg] *ps & pp* → **dig**

duke [djuːk] *n* duque

dull [dʌl] *adj* ♦ aburrido,-a ♦ *(luz)* apagado,-a ♦ *(tiempo)* gris, nublado,-a ♦ *(pintura)* mate ♦ *fig (persona)* lerdo,-a, corto,-a

dumb [dʌm] **1** *adj* ♦ mudo,-a ♦ *fam* tonto,-a |2 *npl* **the d.,** los mudos

dumbfounded [dʌm'faʊndɪd], **dumbstruck** ['dʌmstrʌk] *adj* estupefacto,-a, mudo,-a de asombro

dummy ['dʌmɪ] *n* ♦ imitación ♦ *(en escaparate, de modista)* maniquí; *(de ventrílocuo)* muñeco ♦ *GB (para bebé)* chupete

dump [dʌmp] **1** *n* ♦ vertedero ♦ *(bar, casa)* tugurio, pocilga ♦ *Mil* depósito |2 *vtr* ♦ *(basura)* verter ♦ dejar, abandonar

dumpling ['dʌmplɪŋ] *n Culin* bola de masa guisada

dumpy ['dʌmpɪ] *adj (**dumpier, dumpiest**) fam* rechoncho,-a

dunce [dʌns] *n* burro,-a (de la clase)

dune [djuːn] *n* duna

dung [dʌŋ] *n* estiércol

dungarees [dʌŋgə'riːz] *npl* pantalón de peto; *(para trabajar)* mono

dungeon ['dʌndʒən] *n* calabozo, mazmorra

duo ['djuːəʊ] *n* dúo

dupe [djuːp] **1** *vtr* engañar, timar |2 *n* ingenuo,-a

duplex ['djuːpleks] *n* ♦ *US* casa adosada ♦ *US* **d. apartment,** dúplex

duplicate ['djuːplɪkeɪt] **1** *vtr* ♦ duplicar ♦ *(película, cinta)* reproducir, grabar ♦ *(acción)* repetir |2 ['djuːplɪkɪt] *n* duplicado

durable ['djʊərəbəl] *adj* duradero,-a
duration [djʊ'reɪʃən] *n* duración
duress [djʊ'res] *n frml Jur* coacción: **under d.,** por coacción
during ['djʊərɪŋ] *prep* durante
dusk [dʌsk] *n* crepúsculo; **at d.,** al atardecer
dusky ['dʌskɪ] *adj (piel)* moreno,-a; *(color)* oscuro,-a
dust [dʌst] **1** *n* polvo **|2** *vtr* ♦ quitar el polvo a ♦ *(talco, etc)* espolvorear
dustbin ['dʌstbɪn] *n GB* cubo de la basura
duster ['dʌstə^r] *n* ♦ *GB* trapo, bayeta; **feather d.,** plumero ♦ *US* guardapolvo
dustman ['dʌstmən] *n GB* basurero
dustpan ['dʌstpæn] *n* recogedor
dusty ['dʌstɪ] *adj (dustier, dustiest)* polvoriento,-a, cubierto,-a de polvo
Dutch [dʌtʃ] **1** *adj* holandés,-esa **|2** *n* ♦ *pl* **the D.,** los holandeses ♦ *(idioma)* holandés; **it's double D. to me,** me suena a chino **|3** *adv fig* **to go D.,** pagar a escote
Dutchman ['dʌtʃmən] *n* holandés
Dutchwoman ['dʌtʃwʊmən] *n* holandesa
dutiful ['dju:tɪfl] *adj* obediente, sumiso,-a
duty ['dju:tɪ] *n* ♦ deber ♦ *(trabajo)* función ♦ **to be on d.,** estar de servicio; **d. chemist,** farmacia de guardia
duty-free ['dju:tɪfri:] **1** *adj* libre de impuestos **|2** *n* tienda libre de impuestos
duvet ['du:veɪ] *n* edredón nórdico
dwarf [dwɔ:f] *n (pl* ***dwarves*** [dwɔ:vz]*)* enano,-a
dwell [dwel] *vi* morar, habitar ■ **dwell on** *vtr* hacer hincapié en, preocuparse por
dwelling ['dwelɪŋ] *n* morada, vivienda
dwindle ['dwɪndəl] *vi* menguar, disminuir
dye [daɪ] **1** *n* tinte, colorante **|2** *vtr (p pres* ***dyeing****; ps & pp* ***dyed****)* teñir
dying ['daɪɪŋ] *adj* moribundo,-a, agonizante
dyke [daɪk] *n* ♦ dique ♦ *pey argot* tortillera
dynamic [daɪ'næmɪk] *adj* dinámico,-a
dynamics [daɪ'næmɪks] *n* dinámica
dynamism ['daɪnəmɪzəm] *n* dinamismo
dynamite ['daɪnəmaɪt] *n* dinamita
dynamo ['daɪnəməʊ] *n* dinamo
dynasty ['dɪnəstɪ] *n* dinastía
dysentery ['dɪsəntrɪ] *n* disentería
dyslexia [dɪs'leksɪə] *n* dislexia

E

E, e [i:] *n* ♦ *(letra)* E, e ♦ *Mús* mi
E *(abr de East)* Este, E
each [i:tʃ] **1** *adj* cada **|2** *pron* ♦ cada uno,-a ♦ **e. other,** el uno al otro, mutuamente
eager ['i:gə^r] *adj* ansioso,-a
eagle ['i:gəl] *n* águila
ear [ɪə^r] *n* oreja; *(sentido)* oído
earache ['ɪəreɪk] *n* dolor de oídos
earl [ɜ:l] *n* conde
earlobe ['ɪələʊb] *n* lóbulo
early ['ɜ:lɪ] *(earlier, earliest)* **1** *adj*

♦ temprano,-a, anticipado,-a ♦ *(en un futuro cercano)* pronto |2 *adv* ♦ antes, pronto; **earlier on,** antes ♦ al principio

earmark ['ɪəmɑːk] *vtr* destinar

earn [ɜːn] *vtr* ganar

earnest ['ɜːnɪst] *adj* serio,-a

earnings ['ɜːnɪŋz] *npl* ingresos

earphones ['ɪəfəʊnz] *npl* auriculares

earring ['ɪərɪŋ] *n* pendiente

earth [ɜːθ] **1** *n* ♦ tierra ♦ **the E.,** la Tierra ♦ |LOC: *fam* **where on e. have you put it?,** ¿dónde demonios lo has puesto? |2 *vtr Elec* conectar a tierra

earthquake ['ɜːθkweɪk] *n* terremoto

earthworm ['ɜːθwɜːm] *n* lombriz de tierra

earthy ['ɜːθɪ] *adj* poco sofisticado,-a

ease [iːz] **1** *n* ♦ tranquilidad ♦ *(sin dificultades)* facilidad; **e. of use,** facilidad de empleo ♦ *(bienestar económico)* desahogo |2 *vtr* aliviar, mitigar ■ **ease off/up** *vi* ♦ disminuir ♦ ir más despacio

easel ['iːzəl] *n* caballete

easily ['iːzɪlɪ] *adv* ♦ fácilmente ♦ con mucho

East [iːst] **1** *n* este; **the Middle E.,** el Oriente Medio |2 *adj* del este, oriental |3 *adv* al *o* hacia el este

Easter ['iːstəʳ] *n* Semana Santa, Pascua; **E. egg,** huevo de Pascua; **E. Sunday,** Domingo de Resurrección

eastern ['iːstən] *adj* oriental, del este; **E. Europe,** Europa Oriental

eastward(s) ['iːstwəd(z)] *adv* hacia el este

easy ['iːzɪ] *(easier, easiest)* **1** *adj* ♦ fácil, sencillo,-a ♦ *(sin preocupaciones)* cómodo,-a, tranquilo,-a; **e. chair,** sillón |2 *adv fam* **go e. on her,** no seas demasiado duro con ella; *fam* **to take it/things e.,** tomarse las cosas con calma

easy-going [iːzɪ'gəʊɪŋ] *adj* poco exigente

eat [iːt] *(ps ate, pp eaten) vtr & vi* comer ■ **eat away** *vtr* desgastar; *(ácido)* corroer ■ **eat into** *vtr* roer ■ **eat out** *vi* comer fuera

eaten ['iːtən] *pp* → **eat**

eaves [iːvz] *npl* alero

eavesdrop ['iːvzdrɒp] *vi* escuchar a escondidas

ebb [eb] *n* reflujo; **e. and flow,** flujo y reflujo

ebony ['ebənɪ] **1** *n* ébano |2 *adj* de ébano

eccentric [ɪk'sentrɪk] *adj & nm,f* excéntrico,-a

ecclesiastic [ɪkliːzɪ'æstɪk] *adj & nm,f* eclesiástico,-a

echo ['ekəʊ] **1** *n (pl echoes)* eco |2 *vtr* repetir |3 *vi* resonar, hacer eco

eclipse [ɪ'klɪps] **1** *n* eclipse |2 *vtr* eclipsar

ecological [iːkə'lɒdʒɪkəl] *adj* ecológico,-a

ecology [ɪ'kɒlədʒɪ] *n* ecología

economic [iːkə'nɒmɪk] *adj* económico,-a; rentable

economical [iːkə'nɒmɪkəl] *adj* económico,-a

economics [iːkə'nɒmɪks] *n sing* economía

economist [ɪ'kɒnəmɪst] *n* economista

economize [ɪ'kɒnəmaɪz] *vi* economizar

economy [ɪ'kɒnəmɪ] *n* ♦ economía ♦ ahorro; **e. class,** clase turista; **e. size,** tamaño familiar

ecosystem ['iːkɒsɪstəm] *n* ecosistema

ecstasy ['ekstəsɪ] *n* éxtasis

ecstatic [ek'stætɪk] *adj* extático,-a

Ecuador ['ekwədɔːʳ] *n* Ecuador

Ecuadorean ['ekwə'dɔːrɪən] *n & adj* ecuatoriano,-a

eczema ['eksɪmə] *n* eczema

eddy ['edɪ] **1** *n* remolino |2 *vi* arremolinarse

edge [edʒ] **1** *n* ♦ borde ♦ *(de cuchillo)* filo; *(de moneda)* canto; *(del agua)* orilla ♦ |LOC: *fig* **to be on e.,** tener los nervios de punta |2 *vi* **to e. away,** alejarse poco a poco

edgy ['edʒɪ] *adj (edgier, edgiest)* nervioso,-a

edible ['edɪbəl] *adj* comestible

edict ['iːdɪkt] *n* edicto

edit ['edɪt] *vtr* ♦ corregir, editar ♦ *Cine Rad TV* montar, cortar

edition [ɪ'dɪʃən] *n* edición

editor ['edɪtəʳ] *n* redactor,-ora; *(de libro)* editor,-ora; *Cine TV* montador,-ora

educate ['edjʊkeɪt] *vtr* educar

educated ['edjʊkeɪtɪd] *adj* culto,-a

education [edjʊ'keɪʃən] *n* ♦ enseñanza; **primary/secondary/higher e.**, enseñanza primaria/secundaria/superior; **Ministry of E.**, Ministerio de Educación ♦ cultura

educational [edjʊ'keɪʃənəl] *adj* educativo,-a, pedagógico

eel [iːl] *n* anguila

eerie ['ɪərɪ] *adj (eerier, eeriest)* espeluznante

effect [ɪ'fekt] **1** *n* ♦ efecto; **in e.**, en realidad, de hecho; **to no e.**, sin resultado ♦ impresión ♦ **effects** *pl*, enseres, efectos personales **|2** *vtr frml* efectuar, llevar a cabo

effective [ɪ'fektɪv] *adj* ♦ eficaz ♦ *(real)* efectivo,-a ♦ *(que impresiona)* impresionante

effeminate [ɪ'femɪnɪt] *adj* afeminado,-a

effervescent [efə'vesənt] *adj* efervescente

efficiency [ɪ'fɪʃənsɪ] *n* eficiencia, rendimiento

efficient [ɪ'fɪʃənt] *adj* eficiente, eficaz

effort ['efət] *n* ♦ esfuerzo ♦ intento

e.g. [iː'dʒiː] *(abr de exempli gratia)* p. ej. (por ejemplo)

egalitarian [ɪgælɪ'teərɪən] *adj* igualitario,-a

egg [eg] *n* huevo; **e. white,** clara de huevo; **e. yolk,** yema de huevo

eggplant ['egplɑːnt] *n US* berenjena

eggshell ['egʃel] *n* cáscara de huevo

egocentric [iːgəʊ'sentrɪk] *adj* egocéntrico,-a

egoism ['iːgəʊɪzəm] *n* egoísmo

Egypt ['iːdʒɪpt] *n* Egipto

eiderdown ['aɪdədaʊn] *n* edredón

eight [eɪt] *adj & n* ocho

eighteen [eɪ'tiːn] *adj & n* dieciocho

eighteenth [eɪ'tiːnθ] *adj & n* decimoctavo

eighth [eɪtθ] *adj & n* octavo,-a

eighty ['eɪtɪ] *adj & n* ochenta

either ['aɪðəʳ, 'iːðəʳ] **1** *pron det* ♦ *(afirmativo)* cualquiera; **e. of them,** cualquiera de los/las dos ♦ *(negativo)* ninguno,-a (de los dos): **she doesn't want e. (of them)**, no quiere ninguno (de los dos) **|2** *adj* cualquier(a), **cada in e. case,** en cualquiera de los dos casos **|3** *conj (afirmativo)* **e. ... or ...**, o... o...: **e. you can go or you can stay,** puedes irte o quedarte **|4** *adv (después de negativo)* tampoco: **I don't want to go, and my wife doesn't e.**, yo no quiero ir y mi mujer tampoco

ejaculate [ɪ'dʒækjʊleɪt] *vi* eyacular

eject [ɪ'dʒekt] *vtr* expulsar

elaborate [ɪ'læbəreɪt] **1** *vtr* ♦ elaborar ♦ dar más detalles **|2** *vi* explicarse; **to e. on/upon sthg,** explicar algo con mayor detalle **|3** [ɪ'læbərɪt] *adj* ♦ complicado,-a ♦ *(plan)* detallado,-a ♦ *(trabajo, estilo)* esmerado,-a ♦ *(obra de arte, etc)* elaborado,-a, trabajado,-a

elapse [ɪ'læps] *vi* transcurrir, pasar

elastic [ɪ'læstɪk] **1** *adj* elástico,-a **|2** *n* elástico

elated [ɪ'leɪtɪd] *adj* eufórico,-a

elation [ɪ'leɪʃən] *n* euforia

elbow ['elbəʊ] *n* ♦ codo ♦ *(en un río)* recodo

elder ['eldəʳ] **1** *adj* mayor: **she is my e. sister,** ella es mi hermana mayor **|2** *n* el *o* la mayor **|3** *npl* **the elders,** los ancianos

elderly ['eldəlɪ] **1** *adj* anciano,-a **|2** *npl* **the e.**, los ancianos

eldest ['eldɪst] **1** *adj* mayor **|2** *n* el *o* la mayor

elect [ɪ'lekt] **1** *vtr* elegir **|2** *adj* **the president e.**, el presidente electo

election [ɪ'lekʃən] **1** *n* elección; **general e.**, elecciones generales **|2** *adj* electoral

elector [ɪ'lektəʳ] *n* elector,-ora

electoral [ɪ'lektərəl] *adj* electoral

electric [ɪ'lektrɪk] *adj* eléctrico,-a

electrician [ɪlek'trɪʃən] *n* electricista

electricity [ɪlek'trɪsɪtɪ] *n* electricidad

electrify [ɪ'lektrɪfaɪ] *vtr* electrificar

electrocute [ɪ'lektrəkjuːt] *vtr* electrocutar

electrode [ɪ'lektrəʊd] *n* electrodo
electron [ɪ'lektrɒn] *n* electrón
electronic [ɪlek'trɒnɪk] **1** *adj* electrónico,-a **|2** *n* **electronics** electrónica
elegant ['elɪgənt] *adj* elegante
element ['elɪmənt] *n* elemento
elementary [elɪ'mentərɪ] *adj* elemental, básico
elephant ['elɪfənt] *n* elefante
elevate ['elɪveɪt] *vtr* ♦ elevar, subir ♦ *(promover)* ascender
elevation [elɪ'veɪʃən] *n* ♦ elevación ♦ *Arquit* alzado ♦ *Geog* altitud
elevator ['elɪveɪtə'] *n US* ascensor
eleven [ɪ'levən] *adj* & *n* once
eleventh [ɪ'levənθ] *adj* & *nm,f* undécimo,-a
elicit [ɪ'lɪsɪt] *vtr* obtener
eligible ['elɪdʒəbəl] *adj* apto,-a
eliminate [ɪ'lɪmɪneɪt] *vtr* eliminar
élite [ɪ'li:t] *n* élite
élitist [ɪ'li:tɪst] *adj* elitista
elm [elm] *n* olmo
elongate ['i:lɒŋgeɪt] *vtr* alargar
eloquent ['eləkwənt] *adj* elocuente
else [els] *adv* ♦ **anyone e.,** alguien más; **anything e.?,** ¿algo más?; **everything e.,** todo lo demás; **something e.,** otra cosa, algo más; **somewhere e.,** en otra parte; **what e.?,** ¿qué mas?; **where e.?,** ¿en qué otro sitio? ♦ **or e.,** si no
elsewhere [els'weə'] *adv* en otro lugar
elucidate [ɪ'lu:sɪdeɪt] *vtr* aclarar, dilucidar
elude [ɪ'lu:d] *vtr* eludir
elusive [ɪ'lu:sɪv] *adj* escurridizo,-a
emaciated [ɪ'meɪsɪeɪtɪd] *adj* demacrado,-a, consumido,-a
emanate ['eməneɪt] *vi* emanar, provenir
emancipate [ɪ'mænsɪpeɪt] *vtr* emancipar
emancipation [ɪmænsɪ'peɪʃən] *n* emancipación
embankment [ɪm'bæŋkmənt] *n* terraplén
embargo [em'bɑ:gəʊ] **1** *n (pl* **embargoes***)* embargo **|2** *vtr* embargar
embark [em'bɑ:k] **1** *vtr (mercancías)* embarcar **|2** *vi* embarcar, embarcarse
embarkation [embɑ:'keɪʃən] *n* embarque
embarrass [ɪm'bærəs] *vtr* avergonzar
embarrassed [ɪm'bærəst] *adj* avergonzado,-a
embarrassing [ɪm'bærəsɪŋ] *adj* embarazoso,-a
embarrassment [ɪm'bærəsmənt] *n* vergüenza
embassy ['embəsɪ] *n* embajada
embed [ɪm'bed] *vtr* incrustar
embellish [ɪm'belɪʃ] *vtr* ♦ embellecer ♦ *(una historia)* exagerar, adornar
embers ['embə'] *npl* brasas
embezzle [ɪm'bezəl] *vtr* malversar, desfalcar
embezzlement [ɪm'bezəlmənt] *n* malversación, desfalco
embitter [ɪm'bɪtə'] *vtr* amargar
embittered [ɪm'bɪtəd] *adj* amargado,-a, resentido,-a
emblem ['embləm] *n* emblema
embody [ɪm'bɒdɪ] *vtr* ♦ plasmar, expresar ♦ abarcar ♦ personificar
embossed [ɪm'bɒst] *adj* en relieve
embrace [ɪm'breɪs] **1** *vtr* ♦ abrazar ♦ adoptar, abrazar ♦ incluir, abarcar **|2** *vi* abrazarse **|3** *n* abrazo
embroider [ɪm'brɔɪdə'] *vtr* ♦ bordar ♦ *(una historia, la verdad)* adornar
embroidery [ɪm'brɔɪdərɪ] *n* bordado
embryo ['embrɪəʊ] *n* embrión
emerald ['emərəld] *n* esmeralda
emerge [ɪ'mɜ:dʒ] *vi* ♦ salir, surgir ♦ resultar: **it emerged that...,** resultó que...
emergence [ɪ'mɜ:dʒəns] *n* aparición
emergency [ɪ'mɜ:dʒənsɪ] *n* emergencia
emery ['emərɪ] *n* **e. board,** lima de uñas
emigrant ['emɪgrənt] *n* emigrante
emigrate ['emɪgreɪt] *vi* emigrar
emigration [emɪ'greɪʃən] *n* emigración
eminent ['emɪnənt] *adj* eminente
emission [ɪ'mɪʃən] *n* emisión
emit [ɪ'mɪt] *vtr* ♦ emitir, producir ♦ *(olor, gas)* despedir
emotion [ɪ'məʊʃən] *n* emoción

emotional [ɪ'məʊʃənəl] *adj* ◆ sensible, emocionado,-a ◆ *(relacionado con el comportamiento)* emocional, afectivo,-a ◆ *(una escena, un discurso)* conmovedor,-ora

emotive [ɪ'məʊtɪv] *adj* emotivo,-a

emperor ['empərə^r] *n* emperador

emphasis ['emfəsɪs] *n (pl* **emphases** ['emfəsi:z]*)* énfasis

emphasize ['emfəsaɪz] *vtr* enfatizar

emphatic [em'fætɪk] *adj* enfático,-a

empire ['empaɪə^r] *n* imperio

employ [ɪm'plɔɪ] *vtr* emplear

employee [em'plɔɪi:, emplɔɪ'i:] *n* empleado,-a

employer [ɪm'plɔɪə^r] *n* ◆ empleador,-ora ◆ patrón,-ona

employment [ɪm'plɔɪmənt] *n* empleo; **e. agency,** agencia de trabajo

empress ['emprɪs] *n* emperatriz

emptiness ['emptɪnɪs] *n* vacío

empty ['emptɪ] **1** *adj* **(emptier, emptiest)** vacío,-a **|2** *vtr* vaciar **|3** *vi* ◆ vaciarse ◆ *(río)* desembocar **|4** *npl* **empties,** envases vacíos

empty-handed [emptɪ'hændɪd] *adj* con las manos vacías

EMU [i:em'ju:] *n (abr de* **European Monetary Union***)* Unión Monetaria Europea

emulate ['emjʊleɪt] *vtr* emular

emulsion [ɪ'mʌlʃən] *n* emulsión

enable [ɪn'eɪbəl] *vtr* permitir

enact [ɪn'ækt] *vtr* ◆ *(una escena, un papel)* representar ◆ *(una ley)* promulgar

enamel [ɪ'næməl] *n* esmalte

enchant [ɪn'tʃɑ:nt] *vtr* encantar

enchanting [ɪn'tʃɑ:ntɪŋ] *adj* encantador,-ora

encircle [ɪn'sɜ:kəl] *vtr* rodear

enclave ['enkleɪv] *n* enclave

enclose [ɪn'kləʊz] *vtr* ◆ rodear, encerrar ◆ cercar ◆ *(en un sobre)* adjuntar

enclosure [ɪn'kləʊʒə^r] *n* ◆ cercado ◆ *Dep* zona para espectadores, recinto

encore ['ɒŋkɔ:^r] **1** *excl* **e. !,** ¡otra!, ¡bis! **|2** *n* repetición, bis

encounter [ɪn'kaʊntə^r] **1** *n* encuentro **|2** *vtr* encontrarse con

encourage [ɪn'kʌrɪdʒ] *vtr* animar

encouragement [ɪn'kʌrɪdʒmənt] *n* estímulo, aliento

encouraging [ɪn'kʌrɪdʒɪŋ] *adj* ◆ *(noticia, etc)* esperanzador,-ora ◆ *(situación)* halagüeño,-a

encrusted [ɪn'krʌstɪd] *adj* incrustado,-a

encyclop(a)edia [ensaɪkləʊ'pi:dɪə] *n* enciclopedia

end [end] **1** *n* ◆ extremo; *(de una cuerda, de un palo, de la nariz)* punta; *(de una calle)* final; *(de un pasillo, jardín)* fondo ◆ *(en el tiempo)* fin, final; **to come to an e.,** llegar a su fin; **to put an e. to,** acabar con; **in the e.,** al final, finalmente ◆ objetivo, fin **|2** *vtr* acabar, terminar **|3** *vi* acabarse, terminarse ■ **end up** *vi* terminar, acabar

endanger [ɪn'deɪndʒə^r] *vtr* poner en peligro

endangered [ɪn'deɪndʒəd] *adj* en peligro, en vías de extinción

endear [ɪn'dɪə^r] *vt* **to e. oneself to sb,** hacerse querer por alguien

endearing [ɪn'dɪərɪŋ] *adj* simpático,-a, entrañable

endeavour, *US* **endeavor** [ɪn'devə^r] **1** *n* esfuerzo **|2** *vtr* intentar, procurar

ending ['endɪŋ] *n* final, desenlace; **a happy e.,** un final feliz

endive ['endaɪv] *n* ◆ endibia ◆ *US* escarola

endless ['endlɪs] *adj* interminable

endorse [ɪn'dɔ:s] *vtr* ◆ aprobar ◆ respaldar, apoyar

endorsement [ɪn'dɔ:smənt] *n* ◆ *(de un cheque)* endoso; *(de un documento)* aval ◆ *Auto GB* nota de sanción ◆ aprobación

endow [ɪn'daʊ] *vtr* dotar

endowment [ɪn'daʊmənt] *n* dotación

endurance [ɪn'djʊərəns] *n* resistencia

endure [ɪn'djʊə^r] **1** *vtr* aguantar, soportar **|2** *vi* perdurar

enduring [ɪn'djʊərɪŋ] *adj* duradero, perdurable

enemy ['enəmɪ] *adj* & *n* enemigo,-a

energetic [enə'dʒetɪk] *adj* enérgico,-a

energy ['enədʒɪ] *n* energía

enforce [ɪn'fɔːs] *vtr* ♦ hacer cumplir ♦ imponer

enforcement [ɪn'fɔːsmənt] *n* aplicación

engage [ɪn'geɪdʒ] *vtr* ♦ contratar ♦ *(la atención)* llamar ♦ *Auto (marcha)* meter ♦ *(una conversación)* entablar ■ **engage in** *vt* dedicarse a, tomar parte en

engaged [ɪn'geɪdʒd] *adj* ♦ ocupado,-a ♦ *(para casarse)* prometido,-a; **to get e.**, prometerse ♦ *Tel* **the line's e.**, está comunicando

engagement [ɪn'geɪdʒmənt] *n* ♦ compromiso ♦ noviazgo; **e. ring**, anillo de compromiso

engaging [ɪn'geɪdʒɪŋ] *adj* atractivo,-a, agradable

engine ['endʒɪn] *n* ♦ motor ♦ *GB Ferroc* locomotora

engineer [endʒɪ'nɪəʳ] **1** *n* ♦ ingeniero,-a ♦ *US Ferroc* maquinista |**2** *vtr fig* manipular, maquinar

engineering [endʒɪ'nɪərɪŋ] *n* ingeniería

England ['ɪŋglənd] *n* Inglaterra

English ['ɪŋglɪʃ] **1** *adj* inglés,-esa |**2** *n* ♦ *(idioma)* inglés ♦ **the E.** *pl*, los ingleses

Englishman ['ɪŋglɪʃmən] *n* inglés

Englishwoman ['ɪŋglɪʃwʊmən] *n* inglesa

engrave [ɪn'greɪv] *vtr* grabar

engraving [ɪn'greɪvɪŋ] *n* grabado

engrossed [ɪn'grəʊst] *adj* absorto,-a

engulf [ɪn'gʌlf] *vtr* tragarse

enhance [ɪn'hɑːns] *vtr* aumentar; realzar; *(prestigio, etc)* elevar

enjoy [ɪn'dʒɔɪ] *vtr* ♦ disfrutar de ♦ gozar de ♦ **to e. oneself**, divertirse

enjoyable [ɪn'dʒɔɪəbəl] *adj* agradable

enjoyment [ɪn'dʒɔɪmənt] *n* placer

enlarge [ɪn'lɑːdʒ] **1** *vtr* extender, agrandar |**2** *vi* **to e. on/upon a subject**, extenderse sobre un tema

enlargement [ɪn'lɑːdʒmənt] *n* ampliación

enlighten [ɪn'laɪtən] *vtr* iluminar

enlightened [ɪn'laɪtənd] *adj* ♦ culto,-a ♦ progresista

enlist [ɪn'lɪst] **1** *vtr* reclutar |**2** *vi* alistarse

enmity ['enmɪtɪ] *n* enemistad

enormous [ɪ'nɔːməs] *adj* enorme

enough [ɪ'nʌf] **1** *adj* bastante, suficiente |**2** *adv* ♦ bastante, suficientemente: **this house isn't big e.**, esta casa no es lo suficientemente grande ♦ *(después de algunos adverbios)* **clearly e. ...**, claro está que...; **oddly e. ...**, lo curioso es que...; **sure e.**, en efecto |**3** *pron* lo bastante, lo suficiente ♦ |LOC: **e. is e.**, ¡ya basta!

enquire [ɪn'kwaɪəʳ] *vi* preguntar

enquiry [ɪn'kwaɪərɪ] *n* ♦ pregunta ♦ investigación ♦ *(letrero)* **«enquiries»**, «información»

enrage [ɪn'reɪdʒ] *vtr* enfurecer

enrich [ɪn'rɪtʃ] *vtr* enriquecer

enrol, *US* **enroll** [ɪn'rəʊl] **1** *vtr* matricular; *Mil* alistar |**2** *vi* matricularse; *Mil* alistarse

enrolment [ɪn'rəʊlmənt] *n* matrícula, inscripción; *Mil* alistamiento

enslave [ɪn'sleɪv] *vtr* esclavizar

ensue [ɪn'sjuː] *vi* ♦ seguir ♦ resultar

ensuing [ɪn'sjuːɪŋ] *adj* consiguiente, subsiguiente

ensure [ɪn'ʃʊəʳ] *vtr* asegurar

entail [ɪn'teɪl] *vtr* suponer

entangle [ɪn'tæŋgəl] *vtr* enredar

enter ['entəʳ] **1** *vtr* ♦ *frml* entrar en ♦ ingresar en ♦ apuntar, anotar ♦ inscribir ♦ *Inform* dar entrada a |**2** *vi* entrar ■ **enter into** *vtr* ♦ firmar; *(un trato)* cerrar ♦ *(negociaciones, relaciones)* iniciar ♦ *(una conversación)* entablar

enterprise ['entəpraɪz] *n* empresa

enterprising ['entəpraɪzɪŋ] *adj* emprendedor,-ora

entertain [entə'teɪn] **1** *vtr* ♦ entretener, divertir ♦ considerar, contemplar |**2** *vi* tener invitados

entertainer [entə'teɪnəʳ] *n* artista

entertaining [entə'teɪnɪŋ] *adj* divertido,-a

entertainment [entə'teɪnmənt] *n* ♦ diversión ♦ *Teat* espectáculo

enthusiasm [ɪn'θjuːzɪæzəm] *n* entusiasmo

enthusiast [ɪn'θjuːzɪæst] *n* entusiasta
enthusiastic [ɪnθjuːzɪ'æstɪk] *adj* entusiasta
entice [ɪn'taɪs] *vtr* seducir, atraer
enticing [ɪn'taɪsɪŋ] *adj* tentador,-ora, atractivo,-a
entire [ɪn'taɪəʳ] *adj* entero,-a
entirely [ɪn'taɪəlɪ] *adv* ◆ por completo, totalmente ◆ únicamente, exclusivamente
entitle [ɪn'taɪtəl] *vtr* ◆ dar derecho a, autorizar; **to be entitled to sthg,** tener derecho a algo ◆ *(un libro)* titular, llamar
entity ['entɪtɪ] *n* entidad
entrails ['entreɪlz] *npl* tripas; *fig* entrañas
entrance[1] ['entrəns] *n* ◆ entrada ◆ ingreso; **e. examination,** examen de ingreso
entrance[2] [ɪn'trɑːns] *vtr* encantar
entrant ['entrənt] *n* participante
entrepreneur [ɒntrəprə'nɜːʳ] *n* empresario,-a
entrust [ɪn'trʌst] *vtr* encargar; **to e. sb with sthg** *o* **to e. sthg to sb,** confiar algo a alguien
entry ['entrɪ] *n* entrada; **no e.,** prohibida la entrada *o* dirección prohibida
enumerate [ɪ'njuːməreɪt] *vtr* enumerar
enunciate [ɪ'nʌnsɪeɪt] *vtr* articular; *(ideas, planes)* formular
envelop [ɪn'veləp] *vtr* envolver
envelope ['envələʊp] *n* sobre
enviable ['envɪəbəl] *adj* envidiable
envious ['envɪəs] *adj* envidioso,-a
environment [ɪn'vaɪərənmənt] *n* medio ambiente
environmental [ɪnvaɪərən'mentəl] *adj* medioambiental
envisage [ɪn'vɪzɪdʒ] *vtr* imaginarse
envoy ['envɔɪ] *n* enviado,-a
envy ['envɪ] **1** *n* envidia **|2** *vtr* envidiar
enzyme ['enzaɪm] *n* enzima
epic ['epɪk] **1** *n* epopeya **|2** *adj* épico,-a
epidemic [epɪ'demɪk] **1** *n* epidemia **|2** *adj* epidémico,-a
epilepsy ['epɪlepsɪ] *n* epilepsia
epilogue, *US* **epilog** ['epɪlɒg] *n* epílogo
episode ['epɪsəʊd] *n* episodio
epitaph ['epɪtɑːf] *n* epitafio
epitome [ɪ'pɪtəmɪ] *n frml* personificación
epitomize [ɪ'pɪtəmaɪz] *vtr frml* personificar
equable ['ekwəbəl] *adj* ◆ ecuánime ◆ uniforme
equal ['iːkwəl] **1** *adj* & *n* igual **|2** *vtr* equivaler
equality [iː'kwɒlɪtɪ] *n* igualdad
equalize ['iːkwəlaɪz] *vtr* igualar
equalizer ['iːkwəlaɪzəʳ] *n* ecualizador
equally ['iːkwəlɪ] *adv* ◆ igualmente ◆ a partes iguales
equanimity [ekwə'nɪmɪtɪ] *n* ecuanimidad
equate [ɪ'kweɪt] *vtr* equiparar, comparar
equation [ɪ'kweɪʃən] *n* ecuación
equator [ɪ'kweɪtəʳ] *n* ecuador
equatorial [ekwə'tɔːrɪəl] *adj* ecuatorial
equestrian [ɪ'kwestrɪən] *adj* ecuestre
equilibrium [iːkwɪ'lɪbrɪəm] *n* equilibrio
equinox ['iːkwɪnɒks] *n* equinoccio
equip [ɪ'kwɪp] *vtr* equipar, proveer
equipment [ɪ'kwɪpmənt] *n* equipo, material
equitable ['ekwɪtəbəl] *adj* equitativo,-a
equivalent [ɪ'kwɪvələnt] *adj* & *n* equivalente
equivocal [ɪ'kwɪvəkəl] *adj* equívoco,-a
era ['ɪərə] *n* era
eradicate [ɪ'rædɪkeɪt] *vtr* erradicar
erase [ɪ'reɪz] *vtr* borrar
eraser [ɪ'reɪzəʳ] *n* goma de borrar
erect [ɪ'rekt] **1** *adj* erguido,-a **|2** *vtr* erigir, levantar
erection [ɪ'rekʃən] *n* erección
erode [ɪ'rəʊd] *vtr* erosionar
erosion [ɪ'rəʊʒən] *n* erosión
erotic [ɪ'rɒtɪk] *adj* erótico,-a
err [ɜːʳ] *vi* errar

errand [ˈerənd] *n* recado
erratic [ɪˈrætɪk] *adj* ◆ irregular, errático ◆ *(clima)* muy variable ◆ *(persona)* caprichoso,-a
erroneous [ɪˈrəʊnɪəs] *adj* erróneo,-a
error [ˈerəʳ] *n* error, equivocación
erupt [ɪˈrʌpt] *vi* ◆ entrar en erupción ◆ estallar
eruption [ɪˈrʌpʃən] *n* erupción
escalate [ˈeskəleɪt] *vi* ◆ intensificarse ◆ *(precios)* aumentar, subir
escalator [ˈeskəleɪtəʳ] *n* escalera mecánica
escapade [ˈeskəpeɪd] *n* aventura
escape [ɪsˈkeɪp] **1** *n* ◆ huida, fuga ◆ *(de gas, agua)* escape **|2** *vi* ◆ escaparse, fugarse ◆ *(de un accidente)* salvarse **|3** *vtr* ◆ escapar a ◆ **your name escapes me,** no recuerdo su nombre
escort [ˈeskɔːt] **1** *n* ◆ escolta ◆ acompañante **|2** [ɪsˈkɔːt] *vtr* ◆ acompañar ◆ escoltar
especially [ɪˈspeʃlɪ] *adv* especialmente, sobre todo
espionage [ˈespɪənɑːʒ] *n* espionaje
espresso [eˈspresəʊ] *n* café exprés
esquire [ɪˈskwaɪəʳ] *n GB frml (casi siempre se usa la abreviatura Esq.)* señor; **J. Morrison Milne, Esq.,** Sr. Don J. Morrison Milne
essay [ˈeseɪ] *n* ◆ redacción ◆ *Lit* ensayo
essence [ˈesəns] *n* esencia
essential [ɪˈsenʃəl] **1** *adj* esencial, imprescindible **|2** *npl* **the essentials,** lo imprescindible
establish [ɪˈstæblɪʃ] *vtr* establecer
established [ɪˈstæblɪʃt] *adj* ◆ arraigado,-a ◆ *(persona, empresa)* establecido,-a, sólido,-a
establishment [ɪˈstæblɪʃmənt] *n* ◆ establecimiento ◆ **the E.,** el sistema
estate [ɪˈsteɪt] *n* ◆ finca ◆ herencia ◆ bienes, patrimonio ◆ *GB* **e. agent,** agente inmobiliario,-a
esteem [ɪˈstiːm] **1** *n* estima **|2** *vtr* estimar
esthetic [esˈθetɪk] *adj US* estético,-a
estimate [ˈestɪmɪt] **1** *n* ◆ cálculo ◆ presupuesto **|2** [ˈestɪmeɪt] *vtr* calcular, estimar
estimation [estɪˈmeɪʃən] *n* ◆ juicio, opinión ◆ cálculo
estuary [ˈestjʊərɪ] *n* estuario
etching [ˈetʃɪŋ] *n* aguafuerte
eternal [ɪˈtɜːnəl] *adj* eterno,-a
eternity [ɪˈtɜːnɪtɪ] *n* eternidad
ether [ˈiːθəʳ] *n* éter
ethical [ˈeθɪkəl] *adj* ético,-a
ethics [ˈeθɪks] *n* ética
ethnic [ˈeθnɪk] *adj* étnico,-a
etiquette [ˈetɪket] *n* protocolo, etiqueta
eucalyptus [juːkəˈlɪptəs] *n* eucalipto
euphemism [ˈjuːfɪmɪzəm] *n* eufemismo
euro [ˈjʊərəʊ] *n (moneda única europea)* euro
Euro-MP [ˈjʊərəʊempiː] *n* eurodiutado,-a
Europe [ˈjʊərəp] *n* Europa
European [jʊərəˈpɪən] *adj & n* europeo,-a
euthanasia [juːθəˈneɪzɪə] *n* eutanasia
evacuate [ɪˈvækjʊeɪt] *vtr* evacuar
evacuation [ɪvækjʊˈeɪʃən] *n* evacuación
evacuee [ɪvækjʊˈiː] *n* evacuado,-a
evade [ɪˈveɪd] *vtr* evadir
evaluate [ɪˈvæljʊeɪt] *vtr* evaluar
evaluation [ɪvæljʊˈeɪʃən] *n* evaluación
evangelist [ɪˈvændʒɪlɪst] *n* ◆ *Rel* evangelista ◆ predicador,-ora de una iglesia protestante
evaporate [ɪˈvæpəreɪt] **1** *vtr* evaporar **|2** *vi* ◆ evaporarse ◆ *(esperanza, miedo, etc)* desvanecerse
evasion [ɪˈveɪʒən] *n* evasión
evasive [ɪˈveɪsɪv] *adj* evasivo,-a
eve [iːv] *n* víspera; **on the e. of,** en vísperas de
even [ˈiːvən] **1** *adj* ◆ liso,-a ◆ nivelado,-a, llano,-a ◆ uniforme, constante ◆ igual ◆ *Dep* **to be e.,** ir empatados,-as ◆ *(número)* par ◆ *(cantidad)* exacto,-a; **an e. kilo,** un kilo exacto **|2** *adv* ◆ incluso, hasta, aun ◆ *(negativo)* ni siquiera: **he can't e. walk,** ni siquiera puede andar ◆ *(antes del comparativo)* aún, todavía: **he's e. richer than me,** es aún

más rico que yo |3 *conj* **e. as,** incluso mientras; **e. if,** incluso si; **e. so,** aun así; **e. though,** aunque |4 *vtr* igualar

evening ['iːvnɪŋ] *n* ◆ *(a partir de las cinco o las seis de la tarde)* tarde; *(después de anochecer)* noche ◆ *(saludo)* **good e.!,** *(a partir de las cinco o las seis de la tarde)* ¡buenas tardes!; *(después de anochecer)* ¡buenas noches!

evenly ['iːvənlɪ] *adv* ◆ a partes iguales ◆ uniformemente ◆ *(hablar)* sin alterar la voz

event [ɪ'vent] *n* ◆ suceso, acontecimiento ◆ caso ◆ *Dep* prueba

eventual [ɪ'ventʃʊəl] *adj* ◆ final ◆ consiguiente

eventuality [ɪventʃʊ'ælɪtɪ] *n* eventualidad

eventually [ɪ'ventʃʊəlɪ] *adv* finalmente

ever ['evəʳ] *adv* ◆ nunca, jamás ◆ *(interrogativo o negativo)* alguna vez ◆ **hardly e.,** casi nunca ◆ siempre; **for e.,** para siempre; **for e. and e.,** para siempre jamás ◆ *(después de superlativos)* de todos los tiempos

evergreen ['evəgriːn] *adj* de hoja perenne

everlasting [evə'lɑːstɪŋ] *adj* eterno,-a

every ['evrɪ] *adj* ◆ cada, todo,-a ◆ *(indica repetición)* **e. day,** todos los días; **e. other day,** cada dos días

everybody ['evrɪbɒdɪ] *pron* todo el mundo, todos,-as

everyday ['evrɪdeɪ] *adj* diario,-a, cotidiano,-a

everyone ['evrɪwʌn] *pron* todo el mundo, todos,-as

everything ['evrɪθɪŋ] *pron* todo

everywhere ['evrɪweəʳ] *adv* en todas partes

evict [ɪ'vɪkt] *vtr* desahuciar

evidence ['evɪdəns] 1 *n* ◆ evidencia, pruebas ◆ testimonio; **to give e.,** prestar declaración

evident ['evɪdənt] *adj* evidente

evil ['iːvəl] 1 *adj* malo,-a |2 *n* mal

evocative [ɪ'vɒkətɪv] *adj* evocador,-ora

evoke [ɪ'vəʊk] *vtr* evocar

evolution [iːvə'luːʃən] *n* evolución

evolve [ɪ'vɒlv] 1 *vi* evolucionar; desarrollarse |2 *vtr* desarrollar

ewe [juː] *n* oveja

ex [eks] *n* **her e.,** su ex marido; **his e.,** su ex mujer

exact [ɪg'zækt] *adj* exacto,-a

exacting [ɪg'zæktɪŋ] *adj* exigente

exactitude [ɪg'zæktɪtjuːd] *n frml* exactitud

exactly [ɪg'zæktlɪ] 1 *adv* exactamente |2 *excl* **e.!,** ¡exacto!

exaggerate [ɪg'zædʒəreɪt] *vi & vtr* exagerar

exaggeration [ɪgzædʒə'reɪʃən] *n* exageración

exam [ɪg'zæm] *n fam* examen

examination [ɪgzæmɪ'neɪʃən] *n* ◆ examen ◆ *Med* reconocimiento ◆ *Jur* interrogatorio

examine [ɪg'zæmɪn] *vtr* ◆ examinar ◆ *Med* hacer un reconocimiento médico a ◆ *Jur* interrogar

examiner [ɪg'zæmɪnəʳ] *n* examinador,-ora

example [ɪg'zɑːmpəl] *n* ◆ ejemplo; **for e.,** por ejemplo ◆ *(espécimen)* ejemplar

exasperate [ɪg'zɑːspəreɪt] *vtr* exasperar

exasperation [ɪgzɑːspə'reɪʃən] *n* exasperación

excavate ['ekskəveɪt] *vtr* excavar

excavation [ekskə'veɪʃən] *n* excavación

exceed [ek'siːd] *vtr* exceder, sobrepasar

exceedingly [ek'siːdɪŋlɪ] *adv* extremadamente

excel [ɪk'sel] 1 *vi* sobresalir |2 *vtr* aventajar, superar

excellency ['eksələnsɪ] *n* **His/Her/Your E.,** Su Excelencia

excellent ['eksələnt] *adj* excelente

except [ɪk'sept] 1 *prep* ◆ excepto, salvo; **e. for Wednesdays,** salvo los miércoles ◆ **e. that...,** salvo que... |2 *vtr* exceptuar

exception [ɪk'sepʃən] *n* excepción

exceptional [ɪk'sepʃənəl] *adj* excepcional

excerpt [ek'sɜːpt] *n* extracto

excess [ɪk'ses] *n* ♦ exceso ♦ **excesses** *pl,* excesos ♦ **e. baggage,** exceso de equipaje

excessive [ɪk'sesɪv] *adj* excesivo,-a

exchange [ɪks'tʃeɪndʒ] **1** *n* ♦ intercambio ♦ *Fin* **e. rate,** tipo de cambio **|2** *vtr* ♦ intercambiar ♦ *(presos, rehenes)* canjear

exchequer [ɪks'tʃekəʳ] *n GB* **the E.,** Hacienda; **Chancellor of the E.,** ≈ ministro de Hacienda

excite [ɪk'saɪt] *vtr* ♦ excitar, poner nervioso,-a ♦ entusiasmar, emocionar

excitement [ɪk'saɪtmənt] *n* ♦ excitación, nerviosismo ♦ entusiasmo, emoción

exciting [ɪk'saɪtɪŋ] *adj* apasionante, emocionante

exclaim [ɪk'skleɪm] **1** *vi* exclamar **|2** *vtr* gritar

exclamation [ekskləˈmeɪʃən] *n* ♦ exclamación ♦ **e. mark,** *US* **e. point,** signo de admiración

exclude [ɪk'skluːd] *vtr* ♦ excluir ♦ *(en un club)* no admitir

excluding [ɪk'skluːdɪŋ] *prep* excepto

exclusion [ɪk'skluːʒən] *n* exclusión

exclusive [ɪk'skluːsɪv] **1** *adj* exclusivo,-a **|2** *n Press* exclusiva

excommunicate [ekskə'mjuːnɪkeɪt] *vtr* excomulgar

excrement ['ekskrɪmənt] *n* excremento

excruciating [ɪk'skruːʃɪeɪtɪŋ] *adj* insoportable

excursion [ɪk'skɜːʃən] *n* excursión

excusable [ɪk'skjuːzəbəl] *adj* perdonable, excusable

excuse [ɪk'skjuːs] **1** *n* excusa; **to make an e.,** dar excusas **|2** [ɪk'skjuːz] *vtr* ♦ disculpar, excusar; **e. me!,** con permiso ♦ dispensar, eximir ♦ justificar, excusar

execute ['eksɪkjuːt] *vtr* ♦ cumplir ♦ *(matar)* ejecutar

execution [eksɪ'kjuːʃən] *n* ♦ cumplimiento ♦ *(de una persona)* ejecución

executioner [eksɪ'kjuːʃənəʳ] *n* verdugo

executive [ɪg'zekjʊtɪv] *adj & n* ejecutivo,-a

executor [ɪg'zekjʊtəʳ] *n* albacea

exemplary [ɪg'zemplərɪ] *adj* ejemplar

exemplify [ɪg'zemplɪfaɪ] *vtr* ejemplificar

exempt [ɪg'zempt] **1** *vtr* eximir **|2** *adj* exento,-a

exemption [ɪg'zempʃən] *n* exención

exercise ['eksəsaɪz] **1** *n* ejercicio; **e. book,** cuaderno de ejercicios **|2** *vtr* ♦ ejercer ♦ *(a un perro)* sacar de paseo **|3** *vi* hacer ejercicio

exert [ɪg'zɜːt] *vtr* ♦ ejercer ♦ **to e. oneself,** esforzarse

exertion [ɪg'zɜːʃən] *n* esfuerzo

exhale [eks'heɪl] **1** *vtr* exhalar, espirar **|2** *vi* espirar

exhaust [ɪg'zɔːst] **1** *vtr* agotar **|2** *n* gases de combustión; *Auto* **e. pipe,** tubo de escape

exhausted [ɪg'zɔːstɪd] *adj* agotado,-a

exhaustive [ɪg'zɔːstɪv] *adj* exhaustivo,-a

exhibit [ɪg'zɪbɪt] **1** *n* ♦ *Arte* objeto expuesto ♦ *Jur* prueba instrumental **|2** *vtr* ♦ *Arte* exponer ♦ *(emoción)* mostrar, manifestar

exhibition [eksɪ'bɪʃən] *n* exposición

exhilarating [ɪg'zɪləreɪtɪŋ] *adj* estimulante

exile ['eksaɪl] **1** *n* ♦ exilio ♦ *(persona)* exiliado,-a **|2** *vtr* exiliar

exist [ɪg'zɪst] *vi* existir

existence [ɪg'zɪstəns] *n* existencia

existing [ɪg'zɪstɪŋ] *adj* existente, actual

exit ['eksɪt] **1** *n* salida **|2** *vi* salir

exotic [ɪg'zɒtɪk] *adj* exótico,-a

expand [ɪk'spænd] **1** *vtr* ampliar, extender **|2** *vi* ♦ ampliarse, crecer ♦ *(metal)* dilatarse

expanse [ɪk'spæns] *n* extensión

expansion [ɪk'spænʃən] *n* expansión

expansive [ɪks'pænsɪv] *adj* expansivo,-a

expatriate [eks'pætrɪɪt] **1** *adj & n* expatriado,-a **|2** [eks'pætrɪeɪt] *vtr* expatriar

expect [ɪk'spekt] **1** *vtr* ◆ esperar ◆ contar con, exigir ◆ suponer **|2** *vi fam* **to be expecting,** estar embarazada
expectancy [ɪk'spektənsɪ] *n* expectación
expectant [ɪk'spektənt] *adj* ◆ ilusionado,-a ◆ **e. mother,** mujer embarazada
expectation [ekspek'teɪʃən] *n* esperanza, expectativa
expedient [ɪk'spiːdɪənt] **1** *adj* conveniente, oportuno,-a **|2** *n* expediente, recurso
expedition [ekspɪ'dɪʃən] *n* expedición
expel [ɪk'spel] *vtr* expulsar
expend [ɪk'spend] *vtr* gastar
expendable [ɪk'spendəbəl] *adj* prescindible
expenditure [ɪk'spendɪtʃə'] *n* gasto, desembolso
expense [ɪk'spens] *n* ◆ gasto ◆ dietas, gastos de viaje ◆ **|**LOC: **at sb's e.** *o* **at the e. of sb,** a costa de alguien
expensive [ɪk'spensɪv] *adj* caro,-a
experience [ɪk'spɪərɪəns] **1** *n* experiencia **|2** *vtr* ◆ experimentar ◆ *(una pérdida, dificultad, etc)* sufrir
experienced [ɪk'spɪərɪənst] *adj* experimentado,-a
experiment [ɪk'sperɪmənt] **1** *n* experimento **|2** *vi* experimentar
experimental [ɪksperɪ'mentəl] *adj* experimental
expert ['ekspɜːt] *adj & n* experto,-a
expertise [ekspɜː'tiːz] *n* pericia
expire [ɪk'spaɪə'] *vi* ◆ caducar ◆ *(morir)* expirar
expiry [ɪk'spaɪərɪ] *n* caducidad
explain [ɪk'spleɪn] **1** *vtr* ◆ explicar ◆ **to e. oneself,** dar explicaciones **|2** *vi* explicarse
explanation [eksplə'neɪʃən] *n* explicación
explanatory [ɪk'splænətərɪ] *adj* explicativo,-a
explicit [ɪk'splɪsɪt] *adj* explícito,-a
explode [ɪk'spləʊd] **1** *vtr* hacer explotar **|2** *vi* explotar
exploit ['eksplɔɪt] **1** *n* proeza, hazaña **|2** [ek'splɔɪt] *vtr* explotar
exploitation [eksplɔɪ'teɪʃən] *n* explotación
explore [ɪk'splɔː'] *vtr* explorar
explorer [ɪk'splɔːrə'] *n* explorador,-ora
explosion [ɪk'spləʊʒən] *n* explosión
explosive [ɪk'spləʊsɪv] **1** *adj* explosivo,-a **|2** *n* explosivo
exponent [ɪk'spəʊnənt] *n* exponente
export [ɪk'spɔːt] **1** *vtr* exportar **|2** ['ekspɔːt] *n* ◆ *(comercio)* exportación ◆ *(mercancía)* artículo de exportación
exporter [eks'pɔːtə'] *n* exportador,-ora
expose [ɪk'spəʊz] *vtr* ◆ exponer ◆ *(secreto)* revelar; *(corrupción)* descubrir, destapar
exposed [ɪk'spəʊzd] *adj* expuesto,-a
exposure [ɪk'spəʊʒə'] *n* ◆ exposición ◆ *(de un secreto)* revelación ◆ *(de un criminal)* descubrimiento ◆ *(de un edificio)* orientación
express [ɪk'spres] **1** *adj* ◆ explícito,-a, expreso,-a ◆ *GB (carta)* urgente ◆ **e. train,** expreso **|2** *n Ferroc* expreso **|3** *vtr* expresar **|4** *adv* urgente
expression [ɪk'spreʃən] *n* expresión
expressive [ɪk'spresɪv] *adj* expresivo,-a
expressly [ɪk'spreslɪ] *adv frml* expresamente
expulsion [ɪk'spʌlʃən] *n* expulsión
exquisite [ɪk'skwɪzɪt] *adj* exquisito,-a
extend [ɪk'stend] **1** *vtr* ◆ extender, ampliar ◆ *(una carretera, línea)* alargar, prolongar ◆ *(la mano, una cuerda)* tender **|2** *vi* ◆ extenderse ◆ prolongarse
extension [ɪk'stenʃən] *n* ◆ extensión; **e. cable,** alargador ◆ *(de tiempo)* prórroga ◆ *Constr* anexo, ampliación
extensive [ɪk'stensɪv] *adj* extenso,-a
extent [ɪk'stent] *n* ◆ extensión ◆ **to a large e.,** en gran medida; **to some e.,** hasta cierto punto
exterior [ɪk'stɪərɪə'] *adj & n* exterior
exterminate [ɪk'stɜːmɪneɪt] *vtr* exterminar
extermination [ɪkstɜːmɪ'neɪʃən] *n* exterminación, exterminio
external [ek'stɜːnəl] *adj* externo,-a

extinct [ɪk'stɪŋkt] *adj* extinguido,-a

extinction [ɪk'stɪŋkʃən] *n* extinción

extinguish [ɪk'stɪŋgwɪʃ] *vtr* extinguir

extinguisher [ɪk'stɪŋgwɪʃəʳ] *n* extintor

extort [ɪk'stɔːt] *vtr*, extorsionar, obtener por amenazas

extortion [ɪk'stɔːʃən] *n* extorsión

extortionate [ɪk'stɔːʃənɪt] *adj* abusivo,-a, desorbitado,-a

extra ['ekstrə] **1** *adj* ◆ extra, adicional; **no e. charge,** sin recargo ◆ de más, de sobra **|2** *adv* extra **|3** *n* ◆ suplemento, recargo ◆ *Cine* extra ◆ *(periódico)* edición especial

extract ['ekstrækt] **1** *n* ◆ extracto ◆ *(de un libro)* fragmento **|2** [ɪk'strækt] *vtr* extraer

extraction [ɪk'strækʃən] *n* extracción

extradite ['ekstrədaɪt] *vtr* extraditar

extraordinary [ɪk'strɔːdənərɪ] *adj* extraordinario,-a

extravagance [ɪk'strævɪgəns] *n* ◆ *(gasto de dinero)* derroche ◆ *(comportamiento)* extravagancia

extravagant [ɪk'strævɪgənt] *adj* ◆ derrochador,-ora ◆ extravagante

extreme [ɪk'striːm] **1** *adj* extremo,-a **|2** *n* extremo

extremely [ɪk'striːmlɪ] *adv* extremadamente

extremist [ɪk'striːmɪst] *n* extremista

extremity [ɪk'stremɪtɪ] *n* extremidad

extricate ['ekstrɪkeɪt] *vtr* sacar (con dificultad)

extrovert ['ekstrəvɜːt] *adj* & *n* extrovertido,-a

exude [ɪg'zjuːd] *vtr* & *vi* ◆ exudar ◆ *(sentimiento, cualidad)* rebosar, emanar

eye [aɪ] **1** *n* ojo; **to keep an e. on sb/sthg,** echarle un ojo a algo/alguien **|2** *vtr* observar, mirar

eyeball ['aɪbɔːl] *n* globo ocular

eyebrow ['aɪbraʊ] *n* ceja

eyecatching ['aɪkætʃɪŋ] *adj* llamativo,-a

eyelash ['aɪlæʃ] *n* pestaña

eyelid ['aɪlɪd] *n* párpado

eyeliner ['aɪlaɪnə] *n* lápiz de ojos

eyeshadow ['aɪʃædəʊ] *n* sombra de ojos

eyesight ['aɪsaɪt] *n* vista

eyestrain ['aɪstreɪn] *n* vista cansada

eyewitness ['aɪwɪtnɪs] *n* testigo ocular

F

F, f [ef] *n* ◆ *(letra)* F, f ◆ *Mús* fa

fable ['feɪbəl] *n* fábula

fabric ['fæbrɪk] *n* ◆ *Tex* tela, tejido ◆ *Constr* estructura

fabricate ['fæbrɪkeɪt] *vtr* ◆ fabricar ◆ *(mentiras)* inventar

fabulous ['fæbjʊləs] *adj* fabuloso,-a

façade *n* [fə'sɑːd, fæ'sɑːd] *n* fachada

face [feɪs] **1** *n* ◆ cara; **f. down,** boca abajo; **f. up,** boca arriba ◆ *(de un edificio)* fachada ◆ *(de una moneda, naipe)* cara ◆ *(de una montaña)* pared ◆ *(de un reloj)* esfera ◆ *Fin* **f. value,** valor nominal **|2** *vtr* ◆ mirar hacia ◆ *(orientación)* dar a; *(posición)* estar enfrente de ◆ *(a una persona, un enemigo)* encararse, enfrentarse ◆ *(un problema)* afrontar **|3** *vi* orientarse

faceless ['feɪslɪ] *adj* anónimo,-a

facet ['fæsɪt] *n* faceta

facial ['feɪʃəl] *adj* facial
facile ['fæsaɪl] *adj* superficial
facilitate [fə'sɪlɪteɪt] *vtr* facilitar
facility [fə'sɪlɪtɪ] **1** *n* facilidad **|2** *npl* ◆ instalaciones ◆ **credit facilities,** facilidades de crédito
facing ['feɪsɪŋ] *prep* frente a
facsimile [fæk'sɪmɪlɪ] *n* facsímil
fact [fækt] *n* hecho; **as a matter of f.,** de hecho; **in f.,** en realidad
factor ['fæktəʳ] *n* factor
factory ['fæktərɪ] *n* fábrica
faculty ['fækəltɪ] *n* ◆ facultad ◆ *US Univ* profesorado
fad [fæd] *n fam* moda pasajera
fade [feɪd] *vi (color)* perder intensidad; *(flor, gloria)* marchitarse; *(luz, sonido)* atenuarse ■ **fade away** *vi* apagarse lentamente
fag [fæg] *n* ◆ *GB fam* cigarrillo ◆ *US pey ofens* marica
fail [feɪl] **1** *n* ◆ *Educ* suspenso ◆ **without f.,** sin falta **|2** *vtr* ◆ *(un examen)* suspender ◆ fallar, decepcionar **|3** *vi* ◆ *(intento)* fracasar; *(frenos)* fallar ◆ *(negocio)* quebrar ◆ *(ser incapaz)* no lograr ◆ *Educ* suspender
failing ['feɪlɪŋ] *n* defecto
failure ['feɪljə] *n* ◆ fracaso ◆ *(fallo mecánico)* avería; *Med* **kidney f.,** insuficiencia renal ◆ *Educ* suspenso ◆ *(persona)* fracasado,-a
faint [feɪnt] **1** *adj* ◆ débil; *(línea)* tenue; *(color)* pálido,-a ◆ *(sensación)* mareado,-a **|2** *n* desmayo **|3** *vi* desmayarse
fair[1] [feəʳ] **1** *adj* ◆ imparcial, justo,-a ◆ *(considerable)* **a f. amount,** una buena cantidad ◆ *(pelo)* rubio,-a **|2** *adv* **to play f.,** jugar limpio
fair[2] [feəʳ] *n* ◆ feria ◆ parque de atracciones
fairground ['feəgraʊnd] *n* recinto de una feria
fair-haired ['feə'eəd] *adj* rubio,-a
fairly ['feəlɪ] *adv* ◆ bastante ◆ *(con justicia)* justamente
fairness ['feənɪs] *n* justicia, equidad
fairy ['feərɪ] *n* hada; **f. story/tale,** cuento de hadas
faith [feɪθ] *n* ◆ confianza ◆ *Rel* fe
faithful ['feɪθfʊl] **1** *adj* fiel **|2** *npl* **the f.,** los fieles
faithfully ['feɪθfʊlɪ] *adv* ◆ fielmente, con exactitud ◆ **|**LOC: **yours f.,** *(en una carta)* atentamente
fake [feɪk] **1** *adj* falso,-a, sintético,-a **|2** *n* ◆ *(objeto)* imitación, falsificación ◆ *(persona)* farsante **|3** *vtr* ◆ falsificar ◆ fingir **|4** *vi* fingir
falcon ['fɔːlkən] *n* halcón
Falklands ['fɔːlkləndz] *npl* **the F.,** las (islas) Malvinas
fall [fɔːl] **1** *n* ◆ caída ◆ *(de nieve)* nevada ◆ *(de precio, temperatura)* bajada, descenso ◆ *US* otoño ◆ *(usu pl)* cataratas; **Victoria Falls,** las cataratas Victoria **|2** *vi (ps fell; pp fallen)* ◆ caer, caerse ◆ dividirse ◆ *(temperatura, precios)* bajar ◆ *(el viento)* amainar ◆ *(un cambio de estado)* **to f. asleep,** dormirse; **to f. in love,** enamorarse ■ **fall back** *vi* retroceder ■ **fall back on** *vtr* recurrir a ■ **fall behind** *vi* quedarse atrás ■ **fall down** *vi* caerse ■ **fall for** *vtr* ◆ enamorarse de ◆ *(una mentira)* tragarse ■ **fall off 1** *vi* caerse, desprenderse **|2** *vtr* caerse de, desprenderse de ■ **fall out** *vi* ◆ discutir, reñir ◆ *Mil* romper filas ■ **fall through** *vi* fracasar
fallacy ['fæləsɪ] *n* falacia
fallen ['fɔːlən] *pp* → **fall**
fallout ['fɔːlaʊt] *n* lluvia radiactiva; **f. shelter,** refugio antinuclear
false [fɔːls] *adj* ◆ falso,-a ◆ *(dientes, pelo)* postizo,-a
falsify ['fɔːlsɪfaɪ] *vtr* falsificar
falter ['fɔːltəʳ] *vi* vacilar, dudar
fame [feɪm] *n* fama
familiar [fə'mɪlɪəʳ] *adj* ◆ familiar, conocido,-a ◆ familiarizado,-a
familiarity [fəmɪlɪ'ærɪtɪ] *n* familiaridad
familiarize [fə'mɪljəraɪz] *vtr* familiarizar
family ['fæmɪlɪ] **1** *n* familia **|2** *adj* de familia, familiar; **f. doctor,** médico de cabecera; **f. name,** apellido; **f. planning,** planificación familiar; **f. tree,** árbol genealógico
famine ['fæmɪn] *n* hambre, hambruna

famished ['fæmɪʃt] *adj fam* hambriento

famous ['feɪməs] *adj* célebre, famoso,-a

fan [fæn] **1** *n* ♦ abanico; *Elec Aut* ventilador ♦ aficionado,-a; *(de un artista)* fan, admirador,-ora; *Ftb* hincha **|2** *vtr* ♦ abanicar ♦ *(el fuego)* avivar

fanatic [fə'nætɪk] *adj* & *n* fanático,-a

fanatical [fə'nætɪkəl] *adj* fanático,-a

fancy ['fænsɪ] **1** *adj* ♦ *(fancier, fanciest)* de fantasía; **f. dress,** disfraz; *(ideas, ropa)* extravagante; *(comida)* elaborado,-a **|2** *n* ♦ capricho; **to take a f. to sb/sthg,** encapricharse de alguien/algo ♦ fantasía **|3** *vtr* ♦ tener ganas de, querer ♦ imaginarse, creer

fang [fæŋ] *n* colmillo

fantastic [fæn'tæstɪk] *adj* fantástico,-a

fantasy ['fæntəsɪ] *n* fantasía

far [fɑːʳ] *(farther o further, farthest o furthest)* **1** *adv* lejos; **f. off,** a lo lejos; **by f.,** con mucho; **as f. as I know,** que yo sepa; **in so f. as...,** en la medida en que...; **so f.,** hasta ahora **|2** *adj* ♦ lejano,-a; **the F. West,** el Lejano Oeste ♦ *Pol* **f. right/left,** extrema derecha/izquierda

faraway ['fɑːrəweɪ] *adj* lejano,-a, remoto,-a

farce [fɑːs] *n* farsa

farcical ['fɑːsɪkəl] *adj* absurdo,-a

fare [feəʳ] *n* ♦ tarifa, precio del billete ♦ comida

farewell [feə'wel] **1** *excl* **f.!,** ¡adiós! **|2** *n* despedida; **to say f. to sb,** despedirse de alguien

farm [fɑːm] **1** *n* granja, *LAm* hacienda **|2** *vtr* cultivar, labrar

farmer ['fɑːməʳ] *n* granjero,-a, agricultor,-ora

farmhand ['fɑːmhænd] *n* peón, jornalero,-a

farmhouse ['fɑːmhaʊs] *n* granja, *LAm* hacienda

farming ['fɑːmɪŋ] **1** *n* ♦ agricultura ♦ *(de la tierra)* cultivo ♦ *(de animales)* ganadería **|2** *adj* agrícola

farmyard ['fɑːmjɑːd] *n* corral

far-reaching ['fɑːriːtʃɪŋ] *adj* de gran alcance

far-sighted [fɑː'saɪtɪd] *adj* previsor,-ora

fart [fɑːt] *vulgar* **1** *n* pedo **|2** *vi* tirarse un pedo

farther ['fɑːðəʳ] *adj* & *adv comp* → **far**

farthest ['fɑːðɪst] *adj* & *adv superl* → **far**

fascinate ['fæsɪneɪt] *vtr* fascinar

fascinating ['fæsɪneɪtɪŋ] *adj* fascinante

fascism ['fæʃɪzəm] *n* fascismo

fascist ['fæʃɪst] *adj* & *n* fascista

fashion ['fæʃən] *n* moda; **in f.,** de moda; **f. show,** pase de modelos

fashionable ['fæʃənəbəl] *adj* de moda

fast [fɑːst] **1** *adj* ♦ rápido,-a ♦ *(reloj)* adelantado,-a **|2** *adv* rápido, rápidamente; **to be f. asleep,** estar profundamente dormido,-a **|3** *n* ayuno **|4** *vi* ayunar

fasten ['fɑːsən] **1** *vtr* ♦ sujetar, fijar ♦ *(ropa, cinturón)* abrochar; *(cordones)* atar **|2** *vi* abrocharse

fastener ['fɑːsənəʳ] *n* cierre

fastidious [fæ'stɪdɪəs] *adj* meticuloso,-a, pedante

fat [fæt] **1** *adj (fatter, fattest)* ♦ gordo,-a ♦ *(libro, puro, etc)* grueso,-a ♦ *(carne)* con mucha grasa **|2** *n* grasa

fatal ['feɪtəl] *adj* ♦ mortal ♦ fatídico,-a, nefasto,-a

fatalistic [feɪtə'lɪstɪk] *adj* fatalista

fatality [fə'tælɪtɪ] *n* víctima mortal

fatally ['feɪtəlɪ] *adv* mortalmente; **f. wounded,** herido,-a de muerte

fate [feɪt] *n* destino

fateful ['feɪtfʊl] *adj* fatídico,-a, aciago,-a

father ['fɑːðəʳ] **1** *n* padre; **Our F.,** Padre nuestro; **F. Christmas,** Papá Noel **|2** *vtr* engendrar

father-in-law ['fɑːðərɪnlɔː] *n* suegro

fatherland ['fɑːðəlænd] *n* patria

fatherly ['fɑːðəlɪ] *adj* paternal

fathom ['fæðəm] **1** *n* braza **|2** *vtr* descifrar

fatigue [fə'tiːg] *n* fatiga
fatten ['fætən] *vtr* engordar
fattening ['fætənıŋ] *adj* que engorda
fatty ['fætı] *adj* graso,-a
faucet ['fɔːsıt] *n US* grifo
fault [fɔːlt] **1** *n* ◆ defecto ◆ *(responsabilidad)* culpa ◆ *Geol* falla ◆ *Dep* falta **|2** *vtr* criticar
faultless ['fɔːltlıs] *adj* intachable, impecable
faulty ['fɔːltı] *adj* defectuoso,-a
fauna ['fɔːnə] *n* fauna
faux pas [fəʊ'pɑː] *n* error, paso en falso
favour, *US* **favor** ['feıvəʳ] **1** *n* favor; **in f. of,** a favor de; **to show f. for sb,** favorecer a alguien **|2** *vtr* ◆ favorecer a ◆ *(aprobar)* ser partidario,-a de
favourable ['feıvərəbəl] *adj* favorable
favourite ['feıvərıt] *adj & n* favorito,-a
favouritism ['feıvərıtızəm] *n* favoritismo
fawn [fɔːn] **1** *adj* beige **|2** *n* ◆ cervatillo ◆ *(color)* beige **|3** *vi* adular, lisonjear
fax [fæks] **1** *n* fax **|2** *vtr* mandar por fax
fear [fıəʳ] **1** *n* miedo, temor **|2** *vtr & vi* temer
fearless ['fıəlıs] *adj* intrépido,-a
fearsome ['fıəsəm] *adj* temible, pavoroso,-a
feasible ['fiːzəbəl] *adj* factible
feasibility [fiːzə'bılıtı] *n* viabilidad
feast [fiːst] *n* ◆ banquete, festín ◆ *Rel* fiesta, festividad
feat [fiːt] *n* hazaña, proeza
feather ['feðəʳ] *n* pluma; **f. duster,** plumero; *Dep* **f. weight,** peso pluma
feature ['fiːtʃəʳ] **1** *n* ◆ característica ◆ *(de la cara)* rasgo, facción ◆ *Cine* **f. film,** largometraje ◆ *Prensa* artículo **|2** *vi* figurar
February ['februərı] *n* febrero
fed [fed] **1** *ps & pp* → **feed |2** *adj fam* **f. up,** harto,-a [**with,** de]
federal ['fedərəl] *adj* federal
federation [fedə'reıʃən] *n* federación
fee [fiː] *n* ◆ honorarios ◆ **entrance f.,** entrada
feeble ['fiːbəl] *adj* débil, enclenque
feed [fiːd] **1** *vtr (ps & pp fed)* ◆ alimentar ◆ *(a un bebé)* darle de comer a ◆ *(suministrar)* introducir **|2** *vi* alimentarse **|3** *n* ◆ comida ◆ *Téc* alimentación ◆ **cattle f.,** pienso ■ **feed up** *vtr* engordar
feedback ['fiːdbæk] *n* ◆ reacción ◆ *Téc* retroalimentación
feeding ['fiːdıŋ] *n* **f. bottle,** biberón
feel [fiːl] *(ps & pp felt)* **1** *vtr* ◆ sentir ◆ tocar, palpar **|2** *vi* ◆ sentirse; **to f. cold/hot/sleepy,** tener frío/calor/sueño ◆ parecer, dar una impresión ◆ opinar, pensar ◆ explorar, palpar ◆ **to f. like,** apetecer, tener ganas **|3** *n* tacto, sensación
feeler ['fiːləʳ] *n* antena
feeling ['fiːlıŋ] **1** *n* ◆ sensación ◆ *(emocional)* sentimiento ◆ impresión; **to have/get the f. (that)...,** tener la impresión de que... ◆ opinión: **my feeling is that...,** opino que... ◆ sensibilidad
feet [fiːt] *npl* → **foot**
fell¹ [fel] *ps* → **fall**
fell² [fel] *vtr* ◆ *(un árbol)* talar ◆ *(de un golpe)* derribar
fellow ['feləʊ] **1** *n* ◆ tipo, tío ◆ socio,-a ◆ *GB Univ* ~ profesor,-ora de universidad **|2** *adj* compañero,-a; **f. countryman/ countrywoman,** compatriota; **f. passenger/worker,** compañero,-a de viaje/trabajo
fellowship ['feləʊʃıp] *n* ◆ compañerismo ◆ *(colectivo)* asociación ◆ *Univ* beca de investigación
felony ['felənı] *n* delito grave
felt [felt] *ps & pp* → **feel**
felt-tip(ped) ['felttıp(t)] *adj* **f.-t. pen,** rotulador, marcador
female ['fiːmeıl] **1** *adj* ◆ (de) hembra ◆ femenino,-a **|2** *n* ◆ hembra ◆ mujer
feminine ['femının] *adj* femenino,-a
feminism ['femınızəm] *n* feminismo
feminist ['femınıst] *adj & n* feminista
fence [fens] **1** *n* cerca, valla **|2** *vi Dep* practicar la esgrima **|3** *vtr* cercar, vallar ■ **fence in** *vtr* cercar, vallar ■ **fence off** *vtr* separar con una valla
fencing ['fensıŋ] *n* ◆ *Dep* esgrima ◆ cercado, vallado

fend [fend] *vi* **to f. for oneself,** arreglárselas ■ **fend off** *vtr* esquivar, rechazar

fender ['fendəʳ] *n* ◆ *(de la chimenea)* guardafuego ◆ *US Auto* parachoques ◆ *Náut* defensa

ferment ['fɜːment] **1** *n* agitación, conmoción |**2** [fə'ment] *vtr* & *vi* fermentar

fern [fɜːn] *n* helecho

ferocious [fə'rəʊʃəs] *adj* feroz

ferocity [fə'rɒsɪtɪ] *n* ferocidad

ferry ['ferɪ] **1** *n* transbordador, ferry |**2** *vtr* transportar

fertile ['fɜːtaɪl] *adj* fértil

fertility [fə'tɪlɪtɪ] *n* fertilidad

fertilization [fɜːtəlaɪ'zeɪʃən] *n* fecundación; **in vitro f.,** fecundación in vitro

fertilize ['fɜːtɪlaɪz] *vtr* ◆ abonar ◆ fecundar, fertilizar

fertilizer ['fɜːtɪlaɪzəʳ] *n* abono

fervent ['fɜːvənt] *adj* ferviente

fervour, *US* **fervor** ['fɜːvəʳ] *n* fervor

festival ['festɪvəl] *n* ◆ fiesta ◆ *(de cine, teatro, etc)* festival

festive ['festɪv] *adj* festivo,-a

festivity [fes'tɪvɪtɪ] *n* festividad

fetch [fetʃ] *vtr* ◆ traer ◆ ir por ◆ venderse

fête [feɪt] *n GB* fiesta al aire libre

fetish ['fetɪʃ, 'fiːtɪʃ] *n* fetiche

fetus ['fiːtəs] *n US* → **foetus**

feud [fjuːd] **1** *n* disputa familiar; *frml* enemistad heredada |**2** *vi* pelear

feudal ['fjuːdəl] *adj* feudal

feudalism ['fjuːdəlɪzəm] *n* feudalismo

fever ['fiːvəʳ] *n* fiebre; **hay f.,** fiebre del heno

feverish ['fiːvərɪʃ] *adj* febril

few [fjuː] *adj & pron* ◆ pocos,-as: ◆ **fewer,** menos; **the fewer the better,** cuanto menos, mejor ◆ **fewest;** los menos ◆ **a f.,** algunos,-as, unos,-as cuantos,-as

fiancé [fɪ'ɒnseɪ] *n* prometido

fiancée [fɪ'ɒnseɪ] *n* prometida

fiasco [fɪ'æskəʊ] *n* fiasco

fib [fɪb] *fam* **1** *n* trola, mentirijilla |**2** *vi* contar mentirijillas

fibre, *US* **fiber** ['faɪbəʳ] *n* fibra

fibreglass, *US* **fiberglass** ['faɪbəglɑːs] *n* fibra de vidrio

fiction ['fɪkʃən] *n* ficción

fictional ['fɪkʃənəl] *adj* novelesco,-a, relativo,-a a la ficción

fictitious [fɪk'tɪʃəs] *adj* ficticio,-a

fiddle ['fɪdəl] *fam* **1** *n* ◆ violín ◆ superchería, trampa |**2** *vtr* estafar |**3** *vi* juguetear

fiddler ['fɪdələʳ] *n* violinista *(esp música tradicional)*

fidelity [fɪ'delətɪ] *n* fidelidad

fidget ['fɪdʒɪt] *vi* moverse nerviosamente

field [fiːld] **1** *n* ◆ campo; **football f.,** campo de fútbol; **f. work,** trabajo de campo; **magnetic f.,** campo magnético ◆ *Geol* yacimiento |**2** *vtr* ◆ *(una pelota)* parar ◆ *(a un equipo)* presentar

fiend [fiːnd] *n* ◆ demonio ◆ desalmado,-a, malvado,-a ◆ *fam* fanático,-a

fiendish ['fiːndɪʃ] *adj* ◆ desalmado,-a ◆ diabólico,-a

fierce [fɪəs] *adj* ◆ feroz, fiero,-a ◆ intenso,-a

fiery ['faɪərɪ] *adj* apasionado,-a, fogoso,-a

fifteen [fɪf'tiːn] *adj* & *n* quince

fifteenth [fɪf'tiːnθ] **1** *adj* & *n* decimoquinto,-a |**2** *n* quinceavo

fifth [fɪfθ] **1** *adj* & *n* quinto,-a |**2** *n* quinto

fifty ['fɪftɪ] *adj & n* cincuenta

fig [fɪg] *n* ◆ higo ◆ **f. (tree),** higuera

fight [faɪt] **1** *vtr (ps* & *pp* ***fought)*** luchar contra, combatir |**2** *vi* ◆ luchar, combatir ◆ pelear(se), reñir(se) |**3** *n* ◆ pelea, lucha, combate ◆ riña, disputa

fighter ['faɪtəʳ] *n* ◆ combatiente; luchador,-ora ◆ *Boxeo* púgil ◆ *Av* (avión de) caza

figurative ['fɪgərətɪv] *adj Arte* figurativo,-a; *Lit* figurado,-a

figure ['fɪgəʳ], *US* ['fɪgjər] **1** *n* ◆ figura ◆ tipo, silueta ◆ *Mat* cifra ◆ **f. of speech,** figura retórica ◆ **figures** *pl,* estadísticas |**2** *vtr* imaginarse |**3** *vi* ◆ figurar ■ **figure out** *vtr* comprender, explicarse algo

file [faɪl] **1** *n* ♦ *(para guardar papeles)* carpeta, archivador ♦ *(para datos)* archivo, expediente ♦ *Inform* fichero, archivo ♦ *(herramienta)* lima; **nail f.,** lima de uñas ♦ *(una línea)* fila; **in single f.,** en fila india **|2** *vtr* ♦ archivar ♦ limar ♦ *Jur* presentar **|3** *vi* **to f. past,** desfilar

filing ['faɪlɪŋ] *n* clasificación; **f. cabinet,** archivador

fill [fɪl] **1** *vi* llenarse **|2** *vtr* ♦ llenar ♦ *Culin* rellenar ♦ *(un diente)* empastar ♦ *(un puesto)* desempeñar ■ **fill in 1** *vtr* ♦ rellenar ♦ *(el rato)* pasar, ocupar **|2** *vi* **to f. in (for sb),** sustituir (a alguien) ■ **fill out 1** *vtr* rellenar **|2** *vi fam* echar carnes ■ **fill up 1** *vtr* llenar (hasta el borde) **|2** *vi* ♦ llenarse ♦ *Auto* llenar el depósito

fillet ['fɪlɪt] **1** *n* filete **|2** *vtr* filetear

filling ['fɪlɪŋ] *n* ♦ *(de diente)* empaste ♦ *Culin* relleno ♦ *GB* **f. station,** gasolinera

film [fɪlm] **1** *n* ♦ película ♦ *(de fotos)* carrete **|2** *vtr Cine* filmar **|3** *vi Cine* rodar

filter ['fɪltəʳ] **1** *n* filtro **|2** *vtr* filtrar

filth [fɪlθ] *n* ♦ mugre, porquería ♦ obscenidad, guarradas

filthy ['fɪlθɪ] *adj* ***(filthier, filthiest)*** ♦ mugriento,-a ♦ obsceno,-a, indecente

fin [fɪn] *n* aleta

final ['faɪnəl] **1** *adj* ♦ último,-a, final ♦ definitivo,-a **|2** *n Dep* final

finalist ['faɪnəlɪst] *n* finalista

finalize ['faɪnəlaɪz] *vtr* ultimar

finally ['faɪnəlɪ] *adv* ♦ por fin ♦ por último ♦ definitivamente

finance ['faɪnæns, fɪ'næns] **1** *n* finanzas **|2** *vtr* financiar

financial [f(a)ɪ'nænʃəl] *adj* financiero,-a, económico,-a; **f. year,** ejercicio *o* año fiscal

financier [f(a)ɪ'nænsɪəʳ] *n* financiero,-a

find [faɪnd] **1** *vtr* *(ps & pp **found**)* ♦ encontrar, hallar ♦ *Jur* fallar, declarar; **to f. sb guilty/not guilty,** declarar culpable/inocente a alguien **|2** *vr* **to f. oneself,** encontrarse **|3** *n* hallazgo ■ **find out 1** *vtr* descubrir **|2** *vi* ♦ informarse ♦ enterarse

findings ['faɪndɪŋz] *npl* conclusiones, fallo

fine [faɪn] **1** *adj* ♦ excelente, magnífico,-a ♦ *Meteor* bueno-a ♦ *(porcelana, tela)* fino,-a, delicado,-a ♦ sutil; **a f. distinction,** una distinción sutil ♦ **f. arts,** bellas artes **|2** *adv* ♦ *fam* muy bien **|3** *excl* ¡vale! **|4** *n* multa **|5** *vtr* multar

finesse [fɪ'nes] *n* ♦ delicadeza, finura ♦ diplomacia, sutileza

finger ['fɪŋgəʳ] **1** *n* dedo **|2** *vtr* tocar

fingernail ['fɪŋgəneɪl] *n* uña

fingerprint ['fɪŋgəprɪnt] *n* huella dactilar

fingertip ['fɪŋgətɪp] *n* yema del dedo

finish ['fɪnɪʃ] **1** *n* ♦ fin ♦ *Dep* llegada, meta ♦ *(de un mueble, etc)* acabado **|2** *vtr* ♦ acabar, terminar ♦ *(un producto)* agotar **|3** *vi* acabar, terminar ■ **finish off** *vtr* terminar completamente ■ **finish up 1** *vtr* terminar **|2** *vi* acabar

finishing ['fɪnɪʃɪŋ] *adj* **f. line,** (línea de) meta

finite ['faɪnaɪt] *adj* finito,-a

Finland ['fɪnlənd] *n* Finlandia

Finn [fɪn] *n* finlandés,-esa

Finnish ['fɪnɪʃ] **1** *adj* finlandés,-esa **|2** *n (idioma)* finlandés

fir [fɜː] *n Bot* abeto

fire ['faɪəʳ] **1** *n* ♦ fuego; **to set f.,** prender fuego, incendiar; *GB* **f. brigade,** *US* **f. department,** cuerpo de bomberos; **f. station,** parque de bomberos ♦ *(de un edificio, bosque)* incendio; **f. alarm,** alarma de incendios; **f. escape,** escalera de incendios; **f. exit,** salida de incendios *o* de emergencia; **f. extinguisher,** extintor ♦ *(de una casa)* estufa **|2** *vtr* ♦ *(arma de fuego)* disparar ♦ *fam (de un empleo)* despedir, echar ♦ *(entusiasmo, interés)* despertar **|3** *vi* ♦ disparar **|4** *excl* **f.!,** ¡fuego!

firearm ['faɪərɑːm] *n* arma de fuego

fire-fighter ['faɪəfaɪtəʳ] *n US* bombero,-a

fireman ['faɪəmən] *n* bombero

fireplace ['faɪəpleɪs] *n* chimenea

firewood ['faɪəwʊd] *n* leña, astillas

fireworks ['faɪəwɜːks] *npl* fuegos artificiales

firm [fɜːm] **1** *adj* firme **|2** *n* empresa
firmness [ˈfɜːmnɪs] *n* firmeza
first [fɜːst] **1** *adj* primer, primero,-a; **f. aid,** primeros auxilios; **f. name,** nombre de pila **|2** *adv* ♦ primero; **f. of all,** antes de nada ♦ por primera vez: **we f. met in Istanbul,** nos conocimos en Estambul **|3** *n* ♦ **the f.,** el primero, la primera ♦ *Auto* **f. gear,** primera ♦ **at f.,** al principio
first-class [ˈfɜːstklɑːs] **1** *adj* de primera clase **|2** *adv* **to travel f.-c.,** viajar en primera
first-hand [ˈfɜːsthænd] *adv* & *adj* de primera mano, directo,-a
firstly [ˈfɜːstlɪ] *adv* en primer lugar
first-rate [ˈfɜːstreɪt] *adj* de primera, excelente
fiscal [ˈfɪskəl] *adj* fiscal; **f. policy,** política económica
fish [fɪʃ] **1** *n (pl fish)* ♦ pez ♦ *Culin* pescado; **f. and chips,** pescado frito con patatas fritas **|2** *vi* pescar
fishbone [ˈfɪʃbəʊn] *n* espina, raspa
fisherman [ˈfɪʃəmən] *n* pescador
fish-hook [ˈfɪʃhʊk] *n* anzuelo
fishing [ˈfɪʃɪŋ] *n* ♦ pesca; **to go f.,** ir de pesca ♦ **f. boat,** barco pesquero; **f. fleet,** flota pesquera; **f. net,** red de pesca; **f. rod,** caña de pescar
fishmonger [ˈfɪʃmʌŋgəʳ] *n GB* pescadero,-a; **f.'s (shop),** pescadería
fist [fɪst] *n* puño
fit [fɪt] **1** *vtr* ♦ ser de la talla de alguien, quedar bien a ♦ instalar, poner ♦ encajar en ♦ **to f. sthg/sb with,** equipar algo/a alguien con ♦ ajustar, cuadrar **|2** *vi* ♦ quedar bien ♦ encajar ♦ caber **|3** *adj* ♦ digno,-a ♦ adecuado,-a, apto,-a, conveniente; **to be f. for,** valer para, ser adecuado,-a para ♦ capaz, en condiciones; **f. to work,** en condiciones para trabajar ♦ de buena salud; *Dep* en forma; **to keep f.,** mantenerse en forma **|4** *n* ♦ ajuste, encaje; **to be a good f.,** encajar bien; *(ropa)* **to be a good/bad f.,** quedar bien/mal ♦ *Med* ataque; **a f. of laughter,** un ataque de risa ■ **fit in 1** *vi* adaptarse **|2** *vtr* encontrar tiempo o espacio para ■ **fit out** *vtr* equipar, acondicionar
fitful [ˈfɪtfʊl] *adj* discontinuo,-a, irregular
fitness [ˈfɪtnɪs] *n* ♦ idoneidad ♦ *(salud)* buena forma, buen estado físico
fitted [ˈfɪtɪd] *adj* hecho,-a a medida, empotrado,-a; **f. carpet,** moqueta; **f. wardrobe,** armario empotrado
fitter [ˈfɪtəʳ] *n* instalador,-ora
fitting [ˈfɪtɪŋ] **1** *adj* apropiado,-a, adecuado,-a **|2** *n* ♦ *(de ropa)* prueba ♦ *(usu pl: de edificio, tienda)* accesorios, muebles; **bathroom fittings,** aparatos *o* accesorios de baño
five [faɪv] *adj* & *n* cinco
fiver [ˈfaɪvəʳ] *n fam GB* billete de cinco libras
fix [fɪks] **1** *n* ♦ *fam* aprieto ♦ *argot (de droga)* dosis, chute **|2** *vtr* ♦ fijar ♦ amañar ♦ reparar, arreglar ♦ *US* servir, preparar ■ **fix up** *vtr* ♦ reparar, arreglar ♦ proveer ♦ *(una cita)* concretar
fixed [fɪkst] *adj* ♦ fijo,-a ♦ *(un resultado)* amañado,-a
fixture [ˈfɪkstʃəʳ] *n* ♦ *Dep* partido, encuentro ♦ *pl* **fixtures (and fittings),** *(de edificio, empresa)* enseres
fizz [fɪz] **1** *n* efervescencia **|2** *vi* burbujear
fizzy [ˈfɪzɪ] **1** *adj (fizzier, fizziest)* con gas **|2** *n fam* champán
flabbergasted [ˈflæbəgɑːstɪd] *adj* atónito,-a
flabby [ˈflæbɪ] *adj (flabbier, flabbiest)* fofo,-a
flag [flæg] **1** *n* bandera **|2** *vi (una persona)* flaquear; *(interés, conversación)* decaer
flagpole [ˈflægpəʊl] *n* asta de bandera
flagrant [ˈfleɪgrənt] *adj* flagrante
flagship [ˈflægʃɪp] *n* buque insignia
flagstone [ˈflægstəʊn] *n* losa
flair [fleəʳ] *n* ♦ don, facilidad; **a f. for languages,** un don para los idiomas ♦ estilo
flake [fleɪk] **1** *n* ♦ *(de nieve, cereales)* copo ♦ *(de pintura, piel)* escama **|2** *vi* ♦ *(la piel)* descamarse ♦ *(la pintura, etc)* desconcharse
flamboyant [flæmˈbɔɪənt] *adj* extravagante

flame [fleɪm] *n* llama; **in flames,** en llamas, ardiendo
flameproof ['fleɪmpru:f] *adj* resistente al fuego, ignífugo,-a
flamingo [flə'mɪŋgəʊ] *n* flamenco
flammable ['flæməbəl] *adj* inflamable
flan [flæn] *n* tarta
flannel ['flænəl] *n* ◆ *Téx* franela ◆ *(para lavarse)* toallita
flap [flæp] **1** *n* ◆ *(de un bolsillo, sobre)* solapa; *(de una tienda de campaña)* faldón ◆ *(movimiento de un ala)* aletazo ◆ *Av* flap ◆ *fam* conmoción, crisis |**2** *vtr* batir, agitar |**3** *vi (las alas)* aletear; *fam* ponerse nervioso
flare [fleəʳ] **1** *n* ◆ destello, llamarada ◆ *Mil Náut* bengala ◆ **flares** *pl*, pantalones de campana |**2** *vi* **to f. (up),** *(un fuego)* llamear; *(violencia)* estallar
flash [flæʃ] **1** *n* ◆ *(de luz, inspiración)* destello, ráfaga; *(en una tormenta)* relámpago; *fig* **in a f.,** en un instante ◆ *Fot* flas |**2** *vtr* ◆ *(la luz)* proyectar ◆ mostrar |**3** *vi* destellar
flashlight ['flæʃlaɪt] *n US* linterna
flashy ['flæʃɪ] *adj (flashier, flashiest) fam* chillón,-ona, hortera
flask [flɑ:sk, flæsk] *n* frasca; **(thermos) f.,** termo; **hip f.,** petaca
flat [flæt] **1** *adj (flatter, flattest)* ◆ *(paisaje)* llano,-a; *(superficie)* plano,-a; *(pintura)* liso,-a, mate ◆ sin vida; *(refresco, cerveza)* sin gas; *(sabor)* soso,-a, insípido,-a; *Auto* **a f. tyre,** neumático desinflado, pinchazo ◆ *(tipo de interés, honorarios)* fijo,-a ◆ *Mús* bemol; desafinado,-a |**2** *n* ◆ *GB* piso, apartamento ◆ *US Auto* pinchazo ◆ *Mús* bemol
flatmate ['flætmeɪt] *n GB* compañero,-a de piso
flatten ['flætən] *vtr* ◆ allanar, alisar ◆ *(destruir)* aplastar
flatter ['flætəʳ] *vtr* ◆ adular, halagar ◆ *(ropa)* favorecer
flattering ['flætərɪŋ] *adj* ◆ adulador,-ora ◆ *(ropa, foto)* favorecedor,-ora
flattery ['flætərɪ] *n* adulación, halagos
flaunt [flɔ:nt] *vtr* ostentar
flavour, *US* **flavor** ['fleɪvəʳ] **1** *n* sabor, gusto |**2** *vtr* sazonar, condimentar
flavouring, *US* **flavoring** ['fleɪvərɪŋ] *n* condimento, aderezo
flaw [flɔ:] *n* defecto
flawless ['flɔ:lɪs] *adj* perfecto,-a
flea [fli:] *n* ◆ pulga ◆ **f. market,** rastro, mercadillo
flee [fli:] **1** *vtr (ps & pp fled)* huir de |**2** *vi* huir, fugarse
fleece [fli:s] **1** *n* ◆ lana ◆ *(lana esquilada)* vellón |**2** *vtr fam* timar
fleet [fli:t] *n* flota
fleeting ['fli:tɪŋ] *adj* fugaz, efímero,-a
Flemish ['flemɪʃ] **1** *adj* flamenco,-ca |**2** *n* flamenco
flesh [fleʃ] *n* ◆ carne ◆ *(de fruta)* pulpa
flew [flu:] *ps* ➛ **fly**
flex [fleks] **1** *n* cable, cordón |**2** *vtr* flexionar
flexible ['fleksɪbəl] *adj* flexible
flexibility [fleksɪ'bɪlɪtɪ] *n* flexibilidad
flick [flɪk] **1** *n* movimiento rápido; *(con el dedo)* capirotazo; *(con un látigo)* latigazo |**2** *vtr* ◆ mover rápidamente ◆ *(golpear con el dedo)* dar un capirotazo a |**3** *vi* mover rápidamente ■ **flick through** *vtr* hojear
flicker ['flɪkəʳ] *vi* parpadear
flier ['flaɪəʳ] *n* aviador,-ora
flight [flaɪt] *n* ◆ vuelo ◆ escalera, tramo ◆ huida, fuga; **to take f.,** darse a la fuga
flight-deck ['flaɪtdek] *n Av* cubierta de vuelo
flimsy ['flɪmzɪ] *adj (flimsier, flimsiest)* ◆ frágil ◆ *(ropa)* muy ligero,-a ◆ *(una excusa)* endeble, pobre
flinch [flɪntʃ] *vi* acobardarse, estremecerse
fling [flɪŋ] **1** *vtr (ps & pp flung)* arrojar, tirar |**2** *vi* arrojarse |**3** *n fam* ◆ aventura amorosa ◆ juerga
flint [flɪnt] *n* ◆ *(material)* sílex ◆ *(de mechero)* piedra
flip-flop ['flɪpflɒp] *n* chancleta
flippant ['flɪpənt] *adj* frívolo,-a, poco serio,-a
flipper ['flɪpəʳ] *n* aleta
flirt [flɜ:t] **1** *n* coqueto,-a |**2** *vi* flirtear, coquetear

float [fləʊt] **1** *n* ◆ flotador ◆ *(dinero)* cambio, calderilla ◆ *(de un desfile)* carroza **|2** *vtr* ◆ hacer flotar ◆ *Fin* lanzar en bolsa; *(acciones)* emitir **|3** *vi* flotar

flock [flɒk] **1** *n* ◆ rebaño; *(de aves)* bandada ◆ *(de personas)* multitud, tropel **|2** *vi* acudir en gran número

flog [flɒg] *vtr* azotar

flood [flʌd] **1** *n* inundación **|2** *vtr* inundar **|3** *vi (río)* desbordarse; *(mina)* inundarse

flooding ['flʌdɪŋ] *n* inundación

floodlight ['flʌdlaɪt] *n* foco

floor [flɔːʳ] **1** *n* ◆ suelo ◆ *(de un edificio)* piso, planta ◆ *(en una conferencia)* los asistentes **|2** *vtr* ◆ solar, entarimar ◆ *Boxeo* derribar

floorboard ['flɔːbɔːd] *n* tabla (del suelo)

flop [flɒp] **1** *n fam* fracaso **|2** *vi* ◆ dejarse caer ◆ *fam* fracasar ostensiblemente

floppy ['flɒpɪ] *adj (floppier, floppiest)* ◆ flexible, blando,-a ◆ *Inform* **f. disk,** disquete

florist ['flɒrɪst] *n (persona)* florista; *(tienda)* **f.'s,** floristería

flounce [flaʊns] *vi* **to f. in/out,** entrar/salir enfadado,-a

flounder ['flaʊndəʳ] **1** *vi* ◆ luchar para mantenerse a flote ◆ estar confuso,-a **|2** *n* platija

flour ['flaʊəʳ] *n* harina

flourish ['flʌrɪʃ] **1** *vi* ◆ *(persona, empresa, etc)* prosperar, florecer ◆ *(planta)* crecer bien **|2** *vtr* blandir, agitar **|3** *n* ◆ gesto dramático ◆ *(después de la firma)* rúbrica; *(adorno)* floritura

flourishing ['flʌrɪʃɪŋ] *adj* floreciente, próspero,-a

flow [fləʊ] **1** *n* ◆ flujo ◆ *Inform* organigrama **|2** *vi (un líquido)* fluir; *(tráfico, personas)* circular

flower ['flaʊəʳ] **1** *n* flor **|2** *vi* florecer

flowerpot ['flaʊəpɒt] *n* maceta, tiesto

flowery ['flaʊrɪ] *adj fig* florido,-a

flown [fləʊn] *pp* → **fly**

flu [fluː] *n (abr de* **influenza***)* gripe

fluctuate ['flʌktjʊeɪt] *vi* fluctuar

fluctuation [flʌktjʊ'eɪʃən] *n* fluctuación

fluent ['fluːənt] *adj* fluido, elocuente: **she speaks f. French** *o* **she is f. in French,** domina el francés

fluff [flʌf] *n* pelusa

fluffy ['flʌfɪ] *adj (fluffier, fluffiest)* ◆ suave; esponjoso,-a ◆ **f. toy,** juguete de peluche

fluid ['fluːɪd] *adj & n* fluido

flung [flʌŋ] *ps & pp* → **fling**

fluoride ['flʊəraɪd] *n* flúor

flurry ['flʌrɪ] *n* ráfaga

flush [flʌʃ] **1** *adj* nivelado, a ras **|2** *n* rubor **|3** *vtr* **to f. the toilet,** tirar de la cadena

flushed [flʌʃt] *adj* sonrojado,-a

fluster ['flʌstəʳ] *vtr* poner nervioso,-a, aturrullar

flute [fluːt] *n* flauta

flutter ['flʌtəʳ] **1** *vi* ◆ *(pájaro)* revolotear ◆ *(bandera)* ondear **|2** *vtr* ◆ *(alas)* batir, agitar

fly [flaɪ] **1** *n* ◆ mosca ◆ **flies** *pl, Cost* bragueta **|2** *vi* ◆ volar ◆ ir en avión **|3** *vtr (ps* **flew;** *pp* **flown)** ◆ *Av* pilotar ◆ transportar/llevar en avión ◆ *(una distancia)* recorrer

flying ['flaɪɪŋ] *adj* ◆ *Pol* **f. picket,** piquete informativo ◆ **f. saucer,** platillo volante

flyover ['flaɪəʊvəʳ] *n* paso elevado

flyweight ['flaɪweɪt] *n* peso mosca

foal [fəʊl] *n* potro,-a

foam [fəʊm] **1** *n* espuma; **f. rubber,** goma espuma **|2** *vi* hacer espuma

focus ['fəʊkəs] **1** *vtr* ◆ centrar ◆ enfocar **|2** *vi* enfocar **|3** *n (pl* **focuses)** foco

fodder ['fɒdəʳ] *n* pienso, forraje

foetus, *US* **fetus** ['fiːtəs] *n* feto

fog [fɒg] *n* niebla

foggy ['fɒgɪ] *adj (foggier, foggiest)* de niebla, nebuloso,-a: **it is f.,** hay niebla

foglamp ['fɒglæmp], *US* **foglight** ['fɒglaɪt] *n* faro antiniebla

foil [fɔɪl] **1** *n* **kitchen** *o* **aluminium f.,** papel de aluminio **|2** *vtr* frustrar

fold [fəʊld] **1** *n* doblez, pliegue **|2** *vtr* ◆ doblar ◆ *(los brazos)* cruzar **|3** *vi* ◆ **to f. (up),** *(silla, cama)* plegarse ◆ *Com* quebrar

folder ['fəʊldəʳ] *n* carpeta

folding ['fəʊldɪŋ] *adj* plegable
foliage ['fəʊlɪɪdʒ] *n* follaje
folk [fəʊk] **1** *n* ◆ tribu, pueblo ◆ *fam* gente ◆ *fam US* **folks,** padres; **my folks,** mi familia **|2** *adj* popular, folclórico,-a
follow ['fɒləʊ] **1** *vtr* ◆ seguir ◆ *(una explicación)* entender, seguir **|2** *vi* seguir; **as follows,** como sigue ■ **follow through** *vtr* concluir, llevar a cabo ■ **follow up** *vtr* ◆ poner en práctica ◆ *(una pista)* seguir, investigar
follower ['fɒləʊəʳ] *n* seguidor,-ora
following ['fɒləʊɪŋ] *adj* siguiente
follow-up ['fɒləʊʌp] *n* seguimiento
fond [fɒnd] *adj* ◆ cariñoso,-a, tierno,-a; **to be f. of sb/sthg,** tenerle mucho cariño a alguien/algo ◆ **to be f. of doing sthg,** ser aficionado,-a a hacer algo
fondle ['fɒndəl] *vtr* acariciar; *pey* sobar
food [fuːd] *n* comida; **fast f.,** comida rápida; **f. processor,** robot de cocina
foodstuffs ['fuːdstʌfs] *npl* comestibles
fool [fuːl] **1** *n* ◆ tonto,-a, idiota; **to play the f.,** hacer payasadas **|2** *vtr* engañar **|3** *vi* **to f. about** *o* **around,** hacer el tonto
foolish ['fuːlɪʃ] *adj* estúpido,-a
foolproof ['fuːlpruːf] *adj* ◆ *(plan)* infalible ◆ *(aparato)* fácil de manejar
foot [fʊt] **1** *n (pl **feet** [fiːt])* ◆ *(medida)* pie (30,48 cm) ◆ *(miembro)* pie; *Zool* pata; **on f.,** a pie, andando **|2** *vtr* **to f. the bill,** pagar la cuenta
football ['fʊtbɔːl] *n* ◆ fútbol; **bar f.,** futbolín; **f. field/ground/pitch,** campo de fútbol; **f. match,** partido de fútbol ◆ balón, pelota
footballer ['fʊtbɔːləʳ] *n GB* futbolista
footbridge ['fʊtbrɪdʒ] *n* puente peatonal, pasarela
footing ['fʊtɪŋ] *n* ◆ equilibrio; **to lose/miss one's f.,** perder el pie ◆ **on an equal f.,** en pie de igualdad
footnote ['fʊtnəʊt] *n* nota a pie de página
footpath ['fʊtpɑːθ] *n* sendero, camino
footprint ['fʊtprɪnt] *n* pisada, huella
footstep ['fʊtstep] *n* paso
footwear ['fʊtweəʳ] *n* calzado
for [fɔːʳ] **1** *prep* ◆ para: **I left a note f. her,** dejé una nota para ella; **f. sale,** en venta; **I'll have it ready f. tomorrow,** lo tendré preparado para mañana ◆ por: **she's famous f. her beauty,** es célebre por su belleza; **he sold his car f. $2,500,** vendió su coche por 2.500 dólares ◆ *(en vez de)* **could you ring the doctor f. me?,** ¿podrías llamar al médico por mí? ◆ a favor de: **to vote f. sb,** votar a alguien ◆ *(referente a)* **as f. me,** en cuanto a mí, por mí; **f. now,** por ahora ◆ *(periodo de tiempo)* por, durante: **we've lived here f. two years,** vivimos aquí desde hace dos años; **they lived in India f. the whole of the war,** vivieron en la India durante toda la guerra ◆ *(distancia)* **we walked f. several miles,** caminamos varias millas
forbid [fə'bɪd] *vtr (ps **forbade;** pp **forbidden** [fə'bɪdən])* prohibir
force [fɔːs] **1** *n* fuerza; **to come into f.,** entrar en vigor **|2** *vtr* ◆ forzar, obligar ◆ *(abrir con violencia)* forzar
forced [fɔːst] *adj (sonrisa)* forzado,-a; *Av (aterrizaje)* forzoso,-a
forceful ['fɔːsfʊl] *adj* ◆ *(temperamento)* enérgico,-a, vigoroso,-a ◆ *(argumento)* convincente
forceps ['fɔːseps] *npl* fórceps
forcible ['fɔːsəbəl] *adj* ◆ contundente ◆ a/por la fuerza; *Jur* **f. entry,** allanamiento de morada
forcibly ['fɔːsəblɪ] *adv* a *o* por la fuerza
ford [fɔːd] **1** *n* vado **|2** *vtr* vadear
forearm ['fɔːrɑːm] *n* antebrazo
foreboding [fɔː'bəʊdɪŋ] *n* premonición
forecast ['fɔːkɑːst] **1** *n* pronóstico **|2** *vtr (ps & pp **forecast** o **forecasted**)* pronosticar, prever
forefathers ['fɔːfɑːðəz] *npl* antepasados
forefinger ['fɔːfɪŋgəʳ] *n* (dedo) índice
forefront ['fɔːfrʌnt] *n* vanguardia
forehead ['fɒrɪd, 'fɔːhed] *n* frente
foreign ['fɒrɪn] *adj* ◆ extranjero,-a; **f. exchange,** divisas ◆ exterior; **the F.**

Office, el Ministerio de Asuntos Exteriores

foreigner ['fɒrɪnəʳ] *n* extranjero,-a

foreman ['fɔːmən] *n* ♦ capataz ♦ *Jur* presidente del jurado

foremost ['fɔːməʊst] **1** *adj* principal, más destacado,-a |**2** *adv* **first and f.,** en primer lugar

forename ['fɔːneɪm] *n* nombre de pila

forensic [fə'rensɪk] *adj* forense

forerunner ['fɔːrʌnəʳ] *n* precursor,-ora

foresee [fɔː'siː] *vtr (ps* ***foresaw;*** *pp* ***foreseen)*** prever

foreseeable [fɔː'siːəbəl] *adj* previsible

foresight ['fɔːsaɪt] *n* previsión

forest ['fɒrɪst] *n* bosque, selva

forestall [fɔː'stɔːl] *vtr* ♦ anticiparse a ♦ prevenir, impedir

foretaste ['fɔːteɪst] *n* muestra

foretell [fɔː'tel] *vtr (ps & pp* ***foretold)*** presagiar, predecir

forever [fə'revəʳ] *adv* ♦ para siempre ♦ constantemente ♦ *fam* mucho tiempo

foreword ['fɔːwɜːd] *n* prefacio

forgave [fɔː'geɪv] *ps* ➛ **forgive**

forge [fɔːdʒ] **1** *n* forja |**2** *vtr* ♦ *(dinero, cuadros, etc)* falsificar ♦ *(metal)* forjar ♦ *(relaciones)* fraguar

forger ['fɔːdʒəʳ] *n* falsificador,-ora

forgery ['fɔːdʒərɪ] *n* falsificación

forget [fə'get] **1** *vtr (ps* ***forgot;*** *pp* ***forgotten)*** olvidar, olvidarse de |**2** *vi* olvidarse

forgetful [fə'getfʊl] *adj* olvidadizo,-a, despistado,-a

forgive [fə'gɪv] *vtr (ps* ***forgave;*** *pp* ***forgiven*** [fə'gɪvən]) perdonar

forgiveness [fə'gɪvnɪs] *n* perdón

forgiving [fə'gɪvɪŋ] *adj* indulgente, comprensivo,-a

forgot [fə'gɒt], *ps* ***forgotten*** [fə'gɒtən] *pp* ➛ **forget**

fork [fɔːk] **1** *n* ♦ *Culin* tenedor ♦ *Agr* horca ♦ *(de río, carretera)* bifurcación |**2** *vi* bifurcarse ■ **fork out 1** *vtr fam* pagar, desembolsar |**2** *vi fam* aflojar la pasta

forlorn [fə'lɔːn] *adj* desolado,-a, abandonado,-a

form [fɔːm] **1** *n* ♦ forma ♦ clase, tipo ♦ formulario, impreso |**2** *vtr* formar |**3** *vi* formarse, tomar forma

formal ['fɔːməl] *adj* ♦ formal ♦ *(acto, ropa)* de etiqueta

formality [fɔː'mælɪtɪ] *n* formalidad

formally ['fɔːməlɪ] *adv* ♦ oficialmente ♦ ceremoniosamente

format ['fɔːmæt] **1** *n* formato |**2** *vtr* formatear

formation [fɔː'meɪʃən] *n* formación

formative ['fɔːmətɪv] *adj* formativo,-a

former ['fɔːməʳ] **1** *adj* anterior, antiguo,-a; *(persona)* ex; **my f. wife,** mi ex mujer |**2** *pron (la primera de dos referencias)* aquél, aquélla(s), aquello(s), el/la/lo primero,-a, los/las primeros,-as: **I like cats and dogs, but I prefer the f.,** me gustan los gatos y los perros, pero prefiero los primeros

formerly ['fɔːməlɪ] *adv* antiguamente

formula ['fɔːmjʊlə] *n* fórmula

fort [fɔːt] *n* fortaleza

forth [fɔːθ] *adv frml* **and so f.,** y así sucesivamente

forthcoming [fɔːθ'kʌmɪŋ] *adj* próximo,-a, venidero; *(libro, película)* de próxima aparición

forthright ['fɔːθraɪt] *adj* franco,-a

fortification [fɔːtɪfɪ'keɪʃən] *n* fortificación

fortify ['fɔːtɪfaɪ] *vtr* fortificar

fortitude ['fɔːtɪtjuːd] *n* fortaleza

fortnight ['fɔːtnaɪt] *n GB* quincena, dos semanas

fortnightly ['fɔːtnaɪtlɪ] *GB* **1** *adj* quincenal |**2** *adv* cada dos semanas

fortress ['fɔːtrɪs] *n* fortaleza

fortunate ['fɔːtʃənɪt] *adj* afortunado,-a

fortunately ['fɔːtʃənɪtlɪ] *adv* afortunadamente

fortune ['fɔːtʃən] *n* fortuna

fortune-teller ['fɔːtʃəntelәʳ] *n* adivino,-a

forty ['fɔːtɪ] *adj & n* cuarenta

forum ['fɔːrəm] *n* foro

forward ['fɔːwəd] **1** *adv* ♦ *(tb* ***forwards)*** *(en el espacio)* hacia delante ♦ *(en el tiempo) frml* **from this day f.,** de ahora en adelante |2 *adj* ♦ hacia delante ♦ *(actitud)* descarado,-a |3 *n Dep* delantero,-a |4 *vtr* remitir

fossil ['fɒsəl] *n* fósil

foster ['fɒstəʳ] 1 *vtr* ♦ acoger a un(a) niño,-a en una familia *(sin adoptar legalmente)* ♦ *(relaciones)* fomentar |2 *adj* de acogida; **f. home,** casa de acogida; **f. parents,** padres de acogida

fought [fɔːt] *ps* & *pp* ➛ **fight**

foul [faʊl] 1 *adj* ♦ nauseabundo,-a; *(agua)* infecto,-a; *(aire)* viciado,-a; *(olor)* fétido,-a; *(sabor)* asqueroso,-a ♦ *(crimen, calumnia)* vil ♦ *(humor, tiempo)* de perros ♦ *Dep* **f. play,** juego sucio ♦ *(lenguaje)* obsceno,-a, grosero,-a |2 *n Dep* falta |3 *vtr* ♦ ensuciar; *(el agua, aire)* contaminar ♦ *Dep* cometer una falta contra |4 *vi Dep* cometer una falta

found¹ [faʊnd] *ps* & *pp* ➛ **find**

found² [faʊnd] *vtr* ♦ fundar ♦ fundamentar; **founded on,** basado en

foundation [faʊn'deɪʃən] *n* ♦ fundación ♦ *(de una sospecha, un rumor)* fundamento ♦ *Constr* **foundations** *pl*, cimientos

founder ['faʊndəʳ] *n* fundador,-ora

foundry ['faʊndrɪ] *n* fundición

fountain ['faʊntɪn] *n* ♦ fuente ♦ **f. pen,** pluma estilográfica

four [fɔːʳ] *adj* & *n* cuatro

four-door ['fɔːdɔːʳ] *adj* de cuatro puertas

fourteen [fɔː'tiːn] *adj* & *n* catorce

fourteenth [fɔː'tiːnθ] 1 *adj* & *n* decimocuarto,-a |2 *n* catorceavo

fourth [fɔːθ] 1 *adj* & *n* cuarto,-a |2 *n* ♦ cuarto ♦ *Auto* **f. gear,** cuarta (velocidad) |3 *adv* en cuarta posición

four-wheel drive ['fɔːʳwiːl'draɪv] *n* tracción a cuatro ruedas; *(vehículo)* todoterreno

fowl [faʊl] *n* ave de corral

fox [fɒks] 1 *n* zorro,-a; **f. cub,** cachorro de zorro |2 *vtr* ♦ dejar perplejo,-a ♦ engañar

foyer ['fɔɪeɪ, 'fɔɪə] *n* vestíbulo

fraction ['frækʃən] *n* ♦ fracción ♦ una parte muy pequeña

fracture ['fræktʃəʳ] 1 *n* fractura |2 *vtr* fracturar |3 *vi* fracturarse

fragile ['frædʒaɪl] *adj* frágil, delicado,-a

fragment ['frægmənt] *n* fragmento

fragrance ['freɪgrəns] *n* fragancia, perfume

fragrant ['freɪgrənt] *adj* fragante, aromático,-a

frail [freɪl] *adj* frágil, delicado,-a

frame [freɪm] 1 *n* estructura; *(de bicicleta)* cuadro; *(de cuadro, puerta, ventana)* marco; *(de edificio, máquina)* armazón; *(de gafas)* montura |2 *vtr* ♦ *(un cuadro)* enmarcar ♦ *(una ley, declaración)* formular

framework ['freɪmwɜːk] *n* ♦ armazón ♦ *(normas, etc)* estructura, marco

franc [fræŋk] *n* franco

France [frɑːns] *n* Francia

franchise ['fræntʃaɪz] *n* ♦ derecho al voto, sufragio ♦ *Com* franquicia

frank [fræŋk] 1 *adj* franco,-a |2 *vtr* franquear

frantic ['fræntɪk] *adj* ♦ desesperado,-a ♦ *(día, actividad)* frenético,-a

fraternal [frə'tɜːnəl] *adj* fraterno,-a

fraternity [frə'tɜːnɪtɪ] *n* fraternidad

fraud [frɔːd] *n* fraude

fraught [frɔːt] *adj* ♦ cargado,-a ♦ *(persona)* nervioso,-a

fray [freɪ] *vi* ♦ *(tela, cuerda)* deshilacharse ♦ *(nervios)* crisparse

freak [friːk] 1 *n* monstruo |2 *adj* insólito,-a

freckle ['frekəl] *n* peca

free [friː] 1 *adj* ♦ libre ♦ gratis, gratuito,-a |2 *adv* ♦ sin pagar ♦ suelto |3 *vtr* ♦ dejar *o* poner en libertad ♦ **to f. sb of sthg,** liberar a alguien de algo ♦ *(a un animal)* soltar

freedom ['friːdəm] *n* libertad

freelance ['friːlɑːns] 1 *adj* & *adv* por cuenta propia |2 *n* trabajador por cuenta propia

Freemason ['friːmeɪsən] *n* masón,-ona

free-range ['friːreɪndʒ] *adj GB* de granja

free-style ['friːstaɪl] *n* estilo libre

freeway ['friːweɪ] *n US* autopista

freeze [friːz] 1 *vtr (ps* **froze;** *pp* **frozen)** ♦ *(líquido)* helar ♦ *(comida, pre-

cios, sueldos) congelar |2 *n Meteor* helada; **wages f.,** congelación salarial |3 *vi* helarse, congelarse

freezer ['friːzəʳ] *n* congelador

freezing ['friːzɪŋ] 1 *adj* bajo cero; glacial; **f. point,** punto de congelación

freight [freɪt] *n* ◆ transporte ◆ carga, mercancías; **f. train,** tren de mercancías ◆ *(precio)* flete

French [frentʃ] 1 *adj* francés,-esa; **F. bean,** judía (verde); **F. bread,** baguette; **F. door/window,** puerta acristalada; *US* **F. fries,** patatas fritas |2 *n* ◆ francés ◆ *pl* **the F.,** los franceses

Frenchman ['frentʃmən] *n* francés

Frenchwoman ['frentʃwʊmən] *n* francesa

frenetic [frɪ'netɪk] *adj* frenético,-a

frenzy ['frenzɪ] *n* frenesí

frequency ['friːkwənsɪ] *n* frecuencia

frequent ['friːkwənt] 1 *adj* frecuente, habitual |2 [fri'kwent] *vtr* frecuentar

frequently ['friːkwəntlɪ] *adv* frecuentemente, a menudo

fresh [freʃ] 1 *adj* ◆ fresco,-a; **f. bread,** pan del día ◆ nuevo, reciente ◆ *(ropa, etc)* limpio,-a |2 *adv* ➛ **freshly**

freshly [freʃlɪ] *adv* recién, recientemente; **f. made,** recién hecho

freshness ['freʃnɪs] *n* frescura

freshwater ['freʃwɔːtəʳ] *adj* de agua dulce

friar ['fraɪəʳ] *n* fraile

friction ['frɪkʃən] *n* fricción

Friday ['fraɪdɪ] *n* viernes; **Good F.,** Viernes Santo

fridge [frɪdʒ] *n fam* nevera, frigorífico

friend [frend] *n* amigo,-a

friendly ['frendlɪ] *adj (friendlier, friendliest)* ◆ amable, simpático,-a ◆ *(sitio, ambiente)* acogedor,-ora ◆ *Dep (partido)* amistoso

friendship ['frendʃɪp] *n* amistad

frigate ['frɪgɪt] *n* fragata

fright [fraɪt] *n* susto; *(terror)* miedo

frighten ['fraɪtən] *vtr* asustar ■ **frighten away/off** *vtr* ahuyentar

frightened ['fraɪtənd] *adj* asustado,-a

frightening ['fraɪtənɪŋ] *adj* espantoso,-a

frightful ['fraɪtfʊl] *adj* aterrador,-ora, espantoso,-a

frigid ['frɪdʒɪd] *adj* frígido,-a

frill [frɪl] *n* volante

fringe [frɪndʒ] *n* ◆ flequillo ◆ *Cost* fleco

frisk [frɪsk] *vtr* registrar, cachear

frisky ['frɪskɪ] *adj (friskier, friskiest)* ◆ juguetón,-tona ◆ *(persona)* activo,-a

fritter ['frɪtəʳ] *n* ~ buñuelo ■ **fritter away** *vtr* malgastar, derrochar

frivolity [frɪ'vɒlɪtɪ] *n* frivolidad

frivolous ['frɪvələs] *adj* frívolo,-a

frizzy ['frɪzɪ] *adj (frizzier, frizziest)* crespo,-a

frock [frɒk] *n* vestido

frog [frɒg] *n* rana

frogman ['frɒgmən] *n* hombre rana, buceador

from [frɒm, *forma débil* frəm] *prep* ◆ de: **he is f. Mars,** es de Marte; **600 km f. the coast,** a 600 km de la costa ◆ a: **to take candies f. a child,** quitarle caramelos a un niño ◆ desde: **I can see it f. my house,** lo veo desde mi casa; **f. Monday to Friday,** de lunes a viernes; **twenty years f. now,** dentro de veinte años; **f. now on,** a partir de ahora ◆ por: **my eyes hurt f. the smoke,** me pican los ojos por el humo

front [frʌnt] 1 *n* ◆ parte delantera; **in f. of,** delante, enfrente de; *(de una casa)* fachada; *(de un libro)* principio ◆ *Meteor Mil Pol* frente ◆ tapadera; **a f. for drugs,** una tapadera para la droga |2 *adj* ◆ delantero,-a, anterior; **f. door,** puerta de la calle; **f. seat,** asiento delantero

frontier ['frʌntɪəʳ] *n* frontera

front-page ['frʌntpeɪdʒ] 1 *adj* de primera página |2 *n* primera plana

frost [frɒst] *n* ◆ escarcha ◆ helada ■ **frost over/up** *vi* cubrirse de escarcha

frostbite ['frɒstbaɪt] *n* congelación

frosted ['frɒstɪd] *adj* ◆ esmerilado,-a ◆ *US Culin* glaseado,-a

frosty ['frɒstɪ] *adj (frostier, frostiest)* ◆ de helada ◆ *(mirada, etc)* glacial

froth [frɒθ] *n* espuma

frothy ['frɒθɪ] *adj (frothier, frothiest)* espumoso,-a

frown [fraʊn] 1 *n* ceño |2 *vi* fruncir el ceño ■ **frown on** *vtr* desaprobar

froze [frəʊz] *ps* → **freeze**

frozen ['frəʊzən] *adj* helado,-a; *(alimentos)* congelado,-a

fruit [fru:t] *n* ♦ fruta; **f. machine,** máquina tragaperras; **f. salad,** macedonia de frutas ♦ *Bot* fruto; **the f. of our work,** el fruto de nuestro trabajo

fruitful ['fru:tfʊl] *adj* provechoso,-a

fruition [fru:'ɪʃən] *n frml* realización

fruitless ['fru:tlɪs] *adj* vano,-a, infructuoso,-a

frustrate [frʌ'streɪt] *vtr* frustrar

frustrated [frʌ'streɪtɪd] *adj* frustrado,-a

frustration [frʌ'streɪʃən] *n* frustración

fry [fraɪ] 1 *vtr (ps & pp* ***fried****)* freír |2 *vi* freírse

frying pan ['fraɪɪŋpæn], *US* **fry-pan** ['fraɪpæn] *n* sartén

fuck [fʌk] *vtr & vi vulgar ofens* joder, follar

fudge [fʌdʒ] *n dulce de azúcar y mantequilla*

fuel ['fjʊəl] *n* combustible

fugitive ['fju:dʒɪtɪv] *n* fugitivo,-a

fulfil, *US* **fulfill** [fʊl'fɪl] *vtr* ♦ *(una ambición, un sueño)* realizar ♦ *(un compromiso)* cumplir ♦ *(un papel)* desempeñar

full [fʊl] 1 *adj* ♦ lleno,-a: **I'm f.,** no puedo comer más ♦ completo, total; **f. stop,** punto; **at f. speed,** a toda velocidad ♦ *(descripción)* detallado,-a ♦ *(texto)* íntegro,-a ♦ *(día)* apretado,-a |2 *n* **in f.,** en su totalidad |3 *adv* ♦ de lleno

full-length ['fʊl'eŋθ] *adj (espejo, retrato)* de cuerpo entero; *(vestido, falda)* largo,-a

full-scale ['fʊlskeɪl] *adj* ♦ *(maqueta, dibujo)* de tamaño natural ♦ *(ataque, guerra)* a gran escala, generalizado,-a ♦ *(investigación)* exhaustivo,-a

full-time ['fʊltaɪm] 1 *adv* a tiempo/jornada completo,-a |2 *adj* de jornada completa

fully ['fʊlɪ] *adv* completamente, totalmente

fulsome ['fʊlsəm] *adj* excesivo,-a, exagerado,-a

fumble ['fʌmbəl] *vi* hurgar

fume [fju:m] 1 *npl* humo, gases |2 *vi fig* estar furioso, echar chispas

fun [fʌn] 1 *n* ♦ diversión; **to have f.,** divertirse; **to make f. of,** reírse de; **in. f,** en broma; **(just) for f.,** (sólo) para divertirse ♦ alegría: **she's full of f.,** está llena de alegría |2 *adj* divertido,-a

function ['fʌŋkʃən] 1 *n* función |2 *vi* funcionar

functional ['fʌŋkʃənəl] *adj* funcional

fund [fʌnd] 1 *n* ♦ *Com* fondo ♦ **funds** *pl,* fondos |2 *vtr* pagar, patrocinar

fundamental [fʌndə'mentəl] 1 *adj* fundamental |2 **fundamentals** *pl,* los fundamentos

funeral ['fju:nərəl] 1 *n* funeral, entierro |2 *adj* funerario,-a

funfair ['fʌnfeəʳ] *n GB* parque de atracciones

fungus ['fʌŋgəs] *n (pl* ***fungi*** ['fʌŋgaɪ]*)* hongo

funnel ['fʌnəl] *n* ♦ embudo ♦ *Náut* chimenea

funnily ['fʌnɪlɪ] *adv fam* **f. enough,** curiosamente

funny ['fʌnɪ] *adj (****funnier, funniest****)* ♦ divertido,-a, gracioso,-a ♦ raro,-a, curioso,-a

fur [fɜ:ʳ] 1 *n* ♦ *(de animal vivo)* pelo ♦ *(de animal muerto)* piel ♦ **fun f.,** piel sintética |2 *adj* de piel; **f. coat,** abrigo de pieles

furious ['fjʊərɪəs] *adj* furioso,-a

furnace ['fɜ:nɪs] *n Ind* horno

furnish ['fɜ:nɪʃ] *vtr* ♦ *(una casa)* amueblar ♦ *frml* suministrar, facilitar

furnishings ['fɜ:nɪʃɪŋz] *npl* muebles, mobiliario, accesorios

furniture ['fɜ:nɪtʃəʳ] *n* muebles; **a piece of f.,** un mueble

furrow ['fʌrəʊ] *n* surco

furry ['fɜ:rɪ] *adj (****furrier, furriest****)* *(animal, etc)* peludo,-a; *(juguete)* de peluche

further ['fɜ:ðəʳ] → **far** 1 *adv* ♦ más lejos: **let's go f.,** vayamos más lejos ♦ más:

I know nothing f., no sé nada más; **f. back/on,** más atrás/adelante |**2** *adj* ♦ más lejos ♦ otro,-a, adicional |**3** *vtr* promover

furthermore ['fɜːðəmɔːʳ] *adv frml* además

furthest ['fɜːðɪst] *adj* más lejano,-a; → **far**

furtive ['fɜːtɪv] *adj* furtivo,-a

fury ['fjʊərɪ] *n* furia, furor

fuse [fjuːz] **1** *n* ♦ *Elec* fusible, plomo ♦ *(de bomba, fuego artificial)* mecha |**2** *vi* ♦ *Elec* **the lights have fused,** han saltado los plomos ♦ *fig* fusionarse |**3** *vtr* ♦ *Elec* hacer saltar los plomos de ♦ fusionar, amalgamar

fuselage ['fjuːzɪlɑːʒ] *n* fuselaje

fusion ['fjuːʒən] *n* fusión

fuss [fʌs] **1** *n* ♦ alboroto, escándalo, jaleo; **to make a f.,** armar un escándalo ♦ protesta, queja, lío |**2** *vi* preocuparse ■ **fuss over** *vtr* mimar con exceso a alguien, preocuparse obsesivamente por algo

fussy ['fʌsɪ] *adj (**fussier, fussiest**)* exigente; *(en exceso)* quisquilloso,-a

futile ['fjuːtaɪl] *adj* inútil, vano,-a

futility [fjuː'tɪlɪtɪ] *n* inutilidad

future ['fjuːtʃəʳ] **1** *n* futuro, porvenir |**2** *adj* futuro,-a, venidero,-a

futuristic [fjuːtʃə'rɪstɪk] *adj* futurista

fuzzy ['fʌzɪ] *adj (**fuzzier, fuzziest**)* ♦ *(pelo)* muy rizado,-a ♦ *(poco claro)* borroso,-a, confuso,-a

G

G, g [dʒiː] *n* ♦ *(letra)* G, g ♦ *Mús* G, sol ♦ *abr de **gram(s), gramme(s)*** g.

gadget ['gædʒɪt] *n* artilugio, chisme

Gaelic ['geɪlɪk] **1** *adj* gaélico,-a |**2** *n* gaélico

gag [gæg] **1** *n* ♦ mordaza ♦ *fam* chiste |**2** *vtr* amordazar

gage [geɪdʒ] *n* & *vtr US* → **gauge**

gaily ['geɪlɪ] *adv* alegremente

gain [geɪn] **1** *n* ♦ ganancia, beneficio ♦ *(de valor)* aumento ♦ *(en una elección, etc)* triunfo |**2** *vtr* ♦ ganar; **to g. weight,** ganar peso ♦ *(un objetivo)* conseguir |**3** *vi* ♦ beneficiarse ♦ *(reloj)* adelantarse

gait [geɪt] *n* manera de andar

gal *(pl **gal** o **gals**) abr de **gallon***

galaxy ['gæləksɪ] *n* galaxia

gale [geɪl] *n* vendaval, temporal

gall [gɔːl] **1** *n fam* descaro |**2** *vtr* molestar, irritar

gallant ['gælənt] *adj* ♦ valiente, gallardo,-a ♦ *([gə'lænt])* galante, cortés

galleon ['gælɪən] *n* galeón

gallery ['gælərɪ] *n* galería

galley ['gælɪ] *n* ♦ *Náut* galera ♦ *(en barco o avión)* cocina

gallon ['gælən] *n* galón (4,55 litros; *US* 3,79 litros)

gallop ['gæləp] **1** *n* galope |**2** *vi* galopar

gallows ['gæləʊz] *npl* horca

gambit ['gæmbɪt] *n* gambito

gamble ['gæmbəl] **1** *vi* ♦ jugar ♦ *Fin* especular |**2** *vtr* jugarse |**3** *n* ♦ apuesta ♦ riesgo

gambler ['gæmbləʳ] *n* jugador,-ora

gambling ['gæmblɪŋ] *n* juego

game [geɪm] *n* ♦ juego ♦ *(de fútbol, etc)* partido; *Naipes* partida ♦ **Olympic G.,** Juegos Olímpicos ♦ *(animales, pájaros)* caza

gamekeeper ['geɪmkiːpəʳ] *n* guardabosque(s)
gammon ['gæmən] *n GB* jamón de York
gang [gæŋ] *n* ◆ banda ◆ *(de niños, jóvenes)* pandilla ◆ *(de obreros)* cuadrilla
gangster ['gæŋstəʳ] *n* gángster
gangway ['gæŋweɪ] *n Náut* pasarela; *Teat* pasillo
gap [gæp] *n* ◆ espacio, hueco ◆ *(en un texto)* espacio en blanco ◆ *(en el tiempo)* intervalo ◆ *(en los conocimientos)* laguna ◆ *(diferencia)* distancia, brecha
gape [geɪp] *vi* ◆ mirar boquiabierto,-a ◆ *(una puerta, un abismo)* abrirse de par en par
gaping ['geɪpɪŋ] *adj* enorme
garage ['gærɑːʒ, 'gærɪdʒ] *n* ◆ garaje ◆ taller mecánico ◆ gasolinera
garbage ['gɑːbɪdʒ] *n US* basura
garden ['gɑːdən] *n* jardín
gardener ['gɑːdənəʳ] *n* jardinero,-a
gardening ['gɑːdənɪŋ] *n* jardinería
gargle ['gɑːgəl] *vi* hacer gárgaras
gargoyle ['gɑːgɔɪl] *n* gárgola
garish ['geərɪʃ] *adj* chillón,-ona
garland ['gɑːlənd] *n* guirnalda
garlic ['gɑːlɪk] *n* ajo
garment ['gɑːmənt] *n* prenda de vestir
garnish ['gɑːnɪʃ] **1** *vtr* adornar; *Culin* aderezar **|2** *n Culin* guarnición
garrison ['gærɪsən] *n Mil* guarnición
garrulous ['gærʊləs] *adj* charlatán,-ana
gas [gæs] **1** *n* ◆ gas ◆ *US* gasolina; **g. station,** gasolinera **|2** *vtr* asfixiar con gas
gash [gæʃ] **1** *n* herida profunda **|2** *vtr* cortarse
gasoline ['gæsəliːn] *n US* gasolina
gasp [gɑːsp] *vi* ◆ quedarse boquiabierto,-a ◆ *(respirar con dificultad)* jadear
gassy ['gæsɪ] *adj* ***(gassier, gassiest)*** gaseoso,-a
gastric ['gæstrɪk] *adj* gástrico,-a
gastronomic [gæstrə'nɒmɪk] *adj* gastronómico,-a
gate [geɪt] *n* puerta
gatecrash ['geɪtkræʃ] **1** *vtr* colarse en **|2** *vi* colarse
gateway ['geɪtweɪ] *n* puerta, entrada
gather ['gæðəʳ] **1** *vtr* ◆ reunir, juntar ◆ *Agr* cosechar; *(flores, leña)* coger; *(información, fruta)* recoger ◆ *(velocidad)* ganar, ir ganando ◆ *Cost* fruncir **|2** *vi* reunirse ■ **gather round** *vi* agruparse
gathering ['gæðərɪŋ] **1** *adj* creciente **|2** *n* reunión
gaudy ['gɔːdɪ] *adj* ***(gaudier, gaudiest)*** chillón,-ona
gauge [geɪdʒ] **1** *n* ◆ medida estándar ◆ *Ferroc* ancho ◆ indicador; **fuel g.,** indicador de la gasolina **|2** *vtr* ◆ medir, calibrar ◆ estimar, juzgar
gaunt [gɔːnt] *adj* demacrado,-a
gauze [gɔːz] *n* gasa
gave [geɪv] *ps* → **give**
gay [geɪ] *adj* ◆ gay ◆ *en desuso* alegre
gaze [geɪz] **1** *n* mirada fija **|2** *vi* mirar fijamente
gazelle [gə'zel] *n* gacela
gazette [gə'zet] *n* gaceta; *US* periódico
GB [dʒiː'biː] *(abr de **Great Britain**)* Gran Bretaña
GCE [dʒiːsiː'iː] *(abr de **General Certificate of Education (A-Level)**)* ~ COU
GCSE [dʒiːsiːes'iː] *(abr de **General Certificate of Secondary Education**)* ~ BUP
gear [gɪəʳ] **1** *n* ◆ *Téc* engranaje; **g. (wheel),** rueda dentada ◆ *Auto* marcha ◆ *(herramientas)* equipo ◆ *fam* cosas, bártulos ◆ *fam* ropa **|2** *vtr* adaptar
gearbox ['gɪəbɒks] *n* caja de cambios
gearstick ['gɪəstɪk], *US* **gearshift** ['gɪəʃɪft] *n* palanca de cambio
geese [giːs] *npl* → **goose**
gel [dʒel] **1** *n* gel **|2** *vtr* engominar
gelatin(e) ['dʒelətɪn] *n* gelatina
gem [dʒem] *n* ◆ gema ◆ *(persona)* tesoro
Gemini ['dʒemɪnaɪ] *n* Géminis
gender ['dʒendəʳ] *n* género
gene [dʒiːn] *n* gen
general ['dʒenərəl] *adj & n* general; **g. knowledge,** cultura general; **g. prac-**

titioner (GP), médico de cabecera; **in g.,** en general

generalization [dʒenərəlaɪ'zeɪʃən] *n* generalización

generalize ['dʒenərəlaɪz] *vtr & vi* generalizar

generate ['dʒenəreɪt] *vtr* generar

generation [dʒenə'reɪʃən] *n* generación

generator ['dʒenəreɪtəʳ] *n* generador

generosity [dʒenə'rɒsɪtɪ] *n* generosidad

generous ['dʒenərəs] *adj* generoso,-a

genetic [dʒɪ'netɪk] *adj* genético,-a

genetics [dʒɪ'netɪks] *n* genética

genial ['dʒiːnɪəl] *adj* cordial, simpático,-a

genitals ['dʒenɪtəlz] *npl* genitales

genius ['dʒiːnɪəs] *n* genio

genocide ['dʒenəsaɪd] *n* genocidio

genre ['ʒɑːnrə] *n* género

gent [dʒent] *n (abr de* **gentleman***)* ♦ *fam* señor, caballero ♦ **the gents,** servicio de caballeros

gentle ['dʒentəl] *adj* ♦ *(persona)* dulce, tierno,-a ♦ *(temperatura)* suave

gentleman ['dʒentəlmən] *n* caballero

gently ['dʒentlɪ] con cuidado, suavemente

gentry ['dʒentrɪ] *n* pequeña nobleza, alta burguesía

genuine ['dʒenjʊɪn] *adj* auténtico,-a, genuino,-a

genuinely ['dʒenjʊɪnlɪ] *adv* anténticamente

geographic(al) [dʒɪə'græfɪk(əl)] *adj* geográfico,-a

geography [dʒɪ'ɒgrəfɪ, 'dʒɒgrəfɪ] *n* geografía

geologic(al) [dʒɪə'lɒdʒɪk(əl)] *adj* geológico,-a

geology [dʒɪ'ɒlədʒɪ] *n* geología

geometric(al) [dʒɪə'metrɪk(əl)] *adj* geométrico,-a

geometry [dʒɪ'ɒmɪtrɪ] *n* geometría

geranium [dʒɪ'reɪnɪəm] *n* geranio

geriatric [dʒerɪ'ætrɪk] *adj* geriátrico,-a

germ [dʒɜːm] *n* germen

German ['dʒɜːmən] **1** *adj* alemán,-ana **|2** *n* ♦ alemán,-ana ♦ *(idioma)* alemán

Germany ['dʒɜːmənɪ] *n* Alemania

germinate ['dʒɜːmɪneɪt] *vi* germinar

gestation [dʒe'steɪʃən] *n* gestación

gesticulate [dʒe'stɪkjʊleɪt] *vi* gesticular

gesture ['dʒestʃəʳ] **1** *n* gesto **|2** *vi* gesticular, hacer gestos

get [get] **1** *vtr (ps & pp* **got,** *pp US also* **gotten***)* ♦ obtener, conseguir ♦ buscar ♦ tener ♦ recibir: **did you g. my letter?,** ¿recibiste mi carta? ♦ ganar: **she gets $100,000 a year,** gana 100.000 dólares al año ♦ *(enfermedad, transporte)* coger; **to g. flu,** coger la gripe ♦ *(con pp)* **to g. one's hair cut,** cortarse el pelo ♦ empezar, iniciar: **we got chatting,** nos pusimos a charlar ♦ *fam* entender: **I don't g. it,** no lo entiendo **|2** *vi* ♦ *(con matiz reflexivo)* **to g. angry,** enfadarse; **to g. cold,** enfriarse; **to g. dressed,** vestirse; **to g. drunk,** emborracharse, **to g. married,** casarse; **to g. used to,** acostumbrarse a ♦ *(en voz pasiva)* ser; **to g. fired,** ser despedido ■ **get across** *vtr* ♦ *(una idea)* comunicar ♦ *(un río, etc)* atravesar, cruzar ■ **get along** *vi* ♦ arreglárselas ♦ progresar, mejorar ♦ *(dos o mas personas)* llevarse bien ■ **get around** *vtr* → **get round** ■ **get at** *vtr* ♦ alcanzar ♦ insinuar: **what's she getting at?,** ¿qué quiere decir? ■ **get away** *vi* ♦ irse ♦ escaparse ■ **get away with** *vtr* salir impune: **she won't g. away with it,** no se saldrá con la suya ■ **get by** *vi* ♦ arreglárselas ♦ lograr pasar ■ **get down 1** *vi* bajar **|2** *vtr* deprimir: **this weather gets me down,** este tiempo me deprime ■ **get in** *vi* entrar, llegar ■ **get into** *vtr* ♦ *(un vehículo)* subir a ♦ meterse en; **to g. into politics,** meterse en política ■ **get off 1** *vi* ♦ *(de un vehículo)* apearse, bajar ♦ salir, irse **|2** *vtr* ♦ *(un vehículo, caballo, etc)* bajar de ♦ *(ropa)* quitarse ♦ *(una mancha)* quitar ■ **get on** *vi* subir ■ **get out** *vi* salir ■ **get over** *vtr* ♦ *(un obstáculo)* vencer, superar ♦ *(una enfermedad)* recuperarse de, superar ■ **get round** *vtr* ♦ evitar, sortear ♦ convencer, persuadir ■ **get round to** *vtr* **to g. round to doing sthg,** sacar tiempo para hacer algo ■ **get through 1** *vtr* ◆ *(un examen)* aprobar ◆ *(una mala experiencia)* pasar ◆ *(una idea)* comunicar |2 *vi* hacerse comprender ■ **get together 1** *vi* reunirse |2 *vtr* reunir ■ **get up 1** *vi* levantarse |2 *vtr* ◆ levantar, despertar ◆ subirse a

getaway ['getəweɪ] *n* huida

get-together ['getəgeðəʳ] *n* reunión

gherkin ['gɜːkɪn] *n* pepinillo

ghetto ['getəʊ] *n* gueto

ghost [gəʊst] *n* fantasma

giant ['dʒaɪənt] *adj* & *n* gigante

gibberish ['dʒɪbərɪʃ] *n* galimatías, sandeces

gibe [dʒaɪb] **1** *n* pulla |2 *vi* burlarse

giddy ['gɪdɪ] *adj* ***(giddier, giddiest)*** mareado,-a

gift [gɪft] *n* ◆ regalo ◆ don, talento

gifted ['gɪftɪd] *adj* dotado,-a

gift-wrap ['gɪftræp] *vtr* envolver para regalo

gig [gɪg] *n* actuación

gigantic [dʒaɪ'gæntɪk] *adj* gigantesco,-a

giggle ['gɪgəl] **1** *n* risita floja |2 *vi* reírse tontamente

gild [gɪld] *vtr* dorar

gilded ['gɪldɪd] *adj* dorado,-a

gill [gɪl] *n* agalla, branquia

gilt [gɪlt] **1** *adj* dorado,-a |2 *n* dorado

gimmick ['gɪmɪk] *n* truco, ardid

gin [dʒɪn] *n* ginebra

ginger ['dʒɪndʒəʳ] *n* jengibre

gipsy ['dʒɪpsɪ] *adj* & *n* gitano,-a

giraffe [dʒɪ'rɑːf] *n* jirafa

girl [gɜːl] *n* niña, chica joven

girlfriend ['gɜːlfrend] *n* ◆ novia ◆ *(de mujer)* amiga

gist [dʒɪst] *n* lo esencial

give [gɪv] *vtr* ***(ps gave; pp given)*** ◆ dar ◆ regalar ◆ donar; **to g. blood,** donar sangre ◆ **to give way,** *(en una argumentación)* ceder; *Auto* ceder el paso |3 *vi* dar de sí, ceder ■ **give away** *vtr* ◆ regalar, obsequiar ◆ *(un secreto)* revelar; *(a una persona)* delatar, traicionar ■ **give back** *vtr* devolver ■ **give in 1** *vi* ◆ ceder, darse por vencido,-a |2 *vtr* entregar ■ **give off** *vtr* emitir, despedir ■ **give out 1** *vtr* ◆ distribuir ◆ anunciar |2 *vi* agotarse, acabarse ■ **give up 1** *vtr* dejar, abandonar; **to g. up drinking,** dejar de beber |2 *vi* ◆ darse por vencido,-a ◆ entregarse, rendirse

given ['gɪvən] *adj* ◆ determinado,-a; **on any g. day,** en un día determinado ◆ **g. to,** dado,-a a

glacial ['gleɪsɪəl] *adj* glacial

glacier ['glæsɪəʳ] *n* glaciar

glad [glæd] *adj* ***(gladder, gladdest)*** contento,-a, alegre

gladly ['glædlɪ] *adv* con mucho gusto

glamorous ['glæmərəs] *adj* atractivo,-a

glamour ['glæməʳ] *n* glamour

glance [glɑːns] **1** *n* mirada, vistazo; **at first g.,** a primera vista |2 *vi* mirar

gland [glænd] *n* glándula

glandular ['glændjʊləʳ] *adj* glandular

glare [gleəʳ] **1** *n* ◆ mirada feroz *o* llena de odio ◆ luz deslumbrante, resplandor |2 *vi* mirar enfurecido,-a

glass [glɑːs] **1** *n* ◆ vidrio, cristal ◆ *(para agua)* vaso; *(para vino)* copa ◆ **glasses** *pl*, gafas |2 *adj* de cristal

glasshouse ['glɑːshaʊs] *n* invernadero

glassware ['glɑːsweəʳ] *n* cristalería

glassy ['glɑːsɪ] *adj* ***(glassier, glassiest)*** ◆ *(agua)* cristalino,-a ◆ *(ojos)* vidrioso,-a

glaze [gleɪz] *vtr* ◆ *(una cerámica)* vidriar ◆ *Culin* glasear

glazed [gleɪzd] *adj* vidrioso,-a

gleam [gliːm] **1** *n* reflejo, destello |2 *vi* brillar, relucir

glee [gliː] *n* regocijo

gleeful ['gliːfʊl] *adj* alegre

glen [glen] *n* cañada

glib [glɪb] *adj* ***(glibber, glibbest)*** *pey* ◆ *(explicación)* simplista ◆ *(persona)* con mucha labia

glide [glaɪd] *vi* ◆ deslizarse ◆ *Av* planear

glider ['glaɪdəʳ] *n* planeador

gliding ['glaɪdɪŋ] *n* vuelo sin motor

glimmer ['glɪməʳ] *n* luz trémula

glimpse [glɪmps] *vtr* vislumbrar

glint [glɪnt] **1** *n* destello |2 *vi* destellar

glisten ['glɪsən] *vi* brillar
glitter ['glɪtəʳ] **1** *n* brillo **|2** *vi* relucir
gloat [gləʊt] *vi* relamerse, regodearse
global ['gləʊbəl] *adj* ◆ global ◆ mundial
globe [gləʊb] *n* globo, esfera
gloom [glu:m] *n* ◆ penumbra ◆ melancolía, tristeza
gloomy ['glu:mɪ] *adj (****gloomier, gloomiest****)* ◆ oscuro,-a, sombrío,-a ◆ pesimista, triste
glorify ['glɔ:rɪfaɪ] *vtr* glorificar
glorious ['glɔ:rɪəs] *adj* ◆ glorioso,-a ◆ magnífico,-a, espléndido,-a
glory ['glɔ:rɪ] *n* ◆ fama, gloria ◆ belleza, esplendor
gloss [glɒs] *n* brillo, lustre
glossary ['glɒsərɪ] *n* glosario
glossy ['glɒsɪ] *adj (****glossier, glossiest****)* brillante
glove [glʌv] *n* guante
glow [gləʊ] **1** *n* brillo, resplandor **|2** *vi* brillar, resplandecer
glower ['glaʊəʳ] *vi* mirar con ira
glue [glu:] **1** *n* pegamento **|2** *vtr* pegar, encolar
glum [glʌm] *adj (****glummer, glummest****)* abatido,-a, desanimado,-a
glutton ['glʌtən] *n* glotón,-ona
GMT [dʒi:em'ti:] *(abr de* ***Greenwich mean time****)* hora media de Greenwich, GMT
gnarled [nɑ:ld] *adj* nudoso,-a
gnat [næt] *n* mosquito
gnaw [nɔ:] *vtr* & *vi* roer
gnome [nəʊm] *n* gnomo
GNP [dʒi:en'pi:] *(abr de* ***Gross National Product****)* producto nacional bruto, PNB
go [gəʊ] **1** *n* ◆ intento: **can I have a go?**, ¿puedo probar? ◆ turno: **it's your go**, te toca **|2** *vi (3.ª persona sing pres* ***goes****; ps* ***went****; pp* ***gone****)* ◆ ir ◆ irse, salir: **let's go!**, ¡vamos! ◆ ir a hacer algo; **to go shopping**, ir de compras; **to go for a walk**, ir de paseo ◆ caber: **my car won't go in that space**, mi coche no cabe en ese espacio ◆ *(tiempo)* pasar ◆ marchar, resultar: **it all went wrong**, todo salió mal ◆ funcionar: **this clock doesn't go**, este reloj no funciona ◆ quedarse, volverse; **to go mad**, enloquecer **|3** *v aux (sólo en forma –ing) (futuro)* **it's going to rain**, va a llover ■ **go about 1** *vi* correr, circular **|2** *vtr* ◆ emprender ◆ ocuparse de ■ **go across** *vtr* cruzar ■ **go after** *vtr* ◆ perseguir ◆ intentar conseguir ■ **go ahead** *vi* ◆ ir delante ◆ seguir, continuar ■ **go along 1** *vi* proceder **|2** *vtr* pasar por ■ **go along with** *vtr* estar de acuerdo con ■ **go around** *vi* ◆ → **go about** ◆ ser suficiente ■ **go away** *vi* marcharse: **go away!**, ¡lárgate! ■ **go back** *vi* ◆ volver, regresar ◆ datar de ■ **go by 1** *vi* pasar **|2** *vtr* ◆ pasar por/cerca de ◆ atenerse a ■ **go down 1** *vi* ◆ bajar ◆ desinflarse ◆ hundirse **|2** *vtr* bajar ■ **go down with** *vtr (una enfermedad)* coger ■ **go in** *vi* entrar, caber ■ **go into** *vtr* ◆ entrar en ◆ investigar ■ **go off** *vi* ◆ marcharse ◆ explotar ◆ sonar ◆ estropearse, pasarse ■ **go on** *vi* ◆ pasar, suceder: **what's going on?**, ¿qué está pasando? ◆ continuar ◆ pasar, transcurrir ◆ encenderse ■ **go out** *vi* ◆ salir ◆ apagarse ◆ *TV Rad* transmitirse ◆ pasar de moda ■ **go over** *vtr* cruzar ■ **go round** *vi* → **go around** ■ **go through** *vtr* pasar por, atravesar ■ **go together** *vi* ir juntos, armonizar ■ **go up** *vi* ◆ subir ◆ acercarse, aproximarse ■ **go with** *vtr* ◆ acompañar, ir con ◆ armonizar con ■ **go without** *vtr* pasarse sin, prescindir de
goad [gəʊd] *vtr* aguijonear
goal [gəʊl] *n* ◆ gol ◆ meta, objetivo
goalkeeper ['gəʊlki:pəʳ] *n* portero,-a
goat [gəʊt] *n* cabra
gobble ['gɒbəl] *vtr* engullir, tragarse
god [gɒd] *n* ◆ dios ◆ *Teat* **the gods** *pl*, el gallinero
godchild ['gɒdtʃaɪld] *n* ahijado,-a
goddaughter ['gɒddɔ:təʳ] *n* ahijada
goddess ['gɒdɪs] *n* diosa
godfather ['gɒdfɑ:ðəʳ] *n* padrino
godmother ['gɒdmʌðəʳ] *n* madrina
godparents ['gɒdpeərənts] *npl* padrinos
godson ['gɒdsʌn] *n* ahijado
goggles ['gɒgəlz] *npl* gafas (protectoras)

going ['gəʊɪŋ] 1 *adj* vigente, corriente ‖2 *n* progreso, paso

goings-on [gəʊɪŋz'ɒn] *npl fam* tejemanejes

gold [gəʊld] 1 *n* oro ‖2 *adj* de oro; *(color)* dorado,-a

golden ['gəʊldən] *adj* de oro; *(color)* dorado,-a; **g. wedding,** bodas de oro

goldfish ['gəʊldfɪʃ] *n* pez de colores; **g. bowl,** pecera

gold-plated [gəʊld'pleɪtɪd] *adj* chapado,-a en oro

goldsmith ['gəʊldsmɪθ] *n* orfebre

golf [gɒlf] *n* golf

golfer ['gɒlfəʳ] *n* golfista

gone [gɒn] ◆ *pp* → **go** ◆ *adj* desaparecido,-a

good [gʊd] 1 *adj* **(better, best)** ◆ bueno,-a ◆ útil; **g. advice,** un buen consejo ◆ hábil: **she's g. at drawing,** dibuja bien ◆ amable: **that was g. of you,** fue muy amable de tu parte ◆ educado,-a; **to be g.,** portarse bien ◆ *(saludos)* **g. afternoon, g. evening,** buenas tardes; **g. morning,** buenos días; **g. night,** buenas noches ◆ *excl* **g.!**, ¡bien!; **g for you!** ¡bien hecho! ‖2 *n* ◆ bien; **g. and evil,** el bien y el mal ◆ utilidad: **this computer is no g.,** este ordenador no sirve para nada ◆ **for g.,** para siempre ◆ **goods** *pl,* mercancías, bienes, géneros

goodbye ['gʊdbaɪ] 1 *excl* ¡adiós! ‖2 *n* adiós, despedida

good-for-nothing ['gʊdfənʌθɪŋ] *adj* & *n* inútil

good-looking [gʊd'lʊkɪŋ] *adj* guapo,-a

good-natured [gʊd'neɪtʃəd] *adj* afable, bondadoso,-a

goodness ['gʊdnɪs] *n* ◆ bondad ◆ **my g.!**, ¡Dios mío!

good-tempered [gʊd'tempəd] *adj* apacible, ecuánime

goodwill [gʊd'wɪl] *n* buena voluntad

goose [guːs] *n* **(pl geese** [giːs]**)** ganso, oca

gooseberry ['gʊzbərɪ] *n* grosella espinosa

goosepimples ['guːspɪmpəlz] *npl,* **gooseflesh** ['guːsfleʃ] *n* carne/piel de gallina

gore [gɔːʳ] *n* sangre (espesa)

gorge [gɔːdʒ] 1 *n Geol* cañón, desfiladero ‖2 *vtr* & *vi* atiborrarse

gorgeous ['gɔːdʒəs] *adj* magnífico,-a, estupendo,-a

gorilla [gə'rɪlə] *n* gorila

gory ['gɔːrɪ] *adj* **(gorier, goriest)** sangriento,-a

gosh [gɒʃ] *excl fam* ¡cielos!, ¡Dios mío!

go-slow [gəʊ'sləʊ] *n* huelga de celo

gospel ['gɒspəl] *n* evangelio

gossip ['gɒsɪp] 1 *n* ◆ cotilla, chismoso,-a ◆ chismes, cotilleo ‖2 *vi* cotillear

got [gɒt] *ps* & *pp* → **get**

Gothic ['gɒθɪk] *adj* gótico,-a

gotten ['gɒtən] *pp US* → **get**

gout [gaʊt] *n* gota

govern ['gʌvən] *vtr* gobernar

governess ['gʌvənɪs] *n* institutriz, gobernanta

government ['gʌvənmənt] *n* gobierno

governmental [gʌvən'mentəl] *adj* gubernamental

governor ['gʌvənəʳ] *n* gobernador,-ora; *(de cárcel, castillo)* alcaide, director,-ora

gown [gaʊn] *n* vestido largo; *Jur Univ* toga; *(de un hospital, etc)* bata

GP [dʒiː'piː] *(abr de* ***general practitioner****)* médico de cabecera

grab [græb] 1 *vtr* asir, agarrar ‖2 *n* agarre

grace [greɪs] *n* gracia

graceful ['greɪsfʊl] *adj* ◆ elegante, gracil ◆ cortés

gracious ['greɪʃəs] 1 *adj* ◆ elegante, lujoso,-a ◆ cortés ‖2 *excl* **good g. (me)!**, ¡Dios mío!

grade [greɪd] 1 *n* ◆ calidad ◆ *(en una escala)* grado; *(de jerarquía)* categoría ◆ *Educ* nota ◆ *US Educ* clase ‖2 *vtr* clasificar

gradient ['greɪdɪənt] *n* cuesta, pendiente

gradual ['grædjʊəl] *adj* gradual

graduate ['grædjʊɪt] 1 *n* ◆ *Univ* licenciado,-a ◆ *US Educ* ≈ bachiller ‖2 *vi* ['grædjʊeɪt] ◆ *Univ* licenciarse ◆ *US Educ* ≈ terminar los estudios de bachillerato ‖3 *vtr* graduar

graduation [grædjʊ'eɪʃən] *n* (ceremonia de) graduación

graffiti [grə'fi:ti:] *n* grafiti

graft [grɑ:ft] **1** *n* ◆ injerto ◆ corrupción |**2** *vtr* injertar

grain [greɪn] *n* ◆ cereal ◆ *(de arena, sal)* grano ◆ *(de madera)* veta, veteado

gram [græm] *n* gramo

grammar ['græmə^r] *n* ◆ gramática ◆ **g. school,** colegio/instituto de enseñanza secundaria (con examen de ingreso)

grammatical [grə'mætɪkəl] *adj* gramatical

gramme [græm] *n* gramo

gramophone ['græməfəʊn] *n* gramófono

granary ['grænərɪ] *n* granero

grand [grænd] *adj* ◆ magnífico,-a, grandioso,-a ◆ global; **g. total,** total ◆ especial, grande; **g. piano,** piano de cola

grandchild ['græntʃaɪld] *n* nieto,-a

granddad ['grændæd] *n fam* abuelito

granddaughter ['grændɔ:tə^r] *n* nieta

grandeur ['grændʒə^r] *n* grandeza, esplendor

grandfather ['grænfɑ:ðə^r] *n* abuelo

grandma ['grænmɑ:] *n fam* abuelita

grandmother ['grænmʌðə^r] *n* abuela

grandpa ['grænpɑ:] *n fam* abuelito

grandparents ['grænpeərənts] *npl* abuelos

grandson ['grænsʌn] *n* nieto

grandstand ['grænstænd] *n* tribuna

granite ['grænɪt] *n* granito

granny ['grænɪ] *n fam* abuelita

grant [grɑ:nt] **1** *vtr* ◆ conceder, otorgar ◆ admitir, reconocer ◆ **to take for granted,** dar por supuesto |**2** *n* ◆ *Educ* beca ◆ *(para un proyecto)* subvención

granulated ['grænjʊleɪtɪd] *adj* granulado,-a

grape [greɪp] *n* uva

grapefruit ['greɪpfru:t] *n* pomelo

grapevine ['greɪpvaɪn] *n* parra

graph [grɑ:f, græf] *n* gráfica

graphic ['græfɪk] *adj* gráfico,-a

graphics ['græfɪks] *n* gráficos

grapple ['græpəl] *vi (con una persona)* forcejear; *(con un problema)* tratar de resolver

grasp [grɑ:sp] **1** *vtr* ◆ agarrar, asir ◆ comprender, captar |**2** *n* ◆ agarrón ◆ comprensión

grasping ['grɑ:spɪŋ] *adj* codicioso,-a

grass [grɑ:s] *n* hierba; *(en un parque)* césped; *Agr* pasto

grasshopper ['grɑ:shɒpə^r] *n* saltamontes

grassland ['grɑ:slænd] *n* pradera, dehesa

grassy ['grɑ:sɪ] *adj* ***(grassier, grassiest)*** cubierto,-a de hierba

grate [greɪt] **1** *vtr* rallar |**2** *vi* rechinar |**3** *n* chimenea, hogar

grateful ['greɪtfʊl] *adj* agradecido,-a

grater ['greɪtə^r] *n* rallador

gratification [grætɪfɪ'keɪʃən] *n* gratificación

gratify ['grætɪfaɪ] *vtr* ◆ gratificar ◆ *(un capricho, etc)* satisfacer

grating ['greɪtɪŋ] **1** *n* rejilla, reja |**2** *adj* áspero,-a, chillón,-ona

gratitude ['grætɪtju:d] *n* gratitud, agradecimiento

gratuitous [grə'tju:ɪtəs] *adj* gratuito,-a

grave¹ [greɪv] *adj* solemne, grave

grave² [greɪv] *n* sepultura, tumba

gravel ['grævəl] *n* grava, gravilla

gravestone ['greɪvstəʊn] *n* lápida

graveyard ['greɪvjɑ:d] *n* cementerio

gravity ['grævɪtɪ] *n* gravedad

gravy ['greɪvɪ] *n* salsa, jugo (de la carne asada)

gray [greɪ] *adj* & *n US* ➔ **grey**

graze [greɪz] **1** *vtr* arañar, raspar |**2** *vi* pastar |**3** *n* rasguño

grease [gri:s] **1** *n* ◆ grasa ◆ lubricante |**2** *vtr* engrasar

greasy ['gri:sɪ] *adj* ***(greasier, greasiest)*** grasiento,-a; graso,-a

great [greɪt] *adj* ◆ grande; **G. Britain,** Gran Bretaña ◆ estupendo,-a, magnífico,-a: **we had a g. time,** lo pasamos muy bien

great-aunt [greɪt'ɑ:nt] *n* tía abuela

great-grandchild [greɪt'græntʃaɪld] *n* bisnieto,-a

great-grandfather [greɪt'grænfɑ:ðə^r] *n* bisabuelo

great-grandmother [greɪt'grænmʌðəʳ] *n* bisabuela
greatly ['greɪtlɪ] *adv* muy, mucho
greatness ['greɪtnɪs] *n* grandeza
great-uncle [greɪt'ʌŋkəl] *n* tío abuelo
Greece [griːs] *n* Grecia
greed [griːd], **greediness** ['griːdɪnɪs] *n* ♦ codicia, avaricia ♦ *(por la comida)* glotonería, gula
greedy ['griːdɪ] *adj (greedier, greediest)* ♦ *(de comida)* glotón,-ona ♦ *(de dinero)* codicioso,-a [**for**, de] ♦ *(de poder)* ávido,-a
Greek [griːk] **1** *adj* griego,-a **|2** *n* ♦ griego,-a ♦ *(idioma)* griego
green [griːn] **1** *n* ♦ verde ♦ césped ♦ verdura(s) ♦ *Pol* verde **|2** *adj* ♦ verde; **g. bean,** judía verde ♦ novato,-a, ingenuo,-a
greenery ['griːnərɪ] *n* follaje
greengrocer ['griːngrəʊsəʳ] *n* ♦ frutero,-a ♦ **g.'s (shop),** frutería
greenhouse ['griːnhaʊs] *n* invernadero
greenish ['griːnɪʃ] *adj* verdoso,-a
greet [griːt] *vtr* ♦ saludar, dar la bienvenida ♦ recibir, acoger
greeting ['griːtɪŋ] *n* ♦ saludo, bienvenida; **greetings card,** tarjeta de felicitación ♦ recibimiento
gregarious [grɪ'geərɪəs] *adj* gregario,-a, sociable
grenade [grɪ'neɪd] *n* granada
grew [gruː] *ps* → **grow**
grey [greɪ] **1** *adj* gris; *(pelo)* cano,-a **|2** *n* gris
grey-haired ['greɪheəd] *adj* canoso,-a
greyhound ['greɪhaʊnd] *n* galgo
greyish ['greɪɪʃ] *adj* grisáceo,-a
grid [grɪd] *n* ♦ reja ♦ *Geog* cuadrícula; **g. reference,** coordenadas ♦ *(electricidad)* red de suministro
grief [griːf] *n* dolor, pena
grievance ['griːvəns] *n* (motivo de) queja
grieve [griːv] **1** *vtr* dar pena a **|2** *vi* apenarse, afligirse
grill [grɪl] **1** *n* ♦ grill, parrilla ♦ *(plato)* parrillada **|2** *vtr* asar a la parrilla
grill(e) [grɪl] *n* reja, rejilla
grim [grɪm] *adj (grimmer, grimmest)* ♦ adusto,-a, severo,-a ♦ *(perspectiva)* desalentador,-ora ♦ *(sitio)* lúgubre, sombrío,-a ♦ *fam* mal, enfermo; **to feel g.,** encontrarse fatal
grimace [grɪ'meɪs] **1** *n* mueca **|2** *vi* hacer una mueca
grime [graɪm] *n* mugre, suciedad
grimy ['graɪmɪ] *adj (grimier, grimiest)* mugriento,-a
grin [grɪn] **1** *vi* sonreír **|2** *n* sonrisa
grind [graɪnd] **1** *vtr (ps & pp* **ground***)* *(café, trigo)* moler; *(carne)* picar; *(los dientes)* hacer rechinar **|2** *vi* rechinar, chirriar **|3** *n fam* trabajo pesado *o* aburrido
grinder ['graɪndəʳ] *n* **coffee g.,** molinillo de café
grip [grɪp] **1** *n* ♦ apretón ♦ adherencia, agarre ♦ control; **to get a g. on sthg,** llegar a controlar algo ♦ bolsa de viaje ♦ horquilla, pasador **|2** *vtr* ♦ agarrar, asir ♦ cautivar, captar la atención de
gripping ['grɪpɪŋ] *adj* apasionante
grisly ['grɪzlɪ] *adj (grislier, grisliest)* espeluznante, macabro,-a
gristle ['grɪsəl] *n* cartílago, ternilla
grit [grɪt] **1** *n* gravilla, arena **| 2** *vtr* hacer rechinar
grizzly ['grɪzlɪ] **grizzly bear** ['grɪzlɪbəʳ] *n* oso pardo
groan [grəʊn] **1** *n* gemido **|2** *vi* ♦ gemir ♦ *fam* refunfuñar
grocer ['grəʊsəʳ] *n* ♦ tendero,-a ♦ **g.'s (shop),** tienda de ultramarinos
groceries ['grəʊsərɪz] *npl* provisiones
grocery ['grəʊsərɪ] *n* tienda de ultramarinos; *US* **g. store,** supermercado
groggy ['grɒgɪ] *adj (groggier, groggiest) fam* grogui, aturdido,-a
groin [grɔɪn] *n* ingle
groom [gruːm] **1** *n* ♦ mozo,-a de cuadra ♦ *(en una boda)* novio **|2** *vtr* cepillar
groove [gruːv] *n* ♦ ranura ♦ *(de un disco)* surco
grope [grəʊp] *vi* andar a tientas
gross [grəʊs] *adj* ♦ bruto,-a; **G. National Product,** producto nacional bruto ♦ *(exageración)* burdo,-a; *(ignoran-*

cia) craso,-a; *(injusticia)* flagrante ♦ *(persona, comentario)* grosero

grossly ['grəʊslɪ] *adv* extremadamente

grotesque [grəʊ'tesk] *adj* grotesco,-a

ground[1] [graʊnd] **1** *adj (café)* molido,-a; *US (carne)* picado,-a |**2** *n* ♦ suelo, tierra; **g. floor,** planta baja ♦ terreno ♦ *US Eléc* tierra ♦ **grounds** *pl*, jardines; *(razones)* motivos; *(de café)* posos |**3** *vtr* ♦ *Av* retirar del servicio ♦ *US Elec* conectar a tierra

groundless ['graʊndlɪs] *adj* infundado,-a

groundwork ['graʊndwɜːk] *n* trabajo preliminar

group [gruːp] **1** *n* grupo |**2** *vtr* agrupar |**3** *vi* **to g. (together),** agruparse

grouse [graʊs] *n* urogallo

grove [grəʊv] *n* arboleda; **olive g.,** olivar

grovel ['grɒvəl] *vi* humillarse; postrarse

grow [grəʊ] **1** *vi* ♦ crecer ♦ *(hacerse más grande)* aumentar ♦ hacerse, volverse; **to g. cold,** enfriarse *o* empezar a tener frío; **to g. dark,** oscurecer |**2** *vtr (ps grew; pp grown)* cultivar ■ **grow up** *vi* ♦ criarse ♦ hacerse mayor, madurar

growing ['grəʊɪŋ] *adj* creciente; *(niño)* en edad de crecer

growl [graʊl] **1** *n* gruñido, rugido |**2** *vi* gruñir, rugir

grown [grəʊn] *adj* crecido,-a, adulto,-a

grown-up ['grəʊnʌp] *n* adulto,-a

growth [grəʊθ] *n* ♦ crecimiento ♦ *(de número)* aumento ♦ *Med* bulto, tumor

grub [grʌb] *n* larva

grubby ['grʌbɪ] *adj (grubbier, grubbiest)* sucio,-a; *(papel, etc)* manoseado,-a

grudge [grʌdʒ] **1** *n* rencilla, rencor |**2** *vtr* ♦ dar de mala gana ♦ **to g. sb sthg,** envidiar algo a alguien

grudgingly ['grʌdʒɪŋlɪ] *adv* a regañadientes

gruelling, *US* **grueling** ['gruːəlɪŋ] *adj* agotador,-ora, penoso,-a

gruesome ['gruːsəm] *adj* espantoso,-a, horripilante

gruff [grʌf] *adj* ♦ *(voz)* áspero,-a ♦ *(persona)* brusco,-a

grumble ['grʌmbəl] **1** *vi* refunfuñar |**2** *n* queja

grumpy ['grʌmpɪ] *adj (grumpier, grumpiest)* gruñón,-ona

grunt [grʌnt] **1** *vi* gruñir |**2** *n* gruñido

G-string ['dʒiːstrɪŋ] *n* tanga

guarantee [gærən'tiː] **1** *n* garantía |**2** *vtr* garantizar

guard [gɑːd] **1** *vtr* ♦ vigilar ♦ *(una persona, reputación)* defender, proteger |**2** *n* ♦ guardia; **to be on g. (duty),** estar de guardia; **security g.,** guardia jurado ♦ *GB Ferroc* jefe,-a del tren ■ **guard against** *vtr* guardarse de

guardhouse ['gɑːdhaʊs] *n* ♦ cuartel ♦ prisión militar

guardian ['gɑːdɪən] *n* ♦ guardián,-ana ♦ *(de un menor)* tutor,-ora

Guatemala [gwɑːtə'mɑːlə] *n* Guatemala

Guatemalan [gwɑːtə'mɑːlən] *adj* & *n* guatemalteco,-a

guer(r)illa [gə'rɪlə] *n* guerrillero,-a

guess [ges] **1** *vtr* & *vi* adivinar |**2** *n* conjetura: **have a g.,** adivina

guesswork ['geswɜːk] *n* conjeturas

guest [gest] *n* ♦ *(visitante)* invitado,-a ♦ *(de un hotel)* huésped(a) cliente,-a; **g. star,** estrella invitada

guesthouse ['gesthaʊs] *n* casa de huéspedes

guidance ['gaɪdəns] *n* orientación, consejos

guide [gaɪd] **1** *vtr* guiar, dirigir |**2** *n* guía

guidebook ['gaɪdbʊk] *n* guía

guided ['gaɪdɪd] *adj* dirigido,-a, guiado,-a; **g. missile,** misil teledirigido; **g. tour,** visita/excursión guiada

guideline ['gaɪdlaɪn] *n* pauta

guild [gɪld] *n* gremio

guillotine ['gɪlətiːn] *n* guillotina

guilt [gɪlt] *n* ♦ culpa ♦ *Jur* culpabilidad

guilty ['gɪltɪ] *adj (guiltier, guiltiest)* culpable; **to plead g.,** confesarse culpable

guinea-pig ['gɪnɪpɪg] *n* conejillo de Indias
guitar [gɪ'tɑːʳ] *n* guitarra
guitarist [gɪ'tɑːrɪst] *n* guitarrista
gulf [gʌlf] *n* ◆ golfo ◆ abismo
gull [gʌl] *n* gaviota
gull(e)y ['gʌlɪ] *n* barranco
gullible ['gʌləbəl] *adj* crédulo,-a
gulp [gʌlp] **1** *n* trago |**2** *vtr* tragar; *(un líquido)* beber de un trago; *(comida)* engullir |**3** *vi* tragar saliva
gum [gʌm] **1** *n* ◆ goma; **chewing g.,** chicle ◆ *Anat* encía |**2** *vtr* pegar con goma
gumboots ['gʌmbuːts] *npl* botas de goma
gun [gʌn] *n* arma de fuego; **machine g.,** ametralladora, metralleta ■ **gun down** *vtr* matar a tiros
gunfire ['gʌnfaɪəʳ] *n* disparos, tiroteo
gunman ['gʌnmən] *n* pistolero
gunpoint ['gʌnpɔɪnt] *n* **at g.,** a punta de pistola
gunpowder ['gʌnpaʊdəʳ] *n* pólvora
gunrunner ['gʌnrʌnəʳ] *n* traficante de armas
gunshot ['gʌnʃɒt] *n* disparo, tiro
gurgle ['gɜːgəl] **1** *vi* gorgotear; *(un bebé)* balbucir, cantar |**2** *n* gorgoteo; *(de un bebé)* balbuceo
guru ['gʊruː] *n* gurú
gush [gʌʃ] **1** *vi* ◆ chorrear ◆ hablar efusivamente |**2** *n* chorro
gushing ['gʌʃɪŋ] *adj* muy efusivo,-a
gust [gʌst] *n* ráfaga, racha
gut [gʌt] **1** *n* ◆ *Anat* intestino, tripa ◆ *argot* barriga ◆ **guts** *pl*, tripas |**2** *vtr* limpiar
gutter ['gʌtəʳ] *n* ◆ *(de una casa)* canalón ◆ *(en la calle)* alcantarilla, cuneta ◆ **the g. press,** la prensa amarilla
guttural ['gʌtərəl] *adj* gutural
guy [gaɪ] *n fam* tipo, tío
guzzle ['gʌzəl] *vtr (comer)* zamparse, engullir; *(beber)* tragar
gym [dʒɪm] *fam* ◆ *(edificio)* gimnasio ◆ *(actividad)* gimnasia
gymnasium [dʒɪm'neɪzɪəm] *n* gimnasio
gymnast ['dʒɪmnæst] *n* gimnasta
gymnastics [dʒɪm'næstɪks] *n* gimnasia
gymslip ['dʒɪmslɪp] *n* pichi
gynaecologist, *US* **gynecologist** [gaɪnɪ'kɒlədʒɪst] *n* ginecólogo,-a
gypsy ['dʒɪpsɪ] *adj* & *n* gitano,-a
gyrate [dʒaɪ'reɪt] *vi* girar

H

H, h [eɪtʃ] *n* H, h
haberdashery [hæbə'dæʃərɪ] *n* ◆ mercería ◆ *US* (tienda de) ropa masculina
habit ['hæbɪt] *n* hábito
habitat ['hæbɪtæt] *n* hábitat
habitual [hə'bɪtjuəl] *adj* habitual
hack [hæk] **1** *vtr* cortar a hachazos |**2** *vi Inform* piratear
hacker ['hækəʳ] *n* pirata informático,-a
hacksaw ['hæksɔː] *n* sierra para metales
had [hæd] *ps* & *pp* → **have**
haddock ['hædək] *n* abadejo
hadn't ['hædənt] → **had not**
haemophilia [hiːməʊ'fɪlɪə] *n* hemofilia
haemorrhage ['hemərɪdʒ] *n* hemorragia
haemorrhoids ['hemərɔɪdz] *npl* hemorroides
hag [hæg] *n pey* bruja, arpía
haggard ['hægəd] *adj* demacrado,-a

haggle ['hægəl] *vi* regatear

hail[1] [heɪl] 1 *n* granizo |2 *vi* granizar

hail[2] [heɪl] 1 *n* **H. Mary,** Ave María |2 *vtr* ◆ *(un taxi)* llamar ◆ *(a una persona)* aclamar

hailstone ['heɪlstəʊn] *n* granizo

hailstorm ['heɪlstɔːm] *n* granizada

hair [heəʳ] *n* ◆ pelo, cabello ◆ *(del cuerpo)* vello

hairbrush ['heəbrʌʃ] *n* cepillo de pelo

haircut ['heəkʌt] *n* corte de pelo

hairdo ['heəduː] *n fam* peinado

hairdresser ['heədresəʳ] *n* peluquero,-a; **h.'s (shop),** peluquería

hairdryer, hairdrier ['heədraɪəʳ] *n* secador (de pelo)

hair-grip ['heəgrɪp] *n* horquilla, pasador

hairline ['heəlaɪn] 1 *adj* muy fino,-a |2 *n* nacimiento del pelo

hairpiece ['heəpiːs] *n (para hombre)* peluquín; *(para mujer)* postizo

hairpin ['heəpɪn] *n* horquilla

hair-raising ['heəreɪzɪŋ] *adj* espeluznante

hair-remover ['heərɪmuːvəʳ] *n* depilatorio

hairspray ['heəspreɪ] *n* laca

hairstyle ['heəstaɪl] *n* peinado

hairy ['heərɪ] *adj (**hairier, hairiest**)* peludo,-a, velludo,-a

hake [heɪk] *n* merluza

half [hɑːf] 1 *n (pl **halves**)* mitad; **an hour and a h.,** hora y media; *Dep* tiempo, parte |2 *adj* medio,-a |3 *pron* la mitad |4 *adv* medio, a medias

half-brother ['hɑːfbrʌðəʳ] *n* hermanastro

half-caste ['hɑːfkɑːst] *adj & n pey* mestizo,-a

half-hearted [hɑːf'hɑːtɪd] *adj* poco entusiasta, desganado,-a

half-mast [hɑːf'mɑːst] *n* **at h.,** a media asta

half-sister ['hɑːfsɪstəʳ] *n* hermanastra

half-time [hɑːf'taɪm] *n Dep* descanso

half-way [hɑːf'weɪ] 1 *adv* a medio camino, a mitad de camino |2 *adj* intermedio,-a

halfwit ['hɑːfwɪt] *n* bobo,-a, imbécil

halibut ['hælɪbət] *n* mero

hall [hɔːl] *n* ◆ *(entrada)* vestíbulo ◆ sala; **concert h.,** sala de conciertos ◆ *Univ* residencia de estudiantes ◆ mansión

hallmark ['hɔːlmɑːk] *n* ◆ *(oro, plata)* contraste ◆ *(distintivo)* sello

hallo [hə'ləʊ] *excl* hola

Hallowe(')en [hæləʊ'iːn] *n fiesta que se celebra el día 31 de octubre, víspera de la festividad de Todos los Santos*

hallucinate [hə'luːsɪneɪt] *vi* alucinar

hallucination [həluːsɪ'neɪʃən] *n* alucinación

hallucinogenic [həluːsɪnəʊ'dʒenɪk] *adj* alucinógeno,-a

hallway ['hɔːlweɪ] *n* vestíbulo, recibidor

halo ['heɪləʊ] *n* ◆ *Rel Arte* aureola ◆ *Astron* halo

halt [hɔːlt] 1 *n* ◆ *(stop)* alto ◆ *Ferroc* apeadero |2 *vtr* parar |3 *vi* pararse

halve [hɑːv] *vtr* ◆ reducir en un 50% ◆ partir por la mitad

halves [hɑːvz] *pl* → **half**

ham [hæm] *n* jamón

hamburger ['hæmbɜːgəʳ] *n* hamburguesa

hamlet ['hæmlɪt] *n* aldea

hammer ['hæməʳ] 1 *n* ◆ *(herramienta)* martillo; *Dep* martillo ◆ *(de arma de fuego)* percutor |2 *vtr* martillear, batir; *(un clavo)* clavar |3 *vi* martillear, dar golpes

hammock ['hæmək] *n* hamaca

hamper[1] ['hæmpəʳ] 1 *n* cesta |2 *vtr* dificultar, obstaculizar

hamster ['hæmstəʳ] *n* hámster

hand [hænd] 1 *n* ◆ mano: **give me a h.,** échame una mano; **by h.,** a mano: **made by h.,** hecho,-a a mano ◆ **in h./out of h.,** bajo/fuera de control ◆ **on one h. ..., on the other h. ...,** por un lado..., por otro lado... ◆ **at h.,** cerca, a mano ◆ *Teat fam* aplauso ◆ *(persona)* operario, obrero; **an old h.,** veterano,-a ◆ *(de reloj)* manecilla |2 *vtr* dar, entregar ■ **hand back** *vtr* devolver ■ **hand down** *vtr (una historia)* transmitir; *(una herencia)* legar ■ **hand in** *vtr (un bille-*

te, un trabajo) entregar; *(una solicitud, la dimisión)* presentar ■ **hand out** *vtr* repartir ■ **hand over** *vtr* entregar, transferir ■ **hand round** *vtr* repartir, distribuir

handbag ['hændbæg] *n* bolso

handball ['hændbɔːl] *n* balonmano

handbook ['hændbʊk] *n* manual

handbrake ['hændbreɪk] *n* freno de mano

handcuff ['hændkʌf] **1** *vtr* esposar |**2** *npl* **handcuffs,** esposas

handful ['hændfʊl] *n* puñado

handicap ['hændɪkæp] **1** *n* ♦ minusvalía ♦ *Dep* desventaja; *(equitación)* hándicap |**2** *vtr* perjudicar

handicapped ['hændɪkæpt] *adj* ♦ *(físico)* minusválido,-a; *(mental)* disminuido,-a psíquico,-a ♦ *Dep* en desventaja

handicraft ['hændɪkraːft] *n* artesanía

handkerchief ['hæŋkətʃiːf] *n* pañuelo

handle ['hændəl] **1** *n* *(de cajón)* tirador; *(de taza)* asa; *(de cuchillo, escoba)* mango; *(de espada)* puño; *(de máquina)* manivela, palanca; *(de puerta)* manilla, pomo |**2** *vtr* ♦ tocar, manosear ♦ *(una máquina)* manejar, manipular ♦ *(un negocio)* encargarse de, llevar ♦ *(a la gente)* tratar

handlebar ['hændəlbɑːʳ] *n* manillar

handmade [hænd'meɪd] *adj* hecho,-a a mano

hand-out ['hændaʊt] *n* folleto, hoja informativa

hand-picked [hænd'pɪkt] *adj* cuidadosamente seleccionado,-a

handrail ['hændreɪl] *n* pasamanos

handshake ['hændʃeɪk] *n* apretón de manos

handsome ['hænsəm] *adj* guapo,-a

handwriting ['hændraɪtɪŋ] *n* escritura, letra

handwritten ['hændrɪtən] *adj* manuscrito,-a, escrito,-a a mano

handy ['hændɪ] *adj* ***(handier, handiest)*** ♦ útil, práctico,-a ♦ *(cerca)* a mano, accesible ♦ *(mañoso)* hábil

hang [hæŋ] **1** *vtr (ps & pp* ***hung)*** ♦ colgar, suspender ♦ *(papel pintado)* pegar ♦ *(la cabeza)* bajar, agachar ♦ *frml* adornar ♦ *(ps & pp* ***hanged)*** ahorcar |**2** *vi (ps & pp* ***hung)*** colgar, pender, estar suspendido,-a ■ **hang about/around** *vi* ♦ perder el tiempo ♦ esperar sin hacer nada ■ **hang on** *vi* ♦ agarrarse ♦ esperar ♦ *(un contratiempo)* resistir ■ **hang out 1** *vtr (la ropa)* tender |**2** *vi fam* vivir, pasar el tiempo ■ **hang up 1** *vtr (un cuadro, el teléfono)* colgar |**2** *vi Telef* colgar

hangar ['hæŋəʳ] *n* hangar

hanger ['hæŋəʳ] *n* percha

hang-glider ['hæŋglaɪdəʳ] *n* ala delta

hangman ['hæŋmən] *n* verdugo

hangover ['hæŋəʊvəʳ] *n* resaca

hang-up ['hæŋʌp] *n fam* ♦ complejo ♦ contratiempo

hanker ['hæŋkəʳ] *vi* **to h. after/for sthg,** anhelar algo

haphazard [hæp'hæzəd] *adj* caótico,-a, desordenado,-a

happen ['hæpən] *vi* ♦ suceder, ocurrir ♦ *(casualidad)* **I happened to see her yesterday,** la vi ayer por casualidad

happening ['hæpənɪŋ] *n* acontecimiento

happiness ['hæpɪnɪs] *n* felicidad

happy ['hæpɪ] *adj* ***(happier, happiest)*** ♦ feliz; **H. New Year,** Feliz Año Nuevo ♦ *(persona)* alegre, feliz ♦ *(satisfecho)* contento,-a

happy-go-lucky [hæpɪgəʊ'lʌkɪ] *adj* despreocupado,-a

harass ['hærəs] *vtr* acosar

harassment ['hærəsmənt, hə'ræsmənt] *n* hostigamiento, acoso; **sexual h.,** acoso sexual

harbour, *US* **harbor** ['hɑːbəʳ] **1** *n* puerto |**2** *vtr* ♦ *(a un criminal)* esconder ♦ *(dudas)* abrigar

hard [hɑːd] **1** *adj* ♦ duro; *Inform* **h. disk,** disco duro ♦ *(problema)* difícil ♦ **she's a h. worker,** es muy trabajadora ♦ *(persona)* severo,-a, insensible |**2** *adv* con fuerza; *(trabajar, etc)* mucho, duramente

hardback ['hɑːdbæk] *n* edición en tapas duras

hard-boiled ['hɑːdbɔɪld] *adj* duro,-a
hard-core ['hɑːdkɔːʳ] *adj* ◆ *(porno)* duro ◆ *(aficionado)* incondicional
harden ['hɑːdən] **1** *vtr* endurecer **|2** *vi* endurecerse
hardly ['hɑːdlɪ] *adv* apenas: **he can h. read,** apenas sabe leer; **h. anything,** casi nada; **h. ever,** casi nunca
hardship ['hɑːdʃɪp] *n* privación, apuro
hardware ['hɑːdweəʳ] *n* ◆ *(mercancías)* ferretería; **h. shop,** ferretería ◆ *Inform* hardware
hardwearing [hɑːd'weərɪŋ] *adj* duradero,-a
hardworking ['hɑːdwɜːkɪŋ] *adj* muy trabajador,-ora
hardy ['hɑːdɪ] *adj (hardier, hardiest)* robusto,-a; *(planta)* resistente
hare [heəʳ] *n* liebre
haricot ['hærɪkəʊ] *n* **h. (bean),** alubia
harm [hɑːm] **1** *n* daño, perjuicio **|2** *vtr* hacer daño a, perjudicar
harmful ['hɑːmfʌl] *adj* perjudicial
harmless ['hɑːmlɪs] *adj* inofensivo,-a
harmonize ['hɑːmənaɪz] *vtr* & *vi* armonizar
harmony ['hɑːmənɪ] *n* armonía
harness ['hɑːnɪs] **1** *n* arnés **|2** *vtr* poner los arreos, arrear
harp [hɑːp] *n* arpa
harpoon [hɑː'puːn] **1** *n* arpón **|2** *vtr* arponear
harsh [hɑːʃ] *adj* duro,-a; *(castigo)* severo,-a; *(sonido)* discordante; *(voz)* áspero,-a
harvest ['hɑːvɪst] **1** *n* cosecha **|2** *vtr* cosechar
harvester ['hɑːvɪstəʳ] *n* ◆ *(persona)* segador,-ora, recolector,-ora ◆ *(máquina)* cosechadora
has [hæz] → **have**
hash [hæʃ] *n argot* hachís
hashish ['hæʃiːʃ] *n* hachís
hasn't ['hæznt] → **has not**
hassle ['hæsəl] *fam* **1** *n* rollo, lío **|2** *vtr* fastidiar, jorobar
hasten ['heɪsən] *vi* apresurarse
hasty ['heɪstɪ] *adj (hastier, hastiest)* ◆ *(comida, salida, etc)* rápido,-a, apresurado,-a ◆ *(decisión)* precipitado,-a
hat [hæt] *n* sombrero
hatch[1] [hætʃ] **1** *n* ◆ *Av Náut* escotilla ◆ **serving h.,** ventanilla **|2** *vtr* ◆ empollar, incubar ◆ *(un plan)* tramar **|3** *vi* salir del cascarón
hatchback ['hætʃbæk] *n (coche)* tres puertas *o* cinco puertas
hatchet ['hætʃɪt] *n* hacha
hate [heɪt] **1** *n* odio **|2** *vtr* odiar
hateful ['heɪtfʊl] *adj* odioso,-a
hatred ['heɪtrɪd] *n* odio
haughty ['hɔːtɪ] *adj (haughtier, haughtiest)* altivo,-a, arrogante
haul [hɔːl] **1** *n* ◆ *(distancia)* trayecto, recorrido ◆ *(de un crimen)* botín; *(de droga)* alijo ◆ *(de una cuerda)* tirón **|2** *vtr* ◆ tirar, arrastrar ◆ transportar
haulage ['hɔːlɪdʒ] *n* transporte
haunt [hɔːnt] **1** *n* ◆ lugar favorito ◆ *(refugio)* guarida **|2** *vtr* ◆ *(fantasma)* aparecerse en ◆ atormentar, obsesionar
haunted ['hɔːntɪd] *adj* encantado,-a, embrujado,-a
have [hæv] **1** *vtr (3.ª persona sing pres has) (ps & pp had)* ◆ tener ◆ *(una carta)* recibir ◆ *(para pedir algo)* **can I h. the car tonight?,** ¿me dejas el coche esta noche? ◆ *(comer, beber, etc)* tomar; **to h. a shower,** ducharse, darse una ducha; **to h. breakfast/dinner,** desayunar/cenar ◆ *(hacer que algo se haga)* **he had his hair cut,** se cortó el pelo ◆ **to h. to do with,** tener que ver con ◆ *(obligación)* **to h. to,** tener que: **you don't h. to come,** no tienes por qué venir **|2** *v aux* ◆ *(en tiempos compuestos)* haber: **h. you been here long?,** ¿llevas mucho tiempo aquí? ◆ *(en las coletillas)* **you haven't seen him, h. you?,** no lo has visto, ¿verdad? ■ **have in** *vtr* **we had to h. the doctor in,** tuvimos que llamar al médico ■ **have on** *vtr (ropa)* llevar: **what did she h. on?,** ¿qué llevaba?
haven ['heɪvən] *n* refugio; **tax h.,** paraíso fiscal
haven't ['hævnt] → **have not**
havoc ['hævək] *n* caos

hawk [hɔːk] *n* halcón

hawker ['hɔːkəʳ] *n* vendedor,-ora ambulante

hay [heɪ] *n* heno; **h. fever,** fiebre del heno

hazard ['hæzəd] **1** *n* peligro, riesgo **|2** *vtr frml* arriesgar

hazardous ['hæzədəs] *adj* peligroso,-a, arriesgado,-a

haze [heɪz] *n* bruma, neblina

hazel ['heɪzəl] **1** *n* avellano **|2** *adj* (de color) avellana

hazelnut ['heɪzəlnʌt] *n* avellana

hazy ['heɪzɪ] *adj (hazier, haziest)* brumoso,-a, nebuloso,-a

he [hiː] *pron pers* él

head [hed] **1** *n* ◆ cabeza ◆ *(de empresa, colegio)* director,-ora ◆ *(de mesa, cama)* cabecera ◆ *(de vídeo)* cabezal ◆ **h. of state,** jefe de Estado ◆ *(de moneda)* cara: **heads or tails?,** ¿cara o cruz? **|2** *adj* principal; **the h. waiter,** maître, jefe de comedor **|3** *vtr* ◆ *(una lista)* encabezar ◆ *(un libro)* titular ◆ *Ftb* cabecear **|4** *vi* dirigirse ■ **head off 1** *vi* marcharse **|2** *vtr* evitar, desviar

headache ['hedeɪk] *n* dolor de cabeza

header ['hedəʳ] *n* cabezazo

head-first [hed'fɜːst] *adv* de cabeza

head-hunter ['hedhʌntəʳ] *n* cazatalentos

heading ['hedɪŋ] *n* título; *(de una carta)* membrete

headlamp ['hedlæmp] n faro

headland ['hedlənd] *n* punta, cabo

headlight ['hedlaɪt] *n* faro

headline ['hedlaɪn] *n* titular

headmaster [hed'mɑːstəʳ] *n* director

headmistress [hed'mɪstrɪs] *n* directora

head-on ['hedɒn] **1** *adj* frontal **|2** *adv* de frente

headphones ['hedfəʊnz] *npl* auriculares, cascos

headquarters ['hedkwɔːtəz] *npl* ◆ sede ◆ *Mil* cuartel general

headrest ['hedrest] *n* reposacabezas

headscarf ['hedskɑːf] *n* pañuelo, pañoleta

headstrong ['hedstrɒŋ] *adj* testarudo,-a

headway ['hedweɪ] *n* progreso

headwind ['hedwɪnd] *n* viento contrario

heady ['hedɪ] *adj (headier, headiest)* embriagador,-ora

heal [hiːl] **1** *vi* cicatrizar **|2** *vtr* curar

health [helθ] *n* salud: **I'm in bad/good h.,** estoy mal/bien de salud; *(brindis)* **good h.!,** ¡salud!; **h. care,** asistencia sanitaria; **h. service,** servicio de salud (estatal) (Seguridad Social)

healthy ['helθɪ] *adj (healthier, healthiest)* ◆ sano,-a ◆ *(clima, comida, etc)* saludable

heap [hiːp] **1** *n* montón **|2** *vtr* amontonar, apilar

hear [hɪəʳ] **1** *vtr & vi (ps & pp* **heard** [hɜːrd]*)* oír ■ **hear from** *vtr* tener noticias de ■ **hear of** *vtr* conocer, oír hablar de

hearing ['hɪərɪŋ] *n* ◆ oído; **h. aid,** audífono ◆ *Jur* vista

hearsay ['hɪəseɪ] *n* rumores

hearse [hɜːs] *n* coche fúnebre

heart [hɑːt] *n* corazón; **h. attack/failure,** infarto

heartbeat ['hɑːtbiːt] *n* latido del corazón

heart-breaking ['hɑːtbreɪkɪŋ] *adj* desgarrador,-ora

heart-broken ['hɑːtbrəʊkən] *adj* hundido,-a, destrozado,-a

heartburn ['hɑːtbɜːn] *n* ardor de estómago

heartening ['hɑːtənɪŋ] *adj* alentador,-ora

heartfelt ['hɑːtfelt] *adj* sincero,-a

hearth [hɑːθ] *n* chimenea, hogar

heartless ['hɑːtlɪs] *adj* cruel, inhumano,-a

hearty ['hɑːtɪ] *adj (heartier, heartiest)* ◆ campechano,-a, cordial ◆ *(comida)* abundante

heat [hiːt] **1** *n* ◆ calor ◆ *Culin* fuego ◆ *Dep* eliminatoria ◆ *Dep* **dead h.,** empate ◆ *Zool* **on h.,** en celo **|2** *vtr* calentar ■ **heat up 1** *vtr* calentar **|2** *vi* calentarse

heated ['hiːtɪd] *adj* ◆ *(piscina)* climatizado,-a ◆ *(discusión)* acalorado,-a

heater ['hiːtəʳ] *n* calentador
heathen ['hiːðən] *adj* & *n* pagano,-a
heather ['heðəʳ] *n* brezo
heating ['hiːtɪŋ] *n* calefacción
heatproof ['hiːtpruːf] *adj* refractario,-a, antitérmico
heatwave ['hiːtweɪv] *n* ola de calor
heave [hiːv] **1** *n* tirón, empujón **|2** *vtr* ◆ empujar, levantar ◆ arrojar, lanzar **|3** *vi* subir y bajar
heaven ['hevən] **1** *n* cielo **|2** *excl* **good heavens!**, ¡por Dios!
heavenly ['hevənlɪ] *adj* celestial
heavy ['hevɪ] *adj* (***heavier, heaviest***) ◆ pesado,-a ◆ *(tela, papel, mar)* grueso,-a ◆ *(comida, golpe)* fuerte ◆ cuantioso,-a: **he's a h. drinker/smoker,** bebe/fuma mucho
heavyweight ['hevɪweɪt] *n* peso pesado
Hebrew ['hiːbruː] **1** *adj* hebreo,-a **|2** *n* hebreo
heckle ['hekəl] *vtr* interrumpir
hectare ['hektɑːʳ] *n* hectárea
hectic ['hektɪk] *adj* agitado,-a
he'd [hiːd] ◆ **he had** ◆ **he would**
hedge [hedʒ] **1** *n* seto **|2** *vtr* cercar con un seto **|3** *vi* evitar contestar, dar rodeos
hedgehog ['hedʒhɒg] *n* erizo (de tierra)
heel [hiːl] **1** *n* ◆ talón ◆ *(de un zapato)* tacón; **high/low heels,** tacones altos/bajos **|2** *vtr* poner tacón a
hefty ['heftɪ] *adj* (***heftier, heftiest***) ◆ *(persona)* fornido,-a; *(bulto)* pesado,-a ◆ *(multa, precio)* considerable
height [haɪt] *n* ◆ altura ◆ *(de una persona)* estatura, talla: **what h. is she?**, ¿cuánto mide? ◆ cumbre, cima ◆ *Geol* **heights** *pl*, cumbre
heighten ['haɪtən] *vtr (un efecto)* realzar; *(la esperanza, etc)* aumentar
heir [eəʳ] *n* heredero
heiress ['eərɪs] *n* heredera
held [held] *ps* & *pp* → **hold**
helicopter ['helɪkɒptəʳ] *n* helicóptero
helium ['hiːlɪəm] *n* helio
hell [hel] *n* ◆ infierno ◆ *fam* **a h. of a,** mucho ◆ *vulgar* **what the h.'s happening?**, ¿qué demonios pasa aquí?
hellish ['helɪʃ] *adj fam* infernal
hello [hə'ləʊ] *excl* ◆ ¡hola!; *(al cruzarse con alguien)* ¡adiós! ◆ *Tel* ¡diga!
helmet ['helmɪt] *n* casco
help [help] **1** *n* ◆ ayuda, auxilio ◆ *(en la casa)* asistenta **|2** *vtr* ◆ ayudar: **can I h. you?**, ¿qué desea? ◆ *(comida, etc)* servir: **h. yourself!**, ¡sírvete! ◆ evitar: **he can't h. being stupid,** no tiene la culpa de ser tonto **|3** *excl* **h.!**, ¡socorro!
helper ['helpəʳ] *n* ayudante,-a
helpful ['helpfʊl] *adj* ◆ amable, servicial ◆ *(cosa)* útil
helping ['helpɪŋ] *n* ración, porción
helpless ['helplɪs] *adj* ◆ desamparado,-a, indefenso,-a ◆ incapaz, impotente
helplessly ['helplɪslɪ] *adv* inútilmente, en vano
helter-skelter [heltə'skeltəʳ] **1** *n* tobogán **|2** *adv* atropelladamente
hem [hem] **1** *n Cos* dobladillo **|2** *vtr Cos* hacer un dobladillo a ■ **hem in** *vtr* rodear, encerrar
hemisphere ['hemɪsfɪəʳ] *n* hemisferio
hemo- *US* → **haemo-**
hen [hen] *n* ◆ gallina ◆ **h. party,** reunión de mujeres
hence [hens] *adv frml* ◆ de ahí ◆ por lo tanto ◆ *(desde ahora)* **two years h.,** de aquí a dos años
henceforth [hens'fɔːθ] *adv frml* de ahora en adelante
henchman ['hentʃmən] *n pey* secuaz
henna ['henə] *n* gena
hepatitis [hepə'taɪtɪs] *n* hepatitis
her [hɜːʳ] **1** *pron* ◆ *(objeto directo)* la: **I don't know h.**, no la conozco ◆ *(objeto indirecto)* le (a ella): **I told h. everything,** le conté todo; *(con otros pron de 3.ª persona)* se: **he gave them to h.**, se los dio ◆ *(después de prep)* ella: **with h.**, con ella ◆ *(complemento)* ella: **it was h.**, fue ella **|2** *adj pos* su(s), de ella
herald ['herəld] *n* heraldo
herb [hɜːb] *n* hierba; **h. tea,** infusión (de hierbas)
herbal ['hɜːbəl] *adj* de hierbas

herd [hɜːd] **1** *n (de ganado)* manada; *(de personas)* multitud, tropel |**2** *vtr* arrear

here [hɪəʳ] *adv* ◆ aquí, acá ◆ **h. you are!**, ¡toma!, ¡aquí tienes!

hereafter [hɪər'ɑːftəʳ] *frml* **1** *adv* de ahora en adelante, en el futuro |**2** *n* **the h.**, el más allá

hereditary [hɪ'redɪtərɪ] *adj* hereditario,-a

heresy ['herəsɪ] *n* herejía

heretic ['herətɪk] *n* hereje

heritage ['herɪtɪdʒ] *n* patrimonio; *Jur* herencia

hermetically [hɜː'metɪklɪ] *adv* **h. sealed,** herméticamente cerrado,-a

hermit ['hɜːmɪt] *n* ermitaño,-a

hermitage ['hɜːmɪtɪdʒ] *n* ermita

hernia ['hɜːnɪə] *n* hernia

hero ['hɪərəʊ] *n (pl heroes)* héroe

heroic [hɪ'rəʊɪk] *adj* heroico,-a

heroin ['herəʊɪn] *n (droga)* heroína

heroine ['herəʊɪn] *n (de una película, novela)* heroína

herring ['herɪŋ] *n Zool* arenque

hers [hɜːz] *pron pos* (el/la) suyo,-a, (los/las) suyos,-as, de ella

herself [hɜː'self] *pron pers* ◆ *(reflexivo)* se: **she bought h. a coat,** se compró un abrigo ◆ *(enfático)* **she did it h.,** lo hizo ella misma ◆ *(reflexivo)* sí misma: **she only thinks of h.,** sólo piensa en sí misma ◆ **by h.,** sola, por sí misma

he's [hiːz] ◆ **he is** ◆ **he has**

hesitant ['hezɪtənt] *adj* vacilante

hesitate ['hezɪteɪt] *vi* vacilar, dudar

hesitation [hezɪ'teɪʃən] *n* indecisión

heterogeneous [hetərəʊ'dʒiːnɪəs] *adj* heterogéneo,-a

heterosexual [hetərəʊ'seksjʊəl] *adj* & *n* heterosexual

hey [heɪ] *excl* ¡oye!, ¡oiga!

heyday ['heɪdeɪ] *n* apogeo

hi [haɪ] *excl fam* ¡hola!

hibernate ['haɪbəneɪt] *vi* hibernar

hibernation [haɪbə'neɪʃən] *n* hibernación

hiccup, hiccough ['hɪkʌp] *n* hipo: **I've got hiccups,** tengo hipo

hidden ['hɪdən] *adj* oculto,-a; escondido,-a

hide[1] [haɪd] **1** *vi* esconderse, ocultarse |**2** *vtr (ps **hid** [hɪd] pp **hidden** ['hɪdən])* esconder, ocultar

hide[2] [haɪd] *n (de animal)* piel; *(curtido)* cuero

hide-and-seek [haɪdən'siːk] *n* escondite

hideous ['hɪdɪəs] *adj* horrible, espantoso,-a

hide-out ['haɪdaʊt] *n* escondrijo, guarida

hiding ['haɪdɪŋ] *n fam* paliza

hierarchy ['haɪərɑːkɪ] *n* jerarquía

hieroglyphics [haɪərə'glɪfɪks] *npl* jeroglíficos

hi-fi ['haɪfaɪ] *n* alta fidelidad; **hi-fi equipment,** equipo de música/sonido

high [haɪ] **1** *adj* ◆ alto,-a: **it's 2 metres h.,** tiene 2 metros de alto ◆ *(más de lo normal)* alto,-a, elevado,-a; **h. speed,** alta velocidad; **h. wind,** viento fuerte ◆ *(importante)* superior,-ora, principal; **H. Court,** Tribunal Supremo; **h. road,** carretera principal; **h. school** ~ instituto de enseñanza secundaria ◆ *Mús* agudo,-a ◆ |LOC: **it's h. time we met,** ya era hora de que nos viéramos |**2** *adv* alto |**3** *n* punto máximo

high-class ['haɪklɑːs] *adj* de mucha categoría, de lujo

higher ['haɪəʳ] *adj* superior; **h. education,** enseñanza superior

high-handed [haɪ'hændɪd] *adj* despótico,-a, prepotente

highland ['haɪlənd] **1** *adj* montañoso,-a |**2** *npl* **the Highlands,** las tierras altas (de Escocia)

high-level ['haɪləvəl] *adj* de alto nivel

highlight ['haɪlaɪt] **1** *n* ◆ lo más destacado, el plato fuerte ◆ *(en el pelo)* reflejo, mecha |**2** *vtr* realzar, subrayar

highly ['haɪlɪ] *adv* ◆ sumamente ◆ muy bien

highly-strung [haɪlɪ'strʌŋ] *adj* muy nervioso,-a

Highness ['haɪnɪs] *n* alteza; **Your/ His/ Her H.,** Su Alteza

high-pitched ['haɪpɪtʃt] *adj* estridente, agudo,-a

high-speed ['haɪspiːd] *adj* de alta velocidad

high-tech ['haɪ'tek] *adj fam* de alta tecnología

highway ['haɪweɪ] *n* carretera, *US* autopista

hijack ['haɪdʒæk] **1** *vtr* secuestrar **|2** *n* secuestro

hijacker ['haɪdʒækəʳ] *n* secuestrador,-ora

hike [haɪk] **1** *n* ◆ caminata, excursión a pie ◆ *(de precios)* aumento **|2** *vi* dar una caminata

hiker ['haɪkəʳ] *n* excursionista, senderista

hilarious [hɪ'leərɪəs] *adj* divertidísimo,-a

hill [hɪl] *n* colina

hillside ['hɪlsaɪd] *n* ladera

hilltop ['hɪltɒp] *n* cima (de una colina)

hilly ['hɪlɪ] *adj (****hillier, hilliest****) (paisaje)* accidentado,-a

hilt [hɪlt] *n* puño, empuñadura

him [hɪm] *pron* ◆ *(objeto directo)* lo, le: **we saw h.,** lo/le vimos ◆ *(objeto indirecto)* le: **I gave h. my address,** le di mi dirección; *(con otros pron de 3.ª persona)* se: **she gave them to h.,** ella se los dio ◆ *(después de prep)* él; **with h.,** con él ◆ *(complemento)* él: **it was h.,** fue él

himself [hɪm'self] *pron pers* ◆ *(reflexivo)* se: **he bought h. a coat,** se compró un abrigo; **he looked at h.,** se miró ◆ *(enfático)* **he did it h.,** lo hizo él mismo; *(reflexivo)* sí mismo: **he only thinks of h.,** sólo piensa en sí mismo ◆ **by h.,** solo, por sí mismo

hind [haɪnd] **1** *adj* trasero,-a **|2** *n Zool* cierva

hinder ['hɪndəʳ] *vtr* entorpecer, estorbar

hindrance ['hɪndrəns] *n* estorbo

hindsight ['haɪndsaɪt] *n* **with h.,** en retrospectiva

Hindu ['hɪndʊ] *n* & *adj* hindú

Hinduism ['hɪndʊɪzəm] *n* hinduismo

hinge [hɪndʒ] *n* bisagra, eje ■ **hinge on** *vtr* depender de

hint [hɪnt] **1** *n* ◆ indirecta; **to drop a h.,** soltar una indirecta ◆ consejo ◆ *(indicio)* pista **|2** *vtr* insinuar

hip [hɪp] *n* cadera; **h. flask,** petaca

hippie ['hɪpɪ] *adj* & *n fam* hippy

hippopotamus [hɪpə'pɒtəməs] *n* hipopótamo

hire ['haɪəʳ] **1** *n* alquiler; **boats for h.,** se alquilan barcos; **car h.,** alquiler de coches; *(taxi)* **«For h.»**, «Libre» **|2** *vtr* ◆ alquilar ◆ *(a una persona)* contratar ■ **hire out** *vtr (coche)* alquilar; *(a una persona)* contratar

his [hɪz] **1** *adj pos* su(s) de él: **he has broken h. nose,** se ha roto la nariz **|2** *pron pos* (el/la) suyo,-a, (los/las) suyos,-as, de él

Hispanic [hɪ'spænɪk] **1** *adj* hispánico,-a **|2** *n US* hispano,-a, latino,-a

hiss [hɪs] **1** *n* siseo; *Teat* silbido **|2** *vtr* & *vi* silbar

historian [hɪ'stɔːrɪən] *n* historiador,-ora

historic [hɪ'stɒrɪk] *adj* histórico,-a

historical [hɪ'stɒrɪkəl] *adj* histórico,-a

history ['hɪstərɪ] *n* historia

hit [hɪt] **1** *n* ◆ golpe ◆ éxito ◆ *(de diana)* blanco **|2** *vtr* ◆ pegar, golpear; *(con una bala)* dar, herir ◆ darse un golpe con ◆ *(un coche, etc)* chocar contra ◆ afectar

hit-and-run [hɪtən'rʌn] *adj* **h.-and-r. driver,** conductor que atropella a alguien y huye

hitch [hɪtʃ] **1** *n* dificultad, pega **|2** *vtr* atar, enganchar ■ **hitch up** *vtr* remangarse

hitch-hike ['hɪtʃhaɪk] *vi* hacer autostop

hitch-hiker ['hɪtʃhaɪkəʳ] *n* autoestopista

HIV [eɪtʃaɪ'viː] *(abr de* ***human immunodeficiency virus****)* virus de immunodeficiencia humana, VIH; **HIV positive/negative,** seropositivo,-a/seronegativo,-a

hive [haɪv] *n* colmena

HM *(abr de* ***His o Her Majesty****)* Su Majestad, SM

hoard [hɔːd] **1** *n* reserva secreta; *(de*

joyas, dinero) tesoro |2 *vtr* acumular; *(provisiones)* acaparar

hoarding ['hɔːdɪŋ] *n* valla publicitaria

hoarse [hɔːs] *adj* ronco,-a; **to get h.,** quedarse ronco,-a

hoax [həʊks] 1 *n* ◆ broma pesada ◆ engaño |2 *vtr* engañar

hob [hɒb] *n (de una cocina)* quemadores

hobble ['hɒbəl] *vi* cojear

hobby ['hɒbɪ] *n* hobby, pasatiempo

hobbyhorse ['hɒbɪhɔːs] *n* caballito de madera

hobo ['həʊbəʊ] *n US* vagabundo,-a

hockey ['hɒkɪ] *n* hockey

hoe [həʊ] *n* azada, azadón

hog [hɒg] 1 *n* cerdo, puerco |2 *vtr fam* ◆ acaparar ◆ devorar

hoist [hɔɪst] 1 *n* montacargas |2 *vtr* levantar, subir; *(una bandera)* izar

hold [həʊld] 1 *vtr (ps & pp* ***held)*** ◆ llevar, tener ◆ *(una cuerda)* agarrar, coger ◆ abrazar ◆ *(una fiesta, reunión)* celebrar ◆ *Tel* **h. the line,** no cuelgue ◆ mantener: **he held his arms above his head,** mantuvo los brazos por encima de la cabeza ◆ retener, contener; **to h. one's breath,** contener la respiración ◆ *(el futuro)* deparar ◆ guardar ◆ *(peso)* soportar |2 *vi* aguantar, mantenerse; *(una promesa, oferta)* ser válido, mantenerse |3 *n* ◆ agarre ◆ control ◆ *Av Náut* bodega ■ **hold back** *vtr* contener ■ **hold down** *vtr* ◆ sujetar ◆ *(control)* dominar ■ **hold off** *vtr* mantener a distancia, resistir ■ **hold on** *vi* ◆ agarrarse bien ◆ esperar; *Tel* **h. on!,** ¡no cuelgue! ■ **hold out** 1 *vtr (la mano, una cuerda)* tender |2 *vi* ◆ durar, aguantar, resistir ■ **hold up** *vtr* ◆ *(la mano, una pancarta)* levantar ◆ retrasar ◆ asaltar, atracar

holdall ['həʊldɔːl] *n GB* bolsa de viaje

holder ['həʊldəʳ] *n* ◆ titular ◆ *Dep* **record h.,** plusmarquista, campeón,-ona

holding ['həʊldɪŋ] *n* ◆ participación ◆ **h. company,** holding

hold-up ['həʊldʌp] *n* ◆ atraco ◆ retraso; *(de tráfico)* atasco

hole [həʊl] *n* ◆ agujero, hoyo; *(en la carretera)* bache ◆ *argot* antro

holiday ['hɒlɪdeɪ] *n (un día)* día festivo, fiesta; *GB (varios días)* vacaciones; **bank h.,** *GB* fiesta nacional

holiday-maker ['hɒlɪdeɪmeɪkəʳ] *n GB* turista; *(de verano)* veraneante

holiness ['həʊlɪnɪs] *n* santidad

Holland ['hɒlənd] *n* Holanda

hollow ['hɒləʊ] 1 *adj* hueco,-a; *(cara, ojos)* hundido,-a |2 *n* ◆ hueco ◆ *Geog* hondonada, depresión

holly ['hɒlɪ] *n* acebo

holocaust ['hɒləkɔːst] *n* holocausto

holster ['həʊlstəʳ] *n* pistolera

holy ['həʊlɪ] *adj* sagrado,-a, santo,-a

homage ['hɒmɪdʒ] *n* homenaje

home [həʊm] 1 *n* ◆ casa, hogar; *frml* domicilio; **at h.,** en casa ◆ origen, patria ◆ **old people's h.,** residencia de ancianos |2 *adv* ◆ a casa; **to get h.,** llegar a casa; **to go h.,** ir a casa ◆ en casa; **to be h.,** estar en casa; **to stay h.,** quedarse en casa |3 *adj* ◆ casero, de casa ◆ *(política)* nacional, interior ■ **home in** *vi* dirigirse

homeland ['həʊmlænd] *n* patria; *(origen)* lugar de nacimiento

homeless ['həʊmlɪs] *adj* sin techo

homely ['həʊmlɪ] *adj* ***(homelier, homeliest)*** ◆ *GB (persona)* casero,-a; *(ambiente)* familiar, acogedor,-ora ◆ *US* poco atractivo,-a

home-made ['həʊmmeɪd] *adj* casero,-a

homeopathy [həʊmɪ'ɒpəθɪ] *n US* → **homoeopathy**

homesick ['həʊmsɪk] *adj* **to be h.,** tener morriña

homework ['həʊmwɜːk] *n* deberes

homicide ['hɒmɪsaɪd] *n* homicidio

homoeopathy [həʊmɪ'ɒpəθɪ] *n* homeopatía

homogeneous [hɒmə'dʒiːnɪəs] *adj* homogéneo,-a

homosexual [həʊməʊ'seksjʊəl] *adj & n* homosexual

Honduran [hɒn'djʊərən] *adj & n* hondureño,-a

Honduras [hɒn'djʊərəs] *n* Honduras

honest ['ɒnɪst] *adj* ♦ honrado,-a, honesto,-a ♦ franco,-a, sincero,-a

honesty ['ɒnɪstɪ] *n* ♦ *(honestidad)* honradez ♦ *(franqueza)* sinceridad

honey ['hʌnɪ] *n* ♦ miel ♦ *US fam (apelativo)* cariño

honeycomb ['hʌnɪkəʊm] *n* panal

honeymoon ['hʌnɪmuːn] *n* luna de miel

honeysuckle ['hʌnɪsʌkəl] *n* madreselva

honk [hɒŋk] *vi* tocar la bocina

honor ['ɒnəʳ] *n* & *vtr US* ➛ **honour**

honorary ['ɒnərərɪ] *adj* ♦ de honor, honorífico,-a ♦ *(puesto)* honorario,-a

honour ['ɒnəʳ] **1** *n* ♦ honor ♦ *Jur* **Her/His/Your H.,** Su Señoría ♦ *GB Univ* **Honours degree** ~ licenciatura |**2** *vtr* ♦ honrar ♦ *(un compromiso)* cumplir con

honourable ['ɒnərəbəl] *adj* ♦ *(persona)* de honor, honrado,-a ♦ *(acuerdo, acción)* honroso,-a

hood [hʊd] *n* ♦ capucha ♦ *Auto GB* capota ♦ *Auto US* capó

hoof [huːf] *n (pl* ***hoofs*** *o* ***hooves*** [huːvz]) *(de caballo)* casco; *(de ganado)* pezuña

hook [hʊk] **1** *n* ♦ gancho; *Pesca* anzuelo; *Cos* corchete ♦ *Boxeo* gancho |**2** *vtr* ♦ enganchar ♦ *Pesca* coger ■ **hook up** *vtr* & *vi* conectar

hook-up ['hʊkʌp] *n* ♦ *TV Inform* conexión ♦ *Rad TV* emisión múltiple

hooligan ['huːlɪgən] *n fam* gamberro,-a

hoop [huːp] *n* aro

hooray [huː'reɪ] *excl* ¡hurra!

hoot [huːt] **1** *n (de barco)* toque de sirena; *(de búho)* ululato, ulular; *(de coche)* bocinazo; *(de tren)* pitido |**2** *vi (un búho)* ulular; *(un coche)* dar un bocinazo

hooter ['huːtəʳ] *n esp GB (de un coche)* claxon; *(de una fábrica)* sirena

hoover ['huːvəʳ] **1** *n GB* aspiradora |**2** *vtr* **to h.,** pasar la aspiradora por

hop [hɒp] **1** *vi* saltar a la pata coja |**2** *n* saltito, brinco

hope [həʊp] **1** *n* esperanza |**2** *vtr* & *vi* esperar

hopeful ['həʊpfʊl] *adj* ♦ *(persona)* optimista ♦ *(pronóstico)* prometedor,-ora

hopefully ['həʊpfʊlɪ] *adv* ♦ con optimismo ♦ con suerte

hopeless ['həʊplɪs] *adj* ♦ desesperado,-a ♦ *fam* **to be h. at sthg,** ser negado,-a para algo

hopelessly ['həʊplɪslɪ] *adv* ♦ desesperadamente ♦ completamente

horde [hɔːd] *n* multitud

horizon [hə'raɪzən] *n* horizonte

horizontal [hɒrɪ'zɒntəl] *adj* horizontal

hormone ['hɔːməʊn] *n* hormona

horn [hɔːn] *n* ♦ cuerno, asta ♦ *Auto* bocina ♦ *Mús* **French h.,** trompa

hornet ['hɔːnɪt] *n* avispón

horny ['hɔːnɪ] *adj (hornier, horniest)* ♦ *(piel)* calloso,-a ♦ *argot* caliente, cachondo,-a

horoscope ['hɒrəskəʊp] *n* horóscopo

horrendous [hɒ'rendəs] *adj* horrendo,-a

horrible ['hɒrəbəl] *adj* horrible

horrid ['hɒrɪd] *adj* horrible

horrific [hə'rɪfɪk] *adj* horrendo,-a

horrify ['hɒrɪfaɪ] *vtr* horrorizar

horror ['hɒrəʳ] *n* horror

hors d'oeuvre [ɔː'dɜːvr] *n* entremeses

horse [hɔːs] *n* ♦ caballo; **h. race,** carrera de caballos ♦ *Gim* potro ♦ *Téc* caballete

horseback ['hɔːsbæk] *n* **on h.,** a caballo

horseman ['hɔːsmən] *n* jinete

horseplay ['hɔːspleɪ] *n* payasadas

horsepower ['hɔːspaʊəʳ] *n* caballo (de vapor); **a hundred-h. engine,** un motor de cien caballos

horseshoe ['hɔːsʃuː] *n* herradura

horsewoman ['hɔːswʊmən] *n* amazona

horticulture ['hɔːtɪkʌltʃəʳ] *n* horticultura

hose [həʊz] *n* manguera, manga de riego

hospice ['hɒspɪs] *n* residencia para enfermos terminales

hospitable [hɒ'spɪtəbəl] *adj* hospitalario,-a

hospital ['hɒspɪtəl] *n* hospital
hospitality [hɒspɪ'tælɪtɪ] *n* hospitalidad
host¹ [həʊst] **1** *n* ♦ anfitrión ♦ *Teat TV* presentador **|2** *vtr Teat TV* presentar
host² [həʊst] *n* gran cantidad, montón
Host [həʊst] *n Rel* hostia
hostage ['hɒstɪdʒ] *n* rehén
hostel ['hɒstəl] *n* hostal
hostess ['həʊstɪs] *n* ♦ anfitriona ♦ *Teat TV* presentadora ♦ azafata
hostile ['hɒstaɪl] *adj* hostil
hostility [hɒ'stɪlɪtɪ] *n* hostilidad
hot [hɒt] *adj (hotter, hottest)* ♦ caliente; *fig* **h. line,** teléfono rojo ♦ *(tiempo)* caluroso,-a: **it's very h.,** hace mucho calor ♦ *Culin* picante, caliente; **h. dog,** perrito caliente
hotbed ['hɒtbed] *n fig* semillero, caldo de cultivo
hotel [həʊ'tel] *n* hotel
hotelier [həʊ'teljeɪ] *n* hotelero,-a
hothouse ['hɒthaʊs] *n* invernadero
hotly ['hɒtlɪ] *adv* ♦ *(negar, decir)* con vehemencia ♦ *(seguir)* muy de cerca
hot-water bottle [hɒt'wɔːtə'bɒtəl] *n* bolsa de agua caliente
hound [haʊnd] **1** *n* perro de caza **|2** *vtr* acosar
hour ['aʊəʳ] *n* hora; **half an h.,** media hora
hourly ['aʊəlɪ] **1** *adj* cada hora **|2** *adv* ♦ por horas ♦ cada hora
house [haʊs] **1** *n* ♦ casa ♦ *Pol* cámara; *GB* **H. of Commons/Lords,** Cámara de los Comunes/los Lores ♦ empresa; **publishing h.,** editorial ♦ *Teat* sala: **«house full»,** «no hay localidades» **|2** [haʊz] *vtr* ♦ alojar, hospedar ♦ almacenar, guardar
housebreaking ['haʊsbreɪkɪŋ] *n* allanamiento de morada
household ['haʊshəʊld] *n* hogar, familia; **h. expenses,** gastos de la casa
housekeeper ['haʊskiːpəʳ] *n* ama de llaves
house-train ['haʊstreɪn] *vtr* domesticar
housewarming ['haʊswɔːmɪŋ] *n* **h. (party),** fiesta que se da al estrenar una casa
housewife ['haʊswaɪf] *n* ama de casa
housework ['haʊswɜːk] *n* tareas domésticas
housing ['haʊzɪŋ] *n* ♦ vivienda ♦ **h. estate,** urbanización
hovel ['hɒvəl] *n* casucha
hover ['hɒvəʳ] *vi (un pájaro)* planear; *(un helicóptero)* quedarse suspendido en el aire
hovercraft ['hɒvəkrɑːft] *n* aerodeslizador
how [haʊ] *adv* ♦ cómo: **h. did you get here?,** ¿cómo llegaste? ♦ *(en preguntas sobre cantidades, frecuencia, etc)* cuánto: **h. heavy is it?,** ¿cuánto pesa?; **h. much it cost?,** ¿cuánto cuesta? ♦ *(excl)* qué: **h. extraordinary!,** ¡qué extraordinario!
however [haʊ'evəʳ] *adv* ♦ no obstante, sin embargo ♦ comoquiera
howl [haʊl] **1** *n* aullido **|2** *vi* aullar
HQ [eɪtʃ'kjuː] *abr de* ***headquarters***
hub [hʌb] *n* ♦ *Auto* cubo ♦ *fig* centro
huddle ['hʌdəl] **1** *n* grupo **|2** *vi* **to h. (up** *o* **together),** acurrucarse
huff [hʌf] *n* mal humor, rabieta
hug [hʌg] **1** *vtr* abrazar **|2** *n* abrazo
huge [hjuːdʒ] *adj* enorme
hull [hʌl] *n* casco
hullo [hʌ'ləʊ] *excl GB* ¡hola!
hum [hʌm] **1** *vtr* tararear, canturrear **|2** *vi* zumbar; *(cantar)* tararear, canturrear **|3** *n* zumbido
human ['hjuːmən] **1** *adj* humano,-a; **h. being,** ser humano **|2** *n* ser humano
humane [hjuː'meɪn] *adj* humano,-a, compasivo,-a
humanitarian [hjuːmænɪ'teərɪən] *adj* humanitario,-a
humanity [hjuː'mænɪtɪ] *n* ♦ humanidad ♦ *Univ* **the humanities,** las humanidades
humble ['hʌmbəl] **1** *adj* humilde **|2** *vtr* humillar
humid ['hjuːmɪd] *adj* húmedo,-a
humidity [hjuː'mɪdɪtɪ] *n* humedad
humiliate [hjuː'mɪlɪeɪt] *vtr* humillar
humiliation [hjuːmɪlɪ'eɪʃən] *n* humillación

humility [hjuː'mɪlɪtɪ] *n* humildad

humor ['hjuːmə^r] *n US* ➜ **humour**

humorous ['hjuːmərəs] *adj* ♦ gracioso,-a, ♦ *(novela, obra)* humorístico,-a

humour ['hjuːmə'] **1** *n* humor; **sense of h.**, sentido del humor |**2** *vtr* seguirle la corriente a

hump [hʌmp] *n* ♦ joroba ♦ *Geog* montículo

hunch [hʌntʃ] *n fam* corazonada: **I have a h. that...,** me da que...

hunchback ['hʌntʃbæk] *n* jorobado,-a

hundred ['hʌndrəd] *n* & *adj* cien

hundredth ['hʌndrədθ] *adj* & *n* centésimo,-a

Hungarian [hʌŋ'geərɪən] *adj* & *n* húngaro,-a

Hungary ['hʌŋgərɪ] *n* Hungría

hunger ['hʌŋgə'] *n* hambre

hungry ['hʌŋgrɪ] *adj (hungrier, hungriest)* hambriento,-a: **I'm h.**, tengo hambre

hunt [hʌnt] **1** *vtr* cazar |**2** *vi* ♦ cazar ♦ buscar |**3** *n* ♦ caza ♦ búsqueda ■ **hunt down** *vtr* perseguir

hunter ['hʌntə'] *n* cazador,-ora

hunting ['hʌntɪŋ] *n* caza

hurdle ['hɜːdəl] *n* ♦ *Dep* valla ♦ *fig* obstáculo

hurl [hɜːl] *vtr* arrojar, lanzar

hurrah [hʊ'rɑː], **hurray** [hʊ'reɪ] *excl* ¡hurra!, ¡viva!

hurricane ['hʌrɪkən] *n* huracán

hurried ['hʌrɪd] *adj* apresurado,-a

hurry ['hʌrɪ] **1** *vi* darse prisa; **h. up!**, ¡date prisa! |**2** *vtr* meter prisa |**3** *n* prisa: **I'm in a h.**, tengo prisa

hurt [hɜːt] **1** *vtr (ps & pp **hurt**)* lastimar, hacer daño; *(los sentimientos)* herir, ofender |**2** *vi* doler: **my feet h.**, me duelen los pies |**3** *adj* ♦ herido,-a ♦ dolido,-a

hurtful ['hɜːtfʊl] *adj* hiriente

husband ['hʌzbənd] *n* marido, esposo

hush [hʌʃ] **1** *vtr* callar |**2** *n* silencio |**3** *excl* ¡chitón! ■ **hush up** *vtr* encubrir

husky ['hʌskɪ] *adj (huskier, huskiest)* ronco,-a

hustings ['hʌstɪŋz] *npl* campaña electoral

hustle ['hʌsəl] **1** *vtr* ♦ mover a empujones ♦ *fam* meter prisa |**2** *n* bullicio; **h. and bustle,** ajetreo

hut [hʌt] *n* ♦ cabaña, casucha ♦ *Mil* barraca

hutch [hʌtʃ] *n* conejera

hyacinth ['haɪəsɪnθ] *n* jacinto

hydrant ['haɪdrənt] *n* **fire h.,** boca de incendio

hydraulic [haɪ'drɒlɪk] *adj* hidráulico,-a

hydrogen ['haɪdrɪdʒən] *n* hidrógeno

hygiene ['haɪdʒiːn] *n* higiene

hygienic [haɪ'dʒiːnɪk] *adj* higiénico,-a

hymn [hɪm] *n* himno

hypermarket ['haɪpəmɑːkɪt] *n GB* hipermercado

hyphen ['haɪfən] *n* guión

hypnosis [hɪp'nəʊsɪs] *n* hipnosis

hypnotize ['hɪpnətaɪz] *vtr* hipnotizar

hypochondriac [haɪpə'kɒndrɪæk] *adj* & *n* hipocondríaco,-a

hypocrisy [hɪ'pɒkrəsɪ] *n* hipocresía

hypocrite ['hɪpəkrɪt] *n* hipócrita

hypocritical [hɪpə'krɪtɪkəl] *adj* hipócrita

hypothesis [haɪ'pɒθɪsɪs] *n (pl **hypotheses** [haɪ'pɒθɪsiːz])* hipótesis

hypothetic(al) [haɪpə'θetɪk(əl)] *adj* hipotético,-a

hysteria [hɪ'stɪərɪə] *n* histeria

hysterical [hɪ'sterɪkəl] *adj* histérico,-a

hysterics [hɪ'sterɪks] *n* & *npl* ♦ ataque de nervios ♦ ataque de risa

I

I, i [aɪ] *n* I, i

I [aɪ] *pron pers* yo

ice [aɪs] **1** *n* hielo: **i. cream,** helado **|2** *vtr Culin* glasear ■ **ice over/up** *vi* helarse

iceberg ['aɪsbɜːg] *n* iceberg

icebox ['aɪsbɒks] *n* ♦ *GB* congelador ♦ *US* nevera, frigorífico

Iceland ['aɪslənd] *n* Islandia

ice-skate ['aɪs'skeɪt] **1** *n* patín (de cuchilla) **|2** *vi* patinar sobre hielo

ice-skating ['aɪsskeɪtɪŋ] *n* patinaje sobre hielo

icicle ['aɪsɪkəl] *n* carámbano

icing ['aɪsɪŋ] *n* glaseado; **i. sugar,** azúcar glas

icy ['aɪsɪ] *adj (icier, iciest)* helado,-a

I'd [aɪd] ➛ ♦ **I would** ♦ **I had**

ID [aɪ'diː] *US (abr de **identification, identity**)* identificación; **ID card,** documento nacional de identidad, DNI

idea [aɪ'dɪə] *n* idea

ideal [aɪ'dɪəl] *adj* & *n* ideal

idealist [aɪ'dɪəlɪst] *n* idealista

idealize [aɪ'dɪəlaɪz] *vtr* idealizar

identical [aɪ'dentɪkəl] *adj* idéntico,-a

identification [aɪdentɪfɪ'keɪʃən] *n* ♦ identificación ♦ documentación

identify [aɪ'dentɪfaɪ] **1** *vtr* identificar **|2** *vi* identificarse

identity [aɪ'dentɪtɪ] *n* identidad; **i. card,** carné de identidad

ideological [aɪdɪə'lɒdʒɪkəl] *adj* ideológico,-a

ideology [aɪdɪ'ɒlədʒɪ] *n* ideología

idiom ['ɪdɪəm] *n* locución

idiomatic [ɪdɪə'mætɪk] *adj* idiomático,-a

idiot ['ɪdɪət] *n* idiota

idiotic [ɪdɪ'ɒtɪk] *adj* idiota

idle ['aɪdəl] *adj* ♦ holgazán,-ana ♦ *(sin trabajo)* parado,-a ♦ *(capacidad)* sin utilizar ♦ *(máquina, fábrica)* parado,-a ♦ *(palabras)* frívolo,-a, vano,-a ■ **idle away** *vtr* pasar; *pey* desperdiciar

idol ['aɪdəl] *n* ídolo

idolize ['aɪdəlaɪz] *vtr* idolatrar

idyllic [ɪ'dɪlɪk] *adj* idílico,-a

i.e. *(abr de id est)* esto es, es decir

if [ɪf] *conj* si; **if not,** si no; **if so,** de ser así

igloo ['ɪgluː] *n* iglú

ignite [ɪg'naɪt] **1** *vtr* encender **|2** *vi* encenderse

ignition [ɪg'nɪʃən] *n* ♦ ignición ♦ *Auto* encendido

ignominious ['ɪgnə'mɪnɪəs] *adj* ignominioso,-a

ignorance ['ɪgnərəns] *n* ignorancia

ignorant ['ɪgnərənt] *adj* ♦ ignorante ♦ maleducado,-a

ignore [ɪg'nɔː'] *vtr* ♦ ignorar ♦ *(un consejo)* no hacer caso de

I'll [aɪl] ➛ ♦ **I shall** ♦ **I will**

ill [ɪl] **1** *adj* enfermo,-a; **i. effects,** efectos negativos; **i. health,** mala salud **|2** *adv* ♦ difícilmente ♦ mal

ill-advised [ɪləd'vaɪzd] *adj* ♦ *(persona)* imprudente ♦ *(decisión)* desacertado,-a

illegal [ɪ'liːgəl] *adj* ilegal

illegible [ɪ'ledʒɪbəl] *adj* ilegible

illegitimate [ɪlɪ'dʒɪtɪmɪt] *adj* ilegítimo,-a

illicit [ɪ'lɪsɪt] *adj* ilícito,-a

illiteracy [ɪ'lɪtərəsɪ] *n* analfabetismo

illiterate [ɪ'lɪtərɪt] *adj* ♦ analfabeto,-a ♦ inculto,-a

illness ['ɪlnɪs] *n* enfermedad

illogical [ɪ'lɒdʒɪkəl] *adj* ilógico,-a

ill-treat [ɪl'triːt] *vtr* maltratar

illuminate [ɪ'luːmɪneɪt] *vtr* ♦ iluminar ♦ *(una duda)* aclarar

illumination [ɪluːmɪ'neɪʃən] *n* iluminación
illusion [i'luːʒən] *n* ilusión
illusory [ɪ'luːsərɪ] *adj* ilusorio,-a
illustrate ['ɪləstreɪt] *vtr* ilustrar
illustration [ɪlə'streɪʃən] *n* ilustración
illustrious [ɪ'lʌstrɪəs] *adj* ilustre
I'm [aɪm] → **I am**
image ['ɪmɪdʒ] *n* imagen
imaginary [ɪ'mædʒɪnərɪ] *adj* imaginario,-a
imagination [ɪmædʒɪ'neɪʃən] *n* imaginación
imaginative [ɪ'mædʒɪnətɪv] *adj* imaginativo,-a
imagine [ɪ'mædʒɪn] *vtr* imaginarse
imbalance [ɪm'bæləns] *n* desequilibrio
imbecile ['ɪmbɪsiːl] *n* imbécil
IMF *(abr de* ***International Monetary Fund****)* Fondo Monetario Internacional, FMI
imitate ['ɪmɪteɪt] *vtr* imitar
imitation [ɪmɪ'teɪʃən] **1** *n* imitación |**2** *adj* de imitación
immaculate [ɪ'mækjʊlɪt] *adj* impecable, perfecto,-a
immature [ɪmə'tjʊəʳ] *adj* inmaduro,-a
immeasurable [ɪ'meʒərəbəl] *adj* inconmensurable
immediate [ɪ'miːdɪət] *adj* inmediato,-a
immediately [ɪ'miːdɪətlɪ] *adv* inmediatamente
immense [ɪ'mens] *adj* inmenso,-a
immerse [ɪ'mɜːs] *vtr* sumergir
immersion [ɪ'mɜːʃən] *n* inmersión
immigrant ['ɪmɪgrənt] *adj* & *n* inmigrante
immigration [ɪmɪ'greɪʃən] *n* inmigración
imminent ['ɪmɪnənt] *adj* inminente
immobile [ɪ'məʊbaɪl] *adj* inmóvil
immobilize [ɪ'məʊbɪlaɪz] *vtr* inmovilizar
immodest [ɪ'mɒdɪst] *adj* presuntuoso,-a
immoral [ɪ'mɒrəl] *adj* inmoral
immortal [ɪ'mɔːtəl] *adj* inmortal
immortality [ɪmɔː'tælɪtɪ] *n* inmortalidad
immortalize [ɪ'mɔːtəlaɪz] *vtr* inmortalizar
immune [ɪ'mjuːn] *adj* ◆ inmune ◆ *(de un deber)* exento,-a
immunity [ɪ'mjuːnɪtɪ] *n* inmunidad
immunize ['ɪmjʊnaɪz] *vtr* inmunizar
imp [ɪmp] *n fam* diablillo
impact ['ɪmpækt] *n* impacto
impair [ɪm'peəʳ] *vtr* perjudicar, dañar
impart [ɪm'pɑːt] *vtr frml* comunicar, transmitir
impartial [ɪm'pɑːʃəl] *adj* imparcial
impassable [ɪm'pɑːsəbəl] *adj* intransitable
impassioned [ɪm'pæʃənd] *adj* apasionado,-a
impassive [ɪm'pæsɪv] *adj* impasible
impatience [ɪm'peɪʃəns] *n* impaciencia
impatient [ɪm'peɪʃənt] *adj* impaciente
impeccable [ɪm'pekəbəl] *adj* impecable
impede [ɪm'piːd] *vtr* impedir, dificultar
impediment [ɪm'pedɪmənt] *n* impedimento
impel [ɪm'pel] *vtr* impulsar
impending [ɪm'pendɪŋ] *adj frml* inminente
imperative [ɪm'perətɪv] **1** *adj frml* imperativo,-a, imprescindible |**2** *n Ling* imperativo
imperfect [ɪm'pɜːfɪkt] **1** *adj* imperfecto,-a, defectuoso,-a |**2** *n Ling* imperfecto
imperfection [ɪmpə'fekʃən] *n* defecto
imperial [ɪm'pɪərɪəl] *adj* imperial
imperialism [ɪm'pɪərɪəlɪzəm] *n* imperialismo
imperialist [ɪm'pɪərɪəlɪst] *adj* & *n* imperialista
imperious [ɪm'pɪərɪəs] *adj* imperioso,-a
impersonal [ɪm'pɜːsənəl] *adj* impersonal
impersonate [ɪm'pɜːsəneɪt] *vtr* ◆ hacerse pasar por ◆ copiar, imitar

impersonation [ɪmpɜːsəˈneɪʃən] *n* ♦ *(engaño)* suplantación ♦ imitación
impertinent [ɪmˈpɜːtɪnənt] *adj* impertinente
impervious [ɪmˈpɜːvɪəs] *adj* ♦ *(al agua)* impermeable ♦ *(a la crítica)* insensible
impetuous [ɪmˈpetjʊəs] *adj* impetuoso,-a
impetus [ˈɪmpɪtəs] *n* ímpetu, impulso
implant [ɪmˈplɑːnt] **1** *vtr* implantar **|2** [ˈɪmplɑːnt] *n* ♦ *(operación)* implantación ♦ *(lo implantado)* implante
implement [ˈɪmplɪmənt] **1** *n* herramienta, instrumento **|2** [ˈɪmplɪment] *vtr* ♦ *(proyecto)* llevar a cabo ♦ *(una ley)* poner en práctica
implicate [ˈɪmplɪkeɪt] *vtr* implicar
implication [ɪmplɪˈkeɪʃən] *n* implicación
implicit [ɪmˈplɪsɪt] *adj* implícito,-a
implore [ɪmˈplɔːʳ] *vtr* implorar
imply [ɪmˈplaɪ] *vtr* ♦ insinuar ♦ significar, suponer
impolite [ɪmpəˈlaɪt] *adj* maleducado,-a
import [ˈɪmpɔːt] **1** *n* importación **|2** [ɪmˈpɔːt] *vtr* importar
importance [ɪmˈpɔːtəns] *n* importancia
important [ɪmˈpɔːtənt] *adj* importante
importer [ɪmˈpɔːtəʳ] *n* importador,-ora
impose [ɪmˈpəʊz] **1** *vtr* imponer **|2** *vi* abusar
imposing [ɪmˈpəʊzɪŋ] *adj* imponente, impresionante
imposition [ɪmpəˈzɪʃən] *n* ♦ imposición ♦ abuso
impossibility [ɪmpɒsəˈbɪlɪtɪ] *n* imposibilidad
impossible [ɪmˈpɒsəbəl] *adj* imposible
impostor [ɪmˈpɒstəʳ] *n* impostor,-ora
impotence [ˈɪmpətəns] *n* impotencia
impotent [ˈɪmpətənt] *adj* impotente
impoverished [ɪmˈpɒvərɪʃt] *adj* empobrecido,-a
impracticable [ɪmˈpræktɪkəbəl] *adj* impracticable, irrealizable
impractical [ɪmˈpræktɪkəl] *adj* poco práctico,-a
imprecise [ɪmprɪˈsaɪs] *adj* impreciso,-a
impregnate [ˈɪmpregneɪt] *vtr* impregnar
impress [ɪmˈpres] *vtr* ♦ impresionar ♦ *(sobre papel)* imprimir
impression [ɪmˈpreʃən] *n* impresión
impressionist [ɪmˈpreʃənɪst] *adj* & *n* impresionista
impressive [ɪmˈpresɪv] *adj* impresionante
imprint [ɪmˈprɪnt] **1** *vtr* dejar huella **|2** [ˈɪmprɪnt] *n* ♦ *(en papel, tela)* sello ♦ *(de pie, mano)* huella
imprison [ɪmˈprɪzən] *vtr* encarcelar
imprisonment [ɪmˈprɪzənmənt] *n* encarcelamiento
improbable [ɪmˈprɒbəbəl] *adj* improbable
improper [ɪmˈprɒpəʳ] *adj* impropio,-a, incorrecto,-a
improve [ɪmˈpruːv] **1** *vtr* ♦ mejorar ♦ *(los beneficios)* aumentar **|2** *vi* ♦ mejorarse ♦ aumentar
improvement [ɪmˈpruːvmənt] *n* ♦ mejora ♦ aumento
improvise [ˈɪmprəvaɪz] *vtr* & *vi* improvisar
imprudent [ɪmˈpruːdənt] *adj* imprudente
impudence [ˈɪmpjʊdəns] *n* insolencia
impulse [ˈɪmpʌls] *n* impulso: **I said it on i.,** lo dije sin pensar
impulsive [ɪmˈpʌlsɪv] *adj* impulsivo,-a
impunity [ɪmˈpjuːnɪtɪ] *n* impunidad
impure [ɪmˈpjʊəʳ] *adj* impuro,-a
impurity [ɪmˈpjʊərɪtɪ] *n* impureza
in [ɪn] **1** *prep* ♦ *(espacio) (posición)* en, a, de; **in the distance,** a lo lejos; *(movimiento)* en, a; **to arrive in,** llegar a ♦ *(con números)* **in half,** por la mitad; **two in five,** dos de cada cinco ♦ *Meteor etc* a, bajo; **in the rain,** bajo la lluvia ♦ *(tiempo)* durante; **in the afternoon,** por la tarde; *(dentro de)* **I'll see you in a week,** te veo dentro de una semana; *(un momento específico)* **in the**

end, al final ♦ *(situación)* **in the army,** en el ejército; **in a hurry,** con prisa; **in love,** enamorado,-a ♦ *(manera)* **in other words,** en otras palabras; **in tears,** llorando ♦ *(empleo)* **I'm in banking,** trabajo en la banca ♦ *(en frases)* **in addition,** además; **in all,** en total; **in any case,** de todas maneras; **in fact,** de hecho |2 *adv* **is the boss in?,** ¿está el jefe?; **can I come in?,** ¿puedo entrar?; *Pol* **the nationalists have got in,** los nacionalistas han ganado las elecciones |3 *adj fam* de moda: **short skirts are in,** las faldas cortas están de moda

inability [ɪnəˈbɪlɪtɪ] *n* incapacidad

inaccessible [ɪnækˈsesəbəl] *adj* inaccesible

inaccurate [ɪnˈækjʊrɪt] *adj* ♦ inexacto,-a, impreciso,-a ♦ *(suma, estadística)* incorrecto,-a

inactivity [ɪnækˈtɪvɪtɪ] *n* inactividad

inadequate [ɪnˈædɪkwɪt] *adj* inadecuado,-a

inadvertent [ɪnədˈvɜːtənt] *adj* involuntario,-a

inanimate [ɪnˈænɪmɪt] *adj* inanimado,-a

inappropriate [ɪnəˈprəʊprɪɪt] *adj* poco apropiado,-a

inattentive [ɪnəˈtentɪv] *adj* desatento,-a

inaugurate [ɪnˈɔːgjʊreɪt] *vtr* ♦ inaugurar ♦ *(a un presidente)* investir

inauguration [ɪnɔːgjʊˈreɪʃən] *n* ♦ inauguración ♦ *(de un presidente)* investidura

inborn [ˈɪnbɔːn] *adj* innato,-a

inbred [ˈɪnbred] *adj* ♦ innato,-a ♦ *(grupo social)* endogámico,-a

Inc. *US Com (abr de* **Incorporated***)* ≈ S.A.

incapable [ɪnˈkeɪpəbəl] *adj* incapaz

incapacitate [ɪnkəˈpæsɪteɪt] *vtr frml* incapacitar

incapacity [ɪnkəˈpæsɪtɪ] *n* incapacidad

incarnation [ɪnkɑːˈneɪʃən] *n* encarnación

incendiary [ɪnˈsendɪərɪ] **1** *adj* incendiario,-a |**2** *n* bomba incendiaria

incense [ˈɪnsens] **1** *n* incienso |**2** [ɪnˈsens] *vtr frml* indignar, enfurecer

incentive [ɪnˈsentɪv] *n* incentivo

incessant [ɪnˈsesənt] *adj* incesante

incest [ˈɪnsest] *n* incesto

inch [ɪntʃ] *n* pulgada (2,54 cm)

incidence [ˈɪnsɪdəns] *n* frecuencia, incidencia

incident [ˈɪnsɪdənt] *n* incidente

incidental [ɪnsɪˈdentəl] *adj* ♦ *(riesgo, etc)* fortuito,-a ♦ *(poco importante)* accesorio,-a, secundario,-a

incidentally [ɪnsɪˈdentəlɪ] *adv* a propósito

incipient [ɪnˈsɪpɪənt] *adj frml* incipiente

incision [ɪnˈsɪʒən] *n* incisión

incisive [ɪnˈsaɪsɪv] *adj* incisivo,-a

incite [ɪnˈsaɪt] *vtr* incitar

inclination [ɪnklɪˈneɪʃən] *n* inclinación

incline [ɪnˈklaɪn] **1** *vtr* ♦ inclinar ♦ **to i. sb to do sthg,** predisponer a alguien a hacer algo |**2** *vi* inclinarse |**3** [ˈɪnklaɪn] *n* cuesta, pendiente

inclined [ɪnˈklaɪnd] *adj* ♦ **he's inclined to get drunk,** tiende a emborracharse ♦ **I am not inclined to forgive her,** no estoy dispuesto a perdonarla

include [ɪnˈkluːd] *vtr* incluir

including [ɪnˈkluːdɪŋ] *prep* incluso, inclusive

inclusion [ɪnˈkluːʒən] *n* inclusión

inclusive [ɪnˈkluːsɪv] *adj* ♦ inclusive ♦ *(precios, etc)* **i. of service,** incluyendo el servicio

incoherent [ɪnkəʊˈhɪərənt] *adj* incoherente

income [ˈɪnkʌm] *n* ingresos; **i. tax,** impuesto sobre la renta

incoming [ˈɪnkʌmɪŋ] *adj* ♦ *(vuelo)* de llegada ♦ *(correos, recados)* que se reciben ♦ *(gobierno, etc)* nuevo,-a, entrante

incompatible [ɪnkəmˈpætəbəl] *adj* incompatible

incompetence [ɪnˈkɒmpɪtəns] *n* incompetencia

incompetent [ɪnˈkɒmpɪtənt] *adj* incompetente

incomplete [ɪnkəm'pliːt] *adj* incompleto,-a

incomprehensible [ɪnkɒmprɪ'hensəbəl] *adj* incomprensible

inconceivable [ɪnkən'siːvəbəl] *adj* inconcebible

inconclusive [ɪnkən'kluːsɪv] *adj* no concluyente

incongruous [ɪn'kɒŋgrʊəs] *adj* incongruente

inconsiderate [ɪnkən'sɪdərɪt] *adj* desconsiderado,-a

inconsistency [ɪnkən'sɪstənsɪ] *n* ♦ contradicción ♦ inconsecuencia

inconsistent [ɪnkən'sɪstənt] *adj* contradictorio,-a, incoherente

inconspicuous [ɪnkən'spɪkjʊəs] *adj* que no llama la atención

inconvenience [ɪnkən'viːnɪəns] *n* ♦ inconveniente ♦ molestia

inconvenient [ɪnkən'viːnɪənt] *adj* ♦ incómodo,-a, poco práctico,-a ♦ *(momento)* inoportuno,-a

incorporate [ɪn'kɔːpəreɪt] *vtr* ♦ incorporar ♦ *(incluir)* comprender

incorporated [ɪn'kɔːpəreɪtɪd] *adj US Com* **i. company** ~ sociedad anónima

incorrect [ɪnkə'rekt] *adj* incorrecto,-a

incorrigible [ɪn'kɒrɪdʒəbəl] *adj* incorregible

increase ['ɪnkriːs] **1** *n* aumento, incremento; *(de precios)* subida |**2** [ɪn'kriːs] *vtr* aumentar; *(precios)* subir |**3** *vi* aumentar

increasing [ɪn'kriːsɪŋ] *adj* creciente

increasingly [ɪn'kriːsɪŋlɪ] *adv* cada vez más

incredible [ɪn'kredəbəl] *adj* increíble

incredulous [ɪn'kredjʊləs] *adj* incrédulo,-a

incubation [ɪnkjʊ'beɪʃən] *n* incubación

incubator ['ɪnkjʊbeɪtə'] *n* incubadora

incur [ɪn'kɜː'] *vtr* ♦ *(indignación, enfado)* provocar ♦ *(deudas)* contraer

indebted [ɪn'detɪd] *adj* ♦ endeudado,-a ♦ agradecido,-a, en deuda

indecent [ɪn'diːsənt] *adj* indecente

indecision [ɪndɪ'sɪʒən] *n* indecisión

indecisive [ɪndɪ'saɪsɪv] *adj* indeciso,-a

indeed [ɪn'diːd] *adv* ♦ *(uso enfático)* **very good i.**, buenísimo; **yes, i.**, sí, efectivamente ♦ *frml* es más, de hecho

indefinite [ɪn'defɪnɪt] *adj* indefinido,-a

indemnify [ɪn'demnɪfaɪ] *vtr* indemnizar

indemnity [ɪn'demnɪtɪ] *n* indemnización

independence [ɪndɪ'pendəns] *n* independencia

independent [ɪndɪ'pendənt] *adj* independiente

index ['ɪndeks] **1** *n (pl **indexes** o **indices**)* ♦ índice ♦ catálogo |**2** *vtr* catalogar

index finger ['ɪndeksfɪŋgə'] *n* dedo índice

Indian ['ɪndɪən] *adj* & *n* indio,-a; **I. ink**, tinta china

indicate ['ɪndɪkeɪt] **1** *vtr* indicar |**2** *vi* poner el intermitente

indication [ɪndɪ'keɪʃən] *n* ♦ indicio ♦ indicación

indicative [ɪn'dɪkətɪv] **1** *adj* indicativo,-a |**2** *n* indicativo

indicator ['ɪndɪkeɪtə'] *n* ♦ indicador ♦ *Auto* intermitente

indices ['ɪndɪsiːz] *npl* → **index**

indict [ɪn'daɪt] *vtr* acusar

indictment [ɪn'daɪtmənt] *n* ♦ *Jur* acusación ♦ *fig* crítica

indifference [ɪn'dɪfərəns] *n* indiferencia

indifferent [ɪn'dɪfərənt] *adj* indiferente

indigenous [ɪn'dɪdʒɪnəs] *adj* indígena

indigestion [ɪndɪ'dʒestʃən] *n* indigestión

indignant [ɪn'dɪgnənt] *adj* indignado,-a

indignation [ɪndɪg'neɪʃən] *n* indignación

indignity [ɪn'dɪgnɪtɪ] *n* humillación

indirect [ɪndɪ'rekt, ɪndaɪ'rekt] *adj* indirecto,-a

indiscreet [ɪndɪ'skriːt] *adj* indiscreto,-a

indiscretion [ɪndɪ'skreʃən] *n* indiscreción

indiscriminate [ɪndɪ'skrɪmɪnɪt] *adj* indiscriminado,-a

indispensable [ɪndɪ'spensəbəl] *adj* indispensable

indisputable [ɪndɪ'spju:təbəl] *adj* indiscutible

individual [ɪndɪ'vɪdjʊəl] **1** *adj* ◆ individual ◆ *(atributo, estilo)* particular, original **|2** *n* individuo

individualist [ɪndɪ'vɪdjʊəlɪst] *n* individualista

indoctrinate [ɪn'dɒktrɪneɪt] *vtr* adoctrinar

indoor ['ɪndɔ:ʳ] *adj* ◆ de interior ◆ *(piscina)* cubierto,-a

indoors [ɪn'dɔ:z] *adv* dentro (de casa)

induce [ɪn'dju:s] *vtr* ◆ inducir ◆ *(sensaciones)* producir

inducement [ɪn'dju:smənt] *n* incentivo, aliciente

induction [ɪn'dʌkʃən] *n* iniciación

indulge [ɪn'dʌldʒ] **1** *vtr* ◆ *(a un niño)* mimar ◆ *(un deseo)* satisfacer **|2** *vi* darse el gusto

indulgence [ɪn'dʌldʒəns] *n* ◆ *(de un niño)* mimo ◆ tolerancia, indulgencia ◆ *(de un deseo)* satisfacción

indulgent [ɪn'dʌldʒənt] *adj* indulgente

industrial [ɪn'dʌstrɪəl] *adj* industrial

industrialist [ɪn'dʌstrɪəlɪst] *n* industrial, empresario,-a

industrialization [ɪndʌstrɪəlaɪzeɪʃən] *n* industrialización

industrialize [ɪn'dʌstrɪəlaɪz] *vtr* industrializar

industrious [ɪn'dʌstrɪəs] *adj* trabajador,-ora

industry ['ɪndəstrɪ] *n* industria

inedible [ɪn'edəbəl] *adj* no comestible

ineffective [ɪnɪ'fektɪv] *adj* ineficaz

inefficiency [ɪnɪ'fɪʃənsɪ] *n* ◆ ineficacia ◆ *(de una persona)* incompetencia

inefficient [ɪnɪ'fɪʃənt] *adj* ◆ ineficaz ◆ *(persona)* incompetente

inept [ɪn'ept] *adj* ◆ inepto,-a ◆ *(acción)* inoportuno,-a

inequality [ɪnɪ'kwɒlɪtɪ] *n* desigualdad

inertia [ɪn'ɜ:ʃə] *n* inercia

inevitable [ɪn'evɪtəbəl] *adj* inevitable

inexcusable [ɪnɪk'skju:zəbəl] *adj* inexcusable, imperdonable

inexhaustible [ɪnɪg'zɔ:stəbəl] *adj* inagotable

inexpensive [ɪnɪk'spensɪv] *adj* barato,-a

inexperience [ɪnɪk'spɪərɪəns] *n* inexperiencia

inexperienced [ɪnɪk'spɪərɪənst] *adj* inexperto,-a

inexplicable [ɪnɪk'splɪkəbəl] *adj* inexplicable

infallible [ɪn'fæləbəl] *adj* infalible

infamous ['ɪnfəməs] *adj* tristemente célebre

infancy ['ɪnfənsɪ] *n* infancia

infant ['ɪnfənt] *n* bebé, niño,-a pequeño,-a; *GB* **i. school,** preescolar

infantile ['ɪnfəntaɪl] *adj* infantil

infantry ['ɪnfəntrɪ] *n* infantería

infatuated [ɪn'fætjʊeɪtɪd] *adj* encaprichado,-a

infatuation [ɪnfætjʊ'eɪʃən] *n* encaprichamiento

infect [ɪn'fekt] *vtr* ◆ infectar ◆ *(los alimentos, el agua)* contaminar ◆ *(una enfermedad)* contagiar

infection [ɪn'fekʃən] *n* ◆ infección ◆ *(de alimentos, agua)* contaminación ◆ *(de una enfermedad)* contagio

infectious [ɪn'fekʃəs] *adj* infeccioso,-a

infer [ɪn'fɜ:ʳ] *vtr* inferir

inferior [ɪn'fɪərɪəʳ] *adj* inferior

inferiority [ɪnfɪərɪ'ɒrɪtɪ] *n* inferioridad

inferno [ɪn'fɜ:nəʊ] *n* incendio

infertile [ɪn'fɜ:taɪl] *adj* estéril

infertility [ɪnfə'tɪlɪtɪ] *n* esterilidad

infest [ɪn'fest] *vtr* infestar

infidelity [ɪnfɪ'delɪtɪ] *n* infidelidad

infiltrate ['ɪnfɪltreɪt] *vtr* infiltrarse

infinite ['ɪnfɪnɪt] *adj* infinito,-a

infinitive [ɪn'fɪnɪtɪv] *n* infinitivo

infinity [ɪn'fɪnɪtɪ] *n* ◆ infinidad ◆ *Mat* infinito

infirmary [ɪn'fɜːmərɪ] *n* hospital

inflame [ɪn'fleɪm] *vtr* ◆ inflamar ◆ *(una pasión)* encender

inflammable [ɪn'flæməbəl] *adj* inflamable

inflammation [ɪnflə'meɪʃən] *n* inflamación

inflate [ɪn'fleɪt] **1** *vtr* inflar **|2** *vi* inflarse

inflation [ɪn'fleɪʃən] *n* inflación

inflexible [ɪn'fleksəbəl] *adj* inflexible

inflict [ɪn'flɪkt] *vtr* infligir

influence ['ɪnflʊəns] **1** *n* influencia **|2** *vtr* influir en

influential [ɪnflʊ'enʃəl] *adj* influyente

influenza [ɪnflʊ'enzə] *n* gripe

influx ['ɪnflʌks] *n* afluencia

inform [ɪn'fɔːm] **1** *vtr* informar **|2** *vi* **to i. against** *o* **on sb,** delatar a alguien

informal [ɪn'fɔːməl] *adj* ◆ informal ◆ *(trato)* familiar

information [ɪnfə'meɪʃən] *n* información; **a piece of i.,** un dato; **i. technology,** informática

informative [ɪn'fɔːmətɪv] *adj* informativo,-a

informer [ɪn'fɔːməʳ] *n* soplón,-ona, chivato,-a

infrared [ɪnfrə'red] *adj* infrarrojo,-a

infrequent [ɪn'friːkwənt] *adj* poco frecuente

infringe [ɪn'frɪndʒ] *vtr* infringir

infringement [ɪn'frɪndʒmənt] *n* infracción

infuriate [ɪn'fjʊərɪeɪt] *vtr* enfurecer

infuriating [ɪn'fjʊərɪeɪtɪŋ] *adj* exasperante

infusion [ɪn'fjuːʒən] *n* infusión

ingenious [ɪn'dʒiːnɪəs] *adj* ingenioso,-a

ingenuity [ɪndʒɪ'njuːɪtɪ] *n* ingenio

ingenuous [ɪn'dʒenjʊəs] *adj* ingenuo,-a

ingot ['ɪŋgət] *n* lingote

ingrained [ɪn'greɪnd] *adj* arraigado,-a

ingratiate [ɪn'greɪʃɪeɪt] *vtr* **to i. oneself with sb,** congraciarse con alguien

ingratitude [ɪn'grætɪtjuːd] *n* ingratitud

ingredient [ɪn'griːdɪənt] *n* ingrediente

inhabit [ɪn'hæbɪt] *vtr* habitar

inhabitant [ɪn'hæbɪtənt] *n* habitante

inhale [ɪn'heɪl] **1** *vtr* inhalar **|2** *vi* aspirar

inherent [ɪn'hɪərənt] *adj* inherente

inherit [ɪn'herɪt] *vtr* heredar

inheritance [ɪn'herɪtəns] *n* herencia

inhibit [ɪn'hɪbɪt] *vtr* inhibir

inhibition [ɪnhɪ'bɪʃən] *n* inhibición

inhospitable [ɪnhɒ'spɪtəbəl] *adj* ◆ *(persona)* inhospitalario,-a ◆ *(sitio)* inhóspito,-a

inhuman [ɪn'hjuːmən] *adj* inhumano,-a

initial [ɪ'nɪʃəl] **1** *adj* inicial, primero,-a **|2** *n* inicial, letra inicial

initially [ɪ'nɪʃəlɪ] *adv* inicialmente

initiate [ɪ'nɪʃɪeɪt] *vtr* ◆ iniciar ◆ *(cambios)* promover

initiative [ɪ'nɪʃətɪv] *n* iniciativa

inject [ɪn'dʒekt] *vtr* inyectar

injection [ɪn'dʒekʃən] *n* inyección

injure ['ɪndʒəʳ] *vtr* ◆ herir ◆ *(la reputación, salud)* dañar, perjudicar

injured ['ɪndʒəd] *adj* ◆ herido,-a ◆ *(expresión, tono)* ofendido,-a

injury ['ɪndʒərɪ] *n* ◆ herida ◆ *(en la reputación, salud)* daño

injustice [ɪn'dʒʌstɪs] *n* injusticia

ink [ɪŋk] *n* tinta; **i.-jet printer,** impresora de inyección de tinta

inkling ['ɪŋklɪŋ] *n* indicio, noción

inland ['ɪnlənd] **1** *adj* (del) interior; *GB* **I. Revenue,** Hacienda **|2** [ɪn'lænd] *adv* tierra adentro

in-laws ['ɪnlɔːz] *npl fam* familia política

inlet ['ɪnlet] *n* ensenada, cala

inmate ['ɪnmeɪt] *n* ◆ *(de una cárcel)* preso,-a, recluso,-a ◆ *(de un hospital, etc)* paciente, interno,-a

inn [ɪn] *n* ◆ taberna ◆ *(con habitaciones)* posada

innate [ɪ'neɪt] *adj* innato,-a

inner ['ɪnəʳ] *adj* interior

innocence ['ɪnəsəns] *n* inocencia

innocent ['ɪnəsənt] *adj* & *n* inocente

innocuous [ɪ'nɒkjʊəs] *adj* inocuo,-a

innovate ['ɪnəveɪt] *vi* innovar

innovation [ɪnə'veɪʃən] *n* novedad, innovación

innuendo [ɪnjʊ'endəʊ] *n* insinuación, indirecta

inoculate [ɪ'nɒkʊleɪt] *vtr* inocular

inoculation [ɪnɒkjʊ'leɪʃən] *n* inoculación

input ['ɪnpʊt] **1** *n* ◆ aportación, inversión ◆ *Inform* entrada |**2** *vtr* entrar, introducir

inquest ['ɪnkwest] *n* investigación

inquire [ɪn'kwaɪəʳ] *vtr & vi* preguntar ■ **inquire after** *vtr* preguntar por ■ **inquire into** *vtr* investigar

inquiry [ɪn'kwaɪərɪ] *n* ◆ *frml* pregunta ◆ investigación

inquisition [ɪnkwɪ'zɪʃən] *n frml* interrogatorio

inquisitive [ɪn'kwɪzɪtɪv] *adj* inquisitivo,-a

insane [ɪn'seɪn] *adj* ◆ *(persona)* loco,-a, demente ◆ *(acción)* insensato,-a

insanity [ɪn'sænɪtɪ] *n* demencia, locura

insatiable [ɪn'seɪʃəbəl] *adj* insaciable

inscribe [ɪn'skraɪb] *vtr frml* inscribir

inscription [ɪn'skrɪpʃən] *n* ◆ inscripción ◆ *(en un libro)* dedicatoria

insect ['ɪnsekt] *n* insecto

insecticide [ɪn'sektɪsaɪd] *n* insecticida

insecure [ɪnsɪ'kjʊəʳ] *adj* inseguro,-a

insecurity [ɪnsɪ'kjʊərɪtɪ] *n* inseguridad

insemination [ɪnsemɪ'neɪʃən] *n* inseminación

insensitive [ɪn'sensɪtɪv] *adj* insensible

inseparable [ɪn'sepərəbəl] *adj* inseparable

insert [ɪn'sɜːt] *vtr* insertar

insertion [ɪn'sɜːʃən] *n* inserción

inside [ɪn'saɪd] **1** *adv* dentro, adentro; **to come/go i.**, entrar |**2** *prep* dentro de |**3** *n* interior ◆ |LOC: **i. out**, del/al revés |**4** ['ɪnsaɪd] *adj* interior

insidious [ɪn'sɪdɪəs] *adj* insidioso,-a

insight ['ɪnsaɪt] *n* perspicacia

insignificant [ɪnsɪg'nɪfɪkənt] *adj* insignificante

insincere [ɪnsɪn'sɪəʳ] *adj* poco sincero,-a, falso,-a

insinuate [ɪn'sɪnjʊeɪt] *vtr* insinuar

insipid [ɪn'sɪpɪd] *adj* insípido,-a

insist [ɪn'sɪst] *vi* insistir

insistent [ɪn'sɪstənt] *adj* insistente

insolent ['ɪnsələnt] *adj* insolente

insoluble [ɪn'sɒljʊbəl] *adj* insoluble

insomnia [ɪn'sɒmnɪə] *n* insomnio

inspect [ɪn'spekt] *vtr* inspeccionar, examinar

inspection [ɪn'spekʃən] *n* inspección

inspector [ɪn'spektəʳ] *n* ◆ inspector,-ora ◆ *(en el tren, autobús)* revisor,-ora

inspiration [ɪnspɪ'reɪʃən] *n* inspiración

inspire [ɪn'spaɪəʳ] *vtr* ◆ inspirar ◆ animar

instability [ɪnstə'bɪlɪtɪ] *n* inestabilidad

install, *US* **instal** [ɪn'stɔːl] *vtr* instalar

installation [ɪnstə'leɪʃən] *n* instalación

instalment, *US* **installment** [ɪn'stɔːlmənt] *n* ◆ *Fin* plazo ◆ *(de telenovela)* episodio ◆ *(de un libro)* entrega

instance ['ɪnstəns] *n* ◆ caso ◆ ejemplo; **for i.,** por ejemplo

instant ['ɪnstənt] **1** *n* instante |**2** *adj* inmediato,-a; **i. coffee,** café instantáneo

instantaneous ['ɪnstən'teɪnɪəs] *adj* instantáneo,-a

instead [ɪn'sted] **1** *adv* en cambio |**2** *prep* **i. of sb/sthg,** en vez de, en lugar de alguien/algo

instep ['ɪnstep] *n* empeine

instigate ['ɪnstɪgeɪt] *vtr* instigar

instil, *US* **instill** [ɪn'stɪl] *vtr* ◆ inculcar ◆ *(esperanza, etc)* infundir

instinct ['ɪnstɪŋkt] *n* instinto

instinctive [ɪn'stɪŋktɪv] *adj* instintivo,-a

institute ['ɪnstɪtjuːt] **1** *n* instituto |**2** *vtr frml* ◆ fundar, establecer ◆ *(un proceso, etc)* iniciar

institution [ɪnstɪ'tjuːʃən] *n* institución

institutional [ɪnstɪ'tjuːʃənl] *adj* institucional

instruct [ɪn'strʌkt] *vtr* ◆ enseñar, instruir ◆ ordenar, mandar

instruction [ɪn'strʌkʃən] *n* instrucción; **instructions (for use),** modo de empleo

instructive [ɪn'strʌktɪv] *adj* instructivo,-a

instructor [ɪn'strʌktəʳ] *n* instructor,-ora

instrument ['ɪnstrəmənt] *n* instrumento

instrumental [ɪnstrə'mentəl] *adj* instrumental

insubordinate [ɪnsə'bɔːdɪnɪt] *adj* insubordinado,-a

insufferable [ɪn'sʌfərəbəl] *adj* insufrible

insufficient [ɪnsə'fɪʃənt] *adj* insuficiente

insulate ['ɪnsjʊleɪt] *vtr* aislar

insulating tape ['ɪnsjʊleɪtɪŋteɪp] *n* cinta aislante

insulation [ɪnsjʊ'leɪʃən] *n* aislamiento

insulin ['ɪnsjʊlɪn] *n* insulina

insult ['ɪnsʌlt] **1** *n* insulto **|2** [ɪn'sʌlt] *vtr* insultar

insurance [ɪn'ʃʊərəns] *n* seguro; **life i.,** seguro de vida

insure [ɪn'ʃʊəʳ] *vtr* asegurar

intact [ɪn'tækt] *adj* intacto,-a

intake ['ɪnteɪk] *n* ◆ toma ◆ *(de alimentos)* consumo, ingestión ◆ *(de personas)* número admitido

integral ['ɪntɪgrəl] **1** *adj* ◆ integrante, incorporado,-a ◆ entero, íntegro,-a **|2** *n* integral

integrate ['ɪntɪgreɪt] **1** *vtr* integrar **|2** *vi* integrarse

integration [ɪntɪ'greɪʃən] *n* integración

integrity [ɪn'tegrɪtɪ] *n* integridad

intellect ['ɪntɪlekt] *n* intelecto

intellectual [ɪntɪ'lektʃʊəl] *adj & n* intelectual

intelligence [ɪn'telɪdʒəns] *n* inteligencia

intelligent [ɪn'telɪdʒənt] *adj* inteligente

intelligible [ɪn'telɪdʒəbəl] *adj* inteligible

intend [ɪn'tend] *vtr* ◆ tener la intención ◆ **intended for,** destinado,-a a, dirigido,-a a

intense [ɪn'tens] *adj* intenso,-a

intensify [ɪn'tensɪfaɪ] **1** *vtr* intensificar **|2** *vi* intensificarse

intensity [ɪn'tensɪtɪ] *n* intensidad

intensive [ɪn'tensɪv] *adj* intensivo,-a; *Med* **i. care (unit),** (unidad de) cuidados intensivos

intent [ɪn'tent] **1** *adj* ◆ absorto,-a, concentrado,-a ◆ resuelto,-a, decidido,-a **|2** *n frml* intento, propósito

intention [ɪn'tenʃən] *n* intención

intentional [ɪn'tenʃənəl] *adj* deliberado,-a

intentionally [ɪn'tenʃənəlɪ] *adv* a propósito

intently [ɪn'tentlɪ] *adv* ◆ *(escuchar)* atentamente ◆ *(mirar)* intensamente

interact [ɪntər'ækt] *vi* interactuar

interaction [ɪntər'ækʃən] *n* interacción

intercept [ɪntə'sept] *vtr* interceptar

interchange ['ɪntətʃeɪndʒ] **1** *n* ◆ intercambio ◆ *(de autopista)* cruce **|2** [ɪntə'tʃeɪndʒ] *vtr* intercambiar

interchangeable [ɪntə'tʃeɪndʒəbəl] *adj* intercambiable

intercom ['ɪntəkɒm] *n* ◆ interfono ◆ *(en una casa)* portero automático

interconnect [ɪntəkə'nekt] *vtr* interconectar

intercontinental [ɪntəkɒntɪ'nentəl] *adj* intercontinental

intercourse ['ɪntəkɔːs] *n frml* relaciones sexuales

interest ['ɪntrɪst] **1** *n* interés; **i. rate,** tipo de interés **|2** *vtr* interesar

interesting ['ɪntrɪstɪŋ] *adj* interesante

interfere [ɪntə'fɪəʳ] *vi* ◆ entrometerse ◆ *Rad TV* interferir

interference [ɪntə'fɪərəns] *n* ◆ intromisión ◆ *Rad TV* interferencia

interim ['ɪntərɪm] **1** *adj* interino,-a, provisional **|2** *n* interín

interior [ɪn'tɪərɪəʳ] *adj &n* interior

interlude ['ɪntəluːd] *n* ◆ pausa, intervalo ◆ *Cine Teat* intermedio

intermediary [ɪntə'miːdɪərɪ] *n* intermediario,-a

intermediate [ɪntə'miːdɪɪt] *adj* intermedio,-a

interminable [ɪn'tɜːmɪnəbəl] *adj* interminable

intermission [ɪntəˈmɪʃən] *n Cine Teat* intermedio

intermittent [ɪntəˈmɪtənt] *adj* intermitente

intern [ɪnˈtɜːn] **1** *vtr* internar **|2** [ˈɪntɜːn] *n US* interno,-a

internal [ɪnˈtɜːnəl] *adj* interno,-a

international [ɪntəˈnæʃənəl] *adj & n* internacional

Internet [ˈɪntənet] *n* Internet

interpret [ɪnˈtɜːprɪt] **1** *vtr* interpretar **|2** *vi* hacer de intérprete

interpretation [ɪntɜːprɪˈteɪʃən] *n* interpretación

interpreter [ɪnˈtɜːprɪtəʳ] *n* intérprete

interrogate [ɪnˈterəgeɪt] *vtr* interrogar

interrogation [ɪnterəˈgeɪʃən] *n* interrogatorio

interrogative [ɪntəˈrɒgətɪv] *adj & n* interrogativo,-a **|2** *n* palabra interrogativa

interrupt [ɪntəˈrʌpt] *vtr & vi* interrumpir

interruption [ɪntəˈrʌpʃən] *n* interrupción

intersect [ɪntəˈsekt] **1** *vtr* cruzar **|2** *vi* cruzarse

intersection [ɪntəˈsekʃən] *n* intersección

intersperse [ɪntəˈspɜːs] *vtr* entremezclar

interval [ˈɪntəvəl] *n* ◆ intervalo ◆ *Dep* descanso

intervene [ɪntəˈviːn] *vi* ◆ intervenir ◆ *(un acontecimiento)* interponerse

intervention [ɪntəˈvenʃən] *n* intervención

interview [ˈɪntəvjuː] **1** *n* entrevista **|2** *vtr* entrevistar

interviewer [ˈɪntəvjuːəʳ] *n* entrevistador,-ora

intestine [ɪnˈtestɪn] *n* intestino

intimacy [ˈɪntɪməsɪ] *n* intimidad

intimate [ˈɪntɪmɪt] *adj* ◆ íntimo ◆ *(conocimientos)* profundo,-a

intimidate [ɪnˈtɪmɪdeɪt] *vtr* intimidar

into [ˈɪntuː] *prep* ◆ en: **come i. my office,** entra en mi despacho; **translate this i. English,** traduce esto al inglés ◆ *(hacia)* a **she jumped i. the pool,** se tiró a la piscina ◆ *(dentro)* hacia el interior de: **deep i. the wood,** hasta el corazón del bosque

intolerable [ɪnˈtɒlərəbəl] *adj* intolerable

intolerance [ɪnˈtɒlərəns] *n* intolerancia

intolerant [ɪnˈtɒlərənt] *adj* intolerante

intonation [ɪntəʊˈneɪʃən] *n* entonación

intoxicated [ɪnˈtɒksɪkeɪtɪd] *adj* borracho,-a, ebrio,-a

intransigent [ɪnˈtrænsɪdʒənt] *adj frml* intransigente

intransitive [ɪnˈtrænsɪtɪv] *adj* intransitivo,-a

intrepid [ɪnˈtrepɪd] *adj* intrépido,-a, audaz

intricate [ˈɪntrɪkɪt] *adj* intrincado,-a

intrigue [ɪnˈtriːg, ˈɪntriːg] **1** *n* intriga **|2** [ɪnˈtriːg] *vtr* intrigar **|3** *vi* conspirar

intrinsic [ɪnˈtrɪnsɪk] *adj frml* intrínseco,-a

introduce [ɪntrəˈdjuːs] *vtr* ◆ introducir ◆ *(a una persona, etc)* presentar

introduction [ɪntrəˈdʌkʃən] *n* ◆ introducción ◆ *(de una persona, etc)* presentación

introductory [ɪntrəˈdʌktərɪ] *adj* introductorio,-a

introvert [ˈɪntrəvɜːt] *n* introvertido,-a

intrude [ɪnˈtruːd] *vi* ◆ molestar, importunar ◆ entrometerse

intruder [ɪnˈtruːdəʳ] *n* intruso,-a

intrusion [ɪnˈtruːʒən] *n* intromisión

intuition [ɪntjʊˈɪʃən] *n* intuición

intuitive [ɪnˈtjuːɪtɪv] *adj* intuitivo,-a

inundate [ˈɪnʌndeɪt] *vtr* inundar

invade [ɪnˈveɪd] *vtr* invadir

invader [ɪnˈveɪdəʳ] *n* invasor,-ora

invalid [ˈɪnvəlɪd] **1** *n* inválido,-a **|2** [ɪnˈvælɪd] *adj* inválido,-a, nulo,-a

invalidate [ɪnˈvælɪdeɪt] *vtr* invalidar

invaluable [ɪnˈvæljʊəbəl] *adj* inestimable, inapreciable

invariable [ɪnˈveərɪəbəl] *adj* invariable

invasion [ɪnˈveɪʒən] *n* invasión

invent [ɪn'vent] *vtr* inventar

invention [ɪn'venʃən] *n* ◆ invento ◆ *(mentira)* invención

inventive [ɪn'ventɪv] *adj* inventivo,-a

inventor [ɪn'ventəʳ] *n* inventor,-ora

inventory ['ɪnvəntərɪ] *n* inventario

invert [ɪn'vɜːt] *vtr* invertir; *GB* **(in) i. commas,** (entre) comillas

invertebrate [ɪn'vɜːtɪbrɪt] **1** *adj* invertebrado,-a |**2** *n* invertebrado

invest [ɪn'vest] *vtr & vi* invertir

investigate [ɪn'vestɪgeɪt] *vtr* investigar

investigation [ɪnvestɪ'geɪʃən] *n* investigación

investigator [ɪn'vestɪgeɪtəʳ] *n* investigador,-ora

investment [ɪn'vestmənt] *n* inversión

investor [ɪn'vestəʳ] *n* inversor,-ora

invigorating [ɪn'vɪgəreɪtɪŋ] *adj* vigorizante

invincible [ɪn'vɪnsəbəl] *adj* invencible

invisible [ɪn'vɪzəbəl] *adj* invisible

invitation [ɪnvɪ'teɪʃən] *n* invitación

invite [ɪn'vaɪt] *vtr* invitar

inviting [ɪn'vaɪtɪŋ] *adj* ◆ atractivo,-a, tentador,-ora ◆ *(comida)* apetitoso,-a

invoice ['ɪnvɔɪs] *n* factura

invoke [ɪn'vəʊk] *vtr frml* invocar

involuntary [ɪn'vɒləntərɪ] *adj* involuntario,-a

involve [ɪn'vɒlv] *vtr* ◆ implicar, involucrar ◆ suponer, implicar

involved [ɪn'vɒlvd] *adj* ◆ involucrado ◆ *(un asunto)* complicado,-a

involvement [ɪn'vɒlvmənt] *n* ◆ participación ◆ *(emocional)* relación

inward ['ɪnwəd] **1** *adj* interior |**2** *adv* → **inwards**

inwardly ['ɪnwədlɪ] *adv* interiormente

inwards ['ɪnwədz] *adv* hacia dentro

iodine ['aɪədiːn] *n* yodo

IRA [aɪɑːr'eɪ] *(abr de* **Irish Republican Army***)* Ejército Republicano Irlandés, IRA

irate [aɪ'reɪt] *adj* airado,-a, furioso,-a

Ireland ['aɪələnd] *n* Irlanda; **Republic of I.,** República de Irlanda

iris ['aɪərɪs] *n* iris

Irish ['aɪrɪʃ] **1** *adj* irlandés,-esa |**2** *n* irlandés

Irishman ['aɪrɪʃmən] *n* irlandés

Irishwoman ['aɪrɪʃwʊmən] *n* irlandesa

iron ['aɪən] **1** *n* ◆ hierro ◆ *(para la ropa)* plancha ◆ **irons** *pl,* grilletes |**2** *adj* de hierro |**3** *vtr* planchar

ironic(al) [aɪ'rɒnɪk(əl)] *adj* irónico,-a

ironmonger ['aɪənmʌŋgəʳ] *n GB* ferretero,-a; **i.'s (shop),** ferretería

irony ['aɪrənɪ] *n* ironía

irrational [ɪ'ræʃənəl] *adj* irracional

irregular [ɪ'regjʊləʳ] *adj* irregular

irrelevant [ɪ'reləvənt] *adj* irrelevante

irreparable [ɪ'repərəbəl] *adj* irreparable

irresistible [ɪrɪ'zɪstəbəl] *adj* irresistible

irrespective [ɪrɪ'spektɪv] *adj* **i. of,** con independencia de

irresponsible [ɪrɪ'spɒnsəbəl] *adj* irresponsable

irreverent [ɪ'revərənt] *adj* irreverente

irrigate ['ɪrɪgeɪt] *vtr* regar

irrigation [ɪrɪ'geɪʃən] *n* ◆ riego ◆ *Med* irrigación

irritable ['ɪrɪtəbəl] *adj* irritable

irritate ['ɪrɪteɪt] *vtr* irritar

irritation [ɪrɪ'teɪʃən] *n* irritación

is [ɪz] *3.ª persona sing pres* → **be**

Islam ['ɪzlɑːm] *n* islam

Islamic [ɪz'læmɪk] *adj* islámico,-a

island ['aɪlənd] *n* ◆ *Geog* isla ◆ *Auto* isleta

islander ['aɪləndəʳ] *n* isleño,-a

isle [aɪl] *n frml* isla

isn't ['ɪzənt] → **is not**

isolate ['aɪsəleɪt] *vtr* aislar

isolation [aɪsə'leɪʃən] *n* aislamiento

issue ['ɪʃjuː] **1** *n* ◆ tema, cuestión ◆ *(de una revista)* número ◆ *(de billetes)* venta ◆ *(de documentos)* expedición |**2** *vtr* ◆ *(una revista)* publicar ◆ *(billetes, documentos)* expedir ◆ *(instrucciones)* dar ◆ *(provisiones, armas)* distribuir, repartir

isthmus ['ɪsməs] *n* istmo

it [ɪt] *pron pers* ◆ *(sujeto)* él, ella, ello: **it's ridiculous,** es ridículo ◆ *(objeto directo)* lo, la: **put it away,** guárdalo/la ◆ *(objeto indirecto)* le: **he gave it a kick,** le dio una patada ◆ *(después de prepo-*

sición) él, ella, ello: **I don't know what to do with it,** no sé qué hacer con él/ella/ello ◆ *(uso impersonal)* **it's cold,** hace frío ◆ *(para sustituir a otros pronombres)* **who is it?,** ¿quién es?

Italian [ɪ'tæljən] **1** *adj* italiano,-a **|2** *n* ◆ italiano,-a ◆ *(idioma)* italiano

italics [ɪ'tælɪk] *n* cursiva

Italy ['ɪtəlɪ] *n* Italia

itch [ɪtʃ] **1** *vi* picar **|2** *n* picor

itchy ['ɪtʃɪ] *adj (**itchier, itchiest**)* que pica

it'd ['ɪtəd] → ◆ **it would** ◆ **it had**

item ['aɪtəm] *n* ◆ artículo ◆ *(en el orden del día)* punto, asunto

itinerary [aɪ'tɪnərərɪ] *n* itinerario

it'll ['ɪtəl] → **it will**

it's [ɪts] → ◆ **it is** ◆ **it has**

its [ɪts] *adj pos* su(s)

itself [ɪt'self] *pron pers* ◆ *(reflexivo)* se: **by i.,** solo, automáticamente ◆ *(uso enfático) (sujeto)* él/ella/ello mismo,-a; *(después de preposición)* sí (mismo,-a)

IUD [aɪju:'di:] *(abr de **intrauterine (contraceptive) device**)* dispositivo intrauterino, DIU

I've [aɪv] → **I have**

ivory ['aɪvərɪ] *n* marfil

ivy ['aɪvɪ] *n* hiedra

J

J, j [dʒeɪ] *n (letra)* J, j

jab [dʒæb] **1** *n* ◆ pinchazo; *fam* inyección ◆ golpe **|2** *vtr* ◆ pinchar ◆ *(con el puño)* dar un puñetazo a

jabber ['dʒæbə'] *fam vi* farfullar

jack [dʒæk] *n* ◆ *Auto Téc* gato ◆ *Naipes* ≈ sota; *(baraja francesa)* jota

jackal ['dʒækɔ:l] *n* chacal

jacket ['dʒækɪt] *n* ◆ chaqueta ◆ *(de un libro)* sobrecubierta

jack-knife ['dʒæknaɪf] *n* navaja

jackpot ['dʒækpɒt] *n (premio)* gordo

jade [dʒeɪd] *n* jade

jaded ['dʒeɪdɪd] *adj* hastiado,-a, sin entusiasmo

jagged ['dʒægɪd] *adj* dentado,-a

jaguar ['dʒægjʊə'] *n* jaguar

jail [dʒeɪl] **1** *n* cárcel **|2** *vtr* encarcelar

jailer ['dʒeɪlə'] *n* carcelero,-a

jam [dʒæm] **1** *n* ◆ mermelada ◆ atasco: **traffic j.,** embotellamiento ◆ *Mús* **j. session,** improvisación **|2** *vtr* ◆ meter a la fuerza ◆ atascar ◆ *Rad* interferir **|3** *vi* atascarse

janitor ['dʒænɪtə'] *n* portero, conserje; *(en una escuela)* bedel

January ['dʒænjʊərɪ] *n* enero

jar [dʒɑ:'] **1** *n* ◆ tarro, bote ◆ tinaja, jarra **|2** *vi* desentonar, chillar **|3** *vtr* golpear(se)

jargon ['dʒɑ:gən] *n* jerga

jasmin(e) ['dʒæzmɪn] *n* jazmín

jaundice ['dʒɔ:ndɪs] *n* ictericia

javelin ['dʒævəlɪn] *n* jabalina

jaw [dʒɔ:] **1** *n* mandíbula **|2** *vi fam* hablar sin parar

jazz [dʒæz] *n* jazz

jazzy ['dʒæzɪ] *adj (**jazzier, jazziest**) fam* ◆ llamativo,-a ◆ de colores chillones

jealous ['dʒeləs] *adj* ◆ celoso,-a ◆ envidioso,-a

jealousy ['dʒeləsɪ] *n* ◆ celos ◆ envidia

jeans [dʒiːnz] *npl* vaqueros, tejanos

jeep [dʒiːp] *n* jeep, *LAm* campero

jeer [dʒɪəʳ] **1** *n* ◆ abucheo ◆ mofa **|2** *vi* ◆ abuchear ◆ burlarse, mofarse

Jehovah [dʒɪ'həʊvə] *n Rel* Jehová: **J.'s Witness,** testigo de Jehová

jelly ['dʒelɪ] *n* gelatina

jellyfish ['dʒelɪfɪʃ] *n* medusa

jeopardize ['dʒepədaɪz] *vtr* hacer peligrar

jeopardy ['dʒepədɪ] *n* riesgo, peligro

jerk [dʒɜːk] **1** *n* ◆ sacudida ◆ tirón **|2** *vtr* ◆ sacudir ◆ dar un tirón a

jest [dʒest] **1** *n* broma **|2** *vi* bromear

jet [dʒet] *n* ◆ azabache ◆ *(de agua, aire)* chorro ◆ *Av* avión: **j. engine,** reactor; **j. lag,** desfase horario

jetty ['dʒetɪ] *n* embarcadero, malecón

Jew [dʒuː] *n* judío,-a

jewel ['dʒuːəl] *n* ◆ joya, alhaja ◆ piedra preciosa

jeweller, *US* **jeweler** ['dʒuːələʳ] *n* joyero,-a: **j.'s (shop),** joyería

jewellery, *US* **jewelry** ['dʒuːəlrɪ] *n* joyas, alhajas

Jewess ['dʒuːɪs] *n* judía

Jewish ['dʒuːɪʃ] *adj* judío,-a

jiffy ['dʒɪfɪ] *n fam* momento, segundo

jigsaw ['dʒɪgsɔː] *n* puzzle, rompecabezas

jingle ['dʒɪŋgəl] **1** *n* ◆ tintineo ◆ *Rad TV* canción publicitaria **|2** *vi* tintinear

jinx [dʒɪŋks] **1** *n* ◆ maldición ◆ *(persona)* gafe **|2** *vtr* gafar

job [dʒɒb] *n* ◆ trabajo, empleo ◆ tarea

jobless ['dʒɒblɪs] *adj* parado,-a

jockey ['dʒɒkɪ] *n* jinete, jockey

jog [dʒɒg] **1** *n* ◆ pequeño empujón ◆ **to go for a j.,** hacer footing **|2** *vtr* ◆ empujar ◆ *(la memoria)* refrescar **|3** *vi* hacer footing

jogger ['dʒɒgəʳ] *n* persona que hace footing

jogging ['dʒɒgɪŋ] *n* footing

join [dʒɔɪn] **1** *vtr* ◆ juntar, unir ◆ *(gente)* reunirse con ◆ *(un club)* hacerse socio de ◆ *(una cola)* ponerse en/a ◆ *(una organización)* entrar en, ingresar en; *(un grupo)* unirse a; *(un partido político)* afiliarse a ◆ *(una actividad)* tomar parte en **|2** *n* unión ■ **join in** *vtr* participar en, intervenir en ■ **join up 1** *vtr* juntar, unir

joint [dʒɔɪnt] **1** *n* ◆ *Anat* articulación ◆ *Téc* juntura, junta ◆ *Culin* trozo de carne asada ◆ *fam* porro **|2** *adj* conjunto,-a, colectivo,-a

jointly ['dʒɔɪntlɪ] *adv* conjuntamente, en común

joke [dʒəʊk] **1** *n* ◆ chiste ◆ *(acción)* broma **|2** *vi* bromear

joker ['dʒəʊkəʳ] *n* ◆ bromista ◆ *Naipes* comodín

jolly ['dʒɒlɪ] *adj* **(jollier, jolliest)** alegre, jovial

jolt [dʒəʊlt] **1** *n* sacudida **|2** *vi* moverse a sacudidas **|3** *vtr* sacudir

jostle ['dʒɒsəl] *vtr* empujar

jot [dʒɒt] *n* **not a j.,** ni jota/pizca ■ **jot down** *vtr* apuntar, tomar nota de

jotter ['dʒɒtəʳ] *n GB* bloc de notas

journal ['dʒɜːnəl] *n* ◆ revista ◆ *(periódico)* diario

journalism ['dʒɜːnəlɪzəm] *n* periodismo

journalist ['dʒɜːnəlɪst] *n* periodista

journey ['dʒɜːnɪ] *n* ◆ viaje ◆ *(distancia)* recorrido

jovial ['dʒəʊvɪəl] *adj* jovial

joy [dʒɔɪ] *n* alegría

joyful ['dʒɔɪfʊl] *adj* alegre, contento,-a

joyride ['dʒɔɪraɪd] *n fam* **to go for a j.,** ir a dar una vuelta en un coche robado

joystick ['dʒɔɪstɪk] *n* ◆ *Av* palanca de mando ◆ *Inform* joystick

Jr *abr de* ***junior***

jubilee ['dʒuːbɪliː] *n* aniversario

Judaism ['dʒuːdeɪzəm] *n* judaísmo

judge [dʒʌdʒ] **1** *n* juez **|2** *vtr* ◆ juzgar ◆ considerar **|3** *vi* juzgar, dar una opinión

judg(e)ment ['dʒʌdʒmənt] *n* ◆ sentencia, fallo ◆ opinión, juicio

judiciary [dʒuː'dɪʃɪərɪ] *n* magistratura

judo ['dʒuːdəʊ] *n* judo

jug [dʒʌg] *n* jarra

juggle ['dʒʌgəl] *vtr & vi* hacer malabarismos

juggler ['dʒʌglə^r] *n* malabarista

juice [dʒuːs] *n* ◆ jugo ◆ *(de fruta)* zumo

juicy ['dʒuːsɪ] *adj (juicier, juiciest)* jugoso,-a

jukebox ['dʒuːkbɒks] *n* máquina de discos

July [dʒuː'laɪ, dʒə'laɪ] *n* julio

jumble ['dʒʌmbəl] **1** *n* ◆ revoltijo ◆ *GB* objetos de segunda mano que se venden con fines benéficos |**2** *vtr* revolver

jumbo ['dʒʌmbəʊ] **1** *adj fam* gigante |**2** *n* **j. (jet)**, jumbo

jump [dʒʌmp] **1** *n* ◆ salto, brinco ◆ *Dep* valla, obstáculo ◆ *Ar* salto |**2** *vtr & vi* saltar

jumper ['dʒʌmpə^r] *n* ◆ jersey ◆ saltador,-ora

jumpy ['dʒʌmpɪ] *adj (jumpier, jumpiest) fam* nervioso,-a

junction ['dʒʌŋkʃən] *n* ◆ *(de carreteras)* cruce ◆ *Ferroc Elec* empalme

June [dʒuːn] *n* junio

jungle ['dʒʌŋgəl] *n* jungla, selva

junior ['dʒuːnjə^r] **1** *adj* ◆ más joven, menor, hijo: **José Ruiz J.**, José Ruiz hijo ◆ *GB* **j. school,** escuela primaria ◆ subalterno,-a |**2** *n* ◆ menor, joven ◆ *GB Educ* ~ alumno de primaria ◆ subalterno,-a

junk [dʒʌŋk] **1** *n* ◆ trastos viejos, baratijas ◆ basura: **j. food,** comida basura

junkie ['dʒʌŋkɪ] *n* yonqui

jurisdiction [dʒʊərɪs'dɪkʃən] *n frml* jurisdicción

juror ['dʒʊərə^r] *n* miembro del jurado,-a

jury ['dʒʊərɪ] *n* jurado

just [dʒʌst] **1** *adj* justo,-a |**2** *adv* ◆ justo: **that's j. what I need,** eso es precisamente lo que necesito ◆ *(en este momento)* **I'm j. coming,** ya voy; **I've j. arrived,** acabo de llegar ◆ solamente: **j. a moment,** un momento ◆ *(uso enfático)* **she's j. crazy about you,** está sencillamente loca por ti

justice ['dʒʌstɪs] *n* justicia

justifiable ['dʒʌstɪfaɪəbəl] *adj* justificable

justification [dʒʌstɪfɪ'keɪʃən] *n* justificación

justify ['dʒʌstɪfaɪ] *vtr* justificar

jut [dʒʌt] *vi* sobresalir

juvenile ['dʒuːvənaɪl] *adj* ◆ juvenil ◆ *pey* infantil

K

K, k [keɪ] *n (letra)* K, k

kaleidoscope [kə'laɪdəskəʊp] *n* caleidoscopio

kangaroo ['kæŋgə'ruː] *n Zool* canguro

karat ['kærət] *n US* quilate

karate [kə'rɑːtɪ] *n* kárate

kebab [kə'bæb] *n* kebab

keel [kiːl] *n* quilla ■ **keel over** *vi* caer en redondo

keen [kiːn] *adj* ◆ *(interés)* profundo,-a, vivo,-a ◆ *(persona)* entusiasta: **to be k. on sthg,** ser aficionado a algo: **to be k. to do sthg,** estar deseando hacer algo

keep [kiːp] **1** *vtr (ps & pp kept)* ◆

guardar, conservar: **k. your receipt,** conserva el recibo ◆ poner aparte, reservar: **can you k. one for me?,** ¿puedes reservarme uno? ◆ mantener: **k. your city clean,** mantén limpia tu ciudad ◆ *(un diario, una agenda)* escribir ◆ *(un compromiso)* cumplir |2 *vi* conservarse ◆ permanecer: **k. still,** no te muevas ◆ seguir, continuar |3 *n* manutención, sustento ■ **keep away** *vi* mantenerse a distancia ■ **keep off** *vtr* ◆ **to k. sthg off,** proteger de algo ◆ *(letrero)* **k. off,** no acercarse *o* no tocar ■ **keep on** *vi* seguir: **to k. on doing sthg,** continuar haciendo algo ■ **keep up** *vi* ◆ mantenerse al ritmo ◆ **to k. up with sb,** mantener contacto con alguien

keeper ['ki:pə'] *n* ◆ cuidador,-ora ◆ *(de un museo)* conservador,-ora

keeping ['ki:pɪŋ] *n* consonancia: **in k. with,** de acuerdo con

keg [keg] *n* barrica

kennel ['kenəl] *n* ◆ caseta para perros ◆ **kennels** *pl,* perrera

kept [kept] *ps* & *pp* → **keep**

kerb [kɜ:b] *n* bordillo

kernel ['kɜ:nəl] *n* semilla: *(de cereales)* grano

kerosene ['kerəsi:n] *n* queroseno

kettle ['ketəl] *n* hervidor de agua

kettledrum ['ketəldrʌm] *n* timbal

key [ki:] 1 *n* ◆ llave ◆ *(de un misterio)* clave ◆ *(de un teclado)* tecla ◆ *Mús* tonalidad |2 *adj* clave |3 *vtr* teclear ■ **key in** *vtr* introducir

keyboard ['ki:bɔ:d] *n* teclado

keyhole ['ki:həʊl] *n* ojo de la cerradura

khaki ['ka:kɪ] *adj* & *n* caqui

kick [kɪk] 1 *n (de animal)* coz: *(de persona)* patada, puntapié |2 *vtr (animal)* cocear: *(persona)* dar una patada a ■ **kick off** *vi Ftb* hacer el saque inicial ■ **kick out** *vtr* echar a patadas ■ **kick up** *vtr* armar un lío

kid [kɪd] 1 *n* ◆ *Zool* cabrito ◆ *fam* niño,-a, crío,-a |2 *vi fam* bromear: **no kidding!,** ¡¿en serio?!

kidnap ['kɪdnæp] *vtr* secuestrar

kidnapper ['kɪdnæpə'] *n* secuestrador,-ora

kidnapping ['kɪdnæpɪŋ] *n* secuestro

kidney ['kɪdnɪ] *n* riñón

kill [kɪl] *vtr* ◆ matar ◆ *fig* hacer daño

killer ['kɪlə'] *n* asesino,-a

killing ['kɪlɪŋ] *n* asesinato

killjoy ['kɪljɔɪ] *n* aguafiestas

kiln [kɪln] *n* horno (para cerámica)

kilo ['ki:ləu] *n* kilo

kilogram(me) ['kɪləʊgræm] *n* kilogramo

kilometre, *US* **kilometer** [kɪ'lɒmɪtə'] *n* kilómetro

kilt [kɪlt] *n* falda escocesa

kin [kɪn] *n* familiares, parientes: **next of k.,** pariente(s) más próximo(s)

kind [kaɪnd] 1 *n* tipo, clase |2 *adj* amable, simpático,-a

kindergarten ['kɪndəga:tən] *n* jardín de infancia

kind-hearted [kaɪnd'hɑ:tɪd] *adj* bondadoso,-a

kindly ['kaɪndlɪ] 1 *adj* ***(kindlier, kindliest)*** bondadoso,-a |2 *adv frml* con amabilidad: **k. do not smoke,** se ruega no fumar

kindness ['kaɪndnɪs] *n* bondad, amabilidad

king [kɪŋ] *n* rey

kingdom ['kɪŋdəm] *n* reino

kingfisher ['kɪŋfɪʃə'] *n* martín pescador

king-size ['kɪŋsaɪz] *adj* extragrande, gigante

kinship ['kɪnʃɪp] *n* parentesco

kiosk ['ki:ɒsk] *n* quiosco

kipper ['kɪpə'] *n* arenque ahumado

kiss [kɪs] 1 *n* beso |2 *vtr* besar |3 *vi* besarse

kit [kɪt] *n* equipo: **first-aid k.,** botiquín ■ **kit out** *vtr* equipar

kitchen ['kɪtʃɪn] *n* cocina

kite [kaɪt] *n* cometa

kitten ['kɪtən] *n* gatito,-a

kitty ['kɪtɪ] *n* ◆ *Naipes* banca ◆ *(dinero)* fondo común

kiwi ['ki:wi:] *n* kiwi

knack [næk] *n* tranquillo

knapsack ['næpsæk] *n* mochila

knee [ni:] 1 *n* rodilla |2 *vtr* dar un rodillazo a

kneecap ['ni:kæp] *n* rótula
kneel [ni:l] *vi (ps & pp **knelt**)* ♦ estar arrodillado ♦ **to k. (down)**, arrodillarse
knelt [nelt] *ps & pp* → **kneel**
knew [nju:] *ps* → **know**
knickers ['nɪkəz] *npl* bragas
knife [naɪf] **1** *n (pl **knives** [naɪvz])* cuchillo |**2** *vtr* apuñalar
knight [naɪt] *n* ♦ *Hist* caballero ♦ *Ajedrez* caballo
knighthood ['naɪthʊd] *n* título de caballero
knit [nɪt] **1** *vtr (ps & pp **knit**)* tejer, tricotar |**2** *vi* hacer punto
knitting ['nɪtɪŋ] *n* punto: **k. needle,** aguja de hacer punto
knitwear ['nɪtweəʳ] *n* géneros de punto
knob [nɒb] *n* ♦ *(de un cajón)* tirador ♦ *(de control, etc)* botón ♦ *(de una puerta)* pomo
knock [nɒk] **1** *n* golpe |**2** *vi* llamar |**3** *vtr* golpear, dar un golpe a ■ **knock down** *vtr* ♦ *(un edificio)* derribar ♦ *Auto* atropellar ■ **knock off 1** *vtr* ♦ tirar ♦ *argot* matar, liquidar ■ **knock out** *vtr* ♦ dejar sin conocimiento ♦ *Dep* eliminar ■ **knock over** *vtr* ♦ tirar, volcar ♦ *Auto* atropellar
knocker ['nɒkəʳ] *n* aldaba
knockout ['nɒkaʊt] *n* K.O.
knot [nɒt] **1** *n* ♦ nudo ♦ *(de personas)* grupo |**2** *vtr* anudar
know [nəʊ] *vtr & vi (ps **knew**; pp **known**)* ♦ saber ♦ *(a alguien)* conocer ♦ *(admitir)* reconocer
know-all ['nəʊɔ:l] *n fam* sabelotodo
knowing ['nəʊɪŋ] *adj* **a k. wink,** un guiño de complicidad
knowingly ['nəʊɪŋlɪ] *adv* adrede, intencionadamente
knowledge ['nɒlɪdʒ] *n* ♦ conocimiento ♦ conocimientos
known [nəʊn] *adj* conocido,-a
knuckle ['nʌkəl] *n* nudillo
KO [keɪ'əʊ] *fam (abr de **knockout**)* K.O.
Koran [kɔ:'rɑ:n] *n* Corán

L

L, l [el] *n (letra)* L, l
lab [læb] *n fam abr de **laboratory***
label ['leɪbəl] **1** *n* etiqueta |**2** *vtr* etiquetar
labor ['leɪbəʳ] *n & vi US* → **labour**
laboratory [lə'bɒrətərɪ], *US* ['læbrətɔ:rɪ] *n* laboratorio
laborious [lə'bɔ:rɪəs] *adj* trabajoso,-a
labour ['leɪbəʳ] **1** *n* ♦ trabajo, tarea ♦ mano de obra ♦ *GB Pol* **L. (Party)**, Partido Laborista ♦ *Med* parto |**2** *adj vi* trabajar
labourer ['leɪbərəʳ] *n* peón
labyrinth ['læbərɪnθ] *n* laberinto
lace [leɪs] **1** *n* ♦ encaje ♦ *(para los zapatos)* cordón |**2** *vtr* atarse
lack [læk] **1** *n* falta, escasez |**2** *vtr* no tener, carecer de
lacquer ['lækəʳ] **1** *n* laca |**2** *vtr* poner laca en
lacy ['leɪsɪ] *adj* ♦ de encaje ♦ parecido,-a al encaje
lad [læd] *n* chaval, muchacho
ladder ['lædəʳ] *n* escalera (de mano)

◆ *(social, etc)* escala ◆ *(en las medias)* carrera

ladle ['leɪdəl] *n* cucharón, cazo

lady ['leɪdɪ] **1** *n* ◆ señora, dama ◆ *(servicios)* **Ladies,** Señoras ◆ *(título de nobleza)* lady

ladybird ['leɪdɪbɜːd], *US Canadá*

ladybug ['leɪdɪbʌg] *n* mariquita

lag [læg] **1** *n* lapso, demora |**2** *vtr Téc* revestir con aislante térmico ■ **lag behind** *vi* rezagarse, quedarse atrás

lager ['lɑːgəʳ] *n* cerveza rubia

lagoon [lə'guːn] *n* laguna

laid [leɪd] *ps & pp* → **lay**

laid-back [leɪd'bæk] *adj fam* tranquilo,-a

lain [leɪn] *pp* → **lie**[2]

lair [leəʳ] *n* guarida

lake [leɪk] *n* lago

lamb [læm] *n* cordero; **l. chop,** chuleta de cordero

lame [leɪm] *adj* ◆ cojo,-a ◆ *(argumento, excusa)* poco convincente

lament [lə'ment] **1** *n* lamento |**2** *vtr* lamentarse de

laminated ['læmɪneɪtɪd] *adj* laminado,-a

lamp [læmp] *n* lámpara; *Auto* faro

lamp-post ['læmppəʊst] *n* farola

lampshade ['læmpʃeɪd] *n* pantalla, tulipa

land [lænd] **1** *n* ◆ tierra; **by l.,** por tierra ◆ tierras, finca: **a plot of l.,** una parcela ◆ país, nación |**2** *vi* ◆ caer ◆ *Av* aterrizar ◆ *(de un barco)* desembarcar |**3** *vtr* ◆ *(mercancías)* descargar; *(pasajeros)* desembarcar ◆ *Av* hacer aterrizar ■ **land up** *vi fam* ir a parar

landing ['lændɪŋ] *n* ◆ *Av* aterrizaje: **l. strip,** pista de aterrizaje ◆ *Náut Mil* desembarque, desembarco

landlady ['lændleɪdɪ] *n* ◆ casera ◆ *(de una pensión)* dueña, patrona ◆ terrateniente

landlord ['lændlɔːd] *n* ◆ casero ◆ *(de una pensión)* dueño, patrón ◆ terrateniente

landmark ['lændmɑːk] *n* ◆ lugar muy conocido ◆ *Hist* hito

landowner ['lændəʊnəʳ] *n* terrateniente

landscape ['lændskeɪp] **1** *n* paisaje |**2** *vtr* ajardinar

landslide ['lændslaɪd] *n* corrimiento de tierras

lane [leɪn] *n* ◆ camino vecinal, sendero ◆ *(para el tráfico)* carril; **bus-l.,** carril-bus ◆ *Dep* calle

language ['læŋgwɪdʒ] *n* ◆ lenguaje ◆ *(de un pueblo o nación)* idioma, lengua

languish ['læŋgwɪʃ] *vi* languidecer

lank [læŋk] *adj* lacio,-a

lantern ['læntən] *n* farol

lap [læp] **1** *n* ◆ regazo ◆ *Dep* vuelta |**2** *vtr (ps & pp* **lapped)** ◆ *Dep* doblar ◆ *(un animal)* beber a lengüetazos ■ **lap up** *vtr* beber a lengüetazos

lapel [lə'pel] *n* solapa

lapse [læps] **1** *n* lapso |**2** *vi* ◆ *(valores, etc)* decaer; *(tradición)* caer en desuso ◆ *(contrato, permiso, etc)* caducar ◆ *(tiempo)* transcurrir

laptop ['læptɒp] *n* (ordenador) portátil

lard [lɑːd] *n* manteca de cerdo

larder ['lɑːdəʳ] *n* despensa

large [lɑːdʒ] **1** *adj* grande |**2** *n* **to be at l.,** estar en libertad

largely ['lɑːdʒlɪ] *adv* en gran parte

large-scale ['lɑːdʒskeɪl] *adj* a gran escala

lark [lɑːk] *n* broma ■ **lark about/around** *vi fam* hacer el tonto

laryngitis [lærɪn'dʒaɪtɪs] *n* laringitis

larynx ['lærɪŋks] *n Anat* laringe

laser ['leɪzəʳ] *n* láser

lash [læʃ] **1** *n* ◆ látigo ◆ *(golpe)* latigazo ◆ **eye l.,** pestaña |**2** *vtr* azotar ■ **lash out** *vi* ◆ tirar la casa por la ventana ◆ golpear; *(verbalmente)* arremeter

lass [læs] *n fam* chavala, muchacha

lasso [læ'suː] *n* lazo

last [lɑːst] **1** *adj* último,-a: **I saw him l. week,** lo vi la semana pasada; **this is your l. chance,** ésta es tu última oportunidad |**2** *n, pron* último,-a: **he was the l. to leave,** fue el último en irse |**3** *adv* ◆ por última vez ◆ *(de una serie)* en último lugar ◆ **at l.,** por fin |**4** *vi* durar

lasting ['lɑːstɪŋ] *adj* duradero,-a

lastly ['lɑːstlɪ] *adv* por último, finalmente

last-minute ['lɑːstmɪnɪt] *adj* de última hora

latch [lætʃ] *n* pestillo

late [leɪt] **1** *adj* ◆ tarde: **you're an hour l.!**, ¡llegas con una hora de retraso! ◆ *(plantas, etc)* tardío,-a: *(la hora)* avanzado,-a ◆ difunto,-a: **my l. father**, mi difunto padre **|2** *adv* tarde: **too l.**, demasiado tarde; **l. at night**, a altas horas de la noche

lately ['leɪtlɪ] *adv* últimamente

later ['leɪtəʳ] **1** *adj* posterior: **his l. poems**, sus poemas de última época **|2** *adv* más tarde

lateral ['lætərəl] *adj* lateral

latest ['leɪtɪst] **1** *adj* último,-a **|2** *n* último; **at the l.**, como muy tarde, a más tardar

lather ['lɑːðəʳ] **1** *n* espuma **|2** *vtr* enjabonar

Latin ['lætɪn] **1** *adj* & *n* latino,-a: **L. America**, América Latina; **L. American**, latinoamericano,-a **|2** *n* latín

latitude ['lætɪtjuːd] *n* latitud

latter ['lætəʳ] **1** *adj* ◆ último,-a; *(de dos)* segundo,-a ◆ tarde: **in the l. part of June**, a fines de junio **|2** *pron* éste,-a; **the former ... the l.**, aquél ... éste, aquélla ... ésta

laugh [lɑːf] **1** *n* risa: *(en alto)* carcajada **|2** *vi* reír(se) ■ **laugh at** *vi* reírse de, burlarse de

laughable ['lɑːfəbəl] *adj* irrisorio,-a

laughter ['lɑːftəʳ] *n* risa

launch [lɔːntʃ] **1** *vtr* ◆ lanzar ◆ *(un barco)* botar ◆ *(una empresa)* fundar **|2** *n* ◆ lancha ◆ → **launching**

launching ['lɔːntʃɪŋ] *n* ◆ lanzamiento ◆ *(de barco)* botadura ◆ *(de empresa)* fundación

launchpad ['lɔːntʃpæd] *n* plataforma de lanzamiento

launder ['lɔːndəʳ] *vtr* lavar y planchar

launderette [lɔːndə'ret], *US* **Laundromat** ['lɔːndrəmæt] *n* lavandería

laundry ['lɔːndrɪ] *n* ◆ lavandería ◆ ropa sucia ◆ ropa recién lavada, colada: **to do the l.**, hacer la colada

lavatory ['lævətərɪ] *n* servicio, aseo

lavender ['lævəndəʳ] *n* lavanda

lavish ['lævɪʃ] *adj* ◆ generoso,-a ◆ *(banquete)* espléndido,-a, lujoso,-a

law [lɔː] *n* ◆ ley: **according to l.** *o* **by l.**, según la ley; **against the l.**, ilegal ◆ *(profesión)* abogacía: *Univ* Derecho

lawful ['lɔːfʊl] *adj* ◆ legítimo,-a ◆ *(contrato)* legal

lawn [lɔːn] *n* césped

lawnmower ['lɔːnməʊəʳ] *n* cortacésped

lawsuit ['lɔːsjuːt] *n* pleito, juicio

lawyer ['lɔːjəʳ] *n* abogado,-a

lax [læks] *adj* poco estricto, poco exigente

laxative ['læksətɪv] *adj* & *n* laxante

lay[1] [leɪ] **1** *vtr (ps & pp **laid**)* poner **|2** *adj* ◆ *Rel* laico,-a ◆ *(lector, usuario, etc)* lego,-a, profano,-a ■ **lay aside** *vtr* ◆ ahorrar ◆ poner a un lado ■ **lay down** *vtr* ◆ dejar (a un lado) ◆ *(pautas, reglas)* establecer, sentar ■ **lay in** *vtr* proveerse de ■ **lay out** *vtr* ◆ preparar, disponer ◆ diseñar ■ **lay up** *vtr frml* almacenar

lay[2] [leɪ] *ps* → **lie**[2]

lay-by ['leɪbaɪ] *n* área de descanso

layer ['leɪəʳ] *n* capa

layman ['leɪmən] *n* lego,-a

layout ['leɪaʊt] *n* ◆ distribución ◆ diseño

laze [leɪz] *vi* holgazanear

laziness ['leɪzɪnɪs] *n* pereza

lazy ['leɪzɪ] *adj (**lazier, laziest**)* perezoso,-a

lb *(abr de **pound**)* libra (peso)

lead [liːd] **1** *vi (ps & pp **led**)* ir a la cabeza, ir delante **|2** *vtr (ps & pp **led**)* ◆ encabezar, dirigir ◆ *(a una persona, un animal)* guiar, llevar ◆ **to l. the way**, ir delante **|3** *n* ◆ primera posición: liderato ◆ ejemplo, iniciativa ◆ *(para perro)* correa ◆ *Elec* cable ◆ *Teat Cine* papel principal ◆ *(metal)* plomo ◆ *(de lápiz)* mina ■ **lead on 1** *vi* ir adelante **|2** *vtr* engañar, timar ■ **lead to** *vt* llevar a ■ **lead up to** *vtr* ◆ preceder ◆ llevar a

leaden ['ledən] *adj* ◆ plomizo,-a ◆ pesado,-a, triste

leader [ˈliːdəʳ] *n* ◆ líder ◆ *Prensa* editorial

leadership [ˈliːdəʃɪp] *n* liderazgo

lead-free [ˈledfriː] *adj* sin plomo

leading [ˈliːdɪŋ] *adj* destacado,-a, importante: **l. man/lady,** actor/actriz principal, protagonista

leaf [liːf] *n (pl **leaves** [liːvz])* hoja ■ **leaf through** *vtr* hojear

leaflet [ˈliːflɪt] *n* folleto

league [liːg] *n* liga

leak [liːk] **1** *vi* ◆ *(un barco)* hacer agua ◆ *(un tejado)* gotear ◆ *(un líquido)* salirse: *(gas)* escaparse ◆ *(una información)* filtrarse |**2** *n* ◆ gotera ◆ *(en un contenedor)* agujero ◆ *(de líquido, gas)* escape ◆ *(de información)* filtración

lean [liːn] **1** *adj* ◆ *(carne)* magro,-a ◆ *(periodo)* difícil, malo,-a |**2** *vi (ps & pp **leaned** o **leant**)* ◆ inclinarse ◆ apoyarse |**3** *vtr* apoyar ■ **lean back** *vi* reclinarse, echarse hacia atrás ■ **lean forward** *vi* inclinarse hacia delante ■ **lean on** *vtr* presionar ■ **lean out** *vi* asomarse ■ **lean over** *vi* inclinarse

leant [lent] *ps & pp* ➛ **lean**

leap [liːp] **1** *n* ◆ salto, brinco ◆ *(de precios, etc)* aumento súbito |**2** *vtr & vi (ps & pp **leaped** o **leapt**)* saltar ■ **leap at** *vtr* no dejar escapar

leapt [lept] *ps & pp* ➛ **leap**

leap year [ˈliːpjːər] *n* año bisiesto

learn [lɜːn] *vtr & vi (ps & pp **learned** o **learnt**)* ◆ aprender ◆ enterarse

learned [ˈlɜːnɪd] *adj* erudito,-a

learner [ˈlɜːnəʳ] *n* estudiante

learnt [lɜːnt] *ps & pp* ➛ **learn**

lease [liːs] **1** *n* contrato de arrendamiento |**2** *vtr* arrendar

leash [liːʃ] *n* correa

least [liːst] **1** *adj* menor, mínimo,-a, menos: **I haven't the l. idea,** no tengo la más mínima idea |**2** *pron* lo menos, lo mínimo: **she ate l. of all,** ella comió menos que nadie ◆ **at l.,** por lo menos |**3** *adv* menos

leather [ˈleðəʳ] **1** *n* piel, cuero |**2** *adj* de piel, de cuero

leave [liːv] **1** *n* ◆ vacaciones: **l. of absence,** excedencia ◆ *frml (autorización)* permiso ◆ *frml* despedida |**2** *vtr (ps & pp **left**)* ◆ dejar: **he left home in 1976,** se marchó de casa en 1976: **l. me alone!,** ¡déjame en paz!: **leave it there,** déjalo ahí ◆ **to be left,** quedar: **to be left over,** sobrar |**3** *vi* ◆ irse ◆ *(tren, avión)* salir ■ **leave behind** *vtr* dejarse ■ **leave out** *vtr* ◆ omitir ◆ excluir

leaves [liːvz] *npl* ➛ **leaf**

lecture [ˈlektʃəʳ] **1** *n* ◆ conferencia, charla ◆ *Univ* clase ◆ **l. theatre,** sala de conferencias |**2** *vi* ◆ dar una conferencia ◆ *Educ* dar clases |**3** *vtr fig* sermonear

lecturer [ˈlektʃərəʳ] *n* ◆ conferenciante ◆ *Univ* profesor,-ora

led [led] *ps & pp* ➛ **lead**

ledge [ledʒ] *n* ◆ cornisa ◆ repisa, alféizar ◆ *(de acantilado)* saliente

ledger [ˈledʒəʳ] *n* libro de contabilidad

leech [liːtʃ] *n* sanguijuela

leek [liːk] *n* puerro

leeway [ˈliːweɪ] *n* libertad de acción

left [left] **1** *ps & pp* ➛ **leave** |**2** *n* ◆ izquierda ◆ *Pol* **the Left,** la izquierda |**3** *adj* izquierdo,-a |**4** *adv* a la izquierda

left-hand [ˈlefthænd] *adj* **on the l.-h. side,** a mano izquierda

left-handed [leftˈhændɪd] *adj* zurdo,-a

leftovers [ˈleftəʊvəz] *npl* sobras

left-wing [ˈleftwɪŋ] *adj* de izquierdas, izquierdista

leg [leg] *n* ◆ pierna ◆ *(de animal, mueble)* pata ◆ *Culin (de cordero)* pierna: *(de ave)* muslo ◆ *(de pantalones)* pernera ◆ |LOC: **to pull sb's l.,** tomarle el pelo a alguien

legacy [ˈlegəsɪ] *n* legado, herencia

legal [ˈliːgəl] *adj* legal

legalize [ˈliːgəlaɪz] *vtr* legalizar

legend [ˈledʒənd] *n* leyenda, mito

legendary [ˈledʒəndərɪ] *adj* legendario,-a

leggings [ˈlegɪŋz] *npl* mallas

legible [ˈledʒəbəl] *adj* legible

legislation [ledʒɪsˈleɪʃən] *n* legislación

legislator [ˈledʒɪsleɪtəʳ] *n* legislador,-ora

legislature ['ledʒɪsleɪtʃəʳ] *n* asamblea legislativa
legitimacy [lɪ'dʒɪtɪməsɪ] *n* legitimidad
legitimate [lɪ'dʒɪtɪmɪt] *adj* legítimo,-a
leisure ['leʒəʳ], *US* ['li:ʒəʳ] *n* ◆ ocio ◆ **l. centre,** polideportivo; **l. time,** tiempo libre
leisurely ['leʒəlɪ], *US* ['li:ʒəlɪ] **1** *adj* ◆ lento,-a ◆ relajado,-a |**2** *adv* tranquilamente
lemon ['lemən] *n* limón
lemonade [lemə'neɪd] *n* ◆ limonada ◆ gaseosa
lend [lend] *vtr (ps & pp* **lent***)* prestar
lending ['lendɪŋ] *adj Fin* **l. rate,** tipo de interés
length [leŋθ] *n* ◆ longitud, largo ◆ *(tiempo)* duración ◆ *(natación)* largo
lengthen ['leŋθən] **1** *vtr* alargar |**2** *vi* alargarse
lengthways ['leŋθweɪz] *adv* a lo largo
lengthy ['leŋθɪ] *adj (***lengthier, lengthiest***)* largo,-a
lenient ['li:nɪənt] *adj* indulgente
lens [lenz] *n* ◆ lente ◆ *(de gafas)* cristal ◆ *Fot* objetivo
Lent [lent] *n* Cuaresma
lent [lent] *ps & pp* ➛ **lend**
lentil ['lentɪl] *n* lenteja
Leo ['li:əʊ] *n* Leo
leopard ['lepəd] *n* leopardo
leotard ['li:ətɑ:d] *n* leotardo
leprosy ['leprəsɪ] *n* lepra
lesbian ['lezbɪən] *adj & n* lesbiana
less [les] **1** *adj, pron, adv, prep* menos
lessen ['lesən] *vtr & vi* disminuir
lesser ['lesəʳ] *adj* menor
lesson ['lesən] *n* ◆ clase ◆ *(en libro, etc)* lección
let [let] **1** *vtr (ps & pp* **let***)* ◆ dejar, permitir ◆ **to l. sb know (about) sthg,** avisar a alguien de algo ◆ *(una casa)* alquilar; «**to l.**», «se alquila» ◆ dejar: **l. her alone!**, ¡déjala en paz! ◆ **l. alone,** ni mucho menos |**2** *v aux (imperativo)* **let's (= let us) go!**, ¡vamos! ■ **let down** *vtr* defraudar, abandonar ■ **let in** *vtr* dejar entrar ■ **let off** *vtr* ◆ hacer estallar ◆ *(de un autobús)* dejar bajar ■ **let through** *vtr* dejar pasar
letdown ['letdaʊn] *n* decepción
lethal ['li:θəl] *adj* letal
lethargic [lɪ'θɑ:dʒɪk] *adj* aletargado,-a
let's [lets] ➛ **let us**
letter ['letəʳ] *n* ◆ letra ◆ *(mensaje escrito)* carta; *GB* **l. box,** buzón
lettuce ['letɪs] *n* lechuga
level ['levəl] **1** *n* ◆ nivel ◆ llano |**2** *adj* ◆ llano,-a, plano,-a ◆ nivelado,-a, horizontal ◆ *(de altura)* **to be l. with,** estar al mismo nivel que; *GB Ferroc* **l. crossing,** paso a nivel |**3** *vtr* ◆ nivelar ◆ *(un edificio)* demoler
level-headed [levəl'hedɪd] *adj* sensato,-a
lever ['li:vəʳ] **1** *n* palanca |**2** *vtr* hacer palanca
levy ['levɪ] **1** *vtr* imponer |**2** *n* impuesto
liability [laɪə'bɪlɪtɪ] *n* responsabilidad
liable ['laɪəbəl] *adj* ◆ responsable ◆ propenso,-a ◆ *(cosa)* **hotels are l. to 16% VAT,** los hoteles están sujetos a un IVA del 16%
liaison [lɪ'eɪzɒn] *n* enlace, vinculación
liar ['laɪəʳ] *n* mentiroso,-a, embustero,-a
libel ['laɪbəl] **1** *n* libelo |**2** *vtr* difamar
liberal ['lɪbərəl] **1** *adj* ◆ liberal; *Pol* **L. Party,** Partido Liberal ◆ generoso,-a |**2** *n Pol* liberal
liberate ['lɪbəreɪt] *vtr* liberar
liberation [lɪbə'reɪʃən] *n* liberación
liberty ['lɪbətɪ] *n* libertad
Libra ['li:brə] *n* Libra
librarian [laɪ'breərɪən] *n* bibliotecario,-a
library ['laɪbrərɪ] *n* biblioteca
lice [laɪs] *npl* ➛ **louse**
licence ['laɪsəns] *n* licencia, permiso; **driving l.,** carné de conducir; *Auto* **l. number,** matrícula
license ['laɪsəns] **1** *vtr* autorizar |**2** *n US* ➛ **licence**
lichen ['laɪkən] *n* liquen
lick [lɪk] *vtr* lamer
licorice ['lɪkərɪs, 'lɪkərɪʃ] *n US* ➛ **liquorice**

lid [lɪd] *n* ◆ tapa ◆ *(del ojo)* párpado

lie[1] [laɪ] **1** *vi* mentir |**2** *n* mentira

lie[2] [laɪ] *vi (ps* ***lay****; pp* ***lain****)* ◆ echarse, tumbarse ◆ estar *o* quedar tendido,-a, tumbado,-a ◆ encontrarse, hallarse ◆ permanecer, estar ◆ *(problema)* radicar ■ **lie about, lie around** *vi* estar tumbado,-a sin hacer nada ■ **lie back** *vi* recostarse ■ **lie down** *vi* ◆ acostarse, echarse ◆ estar echado,-a *o* acostado,-a

lie-in ['laɪɪn] *n fam* **to have a l.-in,** levantarse muy tarde

lieutenant [lef'tenənt, US luː'tenənt] *n Mil* teniente

life [laɪf] *n (pl* ***lives*** [laɪvz]*)* vida; **l. belt,** salvavidas; **l. insurance,** seguro de vida; **l. jacket,** chaleco salvavidas; *Arte* **still l.,** bodegón

lifeboat ['laɪfbəʊt] *n* bote salvavidas

lifeguard ['laɪfgɑːd] *n* socorrista

lifeless ['laɪflɪs] *adj* sin vida

lifelike ['laɪflaɪk] *adj* natural, realista

lifelong ['laɪflɒŋ] *adj* de toda la vida

life-size(d) ['laɪfsaɪz(d)] *adj* (de) tamaño natural

lifestyle ['laɪfstaɪl] *n* estilo de vida

lifetime ['laɪftaɪm] *n* vida; **once in a l.,** una vez en la vida

lift [lɪft] **1** *vtr* levantar |**2** *vi* disiparse |**3** *n* ◆ estímulo ◆ *GB* ascensor ◆ **can you give me a l.?,** ¿puedes llevarme en tu coche?

lift-off ['lɪftɒf] *n* despegue

light [laɪt] **1** *n* ◆ luz; **moon/sun l.,** luz de la luna/del sol ◆ lumbre, fuego: **have you got a l.?,** ¿tienes fuego? |**2** *adj* ◆ ligero,-a, liviano,-a ◆ *(color)* claro ◆ *(brisa, voz)* suave ◆ *(casa)* luminoso,-a |**3** *vtr (ps & pp* ***lighted*** *o* ***lit****)* ◆ encender ◆ alumbrar, iluminar |**4** *vi* encenderse

lighten ['laɪtən] **1** *vtr* ◆ aligerar ◆ *(un color)* aclarar ◆ *fig* reducir |**2** *vi* ◆ aligerarse ◆ aclararse, despejarse

lighter ['laɪtə^r] *n* mechero

light-headed [laɪt'hedɪd] *adj* ◆ exaltado,-a ◆ mareado,-a

light-hearted ['laɪthɑːtɪd] *adj* alegre

lighthouse ['laɪthaʊs] *n* faro

lighting ['laɪtɪŋ] *n* ◆ iluminación ◆ *(conjunto de lámparas)* alumbrado

lightly ['laɪtlɪ] *adv* ◆ ligeramente ◆ con indulgencia

lightning ['laɪtnɪŋ] *n* relámpago; **bolt of l.,** rayo

like [laɪk] **1** *vtr* ◆ gustar ◆ querer: **I would l. a beer,** quiero una cerveza |**2** *vi* querer |**3** *prep* ◆ como ◆ **l. this/that,** así |**4** *n* gusto, preferencia

likelihood ['laɪklɪhʊd] *n* probabilidad

likely ['laɪklɪ] **1** *adj (****likelier, likeliest****)* probable |**2** *adv* probablemente

liken ['laɪkən] *vt* comparar

likeness ['laɪknɪs] *n* parecido

likewise ['laɪkwaɪz] *adv* ◆ también, asimismo ◆ lo mismo, igual

liking ['laɪkɪŋ] *n* ◆ gusto ◆ *(hacia una persona)* simpatía, cariño

lilac ['laɪlək] *n & adj* lila

lily ['lɪlɪ] *n* lirio

limb [lɪm] *n* ◆ *Anat* miembro ◆ *Bot* rama

lime [laɪm] *n* ◆ cal ◆ *(fruto)* lima

limelight ['laɪmlaɪt] *n fig* **to be in the l.,** estar en primer plano

limit ['lɪmɪt] **1** *n* límite |**2** *vtr* limitar

limitation [lɪmɪ'teɪʃən] *n* limitación

limited ['lɪmɪtɪd] *adj* limitado,-a; *Com* **public l. company (p.l.c.),** sociedad anónima (S. A.)

limousine ['lɪməziːn, lɪmə'ziːn] *n* limusina

limp [lɪmp] **1** *vi* cojear |**2** *n* cojera |**3** *adj* lacio,-a, sin fuerzas

line [laɪn] *n* ◆ línea ◆ *Anat* arruga ◆ *(de un escrito)* renglón ◆ fila, hilera; *US (de espera)* cola ◆ cuerda, cable ◆ *Elec Telec* **on-l.,** en línea, conectado,-a ◆ *Ferroc* vía ◆ *Com* empresa de transportes; **air l.,** línea aérea |**2** *vtr* ◆ rayar, trazar líneas sobre ◆ bordear ◆ forrar, revestir ■ **line up 1** *vi* ◆ ponerse en fila ◆ alinearse ◆ *US* hacer cola

lineage ['lɪnɪɪdʒ] *n* linaje

lined [laɪnd] *adj* ◆ rayado,-a ◆ *(cara)* arrugado,-a

linen ['lɪnɪn] *n* ◆ *(tela)* lino ◆ *(de hogar)* ropa blanca

liner ['laɪnə^r] *n* transatlántico

linger ['lɪŋgə^r] *vi* tardar en desaparecer, persistir

lingerie ['lænʒəriː] *n* lencería

linguist ['lɪŋgwɪst] *n* lingüista

lining ['laɪnɪŋ] *n* forro

link [lɪŋk] **1** *n* ◆ eslabón ◆ conexión, vínculo ◆ *Transp* enlace |**2** *vtr* ◆ unir ◆ vincular ■ **link up** *vi* ◆ reunirse ◆ *(aeronaves)* acoplarse

lino ['laɪnəʊ] *n* linóleo

lion ['laɪən] *n* león

lioness ['laɪənɪs] *n* leona

lip [lɪp] *n* labio

lip-read ['lɪpriːd] *vtr* & *vi* leer los labios

lipstick ['lɪpstɪk] *n* lápiz de labios

liqueur [lɪ'kjʊəʳ] *n* licor

liquid ['lɪkwɪd] *adj* & *n* líquido,-a

liquidate ['lɪkwɪdeɪt] *vtr* liquidar

liquidation [lɪkwɪ'deɪʃən] *n* liquidación

liquidize ['lɪkwɪdaɪz] *vtr* licuar

liquidizer ['lɪkwɪdaɪzəʳ] *n* licuadora

liquor ['lɪkəʳ] *n* ◆ *GB* alcohol ◆ *US* bebidas alcohólicas

liquorice ['lɪkərɪs] *n* regaliz

lisp [lɪsp] **1** *n* ceceo |**2** *vi* cecear

list [lɪst] **1** *n* lista |**2** *vtr* ◆ enumerar, hacer una lista de ◆ incluir en una lista

listen ['lɪsən] *vi* ◆ escuchar ◆ prestar atención

listener ['lɪsənəʳ] *n* oyente

lit [lɪt] *ps* & *pp* → **light**

liter ['liːtəʳ] *n US* → **litre**

literal ['lɪtərəl] *adj* literal

literary ['lɪtərərɪ] *adj* literario,-a

literate ['lɪtərɪt] *adj* que sabe leer y escribir

literature ['lɪtərɪtʃəʳ] *n* ◆ literatura ◆ documentación, impresos

litre ['liːtəʳ] *n* litro

litter ['lɪtəʳ] **1** *n* ◆ basura, desperdicios; **l. bin,** papelera ◆ *Zool* camada |**2** *vtr* ensuciar: **the floor was littered with papers,** el suelo estaba cubierto de papeles

little ['lɪtəl] **1** *adj* ◆ pequeño,-a ◆ joven; **a l. boy,** un niño ◆ *(con sentido diminutivo)* **a l. cat,** un gatito ◆ poco,-a; **a l. water,** un poco de agua |**2** *pron* poco |**3** *adv* ◆ poco; **l. by l.,** poco a poco ◆ **a l.,** un poco

live [laɪv] **1** *adj* ◆ vivo,-a ◆ *TV Rad* en directo, en vivo |**2** [lɪv] *vtr* & *vi* vivir ■ **live off** *vtr* vivir de ■ **live on 1** *vtr* ◆ alimentarse de ◆ *(dinero)* arreglárselas con ■ **live through** *vtr* ◆ *(una experiencia)* vivir ◆ *(un periodo)* sobrevivir ■ **live up to** *vtr* ◆ cumplir con ◆ *(una expectativa)* estar a la altura de

livelihood ['laɪvlɪhʊd] *n* sustento

lively ['laɪvlɪ] *adj* **(*livelier, liveliest*)** ◆ *(persona)* vivo,-a ◆ *(paso)* rápido,-a ◆ *(sitio)* animado,-a

liven ['laɪvən] *vtr* **to l. (up),** animar

liver ['lɪvəʳ] *n* hígado

livestock ['laɪvstɒk] *n* ganado

livid ['lɪvɪd] *adj* lívido,-a

living ['lɪvɪŋ] **1** *adj* ◆ vivo,-a ◆ viviente |**2** *n* vida; **to earn one's l.,** ganarse la vida; **l. conditions/standards,** condiciones/nivel de vida; **l. room,** cuarto de estar

lizard ['lɪzəd] *n* lagarto, lagartija

llama ['lɑːmə] *n* llama

load [ləʊd] **1** *n* ◆ carga; **a l. of washing,** una colada ◆ **a l. of,** mucho,-a(s), un montón de ■ **load** *vtr* cargar

loading ['ləʊdɪŋ] *n* **l. bay,** muelle de carga

loaf [ləʊf] *n* **(*pl loaves*)** pan, barra de pan; *(en rebanadas)* pan de molde

loan [ləʊn] **1** *n* préstamo |**2** *vtr* prestar

loathe [ləʊð] *vtr* detestar, odiar

loathsome ['ləʊðsəm] *adj* odioso,-a, repugnante

loaves [ləʊvz] *npl* → **loaf**

lobby ['lɒbɪ] **1** *n* ◆ vestíbulo ◆ grupo de presión, lobby |**2** *vtr* presionar |**3** *vi* ejercer presiones

lobe [ləʊb] *n* lóbulo

lobster ['lɒbstəʳ] *n* langosta, bogavante

local ['ləʊkəl] **1** *adj* ◆ local, del barrio; *Tel* **l. call,** llamada urbana; **l. council** ~ ayuntamiento ◆ *(anestesia)* local |**2** *n* vecino,-a

locality [ləʊ'kælɪtɪ] *n* localidad

locate [ləʊ'keɪt] *vtr* ◆ situar, ubicar ◆ localizar

location [ləʊ'keɪʃən] *n* ◆ lugar ◆ *Cine* lugar de rodaje

lock ['lɒk] **1** *n (de una puerta)* cerradura; *(de una ventana, etc)* cerrojo; **padl.**, candado **|2** *vtr* cerrar con llave **|3** *vi* cerrarse con llave ■ **lock away** *vtr* guardar bajo llave ■ **lock in** *vtr* encerrar ■ **lock up** *vtr* ♦ cerrar ♦ *(a una persona)* encerrar

locker ['lɒkəʳ] *n* ♦ armario particular ♦ *US* **l. room,** vestuario

lockout ['lɒkaʊt] *n* cierre patronal

locksmith ['lɒksmɪθ] *n* cerrajero

lockup ['lɒkʌp] *n* cárcel, calabozo

locomotive [ləʊkə'məʊtɪv] *n* locomotora

locust ['ləʊkəst] *n* langosta

lodge [lɒdʒ] **1** *n (en una finca)* casa del guarda; *(en un edificio de pisos)* portería; *(de caza, esquí, montaña)* refugio **|2** *vtr* ♦ alojar ♦ *(denuncia, queja)* presentar **|3** *vi* alojarse

lodger ['lɒdʒəʳ] *n* huésped(a)

lodging ['lɒdʒɪŋ] *n* ♦ alojamiento ♦ **lodgings** *pl*, habitaciones

loft [lɒft] *n* desván

log [lɒg] **1** *n* ♦ tronco; **to sleep like a l.**, dormir como un tronco ♦ *Náut* diario de a bordo ♦ *Mat* logaritmo **|2** *vtr* registrar ■ **log in/on** *vi* entrar (en el sistema) ■ **log out/off** *vi* salir (del sistema)

logarithm ['lɒgərɪðəm] *n* logaritmo

logic ['lɒdʒɪk] *n* lógica

logical ['lɒdʒɪkəl] *adj* lógico,-a

logo ['ləʊgəʊ] *n* logotipo

loin [lɔɪn] *n (de cerdo)* lomo; *(de ternera, vaca)* solomillo

loiter ['lɔɪtəʳ] *vi* ♦ holgazanear ♦ merodear

lollipop ['lɒlɪpɒp] *n* chupa-chups®, piruleta

lolly ['lɒlɪ] *n fam* chupa-chups®; piruleta; **ice l.**, polo

loneliness ['ləʊnlɪnɪs] *n* soledad

lonely ['ləʊnlɪ] *adj (lonelier, loneliest)* ♦ *(persona)* solo,-a, solitario,-a ♦ *(sitio)* aislado,-a

long [lɒŋ] **1** *adj* ♦ largo,-a: **how l. is the play?**, ¿cuánto dura la obra? ♦ *(extensión)* **the book is 250 pages l.**, el libro tiene 250 páginas **|2** *adv* ♦ mucho tiempo; **l. ago,** hace mucho ♦ **no longer,** ya no ♦ **as l. as the war lasted,** mientras duró la guerra; **as l. as you're happy,** con tal que estés contenta **|3** *vtr* **to l. to do sthg,** anhelar hacer algo **|4** *vi* **to l. for,** añorar

long-distance ['lɒŋdɪstəns] *adj* ♦ de largo recorrido ♦ *(llamada)* interurbana

longing ['lɒŋɪŋ] *n* ♦ deseo, anhelo ♦ añoranza, nostalgia

longitude ['lɒngɪtju:d] *n* longitud

long-life ['lɒŋ'laɪf] *adj* de larga duración

long-range ['lɒŋreɪndʒ] *adj* ♦ *(misil)* de largo alcance ♦ *(predicción)* a largo plazo

long-term ['lɒŋtɜ:m] *adj* a largo plazo

loo [lu:] *n GB fam* baño, váter

look [lʊk] **1** *n* ♦ mirada, vistazo ♦ aspecto, apariencia ♦ moda ♦ búsqueda; **to have a l. for sthg,** buscar algo **|2** *vi* ♦ mirar ♦ parecer: **she looks happy,** parece contenta ♦ buscar **|3** *vtr* aparentar ■ **look after** *vtr* cuidar a, ocuparse de ■ **look at** *vtr* mirar ■ **look back** *vi* mirar hacia atrás ■ **look down on** *vtr* despreciar ■ **look for** *vtr* buscar ■ **look forward to** *vtr* tener ganas de ■ **look into** *vtr* examinar, investigar ■ **look onto** *vtr* dar a ■ **look out** *vi* tener cuidado: **l. out!**, ¡cuidado! ■ **look out for** *vtr* buscar ■ **look over** *vtr* examinar, inspeccionar ■ **look round** *vi* ♦ mirar alrededor ♦ volver la cabeza ■ **look through** *vtr* ♦ hojear ♦ *(un documento)* revisar ■ **look up 1** *vi* ♦ alzar la vista ♦ mejorar **|2** *vtr* buscar (en un libro)

lookout ['lʊkaʊt] *n* ♦ guardia, vigía ♦ *(lugar)* puesto de observación, vigía

loom [lu:m] *vi* ♦ avecinarse ♦ amenazar

loony ['lu:nɪ] *adj & n (loonier, looniest) fam* loco,-a, chiflado,-a

loop [lu:p] **1** *n* ♦ lazo ♦ *(de carretera)* curva ♦ *Inform* bucle **|2** *vtr* pasar alrededor de, rodear

loose [lu:s] **1** *adj* ♦ suelto,-a ♦ *(nudo, tornillo, etc)* flojo,-a; **to come/work l.**, aflojarse ♦ *(mercancías)* a granel ♦ *(descripción)* inexacto,-a **|2** *n* **to be on the l.**, andar suelto,-a

loosely ['lu:slı] *adv* ♦ sin apretar ♦ aproximadamente ♦ indirectamente

loosen ['lu:sən] **1** *vtr* aflojar; *(un nudo, zapato)* desatar **|2** *vi* aflojarse

loot [lu:t] **1** *n* botín **|2** *vi* & *vtr* saquear

lopsided [lɒp'saıdıd] *adj* ladeado,-a

lord [lɔ:d] *n* ♦ *Rel* **the L.,** El Señor ♦ *(noble)* lord; **the House of Lords,** la Cámara de los Lores

lorry ['lɒrı] *n GB* camión

lose [lu:z] **1** *vtr* & *vi (ps* & *pp* ***lost)*** perder

loser ['lu:zəʳ] *n* perdedor,-ora

loss [lɒs] *n* pérdida

lost [lɒst] *adj* ♦ perdido,-a; **to get l.,** perderse ♦ *fam* **get l.!,** ¡piérdete!

lot [lɒt] **1** *n* ♦ **a l. of,** mucho,-a(s) ♦ *fam* **lots of** *pl,* mucho,-a(s); **lots of people,** mucha gente ♦ *(en subasta)* lote **|2** *adv* **a l.,** mucho; **thanks a l.,** muchas gracias

lotion ['ləʊʃən] *n* loción

lottery ['lɒtərı] *n* lotería

loud [laʊd] **1** *adj* ♦ *(aplauso, ruido)* fuerte; *(música, voz)* alto,-a ♦ *(fiesta, máquina)* ruidoso,-a, estrepitoso,-a **|2** *adv* alto

loudspeaker [laʊd'spi:kəʳ] *n* altavoz

lounge [laʊndʒ] *n* ♦ sala de estar ♦ sala; *Av* **departure l.,** sala de embarque

louse [laʊs] *n (pl* ***lice*** *[laıs])* piojo

lousy ['laʊzı] *adj* ***(lousier, lousiest)*** *fam* pésimo,-a, fatal

lout [laʊt] *n fam* gamberro

lovable ['lʌvəbəl] *adj* encantador,-ora

love [lʌv] **1** *n* ♦ amor; **to fall in l.,** enamorarse; **to make l.,** hacer el amor; **l. affair,** aventura amorosa ♦ cariño **|2** *vtr* ♦ querer a, amar a ♦ encantar, gustar mucho

lovely ['lʌvlı] *adj* ***(lovelier, loveliest)*** ♦ encantador,-ora ♦ precioso,-a ♦ *(comida)* riquísimo,-a

lover ['lʌvəʳ] *n* amante

low [ləʊ] **1** *adj* ♦ bajo,-a ♦ *(existencias)* escaso,-a ♦ *(opinión)* malo,-a ♦ *fam* deprimido,-a **|2** *adv* bajo **|3** *n Meteor* borrasca

low-alcohol [ləʊ'ælkəhɒl] *adj* bajo,-a en alcohol

low-calorie [ləʊ'kælərı] *adj* bajo,-a en calorías

low-cost [ləʊ'kɒst] *adj* de bajo coste

lower ['ləʊəʳ] **1** *adj (comp de* ***low)*** ♦ inferior ♦ bajo,-a **|2** *adv comp* → **low |3** *vtr* bajar

lower-class ['ləʊəklɑ:s] *adj* de clase baja

lowest ['ləʊıst] *adj (superl de* ***low)*** más bajo,-a

low-fat [ləʊ'fæt] *adj* desnatado,-a

loyal ['lɔıəl] *adj* leal, fiel

loyalty ['lɔıəltı] *n* lealtad, fidelidad

lozenge ['lɒzındʒ] *n* pastilla

Ltd *GB Com (abr de* ***Limited (Liability))*** S.A. (Sociedad Anónima)

lubricant ['lu:brıkənt] *n* lubricante

lubrication [lu:brı'keıʃən] *n* lubricación

luck [lʌk] *n* suerte

luckily ['lʌkılı] *adv* por suerte, afortunadamente

lucky ['lʌkı] *adj* ***(luckier, luckiest)*** ♦ afortunado,-a ♦ *(amuleto, número)* de la suerte

lucrative ['lu:krətıv] *adj* lucrativo,-a

ludicrous ['lu:dıkrəs] *adj* absurdo,-a

luggage ['lʌgıdʒ] *n* equipaje

lukewarm ['lu:kwɔ:m] *adj* tibio,-a

lull [lʌl] **1** *n Meteor* calma; *(en una batalla)* tregua; *(en conversación)* pausa **|2** *vtr* adormecer

lullaby ['lʌləbaı] *n* canción de cuna, nana

luminous ['lu:mınəs] *adj* luminoso,-a

lump [lʌmp] *n* ♦ trozo; *(de tierra, azúcar)* terrón ♦ *Culin* grumo ♦ *Med* bulto ♦ *fam* **a l. in the throat,** un nudo en la garganta

lumpy ['lʌmpı] *adj* ***(lumpier, lumpiest)*** grumoso,-a

lunar ['lu:nəʳ] *adj* lunar

lunatic ['lu:nətık] *adj* & *n* loco,-a, lunático,-a; **l. asylum,** manicomio

lunch [lʌntʃ] **1** *n* comida, almuerzo; **l. hour,** hora de comer **|2** *vi* comer, almorzar

lunchtime ['lʌntʃtaım] *n* hora de comer

lung [lʌŋ] *n* pulmón

lunge [lʌndʒ] **1** *n* embestida, arremetida **|2** *vi (tb* ***l. forward****)* embestir, arremeter

lurch [lɜːtʃ] **1** *n* ◆ *(de un vehículo)* bandazo, sacudida ◆ *(de una persona)* tambaleo, tumbo **|2** *vi* ◆ *(vehículo)* dar bandazos ◆ *(persona)* tambalearse, ir dando tumbos

lure [lʊəʳ] **1** *n* ◆ atractivo, aliciente **|2** *vtr* atraer

lurid ['lʊərɪd] *adj* ◆ espeluznante ◆ *(color)* chillón,-ona

lurk [lɜːk] *vi* ◆ merodear ◆ estar al acecho

lush [lʌʃ] *adj* ◆ *(planta)* exuberante ◆ *(decorado)* suntuoso,-a

lust [lʌst] **1** *n* ◆ lujuria ◆ deseo; **l. for power,** ansia de poder **|2** *vi* **to l. after** codiciar

lute [luːt] *n* laúd

luxurious [lʌg'zjʊərɪəs] *adj* lujoso,-a

luxury ['lʌkʃərɪ] *n* lujo

lying ['laɪɪŋ] **1** *adj* mentiroso,-a **|2** *n* mentiras

lynch [lɪntʃ] *vtr* linchar

lyric ['lɪrɪk] **1** *adj* lírico,-a **|2** *n* ◆ poema lírico ◆ *Mús* **lyrics** *pl,* letra

lyrical ['lɪrɪkəl] *adj* lírico,-a

M

M, m [em] *n* ◆ *(letra)* M, m ◆ *abr de* ***metre(s)***, m ◆ *abr de* ***million(s)***, m ◆ *(abr de* ***male****)* de sexo masculino ◆ M *(ropa) (abr de* ***medium****)* talla mediana

MA [em'eɪ] *(abr de* ***Master of Arts****)* licenciado en Filosofía y Letras

mac [mæk] *n GB fam* gabardina, impermeable

macabre [mə'kɑːbrə] *adj* macabro,-a

mac(c)aroni [mækə'rəʊnɪ] *n* macarrones

machine [mə'ʃiːn] **1** *n* máquina **|2** *vtr* coser a máquina

machine-gun [mə'ʃiːngʌn] *n* ametralladora

machinery [mə'ʃiːnərɪ] *n* maquinaria

mackerel ['mækrəl] *n (pl* ***mackerel****)* caballa

mac(k)intosh ['mækɪntɒʃ] *n* impermeable

macroeconomics [mækrəʊiːkə'nɒmɪks] *n* macroeconomía

mad [mæd] *adj* ***(madder, maddest)*** ◆ loco,-a; **to drive/send sb m.,** volver loco,-a a alguien; **to go m.,** volverse loco,-a ◆ entusiasmado,-a: **he's m. about/on the cinema,** está loco por el cine ◆ enfadado,-a, furioso

madam ['mædəm] *n* señora

madden ['mædən] *vtr* exasperar, enloquecer

made [meɪd] *ps* & *pp* → **make**

made-to-measure [meɪdtə'meʒəʳ] *adj* hecho,-a a (la) medida

made-up ['meɪdʌp] *adj* ◆ maquillado,-a ◆ *(historia)* inventado,-a

madly ['mædlɪ] *adv* ◆ como loco,-a ◆ *GB fam* terriblemente, locamente

madman ['mædmən] *n* loco

madness ['mædnɪs] *n* locura

madwoman ['mædwʊmən] *n* loca

magazine [mægə'ziːn] *n* ◆ revista ◆ *(de un arma)* recámara

maggot ['mægət] *n* gusano

magic ['mædʒɪk] **1** *n* magia **|2** *adj* ♦ mágico,-a ♦ *fam* estupendo,-a

magical ['mædʒɪkəl] *adj* mágico,-a

magician [mə'dʒɪʃən] *n* ♦ mago,-a ♦ prestidigitador,-ora

magistrate ['mædʒɪstreɪt] *n GB* ≈ juez de primera instancia

magnanimous [mæg'nænɪməs] *adj* magnánimo,-a

magnet ['mægnɪt] *n* imán

magnetic [mæg'netɪk] *adj* ♦ magnético,-a ♦ *(personalidad)* carismático,-a

magnetism ['mægnɪtɪzəm] *n* magnetismo

magnificence [mæg'nɪfɪsəns] *n* magnificencia

magnificent [mæg'nɪfɪsənt] *adj* magnífico,-a

magnify ['mægnɪfaɪ] *vtr* ampliar, aumentar

magnifying glass ['mægnɪfaɪŋglɑːs] *n* lupa

magnitude ['mægnɪtjuːd] *n* magnitud

magpie ['mægpaɪ] *n* urraca

mahogany [mə'hɒgənɪ] **1** *n* caoba **|2** *adj* de caoba

maid [meɪd] *n* ♦ *(en casa)* criada ♦ *(en un hotel)* camarera

maiden ['meɪdən] **1** *n* doncella **|2** *adj* ♦ de soltera; **m. name,** apellido de soltera ♦ *(viaje, etc)* inaugural

mail [meɪl] **1** *n* ♦ correo; **by m.,** por correo ♦ correspondencia ♦ *Inform* **e-m.,** correo electrónico, e-mail **|2** *vtr* ♦ *US* echar al buzón ♦ enviar por correo

mailbox ['meɪlbɒks] *n US* buzón

mailman ['meɪlmæn] *n US* cartero

maim [meɪm] *vtr* mutilar

main [meɪn] **1** *adj* principal; **the m. thing,** lo fundamental **|2** *n* ♦ conducto principal ♦ **mains** *pl, (agua, electricidad, gas)* la red de suministro

mainland ['meɪnlənd] *n la masa principal de un país o de un continente, excluyendo las islas;* **from Ibiza to the m.,** de Ibiza a la Península

mainly ['meɪnlɪ] *adv* principalmente, sobre todo

mainstream ['meɪnstriːm] *n* corriente dominante

maintain [meɪn'teɪn] *vtr* mantener

maintenance ['meɪntənəns] *n* mantenimiento

maize [meɪz] *n* maíz

majestic [mə'dʒestɪk] *adj* majestuoso,-a

majesty ['mædʒɪstɪ] *n* majestad

major ['meɪdʒəʳ] **1** *adj* ♦ mayor ♦ *(ayuda, cambio, cliente, operación, reparación)* importante ♦ *(daño)* considerable; *(enfermedad)* grave; *(problema)* serio,-a ♦ *Mús* mayor **|2** *n Mil* comandante

majority [mə'dʒɒrɪtɪ] *n* mayoría

make [meɪk] **1** *n* marca **|2** *vtr (ps & pp made)* ♦ hacer ♦ *(una comida)* preparar ♦ *(coches, productos)* fabricar ♦ *Cost* confeccionar ♦ *(una decisión)* tomar ♦ *(dinero)* ganar ♦ *(un disco)* grabar ♦ *(un discurso)* pronunciar ♦ *(un error)* cometer ♦ *(un pago)* efectuar ♦ *(una película)* rodar ♦ calcular ♦ poner, volver: **he makes me laugh,** me hace reír ♦ nombrar: **they made him chairman,** le nombraron presidente ♦ obligar: **he made me get out of the car,** me obligó a salir del coche ♦ sumar; **two and two m. four,** dos más dos son cuatro ■ **make for** *vtr* ♦ dirigirse hacia ♦ conllevar ■ **make out 1** *vtr* ♦ entender ♦ *(oír, ver)* distinguir ♦ *(leer)* descifrar ♦ *(un caso, una lista)* escribir, preparar ♦ *(un cheque)* extender ♦ fingir, pretender **|2** *vi* tener éxito ■ **make up 1** *vtr* ♦ *(una historia)* inventar ♦ *(un grupo)* componer ♦ *(una comida)* preparar ♦ *(la cara)* maquillar ♦ *(tiempo perdido)* recuperar **|2** *vi* ♦ maquillarse ♦ reconciliarse ■ **make up for** *vtr* compensar

maker ['meɪkəʳ] *n* fabricante

make-up ['meɪkʌp] *n* ♦ maquillaje ♦ composición, estructura

making ['meɪkɪŋ] *n* ♦ producción, fabricación ♦ **makings** *pl,* los ingredientes, lo necesario

malaria [mə'leərɪə] *n* malaria

male [meɪl] **1** *adj* ♦ varón ♦ *Bot Zool* macho ♦ *(hormona, género, sexo)* masculino,-a ♦ *(ideas)* masculino,-a; *pey* machista **|2** *n* ♦ varón ♦ *Bot Zool* macho

malevolent [mə'levələnt] *adj* malévolo,-a

malfunction [mæl'fʌŋkʃən] **1** *n* ♦ fallo, mal funcionamiento ♦ *Med* disfunción **|2** *vi* funcionar mal

malice ['mælɪs] *n* mala intención

malicious [mə'lɪʃəs] *adj* malévolo,-a, malintencionado,-a

malign [mə'laɪn] *vtr* calumniar, difamar

malignant [mə'lɪgnənt] *adj* maligno,-a

mall [mɔːl, mæl] *n US* centro comercial

malleable ['mælɪəbəl] *adj* maleable

malnutrition [mælnjuː'trɪʃən] *n* desnutrición

malpractice [mæl'præktɪs] *n* ♦ abuso de autoridad ♦ negligencia

malt [mɔːlt] *n* malta

mammal ['mæməl] *n* mamífero

man [mæn] **1** *n (pl men)* ♦ hombre, varón; **young m.,** joven ♦ persona: **the m. in the street,** el ciudadano de a pie ♦ **Man,** la humanidad, el hombre ♦ empleado ♦ *Mil* soldado raso ♦ marido, pareja; **m. and wife,** marido y mujer **|2** *vtr* ♦ *(una tienda)* atender ♦ *(un barco, avión)* tripular

manage ['mænɪdʒ] **1** *vtr* ♦ dirigir, administar ♦ *(la casa, el dinero)* controlar, manejar ♦ conseguir, lograr **|2** *vi* poder (con algo), arreglárselas

manageable ['mænɪdʒəbəl] *adj* manejable

management ['mænɪdʒmənt] *n* ♦ gestión ♦ *(personas)* dirección ♦ *Educ* **m. studies,** estudios de gestión de empresas

manager ['mænɪdʒəʳ] *n* ♦ director, gerente ♦ *(de una empresa pequeña)* encargado ♦ *(de un departamento)* jefe ♦ *(de un grupo pop, etc)* mánager

manageress [mænɪdʒə'res] *n* ♦ directora, gerente ♦ *(de una empresa pequeña)* encargada ♦ *(de un departamento)* jefa ♦ *(de un grupo pop, etc)* mánager

managing ['mænɪdʒɪŋ] *adj* **m. director,** director,-ora general

mandate ['mændeɪt] *n* mandato

mandatory ['mændətərɪ] *adj* obligatorio,-a

mane [meɪn] *n* ♦ melena ♦ *(de caballo)* crin

maneuver [mə'nuːvəʳ] *n* & *vtr US* → **manoeuvre**

manfully ['mænfʊlɪ] *adv* valientemente

manger ['meɪndʒəʳ] *n* pesebre

mangle ['mæŋgəl] *vtr* destrozar

mango ['mæŋgəʊ] *n (pl mangoes)* mango

manhandle ['mænhændəl] *vtr* maltratar

manhood ['mænhʊd] *n* ♦ madurez ♦ virilidad

mania ['meɪnɪə] *n* manía

maniac ['meɪnɪæk] *n* maníaco,-a, loco,-a

manicure ['mænɪkjʊəʳ] **1** *n* manicura **|2** *vtr* hacer la manicura a

manifest ['mænɪfest] *fml* **1** *adj* manifiesto,-a **|2** *vtr* manifestar

manifesto [mænɪ'festəʊ] *n Pol* manifiesto; programa electoral

manipulate [mə'nɪpjʊleɪt] *vtr* manipular

mankind [mæn'kaɪnd] *n* humanidad

man-made ['mænmeɪd] *adj* ♦ *(fibra)* sintético,-a ♦ *(colina, lago)* artificial

manned [mænd] *adj* tripulado

manner ['mænəʳ] *n* ♦ manera, modo ♦ actitud, aire ♦ **manners** *pl,* modales, educación

mannerism ['mænərɪzəm] *n* peculiaridad

manoeuvre [mə'nuːvəʳ] **1** *n* maniobra **|2** *vtr* ♦ maniobrar ♦ *(a una persona)* manipular **|3** *vi* maniobrar

manor ['mænəʳ] *n* **m. house,** casa solariega

manpower ['mænpaʊəʳ] *n* mano de obra

mansion ['mænʃən] *n* mansión

manslaughter ['mænslɔːtəʳ] *n* homicidio

mantelpiece ['mæntəlpiːs] *n* repisa de la chimenea

manual ['mænjʊəl] *adj* & *n* manual

manufacture [mænjʊ'fæktʃə^r] 1 *vtr* fabricar |2 *n* fabricación
manufacturer [mænjʊ'fæktʃərə^r] *n* fabricante
manure [mə'njʊə^r] *n* abono, estiércol
manuscript ['mænjʊskrɪpt] *n* manuscrito
many ['menɪ] 1 *adj (more, most)* ♦ muchos,-as ♦ **as/so m.,** tantos,-as ♦ **how m.?,** ¿cuántos,-as? ♦ **too m.,** demasiados,-as |2 *pron* muchos,-as
map [mæp] *n* ♦ mapa ♦ *(de una ciudad)* plano ■ **map out** *vtr* planear
maple ['meɪpəl] *n* arce
mar [mɑː^r] *vtr* estropear
marathon ['mærəθən] *n* maratón
marble ['mɑːbəl] 1 *n* ♦ mármol ♦ *(juego)* canica |2 *adj* de mármol
March [mɑːtʃ] *n* marzo
march [mɑːtʃ] 1 *n* marcha |2 *vi* marchar
mare [meə^r] *n* yegua
margarine [mɑːdʒə'riːn] *n* margarina
margin ['mɑːdʒɪn] *n* margen
marginally ['mɑːdʒɪnəlɪ] *adv* ligeramente
marina [mə'riːnə] *n* puerto deportivo
marinade ['mærɪneɪd] *n* adobo
marinate ['mærɪneɪt] *vtr* adobar
marine [mə'riːn] 1 *adj* marino,-a |2 *n* soldado de infantería de marina
marital ['mærɪtəl] *adj* matrimonial, conyugal; **m. status,** estado civil
maritime ['mærɪtaɪm] *adj* marítimo,-a
marjoram ['mɑːdʒərəm] *n* mejorana
mark [mɑːk] 1 *n* ♦ marca ♦ *(señal)* huella ♦ mancha ♦ *Educ* nota ♦ *Dep* punto |2 *vtr* ♦ manchar, dejar una huella en ♦ señalar, marcar ♦ caracterizar ♦ *Educ* corregir ♦ *Dep* marcar ■ **mark down** *vtr (un precio)* rebajar ■ **mark out** *vtr (un área)* delimitar ■ **mark up** *vtr (un precio)* aumentar
markedly ['mɑːkɪdlɪ] *adv* considerablemente
marker ['mɑːkə^r] *n* marca, señal; **m. pen,** rotulador
market ['mɑːkɪt] 1 *n* ♦ mercado; **street m.,** mercadillo, rastro ♦ **(stock) m.,** bolsa (de valores) |2 *vtr* ♦ comercializar ♦ promocionar
marketing ['mɑːkɪtɪŋ] *n* marketing, mercadotecnia
marketplace ['mɑːkɪtpleɪs] *n* (plaza del) mercado
marmalade ['mɑːməleɪd] *n* mermelada
maroon [mə'ruːn] *adj* granate
marquee [mɑː'kiː] *n* carpa, entoldado
marquess, marquis ['mɑːkwɪs] *n* marqués
marriage ['mærɪdʒ] *n* ♦ boda ♦ *(estado)* matrimonio
married ['mærɪd] *adj* casado,-a
marrow ['mærəʊ] *n* ♦ calabacín grande ♦ *Anat* médula ♦ *Culin* tuétano
marry ['mærɪ] 1 *vtr* ♦ casarse con; **to get married,** casarse ♦ *(dar en matrimonio)* casar |2 *vi* casarse
Mars [mɑːz] *n* Marte
marsh [mɑːʃ] *n* pantano
marshal ['mɑːʃəl] 1 *n* ♦ *Mil* mariscal ♦ *(en pruebas deportivas)* oficial ♦ *US* jefe,-a de Policía |2 *vtr* ♦ organizar: *Mil* formar ♦ *(ideas, etc)* ordenar
martial ['mɑːʃəl] *adj* marcial
Martian ['mɑːʃən] *n* & *adj* marciano,-a
martyr ['mɑːtə^r] 1 *n* mártir |2 *vtr* martirizar
martyrdom ['mɑːtədəm] *n* martirio
marvel ['mɑːvəl] 1 *n* maravilla |2 *vi* maravillarse
marvellous, *US* **marvelous** ['mɑːvələs] *adj* maravilloso,-a
Marxist ['mɑːksɪst] *adj* & *n* marxista
marzipan ['mɑːzɪpæn] *n* mazapán
mascara [mæ'skɑːrə] *n* rímel
mascot ['mæskət] *n* mascota
masculine ['mæskjʊlɪn] *adj* masculino,-a
mash [mæʃ] 1 *n* puré |2 *vtr* hacer puré
mask [mɑːsk] *n* ♦ máscara ♦ *(contra el polvo, etc)* mascarilla ♦ *(para disfrazarse)* antifaz, careta
masochist ['mæsəkɪst] *adj* & *n* masoquista
mason ['meɪsən] *n* ♦ albañil, mampostero,-a ♦ masón

masonry ['meɪsənrɪ] *n* ◆ albañilería, mampostería ◆ masonería

masquerade [mæskə'reɪd] *n* mascarada

mass [mæs] **1** *n* ◆ masa ◆ *Rel* misa ◆ **the masses** *pl*, las masas **|2** *adj* masivo,-a, de masas; **m. media,** medios de comunicación de masas

massacre ['mæsəkəʳ] **1** *n* masacre **|2** *vtr* masacrar

massage ['mæsɑːʒ] **1** *n* masaje **|2** *vtr* masajear

masseur [mæ'sɜːʳ] *n (hombre)* masajista

masseuse [mæ'sɜːz] *n (mujer)* masajista

massive ['mæsɪv] *adj* enorme

mast [mɑːst] *n* ◆ mástil ◆ *Rad TV* torre

master ['mɑːstəʳ] **1** *n* ◆ amo ◆ *GB (de una escuela)* profesor ◆ experto,-a, maestro,-a ◆ *Univ* **master's degree,** máster ➛ **MA, MSc, MBA** ◆ *Náut* capitán ◆ *(grabación, etc)* original **|2** *vtr* llegar a dominar

masterful ['mɑːstəfʊl] *adj* ◆ autoritario,-a ◆ dominante

masterly ['mɑːstəlɪ] *adj* magistral

masterpiece ['mɑːstəpiːs] *n* obra maestra

mastery ['mɑːstərɪ] *n* dominio, maestría

masturbation ['mæstə'beɪʃən] *n* masturbación

mat [mæt] **1** *n* ◆ estera, alfombra; *(delante de la puerta)* felpudo ◆ *(para la mesa)* salvamanteles ◆ *(en un gimnasio)* colchoneta

match [mætʃ] **1** *n* ◆ cerilla ◆ *Dep* partido; *Box* combate **|2** *vtr* ◆ hacer juego con, combinar con ◆ *(una cosa de un par)* ser el compañero de ◆ *(una descripción)* encajar con ◆ cotejar, emparejar **|3** *vi* hacer juego

matchbox ['mætʃbɒks] *n* caja de cerillas

mate [meɪt] **1** *n* ◆ compañero,-a ◆ *GB fam* amigo,-a, amiguete ◆ *Zool* pareja (sexual) **|2** *vi* aparearse

material [mə'tɪərɪəl] **1** *adj* ◆ material ◆ *(evidencia, diferencia)* sustancial **|2** *n* ◆ material ◆ tejido, tela

materialism [mə'tɪərɪəlɪzəm] *n* materialismo

materialistic [mətɪərɪə'lɪstɪk] *adj* materialista

materialize [mə'tɪərɪəlaɪz] *vi* materializarse

maternal [mə'tɜːnəl] *adj* ◆ maternal ◆ *(pariente)* materno,-a

maternity [mə'tɜːnɪtɪ] *n* maternidad; **m. clothes,** ropa premamá; **m. ward,** sala de partos

math [mæθ] *n US* ➛ **maths**

mathematical [mæθə'mætɪkəl] *adj* matemático,-a

mathematician [mæθəmə'tɪʃən] *n* matemático,-a

mathematics [mæθə'mætɪks] *n* matemáticas

maths [mæθs] *n fam* matemáticas

matinée ['mætɪneɪ] *n Cine Teat* sesión *o* función de tarde, matiné

mating ['meɪtɪŋ] *n* apareamiento; **m. season,** época de celo

matrimony ['mætrɪmənɪ] *n* ◆ *Jur Soc* matrimonio ◆ vida conyugal

matrix ['meɪtrɪks] *n (pl* **matrices** ['meɪtrɪsiːz]*)* matriz

matron ['meɪtrən] *n* ◆ matrona ◆ *Med* enfermera jefa

matt [mæt] *adj* mate

matted ['mætɪd] *adj (pelo)* enmarañado,-a

matter ['mætəʳ] **1** *n* ◆ materia ◆ material; **reading m.,** material de lectura ◆ asunto, cuestión; **as a m. of fact,** en realidad ◆ problema: **what's the m. with you?,** ¿qué te pasa? ◆ *Med* pus **|2** *vi* importar, tener importancia: **it doesn't m.,** no importa

mattress ['mætrɪs] *n* colchón

mature [mə'tʃʊəʳ] **1** *adj* ◆ maduro,-a ◆ *Fin* vencido,-a **|2** *vi* madurar

maturity [mə'tʃʊərɪtɪ] *n* madurez

maul [mɔːl] *vtr* herir, magullar

mauve [məʊv] *adj* & *n* malva

maverick ['mævərɪk] *n* & *adj* inconformista; *Pol* disidente

max [mæks] *(abr de maximum)* máximo, max.

maxim ['mæksım] *n* máxima

maximize ['mæksımaız] *vtr* maximizar

maximum ['mæksıməm] **1** *n (pl maxima* ['mæksımə]*)* máximo **|2** *adj* máximo,-a

may [meı] *v aux (ps* **might***) (posibilidad, probabilidad)* poder: **it m./might be true,** puede ser cierto ◆ *(para dar/pedir permiso)* poder: **m. I come in?,** ¿puedo entrar?

May [meı] *n* mayo

maybe ['meıbiː] *adv* quizá, tal vez

mayonnaise [meıə'neız] *n* mayonesa, mahonesa

mayor [meəʳ] *n Pol* alcalde, alcaldesa

mayoress ['meərıs] *n* alcaldesa

maze [meız] *n* laberinto

MBA [embiː'eı] *(abr de* **Master in Business Administration***)* máster en gestión de empresas

MD [em'diː] ◆ *fam (abr de* **Managing Director***)* director,-ora ejecutivo,-a ◆ *(abr de* **Doctor of Medicine***)* Dr(a). en Medicina

me [miː] *pron* ◆ me: **can you hear me?,** ¿puedes oírme? ◆ *(con preposición)* mí: **with me,** conmigo ◆ *(enfático)* yo: **it's me,** soy yo

meadow ['medəʊ] *n* prado

meagre, *US* **meager** ['miːgəʳ] *adj* exiguo,-a

meal [miːl] *n* comida

mealtime ['miːltaım] *n* hora de comer

mean [miːn] **1** *adj (***meaner, meanest***)* ◆ tacaño,-a ◆ mezquino,-a, malo,-a ◆ medio: **m. rainfall,** precipitación media **|2** *vtr (ps & pp* **meant***)* ◆ significar ◆ *(persona)* querer decir: **what did he m. by that?,** ¿qué quiso decir con eso? ◆ querer, tener la intención de: **I didn't m. to kill him,** no quería matarlo ◆ implicar, suponer

meaning ['miːnıŋ] *n* ◆ sentido, significado ◆ propósito

meaningful ['miːnıŋfʊl] *adj* significativo,-a

meaningless ['miːnıŋlıs] *adj* sin sentido

meanness ['miːnnıs] *n* ◆ tacañería ◆ maldad, mezquindad

means [miːnz] *n* ◆ *(sing o pl)* medio, manera ◆ *(pl)* medios (económicos), recursos ◆ **|**LOC: **by m. of,** por medio de; **by no m.,** de ninguna manera

meant [ment] *ps & pp* → **mean**

meantime ['miːntaım] *n* **for the m.,** por ahora; **in the m.,** mientras tanto

meanwhile ['miːnwaıl] *adv* mientras tanto

measles ['miːzəlz] *n* sarampión

measure ['meʒəʳ] **1** *n* ◆ medida ◆ regla; **tape m.,** cinta métrica ◆ *Mús* compás **|2** *vtr* medir

measurement ['meʒəmənt] *n* medida

meat [miːt] *n* carne

meaty ['miːtı] *adj (***meatier, meatiest***)* con mucha carne

mechanic [mı'kænık] *n* mecánico,-a

mechanical [mı'kænıkəl] *adj* mecánico,-a

mechanics [mı'kænıks] *n* ◆ *(sing) Fís* mecánica ◆ *(pl) (de un aparato)* mecanismo

mechanism ['mekənızəm] *n* mecanismo

medal ['medəl] *n* medalla

medallist, *US* **medalist** ['medəlıst] *n* medallista

meddle ['medəl] *vi* entrometerse

media ['miːdıə] *npl* medios de comunicación

mediaeval [medı'iːvəl] *adj GB* medieval

mediate ['miːdıeıt] *vi* mediar

mediator ['miːdıeıtəʳ] *n* mediador,-ora

medic ['medık] *n fam* **1** médico,-a **|2** estudiante de Medicina

medical ['medıkəl] **1** *adj* ◆ médico,-a ◆ *(estudiante, libro)* de medicina **|2** *n* chequeo

medicated ['medıkeıtıd] *adj* medicinal

medication [medı'keıʃən] *n* medicación

medicine ['medsın, 'medısın] *n* medicina

medieval [medɪ'iːvəl] *adj US* medieval

mediocre [miːdɪ'əʊkəʳ] *adj* mediocre

meditate ['medɪteɪt] *vi* meditar

meditation [medɪ'teɪʃən] *n* meditación

Mediterranean [medɪtə'reɪnɪən] **1** *adj* mediterráneo,-a |**2** *n* **the M. (sea),** el (mar) Mediterráneo

medium ['miːdɪəm] **1** *adj* mediano,-a; **of m. size,** de tamaño medio |**2** *n* ◆ *(pl **media**)* medio ◆ *(pl **mediums**)* médium

meek [miːk] *adj* dócil, manso,-a

meet [miːt] **1** *vtr (ps & pp **met**)* ◆ conocer: **I first met her in Paris,** la conocí en París ◆ encontrarse con ◆ quedar con, reunirse con ◆ ir a buscar ◆ *Dep* enfrentarse con ◆ *(un requerimiento)* satisfacer |**2** *vi* ◆ encontrarse ◆ conocerse ◆ reunirse ◆ juntarse ◆ *Dep* enfrentarse ■ **meet with** *vtr* ◆ *(un problema)* tropezar con ◆ *(una persona)* reunirse con

meeting ['miːtɪŋ] *n* ◆ encuentro ◆ *(junta)* reunión ◆ *Pol* mitin

megabyte ['megəbaɪt] *n* megabyte

megaphone ['megəfəʊn] *n* megáfono

melancholy ['melənkəlɪ] **1** *n* melancolía |**2** *adj* melancólico,-a

mêlée, melee ['meleɪ] *n* tumulto

mellow ['meləʊ] **1** *adj* ◆ maduro,-a, dulce ◆ *(color, sonido)* suave ◆ *(persona)* apacible, tranquilo,-a |**2** *vi* ◆ madurar ◆ *(color, sonido)* suavizarse

melodramatic [melədrə'mætɪk] *adj* melodramático,-a

melody ['melədɪ] *n* melodía

melon ['melən] *n* melón

melt [melt] **1** *vtr (un metal)* fundir; *(hielo, chocolate)* derretir |**2** *vi (un metal)* fundirse; *(hielo, chocolate)* derretirse

melting point ['meltɪŋpɔɪnt] *n* punto de fusión

member ['membəʳ] *n* miembro; *(de un partido)* afiliado,-a, militante; *(de una sociedad)* socio,-a

membership ['membəʃɪp] *n* ◆ afiliación, militancia ◆ pertenencia

membrane ['membreɪn] *n* membrana

memo ['meməʊ] *n fam (abr de **memorandum**)* memorándum

memoirs ['memwɑːz] *npl* memorias

memorable ['memərəbəl] *adj* memorable

memorandum [memə'rændəm] *n (pl **memoranda**)* memorándum, nota

memorial [mɪ'mɔːrɪəl] **1** *adj* conmemorativo,-a |**2** *n* monumento conmemorativo

memorize ['meməraɪz] *vtr* memorizar

memory ['memərɪ] *n* ◆ memoria ◆ recuerdo

men [men] *npl* → **man**

menace ['menɪs] **1** *n* amenaza |**2** *vtr* amenazar

menacing ['menɪsɪŋ] *adj* amenazador,-ora

mend [mend] **1** *vtr* reparar, arreglar |**2** *n* remiendo, zurcido

mending ['mendɪŋ] *n* ropa para remendar

menfolk ['menfəʊk] *npl* hombres

menopause ['menəpɔːz] *n* menopausia

menstruation [menstrʊ'eɪʃən] *n* menstruación

menswear ['menzweəʳ] *n* ropa de caballero

mental ['mentəl] *adj* ◆ mental ◆ *(minusvalía)* psíquico,-a

mentality [men'tælɪtɪ] *n* mentalidad

mentally ['mentəlɪt] *adv* mentalmente; **m. handicapped,** disminuido,-a psíquico,-a

mention ['menʃən] **1** *n* mención |**2** *vtr* mencionar: **thanks! - don't m. i,** ¡gracias! - de nada

menu ['menjuː] *n* ◆ carta; *(plato del día)* menú ◆ *Inform* menú

mercenary ['mɜːsɪnərɪ] *adj & n* mercenario,-a

merchandise ['mɜːtʃəndaɪz] *n* mercancías

merchant ['mɜːtʃənt] *n* comerciante |**2** *adj* mercante

merciful ['mɜːsɪfʊl] *adj* misericordioso,-a, compasivo,-a

merciless ['mɜːsɪlɪs] *adj* despiadado,-a

mercury ['mɜːkjʊrɪ] *n* mercurio

mercy ['mɜːsɪ] *n* misericordia, compasión

mere [mɪəʳ] *adj* mero,-a, simple

merge [mɜːdʒ] **1** *vtr* combinar, mezclar; *(organizaciones, archivos)* fusionar **|2** *vi* unirse; *(organizaciones)* fusionarse

merger ['mɜːdʒəʳ] *n* fusión

meringue [mə'ræŋ] *n* merengue

merit ['merɪt] **1** *n* mérito **|2** *vtr frml* merecer

mermaid ['mɜːmeɪd] *n* sirena

merry ['merɪ] *adj (merrier, merriest)* ◆ alegre ◆ **M. Christmas!**, ¡Feliz Navidad!

merry-go-round ['merɪgəʊraʊnd] *n* tiovivo

mesh [meʃ] *n* malla

mess [mes] **1** *n* ◆ confusión, desorden ◆ lío, aprieto ◆ *Mil Náut* comedor ■ **mess about/around** *vi* entretenerse, pasar el rato ◆ hacer el tonto ■ **mess up** *vtr* ◆ desordenar ◆ estropear

message ['mesɪdʒ] *n* ◆ mensaje ◆ *(nota, etc)* recado

messenger ['mesɪndʒəʳ] *n* mensajero,-a

Messiah [mɪ'saɪə] *n* Mesías

messy ['mesɪ] *adj (messier, messiest)* ◆ desordenado,-a ◆ *(suelo, etc)* sucio,-a

met [met] *ps* & *pp* → **meet**

metabolism [me'tæbəlɪzəm] *n* metabolismo

metal ['metəl] **1** *n* metal **|2** *adj* metálico,-a

metallic [mɪ'tælɪk] *adj* metálico,-a

metallurgy [me'tælədʒɪ] *n* metalurgia

metaphor ['metəfər] *n* metáfora

meteor ['miːtɪəʳ] *n* meteoro

meteorite ['miːtɪəraɪt] *n* meteorito

meter ['miːtəʳ] *n* ◆ contador ◆ *US* → **metre**

method ['meθəd] *n* método

methodical [mɪ'θɒdɪkəl] *adj* metódico,-a

Methodist ['meθədɪst] *adj* & *n* metodista

meticulous [mə'tɪkjʊləs] *adj* meticuloso,-a

metre ['miːtəʳ] *n* metro

metric ['metrɪk] *adj* métrico,-a

metropolitan [metrə'pɒlɪtən] *adj* metropolitano,-a

Mexican ['meksɪkən] *adj* & *n* mexicano,-a

Mexico ['meksɪkəʊ] *n* México

miaow [miː'aʊ] **1** *vi* maullar **|2** *n* maullido

mice [maɪs] *npl* → **mouse**

mickey ['mɪkɪ] *n GB fam* **to take the m. (out of sb)**, tomar el pelo (a alguien)

microbe ['maɪkrəʊb] *n* microbio

microchip ['maɪkrəʊtʃɪp] *n* microchip

microphone ['maɪkrəfəʊn] *n* micrófono

microprocessor [maɪkrəʊ'prəʊsesəʳ] *n* microprocesador

microscope ['maɪkrəskəʊp] *n* microscopio

microwave ['maɪkrəʊweɪv] *n* **m. (oven)**, (horno) microondas

mid [mɪd] *pref* medio,-a: **she's in her m.-fifties**, tiene cincuenta y tantos

midday [mɪd'deɪ] *n* mediodía

middle ['mɪdəl] **1** *n* medio **|2** *adj* central, de en medio; **the M. Ages**, la Edad Media; **the M. East**, el Oriente Medio

middle age [mɪdəl'eɪdʒ] *n* madurez, mediana edad

middle-aged [mɪdəl'eɪdʒd] *adj* de mediana edad

middle-class [mɪdəl'klɑːs] *adj* de clase media

middleman ['mɪdəlmæn] *n* intermediario

midge [mɪdʒ] *n* mosquito pequeño

midget ['mɪdʒɪt] *n* enano,-a

midnight ['mɪdnaɪt] *n* medianoche

midriff ['mɪdrɪf] *n* estómago

midst [mɪdst] *n* medio

midway ['mɪdweɪ] *adv* a mitad de camino

midweek ['mɪdwiːk] *adj* de entre semana

midwife ['mɪdwaɪf] *n* comadrona, partera

might [maɪt] **1** *n frml* fuerza, poder **|2** *v aux* → **may**

mighty ['maɪtɪ] *adj (mightier, mightiest)* poderoso,-a

migraine ['miːgreɪn], *US* ['maɪgreɪn] *n* migraña

migrate [maɪ'greɪt] *vi* emigrar

migration [maɪ'greɪʃən] *n* migración

mild [maɪld] *adj* ◆ suave ◆ *(clima)* templado,-a ◆ *(crítica)* poco severo,-a ◆ *(persona)* apacible

mildew ['mɪldju:] *n* moho

mile [maɪl] *n* milla (1.609 metros)

mileage ['maɪlɪdʒ] *n* ≈ kilometraje

milestone ['maɪlstəʊn] *n* hito

militant ['mɪlɪtənt] *adj* & *n* militante

military ['mɪlɪtərɪ] *adj* militar

militia [mɪ'lɪʃə] *n* milicia

milk [mɪlk] **1** *n* leche |**2** *adj* lácteo,-a |**3** *vtr* ordeñar

milkman ['mɪlkmən] *n* lechero

milky ['mɪlkɪ] *adj* ***(milkier, milkiest)*** ◆ con mucha leche ◆ **M. Way,** Vía Láctea

mill [mɪl] **1** *n* ◆ molino ◆ *(para café)* molinillo ◆ *(de algodón, papel)* fábrica |**2** *vtr* moler

millennium [mɪ'lenɪəm] *n (pl* ***millenniums*** *o* ***millenia*** [mɪ'lenɪə]*)* milenio

miller ['mɪlə^r] *n* molinero,-a

millet ['mɪlɪt] *n* mijo

million ['mɪljən] *n* millón

millionaire [mɪljə'neə^r] *n* millonario,-a

mime [maɪm] **1** *n* mimo |**2** *vtr* imitar

mimic ['mɪmɪk] **1** *adj* & *n* mímico,-a |**2** *vtr* imitar

minaret ['mɪnəret] *n* minarete

mince [mɪns] **1** *vtr* picar, moler |**2** *n GB* carne picada

mincemeat ['mɪnsmi:t] *n* ◆ *GB conserva de fruta picada y especias* ◆ carne picada

mincer ['mɪnsə^r] *n* picadora

mind [maɪnd] **1** *n* ◆ mente ◆ juicio: **to lose one's m.,** volverse loco,-a ◆ opinión; **to make up one's m.,** decidirse |**2** *vtr* ◆ tener objeciones: **I wouldn't m. a drink,** no me importaría tomar algo ◆ tener cuidado: **m. your head!,** ¡cuidado con la cabeza! ◆ cuidar: **to m. one's own business,** no entrometerse (en asuntos ajenos) |**3** *vi* ◆ preocuparse: **never m.,** no te preocupes ◆ importar: **do you m. if I smoke?,** ¿te importa si fumo?; **I don't m.,** me da igual

mindless ['maɪndlɪs] *adj* ◆ *(actividad)* mecánico,-a ◆ *(violencia)* absurdo,-a ◆ *(persona)* estúpido,-a

mine [maɪn] **1** *pron pos* (el) mío, (la) mía, (los) míos, (las) mías, lo mío; **a friend of m.,** un amigo mío |**2** *n* mina |**3** *vtr* extraer

miner ['maɪnə^r] *n* minero,-a

mineral ['mɪnərəl] *adj* & *n* mineral

mingle ['mɪŋgəl] *vi* mezclarse

miniature ['mɪnɪtʃə^r] **1** *n* miniatura |**2** *adj* en miniatura

minibus ['mɪnɪbʌs] *n GB* microbús

minimal ['mɪnɪməl] *adj* mínimo,-a

minimize ['mɪnɪmaɪz] *vtr* minimizar

minimum ['mɪnɪməm] **1** *adj* mínimo,-a |**2** *n* mínimo

mining ['maɪnɪŋ] **1** *n Geol* minería |**2** *adj* minero,-a

miniskirt ['mɪnɪskɜ:t] *n* minifalda

minister ['mɪnɪstə^r] *n* ◆ *Pol* ministro,-a ◆ *Rel* pastor,-ora

ministry ['mɪnɪstrɪ] *n* ◆ *Pol* ministerio ◆ *Rel* sacerdocio

mink [mɪŋk] *n* visón

minor ['maɪnə^r] **1** *adj* ◆ secundario,-a ◆ *(operación)* menor, leve ◆ *Mús* menor |**2** *n Jur* menor de edad

minority [maɪ'nɒrɪtɪ] **1** *n* minoría |**2** *adj* minoritario,-a

mint [mɪnt] **1** *n* ◆ menta ◆ *Fin* casa de la moneda |**2** *adj* de menta |**3** *vtr* acuñar

minus ['maɪnəs] *prep* ◆ menos ◆ *Meteor* **m. forty degrees,** cuarenta grados bajo cero ◆ sin

minute[1] ['mɪnɪt] *n* ◆ minuto ◆ **minutes** *pl, (de una reunión)* actas |**2** *adj* [maɪ'nju:t] diminuto,-a

miracle ['mɪrəkəl] *n* milagro

mirage [mɪ'rɑ:ʒ] *n* espejismo

mirror ['mɪrə^r] **1** *n* espejo; *(de coche)* retrovisor |**2** *vtr* reflejar

misadventure [mɪsəd'ventʃə^r] *n* desgracia; *Jur* **death by m.,** muerte accidental

misbehave [mɪsbɪ'heɪv] *vi* portarse mal

miscalculate [mɪs'kælkjʊleɪt] *vtr* & *vi* calcular mal

miscalculation [mɪskælkjʊ'leɪʃən] *n* error de cálculo
miscarriage ['mɪskærɪdʒ] *n* aborto (espontáneo)
miscellaneous [mɪsɪ'leɪnɪəs] *adj* diverso,-a, variado,-a
mischief ['mɪstʃɪf] *n* travesura
mischievous ['mɪstʃɪvəs] *adj* travieso,-a
misconceived [mɪskən'si:vd] *adj* erróneo,-a
misconception [mɪskən'sepʃən] *n* idea equivocada
misconduct [mɪs'kɒndʌkt] *n frml* mala conducta
miscount [mɪs'kaʊnt] *vtr* contar mal
miser ['maɪzəʳ] *n* avaro,-a
miserable ['mɪzərəbəl] *adj* ♦ triste, afligido,-a ♦ *(sitio, tiempo)* deprimente
miserably ['mɪzərəblɪ] *adv* ♦ tristemente ♦ *(fracasar)* rotundamente
miserly ['maɪzəlɪ] *adj* avaro,-a, tacaño,-a
misery ['mɪzərɪ] *n* ♦ tristeza, desdicha ♦ *(pobreza)* miseria
misfit ['mɪsfɪt] *n* inadaptado,-a
misfortune [mɪs'fɔ:tʃən] *n* desgracia
misgiving [mɪs'gɪvɪŋ] *n* ♦ recelo ♦ duda
misguided [mɪs'gaɪdɪd] *adj* equivocado,-a
mishandle [mɪs'hændəl] *vtr* llevar o manejar mal
mishap ['mɪshæp] *n* contratiempo, percance
misinform [mɪsɪn'fɔ:m] *vtr* informar mal
misinterpret [mɪsɪn'tɜ:prɪt] *vtr* malinterpretar
misjudge [mɪs'dʒʌdʒ] *vtr* juzgar mal
mislay [mɪs'leɪ] *vtr* extraviar, perder
mislead [mɪs'li:d] *vtr* ♦ despistar ♦ *(a propósito)* engañar
misleading [mɪs'li:dɪŋ] *adj* ♦ erróneo,-a ♦ *(a propósito)* engañoso,-a
mismanagement [mɪs'mænɪdʒmənt] *n* mala administración
misplaced [mɪs'pleɪst] *adj* ♦ *(una cosa)* extraviado,-a ♦ *(confianza)* no merecido,-a
misprint ['mɪsprɪnt] *n* errata, error de imprenta
misrepresent [mɪsreprɪ'zent] *vtr* tergiversar
miss [mɪs] **1** *vtr* ♦ perderse ♦ errar, fallar ♦ *(un avión, tren)* perder ♦ no percibir; **to m. the point,** no captar la idea ♦ omitir, saltarse ♦ *(gentío, tráfico)* evitar ♦ *(a una persona)* echar de menos ♦ *(algo perdido)* echar en falta **|2** *n* ♦ fallo ♦ **Miss,** señorita **|3** *vi* fallar ■ **miss out** *vtr* omitir, saltarse
missile ['mɪsaɪl] *US* ['mɪsəl] *n* ♦ misil ♦ *(piedra, etc)* proyectil
missing ['mɪsɪŋ] *adj* ♦ *(objeto)* perdido,-a ♦ *(persona)* desaparecido,-a ♦ ausente: **who is m.?,** ¿quién falta?
mission ['mɪʃən] *n* misión
missionary ['mɪʃənərɪ] *n* misionero,-a
mist [mɪst] *n* neblina, niebla ■ **mist over/up** *vi* empañar(se)
mistake [mɪ'steɪk] **1** *n* error, equivocación; **by m.,** por error, sin querer **|2** *vtr (ps* ***mistook;*** *pp* ***mistaken)*** confundir
mistaken [mɪ'steɪkən] *adj* ♦ *pp* → **mistake** ♦ equivocado,-a
mister ['mɪstəʳ] *n* señor
mistletoe ['mɪsəltəʊ] *n* muérdago
mistook [mɪ'stʊk] *ps* → **mistake**
mistreat [mɪs'tri:t] *vtr* maltratar
mistress ['mɪstrɪs] *n* ♦ señora, ama ♦ *(de un animal)* dueña, ama ♦ amante ♦ *Educ* maestra
mistrust [mɪs'trʌst] **1** *n* desconfianza, recelo **|2** *vtr* desconfiar de, recelar de
misty ['mɪstɪ] *adj (****mistier, mistiest****)* ♦ *(día)* de niebla ♦ *(cristal)* empañado,-a
misunderstand [mɪsʌndə'stænd] *vtr & vi* entender mal
misunderstanding [mɪsʌndə'stændɪŋ] *n* malentendido
misuse [mɪs'ju:s] **1** *n* ♦ uso incorrecto ♦ *(de la autoridad)* abuso ♦ *(de fondos)* malversación **|2** [mɪs'ju:z] *vtr* ♦ emplear mal ♦ *(la autoridad)* abusar de ♦ *(fondos)* malversar
mitigate ['mɪtɪgeɪt] *vtr* mitigar
mitten ['mɪtən] *n* manopla
mix [mɪks] **1** *n* mezcla **|2** *vtr* ♦ mezclar ♦ *(un cóctel, etc)* preparar **|3** *vi* ♦

mezclarse ♦ *(personas)* relacionarse ■ **mix up** *vtr* ♦ confundir ♦ desordenar, revolver ♦ involucrar, meter

mixed [mɪkst] *adj* ♦ surtido,-a, variado,-a ♦ mixto,-a

mixer ['mɪksəʳ] *n* batidora

mixture ['mɪkstʃəʳ] *n* mezcla

mix-up ['mɪksʌp] *n fam* confusión, lío

moan [məʊn] **1** *n* gemido **|2** *vi* ♦ gemir ♦ *fam* quejarse

moat [məʊt] *n* foso

mob [mɒb] **1** *n* ♦ multitud, muchedumbre ♦ **the M.,** la Mafia **|2** *vtr* acosar, asediar

mobile ['məʊbaɪl, *US* 'məʊbəl] **1** *adj* móvil **|2** *n* (teléfono) móvil, portátil

mobility [məʊ'bɪlɪtɪ] *n* movilidad

mobilize ['məʊbɪlaɪz] *vtr* movilizar

mock [mɒk] **1** *adj* simulado,-a **|2** *vtr* burlarse de

mockery ['mɒkərɪ] *n* burla

mode [məʊd] *n* ♦ modo, estilo ♦ *(ropa)* moda

model ['mɒdəl] **1** *n* ♦ ejemplo, modelo ♦ *(en una pasarela de moda)* modelo ♦ *(a escala)* maqueta **|2** *adj* ♦ ejemplar, modelo ♦ *(tren, avión)* miniatura **|3** *vtr* ♦ modelar ♦ basar **|4** *vi* hacer maquetas

modem ['məʊdem] *n* módem

moderate ['mɒdərət] **1** *adj* moderado,-a **|2** *n Pol* moderado,-a **|3** ['mɒdəreɪt] *vtr* moderar **|4** *vi* ♦ moderarse ♦ *(lluvia, viento, etc)* calmarse, amainar

moderation [mɒdə'reɪʃən] *n* moderación

modern ['mɒdən] *adj* moderno,-a

modernize ['mɒdənaɪz] *vtr* modernizar

modest ['mɒdɪst] *adj* modesto,-a

modesty ['mɒdɪstɪ] *n* ♦ modestia ♦ pudor

modification [mɒdɪfɪ'keɪʃən] *n* modificación

modify ['mɒdɪfaɪ] *vtr* modificar

module ['mɒdjuːl] *n* módulo

mogul ['məʊgʌl] *n* magnate

moist [mɔɪst] *adj* húmedo,-a

moisten ['mɔɪsən] *vtr* humedecer

moisture ['mɔɪstʃəʳ] *n* humedad

moisturizer ['mɔɪstʃəraɪzəʳ] *n* crema hidratante

mold [məʊld] *n US* ➔ **mould**

mole [məʊl] *n* lunar

molecule ['mɒlɪkjuːl] *n* molécula

molest [mə'lest] *vtr* ♦ acosar sexualmente ♦ importunar

molten ['məʊltən] *adj* fundido,-a

mom [mɒm] *n US fam* mamá

moment ['məʊmənt] *n* momento

momentous [məʊ'mentəs] *adj* trascendental

mommy ['mɒmɪ] *n US fam* mamá

monarch ['mɒnək] *n* monarca

monarchy ['mɒnəkɪ] *n* monarquía

monastery ['mɒnəstərɪ] *n* monasterio

Monday ['mʌndɪ] *n* lunes

monetarism ['mʌnɪtərɪzəm] *n* monetarismo

monetary ['mʌnɪtərɪ] *adj* monetario,-a

money ['mʌnɪ] *n* dinero; moneda; **to make m.,** ganar *o* hacer dinero

mongrel ['mʌŋgrəl] *n* chucho

monitor ['mɒnɪtəʳ] **1** *n* ♦ *Inform* monitor ♦ *(persona)* monitor,-ora **|2** *vtr* ♦ controlar ♦ observar ♦ *Rad* escuchar

monk [mʌŋk] *n* monje

monkey ['mʌŋkɪ] *n* mono

monogamy [mɒ'nɒgəmɪ] *n* monogamia

monologue, *US* **monolog** ['mɒnəlɒg] *n* monólogo

monopolize [mə'nɒpəlaɪz] *vtr* ♦ *Fin* monopolizar ♦ *fig* acaparar

monopoly [mə'nɒpəlɪ] *n* monopolio

monotonous [mə'nɒtənəs] *adj* monótono,-a

monotony [mə'nɒtənɪ] *n* monotonía

monsoon [mɒn'suːn] *n* monzón

monster ['mɒnstəʳ] **1** *n* monstruo **|2** *adj fam* gigantesco,-a

monstrosity [mɒn'strɒsɪtɪ] *n* monstruosidad

monstrous ['mɒnstrəs] *adj* ♦ enorme ♦ monstruoso,-a

montage ['mɒntɑːʒ] *n* montaje

month [mʌnθ] *n* mes

monthly ['mʌnθlɪ] **1** *adj* mensual **|2** *n* revista mensual **|3** *adv* mensualmente

monument ['mɒnjʊmənt] *n* monumento

monumental [mɒnʊ'mentəl] *adj* monumental

moo [muː] **1** *n* mugido **|2** *vi* mugir

mood [muːd] *n* ◆ humor, ánimo; **I'm in the m. to go to the cinema,** tengo ganas de ir al cine; **to be in a good/bad m.,** estar de buen/mal humor ◆ *Ling* modo

moody ['muːdɪ] *adj (moodier, moodiest)* ◆ de humor variable ◆ malhumorado,-a

moon [muːn] *n* Luna

moonlight ['muːnlaɪt] *n* luz de la Luna

moonlighting ['muːnlaɪtɪŋ] *n* pluriempleo

moonlit ['muːnlɪt] *adj* iluminado,-a por la Luna

moor [mʊəʳ] **1** *n* ◆ páramo ◆ **Moor,** moro,-a **|2** *vtr Náut* amarrar

moorland ['mʊələnd] *n* páramo

moose ['muːs] *n* alce

mop [mɒp] **1** *n* fregona **|2** *vtr* fregar

mope [məʊp] *vi* estar abatido,-a/desanimado,-a

moped ['məʊped] *n* ciclomotor

moral ['mɒrəl] **1** *adj* moral, ético,-a **|2** *n* ◆ moraleja ◆ **morals** *pl*, moral, moralidad

morale [mə'rɑːl] *n* moral, estado de ánimo

morality [mə'rælɪtɪ] *n* moralidad

morbid ['mɔːbɪd] *adj* ◆ morboso,-a ◆ *Med* patológico,-a

more [mɔːʳ] **1** *adv (comparativo de **much**)* ◆ *(para formar comparativos)* más: **she is m. intelligent than him,** ella es más inteligente que él ◆ **I don't smoke any m.,** ya no fumo **|2** *adj (comparativo de **much** y **many**)* más: **give me m. money,** dame más dinero **|3** *pron (comparativo de **much** y **many**)* más: **the m. the merrier,** cuántos más, mejor

moreover [mɔː'rəʊvəʳ] *adv* además

morgue [mɔːg] *n US* depósito de cadáveres

morning ['mɔːnɪŋ] *n* ◆ mañana; **tomorrow m.,** mañana por la mañana; **good m.!,** ¡buenos días! ◆ madrugada

moron ['mɔːrɒn] *n fam* idiota

morose [mə'rəʊs] *adj* taciturno,-a

morphine ['mɔːfiːn] *n* morfina

mortal ['mɔːtəl] *adj & n* mortal

mortality [mɔː'tælɪtɪ] *n* mortalidad

mortar ['mɔːtəʳ] *n* mortero

mortgage ['mɔːgɪdʒ] **1** *n Fin* hipoteca **|2** *vtr Fin* hipotecar

mortify ['mɔːtɪfaɪ] *vtr* avergonzar, humillar

mortuary ['mɔːtʃʊərɪ] *n GB* depósito de cadáveres

mosaic [mə'zeɪk] *n* mosaico

Moslem ['mɒzləm] *adj & n* musulmán,-ana

mosque [mɒsk] *n* mezquita

mosquito [mɒs'kiːtəʊ] *n (pl **mosquitoes**)* mosquito

moss [mɒs] *n* musgo

most [mɔːʳ] **1** *adv (para formar superlativos)* más: **what she likes m.,** lo que más le gusta **|2** *adj* ◆ el que más ◆ la mayoría de ◆ **|**LOC: **for the m. part,** por lo general **|3** *pron* ◆ el/la más ◆ la mayoría de; **at the m.,** como mucho; **m. of all,** más que nada, sobre todo; **m. of us,** la mayoría de nosotros

mostly ['məʊstlɪ] *adv* ◆ en su mayor parte ◆ generalmente, normalmente

moth [mɒθ] *n* polilla

mother ['mʌðəʳ] **1** *n* ◆ madre; **m. tongue,** lengua materna ◆ *Rel* **Mother,** Madre **|2** *vtr* mimar

motherhood ['mʌðəhʊd] *n* maternidad

mother-in-law ['mʌðərɪnlɔː] *n* suegra

motherly ['mʌðəlɪ] *adj* maternal

mother-to-be [mʌðətə'biː] *n* futura madre

motif [məʊ'tiːf] *n* motivo

motion ['məʊʃən] **1** *n* ◆ movimiento ◆ ademán, gesto ◆ *Jur Pol* moción **|2** *vtr & vi* hacer señas

motionless ['məʊʃənlɪs] *adj* inmóvil

motivate ['məʊtɪveɪt] *vtr* motivar

motivation [məʊtɪ'veɪʃən] *n* motivación

motive ['məʊtɪv] *n* motivo

motor ['məʊtəʳ] *n* motor

motorbike ['məʊtəbaɪk] *n fam* motocicleta, moto
motorboat ['məʊtəbəʊt] *n* lancha motora
motor-car ['məʊtəkɑːʳ] *n frml* automóvil
motorcycle ['məʊtəsaɪkəl] *n* motocicleta, moto
motorcyclist ['məʊtəsaɪklɪst] *n* motociclista, motorista
motoring ['məʊtərɪŋ] *n* automovilismo
motorist ['məʊtərɪst] *n* automovilista
motorway ['məʊtəweɪ] *n GB* autopista
mottled ['mɒtəld] *adj* con manchas
motto ['mɒtəʊ] *n* lema
mould, *US* **mold** [məʊld] **1** *n* ◆ moho ◆ molde **|2** *vtr* moldear
mouldy, *US* **moldy** ['məʊldɪ] *adj* ***(mouldier, mouldiest)*** mohoso,-a
moult, *US* **molt** [məʊlt] *vi* mudar la piel/el pelo
mound [maʊnd] *n* ◆ montón, pila ◆ *Geol* montículo
mount [maʊnt] **1** *n* ◆ monte ◆ montura **|2** *vtr* ◆ *(un caballo)* montar ◆ *(una cuesta)* subir ◆ *(una joya)* engastar; *(un cuadro, una foto)* enmarcar ■ **mount up** *vi* acumularse
mountain ['maʊntɪn] **1** *n* montaña **|2** *adj* de montaña
mountaineer [maʊntɪ'nɪəʳ] *n* alpinista, *LAm* andinista
mountaineering [maʊntɪ'nɪərɪŋ] *n* alpinismo, *LAm* andinismo
mountainous ['maʊntɪnəs] *adj* montañoso,-a
mountainside ['maʊntɪnsaɪd] *n* ladera (de la montaña)
mourn [mɔːn] *vtr* & *vi* **to m. (for) sb,** llorar la muerte de alguien, llevar luto
mourner ['mɔːnəʳ] *n* doliente
mournful ['mɔːnfʊl] *adj* afligido,-a, triste
mourning ['mɔːnɪŋ] *n* luto
mouse [maʊs] *n* ***(pl mice)*** ratón
mousetrap ['maʊstræp] *n* ratonera
mousse [muːs] *n Culin* mousse
moustache [mə'stɑːʃ] *n* bigote(s)
mousy ['maʊsɪ] *adj* ***(mousier, mousiest)*** castaño claro
mouth [maʊθ] *n (pl* ***mouths*** [maʊðz]*)* ◆ boca ◆ *(de un río)* desembocadura ◆ *(de una cueva, un túnel)* entrada
mouthful ['maʊθfʊl] *n* ◆ *(de comida)* bocado ◆ *(de bebida)* sorbo
mouth organ ['maʊθɔːgən] *n* armónica
mouthpiece ['maʊθpiːs] *n* ◆ *Mús* boquilla ◆ *Tel* micrófono ◆ portavoz
mouthwash ['maʊθwɒʃ] *n* elixir, enjuague bucal
mouthwatering ['maʊθwɔːtərɪŋ] *adj* muy apetitoso,-a
movable ['muːvəbəl] *adj* movible, móvil
move [muːv] **1** *n* ◆ movimiento, ademán ◆ *(de una casa)* mudanza ◆ *(trabajo, etc)* traslado ◆ paso, movimiento ◆ *Ajedrez, etc* jugada, turno **|2** *vtr* ◆ mover ◆ trasladar ◆ *(una ley, etc)* proponer ◆ inducir, persuadir ◆ conmover, emocionar **|3** *vi* ◆ moverse, desplazarse ◆ mudarse ◆ trasladarse ◆ jugar, mover ◆ estar en marcha ■ **move about/around 1** *vtr* cambiar de sitio **|2** *vi* desplazarse ■ **move along 1** *vi* ◆ avanzar ◆ circular **|2** *vtr* hacer avanzar ■ **move away 1** *vi* ◆ alejarse, irse ◆ mudarse **|2** *vtr* alejar ■ **move back** *vi* retroceder ■ **move down** *vi* & *vtr* bajar ■ **move in 1** *vi* instalarse **|2** *vtr* hacer entrar ■ **move on 1** *vi* seguir adelante **|2** *vtr* hacer circular ■ **move out 1** *vi* mudarse **|2** *vtr* hacer salir ■ **move over 1** *vi* apartarse, moverse a un lado **|2** *vtr* apartar ■ **move up** *vtr* & *vi* subir
movement ['muːvmənt] *n* movimiento
movie ['muːvɪ] *n* película
moving ['muːvɪŋ] *adj* ◆ móvil ◆ conmovedor,-ora
mow [məʊ] *vtr (ps* ***mowed;*** *pp* ***mown*** *o* ***mowed)*** cortar (el césped)
mower ['məʊəʳ] *n* cortacésped
MP [em'piː] *(abr de* ***Member of Parliament****) GB Pol* diputado,-a
mph [empiː'eɪtʃ] *(abr de* ***miles per hour****)* millas por hora

MPhil [em'fɪl] *(abr de Master of Philosophy)* ≈ licenciado en Filosofía y Letras

Mr ['mɪstəʳ] *(abr de mister)* Sr. (señor)

Mrs ['mɪsɪs] señora, Sra.

Ms [məz, mɪz] señora, Sra, señorita, Srta.

MSc [emes'siː] *(abr de Master of Science)* ≈ licenciado en Ciencias

much [mʌtʃ] **1** *adv* ◆ mucho: **I like her very m.**, me gusta mucho; **as/so m.**, tanto; **as m. as possible**, todo lo posible; **thank you very m.**, muchas gracias |**2** *adj* ◆ mucho,-a: **I haven't got m. time**, no tengo mucho tiempo |**3** *pron* mucho,-a: **how m. does it cost?**, ¿cuánto cuesta?; **m. of the time**, la mayor parte del tiempo

muck [mʌk] *n* ◆ mugre ◆ *Agr* estiércol ■ **muck about/around** *fam* **1** *vi* ◆ perder el tiempo ◆ hacer el tonto |**2** *vtr* tratar con poca seriedad, tomar el pelo a

mucky ['mʌkɪ] *adj (**muckier, muckiest**)* mugriento,-a

mucus ['mjuːkəs] *n* moco, mucosidad

mud [mʌd] *n* lodo, barro, fango

muddle ['mʌdəl] *n* ◆ desorden ◆ embrollo, lío

muddy ['mʌdɪ] *adj (**muddier, muddiest**)* embarrado,-a

mudguard ['mʌdgɑːd] *n* guardabarros

muffin ['mʌfɪn] *n* ≈ magdalena

muffle ['mʌfəl] *vtr* amortiguar

muffled ['mʌfəld] *adj* sordo,-a, apagado,-a

muffler ['mʌfləʳ] *n* silenciador

mug [mʌg] **1** *n* ◆ *(para café)* tazón ◆ *(para cerveza)* jarra |**2** *vtr fam* atracar, asaltar

mugger ['mʌgəʳ] *n fam* atracador,-ora

mugging ['mʌgɪŋ] *n* asalto

muggy ['mʌgɪ] *adj (**muggier, muggiest**)* bochornoso,-a

mulberry ['mʌlbərɪ] *n* ◆ mora ◆ *(árbol)* morera

mule [mjuːl] *n* mula

multicoloured, *US* **multicolored** ['mʌltɪkʌləd] *adj* multicolor

multinational [mʌltɪ'næʃənəl] *adj* & *n* multinacional

multiple ['mʌltɪpəl] **1** *adj* múltiple |**2** *n Mat* múltiplo

multiplication [mʌltɪplɪ'keɪʃən] *n* multiplicación

multiplicity [mʌltɪ'plɪsɪtɪ] *n* multiplicidad

multiply ['mʌltɪplaɪ] **1** *vtr* multiplicar |**2** *vi* multiplicarse

multipurpose [mʌltɪ'pɜːpəs] *adj* multiuso

multitude ['mʌltɪtjuːd] *n* multitud, muchedumbre

mum [mʌm] *n fam* mamá

mumble ['mʌmbəl] *vtr* & *vi* farfullar

mummy ['mʌmɪ] *n* ◆ *fam* mamá, mami ◆ *Hist* momia

mumps [mʌmps] *n sing* paperas

municipal [mjuː'nɪsɪpəl] *adj* municipal

municipality [mjuːnɪsɪ'pælɪtɪ] *n* municipio

mural ['mjʊərəl] *adj* & *n* mural

murder ['mɜːdəʳ] **1** *n* asesinato, homicidio |**2** *vtr* asesinar

murderer ['mɜːdərəʳ] *n* asesino

murderess ['mɜːdərɪs] *n* asesina

murderous ['mɜːdərəs] *adj* homicida

murky ['mɜːkɪ] *adj (**murkier, murkiest**)* oscuro,-a; turbio,-a

murmur ['mɜːməʳ] **1** *n* ◆ murmullo ◆ *Med* **heart m.**, soplo en el corazón |**2** *vtr* & *vi* murmurar

muscle ['mʌsəl] *n* músculo

muscular ['mʌskjʊləʳ] *adj* ◆ musculoso,-a ◆ *(tejido, etc)* muscular

muse [mjuːz] **1** *n* musa *(tb* **Muse***)* |**2** *vi* meditar

museum [mjuː'zɪəm] *n* museo

mushroom ['mʌʃruːm] *n* hongo, seta; *Culin* champiñón

music ['mjuːzɪk] *n* música; **m. box**, caja de música

musical ['mjuːzɪkəl] *adj* & *n* musical

musician [mjuː'zɪʃən] *n* músico,-a

musk [mʌsk] *n* almizcle

Muslim ['mʊzlɪm] *adj* & *n* musulmán,-ana

muslin ['mʌzlɪn] *n* muselina

mussel ['mʌsəl] *n* mejillón

must [mʌst] **1** *v aux* ◆ deber, tener que ◆ *(probabilidad)* deber de |**2** *n fam* necesidad

mustard ['mʌstəd] *n* mostaza

mustn't ['mʌsənt] → **must not**

musty ['mʌstɪ] *adj* **(mustier, mustiest)** rancio,-a; *(habitación)* que huele a cerrado *o* a humedad

mute ['mjuːt] *adj & n* mudo,-a

muted ['mjuːtɪd] *adj* ◆ *(color)* apagado,-a ◆ *(sonido)* sordo,-a

mutilate ['mjuːtɪleɪt] *vtr* mutilar

mutter ['mʌtəʳ] **1** *n* murmullo |**2** *vtr & vi* murmurar

mutton ['mʌtən] *n* carne de oveja

mutual ['mjuːtʃʊəl] *adj* ◆ mutuo,-a ◆ *(amigo)* común

muzzle ['mʌzəl] **1** *n* ◆ hocico ◆ *(de un perro)* bozal ◆ *(de arma de fuego)* boca

my [maɪ] *adj pos* mi, mis

myopia [maɪ'əʊpɪə] *n* miopía

myself [maɪ'self] *pron personal* ◆ *(reflexivo)* me ◆ *(uso enfático)* yo mismo,-a, personalmente: **I m. do not eat chocolate,** yo personalmente no como chocolate

mysterious [mɪ'stɪərɪəs] *adj* misterioso,-a

mystery ['mɪstərɪ] *n* misterio

mystical ['mɪstɪkəl] *adj* místico,-a

mystify ['mɪstɪfaɪ] *vtr* dejar perplejo,-a: **I'm mystified**, estoy perplejo

mystique [mɪ'stiːk] *n* mística

myth [mɪθ] *n* mito

mythology [mɪ'θɒlədʒɪ] *n* mitología

N

N, n [en] *n* ◆ *(letra)* N, n ◆ **N** *(abr de North)* Norte, N

n/a [en'neɪ] *(abr de **not applicable**)* no corresponde

nag [næg] **1** *vtr* fastidiar, dar la lata a |**2** *vi* quejarse |**3** *n* gruñón,-ona

nail [neɪl] **1** *n* ◆ clavo ◆ *Anat* uña |**2** *vtr* clavar

nailbrush ['neɪlbrʌʃ] *n* cepillo de uñas

nailfile ['neɪlfaɪl] *n* lima de uñas

naïve [naɪ'iːv] *adj* ◆ ingenuo,-a ◆ *Arte* naïf

naked ['neɪkɪd] *adj* desnudo,-a

name [neɪm] **1** *n* ◆ nombre, apellido: **what's his n.?**, ¿cómo se llama? ◆ fama, reputación; **to have a good n.,** tener buena reputación |**2** *vtr* ◆ llamar, poner nombre a ◆ *(para un puesto)* nombrar ◆ identificar

nameless ['neɪmlɪs] *adj* ◆ anónimo,-a ◆ *(horror, sufrimiento)* indescriptible

namely ['neɪmlɪ] *adv* a saber

namesake ['neɪmseɪk] *n* tocayo,-a, homónimo,-a

nanny ['nænɪ] *n* niñera

nap [næp] **1** *n* siesta, sueñecito; **to take a n.,** echarse una siesta |**2** *vi* dormir la siesta

nape [neɪp] *n* nuca

napkin ['næpkɪn] *n* servilleta

nappy ['næpɪ] *n GB* pañal

narcissus [nɑː'sɪsəs] *n* narciso

narcotic [nɑː'kɒtɪk] *n* narcótico

narrate [nə'reɪt] *vtr* narrar

narration [nə'reɪʃən] *n* narración

narrative ['nærətɪv] **1** *n* narrativa |**2** *adj* narrativo,-a

narrator [nə'reɪtə^r] *n* narrador,-ora

narrow ['nærəʊ] **1** *adj* ◆ estrecho,-a; *Ferroc* **n.-gauge,** de vía estrecha ◆ *(selección)* reducido,-a |**2** *vtr* estrechar |**3** *vi* estrecharse ■ **narrow down 1** *vtr* reducir, limitar

narrowly ['nærəʊlɪ] *adv* por poco

narrow-minded [nærəʊ'maɪndɪd] *adj* intolerante, estrecho,-a de miras

nasal ['neɪzəl] *adj* nasal

nasty ['nɑːstɪ] *adj (nastier, nastiest)* ◆ *(persona)* antipático,-a, desagradable ◆ *(acción)* feo,-a, desagradable ◆ *(olor, sabor)* horrible, asqueroso,-a ◆ *(accidente, herida)* grave

nation ['neɪʃən] *n* nación

national ['næʃnəl] **1** *adj* nacional; *GB* **N. Insurance,** Seguridad Social |**2** *n* ciudadano,-a

nationalist ['næʃnəlɪst] *adj* & *n* nacionalista

nationality [næʃə'nælɪtɪ] *n* nacionalidad

nationalization [næʃnəlaɪ'zeɪʃən] *n* nacionalización

nationalize ['næʃnəlaɪz] *vtr* nacionalizar

nationwide ['neɪʃənwaɪd] **1** *adj* a escala nacional |**2** *adv* por todo el país

native ['neɪtɪv] **1** *adj* ◆ *(inteligencia)* innato,-a ◆ *(ciudad)* natal; *(idioma)* materno,-a ◆ *(especie)* originario,-a ◆ *(persona)* autóctono,-a, indígena |**2** *n* ◆ nativo,-a ◆ autóctono,-a, indígena

NATO, Nato ['neɪtəʊ] *(abr de North Atlantic Treaty Organization)* Organización del Tratado del Atlántico Norte, OTAN

natural ['nætʃərəl] *adj* ◆ natural ◆ normal, lógico ◆ *(artista, deportista)* nato,-a; *(aptitud)* innato,-a

naturalist ['nætʃərəlɪst] *n* naturalista

naturalize ['nætʃərəlaɪz] *vtr* nacionalizar, naturalizar

naturally ['nætʃərəlɪ] *adv* ◆ por naturaleza ◆ *(por supuesto)* naturalmente ◆ *(comportarse)* con naturalidad ◆ *(curarse)* de manera natural

nature ['neɪtʃə^r] *n* ◆ naturaleza ◆ *(de persona)* carácter ◆ índole, clase

naughty ['nɔːtɪ] *adj (naughtier, naughtiest)* ◆ travieso,-a ◆ *(chiste)* atrevido,-a

nausea ['nɔːzɪə] *n* náusea

nauseating ['nɔːzɪeɪtɪŋ] *adj* nauseabundo,-a

nautical ['nɔːtɪkəl] *adj* náutico,-a, marítimo,-a

naval ['neɪvəl] *adj* naval

navel ['neɪvəl] *n* ombligo

navigate ['nævɪgeɪt] *vi* navegar

navigation [nævɪ'geɪʃən] *n* navegación

navigator ['nævɪgeɪtə^r] *n* navegante

Nazi ['nɑːtsɪ] *adj* & *n* nazi

near [nɪə^r] **1** *adv* cerca |**2** *prep* cerca de, junto a: **n. the station,** cerca de la estación |**3** *adj* cercano,-a, próximo,-a, inmediato,-a; **in the n. future,** en un futuro inmediato |**4** *vtr* acercarse a |**5** *vi* acercarse

nearby [nɪə'baɪ] **1** *adj* cercano,-a |**2** *adv* cerca

nearly ['nɪəlɪ] *adv* casi

near-sighted [nɪə'saɪtɪd] *adj* miope

neat [niːt] *adj* ◆ pulcro,-a ◆ *(casa)* ordenado,-a ◆ *(letra)* claro,-a, nítido,-a ◆ *(idea, plan)* ingenioso,-a ◆ *(alcohol)* solo,-a

necessarily [nesɪ'serəlɪ] *adv* necesariamente, por fuerza

necessary ['nesɪsərɪ] **1** *adj* necesario,-a |**2** *n* lo necesario

necessitate [nɪ'sesɪteɪt] *vtr* necesitar

necessity [nɪ'sesɪtɪ] *n* necesidad

neck [nek] *n* cuello; *(animal)* pescuezo, cuello ◆ |LOC: **he's a pain in the n.,** es un pesado

necklace ['neklɪs] *n* collar

neckline ['neklaɪn] *n* escote

necktie ['nektaɪ] *n US* corbata

nectar ['nektə^r] *n* néctar

nectarine ['nektəriːn] *n* nectarina

need [niːd] **1** *n* necesidad |**2** *vtr* ◆ necesitar ◆ tener que ◆ *(cosa, situación)* requerir, exigir |**3** *v aux* tener que, deber: **you needn't come,** no hace falta que vengas

needle ['niːdəl] 1 *n* ♦ aguja ♦ *Bot* hoja |2 *vtr fam* irritar, pinchar

needless ['niːdlɪs] *adj* innecesario,-a; **n. to say,** ni que decir tiene

needlework ['niːdəlwɜːk] *n* costura, bordado

needy ['niːdɪ] *adj* ***(needier, neediest)*** necesitado,-a

negate [nɪ'geɪt] *vtr* negar

negative ['negətɪv] 1 *adj* negativo,-a |2 *n* ♦ negación ♦ *Fot* negativo ♦ *Elec* (polo) negativo

neglect [nɪ'glekt] 1 *vtr* ♦ desatender, no ocuparse de ♦ *(un deber)* no cumplir con, desatender |2 *n* ♦ abandono ♦ negligencia

negligence ['neglɪdʒəns] *n* negligencia, descuido

negligent ['neglɪdʒənt] *adj* negligente, descuidado,-a

negligible ['neglɪdʒɪbəl] *adj* insignificante

negotiate [nɪ'gəʊʃɪeɪt] 1 *vtr* ♦ negociar; *(un préstamo)* gestionar ♦ *(un obstáculo)* sortear, salvar |2 *vi* negociar

negotiation [nɪgəʊʃɪ'eɪʃən] *n* negociación

neigh [neɪ] 1 *n* relincho |2 *vi* relinchar

neighbour, *US* **neighbor** ['neɪbəʳ] *n* vecino,-a

neighbourhood, *US* **neighborhood** ['neɪbəhʊd] *n* ♦ barrio ♦ *(personas)* vecindario

neighbouring, *US* **neighboring** ['neɪbərɪŋ] *adj* vecino,-a

neither ['naɪðəʳ, 'niːðəʳ] 1 *adj & pron* ninguno (de los dos), ninguna (de las dos): **n. of them were here,** ni el uno ni el otro estuvieron aquí |2 *adv* & *conj* ♦ ni; **n. ... nor,** ni ... ni: **I n. drink nor smoke,** ni bebo ni fumo ♦ tampoco: **I can't swim - n. can I,** no sé nadar - yo tampoco

neon ['niːɒn] *n* neón

nephew ['nevjuː, 'nefjuː] *n* sobrino

nerve [nɜːv] *n* ♦ *Anat* nervio ♦ valor, coraje ♦ *fam* cara, descaro: **you've got a n.!,** ¡qué cara tienes!

nerve-racking ['nɜːvrækɪŋ] *adj* angustioso,-a

nervous ['nɜːvəs] *adj* nervioso,-a

nest [nest] 1 *n* ♦ nido ♦ madriguera |2 *vi* anidar

net [net] 1 *n* ♦ red ♦ **the Net,** Internet |2 *adj* neto,-a

Netherlands ['neðələndz] *npl* **the N.,** los Países Bajos

nettle ['netəl] *n* ortiga

network ['netwɜːk] 1 *n* red |2 *vtr* interconectar

neuter ['njuːtəʳ] 1 *adj* neutro,-a |2 *n Ling* neutro

neutral ['njuːtrəl] 1 *adj* ♦ neutro,-a ♦ *Pol* neutral |2 *n Auto* **to be in n.,** estar en punto muerto

neutrality [njuː'trælɪtɪ] *n* neutralidad

never ['nevəʳ] *adv* nunca; **never ever,** nunca jamás; *fam* **n. mind,** da igual, no importa

never-ending [nevər'endɪŋ] *adj* interminable

nevertheless [nevəðə'les] *adv* sin embargo, no obstante

new [njuː] *adj* nuevo,-a

newborn ['njuːbɔːn] *adj* recién nacido,-a

newcomer ['njuːkʌməʳ] *n* recién llegado,-a

newly ['njuːlɪ] *adv* recién, recientemente

newlywed ['njuːlɪwed] *n* recién casado,-a

news [njuːz] 1 *n* ♦ noticias; **an item/a piece of n.,** una noticia; **n. agency,** agencia de información ♦ *TV Rad* informativo |2 *adj* informativo,-a; **n. bulletin,** boletín informativo

newsagent ['njuːzeɪdʒənt] *n* vendedor,-ora de periódicos

newspaper ['njuːzpeɪpəʳ] *n* periódico, diario

newsreader ['njuːzriːdəʳ] *n TV Rad* presentador,-ora de los informativos

news-stand ['njuːzstænd] *n* quiosco de periódicos

next [nekst] 1 *adj* ♦ próximo,-a, vecino,-a, de al lado; **the n. room,** la habitación de al lado ♦ *(en orden)* próximo,-a, siguiente: **who's n.?,** ¿quién es el siguiente?; **n. Monday,** el lunes que viene |2 *adv* ◆ después, luego: **what did he do n.?**, ¿y luego qué hizo? ◆ la próxima vez: **when shall we meet n.?**, ¿cuándo volvemos a vernos? |3 *prep* **n. to**, al lado de, junto a: **sit n. to John**, siéntate al lado de John

NHS [eneɪtʃ'es] *GB (abr de National Health Service)* ≈ Seguridad Social, SS

nibble ['nɪbəl] *vtr* & *vi* mordisquear, picar

nice [naɪs] *adj* ◆ agradable: **n. to meet you**, encantado,-a de conocerle ◆ *(persona)* amable, simpático,-a ◆ *(apariencia)* guapo,-a ◆ *(sitio, ropa)* bonito,-a ◆ *(tiempo)* bueno,-a ◆ *(comida)* rico,-a

nicely ['naɪslɪ] *adv* muy bien

niche [niːtʃ] *n* hornacina, nicho

nick [nɪk] 1 *n* muesca; rasguño

nickel ['nɪkəl] *n* ◆ níquel ◆ *US* moneda de cinco centavos

nickname ['nɪkneɪm] 1 *n* apodo |2 *vtr* apodar

nicotine ['nɪkətiːn] *n* nicotina

niece [niːs] *n* sobrina

nifty ['nɪftɪ] *adj (niftier, niftiest) fam* ◆ ágil, rápido,-a ◆ ingenioso,-a

night [naɪt] 1 *n* noche; **at/by n.**, de noche; **last n.**, anoche; **Saturday n.**, sábado por la noche; *(sólo al despedirse)* **good n.!**, ¡buenas noches! |2 *adj* nocturno,-a

nightclub ['naɪtklʌb] *n* club nocturno, discoteca

nightdress ['naɪtdres] *n* camisón

nightfall ['naɪtfɔːl] *n* anochecer

nightgown ['naɪtgaʊn] *n* camisón

nightingale ['naɪtɪŋgeɪl] *n* ruiseñor

nightly ['naɪtlɪ] 1 *adj* de cada noche, nocturno,-a |2 *adv* todas las noches

nightmare ['naɪtmeə'] *n* pesadilla

night-time ['naɪttaɪm] *n* noche; **at n.**, por la noche

nil [nɪl] *n* nada; *Dep* cero: **we lost one n.**, perdimos por uno a cero

nimble ['nɪmbəl] *adj* ágil

nine [naɪn] *adj* & *n* nueve

nineteen [naɪn'tiːn] *adj* & *n* diecinueve

nineteenth [naɪn'tiːnθ] *adj* decimonoveno,-a

ninety ['naɪntɪ] *adj* & *n* noventa

ninth [naɪnθ] 1 *adj* & *n* noveno,-a |2 *n* noveno

nip [nɪp] 1 *vtr* ◆ pellizcar ◆ morder |2 *n* ◆ pellizco ◆ mordisco ◆ *fam* traguito

nipple ['nɪpəl] *n* ◆ pezón ◆ *(de biberón)* tetina

nit [nɪt] *n* liendre

nitrogen ['naɪtrədʒən] *n* nitrógeno

nitwit ['nɪtwɪt] *n fam* imbécil, memo,-a

no [nəʊ] 1 *adj* **I am no expert**, no soy ningún experto; **I have no money**, no tengo dinero; **no smoking**, prohibido fumar |2 *adv* no; **no more than three**, no más de tres

no. *(pl nos.) (abr de number)* número, n.º, núm

nobility [nəʊ'bɪlɪtɪ] *n* nobleza

noble ['nəʊbəl] *adj* noble

nobody ['nəʊbədɪ] 1 *pron* nadie: **n. came to my party**, nadie vino a mi fiesta |2 *n* nadie; **to be (a) n.**, ser un don nadie

nocturnal [nɒk'tɜːnəl] *adj* nocturno,-a

nod [nɒd] 1 *n* ◆ saludo con la cabeza ◆ asentimiento con la cabeza |2 *vi* ◆ saludar con la cabeza ◆ asentir con la cabeza ◆ *(por cansancio)* dar cabezadas
■ **nod off** *vi* dormirse, quedarse dormido,-a

noise [nɔɪz] *n* ruido

noiseless ['nɔɪzlɪs] *adj* silencioso,-a

noisy ['nɔɪzɪ] *adj (noisier, noisiest)* ruidoso,-a

nomad ['nəʊmæd] *n* nómada

nominate ['nɒmɪneɪt] *vtr* ◆ proponer ◆ *(para un puesto)* nombrar

nomination [nɒmɪ'neɪʃən] *n* ◆ propuesta ◆ nombramiento

non-alcoholic [nɒnælkə'hɒlɪk] *adj* sin alcohol

nonchalant ['nɒnʃələnt] *adj* ◆ despreocupado,-a ◆ indiferente

nonconformist [nɒnkən'fɔːmɪst] *n* inconformista

nondescript ['nɒndɪskrɪpt] *adj* anodino,-a, soso,-a

none [nʌn] *pron* nadie, nada, ninguno,-a

nonetheless [nʌnðə'les] *adv* no obstante, sin embargo

nonexistent [nɒnɪg'zɪstənt] *adj* inexistente

nonfiction [nɒn'fɪkʃən] *n* no ficción

nonsense ['nɒnsəns] *n* tonterías, disparates; **to talk n.**, decir tonterías

nonsmoker [nɒn'sməʊkə^r] *n* no fumador,-ora

nonstick [nɒn'stɪk] *adj* antiadherente

nonstop [nɒn'stɒp] **1** *adj (vuelo)* sin escalas; *(tren)* directo,-a **|2** *adv* sin parar

noodles ['nu:dəlz] *npl* fideos

noon [nu:n] *n* mediodía

no-one ['nəʊwʌn] *pron* → **nobody 1**

noose [nu:s] *n* lazo

nor [nɔ:^r] *conj* ♦ ni; **neither ... n.**, ni ... ni: **I neither drink n. smoke**, ni bebo ni fumo ♦ tampoco: **I can't swim - n. can I**, no sé nadar - yo tampoco

norm [nɔ:m] *n* norma

normal ['nɔ:məl] *adj* normal

normality [nɔ:'mælɪtɪ] *n* normalidad

north [nɔ:θ] **1** *n* norte; **N. America**, América del Norte, Norteamérica **|2** *adv* hacia el norte, al norte **|3** *adj* del norte, norte, septentrional

northeast [nɔ:θ'i:st] *n* nor(d)este

northern ['nɔ:ðən] *adj* del norte, norteño,-a, septentrional; **N. Ireland**, Irlanda del Norte

northward ['nɔ:θwəd] *adj* & *adv* hacia el norte

northwest [nɔ:θ'west] *n* noroeste

Norway ['nɔ:weɪ] *n* Noruega

Norwegian [nɔ:'wi:dʒən] **1** *adj* noruego,-a **|2** *n* ♦ noruego,-a ♦ *(idioma)* noruego

nose [nəʊz] *n* nariz; **to blow one's n.**, sonarse la nariz ■ **nose about/around** *vi* fisgonear

nosebleed ['nəʊzbli:d] *n* hemorragia nasal

nosedive ['nəʊzdaɪv] *vi* descender en picado

nostalgia [nɒ'stældʒə] *n* nostalgia

nostalgic [nɒ'stældʒɪk] *adj* nostálgico,-a

nostril ['nɒstrɪl] *n* ventana de la nariz

nosy ['nəʊzɪ] *adj (nosier, nosiest) fam* fisgón,-ona, cotilla

not [nɒt] *adv* no: **I have n. seen him**, no lo he visto; **n. at all**, en absoluto; **I hope n.**, espero que no

notable ['nəʊtəbəl] *adj* notable

notary ['nəʊtərɪ] *n* notario

notch [nɒtʃ] *n* muesca, corte

note [nəʊt] **1** *n* ♦ nota; **to take n.**, tomar apuntes ♦ *Mús* nota ♦ *Fin* billete **|2** *vtr* ♦ apuntar ♦ fijarse en

notebook ['nəʊtbʊk] *n* cuaderno, libreta

noted ['nəʊtɪd] *adj* célebre

notepad ['nəʊtpæd] *n* bloc de notas

nothing ['nʌθɪŋ] *pron* nada: **I have n. to do**, no tengo nada que hacer; **n. else**, nada más; **n. but**, nada más que; **for n.**, gratis *o* en vano

notice ['nəʊtɪs] **1** *n* ♦ letrero ♦ *(en un periódico)* anuncio ♦ aviso; **n. to quit**, aviso de desalojo; **without n.**, sin aviso previo ♦ atención, conocimiento; **to take (no) n.**, (no) hacer caso **|2** *vtr* darse cuenta de, fijarse en **|3** *vi* darse cuenta

noticeboard ['nəʊtɪsbɔ:d] *n* tablón de anuncios

notification [nəʊtɪfɪ'keɪʃən] *n* notificación

notify ['nəʊtɪfaɪ] *vtr* avisar

notion ['nəʊʃən] *n* noción

notorious [nəʊ'tɔ:rɪəs] *adj* tristemente célebre

nought [nɔ:t] *n* cero

noun [naʊn] *n* nombre, sustantivo

nourish ['nʌrɪʃ] *vtr* alimentar, nutrir

nourishing ['nʌrɪʃɪŋ] *adj* nutritivo,-a

nourishment ['nʌrɪʃmənt] *n* alimentación, nutrición

novel ['nɒvəl] **1** *n* novela **|2** *adj* original, novedoso,-a

novelist ['nɒvəlɪst] *n* novelista

novelty ['nɒvəltɪ] *n* novedad

November [nəʊ'vembə^r] *n* noviembre

novice ['nɒvɪs] *n* ♦ novato,-a, principiante ♦ *Rel* novicio,-a

now [naʊ] **1** *adv* ahora, ya: **give it to me n.!**, ¡dámelo ya!; **from n. on**, de ahora en adelante; **just n.**, hace poco; **right n.**, ahora mismo |**2** *conj* **n. (that)**, ahora que

nowadays ['naʊədeɪz] *adv* hoy (en) día, actualmente

nowhere ['nəʊweəʳ] **1** *adv* a/en ninguna parte |**2** *pron* ningún sitio: **n. is open on Sunday,** los domingos no hay nada abierto

noxious ['nɒkʃəs] *adv* nocivo,-a

nozzle ['nɒzəl] *n* boquilla

nuance [nju:'ɑ:ns] *n* matiz

nuclear ['nju:klɪəʳ] *adj* nuclear

nucleus ['nju:klɪəs] *n* núcleo

nude [nju:d] **1** *adj* desnudo,-a |**2** *n* desnudo

nudge [nʌdʒ] **1** *n* codazo |**2** *vtr* dar un codazo a

nudist ['nju:dɪst] *adj* & *n* nudista

nudity ['nju:dɪtɪ] *n* desnudez

nuisance ['nju:səns] *n* ◆ incordio, molestia ◆ *(persona)* pesado,-a, incordio

nullify ['nʌlɪfaɪ] *vtr (ps & pp* ***nullified****)* anular

numb [nʌm] **1** *adj* ◆ entumecido,-a ◆ *(de miedo)* paralizado,-a |**2** *vtr* entumecer

number ['nʌmbəʳ] **1** *n* número |**2** *vtr* numerar

numberplate ['nʌmbəpleɪt] *n* matrícula, placa

numeral ['nju:mərəl] *n* número

numerical [nju:'merɪkəl] *adj* numérico,-a

numerous ['nju:mərəs] *adj* numeroso,-a

nun [nʌn] *n* monja

nurse [nɜ:s] **1** *n* ◆ enfermero,-a ◆ *(para niños)* niñera |**2** *vtr* ◆ cuidar (de), atender ◆ *(a un bebé)* amamantar

nursery ['nɜ:sərɪ] *n* ◆ guardería; **n. school,** jardín de infancia ◆ *(en casa)* cuarto de los niños ◆ *(para plantas)* vivero

nursing ['nɜ:sɪŋ] *n* ◆ enfermería ◆ *(al paciente)* atención, cuidado ◆ **n. home,** residencia de la tercera edad

nut [nʌt] *n* ◆ fruto seco ◆ *Téc* tuerca ◆ *argot* cabeza, coco

nutcase ['nʌtkeɪs] *n fam* chiflado,-a

nutcracker ['nʌtkrækəʳ] *n* cascanueces

nutmeg ['nʌtmeg] *n* nuez moscada

nutrition [nju:'trɪʃən] *n* nutrición

nutritional [nju:'trɪʃənəl] *adj* nutritivo,-a

nutritious [nju:'trɪʃəs] *adj* nutritivo,-a, alimenticio,-a

nuts [nʌts] *adj fam* chiflado,-a

nymph [nɪmf] *n* ninfa

nymphomaniac [nɪmfə'meɪnɪæk] *n* ninfómana

O

O, o [əʊ] *n* ◆ *(letra)* O, o ◆ *(al decir un número)* cero

oak [əʊk] *n* roble

oar [ɔ:ʳ] *n* remo

oasis [əʊ'eɪsɪs] *n (pl* ***oases*** *[əʊ'eɪsi:z])* oasis

oath [əʊθ] *n (pl* ***oaths*** *[əʊðz])* juramento

oatmeal ['əʊtmi:l] *n* harina de avena

oats [əʊt] *npl* avena

obedience [ə'bi:dɪəns] *n* obediencia

obedient [ə'bi:dɪənt] *adj* obediente

obese [əʊ'biːs] *adj* obeso,-a
obey [ə'beɪ] *vtr* ◆ obedecer (a) ◆ *(la ley)* cumplir con
obituary [ə'bɪtjʊərɪ] *n* necrología
object[1] ['ɒbdʒɪkt] **1** *n* ◆ objeto ◆ objetivo, propósito ◆ inconveniente: **money is no o.**, el dinero no es problema |**2** [əb'dʒekt] *vi* poner objeciones, oponerse |**3** *vtr* objetar
objection [əb'dʒekʃən] *n* objeción
objectionable [əb'dʒekʃənəbəl] *adj* ◆ censurable, reprensible ◆ *(persona)* ofensivo,-a, pesado,-a
objective [əb'dʒektɪv] **1** *adj* objetivo,-a |**2** *n* objetivo
objector [əb'dʒektəʳ] *n* objetor,-ora
obligation [ɒblɪ'geɪʃən] *n* obligación
obligatory [ɒ'blɪgətərɪ] *adj* obligatorio,-a
oblige [ə'blaɪdʒ] *vtr* ◆ obligar ◆ *frml* **I would be obliged,** estaría agradecido,-a
obliging [ə'blaɪdʒɪŋ] *adj* solícito,-a, servicial
oblique [ə'bliːk] *adj* ◆ oblicuo,-a ◆ *(comentario)* indirecto,-a
obliterate [ə'blɪtəreɪt] *vtr* ◆ destruir, eliminar ◆ *(un recuerdo)* borrar
oblivion [ə'blɪvɪən] *n* olvido
oblivious [ə'blɪvɪəs] *adj* inconsciente, ignorante
oblong ['ɒblɒŋ] **1** *adj* rectangular |**2** *n* rectángulo
obnoxious [əb'nɒkʃəs] *adj* ◆ odioso,-a ◆ *(olor, sabor)* repugnante
oboe ['əʊbəʊ] *n* oboe
obscene [əb'siːn] *adj* obsceno,-a
obscure [əb'skjʊəʳ] **1** *adj* oscuro,-a |**2** *vtr* ocultar
observant [əb'zɜːvənt] *adj* observador,-ora
observation [ɒbzə'veɪʃən] *n* observación
observatory [əb'zɜːvətərɪ] *n* observatorio
observe [əb'sɜːv] *vtr* observar
observer [əb'zɜːvəʳ] *n* observador,-ora
obsess [əb'ses] *vtr* obsesionar
obsession [əb'seʃən] *n* obsesión
obsessive [əb'sesɪv] *adj* obsesivo,-a
obsolete ['ɒbsəliːt] *adj* obsoleto,-a
obstacle ['ɒbstəkəl] *n* obstáculo
obstetrician [ɒbste'trɪʃən] *n* tocólogo,-a
obstinate ['ɒbstɪnɪt] *adj* obstinado,-a
obstruct [əb'strʌkt] *vtr* ◆ obstruir ◆ obstaculizar, bloquear
obstruction [əb'strʌkʃən] *n* ◆ obstrucción ◆ obstáculo
obtain [əb'teɪn] *vtr* obtener
obtrusive [əb'truːsɪv] *adj* ◆ entrometido,-a ◆ *(edificio)* demasiado prominente
obvious ['ɒbvɪəs] *adj* obvio,-a
obviously ['ɒbvɪəslɪ] *adv* obviamente
occasion [ə'keɪʒən] **1** *n* ◆ ocasión; **on two occasions,** dos veces ◆ acontecimiento ◆ *(razón)* motivo |**2** *vtr frml* ocasionar
occasional [ə'keɪʒənəl] *adj* esporádico,-a
occasionally [ə'keɪʒənəlɪ] *adv* de vez en cuando
occupant ['ɒkjʊpənt] *n* ocupante
occupation [ɒkjʊ'peɪʃən] *n* ◆ ocupación ◆ pasatiempo
occupational [ɒkjʊ'peɪʃənəl] *adj* profesional, laboral
occupier ['ɒkjʊpaɪəʳ] *n GB* ocupante
occupy ['ɒkjʊpaɪ] *vtr* ocupar
occur [ə'kɜːʳ] *vi* ◆ ocurrir ◆ *(un cambio)* producirse ◆ *(una idea)* ocurrirse ◆ *frml* encontrarse, hallarse
occurrence [ə'kʌrəns] *n* acontecimiento
ocean ['əʊʃən] *n* océano
ochre, *US* **ocher** ['əʊkəʳ] *n* & *adj* ocre
o'clock [ə'klɒk] *adv* **it's one o'c.,** (es) la una
October [ɒk'təʊbəʳ] *n* octubre
octopus ['ɒktəpəs] *n* pulpo
odd [ɒd] *adj* ◆ extraño,-a, raro,-a ◆ desparejado,-a; **an o. sock,** un calcetín sin pareja ◆ *Mat* impar ◆ algún que otro; **o. job,** trabajito ◆ *fam* alrededor de; **twenty-odd,** veintitantos
oddity ['ɒdɪtɪ] *n* rareza
oddly ['ɒdlɪ] *adv* ◆ de manera rara ◆ curiosamente; **o. enough,** aunque parezca mentira

odds [ɒdz] *npl* ◆ probabilidades; **against the o.,** a pesar de los pronósticos ◆ **o. and ends,** cachivaches, chismes

ode [əʊd] *n* oda

odious ['əʊdɪəs] *adj* odioso,-a

odour, *US* **odor** ['əʊdə'] *n* olor

of [ɒv] *prep* de; **a friend of mine,** un amigo mío; **the head of state,** el jefe de Estado; **there are two of us,** somos dos; **made of wood,** hecho de madera; **the first of May,** el uno de mayo

off [ɒf] **1** *adv* ◆ **he got off the train,** bajó del tren ◆ **a long way off,** muy lejos ◆ **turn off the light,** apaga la luz ◆ **to call off,** anular ◆ **she's off on holiday,** está de vacaciones; **to have a day off,** tomar un día libre ◆ **the meat smells off,** la carne huele mal **|2** *prep* de **he fell off his chair,** se cayó de la silla; **she's off work,** está de baja ◆ al lado de, apartado,-a de; **an island off Florida,** una isla frente a Florida; **a road o. the square,** una calle que sale de la plaza ◆ *fam* **I'm off him,** ya no me gusta **|3** *adj* ◆ *(luz)* apagado,-a ◆ *(reunión)* anulado,-a ◆ *(comida)* en mal estado ◆ *(comportamiento)* inaceptable ◆ *(temporada)* baja ◆ **an off day,** un mal día

offal ['ɒfəl] *n* asadura

off-duty ['ɒf'djuːtɪ] *adj* fuera de servicio

offence [ə'fens] *n* ◆ delito, infracción ◆ *(insulto)* ofensa

offend [ə'fend] *vtr* ofender

offender [ə'fendə'] *n* delincuente

offense [ə'fens] *n US* → **offence**

offensive [ə'fensɪv] **1** *adj* ofensivo,-a **|2** *n Mil* ofensiva

offer ['ɒfə'] **1** *vtr* ◆ ofrecer ◆ *(una idea)* proponer **|2** *n* ◆ oferta, propuesta ◆ *Com* **on o.,** de oferta

offering ['ɒfərɪŋ] *n* ◆ ofrecimiento ◆ *Rel* ofrenda

offhand [ɒf'hænd] *adj* brusco,-a, descortés

office ['ɒfɪs] *n* ◆ oficina; **o. worker,** oficinista, administrativo,-a ◆ *GB Pol* ministerio ◆ *(puesto)* cargo; **to be in o.,** estar en el poder ◆ *Rel* oficio

officer ['ɒfɪsə'] *n* ◆ oficial ◆ **(police) o.,** policía; *(como trato)* agente

official [ə'fɪʃəl] **1** *adj* oficial, autorizado,-a **|2** *n* ◆ funcionario,-a ◆ directivo,-a

off-licence ['ɒflaɪsəns] *n GB* bodega, licorería (con despacho de bebidas sólo para llevar)

off-line ['ɒflaɪn] *adj* desconectado,-a

off-peak [ɒf'piːk] *adj* ◆ de tarifa reducida ◆ *(turismo)* de temporada baja

offset [ɒf'set] *vtr (ps & pp* ***offset)*** compensar, contrarrestar

offshoot ['ɒfʃuːt] *n* ◆ retoño ◆ *(de una familia)* rama ◆ *(de una empresa)* filial

offshore [ɒf'ʃɔː'] *adj* ◆ del interior ◆ *(isla)* cercano,-a a la costa ◆ *(actividad)* submarino,-a

offside [ɒf'saɪd] **1** *adv* fuera de juego **|2** *n* lado del conductor

offspring ['ɒfsprɪŋ] *n inv* descendencia

offstage [ɒf'steɪdʒ] **1** *adv* entre bastidores **|2** *adj* de entre bastidores

often ['ɒfən, 'ɒftən] *adv* a menudo, con frecuencia

oil [ɔɪl] **1** *n* ◆ aceite; **olive oil,** aceite de oliva ◆ petróleo; **o. well,** pozo petrolero ◆ **o. painting,** pintura al óleo **|2** *vtr* engrasar, lubrificar

oilskin ['ɔɪlskɪn] *n* hule

oily ['ɔɪlɪ] *adj (**oilier, oiliest**)* grasiento,-a; *(pelo, piel)* graso,-a

ointment ['ɔɪntmənt] *n* ungüento, pomada

OK, okay [əʊ'keɪ] *fam* **1** *excl* vale, muy bien, de acuerdo **|2** *adj & adv* bien: **how are you? - OK,** ¿cómo estás? - bien **|3** *n* visto bueno

old [əʊld] *adj* ◆ viejo: **he's ten years o.,** tiene diez años; **to get o.,** envejecer; **o. age,** vejez; **o. woman,** anciana ◆ *(ciudad, tradición)* antiguo,-a: **he preferred his o. job,** prefería su anterior trabajo ◆ *pey* anticuado,-a

old-fashioned [əʊld'fæʃənd] ◆ tradicional, a la antigua ◆ anticuado,-a, pasado,-a de moda

olive ['ɒlɪv] *n* ◆ aceituna, oliva ◆ *(árbol)* olivo

Olympic [ə'lɪmpɪk] **1** *adj* olímpico,-a |**2** *npl* **the Olympics,** los Juegos Olímpicos

omelette, *US* **omelet** ['ɒmlɪt] *n* tortilla (francesa)

omen ['əʊmen] *n* augurio, presagio

ominous ['ɒmɪnəs] *adj* de mal agüero, siniestro,-a

omission [əʊ'mɪʃən] *n* ◆ omisión ◆ descuido

omit [əʊ'mɪt] *vtr* ◆ omitir ◆ olvidarse

omnipotent [ɒm'nɪpətənt] *adj* omnipotente

on [ɒn] **1** *prep* ◆ *(posición)* a, en, cerca de, sobre; **on the left/right,** a la izquierda/derecha ◆ *(transporte)* **on foot,** a pie ◆ *(tiempo)* **on April 14**th, el 14 de abril; **on Sunday,** el domingo ◆ acerca de, sobre; **a book on golf,** un libro sobre golf ◆ *(comida)* **he lives on rice,** se alimenta de arroz ◆ *(actividad)* **on holiday,** de vacaciones; **on a trip,** de viaje ◆ **the drinks are on me!,** ¡yo invito! |**2** *adv* ◆ *(movimiento)*; **and so on,** y así sucesivamente; *(tiempo/espacio)* **from June on,** a partir de junio; **further on,** más lejos; **later on,** más tarde ◆ *(ropa)* **she had nothing on,** estaba desnuda |**3** *adj* ◆ *(luz)* encendido,-a ◆ **what's on at the cinema?,** ¿qué ponen en el cine? ◆ *(persona)* de servicio: **she's on for the next two days,** está de servicio los dos próximos días

once [wʌns] **1** *adv* ◆ una (sola) vez; **o. a year,** una vez al año; **o. again/more,** una vez más ◆ **at o.,** en seguida, a la vez |**2** *conj* una vez que...

one [wʌn] **1** *adj* ◆ un, una; **o. woman,** una mujer ◆ mismo,-a: **we all went in o. car,** todos fuimos en el mismo coche ◆ único,-a: **he is the o. person I dislike,** él es la única persona que no me gusta |**2** *n* uno |**3** *pron* ◆ uno,-a; **o. by o.,** de uno en uno; **this o.,** éste, ésta; **that o.,** ése, ésa, aquél, aquélla *(pl* **these ones, those ones**); **which o.?,** ¿cuál? ◆ *(impersonal)* uno, una: **o. should clean one's teeth,** uno debe lavarse los dientes ◆ **o. another,** el uno al otro

one-off ['wʌnɒf] *adj* ◆ extraordinario,-a ◆ *(producto)* fuera de serie

oneself [wʌn'self] *pron* se, sí; **to talk to o.,** hablar para sí; *(uso enfático)* uno,-a mismo,-a, sí mismo,-a; **to do sthg o.,** hacer algo uno,-a mismo,-a

one-sided ['wʌnsaɪdɪd] *adj* parcial, tendencioso,-a

one-way ['wʌnweɪ] *adj* ◆ de sentido único ◆ *(billete)* de ida

ongoing ['ɒngəʊɪŋ] *adj* en curso, actual

onion ['ʌnjən] *n* cebolla

on-line [ɒn'laɪn] *adj* conectado,-a

only ['əʊnlɪ] **1** *adv* ◆ sólo, solamente; **only two days ago,** hace sólo dos días ◆ **not only... but also...,** no sólo... sino también ◆ *(apenas)* **I can o. just see you,** apenas te veo |**2** *adj* único,-a |**3** *conj* pero, sólo que

onto ['ɒntʊ] *prep* → **on**

onus ['əʊnəs] *n* responsabilidad

onward ['ɒnwəd] *adj* hacia delante

onward(s) ['ɒnwəd(z)] *adv* ◆ hacia delante ◆ **from now o.,** a partir de ahora

ooze [uːz] *vtr & vi* rezumar

opaque [əʊ'peɪk] *adj* opaco,-a

open ['əʊpən] **1** *adj* ◆ abierto,-a; **half o.,** entreabierto,-a; **in the o. air,** al aire libre ◆ *(secreto)* a voces ◆ *(cuestión)* pendiente, sin decidir ◆ *(mercado)* libre ◆ *(admiración, odio)* manifiesto,-a |**2** *n* ◆ **in the o.,** al aire libre ◆ *Dep* open |**3** *vtr* ◆ abrir ◆ *(un monumento)* inaugurar ◆ *(una reunión)* iniciar |**4** *vi* ◆ abrirse ◆ *(una película)* estrenarse

opener ['əʊpənə^{r}] *n* **tin o.,** *US* **can o.,** abrelatas

opening ['əʊpənɪŋ] *n* ◆ apertura; *(de una exposición)* inauguración; *(de una película)* estreno ◆ *(de una superficie)* abertura ◆ oportunidad

open-minded [əʊpən'maɪndɪd] *adj* sin prejuicios

openness ['əʊpənnɪs] *n* franqueza, sinceridad

opera ['ɒpərə] *n* ópera

operate ['ɒpəreɪt] **1** *vtr* ◆ manejar ◆ *(un negocio)* dirigir |**2** *vi* ◆ *(cosa)* funcionar ♦ *(persona)* obrar, actuar ♦ *Med* operar

operation [ɒpəˈreɪʃən] *n* ♦ operación ♦ *(de una máquina)* funcionamiento ♦ *(de una persona)* manejo

operational [ɒpəˈreɪʃənəl] *adj* operativo,-a

operative [ˈɒpərətɪv] *adj* vigente

operator [ˈɒpəreɪtəʳ] *n* ♦ operario,-a ♦ *Tel* operador,-ora, telefonista ♦ *Com* agente

opinion [əˈpɪnjən] *n* opinión; **(public) o. poll,** encuesta

opium [ˈəʊpɪəm] *n* opio

opponent [əˈpəʊnənt] *n* adversario,-a

opportune [ˈɒpətjuːn] *adj* oportuno,-a

opportunist [ɒpəˈtjuːnɪst] *adj* & *n* oportunista

opportunity [ɒpəˈtjuːnɪtɪ] *n* oportunidad

oppose [əˈpəʊz] *vtr* oponerse a, resistir

opposed [əˈpəʊzd] *adj* opuesto,-a

opposing [əˈpəʊzɪŋ] *adj* ♦ adversario,-a ♦ *(opinión)* contrario,-a

opposite [ˈɒpəzɪt] **1** *n* **the opposite,** lo contrario **|2** *adj* ♦ opuesto,-a, contrario,-a ♦ de enfrente **|3** *adv* enfrente **|4** *prep* enfrente de, frente a

opposition [ɒpəˈzɪʃən] *n* ♦ oposición ♦ *Com* competencia ♦ *Dep* adversario,-a

oppress [əˈpres] *vtr* oprimir

oppression [əˈpreʃən] *n* opresión

oppressive [əˈpresɪv] *adj* ♦ opresivo,-a ♦ *(calor, ambiente)* agobiante

opt [ɒpt] *vi* optar

optical [ˈɒptɪkəl] *adj* óptico,-a

optician [ɒpˈtɪʃən] *n* ♦ óptico,-a ♦ **optician's** *(establecimiento)* óptica

optics [ˈɒptɪks] *n* óptica

optimist [ˈɒptɪmɪst] *n* optimista

optimistic [ɒptɪˈmɪstɪk] *adj* optimista

optimum [ˈɒptɪməm] **1** *adj* óptimo,-a **|2** *n* grado óptimo

option [ˈɒpʃən] *n* opción

optional [ˈɒpʃənəl] *adj* opcional, optativo,-a

opulence [ˈɒpjʊləns] *n* opulencia

or [ɔːʳ] *conj* ♦ o, u: **are you coming or not?,** ¿vienes o no? ♦ *(después de negación)* ni: **I don't drink or smoke,** no bebo ni fumo ➛ **nor**

oral [ˈɔːrəl] *adj* oral

orally [ˈɔːrəlɪ] *adv* ♦ verbalmente ♦ *Med* por vía oral

orange [ˈɒrɪndʒ] **1** *n* naranja; **o. blossom,** azahar **|2** *adj* de color naranja

orator [ˈɒrətəʳ] *n* orador,-ora

oratory [ˈɒrətərɪ] *n* oratoria

orbit [ˈɔːbɪt] **1** *n Astron* órbita **|2** *vtr* girar alrededor de

orchard [ˈɔːtʃəd] *n* huerto

orchestra [ˈɔːkɪstrə] *n* orquesta

orchestral [ɔːˈkestrəl] *adj* orquestal

orchid [ˈɔːkɪd] *n* orquídea

ordeal [ɔːˈdiːl] *n* experiencia terrible y traumática

order [ˈɔːdəʳ] **1** *n* ♦ orden; **to keep o.,** mantener el orden ♦ **in o.,** en regla; **out of o.,** averiado,-a, fuera de servicio ♦ *Com* pedido, encargo ♦ *Rel Hist Biol* orden ♦ **in o. to do sthg,** para hacer algo **|2** *vtr* ♦ *frml* poner en orden ♦ mandar, ordenar ♦ *Com* pedir, encargar: **waiter, can I o. now?,** camarero, ¿puedo pedir ya?

orderly [ˈɔːdəlɪ] **1** *adj* ♦ ordenado,-a ♦ *(multitud)* disciplinado,-a **|2** *n* ♦ *Med* camillero ♦ *Mil* ordenanza

ordinary [ˈɔːdənrɪ] *adj* corriente, común

ore [ɔːʳ] *n* mineral

oregano [ɒrɪˈgɑːnəʊ] *n* orégano

organ [ˈɔːgən] *n* órgano

organic [ɔːˈgænɪk] *adj* orgánico,-a

organism [ˈɔːgənɪzəm] *n* organismo

organization [ɔːgənaɪˈzeɪʃən] *n* organización

organize [ˈɔːgənaɪz] *vtr* organizar

orgasm [ˈɔːgæzəm] *n* orgasmo

orgy [ˈɔːdʒɪ] *n* orgía

Orient [ˈɔːrɪənt] *n* **the O.,** el Oriente

Oriental [ɔːrɪˈentəl] *adj* & *n* oriental

orientate [ˈɔːrɪənteɪt] *vtr* orientar

origin [ˈɒrɪdʒɪn] *n* origen

original [əˈrɪdʒɪnəl] *adj* & *n* original

originality [ərɪdʒɪˈnælɪtɪ] *n* originalidad

originally [əˈrɪdʒɪnəlɪ] *adv* ♦ en un principio ♦ con originalidad

originate [ə'rɪdʒɪneɪt] **1** *vtr* originar **|2** *vi* originarse
ornament ['ɔːnəmənt] *n* ornamento, adorno
ornamental [ɔːnə'mentəl] *adj* decorativo,-a
ornate [ɔː'neɪt] *adj* vistoso,-a
orphan ['ɔːfən] *n* huérfano,-a
orphanage ['ɔːfənɪdʒ] *n* orfanato
orthodox ['ɔːθədɒks] *adj* ortodoxo,-a
orthopaedic, *US* **orthopedic** [ɔːθəʊ'piːdɪk] *adj* ortopédico,-a
oscillate ['ɒsɪleɪt] *vi* oscilar
ostentatious [ɒsten'teɪʃəs] *adj* ostentoso,-a
ostrich ['ɒstrɪtʃ] *n* avestruz
other ['ʌðəʳ] *adj & pron* otro,-a; **every o. day,** cada dos días; **one after the o.,** uno tras otro; **each o.,** el uno al otro
otherwise ['ʌðəwaɪz] *adv* ◆ de lo contrario, si no ◆ aparte de eso, por lo demás
otter ['ɒtəʳ] *n* nutria
ought [ɔːt] *v aux* ◆ *(deber)* **you o. not to say that,** no deberías decir eso ◆ *(probabilidad)* **we o. to see him from here,** seguro que lo vemos desde aquí
ounce [aʊns] *n* onza (28,35 gr)
our [aʊəʳ] *adj pos* nuestro(s),-a(s)
ours [aʊəz] *pron pos* (el) nuestro, (la) nuestra; (los) nuestros, (las) nuestras; **a friend of o.,** un amigo nuestro
ourselves [aʊə'selvz] *pron pers pl* ◆ nos; *(uso enfático)* nosotros,-as mismos,-as: **we o. saw it,** nosotros mismos lo vimos ◆ **we sat by o.,** nos sentamos solos
out [aʊt] **1** *adv* ◆ fuera, afuera: **it's cold o.,** hace frío en la calle; **John is o.,** John no está; **to eat o.,** comer fuera; **o. here,** aquí fuera ◆ **to go/come o.,** salir ◆ **to take o.,** sacar **|2** *adj* ◆ *(luz)* apagado,-a ◆ *(persona)* inconsciente, K.O. ◆ *(cifras, etc)* erróneo,-a ◆ *(periodo de tiempo)* pasado,-a ◆ *(ropa, etc)* pasado,-a de moda ◆ (marea) bajo,-a ◆ *Dep* fuera
out of *prep* ◆ fuera de; **o. of doors,** en la calle ◆ de, por: **I jumped o. of the window,** salté por la ventana ◆ *(materia, origen)* de; **made o. of wood,** hecho,-a de madera ◆ *(motivo)* por; **o. of curiosity,** por curiosidad ◆ *(falta)* sin; **o. of breath,** sin aliento
outboard ['aʊtbɔːd] *adj* **o. motor,** fueraborda
outbreak ['aʊtbreɪk] *n* comienzo, estallido; *(enfermedad)* brote
outburst ['aʊtbɜːst] *n* arrebato
outcast ['aʊtkɑːst] *n* marginado,-a
outcome ['aʊtkʌm] *n* resultado
outcry ['aʊtkraɪ] *n* protesta
outdated [aʊt'deɪtɪd] *adj* anticuado,-a
outdo [aʊt'duː] *vtr* **to o. sb,** superar a alguien
outdoor ['aʊtdɔːʳ] *adj* al aire libre; *(piscina)* descubierto,-a
outdoors [aʊt'dɔːz] *adv* fuera, al aire libre
outer ['aʊtəʳ] *adj* exterior, externo,-a
outfit ['aʊtfɪt] *n* conjunto
outgoing ['aʊtgəʊɪŋ] **1** *adj* ◆ que sale ◆ extrovertido,-a **|2 outgoings** *pl,* gastos
outing ['aʊtɪŋ] *n* excursión
outlandish [aʊt'lændɪʃ] *adj* estrafalario,-a, extravagante
outlast [aʊt'lɑːst] *vtr* durar más que, sobrevivir a
outlaw ['aʊtlɔː] **1** *n* forajido,-a **|2** *vtr* prohibir, proscribir
outlet ['aʊtlet, 'aʊtlɪt] *n* ◆ salida ◆ *Com* mercado ◆ *Com* punto de venta
outline ['aʊtlaɪn] **1** *n* ◆ contorno ◆ esbozo ◆ resumen **|2** *vtr* ◆ esbozar ◆ resumir
outlive [aʊt'lɪv] *vtr* sobrevivir a
outlying ['aʊtlaɪɪŋ] *adj* periférico,-a
outlook ['aʊtlʊk] *n* ◆ perspectiva ◆ opinión, punto de vista
outnumber [aʊt'nʌmbəʳ] *vtr* superar en número
outpatient ['aʊtpeɪʃənt] *n* paciente externo,-a
output ['aʊtpʊt] *n* ◆ producción ◆ *(de una máquina)* rendimiento ◆ *Inform* salida ◆ *Elec* potencia
outrage ['aʊtreɪdʒ] *n* ◆ atrocidad ◆ *(sentimiento)* indignación
outrageous [aʊt'reɪdʒəs] *adj* escandaloso,-a

outright ['aʊtraɪt] **1** *adj* ◆ indiscutible ◆ *(negativa)* rotundo,-a **|2** [aʊt'raɪt] *adv* ◆ por completo ◆ *(sin reservas)* abiertamente

outset ['aʊtset] *n* comienzo, principio

outside [aʊt'saɪd] **1** *n* exterior **|2** *adv* fuera, afuera **|3** *prep* ◆ fuera de ◆ *(puerta)* al otro lado de ◆ *US* aparte de **|4** *adj* exterior, externo,-a

outsider [aʊt'saɪdəʳ] *n* ◆ forastero,-a ◆ intruso,-a

outskirts ['aʊtskɜːts] *npl* afueras

outspoken [aʊt'spəʊkən] *adj* franco,-a, abierto,-a

outstanding [aʊt'stændɪŋ] *adj* ◆ destacado,-a ◆ *(deuda, problema)* pendiente

outward ['aʊtwəd] *adj* ◆ exterior, externo,-a ◆ *(viaje, vuelo)* de ida

outwardly ['aʊtwədlɪ] *adv* aparentemente

outward(s) ['aʊtwəd(z)] *adv* hacia fuera

outweigh [aʊt'weɪ] *vtr* pesar más que

oval ['əʊvəl] **1** *n* óvalo **|2** *adj* oval, ovalado,-a

ovary ['əʊvərɪ] *n* ovario

oven ['ʌvən] horno

ovenproof ['ʌvənpruːf] *adj* refractario,-a

over ['əʊvəʳ] **1** *prep* ◆ encima de ◆ *(movimiento)* a través de, por encima de ◆ *(dirección)* **all o. the world,** por todo el mundo ◆ *(medio)* **we heard it o. the radio,** lo oímos en la radio ◆ *(control)* sobre ◆ *(motivo)* **we argued o. money,** discutimos por dinero ◆ más de; **o. a thousand,** más de mil **|2** *adv* ◆ (por) encima ◆ *(movimiento o posición)* **o. here,** aquí; **o. there,** allí ◆ **all o.,** por todas partes ◆ terminado,-a: **the war is o.,** la guerra ha terminado ◆ *US* otra vez: **you'll have to do it o.,** tendrás que hacerlo otra vez; **o. and o.,** repetidas veces

overall ['əʊvərɔːl] **1** *adj* total, global **|2** [əʊvər'ɔːl] *adv* en conjunto **|3** ['əʊvərɔːl] *n* ◆ *GB* bata ◆ **overalls** *pl, (prenda)* mono

overawe [əʊvər'ɔː] *vtr* intimidar

overbearing [əʊvə'beərɪŋ] *adj* autoritario,-a, dominante

overboard ['əʊvəbɔːd] *adv* por la borda

overcast ['əʊvəkɑːst] *adj* nublado,-a

overcharge [əʊvə'tʃɑːdʒ] *vtr* & *vi* ◆ cobrar de más ◆ *Téc* sobrecargar

overcoat ['əʊvəkəʊt] *n* abrigo

overcome [əʊvə'kʌm] *vtr* ◆ vencer; *(un problema)* superar ◆ *(el dolor)* abrumar

overcrowded [əʊvə'kraʊdɪd] *adj* ◆ abarrotado,-a (de gente) ◆ *(país)* superpoblado,-a

overdo [əʊvə'duː] *vtr* ◆ exagerar ◆ *Culin* cocer/hacer demasiado

overdose ['əʊvədəʊs] *n* sobredosis

overdraft ['əʊvədrɑːft] *n* descubierto

overdraw [əʊvə'drɔː] *vtr* **I'm overdrawn,** tengo la cuenta en números rojos

overdue [əʊvə'djuː] *adj (deuda)* vencido,-a y no pagado,-a

overestimate [əʊvər'estɪmeɪt] *vtr* sobrestimar

overflow [əʊvə'fləʊ] **1** *vi* ◆ desbordarse ◆ *(contenedor)* rebosar **|2** ['əʊvəfləʊ] *n* ◆ desbordamiento ◆ desagüe

overhang ['əʊvəhæŋ] **1** *vtr* ◆ sobresalir por encima de ◆ *(peligro)* amenazar **|2** *vi* sobresalir **|3** *n* saliente; *(de un tejado)* alero

overhaul [əʊvə'hɔːl] **1** *vtr* revisar, poner a punto **|2** ['əʊvəhɔːl] *n* puesta a punto

overhead ['əʊvəhed] **1** *adj* ◆ *(cable)* aéreo,-a; *Ferroc* elevado,-a ◆ *Dep (pase)* (por) encima de la cabeza **|2** [əʊvə'hed] *adv* por encima (de la cabeza), por lo alto

overheads ['əʊvəhedz] *npl* gastos generales

overhear [əʊvə'hɪəʳ] *vtr* oír (por casualidad)

overheat [əʊvə'hiːt] *vi* recalentarse

overjoyed [əʊvə'dʒɔɪd] *adj* encantado,-a, rebosante de alegría

overland [əʊvə'lænd] *adj* & *adv* por tierra

overlap [əʊvə'læp] *vi* montarse, solaparse
overleaf [əʊvə'liːf] *adv* al dorso
overload [əʊvə'ləʊd] **1** *vtr* sobrecargar **|2** *n* sobrecarga
overlook [əʊvə'lʊk] *vtr* ◆ saltarse, pasar por alto ◆ perdonar, hacer la vista gorda a ◆ *(una ventana)* dar a, tener vistas a
overnight [əʊvə'naɪt] **1** *adv* ◆ por la noche; **to stay o.,** hacer noche ◆ de la noche a la mañana **|2** ['əʊvənaɪt] *adj* ◆ de noche ◆ repentino,-a
overpay [əʊvə'peɪ] *vtr* pagar demasiado
overpopulated ['əʊvə'pɒpjʊleɪtɪd] *adj* superpoblado,-a
overpower [əʊvə'paʊəʳ] *vtr* ◆ dominar ◆ *(una emoción)* abrumar
overrate [əʊvə'reɪt] *vtr* sobrestimar, sobrevalorar
override [əʊvə'raɪd] **1** *vtr* ◆ anular ◆ hacer caso omiso de ◆ tener más importancia que **|2** *n Téc* **manual o.,** control manual
overriding [əʊvə'raɪdɪŋ] *adj* primordial
overrule [əʊvə'ruːl] *vtr* ◆ *(una decisión)* invalidar ◆ *(a una persona)* desautorizar ◆ *Jur* denegar
overrun [əʊvə'rʌn] **1** *vtr* ◆ invadir ◆ *(el tiempo previsto)* excederse de **|2** *vi* alargarse, prolongarse
overseas [əʊvə'siːz] **1** *adv* ◆ en el extranjero ◆ *(dirección)* al extranjero **|2** ['əʊvəsiːz] *adj* extranjero,-a
oversee [əʊvə'siː] *vtr* supervisar
overshadow [əʊvə'ʃædəʊ] *vtr* hacer sombra a
oversight ['əʊvəsaɪt] *n* descuido
oversleep [əʊvə'sliːp] *vi* quedarse dormido,-a
overspend [əʊvə'spend] *vi* gastar más de la cuenta
overspill ['əʊvəspɪl] *n* exceso de población
overstate [əʊvə'steɪt] *vtr* exagerar
overstep [əʊvə'step] *vtr* exceder
overt ['əʊvɜːt], *US* [əʊ'vɜːt] *adj* patente
overtake [əʊvə'teɪk] **1** *vtr* adelantar **|2** *vi* ◆ adelantar ◆ *(la noche, el alba)* sorprender
overthrow [əʊvə'θrəʊ] *vtr* derrocar
overtime ['əʊvətaɪm] *n* horas extras
overtone ['əʊvətəʊn] *n* matiz
overture ['əʊvətjʊəʳ] *n* ◆ *Mús* obertura ◆ **overtures** *pl*, propuesta
overturn [əʊvə'tɜːn] *vtr* & *vi* volcar
overview ['əʊvəvjuː] *n* visión general
overweight [əʊvə'weɪt] *adj* gordo,-a, obeso,-a
overwhelm [əʊvə'welm] *vtr* ◆ *(al adversario)* aplastar ◆ *(la emoción)* abrumar
overwhelming [əʊvə'welmɪŋ] *adj* ◆ *(victoria)* aplastante ◆ *(dolor)* inconsolable ◆ *(deseo)* irresistible, irrefrenable
overwork [əʊvə'wɜːk] **1** *vi* trabajar demasiado **|2** *n* ◆ exceso de trabajo ◆ agotamiento
owe [əʊ] *vtr* deber
owing ['əʊɪŋ] *adv* **o. to,** debido a, a causa de
owl [aʊl] *n* búho; **barn o.,** lechuza
own [əʊn] **1** *adj* propio,-a; **o. goal,** gol en propia meta **|2** *pron* ◆ **my/your/his/her, etc o.,** lo mío, lo tuyo, lo suyo, etc: **this house is my o.,** esta casa es mía ◆ **on one's o.,** *(sin ayuda)* solo,-a **|3** *vtr* poseer, ser dueño,-a de
owner ['əʊnəʳ] *n* propietario,-a, dueño,-a
ownership ['əʊnəʃɪp] *n* propiedad, posesión
ox [ɒks] *n (pl oxen)* buey
oxide ['ɒksaɪd] *n* óxido
oxygen ['ɒksɪdʒən] *n* oxígeno
oyster ['ɔɪstəʳ] *n* ostra
ozone ['əʊzəʊn] *n* ozono; **o. layer,** capa de ozono

P

P, p [piː] *n (letra)* P, p ◆ *(pl pp) (abr de* ***page****)* pág., p. ◆ *GB fam (abr de* ***penny; pence****)* penique(s)

PA [piːˈeɪ] *fam* ◆ *(abr de* ***personal assistant****)* ayudante personal ◆ *abr de* ***public-address (system)****,* sistema de megafonía

pace [peɪs] *n* ◆ ritmo; **to set the p.,** marcar la pauta ◆ *(del pie, distancia)* paso

pacemaker [ˈpeɪsmeɪkəʳ] *n* marcapasos

Pacific [pəˈsɪfɪk] *adj* **the P. (Ocean),** el (océano) Pacífico

pacifist [ˈpæsɪfɪst] *adj & n* pacifista

pacify [ˈpæsɪfaɪ] *vtr* ◆ pacificar ◆ *(a una persona)* tranquilizar

pack [pæk] **1** *n* ◆ paquete; **a p. of cigarettes,** un paquete *o* una cajetilla de cigarrillos ◆ mochila ◆ *GB Naipes* baraja ◆ *(de lobos)* manada ◆ *(maquillaje)* **face p.,** mascarilla |**2** *vtr* ◆ empaquetar; *(en un envase)* envasar ◆ llenar; **to p. one's suitcase,** hacer la maleta |**3** *vi* hacer las maletas ■ **pack in** *vtr* introducir ■ **pack up 1** *vtr fam* recoger |**2** *vi fam* ◆ dejar de trabajar ◆ *(una máquina)* estropearse

package [ˈpækɪdʒ] **1** *n* ◆ paquete; **p. tour,** viaje organizado; **wages p.,** convenio salarial ◆ *Com* envase |**2** *vtr* envasar, empaquetar

packet [ˈpækɪt] *n* paquete; *(de patatas)* bolsa

packing [ˈpækɪŋ] *n* envasado, embalaje

pact [pækt] *n* pacto

pad [pæd] **1** *n* ◆ almohadilla; **shoulder p.,** hombrera ◆ *(de papel)* bloc ◆ *Astron* **launch p.,** plataforma de lanzamiento |**2** *vtr* acolchar ■ **pad about/around** *vi* andar silenciosamente

paddle [ˈpædəl] **1** *n* pala, canalete; **p. steamer,** (barco de) vapor de ruedas |**2** *vi* ◆ remar ◆ chapotear

paddling pool [ˈpædəlɪŋpuːl] *n* piscina infantil

padlock [ˈpædlɒk] **1** *n* candado |**2** *vtr* cerrar con candado

paediatrician [piːdɪəˈtrɪʃən] *n* pediatra

pagan [ˈpeɪgən] *adj & n* pagano,-a

page [peɪdʒ] **1** *n* ◆ página ◆ *Hist (tb* **p. boy***)* paje; *Hist* escudero ◆ *(en un hotel)* botones |**2** *vtr* ◆ llamar por el altavoz *o* buscapersonas

pager [ˈpeɪdʒəʳ] *n* buscapersonas

paid [peɪd] *adj* ◆ *(persona)* a sueldo, asalariado,-a ◆ *(trabajo)* remunerado,-a ◆ *(deuda, vacaciones)* pagado,-a

pail [peɪl] *n* cubo

pain [peɪn] **1** *n* dolor |**2** *vtr frml* apenar, doler

pained [peɪnd] *adj* de reproche

painful [ˈpeɪnfʊl] *adj* ◆ doloroso,-a ◆ *fam* nefasto,-a

painkiller [ˈpeɪnkɪləʳ] *n* analgésico

painless [ˈpeɪnlɪs] *adj* ◆ sin dolor ◆ sin dificultad

painstaking [ˈpeɪnzteɪkɪŋ] *adj* ◆ *(persona)* meticuloso,-a ◆ *(trabajo)* concienzudo,-a

paint [peɪnt] **1** *n* pintura |**2** *vtr & vi* pintar

paintbrush [ˈpeɪntbrʌʃ] *n* ◆ brocha ◆ *Arte* pincel

painter [ˈpeɪntəʳ] *n* pintor,-ora

painting [ˈpeɪntɪŋ] *n* ◆ cuadro ◆ *(acción)* pintura

paintwork [ˈpeɪntwɜːk] *n* pintura

pair [peəʳ] *n* ◆ par; **a p. of glasses,** unas gafas; **a. p. of scissors,** unas tijeras ◆ *(de personas)* pareja

pajamas [pə'dʒæməz] *npl US* ➛ **pyjamas**

pal [pæl] *n fam* amigo,-a, colega

palace ['pælɪs] *n* palacio

palate ['pælɪt] *n* paladar

pale [peɪl] **1** *adj* ♦ pálido,-a ♦ *(color)* claro,-a **|2** *vi* palidecer

palette ['pælɪt] *n* paleta

pallor ['pælə'] *n* palidez

palm [pɑːm] *n* ♦ palma ♦ *Bot* palmera

palmistry ['pɑːmɪstrɪ] *n* quiromancia

palpitate ['pælpɪteɪt] *vi* palpitar

palpitation [pælpɪ'teɪʃən] *n* palpitación

paltry ['pɔːltrɪ] *adj* **(paltrier, paltriest)** *pey* irrisorio,-a

pamper ['pæmpə'] *vtr* mimar

pamphlet ['pæmflɪt] *n* folleto

pan [pæn] *n* cazuela, cacerola; **frying p.**, sartén

Panama ['pænəmɑː] *n* Panamá; **P. Canal**, Canal de Panamá

Panamanian [pænə'meɪnɪən] *n* & *adj* panameño,-a

pancake ['pænkeɪk] *n Culin* crepe, *LAm* panqueque

panda ['pændə] *n* panda

pane [peɪn] *n* cristal, vidrio

panel ['pænəl] *n* ♦ panel ♦ *(grupo de expertos, etc)* jurado, comisión

pang [pæŋ] *n* ♦ punzada ♦ *(de conciencia)* remordimiento

panic ['pænɪk] **1** *n* pánico **|2** *vi* aterrarse, dejarse llevar por el pánico: **don't p.!**, ¡cálmate!

panicky ['pænɪkɪ] *adj* lleno,-a de pánico

panic-stricken ['pænɪkstrɪkən] *adj* aterrado,-a

panorama [pænə'rɑːmə] *n* panorama

pansy ['pænzɪ] *n Bot* pensamiento

pant [pænt] **1** *n* jadeo **|2** *vi* jadear

panther ['pænθə'] *n* pantera

panties ['pæntɪz] *npl* bragas

pantomime ['pæntəmaɪm] *n Teat GB* comedia musical navideña

pantry ['pæntrɪ] *n* despensa

pants [pænts] *npl* ♦ *(de mujer)* bragas; *(de hombre)* calzoncillos ♦ *US* pantalones, pantalón

paper ['peɪpə'] **1** *n* ♦ papel; **a sheet of p.**, una hoja de papel ♦ periódico; **p. shop** ~ kiosco ♦ *(en una conferencia)* ponencia; *(en una publicación)* artículo ♦ **papers** *pl*, documentos **|2** *vtr* empapelar

paperback ['peɪpəbæk] *n* libro en rústica

paperclip ['peɪpəklɪp] *n* clip, sujetapapeles

paperwork ['peɪpəwɜːk] *n* papeleo

papier-mâché [pæpjeɪ'mæʃeɪ] *n* cartón piedra, papel maché

paprika ['pæprɪkə] *n* pimentón dulce

par [pɑː'] *n* ♦ **to be on a p. with**, estar al mismo nivel que ♦ *Com* valor nominal

parable ['pærəbəl] *n* parábola

parachute ['pærəʃuːt] **1** *n* paracaídas **|2** *vi* saltar en paracaídas

parade [pə'reɪd] **1** *n* desfile **|2** *vi* desfilar

paradise ['pærədaɪs] *n* paraíso

paradox ['pærədɒks] *n* paradoja

paraffin ['pærəfɪn] *n* ♦ *(cera)* parafina ♦ *(aceite)* queroseno

paragraph ['pærəgrɑːf] *n* párrafo

Paraguay ['pærəgwaɪ] *n* Paraguay

Paraguayan [pærə'gwaɪən] *adj* & *n* paraguayo,-a

parallel ['pærəlel] **1** *adj* paralelo,-a **|2** *n* ♦ paralelo ♦ *Geom* paralela **|3** *vtr* ser análogo,-a a

paralyse, *US* **paralyze** ['pærəlaɪz] *vtr* paralizar

paralysis [pə'rælɪsɪs] *n* parálisis

parameter [pə'ræmɪtə'] *n* parámetro

paramilitary [pærə'mɪlɪtərɪ] *adj* paramilitar

paramount ['pærəmaʊnt] *adj* supremo; **of p. importance,** de suma importancia

paranoid ['pærənɔɪd] *adj* & *n* paranoico,-a

paraphrase ['pærəfreɪz] *vtr* parafrasear

parasite ['pærəsaɪt] *n* parásito

parasol ['pærəsɒl] *n* sombrilla

paratrooper ['pærətru:pəʳ] *n* paracaidista

parcel ['pɑ:səl] *n* ◆ paquete; **p. bomb,** paquete bomba ◆ *(terreno)* parcela ■ **parcel up** *vtr* envolver, empaquetar

parched [pɑ:tʃt] *adj* ◆ *(boca)* seco,-a ◆ *(persona)* sediento,-a ◆ *(tierra)* reseco,-a

parchment ['pɑ:tʃmənt] *n* pergamino

pardon ['pɑ:dən] **1** *n* ◆ perdón ◆ *Jur* indulto **|2** *vtr* ◆ perdonar: **p. me !,** ¡disculpe!, ¡perdone! ◆ *Jur* indultar

parent ['peərənt] *n* ◆ *Fin* **p. company,** empresa matriz ◆ **parents** *pl,* padres

parental [pə'rentəl] *adj* paternal

parenthesis [pə'renθɪsɪs] *n (pl* ***parentheses*** [pə'renθɪsi:z]*)* paréntesis

parish ['pærɪʃ] *n* parroquia

parity ['pærɪtɪ] *n* paridad

park [pɑ:k] **1** *n* parque **|2** *vtr* aparcar, *LAm* parquear

parking ['pɑ:kɪŋ] *n* aparcamiento; *(letrero)* **no p.,** prohibido aparcar; *US* **p. lot,** aparcamiento

parliament ['pɑ:ləmənt] *n* parlamento

parliamentary [pɑ:lə'mentərɪ] *adj* parlamentario,-a

parody ['pærədɪ] *n* parodia

parole [pə'rəʊl] *n* libertad condicional

parrot ['pærət] *n* loro, papagayo

parsley ['pɑ:slɪ] *n* perejil

parsnip ['pɑ:snɪp] *n* chirivía

part [pɑ:t] **1** *n* ◆ parte; **in p.,** en parte; **the best p.,** la mayor parte; **to take p.,** participar ◆ *Cine Teat* papel ◆ *(del pelo)* raya ◆ *Auto Téc* pieza, repuesto ◆ **parts** *pl,* **from all parts,** de todas partes **|2** *vtr* separar **|3** *vi* ◆ separarse ◆ despedirse **|4** *adv* en parte **|5** *adj* parcial ■ **part with** *vtr* deshacerse de

partial ['pɑ:ʃəl] *adj* parcial

participant [pɑ:'tɪsɪpənt] *n* participante

participate [pɑ:'tɪsɪpeɪt] *vi* participar

participation [pɑ:tɪsɪ'peɪʃən] *n* participación

participle ['pɑ:tɪsɪpəl] *n* participio

particle ['pɑ:tɪkəl] *n* partícula

particular [pə'tɪkjʊləʳ] **1** *adj* ◆ particular; **in p.,** en particular ◆ exigente **|2** *n* detalle: **fill in your particulars here,** escriba aquí sus datos

particularly [pə'tɪkjʊləlɪ] *adv* particularmente, especialmente

parting ['pɑ:tɪŋ] *n* ◆ separación, despedida ◆ *(del pelo)* raya

partition [pɑ:'tɪʃən] **1** *n* partición **|2** *vtr* dividir

partly ['pɑ:tlɪ] *adv* en parte

partner ['pɑ:tnəʳ] **1** *n* ◆ compañero,-a, pareja; *(en un matrimonio)* cónyuge ◆ *Com* socio,-a **|2** *vtr* acompañar

partnership ['pɑ:tnəʃɪp] *n* ◆ *Com* sociedad ◆ *(trabajo)* asociación ◆ *(sentimental)* vida en común

partridge ['pɑ:trɪdʒ] *n* perdiz

part-time [pɑ:t'taɪm] *adj* & *adv* a tiempo parcial

party ['pɑ:tɪ] **1** *n* ◆ fiesta; **dinner p.,** cena ◆ *(de turistas, etc)* grupo ◆ *Pol* partido ◆ *Jur* parte **|2** *adj* de fiesta

pass [pɑ:s] **1** *vtr* ◆ pasar ◆ *Auto* adelantar ◆ *(con alguien)* cruzarse: **we passed each other,** nos cruzamos ◆ *(poner)* **p. the rope round the tree,** pasa la cuerda alrededor del árbol ◆ *(una ley)* aprobar ◆ *(un examen)* aprobar **|2** *vi* ◆ pasar ◆ *(una emoción, el dolor)* pasar(se) ◆ *(un examen)* aprobar **|3** *n* ◆ *(examen)* aprobado ◆ *(de seguridad)* permiso, pase ◆ *(para el autobús, etc)* bono ◆ *Dep* pase ◆ *Geog* puerto (de montaña) ■ **pass away** *vi* fallecer ■ **pass off** *vi* ◆ transcurrir ◆ *(emoción, dolor)* pasarse ■ **pass on 1** *vtr* legar, transmitir **|2** *vi* → **pass away** ■ **pass out 1** *vi* desmayarse **|2** *vtr* distribuir ■ **pass over 1** *vtr* ◆ pasar por alto, olvidar ◆ *Tel* **p. me over to your boss,** pásame con tu jefe **|2** *vi* → **pass away** ■ **pass up** *vtr* dejar pasar

passable ['pɑ:səbəl] *adj* ◆ *(camino)* transitable ◆ *(calidad, etc)* aceptable

passage ['pæsɪdʒ] *n* ◆ pasaje ◆ *(exterior)* callejón; *(interior)* pasillo ◆ *Náut* travesía

passageway ['pæsɪdʒweɪ] *n (exterior)* callejón; *(interior)* pasillo
passenger ['pæsɪndʒəʳ] *n* pasajero,-a
passer-by [pɑːsə'baɪ] *n* transeúnte
passing ['pɑːsɪŋ] *adj* ◆ *(mirada)* rápido,-a ◆ *(capricho, moda)* pasajero,-a; **in p.**, de pasada
passion ['pæʃən] *n* pasión
passionate ['pæʃənɪt] *adj* apasionado,-a
passive ['pæsɪv] *adj* pasivo,-a
passport ['pɑːspɔːt] *n* pasaporte
password ['pɑːswɜːd] *n* contraseña
past [pɑːst] **1** *n* pasado **|2** *adj* ◆ anterior ◆ último; **the p. few days**, los últimos días **|3** *adv* **to drive p.**, pasar en coche **|4** *prep* ◆ **we drove p. the church**, pasamos delante de la iglesia ◆ **just p. the lights**, justo al otro lado del semáforo ◆ **half p. one**, la una y media
pasta ['pæstə] *n* pasta
paste [peɪst] **1** *n* ◆ pasta ◆ *Culin* paté ◆ engrudo, cola **|2** *vtr* pegar
pastime ['pɑːstaɪm] *n* pasatiempo
pastor ['pɑːstəʳ] *n* pastor
pastoral ['pɑːstərəl] *adj* pastoral
pastry ['peɪstrɪ] *n* ◆ masa, pasta ◆ bollo, pastel
pasture ['pɑːstʃəʳ] *n* pasto
pat [pæt] **1** *n* ◆ palmadita ◆ *(de mantequilla)* porción **|2** *vtr* dar palmaditas a
patch [pætʃ] **1** *n* ◆ parche ◆ *(de aceite, humedad)* mancha ◆ *(terreno)* pequeña parcela ◆ **a bad p.**, una mala racha **|2** *vtr* remendar ■ **patch up** *vtr* remendar
patchy ['pætʃɪ] *adj (patchier, patchiest)* ◆ *(pintura)* desigual ◆ *(trabajo)* irregular ◆ *(conocimientos)* incompleto,-a
patent ['peɪtənt] **1** *n Com* patente **|2** *adj* ◆ patente, evidente **|3** *vtr Com* patentar
paternal [pə'tɜːnəl] *adj* ◆ paternal ◆ *(pariente)* paterno,-a
paternity [pə'tɜːnɪtɪ] *n* paternidad
path [pɑːθ] *n* ◆ sendero, camino ◆ *(de misil)* trayectoria
pathetic [pə'θetɪk] *adj* patético,-a
pathological [pæθə'lɒdʒɪkəl] *adj* patológico,-a
pathologist [pə'θɒlədʒɪst] *n* patólogo,-a
pathology [pə'θɒlədʒɪ] *n* patología
pathos ['peɪθɒs] *n* patetismo
pathway ['pɑːθweɪ] *n* camino, sendero
patience ['peɪʃəns] *n* ◆ paciencia ◆ *GB Naipes* solitario
patient ['peɪʃənt] *adj* & *n* paciente
patio ['pætɪəʊ] *n* patio
patriarch ['peɪtrɪɑːk] *n* patriarca
patriot ['pætrɪət] *n* patriota
patrol [pə'trəʊl] **1** *n* patrulla; **on p.**, de patrulla **|2** *vtr* & *vi* patrullar
patron ['peɪtrən] *n* ◆ *GB (de organización benéfica)* presidente,-a de honor ◆ *Com* patrocinador,-ora; *Arte* mecenas ◆ **p. saint**, (santo,-a) patrón,-ona ◆ cliente,-a (habitual)
patronize ['pætrənaɪz] *vtr pey* tratar con condescendencia
patronizing ['pætrənaɪzɪŋ] *adj pey* condescendiente
pattern ['pætən] *n* ◆ diseño; *(en tela, etc)* dibujo, estampado ◆ *Cost* patrón; *Téc* modelo; *fig* modelo ◆ pauta
paunch [pɔːntʃ] *n* panza
pauper ['pɔːpəʳ] *n* pobre
pause [pɔːz] **1** *n* pausa **|2** *vi* ◆ hacer una pausa ◆ callarse
pave [peɪv] *vtr* pavimentar
pavement ['peɪvmənt] *n GB* acera
pavilion [pə'vɪljən] *n* ◆ pabellón ◆ *GB Dep* vestuarios
paving ['peɪvɪŋ] *n* pavimento
paw [pɔː] *n* pata; *(de león, tigre)* zarpa
pawn [pɔːn] **1** *n Ajedrez* peón **|2** *vtr* empeñar
pawnbroker ['pɔːnbrəʊkəʳ] *n* prestamista
pawnshop ['pɔːnʃɒp] *n* casa de empeños
pay [peɪ] **1** *n* sueldo, paga **|2** *vtr (ps & pp paid)* ◆ pagar; **to be paid**, cobrar ◆ *(atención)* prestar ◆ *(un cumplido, una visita)* hacer; *(los respetos)* presentar **|3** *vi* ◆ pagar ◆ *(una acción, un compor-*

tamiento) convenir ■ **pay back** *vtr* devolver ■ **pay in** *vtr* ingresar (en una cuenta) ■ **pay off 1** *vtr* ◆ pagar, cancelar ◆ *fam* sobornar **|2** *vi* valer la pena

payable ['peɪəbəl] *adj* pagadero,-a

payee [peɪ'iː] *n* beneficiario,-a

payment ['peɪmənt] *n* pago; *(con periodicidad)* plazo

payoff ['peɪɒf] *n* ◆ recompensa ◆ *fam* soborno

payroll ['peɪrəʊl] *n* nómina

pc [piː'siː] *abr de* ◆ ***personal computer,*** ordenador personal, PC ◆ ***politically correct,*** políticamente correcto,-a

PE [piː'iː] *(abr de* ***physical education)*** educación física

pea [piː] *n* guisante

peace [piːs] *n* paz; **at** *o* **in p.,** en paz; **to make p.,** hacer las paces

peaceful ['piːsfʊl] *adj* ◆ pacífico,-a ◆ *(vida, sitio)* tranquilo,-a

peach [piːtʃ] *n* melocotón

peacock ['piːkɒk] *n* pavo real

peak [piːk] **1** *n* ◆ pico, cima ◆ punto más alto **|2** *adj* máximo,-a; **p. season,** temporada alta

peal [piːl] *n* repique

peanut ['piːnʌt] *n* ◆ cacahuete ◆ *fam (dinero)* **peanuts** *pl*, una miseria

pear [peəʳ] *n* pera

pearl [pɜːl] *n* perla

peasant ['pezənt] *n* & *adj* campesino,-a

pebble ['pebəl] *n* guijarro, china

peck [pek] **1** *n* ◆ picotazo ◆ *fam* besito **|2** *vtr* ◆ picotear ◆ *fam* dar un besito a

peculiar [pɪ'kjuːlɪəʳ] *adj* ◆ extraño,-a ◆ característico,-a

peculiarity [pɪkjuːlɪ'ærɪtɪ] *n* ◆ rareza ◆ característica, peculiaridad

pedal ['pedəl] **1** *n* pedal **|2** *vi* pedalear

pedantic [pɪ'dæntɪk] *adj* pedante

peddle ['pedəl] *vtr* ◆ vender ◆ *(drogas)* traficar con

peddler ['pedləʳ] *n* ◆ vendedor,-ora ambulante ◆ **drug p.,** traficante; *US* ➛ **pedlar**

pedestal ['pedɪstəl] *n* pedestal

pedestrian [pɪ'destrɪən] **1** *n* peatón,-ona **|2** *adj* pedestre

pediatrician [piːdɪə'trɪʃən] *n US* ➛ **paediatrician**

pedigree ['pedɪgriː] **1** *n* ◆ pedigrí ◆ linaje, árbol genealógico **|2** *adj* de raza

pedlar ['pedləʳ] *n* vendedor,-ora ambulante

pee [piː] *fam* **1** *n* pis **|2** *vi* hacer pis

peek [piːk] **1** *n* vistazo **|2** *vi* mirar a hurtadillas

peel [piːl] **1** *n* piel; *(de cítricos)* cáscara **|2** *vtr* pelar

peeler ['piːləʳ] *n* pelador

peep [piːp] **1** *n* ojeada **|2** *vi* echar una ojeada

peephole ['piːphəʊl] *n* mirilla

peer [pɪəʳ] **1** *n* ◆ *Pol Hist GB* par, lord ◆ *frml* igual **|2** *vi* tratar de ver

peerage ['pɪərɪdʒ] *n* nobleza

peeved [piːvd] *adj fam* molesto,-a

peevish ['piːvɪʃ] *adj* malhumorado,-a

peg [peg] **1** *n* clavija; *(para tender ropa)* pinza **|2** *vtr* ◆ *(los precios)* fijar ◆ *(ropa)* tender

pejorative [pɪ'dʒɒrətɪv] *adj* peyorativo,-a

pelican ['pelɪkən] *n* pelícano

pelt [pelt] **1** *n* ◆ *(de animal)* piel ◆ *(velocidad)* **at full p.,** a toda pastilla **|2** *vtr* arrojarle a

pelvis ['pelvɪs] *n* pelvis

pen [pen] *n* ◆ pluma (estilográfica) ◆ bolígrafo ◆ *Agr* corral; *(para ovejas)* redil

penal ['piːnəl] *adj* penal

penalize ['piːnəlaɪz] *vtr* ◆ *Dep* sancionar ◆ *Jur* castigar

penalty ['penəltɪ] *n* ◆ *Dep* castigo; *Ftb* penalti ◆ *(castigo)* pena

penance ['penəns] *n* penitencia

pence [pens] *npl* ➛ **penny**

pencil ['pensəl] *n* lápiz; **p. sharpener,** sacapuntas

pendant ['pendənt] *n* colgante

pending ['pendɪŋ] **1** *adj* pendiente **|2** *prep* **p. further information,** hasta que se reciba más información

pendulum ['pendjʊləm] *n* péndulo

penetrate ['penɪtreɪt] **1** *vtr* penetrar **|2** *vi* ◆ atravesar ◆ entrar, penetrar

penfriend ['penfrend] *n* amigo,-a por carta

penguin ['peŋgwɪn] *n* pingüino

penicillin [penɪ'sɪlɪn] *n* penicilina

peninsula [pɪ'nɪnsjʊlə] *n* península

penis ['piːnɪs] *n* pene

penitent ['penɪtənt] *adj* penitente

penitentiary [penɪ'tenʃərɪ] *n US* cárcel, penal

penknife ['pennaɪf] *n* navaja, cortaplumas

penniless ['penɪlɪs] *adj* sin dinero

penny ['penɪ] *n (pl* ***pennies, pence*** [pens]*)* penique

pension ['penʃən] *n* pensión, jubilación

pensioner ['penʃənə'] *n* jubilado,-a

pentagon ['pentəgɒn] *n* ◆ pentágono ◆ *US* **the P.,** el Pentágono

penthouse ['penthaʊs] *n* ático

pent-up ['pentʌp] *adj* reprimido,-a

penultimate [pɪ'nʌltɪmɪt] *adj* penúltimo,-a

people ['piːpəl] **1** *n* pueblo, nación **|2** *npl* ◆ gente ◆ personas: **there were two p. in the bar,** había dos personas en el bar ◆ **the p.,** los ciudadanos ◆ *(impersonal)* **p. believe that...,** se cree que... **|3** *vtr* poblar

pepper ['pepə'] **1** *n* ◆ pimiento ◆ *(especia)* pimienta **|2** *vtr* sazonar con pimienta

peppermint ['pepəmɪnt] *n* ◆ menta ◆ caramelo *o* pastilla de menta

per [pɜː'] *prep* por, a; **p. cent,** por ciento; **p. year/annum,** al año

perceive [pə'siːv] *vtr* percibir

percentage [pə'sentɪdʒ] *n* porcentaje

perception [pə'sepʃən] *n* percepción

perceptive [pə'septɪv] *adj* perspicaz

perch [pɜːtʃ] **1** *n* ◆ percha ◆ *Zool* perca **|2** *vi* posarse

percolator ['pɜːkəleɪtə'] *n* cafetera (eléctrica)

percussion [pə'kʌʃən] *n* percusión

perennial [pə'renɪəl] *adj* perenne

perfect ['pɜːfɪkt] **1** *adj* perfecto,-a **|2** *n* perfecto **|3** [pə'fekt] *vtr* perfeccionar

perfection [pə'fekʃən] *n* perfección

perforate ['pɜːfəreɪt] *vtr* perforar

perforation [pɜːfə'reɪʃən] *n* perforación

perform [pə'fɔːm] **1** *vtr* ◆ efectuar, llevar a cabo ◆ *Teat* representar ◆ *Mús* interpretar **|2** *vi* ◆ funcionar ◆ *Teat* actuar ◆ *Mús* interpretar

performance [pə'fɔːməns] *n* ◆ ejecución, realización ◆ *Teat* representación, función; *Mús* interpretación ◆ *(de un actor)* interpretación; *Dep* actuación ◆ *Auto* prestaciones; *(de una máquina)* rendimiento

performer [pə'fɔːmə'] *n* ◆ *Mús* intérprete ◆ *Teat* actor, actriz

perfume ['pɜːfjuːm] *n* perfume

perhaps [pə'hæps, præps] *adv* tal vez, quizá

peril ['perɪl] *n frml* ◆ riesgo ◆ peligro

perimeter [pə'rɪmɪtə'] *n* perímetro

period ['pɪərɪəd] *n* ◆ periodo, época ◆ regla ◆ *Dep* tiempo ◆ *US Tip* punto

periodic [pɪərɪ'ɒdɪk] *adj* periódico,-a

periodical [pɪərɪ'ɒdɪkəl] **1** *adj* periódico,-a **|2** *n* revista

peripheral [pə'rɪfərəl] **1** *adj* periférico,-a **|2** *n* unidad periférica

perish ['perɪʃ] *vi frml* perecer

perjury ['pɜːdʒərɪ] *n* perjurio

perk [pɜːk] *n fam* extra, ventaja

perky ['pɜːkɪ] *adj* ***(perkier, perkiest)*** animado,-a, alegre

perm [pɜːm] **1** *n* permanente **|2** *vtr* **she's had her hair permed,** se ha hecho la permanente

permanent ['pɜːmənənt] *adj* permanente

permeate ['pɜːmɪeɪt] *vtr* & *vi* impregnar

permissible [pə'mɪsəbəl] *adj* admisible

permission [pə'mɪʃən] *n* permiso

permissive [pə'mɪsɪv] *adj* permisivo,-a

permit ['pɜːmɪt] **1** *n* permiso **|2** [pə'mɪt] *vtr frml* permitir

perpendicular [pɜːpən'dɪkjʊlə'] *adj* perpendicular, vertical

perpetrate ['pɜːpɪtreɪt] *vtr frml* perpetrar

perpetual [pə'petʃʊəl] *adj* ◆ perpetuo,-a ◆ *(ruido, movimiento)* continuo,-a
perpetuate [pə'petjʊeɪt] *vtr frml* perpetuar
perplex [pə'pleks] *vtr* desconcertar
perplexing [pə'pleksɪŋ] *adj* desconcertante
persecute ['pɜːsɪkjuːt] *vtr* perseguir
persecution [pɜːsɪ'kjuːʃən] *n* persecución
perseverance [pɜːsɪ'vɪərəns] *n* perseverancia
persevere [pɜːsɪ'vɪəʳ] *vi* perseverar
persist [pə'sɪst] *vi* ◆ empeñarse ◆ *(un sentimiento, dolor)* persistir
persistence [pə'sɪstəns] *n* ◆ empeño ◆ persistencia
persistent [pə'sɪstənt] *adj* ◆ perseverante ◆ *(tos, etc)* persistente
person ['pɜːsən] *n (pl* ***people*** *['piːpəl] o* ***persons****)* persona; **in p.**, en persona
personable ['pɜːsənəbəl] *adj frml* agradable
personal ['pɜːsənəl] *adj* ◆ personal, privado,-a; **p. computer,** ordenador personal ◆ *(comentario)* indiscreto,-a
personality [pɜːsə'nælɪtɪ] *n* personalidad
personify [pɜː'sɒnɪfaɪ] *vtr* personificar, encarnar
personnel [pɜːsə'nel] *n* personal
perspective [pə'spektɪv] *n* perspectiva
perspiration [pɜːspə'reɪʃən] *n* transpiración
perspire [pə'spaɪəʳ] *vi* transpirar
persuade [pə'sweɪd] *vtr* persuadir, convencer
persuasion [pə'sweɪʒən] *n* ◆ persuasión ◆ creencia
persuasive [pə'sweɪsɪv] *adj* persuasivo,-a
pertinent ['pɜːtɪnənt] *adj frml* pertinente
perturb [pə'tɜːb] *vtr* perturbar
perturbing [pə'tɜːbɪŋ] *adj* inquietante
Peru [pə'ruː] *n* Perú
Peruvian [pə'ruːvɪən] *adj & n* peruano,-a
pervade [pɜː'veɪd] *vtr* ◆ *(un olor)* impregnar ◆ *(una idea)* dominar
pervasive [pɜː'veɪsɪv] *adj* ◆ penetrante ◆ *(idea)* dominante ◆ **all-p.**, omnipresente
perverse [pə'vɜːs] *adj* perverso,-a
perversion [pə'vɜːʃən] *n* perversión
pervert ['pɜːvɜːt] **1** *n* pervertido,-a **|2** [pə'vɜːt] *vtr* ◆ pervertir ◆ *(la verdad)* tergiversar
pessimist ['pesɪmɪst] *n* pesimista
pessimistic [pesɪ'mɪstɪk] *adj* pesimista
pest [pest] *n* ◆ plaga ◆ *fam (persona)* pesado,-a; *(cosa)* lata
pet [pet] **1** *n* mascota **|2** *adj* doméstico,-a **|3** *vtr* acariciar **|4** *vi* besuquearse
petal ['petəl] *n* pétalo
petition [pɪ'tɪʃən] *n* petición
petrol ['petrəl] *n* gasolina; **p. bomb,** cóctel molotov; **p. station,** gasolinera
petroleum [pə'trəʊlɪəm] *n* petróleo
petticoat ['petɪkəʊt] *n* enaguas, combinación
petty ['petɪ] *adj* ***(pettier, pettiest)*** ◆ insignificante ◆ *(persona)* mezquino,-a ◆ **p. cash,** dinero para gastos menores
petulant ['petjʊlənt] *adj* malhumorado,-a
pew [pjuː] *n* banco (de iglesia)
phantom ['fæntəm] *adj & n* fantasma
pharmaceutical [fɑːmə'sjuːtɪkəl] *adj* farmacéutico,-a
pharmacist ['fɑːməsɪst] *n* farmacéutico,-a
pharmacy ['fɑːməsɪ] *n* farmacia
phase [feɪz] **1** *n* fase **|2** *vtr* **to p. in/out,** introducir/retirar paulatinamente
PhD [piːeɪtʃ'diː] *n (abr de* ***Doctor of Philosophy****)* doctorado
pheasant ['fezənt] *n* faisán
phenomenon [fɪ'nɒmɪnən] *n (pl* ***phenomena*** *[fɪ'nɒmɪnə])* fenómeno
philanthropist [fɪ'lænθrəpɪst] *n* filántropo,-a
philately [fɪ'lætəlɪ] *n* filatelia
philosopher [fɪ'lɒsəfəʳ] *n* filósofo,-a
philosophy [fɪ'lɒsəfɪ] *n* filosofía
phlegm [flem] *n* flema

phlegmatic [fleg'mætɪk] *adj* flemático,-a
phobia ['fəʊbɪə] *n* fobia
phone [fəʊn] *n* ➛ **telephone**
phonecard ['fəʊnkɑːd] *n* tarjeta telefónica
phonetic [fə'netɪk] **1** *adj* fonético,-a |**2** *npl* **phonetics,** fonética
phoney ['fəʊnɪ] *adj (phonier, phoniest)* falso,-a
phonograph ['fəʊnəgrɑːf] *n US* tocadiscos
phosphate ['fɒsfeɪt] n fosfato
photo ['fəʊtəʊ] *n (abr de* **photograph***)* foto
photocopier ['fəʊtəʊkɒpɪə'] *n* fotocopiadora
photocopy ['fəʊtəʊkɒpɪ] **1** *n* fotocopia |**2** *vtr* fotocopiar
photogenic [fəʊtəʊ'dʒenɪk] *adj* fotogénico,-a
photograph ['fəʊtəgrɑːf] **1** *frml n* fotografía |**2** *vtr* fotografiar
photographer [fə'tɒgrəfə'] *n* fotógrafo,-a
photography [fə'tɒgrəfɪ] *n* fotografía
phrase [freɪz] *n* frase, locución
physical ['fɪzɪkəl] *adj* físico,-a
physician [fɪ'zɪʃən] *n* médico,-a
physicist ['fɪzɪsɪst] *n* físico,-a
physics ['fɪzɪks] *n* física
physiological [fɪzɪə'lɒdʒɪkəl] *adj* fisiológico,-a
physiology [fɪzɪ'ɒlədʒɪ] *n* fisiología
physiotherapist [fɪzɪəʊ'θerəpɪst] *n* fisioterapeuta
physiotherapy [fɪzɪəʊ'θerəpɪ] *n* fisioterapia
pianist ['pɪənɪst] *n* pianista
piano [pɪ'ænəʊ] *n* piano
pick [pɪk] **1** *n (herramienta)* pico |**2** *vtr* ◆ elegir; *Dep* seleccionar ◆ *(fruta)* recoger; *(flores)* cortar, coger ◆ coger, recoger ◆ *(la nariz)* hurgarse; *(los dientes)* mondarse ◆ *(una cerradura)* forzar ■ **pick at** *vtr* **to p. at one's food,** picar, comer sin ganas ■ **pick out** *vtr* ◆ distinguir ◆ identificar ■ **pick up** *vtr* ◆ recoger, levantar ◆ buscar, recoger
picket ['pɪkɪt] **1** *n* piquete |**2** *vtr* & *vi* organizar piquetes
pickle ['pɪkəl] **1** *n* ◆ encurtidos ◆ *fam* lío, apuro |**2** *vtr* conservar en vinagre y especias
pickpocket ['pɪkpɒkɪt] *n* carterista
pickup ['pɪkʌp] *n* ◆ *(de tocadiscos)* brazo ◆ *Auto* **p.-up (truck),** furgoneta ◆ *fam* ligue
picnic ['pɪknɪk] **1** *n* picnic |**2** *vi* ir de excursión
pictorial [pɪk'tɔːrɪəl] *adj* ilustrado,-a
picture ['pɪktʃə'] **1** *n* ◆ cuadro, dibujo; *(de una persona)* retrato; *(en un libro)* ilustración, lámina; foto; *TV* imagen ◆ *Cine* película; *GB* **the pictures,** el cine |**2** *vt* ◆ imaginarse ◆ representar, dibujar
picturesque [pɪktʃə'resk] *adj* pintoresco,-a
pie [paɪ] *n* tarta, pastel
piece [piːs] *n* ◆ pedazo, trozo ◆ *(no se traduce en español)* **p. of advice,** consejo; **p. of furniture,** mueble ◆ *Arte Teat Lit* obra; *Prensa* artículo ◆ moneda ◆ *(juegos)* ficha; *Ajedrez* pieza ◆ **to take to pieces,** desmontar
piecemeal ['piːsmiːl] **1** *adv* poco a poco |**2** *adj* gradual
piecework ['piːswɜːk] *n* trabajo a destajo
pier [pɪə'] *n* embarcadero, muelle
pierce [pɪəs] *vtr* agujerear
piercing ['pɪəsɪŋ] *adj* penetrante
pig [pɪg] *n* cerdo
pigeon ['pɪdʒɪn] *n* paloma
pigeonhole ['pɪdʒɪnhəʊl] *n* casilla
piglet ['pɪglɪt] *n* cochinillo, lechón
pigment ['pɪgmənt] *n* pigmento
pigsty ['pɪgstaɪ] *n* pocilga
pigtail ['pɪgteɪl] *n* trenza
pile [paɪl] **1** *n* ◆ montón ◆ *Med* **piles** *pl,* almorranas |**2** *vtr* amontonar, apilar ■ **pile up 1** *vtr* apilar |**2** *vi* amontonarse
pile-up ['paɪlʌp] *n* choque múltiple
pilfer ['pɪlfə'] *vtr* & *vi* hurtar
pilgrim ['pɪlgrɪm] *n* peregrino,-a
pilgrimage ['pɪlgrɪmɪdʒ] *n* peregrinación

pill [pɪl] *n* ♦ píldora, pastilla ♦ **the p.,** la píldora

pillage ['pɪlɪdʒ] *vtr* & *vi* pillar, saquear

pillar ['pɪləʳ] *n* ♦ pilar, columna ♦ *GB* **p. box,** buzón

pillow ['pɪləʊ] *n* almohada

pillowcase ['pɪləʊkeɪs] *n* funda de almohada

pilot ['paɪlət] **1** *n* piloto **|2** *vtr* pilotar

pimple ['pɪmpəl] *n* grano, espinilla

pin [pɪn] **1** *n* ♦ alfiler ♦ *Elec Téc* clavija **|2** *vtr* ♦ prender con alfileres ♦ sujetar, inmovilizar ■ **pin down** *vtr* ♦ sujetar con alfileres ♦ *(a una persona)* inmovilizar ■ **pin up** *vtr* sujetar *o* clavar (con chinchetas)

pincers ['pɪnsəz] *npl* pinzas

pinch [pɪntʃ] **1** *vtr* pellizcar **|2** *vi* apretar **|3** *n* ♦ pellizco ♦ *(de sal, etc)* pizca

pincushion ['pɪnkʊʃən] *n* acerico

pine [paɪn] **1** *n* pino **|2** *vi* **to p. (away),** languidecer

pineapple ['paɪnæpəl] *n* piña

ping-pong ['pɪŋpɒŋ] *n* pimpón

pink [pɪŋk] *n* & *adj* rosa

pinpoint ['pɪnpɔɪnt] *vtr* señalar

pint [paɪnt] *n* pinta *(US* 0,47 l, *GB* 0,57 l); *GB* **a p. (of beer)** ≈ una caña (de cerveza)

pioneer [paɪə'nɪəʳ] **1** *n* pionero,-a **|2** *vtr* ser pionero,-a en

pious ['paɪəs] *adj* piadoso,-a

pip [pɪp] *n* pepita, semilla

pipe [paɪp] *n* ♦ tubo; *(de gas, agua)* tubería, cañería ♦ *(de fumar)* pipa ♦ *Mús* flauta ♦ *Mús* **(bag) pipes** *pl,* gaita

pipeline ['paɪplaɪn] *n* tubería de distribución; *(de gas)* gaseoducto; *(de petróleo)* oleoducto

piping ['paɪpɪŋ] *n* tuberías, cañerías

pirate ['paɪrɪt] **1** *n* & *adj* pirata **|2** *vtr* piratear

pirouette [pɪrʊ'et] **1** *n* pirueta **|2** *vi* hacer piruetas

Pisces ['paɪsiːz] *n* Piscis

piss [pɪs] *argot* **1** *vi* mear **|2** *n* meada

pissed [pɪst] *adj* ♦ *GB argot* borracho,-a ♦ **p. off,** *GB argot* cabreado,-a

pistachio [pɪs'tɑːʃɪəʊ] *n* pistacho

pistol ['pɪstəl] *n* pistola

piston ['pɪstən] *n* pistón

pit [pɪt] *n* ♦ hoyo, foso ♦ mina de carbón ♦ *(del estómago)* boca ♦ *Teat* platea; **orchestra p.,** foso de orquesta

pitch [pɪtʃ] **1** *n* ♦ lanzamiento ♦ *Dep* campo, terreno ♦ *Mús* tono **|2** *vtr* ♦ arrojar, tirar ♦ *(una nota)* dar ■ **pitch in** *vi* ayudar

pitched [pɪtʃt] *adj* inclinado,-a

pitcher ['pɪtʃəʳ] *n* ♦ cántaro, jarro ♦ *(béisbol)* pitcher, lanzador,-ora

piteous ['pɪtɪəs] *adj* lastimoso,-a

pitfall ['pɪtfɔːl] *n* escollo, obstáculo

pith [pɪθ] *n* ♦ *(de cítricos)* corteza blanca ♦ *(de un argumento)* meollo

pitiful ['pɪtɪfʊl] *adj* lamentable

pitiless ['pɪtɪlɪs] *adj* despiadado,-a, implacable

pittance ['pɪtəns] *n* miseria

pity ['pɪtɪ] **1** *n* ♦ compasión, piedad; **to have p.,** tener piedad ♦ lástima: **what a p.!,** ¡qué lástima! **|2** *vtr* apiadarse de, compadecerse de

pivot ['pɪvət] **1** *n* ♦ *Téc* pivote ♦ *(baloncesto)* pívot **|2** *vi* girar

placard ['plækɑːd] *n* pancarta

placate [plə'keɪt] *vtr* aplacar, apaciguar

place [pleɪs] **1** *n* ♦ lugar, sitio; **all over the p.,** por todas partes; **in p.,** en su lugar; **in p. of,** en lugar de; **out of p.,** fuera de lugar; **to take the p. of,** sustituir ♦ asiento, sitio ♦ *(en un libro)* página ♦ *fam* casa; **a p. by the sea,** una casa en la playa ♦ *(orden)* **in first p.,** en primer puesto ♦ *(trabajo, equipo)* puesto; *Educ* plaza ♦ **in the first p.,** en primer lugar *o* para empezar ♦ **to take p.,** tener lugar, ocurrir **|2** *vtr* ♦ poner, colocar ♦ *(un pedido)* hacer

placid ['plæsɪd] *adj* apacible

plagiarize ['pleɪdʒəraɪz] *vtr* plagiar

plague [pleɪg] *n* ♦ *Med* peste ♦ *(de langostas, etc)* plaga

plaice [pleɪs] *n inv* platija

plain [pleɪn] **1** *adj* ♦ claro,-a, evidente ♦ simple, sencillo,-a ♦ *(habla, persona)* directo,-a, franco,-a **|2** *adv fam* totalmente **|3** *n* llanura, llano

plaintiff ['pleɪntɪf] *n* demandante

plaintive ['pleɪntɪv] *adj* lastimero,-a

plait [plæt] **1** *n* trenza **|2** *vtr* trenzar

plan [plæn] **1** *n* ♦ plano ♦ plan **|2** *vtr* planear **|3** *vi* hacer planes

plane [pleɪn] **1** *n* ♦ *Av* avión ♦ *Mat* plano ♦ nivel ♦ *Bot* **p. (tree),** plátano **|2** *adj* plano,-a **|3** *vtr* cepillar **|4** *vi (avión)* planear

planet ['plænɪt] *n* planeta

plank [plæŋk] *n* tabla, tablón

planner ['plænəʳ] *n* planificador,-ora

planning ['plænɪŋ] *n* planificación; **family p.,** planificación familiar

plant [plɑːnt] **1** *n* ♦ planta ♦ *Ind* planta, fábrica **|2** *vtr* ♦ *(plantas)* plantar; *(semillas)* sembrar ♦ *(una bomba)* colocar

plantation [plæn'teɪʃən] *n* plantación

plaque [plæk] *n* placa

plaster ['plɑːstəʳ] **1** *n* ♦ yeso; *(en la pared)* enlucido ♦ *Arte Med* escayola; **in p.,** escayolado,-a; **p. cast,** *Med* escayola; *Arte* vaciado de yeso ♦ *GB* **sticking p.,** esparadrapo, tirita **|2** *vtr* enlucir

plastered ['plɑːstəd] *adj fam* muy borracho,-a

plastic ['plæstɪk, 'plɑːstɪk] **1** *n* plástico **|2** *adj* ♦ de plástico ♦ *Téc* maleable ♦ *Arte* plástico,-a ♦ **p. surgery,** cirugía estética

Plasticine® ['plæstɪsiːn] *n* plastilina®

plate [pleɪt] **1** *n* ♦ plato; **p. rack,** escurreplatos ♦ *(de metal)* chapa ♦ *(en libro)* lámina, ilustración ♦ *fam* dentadura postiza **|2** *vtr* ♦ chapar ♦ blindar

plateau ['plætəʊ] *n* meseta

platform ['plætfɔːm] *n* ♦ plataforma, tribuna ♦ *Ferroc* andén, vía ♦ *Pol* programa

platinum ['plætɪnəm] *n* platino

platoon [plə'tuːn] *n* sección

play [pleɪ] **1** *n* ♦ juego; **p. on words,** juego de palabras ♦ *Dep & fig* jugada ♦ *Teat* obra, pieza **|2** *vi* ♦ jugar ♦ *Cine Teat (un actor)* actuar; *(una obra, película)* estar en cartel ♦ **to play dead/stupid,** hacerse el muerto/el tonto ♦ *fig* **to p. a part,** participar ♦ *Mús (un instrumento)* tocar **|3** *vtr* ♦ jugar ♦ *Dep* jugar a; *(contra un oponente)* jugar contra ♦ *(una broma)* gastar ♦ *Cine Teat (una obra)* representar; *(el papel)* interpretar, hacer de ♦ *Mús (un instrumento)* tocar; *(una pieza)* interpretar ♦ *(un CD, disco)* poner ■ **play along** *vi* cooperar ■ **play down** *vtr* quitar importancia a

player ['pleɪəʳ] *n* ♦ *Dep* jugador,-ora ♦ *Mús* músico,-a ♦ *frml Teat* actor, actriz

playful ['pleɪfʊl] *adj* juguetón,-ona

playground ['pleɪgraʊnd] *n* patio de recreo

playgroup ['pleɪgruːp] *n* jardín de infancia, guardería

playmate ['pleɪmeɪt] *n* compañero,-a de juegos, amiguito,-a

play-off ['pleɪɒf] *n* desempate

plaything ['pleɪθɪŋ] *n* juguete

playwright ['pleɪraɪt] *n* dramaturgo,-a

PLC, plc [piːel'siː] *GB (abr. de* ***Public Limited Company)*** Sociedad Anónima, S.A.

plea [pliː] *n* ♦ petición, súplica; **a p. for mercy,** una petición de clemencia ♦ *Jur* alegato

plead [pliːd] **1** *vi* ♦ rogar, suplicar ♦ *(inocente/culpable)* declararse **|2** *vtr* alegar

pleasant ['plezənt] *adj* agradable

please [pliːz] **1** *vt* dar gusto a, complacer **|2** *vi* agradar, satisfacer: **do as you p.,** haz como quieras **|3** *interj* por favor: **p. do not touch,** se ruega no tocar

pleased [pliːzd] *adj* ♦ satisfecho,-a ♦ contento,-a; **to be p.,** alegrarse; **p. to meet you,** encantado,-a (de conocerle)

pleasure ['pleʒəʳ] *n* placer, gusto

pleat [pliːt] **1** *n* pliegue **|2** *vtr* hacer pliegues en

pledge [pledʒ] **1** *n frml* promesa, compromiso **|2** *vtr frml* comprometerse

plentiful ['plentɪfʊl] *adj* abundante

plenty ['plentɪ] *n* ♦ *frml* abundancia ♦ mucho, más que suficiente: **I have p. to do,** tengo mucho que hacer

pliable ['plaɪəbəl] *adj* flexible

pliers ['plaɪəz] *npl* alicates, tenazas
plight [plaɪt] *n* situación apremiante
plod [plɒd] *vi* andar con paso lento y pesado
plonk [plɒŋk] *vtr fam* colocar (con fuerza y sin cuidado)
plot [plɒt] **1** *n* ♦ terreno, solar ♦ complot, conjura ♦ argumento, trama |**2** *vtr* tramar |**3** *vi* conspirar
plough [plaʊ] **1** *n* arado |**2** *vtr* & *vi* arar
plow [plaʊ] *n US* ➛ **plough**
pluck [plʌk] **1** *vtr* ♦ arrancar ♦ *(un ave)* desplumar ♦ *(las cejas)* depilar ♦ *(una guitarra)* puntear |**2** *n* valor, ánimo
plug [plʌg] **1** *n* ♦ *Elec* enchufe ♦ *(de un lavabo, etc)* tapón ♦ *Auto* (**spark**) **p.**, bujía |**2** *vtr* tapar ■ **plug in** *vtr* & *vi* enchufar
plum [plʌm] **1** *n* ciruela
plumage ['plu:mɪdʒ] *n* plumaje
plumb [plʌm] *n* ♦ *Téc* plomada ♦ *Náut* sonda
plumber ['plʌməʳ] *n* fontanero,-a
plumbing ['plʌmɪŋ] *n* ♦ fontanería ♦ *(sistema)* instalación de tuberías *o* cañerías
plume [plu:m] *n* penacho
plummet ['plʌmɪt] *vi* caer en picado
plump [plʌmp] **1** *adj* ♦ regordete ♦ *(pollo, cerdo, etc)* gordo,-a |**2** *vtr* ➛ **plonk** ■ **plump for** *vtr* optar por ■ **plump up** *vtr* ahuecar
plunder ['plʌndəʳ] *vtr* saquear
plunge [plʌndʒ] **1** *n* zambullida |**2** *vi* ♦ zambullirse ♦ *fig* caerse |**3** *vtr* sumergir, hundir
plural ['plʊərəl] *adj* & *n* plural
plus [plʌs] *prep* más
plush [plʌʃ] **1** *n* felpa, peluche |**2** *adj* de peluche
plutonium [plu:'təʊnɪəm] *n* plutonio
ply [plaɪ] **1** *vtr* ♦ acosar ♦ *frml (un oficio)* ejercer ♦ *frml (una ruta)* recorrer |**2** *vi* hacer la ruta
plywood ['plaɪwʊd] *n* contrachapado
p.m. [pi:'em] *(abr de **post meridiem**)* de la tarde
PM [pi:'em] *GB (abr de **Prime Minister**)* primer,-era ministro,-a
PMT [pi:em'ti:] *Med (abr de **premenstrual tension**)* tensión premenstrual
pneumatic [njʊ'mætɪk] *adj* neumático,-a
pneumonia [nju:'məʊnɪə] *n* pulmonía
PO [pi:'əʊ] *(abr de **Post Office**)* oficina de correos
poach [pəʊtʃ] *vtr* ♦ *Culin* escalfar ♦ cazar *o* pescar furtivamente
poacher ['pəutʃəʳ] *n* cazador,-ora/pescador,-ora furtivo,-a
pocket ['pɒkɪt] **1** *n* bolsillo |**2** *adj* de bolsillo |**3** *vtr* guardarse en el bolsillo
pocketknife ['pɒkɪtnaɪf] *n* navaja
pod [pɒd] *n* vaina
poem ['pəʊɪm] *n* poema
poet ['pəʊɪt] *n* poeta
poetic [pəʊ'etɪk] *adj* poético,-a
poetry ['pəʊɪtrɪ] *n* poesía
poignant ['pɔɪnjənt] *adj* conmovedor,-ora, patético,-a
point [pɔɪnt] **1** *n* punto; **p. of view,** punto de vista; **boiling p,** punto de ebullición ♦ momento; **on the p. of leaving,** a punto de salir ♦ argumento: **he has a p.**, tiene razón ♦ tema central: **that's not the p.,** no se trata de eso ♦ *(de aguja, lápiz)* punta ♦ *Geog* cabo ♦ *(finalidad)* **there's no p. (in)** + *(gerundio)*, no sirve de nada ♦ *Mat* (**decimal**) **p.**, punto *o* coma *(según país)* ♦ **points** *pl, Ferroc* agujas; *Auto* platinos |**2** *vtr* ♦ señalar, indicar ♦ *(con una pistola)* apuntar |**3** *vi* señalar, indicar ■ **point out** *vtr* ♦ indicar, señalar ♦ observar
point-blank [pɔɪnt'blæŋk] *adv* ♦ a bocajarro ♦ *(negarse)* rotundamente
pointed ['pɔɪntɪd] *adj* ♦ puntiagudo,-a ♦ *(comentario)* mordaz
pointer ['pɔɪntəʳ] *n* ♦ aguja indicadora ♦ puntero
pointless ['pɔɪntlɪs] *adj* sin sentido
poise [pɔɪz] *n* ♦ porte ♦ aplomo, desenvoltura
poised [pɔɪzd] *adj* ♦ ecuánime ♦ listo,-a, preparado,-a

poison ['pɔɪzən] **1** *n* veneno **|2** *vtr* envenenar

poisoning ['pɔɪzənɪŋ] *n* envenenamiento, intoxicación

poisonous ['pɔɪzənəs] *adj* ◆ venenoso,-a ◆ *(sustancia)* tóxico,-a

poke [pəʊk] **1** *n* codazo; *(con un objeto punzante)* pinchazo **|2** *vtr* ◆ *(un fuego)* atizar ◆ **she poked a finger up her nose,** se metió el dedo en la nariz ■ **poke about/around** *vi* fisgonear, curiosear

poker ['pəʊkəʳ] *n* ◆ póquer ◆ *(para el fuego)* atizador

Poland ['pəʊlənd] *n* Polonia

polar ['pəʊləʳ] *adj* polar; **p. bear,** oso polar

Pole [pəʊl] *n mf* polaco,-a

pole [pəʊl] *n* ◆ palo; **telegraph p.,** poste ◆ *Dep* pértiga ◆ *Geog* polo

police [pə'liːs] **1** *npl* ◆ policía ◆ **p. car,** coche patrulla; *GB* **p. constable,** agente; **p. force,** cuerpo de policía; **p. officer,** agente; **p. record,** antecedentes penales; **p. station,** comisaría **|2** *vtr* vigilar, patrullar

policeman [pə'liːsmən] *n* policía, agente

policewoman [pə'liːswʊmən] *n* policía, agente

policy ['pɒlɪsɪ] *n* ◆ política ◆ *(de seguros)* póliza

polio ['pəʊlɪəʊ] *n* polio

polish ['pɒlɪʃ] **1** *vtr* limpiar; *(muebles, suelo)* encerar; *(un objeto de metal)* sacar brillo a **|2** *n* limpiacristales; *(para metal)* limpiametales; *(para madera, etc)* cera; *(para zapatos)* betún

Polish ['pəʊlɪʃ] **1** *adj* polaco,-a **|2** *n* polaco

polite [pə'laɪt] *adj* educado,-a

politeness [pə'laɪtnɪs] *n* educación

political [pə'lɪtɪkəl] *adj* político,-a

politician [pɒlɪ'tɪʃən] *n* político,-a

politics ['pɒlɪtɪks] *n sing* política

poll [pəʊl] *n* ◆ votación; **to go to the polls,** acudir a las urnas ◆ número de votos ◆ encuesta, sondeo

pollen ['pɒlən] *n* polen

polling ['pəʊlɪŋ] *n* votación; **p. station,** colegio electoral

pollute [pə'luːt] *vtr* contaminar

pollution [pə'luːʃən] *n* contaminación, polución

polo ['pəʊləʊ] *n* ◆ polo ◆ **p. neck,** jersey de cuello alto

polyester [pɒlɪ'estəʳ] *n* poliéster

pomegranate ['pɒmɪgrænɪt] *n* granada

pomp [pɒmp] *n* pompa

pompous ['pɒmpəs] *adj* pomposo,-a

pond [pɒnd] *n* estanque

pony ['pəʊnɪ] *n* poni

ponytail ['pəʊnɪteɪl] *n* cola de caballo

poodle ['puːdəl] *n* caniche

pool [puːl] **1** *n* ◆ charco ◆ piscina, estanque ◆ *US* billar americano ◆ *GB* **(football) pools** *pl,* quinielas **|2** *vtr* juntar, reunir

poor [pʊəʳ, pɔːʳ] *adj* ◆ pobre ◆ *(calidad)* malo,-a, bajo,-a

poorly ['pʊəlɪ] **1** *adv* mal **|2** *adj (poorlier, poorliest) GB fam* pachucho,-a

pop [pɒp] **1** *n* ◆ pequeña explosión ◆ *(refresco)* gaseosa ◆ *fam US* papá ◆ *Mús* música pop **|2** *vtr* ◆ hacer reventar ◆ *(un tapón)* hacer saltar **|3** *vi* ◆ reventar ◆ *(un tapón)* saltar ■ **pop in** *vi fam* entrar un momento, visitar brevemente ■ **pop out** *vi fam* salir un momento ■ **pop up** *vi fam* aparecer

popcorn ['pɒpkɔːn] *n* palomitas

pope [pəʊp] *n* papa

poplar ['pɒpləʳ] *n* álamo

poppy ['pɒpɪ] *n* amapola

popular ['pɒpjʊləʳ] *adj* popular

popularity [pɒpjʊ'lærɪtɪ] *n* popularidad

popularize ['pɒpjʊləraɪz] *vtr* popularizar

populate ['pɒpjʊleɪt] *vtr* poblar

population [pɒpjʊ'leɪʃən] *n* población

porcelain ['pɔːslɪn] *n* porcelana

porch [pɔːtʃ] *n* porche

porcupine ['pɔːkjʊpaɪn] *n* puerco espín

pore [pɔːʳ] **1** *n* poro **|2** *vi* **to p. over sthg,** estudiar algo detenidamente

pork [pɔːk] *n* carne de cerdo

porn [pɔːn] *n fam* porno

pornography [pɔːˈnɒgrəfɪ] *n* pornografía

porous [ˈpɔːrəs] *adj* poroso,-a

porridge [ˈpɒrɪdʒ] *n* gachas de avena

port [pɔːt] *n* ◆ puerto ◆ *(vino)* oporto ◆ *Náut Av* babor, izquierda

portable [ˈpɔːtəbəl] *adj* portátil

porter [ˈpɔːtəʳ] *n* ◆ portero,-a ◆ *Av Ferroc* maletero,-a ◆ *(hospital)* camillero

portfolio [pɔːtˈfəʊlɪəʊ] *n* ◆ carpeta ◆ *Pol* cartera

portion [ˈpɔːʃən] *n* ◆ parte, porción ◆ *Culin* ración

portrait [ˈpɔːtrɪt, ˈpɔːtreɪt] *n* retrato

portray [pɔːˈtreɪ] *vtr* ◆ *Arte* retratar ◆ *fig* describir ◆ *Cine Teat* representar

Portugal [ˈpɔːtjʊgəl] *n* Portugal

Portuguese [pɔːtjʊˈgiːz] **1** *adj* portugués,-esa **|2** *n* ◆ portugués,-esa ◆ *(idioma)* portugués

pose [pəʊz] **1** *vi* ◆ posar ◆ hacerse pasar **|2** *vtr* ◆ plantear ◆ *(una amenaza)* suponer **|3** *n* pose

posh [pɒʃ] *GB fam* **1** *adj* ◆ elegante, de lujo ◆ *pey* pijo,-a

position [pəˈzɪʃən] **1** *n* ◆ posición ◆ situación, sitio; *(del cuerpo)* postura ◆ opinión ◆ *frml* puesto, trabajo **|2** *vtr* poner, colocar

positive [ˈpɒzɪtɪv] *adj* ◆ positivo,-a ◆ *(persona)* seguro,-a ◆ *(prueba)* concluyente

possess [pəˈzes] *vtr* ◆ poseer ◆ *(una emoción)* apoderarse de

possessed [pəˈzest] *adj* poseído,-a

possession [pəˈzeʃən] *n* posesión

possessive [pəˈzesɪv] *adj* posesivo,-a

possibility [pɒsɪˈbɪlɪtɪ] *n* posibilidad

possible [ˈpɒsɪbəl] *adj* posible; **as much as p.,** todo lo posible; **as soon as p.,** cuanto antes

post [pəʊst] **1** *n* ◆ poste ◆ correo; **p. office,** oficina de correos ◆ *Mil Com* puesto **|2** *vtr* ◆ *Com Mil* destinar ◆ *(una carta)* echar al correo

postage [ˈpəʊstɪdʒ] *n* franqueo

postal [ˈpəʊstəl] *adj* postal

postbox [ˈpəʊstbɒks] *n GB* buzón

postcard [ˈpəʊstkɑːd] *n* (tarjeta) postal

postcode [ˈpəʊstkəʊd] *n GB* código postal

poster [ˈpəʊstəʳ] *n* póster

posterity [pɒˈsterɪtɪ] *n* posteridad

postgraduate [pəʊstˈgrædjʊɪt] **1** *n* posgraduado,-a **|2** *adj* de posgrado

posthumous [ˈpɒstjʊməs] *adj* póstumo,-a

posting [ˈpəʊstɪŋ] *n* destino

postman [ˈpəʊstmən] *n GB* cartero

postmark [ˈpəʊstmɑːk] *n* matasellos

postmortem [pəʊstˈmɔːtəm] *n* autopsia

postpone [pəʊstˈpəʊn] *vtr* aplazar

postscript [ˈpəʊsskrɪpt] *n* posdata

posture [ˈpɒstʃəʳ] *n* postura

postwar [ˈpəʊstwɔːʳ] *adj* de la posguerra

pot [pɒt] *n* ◆ tarro ◆ *(para la cocina)* olla, puchero ◆ *(para plantas)* maceta, tiesto ◆ **coffee p.,** cafetera; **tea p.,** tetera

potato [pəˈteɪtəʊ] *n (pl* ***potatoes****)* patata

potency [ˈpəʊtənsɪ] *n* potencia

potent [ˈpəʊtənt] *adj* potente

potential [pəˈtenʃəl] *adj & n* potencial

pothole [ˈpɒthəʊl] *n* cueva

potholing [ˈpɒthəʊlɪŋ] *n GB* espeleología

potion [ˈpəʊʃən] *n* pócima

potter [ˈpɒtəʳ] *n* alfarero,-a

pottery [ˈpɒtərɪ] *n* alfarería

pouch [paʊtʃ] *n* ◆ bolsita ◆ *Zool* bolsa abdominal, marsupio

poultry [ˈpəʊltrɪ] *n* aves de corral

pounce [paʊns] *vi* saltar

pound [paʊnd] **1** *n* ◆ libra ◆ *(para coches)* depósito **|2** *vtr* ◆ machacar ◆ aporrear

pour [pɔːʳ] **1** *vtr* verter; *(una bebida)* servir **|2** *vi* manar ■ **pour down** *vi* llover a cántaros

pout [paʊt] **1** *n* puchero **|2** *vi* hacer pucheros

poverty ['pɒvətɪ] *n* pobreza
poverty-stricken ['pɒvətɪstrɪkən] *adj* necesitado,-a
powder ['paʊdəʳ] *n* ♦ polvo; **washing p.**, detergente ♦ *(maquillaje)* polvos
powdered ['paʊdəd] *adj* en polvo
power ['paʊəʳ] **1** *n* ♦ poder; **the p. that be,** los poderes fácticos ♦ *Elec etc* energía; **p. point,** toma de corriente; **p. station,** central eléctrica ♦ *Mec* potencia |**2** *vtr* impulsar, propulsar
powered ['paʊəʳd] *adj* ♦ con motor ♦ **p. by gas,** que funciona con gas
powerboat ['paʊəbəʊt] *n* motora
powerful ['paʊəful] *adj* ♦ poderoso,-a ♦ *(físicamente)* fuerte ♦ *(argumento)* convincente
powerless ['paʊəlɪs] *adj* impotente, ineficaz
pp *(abr de pages)* págs., pp.
practicable ['præktɪkəbəl] *adj* factible
practical ['præktɪkəl] *adj* práctico,-a
practicality [præktɪ'kælɪtɪ] *n* ♦ *(de una persona)* sentido práctico ♦ *(de una idea)* viabilidad
practice, *US* **practise** ['præktɪs] *n* ♦ práctica; **in p.**, en la práctica ♦ costumbre, uso ♦ *(de profesión)* práctica, ejercicio ♦ *(local) Jur* bufete; *Med* consulta
practise, *US* **practice** ['præktɪs] **1** *vtr* ♦ practicar; *Mús Teat* ensayar ♦ *Med Jur* ejercer |**2** *vi* practicar
practising, *US* **practicing** ['præktɪsɪŋ] *adj* practicante
practitioner [præk'tɪʃənəʳ] *n* ♦ profesional ♦ médico
pragmatic [præg'mætɪk] *adj* pragmático,-a
prairie ['preərɪ] *n* pradera
praise [preɪz] **1** *n* alabanza, elogio |**2** *vtr* alabar, elogiar
praiseworthy ['preɪzwɜːðɪ] *adj* loable
pram [præm] *n GB* cochecito de niño
prank [præŋk] *n* broma; *(de niño)* travesura
prawn [prɔːn] *n* gamba
pray [preɪ] *vi* rezar, orar
prayer [preəʳ] *n* rezo, oración
preach [priːtʃ] *vi* predicar
preacher ['priːtʃəʳ] *n* predicador,-ora
precarious [prɪ'keərɪəs] *adj* precario,-a
precaution [prɪ'kɔːʃən] *n* precaución
precede [prɪ'siːd] *vtr* preceder
precedence ['presɪdəns] *n* preferencia
precedent ['presɪdənt] *n* precedente
preceding [prɪ'siːdɪŋ] *adj* precedente
precinct ['priːsɪŋkt] *n* ♦ recinto ♦ zona
precious ['preʃəs] *adj* ♦ precioso,-a ♦ querido,-a
precipice ['presɪpɪs] *n* precipicio
precipitate [prɪ'sɪpɪteɪt] **1** *vtr* precipitar |**2** [prɪ'sɪpɪtət] *adj* precipitado,-a
precise [prɪ'saɪs] *adj* preciso,-a
precisely [prɪ'saɪslɪ] *adv* exactamente: **p.!**, ¡eso es!, ¡exacto!
precision [prɪ'sɪʒən] *n* precisión
preclude [prɪ'kluːd] *vtr frml* excluir, descartar
precocious [prɪ'kəʊʃəs] *adj* precoz
preconceived [priːkən'siːvd] *adj* preconcebido,-a
preconception [priːkən'sepʃən] *n* idea preconcebida
precondition [priːkən'dɪʃən] *n* condición previa
precursor [priː'kɜːsəʳ] *n* precursor,-ora
predator ['predətəʳ] *n* depredador,-ora
predecessor ['priːdɪsesəʳ] *n* antecesor,-ora
predicament [prɪ'dɪkəmənt] *n* apuro, aprieto
predict [prɪ'dɪkt] *vtr* predecir, pronosticar
predictable [prɪ'dɪktəbəl] *adj* previsible
prediction [prɪ'dɪkʃən] *n* pronóstico, predicción
predispose [priːdɪ'spəʊz] *vtr frml* predisponer
predominant [prɪ'dɒmɪnənt] *adj* predominante

predominate [prɪ'dɒmɪneɪt] *vi* predominar

pre-empt [prɪ'empt] *vtr* adelantarse a

prefab ['priːfæb] *n GB fam* casa prefabricada

prefabricated [priː'fæbrɪkeɪtɪd] *adj* prefabricado,-a

preface ['prefɪs] *n* prólogo

prefer [prɪ'fɜː'] *vtr* preferir

preferable ['prefərəbəl] *adj* preferible

preference ['prefərəns] *n* preferencia

preferential [prefə'renʃəl] *adj* preferente

prefix ['priːfɪks] *n* prefijo

pregnancy ['pregnənsɪ] *n* embarazo

pregnant ['pregnənt] *adj* embarazada

prehistoric(al) [priːhɪ'stɒrɪk(əl)] *adj* prehistórico,-a

prejudice ['predʒʊdɪs] **1** *n* prejuicio |**2** *vtr* predisponer

prejudiced ['predʒʊdɪst] *adj* parcial

preliminary [prɪ'lɪmɪnərɪ] **1** *adj* preliminar |**2** *n (usu pl)* preliminares

prelude ['preljuːd] *n* preludio

premarital [priː'mærɪtəl] *adj* prematrimonial

premature [premə'tjʊə'] *adj* prematuro,-a

premeditation [priːmedɪ'teɪʃən] *vtr* premeditación

premier ['premjə'] **1** *n* primer,-era ministro,-a |**2** *adj* primero,-a, principal

première ['premɪeə'] *n* estreno

premise ['premɪs] *n* ♦ premisa ♦ **premises** *pl*, local, establecimiento

premonition [premə'nɪʃən] *n* presentimiento

preoccupation [priːɒkjʊ'peɪʃən] *n* preocupación

preoccupied [priː'ɒkjʊpaɪd] *adj* preocupado,-a

preparation [prepə'reɪʃən] *n* ♦ preparación ♦ **preparations** *pl*, preparativos

preparatory [prɪ'pærətərɪ] *adj* preparatorio,-a, preliminar

prepare [prɪ'peə'] **1** *vtr* preparar |**2** *vi* prepararse

prepared [prɪ'peəd] *adj* preparado,-a

preposition [prepə'zɪʃən] *n* preposición

preposterous [prɪ'pɒstərəs] *adj* absurdo,-a, ridículo,-a

prerequisite [priː'rekwɪzɪt] *n* condición previa

prerogative [prɪ'rɒgətɪv] *n* prerrogativa

preschool [priː'skuːl] *adj* preescolar

prescribe [prɪ'skraɪb] *vtr* ♦ recetar ♦ *frml* prescribir

prescription [prɪ'skrɪpʃən] *n* receta

presence ['prezəns] *n* presencia

present ['prezənt] **1** *adj* ♦ presente ♦ actual |**2** *n* regalo |**3** [prɪ'zent] *vtr* ♦ regalar ♦ presentar

presentable [prɪ'zentəbəl] *adj* presentable

presentation [prezən'teɪʃən] *n* presentación

present-day ['prezəntdeɪ] *adj* actual

presenter [prɪ'zentə'] *n* presentador,-ora

presently ['prezəntlɪ] *adv* ♦ dentro de poco ♦ *esp US* ahora

preservation [prezə'veɪʃən] *n* conservación

preservative [prɪ'zɜːvətɪv] *n* conservante

preserve [prɪ'zɜːv] **1** *vtr* conservar |**2** *n* ♦ dominio ♦ *Culin* conserva

preside [prɪ'zaɪd] *vi* presidir

presidency ['prezɪdənsɪ] *n* presidencia

president ['prezɪdənt] *n* ♦ *Pol* presidente,-a ♦ *US Com* director,-ora, gerente

presidential [prezɪ'denʃəl] *adj* presidencial

press [pres] **1** *n* ♦ prensa ♦ *(máquina)* imprenta, prensa ♦ *(empresa)* editorial |**2** *vtr* ♦ *(un botón, etc)* apretar, pulsar; *(ropa)* planchar ♦ presionar ♦ *Jur* **to p. charges,** presentar cargos |**3** *vi* apretar

pressing ['presɪŋ] *adj* apremiante, urgente

press-up ['presʌp] *n* flexión
pressure ['preʃəʳ] *n* presión
pressurize ['preʃəraɪz] *vtr* presurizar
prestige [pre'stiːʒ] *n* prestigio
presumably [prɪ'zjuːməblɪ] *adv* supuestamente
presume [prɪ'zjuːm] **1** *vtr frml* suponer |**2** *vi frml* suponer
presumption [prɪ'zʌmpʃən] *n* ◆ suposición ◆ arrogancia
presumptuous [prɪ'zʌmptjʊəs] *adj* atrevido,-a
presuppose [priːsə'pəʊz] *vtr* presuponer
pretence, *US* **pretense** [prɪ'tens] *n* ◆ pretensión ◆ fingimiento
pretend [prɪ'tend] **1** *vtr* ◆ fingir, aparentar ◆ *frml* pretender |**2** *vi* fingir
pretense [prɪ'tens] *n US* → **pretence**
pretention [prɪ'tenʃən] *n* pretensión
pretentious [prɪ'tenʃəs] *adj* presuntuoso,-a, pretencioso,-a
pretext ['priːtekst] *n* pretexto
pretty ['prɪtɪ] **1** *adj* ***(prettier, prettiest)*** bonito,-a, guapo,-a |**2** *adv fam* bastante
prevail [prɪ'veɪl] *vi* ◆ predominar, reinar ◆ *(justicia, etc)* prevalecer
prevailing [prɪ'veɪlɪŋ] *adj* predominante
prevalent ['prevələnt] *adj frml* frecuente, común
prevent [prɪ'vent] *vtr* impedir, evitar
prevention [prɪ'venʃən] *n* prevención
preview ['priːvjuː] *n* preestreno
previous ['priːvɪəs] **1** *adj* previo,-a |**2** *prep* antes de
prewar ['priːwɔːʳ] *adj* de antes de la guerra
prey [preɪ] *n* presa ■ **prey on** *vi* ◆ alimentarse de ◆ *fig* explotar
price [praɪs] **1** *n* precio |**2** *vtr* ◆ poner un precio a ◆ valorar
priceless ['praɪslɪs] *adj* que no tiene precio
prick [prɪk] **1** *vtr* pinchar, agujerear |**2** *n* ◆ pinchazo ◆ *argot vulgar* pene
prickle ['prɪkəl] **1** *n* ◆ espina ◆ *(sensación)* picor |**2** *vtr & vi* pinchar, picar
prickly ['prɪklɪ] *adj* ***(pricklier, prickliest)*** ◆ espinoso,-a ◆ *(ropa, etc)* que pica
pride [praɪd] **1** *n* orgullo |**2** *vtr* **to p. oneself on,** enorgullecerse de
priest [priːst] *n* sacerdote
priestess ['priːstɪs] *n* sacerdotisa
priesthood ['priːsthʊd] *n* ◆ sacerdocio ◆ *(personas)* clero
prim [prɪm] *adj* ***(primmer, primmest)*** remilgado,-a
primary ['praɪmərɪ] **1** *adj* ◆ primario,-a ◆ *(importancia)* primordial |**2** *n* primaria
primate ['praɪmeɪt] *n* primate
prime [praɪm] **1** *adj* ◆ primero,-a, primordial; **P. Minister,** primer,-era ministro,-a ◆ *(calidad)* de primera ◆ *Mat (número)* primo |**2** *n* apogeo |**3** *vtr* preparar
primitive ['prɪmɪtɪv] *adj* primitivo,-a
primrose ['prɪmrəʊz] *n* primavera
prince [prɪns] *n* príncipe
princess [prɪn'ses] *n* princesa
principal ['prɪnsɪpəl] **1** *adj* principal |**2** *n* ◆ *Educ* director,-ora ◆ *Teat* protagonista ◆ *Mús* primer violín
principle ['prɪnsɪpəl] *n* principio; **in p.,** en principio
print [prɪnt] **1** *n* ◆ letra; **in p.,** publicado,-a; **out of p.,** agotado,-a ◆ *Arte* grabado, lámina; *Fot* copia; *Tex* estampado ◆ *(de dedo)* huella |**2** *vtr* imprimir; *(libro)* publicar ■ **print out** *vtr* imprimir
printer ['prɪntəʳ] *n* impresora
printing ['prɪntɪŋ] *n* imprenta
prior ['praɪəʳ] **1** *adj* previo,-a, anterior |**2** *prep* antes de |**3** *n* prior
priority [praɪ'ɒrɪtɪ] *n* prioridad
prism ['prɪzəm] *n* prisma
prison ['prɪzən] *n* cárcel, prisión
prisoner ['prɪzənəʳ] *n* ◆ preso,-a, recluso,-a ◆ prisionero,-a
privacy ['prɪvəsɪ] *n* intimidad
private ['praɪvɪt] **1** *adj* ◆ particular, propio,-a ◆ privado,-a |**2** *n* soldado raso
privatize ['praɪvɪtaɪz] *vtr* privatizar
privilege ['prɪvɪlɪdʒ] *n* privilegio
privileged ['prɪvɪlɪdʒd] *adj* privilegiado,-a

prize [praɪz] **1** *n* premio **|2** *vtr* apreciar, estimar
prize-giving ['praɪzgɪvɪŋ] *n* entrega de premios
prizewinner ['praɪzwɪnəʳ] *n* ganador,-ora del premio
pro [prəʊ] *n* ◆ *(abr de* ***professional)*** *fam* profesional ◆ **pros** *pl*, ventajas
probability [prɒbə'bɪlɪtɪ] *n* probabilidad
probable ['prɒbəbəl] *adj* probable
probation [prə'beɪʃən] *n* libertad condicional
probe [prəʊb] **1** *n* ◆ encuesta, sondeo ◆ *Med Astron* sonda **|2** *vtr* ◆ investigar ◆ *Med* sondar
problem ['prɒbləm] *n* problema
problematic(al) [prɒblə'mætɪk(əl)] *adj* problemático,-a, difícil
procedure [prə'siːdʒəʳ] *n* procedimiento
proceed [prə'siːd] *vi* ◆ *frml* avanzar ◆ *frml* seguir, proceder
proceedings [prə'siːdɪŋz] *npl* ◆ acto, evento ◆ *(de una reunión)* actas
proceeds ['prəʊsiːdz] *npl* recaudación, ganancias
process ['prəʊses] **1** *n* ◆ proceso ◆ método **|2** *vtr* ◆ procesar ◆ *(comida)* elaborar
procession [prə'seʃən] *n* ◆ desfile ◆ *Rel* procesión
processor ['prəʊsesəʳ] *n* procesador
proclaim [prə'kleɪm] *vtr* proclamar
proclamation [prɒklə'meɪʃən] *n* proclamación
prod [prɒd] **1** *n* pinchazo **|2** *vtr* pinchar
prodigious [prə'dɪdʒəs] *adj* prodigioso,-a
prodigy ['prɒdɪdʒɪ] *n* prodigio
produce [prə'djuːs] **1** *vtr* ◆ producir ◆ *(un documento, etc)* presentar; *(una evidencia)* aportar ◆ *(del bolsillo, etc)* sacar ◆ *Cine* producir; *TV* realizar; *Teat* poner en escena **|2** ['prɒdjuːs] *n Agr* productos
producer [prə'djuːsəʳ] *n* ◆ productor,-ora; *Ind* fabricante ◆ *Cine* productor,-ora; *Rad TV* realizador,-ora
product ['prɒdʌkt] *n* producto
production [prə'dʌkʃən] *n* producción
productive [prə'dʌktɪv] *adj* productivo,-a
productivity [prɒdʌk'tɪvɪtɪ] *n* productividad
profess [prə'fes] *vtr* ◆ profesar ◆ *(una emoción)* expresar, manifestar
profession [prə'feʃən] *n* profesión
professional [prə'feʃənəl] *adj* & *n* profesional
professor [prə'fesəʳ] *n* catedrático,-a
proficiency [prə'fɪʃənsɪ] *n* competencia
profile ['prəʊfaɪl] **1** *n* perfil **|2** *vtr* retratar
profit ['prɒfɪt] **1** *n* ◆ ganancias, beneficios ◆ provecho, utilidad **|2** *vi* sacar provecho
profitability [prɒfɪtə'bɪlɪtɪ] *n* rentabilidad
profitable ['prɒfɪtəbəl] *adj* rentable
profound [prə'faʊnd] *adj* profundo,-a
profuse [prə'fjuːs] *adj* profuso,-a, abundante
prognosis [prɒg'nəʊsɪs] *n* pronóstico
program ['prəʊgræm] **1** *n* programa **|2** *vtr* programar
programme, *US* **program** ['prəʊgræm] **1** *n* programa **|2** *vtr* programar
programmer, *US* **programer** ['prəʊgræməʳ] *n* programador,-ora
progress ['prəʊgres] **1** *n* ◆ progreso ◆ *Med* mejora ◆ *(sociedad, etc)* desarrollo, evolución ◆ **in p.**, empezado,-a, en curso **|2** [prəʊ'gres] *vi* avanzar, progresar
progressive [prə'gresɪv] *adj* ◆ progresivo,-a ◆ *Pol* progresista
prohibit [prə'hɪbɪt] *vtr* prohibir
prohibition [prəʊɪ'bɪʃən] *n* prohibición
prohibitive [prə'hɪbɪtɪv] *adj* prohibitivo,-a
project ['prɒdʒekt] **1** *n* ◆ proyecto ◆ *Educ* trabajo **|2** [prə'dʒekt] *vtr* ◆ proyectar ◆ pronosticar

projectile [prə'dʒektaɪl] *n* proyectil
projection [prə'dʒekʃən] *n* ◆ pronóstico ◆ *Cine* proyección
projector [prə'dʒektə^r] *n* proyector
proletariat [prəʊlɪ'eərɪət] *n* proletariado
prologue ['prəʊlɒg] *n* prólogo
prolong [prə'lɒŋ] *vtr* extender, prolongar
promenade [prɒmə'nɑːd] *n* paseo marítimo
prominence ['prɒmɪnəns] *n* prominencia
prominent ['prɒmɪnənt] *adj* prominente
promiscuous [prə'mɪskjʊəs] *adj* promiscuo,-a
promise ['prɒmɪs] **1** *n* promesa; **to keep/break a p.,** cumplir/no cumplir una promesa **|2** *vtr* & *vi* prometer
promising ['prɒmɪsɪŋ] *adj* prometedor,-ora
promote [prə'məʊt] *vtr* ◆ ascender ◆ *(el arte, comercio)* fomentar ◆ *(un producto)* promocionar ◆ *(un concierto, etc)* organizar
promoter [prə'məʊtə^r] *n* ◆ promotor,-ora ◆ *(de concierto, etc)* organizador,-ora
promotion [prə'məʊʃən] *n* ◆ promoción, ascenso ◆ *(del arte, comercio)* fomento ◆ *(de un producto)* promoción
prompt [prɒmpt] **1** *adj* ◆ pronto,-a, rápido,-a ◆ puntual **|2** *adv* en punto **|3** *vtr* ◆ provocar ◆ *Teat* apuntar **|4** *n* ◆ *Teat* apunte ◆ *Inform* aviso
prone [prəʊn] *adj* ◆ boca abajo ◆ propenso,-a
pronoun ['prəʊnaʊn] *n* pronombre
pronounce [prə'naʊns] **1** *vtr* pronunciar **|2** *vi* pronunciarse
pronounced [prə'naʊnst] *adj* marcado,-a, pronunciado,-a
pronunciation [prənʌnsɪ'eɪʃən] *n* pronunciación
proof [pruːf] **1** *n* ◆ prueba ◆ graduación alcohólica **|2** *sufijo* **-p.,** a prueba de; **bullet-p.,** a prueba de balas; **water-p.,** impermeable
propaganda [prɒpə'gændə] *n* propaganda
propel [prə'pel] *vtr* propulsar
propeller [prə'pelə^r] *n* hélice
propensity [prə'pensɪtɪ] *n frml* propensión
proper ['prɒpə^r] *adj* ◆ *(procedimiento, etc)* adecuado,-a, correcto,-a ◆ *(real)* verdadero,-a ◆ *(persona)* correcto,-a; *(comportamiento)* decente ◆ *(después del nombre)* propiamente dicho
properly ['prɒpəlɪ] *adv* correctamente, adecuadamente
property ['prɒpətɪ] *n* ◆ propiedad ◆ propiedad inmobiliaria
prophecy ['prɒfɪsɪ] *n* profecía
prophesy ['prɒfɪsaɪ] *vtr* ◆ predecir ◆ *Rel* profetizar
prophet ['prɒfɪt] *n* profeta
proportion [prə'pɔːʃən] *n* proporción
proportional [prə'pɔːʃənəl] *adj* proporcional
proportionate [prə'pɔːʃənɪt] *adj* proporcional
proposal [prə'pəʊzəl] *n* ◆ propuesta ◆ proyecto, plan
propose [prə'pəʊz] **1** *vtr* ◆ proponer ◆ *frml* tener la intención **|2** *vi* pedir en matrimonio
proposition [prɒpə'zɪʃən] **1** *n* propuesta **|2** *vtr* hacer proposiciones deshonestas a
proprietor [prə'praɪətə^r] *n* propietario,-a
propriety [prə'praɪətɪ] *n* decoro
propulsion [prə'pʌlʃən] *n* propulsión
prosaic [prəʊ'zeɪɪk] *adj* prosaico,-a
prose [prəʊz] *n* prosa
prosecute ['prɒsɪkjuːt] *vtr* procesar
prosecution [prɒsɪ'kjuːʃən] *n* ◆ proceso, juicio ◆ *(abogado)* acusación
prosecutor ['prɒsɪkjuːtə^r] *n* acusador,-ora; **public p.,** fiscal
prospect ['prɒspekt] **1** *n* ◆ posibilidad ◆ perspectiva ◆ **prospects** *pl,* futuro, perspectivas **|2** [prə'spekt] *vtr* explorar **|3** *vi* buscar
prospectus [prə'spektəs] *n* prospecto
prosper ['prɒspə^r] *vi* prosperar

prosperity [prɒ'sperɪtɪ] *n* prosperidad

prosperous ['prɒspərəs] *adj* próspero,-a

prostitute ['prɒstɪtjuːt] *n* prostituta

prostitution [prɒstɪ'tjuːʃən] *n* prostitución

prostrate ['prɒstreɪt] *adj* ♦ postrado,-a ♦ abatido,-a

protagonist [prəʊ'tægənɪst] *n* protagonista

protect [prə'tekt] *vtr* proteger

protection [prə'tekʃən] *n* protección

protective [prə'tektɪv] *adj* protector,-ora

protégé(e) ['prəʊteʒeɪ] *n* protegido,-a

protein ['prəʊtiːn] *n* proteína

protest ['prəʊtest] **1** *n* protesta |**2** [prə'test] *vtr* ♦ *(la inocencia)* afirmar, declarar ♦ *US* protestar contra |**3** *vi* protestar

Protestant ['prɒtɪstənt] *adj* & *n* protestante

protester [prə'testə^r] *n* manifestante

protocol ['prəʊtəkɒl] *n* protocolo

prototype ['prəʊtətaɪp] *n* prototipo

protrude [prə'truːd] *vi* sobresalir

protuberance [prə'tjuːbərəns] *n* protuberancia

proud [praʊd] *adj* orgulloso,-a

prove [pruːv] **1** *vtr* probar; demostrar |**2** *vi* resultar: **it proved to be a mistake,** resultó ser un error

proverb ['prɒvɜːb] *n* proverbio

provide [prə'vaɪd] *vtr* proporcionar, proveer (de) ■ **provide against** *vtr* prevenirse contra ■ **provide for** *vtr* mantener

provided [prə'vaɪdɪd] *conj* **p. (that),** siempre que

providing [prə'vaɪdɪŋ] *conj* → **provided**

province ['prɒvɪns] *n* ♦ provincia ♦ *(de estudio, etc)* esfera, área

provincial [prə'vɪnʃəl] **1** *adj* provincial; *pey* provinciano,-a |**2** *n pey* provinciano,-a

provision [prə'vɪʒən] *n* ♦ provisión ♦ **provisions** *pl,* víveres

provisional [prə'vɪʒənəl] *adj* provisional

provocation [prɒvə'keɪʃən] *n* provocación

provocative [prə'vɒkətɪv] *adj* ♦ provocador,-ora ♦ provocativo,-a

provoke [prə'vəʊk] *vtr* provocar

prow [praʊ] *n* proa

prowl [praʊl] *vtr* & *vi* **to p. about** *o* **around,** rondar, merodear

prowler ['praʊlə^r] *n* merodeador,-ora

proximity [prɒk'sɪmɪtɪ] *n* proximidad

proxy ['prɒksɪ] *n* ♦ *Jur* poder; **to vote by p.,** votar por poderes ♦ *(persona)* apoderado,-a

prudent ['pruːdənt] *adj* prudente

prudish ['pruːdɪʃ] *adj* remilgado,-a

prune [pruːn] **1** *n* ciruela pasa |**2** *vtr* ♦ *(plantas)* podar ♦ *(gastos)* reducir

pry [praɪ] *vi* fisgonear, husmear

psalm [sɑːm] *n* salmo

pseudonym ['sjuːdənɪm] *n* seudónimo

psyche ['saɪkɪ] *n* psique

psychiatric [saɪkɪ'ætrɪk] *adj* psiquiátrico,-a

psychiatrist [saɪ'kaɪətrɪst] *n* psiquiatra

psychiatry [saɪ'kaɪətrɪ] *n* psiquiatría

psychic ['saɪkɪk] **1** *adj* psíquico,-a |**2** *n* médium

psychoanalysis [saɪkəʊə'nælɪsɪs] *n* psicoanálisis

psychoanalyst [saɪkəʊ'ænəlɪst] *n* psicoanalista

psychological [saɪkə'lɒdʒɪkəl] *adj* psicológico,-a

psychologist [saɪ'kɒlədʒɪst] *n* psicólogo,-a

psychology [saɪ'kɒlədʒɪ] *n* psicología

pub [pʌb] *n* bar, pub

puberty ['pjuːbətɪ] *n* pubertad

pubic ['pjuːbɪk] *adj* púbico,-a

public ['pʌblɪk] **1** *adj* público,-a; **p. employee** ~ funcionario,-a; **p. funds,** erario público; **p. school,** *GB* colegio de pago, *US* escuela pública |**2** *n* público

public-address system [pʌblɪkə'dressɪstəm] *n* megafonía

publication [pʌblɪ'keɪʃən] *n* publicación

publicity [pʌ'blɪsɪtɪ] *n* publicidad

publicize ['pʌblɪsaɪz] *vtr* ◆ hacer público,-a ◆ promocionar

publish ['pʌblɪʃ] *vtr* publicar, editar

publisher ['pʌblɪʃəʳ] *n* ◆ editor,-ora ◆ *(empresa)* editorial

publishing ['pʌblɪʃɪŋ] *n* ◆ el sector editorial ◆ **p. company,** editorial

pucker ['pʌkəʳ] *vtr* fruncir, arrugar

Puerto Rican [pweətəʊ'riːkən] *n* & *adj* puertorriqueño,-a

Puerto Rico [pweətəʊ'riːkəʊ] *n* Puerto Rico

pudding ['pʊdɪŋ] *n* ◆ pudín ◆ postre

puddle ['pʌdəl] *n* charco

puff [pʌf] **1** ◆ soplo; *(de la boca)* bocanada ◆ *(de humo)* nube ◆ *(sonido)* resoplido ◆ *Culin* **p. pastry,** hojaldre **|2** *vi* soplar **|3** *vtr* ◆ soplar ◆ *(un cigarillo)* fumar

puffed [pʌft] *adj fam* sin aliento

puffy ['pʌfɪ] *adj* ***(puffier, puffiest)*** hinchado,-a

pull [pʊl] **1** *n* ◆ tirón ◆ atracción, fuerza ◆ *fam* influencia ◆ *(de un cigarillo)* calada; *(de una bebida)* trago ◆ *(de un cajón)* tirador **|2** *vtr* ◆ tirar de; *fig* **to p. sb's leg,** tomarle el pelo a alguien ◆ mover, acercar ◆ *(las cortinas)* correr ◆ *(el gatillo)* apretar ◆ *(un coche, tren)* arrastrar, empujar ◆ *(extraer)* sacar ◆ *(hacer)* **to p. a face,** hacer una mueca; **to p. sthg to pieces,** hacer trizas algo **|3** *vi* tirar ■ **pull apart** *vtr* ◆ desmontar ◆ separar ■ **pull away 1** *vi* ◆ soltarse ◆ *Auto* arrancar; *(tren)* salir **|2** *vtr* arrancar ■ **pull down** *vtr* ◆ derribar ◆ *(un pantalón, una persiana)* bajar ■ **pull off 1** *vtr* ◆ *(la ropa)* quitarse; *(una tapa)* quitar **|2** *vi Auto* arrancar ■ **pull on 1** *vtr (ropa)* ponerse **|2** *vi* tirar de ■ **pull out** *vtr* sacar, extraer ■ **pull over 1** *vtr* ◆ tirar (para abajo) ◆ *(la Policía, etc)* hacer parar **|2** *vi Auto* hacerse a un lado

pulley ['pʊlɪ] *n* polea

pullover ['pʊləʊvəʳ] *n* jersey

pulp [pʌlp] *n* ◆ pulpa ◆ *(de madera, papel)* pasta ◆ *fam* **p. fiction,** ficción barata

pulpit ['pʊlpɪt] *n* púlpito

pulsate [pʌl'seɪt] *vi* latir, palpitar

pulse [pʌls] *n* ◆ pulso ◆ *Bot Culin* legumbre

pumice (stone) ['pʌmɪs(stəʊn)] *n* piedra pómez

pump [pʌmp] **1** *n* ◆ bomba ◆ zapatilla **|2** *vtr* bombear

pumpkin ['pʌmpkɪn] *n* calabaza

pun [pʌn] *n* juego de palabras

punch [pʌntʃ] **1** *n* ◆ *(para billetes)* taladradora; *(para cuero)* punzón; *(herramienta)* botador ◆ puñetazo, golpe ◆ empuje, fuerza ◆ *(bebida)* ponche **|2** *vtr* ◆ *(un billete)* picar; *(un cuero)* punzar; *(un papel)* perforar ◆ pegar, dar un puñetazo a

punctual ['pʌŋktjʊəl] *adj* puntual

punctuate ['pʌŋktjʊeɪt] *vtr* puntuar

punctuation [pʌŋktjʊ'eɪʃən] *n* puntuación

puncture ['pʌŋktʃəʳ] **1** *n* pinchazo **|2** *vtr* ◆ perforar ◆ *Auto* pinchar

pungent ['pʌndʒənt] *adj* ◆ *(olor)* acre ◆ *(sabor)* picante

punish ['pʌnɪʃ] *vtr* castigar

punishment ['pʌnɪʃmənt] *n* castigo

punitive ['pjuːnɪtɪv] *adj* punitivo,-a

punk [pʌŋk] *n* punk

puny ['pjuːnɪ] *adj* ***(punier, puniest)*** enclenque, endeble

pup [pʌp] *n* cachorro,-a

pupil ['pjuːpəl] *n* ◆ pupila ◆ *Educ* alumno,-a

puppet ['pʌpɪt] *n* títere

puppy ['pʌpɪ] *n* cachorro,-a, perrito,-a

purchase ['pɜːtʃɪs] **1** *n* compra **|2** *vtr* comprar

purchaser ['pɜːtʃɪsəʳ] *n* comprador,-ora

pure [pjʊəʳ] *adj* puro,-a

purée ['pjʊəreɪ] *n* puré

purely ['pjʊəlɪ] *adv* simplemente

purge [pɜːdʒ] **1** *n* purga **|2** *vtr* purgar

purify ['pjʊərɪfaɪ] *vtr* purificar

purple ['pɜːpəl] *adj* ◆ *(color)* morado,-a ◆ *(estilo)* grandilocuente

purpose ['pɜːpəs] *n* propósito, intención; **on p.**, a propósito

purposeful ['pɜːpəsfʊl] *adj* decidido,-a, resuelto,-a

purr [pɜːʳ] **1** *n* ronroneo **|2** *vi* ronronear

purse [pɜːs] *n* ♦ *GB* monedero ♦ *(de mujer)* bolso

pursue [pə'sjuː] *vtr* seguir; *(a un criminal)* perseguir

pursuit [pə'sjuːt] *n* ♦ persecución ♦ *(de la felicidad)* búsqueda ♦ pasatiempo

pus [pʌs] *n* pus

push [pʊʃ] **1** *n* ♦ empujón ♦ presión ♦ *Mil* ofensiva ♦ *(de una persona)* ambición, dinamismo **|2** *vtr* ♦ empujar ♦ *(un botón, una tecla)* apretar, pulsar; *(un pedal)* pisar ♦ *(a una persona)* presionar ♦ *(un producto, etc)* promocionar ♦ *(la droga)* traficar con **|3** *vi* ♦ empujar ♦ presionar ■ **push aside** *vtr* ♦ apartar ♦ *fig* hacer caso omiso de ■ **push back** *vtr* hacer retroceder ■ **push in** *vi* colarse ■ **push on** *vi fam* seguir adelante

pushchair ['pʊʃtʃeəʳ] *n GB* sillita (de niño)

pusher ['pʊʃəʳ] *n argot* camello

push-up ['pʊʃʌp] *n* flexión

pushy ['pʊʃɪ] *adj* **(pushier, pushiest)** *fam* agresivo,-a

puss [pʊs], **pussy** ['pʊsɪ] *n fam* gatito,-a

put [pʊt] *vtr* ♦ poner ♦ ordenar, colocar ♦ meter; *fig* **to p. one's foot in it,** meter la pata ♦ invertir ♦ traducir ♦ expresar: **as Shakespeare p. it,** como dijo Shakespeare ♦ escribir: **p. your name here,** escribe tu nombre aquí ■ **put about** *vtr* hacer circular ■ **put across** *vtr* comunicar ■ **put aside** *vtr* dejar a un lado ■ **put away** *vtr* ♦ recoger ♦ *(dinero)* ahorrar ♦ *(a un criminal)* encerrar ■ **put back** *vtr* ♦ volver a poner ♦ *(un reloj)* retrasar ■ **put down** *vtr* ♦ dejar ♦ *(una rebelión)* sofocar ♦ *(a una persona)* menospreciar ♦ *(anotar)* apuntar ■ **put forward** *vtr* ♦ *(a un candidato)* nombrar ♦ *(una teoría)* exponer ♦ *(una idea)* proponer ■ **put in** *vtr* ♦ introducir, insertar ♦ *(para un puesto)* presentarse ■ **put off** *vtr* ♦ *(la luz)* apagar ♦ posponer, aplazar ■ **put on** *vtr* ♦ *(la ropa)* ponerse ♦ **to p. on weight,** engordar ♦ *Teat* presentar; *Mús (un concierto)* dar ♦ *(el gas)* abrir; *(la luz)* encender ♦ **to p. on the brakes,** frenar ■ **put out 1** *vtr* ♦ poner fuera, sacar; *(la colada)* tender ♦ *(noticias)* publicar ♦ *(el fuego, la luz)* apagar ♦ molestar ♦ ofender **|2** *vi* hacerse a la mar ■ **put over** *vtr* comunicar ■ **put together** *vtr* ♦ juntar, reunir ♦ *(un mueble, etc)* montar, armar ■ **put up 1** *vtr* ♦ alojar, hospedar ♦ *(una mano)* levantar; *(un paraguas)* abrir ♦ *(a un candidato)* nombrar; *(un plan)* presentar ♦ *(resistencia)* ofrecer **|2** *vi* hospedarse ■ **put up with** *vtr* aguantar, soportar

putrid ['pjuːtrɪd] *adj* putrefacto,-a

putty ['pʌtɪ] *n* masilla

puzzle ['pʌzəl] **1** *n* ♦ rompecabezas; **crossword p.,** crucigrama; **jigsaw p.,** puzzle ♦ misterio **|2** *vtr* dejar perplejo ■ **puzzle over** *vtr* dar vueltas a (en la cabeza)

puzzling ['pʌzəlɪŋ] *adj* extraño,-a, misterioso,-a

pygmy ['pɪgmɪ] **1** *n* pigmeo,-a **|2** *adj* enano,-a

pyjamas [pə'dʒɑːməz] *npl* pijama

pylon ['paɪlən] *n* torre de alta tensión

pyramid ['pɪrəmɪd] *n* pirámide

python ['paɪθən] *n* pitón

Q

Q, q [kjuː] *n (letra)* Q, q

quack [kwæk] **1** *n* ♦ *(de pato)* graznido ♦ *fam* curandero,-a **|2** *vi* graznar

quadruplet ['kwɒdrʊplɪt] *US* [kwɒ'druːplɪt] *n* cuatrillizo,-a

quagmire ['kwɒgmaɪəʳ] *n* cenegal

quail [kweɪl] *n* codorniz

quaint [kweɪnt] *adj* ♦ pintoresco,-a ♦ *(idea)* curioso,-a

quake [kweɪk] **1** *vi* temblar **|2** *n fam* temblor de tierra

qualification [kwɒlɪfɪ'keɪʃən] *n* ♦ título ♦ *(para un puesto)* requisito ♦ *(de una persona)* capacidad ♦ reserva, salvedad

qualified ['kwɒlɪfaɪd] *adj* ♦ capacitado,-a, cualificado,-a ♦ titulado,-a; **q. physiotherapist,** fisioterapeuta titulado,-a

qualify ['kwɒlɪfaɪ] **1** *vtr* ♦ *(habilidad)* capacitar ♦ *(derecho)* dar derecho ♦ *(comentario)* matizar, modificar **|2** *vi* ♦ obtener el título ♦ *(puesto)* cumplir los requisitos ♦ *Dep* clasificarse

qualifying ['kwɒlɪfaɪɪŋ] *adj* eliminatorio,-a

quality ['kwɒlɪtɪ] **1** *n* ♦ calidad ♦ cualidad, característica **|2** *adj* de (buena) calidad

qualm [kwɑːm] *n* escrúpulo, reparo

quantity ['kwɒntɪtɪ] *n* cantidad

quarantine ['kwɒrəntiːn] *n* cuarentena

quarrel ['kwɒrəl] **1** *n* disputa, riña **|2** *vi* ♦ pelearse, reñir ♦ *(una idea, etc)* discrepar

quarrelsome ['kwɒrəlsəm] *adj* pendenciero,-a

quarry ['kwɒrɪ] *n* ♦ *(caza)* presa ♦ *Min* cantera

quart [kwɔːt] *n* cuarto de galón (*GB aprox* 1,14 litros; *US aprox* 0,94 litros)

quarter ['kwɔːtəʳ] **1** *n* ♦ cuarta parte, cuarto ♦ *(hora)* cuarto; **q. past two,** las dos y cuarto ♦ trimestre ♦ *US* moneda de 25 centavos ♦ barrio; **the French q.,** el barrio francés ♦ **quarters** *pl*, alojamiento; *Mil* casa cuartel **|2** *adj* ♦ cuarto ♦ *US Mús* **q. note,** negra

quarter-final ['kwɔːtəfaɪnəl] *n* cuarto de final

quarterly ['kwɔːtəlɪ] *adj* trimestral

quartet [kwɔː'tet] *n* cuarteto

quartz [kwɔːts] *n* cuarzo

quaver ['kweɪvəʳ] *n* corchea

quay(side) ['kiː(saɪd)] *n* muelle

queasy ['kwiːzɪ] *adj* ***(queasier, queasiest)*** mareado,-a

queen [kwiːn] *n* reina

queer [kwɪəʳ] *adj* ♦ *argot ofens* homosexual ♦ *(cosa)* extraño,-a, raro,-a

quench [kwentʃ] *vtr* ♦ *(un fuego)* apagar ♦ *(la sed)* saciar

query ['kwɪərɪ] **1** *n* ♦ pregunta ♦ duda **|2** *vtr* cuestionar

question ['kwestʃən] **1** *n* ♦ pregunta; **to ask a q.,** hacer una pregunta; **q. mark,** signo de interrogación; ♦ asunto, cuestión ♦ duda; **beyond q.,** incuestionable **|2** *vtr* ♦ interrogar ♦ cuestionar, poner en duda

questionable ['kwestʃənəbəl] *adj* ♦ dudoso,-a ♦ discutible

questionnaire ['kwestʃə'neəʳ] *n* cuestionario

queue [kjuː] *GB* **1** *n* cola **|2** *vi* **to q. (up),** hacer cola

quick [kwɪk] **1** *adj* ♦ rápido,-a: **be q.!,** ¡date prisa! ♦ listo,-a, agudo,-a **|2** *adv* rápido

quicken ['kwɪkən] **1** *vtr* acelerar **|2** *vi* acelerarse

quickly ['kwɪklɪ] *adv* rápidamente, de prisa

quicksand ['kwɪksænd] *n* arenas movedizas

quick-witted [kwɪk'wɪtɪd] *adj* agudo,-a, ingenioso,-a

quid [kwɪd] *n GB argot* libra (esterlina)

quiet ['kwaɪət] **1** *adj* ♦ silencioso,-a; **to be/keep q.**, callarse, no hacer ruido ♦ *(vida, sitio)* tranquilo,-a ♦ *(persona)* callado,-a |**2** *n* silencio |**3** *vtr* & *vi US* → **quieten**

quieten ['kwaɪətən] **1** *vtr* ♦ acallar ♦ *(a una persona)* tranquilizar |**2** *vi* ♦ callarse ♦ tranquilizarse ■ **quieten down** → **quieten**

quietly ['kwaɪətlɪ] *adv* ♦ en voz baja ♦ silenciosamente, sin hacer ruido

quilt [kwɪlt] **1** *n* colcha, edredón |**2** *vtr* acolchar

quinine ['kwɪniːn] *US* ['kwaɪnaɪn] *n* quinina

quintet(te) [kwɪn'tet] *n* quinteto

quirk [kwɜːk] *n* ♦ rareza ♦ *(del destino)* arbitrariedad, capricho

quit [kwɪt] **1** *vtr (ps & pp **quitted**, esp US **quit**)* ♦ dejar, abandonar ♦ dejar de |**2** *vi* irse, marcharse |**3** *adj* **let's call it quits,** hagamos las paces *o* pelillos a la mar

quite [kwaɪt] *adv* ♦ bastante; **q. well,** bastante bien ♦ totalmente: **I q. agree,** estoy totalmente de acuerdo

quiver ['kwɪvəʳ] **1** *vi* temblar |**2** *n* temblor

quiz [kwɪz] **1** *n* **q. show,** concurso |**2** *vtr* hacer preguntas a

quorum ['kwɔːrəm] *n* quórum

quota ['kwəʊtə] *n* cuota

quotation [kwəʊ'teɪʃən] *n* ♦ *Lit* cita ♦ **q. marks,** comillas ♦ *Fin* cotización ♦ *Com* presupuesto

quote [kwəʊt] **1** *vtr* ♦ *Lit* citar ♦ *Fin* cotizar |**2** *n* ♦ *Lit* cita ♦ *Fin* cotización ♦ *Com* presupuesto ♦ **quotes** *pl*, comillas

quotient ['kwəʊʃənt] *n* cociente

R

R, r [ɑːʳ] *n (letra)* R, r

rabbi ['ræbaɪ] *n* rabí, rabino

rabbit ['ræbɪt] *n* conejo,-a

rabid ['ræbɪd] *adj* rabioso,-a

rabies ['reɪbiːz] *n* rabia

race [reɪs] **1** *n* ♦ raza ♦ *Dep* carrera |**2** *vtr* ♦ competir con ♦ *(caballo, coche)* hacer correr |**3** *vi* correr deprisa

racecourse ['reɪskɔːs] *n GB* hipódromo

racehorse ['reɪshɔːs] *n* caballo de carreras

racer ['reɪsəʳ] *n* corredor,-ora

racetrack ['reɪstræk] *n* ♦ *(para atletismo)* pista ♦ *(para caballos)* hipódromo ♦ *(para coches, motos)* circuito

racial ['reɪʃəl] *adj* racial

racing ['reɪsɪŋ] **1** *n* carreras |**2** *adj* de carreras

racism ['reɪsɪzəm] *n* racismo

racist ['reɪsɪst] *adj* & *n* racista

rack [ræk] *n* estante; **luggage r.,** portaequipajes, **plate r.,** escurreplatos, *Auto* **roof r.,** baca

racket ['rækɪt] *n* ♦ *Dep* raqueta ♦ ruido, jaleo

racquet ['rækɪt] *n* → **racket**
racy ['reɪsɪ] *adj (racier, raciest) (cuento, chiste, etc)* picante
radar ['reɪdɑːʳ] *n* radar
radiant ['reɪdɪənt] *adj* radiante
radiate ['reɪdɪeɪt] *vtr* irradiar
radiation [reɪdɪ'eɪʃən] *n* radiación
radiator ['reɪdɪeɪtəʳ] *n* radiador
radical ['rædɪkəl] *adj* & *n* radical
radio ['reɪdɪəʊ] *n* radio
radioactivity [reɪdɪəʊæk'tɪvɪtɪ] *n* radiactividad
radiography [reɪdɪ'ɒgrəfɪ] *n* radiografía
radiology [reɪdɪ'ɒlədʒɪ] *n* radiología
radiotherapy [reɪdɪəʊ'θerəpɪ] *n* radioterapia
radish ['rædɪʃ] *n* rábano
radius ['reɪdɪəs] *n (pl* **radii** ['reɪdɪaɪ]) radio
raffle ['ræfəl] **1** *n* rifa **|2** *vtr* rifar
raft [rɑːft] *n* balsa
rafter ['rɑːftəʳ] *n* viga
rag [ræg] *n* ◆ trapo ◆ **rags** *pl*, harapos, andrajos
rag-and-bone man [rægən'bəʊnmæn] *n* trapero
ragbag ['rægbæg] *n* mezcolanza, cajón de sastre
rage [reɪdʒ] *n* rabia, cólera; **in a r.**, furioso,-a
ragged ['rægɪd] *adj* andrajoso,-a
raid [reɪd] **1** *n* ◆ asalto, incursión ◆ robo, atraco ◆ *(de la policía)* redada **|2** *vtr* ◆ *Mil* asaltar ◆ atracar, asaltar ◆ *(la policía)* hacer una redada en
raider ['reɪdəʳ] *n* invasor,-ora
rail [reɪl] **1** *n* ◆ **(hand) r.**, barandilla, pasamanos ◆ barra, riel ◆ *Ferroc* raíl; **by r.**, *(envío)* por ferrocarril **|2** *adj* ferroviario,-a
railing ['reɪlɪŋ] *n (usu pl)* verja, enrejado
railroad ['reɪlrəʊd] *n US* ferrocarril
railway ['reɪlweɪ] **1** *n* ◆ *GB* ferrocarril ◆ vía férrea **|2** *adj* ferroviario,-a; **r. station,** estación de ferrocarril
railwayman ['reɪlweɪmən] *n GB* ferroviario
rain [reɪn] **1** *n* lluvia **|2** *vi* llover
rainbow ['reɪnbəʊ] *n* arco iris
raincoat ['reɪnkəʊt] *n* impermeable, gabardina
raindrop ['reɪndrɒp] *n* gota de lluvia
rainforest ['reɪnfɒrɪst] *n* selva tropical
rainy ['reɪnɪ] *adj (rainier, rainiest)* lluvioso,-a
raise [reɪz] **1** *n* aumento (de sueldo) **|2** *vtr* ◆ levantar; *(una bandera)* izar ◆ *frml (un monumento)* erigir ◆ *(el precio)* subir ◆ *(la calidad)* mejorar ◆ *(fondos)* reunir, recaudar; *(un préstamo)* obtener ◆ *(niños, ganado)* criar; *(plantas)* cultivar ◆ *(un asunto)* plantear ◆ *(dudas, risas)* provocar
raisin ['reɪzən] *n* pasa
rake [reɪk] **1** *n* rastrillo **|2** *vtr* rastrillar ■ **rake together** *vtr* lograr reunir
rally ['rælɪ] **1** *n* ◆ *Pol* reunión, mitin ◆ *Auto* rallye ◆ *Tenis* peloteo **|2** *vi* reunirse
ram [ræm] **1** *n* carnero **|2** *vtr* ◆ chocar con ◆ *(un palo)* clavar (con fuerza)
RAM [ræm] *Comput (abr de* ***random access memory****)* memoria de acceso directo, memoria RAM
ramble ['ræmbəl] **1** *n* paseo por el campo **|2** *vi* ◆ pasear por el campo ◆ divagar
rambler ['ræmbləʳ] *n* excursionista (a pie)
ramp [ræmp] *n* ◆ rampa ◆ *(en carretera)* desnivel
rampage [ræm'peɪdʒ] *n* **to go on the r.**, alborotarse
rampant ['ræmpənt] *adj* ◆ *(crecimiento)* desenfrenado,-a ◆ *(crimen, enfermedad)* **to be r.**, proliferar
ran [ræn] *ps* → **run**
ranch [rɑːntʃ] *n US* rancho, hacienda
rancher ['rɑːntʃəʳ] *n US* ranchero,-a
rancid ['rænsɪd] *adj* rancio,-a
random ['rændəm] **1** *n* **at r.**, al azar **|2** *adj* aleatorio,-a, al azar
rang [ræŋ] *ps* → **ring**
range [reɪndʒ] **1** *n* ◆ gama, línea; *(selección)* surtido; *(precios)* escala ◆ *(montañas)* sierra, cadena; *(árboles)* hilera ◆ *US Agr* pradera ◆ *Av Náut* autonomía ◆ *Mil Rad* alcance **|2** *vi* ◆ oscilar, variar ◆ extenderse

ranger ['reɪndʒəʳ] *n* ♦ guardabosques ♦ *US* policía montado
rank [ræŋk] **1** *n* ♦ categoría; *Mil* grado, rango ♦ fila, hilera, línea ♦ **ranks** *pl*, la gente común: *Mil* los soldados rasos ♦ **taxi r.**, parada de taxis **|2** *vtr* clasificar, ordenar **|3** *vi* ♦ estar, figurar ♦ **to r. with,** estar al mismo nivel que
ransack ['rænsæk] *vtr* ♦ registrar ♦ saquear
ransom ['rænsəm] *n* rescate
rap [ræp] **1** *n* ♦ golpe seco ♦ *Mús* rap **|2** *vtr & vi* golpear
rape [reɪp] **1** *n* violación **|2** *vtr* violar
rapid ['ræpɪd] **1** *adj* rápido,-a **|2** *npl* **rapids,** rápidos
rapidity [rə'pɪdɪtɪ] *n* rapidez
rapist ['reɪpɪst] *n* violador,-ora
rapport [ræ'pɔːʳ] *n* compenetración
rapture ['ræptʃəʳ] *n* éxtasis
rapturous ['ræptʃərəs] *adj* muy entusiasta
rare [reəʳ] *adj* ♦ raro,-a, poco frecuente ♦ *(carne)* poco hecho,-a
rarely ['reəlɪ] *adv* raras veces
rarity ['reərɪtɪ] *n* rareza
rascal ['rɑːskəl] *n* granuja, pillo,-a
rash [ræʃ] **1** *n* ♦ erupción, sarpullido ♦ *(de crímenes, quejas)* brote, serie **|2** *adj* precipitado,-a
raspberry ['rɑːzbərɪ] *n* frambuesa
rasping ['rɑːspɪŋ] *adj* áspero,-a
rat [ræt] *n* rata
rate [reɪt] **1** *n* ♦ índice, tasa, tipo: **exchange r.**, tasa de cambio ♦ velocidad, ritmo: **at any r.**, por lo menos; en todo caso ♦ **first r.**, de primera categoría ♦ precio, tarifa ♦ *GB* **rates** *pl* ⇒ contribución municipal **|2** *vtr* ♦ considerar, estimar ♦ merecer
ratepayer ['reɪtpeɪəʳ] *n GB* contribuyente
rather ['rɑːðəʳ] *adv* ♦ más bien, bastante ♦ mejor dicho ♦ **r. than,** más que ♦ *(preferencia)* **I would r. go by train,** prefiero ir en tren
ratify [rætɪ'faɪ] *vtr* ratificar
rating ['reɪtɪŋ] *n* ♦ clasificación: *TV* **(programme) r.** *(usu pl)*, índice de audiencia ♦ valoración, tasación
ratio ['reɪʃɪəʊ] *n* razón, proporción
ration ['ræʃən] **1** *n* ♦ ración, parte ♦ **rations** *pl*, víveres **|2** *vtr* racionar
rational ['ræʃənəl] *adj* racional
rationalize ['ræʃənəlaɪz] *vtr* racionalizar
rattle ['rætəl] **1** *n* ♦ sonajero ♦ *(de tren, carro)* traqueteo; *(de monedas, llaves)* repiqueteo **|2** *vi* traquetear; *(metal)* repiquetear; *(ventana)* vibrar
rattlesnake ['rætəlsneɪk] *n* serpiente de cascabel
ravage ['rævɪdʒ] **1** *n frml* **ravages** *pl*, estragos **|2** *vtr* devastar
rave [reɪv] *vi* ♦ delirar ♦ despotricar ♦ *fam* entusiasmarse
raven ['reɪvən] *n* cuervo
ravenous ['rævənəs] *adj* hambriento,-a
ravine [rə'viːn] *n* barranco
raving ['reɪvɪŋ] *adj & adv fam* total: **r. mad,** loco,-a de atar
raw [rɔː] *adj* ♦ crudo,-a: **r. material,** materia prima ♦ *(herida)* abierto,-a: *(trato)* injusto,-a
ray [reɪ] *n* ♦ rayo ♦ *Zool* raya
rayon ['reɪɒn] *n* rayón
raze [reɪz] *vtr* arrasar
razor ['reɪzəʳ] *n* ♦ maquinilla de afeitar: **cut-throat r.,** navaja: **r. blade,** hoja de afeitar
Rd *(abr de Road)* calle, c/
re [riː] *prep* respecto a, con referencia a
reach [riːtʃ] **1** *vtr* ♦ llegar a, alcanzar ♦ *(a una persona)* localizar **|2** *vi* ♦ llegar ♦ extenderse ♦ alargar la mano **|3** *n* ♦ alcance; **out of my r.,** fuera de mi alcance ♦ *(de río)* tramo
react [rɪ'ækt] *vi* reaccionar
reaction [rɪ'ækʃən] *n* reacción
reactor [rɪ'æktəʳ] *n* reactor
read [riːd] **1** *vtr (ps & pp* ***read*** [red]*)* ♦ leer ♦ *(letra, código)* descifrar ♦ *(indicador)* mostrar, marcar; *(letrero)* decir ♦ *GB Univ frml* estudiar **|2** *vi* leer ■ **read out** *vtr* leer en voz alta ■ **read over/through** *vtr* repasar ■ **read up** *vtr* estudiar
readable ['riːdəbəl] *adj* legible
reader ['riːdəʳ] *n* ♦ lector,-ora ♦ libro de lectura ♦ *GB Univ* profesor,-ora adjunto,-a

readership ['riːdəʃɪp] *n Prensa (personas)* lectores; *(cantidad)* tirada
readily ['redɪlɪ] *adv* ◆ fácilmente ◆ de buena gana
readiness ['redɪnɪs] *n* ◆ preparación ◆ buena disposición
reading ['riːdɪŋ] *n* ◆ lectura ◆ interpretación ◆ *(de indicador)* indicación
readjust [riːə'dʒʌst] **1** *vtr* reajustar **|2** *vi* readaptarse
ready ['redɪ] *adj* ◆ listo,-a, preparado,-a: **to get r.,** prepararse ◆ a mano: **r. cash,** dinero en efectivo ◆ dispuesto,-a
ready-cooked [redɪ'kʊkt] *adj* precocinado,-a
ready-made [redɪ'meɪd] *adj* ◆ confeccionado,-a ◆ *(comida)* preparado,-a
real [rɪəl] *adj* ◆ real ◆ *(motivo)* verdadero,-a ◆ *(cuero, oro)* auténtico,-a ◆ *Com* **r. estate,** bienes inmuebles
realism ['rɪəlɪzəm] *n* realismo
realistic ['rɪəlɪstɪk] *adj* realista
reality [rɪ'ælɪtɪ] *n* realidad
realization [rɪəlaɪ'zeɪʃən] *n* ◆ comprensión ◆ realización
realize ['rɪəlaɪz] *vtr* ◆ darse cuenta de ◆ *(cumplir)* realizar
really ['rɪəlɪ] *adv* ◆ verdaderamente, realmente ◆ en realidad
reap [riːp] *vtr* cosechar
reappear [riːə'pɪə'] *vi* reaparecer
reappraisal [riːə'preɪzəl] *n* revaluación
rear [rɪə'] **1** *n* ◆ parte de atrás ◆ *(de procesión)* retaguardia **|2** *adj* de atrás, trasero,-a **|3** *vtr* criar
rearguard ['rɪəgɑːd] *n* retaguardia
rearmament [riː'ɑːməmənt] *n* rearme
rearrange [riːə'reɪndʒ] *vtr* ◆ *(muebles)* cambiar de lugar ◆ *(cita)* cambiar la hora/fecha de
rear-view ['rɪəvjuː] *adj* **r.-v. mirror,** (espejo) retrovisor
reason ['riːzən] **1** *n* razón **|2** *vi* razonar
reasonable ['riːzənəbəl] *adj* ◆ razonable ◆ *(probabilidad)* bastante bueno,-a
reasonably ['riːzənəblɪ] *adv* ◆ razonablemente ◆ bastante
reasoning ['riːzənɪŋ] *n* razonamiento
reassurance [riːə'ʃʊərəns] *n* consuelo
reassure [riːə'ʃʊə'] *vtr* ◆ tranquilizar ◆ asegurar
rebate ['riːbeɪt] *n* reembolso; **tax r.,** devolución fiscal
rebel ['rebəl] **1** *adj* & *n* rebelde **|2** [rɪ'-bel] *vi* rebelarse, sublevarse
rebellion [rɪ'beljən] *n* rebelión
rebellious [rɪ'beljəs] *adj* rebelde
rebound ['riːbaʊnd] **1** *n* rebote **|2** [rɪ'baʊnd] *vi* rebotar
rebuff [rɪ'bʌf] **1** *n* desaire **|2** *vtr* desairar
rebuild [riː'bɪld] *vtr* reconstruir
rebuke [rɪ'bjuːk] **1** *n* reproche **|2** *vtr* reprochar
recall [rɪ'kɔːl] **1** *vtr* ◆ retirar ◆ recordar **|2** *vi* recordar **|3** *n* retirada
recap ['riːkæp] **1** *n* recapitulación **|2** *vi* & *vtr* resumir
recapture [riː'kæptʃə'] *vtr* ◆ detener (de nuevo) ◆ *(el pasado)* revivir, recuperar
recd *Com (abr de* ***received****)* recibido,-a
recede [rɪ'siːd] *vi* ◆ alejarse ◆ *(memoria)* desvanecerse ◆ **his hair is receding,** tiene entradas
receipt [rɪ'siːt] *n* ◆ recibo ◆ **receipts** *pl,* ingresos
receive [rɪ'siːv] *vtr* ◆ recibir ◆ *TV Rad* captar
receiver [rɪ'siːvə'] *n* ◆ destinatario,-a ◆ *GB Jur* **(official) r.,** síndico ◆ *Tel* auricular ◆ *TV Rad* receptor
recent ['riːsənt] *adj* reciente
recently ['riːsəntlɪ] *adv* ◆ hace poco ◆ últimamente
reception [rɪ'sepʃən] *n* ◆ recepción: **wedding r.,** banquete de bodas ◆ *(manera de recibir)* acogida, recibimiento
receptionist [rɪ'sepʃənɪst] *n* recepcionista
receptive [rɪ'septɪv] *n* receptivo,-a
recess ['riːses, rɪ'ses] *n* ◆ *Arquit* hueco ◆ *Educ* recreo
recession [rɪ'seʃən] *n* recesión
recharge [riː'tʃɑːdʒ] *vtr* recargar
rechargeable [riː'tʃɑːdʒəbəl] *adj* recargable

recipe ['resɪpɪ] *n* receta
recipient [rɪ'sɪpɪənt] *n* ♦ recipiente ♦ receptor,-ora; *(de una carta)* destinatario,-a
reciprocal [rɪ'sɪprəkəl] *adj* recíproco,-a
reciprocate [rɪ'sɪprəkeɪt] *frml* ♦ corresponder ♦ *Téc* oscilar
recital [rɪ'saɪtəl] *n* recital
recite [rɪ'saɪt] *vtr* & *vi* recitar
reckless ['reklɪs] *adj* imprudente
reckon ['rekən] *vtr* ♦ calcular, contar ♦ *(usu pasivo)* considerar ♦ *fam* creer ■ **reckon on** *vtr* contar con
reclaim [rɪ'kleɪm] **1** *vtr* ♦ recoger ♦ *(objetos perdidos)* recuperar ♦ *(gastos)* reclamar |**2** *n* **baggage r.,** recogida de equipaje
recline [rɪ'klaɪn] *vi* recostarse, reclinarse
recognition [rekəg'nɪʃən] *n* reconocimiento
recognizable [rekəg'naɪzəbəl] *adj* reconocible
recognize ['rekəgnaɪz] *vtr* reconocer
recoil ['riːkɔɪl] *vi* retroceder
recollect [rekə'lekt] *vtr* recordar
recollection [rekə'lekʃən] *n* recuerdo
recommend [rekə'mend] *vtr* recomendar
recommendation [rekəmen'deɪʃən] *n* recomendación
recompense ['rekəmpens] **1** *n* recompensa |**2** *vtr* recompensar
reconcile ['rekənsaɪl] *vtr* ♦ reconciliar ♦ *(opiniones)* conciliar ♦ **to r. oneself to,** resignarse a
reconnaissance [rɪ'kɒnɪsəns] *n* reconocimiento
reconsider [riːkən'sɪdəʳ] *vtr* reconsiderar
reconstruct [riːkən'strʌkt] *vtr* reconstruir
reconstruction [riːkən'strʌkʃən] *n* reconstrucción
record ['rekɔːd] **1** *n* ♦ *(de gastos, etc)* relación; *(oficial)* documento, archivo; *Jur* acta; **off the r.,** confidencialmente ♦ *(académico, médico)* historial; **police r.,** antecedentes penales ♦ *Dep* récord, plusmarca ♦ disco |**2** [rɪ'kɔːd] *vtr* ♦ grabar ♦ apuntar, tomar nota de ♦ *(instrumento)* medir, registrar
recorded [rɪ'kɔːdɪd] *adj* ♦ *(sonido)* grabado ♦ *(correo)* certificado,-a
recorder [rɪ'kɔːdəʳ] ♦ *Mús* flauta dulce ♦ *(persona)* registrador,-ora ♦ **cassette r.,** grabadora
recording [rɪ'kɔːdɪŋ] *n* ♦ grabación ♦ *(de hechos)* registro
recount [rɪ'kaʊnt] *vtr* contar
recourse [rɪ'kɔːs] *n* recurso
recover [rɪ'kʌvəʳ] **1** *vtr* ♦ recuperar ♦ *(el conocimiento)* recobrar |**2** *vi* reponerse
recovery [rɪ'kʌvərɪ] *n* recuperación
recreation [rekrɪ'eɪʃən] *n* ♦ diversión, pasatiempo ♦ *Educ* recreo
recrimination [rɪkrɪmɪ'neɪʃən] *n* reproche, recriminación
recruit [rɪ'kruːt] **1** *n* recluta |**2** *vtr* ♦ reclutar ♦ *(empleados)* contratar
recruitment [rɪ'kruːtmənt] *n* ♦ *Mil* reclutamiento ♦ *(de empleados)* contratación
rectangle ['rektæŋgəl] *n* rectángulo
rectangular [rek'tæŋgjʊləʳ] *adj* rectangular
rectify ['rektɪfaɪ] *vtr* rectificar
rector ['rektəʳ] *n* ♦ *GB* ➛ párroco ♦ *Univ* rector,-ora
recuperate [rɪ'kuːpəreɪt] *vi* reponerse
recur [rɪ'kɜːʳ] *vi* repetirse
recurrence [rɪ'kʌrəns] *n* repetición, reaparición
recurrent [rɪ'kʌrənt] *adj* recurrente
recycle [riː'saɪkəl] *vtr* reciclar
recycling [riː'saɪklɪŋ] *n* reciclaje
red [red] **1** *adj* **(redder, reddest)** ♦ rojo,-a; **to go r.,** sonrojarse ♦ *(vino)* tinto |**2** *n* rojo
redcurrant ['redkʌrənt] *n* grosella roja
redden ['redən] **1** *vi* ponerse colorado,-a |**2** *vtr* teñir de rojo
reddish ['redɪʃ] *adj* rojizo,-a
redeem [rɪ'diːm] *vtr* ♦ redimir ♦ *(un defecto)* compensar ♦ *(cosas empeñadas)* desempeñar; *(deuda)* cancelar
redemption [rɪ'dempʃən] *n* redención

red-handed [red'hændɪd] *adj* **to catch sb r.-h.**, coger a alguien con las manos en la masa

redhead ['redhed] *n* pelirrojo,-a

red-hot [red'hɒt] *adj* ♦ candente, al rojo vivo ♦ *(noticia)* de última hora

redirect [riːdɪ'rekt] *vtr* ♦ remitir (a otra dirección) ♦ *(el tráfico)* desviar

red light [red'laɪt] *adj* ♦ semáforo en rojo ♦ *fam* **r.-l. district**, barrio chino

redo [riː'duː] *(ps* ***redid****, pp* ***redone****)* *vtr* rehacer

redouble [riː'dʌbəl] *vtr* redoblar, intensificar

redress [rɪ'dres] *frml* **1** *n* reparación **|2** *vtr* reparar

reduce [rɪ'djuːs] *vtr* reducir

reduction [rɪ'dʌkʃən] *n* ♦ reducción ♦ descuento, rebaja

redundancy [rɪ'dʌndənsɪ] *n* despido

redundant [rɪ'dʌndənt] *adj* ♦ superfluo,-a ♦ **to make sb r.**, despedir a alguien

reed [riːd] *n* caña, junco

reef [riːf] *n* arrecife

reek [riːk] **1** *n* tufo **|2** *vi* apestar

reel [riːl] *n* ♦ bobina, carrete ♦ *Mús* danza tradicional escocesa

re-elect [riːɪ'lekt] *vtr* reelegir

re-enter [riː'entəʳ] *vtr & vi* volver a entrar (en)

ref [ref] *n* ♦ *Dep fam (abr de* ***referee****)* árbitro ♦ *Com (abr de* ***reference****)* referencia, ref

refectory [rɪ'fektərɪ] *n* refectorio

refer [rɪ'fɜːʳ] *vtr GB* suspender ■ **refer to** *vtr* ♦ hacer referencia a, aludir a ♦ referirse a ♦ *(un diccionario, etc)* consultar ♦ *(otra persona)* mandar a, enviar a ♦ *(una fuente)* remitir a

referee [refə'riː] **1** *n* ♦ árbitro,-a ♦ persona que da una referencia personal **|2** *vtr* arbitrar

reference ['refərəns] *n* ♦ referencia ♦ consulta: **r. book/library**, libro/biblioteca de consulta

referendum [refə'rendəm] *n* referéndum

refill ['riːfɪl] **1** *n* recambio: *(para mechero)* carga **|2** [riː'fɪl] *vtr* rellenar

refine [rɪ'faɪn] *vtr* refinar

refinement [rɪ'faɪnmənt] *n* refinamiento

refinery [rɪ'faɪnərɪ] *n* refinería

reflect [rɪ'flekt] **1** *vtr* reflejar **|2** *vi* ♦ reflexionar ♦ *(luz, etc)* reflejarse

reflection [rɪ'flekʃən] *n* ♦ reflejo ♦ *(pensamiento)* reflexión

reflex ['riːfleks] *n* reflejo

reflexive [rɪ'fleksɪv] *adj* reflexivo,-a

reform [rɪ'fɔːm] **1** *n* reforma **|2** *vtr* reformar

reformation [refə'meɪʃən] *n* reforma

reformatory [rɪ'fɔːmətərɪ] *n* reformatorio

reformer [rɪ'fɔːməʳ] *n* reformador,-ora

refrain [rɪ'freɪn] **1** *n* estribillo **|2** *vi frml* abstenerse

refresh [rɪ'freʃ] *vtr* refrescar

refresher [rɪ'freʃəʳ] *n* **r. course,** cursillo de actualización

refreshing [rɪ'freʃɪŋ] *adj* refrescante

refreshment [rɪ'freʃmənt] *n* refresco

refrigerator [rɪ'frɪdʒəreɪtəʳ] *n* nevera, frigorífico

refuel [riː'fjuːəl] **1** *vi* repostar combustible **|2** *vtr* poner combustible a

refuge ['refjuːdʒ] *n* refugio

refugee [refjʊ'dʒiː] *n* refugiado,-a

refund ['riːfʌnd] **1** *n* reembolso: **no refunds,** no se admiten devoluciones **|2** [rɪ'fʌnd] *vtr* reembolsar, devolver

refusal [rɪ'fjuːzəl] *n* ♦ negativa ♦ *(oferta)* rechazo

refuse ['refjuːs] **1** *n* basura **|2** [rɪ'fjuːz] *vtr* ♦ rechazar ♦ **to r. to,** negarse a **|3** *vi* negarse

regain [rɪ'geɪn] *vtr* recuperar, recobrar

regal ['riːgəl] *adj* majestuoso,-a

regard [rɪ'gɑːd] **1** *n* ♦ consideración, respeto: **with r. to,** respecto a ♦ **regards** *pl,* recuerdos **|2** *vtr* considerar

regarding [rɪ'gɑːdɪŋ] *prep* respecto a

regardless [rɪ'gɑːdlɪs] **1** *prep* **r. of,** a pesar de **|2** *adv* a toda costa

regime [reɪ'ʒiːm] *n* régimen

regiment ['redʒɪmənt] *n* regimiento

region ['riːdʒən] *n* región

regional ['riːdʒənəl] *adj* regional

regionalism ['riːdʒənəlɪzəm] *n* regionalismo

register ['redʒɪstəʳ] **1** *n* registro **|2** *vtr* ◆ registrar ◆ *(un coche)* matricular ◆ *(una carta)* certificar ◆ *(indicador)* mostrar **|3** *vi* ◆ inscribirse, matricularse ◆ *(en un hotel)* registrarse

registered ['redʒɪstəd] *adj* certificado,-a: **r. post,** correo certificado

registrar [redʒɪ'strɑːʳ, 'redʒɪstrɑːʳ] *n* ◆ registrador,-ora: *GB* ≈ juez de paz encargado del registro civil ◆ *GB Med* médico,-a de grado superior

registration [redʒɪ'streɪʃən] *n* ◆ inscripción: *Univ* matrícula ◆ *GB Auto* **r. (number),** (número de) matrícula

registry ['redʒɪstrɪ] *n* registro: *GB* **r. office,** registro civil

regret [rɪ'gret] **1** *n* remordimiento, pesar **|2** *vtr* ◆ arrepentirse de ◆ *frml* lamentar

regretful [rɪ'gretfʊl] *adj* arrepentido,-a

regrettable [rɪ'gretəbəl] *adj* lamentable

regroup [riː'gruːp] **1** *vtr* reagrupar **|2** *vi* reagruparse

regular ['regjʊləʳ] **1** *adj* ◆ regular ◆ *(cliente, lector)* habitual, asiduo,-a ◆ *(acontecimiento)* frecuente ◆ *(tamaño, etc)* normal ◆ *GB* **r. army,** ejército regular **|2** *n* cliente habitual

regularity [regjʊ'lærɪtɪ] *n* regularidad

regularly ['regjʊləlɪ] *adv* con regularidad

regulate ['regjʊleɪt] *vtr* regular

regulation [regjʊ'leɪʃən] **1** *n* ◆ regla ◆ **regulations** *pl,* reglamento **|2** *adj* reglamentario,-a

rehabilitate [riːə'bɪlɪteɪt] *vtr* rehabilitar

rehabilitation [riːəbɪlɪ'teɪʃən] *n* rehabilitación

rehearsal [rɪ'hɜːsəl] *n* ensayo

rehearse [rɪ'hɜːs] *vtr* & *vi* ensayar

reign [reɪn] **1** *n* reinado **|2** *vi* reinar

reimburse [riːɪm'bɜːs] *vtr* reembolsar

rein [reɪn] *n* rienda

reindeer ['reɪndɪəʳ] *n* reno

reinforce [riːɪn'fɔːs] *vtr* reforzar

reinforcement [riːɪn'fɔːsmənt] *n* ◆ refuerzo ◆ *(de una creencia)* afirmación, consolidación ◆ *Mil* **reinforcements** *pl,* refuerzos

reinstate [riːɪn'steɪt] *vtr* ◆ readmitir ◆ *(servicio)* restablecer

reiterate [riː'ɪtəreɪt] *vtr* & *vi* reiterar

reject ['riːdʒekt] **1** *n* **rejects** *pl,* artículos defectuosos **|2** [rɪ'dʒekt] *vtr* rechazar

rejection [rɪ'dʒekʃən] *n* rechazo

rejoice [rɪ'dʒɔɪs] *vi* regocijarse

rejuvenate [rɪ'dʒuːvɪneɪt] *vtr* rejuvenecer

relapse [rɪ'læps] **1** *n* recaída **|2** *vi* recaer

relate [rɪ'leɪt] **1** *vtr* ◆ relacionar ◆ *(un cuento)* relatar **|2** *vi* relacionarse

related [rɪ'leɪtɪd] *adj* ◆ **to be r. to sb,** ser pariente de alguien ◆ *(asuntos)* relacionado,-a

relation [rɪ'leɪʃən] *n* ◆ relación: **in r. to,** con relación a ◆ *(persona)* pariente

relationship [rɪ'leɪʃənʃɪp] *n* ◆ *(familia)* parentesco ◆ *(entre personas)* relación

relative ['relətɪv] **1** *n* pariente **|2** *adj* relativo,-a

relatively ['relətɪvlɪ] *adv* relativamente

relax [rɪ'læks] **1** *vtr* relajar **|2** *vi* relajarse

relaxation [riːlæk'seɪʃən] *n* ◆ relajación ◆ distracción, esparcimiento

relaxing [rɪ'læksɪŋ] *adj* relajante

relay ['riːleɪ] **1** *n* relevo: **r. (race),** carrera de relevos **|2** [rɪ'leɪ] *vtr* ◆ retransmitir ◆ *(un recado)* transmitir, dar

release [rɪ'liːs] **1** *vtr* ◆ poner en libertad, liberar ◆ *(de obligaciones)* dispensar ◆ *(la mano, el freno, etc)* soltar ◆ *(un disco, libro)* sacar, poner en venta: *(una película)* estrenar ◆ *(una información)* hacer público **|2** *n* ◆ liberación ◆ **press r.,** comunicado de prensa ◆ *(de disco, libro)* puesta en venta: *(de película)* estreno ◆ *(de una noticia)* publicación

relegate ['relıgeıt] *vtr* ◆ relegar ◆ *Ftb* descender
relent [rı'lent] *vi* ceder
relentless [rı'lentlıs] *adj* implacable
relevant ['reləvənt] *adj* pertinente
reliability [rılaıə'bılıtı] *n* ◆ fiabilidad ◆ *(de persona)* formalidad
reliable [rı'laıəbəl] *adj* ◆ fiable ◆ *(persona)* de fiar
reliance [rı'laıəns] *n* ◆ dependencia ◆ confianza
reliant [rı'laıənt] *adj* **to be r. on,** depender de
relic ['relık] *n* reliquia
relief [rı'li:f] *n* ◆ alivio ◆ ayuda, socorro ◆ *Arte Geog* relieve
relieve [rı'li:v] *vtr* ◆ aliviar, mitigar ◆ *(en un puesto)* relevar
religion [rı'lıdʒən] *n* religión
religious [rı'lıdʒəs] *adj* religioso,-a
relinquish [rı'lıŋkwıʃ] *vtr frml* renunciar a
relish ['relıʃ] **1** *n* ◆ deleite, gusto ◆ *Culin* condimento |**2** *vtr* **I don't r. the idea,** no me gusta la idea
relocate [ri:ləʊ'keıt] *vtr* trasladar
reluctance [rı'lʌktəns] *n* desgana
reluctant [rı'lʌktənt] *adj* reacio,-a
reluctantly [rı'lʌktəntlı] *adv* de mala gana
rely [rı'laı] *vtr* **to r. on** ◆ confiar en ◆ depender de
remain [rı'meın] **1** *vi* ◆ permanecer, continuar ◆ quedarse ◆ *(sobrar)* quedar |**2** *npl* **remains,** restos
remainder [rı'meındəʳ] *n* resto
remaining [rı'meınıŋ] *adj* restante
remand [rı'mɑ:nd] *vtr* detener: **remanded in custody,** en prisión preventiva
remark [rı'mɑ:k] **1** *n* comentario |**2** *vtr & vi* comentar
remarkable [rı'mɑ:kəbəl] *adj* notable, extraordinario,-a
remedial [rı'mi:dıəl] *adj* ◆ terapéutico,-a ◆ *(clase)* de recuperación
remedy ['remıdı] **1** *n* remedio |**2** *vtr* remediar
remember [rı'membəʳ] **1** *vtr* ◆ acordarse de, recordar ◆ *(saludo)* **r. me to your family,** dale recuerdos a tu familia |**2** *vi* acordarse, recordar
remind [rı'maınd] *vtr* recordar: **you r. me of Napoleon,** me recuerdas a Napoleón
reminder [rı'maındəʳ] *n* ◆ recuerdo ◆ recordatorio, aviso
reminisce [remı'nıs] *vi* rememorar
reminiscent [remı'nısənt] *adj* **to be r. of,** recordar, guardar semejanza con
remission [rı'mıʃən] *n* ◆ remisión ◆ *Jur* reducción de pena
remittance [rı'mıtəns] *n* ◆ envío ◆ *(suma)* dinero, pago
remnant ['remnənt] *n* ◆ resto, vestigio ◆ *Tex* retal
remorse [rı'mɔ:s] *n* remordimiento
remote [rı'məʊt] *adj* ◆ remoto,-a ◆ *(persona)* reservado,-a, frío,-a
remote-controlled [rıməʊtkɒn'trəʊld] *adj* teledirigido,-a
removable [rı'mu:vəbəl] *adj* desmontable, que se puede quitar
removal [rı'mu:vəl] *n* ◆ eliminación ◆ *Med* extirpación ◆ *(de casa)* mudanza: **r. van,** camión de mudanzas
remove [rı'mu:v] *vtr* ◆ quitar ◆ *Med* extirpar, extraer ◆ *(de una lista)* tachar ◆ *(de un puesto)* despedir
remover [rı'mu:vəʳ] *n* **hair r.,** depilatorio; **stain r.,** quitamanchas
remuneration [rımju:nə'reıʃən] *n* remuneración
renaissance [rə'neısəns] **1** *n* ◆ renacimiento ◆ **the R.,** el Renacimiento |**2** *adj* renacentista
render ['rendəʳ] *vtr* ◆ hacer, volver ◆ presentar, dar
rendezvous ['rɒndıvu:] **1** *n* ◆ encuentro ◆ lugar de encuentro |**2** *vi* encontrarse
renew [rı'nju:] *vtr* ◆ *(un documento, pase)* renovar ◆ *(unas negociaciones)* reanudar
renewal [rı'nju:əl] *n* ◆ renovación ◆ *(de negociaciones)* reanudación
renounce [rı'naʊns] *vtr* renunciar
renovate ['renəveıt] *vtr* renovar
renown [rı'naʊn] *n* renombre
renowned [rı'naʊnd] *adj* renombrado,-a, célebre

rent [rent] 1 *n* alquiler |2 *vtr* alquilar
■ **rent out** *vtr* alquilar
rental ['rentəl] *n* alquiler
reorganize [riː'ɔːgənaɪz] *vtr* reorganizar
repair [rɪ'peəʳ] 1 *vtr* ◆ reparar ◆ *(ropa, etc)* arreglar |2 *n* ◆ reparación ◆ *(de la ropa, etc)* arreglo
repatriate [riː'pætrɪeɪt] *vtr* repatriar
repay [riː'peɪ] *vtr (ps & pp **repaid**)* ◆ devolver, pagar ◆ *(una deuda)* liquidar
repayment [riː'peɪmənt] *n* pago
repeat [rɪ'piːt] 1 *vtr* repetir |2 ◆ repetición ◆ *TV* reposición
repeatedly [rɪ'piːtɪdlɪ] *adv* repetidas veces, repetidamente
repel [rɪ'pel] *vtr* repeler
repellent [rɪ'pelənt] 1 *adj* repelente: **water-r.**, impermeable |2 *n* **(insect) r.**, repelente
repent [rɪ'pent] *vtr* & *vi* arrepentirse (de)
repentance [rɪ'pentəns] *n* arrepentimiento
repercussion [riːpə'kʌʃən] *n* repercusión
repertoire ['repətwɑːʳ] *n* repertorio
repetition [repɪ'tɪʃən] *n* repetición
repetitive [rɪ'petɪtɪv] *adj* repetitivo,-a
replace [rɪ'pleɪs] *vtr* ◆ volver a colocar *o* poner ◆ *(a una persona, etc)* sustituir, reemplazar ◆ *(una pieza, etc)* cambiar
replacement [rɪ'pleɪsmənt] *n* ◆ pieza de recambio ◆ *(de una persona)* sustituto,-a
replay ['riːpleɪ] *n* repetición
replica ['replɪkə] *n* réplica, copia
reply [rɪ'plaɪ] 1 *n* contestación, respuesta |2 *vi* contestar, responder
report [rɪ'pɔːt] 1 *n* ◆ informe: *Educ* informe escolar ◆ rumor: noticia ◆ *TV Prensa* reportaje |2 *vtr* ◆ informar de: *(un crimen)* denunciar ◆ *(a una persona)* quejarse de ◆ contar: *TV Prensa* informar sobre |3 *vi* ◆ presentar un informe ◆ *TV Prensa* informar ◆ *(ir)* presentarse ◆ *Com* **to r. to,** depender de
reported [rɪ'pɔːtɪd] *adj* **r. speech,** estilo indirecto
reportedly [rɪ'pɔːtɪdlɪ] *adv* según se informa
reporter [rɪ'pɔːtəʳ] *n* periodista
represent [reprɪ'zent] *vtr* representar
representation [reprɪzen'teɪʃən] *n* representación
representative [reprɪ'zentətɪv] 1 *adj* representativo,-a |2 *n* ◆ representante ◆ *US Pol* diputado,-a
repress [rɪ'pres] *vtr* reprimir
repression [rɪ'preʃən] *n* represión
repressive [rɪ'presɪv] *adj* represivo,-a
reprieve [rɪ'priːv] 1 *n Jur (temporal)* aplazamiento; *(permanente)* indulto |2 *vtr* indultar
reprimand ['reprɪmɑːnd] 1 *n* reprimenda |2 *vtr* reprender
reprisal [rɪ'praɪzəl] *n* represalia
reproach [rɪ'prəʊtʃ] 1 *n* reproche |2 *vtr* reprochar
reproduce [riːprə'djuːs] 1 *vtr* reproducir |2 *vi* reproducirse
reproduction [riːprə'dʌkʃən] *n* reproducción
reproductive [riːprə'dʌktɪv] *adj* reproductor,-ora
reptile ['reptaɪl] *n* reptil
republic [rɪ'pʌblɪk] *n* república
republican [rɪ'pʌblɪkən] *adj* & *n* republicano,-a: *US Pol* **R. Party,** Partido Republicano
repudiate [rɪ'pjuːdɪeɪt] *vtr frml* ◆ repudiar ◆ *(una acusación, etc)* negar
repugnant [rɪ'pʌgnənt] *adj* repugnante
repulse [rɪ'pʌls] *vtr* rechazar
repulsive [rɪ'pʌlsɪv] *adj* repulsivo,-a
reputable ['repjʊtəbəl] *adj* ◆ acreditado,-a ◆ *(persona)* de confianza
reputation [repjʊ'teɪʃən] *n* reputación
repute [rɪ'pjuːt] *n frml* reputación
reputed [rɪ'pjuːtɪd] *adj* ◆ *frml* acreditado,-a ◆ supuesto,-a
reputedly [rɪ'pjuːtɪdlɪ] *adv* según se dice
request [rɪ'kwest] 1 *n* ◆ petición, solicitud ◆ *GB Trans* **r. stop,** parada discrecional |2 *vtr* pedir, solicitar
require [rɪ'kwaɪəʳ] *vtr* ◆ requerir ◆ necesitar

requirement [rɪ'kwaɪəmənt] *n* ♦ requisito ♦ necesidad
requisite ['rekwɪzɪt] *frml* **1** *adj* requerido,-a **|2** *n* requisito
rescue ['reskjuː] **1** *n* rescate **|2** *vtr* rescatar
research [rɪ'sɜːtʃ] **1** *n* investigación **|2** *vtr* & *vi* investigar
researcher [rɪ'sɜːtʃə'] *n* investigador,-ora
resemblance [rɪ'zembləns] *n* semejanza
resemble [rɪ'zembəl] *vtr* parecerse a
resent [rɪ'zent] *vtr* ofenderse por
resentful [rɪ'zentfʊl] *adj* ofendido,-a
resentment [rɪ'zentmənt] *n* resentimiento
reservation [rezə'veɪʃən] *n* reserva
reserve [rɪ'zɜːv] **1** *n* reserva **|2** *vtr* reservar
reserved [rɪ'zɜːvd] *adj* reservado,-a
reservoir ['rezəvwɑː'] *n* ♦ embalse, pantano ♦ reserva
reshape [riː'ʃeɪp] *vtr* reorganizar
reshuffle [riː'ʃʌfəl] *n* remodelación
residence ['rezɪdəns] *n* ♦ residencia ♦ *Univ* **(hall of) r.,** colegio mayor
resident ['rezɪdənt] *n* ♦ residente ♦ *(en un hotel)* huésped
residential [rezɪ'denʃəl] *adj* residencial
residue ['rezɪdjuː] *n* residuo
resign [rɪ'zaɪn] **1** *vi* dimitir, renunciar **|2** *vtr* ♦ dimitir ♦ **to r. oneself,** resignarse
resignation [rezɪg'neɪʃən] *n* dimisión, renuncia
resilience [rɪ'zɪlɪəns] *n* ♦ *(persona)* resistencia ♦ *(materia)* elasticidad
resilient [rɪ'zɪlɪənt] *adj* ♦ *(persona)* fuerte ♦ *(materia)* elástico,-a, fuerte
resin ['rezɪn] *n* resina
resist [rɪ'zɪst] *vtr* no ceder a, resistir
resistance [rɪ'zɪstəns] *n* resistencia
resit [riː'sɪt] *vtr (examen)* volver a presentarse a
resolute ['rezəluːt] *adj* resuelto,-a, decidido,-a
resolution [rezə'luːʃən] *n* resolución, determinación
resolve [rɪ'zɒlv] **1** *n* resolución **|2** *vtr* resolver
resort [rɪ'zɔːt] **1** *n* ♦ lugar de vacaciones: **ski r.,** estación de esquí ♦ recurso: **as the last r.,** como último recurso **|2** *vi* recurrir
resound [rɪ'zaʊnd] *vi* resonar
resource [rɪ'sɔːs] *n* recurso
resourceful [rɪ'sɔːsfʊl] *adj* ingenioso,-a
respect [rɪ'spekt] **1** *n* ♦ respeto: **to have r. for,** respetar ♦ **respects** *pl,* respetos ♦ sentido, respecto: **in this r.,** en este sentido **|2** *vtr* respetar
respectable [rɪ'spektəbəl] *adj* ♦ respetable ♦ decente
respectful [rɪ'spektfʊl] *adj* respetuoso,-a
respective [rɪ'spektɪv] *adj* respectivo,-a
respectively [rɪ'spektɪvlɪ] *adv* respectivamente
resplendent [rɪ'splendənt] *adj* resplandeciente, deslumbrante
respond [rɪ'spɒnd] *vi* responder
response [rɪ'spɒns] *n* ♦ respuesta ♦ reacción
responsibility [rɪspɒnsə'bɪlɪtɪ] *n* responsabilidad: **to accept** *o* **take r. for,** responsabilizarse de
responsible [rɪ'spɒnsəbəl] *adj* responsable
responsive [rɪ'spɒnsɪv] *adj* ♦ sensible ♦ *(público)* receptivo,-a
rest [rest] **1** *n* ♦ descanso: **to have a r.,** tomar un descanso: *US* **r. room,** aseos ♦ reposo: **to come to r.,** pararse; **at r.,** inmóvil ♦ apoyo ♦ *Mús* pausa ♦ lo que queda, el resto ♦ *(personas)* los/las demás **|2** *vi* ♦ descansar ♦ estar apoyado,-a **|3** *vtr* ♦ descansar ♦ apoyar
restaurant ['restərɒnt] *n* restaurante
restful ['restfʊl] *adj* relajante
restitution [restɪ'tjuːʃən] *n frml* ♦ restitución ♦ indemnización
restless ['restlɪs] *adj* ♦ agitado,-a, inquieto,-a ♦ impaciente
restoration [restə'reɪʃən] *n* ♦ restauración ♦ devolución
restore [rɪ'stɔː'] *vtr* ♦ restaurar ♦ devolver ♦ restablecer

restrain [rɪ'streɪn] *vtr* ♦ contener ♦ dominar ♦ **to r. sb from doing sthg,** impedir que alguien haga algo
restrained [rɪ'streɪnd] *adj* ♦ moderado,-a ♦ *(estilo)* sobrio,-a
restraint [rɪ'streɪnt] *n* ♦ moderación ♦ limitación, restricción
restrict [rɪ'strɪkt] *vtr* restringir, limitar
restriction [rɪ'strɪkʃən] *n* restricción, limitación
restrictive [rɪ'strɪktɪv] *adj* restrictivo,-a
result [rɪ'zʌlt] **1** *n* resultado, **as a r.,** como consecuencia **|2** *vi* resultar
resume [rɪ'zjuːm] **1** *vtr* ♦ reanudar ♦ *(el control)* reasumir **|2** *vi* continuar, recomenzar
résumé ['rezjʊmeɪ] *n* ♦ resumen ♦ currículum vitae
resumption [rɪ'zʌmpʃən] *n* reanudación
resurgence [rɪ'sɜːdʒəns] *n* resurgimiento
resurrection [rezə'rekʃən] *n* resurrección
resuscitate [rɪ'sʌsɪteɪt] *vtr* reanimar
retail ['riːteɪl] **1** *n* venta al por menor *o* al detalle; **r. price,** precio de venta al público; **R. Price Index (RPI),** Índice de Precios al Consumo (IPC) **|2** *vtr* vender al por menor **|3** *adv* al por menor, al detalle
retailer ['riːteɪlə'] *n* detallista
retain [rɪ'teɪn] *vtr* ♦ retener ♦ *(calor, sabor)* conservar ♦ quedarse con, guardar
retaliate [rɪ'tælɪeɪt] *vi* ♦ *Mil* tomar represalias ♦ responder, vengarse
retaliation [rɪtælɪ'eɪʃən] *n* ♦ represalias; **in r.,** como represalia ♦ respuesta
retarded [rɪ'tɑːdɪd] *adj* retrasado,-a
retch [retʃ] *vi* hacer arcadas
retentive [rɪ'tentɪv] *adj* retentivo,-a
rethink ['riːθɪŋk] *vtr* reconsiderar
reticent ['retɪsənt] *adj* reticente
retina ['retɪnə] *n* retina
retinue ['retɪnjuː] *n* séquito, comitiva
retire [rɪ'taɪə'] **1** *vtr* jubilar **|2** *vi* ♦ jubilarse ♦ retirarse
retired [rɪ'taɪəd] *adj* jubilado,-a
retirement [rɪ'taɪəmənt] *n* jubilación
retiring [rɪ'taɪərɪŋ] *adj* retraído,-a
retort [rɪ'tɔːt] **1** *n* réplica **|2** *vi* replicar
retract [rɪ'trækt] *vtr* ♦ retirar, retractarse de ♦ *(las uñas de un gato)* retraer
retreat [rɪ'triːt] **1** *n* ♦ *Mil* retirada ♦ refugio ♦ *Rel* retiro **|2** *vi* retirarse
retrial [riː'traɪəl] *n* nuevo juicio
retribution [retrɪ'bjuːʃən] *n* justo castigo; **Divine R.,** castigo divino
retrieval [rɪ'triːvəl] *n* ♦ remedio ♦ *(de datos)* recuperación; *Inform* **information r. system,** sistema de recuperación de datos
retrieve [rɪ'triːv] *vtr* recuperar
retrograde ['retrəʊgreɪd] *adj* retrógrado,-a
retrospect ['retrəʊspekt] *n* **in r.,** retrospectivamente
return [rɪ'tɜːn] **1** *vi* ♦ volver, regresar ♦ volver a aparecer **|2** *vtr* ♦ devolver ♦ *(veredicto)* emitir **|3** *n* ♦ regreso, vuelta ♦ devolución; **by r. of post,** a vuelta de correo ♦ cambio; **in r.,** a cambio ♦ *Inform* retorno ♦ **r. ticket,** billete de ida y vuelta ♦ *GB Fin* declaración de la renta ♦ **returns** *pl,* datos
returnable [rɪ'tɜːnəbəl] *adj* retornable
reunion [riː'juːnjən] *n* reencuentro
reunite [riːjuː'naɪt] *vtr* reunir; **to be reunited with,** reunirse con
Rev *(abr de Reverend)* Reverendo
revalue [riː'væljuː] *vtr* revalorizar
reveal [rɪ'viːl] *vtr* ♦ revelar ♦ mostrar, dejar ver
revealing [rɪ'viːlɪŋ] *adj* ♦ *(palabras)* revelador,-ora ♦ *(ropa)* atrevido,-a
revel ['revəl] *vi* ♦ deleitarse ♦ **to r. in doing sthg,** deleitarse haciendo algo
revelation [revə'leɪʃən] *n* revelación
revenge [rɪ'vendʒ] *n* venganza; **to take r. on sb for sthg,** vengarse de alguien por algo
revenue ['revɪnjuː] *n* renta
reverberate [rɪ'vɜːbəreɪt] *vi* reverberar, resonar

reverberation [rɪvɜːbəˈreɪʃən] *n* resonancia
revere [rɪˈvɪəʳ] *vtr* reverenciar
reverence [ˈrevərəns] *n* reverencia
reverend [ˈrevərənd] *Rel* **1** *adj* reverendo,-a **|2** *n* ◆ *(protestante)* pastor ◆ *(católico)* padre
reversal [rɪˈvɜːsəl] *n* ◆ cambio total ◆ *(de una ley, etc)* revocación
reverse [rɪˈvɜːs] **1** *n* ◆ reverso; *(página, paquete)* dorso; *(ropa)* revés ◆ *Auto* **r. (gear)**, marcha atrás ◆ **the r.**, lo contrario **|2** *adj* inverso,-a **|3** *vi* dar marcha atrás **|4** *vtr* ◆ conducir marcha atrás ◆ *(posición)* invertir ◆ *(decisión, veredicto)* revocar ◆ *GB Tel* **to r. the charges,** llamar a cobro revertido
revert [rɪˈvɜːt] *vi* ◆ volver ◆ *(propiedad)* revertir
review [rɪˈvjuː] **1** *n* ◆ revisión, estudio ◆ crítica, reseña **|2** *vtr* ◆ examinar ◆ *(libro, etc)* hacer una crítica de ◆ *Mil* pasar revista a
reviewer [rɪˈvjuːəʳ] *n* crítico,-a
revise [rɪˈvaɪz] *vtr* ◆ revisar ◆ modificar
revision [rɪˈvɪʒən] *n* ◆ revisión ◆ modificación
revitalize [riːˈvaɪtəlaɪz] *vtr* reanimar
revival [rɪˈvaɪvəl] *n* ◆ renacimiento ◆ *(de la economía)* reactivación ◆ *(de una ideología)* resurgimiento ◆ *(de una ley, tradición)* restablecimiento ◆ *Med* reanimación ◆ *Teat* reestreno
revive [rɪˈvaɪv] **1** *vtr* ◆ reavivar ◆ *(la economía)* reactivar ◆ *(una ley, tradición)* restablecer ◆ *Med* reanimar ◆ *Teat* reestrenar **|2** *vi* ◆ reactivarse ◆ *Med* volver en sí
revoke [rɪˈvəʊk] *vtr* revocar
revolt [rɪˈvəʊlt] **1** *n* revuelta, sublevación **|2** *vi* rebelarse, sublevarse **|3** *vtr* repugnar, dar asco a
revolting [rɪˈvəʊltɪŋ] *adj* repugnante
revolution [revəˈluːʃən] *n* revolución
revolutionary [revəˈluːʃənərɪ] *adj* & *n* revolucionario,-a
revolve [rɪˈvɒlv] **1** *vi* girar **|2** *vtr* girar, hacer girar
revolver [rɪˈvɒlvəʳ] *n* revólver
revolving [rɪˈvɒlvɪŋ] *adj* giratorio,-a
revue [rɪˈvjuː] *n Teat* revista
revulsion [rɪˈvʌlʃən] *n* repulsión
reward [rɪˈwɔːd] **1** *n* recompensa **|2** *vtr* recompensar
rewarding [rɪˈwɔːdɪŋ] *adj* ◆ provechoso,-a ◆ gratificante
rewire [riːˈwaɪəʳ] *vtr* cambiar la instalación eléctrica a
reword [riːˈwɜːd] *vtr* formular con otras palabras
rewrite [riːˈraɪt] *vtr* (*ps* ***rewrote*** [riːˈrəʊt] *pp* ***rewritten*** [riːˈrɪtən]) reescribir
rhetoric [ˈretərɪk] *n* retórica
rhetorical [rɪˈtɒrɪkəl] *adj* retórico,-a
rheumatism [ˈruːmətɪzəm] *n* reuma, reúma
rhinoceros [raɪˈnɒsərəs] *n* rinoceronte
rhyme [raɪm] **1** *n* rima **|2** *vi* rimar
rhythm [ˈrɪðəm] *n* ritmo
rib [rɪb] *n* costilla
ribbon [ˈrɪbən] *n* ◆ cinta, lazo ◆ **ribbons** *pl,* jirones
rice [raɪs] *n* arroz
rich [rɪtʃ] **1** *adj* ◆ rico,-a ◆ *(mueble, etc)* suntuoso,-a ◆ *(comida)* hecho,-a con muchos huevos, nata y azúcar
riches [ˈrɪtʃɪz] *npl* riquezas
richness [ˈrɪtʃnɪs] *n* riqueza
rickets [ˈrɪkɪts] *n* raquitismo
rickety [ˈrɪkətɪ] *adj* desvencijado,-a
ricochet [ˈrɪkəʃeɪ] **1** *n* rebote **|2** *vi* rebotar
rid [rɪd] *vtr (ps & pp **rid**)* librar; **to get r. of,** deshacerse de
ridden [ˈrɪdən] *pp* → **ride**
riddle [ˈrɪdəl] *n* ◆ adivinanza ◆ enigma
ride [raɪd] **1** *n* ◆ paseo; **to give sb a r.**, llevar a alguien ◆ *(distancia)* viaje, recorrido **|2** *vi (ps **rode**; pp **ridden**)* ◆ *(a caballo)* montar ◆ *(en bicicleta, en coche, en moto)* ir **|3** *vtr* ◆ *(caballo)* montar a ◆ *(bicicleta, moto)* montar en ◆ *US (autobús, tren)* viajar en
rider [ˈraɪdəʳ] *n* ◆ *(de un caballo) (hombre)* jinete, *(mujer)* amazona ◆ *(de*

una bicicleta) ciclista; *(de una moto)* motociclista ◆ *Com Jur* condición

ridge [rɪdʒ] *n* ◆ *(de colinas)* cadena ◆ *(de una colina)* cresta

ridicule ['rɪdɪkjuːl] **1** *n* burlas **|2** *vtr* burlarse de

ridiculous [rɪ'dɪkjʊləs] *adj* ridículo,-a

riding ['raɪdɪŋ] *n* equitación

rife [raɪf] *adj* abundante

rifle ['raɪfəl] **1** *n* fusil, rifle **|2** *vtr* desvalijar, saquear

rift [rɪft] *n* ◆ falla ◆ *Pol* escisión

rig [rɪg] *n* ◆ *Ind* **(oil) r.**, *(en tierra)* torre de perforación; *(en la mar)* plataforma petrolífera ◆ *Náut* aparejo

right [raɪt] **1** *n* ◆ derecha; **on the r.**, a la derecha ◆ *(moral)* bien ◆ derecho; **by right(s)**, en justicia ◆ **rights** *pl*, derechos **|2** *adj* ◆ derecho,-a ◆ bueno,-a, justo,-a ◆ correcto,-a, exacto,-a; **that's r.**, eso es; **to be r.**, tener razón ◆ *(persona)* más indicado,-a, apropiado,-a ◆ *(momento)* oportuno,-a ◆ en orden; **to put r.**, arreglar ◆ *(como excl)* **r.!**, ¡vale!; **all r.!**, ¡de acuerdo! **|3** *adv* ◆ a/hacia la derecha ◆ exactamente, justo; **r. now**, ahora mismo ◆ bien, correctamente **|4** *vtr* corregir

rightful ['raɪtfʊl] *adj* legítimo,-a

right-hand ['raɪthænd] *adj* derecho,-a

right-handed [raɪt'hændɪd] *adj* diestro,-a

rightly ['raɪtlɪ] *adv* ◆ correctamente ◆ justamente

right-wing ['raɪtwɪŋ] *Pol* **1** *adj* de derechas **|2** *n* derecha

rigid ['rɪdʒɪd] *adj* rígido,-a

rigidity [rɪ'dʒɪdɪtɪ] *n* rigidez

rigorous ['rɪgərəs] *adj* riguroso,-a

rigour, *US* **rigor** ['rɪgəʳ] *n* rigor

rim [rɪm] *n* ◆ borde ◆ *(de gafas)* montura

rind [raɪnd] *n* corteza

ring[1] [rɪŋ] **1** *n* ◆ anillo, sortija ◆ aro; **r. binder,** carpeta de anillas ◆ *(en los ojos)* ojeras ◆ *(de personas)* círculo; *(de criminales)* banda ◆ *Culin* hornillo ◆ *Boxeo* cuadrilátero **|2** *vtr (ps pp* ***ringed)*** ◆ cercar ◆ marcar con un círculo

ring[2] [rɪŋ] **1** *n* ◆ tañido, repique ◆ *(de timbre)* sonido, timbrazo ◆ *GB Tel* llamada **|2** *vtr (ps* ***rang****; pp* ***rung)*** ◆ *(timbre)* tocar ◆ *GB Tel* llamar, telefonear **|3** *vi* ◆ *(campana)* repicar; *(timbre, teléfono)* sonar ◆ resonar ◆ llamar, telefonear ■ **ring back** *vtr* & *vi GB* volver a llamar (a) ■ **ring out** *vi* resonar ■ **ring up** *vtr* & *vi GB* llamar por teléfono (a)

ringleader ['rɪŋliːdəʳ] *n* cabecilla

ringlet ['rɪŋlɪt] *n* tirabuzón

rink [rɪŋk] *n* pista

rinse [rɪns] **1** *n* aclarado, enjuague **|2** *vtr* aclarar, enjuagar

riot ['raɪət] **1** *n* ◆ disturbio ◆ *(en una cárcel, etc)* motín **|2** *vi* ◆ causar disturbios ◆ *(en cárcel, etc)* amotinarse

rioter ['raɪətəʳ] *n* alborotador,-ora

riotous ['raɪətəs] *adj* ◆ desenfrenado,-a ◆ *(fiesta)* bullicioso,-a

rip [rɪp] **1** *n* rasgón **|2** *vtr* rasgar, rajar **|3** *vi* rasgarse, rajarse ■ **rip off** *vtr* ◆ arrancar ◆ *fam* timar, estafar

ripe [raɪp] *adj* maduro,-a

ripen ['raɪpən] *vtr* & *vi* madurar

rip-off ['rɪpɒf] *n fam* timo

ripple ['rɪpəl] *n* ◆ *(en agua)* onda ◆ *(de sonido)* murmullo

rise [raɪz] **1** *n* ◆ aumento; *(río)* crecida ◆ *(de un país, etc)* surgimiento; *(persona)* ascenso ◆ *Geog* colina; pendiente ◆ *(Sol)* salida; *(río)* nacimiento **|2** *vi (ps* ***rose****; pp* ***risen*** ['rɪzən]*)* ◆ aumentar; *(cortina, humo, mar)* subir; *(montaña)* elevarse; *(río)* crecer ◆ *(persona)* ascender ◆ ponerse en pie; *(de la cama)* levantarse ◆ *(Sol)* salir; *(río)* nacer ◆ *Pol* sublevarse

rising ['raɪzɪŋ] *adj* ◆ *(Sol)* naciente ◆ *(precios)* en alza; *(interés, etc)* creciente

risk [rɪsk] **1** *n* riesgo, peligro; **at r.**, en peligro **|2** *vtr* ◆ arriesgar ◆ arriesgarse a

risky ['rɪskɪ] *adj (****riskier, riskiest****)* arriesgado,-a

rite [raɪt] *n* rito

ritual ['rɪtjʊəl] *adj* & *n* ritual

rival ['raɪvəl] **1** *adj* & *n* rival **|2** *vtr* rivalizar con

rivalry ['raɪvəlrɪ] *n* rivalidad

river ['rɪvəʳ] *n* río; **down/up r.**, río abajo/arriba

river-bank ['rɪvəbæŋk] *n* orilla, ribera

river-bed ['rɪvəbed] *n* lecho

rivet ['rɪvɪt] **1** *n* remache **|2** *vtr* remachar

riveting ['rɪvɪtɪŋ] *adj fig* fascinante

road [rəʊd] *n* ♦ carretera; *(en ciudad)* calle; *(pequeño)* camino ♦ **r. sign,** señal de tráfico

roadblock ['rəʊdblɒk] *n* control policial (de carretera)

roadside ['rəʊdsaɪd] *n* borde de la carretera

roadway ['rəʊdweɪ] *n* calzada

roam [rəʊm] **1** *vtr* vagar por, recorrer **|2** *vi* vagar

roar [rɔːʳ] **1** *n* ♦ rugido; *(de toro, persona)* bramido ♦ *(de tráfico, etc)* estruendo **|2** *vi* rugir

roast [rəʊst] **1** *adj* asado,-a **|2** *n* ♦ asado ♦ *(café)* torrefacto,-a **|3** *vtr* asar **|4** *vi* asarse

rob [rɒb] *vtr* ♦ robar ♦ *(banco)* atracar

robber ['rɒbəʳ] *n* ladrón,-a

robbery ['rɒbərɪ] *n* robo

robe [rəʊb] *n* ♦ *(de ceremonia)* toga ♦ *(de casa)* bata

robot ['rəʊbɒt] *n* robot

robust [rəʊ'bʌst] *adj* robusto,-a

rock [rɒk] **1** *n* ♦ roca ♦ **on the rocks,** *(barco)* encallado,-a; *(whisky)* con hielo ♦ *Mús* rock **|2** *vtr* ♦ mecer ♦ *(un barco, etc)* balancear **|3** *vi* ♦ mecerse ♦ *(barco)* balancearse

rock-bottom [rɒk'bɒtəm] *adj* ♦ *(precio)* bajísimo,-a ♦ *(ánimos)* por los suelos

rocker ['rɒkəʳ] *n* roquero

rocket ['rɒkɪt] *n* cohete

rocking-chair ['rɒkɪŋtʃeəʳ] *n* mecedora

rocking-horse ['rɒkɪŋhɔːs] *n* caballito balancín

rocky ['rɒkɪ] *adj (rockier, rockiest)* rocoso,-a; **the R. Mountains,** las Montañas Rocosas

rod [rɒd] *n* ♦ barra, vara ♦ **(fishing) r.,** caña (de pescar)

rode [rəʊd] *ps* → **ride**

rodent ['rəʊdənt] *n* roedor

roe [rəʊ] *n* hueva

rogue [rəʊg] *n* granuja, pícaro,-a

role, rôle [rəʊl] *n* papel

roll [rəʊl] **1** *n* ♦ rollo ♦ panecillo; *(relleno)* bocadillo ♦ *(de nombres)* lista ♦ *fam (en la tripa)* michelín **|2** *vtr* ♦ hacer rodar ♦ empujar, mover ♦ *(cigarrillo)* liar ♦ *Culin (masa)* estirar ♦ *(tierra)* apisonar **|3** *vi* rodar; *(animal)* revolcarse; *(barco)* balancearse ■ **roll about/around** *vi* ♦ rodar (de acá para allá) ♦ *fam (de risa)* desternillarse ■ **roll over** *vi* dar una vuelta ■ **roll up 1** *vtr* enrollar; *(persiana)* subir; *(mangas)* remangarse

roller ['rəʊləʳ] *n* ♦ rodillo ♦ *(para el pelo)* rulo ♦ *(para muebles, etc)* rueda ♦ *US* **r. coaster,** montaña rusa ♦ **r. skate,** patín de ruedas

ROM [rɒm] *Inform (abr de **read only memory**)* memoria ROM

Roman ['rəʊmən] *adj* & *n* romano,-a

romance [rəʊ'mæns] **1** *n* ♦ novela romántica ♦ idilio ♦ lo romántico **|2** *vi* fantasear

romantic [rəʊ'mæntɪk] *adj* & *n* romántico,-a

roof [ruːf] *n (pl **roofs** [ruːfs, ruːvz])* ♦ tejado, techo ♦ *Auto* techo ♦ *Anat (del paladar)* cielo

rook [rʊk] *n* ♦ grajo ♦ *Ajedrez* torre

room [ruːm] *n* ♦ habitación; **double r.,** habitación doble ♦ sitio, espacio

roommate ['ruːmmeɪt] *n* compañero,-a de habitación

roomy ['ruːmɪ] *adj (roomier, roomiest)* amplio,-a

rooster ['ruːstəʳ] *n esp US* gallo

root [ruːt] **1** *n* raíz; **to take r.,** echar raíces **|2** *vtr* & *vi* arraigar

rope [rəʊp] **1** *n* cuerda, soga **|2** *vtr* atar con una cuerda

rosary ['rəʊzərɪ] *n* rosario

rose[1] [rəʊz] *ps* → **rise**

rose[2] [rəʊz] *n* rosa; **r. bush,** rosal

rosé ['rəʊzeɪ] *adj* (vino) rosado

rosebud ['rəʊzbʌd] *n* capullo de rosa

rosemary ['rəʊzmərɪ] *n* romero

rostrum ['rɒstrəm] *n* tribuna

rosy ['rəʊzɪ] *adj (rosier, rosiest)* ◆ sonrosado,-a ◆ *(perspectiva)* prometedor,-ora

rot [rɒt] 1 *n* putrefacción |2 *vtr* pudrir ■ **rot away** *vi* pudrirse

rotary ['rəʊtərɪ] *adj* rotatorio,-a

rotate [rəʊ'teɪt] 1 *vtr* ◆ hacer girar ◆ *(trabajo, cultivos)* alternar |2 *vi* ◆ girar ◆ *(cultivo)* alternarse

rotation [rəʊ'teɪʃən] *n* rotación

rotten ['rɒtən] *adj* ◆ podrido,-a; *(diente)* cariado,-a ◆ *(persona)* malo,-a

rough [rʌf] 1 *adj* ◆ áspero,-a ◆ *(tierra, camino)* desigual, en mal estado ◆ *(mar)* bravo,-a; *(tiempo)* tormentoso,-a ◆ *(persona)* brusco,-a; tosco,-a ◆ *(vida)* duro,-a ◆ *(construcción, etc)* rudo,-a, chapucero,-a ◆ *(cifra, cálculo)* aproximado,-a |2 *adv* ◆ con violencia ◆ *(dormir, vivir)* a la intemperie

roughly ['rʌflɪ] *adv* ◆ aproximadamente ◆ bruscamente, con violencia

roulette [ruː'let] *n* ruleta

round [raʊnd] 1 *adj* ◆ redondo,-a ◆ *(viaje)* de ida y vuelta |2 *adv* ◆ alrededor; **to go r.,** dar vueltas; **all year r.,** todo el año ◆ aproximadamente, alrededor de ◆ **to turn r.,** dar media vuelta ◆ **to invite sb r.,** invitar a alguien a casa |3 *prep* ◆ alrededor de, en torno a ◆ *(cerca)* **r. here,** por aquí |4 *n* ◆ secuencia, serie: **a r. of talks,** una serie de conferencias ◆ *Boxeo* asalto; *(de torneo)* vuelta ◆ *(cartero, etc)* ronda; *(médico)* visitas ◆ *(de bebidas)* ronda |5 *vtr* ◆ doblar ◆ *(un número)* redondear

roundabout ['raʊndəbaʊt] 1 *n* ◆ tiovivo ◆ *GB Auto* glorieta |2 *adj* indirecto,-a

round-up ['raʊndʌp] *n* ◆ *(de ganado)* rodeo ◆ *(de la policía)* redada

rouse [raʊz] *vtr* ◆ despertar ◆ *(emoción, etc)* excitar, suscitar

route [ruːt] 1 *n* ◆ ruta; **r. map,** mapa de carreteras ◆ *US* **R.,** carretera nacional

routine [ruː'tiːn] 1 *n* ◆ rutina ◆ *Teat* número |2 *adj* rutinario,-a

row¹ [rəʊ] 1 *n* ◆ fila, hilera ◆ sucesión |2 *vtr* & *vi* remar

row² [raʊ] 1 *n* ◆ follón, escándalo ◆ bronca, pelea |2 *vi* pelearse

rowboat ['rəʊbəʊt] *n US* bote de remos

rowdy ['raʊdɪ] *adj (rowdier, rowdiest)* ruidoso,-a, escandaloso,-a

rowing ['rəʊɪŋ] *n* remo: **r. boat,** bote de remos

royal ['rɔɪəl] *adj* real

royalty ['rɔɪəltɪ] *n* ◆ realeza ◆ *(usu pl)* derechos de autor

rub [rʌb] 1 *n* **to give sthg a r.,** frotar algo |2 *vtr* ◆ frotar ◆ friccionar |3 *vi* rozar ■ **rub down** *vtr* lijar ■ **rub off** *vtr* borrar ■ **rub out** 1 *vtr* borrar |2 *vi* borrarse ■ **rub up** *vtr* pulir

rubber ['rʌbə^r] *n* goma

rubbery ['rʌbərɪ] *adj* ◆ elástico,-a ◆ *(comida)* correoso,-a

rubbish ['rʌbɪʃ] *n* ◆ *GB* basura: **r. bin,** cubo de la basura ◆ *fam (palabras)* tonterías

rubble ['rʌbəl] *n* escombros

ruby ['ruːbɪ] *n* rubí

rucksack ['rʌksæk] *n* mochila

rudder ['rʌdə^r] *n* timón

ruddy ['rʌdɪ] *adj (ruddier, ruddiest)* rubicundo,-a

rude [ruːd] *adj* grosero,-a

rudimentary [ruːdɪ'mentərɪ] *adj* rudimentario,-a

rudiments ['ruːdɪmənts] *npl* rudimentos

ruffle ['rʌfəl] *vtr* ◆ *(el pelo)* despeinar ◆ *fig* alterar, alborotar

rug [rʌg] *n* alfombra, alfombrilla

rugby ['rʌgbɪ] *n* rugby

rugged ['rʌgɪd] *adj* ◆ accidentado,-a ◆ *(carácter)* fuerte

ruin ['ruːɪn] 1 *n* ruina |2 *vtr* ◆ arruinar ◆ estropear

rule [ruːl] 1 *n* ◆ regla ◆ gobierno; *(de un monarca)* reinado |2 *vtr* ◆ gobernar ◆ *Jur* dictaminar |3 *vi* gobernar ■ **rule out** *vtr* descartar

ruler ['ruːlə^r] *n* ◆ gobernante, soberano,-a ◆ regla, metro

ruling ['ruːlɪŋ] 1 *adj* ◆ gobernante ◆ predominante |2 *n* fallo, decisión

rum [rʌm] *n* ron

rumble ['rʌmbəl] **1** *n* ◆ ruido sordo ◆ ruido (de tripas) **|2** *vi* hacer un ruido sordo: *(trueno)* retumbar

ruminate ['ruːmɪneɪt] *vi* rumiar

rummage ['rʌmɪdʒ] *vi* hurgar

rumour, *US* **rumor** ['ruːmə^r] **1** *n* rumor **|2** *vtr* **she is rumoured to be ill,** se rumorea que está enferma

rump [rʌmp] *n* ancas, grupa

rumpus ['rʌmpəs] *n fam* escándalo, jaleo

run [rʌn] **1** *vtr* ◆ correr ◆ *(una carrera)* tomar parte en ◆ pasar; **to r. one's eyes over,** echar una ojeada a ◆ llevar (en coche) ◆ mover ◆ *(bloqueo)* burlar; *US (semáforo rojo)* saltarse ◆ *(armas, droga)* pasar ◆ *(casa)* llevar; *(empresa)* dirigir; *(servicio)* operar; *(máquina)* funcionar; *Inform (programa)* ejecutar **|2** *vi* ◆ correr, huir ◆ *(un candidato)* presentarse ◆ *(un río)* pasar, fluir; *(agua)* correr; *(sangre)* manar ◆ *(color)* desteñirse; *(hielo)* derretirse ◆ *(rumor)* correr; *(pensamiento)* ir; *(cuento, refrán)* decir ◆ *Náut* navegar ◆ *(autobús, tren)* circular ◆ *(máquina)* funcionar ◆ *(ser/estar)* **the streets r. parallel,** las calles son paralelas; **it runs in the family,** viene de familia ◆ *Teat* mantenerse en cartelera; *(un contrato, etc)* durar, ser válido,-a ◆ **to r. low on, r. short of,** andar escaso,-a de ◆ *(pozo, río)* **to r. dry,** secarse **|3** *n* ◆ carrera; **to go for a r.,** ir a correr ◆ *(en coche, etc)* paseo, vuelta ◆ tendencia; **in the long r.,** a la larga ◆ *Teat* temporada ◆ *(de mala suerte)* racha ◆ *Com Fin* gran demanda ◆ *Prensa, etc* tirada ◆ *(de esquí)* pista ■ **run away** *vi* fugarse ■ **run down** *vtr* atropellar ■ **run in** *vi* entrar corriendo ■ **run into** *vtr* ◆ toparse con ◆ *Auto* chocar contra ■ **run off** *vi* escaparse corriendo ■ **run out** *vi* ◆ salir corriendo ◆ *(existencias)* agotarse ◆ *(persona)* quedarse sin ◆ *(contrato)* vencer ■ **run over** *vtr* atropellar ■ **run through** *vtr* ◆ hojear ◆ *(plan)* repasar

runaway ['rʌnəweɪ] **1** *n* fugitivo,-a **|2** *adj* ◆ fugitivo,-a ◆ *(caballo)* desbocado,-a; *(tren, vehículo)* fuera de control ◆ *(inflación)* galopante

run-down [rʌn'daʊn] *adj* ◆ *(persona)* agotado,-a ◆ *(casa)* destartalado,-a ◆ *(empresa)* venido,-a a menos

rung[1] [rʌŋ] *n* escalón, peldaño

rung[2] [rʌŋ] *pp* → **ring**

runner ['rʌnə^r] *n* ◆ corredor,-ora ◆ **table r.,** tapete ◆ **r. bean,** judía verde

runner-up [rʌnər'ʌp] *n* subcampeón,-ona

running ['rʌnɪŋ] **1** *adj* ◆ para correr; **r. track,** pista ◆ *Pol* **r. mate,** candidato,-a a la vicepresidencia ◆ **two days r.,** dos días seguidos **|2** *n* ◆ footing ◆ *(de empresa)* gestión ◆ *(de máquina)* funcionamiento

runny ['rʌnɪ] *adj* **(runnier, runniest)** *(ojos)* lloroso,-a; *(nariz)* que moquea

run-up ['rʌnʌp] *n* preliminares

runway ['rʌnweɪ] *n* pista

rupture ['rʌptʃə^r] **1** *n* ◆ ruptura ◆ *Med* hernia **|2** *vtr & vi* reventar

rural ['rʊərəl] *adj* rural

ruse [ruːz] *n* ardid, astucia

rush [rʌʃ] **1** *n* ◆ junco ◆ prisa; **to be in a r.,** tener prisa ◆ *(de agua)* torrente; *(de aire)* ráfaga ◆ *Com* demanda **|2** *vtr* ◆ apresurar, apurar ◆ *(una tarea)* hacer a todo correr ◆ asaltar **|3** *vi* precipitarse ■ **rush around** *vi* correr de acá para allá ■ **rush off** *vi* irse corriendo

rush-hour ['rʌʃaʊə^r] *n* hora punta

Russia ['rʌʃə] *n* Rusia

Russian ['rʌʃən] **1** *adj* ruso,-a **|2** *n* ◆ ruso,-a ◆ *(idioma)* ruso

rust [rʌst] **1** *n* óxido **|2** *vtr* oxidar **|3** *vi* oxidarse

rustic ['rʌstɪk] *adj* rústico,-a

rustle ['rʌsəl] **1** *n (de hojas)* susurro; *(de papel)* crujido **|2** *vi (hojas)* susurrar; *(papel)* crujir

rustproof ['rʌstpruːf] *adj* inoxidable

rusty ['rʌstɪ] *adj* **(rustier, rustiest)** ◆ oxidado,-a ◆ falto de práctica

rut [rʌt] *n* ◆ ranura; *Agr* surco ◆ *Zool* celo

ruthless ['ruːθlɪs] *adj* despiadado,-a

rye [raɪ] *n* centeno; **r. bread,** pan de centeno

S

S, s [es] *n* ♦ *(letra)* S, s ♦ *(abr de south)* sur

Sabbath ['sæbəθ] *n (judío)* sábado; *(cristiano)* domingo

sabbatical [sə'bætɪkəl] *adj* sabático,-a

sabotage ['sæbətɑːʒ] **1** *n* sabotaje **|2** *vtr* sabotear

saccharin ['sækərɪn] *n* sacarina

sachet ['sæʃeɪ] *n* sobrecito

sack [sæk] **1** *n* ♦ saco ♦ *fam* despido **|2** *vtr fam* despedir

sacrament ['sækrəmənt] *n* sacramento

sacred ['seɪkrɪd] *adj* sagrado,-a

sacrifice ['sækrɪfaɪs] **1** *n* sacrificio **|2** *vtr* sacrificar

sacrilege ['sækrɪlɪdʒ] *n* sacrilegio

sad [sæd] *adj* ***(sadder, saddest)*** triste

sadden ['sædən] *vtr* entristecer

saddle ['sædəl] **1** *n (para un caballo)* silla (de montar); *(de bicicleta, etc)* sillín **|2** *vtr* ensillar

saddlebag ['sædəlbæg] *n* alforja

sadist ['seɪdɪst] *n* sádico,-a

sadly ['sædlɪ] *adv* ♦ tristemente ♦ desgraciadamente, lamentablemente

sadness ['sædnɪs] *n* tristeza

sadomasochism [seɪdəʊ'mæsəkɪzəm] *n* sadomasoquismo

safari [sə'fɑːrɪ] *n* safari

safe [seɪf] **1** *adj* ♦ a salvo ♦ *(sin riesgo)* seguro,-a ♦ *(sin daños)* ileso,-a; **s. and sound,** sano,-a y salvo,-a **|2** *n* caja fuerte

safe-conduct [seɪf'kɒndʌkt] *n* salvoconducto

safeguard ['seɪfgɑːd] **1** *n* salvaguarda, garantía **|2** *vtr* salvaguardar

safely ['seɪflɪ] *adv* sin incidentes; *(conducir)* con prudencia

safety ['seɪftɪ] *n* seguridad; **s. belt,** cinturón de seguridad; *(de una pistola, etc)* **s. catch,** seguro

saffron ['sæfrən] *n* azafrán

sag [sæg] *vi* ♦ *(estante, techo)* combarse ♦ *(cama)* hundirse

sage [seɪdʒ] **1** *adj* sabio,-a **|2** *n* ♦ sabio,-a ♦ *Bot* salvia

Sagittarius [sædʒɪ'teərɪəs] *n Astrol* Sagitario

said [sed] **1** *ps & pp* ➛ **say |2** *adj* dicho,-a

sail [seɪl] **1** *n Náut* vela; **to set s.,** hacerse a la mar **|2** *vtr* pilotar, gobernar **|3** *vi* ♦ navegar ♦ *(barco)* zarpar

sailing ['seɪlɪŋ] *n* ♦ navegación; vela; **s. ship,** barco de vela ♦ salida, partida

sailor ['seɪlə^r] *n* marinero

saint [seɪnt] *n* santo,-a; **All Saints' Day,** Día de Todos los Santos

sake [seɪk] *n* bien; **for the s. of,** por (el bien de)

salad ['sæləd] *n Culin* ensalada; **s. dressing,** aliño

salary ['sælərɪ] *n* salario, sueldo

sale [seɪl] *n* ♦ venta; **for s.,** en venta; **on s.,** a la venta ♦ **sales** *pl,* ventas ♦ *Com (usu pl)* liquidación, rebaja

salesclerk ['seɪlzklɑːk] *n US* dependiente,-a

salesman ['seɪlzmən] *n* ♦ vendedor, representante ♦ *(de tienda)* dependiente

salesperson ['seɪlzpɜːsən] *n* ♦ vendedor,-ora ♦ dependiente,-a

saleswoman ['seɪlzwʊmən] *n* ♦ vendedora, representante ♦ *(de tienda)* dependienta

saliva [sə'laɪvə] *n* saliva

salmon ['sæmən] *n* salmón

salon ['sælɒn] *n* salón

saloon [sə'lu:n] *n* ♦ *Auto* turismo ♦ *US* taberna, bar ♦ *GB* **s. (bar),** bar de primera categoría
salt [sɔ:lt] **1** *n* ♦ sal ♦ **salts** *pl,* sales **|2** *vtr* salar
saltcellar ['sɔ:ltselə^r] *n* salero
saltwater ['sɔ:ltwɔ:tə^r] *adj* de agua salada
salty ['sɔ:ltɪ] *adj (saltier, saltiest)* salado,-a
salutary ['sæljʊtərɪ] *adj* saludable
salute [sə'lu:t] **1** *n* ♦ saludo ♦ *(de cañonazos)* salva **|2** *vtr* & *vi* saludar
Salvador ['sælvə'dɔ:^r] *n* Salvador
Salvadorean, Salvadorian ['sælvə'dɔ:rɪən] *n* & *adj* salvadoreño,-a
salvage ['sælvɪdʒ] **1** *n* ♦ salvamento, rescate ♦ objetos recuperados **|2** *vtr* rescatar
salvation [sæl'veɪʃən] *n* salvación; **S. Army,** Ejército de Salvación
same [seɪm] **1** *adj* mismo,-a; **the s. person,** la misma persona **|2** *pron* ♦ **the s.,** el/lo mismo, la misma: **(the) s. to you!,** ¡lo mismo digo!, ¡igualmente!
sample ['sɑ:mpəl] **1** *n* muestra **|2** *vtr* ♦ *(comida)* probar ♦ *Estad* muestrear
sanatorium [sænə'tɔ:rɪəm] *n* sanatorio
sanction ['sæŋkʃən] **1** *n* ♦ *frml* permiso ♦ *Jur Pol* sanción **|2** *vtr* sancionar
sanctity ['sæŋktɪtɪ] *n* santidad
sanctuary ['sæŋktjʊərɪ] *n* ♦ santuario ♦ *Pol* asilo ♦ *(para la fauna)* reserva
sand [sænd] **1** *n* arena **|2** *vtr* **to s. (down),** lijar
sandal ['sændəl] *n* sandalia
sandalwood ['sændəlwʊd] *n* sándalo
sandpaper ['sændpeɪpə^r] *n* (papel de) lija
sandwich ['sænwɪdʒ, 'sænwɪtʃ] **1** *n* bocadillo; *(con pan de molde)* sándwich **|2** *vtr* encajonar, apretujar
sandy ['sændɪ] *adj (sandier, sandiest)* ♦ arenoso,-a ♦ *(color)* rojizo,-a; *(pelo)* rubio rojizo
sane [seɪn] *adj* cuerdo,-a, sensato,-a
sang [sæŋ] *ps* → **sing**
sanitarium [sænɪ'teərɪəm] *n US* sanatorio
sanitary ['sænɪtərɪ] *adj* ♦ *(sistema, etc)* sanitario,-a ♦ *(condiciones, etc)* higiénico,-a; **s. towel,** *US* **s. napkin,** compresa
sanitation [sænɪ'teɪʃən] *n* ♦ sanidad (pública) ♦ servicios sanitarios
sanity ['sænɪtɪ] *n* ♦ cordura, juicio ♦ sensatez
sank [sæŋk] *ps* → **sink**
sap [sæp] **1** *n* savia **|2** *vtr* minar
sapphire ['sæfaɪə^r] *n* zafiro
sarcasm ['sɑ:kæzəm] *n* sarcasmo
sarcastic [sɑ:'kæstɪk] *adj* sarcástico,-a
sardine [sɑ:'di:n] *n* sardina
sash [sæʃ] *n* ♦ faja ♦ *Arquit (de ventana)* marco; **s. window,** ventana de guillotina
sat [sæt] *ps* & *pp* → **sit**
Satan ['seɪtən] *n* Satanás
satanic [sə'tænɪk] *adj* satánico,-a
satchel ['sætʃəl] *n* cartera (de colegial)
satellite ['sætəlaɪt] *n* satélite; **s. dish,** antena parabólica; **s. TV,** televisión vía satélite
satin ['sætɪn] *n* satén, raso
satire ['sætaɪə^r] *n* sátira
satirical [sə'tɪrɪkəl] *adj* satírico,-a
satisfaction [sætɪs'fækʃən] *n* satisfacción
satisfactory [sætɪs'fæktərɪ] *adj* satisfactorio,-a
satisfied ['sætɪsfaɪd] *adj* satisfecho,-a
satisfy ['sætɪsfaɪ] *vtr* ♦ satisfacer ♦ *(una deuda)* pagar
satisfying ['sætɪsfaɪɪŋ] *adj* satisfactorio,-a
saturate ['sætʃəreɪt] *vtr* saturar
Saturday ['sætədɪ] *n* sábado
Saturn ['sætɜ:n] *n* Saturno
sauce [sɔ:s] *n* salsa
saucepan ['sɔ:spən] *n* cacerola
saucer ['sɔ:sə^r] *n* platillo; **flying s.,** platillo volante, OVNI
sauna ['sɔ:nə] *n* sauna
saunter ['sɔ:ntə^r] **1** *n* paseo tranquilo **|2** *vi* pasearse tranquilamente
sausage ['sɒsɪdʒ] *n* ♦ salchicha ♦ embutido, salchichón; *(picante)* chorizo ♦ *fam* **s. dog,** perro salchicha

savage ['sævɪdʒ] **1** *adj & n* salvaje **|2** *vtr* atacar, morder

save [seɪv] **1** *vtr* ◆ salvar ◆ *(dinero, tiempo)* ahorrar ◆ *(despilfarro, problemas)* evitar ◆ guardar, reservar; *Inform* guardar ◆ *(gol)* parar **|2** *vi* ◆ ahorrar ◆ *Rel* salvar **|3** *n* parada

saving ['seɪvɪŋ] *n* ◆ ahorro ◆ **savings** *pl*, ahorros; **s. account,** cuenta de ahorros

saviour, *US* **savior** ['seɪvjəʳ] *n* salvador,-ora

savour, *US* **savor** ['seɪvəʳ] **1** *n* sabor, gusto **|2** *vi* saborear

savoury, *US* **savory** ['seɪvərɪ] *adj* ◆ sabroso,-a ◆ salado,-a

saw[1] [sɔː] **1** *n* sierra **|2** *vtr & vi (ps* ***sawed****; pp* ***sawed*** *o* ***sawn****)* serrar

saw[2] [sɔː] *ps* ➛ **see**

sawdust ['sɔːdʌst] *n* serrín

sawmill ['sɔːmɪl] *n* aserradero

saxophone ['sæksəfəʊn] *n* saxofón

say [seɪ] *vtr (ps & pp* ***said****)* decir; **that is to s.,** es decir; **they s.,** dicen que, se dice que

saying ['seɪɪŋ] *n* refrán, dicho

scab [skæb] *n* ◆ *Med* costra ◆ *fam pey* esquirol

scaffold ['skæfəld] *n* ◆ *Constr* andamio ◆ *(de una ejecución)* patíbulo

scald [skɔːld] **1** *n* escaldadura **|2** *vtr* escaldar

scale [skeɪl] **1** *n* ◆ escala ◆ *(de un pez)* escama ◆ *(en las tuberías)* sarro ◆ **scales** *pl*, balanza; *(para personas)* báscula **|2** *vtr* escalar

scallop ['skɒləp] *n* vieira

scalp [skælp] *n* cuero cabelludo

scalpel ['skælpəl] *n* bisturí

scamper ['skæmpəʳ] *vi* corretear

scampi ['skæmpɪ] *npl* langostinos (rebozados), *fam* gambas con gabardina

scan [skæn] **1** *vtr* ◆ *(el horizonte)* escudriñar ◆ *(un texto)* ojear ◆ *(radar)* explorar ◆ *Med* hacer un escáner de, hacer una ecografía de **|2** *n Med* escáner, ecografía

scandal ['skændəl] *n* escándalo

scanner ['skænəʳ] *n* escáner

scant [skænt] *adj* escaso,-a

scapegoat ['skeɪpgəʊt] *n* chivo expiatorio

scar [skɑːʳ] *n* cicatriz

scarce [skeəs] *adj* escaso,-a

scarcely ['skeəslɪ] *adv* apenas

scarcity ['skeəsɪtɪ] *n* escasez

scare [skeəʳ] **1** *n* susto **|2** *vtr* asustar **|3** *vi* asustarse ■ **scare away/off** *vtr* ahuyentar

scarecrow ['skeəkrəʊ] *n* espantapájaros

scarf [skɑːf] *n (pl* ***scarfs*** *o* ***scarves*** *[skɑːvz])* ◆ *(de lana)* bufanda ◆ *(de seda, etc)* pañuelo

scarlet ['skɑːlɪt] *adj & n* escarlata

scarves [skɑːvz] *npl* ➛ **scarf**

scary ['skeərɪ] *adj fam* de miedo

scathing ['skeɪðɪŋ] *adj* mordaz, cáustico,-a

scatter ['skætəʳ] **1** *vtr* ◆ *(semillas)* esparcir, sembrar ◆ *(ropa, papeles)* desparramar ◆ *(una multitud)* dispersar **|2** *vi* dispersarse

scavenge ['skævɪndʒ] *vi* hurgar (en la basura)

scavenger ['skævɪndʒəʳ] *n* ◆ carroñero,-a ◆ persona que hurga en la basura

scenario [sɪ'nɑːrɪəʊ] *n* ◆ *Cine* guión ◆ perspectiva, posibilidad

scene [siːn] *n* ◆ lugar, escenario ◆ panorama ◆ *Teat Cine TV* escena

scenery ['siːnərɪ] *n* ◆ paisaje ◆ *Teat* decorado

scenic ['siːnɪk] *adj* pintoresco,-a

scent [sent] **1** *n* ◆ olor ◆ perfume, fragancia ◆ *(caza)* pista **|2** *vtr* ◆ perfumar ◆ olfatear ◆ *(peligro, etc)* presentir

sceptic ['skeptɪk] *n* escéptico,-a

sceptical ['skeptɪkəl] *adj* escéptico,-a

scepticism ['skeptɪsɪzəm] *n* escepticismo

schedule ['ʃedjuːl], *US* ['skedʒʊəl] **1** *n* ◆ programa ◆ horario; **on s.,** a la hora prevista ◆ *frml* lista **|2** *vtr* programar

scheduled ['ʃedjuːld], *US* ['skedʒʊəld] *adj* ◆ previsto,-a, programado,-a ◆ *Av* **s. flight,** vuelo regular

scheme [skiːm] **1** *n* ◆ plan, proyecto ◆ estratagema, ardid **|2** *vi* intrigar, conspirar

schizophrenic [skɪtsəʊ'frenɪk] *adj* & *n* esquizofrénico,-a
scholar ['skɒlə^r^] *n* ♦ erudito,-a, estudioso,-a ♦ alumno,-a, estudiante ♦ becario,-a
scholarship ['skɒləʃɪp] *n* ♦ erudición ♦ beca
school [sku:l] **1** *n* ♦ colegio, escuela; **s. year,** año escolar ♦ *(de baile, teatro)* academia; *Mús* conservatorio ♦ *Arte* escuela
schoolbook ['sku:lbʊk] *n* libro de texto
schoolboy ['sku:lbɔɪ] *n* alumno
schoolchild ['sku:ltʃaɪld] *n* alumno,-a
schooldays ['sku:ldeɪz] *npl* años de colegio
schoolgirl ['sku:lgɜ:l] *n* alumna
schoolmaster ['sku:lmɑ:stə^r^] *n* ♦ *(de instituto)* profesor ♦ *(de escuela primaria)* maestro
schoolmistress ['sku:lmɪstrɪs] *n* ♦ *(de instituto)* profesora ♦ *(de escuela primaria)* maestra
schoolteacher ['sku:lti:tʃə^r^] *n* ♦ *(de instituto)* profesor,-ora ♦ *(de escuela primaria)* maestro,-a
science ['saɪəns] *n* ♦ ciencia ♦ **s. fiction,** ciencia-ficción
scientific [saɪən'tɪfɪk] *adj* científico,-a
scientist ['saɪəntɪst] *n* científico,-a
scissors ['sɪzəz] *npl* tijeras; **a pair of s.,** unas tijeras
scoff [skɒf] **1** *vi* burlarse **|2** *vtr fam* zamparse, comerse
scold [skəʊld] *vtr* regañar
scone [skəʊn, skɒn] *n GB Culin* ≈ bollo
scoop [sku:p] **1** *n* ♦ *(para el grano, etc)* pala; *(para el helado)* cuchara ♦ *(cantidad de helado)* bola ♦ *TV Prensa* exclusiva, primicia ■ **scoop out** *vtr* sacar (con pala, cuchara) ■ **scoop up** *vtr* recoger
scooter ['sku:tə^r^] *n* ♦ patinete ♦ *(de adulto)* Vespa®
scope [skəʊp] *n* ♦ alcance; *(de la investigación, etc)* ámbito ♦ oportunidades
scorch [skɔ:tʃ] *vtr* chamuscar
score [skɔ:^r^] **1** *n* ♦ puntuación ♦ *Dep* resultado, tanteo; **s. draw,** empate ♦ *Mús* partitura ♦ *frml* veintena **|2** *vtr* ♦ *(puntos)* ganar, anotarse; *(gol)* marcar ♦ *(en un examen)* sacar ♦ *(papel, madera)* rayar **|3** *vi* ♦ anotarse un tanto ♦ llevar el marcador
scoreboard ['skɔ:bɔ:d] *n* marcador
scorn [skɔ:n] **1** *n* desdén **|2** *vtr* desdeñar
scornful ['skɔ:nfʊl] *adj* desdeñoso,-a
Scorpio ['skɔ:pɪəʊ] *n Astrol* Escorpión
scorpion ['skɔ:pɪən] *n* alacrán, escorpión
Scot [skɒt] *n* escocés,-esa
Scotch [skɒtʃ] **1** *adj* escocés,-esa; **S. tape®,** cinta adhesiva, celo® **|2** *n* whisky escocés
Scotland ['skɒtlənd] *n* Escocia
Scots [skɒts] *adj* escocés,-esa
Scotsman ['skɒtsmən] *n* escocés
Scotswoman ['skɒtswʊmən] *n* escocesa
Scottish ['skɒtɪʃ] *adj* escocés,-esa
scoundrel ['skaʊndrəl] *n* sinvergüenza, canalla
scour [skaʊə^r^] *vtr* ♦ fregar, restregar ♦ *(una zona)* rastrear, peinar; *(un edificio)* registrar
scout [skaʊt] **1** *n* ♦ explorador,-ora ♦ **boy s.,** boy scout, explorador; *US* **girl s.,** exploradora ♦ **to have a s. around,** echar un vistazo ■ **scout around** *vi* buscar
scowl [skaʊl] **1** *n* ceño **|2** *vi* fruncir el ceño
scrabble ['skræbəl] *vi* escarbar
scraggy ['skrægɪ] *adj* ***(scraggier, scraggiest)*** escuálido,-a, flacucho,-a
scramble ['skræmbəl] **1** *vtr* ♦ mezclar; **scrambled eggs,** huevos revueltos **|2** *vi* ♦ ir gateando ♦ pelearse
scrap [skræp] **1** *n* ♦ *fam* pelea ♦ chatarra; **s. dealer,** chatarrero,-a ♦ pedacito ♦ **scraps** *pl, (de comida)* sobras **|2** *vtr* ♦ descartar, abandonar ♦ *(coche, etc)* desguazar
scrape [skreɪp] **1** *vtr* raspar; *(la pintura)* rayar **|2** *n* ♦ raya ♦ *(en la piel)* rasguño

scrapheap ['skræphiːp] *n* ◆ desguace ◆ montón de desechos

scratch [skrætʃ] **1** *vtr* ◆ rayar ◆ *(con la uña)* arañar ◆ *(tela basta, etc)* rascar ◆ *(la piel, una picazón)* rascarse |**2** *n* ◆ raya ◆ *(con la uña, etc)* arañazo ◆ |LOC: **to start from s.,** partir de cero

scrawl [skrɔːl] **1** *n* garabatos |**2** *vtr* garabatear |**3** *vi* hacer garabatos

scrawny ['skrɔːnɪ] *adj* ***(scrawnier, scrawniest)*** esquelético,-a, flaco,-a

scream [skriːm] **1** *n* chillido, alarido |**2** *vtr & vi* chillar

screech [skriːtʃ] **1** *n* ◆ alarido ◆ *(de un coche)* chirrido, (sonido de) frenazo |**2** *vi* ◆ chillar ◆ *(coche)* chirriar

screen [skriːn] **1** *n* ◆ pantalla ◆ mampara: *(plegable)* biombo |**2** *vtr* ◆ ocultar, tapar ◆ *(los ojos)* proteger ◆ *Cine TV* echar, proyectar ◆ *Med* someter a una revisión ◆ *(por razones de seguridad, etc)* investigar los antecedentes de

screw [skruː] **1** *n* ◆ *Téc* tornillo ◆ *Av Náut* hélice |**2** *vtr* atornillar ■ **screw down** *vtr* sujetar con tornillos ■ **screw on** *vtr* enroscar

screwdriver ['skruːdraɪvəʳ] *n* destornillador

scribble ['skrɪbəl] **1** *n* garabatos |**2** *vtr* garabatear |**3** *vi* hacer garabatos

script [skrɪpt] *n* ◆ *Cine TV* guión ◆ escritura: **Arabic s.,** escritura árabe

Scripture ['skrɪptʃəʳ] *n* **Holy S.,** Sagrada Escritura

scroll [skrəʊl] **1** *n* rollo de pergamino |**2** *vi Inform* **to s. up/down,** desplazarse hacia arriba/abajo en el texto

scrounge [skraʊndʒ] *vtr & vi fam* gorronear

scrub [skrʌb] **1** *n* ◆ maleza, matorrales ◆ fregado |**2** *vtr* fregar, restregar

scruffy ['skrʌfɪ] *adj* ***(scruffier, scruffiest)*** *fam* desaliñado,-a, zarrapastroso,-a

scruple ['skruːpəl] *n* *(usu pl)* escrúpulo

scrupulous ['skruːpjʊləs] *adj* escrupuloso,-a

scrutinize ['skruːtɪnaɪz] *vtr* escudriñar, examinar

scrutiny ['skruːtɪnɪ] *n* escrutinio, examen

scuff [skʌf] *vtr* raspar; *(el suelo)* rayar

scuffle ['skʌfəl] *n* escaramuza

sculptor ['skʌlptəʳ] *n* escultor

sculpture ['skʌlptʃəʳ] *n* escultura

scum [skʌm] *n* capa de suciedad

scupper ['skʌpəʳ] *vtr* hundir

SE [e'siː] *n* *(abr de **south east**)* sudeste, SE

sea [siː] *n* mar; **by the s.,** a la orilla del mar; **s. level,** nivel del mar

seabed ['siːbed] *n* fondo del mar

seaboard ['siːbɔːd] *n* costa, litoral

seafood ['siːfuːd] *n* marisco

seafront ['siːfrʌnt] *n* paseo marítimo

seagull ['siːgʌl] *n* gaviota

seahorse ['siːhɔːs] *n* caballito de mar

seal [siːl] **1** *n* ◆ sello ◆ cierre hermético; *(de seguridad)* precinto ◆ *Zool* foca |**2** *vtr* ◆ cerrar; *(con cinta)* precintar ◆ *(tarro, botella)* cerrar herméticamente ◆ *(acuerdo, documento)* sellar ■ **seal off** *vtr* ◆ cerrar ◆ *(zona)* acordonar

sea lion ['siːlaɪən] *n* león marino

seam [siːm] *n* ◆ *Cost* costura ◆ *Téc* juntura ◆ *Geol* veta, filón

seaman ['siːmən] *n* marinero

seamy ['siːmɪ] *adj* ***(seamier, seamiest)*** *fig* sórdido,-a

seaport ['siːpɔːt] *n* puerto marítimo

search [sɜːtʃ] **1** *n* ◆ búsqueda ◆ *(de la policía, etc)* registro |**2** *vtr* ◆ registrar ◆ *(archivos)* buscar en |**3** *vi* buscar

searchlight ['sɜːtʃlaɪt] *n* reflector

seashell ['siːʃel] *n* concha marina

seashore ['siːʃɔːʳ] *n* orilla del mar

seasick ['siːsɪk] *adj* mareado,-a; **to get s.,** marearse

seaside ['siːsaɪd] *n* playa, costa

season ['siːzən] **1** *n* ◆ *(del año)* estación ◆ *(para una actividad, fruta, etc)* temporada; **high/low s.,** temporada alta/baja ◆ *Cine Teat* ciclo |**2** *vtr* sazonar

seasonal ['siːzənəl] *adj* ◆ *(demanda, paro, etc)* estacional ◆ *(fruta)* del tiempo ◆ *(empleo)* temporal

seasoning ['siːzənɪŋ] *n* condimento, aderezo

seat [siːt] **1** *n* ◆ asiento ◆ plaza; *Cine Teat* localidad ◆ *(de bicicleta)* sillín; *(de pantalón)* fondillos ◆ *Pol* escaño; *GB* distrito electoral |**2** *vtr* ◆ sentar ◆ *(teatro, sala, etc)* tener cabida para

seating ['siːtɪŋ] *n* ◆ asientos ◆ **s. capacity,** cabida, aforo

seaweed ['siːwiːd] *n* alga marina

secluded [sɪ'kluːdɪd] *adj* ◆ *(sitio)* retirado,-a ◆ *(vida)* solitario,-a

second ['sekənd] **1** *adj* ◆ segundo,-a, otro; **every s. year,** cada dos años |**2** *adv* ◆ *(con superlativo)* **the s. oldest,** el segundo más alto ◆ en segundo lugar |**3** *n* ◆ segundo,-a ◆ *(del mes)* dos ◆ *(del tiempo)* segundo ◆ *Auto* segunda ◆ *(en un duelo)* padrino ◆ **seconds** *pl,* artículos defectuosos |**4** *vtr* secundar

secondary ['sekəndərɪ] *adj* secundario,-a; **s. school,** instituto (de enseñanza secundaria)

second-class [sekənd'klɑːs] **1** *adj* de segunda clase |**2** *adv* ◆ **to travel s.-c.,** viajar en segunda

second-hand ['sekəndhænd] *adj* & *adv* de segunda mano

secondly ['sekəndlɪ] *adv* en segundo lugar

secrecy ['siːkrəsɪ] *n* secreto

secret ['siːkrɪt] **1** *adj* secreto,-a |**2** *n* secreto

secretarial [sekrɪ'teərɪəl] *adj* de secretario,-a

secretary ['sekrətrɪ] *n* ◆ secretario,-a ◆ *Pol* **S. of State,** *GB* ministro,-a; *US* Ministro,-a de Asuntos Exteriores

secrete [sɪ'kriːt] *vtr* ◆ secretar ◆ *frml* ocultar, esconder

secretive ['siːkrɪtɪv] *adj* reservado,-a

secretly ['siːkrɪtlɪ] *adv* en secreto

sect [sekt] *n* secta

sectarian [sek'teərɪən] *adj* & *n* sectario,-a

section ['sekʃən] *n* ◆ sección ◆ *(de una máquina, etc)* parte ◆ *(de una carretera, etc)* tramo

sector ['sektəʳ] *n* sector

secular ['sekjʊləʳ] *adj* ◆ laico,-a ◆ *Arte Mús* profano,-a

secure [sɪ'kjʊəʳ] **1** *adj* ◆ seguro,-a ◆ *(puerta)* bien cerrado,-a ◆ *(estante, escalera)* bien sujeto,-a; *(creencia)* firme |**2** *vtr* ◆ *frml* obtener ◆ *(un estante, etc)* sujetar

security [sɪ'kjʊərɪtɪ] *n* ◆ seguridad; **S. Council,** *(de las Naciones Unidas)* Consejo de Seguridad; **s. guard,** guarda jurado ◆ *Fin* **securities** *pl,* valores

sedan [sɪ'dæn] *n* turismo

sedate [sɪ'deɪt] **1** *adj* tranquilo,-a |**2** *vtr* sedar

sedative ['sedətɪv] *adj* & *n* sedante

sedentary ['sedəntrɪ] *adj* sedentario,-a

sediment ['sedɪmənt] *n* ◆ *Geol* sedimento ◆ *(de vino)* poso

seduce [sɪ'djuːs] *vtr* seducir

seduction [sɪ'dʌkʃən] *n* seducción

seductive [sɪ'dʌktɪv] *adj* seductor,-ora

see [siː] **1** *n* **the Holy S.,** la Santa Sede |**2** *vtr* *(ps* ***saw;*** *pp* ***seen)*** ◆ ver ◆ **to s. sb home,** acompañar a alguien a casa ◆ **to s. that,** asegurarse de que |**3** *vi* ver ■ **see about** *vtr* encargarse de ■ **see off** *vtr* ir a despedir ■ **see out** *vtr* ◆ acompañar hasta la puerta ◆ sobrevivir ■ **see to** *vtr* ◆ ocuparse de ◆ arreglar

seed [siːd] **1** *n* ◆ semilla ◆ *(de fruta)* pepita |**2** *vtr* sembrar

seedling ['siːdlɪŋ] *n* planta de semillero

seedy ['siːdɪ] *adj* *(**seedier, seediest**)* *fam* ◆ pachucho,-a ◆ *(apariencia)* desaseado,-a ◆ *(sitio)* cutre, sórdido,-a

seek [siːk] **1** *vtr* *(ps* & *pp* ***sought)*** ◆ buscar ◆ *(ayuda, consejo)* pedir ■ **seek after** *vtr* buscar

seem [siːm] *vi* parecer

seemingly ['siːmɪŋlɪ] *adv* aparentemente, al parecer

seen [siːn] *pp* → **see**[1]

seep [siːp] *vi* filtrarse

seesaw ['siːsɔː] **1** *n* balancín |**2** *vi* columpiarse

seethe [siːð] *vi* estar furioso,-a

see-through ['siːθruː] *adj* transparente

segment ['segmənt] *n* ◆ segmento ◆ *(de naranja, etc)* gajo

segregate ['segrɪgeɪt] *vtr* segregar

segregation [segrɪ'geɪʃən] *n* segregación

seize [siːz] *vtr* ◆ agarrar, asir: *(una oportunidad)* aprovechar ◆ *(el poder)* hacerse con: *(territorio, etc)* tomar ◆ *(a una persona)* detener ◆ *(armas, droga)* incautar, incautarse de: *(bienes)* embargar, secuestrar; *(contrabando)* confiscar, decomisar ■ **seize on/upon** *vtr* ◆ aceptar ◆ *(una oportunidad)* aprovechar ■ **seize up** *vi* ◆ agarrotarse ◆ *(tráfico)* paralizarse

seizure ['siːʒəʳ] *n* ◆ ataque (de apoplejía) ◆ *(el poder)* toma ◆ *(de armas, droga)* incautación; *(de bienes)* confiscación, embargo

seldom ['seldəm] *adv* rara vez, raramente

select [sɪ'lekt] **1** *vtr* ◆ escoger, elegir ◆ *Dep* seleccionar |**2** *adj* selecto,-a

selection [sɪ'lekʃən] *n* ◆ elección, selección ◆ *(de artículos)* surtido

selective [sɪ'lektɪv] *adj* selectivo,-a

self [self] *n (pl* **selves** [selvz]*)* ◆ uno,-a mismo,-a, sí mismo,-a ◆ *Psiq* **the s.,** el yo

self-adhesive ['selfəd'hiːsɪv] *adj* autoadhesivo,-a

self-appointed [selfə'pɔɪntɪd] *adj* autoproclamado,-a

self-assured [selfə'ʃʊəd] *adj* seguro,-a de sí mismo,-a

self-catering [self'keɪtərɪŋ] *adj* ◆ *(apartamento, etc)* equipado,-a con cocina ◆ *(vacaciones)* sin comida

self-centred, *US* **self-centered** [self'sentəd] *adj* egocéntrico,-a

self-confidence [self'kɒnfɪdəns] *n* confianza en uno mismo,-a

self-confident [self'kɒnfɪdənt] *adj* seguro,-a de sí mismo,-a

self-conscious [self'kɒnʃəs] *adj* tímido,-a; acomplejado,-a

self-control [selfkən'trəʊl] *n* autocontrol

self-defeating [selfdɪ'fiːtɪŋ] *adj* contraproducente

self-defence, *US* **self-defense** [selfdɪ'-fens] *n* autodefensa

self-determination [selfdɪtɜːmɪ'neɪʃən] *n* autodeterminación

self-discipline [self'dɪsɪplɪn] *n* autodisciplina

self-employed [selfɪm'plɔɪd] *adj (trabajador)* autónomo,-a

self-esteem [selfɪ'stiːm] *n* amor propio, autoestima

self-governing [self'gʌvənɪŋ] *adj* autónomo,-a

self-interest [self'ɪntrɪst] *n* interés personal

selfish ['selfɪʃ] *adj* egoísta

selfishness ['selfɪʃnɪs] *n* egoísmo

selfless ['selflɪs] *adj* desinteresado,-a

self-made ['selfmeɪd] *adj* **he's a s.-m. man,** ha llegado a donde está por sus propios esfuerzos

self-pity [self'pɪtɪ] *n* autocompasión

self-portrait [self'pɔːtreɪt] *n* autorretrato

self-respect [selfrɪ'spekt] *n* amor propio, dignidad

self-service [self'sɜːvɪs] *adj* de autoservicio, self-service

self-sufficient [selfsə'fɪʃənt] *adj* autosuficiente

sell [sel] **1** *vtr (ps & pp* **sold***)* vender |**2** *vi* venderse ■ **sell off** *vtr* vender: *(mercancías)* liquidar ■ **sell out 1** *vi* ◆ agotar las existencias: *Cine Teat* **«sold out»,** «agotadas las localidades» ◆ *(al enemigo, etc)* venderse

sell-by date ['selbaɪdeɪt] *n* fecha de caducidad

seller ['seləʳ] *n* vendedor,-ora

selling ['selɪŋ] *n* venta; **s. price,** precio de venta

sellotape, Sellotape ['seləteɪp] *n* celo, cinta adhesiva

sell-out ['selaʊt] *n* lleno, venta total

semen ['siːmen] *n* semen

semester [sɪ'mestəʳ] *n US* semestre

semicircle ['semɪsɜːkəl] *n* semicírculo

semicolon [semɪ'kəʊlən] *n* punto y coma

semidetached [semɪdɪ'tætʃt] *GB adj (casa)* adosado,-a

semifinal [semɪ'faɪnəl] *n* semifinal

seminar ['semɪnɑːʳ] *n* seminario

seminary ['semɪnərɪ] *n* seminario

senate ['senɪt] *n* senado

senator ['senətəʳ] *n* senador,-ora

send [send] *vtr (ps & pp* **sent***)* enviar,

mandar ■ **send away** *vtr* ♦ despedir, decir a alguien que se vaya ♦ enviar fuera ■ **send away for** *vtr* pedir por correo ■ **send back** *vtr* ♦ devolver ♦ *(a una persona)* hacer volver ■ **send for** *vtr* ♦ pedir, encargar ♦ *(a un médico, etc)* hacer llamar ■ **send off** *vtr* ♦ *(carta, etc)* enviar; *(mercancías)* despachar ♦ *Ftb* expulsar ■ **send on** *vtr* remitir, hacer seguir; *(equipaje)* enviar por adelantado ■ **send out** *vtr* ♦ emitir ♦ *(a una persona)* mandar afuera

sender ['sendəʳ] *n* remitente

senior ['siːnjəʳ] **1** *adj* ♦ mayor; *euf* **s. citizen,** jubilado,-a ♦ *(en una empresa)* de mayor antigüedad ♦ *(en una jerarquía)* superior,-ora; *Mil* **s. officer,** oficial de alto rango ♦ *(usu abr de* **Sr.***)* padre; **Matthew Lloyd Sr.,** Matthew Lloyd padre |**2** *n Educ GB (colegio)* secundario,-a; *(alumno,-a)* mayor; *US* estudiante del último curso

sensation [sen'seɪʃən] *n* sensación

sensational [sen'seɪʃənəl] *adj* ♦ sensacional ♦ *(periodismo)* sensacionalista

sense [sens] **1** *n* ♦ sentido; **to make s.,** ser comprensible, tener sentido ♦ *(de miedo, etc)* sensación |**2** *vtr* sentir, notar

senseless ['senslɪs] *adj* ♦ absurdo,-a, sin sentido ♦ inconsciente, sin sentido

sensibility [sensɪ'bɪlɪtɪ] *n* sensibilidad

sensible ['sensɪbəl] *adj* ♦ sensato,-a ♦ *(ropa, etc)* práctico,-a, cómodo,-a

sensitive ['sensɪtɪv] *adj* ♦ sensible ♦ *(a la crítica, etc)* susceptible ♦ *(asunto)* delicado,-a

sensitivity [sensɪ'tɪvɪtɪ] *n* sensibilidad

sensor ['sensəʳ] *n* sensor

sensual ['sensjʊəl] *adj* sensual

sensuality [sensjʊ'ælɪtɪ] *n* sensualidad

sent [sent] *ps* & *pp* → **send**

sentence ['sentəns] **1** *n* ♦ frase; *Ling* oración ♦ *Jur* fallo, sentencia; **death s.,** pena de muerte |**2** *vtr* condenar

sentimental [sentɪ'mentəl] *adj* ♦ sentimental ♦ *pey* sensiblero,-a

sentry ['sentrɪ] *n* centinela

separate 1 ['sepərɪt] *adj* ♦ separado,-a ♦ distinto,-a, otro,-a: **that's a s. matter,** ése es otro asunto ♦ individual, particular |**2** ['sepəreɪt] *vtr* separar |**3** *vi* ♦ separarse ♦ *(mayonesa, etc)* cortarse

separately ['sepəreɪtlɪ] *adv* por separado

separation [sepə'reɪʃən] *n* separación

separatist ['sepərətɪst] *n* separatista

September [sep'tembəʳ] *n* septiembre

septic ['septɪk] *adj* séptico,-a; *Med* **to become/go s.,** infectarse

sequel ['siːkwəl] *n* ♦ continuación ♦ *(acontecimiento)* secuela, consecuencia

sequence ['siːkwəns] *n* ♦ secuencia ♦ serie, sucesión

Serbia ['sɜːbɪə] *n* Serbia

Serbian ['sɜːbɪən] *n* & *adj* serbio,-a

Serbo-Croat ['sɜːbəʊ'krəʊæt] *n* serbocroata

serene [sɪ'riːn] *adj* sereno,-a, tranquilo,-a

sergeant ['sɑːdʒənt] *n* ♦ *Mil* sargento; **s. major** ~ brigada ♦ *(policía)* cabo

serial ['sɪərɪəl] *n* serial; **s. killer,** asesino,-a en serie

series ['sɪəriːz] *n inv* ♦ serie, sucesión ♦ *TV* serial ♦ *(de conciertos, etc)* ciclo

serious ['sɪərɪəs] *adj* ♦ serio,-a ♦ *(enfermedad, etc)* grave

seriously ['sɪərɪəslɪ] *adv* ♦ en serio ♦ *(enfermo, herido)* gravemente

sermon ['sɜːmən] *n* sermón

serpent ['sɜːpənt] *n* serpiente

serum ['sɪərəm] *n* suero

servant ['sɜːvənt] *n* criado,-a

serve [sɜːv] **1** *vtr* ♦ servir ♦ *(a un cliente en una tienda)* atender, despachar ♦ *(una condena)* cumplir ♦ *Dep* sacar |**2** *vi* ♦ servir ♦ *(de un comité, etc)* ser miembro ♦ *(en una tienda)* atender, despachar ♦ *Dep* sacar |**3** *n Dep* servicio

server [sɜːvəʳ] *n* ♦ *Culin* cubierto para servir ♦ *Dep* saque ♦ *Inform* servidor

service ['sɜːvɪs] *n* ♦ servicio; **in s.,** en uso; **«out of s.»,** «no funciona»; *GB (en una autopista)* **s. area** *tb* **services** *pl,* área de servicios; **s. road,** vía de acceso; **customer s.,** atención al cliente; *GB* **National Health S.** ~ Insalud ♦ *Auto* revisión ◆ *Rel* oficio (religioso) ◆ *Dep* servicio, saque

serviette [sɜːvɪ'et] *n GB* servilleta

sesame ['sesəmɪ] *n* sésamo

session ['seʃən] *n* ◆ sesión ◆ *Univ* año académico ◆ *Educ* clase

set [set] **1** *n* ◆ juego ◆ *(de libros, etc)* colección ◆ *Mat* conjunto ◆ *(de personas)* grupo ◆ aparato; **TV s.,** televisor ◆ *Teat* escenario, decorado; *Cine* plató ◆ *Dep* set **|2** *adj* ◆ hecho,-a; *(hora, sitio)* determinado,-a, señalado,-a; *(precio)* fijo,-a; *(tarea)* asignado,-a ◆ listo,-a, preparado,-a ◆ determinado, decidido ◆ *(idea)* fijo,-a; *(opinión)* inflexible **|3** *vtr (ps & pp set)* ◆ colocar, poner ◆ *(un criterio, ejemplo)* establecer; *(una hora, un sitio)* acordar; *(un precio)* fijar; *(una tarea)* asignar ◆ *(un libro, una película, etc)* ambientar; *(un edificio)* ubicar ◆ *(causar algo)* **to s. fire to,** prender fuego a; **to s. sthg moving,** poner algo en movimiento ◆ *(un despertador)* poner ◆ *Náut* **to s. sail,** zarpar **|4** *vi* ◆ *(hueso)* soldarse ◆ *(hormigón)* fraguar; *(yogurt)* cuajarse ◆ *(la Luna, el Sol)* ponerse ■ **set about** *vtr* emprender ■ **set apart** *vtr* diferenciar ■ **set against** *vtr* ◆ contraponer ◆ enemistar ■ **set aside** *vtr* ◆ ahorrar, guardar ◆ *(un libro, proyecto)* dejar a un lado ■ **set back** *vtr* retrasar, entorpecer ■ **set down** *vtr* ◆ poner por escrito ◆ *(una norma)* establecer ■ **set off 1** *vi* salir, ponerse en camino **|2** *vtr (una bomba)* accionar; *(fuegos artificiales)* encender ■ **set out** *vi* ◆ salir, ponerse en camino ◆ proponerse ■ **set up** *vtr (un negocio)* montar; *(un monumento)* erigir, levantar

setback ['setbæk] *n* contratiempo, revés

settee [se'tiː] *n* sofá

setting ['setɪŋ] *n* ◆ entorno, escenario ◆ *Mús* arreglo ◆ *(de un aparato)* ajuste

settle ['setəl] **1** *vtr* ◆ decidir; *(una fecha, un precio)* fijar ◆ *(una diferencia, un problema)* resolver; *(una riña)* zanjar ◆ *(una cuenta)* pagar; *(una deuda)* saldar ◆ *(una duda)* disipar ◆ *(un país)* colonizar; *(un lugar deshabitado)* poblar **|2** *vi* ◆ establecerse, instalarse ◆ *(un insecto, pájaro)* posarse; *(un líquido)* aclararse; *(el polvo)* asentarse, posarse ◆ *(los nervios)* calmarse; *(una situación)* volver a la normalidad ◆ ponerse cómodo,-a ◆ *(una factura)* pagar ■ **settle down** *vi* ◆ calmarse ◆ sentar la cabeza ■ **settle for** *vtr* conformarse con, aceptar ■ **settle on** *vtr* decidirse por ■ **settle up** *vi fam* arreglar las cuentas

settlement ['setəlmənt] *n* ◆ acuerdo ◆ *(de una deuda)* liquidación ◆ asentamiento; poblado

settler ['setləʳ] *n* colono

set-up ['setʌp] *n fam* organización, sistema

seven ['sevən] *adj & n* siete

seventeen [sevən'tiːn] *adj & n* diecisiete

seventeenth [sevən'tiːnθ] **1** *adj & n* decimoséptimo,-a **|2** *n* ◆ diecisieteavo ◆ decimoséptima parte

seventh ['sevənθ] **1** *adj* séptimo,-a **|2** *n* ◆ séptimo ◆ séptima parte

seventy [sevəntɪ] *adj & n* setenta

sever ['sevəʳ] *vtr* ◆ cortar; *(un miembro)* amputar ◆ *(relaciones)* romper

several ['sevərəl] *adj & pron* varios,-as

severe [sɪ'vɪəʳ] *adj* ◆ severo,-a ◆ *(disciplina)* riguroso,-a ◆ *(enfermedad)* grave ◆ *(dolor)* intenso,-a

severity [sɪ'verɪtɪ] *n* severidad

sew [səʊ] *vtr & vi (ps sewed; pp sewed o sewn)* coser

sewage ['suːɪdʒ] *n* aguas residuales

sewer ['suːəʳ] *n* alcantarilla, cloaca

sewerage ['suːərɪdʒ] *n* alcantarillado

sewing ['səʊɪŋ] *n* costura; **s. machine,** máquina de coser

sewn [səʊn] *pp* → **sew**

sex [seks] *n* sexo; **to have s.,** tener relaciones sexuales

sexism ['seksɪzəm] *n* sexismo

sexist ['seksɪst] *adj & n* sexista

sexual ['seksjʊəl] *adj* sexual; **s. harassment,** acoso sexual

sexuality [seksjʊ'ælɪtɪ] *n* sexualidad

sexy ['seksɪ] *adj (sexier, sexiest) fam* sexy, erótico,-a

shabby ['ʃæbɪ] *adj (**shabbier, shabbiest**)* ◆ gastado,-a, viejo,-a ◆ *(barrio, casa)* pobre, en mal estado

shack [ʃæk] *n* chabola, choza

shackles ['ʃækəlz] *npl* grilletes

shade [ʃeɪd] **1** *n* ◆ sombra ◆ *US* persiana: **(lamp)-s.,** pantalla ◆ *(de color, significado)* matiz ◆ *fam* un pelín **|2** *vtr* dar sombra

shadow ['ʃædəʊ] **1** *n* ◆ sombra ◆ *GB Pol* **s. cabinet,** el gabinete de la oposición **|2** *vtr* seguir de cerca

shadowy ['ʃædəʊɪ] *adj* enigmático,-a, misterioso,-a

shady ['ʃeɪdɪ] *adj (**shadier, shadiest**)* ◆ sombreado,-a ◆ *(negocio, pasado)* turbio,-a

shaft [ʃɑːft] *n* ◆ pozo ◆ *(de un ascensor)* hueco ◆ *Téc* eje ◆ *(de luz)* rayo ◆ *(de un hacha, etc)* mango

shaggy ['ʃægɪ] *adj (**shaggier, shaggiest**)* peludo,-a

shake [ʃeɪk] **1** *n* sacudida **|2** *vtr (ps **shook**; pp **shaken**)* ◆ sacudir; *(una botella)* agitar ◆ **to s. hands,** darse la mano ◆ *(la fe)* debilitar ◆ *(a una persona)* conmocionar **|3** *vi* temblar

shaken ['ʃeɪkən] *pp* → **shake**

shaky ['ʃeɪkɪ] *adj (**shakier, shakiest**)* tambaleante, tembloroso,-a

shall [ʃæl, *forma débil* ʃəl] *v aux* ◆ *frml (futuro) (forma abreviada **'ll**, negativa **shan't**)* **I shan't be able to go,** no podré ir ◆ *frml (uso enfático)* **they s. not pass!,** ¡no pasarán! ◆ *(en preguntas)* **when s. we meet?,** ¿a qué hora nos vemos? ◆ *(para hacer sugerencias)* **s. we go for a little walk?,** ¿damos un paseíto?

shallow ['ʃæləʊ] *adj* ◆ poco profundo,-a; *(un plato)* llano,-a ◆ *(persona)* superficial

sham [ʃæm] **1** *adj* falso,-a, fingido,-a **|2** *n* engaño, farsa

shambles ['ʃæmbəlz] *n* caos, confusión

shame [ʃeɪm] **1** *n* ◆ vergüenza ◆ deshonra ◆ lástima, pena; **what a s.!,** ¡qué lástima!, ¡qué pena! **|2** *vtr* ◆ avergonzar ◆ deshonrar

shamefaced ['ʃeɪmfeɪst] *adj* avergonzado,-a

shameful ['ʃeɪmfʊl] *adj* vergonzoso,-a

shameless ['ʃeɪmlɪs] *adj* descarado,-a

shampoo [ʃæm'puː] **1** *n* champú **|2** *vtr* ◆ lavar (con champú) ◆ *(una alfombra, etc)* limpiar

shamrock ['ʃæmrɒk] *n* trébol

shandy ['ʃændɪ] *n GB* clara, cerveza con gaseosa

shan't [ʃɑːnt] → **shall not**

shantytown ['ʃæntɪtaʊn] *n* barrio de chabolas

shape [ʃeɪp] **1** *n* forma; **to take s.,** tomar forma; **in good/bad s.,** en buena/mala forma **|2** *vtr* ◆ formar, moldear ◆ *(el futuro, etc)* determinar ■ **shape up** *vi* tomar forma, desarrollarse

shapeless ['ʃeɪplɪs] *adj* amorfo,-a, sin forma

shapely ['ʃeɪplɪ] *adj (**shapelier, shapeliest**)* bien proporcionado,-a; *(una mujer)* de buen tipo

share ['ʃeəʳ] **1** *n* ◆ parte, porción ◆ *Fin* acción; **s. price,** cotizacion (de una acción) **|2** *vtr* ◆ compartir ◆ dividir ◆ *(las experiencias, opiniones)* intercambiar ■ **share out** *vtr* repartir

shareholder ['ʃeəhəʊldəʳ] *n* accionista

shark [ʃɑːk] *n* tiburón

sharp [ʃɑːp] **1** *adj* ◆ afilado,-a; *(una aguja, nariz)* puntiagudo,-a ◆ *(palabras)* mordaz ◆ *(el viento)* cortante ◆ *(la mente, vista)* agudo ◆ *(una persona)* listo,-a, astuto,-a ◆ *(un dolor, grito)* agudo,-a ◆ *(un movimiento)* brusco,-a, súbito,-a ◆ *(un ángulo)* agudo,-a ◆ *(una foto, imagen)* nítido,-a ◆ *Mús* sostenido,-a; desafinado,-a **|2** *adv* **at 6 p.m. s.,** a las seis en punto de la tarde **|3** *n* sostenido

sharpen ['ʃɑːpən] *vtr* ◆ afilar ◆ *(un lápiz)* sacar punta a

sharpener ['ʃɑːpənəʳ] *n* ◆ afilador ◆ *(para lápices)* sacapuntas

shatter ['ʃætəʳ] **1** *vtr* ◆ hacer añicos ◆ *(la confianza, esperanza)* destruir, echar por tierra **|2** *vi* hacerse añicos

shave [ʃeɪv] **1** *vtr (ps **shaved**; pp **shaved** o **shaven**)* afeitar **|2** *vi* afeitarse **|3** *n* afeitado

shaver ['ʃeɪvəʳ] *n* **(electric) s.**, máquina de afeitar

shaving ['ʃeɪvɪŋ] *n* afeitado; **s. brush/foam/soap**, brocha/espuma/jabón de afeitar

shawl [ʃɔːl] *n* chal

she [ʃiː] *pers pron* ella

sheaf [ʃiːf] *n (pl* ***sheaves*** *[*ʃiːvz*])* ◆ gavilla ◆ *(de papeles)* fajo

shear [ʃɪəʳ] *vtr (ps* ***sheared****; pp* ***shorn*** *o* ***sheared****)* esquilar

shears [ʃɪəz] *npl* ◆ tijeras (grandes) ◆ *Agr* podaderas, tijeras de jardín

sheath [ʃiːθ] *n* ◆ vaina; *(para un puñal)* funda ◆ *(para un cable)* cubierta

sheaves [ʃiːvz] *npl* → **sheaf**

she'd [ʃiːd] ◆ **she had** ◆ **she would**

shed [ʃed] **1** *n* ◆ barraca, cabaña; **cattle s.**, establo ◆ *(de fábrica)* nave **|2** *vtr (ps & pp* ***shed****)* ◆ despojarse de; *(peso)* perder ◆ deshacerse de; *(un cargo, etc)* perder ◆ *(lágrimas, sangre)* derramar, verter ◆ *(la luz)* emitir

sheen [ʃiːn] *n* brillo

sheep [ʃiːp] *n inv* oveja

sheepdog ['ʃiːpdɒg] *n* perro pastor

sheepish ['ʃiːpɪʃ] *adj* avergonzado,-a

sheer [ʃɪəʳ] *adj* ◆ total, puro,-a ◆ *(pared)* escarpado,-a; *(caída)* vertical ◆ *(tela)* muy fino,-a, transparente

sheet [ʃiːt] *n* ◆ hoja ◆ *(de metal)* chapa; *(de hielo)* capa ◆ *(cama)* sábana

shelf [ʃelf] *n (pl* ***shelves*** *[*ʃelvz*])* ◆ balda, estante ◆ **shelves** *pl*, estantería

she'll [ʃiːl] → **she will**

shell [ʃel] **1** *n* caparazón; *(de caracol, molusco)* concha ◆ *(de huevo, fruto seco)* cáscara; *(de legumbre)* vaina ◆ *Mil* obús, proyectil

shellfish ['ʃelfɪʃ] *n inv* marisco

shelter ['ʃeltəʳ] **1** *n* ◆ refugio, cobijo; **to give sb. s.**, acoger a alguien ◆ protección; *(del frío, viento)* abrigo; **bus s.**, marquesina **|2** *vtr* ◆ abrigar, proteger ◆ acoger ◆ *(a un criminal, etc)* dar cobijo a **|3** *vi* ◆ refugiarse ◆ *(del tiempo)* guarecerse

shelve [ʃelv] *vtr* archivar, arrinconar

shelves [ʃelvz] *npl* → **shelf**

shelving ['ʃelvɪŋ] *n* estanterías

shepherd ['ʃepəd] **1** *n* pastor **|2** *vtr* guiar

sherry ['ʃerɪ] *n* jerez

she's [ʃiːz] ◆ **she is** ◆ **she has**

shield [ʃiːld] **1** *n* ◆ escudo; **riot s.**, escudo antidisturbios ◆ *Téc* pantalla protectora **|2** *vtr* proteger

shift [ʃɪft] **1** *n* ◆ cambio; *(de sitio)* desplazamiento ◆ **s. key**, tecla de mayúsculas ◆ turno; **to work in shifts**, trabajar por turnos ◆ *US Auto* palanca de cambio **|2** *vtr* mover, cambiar de sitio **|3** *vi* ◆ moverse, cambiarse de sitio ◆ *(opinión, viento)* cambiar

shiftwork ['ʃɪftwɜːk] *n* trabajo por turnos

shifty ['ʃɪftɪ] *adj (****shiftier, shiftiest****)* sospechoso,-a

shimmer ['ʃɪməʳ] *n* resplandor trémulo

shin [ʃɪn] *n* espinilla

shine [ʃaɪn] **1** *vi (ps & pp* ***shone****)* ◆ brillar ◆ *(cristal, metal, etc)* relucir ◆ *fig (una persona)* destacar(se) **|2** *vtr* ◆ *(una linterna, etc)* dirigir; *(luz)* proyectar ◆ *(pp* ***shined****) (los zapatos, el metal)* limpiar, sacar brillo a **|3** *n* brillo

shingle ['ʃɪŋgəl] *n* guijarros

shingles ['ʃɪŋgəlz] *n* herpes

shiny ['ʃaɪnɪ] *adj (****shinier, shiniest****)* brillante

ship [ʃɪp] **1** *n* barco, buque **|2** *vtr* ◆ transportar (en barco) ◆ enviar, mandar

shipment ['ʃɪpmənt] *n* ◆ transporte ◆ *(mercancías)* consignación, envío

shipping ['ʃɪpɪŋ] *n* ◆ barcos ◆ tráfico marítimo, navegación ◆ **s. agent**, agente marítimo; **s. company/line**, naviera

shipwreck ['ʃɪprek] **1** *n* naufragio **|2** *vtr* **to be shipwrecked**, naufragar

shipyard ['ʃɪpjɑːd] *n* astillero

shirt [ʃɜːt] *n* camisa

shit [ʃɪt] *vulgar* **1** *n* mierda **|2** *vi* cagar

shiver ['ʃɪvəʳ] **1** *vi* ◆ tiritar ◆ *(de miedo)* temblar **|2** *n* escalofrío

shoal [ʃəʊl] *n* ◆ banco (de peces) ◆ *Geol* banco de arena

shock [ʃɒk] **1** *n* ♦ conmoción ♦ *(físico)* choque, sacudida; *(de la tierra)* seísmo; **s. wave,** onda expansiva ♦ *Elec* descarga (eléctrica), calambre ♦ *Med* shock **|2** *vtr* ♦ escandalizar, indignar ♦ *(físicamente)* asustar, sobresaltar ♦ *(emocionalmente)* conmover, impresionar **|3** *vi* impresionar

shocking ['ʃɒkɪŋ] *adj* ♦ escandaloso,-a, vergonzoso,-a ♦ *(un accidente, una noticia, etc)* espantoso,-a, horrible

shod [ʃɒd] *ps* & *pp* → **shoe**

shoddy ['ʃɒdɪ] *adj* **(shoddier, shoddiest)** de muy mala calidad; **s. work,** chapuza

shoe [ʃuː] **1** *n* zapato; **s. polish,** betún, cera para zapatos ♦ **shoes** *pl,* calzado

shoebrush ['ʃuːbrʌʃ] *n* cepillo para los zapatos

shoelace ['ʃuːleɪs] *n* cordón (de zapatos)

shone [ʃɒn, US ʃəʊn] *ps* & *pp* → **shine**

shook [ʃʊk] *ps* → **shake**

shoot [ʃuːt] **1** *n* ♦ brote, retoño ♦ *Cine* rodaje **|2** *vtr* *(ps & pp* **shot***)* ♦ disparar; *(una mirada, un proyectil)* lanzar ♦ *(a alguien, algo)* pegar un tiro a ♦ *(ejecutar)* fusilar ♦ *Cine* rodar; *Fot* fotografiar ♦ *(un semáforo)* saltarse ♦ *argot (droga)* chutarse **|3** *vi* ♦ disparar ♦ *Cine* rodar ♦ *Ftb* chutar, tirar

shooting ['ʃuːtɪŋ] **1** *n* ♦ tiroteo ♦ fusilamiento ♦ caza ♦ *Cine* rodaje ♦ **s. star,** estrella fugaz

shop [ʃɒp] **1** *n* ♦ tienda; **s. assistant,** dependiente,-a ♦ *Ind* taller **|2** *vi* hacer compras; **to go shopping,** ir de compras ■ **shop around** *vi fam* comparar precios

shopkeeper ['ʃɒpkiːpəʳ] *n* tendero,-a

shoplifter ['ʃɒplɪftəʳ] *n* ladrón,-ona (de tiendas)

shopper ['ʃɒpəʳ] *n* comprador,-ora

shopping ['ʃɒpɪŋ] *n* compras; **to do the s.,** hacer la compra; **s. centre,** centro comercial

shore [ʃɔːʳ] *n* ♦ orilla ♦ playa

shorn [ʃɔːn] *pp* → **shear**

short [ʃɔːt] **1** *adj* ♦ bajo,-a ♦ *(no alto, no largo)* corto,-a ♦ *(periodo)* breve, corto; **in s.,** en resumen ♦ *(una cosa)* escaso,-a; **to be s. of,** andar corto,-a *o* escaso,-a de ♦ *(comportamiento)* brusco,-a **|2** *adv* ♦ **to fall s. of,** no alcanzar; **to go s. of,** pasarse sin ♦ **to run s.,** agotarse **|3** *n* cortometraje

shortage ['ʃɔːtɪdʒ] *n* escasez

short-change [ʃɔːt'tʃeɪndʒ] *vtr* dar de menos, dar mal el cambio

short-circuit [ʃɔːt'sɜːkɪt] *n* cortocircuito

shortcomings ['ʃɔːtkʌmɪŋz] *npl* defectos

shorten ['ʃɔːtən] *vtr* ♦ acortar ♦ *(una palabra)* abreviar

shorthand ['ʃɔːthænd] *n* taquigrafía; *GB* **s. typist,** taquimecanógrafo,-a

shortly ['ʃɔːtlɪ] *adv* dentro de poco

short-range ['ʃɔːtreɪndʒ] *adj* de corto alcance

shorts [ʃɔːts] *npl* ♦ bermudas, short ♦ *US* calzoncillos

short-sighted [ʃɔːt'saɪtɪd] *adj* ♦ *Med* miope ♦ *(persona)* imprudente

short-tempered [ʃɔːt'tempəd] *adj* de mal genio

short-term ['ʃɔːttɜːm] *adj* a corto plazo

shot [ʃɒt] **1** *ps* & *pp* → **shoot |2** *n* ♦ disparo, tiro ♦ *(de escopeta)* perdigones ♦ *(persona)* tirador,-ora ♦ tentativa; **to have a s. at doing sthg,** intentar hacer algo ♦ *Dep* peso ♦ *Dep* tiro ♦ *Cine* toma; *Fot* foto ♦ *Med fam* inyección

shotgun ['ʃɒtgʌn] *n* escopeta

should [ʃʊd, *forma débil* ʃəd] *v aux* ♦ *frml (para formar el condicional de I y we)* **I s. like to know...,** me gustaría saber ♦ *(deber)* **I shouldn't have said it,** no debiera haberlo dicho ♦ *(consejo)* **you s. have a holiday,** deberías tomarte unas vacaciones ♦ *(probabilidad)* **this s. be very easy,** esto debería (de) ser muy fácil ♦ *(uso subjuntivo)* **if you s. happen to see her...,** si llegaras a verla...

shoulder ['ʃəʊldəʳ] **1** *n* ♦ hombro; **s. blade,** omóplato; **s. pad,** hombrera ♦

Culin paletilla ♦ *Auto* **hard s.**, arcén |2 *vtr* cargar con

shout [ʃaʊt] 1 *n* grito |2 *vtr* & *vi* gritar ■ **shout down** *vtr* hacer callar a gritos

shouting ['ʃaʊtɪŋ] *n* gritos, vocerío

shove [ʃʌv] 1 *n* empujón, empellón |2 *vi* & *vtr* empujar

shovel ['ʃʌvəl] 1 *n* pala |2 *vtr* mover con pala

show [ʃəʊ] 1 *vtr (ps **showed**; pp **shown** o **showed**)* ♦ mostrar, enseñar ♦ *(compasión, respeto)* tener ♦ *(un cuadro)* exhibir; *(mercancías)* exponer; *(un proyecto)* presentar ♦ *(termómetro, etc)* marcar, indicar ♦ enseñar, explicar ♦ *Cine Teat TV* dar, poner |2 *vi* ♦ notarse ♦ *(un espectáculo)* ponerse ♦ *fam* aparecer |3 *n* ♦ espectáculo; *TV* programa ♦ *Arte* exposición; *Com (de mercancías)* feria; *(de moda)* desfile ■ **show off** 1 *vtr fam* presumir |2 *vi fam* farolear ■ **show up** *vi* ♦ notarse, verse ♦ *fam* aparecer, presentarse

shower ['ʃaʊəʳ] 1 *n* ♦ ducha; **to have a s.**, ducharse ♦ *Meteo* chubasco, chaparrón |2 *vi* ♦ ducharse ♦ *Meteo* llover

showing ['ʃəʊɪŋ] *n* ♦ actuación ♦ *Cine* pase

shown [ʃəʊn] *pp* → **show**

show-off ['ʃəʊɒf] *n fam* fanfarrón,-ona

shrank [ʃræŋk] *ps* → **shrink**

shrapnel ['ʃræpnəl] *n* metralla

shred [ʃred] 1 *n* ♦ tira ♦ *fig* pizca |2 *vtr* ♦ triturar ♦ *(verduras)* cortar en tiras

shrewd [ʃruːd] *adj* astuto,-a, perspicaz

shriek [ʃriːk] 1 *n* chillido |2 *vi* chillar

shrill [ʃrɪl] *adj* agudo,-a, estridente

shrimp [ʃrɪmp] *n GB* camarón; *US* gamba

shrine [ʃraɪn] *n* ♦ sepulcro ♦ santuario, lugar santo

shrink [ʃrɪŋk] 1 *vtr (ps **shrank**; pp **shrunk**)* encoger |2 *vi* ♦ encoger(se) ♦ *(los beneficios, etc)* disminuir |3 *n fam* psiquiatra

shrivel ['ʃrɪvəl] 1 *vtr* ♦ *(una planta)* secar ♦ *(la piel)* arrugar | |2 *vi (tb **s. up**)* ♦ marchitarse, secarse ♦ *(la piel)* arrugarse

shroud [ʃraʊd] 1 *n Rel* sudario |2 *vtr* envolver

Shrove Tuesday [ʃrəʊv 'tjuːzdɪ] *n* martes de Carnaval

shrub [ʃrʌb] *n* arbusto

shrubbery ['ʃrʌbərɪ] *n* arbustos, matas

shrug [ʃrʌg] *vi* encogerse de hombros ■ **shrug off** *vtr* negar la importancia de

shrunk [ʃrʌŋk] *pp* → **shrink**

shudder ['ʃʌdəʳ] 1 *n* ♦ escalofrío, estremecimiento ♦ *(de una máquina, etc)* sacudida |2 *vi* ♦ estremecerse ♦ *(una máquina)* dar sacudidas

shuffle ['ʃʌfəl] 1 *vtr* ♦ arrastrar ♦ *Naipes* barajar |2 *vi* ♦ caminar arrastrando los pies ♦ *Naipes* barajar

shun [ʃʌn] *vtr* ♦ rehuir ♦ *(a una persona)* rechazar

shut [ʃʌt] 1 *vtr (ps & pp **shut**)* cerrar |2 *vi* cerrarse |3 *adj* cerrado,-a ■ **shut down** *vi* cerrar ■ **shut in** *vtr* encerrar ■ **shut off** *vtr* ♦ apagar ♦ aislar ■ **shut up** *vi fam* callarse

shutdown ['ʃʌtdaʊn] *n* cierre

shutter ['ʃʌtəʳ] *n* ♦ contraventana, postigo ♦ *Fot* obturador

shuttle ['ʃʌtəl] 1 *n* ♦ *Av* puente aéreo ♦ *Ferroc* servicio lanzadera ♦ **(space) s.**, transbordador espacial

shy [ʃaɪ] *adj (**shyer, shyest** o **shier, shiest**)* tímido,-a ■ **shy away** *vi* asustarse de, rehuir

shyness ['ʃaɪnɪs] *n* timidez

sick [sɪk] *adj* ♦ enfermo,-a; **s. leave,** baja por enfermedad ♦ mareado,-a; **to be s.**, vomitar ♦ *fam* harto,-a: **I'm s. of him,** estoy harta de él

sickbay ['sɪkbeɪ] *n* enfermería

sicken ['sɪkən] 1 *vtr* ♦ poner enfermo ♦ asquear |2 *vi frml* enfermar

sickening ['sɪkənɪŋ] *adj* ♦ asqueroso,-a ♦ *(idea, etc)* escalofriante

sickle ['sɪkəl] *n* hoz

sickly ['sɪklɪ] *adj (**sicklier, sickliest**)* ♦ enfermizo,-a ♦ *(sabor, etc)* empalagoso,-a

sickness ['sɪknɪs] *n* ◆ enfermedad ◆ náuseas

side [saɪd] *n* ◆ lado; *(de una colina)* falda, ladera; *(de una moneda, etc)* cara; *(de un río, etc)* orilla ◆ *Anat* lado, costado ◆ *(en un conflicto)* bando; *Pol* partido ◆ *(de familia)* parte

sideboard ['saɪdbɔːd] *n* aparador

sideburns ['saɪdbɜːnz] *npl* patillas

sidelight ['saɪdlaɪt] *n* luz de posición

sidelong ['saɪdlɒŋ] *adj (mirada)* de reojo

sidestep ['saɪdstep] **1** *vtr* esquivar **|2** *vi* hacerse a un lado

sidetrack ['saɪdtræk] *vtr* apartar de su propósito

sidewalk ['saɪdwɔːk] *n US* acera

sideways ['saɪdweɪz] *adv* ◆ de lado ◆ *(mirar)* de reojo

siege [siːdʒ] *n* sitio, asedio

sieve [sɪv] **1** *n* tamiz **|2** *vtr* ◆ tamizar ◆ *Hort* cribar

sift [sɪft] *vtr* tamizar

sigh [saɪ] **1** *vi* suspirar **|2** *n* suspiro

sight [saɪt] **1** *n* ◆ vista; **to know sb by s.**, conocer a alguien de vista; **at first s.**, a primera vista ◆ cosa vista: **the s. of blood makes me ill**, sólo con ver la sangre me mareo ◆ **to be out of s.**, no estar visible; **to come into s.**, aparecer; **in s.**, a la vista ◆ **sights** *pl*, *(de un arma)* mira; *(de un sitio)* lugares de interés turístico **|2** *vtr* divisar, ver

sightseeing ['saɪtsiːɪŋ] *n* turismo; **to go s.**, hacer turismo

sign [saɪn] **1** *n* ◆ signo ◆ *(con la mano)* señal, seña; **s. language**, lenguaje de gestos ◆ letrero, cartel; **road s.**, señal vial ◆ *Med* síntoma ◆ huella, rastro **|2** *vtr* ◆ firmar ◆ *(empleado)* contratar **|3** *vi* firmar ■ **sign in** *vi* registrarse ■ **sign up** *vi* ◆ *Mil* alistarse ◆ *Dep* fichar ◆ *Educ* matricularse

signal ['sɪgnəl] **1** ◆ seña, señal ◆ *Ferroc* & *Tele* señal **|2** *vi* ◆ hacer señales ◆ *Auto* señalizar, poner el intermitente

signature ['sɪgnɪtʃəʳ] *n* firma

significance [sɪg'nɪfɪkəns] *n* ◆ significado ◆ importancia

significant [sɪg'nɪfɪkənt] *adj* ◆ significativo,-a ◆ importante

signify ['sɪgnɪfaɪ] *vtr* ◆ significar ◆ indicar

silence ['saɪləns] **1** *n* silencio **|2** *vtr* hacer callar

silencer ['saɪlənsəʳ] *n* silenciador

silent ['saɪlənt] *adj* ◆ silencioso,-a; callado,-a ◆ *(película)* mudo,-a

silhouette [sɪluː'et] *n* silueta

silicon ['sɪlɪkən] *n* silicio

silk [sɪlk] **1** *n* seda **|2** *adj* de seda

silky ['sɪlkɪ] *adj (**silkier, silkiest**)* sedoso,-a

sill [sɪl] *n* alféizar

silly ['sɪlɪ] *adj (**sillier, silliest**)* ridículo,-a, tonto,-a

silo ['saɪləu] *n* silo

silver ['sɪlvəʳ] **1** *n* plata **|2** *adj* ◆ de plata; **s. foil/paper,** papel de aluminio; **s. wedding,** bodas de plata ◆ *(color)* plateado,-a

silver birch [sɪlvə'bɜːtʃ] *n* abedul

silver-plated [sɪlvə'pleɪtɪd] *adj* plateado,-a

silversmith ['sɪlvəsmɪθ] *n* platero,-a

silverware ['sɪlvəweəʳ] *n* vajilla de plata

silvery ['sɪlvərɪ] *adj* plateado,-a

similar ['sɪmɪləʳ] *adj* parecido,-a

similarity [sɪmɪ'lærɪtɪ] *n* parecido, semejanza

similarly ['sɪmɪləlɪ] *adv* ◆ de manera parecida ◆ igualmente

simile ['sɪmɪlɪ] *n* símil

simmer ['sɪməʳ] **1** *vtr* hervir a fuego lento **|2** *vi* hervirse a fuego lento

simple ['sɪmpəl] *adj* ◆ sencillo,-a ◆ *(persona)* simple, ingenuo,-a

simplicity [sɪm'plɪsɪtɪ] *n* ◆ sencillez ◆ ingenuidad

simplify ['sɪmplɪfaɪ] *vtr* simplificar

simplistic [sɪm'plɪstɪk] *adj* simplista

simply ['sɪmplɪ] *adv* ◆ sencillamente ◆ sólo

simulate ['sɪmjʊleɪt] *vtr* simular

simulator ['sɪmjʊleɪtəʳ] *n* simulador

simultaneous [sɪməl'teɪnɪəs] *adj* simultáneo,-a

simultaneously [sɪməl'teɪnɪəslɪ] *adv* simultáneamente
sin [sɪn] **1** *n* pecado |**2** *vi* pecar
since [sɪns] **1** *adv* desde entonces |**2** *prep* desde; **s. when?**, ¿desde cuándo? |**3** *conj* ♦ desde que ♦ ya que, puesto que: **s. you're so clever...**, ya que eres tan listo...
sincere [sɪn'sɪəʳ] *adj* sincero,-a
sincerely [sɪn'sɪəlɪ] *adv* ♦ sinceramente ♦ *(en una carta)* **Yours s.**, (le saluda) atentamente
sincerity [sɪn'serɪtɪ] *n* sinceridad
sinful ['sɪnfʊl] *adj* ♦ pecador,-ora ♦ *(acción)* pecaminoso,-a
sing [sɪŋ] **1** *vtr (ps **sang**; pp **sung**)* cantar |**2** *vi* cantar
singe [sɪndʒ] *vtr* chamuscar
singer ['sɪŋəʳ] *n* cantante
singing ['sɪŋɪŋ] *n* canto; *(flamenco)* cante
single ['sɪŋgəl] **1** *adj* ♦ solo,-a, único,-a ♦ *(cama, habitación, etc)* individual ♦ soltero,-a ♦ *Tip (interlineado)* sencillo |**2** *n* ♦ billete de ida ♦ *(disco)* single ♦ *Dep* **singles** *pl*, individuales
single-handed [sɪŋgəl'hændɪd] *adj* & *adv* sin ayuda de nadie
single-minded [sɪŋgəl'maɪndɪd] *adj* resuelto,-a
singly ['sɪŋglɪ] *adv* por separado, uno por uno
singular ['sɪŋgjʊləʳ] **1** *adj* singular |**2** *n* singular
singularly ['sɪŋgjʊləlɪ] *adv* excepcionalmente
sinister ['sɪnɪstəʳ] *adj* siniestro,-a
sink [sɪŋk] **1** *vtr (ps **sank**; pp **sunk**)* ♦ hundir ♦ *(dinero)* invertir ♦ *(una mina, un pozo)* excavar ♦ *(los dientes, una navaja)* clavar |**2** *vi* hundirse |**3** *n* fregadero ■ **sink in** *vi* **the news hasn't sunk in yet**, todavía no he asumido la noticia
sinner ['sɪnəʳ] *n* pecador,-ora
sinus ['saɪnəs] *n* seno
sip [sɪp] **1** *n* sorbo |**2** *vtr* sorber, beber a sorbos
siphon ['saɪfən] *n* sifón
sir [sɜːʳ] *n frml* ♦ señor; *(en una carta)* **Dear S.**, Muy señor mío ♦ *GB (título)* sir: **S. Winston Churchill**, sir Winston Churchill
siren ['saɪərən] *n* sirena
sirloin ['sɜːlɔɪn] *n* solomillo
sister ['sɪstəʳ] *n* ♦ hermana ♦ *GB Med* enfermera jefe
sister-in-law ['sɪstərɪnlɔː] *n* cuñada
sit [sɪt] **1** *vtr (ps & pp **sat**)* ♦ sentar ♦ *(un examen)* hacer |**2** *vi* ♦ sentarse ♦ estar/quedarse sentado ■ **sit back** *vi* ♦ recostarse ♦ *fam (no hacer nada)* cruzarse de brazos ■ **sit down** *vi* sentarse ■ **sit in** *vi* sustituir ■ **sit up** *vi* ♦ incorporarse ♦ no acostarse
site [saɪt] **1** *n* ♦ emplazamiento; **building s.**, solar ♦ *Arqueol* yacimiento |**2** *vtr* situar
sit-in ['sɪtɪn] *n fam* sentada, encierro
sitting ['sɪtɪŋ] *n* ♦ sesión ♦ *(en un comedor)* turno
sitting-room ['sɪtɪŋruːm] *n* sala de estar
situated ['sɪtjʊeɪtɪd] *adj* situado,-a, ubicado,-a
situation [sɪtjʊ'eɪʃən] *n* ♦ situación ♦ *frml* **«situations vacant»**, «ofertas de empleo»
six [sɪks] *adj* & *n* seis
sixteen [sɪks'tiːn] *adj* & *n* dieciséis, diez y seis
sixteenth [sɪks'tiːnθ] **1** *adj* & *n* decimosexto,-a |**2** *n* dieciseisavo
sixth [sɪksθ] **1** *adj* sexto,-a |**2** *n* sexto, sexta parte
sixty ['sɪkstɪ] *adj* & *n* sesenta
size [saɪz] *n* ♦ tamaño ♦ *(de ropa, etc)* talla; *(de zapatos)* número; *(de una persona)* estatura
siz(e)able ['saɪzəbəl] *adj* considerable
sizzle ['sɪzəl] *vi* chisporrotear
skate [skeɪt] **1** *n* ♦ patín ♦ *Zool* raya |**2** *vtr* patinar
skateboard ['skeɪtbɔːd] *n* monopatín
skater ['skeɪtəʳ] *n* patinador,-ora
skating ['skeɪtɪŋ] *n* patinaje; **s. rink**, pista de patinaje
skeleton ['skelɪtən] *n* ♦ esqueleto ♦ *(de edificio, coche)* armazón ♦ *(de un plan)* esquema

skeptic ['skeptɪk] *n US* → **sceptic**
sketch [sketʃ] **1** *n* ♦ esbozo ♦ *(acabado)* dibujo ♦ *Lit* composición, descripción ♦ *TV Teat* sketch |**2** *vtr* ♦ hacer un bosquejo de ♦ dibujar
sketch-book ['sketʃbʊk], **sketch-pad** ['sketʃpæd] *n* bloc de dibujo
sketchy ['sketʃɪ] *adj* **(sketchier, sketchiest)** ♦ superficial ♦ *(descripción)* poco preciso,-a
skewer ['skjʊəʳ] *n* pincho, broqueta
ski [skiː] **1** *n* esquí |**2** *adj* de esquí; **s. resort,** estación de esquí; **s. slope/run,** pista de esquí |**3** *vi* esquiar
skid [skɪd] **1** *n* derrape, patinazo |**2** *vi* derrapar, patinar
skier ['skiːəʳ] *n* esquiador,-ora
skiing ['skiːɪŋ] *n* esquí
skilful, *US* **skillful** ['skɪlful] *adj* hábil, diestro,-a
skill [skɪl] *n* ♦ habilidad, destreza ♦ arte, técnica ♦ **skills** *pl,* aptitudes
skilled [skɪld] *adj* ♦ hábil ♦ *(trabajador)* cualificado,-a ♦ *(trabajo)* especializado,-a
skim [skɪm] *vtr* ♦ desnatar ♦ rozar, rasar
skimp [skɪmp] *vi* escatimar
skin [skɪn] **1** *n* ♦ piel ♦ *(de cítrico, plátano)* cáscara, monda ♦ *(de un embutido)* tripa, pellejo ♦ *(de la leche)* nata |**2** *vtr* despellejar
skin-deep [skɪn'diːp] *adj* superficial
skin-diving ['skɪndaɪvɪŋ] *n* buceo, submarinismo
skinhead ['skɪnhed] *n* cabeza rapada
skinny ['skɪnɪ] *adj* **(skinnier, skinniest)** *fam* flaco,-a
skin-tight ['skɪntaɪt] *adj* muy ajustado,-a
skip [skɪp] **1** *n* ♦ salto, brinco ♦ *(para escombros, etc)* contenedor |**2** *vi* ♦ saltar, brincar ♦ *(juego)* saltar a la comba |**3** *vtr* saltarse
skirmish ['skɜːmɪʃ] *n* escaramuza
skirt [skɜːt] **1** *n* falda |**2** *vtr* ♦ bordear ♦ *(un problema)* eludir
skirting ['skɜːtɪŋ] *GB n* **s. (board),** rodapié
skittle ['skɪtəl] *n* ♦ bolo ♦ **skittles** *(sing),* (juego de los) bolos
skull [skʌl] *n* cráneo; calavera
skunk [skʌŋk] *n* mofeta
sky [skaɪ] *n* cielo
skylight ['skaɪlaɪt] *n* tragaluz, claraboya
skyline ['skaɪlaɪn] *n* (línea del) horizonte
skyscraper ['skaɪskreɪpəʳ] *n* rascacielos
slab [slæb] *n* bloque; *(de madera)* tabla; *(de piedra)* losa
slack [slæk] *adj* ♦ flojo,-a ♦ *(disciplina)* laxo,-a, descuidado,-a; *(persona)* vago,-a
slacken ['slækən] **1** *vtr* ♦ aflojar ♦ *(la velocidad)* aminorar, disminuir |**2** *vi* aflojarse ■ **slacken off** *vi* ♦ disminuir ♦ *(el negocio)* flojear
slam [slæm] **1** *n* portazo |**2** *vtr* cerrar de golpe |**3** *vi* cerrarse de golpe
slander ['slɑːndəʳ] **1** *n* difamación, calumnia |**2** *vtr* difamar, calumniar
slang [slæŋ] *n* argot, jerga
slant [slɑːnt] **1** *n* ♦ inclinación, pendiente ♦ punto de vista ♦ sesgo |**2** *vtr* presentar sesgadamente |**3** *vi* inclinarse
slanted ['slɑːntɪd] *adj* sesgado,-a
slap [slæp] **1** *n* bofetada; *(en la espalda)* palmada |**2** *vtr* pegar una bofetada a; *(en la espalda)* dar una palmada a
slapstick ['slæpstɪk] *n* bufonadas, payasadas
slash [slæʃ] **1** *n* ♦ *Tip* barra oblicua ♦ cuchillada |**2** *vtr* ♦ acuchillar ♦ *(precios)* rebajar drásticamente
slate [sleɪt] **1** *n* pizarra |**2** *vtr fam* criticar duramente
slaughter ['slɔːtəʳ] **1** *n* matanza |**2** *vtr* ♦ matar ♦ *(personas)* masacrar
slaughterhouse ['slɔːtəhaʊs] *n* matadero
slave [sleɪv] **1** *n* esclavo,-a |**2** *vi fam* **to s. (away),** trabajar mucho
slavery ['sleɪvərɪ] *n* esclavitud
sled [sled] **1** *n US* trineo |**2** *vi* ir en trineo
sledge [sledʒ] *n GB* trineo

sleek [sliːk] *adj* ◆ lustroso,-a ◆ *(persona)* pulcro,-a

sleep [sliːp] **1** *n* ◆ sueño ◆ **to go to s.,** dormirse **|2** *vi* dormir ■ **sleep in** *vi GB* dormir hasta tarde

sleeper ['sliːpəʳ] *n* ◆ *Ferroc* traviesa ◆ *Ferroc* coche-cama ◆ *Ferroc* litera

sleeping ['sliːpɪŋ] *adj* **s. bag,** saco de dormir; *Ferroc* **s. car,** coche-cama; **s. pill,** somnífero

sleepless ['sliːplɪs] *adj* ◆ insomne ◆ *(noche)* en blanco

sleepwalker ['sliːpwɔːkəʳ] *n* sonámbulo,-a

sleepy ['sliːpɪ] *adj* **(sleepier, sleepiest)** somnoliento,-a; **to be/feel s.,** tener sueño

sleet [sliːt] **1** *n* aguanieve **|2** *vi* **it's sleeting,** cae aguanieve

sleeve [sliːv] *n* manga

sleigh [sleɪ] *n* trineo

slender ['slendəʳ] *adj* ◆ esbelto,-a ◆ *(posibilidad)* remoto,-a ◆ *(recursos)* escaso,-a

slept [slept] *ps* & *pp* ➛ **sleep**

slice [slaɪs] **1** *n* ◆ *(de embutido)* loncha; *(de limón)* rodaja; *(de melón)* raja; *(de pan)* rebanada; *(de pastel)* trozo; *(de pizza)* porción ◆ *(utensilio)* pala ◆ *fig* parte, porción **|2** *vtr* cortar (en tajadas, rebanadas, lonchas, etc)

slick [slɪk] **1** *adj* ◆ *(presentación, etc)* logrado,-a ◆ *(persona)* hábil **|2** *n* **(oil) s.,** mancha, marea negra

slide [slaɪd] **1** *vtr* **(ps & pp slid)** deslizar **|2** *vi* ◆ deslizarse ◆ *(por accidente)* resbalar **|3** *n* ◆ resbalón ◆ *(para niños)* tobogán ◆ *Fot* diapositiva ◆ *(para el pelo)* pasador

slight [slaɪt] **1** *adj* ◆ leve ◆ *(cambio)* ligero,-a ◆ **slightest,** mínimo,-a **|2** *n* desaire **|3** *vtr* desairar

slightly ['slaɪtlɪ] *adv* ligeramente, algo

slim [slɪm] **1** *adj* **(slimmer, slimmest)** ◆ delgado,-a ◆ *(recursos)* escaso,-a **|2** *vi* adelgazar

slime [slaɪm] *n* ◆ limo, cieno ◆ *(de los peces, etc)* baba

slimy ['slaɪmɪ] *adj* **(slimier, slimiest)** ◆ viscoso,-a ◆ *(un pez, etc)* baboso,-a

sling [slɪŋ] **1** *n* ◆ *Med* cabestrillo ◆ *(arma)* honda **|2** *vtr* **(ps & pp slung)** ◆ tirar ◆ colgar

slink [slɪŋk] *vi* **(ps & pp slunk)** mover sigilosamente

slip [slɪp] **1** *n* ◆ resbalón ◆ error; *(moral)* desliz **|2** *vi* ◆ resbalar(se) ◆ *(precios)* bajar; *(la moral)* decaer; *(calidad)* deteriorar **|3** *vtr* ◆ dar disimuladamente ◆ **it completely slipped my mind,** se me olvidó por completo ■ **slip out** *vi* escabullirse ■ **slip up** *vi fam* cometer un desliz

slipper ['slɪpəʳ] *n* zapatilla

slippery ['slɪpərɪ] *adj* resbaladizo,-a

slip-road ['slɪprəʊd] *n GB* vía de acceso

slit [slɪt] **1** *n* ◆ hendidura ◆ corte, raja **|2** *vtr* **(ps & pp slit)** cortar, rajar

slither ['slɪðəʳ] *vi* deslizarse

sliver ['slɪvəʳ] *n* ◆ loncha ◆ *(de madera)* astilla

slob [slɒb] *n fam* dejado,-a, vago,-a

slogan ['sləʊgən] *n* eslogan

slop [slɒp] **1** *vi* ◆ **to s. (over),** derramarse ◆ *(una persona)* **to s. about,** chapotear **|2** *vtr* derramar

slope [sləʊp] **1** *n* ◆ cuesta, pendiente ◆ *(de una colina)* ladera; *(de un tejado)* vertiente **|2** *vi* inclinarse

sloping ['sləʊpɪŋ] *adj* ◆ inclinado,-a ◆ en pendiente

sloppy ['slɒpɪ] *adj* **(sloppier, sloppiest)** *fam* ◆ desaliñado,-a ◆ *(trabajo)* descuidado,-a, chapucero,-a

slot [slɒt] **1** *n* ranura; **s. machine,** (máquina) tragaperras; máquina expendedora **|2** *vtr* encajar

sloth [sləʊθ] *n* pereza

slouch [slaʊtʃ] **1** *vi* andar *o* sentarse encorvado **|2** *n* **with a s.,** con los hombros caídos, encorvado

Slovak ['sləʊvæk] *adj* & *n* eslovaco,-a

Slovakia [sləʊ'vækɪə] *n* República Eslovaca

Slovene ['sləʊviːn] **1** *adj* & *n* esloveno,-a **|2** *n (idioma)* esloveno

Slovenia [sləʊ'viːnɪə] *n* Eslovenia

Slovenian [sləʊ'viːnɪən] *adj* & *n* esloveno

slow [sləʊ] **1** *adj* ♦ lento,-a ♦ *(reloj)* atrasado,-a |**2** *adv* despacio, lentamente |**3** *vi* **to s. (down)**, hablar más despacio; *(al andar)* ir más despacio; *(en un coche)* reducir la velocidad

slowly ['sləʊlɪ] *adv* despacio, lentamente

slow-motion [sləʊ'məʊʃən] *n* cámara lenta

sludge [slʌdʒ] *n* ♦ fango, lodo ♦ sedimento

slug [slʌg] *n* babosa

sluggish ['slʌgɪʃ] *adj* ♦ lento,-a ♦ perezoso,-a, indolente

sluicegate ['slu:sgeɪt] *n* compuerta

slum [slʌm] *n* barrio bajo, barriada

slump [slʌmp] **1** *n* ♦ *(de la economía)* depresión ♦ *(en las ventas)* bajón |**2** *vi* ♦ *(los precios)* desplomarse ♦ *(los ánimos, la economía)* decaer

slung [slʌŋ] *ps* & *pp* ➛ **sling**

slur [slɜ:ʳ] **1** *n* difamación, calumnia |**2** *vtr* arrastrar

slush [slʌʃ] *n* nieve medio derretida

sly [slaɪ] **1** *adj* ***(slyer, slyest** o **slier, sliest)*** ♦ astuto,-a, taimado,-a ♦ *(acción)* sigiloso,-a

smack [smæk] **1** *n* ♦ bofetada ♦ *argot* heroína |**2** *vtr* ♦ dar una bofetada a

small [smɔ:l] **1** *adj* ♦ pequeño,-a; **a s. car,** un cochecito; **s. change,** cambio, calderilla; **s. talk,** conversación banal

smallholding ['smɔ:lhəʊldɪŋ] *n* minifundio

smallpox ['smɔ:lpɒks] *n* viruela

smart [smɑ:t] **1** *adj* ♦ inteligente ♦ *(apariencia)* elegante |**2** *vi* picar, escocer

smarten ['smɑ:tən] *vtr* arreglar ■ **smarten up 1** *vtr* arreglar |**2** *vi* arreglarse

smash [smæʃ] **1** *n* ♦ accidente, choque ♦ *(ruido)* estrépito ♦ *Tenis* smash |**2** *vtr* ♦ romper, quebrar ♦ *(al enemigo)* derrotar ♦ *(un récord)* batir ♦ *(el balón)* golpear violentemente |**3** *vi* ♦ romperse ♦ hacerse pedazos ♦ chocar, estrellarse

smashed [smæʃt] *adj* **to be s.,** estar borracho,-a

smashing ['smæʃɪŋ] *adj GB fam* estupendo,-a

smattering ['smætərɪŋ] *n* nociones

smear [smɪəʳ] **1** *n* ♦ mancha ♦ **s. test,** citología |**2** *vtr* ♦ untar, embadurnar ♦ *(ensuciar)* manchar

smell [smel] **1** *n* ♦ olor ♦ *(sentido)* olfato |**2** *vtr* & *vi* oler

smelly ['smelɪ] *adj* ***(smellier, smelliest)*** *fam* que huele mal; *(fuerte)* apestoso,-a

smile [smaɪl] **1** *n* sonrisa |**2** *vi* sonreír

smiling ['smaɪlɪŋ] *adj* sonriente, risueño,-a

smirk [smɜ:k] **1** *n* sonrisa de suficiencia

smith [smɪθ] *n* herrero,-a

smithy ['smɪðɪ] *n* herrería

smock [smɒk] *n* ♦ blusón ♦ *(de niño)* delantal

smog [smɒg] *n* niebla tóxica, smog

smoke [sməʊk] **1** *n* humo; **s. alarm,** detector de incendios |**2** *vi* ♦ fumar ♦ *(una chimenea, etc)* echar humo |**3** *vtr* ♦ fumar ♦ *(el pescado, etc)* ahumar

smoked [sməʊkt] *adj* ahumado,-a

smoker ['sməʊkəʳ] *n* fumador,-ora

smoky ['sməʊkɪ] *adj* ***(smokier, smokiest)*** ♦ lleno,-a de humo ♦ *(olor, sabor)* a humo

smolder ['sməʊldəʳ] *vi US* ➛ **smoulder**

smooth [smu:ð] **1** *adj* ♦ suave ♦ *(una superficie)* liso,-a ♦ *(un proceso)* sin problemas ♦ *(una persona)* afable |**2** *vtr* ♦ alisar ♦ *(una superficie)* pulir

smoothly ['smu:ðlɪ] *adv* ♦ suavemente ♦ *(desarrollarse)* sin problemas

smother ['smʌðəʳ] *vtr* ♦ asfixiar; *(las llamas)* sofocar ♦ *(un bostezo)* reprimir

smoulder ['sməʊldəʳ] *vi* arder sin llama

smudge [smʌdʒ] **1** *n* mancha |**2** *vtr* ♦ manchar ♦ *(la tinta)* emborronar

smug [smʌg] *adj* ***(smugger, smuggest)*** engreído,-a, pagado,-a de sí mismo,-a

smuggle ['smʌgəl] *vtr* pasar de contrabando

smuggler ['smʌgələʳ] *n* contrabandista

smuggling ['smʌgəlɪŋ] *n* contrabando

snack [snæk] *n* tentempié; **s. bar,** cafetería

snag [snæg] **1** *n* inconveniente, pega |**2** *vtr* enganchar

snail [sneɪl] *n* caracol

snake [sneɪk] *n* serpiente, culebra

snap [snæp] **1** *n* ◆ ruido seco, chasquido ◆ *Fot fam* instantánea ◆ *(de un bolso, etc)* broche ◆ *(del tiempo)* intervalo; **cold s.,** ola de frío |**2** *adj* repentino,-a |**3** *vi* ◆ romperse, partirse ◆ hacer un ruido seco ◆ *(un animal)* intentar morder ◆ *(una persona)* hablar bruscamente |**4** *vtr* ◆ partir, romper ◆ *(los dedos)* chasquear ◆ decir bruscamente ■ **snap off** *vi* desprenderse ■ **snap up** *vtr fam* no dejar escapar

snappy ['snæpɪ] *adj* (**snappier, snappiest**) *fam* irritable; *(un animal)* que muerde; *(una respuesta)* cortante

snapshot ['snæpʃɒt] *n* (foto) instantánea

snare [sneəʳ] **1** *n* trampa, cepo |**2** *vtr* atrapar

snarl [snɑːl] **1** *n* gruñido |**2** *vi* gruñir |**3** *vtr* decir gruñendo

snatch [snætʃ] **1** *n* ◆ *fam* robo ◆ *(de música, etc)* fragmento |**2** *vtr* ◆ arrebatar, quitar ◆ *fam* robar |**3** *vi* arrebatar

sneak [sniːk] **1** *n fam* soplón,-ona, chivato,-a |**2** *vi* ◆ **to s. away/off,** escabullirse; **to s. out,** salir a hurtadillas; **to s. up,** acercarse sigilosamente ◆ **to s. on sb,** chivarse de alguien

sneakers ['sniːkəz] *npl US* zapatillas de deporte

sneaky ['sniːkɪ] *adj* (**sneakier, sneakiest**) ◆ soplón,-ona ◆ *(una acción)* furtivo,-a

sneer [snɪəʳ] **1** *n* ◆ sonrisa sarcástica ◆ comentario despectivo |**2** *vi* poner cara de desprecio

sneeze [sniːz] **1** *n* estornudo |**2** *vi* estornudar

sniff [snɪf] **1** *vtr* ◆ oler; *(un animal)* olfatear ◆ inhalar por la nariz; *(droga, etc) fam* esnifar |**2** *vi* sorberse la nariz; *(por emoción)* sorberse las lágrimas

snigger ['snɪgəʳ] **1** *n* risilla |**2** *vi* reírse con disimulo

snip [snɪp] **1** *n* tijeretazo |**2** *vtr* cortar con tijeras

sniper ['snaɪpəʳ] *n* francotirador,-ora

snivel ['snɪvəl] *vi pey* lloriquear

snob [snɒb] *n* (e)snob

snobbery ['snɒbərɪ] *n* (e)snobismo

snobbish ['snɒbɪʃ] *adj* (e)snob

snooker ['snuːkəʳ] *n* snooker, billar ruso

snoop [snuːp] **1** *vi* fisgar, fisgonear |**2** *n* fisgón,-ona

snooze [snuːz] *fam* **1** *n* cabezada, siestecita; **to have a s.,** echar una cabezada |**2** *vi* dormitar

snore [snɔːʳ] **1** *n* ronquido |**2** *vi* roncar

snorkel ['snɔːkəl] *n* esnórquel, tubo de buceo

snot [snɒt] *n fam* mocos

snort [snɔːt] **1** *n* resoplido |**2** *vi* resoplar |**3** *vtr* ◆ bramar ◆ *argot (droga)* esnifar

snout [snaʊt] *n* morro

snow [snəʊ] **1** *n* ◆ nieve ◆ *argot* cocaína |**2** *vi* nevar

snowball ['snəʊbɔːl] *n* bola de nieve

snowbound ['snəʊbaʊnd] *adj* incomunicado,-a, aislado,-a por la nieve

snowdrift ['snəʊdrɪft] *n* montón de nieve, ventisquero

snowfall ['snəʊfɔːl] *n* nevada

snowflake ['snəʊfleɪk] *n* copo de nieve

snowman ['snəʊmæn] *n* muñeco de nieve

snowplough, *US* **snowplow** ['snəʊplaʊ] *n* quitanieves

snowstorm ['snəʊstɔːm] *n* nevasca

snowy ['snəʊɪ] *adj* (**snowier, snowiest**) ◆ nevado,-a ◆ *(clima)* nevoso,-a; *(día)* de nieve

snub [snʌb] **1** *n* desaire, rechazo |**2** *vtr* ◆ hacer un desaire ◆ *(una oferta)* rechazar

snub-nosed ['snʌbnəʊzd] *adj* de nariz respingona

snug [snʌg] *adj* (**snugger, snuggest**) ◆ cómodo,-a y acogedor,-ora ◆ *(ropa)* ajustado,-a

snuggle ['snʌgəl] *vi* ◆ acurrucarse ◆ **to s. up to sb,** arrimarse a alguien

snugly ['snʌglɪ] *adv* cómodamente

so [səʊ] **1** *adv* ♦ tan: **this is so difficult,** esto es tan difícil ♦ tanto: **I miss you so (much),** te echo mucho de menos ♦ *(en comparación)* **he is not so clever as his wife,** no es tan listo como su mujer ♦ **and so on,** etcétera; **if so...,** si es así...; **or so,** más o menos ♦ **I hope/think so,** espero/creo que sí ♦ también: **I like cats - so do I,** me gustan los gatos - a mí también ♦ bueno: **so, let's begin,** bueno, empecemos; entonces: **so she got up and said...,** entonces se levantó y dijo... ♦ así que, conque **|2** *conj* ♦ para: **so as to arrive in time,** para llegar a tiempo ♦ **she was ill, so she didn't come,** estaba enferma, así que no asistió; **so what?,** ¿y qué?

soak [səʊk] **1** *vtr* ♦ remojar ♦ empapar **|2** *vi* estar en remojo ■ **soak in** *vi* penetrar ■ **soak up** *vtr* absorber

soaking ['səʊkɪŋ] *adj* **s. (wet),** empapado,-a

soap [səʊp] **1** *n* ♦ jabón; **s. powder,** jabón *o* detergente en polvo ♦ *TV* **s. opera,** culebrón **|2** *vtr* enjabonar

soapy ['səʊpɪ] *adj* ***(soapier, soapiest)*** *(agua)* jabonoso,-a; *(manos)* cubierto,-a de jabón

soar [sɔːʳ] *vi* ♦ volar alto, planear ♦ *(los precios)* dispararse

sob [sɒb] **1** *n* sollozo **|2** *vi* sollozar

sober ['səʊbəʳ] *adj* sobrio,-a ■ **sober up** *vi* espabilar la borrachera

so-called ['səʊkɔːld] *adj* llamado,-a

soccer ['sɒkəʳ] *n* fútbol

sociable ['səʊʃəbəl] *adj* sociable

social ['səʊʃəl] **1** *adj* social; **S. Democrat,** socialdemócrata; *US* **S. Insurance/Welfare,** seguro social; *GB* **S. Security,** seguridad social

socialism ['səʊʃəlɪzəm] *n* socialismo

socialist ['səʊʃəlɪst] *adj* & *n* socialista

socialize ['səʊʃəlaɪz] *vi* alternar, hacer vida social

society [sə'saɪətɪ] **1** *n* ♦ sociedad; **(high) s.,** *tb* **S.,** alta sociedad ♦ asociación **|2** *adj* de la alta sociedad

sociological [səʊsɪəʊ'lɒdʒɪkəl] *adj* sociológico,-a

sociologist [səʊsɪ'ɒlədʒɪst] *n* sociólogo,-a

sociology [səʊsɪ'ɒlədʒɪ] *n* sociología

sock [sɒk] *n* calcetín

socket ['sɒkɪt] *n* ♦ *(para un enchufe)* toma; *(para una bombilla)* casquillo ♦ *(del ojo)* cuenca

sod [sɒd] *n* terrón

soda ['səʊdə] *n* ♦ sosa ♦ soda, seltz ♦ *US* refresco con gas

sodium ['səʊdɪəm] *n* sodio

sofa ['səʊfə] *n* sofá; **s. bed,** sofá cama

soft [sɒft] *adj* ♦ blando,-a; **to go s.,** ablandarse ♦ *(la luz, piel, etc)* suave ♦ **s. drink,** refresco

soften ['sɒfən] *vtr* ♦ ablandar ♦ *(el color, la piel, la ropa)* suavizar

softly ['sɒftlɪ] *adv* suavemente

softness ['sɒftnɪs] *n* ♦ blandura ♦ *(del pelo, de la piel)* suavidad

software ['sɒftweəʳ] *n* software

soggy ['sɒgɪ] *adj* ***(soggier, soggiest)*** empapado,-a

soil [sɔɪl] **1** *n* ♦ tierra ♦ *Pol* suelo **|2** *vtr* ensuciar, manchar

solace ['sɒlɪs] *n frml* consuelo

solar ['səʊləʳ] *adj* solar

sold [səʊld] *ps* & *pp* → **sell**

solder ['sɒldəʳ] **1** *n* soldadura **|2** *vtr* soldar

soldier ['səʊldʒəʳ] *n* soldado

sole [səʊl] **1** *n* ♦ *(del pie)* planta; *(de un zapato)* suela ♦ *Zool* lenguado **|2** *adj* ♦ único,-a ♦ *(derechos)* exclusivo,-a **|3** *vtr (los zapatos)* poner suelas (y tapas) a

solemn ['sɒləm] *adj* solemne

solicit [sə'lɪsɪt] *vtr* solicitar

solicitor [sə'lɪsɪtəʳ] *n GB* abogado,-a; notario,-a

solid ['sɒlɪd] **1** *adj* ♦ sólido,-a ♦ *(no hueco)* macizo,-a ♦ *(apoyo, voto)* unánime **|2** *n* sólido

solidarity [sɒlɪ'dærɪtɪ] *n* solidaridad

solidify [sə'lɪdɪfaɪ] *vi* solidificarse

solidity [sə'lɪdɪtɪ] *n* solidez

solitaire ['sɒlɪteəʳ] *n* solitario

solitary ['sɒlɪtərɪ] *adj* solitario,-a

solitude ['sɒlɪtjuːd] *n* soledad

solo ['səʊləʊ] *n* solo

soloist ['səʊləʊɪst] *n* solista

solstice ['sɒlstɪs] *n* solsticio
soluble ['sɒljʊbəl] *adj* soluble
solution [sə'luːʃən] *n* solución
solve [sɒlv] *vtr* resolver, solucionar
solvent ['sɒlvənt] *adj* & *n* solvente
sombre, *US* **somber** ['sɒmbəʳ] *adj* sombrío,-a
some [sʌm] **1** *adj* uno(s),-a(s), alguno(s),-a(as), algo de: **would you like s. coffee?,** ¿quieres café?; **to s. extent,** hasta cierto punto; **I'll be back s. day,** algún día volveré; **s... or other,** algún que otro **|2** *pron* ♦ *(personas sin especificar)* algunos,-as: **s. say he's mad,** algunos dicen que está loco ♦ *(parte de una cantidad)* **s. of the apples,** algunas de las manzanas
somebody ['sʌmbədɪ] *pron* alguien; **s. else,** otro,-a, otra persona
somehow ['sʌmhaʊ] *adv* de alguna manera; **s. or other,** de un modo u otro
someone ['sʌmwʌn] *pron* & *n* → **somebody**
somersault ['sʌməsɔːlt] *n* ♦ voltereta ♦ *(en el circo, etc)* salto mortal ♦ *Auto* vuelta de campana
something ['sʌmθɪŋ] *pron* ♦ algo, alguna cosa: **s. is wrong,** algo no va bien; **s. else,** otra cosa, algo más ♦ **s. of,** algo: **he is s. of a reactionary,** es algo reaccionario ♦ **are you crazy or s.?,** ¿estás loco o qué?
sometime ['sʌmtaɪm] *adv* algún día; en algún momento
sometimes ['sʌmtaɪmz] *adv* a veces, de vez en cuando
somewhat ['sʌmwɒt] *adv frml* algo, un tanto
somewhere ['sʌmweəʳ] *adv* en algún sitio; *(dirección)* a alguna parte; **s. else,** a *o* en otra parte
son [sʌn] *n* hijo
song [sɒŋ] *n* ♦ canción; *Lit* cantar ♦ *(de un pájaro)* canto
songwriter ['sɒŋraɪtəʳ] *n* ♦ compositor,-ora ♦ **singer s.,** cantautor,-ora
son-in-law ['sʌnɪnlɔː] *n* yerno
sonnet ['sɒnɪt] *n* soneto
soon [suːn] *adv* ♦ pronto, dentro de poco: **see you s.!,** ¡hasta pronto!; **as s. as possible,** cuanto antes; **sooner or later,** tarde o temprano; **the sooner the better,** cuanto antes, mejor ♦ *(como conj)* **no sooner had I sat down than the phone rang,** apenas me había sentado, cuando sonó el teléfono
soot [sʊt] *n* hollín
soothe [suːð] *vtr* ♦ tranquilizar ♦ *(un dolor)* aliviar
sophisticated [sə'fɪstɪkeɪtɪd] *adj* sofisticado,-a
sopping ['sɒpɪŋ] *adj fam tb* **s. wet,** empapado,-a
soprano [sə'prɑːnəʊ] *n* soprano
sorcerer ['sɔːsərəʳ] *n* brujo, hechicero
sorceress ['sɔːsərɪs] *n* bruja, hechicera
sordid ['sɔːdɪd] *adj* sórdido,-a
sore [sɔːʳ] **1** *adj* dolorido,-a; **to have a s. throat,** tener dolor de garganta **|2** *n* llaga
sorely ['sɔːlɪ] *adv frml* ♦ muy: **she was s. tempted,** sintió una gran tentación ♦ *(herido)* gravemente
sorrow ['sɒrəʊ] *n* pena, dolor
sorrowful ['sɒrəʊfʊl] *adj* afligido,-a, triste
sorry ['sɒrɪ] **1** *adj (sorrier, sorriest)* ♦ triste; **to be s. about sthg,** sentir algo ♦ compasivo,-a; **to feel s. for sb,** compadecer a alguien ♦ arrepentido,-a: **I am sorry I did it,** me arrepiento de haberlo hecho **|2** *excl* ♦ **s.!,** ¡perdón! ♦ *(cuando no se ha entendido)* **s.?,** ¿cómo?
sort [sɔːt] **1** *n* tipo, clase **|2** *vtr* clasificar ■ **sort out** *vtr* resolver, arreglar
so-so ['səʊsəʊ] *adv fam* regular, así así
sought [sɔːt] *ps* & *pp* → **seek**
soul [səʊl] *n* ♦ alma ♦ (música) soul
sound [saʊnd] **1** *n* ♦ sonido ♦ ruido: **don't make a s.!,** ¡no hagas ruido! ♦ *Geog* estrecho ♦ *Med Náut* sonda **|2** *adj* ♦ sólido,-a ♦ *(una persona)* responsable; *(un argumento)* sensato,-a ♦ *(una victoria)* contundente **|3** *vi* ♦ sonar ♦ parecer **|4** *vtr* tocar, hacer sonar
soundproof ['saʊndpruːf] *adj* insonorizado,-a

soundtrack ['saʊndtræk] *n Cine TV* banda sonora

soup [suːp] *n* puré, sopa; **s. bowl,** plato hondo

sour [saʊəʳ] *adj* ◆ ácida ◆ *(leche, nata)* agrio,-a, cortado,-a

source [sɔːs] *n* ◆ nacimiento ◆ *(de información, ingresos)* fuente

south [saʊθ] **1** *n* sur **|2** *adj* del sur

South Africa [saʊθ'æfrɪkə] *n* Sudáfrica

South African [saʊθ'æfrɪkən] *n & adj* sudafricano,-a

South America [saʊθə'merɪkə] *n* América del Sur, Suramérica

South American [saʊθə'merɪkən] *n & adj* suramericano,-a

south-east [saʊθ'iːst] **1** *n* sudeste **|2** *adj* sudeste

southern ['sʌðən] *adj* del sur, meridional

southward ['saʊθwəd] *adj & adv* hacia el sur

south-west [saʊθ'west] **1** *n* suroeste **|2** *adj* suroeste

souvenir [suːvə'nɪəʳ] *n* recuerdo, souvenir

sovereign ['sɒvrɪn] **1** *n & adj* soberano,-a

sow¹ [səʊ] *vtr (ps sowed; pp sowed o sown)* sembrar

sow² [saʊ] *n* cerda

soy [sɔɪ] *n US* soja

soya ['sɔɪə] *n GB* soja

spa [spɑː] *n* balneario

space [speɪs] **1** *n* ◆ espacio ◆ *Inform* **s. bar,** barra espaciadora **|2** *vtr (tb s. out)* espaciar, separar

spacing ['speɪsɪŋ] *n* espaciado; **in double s.,** a doble espacio

spacious ['speɪʃəs] *adj* amplio,-a, espacioso,-a

spade [speɪd] *n* ◆ pala ◆ *Naipes (internacional)* pica; *(baraja española)* espada

spaghetti [spə'getɪ] *n* espagueti

Spain [speɪn] *n* España

span [spæn] **1** *n* ◆ *(de las alas)* envergadura ◆ *(de tiempo)* lapso, espacio ◆ *Arquit (de un puente, etc)* arco **|2** *vtr* cruzar

Spaniard ['spænjəd] *n* español,-a

Spanish ['spænɪʃ] **1** *adj* español,-a **|2** *n* español, castellano

spank [spæŋk] *vtr* darle unas palmadas en el trasero a

spare [speəʳ] **1** *vtr* ◆ dejar, dar ◆ prescindir de ◆ **to s. sb sthg,** ahorrarle algo a alguien ◆ **to s.** *(uso adjetivo)* de sobra; **money/time to s.,** dinero/tiempo de sobra **|2** *adj* ◆ de más, de sobra ◆ *(tiempo)* libre ◆ *(bombilla, rueda, etc)* de recambio **|3** *n* (pieza) de recambio; *Auto fam* neumático de recambio

spark [spɑːk] **1** *n* chispa; *US Auto* **s. plug,** bujía **|2** *vi* echar chispas ■ **spark off** *vtr* desatar, provocar

sparking ['spɑːkɪŋ] *adj GB Auto* **s. plug,** bujía

sparkle ['spɑːkəl] **1** *vi* brillar, destellar **|2** *n* brillo, destello

sparkling ['spɑːklɪŋ] *adj* ◆ brillante, centelleante ◆ *(vino)* espumoso; *(agua)* con gas

sparrow ['spærəʊ] *n* gorrión

sparse [spɑːs] *adj* escaso,-a

spasm ['spæzəm] *n* espasmo

spat [spæt] *ps & pp* → **spit**¹

spatial ['speɪʃəl] *adj* espacial

spatter ['spætəʳ] *vtr* salpicar

spatula ['spætjʊlə] *n* espátula

spawn [spɔːn] *n* ◆ hueva ◆ *(de hongos)* semillas **|2** *vtr* engendrar **|3** *vi* desovar

speak [spiːk] **1** *vtr (ps spoke; pp spoken)* ◆ decir ◆ *(un idioma)* hablar **|2** *vi* ◆ hablar ◆ **generally speaking,** en términos generales; **so to s.,** por así decirlo ■ **speak for** *vtr* hablar en nombre de ■ **speak out** *vi* ◆ hablar claro ◆ **to s. out for/against sthg,** hablar a favor /en contra de algo ■ **speak up** *vi* hablar más fuerte

speaker ['spiːkəʳ] *n* ◆ persona que habla ◆ *(de un idioma)* hablante ◆ *(en una conferencia)* conferenciante, ponente; *(en público)* orador,-ora ◆ *Audio* altavoz, bafle

spear [spɪəʳ] *n* ◆ *(arma)* lanza ◆ *(para pescar)* arpón

special ['speʃəl] **1** *adj* especial **|2** *n* ◆ *Rad TV* programa especial; *Prensa* número extraordinario ◆ *Culin* **today's s.,** especialidad del día

specialist ['speʃəlɪst] *n* especialista

speciality [speʃɪ'ælɪtɪ] *n* especialidad

specialize ['speʃəlaɪz] *vi* especializarse

specialty ['speʃəlti] *n US* → **speciality**

species ['spiːʃiːz] *n (pl* ***species)*** especie

specific [spɪ'sɪfɪk] *adj* ◆ específico,-a ◆ *(un caso, ejemplo)* concreto,-a, preciso,-a

specify ['spesɪfaɪ] *vtr* especificar, precisar

specimen ['spesɪmɪn] *n* ◆ ejemplar ◆ *Med* muestra

speck [spek] *n* mota, pizca

speckled ['spekəld] *adj* moteado,-a

spectacle ['spektəkəl] *n* ◆ espectáculo ◆ *frml* **spectacles** *pl*, gafas

spectacular [spek'tækjʊlə'] 1 *adj* espectacular, impresionante |2 *n Cine TV* show

spectator [spek'teɪtə'] *n* espectador,-ora

spectre, *US* **specter** ['spektə'] *n* espectro, fantasma

spectrum ['spektrəm] *n* espectro

speculate ['spekjʊleɪt] *vi* especular

speculation [spekjʊ'leɪʃən] *n* especulación

speculator ['spekjʊleɪtə'] *n* especulador,-ora

speech [spiːtʃ] *n* ◆ habla, palabra ◆ discurso

speechless ['spiːtʃlɪs] *adj* mudo,-a, boquiabierto,-a

speed [spiːd] 1 *n* ◆ velocidad ◆ *(de acción)* rapidez ◆ *argot* anfetaminas |2 *vi* ◆ *(ps & pp* ***sped)*** ◆ mover rápidamente |3 *vtr* acelerar ■ **speed up 1** *vtr (ps & pp* ***speeded up)*** ◆ acelerar ◆ *(a una persona)* meter prisa a |2 *vi* ◆ darse prisa ◆ *(un motor)* acelerarse

speedy ['spiːdɪ] *adj* ***(speedier, speediest)*** veloz, rápido,-a

spell [spel] 1 *n* ◆ hechizo, encanto ◆ *(de tiempo)* periodo ◆ turno |2 *vtr (ps & pp* ***spelt*** *o* ***spelled)*** deletrear, escribir |2 *vi* **I can't s.,** mi ortografía es muy mala ■ **spell out** *vtr* ◆ deletrear ◆ explicar con detalle

spellbound ['spelbaʊnd] *adj* embelesado,-a

spelling ['spelɪŋ] *n* ortografía

spend [spend] *vtr (ps & pp* ***spent)*** ◆ gastar ◆ *(el tiempo)* pasar

spending ['spendɪŋ] *n* gastos; **public s.,** gastos públicos

spent [spent] 1 *ps & pp* → **spend** |2 *adj* agotado,-a

sperm [spɜːm] *n* ◆ esperma ◆ **s. whale,** cachalote

sphere [sfɪə'] *n* esfera

spice [spaɪs] 1 *n* ◆ especia ◆ *fig* sabor, picante |2 *vtr Culin* sazonar

spicy ['spaɪsɪ] *adj* ***(spicier, spiciest)*** ◆ sazonado,-a, picante ◆ *(relato)* picante

spider ['spaɪdə'] *n* araña; **s.'s web,** telaraña

spike [spaɪk] *n* ◆ pincho ◆ punta, púa

spiky ['spaɪkɪ] *adj* ***(spikier, spikiest)*** puntiagudo,-a

spill [spɪl] 1 *vtr (ps & pp* ***spilled*** *o* ***spilt)*** derramar |2 *vi* derramarse ■ **spill out** *vi* **people spilt out into the road,** la gente se echó a la calle ■ **spill over** *vi* desbordarse

spin [spɪn] 1 *vtr (ps & pp* ***spun)*** ◆ hilar; *(una telaraña)* tejer ◆ *(una rueda, peonza)* hacer girar ◆ *(la colada)* centrifugar |2 *vi* ◆ hilar ◆ girar |3 *n* ◆ vuelta, giro ◆ *Av* barrena

spinach ['spɪnɪtʃ] *n* espinacas

spinal ['spaɪnəl] *adj* espinal, vertebral; **s. cord,** médula espinal

spin-dryer [spɪn'draɪə'] *n* centrifugadora

spine [spaɪn] *n* ◆ columna vertebral, espinazo ◆ *Zool* púa

spineless ['spaɪnlɪs] *adj* sin carácter, sin nervio

spinning ['spɪnɪŋ] *n* hilado; **s. wheel,** rueca

spin-off ['spɪnɒf] *n* producto derivado

spinster ['spɪnstə'] *n* soltera

spiral ['spaɪərəl] 1 *n* espiral |2 *adj* en espiral

spire ['spaɪə^{r}] *n* chapitel

spirit ['spɪrɪt] *n* ◆ alma, espíritu ◆ fantasma ◆ *(actitud)* humor ◆ carácter; **a man of great s.**, un hombre de carácter ◆ alcohol ◆ **spirits** *pl*, bebidas alcohólicas, licores

spirited ['spɪrɪtɪd] *adj* enérgico,-a; fogoso,-a

spiritual ['spɪrɪtjʊəl] *adj* espiritual

spit [spɪt] **1** *n* ◆ saliva ◆ *Culin* asador **|2** *vtr* & *vi (ps* & *pp* **spat***)* escupir

spite [spaɪt] **1** *n* ◆ rencor, ojeriza ◆ **in s. of,** a pesar de **|2** *vtr* fastidiar

spiteful ['spaɪtfʊl] *adj* rencoroso,-a, malicioso,-a

spittle ['spɪtəl] *n* saliva, baba

splash [splæʃ] **1** *vtr* & *vi* salpicar **|2** *n* chapoteo ■ **splash out** *vi fam* tirar la casa por la ventana

splatter ['splætə^{r}] *vtr* salpicar

spleen [spliːn] *n* bazo

splendid ['splendɪd] *adj* espléndido,-a

splendour, *US* **splendor** ['splendə^{r}] *n* esplendor

splint [splɪnt] *n* tablilla

splinter ['splɪntə^{r}] **1** *n* ◆ astilla, esquirla ◆ **s. group,** grupo disidente **|2** *vi* astillarse

split [splɪt] **1** división, ruptura **|2** *adj* partido,-a, dividido,-a **|3** *vtr (ps* & *pp* **split***)* ◆ partir ◆ dividir **|4** *vi* ◆ romperse ◆ dividirse, escindirse ■ **split up 1** *vtr* ◆ dividir ◆ repartir ◆ separar **|2** *vi* separarse

splutter ['splʌtə^{r}] *vi* ◆ balbucear ◆ *(el aceite, la cera)* chisporrotear

spoil [spɔɪl] **1** *vtr (ps* & *pp* **spoiled** *o* **spoilt***)* estropear, echar a perder **|2** *vi* estropearse **|3** *n usu pl* botín

spoilt [spɔɪlt] *adj* ◆ estropeado,-a ◆ *(un niño)* mimado,-a

spoke[1] [spəʊk] *ps* → **speak**

spoke[2] [spəʊk] *n* radio, rayo

spoken ['spəʊkən] *pp* → **speak**[1]

spokesman ['spəʊksmən] *n* portavoz

sponge [spʌndʒ] **1** *n* ◆ esponja ◆ *GB* **s. (cake),** bizcocho **|2** *vtr* lavar con esponja **|3** *vi fam* gorronear ■ **sponge off/on** *vtr* vivir a costa de

spongy ['spʌndʒɪ] *adj (**spongier, spongiest**)* esponjoso,-a

sponsor ['spɒnsə^{r}] **1** *vtr* patrocinar **|2** *n* patrocinador,-ora

sponsorship ['spɒnsəʃɪp] *n* patrocinio

spontaneous [spɒn'teɪnɪəs] *adj* espontáneo,-a

spooky ['spuːkɪ] *adj (**spookier, spookiest**) fam* espeluznante

spool [spuːl] *n* bobina, carrete

spoon [spuːn] **1** *n* cuchara **|2** *vtr* sacar con cuchara

spoonful ['spuːnfʊl] *n* cucharada

sporadic [spə'rædɪk] *adj* esporádico,-a

sport [spɔːt] **1** *n* ◆ deporte ◆ *Aust (vocativo)* macho, tío **|2** *vtr* ostentar

sporting ['spɔːtɪŋ] *adj* deportivo,-a

sports [spɔːts] **1** *npl* deportes, deporte **|2** *adj* **s. car,** coche deportivo; **s. centre,** polideportivo; **s. jacket,** americana

sportsman ['spɔːtsmən] *n* deportista

sportsmanship ['spɔːtsmənʃɪp] *n* deportividad

sportswear ['spɔːtsweə^{r}] *n* ropa de deporte

sportswoman ['spɔːtswʊmən] *n* deportista

spot [spɒt] **1** *n* ◆ punto, lunar ◆ *(de un leopardo, de suciedad)* mancha ◆ *(en la piel)* grano, espinilla ◆ sitio, lugar ◆ *Rad TV* espacio ◆ *TV* anuncio **|2** *vtr* ◆ salpicar ◆ notar; *(a una persona)* reconocer, ver

spotless ['spɒtlɪs] *adj* impecable, limpísimo,-a

spotlight ['spɒtlaɪt] *n* ◆ *Teat* foco ◆ *Auto* faro auxiliar

spotted ['spɒtɪd] *adj* ◆ con puntos ◆ *(tela)* de lunares ◆ *(animal)* con manchas

spotty ['spɒtɪ] *adj (**spottier, spottiest**)* con granos

spouse [spaʊs] *n* cónyuge

spout [spaʊt] **1** *n (de jarra, etc)* pico; *(de tetera)* pitorro; *(de fuente)* chorro **|2** *vi* **to s. (out/up),** brotar

sprain [spreɪn] **1** *n* esguince **|2** *vtr* torcer

sprang [spræŋ] *ps* → **spring**
spray [spreɪ] 1 ♦ rocío, rociada ♦ *(del mar)* espuma ♦ *Agr* riego por aspersión ♦ *(de insecticida)* pulverización ♦ *(aerosol)* spray |2 *vtr (con insecticida)* fumigar; *(con agua)* rociar; *(perfume)* echar; *(pintura)* aplicar
spread [spred] 1 *n* ♦ extensión; *(de las alas)* envergadura ♦ *(de una enfermedad, un incendio)* propagación ♦ *Culin* pasta, paté |2 *vi (ps & pp* ***spread****)* ♦ extenderse ♦ *(una enfermedad, un incendio)* propagarse |3 *vtr* ♦ extender ♦ *(las alas, un mapa)* desplegar ♦ *(una enfermedad, un incendio)* propagar; *(una noticia, un rumor)* difundir ♦ *(una tostada)* untar
spreadsheet ['spredʃiːt] *n Inform* hoja de cálculo
spree [spriː] *n* juerga; **to go on a s.,** ir de juerga
sprig [sprɪg] *n* ramita
spring [sprɪŋ] 1 *n* ♦ primavera ♦ *(de agua)* manantial, fuente ♦ *(de un colchón)* muelle |2 *adj* primaveral |3 *vi (ps* ***sprang****; pp* ***sprung****)* saltar, mover con un salto; **to s. open,** abrirse de golpe
springboard ['sprɪŋbɔːd] *n* trampolín
springtime ['sprɪŋtaɪm] *n* primavera
sprinkle ['sprɪŋkəl] *vtr* ♦ rociar ♦ *(harina, etc)* espolvorear
sprint [sprɪnt] 1 *n* esprint |2 *vi* esprintar
sprinter ['sprɪntəʳ] *n* esprínter, velocista
sprout [spraʊt] 1 *vi* ♦ brotar ♦ *fig* crecer rápidamente |2 *n* ♦ brote, retoño ♦ **(Brussels) s.,** col de Bruselas
sprung [sprʌŋ] *pp* → **spring**
spun [spʌn] *ps & pp* → **spin**
spur [spɜːʳ] 1 *n* ♦ espuela ♦ *fig* estímulo, acicate |2 *vtr* ♦ espolear ♦ *fig (tb* **s. on***)* incitar, acuciar
spurious ['spjʊərɪəs] *adj* falso,-a, espurio,-a
spurt [spɜːt] 1 *n* ♦ último esfuerzo ♦ *(de líquido)* chorro |2 *vi* ♦ chorrear ♦ hacer un último esfuerzo
spy [spaɪ] 1 *n* espía |2 *vi* espiar
spyhole ['spaɪhəʊl] *n* mirilla
spying ['spaɪɪŋ] *n* espionaje
squabble ['skwɒbəl] 1 *n* riña, disputa |2 *vi* reñir, pelearse
squad [skwɒd] *n* ♦ *Mil* pelotón ♦ *(de policía)* brigada ♦ *Dep fam* equipo
squadron ['skwɒdrən] *n* escuadrón; *Náut* escuadra
squalid ['skwɒlɪd] *adj* miserable
squall [skwɔːl] 1 *n* ráfaga |2 *vi* chillar, berrear
squalor ['skwɒləʳ] *n* miseria
squander ['skwɒndəʳ] *vtr* ♦ malgastar, despilfarrar ♦ *(el tiempo, una oportunidad)* desperdiciar
square [skweəʳ] 1 *n* ♦ cuadrado ♦ *(de un tablero de ajedrez, gráfico, etc)* casilla ♦ *(de una ciudad)* plaza ♦ *(de seda, etc)* pañuelo |2 *adj* ♦ cuadrado,-a ♦ *(trato)* justo,-a |3 *adv* directamente |4 *vtr* ♦ cuadrar ♦ *Mat* elevar al cuadrado ♦ *(las cuentas)* ajustar, saldar
squash [skwɒʃ] 1 *n* ♦ *Dep* squash ♦ *GB (bebida)* zumo concentrado ♦ *Bot Culin US* calabacín |2 *vtr* ♦ aplastar ♦ *(a una persona)* apabullar |3 *vi* aplastarse
squat [skwɒt] 1 *adj* ♦ rechoncho,-a ♦ *(edificio)* achaparrado,-a |2 *vi* ♦ agacharse, sentarse en cuclillas ♦ *fam (en un edificio)* ocupar ilegalmente |3 *n fam* vivienda habitada por okupas
squatter ['skwɒtəʳ] *n* ocupante ilegal, okupa
squawk [skwɔːk] 1 *n* graznido |2 *vi* graznar
squeak [skwiːk] 1 *n* chillido; *(de una puerta, etc)* chirrido; *(de zapatos)* crujido |2 *vi* chillar; *(una puerta, etc)* chirriar, rechinar; *(un zapato)* crujir
squeal [skwiːl] 1 *n* chillido |2 *vi* chillar
squeamish ['skwiːmɪʃ] *adj* muy sensible
squeeze [skwiːz] 1 *n* estrujón; *(de manos)* apretón; *fam* abrazo |2 *vtr* apretar; *(una naranja, etc)* exprimir
squid [skwɪd] *n* calamar, chipirón
squint [skwɪnt] 1 *n* estrabismo; **to have a s.,** ser bizco,-a |2 *adj GB fam* torcido,-a |3 *vi* ser bizco,-a

squirm [skwɜːm] *vi* retorcerse
squirrel ['skwɪrəl] *n* ardilla
squirt [skwɜːt] **1** *n* chorro |**2** *vtr* lanzar a chorro |**3** *vi* **to s. out,** salir a chorro
St ♦ [sɪnt] *(abr de **Saint**)* san, sta ♦ [striːt] *(abr de **Street**)* calle, c/
stab [stæb] **1** *n* ♦ puñalada ♦ *(de dolor, remordimiento)* punzada |**2** *vtr* apuñalar
stability [stə'bɪlɪtɪ] *n* estabilidad
stable ['steɪbəl] **1** *adj* estable, sólido,-a |**2** *n* cuadra, caballeriza
stack [stæk] **1** *n* montón, pila |**2** *vtr* amontonar, apilar
stadium ['steɪdɪəm] *n* estadio
staff [stɑːf] *n* ♦ personal, plantilla; **a member of s.,** un empleado ♦ *Mil* estado mayor |**2** *vtr* proveer de personal
staffroom ['stɑːfruːm] *n* sala de profesores
stag [stæg] *n* ciervo, venado; *fam* **s. party,** despedida de soltero
stage [steɪdʒ] **1** *n* ♦ tablado, plataforma ♦ *Teat* escenario; **s. manager,** director,-ora de escena ♦ etapa, fase |**2** *vtr* representar, poner en escena
stagger ['stægəʳ] **1** *vi* tambalearse |**2** *vtr* ♦ asombrar ♦ *(el trabajo, las vacaciones)* escalonar
staggering ['stægərɪŋ] *adj* asombroso,-a
stagnant ['stægnənt] *adj* estancado,-a
stagnate [stæg'neɪt] *vi* estancarse
stain [steɪn] **1** *n* ♦ mancha; **s. remover,** quitamanchas ♦ *(para la madera, etc)* tinte |**2** *vtr* ♦ manchar ♦ *(la madera)* teñir |**3** *vi* mancharse
stainless ['steɪnlɪs] *adj (acero)* inoxidable
stair [steəʳ] *n* ♦ escalón, peldaño ♦ **stairs** *pl*, escalera
stake [steɪk] **1** *n* ♦ estaca ♦ apuesta; **to be at s.,** estar en juego ♦ *Fin* interés, participación |**2** *vtr* apostar ♦ invertir
stale [steɪl] *adj (comida)* pasado,-a, rancio,-a; *(pan)* duro,-a
stalemate ['steɪlmeɪt] *n Ajedrez* tablas; *fig* estancamiento, punto muerto
stalk [stɔːk] **1** *n* tallo; *(de cereza, etc)* rabo |**2** *vtr* ♦ acechar ♦ *(a una persona)* seguir los pasos a
stall [stɔːl] **1** *n* ♦ puesto, caseta ♦ (casilla de) establo ♦ *Teat* **stalls** *pl*, platea |**2** *vi* ♦ *Auto* calarse ♦ *(negociaciones)* estancarse ♦ andar con rodeos
stallion ['stæljən] *n* semental
stalwart ['stɔːlwət] *adj* & *n* incondicional
stamina ['stæmɪnə] *n* resistencia
stammer ['stæməʳ] **1** *n* tartamudeo |**2** *vi* tartamudear
stamp [stæmp] **1** *n* ♦ sello ♦ *(para el metal)* cuño ♦ impronta ♦ *(movimiento del pie)* patada |**2** *vtr* ♦ *(una carta)* franquear ♦ *(un documento)* sellar |**3** *vi* patear; *(caballo)* piafar
stampede [stæm'piːd] **1** *n* estampida |**2** *vi* desbandarse; *(las personas)* precipitarse
stance [stæns] *n* postura
stand [stænd] **1** ♦ posición, postura; **to take a s.,** adoptar una postura ♦ *(en un mercado)* puesto ♦ *(mueble)* **coat** *o* **hat s.,** perchero; *(para una lámpara)* base, pie ♦ *Jur* estrado; *Dep (tb pl)* tribuna |**2** *vi* ♦ estar (de pie); **s. still!,** ¡estáte quieto! ♦ levantarse ♦ **to s. on,** *(una silla)* subir a; *(una alfombra, un pie)* pisar ♦ *(marcar)* **the clock stands at ten o'clock,** el reloj marca las diez ♦ medir: **I s. six feet tall,** mido seis pies |**3** *vtr* ♦ colocar, poner ♦ *(a un choque, un examen)* resistir (a) ♦ aguantar, soportar: **I can't s. any more!,** ¡no aguanto más! ■ **stand about/around** *vi* quedar en un sitio sin propósito fijo ■ **stand aside** *vi* apartarse ■ **stand back** *vi* retroceder: **s. back!,** ¡abran paso! ■ **stand by 1** *vi* estar listo,-a |**2** *vtr* ♦ apoyar, no abandonar ♦ *(a una decisión, un compromiso)* atenerse a ■ **stand down** *vi* retirarse ■ **stand for** *vtr* ♦ significar: **what does «CIA» s. for?,** ¿qué significa «CIA»? ♦ representar ♦ tolerar ♦ *(un puesto)* presentarse a ■ **stand in** *vi* sustituir ■ **stand out** *vi* destacarse ■ **stand up** *vi* ♦ levantarse, ponerse en pie ♦ estar de pie
standard ['stændəd] **1** *n* ♦ criterio; *(usu pl)* valores ♦ pauta, estándar ♦ *(de*

vida, etc) nivel, calidad ♦ estandarte |2 *adj* normal, estándar

standardize ['stændədaɪz] *vtr* normalizar

standby ['stændbaɪ] *n* ♦ *(cosa)* recurso ♦ *(persona)* suplente ♦ alerta; **to be on s.,** estar en estado de alerta ♦ *Av* **s. ticket,** billete en lista de espera

stand-in ['stændɪn] *n* suplente; *Cine* doble

standing ['stændɪŋ] **1** *adj* ♦ de pie; derecho,-a, recto,-a ♦ *(comité, ejército, etc)* permanente; **s. charge,** cuota fija |2 *n* ♦ prestigio ♦ duración

standoffish [stænd'ɒfɪʃ] *adj fam* distante, estirado,-a

standpoint ['stændpɔɪnt] *n* punto de vista

standstill ['stændstɪl] *n* parada

stank [stæŋk] *ps* → **stink**

staple ['steɪpəl] **1** *adj* básico,-a; *(producto)* de primera necesidad |2 *n* ♦ alimento básico ♦ grapa |2 *vtr* grapar

stapler ['steɪpələʳ] *n* grapadora

star [stɑːʳ] **1** *n* ♦ estrella ♦ *Tip* asterisco ♦ **stars** *pl, Astrol fam* astros |2 *adj* estelar |3 *vtr* presentar como protagonista |4 *vi* **to s. in a film,** protagonizar una película

starboard ['stɑːbəd] *n* estribor

starch [stɑːtʃ] **1** *n* almidón |2 *vtr* almidonar

stardom ['stɑːdəm] *n* estrellato

stare [steəʳ] **1** *n* mirada fija |2 *vi* mirar fijamente

starfish ['stɑːfɪʃ] *n* estrella de mar

stark [stɑːk] **1** *adj* ♦ austero,-a ♦ inhóspito,-a ♦ *(realidad)* duro,-a, crudo,-a |2 *adv* totalmente; **s. naked,** en cueros

starry ['stɑːrɪ] *adj* ***(starrier, starriest)*** estrellado,-a

start [stɑːt] **1** *n* ♦ comienzo, principio; **for a s.,** para empezar ♦ *Dep* salida ♦ susto ♦ ventaja |2 *vtr* empezar, comenzar |3 *vi* empezar, comenzar; **starting (from) tomorrow,** a partir de mañana; **to s. with,** para empezar ■ **start off 1** *vi* empezar, comenzar: **he started off in a bank,** su primer trabajo fue en un banco |2 *vtr* empezar, comenzar ■ **start out** *vi* ♦ *(en un viaje)* salir ♦ *(tener su origen)* **this theatre started out as a church,** este teatro empezó siendo una iglesia ■ **start up 1** *vtr* ♦ *Auto* arrancar ♦ *(un negocio)* montar |2 *vi* empezar

starter ['stɑːtəʳ] *n* ♦ *Auto* motor de arranque ♦ *Culin fam* entrada

starting ['stɑːtɪŋ] *adj* **s. line,** línea de salida; **s. point,** punto de partida

startle ['stɑːtəl] *vtr* asustar

startling ['stɑːtlɪŋ] *adj* ♦ alarmante ♦ asombroso,-a

starvation [stɑː'veɪʃən] *n* hambre, inanición

starve [stɑːv] **1** *vtr* privar de comida |2 *vi* pasar hambre

starving ['stɑːvɪŋ] *adj* hambriento,-a

state [steɪt] **1** *n* ♦ condición, estado; **s. of mind,** estado de ánimo ♦ *Pol* país, estado; **affairs of s.,** asuntos de estado ♦ *fam* **the States** *pl,* Estados Unidos |2 *adj* ♦ *(fondos, etc)* estatal; *(enseñanza, salud)* público,-a ♦ *(banquete)* de gala |3 *vtr* afirmar, declarar

stately ['steɪtlɪ] *adj* ***(statelier, stateliest)*** majestuoso,-a

statement ['steɪtmənt] *n* ♦ declaración; *Jur* **to make a s.,** prestar declaración ♦ *(oficial)* comunicado ♦ *Fin* **bank s.,** extracto de cuenta

statesman ['steɪtsmən] *n* estadista

static ['stætɪk] **1** *adj* ♦ inmóvil, estacionario,-a ♦ *(electricidad)* estático,-a |2 *n* electricidad estática

station ['steɪʃən] **1** *n* ♦ estación; **petrol s.,** gasolinera; **police s.,** comisaría ♦ *Radio TV* emisora |2 *vtr* destinar

stationary ['steɪʃənərɪ] *adj* inmóvil, parado,-a

stationer ['steɪʃənəʳ] *n* papelero,-a; **s.'s (shop),** papelería

stationery ['steɪʃənərɪ] *n* ♦ artículos de papelería ♦ papel y sobres de carta

statistic [stə'tɪstɪk] *n* ♦ estadística ♦ **statistics** *pl, (datos)* estadísticas

statistical [stə'tɪstɪkəl] *adj* estadístico,-a

statistics [stə'tɪstɪks] *n* estadística

statue ['stætjuː] *n* estatua

stature ['stætjəʳ] *n* estatura

status ['steɪtəs] *n* ◆ estado, situación; **marital s.**, estado civil ◆ status, prestigio

statute ['stætjuːt] *n* estatuto

statutory ['stæjʊtərɪ] *adj frml* ◆ reglamentario,-a ◆ *(delito, derecho)* establecido,-a por la ley ◆ *(organismo)* creado,-a por la ley

staunch [stɔːntʃ] *adj* incondicional, acérrimo

stave [steɪv] *n* pentagrama ■ **stave off** *vtr* ◆ *(un ataque)* rechazar ◆ *(una amenaza)* evitar

stay [steɪ] **1** *n* estancia, visita **|2** *vi* ◆ quedarse, permanecer ◆ *(vivir temporalmente)* alojarse, hospedarse **|3** *vtr frml* aplazar ■ **stay away** *vi* ◆ alejarse ◆ *(reunión, acto)* no asistir ■ **stay in** *vi* quedarse en casa ■ **stay on** *vi* quedarse, permanecer ■ **stay out** *vi* quedarse fuera ■ **stay up** *vi* no acostarse

steadfast ['stedfəst, 'stedfɑːst] *adj* firme

steadily ['stedɪlɪ] *adv* ◆ *(cambiar)* a ritmo constante ◆ *(llover, trabajar)* sin cesar, continuamente ◆ *(andar)* con paso seguro

steady ['stedɪ] **1** *adj* ***(steadier, steadiest)*** ◆ firme, seguro,-a ◆ *(los precios)* estable ◆ *(la lluvia, velocidad)* constante **|2** *vtr* ◆ *(una mesa, etc)* estabilizar ◆ *(los nervios)* calmar **|3** *vi* estabilizarse **|4** *excl* **s. on!**, ¡tranquilo!, ¡ojo!

steak [steɪk] *n* bistec

steal [stiːl] ***(ps stole; pp stolen)*** *vtr & vi* robar

stealth [stelθ] *n* sigilo

stealthily ['stelθɪlɪ] *adv* a hurtadillas

stealthy ['stelθɪ] *adj* ***(stealthier, stealthiest)*** sigiloso,-a, furtivo,-a

steam [stiːm] **1** *n* vapor, vaho; **s. engine,** máquina de vapor **|2** *vtr* cocer al vapor **|3** *vi* echar vapor ■ **steam up** *vi* empañarse

steamer ['stiːməʳ] *n* (barco de) vapor

steamroller ['stiːmrəʊləʳ] *n* apisonadora

steel [stiːl] **1** *n* acero; **s. industry,** industria siderúrgica **|2** *adj* de acero

steelworks ['stiːlwɜːks] *n* acería

steep [stiːp] **1** *adj* ◆ *(cuesta)* empinado,-a ◆ *fam (precio)* excesivo,-a

steeplechase ['stiːpəltʃeɪs] *n* carrera de obstáculos

steer [stɪəʳ] **1** *vtr* ◆ dirigir ◆ *(a una persona)* guiar, llevar **|2** *vi* ◆ ir al volante ◆ *(un coche)* conducirse

steering ['stɪərɪŋ] *n* dirección; **power s.**, dirección asistida; **s. wheel,** volante

stem [stem] **1** *n* ◆ tallo, pedúnculo ◆ *(de una copa)* pie ◆ *Ling* raíz **|2** *vi* provenir **|3** *vtr* contener

stench [stentʃ] *n* hedor

stencil ['stensəl] **1** *n* plantilla, estarcido **|2** *vtr* estarcir, dibujar/pintar con plantilla

step [step] **1** *n* ◆ paso; **s. by s.**, paso a paso ◆ peldaño, escalón: **mind the s.!**, ¡cuidado con el escalón! ◆ medida; **to take steps,** tomar medidas ◆ **steps** *pl*, ➔ **stepladder;** *Arquit* escalinata; *Av* escalerilla **|2** *vi* dar un paso; **to s. on sthg,** pisar algo ■ **step aside** *vi* apartarse ■ **step down** *vi* dimitir ■ **step forward** *vi* ◆ dar un paso adelante ◆ *fig* ofrecerse ■ **step in** *vi* intervenir, tomar cartas en el asunto ■ **step up** *vtr* aumentar

stepbrother ['stepbrʌðəʳ] *n* hermanastro

stepchild ['steptʃaɪld] *n* hijastro,-a

stepdaughter ['stepdɔːtəʳ] *n* hijastra

stepfather ['stepfɑːðəʳ] *n* padrastro

stepladder ['steplædəʳ] *n* escalera de tijera

stepmother ['stepmʌðəʳ] *n* madrastra

stepsister ['stepsɪstəʳ] *n* hermanastra

stepson ['stepsʌn] *n* hijastro

stereo ['sterɪəʊ] **1** *n* estéreo **|2** *adj* estéreo, estereofónico,-a

stereotype ['sterɪətaɪp] *n* estereotipo

sterile ['steraɪl] *adj* estéril

sterilize ['sterɪlaɪz] *vtr* esterilizar

sterling ['stɜːlɪŋ] **1** *n* libra esterlina **|2** *adj* **s. silver,** plata de ley

stern [stɜːn] **1** *adj* severo,-a **|2** *n* popa

stew [stjuː] **1** *n* estofado, guiso **|2** *vtr* guisar, estofar

steward ['stjʊəd] *n* auxiliar de vuelo

stewardess ['stjʊədɪs] *n* azafata

stick [stɪk] *n* ♦ palo, bastón ♦ *(de un árbol)* ramita |2 *vtr (ps & pp* ***stuck)*** ♦ clavar ♦ *fam* meter; poner: **s. it on the table,** ponlo en la mesa ♦ pegar (con cola) ♦ *fam* aguantar |3 *vi* ♦ pegar pegarse ■ **stick at** *vtr* perseverar en ■ **stick by** *vtr* ♦ ser fiel a ♦ *(un compromiso)* atenerse a ■ **stick out 1** *vi* ♦ sobresalir ♦ resaltar |2 *vtr* ♦ *(la lengua, etc)* sacar ♦ aguantar ■ **stick to** *vtr* atenerse a ■ **stick up 1** *vi* ponerse de punta |2 *vtr* fijar

sticker ['stɪkəʳ] *n* ♦ etiqueta adhesiva ♦ pegatina

sticky ['stɪkɪ] *adj (****stickier, stickiest****)* pegajoso,-a

stiff [stɪf] **1** *adj* duro,-a, rígido,-a, tieso,-a |2 *n fam* cadáver, fiambre

stiffen ['stɪfən] **1** *vtr* ♦ reforzar ♦ almidonar |2 *vi* ponerse tenso,-a

stiffness ['stɪfnɪs] *n* rigidez

stifle ['staɪfəl] **1** *vtr* sofocar |2 *vi* ahogarse, sofocarse

stifling ['staɪflɪŋ] *adj* sofocante, agobiante

stigma ['stɪgmə] *n* estigma

stiletto [stɪ'letəʊ] *n* estilete

still [stɪl] **1** *adv* todavía, aún; **s. worse,** peor aún |2 *conj* aun así, con todo |3 *adj* ♦ tranquilo,-a ♦ silencioso,-a ♦ inmóvil ♦ *Arte* **s. life,** bodegón |4 *n* ♦ fotograma ♦ *Quím* alambique |5 *vtr frml* acallar

stillness ['stɪlnɪs] *n* ♦ tranquilidad ♦ silencio

stilted ['stɪltɪd] *adj* forzado,-a, artificial

stimulant ['stɪmjʊlənt] *n* estimulante

stimulate ['stɪmjʊleɪt] *vtr* estimular

stimulus ['stɪmjʊləs] *n (pl* ***stimuli*** ['stɪmjʊlaɪ]*)* estímulo

sting [stɪŋ] **1** *n* ♦ *(de insecto, etc)* aguijón ♦ *(acción, herida)* picadura ♦ *(sensación)* escozor |2 *vtr (ps & pp* ***stung****)* picar |3 *vi* ♦ picar ♦ *(una herida, etc)* escocer

stinging-nettle ['stɪŋɪŋnetl] *n* ortiga

stingy ['stɪndʒɪ] *adj (****stingier, stingiest****)* *fam* tacaño,-a

stink [stɪŋk] **1** *n* ♦ peste, hedor ♦ *fam* escándalo; **to make a s.,** armar un escándalo |2 *vi (ps* ***stank****; pp* ***stunk****)* apestar, heder

stinking ['stɪŋkɪŋ] *adj* apestoso,-a

stint [stɪnt] **1** *vtr* escatimar |2 *vi* **to s. on sthg,** escatimar algo |3 *n* periodo, temporada

stipulate ['stɪpjʊleɪt] *vtr* estipular

stipulation [stɪpjʊ'leɪʃən] *n* estipulación

stir [stɜːʳ] **1** *n fig* revuelo |2 *vtr* remover; agitar |3 *vi* moverse ■ **stir up** *vtr* ♦ remover, revolver ♦ *(revolución)* fomentar

stirring ['stɜːrɪŋ] *adj* conmovedor,-ora

stirrup ['stɪrəp] *n* estribo

stitch [stɪtʃ] **1** *n* ♦ *Cost* puntada ♦ *Med* punto (de sutura) |2 *vtr* ♦ coser, bordar ♦ *Med* suturar, dar puntos a

stock [stɒk] **1** *n* ♦ reserva ♦ *(de un negocio)* existencias; **to be out of s.,** estar agotado,-a(s) ♦ *Fin* títulos, valores; **s. exchange,** bolsa (de valores) ♦ *Culin* caldo |2 *adj* estándar, de serie |3 *vtr* abastecer, proveer ■ **stock up** *vi* abastecerse

stockbroker ['stɒkbrəʊkəʳ] *n* corredor,-ora de Bolsa

stockholder ['stɒkhəʊldəʳ] *n US* accionista

stocking ['stɒkɪŋ] *n* media

stockist ['stɒkɪst] *n* distribuidor,-ora

stockpile ['stɒkpaɪl] **1** *n* reservas |2 *vtr* acumular

stocktaking ['stɒkteɪkɪŋ] *n Com* inventario

stocky ['stɒkɪ] *adj (****stockier, stockiest****)* achaparrado,-a

stodgy ['stɒdʒɪ] *adj (****stodgier, stodgiest****)* ♦ indigesto,-a ♦ *(libro, persona)* pesado,-a

stoical ['stəʊɪkəl] *adj* estoico,-a

stole[1] [stəʊl] *ps* → **steal**

stole[2] [stəʊl] *n* estola

stolen ['stəʊlən] *pp* → **steal**

stolid ['stɒlɪd] *adj* impasible

stomach ['stʌmək] **1** *n* estómago |2 *vtr (usu neg)* aguantar, soportar

stone [stəʊn] **1** *n* ♦ piedra ♦ *(de tumba)* lápida ♦ *Med* cálculo ♦ *(de fruta, aceituna)* hueso ♦ *GB (medida)* aprox

6,35 kg |2 *adj* de piedra; **the S. Age,** la Edad de Piedra |3 *vtr* lapidar

stoned [stəʊnd] *adj fam* ◆ *(por droga)* colocado,-a ◆ *(por alcohol)* como una cuba

stonework ['stəʊnwɜːk] *n* mampostería

stony ['stəʊnɪ] *adj (stonier, stoniest)* ◆ *(tierra)* pedregoso,-a ◆ *(mirada, persona)* glacial

stood [stʊd] *ps & pp* → **stand**

stool [stuːl] *n* ◆ taburete ◆ *Med* deposición

stoop [stuːp] *vi* ◆ andar encorvado,-a ◆ **to s. to,** rebajarse a

stop [stɒp] **1** *n* ◆ parada, alto ◆ *Trans* parada, apeadero ◆ *Tip* punto ◆ *Mús (de órgano)* registro |2 *vtr* ◆ parar, detener ◆ *(una acción, un hábito)* dejar ◆ impedir; **to s. sb doing sthg,** impedir a alguien hacer algo ◆ *(un pago)* suspender ◆ *(una suscripción)* cancelar |3 *vi* parar, detenerse ■ **stop by** *vi fam* visitar ■ **stop off** *vi* pararse un rato, hacer escala ■ **stop over** *vi* ◆ pasar la noche ◆ *Av* hacer escala

stopgap ['stɒpgæp] *n* ◆ recurso provisional ◆ *(persona)* sustituto,-a

stopover ['stɒpəʊvəʳ] *n* parada; *Av* escala

stoppage ['stɒpɪdʒ] *n* ◆ obstrucción ◆ *Lab* huelga ◆ *Fin* retención

stopper ['stɒpəʳ] *n* tapón

stop-press [stɒp'pres] *n* noticias de última hora

stopwatch ['stɒpwɒtʃ] *n* cronómetro

storage ['stɔːrɪdʒ] *n* almacenaje, almacenamiento

store [stɔːʳ] **1** *n* ◆ reserva, provisión ◆ almacén, depósito ◆ **(department) s.,** gran almacén ◆ *US* tienda ◆ **stores** *pl,* víveres, provisiones |2 *vtr* ◆ guardar ◆ *Com Inform* almacenar ◆ *Elec* acumular

storekeeper ['stɔːkiːpəʳ] *n US* tendero,-a

storeroom ['stɔːruːm] *n* despensa

storey ['stɔːrɪ] *n* piso

stork [stɔːk] *n* cigüeña

storm [stɔːm] **1** *n* ◆ tormenta ◆ *Mil* asalto |2 *vtr* tomar al asalto |3 *vi* despotricar

stormy ['stɔːmɪ] *adj (stormier, stormiest)* tormentoso,-a

story ['stɔːrɪ] *n* ◆ historia, relato; cuento ◆ *Cine Teat* argumento ◆ *Prensa* noticia ◆ anécdota, chiste, leyenda: **the s. goes that...,** cuentan que... ◆ mentira, pretexto ◆ *US* → **storey**

stout [staʊt] **1** *adj* ◆ corpulento,-a, fuerte |2 *n* cerveza negra

stoutly ['staʊtlɪ] *adv* resueltamente

stove [stəʊv] *n* ◆ estufa ◆ *(para cocinar)* cocina

stow [stəʊ] *vtr* guardar ■ **stow away** *vi* viajar de polizón

stowaway ['stəʊəweɪ] *n* polizón

straddle ['strædəl] *vtr* montar a horcajadas

straggle ['strægəl] *vi* ir rezagado,-a

straggler ['strægləʳ] *n* rezagado,-a

straight [streɪt] **1** *adj* ◆ recto,-a, derecho,-a; *(el pelo)* liso,-a ◆ *(en orden)* **let's get this s.,** a ver si nos entendemos ◆ *(respuesta)* claro,-a ◆ *(persona)* honrado,-a, serio,-a; *fam* hetero(sexual) ◆ *(whisky, etc)* solo,-a ◆ *(días, horas, etc)* consecutivo,-a |2 *adv* ◆ en línea recta: **go s. ahead,** sigue todo recto ◆ directamente, derecho: **I'll be s. back,** en seguida vuelvo; **let's get s. to the point,** vayamos directamente al grano; **s. away,** enseguida ◆ *(hablar)* francamente |3 *n* ◆ **the home s.,** la recta final ◆ *fam* hetero(sexual)

straighten ['streɪtən] *vtr* ◆ enderezar, poner derecho,-a; alisar ◆ arreglar, ordenar ■ **straighten out** *vtr* ◆ enderezar ◆ *(un malentendido)* aclarar ■ **straighten up** **1** *vi* ponerse derecho |2 *vtr* enderezar

straightforward [streɪt'fɔːwəd] *adj* honrado,-a, franco,-a

strain [streɪn] **1** *vtr* ◆ *(un músculo)* torcerse ◆ *(la vista)* cansar, forzar ◆ *Culin* colar, escurrir |2 *vi* ◆ esforzarse ◆ tirar |3 *n* ◆ *(mental)* tensión, estrés; *(físico)* esfuerzo ◆ *Med (tobillo, etc)* esguince; *(un músculo)* torcedura ◆ *Fís* tensión

strained ['streɪnd] *adj (músculo)* torcido,-a; *(la vista)* cansado,-a

strainer ['streɪnəʳ] *n* colador

strait [streɪt] *n* ◆ *(tb pl) Geog* estrecho ◆ **straits** *pl*, apuros
straitjacket ['streɪtdʒækɪt] *n* camisa de fuerza
strand [strænd] **1** *vtr* ◆ varar ◆ *(una persona)* dejar tirado **|2** *n* ◆ *frml* playa ◆ *(de hilo)* hebra; **a s. of hair,** un pelo ◆ tendencia
stranded ['strændɪd] *adj* varado,-a
strange [streɪndʒ] *adj* curioso,-a, raro,-a, extraño,-a
stranger ['streɪndʒəʳ] *n* desconocido,-a
strangle ['stræŋgəl] *vtr* estrangular
strangulation [stræŋgjʊ'leɪʃən] *n* estrangulación
strap [stræp] **1** *n* correa; *(de vestido)* tirante **|2** *vtr* atar con correa
strapping ['stræpɪŋ] *adj* robusto,-a
strategic [strə'tiːdʒɪk] *adj* estratégico,-a
strategy ['strætɪdʒɪ] *n* estrategia
stratosphere ['strætəsfɪəʳ] *n* estratosfera
stratum ['strɑːtəm] *n (pl strata)* estrato
straw [strɔː] *n* ◆ paja ◆ *(para beber)* pajita
strawberry ['strɔːbərɪ] *n* fresa, fresón
stray [streɪ] **1** *vi* ◆ desviarse ◆ extraviarse **|2** *n* perro/gato callejero *o* perdido **|3** *adj* perdido,-a
streak [striːk] **1** *n* ◆ raya ◆ *(en el pelo)* reflejo **|2** *vtr* ◆ rayar ◆ *(el pelo)* poner mechas a
stream [striːm] **1** *n* ◆ arroyo ◆ *(en el mar)* corriente ◆ flujo; *(de agua, sangre)* chorro ◆ *GB Educ* clase **|2** *vi* ◆ *(líquido)* salir; *(sangre)* manar ◆ *(la gente)* **to s. out/past,** salir/pasar en tropel
streamer ['striːməʳ] *n* serpentina
streamlined ['striːmlaɪnd] *adj* aerodinámico,-a
street [striːt] *n* calle
streetcar ['striːtkɑːʳ] *n US* tranvía
streetlamp ['striːtlæmp] *n* farol
streetwise ['striːtwaɪz] *adj* espabilado,-a
strength [streŋθ] *n* ◆ fuerza, fortaleza ◆ *(de alcohol)* graduación ◆ *(de economía)* solidez ◆ punto fuerte
strengthen ['streŋθən] **1** *vtr* reforzar, fortalecer **|2** *vi* ◆ fortalecerse ◆ consolidarse
strenuous ['strenjʊəs] *adj* ◆ *(actividad)* agotador,-ora ◆ *(rechazo)* enérgico,-a
stress [stres] **1** *n* ◆ tensión ◆ *Med* estrés ◆ énfasis, hincapié ◆ *Ling* acento **|2** *vtr* ◆ hacer hincapié en ◆ *Ling* acentuar
stretch [stretʃ] **1** *vtr* ◆ estirar ◆ **to s. a point,** hacer concesiones **|2** *vi* ◆ estirarse, desperezarse ◆ *(la ropa)* dar de sí **|3** *n* ◆ trecho, tramo ◆ *(de terreno)* extensión **|4** *adj* **s. fabric,** tela elástica ■ **stretch out 1** *vtr* ◆ *(la mano)* tender ◆ *(las piernas)* estirar **|2** *vi* estirarse
stretcher ['stretʃəʳ] *n* camilla
stricken ['strɪkən] *adj* ◆ afligido,-a ◆ *(una zona)* asolado,-a, damnificado,-a
strict [strɪkt] *adj* estricto,-a
strictly ['strɪktlɪ] *adv* estrictamente; **s. speaking,** en sentido estricto
stride [straɪd] **1** *n* zancada, tranco **|2** *vi (ps strode; pp stridden* ['strɪdən]*)* **to s. (along),** andar a zancadas
strident ['straɪdənt] *adj* estridente
strike [straɪk] **1** *n* ◆ huelga; **to go on s.,** ir a la huelga ◆ *(de petróleo, etc)* descubrimiento ◆ *Dep* golpe ◆ *Mil* ataque **|2** *vtr (ps & pp struck)* ◆ pegar, golpear ◆ *(una tecla)* pulsar ◆ parecer: **they s. me as honest,** me parecen sinceros ◆ ocurrirse: **it struck me that...,** se me ocurrió que... ◆ *(oro, petróleo)* descubrir ◆ *(un reloj)* dar: **the clock struck two,** el reloj dio las dos ◆ *(cerilla, fuego)* encender; *(una moneda)* acuñar ◆ **to s. sb blind/dumb,** dejar ciego,-a/mudo,-a a alguien **|3** *vi* ◆ golpear ◆ *(un rayo)* caer ◆ *Mil* atacar ◆ *(un desastre)* sobrevenir, ocurrir ◆ hacer huelga ◆ *(reloj)* dar la hora ■ **strike back** *vi* contraatacar ■ **strike out 1** *vtr* tachar **|2** *vi* arremeter ■ **strike up** *vtr (una amistad)* trabar; *(una conversación)* entablar
striker ['straɪkəʳ] *n* ◆ huelguista ◆ *fam Ftb* marcador,-ora
striking ['straɪkɪŋ] *adj* ◆ llamativo,-a ◆ destacado,-a ◆ en huelga

string [strɪŋ] **1** *n* cordel, cuerda; **no strings attached,** sin condiciones **|2** *vtr* *(ps & pp* ***strung)*** ◆ encordar ◆ *(perlas, etc)* ensartar ■ **string up** *vt* ◆ *(luces)* colgar ◆ *fam* linchar

stringent ['strɪndʒənt] *adj* severo,-a, estricto,-a

strip [strɪp] **1** *n* ◆ tira; *(de metal)* cinta ◆ **s. cartoon,** historieta; **s. light,** luz fluorescente **|2** *vtr* ◆ *(a una persona)* desnudar ◆ *(una cama)* deshacer ◆ *(una superficie)* quitar la pintura a ◆ *Téc* **to s. (down),** desmontar **|3** *vi* ◆ desnudarse ◆ hacer un striptease ■ **strip off 1** *vtr* quitar **|2** *vi* desnudarse

stripe [straɪp] *n* raya; *Mil* galón

striped [straɪpt] *adj* rayado,-a, a rayas

stripper ['strɪpə^r] *n* artista de striptease

strive [straɪv] *vi (ps* ***strove;*** *pp* ***striven*** ['strɪvən]*) frml* **to s. to do sthg,** esforzarse por hacer algo

strode [strəʊd] *ps* → **stride**

stroke [strəʊk] **1** *n* ◆ golpe ◆ *Nat* brazada ◆ *(de la pluma)* trazo; *(del pincel)* pincelada ◆ *Tip* barra ◆ caricia **|2** *vtr* acariciar

stroll [strəʊl] **1** *vi* dar un paseo **|2** *n* paseo

stroller ['strəʊlə^r] *n* cochecito

strong [strɒŋ] **1** *adj* fuerte **|2** *adv* **to be going s.,** ir bien

strongbox ['strɒŋbɒks] *n* caja fuerte

stronghold ['strɒŋhəʊld] *n* fortaleza

strongly ['strɒŋlɪ] *adv* fuertemente

strong-minded ['strɒŋ'maɪndɪd] *adj* decidido,-a

strongroom ['strɒŋruːm] *n* cámara acorazada

stroppy ['strɒpɪ] *adj (****stroppier, stroppiest****) fam* malhumorado,-a, borde

strove [strəʊv] *ps* → **strive**

struck [strʌk] *ps & pp* → **strike**

structural ['strʌktʃərəl] *adj* estructural

structure ['strʌktʃə^r] *n* ◆ estructura ◆ construcción

struggle ['strʌgəl] **1** *vi* ◆ luchar ◆ mover con dificultad **|2** *n* lucha, pelea

strum [strʌm] *vtr* rasguear

strung [strʌŋ] *ps & pp* → **string**

strut [strʌt] *vi* pavonearse

stub [stʌb] **1** *n* colilla **|2** *vtr* ◆ golpear ◆ *(un cigarillo)* **to s. (out),** apagar

stubble ['stʌbəl] *n* ◆ rastrojo ◆ *fig* barba de varios días

stubborn ['stʌbən] *adj* terco,-a, testarudo,-a

stucco ['stʌkəʊ] *n* estuco

stuck [stʌk] *ps & pp* → **stick**

stuck-up [stʌk'ʌp] *adj fam* creído,-a

stud [stʌd] *n* ◆ *(en la ropa)* tachón; *(en una camisa)* gemelo ◆ *Dep (en botas)* taco ◆ pendiente ◆ *(caballo)* semental

student ['stjuːdənt] **1** *n* estudiante, alumno,-a **|2** *adj* estudiantil

studio ['stjuːdɪəʊ] *n* ◆ estudio ◆ taller

studious ['stjuːdɪəs] *adj* estudioso,-a

study ['stʌdɪ] **1** *vtr* ◆ estudiar ◆ examinar, investigar **|2** *vi* estudiar **|3** *n* ◆ estudio ◆ *(cuarto)* despacho, estudio

stuff [stʌf] **1** *vtr* ◆ rellenar ◆ *(taxidermia)* disecar ◆ *vulgar* **get stuffed!,** ¡vete a la porra! **|2** *n* ◆ *fam* material, producto ◆ *fam* cosas

stuffed-up [stʌft'ʌp] *adj* acatarrado,-a

stuffing ['stʌfɪŋ] *n* relleno

stuffy ['stʌfɪ] *adj (****stuffier, stuffiest****)* ◆ *(habitación)* mal ventilado,-a ◆ *(persona)* estirado,-a, de miras estrechas

stumble ['stʌmbəl] *vi* tropezar

stumbling-block ['stʌmblɪŋblɒk] *n* escollo

stump [stʌmp] **1** *n (de árbol)* tocón; *(de miembro)* muñón **|2** *vtr* confundir: **I'm stumped,** estoy perplejo

stun [stʌn] *vtr* ◆ aturdir ◆ *fig* dejar pasmado,-a

stung [stʌŋ] *ps & pp* → **sting**

stunk [stʌŋk] *ps & pp* → **stink**

stunning ['stʌnɪŋ] *adj* ◆ contundente ◆ impresionante

stunt [stʌnt] **1** *vtr* atrofiar **|2** *n* ◆ truco, montaje ◆ *Cine* escena peligrosa; **s. man,** especialista

stupefy ['stjuːpɪfaɪ] *vtr* dejar estupefacto,-a

stupendous [stjuːˈpendəs] *adj* estupendo,-a

stupid [ˈstjuːpɪd] *adj* estúpido,-a, imbécil

stupidity [stjuːˈpɪdɪtɪ] *n* estupidez

sturdy [ˈstɜːdɪ] *adj (sturdier, sturdiest)* robusto,-a, fuerte

stutter [ˈstʌtəʳ] **1** *vi* tartamudear **|2** *n* tartamudeo

sty [staɪ] *n* ◆ pocilga ◆ → **stye**

stye [staɪ] *n* orzuelo

style [staɪl] **1** *n* estilo **|2** *vtr* peinar

stylish [ˈstaɪlɪʃ] *adj* con estilo

stylist [ˈstaɪlɪst] *n* peluquero,-a

stylus [ˈstaɪləs] *n (de tocadiscos)* aguja

suave [swɑːv] *adj* amable, afable

subconscious [sʌbˈkɒnʃəs] **1** *adj* subconsciente **|2** *n* **the s.,** el subconsciente

subdivide [sʌbdɪˈvaɪd] *vtr* subdividir

subdue [səbˈdjuː] *vtr* ◆ dominar ◆ *(un pueblo, nación)* avasallar

subdued [səbˈdjuːd] *adj* ◆ callado,-a, poco animado,-a ◆ *(tono, voz)* bajo,-a

subheading [ˈsʌbˈhedɪŋ] *n* subtítulo

subject [ˈsʌbdʒɪkt] **1** *n* ◆ tema ◆ *Educ* asignatura, materia ◆ *Pol* súbdito,-a ◆ *Ling* sujeto **|2** *adj* ◆ **to be s. to,** estar sujeto,-a a *o* ser susceptibles de **|3** [səbˈdʒekt] *vtr* someter

subjective [səbˈdʒektɪv] *adj* subjetivo,-a

subjunctive [səbˈdʒʌŋktɪv] **1** *adj* subjuntivo,-a **|2** *n* subjuntivo

sublet [sʌbˈlet] *vtr & vi* subarrendar

sub-machine-gun [sʌbməˈʃiːngʌn] *n* ametralladora

submarine [ˈsʌbməriːn] *n* submarino

submerge [səbˈmɜːdʒ] **1** *vtr* sumergir **|2** *vi* sumergirse

submission [səbˈmɪʃən] *n* ◆ sumisión ◆ *(de un informe)* presentación

submissive [səbˈmɪsɪv] *adj* sumiso,-a

submit [səbˈmɪt] **1** *vtr* ◆ presentar ◆ **to s. sthg/sb to sthg,** someter algo/a alguien a algo ◆ sostener **|2** *vi* rendirse

subnormal [sʌbˈnɔːməl] *adj* subnormal

subordinate [səˈbɔːdɪnɪt] *adj & n* subordinado,-a

subscribe [səbˈskraɪb] *vi* suscribirse

subscriber [səbˈskraɪbəʳ] *n* abonado,-a

subscription [səbˈskrɪpʃən] *n* ◆ suscripción ◆ *(de una asociación)* cuota

subsequent [ˈsʌbsɪkwənt] *adj* subsiguiente, posterior

subsequently [ˈsʌbsɪkwəntlɪ] *adv* posteriormente

subside [səbˈsaɪd] *vi* ◆ hundirse ◆ *(una tormenta)* amainar; *(una inundación)* bajar; *(el dolor)* remitir

subsidence [səbˈsaɪdəns] *n* hundimiento

subsidiary [sʌbˈsɪdɪərɪ] **1** *adj* secundario,-a **|2** *n* sucursal, filial

subsidize [ˈsʌbsɪdaɪz] *vtr* subvencionar

subsidy [ˈsʌbsɪdɪ] *n* subvención

subsistence [səbˈsɪstəns] *n* subsistencia

substance [ˈsʌbstəns] *n* ◆ sustancia ◆ fundamento

substantial [səbˈstænʃəl] *adj* ◆ *(suma)* considerable ◆ *(cambio)* sustancial

substantiate [səbˈstænʃɪeɪt] *vtr* corroborar, probar

substitute [ˈsʌbstɪtjuːt] **1** *vtr* sustituir **|2** *n* ◆ sucedáneo ◆ *(persona)* suplente

subtitle [ˈsʌbtaɪtəl] *n* subtítulo

subtle [ˈsʌtəl] *adj* sutil

subtlety [ˈsʌtəltɪ] *n* ◆ sutileza ◆ *(tacto)* delicadeza ◆ *(de la mente)* ingenio

subtract [səbˈtrækt] *vtr* restar

subtraction [səbˈtrækʃən] *n* resta

suburb [ˈsʌbɜːb] *n* barrio residencial periférico; **the suburbs,** las afueras

suburban [səˈbɜːbən] *adj* suburbano,-a

suburbia [səˈbɜːbɪə] *n* barrios residenciales periféricos

subversive [səbˈvɜːsɪv] *adj & n* subversivo,-a

subway [ˈsʌbweɪ] *n* ◆ *GB* paso subterráneo ◆ *US* metro

succeed [səkˈsiːd] **1** *vi* ◆ dar resultado, salir bien ◆ *(una persona)* tener éxito, triunfar **|2** *vtr* suceder a

succeeding [sək'siːdɪŋ] *adj* sucesivo,-a

success [sək'ses] *n* éxito

successful [sək'sesful] *adj* de éxito, triunfador,-ora; **to be s.**, tener éxito

succession [sək'seʃən] *n* sucesión, serie; **in s.**, sucesivamente

successive [sək'sesɪv] *adj* sucesivo,-a, consecutivo,-a

successor [sək'sesəʳ] *n* sucesor,-ora

such [sʌtʃ] 1 *adj* ♦ tan, tanto: **don't be s. an idiot**, no seas tan tonto ♦ semejante, tal: **there's no s. person**, no existe tal persona |2 *adv* tan, tanto: **he's s. a good boy**, es un niño tan bueno |3 *pron* ♦ **tourists and s.**, los turistas y tal ♦ **s. as**, como, tal(es) como ♦ **as s.**, como tal(es) ♦ |LOC: **s. is life**, así es la vida

suchlike ['sʌtʃlaɪk] 1 *adj* tal |2 *pron* ♦ cosas por el estilo ♦ gente por el estilo

suck [sʌk] 1 *vtr* chupar |2 *vi* mamar ■ **suck out** *vtr* succionar ■ **suck up** 1 *vtr* aspirar, absorber |2 *vi fam* hacer la pelota

sucker ['sʌkəʳ] *n fam* primo,-a, bobo,-a

suckle ['sʌkəl] *vtr* amamantar

suction ['sʌkʃən] *n* succión

sudden ['sʌdən] *adj* ♦ súbito,-a, repentino,-a ♦ imprevisto,-a; **all of a s.**, de repente

suddenly ['sʌdənlɪ] *adv* de repente

suds [sʌdz] *npl* espuma de jabón

sue [suː, sjuː] 1 *vtr* demandar |2 *vi* poner pleito

suede [sweɪd] *n* ante, gamuza

suffer ['sʌfəʳ] 1 *vtr* ♦ sufrir ♦ aguantar, soportar |2 *vi* sufrir; **to s. from**, sufrir de

sufferer ['sʌfərəʳ] *n* enfermo,-a

suffering ['sʌfərɪŋ] *n* sufrimiento, dolor

suffice [sə'faɪs] *vi frml* bastar, ser suficiente; **s. it to say that...**, baste con decir que

sufficient [sə'fɪʃənt] *adj* suficiente, bastante

suffocate ['sʌfəkeɪt] 1 *vtr* asfixiar |2 *vi* asfixiarse

suffocating ['sʌfəkeɪtɪŋ] *adj* agobiante, sofocante

suffrage ['sʌfrɪdʒ] *n* sufragio

sugar ['ʃʊgəʳ] 1 *n* azúcar |2 *vtr* echar azúcar a

sugary ['ʃʊgərɪ] *adj* azucarado,-a, dulce

suggest [sə'dʒest] *vtr* ♦ sugerir ♦ aconsejar ♦ insinuar

suggestion [sə'dʒestʃən] *n* ♦ sugerencia ♦ insinuación ♦ indicio, sombra

suggestive [sə'dʒestɪv] *adj* insinuante

suicidal [sjuːɪ'saɪdəl] *adj* suicida

suicide ['sjuːɪsaɪd] *n* suicidio; **to commit s.**, suicidarse

suit [suːt, sjuːt] 1 *n* ♦ traje (de chaqueta) ♦ *Naipes* palo, color ♦ *Jur* pleito |2 *vtr* ♦ convenir a, venir bien a ♦ *(la ropa)* favorecer, sentar bien

suitable ['sjuːtəbəl] *adj* ♦ conveniente ♦ apropiado,-a, apto

suitably ['sjuːtəblɪ] *adv* de manera adecuada, como es debido

suitcase ['suːtkeɪs] *n* maleta

suite [swiːt] *n* ♦ suite ♦ *(muebles)* juego

suited [swiːt] *adj* apropiado,-a, idóneo,-a

sulk [sʌlk] *vi* enfurruñarse

sulky ['sʌlkɪ] *adj (sulkier, sulkiest)* mohíno,-a, enfurruñado,-a

sullen ['sʌlən] *adj* ♦ hosco,-a ♦ *(cielo)* plomizo,-a

sulphur ['sʌlfəʳ] *n* azufre

sulphuric [sʌl'fjʊərɪk] *adj* sulfúrico,-a

sultan ['sʌltən] *n* sultán

sultana [sʌl'tɑːnə] *n* sultana

sultry ['sʌltrɪ] *adj (sultrier, sultriest)* bochornoso,-a

sum [sʌm] *n* ♦ cuenta, cálculo ♦ suma, cantidad ♦ suma, total; *(de dinero)* importe ■ **sum up** *vtr & vi* resumir; **to s. up...**, en resumen...

summarize ['sʌməraɪz] *vtr* & *vi* resumir

summary ['sʌmərɪ] 1 *n* resumen |2 *adj* sumario,-a

summer ['sʌməʳ] 1 *n* verano |2 *adj* de verano

summerhouse ['sʌməhaʊs] *n* cenador, glorieta
summertime ['sʌmətaɪm] *n* verano
summit ['sʌmɪt] *n* ♦ cima, cumbre ♦ *Pol* **s. (meeting),** cumbre
summon ['sʌmən] *vtr* ♦ convocar ♦ *(ayuda)* pedir ♦ *Jur* citar ■ **summon up** *vtr* ♦ reunir ♦ evocar
summons ['sʌmənz] **1** *n* ♦ *frml* llamada, llamamiento ♦ *Jur* citación judicial **|2** *vtr* citar
sumptuous ['sʌmptjʊəs] *adj* suntuoso,-a
sun [sʌn] **1** *n* sol **|2** *vtr* **to s. oneself,** tomar el sol
sunbathe ['sʌnbeɪð] *vi* tomar el sol
sunbeam ['sʌnbiːm] *n* rayo de sol
sunbed ['sʌnbed] *n* tumbona
sunblock ['sʌnblɒk] *n* filtro solar
sunburn ['sʌnbɜːn] *n* quemadura de sol
sunburnt ['sʌnbɜːnt] *adj* ♦ bronceado,-a ♦ quemado,-a por el sol
Sunday ['sʌndɪ] *n* domingo; **S. driver,** dominguero
sundry ['sʌndrɪ] **1** *adj* diversos,-as, varios,-as **|2** *pron fam* **all and s.,** todo el mundo **|3** *npl Com* **sundries,** artículos diversos
sunflower ['sʌnflaʊəʳ] *n* girasol
sung [sʌŋ] *pp* → **sing**
sunglasses ['sʌnglɑːsɪz] *npl* gafas de sol
sunk [sʌŋk] *pp* → **sink**
sunken ['sʌŋkən] *adj* hundido,-a, sumergido,-a
sunlamp ['sʌnlæmp] *n* lámpara solar
sunlight ['sʌnlaɪt] *n* sol, luz del sol
sunlit ['sʌnlɪt] *adj* iluminado,-a por el sol
sunny ['sʌnɪ] *adj (sunnier, sunniest)* soleado,-a: **it is s.,** hace sol
sunrise ['sʌnraɪz] *n* salida del Sol; **at s.,** al amanecer
sunroof ['sʌnruːf] *n Auto* techo corredizo
sunset ['sʌnset] *n* puesta del Sol; **at s.,** al atardecer
sunshade ['sʌnʃeɪd] *n* sombrilla
sunshine ['sʌnʃaɪn] *n* sol, luz del sol
sunstroke ['sʌnstrəʊk] *n* insolación
suntan ['sʌntæn] *n* bronceado; **s. lotion,** bronceador
super ['suːpəʳ] *adj fam* fenomenal, genial
superb [sʊ'pɜːb] *adj* espléndido,-a
supercilious [suːpə'sɪlɪəs] *adj* altanero,-a, desdeñoso,-a
superficial [suːpə'fɪʃəl] *adj* superficial
superfluous [suː'pɜːflʊəs] *adj* sobrante, superfluo,-a
superhuman [suːpə'hjuːmən] *adj* sobrehumano,-a
superintendent [suːpərɪn'tendənt] *n* ♦ comisario,-a ♦ encargado,-a
superior [suː'pɪərɪəʳ] **1** *adj* ♦ superior ♦ de gran calidad **|2** *n* superior,-ora
superiority [suːpɪərɪ'ɒrɪtɪ] *n* superioridad
superlative [suː'pɜːlətɪv] **1** *adj* superlativo,-a **|2** *n* superlativo
supermarket ['suːpəmɑːkɪt] *n* supermercado
supernatural [suːpə'nætʃərəl] **1** *adj* sobrenatural **|2** *n* **the s.,** lo sobrenatural
superpower ['suːpəpaʊəʳ] *n* superpotencia
supersede [suːpə'siːd] *vtr frml* suplantar
supersonic [suːpə'sɒnɪk] *adj* supersónico,-a
superstition [suːpə'stɪʃən] *n* superstición
superstitious [suːpə'stɪʃəs] *adj* supersticioso,-a
superstore ['suːpəstɔːʳ] *n GB* hipermercado
supervise ['suːpəvaɪz] *vtr* ♦ supervisar ♦ vigilar
supervision [suːpə'vɪʒən] *n* supervisión
supervisor ['suːpəvaɪzəʳ] *n* supervisor,-ora
supper ['sʌpəʳ] *n* cena; **to have s.,** cenar
supple ['sʌpəl] *adj* flexible
supplement ['sʌplɪmənt] **1** *n* suplemento **|2** ['sʌplɪment] *vtr* complementar

supplementary [sʌplɪ'mentərɪ] *adj* adicional

supplier [sə'plaɪəʳ] *n* proveedor,-ora

supply [sə'plaɪ] **1** *vtr* proveer, suministrar |**2** *n* ♦ suministro, abastecimiento ♦ *Econ* **s. and demand,** oferta y demanda ♦ **supplies** *pl,* provisiones; *Com* existencias, reservas; **office supplies,** material de oficina

support [sə'pɔːt] **1** *vtr* ♦ apoyar ♦ *(a la familia)* mantener, alimentar ♦ *Inform (programa, etc)* admitir |**2** *n* ♦ apoyo, ayuda, respaldo; **in s. of,** en apoyo de, a favor de ♦ *Com* apoyo, servicio; **customer s.,** servicio al cliente ♦ *Téc* soporte, pilar

supporter [sə'pɔːtəʳ] *n* partidario,-a; *Dep* hincha

suppose [sə'pəʊz] *vtr* ♦ suponer, imaginarse: **I suppose so/not,** supongo que sí/no ♦ *(en pasivo)* deber: **you are supposed to wear a crash helmet,** deberías llevar un casco ♦ *(como conj)* → **supposing**

supposed [sə'pəʊzd] *adj* supuesto,-a

supposedly [sə'pəʊzədlɪ] *adv* teóricamente

supposing [sə'pəʊzɪŋ] *conj* si, en el caso de que

suppress [sə'pres] *vtr* ♦ suprimir ♦ ocultar

supremacy [sʊ'preməsɪ] *n* supremacía

supreme [sʊ'priːm] *adj* supremo,-a

supremely [sʊ'priːmlɪ] *adv* sumamente

surcharge ['sɜːtʃɑːdʒ] *n* recargo

sure [ʃʊəʳ] **1** *adj* ♦ seguro,-a; **to be s. of oneself,** estar seguro,-a de uno mismo; **be s. to ring me,** no olvides llamarme; **to make s.,** asegurarse |**2** *adv* sí, por supuesto: **can I sit here? - s.!,** ¿puedo sentarme aquí? - sí, ¡cómo no!

surely ['ʃʊəlɪ] *adv* ♦ sin duda ♦ *US* claro que sí

surf [sɜːf] **1** *n* ♦ olas ♦ espuma |**2** *vi* hacer surf

surface ['sɜːfɪs] **1** *n* superficie; **on the s.,** a primera vista |**2** *adj* superficial; **by s. mail,** por vía terrestre/marítima |**3** *vtr* asfaltar, revestir |**4** *vi* salir a la superficie

surfboard ['sɜːfbɔːd] *n* tabla de surf

surfer ['sɜːfəʳ] *n* surfista

surfing ['sɜːfɪŋ] *n* surf, surfing

surge [sɜːdʒ] **1** *n* ♦ oleada ♦ *(de demanda, etc)* repentino aumento |**2** *vi* ♦ *(una ola)* levantarse ♦ *(demanda, ventas)* aumentar repentinamente

surgeon ['sɜːdʒən] *n* cirujano,-a

surgery ['sɜːdʒərɪ] *n* ♦ cirugía; **to undergo s.,** ser operado ♦ *GB* consultorio, consulta

surgical ['sɜːdʒɪkəl] *adj* ♦ quirúrgico,-a ♦ *(bota)* ortopédico,-a ♦ **s. spirit,** alcohol de 96°

surly ['sɜːlɪ] *adj (surlier, surliest)* hosco,-a, maleducado,-a

surmount [sɜː'maʊnt] *vtr* superar, vencer

surname ['sɜːneɪm] *n* apellido

surpass [sɜː'pɑːs] *vtr* superar

surplus ['sɜːpləs] **1** *n* ♦ excedente ♦ *Fin* superávit |**2** *adj* excedente, que sobra

surprise [sə'praɪz] **1** *n* sorpresa |**2** *adj* inesperado,-a, imprevisto,-a |**3** *vtr* sorprender, extrañar

surprising [sə'praɪzɪŋ] *adj* sorprendente

surrealism [sə'rɪəlɪzəm] *n* surrealismo

surrealist [sə'rɪəlɪst] *adj* & *n* surrealista

surrender [sə'rendəʳ] **1** *n* rendición, capitulación |**2** *vtr* rendir; *(las armas)* entregar |**3** *vi* rendirse

surreptitious [sʌrəp'tɪʃəs] *adj* subrepticio,-a

surrogate ['sʌrəgɪt] *n frml* sucedáneo,-a; **s. mother,** madre de alquiler

surround [sə'raʊnd] **1** *n* marco, borde |**2** *vtr* rodear

surrounding [sə'raʊndɪŋ] **1** *adj* circundante |**2** *npl* **surroundings,** alrededores

surveillance [sɜː'veɪləns] *n* vigilancia

survey ['sɜːveɪ] **1** *n* ♦ encuesta, investigación ♦ vista general |**2** [sɜː'veɪ] *vtr* ♦ contemplar, mirar ♦ encuestar, sondear

surveyor [sɜː'veɪəʳ] *n* agrimensor,-ora, perito,-a; **quantity s.,** aparejador,-ora
survival [sə'vaɪvəl] *n* supervivencia
survive [sə'vaɪv] **1** *vtr* sobrevivir a |**2** *vi* ♦ sobrevivir ♦ perdurar
survivor [sə'vaɪvəʳ] *n* superviviente
susceptible [sə'septəbəl] *adj* ♦ susceptible ♦ *Med* propenso,-a
suspect ['sʌspekt] **1** *adj* sospechoso,-a |**2** *n* sospechoso,-a |**3** [sə'spekt] *vtr* ♦ sospechar ♦ imaginarse
suspend [sə'spend] *vtr* suspender
suspended [sə'spendɪd] *adj* ♦ suspendido,-a ♦ *Dep* sancionado,-a ♦ *Jur* **s. sentence,** libertad condicional
suspender [sə'spendəʳ] *n (usu pl)* ♦ *GB (para las medias)* liga; **s. belt,** liguero ♦ *US* **suspenders** *pl,* tirantes
suspense [sə'spens] *n* ♦ incertidumbre ♦ *Cine Teat* suspense
suspension [sə'spenʃən] *n* ♦ suspensión ♦ *(de un empleado, etc)* expulsión temporal ♦ *Dep* suspensión ♦ **s. bridge,** puente colgante
suspicion [sə'spɪʃən] *n* ♦ sospecha ♦ recelo, desconfianza
suspicious [sə'spɪʃəs] *adj* sospechoso,-a
sustain [sə'steɪn] *vtr* ♦ sostener ♦ *(el interés)* mantener ♦ *(a la familia)* sustentar
sustained [sə'steɪnd] *adj* sostenido,-a
sustenance ['sʌstənəns] *n* sustento
SW [es'dʌbəljuː] *n (abr de* **south west***)* sudoeste, SO
swagger ['swægəʳ] **1** *n* pavoneo |**2** *vi* pavonearse
swallow ['swɒləʊ] **1** *n* ♦ trago ♦ *Zool* golondrina |**2** *vtr* ♦ tragar ♦ *fig (creer)* tragarse |**3** *vi* tragar ■ **swallow up** *vtr fig* ♦ tragarse ♦ *(los recursos, el tiempo)* consumir
swam [swæm] *ps* → **swim**
swamp [swɒmp] **1** *n* ciénaga, pantano |**2** *vtr* inundar
swan [swɒn] *n* cisne ■ **swan about/around** *vi fam* hacer el vago
swap [swɒp] **1** *n* intercambio |**2** *vtr* & *vi* cambiar ■ **swap round** *vtr* cambiar de sitio
swarm [swɔːm] **1** *n* enjambre |**2** *vi* pulular
swastika ['swɒstɪkə] *n* esvástica
swat [swɒt] *vtr* aplastar
sway [sweɪ] **1** *n* ♦ balanceo ♦ influencia, dominio |**2** *vi* balancearse, mecerse |**3** *vtr* convencer
swear [sweəʳ] **1** *vtr (ps* **swore;** *pp* **sworn***)* jurar |**2** *vi* ♦ *Jur* jurar, prestar juramento ♦ soltar tacos, decir palabrotas
swear-word ['sweəwɜːd] *n* palabrota
sweat [swet] **1** *n* sudor |**2** *vi* sudar ■ **sweat out** *vtr fam* aguantar
sweater ['swetəʳ] *n* suéter
sweatshirt ['swetʃɜːt] *n* sudadera
sweaty ['swetɪ] *adj (***sweatier, sweatiest***)* sudoroso,-a
swede [swiːd] *n* nabo sueco
Swede [swiːd] *n* sueco,-a
Sweden ['swiːdən] *n* Suecia
Swedish ['swiːdɪʃ] **1** *adj* sueco,-a |**2** *n* ♦ sueco ♦ **the S.** *pl,* los suecos
sweep [swiːp] **1** *n* ♦ barrido ♦ *(de un río)* curva ♦ *(de la policía)* redada |**2** *vtr (ps* & *pp* **swept***)* ♦ *(el suelo)* barrer; *(una chimenea)* deshollinar ♦ *(una epidemia)* extenderse por |**3** *vi* ♦ **to s. in/out,** entrar/salir rápidamente ♦ extenderse ♦ barrer ■ **sweep aside** *vtr* ♦ apartar con la mano ♦ rechazar ■ **sweep away** *vtr* barrer ■ **sweep up** *vi* barrer, recoger
sweeper ['swiːpəʳ] *n* ♦ barrendero,-a ♦ *Ftb* líbero
sweeping ['swiːpɪŋ] *adj* ♦ *(gesto)* dramático,-a ♦ *(cambio)* radical
sweet [swiːt] **1** *adj* ♦ dulce, azucarado,-a ♦ *(sonido)* melodioso |**2** *n* ♦ postre ♦ *GB* caramelo, golosina; **s. shop,** bombonería
sweet-and-sour ['swiːtənsaʊəʳ] *adj* agridulce
sweetcorn ['swiːtkɔːn] *n* maíz tierno
sweeten ['swiːtən] *vtr* azucarar
sweetener ['swiːtənəʳ] *n* ♦ edulcorante ♦ *fam* soborno
sweetheart ['swiːthɑːt] *n* ♦ novio,-a ♦ *(trato)* cariño, mi vida, amor

sweetness ['swi:tnɪs] *n* dulzura; *(de olor)* fragancia

swell [swel] **1** *n* marejada, oleaje **|2** *adj US fam* fenomenal **|3** *vi (ps* ***swelled;*** *pp* ***swollen)*** ◆ hincharse ◆ *(un río)* crecer ■ **swell up** *vi* hincharse

swelling ['swelɪŋ] *n* hinchazón

swept [swept] *ps* & *pp* → **sweep**

swerve [swɜːv] **1** *n* ◆ *(coche, etc)* viraje brusco ◆ *Dep* regate **|2** *vi* hacer un viraje brusco

swift [swɪft] *adj* rápido,-a, veloz

swiftly ['swɪftlɪ] *adv* rápidamente

swig [swɪg] *fam* **1** *n* trago **|2** *vtr* beber a tragos

swill [swɪl] **1** *n* ◆ comida para cerdos ◆ *fam* bazofia **|2** *vtr* enjuagar

swim [swɪm] **1** *vi (ps* ***swam;*** *pp* ***swum)*** ◆ nadar ◆ *(la cabeza)* dar vueltas **|2** *vtr* cruzar a nado **|3** *n* baño

swimmer ['swɪməʳ] *n* nadador,-ora

swimming ['swɪmɪŋ] *n* natación; **s. costume,** traje de baño, bañador; **s. pool,** piscina

swimsuit ['swɪmsu:t] *n* traje de baño, bañador

swindle ['swɪndəl] **1** *n* estafa **|2** *vtr* estafar, timar

swindler ['swɪndələʳ] *n* estafador,-ora

swine [swaɪn] *n* ◆ *(pl* ***swine)*** cerdo, puerco ◆ *(pl* ***swines)*** *fam (persona)* canalla

swing [swɪŋ] **1** *n* ◆ balanceo, oscilación ◆ cambio, giro, viraje ◆ ritmo ◆ *Mús* swing ◆ columpio **|2** *vtr (ps* & *pp* ***swung)*** ◆ balancear ◆ inclinar **|3** *vi* ◆ balancearse; *(en un columpio)* columpiarse; *(un péndulo)* oscilar ◆ *(la dirección, opinión, etc)* cambiar, virar; **to s. round,** dar la vuelta, girar

swirl [swɜːl] **1** *n* remolino **|2** *vi* arremolinarse

Swiss [swɪs] **1** *adj* suizo,-a **|2** *n inv (persona)* suizo,-a; **the S.** *pl,* los suizos

switch [swɪtʃ] **1** *n* ◆ interruptor ◆ *US Ferroc* agujas ◆ cambio brusco ◆ intercambio **|2** *vtr* ◆ cambiar de ◆ *(la atención)* desviar ■ **switch off** *vtr* apagar ■ **switch on** *vtr* encender ■ **switch over** *vi* cambiar

switchboard ['swɪtʃbɔːd] *n* centralita

Switzerland ['swɪtsələnd] *n* Suiza

swivel ['swɪvəl] **1** *n* pivote **|2** *vtr* & *vi* girar

swollen ['swəulən] *adj* ◆ hinchado,-a ◆ *(un río)* crecido,-a

swoop [swu:p] **1** *n* ◆ *(ave, avión)* descenso en picado ◆ *(de la policía)* redada **|2** *vi Av* bajar en picado; *(policía)* hacer una redada

swop [swɒp] *vtr* → **swap**

sword [sɔːd] *n* espada

swordfish ['sɔːdfɪʃ] *n* pez espada

swore [swɔːʳ] *ps* → **swear**

sworn [swɔːn] *adj* ◆ *(declaración)* jurado,-a ◆ *(enemigo)* acérrimo,-a

swot [swɒt] *fam vi* empollar

swum [swʌm] *pp* → **swim**

swung [swʌŋ] *ps* & *pp* **swing**

syllable ['sɪləbəl] *n* sílaba

syllabus ['sɪləbəs] *n* programa de estudios

symbol ['sɪmbəl] *n* símbolo

symbolic [sɪm'bɒlɪk] *adj* simbólico,-a

symbolize ['sɪmbəlaɪz] *vtr* simbolizar

symmetry ['sɪmɪtrɪ] *n* simetría

sympathetic [sɪmpə'θetɪk] *adj* ◆ compasivo,-a ◆ comprensivo,-a

sympathize ['sɪmpəθaɪz] *vi* ◆ compadecerse ◆ comprender

sympathizer ['sɪmpəθaɪzəʳ] *n* simpatizante

sympathy ['sɪmpəθɪ] *n* ◆ compasión ◆ pésame; **to express one's s.,** dar el pésame ◆ comprensión ◆ *Pol* **sympathies** *pl,* tendencias

symphony ['sɪmfənɪ] *n* sinfonía

symposium [sɪm'pəuzɪəm] *n* simposio

symptom ['sɪmptəm] *n* síntoma

symptomatic [sɪmptə'mætɪk] *adj* sintomático,-a

synagogue ['sɪnəgɒg] *n* sinagoga

synchronize ['sɪŋkrənaɪz] *vtr* sincronizar

syndicate ['sɪndɪkɪt] *n* consorcio

syndrome ['sɪndrəum] *n* síndrome

synonym ['sɪnənɪm] *n* sinónimo

syntax ['sɪntæks] *n* sintaxis

synthesis ['sɪnθɪsɪs] *n (pl syntheses* ['sɪnθɪsiːz]*)* síntesis

synthesizer ['sɪnθɪsaɪzəʳ] *n* sintetizador

synthetic [sɪn'θetɪk] *adj* sintético,-a

syphilis ['sɪfɪlɪs] *n* sífilis

syphon ['saɪfən] *n* → **siphon**

syringe [sɪ'rɪndʒ] *n* jeringa, jeringuilla

syrup ['sɪrəp] *n* jarabe, almíbar

system ['sɪstəm] *n* ◆ sistema ◆ *Med* organismo ◆ método

systematic [sɪstɪ'mætɪk] *adj* sistemático,-a

T

T, t [tiː] *n* ◆ *(letra)* T, t ◆ *abr de* ***ton(s), tonne(s),*** tonelada, t

tab [tæb] *n* ◆ lengüeta, etiqueta ◆ *US fam* cuenta ◆ *Inform* **t. key,** tecla de tabulación

table ['teɪbəl] **1** *n* ◆ mesa; **to clear the t.,** quitar la mesa; **to lay** *o* **set the t.,** poner la mesa; **t. cloth,** mantel; **t. mat,** salvamanteles ◆ *(en un texto)* tabla, cuadro **|2** *vtr* presentar

tablespoon ['teɪbəlspuːn] *n* cucharón

tablespoonful ['teɪbəlspuːnfʊl] *n* cucharada grande

tablet ['tæblɪt] *n* ◆ pastilla, comprimido ◆ *(de chocolate)* tableta; *(de jabón)* pastilla

table-tennis ['teɪbəltenɪs] *n Dep* pimpón

tableware ['teɪbəlweəʳ] *n* vajilla

tabloid ['tæblɔɪd] *n* tabloide; **t. press,** prensa sensacionalista

taboo [tə'buː] *adj* & *n* tabú

tacit ['tæsɪt] *adj* tácito,-a

taciturn ['tæsɪtɜːn] *adj* taciturno,-a

tack [tæk] **1** *n* ◆ tachuela ◆ arreos **|2** *vtr* ◆ hilvanar ◆ **to t. (down),** clavar con tachuelas

tackle ['tækəl] **1** *n* ◆ aparejo, equipo; **fishing t.,** aparejo de pescar ◆ *Ftb* entrada **|2** *vtr* ◆ afrontar ◆ *Ftb* hacerle una entrada a

tacky ['tækɪ] *adj* ***(tackier, tackiest)*** ◆ pegajoso,-a ◆ hortera

tact [tækt] *n* tacto

tactful ['tæktfʊl] *adj* diplomático,-a, discreto,-a

tactical ['tæktɪkəl] *adj* táctico,-a

tactic ['tæktɪk] *n* ◆ táctica ◆ **tactics** *pl,* táctica

tactless ['tæktlɪs] *adj* poco diplomático,-a

tadpole ['tædpəʊl] *n* renacuajo

tag [tæg] *n* ◆ etiqueta ◆ *Ling* coletilla (interrogativa) ■ **tag along** *vi fam* acompañar ■ **tag on** *vtr* agregar, añadir (al final)

tail [teɪl] *n* cola, rabo; **t. coat,** frac

tailback ['teɪlbæk] *n* caravana

tailor ['teɪləʳ] **1** *n* sastre; **t.'s (shop),** sastrería **|2** *vtr* confeccionar

tailor-made [teɪlə'meɪd] *adj* hecho,-a a medida

taint [teɪnt] *vtr* contaminar

take [teɪk] **1** *vtr (ps **took;** pp **taken**)* ◆ coger, tomar ◆ *(un rehén)* tomar; **to t. prisoner,** hacer prisionero ◆ llevarse, robar ◆ *(un baño, una decisión, unas vacaciones)* tomar; *(una clase)* dar; *(un* *examen)* hacer; *(una foto)* sacar; *(un juramento)* prestar; *(una oportunidad)* aprovechar; *(un paseo, paso)* dar; **t. care!,** ¡ten cuidado! ♦ admitir ♦ *(en el espacio)* ocupar: **that seat is taken,** ese asiento está ocupado ♦ *(en el tiempo)* durar, tardar: **the journey takes six hours,** el viaje dura seis horas ♦ necesitar, usar: **he's got what it takes,** tiene lo que hace falta ♦ *(zapatos)* calzar; *(ropa)* usar: **she takes an eight,** usa la talla ocho ♦ *(comida, droga, etc)* tomar: **do you t. sugar?,** ¿tomas azúcar? ♦ **to t. a liking to sb,** encariñarse con alguien ♦ *(un cheque, desafío, trabajo, etc)* aceptar; *(un consejo)* seguir; *(un premio)* ganar ♦ aguantar, soportar ♦ reaccionar ♦ mirar (como ejemplo): **t. Albania, for instance...,** mira Albania, por ejemplo |2 *n Cine* toma ■ **take aback** *vtr* sorprender ■ **take after** *vtr* parecerse a, salir a ■ **take apart** *vtr* desmontar ■ **take away** *vtr* ♦ llevarse ♦ quitar ♦ *Mat* restar ♦ *GB (comida)* llevar ■ **take back** *vtr* ♦ devolver ♦ *(una declaración)* retirar ■ **take down** *vtr* ♦ desmontar ♦ *(tomar nota de)* apuntar ■ **take in** *vtr* alojar, acoger ■ **take off 1** *vtr* ♦ *(la ropa)* quitar ♦ *(el tiempo)* tomarse: **I'm taking a day off,** me tomo un día libre |2 *vi Av* despegar ■ **take on** *vtr* ♦ contratar ♦ *(a un contrincante)* enfrentarse ■ **take out** *vtr* ♦ sacar, quitar ♦ *(con fines románticos)* salir con ■ **take over 1** *vtr* ♦ *(el control)* asumir ♦ *(de un país)* apoderarse |2 *vi* ♦ tomar el mando ■ **take to** *vtr* ♦ coger cariño ♦ *(a un hábito)* darse ■ **take up** *vtr* ♦ llevar ♦ *(una actividad interrumpida)* reanudar ♦ *Cost* acortar ♦ *(espacio, tiempo)* ocupar: **it takes up all my time,** me ocupa todo el tiempo

takeaway ['teɪkəweɪ] *GB* **1** *n* comida para llevar *o* un restaurante que la vende |2 *adj* para llevar

take-home pay ['teɪkhəʊmpeɪ] *n* sueldo neto

takeoff ['teɪkɒf] *n* ♦ *Av* despegue ♦ *fam* parodia

takeover ['teɪkəʊvəʳ] *n* ♦ *Com* absorción; **t. bid,** oferta pública de adquisición, OPA ♦ *Pol* toma del poder

takings ['teɪkɪŋz] *npl* recaudación

talc [tælk] *n* talco

talcum powder ['tælkəmpaʊdəʳ] *n* (polvos de) talco

tale [teɪl] *n* cuento, relato

talent ['tælənt] *n* talento

talented ['tæləntɪd] *adj* dotado,-a

talk [tɔːk] **1** *n* ♦ conversación ♦ *(en público)* charla ♦ **talks** *pl,* negociaciones ♦ *pey* chismorreo, rumor, palabrería: **it's only t.,** sólo son habladurías |2 *vi & vtr* hablar, decir; **to t. nonsense,** decir tonterías; **to t. sb into/out of doing sthg,** convencer a alguien para que haga/no haga algo

talkative ['tɔːkətɪv] *adj* hablador,-ora, parlanchín,-ina

talk-show ['tɔːkʃəʊ] *n* programa de entrevistas; *fam* tertulia

tall [tɔːl] *adj* alto,-a: **Juan is nearly two metres t.,** Juan mide casi dos metros

tally ['tælɪ] **1** *vi* coincidir |2 *n* cuenta

talon ['tælən] *n* garra

tambourine [tæmbə'riːn] *n* pandereta

tame [teɪm] **1** *adj* ♦ *(animal)* domesticado,-a; *(por naturaleza)* manso,-a ♦ *(estilo, etc)* insulso,-a |2 *vtr* domar

tamper ['tæmpəʳ] *vi* **to t. with,** *(una cerradura, etc)* intentar forzar; *(un documento)* falsificar, alterar; *(una máquina)* escacharrar

tampon ['tæmpɒn] *n* tampón

tan [tæn] **1** *vtr* ♦ curtir ♦ *(la piel)* broncear |2 *vi* broncearse |3 *n* bronceado

tang [tæŋ] *n* sabor fuerte

tangent ['tændʒənt] *n* tangente

tangible ['tændʒəbəl] *adj* tangible

tangle ['tæŋgəl] **1** *n* lío, enredo |2 *vtr* enredar, enmarañar |3 *vi* enredarse

tank [tæŋk] *n* ♦ depósito, cisterna ♦ *Mil* tanque

tanker ['tæŋkəʳ] *n* ♦ buque cisterna; *(para el petróleo)* petrolero ♦ camión cisterna

tantalize ['tæntəlaɪz] *vtr* atormentar

tantalizing ['tæntəlaɪzɪŋ] *adj* tentador,-ora, atormentador,-ora
tantrum ['tæntrəm] *n* rabieta
tap [tæp] **1** *vtr* ◆ dar un golpecito a ◆ *(una tecla)* pulsar ◆ *(un mercado, recurso)* explotar ◆ *(un teléfono)* pinchar **|2** *vi* dar golpecitos: **I tapped on the door,** llamé suavemente a la puerta **|3** *n* ◆ golpecito ◆ *(del agua)* grifo; *(del gas)* llave
tape [teɪp] **1** *n* ◆ cinta; **(sticky** *o* **adhesive) t.,** cinta adhesiva; *Med* esparadrapo ◆ **t. deck,** pletina; **t. recording,** grabación **|2** *vtr* ◆ grabar (en cinta) ◆ pegar (con cinta adhesiva)
taper ['teɪpəʳ] **1** *vi* estrecharse **|2** *n* vela, candela
tapestry ['tæpɪstrɪ] *n* tapiz
tar [tɑːʳ] *n* alquitrán
target ['tɑːgɪt] *n* ◆ blanco, diana ◆ objetivo, meta
tariff ['tærɪf] *n* tarifa, arancel
tarmac® ['tɑːmæk] **1** *n* asfalto **|2** *vtr* asfaltar
tarnish ['tɑːnɪʃ] *vtr* deslustrar
tart [tɑːt] *fam* **1** *n* ◆ tarta ◆ *fam* fulana **|2** *adj* ácido,-a, agrio,-a
tartan ['tɑːtən] *n* tartán, tela de cuadros
tartar ['tɑːtəʳ] *n* ◆ sarro ◆ **tartar(e) sauce,** salsa tártara
task [tɑːsk] *n* tarea
tassel ['tæsəl] *n* borla
taste [teɪst] **1** *n* ◆ gusto ◆ *(atributo)* sabor; **a t. of honey,** un sabor a miel; **she has good t.,** tiene buen gusto **|2** *vtr* probar **|3** *vi* saber
tasteful ['teɪstfʊl] *adj* de buen gusto
tasteless ['teɪstlɪs] *adj* ◆ insípido,-a ◆ *(comentario, etc)* de mal gusto
tasty ['teɪstɪ] *adj (tastier, tastiest)* sabroso,-a
tattered ['tætəd] *adj* hecho,-a jirones
tattoo [tæ'tuː] **1** *vtr* tatuar **|2** *n* tatuaje
tatty ['tætɪ] *adj (tattier, tattiest)* ◆ *GB (ropa, etc)* gastado,-a ◆ *(un bar, etc)* cutre
taught [tɔːt] *ps & pp* ➛ **teach**
taunt [tɔːnt] **1** *n* pulla **|2** *vtr* mofarse de
Taurus ['tɔːrəs] *n* Tauro
taut [tɔːt] *adj* tenso,-a, tirante
tavern ['tævən] *n* taberna
tawdry ['tɔːdrɪ] *adj (tawdrier, tawdriest)* hortera
tax [tæks] **1** *n* impuesto; **t. evasion,** fraude fiscal; **t. free,** libre de impuestos; **income t.,** impuesto sobre la renta **|2** *vtr* ◆ *Fin* gravar ◆ *(la fuerza, paciencia)* poner a prueba
taxable ['tæksəbəl] *adj* imponible, sujeto,-a a impuestos
taxation [tæk'seɪʃən] *n* impuestos
taxi ['tæksɪ] **1** *n* ◆ **t. (cab),** taxi ◆ **t. driver,** taxista ◆ **t. rank** *GB* **t. stand** *US,* parada de taxis **|2** *vi Av* rodar por la pista
taxpayer ['tækspeɪəʳ] *n* contribuyente
tea [tiː] *n* ◆ té; **t. bag,** bolsita de té; **t. cloth** *o* **towel,** trapo de cocina ◆ *(comida)* merienda
teach [tiːtʃ] **1** *vtr (ps & pp* ***taught)*** ◆ enseñar, dar clases a **|2** *vi* dar clases, ser profesor,-ora
teacher ['tiːtʃəʳ] *n* profesor,-ora; *(en la escuela primaria)* maestro,-a
teaching ['tiːtʃɪŋ] *n* enseñanza
teacup ['tiːkʌp] *n* taza de té
team [tiːm] *n* equipo
team-mate ['tiːmmeɪt] *n* compañero,-a de equipo
teamwork ['tiːmwɜːk] *n* trabajo de equipo
teapot ['tiːpɒt] *n* tetera
tear¹ [tɪəʳ] *n* lágrima
tear² [teəʳ] **1** *vtr (ps* ***tore;*** *pp* ***torn)*** romper, rasgar **|2** *vi* ◆ romperse, rajarse ◆ moverse de prisa **|3** *n* rasgón, desgarrón ■ **tear apart** *vtr* destrozar ■ **tear down** *vtr* derribar ■ **tear off 1** *vtr* arrancar **|2** *vi* salir disparado ■ **tear out** *vtr* arrancar ■ **tear up** *vtr* ◆ romper, hacer pedazos ◆ *(una planta)* arrancar de raíz
tearful ['tɪəfʊl] *adj* lloroso,-a
tearoom ['tiːruːm] *n GB* ➛ **teashop**
tease [tiːz] *vtr* tomar el pelo a, burlarse de
teashop ['tiːʃɒp] *n GB* salón de té
teaspoon ['tiːspuːn] *n* cucharilla

teaspoonful ['ti:spu:nfʊl] *n* cucharadita
teat [ti:t] *n* tetina
teatime ['ti:taɪm] *n* hora del té
technical ['teknɪkəl] *adj* técnico,-a
technically ['teknɪklɪ] *adv* en teoría
technician [tek'nɪʃən] *n* técnico,-a
technique [tek'ni:k] *n* técnica
technological [teknə'lɒdʒɪkəl] *adj* tecnológico,-a
technology [tek'nɒlədʒɪ] *n* tecnología
teddy bear ['tedɪbeəʳ] *n* osito de peluche
tedious ['ti:dɪəs] *adj* tedioso,-a, aburrido,-a
tedium ['ti:dɪəm] *n* tedio, aburrimiento
teenage ['ti:neɪdʒ] *adj* adolescente
teenager ['ti:neɪdʒəʳ] *n* adolescente
teens [ti:nz] *npl* adolescencia
tee-shirt ['ti:ʃɜ:t] *n* camiseta
teeth [ti:θ] *npl* → **tooth**
teethe [ti:ð] *vi* **the baby is teething,** el bebé está echando los dientes
teething ['ti:ðɪŋ] *n* dentición
teetotaller [ti:'təʊtələʳ] *n* abstemio,-a
telecommunications ['telɪkəmju:nɪ'keɪʃənz] *n* telecomunicaciones
telegram ['telɪgræm] *n* telegrama
telegraph ['telɪgræf, 'telɪgrɑ:f] **1** *n* telégrafo |**2** *vtr & vi* telegrafiar
telepathy [tɪ'lepəθɪ] *n* telepatía
telephone ['telɪfəʊn] **1** *n* teléfono; **t. book/directory,** guía telefónica; *GB* **t. box,** cabina (telefónica); **t. call,** llamada telefónica; **t. number,** número de teléfono |**2** *vtr* llamar por teléfono
telephonist [tɪ'lefənɪst] *n GB* telefonista
telephoto ['telɪfəʊtəʊ] *adj* **t. lens,** teleobjetivo
telesales ['telɪseɪlz] *npl* televentas
telescope ['telɪskəʊp] *n* telescopio
telescopic [telɪ'skɒpɪk] *adj* telescópico,-a
television ['telɪvɪʒən] *n* ◆ televisión ◆ *(el aparato)* **t. (set),** televisor
telex ['teleks] **1** *n* télex |**2** *vtr* enviar por télex
tell [tel] **1** *vtr (ps & pp* ***told)*** ◆ decir, informar ◆ *(un cuento, etc)* contar: **t. me about it,** cuéntamelo ◆ saber, deducir ◆ distinguir |**2** *vi* ◆ chivarse, soplar ◆ *frml (el estrés, etc)* notarse ■ **tell apart** *vtr* distinguir ■ **tell off** *vtr fam* regañar, reñir
telling-off [telɪŋ'ɒf] *n GB fam* rapapolvo
telly ['telɪ] *n GB* **the t.,** la tele
temp [temp] *n (abr de* ***temporary)*** *fam* trabajador,-ora temporal
temper ['tempəʳ] **1** *n* ◆ humor: **he's in a bad t.,** está de mal humor ◆ *(carácter)* **to have a (bad) t.,** tener (mal) genio |**2** *vtr* suavizar
temperament ['tempərəmənt] *n* temperamento
temperamental [tempərəmentəl] *adj* temperamental
temperate ['tempərɪt] *adj* ◆ mesurado,-a ◆ *(clima)* templado,-a
temperature ['temprɪtʃəʳ] *n* ◆ temperatura ◆ *Med* **to have a t.,** tener fiebre
template ['templəɪt] *n* plantilla
temple ['tempəl] *n* ◆ templo ◆ *Anat* sien
tempo ['tempəʊ] *n* tempo
temporary ['tempərərɪ] *adj* ◆ provisional ◆ *(trabajo, empleado)* eventual ◆ *(situación)* transitorio,-a
tempt [tempt] *vtr* tentar
temptation [temp'teɪʃən] *n* tentación
tempting ['temptɪŋ] *adj* tentador,-ora
ten [ten] *adj & n* diez
tenacious [tə'neɪʃəs] *adj* tenaz
tenacity [tə'næsɪtɪ] *n* tenacidad
tenant ['tenənt] *n* ◆ inquilino,-a ◆ *(de una granja)* arrendatario,-a
tend [tend] **1** *vi* tender, tener tendencia |**2** *vtr* cuidar (de)
tendency ['tendənsɪ] *n* tendencia
tender ['tendəʳ] **1** *adj* ◆ tierno,-a ◆ *(un punto)* sensible |**2** *vtr frml* ofrecer |**3** *vi* hacer una oferta |**4** *n* ◆ oferta ◆ **(legal) t.,** moneda de curso legal
tenderness ['tendənɪs] *n* ternura
tendon ['tendən] *n* tendón
tenement ['tenɪmənt] *n* casa de vecinos
tennis ['tenɪs] *n* tenis; **t. court,** pista de tenis

tenor ['tenəʳ] *n* tenor
tense [tens] **1** *adj* tenso,-a **|2** *n Ling* tiempo
tension ['tenʃən] *n* tensión
tent [tent] *n* tienda (de campaña)
tentacle ['tentəkəl] *n* tentáculo
tentative ['tentətɪv] *adj* ◆ indeciso,-a ◆ *(no definido)* provisional
tenth [tenθ] **1** *adj* & *n* décimo,-a **|2** *n (fracción)* décimo
tenuous ['tenjʊəs] *adj* ◆ poco convincente ◆ *(conexión)* poco claro,-a
tenure ['tenjʊəʳ] *n* ◆ tenencia ◆ *(de un puesto)* ocupación
tepid ['tepɪd] *adj* tibio,-a
term [tɜːm] **1** *n* ◆ periodo; *Educ* trimestre ◆ *Jur* pena **|2** *npl* **terms** ◆ *(de trabajo, pago)* condiciones ◆ relaciones; **to be on good terms,** llevarse bien **|3** *vtr* calificar de
terminal ['tɜːmɪnəl] *adj* & *n* terminal
terminate ['tɜːmɪneɪt] **1** *vtr* poner fin a; *US (a un empleado)* despedir **|2** *vi* terminarse
terminology [tɜːmɪ'nɒlədʒɪ] *n* terminología
terminus ['tɜːmɪnəs] *n (pl* **termini** ['tɜːmɪnaɪ]*)* terminal (de autobuses, etc)
terrace ['terəs] *n* ◆ terraza ◆ *GB* hilera de casas adosadas
terraced ['terəst] *adj GB* adosado,-a
terrain [tə'reɪn] *n* terreno
terrible ['terəbəl] *adj* malísimo,-a, fatal
terribly ['terəblɪ] *adv* terriblemente
terrific [tə'rɪfɪk] *adj* genial, estupendo
terrify ['terɪfaɪ] *vtr* aterrorizar
terrifying ['terɪfaɪɪŋ] *adj* aterrador,-ora
territory ['terɪtərɪ] *n* territorio
terror ['terəʳ] *n* terror
terrorism ['terərɪzəm] *n* terrorismo
terrorist ['terərɪst] *adj* & *n* terrorista
terrorize ['terəraɪz] *vtr* aterrorizar
terse [tɜːs] *adj* lacónico,-a
test [test] **1** *n* ◆ prueba, examen ◆ *Med* análisis **|2** *vtr* ◆ someter a una prueba ◆ *(proceso, etc)* probar ◆ *Med* analizar
testament ['testəmənt] *n* ◆ testamento ◆ *Rel* **Old/New T.,** Antiguo/Nuevo Testamento
testicle ['testɪkəl] *n* testículo
testify ['testɪfaɪ] *vtr* & *vi* testificar
testimony ['testɪmənɪ] *n* testimonio, declaración
test-tube ['testtjuːb] *n* probeta; **t.-t. baby,** niño,-a probeta
tetanus ['tetənəs] *n* tétano(s)
tether ['teðəʳ] **1** *n* atadura **|2** *vtr (a un animal)* atar
text [tekst] *n* texto
textbook ['tekstbʊk] *n* libro de texto
textile ['tekstaɪl] **1** *n* tejido **|2** *adj* textil
texture ['tekstʃəʳ] *n* textura
than [ðæn, *forma débil* ðən] *conj* ◆ que: **she is richer t. him,** es más rica que él ◆ *(con números, frases)* de; **more t. a hundred,** más de cien, **it tastes better t. it looks,** sabe mejor de lo que parece
thank [θæŋk] *vtr* dar las gracias a; **t. you,** gracias; **t. God/goodness/Heavens,** menos mal, a Dios gracias
thankful ['θæŋkfʊl] *adj* agradecido,-a
thankless ['θæŋklɪs] *adj* ingrato,-a
thanks [θæŋks] *npl* gracias; **t. to,** gracias a
thanksgiving [θæŋks'gɪvɪŋ] *n* **T. Day,** Día de Acción de Gracias
that [ðæt, *forma débil* ðət] **1** *adj dem* ese,-a, aquel, aquella; *pl* **those** [ðəʊz] esos,-as, aquellos,-as **|2** *pron* ◆ *dem* ése,-a, eso, aquél, aquélla, aquello; *pl* **those** [ðəʊz] ésos,-as; aquéllos,-as ◆ *rel* [ðət, *forma fuerte* ðæt] que: **the men t. you saw,** los hombres que viste; *(después de preposición)* el/la/los/las que, el/la cual, los/las cuales; *(tiempo)* en que, cuando **|3** *adv* [ðæt] tan, tanto: **I'm not t. stupid,** no soy tan estúpido **|4** *conj* [ðət, *forma fuerte* ðæt] que: **they said t. it would rain,** dijeron que llovería ◆ *(tb* **in order t.** *y* **so t.***)* para que
thatched [θætʃt] *adj* de paja
thaw [θɔː] **1** *vtr* ◆ derretir ◆ *(comida)* descongelar **|2** *vi* ◆ derretirse ◆ *(comida)*

descongelarse ◆ *(relaciones)* distenderse |3 *n* deshielo

the [ðə, *antes de una vocal* ðɪ, *enfático* ðiː] 1 *art def* ◆ el, la, los, las ◆ *(no se traduce en español)* **Elizabeth t. First,** Isabel I; **to sell sthg by t. metre,** vender algo por metros |2 *adv* **t. more you have t. more you want,** cuanto más tienes, más quieres; **t. sooner t. better,** cuanto antes, mejor

theatre, *US* **theater** [ˈθɪətəʳ] *n* teatro

theft [θeft] *n* robo; **petty t.,** hurto

their [ðeəʳ] *adj posesivo* su, sus (de ellos,-as)

theirs [ðeəz] *pron posesivo* (el) suyo, (la) suya; *pl* (los) suyos, (las) suyas (de ellos,-as)

them [ðem, *forma débil* ðəm] *pron pers pl* ◆ *(objeto directo)* los, las: **I saw t. yesterday,** los vi ayer ◆ *(objeto indirecto)* les, se: **tell t. the truth,** diles la verdad ◆ *(con preposición)* ellos, ellas; **by/for/with t.,** por/para/con ellos,-as; **none of t.,** ninguno de ellos

theme [θiːm] *n* tema

themselves [ðəmˈselvz] *pron pers pl* ◆ *(sujeto)* ellos mismos, ellas mismas: **the generals t. did not fight,** los generales mismos no lucharon ◆ *(reflexivo)* se ◆ *(con preposición)* sí mismos,-as

then [ðen] 1 *adv* ◆ luego ◆ entonces; **by/since/until t.,** para/desde/hasta entonces ◆ así que, entonces: **t. you're an idiot,** entonces eres imbécil

theology [θɪˈɒlədʒɪ] *n* teología

theoretic(al) [θɪəˈretɪk(əl)] *adj* teórico,-a

theory [ˈθɪərɪ] *n* teoría

therapeutic [θerəˈpjuːtɪk] *adj* terapéutico,-a

therapist [ˈθerəpɪst] *n* terapeuta

therapy [ˈθerəpɪ] *n* terapia

there [ðeəʳ] 1 *adv* ahí, allí, allá; **in/out t.,** ahí dentro/fuera; **up/down t.,** allí arriba/abajo |2 *pron* **t. is/are,** hay…; **t. are only two of us,** sólo somos dos; **t. must be,** debe (de) haber: **t. was/were,** había

thereabouts [ˈðeərəbaʊts], *US* **thereabout** [ˈðeərəbaʊt] *adv* por ahí, cerca

thereafter [ðeərˈɑːftəʳ] *adv frml* a partir de entonces

thereby [ˈðeəbaɪ] *adv frml* de ese modo

therefore [ˈðeəfɔːʳ] *adv* por tanto, por eso

thermal [ˈθɜːməl] 1 *adj* termal |2 *n* corriente térmica

thermometer [θəˈmɒmɪtəʳ] *n* termómetro

Thermos® [ˈθɜːməs] *n* **T. (flask),** termo®

thermostat [ˈθɜːməstæt] *n* termostato

thesaurus [θɪˈsɔːrəs] *n* tesauro

these [ðiːz] 1 *adj & pron dem* ➝ **this**

thesis [ˈθiːsɪs] *n* tesis

they [ðeɪ] *pron pl* ◆ ellos, ellas ◆ *(impersonal)* **t. say that…,** se dice que…

they'd [ðeɪd] ◆ **they had** ◆ **they would**

they'll [ðeɪl] ◆ **they will** ◆ **they shall**

they're [ðeəʳ] ➝ **they are**

they've [ðeɪv] ➝ **they have**

thick [θɪk] *adj* ◆ grueso,-a: **it's a metre t.,** tiene un metro de grosor ◆ *(líquido)* espeso,-a; *(niebla, vegetación)* denso,-a ◆ *fam* torpe, burro,-a

thicken [ˈθɪkən] 1 *vtr* espesar |2 *vi* espesarse, hacerse más denso,-a

thickness [ˈθɪknɪs] *n* grosor

thief [θiːf] *n (pl* **thieves** [θiːvz]) ladrón,-ona

thigh [θaɪ] *n* muslo

thimble [ˈθɪmbəl] *n* dedal

thin [θɪn] 1 *adj (thinner, thinnest)* ◆ delgado,-a, flaco,-a ◆ *(líquido)* claro,-a ◆ *(loncha, capa, etc)* fino,-a |2 *vtr* **to t. (down),** diluir

thing [θɪŋ] *n* cosa

think [θɪŋk] 1 *vtr (ps & pp* **thought***)* creer, pensar: **I t. so,** creo que sí |2 *vi* ◆ pensar: **I'll t. about it,** me lo pensaré ◆ acordarse de: **I can't t. of his name,** no me acuerdo de su nombre ◆ *(opinión)* **they t. very highly of him,** tienen muy buena opinión de él ■ **think out** *vtr (un plan)* elaborar; *(un problema)* estudiar ■ **think over** *vtr* considerar detenidamente, reflexionar sobre ■ **think up** *vtr* imaginar, idear

thinker ['θɪŋkəʳ] *n* pensador,-ora

thinking ['θɪŋkɪŋ] **1** *adj* racional **|2** *n* pensamiento

third [θɜːd] **1** *adj* tercero,-a; **the T. World,** el Tercer Mundo **|2** *n* ♦ tercero,-a ♦ *(fracción)* tercio, tercera parte ♦ *Auto* tercera

thirdly ['θɜːdlɪ] *adv* en tercer lugar

thirst [θɜːst] *n* sed

thirsty ['θɜːstɪ] *adj* ***(thirstier, thirstiest)*** sediento,-a

thirteen [θɜː'tiːn] *adj* & *n* trece

thirteenth [θɜː'tiːnθ] **1** *adj* & *n* decimotercero,-a **|2** *n* treceavo

thirtieth ['θɜːtɪɪθ] **1** *adj* & *n* trigésimo,-a **|2** *n* trigésima parte; *Mat* treintavo

thirty ['θɜːtɪ] *adj* & *n* treinta

this [ðɪs] **1** *adj dem* este, esta; *pl* **these** [ðiːz] estos,-as **|2** *pron dem (tb* ***this one, these ones****)* éste,-ta; *pl* **these,** éstos,-as: **t. is my wife,** le presento a mi mujer; *(al teléfono)* **t. is Higinio,** soy Higinio ♦ esto: **what is t.?,** ¿qué es esto?; **like t.,** así **|3** *adv* así de, tan, tanto

thistle ['θɪsəl] *n* cardo

thorax ['θɔːræks] *n* tórax

thorn [θɔːn] *n* espina

thorough ['θʌrə] *adj* ♦ minucioso,-a; *(trabajador)* concienzudo,-a ♦ *(conocimiento)* profundo,-a

thoroughbred ['θʌrəbred] **1** *adj* de pura sangre **|2** *n* purasangre

thoroughfare ['θʌrəfeəʳ] *n* vía pública, calle

thoroughly ['θʌrəlɪ] *adv* ♦ completamente, a fondo ♦ *(investigar)* minuciosamente

those [ðəʊz] *dem adj* & *pron pl* ➛ **that**

though [ðəʊ] **1** *conj* ♦ aunque, si bien; **(even) t. it's Christmas,** aunque sea Navidad ♦ **as t.,** como si **|2** *adv* sin embargo

thought [θɔːt] *n* ♦ pensamiento; **on second thoughts,** pensándolo bien ♦ idea

thoughtful ['θɔːtfʊl] *adj* ♦ pensativo,-a ♦ atento,-a

thoughtless ['θɔːtlɪs] *adj* ♦ desconsiderado,-a ♦ *(acción)* irreflexivo,-a

thousand ['θaʊzənd] *adj* & *n* mil

thousandth ['θaʊzənθ] **1** *adj* milésimo,-a **|2** *n* ♦ *(en orden)* milésimo,-a ♦ *(fracción)* milésima

thrash [θræʃ] *vtr* ♦ azotar ♦ *Dep* darle una paliza a

thread [θred] **1** *n* ♦ hilo ♦ *Téc* rosca **|2** *vtr* ♦ enhebrar ♦ *(cuentas)* ensartar

threadbare ['θredbeəʳ] *adj* raído,-a

threat [θret] *n* amenaza

threaten ['θretən] *vtr* amenazar

threatening ['θretənɪŋ] *adj* amenazador,-ora

three [θriː] *adj* & *n* tres

three-dimensional [θriːdɪ'menʃənəl] *adj* tridimensional

threefold ['θriːfəʊld] **1** *adj* triple **|2** *adv* tres veces

thresh [θreʃ] *vtr* trillar

threshold ['θreʃəʊld] *n* umbral

threw [θruː] *ps* ➛ **throw**

thrifty ['θrɪftɪ] *adj* ***(thriftier, thriftiest)*** económico,-a, ahorrativo,-a

thrill [θrɪl] **1** *n* ♦ emoción ♦ estremecimiento **|2** *vtr* emocionar

thrilled [θrɪld] *adj* encantado,-a

thriller ['θrɪləʳ] *n* novela/película de suspense

thrilling ['θrɪlɪŋ] *adj* emocionante

thrive [θraɪv] *vi* ♦ prosperar ♦ *(planta)* crecer con fuerza

thriving ['θraɪvɪŋ] *adj* próspero,-a

throat [θrəʊt] *n* garganta

throb [θrɒb] **1** *n* ♦ *(del corazón)* latido ♦ *(de una máquina)* vibración **|2** *vi* ♦ *(corazón)* latir ♦ *(máquina)* vibrar

throne [θrəʊn] *n* trono

throng [θrɒŋ] **1** *n* multitud, gentío **|2** *vi* **to t. in/out,** entrar/salir en tropel

throttle ['θrɒtəl] **1** *n* acelerador **|2** *vtr* estrangular

through [θruː] **1** *prep* ♦ a través de, por: **we walked t. the woods,** paseamos por el bosque ♦ *(en el tiempo)* durante; **all t. the war,** durante toda la guerra ♦ *(causa)* por medio de, por: **I got the job t. a friend,** conseguí el trabajo por medio de un amigo **|2** *adj* di-

recto,-a |3 *adv* ◆ de un lado a otro: **let me t.!**, ¡déjenme pasar! ◆ *(en el tiempo)* **to work t.**, trabajar sin descanso
throughout [θruː'aʊt] **1** *prep* ◆ durante todo,-a ◆ *(en el espacio)* por/en todo,-a |**2** *adv* ◆ desde el principo hasta el fin ◆ *(en el espacio)* totalmente, en/por todas partes
throw [θrəʊ] **1** *n* tiro, lanzamiento |**2** *vtr (ps* ***threw****; pp* ***thrown****)* tirar, arrojar; *(una pelota, etc)* lanzar; *(los dados)* echar ■ **throw away** *vtr* ◆ tirar ◆ *(el dinero)* despilfarrar; *(una oportunidad)* desperdiciar ■ **throw in** *vtr* ◆ sacar de banda ◆ *Com fam* regalar ■ **throw off** *vtr* despistar ■ **throw out** *vtr* ◆ tirar ◆ *(a una persona)* echar, expulsar ◆ *(los planes)* desbaratar ■ **throw up** *vi* vomitar, devolver
throwaway ['θrəʊəweɪ] *adj* desechable
throw-in ['θrəʊɪn] *n* saque de banda
thrown [θrəʊn] *pp* → **throw**
thru [θruː] *prep US* → **through**
thrust [θrʌst] **1** *vtr (ps & pp* ***thrust****)* empujar (con fuerza) |**2** *n* ◆ empujón ◆ *Av Fís* empuje
thud [θʌd] *n* ruido sordo
thug [θʌg] *n* matón, bruto
thumb [θʌm] *n* pulgar
thumbtack ['θʌmtæk] *n* chincheta
thump [θʌmp] **1** *n* ◆ ruido sordo ◆ golpazo; *fam* torta |**2** *vtr & vi* golpear
thunder ['θʌndəʳ] **1** *n* ◆ trueno ◆ *(ruido)* estruendo |**2** *vi* tronar
thunderbolt ['θʌndəbəʊlt] *n* ◆ rayo ◆ *fig (noticia)* bomba
thunderclap ['θʌndəklæp] *n* trueno
thunderous ['θʌndərəs] *adj* ensordecedor,-ora
thunderstorm ['θʌndəstɔːm] *n* tormenta eléctrica
thundery ['θʌndərɪ] *adj* tormentoso,-a
Thursday ['θɜːzdɪ] *n* jueves
thus [ðʌs] *adv frml* así, de esta manera
thwart [θwɔːt] *vtr* frustrar, desbaratar
thyme [taɪm] *n* tomillo
tiara [tɪ'ɑːrə] *n* diadema
tic [tɪk] *n* tic
tick [tɪk] **1** *n* ◆ tic-tac ◆ *GB fam* segundito ◆ *(con un lápiz, etc)* señal, visto (bueno) ◆ *Zool* garrapata |**2** *vi* hacer tic-tac |**3** *vtr* marcar
ticket ['tɪkɪt] *n* ◆ *Trans* billete; *Cine Teat* entrada; *(de lotería)* billete, décimo; **t. office** *Teat* taquilla; *Trans* ventanilla ◆ recibo ◆ resguardo ◆ etiqueta ◆ *Auto* multa
tickle ['tɪkəl] **1** *vtr* hacer cosquillas a |**2** *vi* hacer cosquillas |**3** *n* cosquilleo
ticklish ['tɪklɪʃ] *adj* ◆ que tiene cosquillas ◆ *(problema)* delicado,-a
tidal ['taɪdəl] *adj* de la marea; **t. wave,** maremoto
tidbit ['tɪdbɪt] *n US* → **titbit**
tide [taɪd] *n* marea
tidy ['taɪdɪ] **1** *adj (****tidier, tidiest****)* ◆ ordenado,-a ◆ *(apariencia)* arreglado,-a |**2** *vtr* arreglar, ordenar ■ **tidy up** *vtr* arreglar, recoger
tie [taɪ] **1** *n* ◆ corbata ◆ **ties** *pl*, lazos, vínculos ◆ atadura, estorbo ◆ *Dep* empate |**2** *vtr* ◆ atar ◆ *fig* vincular |**3** *vi* ◆ atarse ◆ *Dep* empatar ■ **tie up 1** *vtr* atar; **to be tied up,** estar ocupado,-a
tie-break ['taɪbreɪk] *n* desempate
tier [tɪəʳ] *n* ◆ grada, fila ◆ *(de pastel, etc)* piso
tiger ['taɪgəʳ] *n* tigre
tight [taɪt] **1** *adj* ◆ ajustado,-a, estrecho,-a; *(cajón, tuerca)* apretado,-a ◆ *(cuerda, etc)* tirante, tieso,-a ◆ *(horario)* apretado,-a; *(control, seguridad)* riguroso,-a ◆ *fam* tacaño,-a |**2** *adv* fuerte |**3** *npl* **tights,** pantis; *(para bailar)* mallas
tighten ['taɪtən] **1** *vtr* ◆ apretar; *(una cuerda)* tensar ◆ *(el control, la seguridad)* intensificar |**2** *vi* apretarse
tightrope ['taɪtrəʊp] *n* cuerda floja
tile [taɪl] **1** *n* ◆ baldosa ◆ *(pared)* azulejo ◆ *(tejado)* teja |**2** *vtr* embaldosar; *(la pared)* alicatar
till [tɪl] **1** *n* caja registradora |**2** *conj, prep* hasta, hasta que
tilt [tɪlt] **1** *n* ◆ inclinación ◆ **(at) full t.,** a toda máquina |**2** *vi* inclinarse |**3** *vtr* inclinar

timber ['tɪmbəʳ] *n* madera (de construcción), viga

time [taɪm] **1** *n* ♦ tiempo: **t. flies,** el tiempo vuela; **a long/short t. ago,** hace mucho/poco; **in a week's t.,** dentro de una semana ♦ momento; **at any t.,** en cualquier momento; **at the t.,** en ese momento ♦ temporada; **at this t. of year,** en esta temporada ♦ época; **in Roman times,** en la época Romana ♦ hora: **what's the t.?**, ¿qué hora es?; **on t.,** puntualmente ♦ vez: **at the same t.,** a la vez, al mismo tiempo; **at times,** a veces; **every t.,** cada vez: **from t. to t.,** de vez en cuando; **next t.,** la próxima vez ♦ *Mat* **two times two is four,** dos por dos son cuatro ♦ *(experiencia)* **to have a good t.,** pasarlo bien ♦ *Mús* compás, ritmo |**2** *vtr* ♦ programar, elegir el momento para ♦ *(un evento)* calcular la duración de ♦ *Dep* cronometrar

timely ['taɪmlɪ] *adj (timelier, timeliest)* oportuno,-a

timer ['taɪməʳ] *n* temporizador

timetable ['taɪmteɪbəl] *n* horario

time-zone ['taɪmzəʊn] *n* huso horario

timid ['tɪmɪd] *adj* tímido,-a

timing ['taɪmɪŋ] *n* ♦ **the t. is perfect,** está perfectamente coordinado ♦ *Dep* ritmo, cronometraje

tin [tɪn] **1** *n* ♦ estaño ♦ *(de conservas)* lata |**2** *vtr* enlatar

tinfoil ['tɪnfɔɪl] *n* papel de aluminio

tinge [tɪndʒ] **1** *n* matiz |**2** *vtr* teñir

tingle ['tɪŋgəl] **1** *n* hormigueo |**2** *vi* **my ears are tingling,** me zumban los oídos

tinker ['tɪŋkəʳ] *vi* juguetear

tinkle ['tɪŋkəl] *vi* tintinear

tin-opener ['tɪnəʊpənəʳ] *n* abrelatas

tint [tɪnt] **1** *n* tinte, matiz |**2** *vtr* teñir; **to t. one's hair,** teñirse el pelo

tiny ['taɪnɪ] *adj (tinier, tiniest)* diminuto,-a, minúsculo,-a

tip [tɪp] **1** *n* ♦ punta; *(de cigarrillo)* filtro ♦ propina ♦ consejo (práctico) ♦ **(rubbish-) t.,** vertedero |**2** *vtr* ♦ poner punta a ♦ dar propina ♦ verter ♦ inclinar |**3** *vi* inclinarse ■ **tip off** *vtr (a la policía)* avisar ■ **tip over 1** *vtr* volcar |**2** *vi* volcarse

tipsy ['tɪpsɪ] *adj (tipsier, tipsiest)* achispado,-a

tiptoe ['tɪptəʊ] **1** *vi* andar de puntillas |**2** *n* **on t.,** de puntillas

tire[1] [taɪəʳ] *n US* ➛ **tyre**

tire[2] [taɪəʳ] **1** *vtr* cansar |**2** *vi* cansarse ■ **tire out** *vtr* agotar

tired ['taɪəd] *adj* cansado,-a

tireless ['taɪəlɪs] *adj* incansable

tiresome ['taɪəsəm] *adj* fastidioso,-a

tiring ['taɪərɪŋ] *adj* cansado,-a, fatigoso,-a

tissue ['tɪʃuː, 'tɪsjuː] *n* ♦ pañuelo de papel, kleenex® ♦ *Biol* tejido

tit [tɪt] *n fam vulgar* teta

titbit ['tɪdbɪt] *n* ♦ golosina ♦ *fig* chisme

title ['taɪtəl] *n* título

titter ['tɪtəʳ] **1** *vi* reírse nerviosamente |**2** *n* risita ahogada

titular ['tɪtjʊləʳ] *adj* titular

TM *o* ™ *(abr de **trade mark**)* marca registrada

to [tuː; *forma débil delante de una vocal* tʊ, *antes de una consonante* tə] **1** *prep* ♦ a, hacia: **I'm going to Paris,** voy a París; **from place to place,** de un lado a otro; **to the left/right,** hacia/a la izquierda/derecha ♦ *(con números)* hasta; **10 to 15 years later,** entre 10 y 15 años más tarde ♦ *(objeto indirecto)* **give that to me!**, ¡dame eso! ♦ *(la hora, el tiempo)* **it's five to six,** son las seis menos cinco ♦ *(comparación)* **she prefers coffee to tea,** prefiere el café al té ♦ *(pertenencia)* de; **the key to the door,** la llave de la puerta ♦ *(según)* **to all appearances,** a juzgar por las apariencias ♦ *(resultado)* **to my surprise,** para mi asombro |**2** *partícula del infinitivo* ♦ *(para formar el infinitivo - sin traducción)* **to be or not to be,** ser o no ser ♦ *(sin verbo)* **I'm going home, but you don't have to,** me voy a casa, pero tú no tienes que hacerlo ♦ *(propósito)* **they went to see her,** fueron a verla; **it's easy to do,** es fácil de hacer ♦ *(como orden) frml* **passengers are to wait here,** los pasajeros deben esperar aquí

toad [təʊd] *n* sapo

toadstool ['təʊdstu:l] *n* seta venenosa

toast [təʊst] **1** *n* ◆ pan tostado; **a slice of t.,** una tostada ◆ brindis **|2** *vtr* ◆ tostar ◆ brindar por

toaster ['təʊstəʳ] *n* tostador (de pan)

tobacco [tə'bækəʊ] *n* tabaco

tobacconist [tə'bækənɪst] *n GB* estanquero,-a; **t.'s (shop),** estanco

today [tə'deɪ] *n & adv* hoy

toddler ['tɒdləʳ] *n* niño,-a pequeño,-a (que empieza a andar)

toe [təʊ] **1** *n* dedo del pie; **big t.,** dedo gordo

toenail ['təʊneɪl] *n* uña del dedo gordo del pie

toffee ['tɒfɪ] *n* caramelo

together [tə'geðəʳ] *adv* ◆ junto, juntos,-as ◆ *(hablar, gritar)* todos a la vez

toil [tɔɪl] *n frml* trabajo duro

toilet ['tɔɪlɪt] *n* ◆ váter, inodoro ◆ *(cuarto)* retrete, baño; *(público)* servicios, aseos ◆ **t. paper,** papel higiénico; **t. water,** colonia

toiletries ['tɔɪlɪtrɪz] *npl* artículos de aseo

token ['təʊkən] **1** *n* ◆ señal ◆ *Com* vale, cheque-regalo **|2** *adj* simbólico,-a

told [təʊld] *ps & pp* → **tell**

tolerance ['tɒlərəns] *n* tolerancia

tolerant ['tɒlərənt] *adj* tolerante

tolerate ['tɒləreɪt] *vtr* tolerar

toll [təʊl] **1** *vi* doblar **|2** *n* peaje

tomato [tə'mɑ:təʊ, *US* tə'meɪtəʊ] *n (pl tomatoes)* tomate

tomb [tu:m] *n* tumba

tombstone ['tu:mstəʊn] *n* lápida

tomcat ['tɒmkæt] *n* gato (macho)

tomorrow [tə'mɒrəʊ] *n & adv* mañana; **see you t.!,** ¡hasta mañana!; **t. morning,** mañana por la mañana

ton [tʌn] *n* tonelada (US 907 kg, GB 1.016 kg)

tone [təʊn] *n* tono ■ **tone down** *vtr* atenuar

tongs [tɒŋz] *npl* pinzas

tongue [tʌŋ] *n* ◆ lengua; **t. twister,** trabalenguas ◆ *(de un zapato)* lengüeta ◆ *frml* idioma

tonic ['tɒnɪk] **1** *n* ◆ tónica ◆ *Med* tónico **|2** *adj* tónico,-a

tonight [tə'naɪt] *adv & n* esta noche

tonnage ['tʌnɪdʒ] *n* tonelaje

tonne [tʌn] *n (tb* **metric tonne***)* tonelada (1.000 kg)

tonsil ['tɒnsəl] *n* amígdala

tonsillitis [tɒnsɪ'laɪtɪs] *n* amigdalitis

too [tu:] *adv* ◆ también; **me t.,** yo también ◆ demasiado, muy; **t. many people,** demasiada gente

took [tʊk] *ps* → **take**

tool [tu:l] *n* herramienta

toolbox ['tu:lbɒks] *n* caja de herramientas

toot [tu:t] **1** *vtr* tocar **|2** *vi* pitar **|3** *n* bocinazo

tooth [tu:θ] *n (pl* ***teeth*** [ti:θ]*)* ◆ **(front) t.,** diente; **back t.,** muela ◆ *(de una sierra)* diente; *(de un peine)* púa

toothache ['tu:θeɪk] *n* dolor de muelas

toothbrush ['tu:θbrʌʃ] *n* cepillo de dientes

toothpaste ['tu:θpeɪst] *n* pasta dentífrica

toothpick ['tu:θpɪk] *n* palillo, mondadientes

top [tɒp] **1** *n* ◆ parte superior; *(de un árbol)* copa; *(de la cabeza)* coronilla; *(de una colina)* cima; *(de un edificio)* último piso; *(de una lista, etc)* cabeza; *(de una mesa, etc)* superficie; *(de una profesión)* cima ◆ **on t.** *(como adv)* encima, arriba ◆ **on t. of** *(como prep)* encima de; **on t. of it all...,** para colmo... ◆ *(de botella, etc)* tapón; *(de pluma)* capuchón ◆ *(ropa)* blusa, camiseta **|2** *adj* ◆ *(estante, parte)* de arriba, superior; *(escalón, piso)* último,-a, más alto,-a; *(velocidad)* máximo,-a ◆ *(calidad)* de primera **|3** *vtr* ◆ *(un nivel)* superar ◆ *(una lista, el reparto)* encabezar ■ **top up** *vtr* llenar hasta el tope

topic ['tɒpɪk] *n* tema

topical ['tɒpɪkəl] *adj* de actualidad

top-level ['tɒplevəl] *adj* de alto nivel

topmost ['tɒpməʊst] *adj* (el) más alto, (la) más alta

topple ['tɒpəl] **1** *vi* caerse **|2** *vtr* ◆ volcar ◆ *(a un dictador)* derrocar

top-secret [tɒp'si:krɪt] *adj* de alto secreto

torch [tɔ:tʃ] *n* ♦ linterna ♦ *(de fuego)* antorcha

tore [tɔ:ʳ] *ps* → **tear**²

torment [tɔ:'ment] **1** *vtr* atormentar **|2** *n* ['tɔ:ment] tormento, suplicio

torn [tɔ:n] *pp* → **tear**²

tortoise ['tɔ:təs] *n* tortuga

tortoiseshell ['tɔ:təsʃel] **1** *n* carey **|2** *adj* de carey

torture ['tɔ:tʃəʳ] **1** *vtr* torturar **|2** *n* tortura

Tory ['tɔ:rɪ] *adj* & *n GB Pol* conservador,-ora

toss [tɒs] *vtr* ♦ tirar, lanzar; **to t. a coin (for sthg)**, echar (algo) a cara o cruz ♦ *Culin (la ensalada)* mezclar, revolver

total ['təʊtəl] **1** *n* total **|2** *adj* total **|3** *vtr* sumar **|4** *vi* ascender a

totalitarian [təʊtælɪ'teərɪən] *adj* totalitario,-a

totally ['təʊtəlɪ] *adv* totalmente

totem ['təʊtəm] *n* tótem

totter ['tɒtəʳ] *vi* tambalearse

touch [tʌtʃ] **1** *n* ♦ tacto ♦ *(acción)* toque, roce ♦ detalle, toque ♦ contacto; **to get/keep in t.**, ponerse/mantenerse en contacto ♦ *Dep* fuera de banda **|2** *vtr* ♦ tocar ♦ emocionar, conmover ■ **touch down** *vi* aterrizar

touchdown ['tʌtʃdaʊn] *n* aterrizaje

touched [tʌtʃt] *adj* ♦ emocionado,-a ♦ *fam* tocado,-a

touching ['tʌtʃɪŋ] *adj* conmovedor,-ora

touchy ['tʌtʃɪ] *adj* **(touchier, touchiest)** *fam* ♦ susceptible ♦ *(tema)* delicado,-a

tough [tʌf] *adj* ♦ duro,-a ♦ *(tela, ropa)* fuerte, resistente ♦ *(examen)* difícil ♦ *(persona)* fuerte ♦ *(profesor, etc)* severo,-a

toughen ['tʌfən] *vtr* endurecer

tour [tʊəʳ] **1** *n* ♦ viaje largo; **package t.**, viaje organizado ♦ visita turística; **guided t.**, visita guiada ♦ *Dep Mús Teat* gira; **on t.**, de gira **|2** *vtr* recorrer, visitar **|3** *vi* viajar

tourism ['tʊərɪzəm] *n* turismo

tourist ['tʊərɪst] **1** *n* ♦ turista; **t. office**, oficina de turismo ♦ *Av* **t. class**, clase turista **|2** *adj* turístico,-a

tournament ['tʊənəmənt] *n* torneo

tousled ['taʊzəld] *adj* despeinado,-a

tout [taʊt] *vtr* ♦ tratar de vender ♦ *(entradas)* revender

tow [təʊ] **1** *n* **to take in t.**, remolcar **|2** *vtr* remolcar

towards [tə'wɔ:dz, tɔ:dz] *prep* ♦ hacia ♦ *(respecto a)* hacia, para con ♦ para

towel ['taʊəl] *n* toalla; **t. rail**, toallero

tower ['taʊəʳ] *n* torre

town [taʊn] *n* ciudad; *(pequeño)* pueblo, población; **to go into t.**, ir al centro

townspeople ['taʊnzpi:pəl] *npl* ciudadanos

toxic ['tɒksɪk] *adj* tóxico,-a

toy [tɔɪ] **1** *n* juguete **|2** *adj* de juguete

trace [treɪs] **1** *n* vestigio, rastro **|2** *vtr* ♦ exponer ♦ *(a una persona)* localizar ♦ calcar

tracing ['treɪsɪŋ] *n* **t. paper**, papel de calco

track [træk] **1** *n* ♦ camino, sendero ♦ *(de un animal)* huella(s), rastro; *(de una persona)* pista ♦ *Dep* pista ♦ *Mús* canción, corte ♦ *Ferroc* vía **|2** *vtr* seguirle la pista a ■ **track down** *vtr* localizar

tracksuit ['træksu:t] *n* chándal

traction ['trækʃən] *n* tracción

tractor ['træktəʳ] *n* tractor

trade [treɪd] **1** *n* ♦ comercio; **t. union**, sindicato ♦ industria; **the tourist t.**, la industria turística ♦ oficio **|2** *vi* comerciar **|3** *vtr* intercambiar, canjear

trademark ['treɪdmɑ:k] *n* marca registrada

trader ['treɪdəʳ] *n* comerciante

tradition [trə'dɪʃən] *n* tradición

traditional [trə'dɪʃənəl] *adj* tradicional

traffic ['træfɪk] **1** tráfico; **t. jam**, atasco, caravana; **t. light(s)**, semáforo **|2** *vi* *(ps & pp* **trafficked)** traficar

trafficker ['træfɪkəʳ] *n* traficante

tragedy ['trædʒɪdɪ] *n* tragedia

tragic ['trædʒɪk] *adj* trágico,-a

trail [treɪl] **1** *n* ♦ huellas, rastro ♦ *(de humo, polvo)* estela ♦ senda, sendero **|2**

vtr ◆ seguir la pista de *o* a ◆ arrastrar |3 *vi* ◆ arrastrar ◆ ir a la zaga

trailer ['treɪlə^r] *n* ◆ remolque ◆ *Cine* avance, tráiler

train [treɪn] **1** *n* ◆ tren ◆ *(de sucesos)* serie, sucesión; **t. of thought,** hilo (de las ideas) ◆ *(de vestido)* cola |**2** *vtr* enseñar; *Dep* entrenar; *(profesional)* formar; *(un animal)* amaestrar; *(la voz)* educar |**3** *vi* ◆ estudiar, prepararse ◆ *Dep* entrenarse

trainee [treɪ'niː] *n* aprendiz,-a

trainer ['treɪnə^r] *n* ◆ entrenador,-ora; *(de animales)* amaestrador,-ora ◆ zapatilla de deporte

training ['treɪnɪŋ] *n* ◆ formación ◆ *Dep* entrenamiento

trait [treɪt] *n* rasgo

traitor ['treɪtə^r] *n* traidor,-ora

trajectory [trə'dʒektərɪ] *n* trayectoria

tram [træm], **tramcar** ['træmkɑː^r] *n GB* tranvía

tramp [træmp] **1** *n* vagabundo,-a |**2** *vi* ◆ caminar ◆ andar penosamente |**3** *vtr* andar por

trample ['træmpəl] *vtr & vi* pisotear

trance [trɑːns] *n* trance

tranquil ['træŋkwɪl] *adj* tranquilo,-a

tranquillity [træŋ'kwɪlɪtɪ] *n* tranquilidad

tranquillize ['træŋkwɪlaɪz] *vtr* tranquilizar

tranquillizer ['træŋkwɪlaɪzə^r] *n* tranquilizante

transaction [træn'zækʃən] *n* transacción, operación

transatlantic [trænzət'læntɪk] *adj* transatlántico,-a

transcend [træn'send] *vtr* trascender

transcription [træn'skrɪpʃən] *n* transcripción

transfer ['trænsfɜː^r] **1** *n* ◆ traslado ◆ *(de fondos)* transferencia ◆ *Ftb* traspaso ◆ *Av* transbordo ◆ calcomanía |**2** [træns'fɜː^r] *vtr* ◆ trasladar ◆ *(fondos)* transferir ◆ *Ftb* traspasar ◆ *Tele* **transferred charges call,** llamada a cobro revertido

transform [træns'fɔːm] *vtr* transformar

transformation [trænsfə'meɪʃən] *n* transformación

transfusion [træns'fjuːʒən] *n* transfusión

transient ['trænzɪənt] *adj* transitorio,-a

transistor [træn'zɪstə^r] *n* transistor

transit ['trænzɪt] *n* tránsito

transition [træn'zɪʃən] *n* transición

transitive ['trænzɪtɪv] *adj* transitivo,-a

transitory ['trænzɪtərɪ] *adj* transitorio,-a

translate [træns'leɪt] *vtr* traducir

translation [træns'leɪʃən] *n* traducción

translator [træns'leɪtə^r] *n* traductor,-ora

transmission [trænz'mɪʃən] *n* transmisión

transmit [trænz'mɪt] *vtr* transmitir

transmitter [trænz'mɪtə^r] *n* transmisor

transparency [træns'pærənsɪ] *n* transparencia

transparent [træns'pærənt] *adj* transparente

transpire [træn'spaɪə^r] *vi* ◆ resultar ◆ *Biol* transpirar

transplant [træns'plɑːnt] **1** *vtr* trasplantar |**2** ['trænsplɑːnt] *n* trasplante

transport [træns'pɔːt] **1** *vtr* transportar |**2** ['trænspɔːt] *n* transporte

transportation [trænspɔː'teɪʃən] *n* transporte

transvestite [trænz'vestaɪt] *n* travestí

trap [træp] **1** *n* trampa; **t. door,** trampilla |**2** *vtr* atrapar

trapeze [trə'piːz] *n* trapecio

trash [træʃ] **1** *n* ◆ *US* basura; *US* **t. can,** cubo de la basura ◆ *(cosas sin valor)* bazofia, porquería |**2** *vtr* ◆ *US* destrozar ◆ *US* tirar a la basura

trauma ['trɔːmə] *n* trauma

traumatic [trɔː'mætɪk] *adj* traumático,-a

travel ['trævəl] **1** *vi* ◆ viajar; **t. agency,** agencia de viaje ◆ *(un vehículo)* desplazarse, ir ◆ *(la luz, las noticias)* propagarse |**2** *vtr* recorrer, viajar por

traveller, *US* **traveler** ['trævələʳ] *n* ◆ viajero,-a: **t.'s cheque,** cheque de viaje ◆ **(commercial) t.,** viajante

travel-sick ['trævəlsɪk] *adj* mareado,-a

trawler ['trɔːləʳ] *n* pesquero de arrastre

tray [treɪ] *n* ◆ bandeja ◆ *(para el hielo)* cubitera

treacherous ['tretʃərəs] *adj* ◆ traidor,-ora, traicionero,-a ◆ *(carretera, etc)* peligroso,-a

treachery ['tretʃərɪ] *n* traición

tread [tred] **1** *vi (ps **trod**; pp **trod** o **trodden**)* pisar: **to t. in/on,** pisar **|2** *vtr* pisar **|3** *n* ◆ paso, ruido de pasos ◆ *(de un neumático)* dibujo

treason ['triːzən] *n* traición

treasure ['treʒəʳ] **1** *n* tesoro **|2** *vtr* ◆ apreciar muchísimo ◆ guardar como un tesoro

treasurer ['treʒərəʳ] *n* tesorero,-a

treasury ['treʒərɪ] *n* ◆ tesorería ◆ *Pol* **the T.,** Ministerio de Hacienda

treat [triːt] **1** *n* ◆ regalo ◆ *(un manjar, etc)* delicia **|2** *vtr* ◆ tratar ◆ invitar: **to t. sb to lunch,** invitar a alguien a comer

treatise ['triːtɪz] *n* tratado

treatment ['triːtmənt] *n* tratamiento

treaty ['triːtɪ] *n* tratado

treble ['trebəl] **1** *adj* ◆ triple ◆ *Mús* tiple: **t. clef,** clave de sol **|2** *vtr* triplicar **|3** *vi* triplicarse

tree [triː] *n* árbol

trek [trek] **1** *n* caminata **|2** *vi (ps & pp **trekked**)* ◆ caminar, hacer senderismo ◆ andar penosamente

tremble ['trembəl] *vi* temblar, estremecerse

tremendous [trɪ'mendəs] *adj* ◆ tremendo,-a ◆ *fam* estupendo,-a

tremor ['tremәʳ] *n* temblor

trench [trentʃ] *n* zanja: *Mil* trinchera

trend [trend] *n* ◆ tendencia ◆ moda

trendy ['trendɪ] *adj (**trendier, trendiest**) fam* ◆ moderno,-a ◆ *(ropa)* a la última moda

trespass ['trespəs] *vi* entrar sin autorización

trespasser ['trespəsəʳ] *n* intruso,-a

trestle ['tresəl] *n* caballete

trial ['traɪəl] *n* ◆ proceso, juicio ◆ *(de un producto, etc)* prueba ◆ *Dep (usu pl)* prueba de selección

triangle ['traɪæŋgəl] *n* triángulo

tribe [traɪb] *n* tribu

tribunal [traɪ'bjuːnəl] *n* tribunal

tributary ['trɪbjʊtərɪ] *n* afluente

tribute ['trɪbjuːt] *n* ◆ homenaje ◆ tributo

trick [trɪk] **1** *n* ◆ truco ◆ broma: **to play a t.,** gastar una broma: **dirty t.,** mala pasada ◆ ardid, trampa **|2** *vtr* engañar

trickery ['trɪkərɪ] *n* artimañas

trickle ['trɪkəl] **1** *n* hilo **|2** *vi* gotear: **to t. away,** escurrirse

tricky ['trɪkɪ] *adj (**trickier, trickiest**)* ◆ difícil ◆ *(situación)* delicado,-a ◆ *(persona)* astuto,-a

tricycle ['traɪsɪkəl] *n* triciclo

tried [traɪd] *ps & pp* → **try**

trifle ['traɪfəl] **1** *n* ◆ nimiedad ◆ *GB Culin postre de bizcocho, nata, gelatina y frutas empapados en jerez* **|2** *vi* jugar

trifling ['traɪflɪŋ] *adj* insignificante, trivial

trigger ['trɪgəʳ] **1** *n* gatillo: *Téc* disparador **|2** *vtr* **to t. (off),** provocar, desencadenar

trill [trɪl] *n* trino

trilogy ['trɪlədʒɪ] *n* trilogía

trim [trɪm] **1** *adj (**trimmer, trimmest**)* arreglado,-a: **a t. figure,** un buen tipo **|2** *vtr* ◆ *(la barba, etc)* recortar ◆ *(la carne)* quitar la grasa, etc ◆ *Cost* adornar **|3** *n* ◆ buen estado ◆ *(el pelo)* un corte de puntas ◆ *Cost* adorno, ribete ◆ *Auto* tapicería

trimming ['trɪmɪŋ] *n* adorno, ribete

trinket ['trɪŋkɪt] *n* baratija

trio ['triːəʊ] *n* trío

trip [trɪp] **1** *n* viaje, excursión, visita **|2** *vi* tropezar **|3** *vtr* ◆ poner la zancadilla a ◆ *(una alarma)* activar

tripe [traɪp] *n* ◆ *Culin* callos ◆ *fam* chorradas

triple ['trɪpəl] **1** *adj* triple **|2** *vtr* triplicar **|3** *vi* triplicarse

triplet ['trɪplɪt] *n* trillizo,-a
triplicate ['trɪplɪkɪt] *adj* **in t.**, por triplicado
tripod ['traɪpɒd] *n* trípode
triumph ['traɪəmf] **1** *n* triunfo **|2** *vi* triunfar
triumphant [traɪ'ʌmfənt] *adj* triunfante
trod [trɒd] *ps* & *pp* → **tread**
trodden ['trɒdən] *pp* → **tread**
trolley ['trɒlɪ] *n* ♦ *GB* carrito ♦ *US* tranvía
trombone [trɒm'bəʊn] *n* trombón
troop [tru:p] *n* ♦ grupo ♦ *Mil* **troops**, tropas
trophy ['trəʊfɪ] *n* trofeo
tropic ['trɒpɪk] *n* trópico
tropical ['trɒpɪkəl] *adj* tropical
trot [trɒt] **1** *vi* trotar **|2** *n* trote
trouble ['trʌbəl] **1** *n* ♦ problemas: **he's in t.**, está en un apuro ♦ esfuerzo, molestia: **it's not worth the t.**, no merece la pena ♦ *Med* enfermedad **|2** *vtr* ♦ *frml* preocupar ♦ molestar **|3** *vi* molestarse
troublemaker ['trʌbəlmeɪkəʳ] *n* alborotador,-ora
troubleshooter ['trʌbəlʃu:təʳ] *n* apaciguador,-ora, mediador,-ora
troublesome ['trʌbəlsəm] *adj* molesto,-a
trough [trɒf] *n* ♦ abrevadero; *(para comer)* pesebre ♦ *Geog Meteo* depresión
troupe [tru:p] *n* compañía
trousers ['traʊzəz] *npl* pantalón, pantalones
trousseau ['tru:səʊ] *n* ajuar
trout [traʊt] *n* trucha
truant ['tru:ənt] *n* **to play t.**, hacer novillos
truce [tru:s] *n* tregua
truck [trʌk] *n* ♦ camión; **t. driver,** camionero,-a ♦ *Ferroc* vagón
trudge [trʌdʒ] *vi* caminar con dificultad
true [tru:] **1** *adj (truer, truest)* ♦ cierto,-a ♦ verdadero,-a, real: **he is a t. friend,** es un verdadero amigo ♦ fiel; **t. to his word,** fiel a su palabra
truffle ['trʌfəl] *n* trufa
truly ['tru:lɪ] *adv* ♦ verdaderamente, sinceramente ♦ fielmente ♦ *(en una carta)* **yours t.**, atentamente
trump [trʌmp] **1** *n* triunfo **|2** *vtr* matar con un trinfo
trumpet ['trʌmpɪt] *n* trompeta
truncheon ['trʌntʃən] *n* porra (de policía)
trunk [trʌŋk] *n* ♦ tronco ♦ *(de elefante)* trompa ♦ baúl; *Auto* maletero ♦ **t. road,** carretera principal ♦ **trunks** *pl,* bañador
trust [trʌst] **1** *n* ♦ confianza ♦ *(organización)* fundación ♦ *Fin* trust **|2** *vtr* confiar en **|3** *vi* confiar
trustee [trʌ'sti:] *n* ♦ fideicomisario,-a ♦ *(de una fundación)* miembro del consejo de administración
trustful ['trʌstfʊl], **trusting** ['trʌstɪŋ] *adj* confiado,-a
trustworthy ['trʌstwɜ:ðɪ] *adj* digno,-a de confianza
trusty ['trʌstɪ] *adj (trustier, trustiest)* fiel, leal
truth [tru:θ] *n* verdad
truthful ['tru:θfʊl] *adj* veraz, verídico,-a
try [traɪ] **1** *vtr (ps & pp tried)* ♦ intentar: **I'll t. my best,** intentaré hacer todo lo posible ♦ *(la comida, etc)* probar: **t. this ham,** prueba este jamón ♦ *Jur* juzgar **|2** *n* tentativa, intento ■ **try on** *vtr* probarse
trying ['traɪɪŋ] *adj* ♦ difícil ♦ *(persona)* pesado,-a
tsar [zɑ:ʳ] *n* zar
T-shirt ['ti:ʃɜ:t] *n* camiseta
tub [tʌb] *n* ♦ tina, cuba; *(para el helado, etc)* tarrina ♦ bañera
tuba ['tju:bə] *n* tuba
tubby ['tʌbɪ] *adj (tubbier, tubbiest)* rechoncho,-a
tube [tju:b] *n* ♦ tubo ♦ *(de neumático)* cámara (de aire) ♦ *GB fam* **the T.**, el metro
tuberculosis [tjʊbɜ:kjʊ'ləʊsɪs] *n* tuberculosis
tuck [tʌk] **1** *vtr* meter **|2** *n* pliegue ■ **tuck in** *vtr* ♦ arropar ♦ *(la camisa)* meter (dentro del pantalón) ■ **tuck up** *vtr* arropar

Tuesday ['tju:zdɪ] *n* martes: **Shrove T.**, martes de Carnaval
tuft [tʌft] *n* mechón
tug [tʌg] **1** *vtr* ◆ tirar de ◆ arrastrar |**2** *n* ◆ tirón ◆ **t. (boat)**, remolcador
tuition [tju:'ɪʃən] *n* **private t.**, clases particulares
tulip ['tju:lɪp] *n* tulipán
tumble ['tʌmbəl] **1** *vi* ◆ caerse ◆ *(una construcción)* venirse abajo |**2** *n* ◆ caída ◆ **t. dryer**, secadora
tumbledown ['tʌmbəldaʊn] *adj* en ruinas
tumbler ['tʌmbləʳ] *n* vaso
tummy ['tʌmɪ] *n fam* barriguita
tumour, *US* **tumor** ['tju:məʳ] *n* tumor
tumult ['tju:mʌlt] *n* tumulto
tuna ['tju:nə] *n* atún, bonito
tune [tju:n] **1** *n* ◆ melodía ◆ *Mús* tono; **in/out of t.**, afinado,-a/desafinado,-a |**2** *vtr* ◆ afinar ◆ *Auto* poner a punto ◆ *Rad TV* sintonizar ■ **tune in** *vi* sintonizar
tuner ['tju:nəʳ] sintonizador
tunic ['tju:nɪk] *n* túnica
tunnel ['tʌnəl] *n* túnel
turban ['tɜ:bən] *n* turbante
turbine ['tɜ:baɪn] *n* turbina
turbot ['tɜ:bət] *n* rodaballo
turbulence ['tɜ:bjʊləns] *n* turbulencia
turbulent ['tɜ:bjʊlənt] *adj* turbulento,-a
turf [tɜ:f] *n* ◆ césped ◆ turba
turkey ['tɜ:kɪ] *n* pavo
turmoil ['tɜ:mɔɪl] *n* confusión
turn [tɜ:n] **1** *n* ◆ vuelta, revolución ◆ cambio de dirección, giro; **left t.**, giro a la izquierda; **t. of the century,** comienzo *o* final del siglo ◆ turno: **it's my t.**, me toca a mí ◆ favor; **to do a good t.**, hacer un favor, una buena acción ◆ *Med* ataque ◆ *Teat* número |**2** *vi* ◆ girar ◆ dar la vuelta, volverse; *Auto* girar; *(una carretera)* torcer ◆ convertirse, volverse: **it turned black,** se puso negro ◆ *(la conversación)* versar |**3** *vtr* ◆ girar, darle vueltas a ◆ *(la cabeza)* volver ◆ *(la atención)* dirigir; *(una esquina)* doblar; *(una página)* pasar; *(el tobillo)* torcer ◆ convertir, transformar ■ **turn aside 1** *vtr* desviar |**2** *vi* desviarse ■ **turn away** *vtr* rechazar ■ **turn back** *vi* volverse ■ **turn down** *vtr* ◆ bajar ◆ *(una petición)* rechazar ■ **turn off 1** *vtr* desconectar; *(la luz)* apagar |**2** *vi* salir (de la carretera) ■ **turn on** *vtr* ◆ encender; *(una máquina)* poner en marcha ◆ *fam* **it turns me on,** me chifla ■ **turn out 1** *vtr* echar a la calle |**2** *vi* resultar; **to t. out well,** salir bien ■ **turn over** dar vueltas de campana ■ **turn round 1** *vtr* volver |**2** *vi* girar, dar vueltas ■ **turn up 1** *vtr* subir |**2** *vi* acudir, presentarse; *(una cosa)* aparecer
turning ['tɜ:nɪŋ] *n* bocacalle, calle
turnip ['tɜ:nɪp] *n* nabo
turnout ['tɜ:naʊt] *n* asistencia
turnover ['tɜ:nəʊvəʳ] *n* facturación
turnpike ['tɜ:npaɪk] *n US* autopista de peaje
turnstile ['tɜ:nstaɪl] *n* torniquete
turn-up ['tɜ:nʌp] *n* dobladillo: *(de pantalón)* vuelta
turpentine ['tɜ:pəntaɪn] *n* aguarrás
turquoise ['tɜ:kwɔɪz] **1** *n* turquesa |**2** *adj* **t. (blue)**, azul turquesa
turret ['tʌrɪt] *n* torrecilla
turtle ['tɜ:təl] *n* tortuga
tusk [tʌsk] *n* colmillo
tussle ['tʌsəl] *n* pelea, lucha
tutor ['tju:təʳ] *n* ◆ profesor,-ora particular ◆ *Univ* tutor,-ora
tutorial [tju:'tɔ:rɪəl] *n Univ* tutoría, seminario
tuxedo [tʌk'si:dəʊ] *n* smoking
tweak [twi:k] *vtr* pellizcar
tweezers ['twi:zəz] *npl* pinzas
twelfth [twelfθ] **1** *adj* & *n* duodécimo,-a; **T. Night,** Noche de Reyes |**2** *n* duodécimo; doceava parte
twelve [twelv] *adj* & *n* doce
twentieth ['twentɪɪθ] **1** *adj* & *n* vigésimo,-a |**2** *n* vigésimo, veinteava parte
twenty ['twentɪ] *adj* & *n* veinte
twice [twaɪs] *adv* dos veces
twiddle ['twɪdəl] *vi* juguetear
twig [twɪg] **1** *n* ramilla |**2** *vi* caer en la cuenta

twilight ['twaɪlaɪt] *n* crepúsculo
twin [twɪn] **1** *n* mellizo,-a |**2** *adj* mellizo,-a, gemelo,-a; **t. beds,** camas gemelas
twine [twaɪn] *n* bramante
twinge [twɪndʒ] *n* punzada
twinkle ['twɪŋkəl] **1** *vi* ◆ centellear ◆ *(los ojos)* brillar |**2** *n* ◆ centelleo ◆ *(en los ojos)* brillo
twirl [twɜːl] **1** *vtr & vi* girar |**2** *n* giro, vuelta
twist [twɪst] **1** *vtr* ◆ girar ◆ distorsionar, torcer ◆ *(las palabras)* tergiversar |**2** *vi* ◆ serpentear ◆ distorsionarse, retorcerse |**3** *n* ◆ cucurucho ◆ *(en una carretera)* vuelta; *fig* giro
twit [twɪt] *n* imbécil
twitch [twɪtʃ] **1** *vi* moverse nerviosamente |**2** *n* tic
twitter ['twɪtəʳ] **1** *vi* gorjear |**2** *n* gorjeo
two [tuː] *adj & n* dos
two-faced ['tuːfeɪst] *adj* hipócrita

U

U, u [juː] *n (la letra)* U, u
ubiquitous [juː'bɪkwɪtəs] *adj* ubicuo,-a
udder ['ʌdəʳ] *n* ubre
ugly ['ʌglɪ] *adj* ***(uglier, ugliest)*** feo,-a
UK [juː'keɪ] *(abr de* ***United Kingdom)*** Reino Unido, R.U.
Ukraine [ju'kreɪn] *n* Ucrania
Ukrainian [ju'kreɪnɪən] **1** *adj & n* ucraniano,-a |**2** *n* ucraniano
ulcer ['ʌlsəʳ] *n* ◆ llaga ◆ *(interna)* úlcera
ulterior [ʌl'tɪərɪəʳ] *adj* oculto,-a
ultimate ['ʌltɪmɪt] *adj* ◆ final ◆ *(autoridad)* máximo,-a
ultimately ['ʌltɪmɪtlɪ] *adv* ◆ al final ◆ en última instancia
ultimatum [ʌltɪ'meɪtəm] *n* ultimátum
ultrasound [ʌltrə'saʊnd] *n* ◆ ultrasonido ◆ *Med* ecografía
ultraviolet [ʌltrə'vaɪəlɪt] *adj* ultravioleta
umbilical [ʌm'bɪlɪkəl, ʌmbɪ'laɪkəl] *adj* **u. cord,** cordón umbilical
umbrella [ʌm'brelə] *n* paraguas
umpire ['ʌmpaɪəʳ] **1** *n Dep* árbitro |**2** *vtr* arbitrar
umpteen [ʌmp'tiːn] *adj fam* tropecientos,-as
UN [juː'en] *(abr de* ***United Nations)*** Naciones Unidas, ONU
unable [ʌn'eɪbəl] *adj* incapaz; **to be u. to do sthg,** no poder hacer algo
unacceptable [ʌnək'septəbəl] *adj* inaceptable
unaccompanied [ʌnə'kʌmpənɪd] *adj* solo,-a
unaccustomed [ʌnə'kʌstəmd] *adj* **to be u. to sthg,** no estar acostumbrado,-a a
unambiguous [ʌnæm'bɪgjʊəs] *adj* inequívoco,-a
unanimous [juː'nænɪməs] *adj* unánime
unannounced [ʌnə'naʊnst] *adj* inesperado,-a
unanswered [ʌn'ɑːnsəd] *adj* sin contestar
unapproachable [ʌnə'prəʊtʃəbəl] *adj* inabordable, inaccesible

unarmed [ʌn'ɑːmd] *adj* desarmado,-a
unassuming [ʌnə'sjuːmɪŋ] *adj* sin pretensiones
unattached [ʌnə'tætʃt] *adj* ♦ suelto,-a ♦ *(persona)* soltero,-a y sin compromiso
unattended [ʌnə'tendɪd] *adj* desatendido,-a
unattractive [ʌnə'træktɪv] *adj* poco atractivo,-a
unauthorized [ʌn'ɔːθəraɪzd] *adj* no autorizado,-a
unavailable [ʌnə'veɪləbəl] *adj* no disponible
unavoidable [ʌnə'vɔɪdəbəl] *adj* inevitable
unaware [ʌnə'weəʳ] *adj* inconsciente
unawares [ʌnə'weəz] *adv* **to catch sb u.,** coger a alguien desprevenido,-a
unbalanced [ʌn'bælənst] *adj* desequilibrado,-a
unbearable [ʌn'beərəbəl] *adj* insoportable
unbeatable [ʌn'biːtəbəl] *adj* ♦ inmejorable ♦ *(un equipo)* invencible
unbeaten [ʌn'biːtən] *adj* invicto,-a
unbelievable [ʌnbɪ'liːvəbəl] *adj* increíble
unbia(s)sed [ʌn'baɪəst] *adj* imparcial
unborn [ʌn'bɔːn] *adj* nonato,-a
unbreakable [ʌn'breɪkəbəl] *adj* irrompible
uncalled-for [ʌn'kɔːldfɔːʳ] *adj* fuera de lugar, innecesario,-a
uncanny [ʌn'kænɪ] *adj* extraño,-a, misterioso,-a
unceasing [ʌn'siːsɪŋ] *adj* incesante
uncertain [ʌn'sɜːtən] *adj* ♦ incierto,-a: **to be u.,** no estar seguro,-a ♦ *(sinceridad, etc)* dudoso,-a
uncertainty [ʌn'sɜːtəntɪ] *n* ♦ incertidumbre ♦ duda
unchanged [ʌn'tʃeɪndʒd] *adj* igual, sin cambios
uncivilized [ʌn'sɪvɪlaɪzd] *adj* ♦ no civilizado,-a: *(sin cultura)* inculto,-a ♦ *(comportamiento)* incivilizado,-a
uncle ['ʌŋkəl] *n* tío
unclear [ʌn'klɪəʳ] *adj* poco claro,-a, confuso,-a
uncomfortable [ʌn'kʌmftəbəl] *adj* incómodo,-a, molesto,-a
uncommon [ʌn'kɒmən] *adj* poco común
uncompromising [ʌn'kɒmprəmaɪzɪŋ] *adj* inflexible, intransigente
unconcerned [ʌnkən'sɜːnd] *adj* indiferente
unconditional [ʌnkən'dɪʃənəl] *adj* incondicional
unconscious [ʌn'kɒnʃəs] *adj & n* inconsciente
uncontrollable [ʌnkən'trəʊləbəl] *adj* incontrolable
unconventional [ʌnkən'venʃənəl] *adj* poco convencional, original
unconvincing [ʌnkən'vɪnsɪŋ] *adj* poco convincente
uncouth [ʌn'kuːθ] *adj* ♦ grosero,-a ♦ inculto,-a
uncover [ʌn'kʌvəʳ] *vtr* ♦ destapar ♦ *(un complot)* descubrir
undamaged [ʌn'dæmɪdʒd] *adj* intacto,-a, sin tacha
undecided [ʌndɪ'saɪdɪd] *adj* ♦ pendiente ♦ *(persona)* indeciso,-a
undeniable [ʌndɪ'naɪəbəl] *adj* innegable
under ['ʌndəʳ] **1** *prep* ♦ debajo de ♦ por debajo de: **the tunnel goes u. the park,** el túnel pasa por debajo del parque ♦ bajo: **u. the water,** bajo el agua ♦ menos de: **u. age,** menor de edad ♦ *(la ley)* conforme a, según ‖**2** *adv* abajo, debajo
undercarriage [ʌndə'kærɪdʒ] *n* tren de aterrizaje
undercharge [ʌndə'tʃɑːdʒ] *vi & vtr* cobrar menos de lo debido
underclothes ['ʌndəkləʊðz] *npl* ropa interior
undercover [ʌndə'kʌvəʳ] *adj* secreto,-a, clandestino,-a
undercurrent ['ʌndəkʌrənt] *n* contracorriente
underdeveloped [ʌndədɪ'veləpt] *adj* subdesarrollado,-a
underestimate [ʌndər'estɪmeɪt] *vtr* subestimar, infravalorar
underfed [ʌndə'fed] *adj* desnutrido,-a

undergo [ʌndəˈgəʊ] *vtr* ◆ experimentar, sufrir ◆ *(una operación)* someterse a
undergraduate [ʌndəˈgrædjʊɪt] *n* estudiante universitario,-a
underground [ˈʌndəgraʊnd] **1** *adj* ◆ subterráneo,-a ◆ clandestino,-a **|2** [ʌndəˈgraʊnd] *adv* bajo tierra
undergrowth [ˈʌndəgrəʊθ] maleza
underhand [ˈʌndəhænd] *adj* ◆ poco limpio ◆ *(persona)* taimado,-a, solapado,-a
underline [ʌndəˈlaɪn] *vtr* subrayar
underlying [ʌndəˈlaɪɪŋ] *adj* subyacente
undermine [ʌndəˈmaɪn] *vtr* socavar, minar
underneath [ʌndəˈni:θ] **1** *prep* bajo, debajo de, por debajo de **|2** *adv* ◆ abajo, por debajo ◆ *fig* en el fondo **|3** *adj* inferior, de abajo **|4** *n* parte inferior
underpaid [ʌndəˈpeɪd] *adj* mal pagado,-a
underpants [ˈʌndəpænts] *npl* calzoncillos
underpass [ˈʌndəpɑ:s] *n* paso subterráneo
underprivileged [ʌndəˈprɪvɪlɪdʒd] *adj* desfavorecido,-a
undershirt [ˈʌndəʃɜ:t] *n US* camiseta
underside [ˈʌndəsaɪd] *n* parte inferior
underskirt [ˈʌndəskɜ:t] *n* combinación
understand [ʌndəˈstænd] *vtr* & *vi (ps* & *pp* ***understood)*** entender, comprender
understandable [ʌndəˈstændəbəl] *adj* comprensible
understanding [ʌndəˈstændɪŋ] **1** *adj* comprensivo,-a **|2** *n* ◆ comprensión ◆ entendimiento, acuerdo
understate [ʌndəˈsteɪt] *vtr* subestimar
understatement [ʌndəˈsteɪtmənt] *n* **it would be an u. to say that Madrid is noisy,** decir que Madrid es ruidoso sería quedarse corto
undertake [ʌndəˈteɪk] *vtr (ps* ***undertook;*** *pp* ***undertaken*** [ʌndəˈteɪkən]*)* ◆ emprender ◆ *(la responsabilidad)* asumir
undertaker [ˈʌndəteɪkəʳ] *n* empresario,-a de pompas fúnebres: **u.'s,** funeraria
undertaking [ʌndəˈteɪkɪŋ] *n* ◆ empresa ◆ garantía
underwater [ʌndəˈwɔ:təʳ] **1** *adj* submarino,-a **|2** *adv* bajo el agua
underwear [ˈʌndəweəʳ] *n inv* ropa interior
undesirable [ʌndɪˈzaɪrəbəl] *adj* & *n* indeseable
undisciplined [ʌnˈdɪsɪplɪnd] *adj* indisciplinado,-a
undisputed [ʌndɪˈspju:tɪd] *adj* incontestable, indiscutible
undivided [ʌndɪˈvaɪdɪd] *adj* íntegro,-a
undo [ʌnˈdu:] *vtr (ps* ***undid;*** *pp* ***undone)*** ◆ deshacer; *(ropa)* desabrochar ◆ enmendar
undone [ʌnˈdʌn] *adj* ◆ inacabado,-a ◆ sin hacer ◆ *(cremallera)* abierto,-a; *(nudo, etc)* deshecho,-a; *(ropa)* desabrochado,-a; *(zapato)* desatado,-a
undoubted [ʌnˈdaʊtɪd] *adj* indudable
undress [ʌnˈdres] **1** *vtr* desnudar **|2** *vi* desnudarse
undue [ʌnˈdju:] *adj* indebido,-a
undulate [ˈʌndjʊleɪt] *vi* ondular, ondear
unduly [ʌnˈdju:lɪ] *adv* excesivamente
unearth [ʌnˈɜ:θ] *vtr* desenterrar
unearthly [ʌnˈɜ:θlɪ] *adj* ◆ sobrenatural ◆ *fam* tremendo,-a
uneasy [ʌnˈi:zɪ] *adj* ◆ intranquilo,-a ◆ *(paz)* inseguro,-a ◆ *(persona)* preocupado,-a
uneducated [ʌnˈedjʊkeɪtɪd] *adj* inculto,-a
unemployed [ʌnɪmˈplɔɪd] *adj* en paro, desempleado,-a
unemployment [ʌnɪmˈplɔɪmənt] *n* ◆ paro, desempleo ◆ *GB* **u. benefit,** *US* **u. compensation,** subsidio de desempleo
unequal [ʌnˈi:kwəl] *adj* desigual
uneven [ʌnˈi:vən] *adj* ◆ irregular ◆ *(carretera)* con baches, en mal estado ◆ *(terreno)* accidentado,-a

unexpected [ʌnɪk'spektɪd] *adj* ♦ inesperado,-a ♦ *(resultado)* imprevisto,-a

unfailing [ʌn'feɪlɪŋ] *adj* indefectible, constante

unfair [ʌn'feəʳ] *adj* injusto,-a

unfaithful [ʌn'feɪθfʊl] *adj* infiel

unfamiliar [ʌnfə'mɪljəʳ] *adj* ♦ desconocido,-a ♦ *(persona)* no familiarizado,-a

unfashionable [ʌn'fæʃənəbəl] *adj* que no está de moda

unfasten [ʌn'fɑːsən] *vtr* ♦ desatar ♦ *(la ropa)* desabrochar

unfavourable, *US* **unfavorable** [ʌn'feɪvərəbəl] *adj* desfavorable

unfeeling [ʌn'fiːlɪŋ] *adj* insensible

unfinished [ʌn'fɪnɪʃt] *adj* inacabado,-a, incompleto,-a

unfit [ʌn'fɪt] *adj* ♦ incapacitado,-a: **you're u.,** no estás en forma ♦ inadecuado,-a, no apto,-a ♦ incompetente, indigno

unflattering [ʌn'flætərɪŋ] *adj* poco halagador,-ora

unfold [ʌn'fəʊld] *vtr* ♦ desplegar ♦ *(una sábana)* desdoblar, extender

unforeseen [ʌnfɔː'siːn] *adj* imprevisto,-a

unforgettable [ʌnfə'getəbəl] *adj* inolvidable

unforgivable [ʌnfə'gɪvəbəl] *adj* imperdonable

unfortunate [ʌn'fɔːtʃənɪt] *adj* desafortunado,-a

unfortunately [ʌn'fɔːtʃənɪtlɪ] *adv* desafortunadamente, por desgracia

unfounded [ʌn'faʊndɪd] *adj* infundado,-a

unfriendly [ʌn'frendlɪ] *adj* *(unfriendlier, unfriendliest)* antipático,-a

unfurnished [ʌn'fɜːnɪʃt] *adj* sin amueblar

ungainly [ʌn'geɪnlɪ] *adj* desgarbado,-a

ungrateful [ʌn'greɪtfʊl] *adj* ♦ *(persona)* desagradecido,-a ♦ *frml (trabajo)* ingrato,-a

unhappiness [ʌn'hæpɪnɪs] *n* ♦ tristeza ♦ descontento

unhappy [ʌn'hæpɪ] *adj* *(unhappier, unhappiest)* ♦ triste ♦ *(juventud, matrimonio)* infeliz, desgraciado,-a ♦ descontento,-a ♦ *(coyuntura)* desafortunado,-a

unharmed [ʌn'hɑːmd] *adj* ileso,-a, indemne

unhealthy [ʌn'helθɪ] *adj* *(unhealthier, unhealthiest)* enfermizo,-a

unheard [ʌn'hɜːd] *adj* ♦ no oído,-a ♦ *(una petición, etc)* no atendido,-a

unheard of [ʌn'hɜːdɒv] *adj* insólito,-a

unhook [ʌn'hʊk] *vtr* descolgar

unhurt [ʌn'hɜːt] *adj* ileso,-a, indemne

unhygienic [ʌnhaɪ'dʒiːnɪk] *adj* antihigiénico,-a

unidentified [ʌnaɪ'dentɪfaɪd] *adj* no identificado,-a

unification [juːnɪfɪ'keɪʃən] *n* unificación

uniform ['juːnɪfɔːm] **1** *adj & n* uniforme

unify ['juːnɪfaɪ] *vtr* unificar

unilateral [juːnɪ'lætərəl] *adj* unilateral

unimportant [ʌnɪm'pɔːtənt] *adj* sin importancia

uninhabited [ʌnɪn'hæbɪtɪd] *adj* deshabitado,-a

unintelligible [ʌnɪn'telɪdʒəbəl] *adj* ininteligible

unintentional [ʌnɪn'tenʃənəl] *adj* involuntario,-a

unintentionally [ʌnɪn'tenʃənəlɪ] *adv* sin querer

uninterested [ʌn'ɪntrestɪd] *adj* indiferente

uninteresting [ʌn'ɪntrɪstɪŋ] *adj* poco interesante

uninterrupted [ʌnɪntə'rʌptɪd] *adj* ininterrumpido,-a

union ['juːnjən] **1** *n* ♦ unión ♦ *Lab* sindicato ♦ *Pol US* **the U.,** los Estados Unidos; **U. Jack,** bandera del Reino Unido **|2** *adj* sindical

unionist ['juːnjənɪst] *adj & n* unionista

unique [juː'niːk] *adj* único,-a

unison ['juːnɪsən] *n* unísono

unit ['juːnɪt] *n* ♦ unidad: *Fin* **u. trust**, fondo de inversiones ♦ departamento, servicio ♦ *(mueble)* módulo, elemento

unite [juː'naɪt] **1** *vtr* unir |**2** *vi* unirse

united [juː'naɪtɪd] *adj* unido,-a: **U. Kingdom**, Reino Unido: **U. Nations**, Naciones Unidas: **U. States (of America)**, Estados Unidos (de América): **U. States of Mexico**, Estados Unidos de México

unity ['juːnɪtɪ] *n* unidad

universal [juːnɪ'vɜːsəl] *adj* universal

universe ['juːnɪvɜːs] *n* universo

university [juːnɪ'vɜːsɪtɪ] **1** *n* universidad |**2** *adj* universitario,-a

unjust [ʌn'dʒʌst] *adj* injusto,-a

unkempt [ʌn'kempt] *adj* ♦ descuidado,-a ♦ *(pelo)* despeinado,-a

unkind [ʌn'kaɪnd] *adj* poco amable, desagradable

unknown [ʌn'nəʊn] *adj* desconocido,-a

unlawful [ʌn'lɔːfʊl] *adj* ilegal, ilícito,-a

unleash [ʌn'liːʃ] *vtr* desatar

unless [ʌn'les] *conj* a menos que, a no ser que

unlike [ʌn'laɪk] **1** *adj* diferente, distinto,-a |**2** *prep* a diferencia de

unlikely [ʌn'laɪklɪ] *adj* raro,-a, insólito,-a

unlimited [ʌn'lɪmɪtɪd] *adj* ilimitado,-a

unload [ʌn'ləʊd] *vtr* & *vi* descargar

unlock [ʌn'lɒk] *vtr* abrir (con llave)

unluckily [ʌn'lʌkɪlɪ] *adv* desafortunadamente, por desgracia

unlucky [ʌn'lʌkɪ] *adj (unluckier, unluckiest)* ♦ desafortunado,-a ♦ *(cosa)* que trae mala suerte

unmanageable [ʌn'mænɪdʒəbəl] *adj* inmanejable

unmarried [ʌn'mærɪd] *adj* soltero,-a

unmask [ʌn'mɑːsk] *vtr* desenmascarar

unmistakable [ʌnmɪs'teɪkəbəl] *adj* inconfundible

unmoved [ʌn'muːvd] *adj* impasible

unnamed [ʌn'neɪmd] *adj* sin nombre

unnatural [ʌn'nætʃərəl] *adj* antinatural

unnecessary [ʌn'nesɪsərɪ] *adj* innecesario,-a

unnerve [ʌn'nɜː] *vtr* ♦ desconcertar ♦ poner nervioso,-a a

unnoticed [ʌn'nəʊtɪst] *adj* desapercibido,-a: **to go u.**, pasar inadvertido,-a

unobserved [ʌnɒb'zɜːvd] *adj* inadvertido,-a: **to pass u.**, pasar desapercibido,-a

unofficial [ʌnə'fɪʃəl] *adj* no oficial

unpack [ʌn'pæk] **1** *vtr* ♦ *(una maleta)* deshacer ♦ *(un paquete)* desembalar |**2** *vi* deshacer las maletas

unpaid [ʌn'peɪd] *adj* ♦ *(trabajo)* no remunerado,-a ♦ *(deuda)* pendiente

unpardonable [ʌn'pɑːdənəbəl] *adj* imperdonable

unperturbed [ʌnpə'tɜːbd] *adj* impasible, impertérrito,-a

unpleasant [ʌn'plezənt] *adj* desagradable, antipático,-a

unplug [ʌn'plʌg] *vtr* desenchufar

unpopular [ʌn'pɒpjʊlə'] *adj* impopular

unprecedented [ʌn'presɪdentɪd] *adj* sin precedentes

unpredictable [ʌnprɪ'dɪktəbəl] *adj* imprevisible

unprepared [ʌnprɪ'peəd] *adj* ♦ *(persona)* no preparado,-a ♦ *(discurso)* improvisado,-a

unproductive [ʌnprə'dʌktɪv] *adj* improductivo,-a

unprofessional [ʌnprə'feʃənəl] *adj* poco profesional

unprotected [ʌnprə'tektɪd] *adj* sin protección

unpunished [ʌn'pʌnɪʃt] *adj* impune

unqualified [ʌn'kwɒlɪfaɪd] *adj* ♦ sin título ♦ *(éxito, fracaso)* absoluto,-a, total ♦ *(acuerdo)* incondicional

unquestionable [ʌn'kwestʃənəbəl] *adj* incuestionable

unravel [ʌn'rævəl] **1** *vtr* desenmarañar |**2** *vi* desenmarañarse

unreadable [ʌn'riːdəbəl] *adj* ilegible

unreal [ʌn'rɪəl] *adj* irreal

unrealistic [ʌnrɪə'lɪstɪk] *adj* poco realista

unreasonable [ʌn'riːzənəbəl] *adj* poco razonable

unrefined [ʌnrɪ'faɪnd] *adj* tosco, -a

unrelated [ʌnrɪ'leɪtɪd] *adj* ♦ no relacionado,-a ♦ sin parentesco

unrelenting [ʌnrɪ'lentɪŋ] *adj* ♦ inexorable ♦ implacable

unreliable [ʌnrɪ'laɪəbəl] *adj* poco fiable

unremitting [ʌnrɪ'mɪtɪŋ] *adj* constante, incesante

unrest [ʌn'rest] *n* malestar

unripe [ʌn'raɪp] *adj* verde, inmaduro,-a

unroll [ʌn'rəʊl] *vtr* desenrollar

unruly [ʌn'ruːlɪ] *adj (unrulier, unruliest)* ♦ indisciplinado,-a ♦ *(pelo)* rebelde

unsafe [ʌn'seɪf] *adj* inseguro,-a; peligroso,-a

unsatisfactory [ʌnsætɪs'fæktərɪ] *adj* insatisfactorio,-a

unsavoury, *US* **unsavory** [ʌn'seɪvərɪ] *adj* desagradable

unscathed [ʌn'skeɪðd] *adj* ileso,-a, indemne

unscrew [ʌn'skruː] *vtr* destornillar, desenroscar

unscrupulous [ʌn'skruːpjʊləs] *adj* sin escrúpulos

unseemly [ʌn'siːmlɪ] *adj frml* indecoroso,-a

unselfish [ʌn'selfɪʃ] *adj* desinteresado,-a

unsettle [ʌn'setəl] *vtr* perturbar, inquietar

unsettled [ʌn'setəld] *adj* ♦ inestable ♦ *(tierra)* deshabitado,-a

unshaven [ʌn'ʃeɪvən] *adj* sin afeitar

unsociable [ʌn'səʊʃəbəl] *adj* insociable

unspeakable [ʌn'spiːkəbəl] *adj* incalificable, atroz

unspoken [ʌn'spəʊkən] *adj* ♦ tácito,-a ♦ *(sentimiento)* interior, secreto,-a

unstable [ʌn'steɪbəl] *adj* inestable

unsteady [ʌn'stedɪ] *adj* inestable, poco firme

unsuitable [ʌn'suːtəbəl] *adj* no apto,-a, inadecuado, inoportuno

unsure [ʌn'ʃʊəʳ] *adj* poco seguro,-a

unsuspecting [ʌnsə'spektɪŋ] *adj* confiado,-a

unsympathetic [ʌnsɪmpə'θetɪk] *adj* ♦ poco comprensivo,-a ♦ *(respuesta)* negativo,-a

unthinkable [ʌn'θɪŋkəbəl] *adj* impensable, inconcebible

untidy [ʌn'taɪdɪ] *adj (untidier, untidiest)* desordenado,-a; descuidado,-a

untie [ʌn'taɪ] *vtr* desatar

until [ʌn'tɪl] **1** *prep* hasta **|2** *conj* hasta que

untouchable [ʌn'tʌtʃəbəl] *adj & n* intocable

untrained [ʌn'treɪnd] *adj* ♦ sin preparación profesional ♦ *(animal)* sin amaestrar

untrue [ʌn'truː] *adj* falso,-a, inexacto,-a

untrustworthy [ʌn'trʌstwɜːðɪ] *adj* ♦ de poca confianza ♦ *(información)* no fidedigno,-a

unused [ʌn'juːzd] *adj* ♦ nuevo, sin usar ♦ [ʌn'juːst] *(sólo predicativo)* desacostumbrado,-a

unusual [ʌn'juːʒʊəl] *adj* ♦ poco común, raro,-a ♦ excepcional

unveil [ʌn'veɪl] *vtr* descubrir, revelar

unwanted [ʌn'wɒntɪd] *adj* no deseado,-a

unwarranted [ʌn'wɒrəntɪd] *adj* injustificado,-a

unwary [ʌn'werɪ] *adj* incauto,-ta, imprudente

unwavering [ʌn'weɪvərɪŋ] *adj* firme, inquebrantable

unwelcome [ʌn'welkəm] *adj* inoportuno,-a, molesto,-a

unwell [ʌn'wel] *adj* indispuesto,-a

unwilling [ʌn'wɪlɪŋ] *adj* poco dispuesto,-a

unwillingly [ʌn'wɪlɪŋlɪ] *adv* de mala gana

unwind [ʌn'waɪnd] *(ps & pp unwound)* **1** *vtr* desenrollar **|2** *vi* desenrollarse

unwise [ʌn'waɪz] *adj* imprudente

unwitting [ʌn'wɪtɪŋ] *adj* inconsciente
unworthy [ʌn'wɜːðɪ] *adj* indigno,-a
unwrap [ʌn'ræp] *vtr* desenvolver, abrir
up [ʌp] **1** *adv* ◆ *(dirección: más alto)* hacia arriba; **to come/go up,** subir ◆ *(dirección: acercarse)* **a man came up...,** un hombre se me acercó... ◆ *(posición)* arriba, en lo alto ◆ *(diferencia)* **inflation is up,** la inflación ha subido; *(ventaja)* **Juventus is two up,** el Juventus está ganando por dos ◆ *(levantado)* **I was up early,** me levanté pronto ◆ *fam* **what's up with you?**, ¿qué te pasa a ti? |**2** *prep* ◆ *(dirección)* **we walked up the hill,** subimos la colina; **up the road/river,** calle/río arriba ◆ *(posición)* en lo alto de; **up the tree,** en lo alto del árbol |**3 up to** *frase preposicional* ◆ hasta ◆ *(nivel)* **he's not up to the job,** no está a la altura del trabajo ◆ *(corresponder)* **it's up to you,** como tú quieras ◆ *(tramando)* **what are they up to?**, ¿qué están tramando? |**5** *adj fam* **to be/feel up,** estar/sentirse en plena forma |**4** *n* **ups and downs,** altibajos
upbringing ['ʌpbrɪŋɪŋ] *n* educación
update [ʌp'deɪt] *vtr* actualizar, poner al día
upgrade [ʌp'greɪd] *vtr* ◆ ascender ◆ *Inform* modernizar
upheaval [ʌp'hiːvəl] *n* trastorno, agitación
uphill ['ʌphɪl] **1** *adv* cuesta arriba |**2** *adj* en cuesta
uphold [ʌp'həʊld] *vtr (ps & pp upheld)* sostener
upholstery [ʌp'həʊlstərɪ] *n* tapicería
upkeep ['ʌpkiːp] *n* mantenimiento
upon [ə'pɒn] *prep* ◆ *frml* en, encima de, sobre ◆ |LOC: **once u. a time...,** érase una vez...
upper ['ʌpəʳ] *adj* ◆ superior; **u. lip,** labio superior ◆ *Pol* alto,-a; **the u. house,** la cámara alta ◆ *Tip* **u.-case letter,** letra mayúscula
upper class ['ʌpəklæs] *adj* clase alta
uppermost ['ʌpəməʊst] *adj* más alto,-a
upright ['ʌpraɪt] **1** *adj* ◆ vertical ◆ honrado,-a |**2** *adv (andar, tenerse)* derecho
uprising ['ʌpraɪzɪŋ] *n* levantamiento
uproar ['ʌprɔːʳ] *n* tumulto, alboroto
uproot [ʌp'ruːt] *vtr* desarraigar
upset [ʌp'set] **1** *vtr (ps & pp upset)* ◆ disgustar ◆ ofender, enfadar ◆ *(una mesa, etc)* volcar |**2** *adj* ◆ apenado,-a ◆ ofendido,-a ◆ volcado,-a |**3** ['ʌpset] *n* revés, contratiempo
upshot ['ʌpʃɒt] *n* resultado
upside ['ʌpsaɪd] *n* **u. down,** al revés
upstairs [ʌp'steəz] **1** *adv* arriba |**2** *adj* de arriba |**3** *n* piso de arriba
upstream [ʌp'striːm] *adv* río arriba
uptight [ʌp'taɪt] *adj fam* nervioso,-a
up-to-date [ʌptə'deɪt] *adj* actualizado,-a
upturn ['ʌptɜːn] *n* mejora
upturned ['ʌptɜːnd] *adj* respingón,-ona
upward ['ʌpwəd] *adj* ascendente
upward(s) ['ʌpwəd(z)] *adv* hacia arriba
uranium [jʊ'reɪnɪəm] *n* uranio
Uranus [jʊ'reɪnəs] *n* Urano
urban ['ɜːbən] *adj* urbano,-a
urge [ɜːdʒ] **1** *vtr* instar, exhortar |**2** *n* impulso ■ **urge on** *vtr* animar a
urgency ['ɜːdʒənsɪ] *n* urgencia
urgent ['ɜːdʒənt] *adj* urgente
urinate ['jʊərɪneɪt] *vi* orinar
urine ['jʊərɪn] *n* orina
Uruguay ['jʊərəgwaɪ] *n* Uruguay
Uruguayan [jʊərə'gwaɪən] *adj & n* uruguayo,-a
us [ʌs] *pron pers* ◆ nos: **give us the money,** danos el dinero ◆ *(después de prep)* nosotros,-as: **come with us,** ven con nosotros; **there are three of us,** somos tres ◆ *(después de to be)* nosotros,-as: **who is it? - it's us!,** ¿quién es? - ¡somos nosotros!
US [juː'es] *(abr de United States)* Estados Unidos, EE.UU.
USA [juːes'eɪ] *(abr de United States of America)* Estados Unidos de América, EE.UU.
usage ['juːsɪdʒ] *n* ◆ uso ◆ *frml* costumbre, usanza

use [juːz] 1 *vtr* ◆ emplear, usar, utilizar ◆ *(un servicio, etc)* hacer uso de ‖2 [juːs] *n* ◆ uso, empleo; **«instructions for u.»**, «modo de empleo»; **out of u.**, fuera de servicio ◆ utilidad ■ **use up** *vtr* acabar

used [juːzd] *adj* ◆ usado,-a, viejo,-a ◆ [juːst] **to be u. to**, estar acostumbrado,-a a

use to [juːs] *v. aux (sólo en ps)* soler, acostumbrar: **I used to live here,** vivía aquí

useful ['juːsfʊl] *adj* útil; *(consejo)* práctico,-a

usefulness ['juːsfʊlnɪs] *n* utilidad

useless ['juːslɪs] *adj* inútil

user ['juːzəʳ] *n* usuario,-a

usher ['ʌʃəʳ] *n* ◆ acomodador,-ora ◆ *Jur* ujier

usual ['juːʒʊəl] *adj* ◆ normal, corriente ◆ habitual; **as u.**, como siempre

usually ['juːʒʊəlɪ] *adv* normalmente

utensil [juː'tensəl] *n* utensilio

uterus ['juːtərəs] *n* útero

utilitarian [juːtɪlɪ'teərɪən] *adj* utilitario,-a

utility [juː'tɪlɪtɪ] *n* ◆ utilidad ◆ **u. room,** cuarto para lavar y planchar

utilize ['juːtɪlaɪz] *vtr frml* utilizar

utmost ['ʌtməʊst] 1 *adj* mayor, sumo,-a ‖2 *n* **to do** *o* **try one's u.,** hacer todo lo posible; **to the u.,** hasta más no poder

utopian [juː'təʊpɪən] *adj* utópico,-a

utter ['ʌtəʳ] 1 *vtr* pronunciar; dar, lanzar ‖2 *adj* total, completo,-a

U-turn ['juːtɜːn] *n Auto* cambio de sentido; *Pol* giro de ciento ochenta grados

V

V, v [viː] *n* ◆ *(letra)* V, v

vacancy ['veɪkənsɪ] *n* ◆ vacante ◆ *(en hotel, pensión)* habitación libre

vacant ['veɪkənt] *adj* ◆ vacante ◆ *(habitación, etc)* vacío,-a; *(W.C., etc)* libre

vacate [və'keɪt] *vtr* desalojar

vacation [və'keɪʃən] 1 *n* vacaciones; **on v.,** de vacaciones ‖2 *vi US* estar de vacaciones

vaccinate ['væksɪneɪt] *vtr* vacunar

vaccine ['væksiːn] *n* vacuna

vacuum ['vækjʊəm] 1 *n* vacío; **v. cleaner,** aspiradora ‖2 *vtr* pasar la aspiradora por

vacuum-packed ['vækjʊəmpækt] *adj* envasado,-a al vacío

vagina [və'dʒaɪnə] *n* vagina

vagrant ['veɪgrənt] *adj* & *n* vagabundo,-a

vague [veɪg] *adj* vago,-a, impreciso,-a

vain [veɪn] *adj* ◆ vanidoso,-a ◆ *(esfuerzo)* vano,-a; **in v.,** en vano

valiant ['væljənt] *adj* valiente

valid ['vælɪd] *adj* ◆ legítimo,-a ◆ *(documento)* válido,-a; **no longer v.,** caducado,-a

validity [və'lɪdɪtɪ] *n* validez

valley ['vælɪ] *n* valle

valuable ['væljʊəbəl] 1 *adj* valioso,-a ‖2 *npl* **valuables,** objetos de valor

valuation [væljʊ'eɪʃən] *n* valoración, tasación

value ['væljuː] **1** *n* ◆ valor; **v. added tax,** impuesto sobre el valor añadido ◆ **values** *pl,* valores **|2** *vtr* valorar

valve [vælv] *n* válvula

vampire ['væmpaɪəʳ] *n* vampiro

van [væn] *n* furgoneta

vandal ['vændəl] *n* gamberro,-a

vandalism ['vændəlɪzəm] *n* vandalismo, gamberrismo

vandalize ['vændəlaɪz] *vtr* dañar, destrozar

vanguard ['vængɑːd] *n* vanguardia

vanilla [və'nɪlə] *n* vainilla

vanish ['vænɪʃ] *vi* desaparecer

vanity ['vænɪtɪ] *n* vanidad; **v. bag,** neceser

vantage ['vɑːntɪdʒ] *n* ◆ *Tenis* ventaja ◆ **v. point** *(para turistas, etc)* mirador

vaporize ['veɪpəraɪz] **1** *vtr* vaporizar, evaporar **|2** *vi* evaporarse

vapour, *US* **vapor** ['veɪpəʳ] *n* vapor; *(en un cristal)* vaho

variable ['veərɪəbəl] *adj* & *n* variable

variant ['veərɪənt] *n* variante

variation [veərɪ'eɪʃən] *n* variación

varicose ['værɪkəʊs] *adj* **v. veins,** varices

varied ['veərɪd] *adj* variado,-a, diverso,-a

variety [və'raɪɪtɪ] *n* ◆ variedad, diversidad ◆ surtido ◆ *Teat* **v. show,** espectáculo de variedades

various ['veərɪəs] *adj* diversos,-as, varios,-as

varnish ['vɑːnɪʃ] **1** *n* barniz; *GB* **nail v.,** laca de uñas **|2** *vtr* barnizar; *(las uñas)* pintar

vary ['veərɪ] **1** *vtr* variar, cambiar **|2** *vi* ◆ variar, oscilar ◆ *(personas)* discrepar

vase [vɑːz] *n* florero, jarrón

Vaseline ['væsɪliːn] *n* vaselina

vast [vɑːst] *adj* vasto,-a, enorme

VAT, Vat [viːeɪ'tiː, væt] *(abr de value added tax)* impuesto sobre el valor añadido, IVA

vat [væt] *n* cuba, tinaja

Vatican ['vætɪkən] *n* **the V.,** el Vaticano

vault [vɔːlt] **1** *vtr* & *vi* saltar **|2** *n* ◆ *Dep* salto ◆ *Arquit* bóveda ◆ cámara acorazada

VDU [viːdiː'juː] *n Inform (abr de visual display unit)* unidad de representación visual, monitor

veal [viːl] *n* ternera

veer [vɪəʳ] *vi* virar

vegetable ['vedʒtəbəl] *n* ◆ vegetal ◆ *Culin* verdura, hortaliza

vegetarian [vedʒɪ'teərɪən] *adj* & *n* vegetariano,-a

vegetation [vedʒɪ'teɪʃən] *n* vegetación

vehement ['viːɪmənt] *adj* vehemente

vehicle ['viːɪkəl] *n* vehículo

veil [veɪl] *n* velo

vein [veɪn] *n* vena

velocity [vɪ'lɒsɪtɪ] *n* velocidad

velvet ['velvɪt] *n* terciopelo

vending ['vendɪŋ] *n* **v. machine,** máquina expendedora

vendor ['vendɔːʳ] *n* vendedor,-ora

veneer [vɪ'nɪəʳ] **1** *n* chapa **|2** *vtr* chapar

venerable ['venərəbəl] *adj* venerable

venereal [vɪ'nɪərɪəl] *adj* venéreo,-a

Venetian [vɪ'niːʃən] *adj* & *n* veneciano,-a

Venezuela [venɪ'zweɪlə] *n* Venezuela

Venezuelan [venɪ'zweɪlən] *adj* & *n* venezolano,-a

vengeance ['vendʒəns] *n* venganza

venison ['venzən, 'venɪsən] *n* carne de venado

venom ['venəm] *n* veneno

venomous ['venəməs] *adj* venenoso,-a

vent [vent] **1** *n* ◆ rejilla de ventilación; **air v.,** respiradero ◆ *Cost* abertura **|2** *vtr* descargar

ventilate ['ventɪleɪt] *vtr* ventilar

ventilation [ventɪ'leɪʃən] *n* ventilación

ventilator ['ventɪleɪtəʳ] *n* ventilador

ventriloquist [ven'trɪləkwɪst] *n* ventrílocuo,-a

venture ['ventʃəʳ] **1** *n* empresa, aventura; *Com* operación **|2** *vtr* aventurar **|3** *vi* atreverse, aventurarse

venue ['venju:] *n* ♦ lugar de reunión ♦ *(para un concierto)* local
Venus ['vi:nəs] *n* Venus
verb [vɜ:b] *n* verbo
verbal ['vɜ:bəl] *adj* verbal
verbatim [və'beɪtɪm] **1** *adj* textual **|2** *adv* palabra por palabra
verdict ['vɜ:dɪkt] *n* veredicto
verge [vɜ:dʒ] **1** *n* ♦ borde ♦ *GB Auto* arcén ■ **verge on** *vtr* rayar en
verification [verɪfɪ'keɪʃən] *n* verificación
verify ['verɪfaɪ] *vtr* verificar
veritable ['verɪtəbəl] *adj* auténtico,-a
vermin ['vɜ:mɪn] *npl* ♦ *(animales)* alimañas ♦ *(insectos)* bichos
versatile ['vɜ:sətaɪl] *adj* versátil
verse [vɜ:s] *n* ♦ verso ♦ *Lit* & *Mús* estrofa ♦ *(de la Biblia)* versículo
versed [vɜ:st] *adj* versado,-a
version ['vɜ:ʃən, 'vɜ:ʒən] *n* versión
versus ['vɜ:səs] *prep* contra
vertebra ['vɜ:tɪbrə] *n (pl* ***vertebras*** *o* ***vertebrae*** ['vɜ:tɪbri:]*)* vértebra
vertical ['vɜ:tɪkəl] *adj* & *n* vertical
vertigo ['vɜ:tɪgəʊ] *n* vértigo
very ['verɪ] **1** *adv* ♦ muy, mucho: **it's v. hot,** hace mucho calor; **v. interesting,** muy interesante; **v. much,** muchísimo **|2** *adj* mismo; **at that v. moment,** en ese mismo momento
vessel ['vesəl] *n* ♦ vasija ♦ *Náut* buque, nave; **cargo v.,** carguero ♦ *Anat Bot* vaso
vest [vest] *n* ♦ *GB* camiseta ♦ *US* chaleco
vestige ['vestɪdʒ] *n* vestigio
vestry ['vestrɪ] *n* sacristía
vet [vet] **1** *n fam* ♦ *(abr de* ***veterinary surgeon****)* veterinario,-a **|2** *vtr GB* someter a investigación
veteran ['vetərən] *n* & *adj* veterano,-a
veterinarian [vetərɪ'neərɪən] *n US* veterinario,-a
veterinary ['vetərɪnərɪ] *adj* veterinario,-a
veto ['vi:təʊ] **1** *n (pl* ***vetoes****)* veto **|2** *vtr* vetar
vexed [vekst] *adj* enfadado,-a
via ['vaɪə] *prep* por, a través de, vía
viaduct ['vaɪədʌkt] *n* viaducto
vibrant ['vaɪbrənt] *adj* ♦ vibrante ♦ *(luz)* brillante
vibrate [vaɪ'breɪt] *vi* vibrar
vibration [vaɪ'breɪʃən] *n* vibración
vicar ['vɪkəʳ] *n Rel GB (anglicano)* párroco, pastor,-ora *(católico)* vicario
vicarage ['vɪkərɪdʒ] *n GB* casa del párroco
vice [vaɪs] **1** *n* ♦ vicio ♦ *Téc* torno de banco **|2** *pref* vice-
vice versa [vaɪsɪ'vɜ:sə] *adv* viceversa
vicinity [vɪ'sɪnɪtɪ] *n* inmediaciones, alrededores
vicious ['vɪʃəs] *adj (animal)* fiero,-a; *(persona)* despiadado,-a, cruel; *(crimen)* atroz
victim ['vɪktɪm] *n* víctima
victimize ['vɪktɪmaɪz] *vtr* perseguir, tratar injustamente
victor ['vɪktəʳ] *n* vencedor,-ora
victorious [vɪk'tɔ:rɪəs] *adj* victorioso,-a
victory ['vɪktərɪ] *n* victoria
video ['vɪdɪəʊ] **1** *n* vídeo; **v. camera,** videocámara; **v. cassette,** videocasete; **v. game,** videojuego **|2** *vtr* ➛ **video-tape**
video-tape ['vɪdɪəʊteɪp] *vtr* grabar (en vídeo)
view [vju:] **1** *n* ♦ panorama, vista ♦ **in view,** visible, a la vista; **to come into v.,** aparecer ♦ opinión; **point of v.,** punto de vista ♦ **in v. of sthg,** en vista de **|2** *vtr* ♦ mirar, ver ♦ considerar
viewer ['vju:əʳ] *n* ♦ telespectador,-ora ♦ *Fot* visor
viewfinder ['vju:faɪndəʳ] *n* visor
viewpoint ['vju:pɔɪnt] *n* punto de vista
vigil ['vɪdʒɪl] *n* vigilia
vigilant ['vɪdʒɪlənt] *adj* alerta
vigorous ['vɪgərəs] *adj* vigoroso,-a; *(rechazo)* rotundo,-a
vigour, *US* **vigor** ['vɪgəʳ] *n* vigor
vile [vaɪl] *adj* ♦ vil, infame ♦ *(color, diseño)* horroroso,-a, espantoso,-a
villa ['vɪlə] *n* ♦ casa de campo ♦ *GB* chalet

village ['vɪlɪdʒ] *n* pueblo; *(pequeño)* aldea, lugar
villager ['vɪlɪdʒəʳ] *n* aldeano,-a
villain ['vɪlən] *n* ◆ villano,-a ◆ *Cine Lit Teat* malo,-a
vinaigrette [vɪneɪ'gret] *n* vinagreta
vindicate ['vɪndɪkeɪt] *vtr* justificar, reivindicar
vindictive [vɪn'dɪktɪv] *adj* vengativo,-a
vine [vaɪn] *n* vid, parra
vinegar ['vɪnɪgəʳ] *n* vinagre
vineyard ['vɪnjəd] *n* viña, viñedo
vintage ['vɪntɪdʒ] **1** *n* vendimia, cosecha **|2** *adj* ◆ *(vino)* añejo,-a ◆ *(coche)* de época
vinyl ['vaɪnɪl] *n* vinilo
viola [vɪ'əʊlə] *n* viola
violate ['vaɪəleɪt] *vtr* violar
violence ['vaɪələns] *n* violencia
violent ['vaɪələnt] *adj* violento,-a
violet ['vaɪəlɪt] *n & adj* violeta
violin [vaɪə'lɪn] *n* violín
violinist [vaɪə'lɪnɪst] *n* violinista
VIP [viːaɪ'piː] *fam (abr de* ***very important person****)* personaje muy importante, VIP
viper ['vaɪpəʳ] *n* víbora
virgin ['vɜːdʒɪn] **1** *n* virgen; **the V. Mary**, la Virgen María **|2** *adj* virgen
virginity [və'dʒɪnɪtɪ] *n* virginidad
Virgo ['vɜːgəʊ] *n* Virgo
virile ['vɪraɪl] *adj* viril
virtual ['vɜːtʃʊəl] *adj* virtual
virtually ['vɜːtʃʊəlɪ] *adv* prácticamente
virtue ['vɜːtjuː, 'vɜːtʃuː] *n* virtud
virtuous ['vɜːtʃʊəs] *adj* virtuoso,-a
virus ['vaɪrəs] *n* virus
visa ['viːzə] *n* visado, *LAm* visa
viscose ['vɪskəʊs] *n* viscosa
viscount ['vaɪkaʊnt] *n* vizconde
visibility [vɪzɪ'bɪlɪtɪ] *n* visibilidad
visible ['vɪzɪbəl] *adj* visible
vision ['vɪʒən] *n* visión
visit ['vɪzɪt] **1** *vtr* visitar **|2** *vi* hacer visitas **|3** *n* visita
visiting ['vɪzɪtɪŋ] *adj* visitante
visitor ['vɪzɪtəʳ] *n* ◆ invitado,-a ◆ *(de una ciudad)* visitante
visor ['vaɪzəʳ] *n* visera
visual ['vɪʒʊəl, 'vɪzjʊəl] *adj* visual
visualize ['vɪʒʊəlaɪz, 'vɪzjʊəlaɪz] *vtr* ◆ imaginar(se) ◆ prever
vital ['vaɪtəl] *adj* ◆ vital ◆ esencial, fundamental ◆ *(decisión)* crítico,-a
vitality [vaɪ'tælɪtɪ] *n* vitalidad
vitamin ['vɪtəmɪn, *US* 'vaɪtəmɪn] *n* vitamina
vivacious [vɪ'veɪʃəs] *adj* vivaz
vivacity [vɪ'væsɪtɪ] *n* viveza, vivacidad
vivid ['vɪvɪd] *adj* ◆ vivo,-a, intenso,-a ◆ *(recuerdo)* vívido,-a
vividly ['vɪvɪdlɪ] *adv* ◆ vívidamente ◆ *(decorar)* vistosamente
vixen ['vɪksən] *n* zorra
V-neck(ed) ['viːnek(t)] *adj (jersey)* de (cuello de) pico
vocabulary [və'kæbjʊlərɪ] *n* vocabulario
vocal ['vəʊkəl] *adj* ◆ vocal ◆ *(minoría, etc)* ruidoso,-a
vocalist ['vəʊkəlɪst] *n* cantante, vocalista
vocation [vəʊ'keɪʃən] *n* vocación
vocational [vəʊ'keɪʃənəl] *adj* profesional; **v. guidance/training**, orientación/ formación profesional
vodka ['vɒdkə] *n* vodka
vogue [vəʊg] *n* boga, moda; **in v.**, de moda
voice [vɔɪs] **1** *n* voz **|2** *vtr* manifestar
void [vɔɪd] **1** *adj* nulo,-a, inválido,-a **|2** *n* vacío
volatile ['vɒlətaɪl] *adj* volátil
volcanic [vɒl'kænɪk] *adj* volcánico,-a
volcano [vɒl'keɪnəʊ] *n (pl* ***volcanoes****)* volcán
volley ['vɒlɪ] **1** *n* ◆ *(de artillería)* descarga ◆ *Tenis* volea **|2** *vtr* volear
volleyball ['vɒlɪbɔːl] *n* voleibol
volt [vəʊlt] *n* voltio
voltage ['vəʊltɪdʒ] *n* voltaje
volume ['vɒljuːm] *n* volumen
voluminous [və'ljuːmɪnəs] *adj* voluminoso,-a
voluntary ['vɒləntərɪ] *adj* voluntario,-a
volunteer [vɒlən'tɪəʳ] **1** *n* volunta-

rio,-a |2 *vtr* ofrecer |3 *vi* ♦ ofrecerse ♦ *Mil* alistarse como voluntario

voluptuous [və'lʌptjʊəs] *adj* voluptuoso,-a

vomit ['vɒmɪt] **1** *vtr* & *vi* vomitar |2 *n* vómito

vomiting ['vɒmɪtɪŋ] *n* vómito(s)

voracious [vɒ'reɪʃəs] *adj* voraz

vote [vəʊt] **1** *n* voto; *(acción)* votación |2 *vtr* votar a |3 *vi* votar

voter ['vəʊtəʳ] *n* votante

vouch [vaʊtʃ] *vi* **to v. for sthg/sb,** responder de algo/por alguien

voucher ['vaʊtʃəʳ] *n GB* vale, cupón

vow [vaʊ] **1** *n* voto |2 *vtr* jurar

vowel ['vaʊəl] *n* vocal

voyage ['vɔɪɪdʒ] *n* viaje

vulgar ['vʌlgəʳ] *adj* vulgar

vulgarity [vʌl'gærɪtɪ] *n* vulgaridad

vulnerable ['vʌlnərəbəl] *adj* vulnerable

vulture ['vʌltʃəʳ] *n* buitre

W

W, w ['dʌbəljuː] *n* ♦ *(letra)* W, w ♦ *(abr de West)* oeste, O ♦ *(abr de watt(s))* vatio, W

wad [wɒd] *n* ♦ bolita, copo ♦ *(de papeles)* fajo

wade [weɪd] *vi* caminar por el agua ■ **wade across** *vtr* vadear

wafer ['weɪfəʳ] *n* barquillo

waffle ['wɒfəl] **1** *n Culin* gofre |2 *vi* ♦ hablar sin decir gran cosa ♦ *(al escribir)* meter paja

wag [wæg] **1** *vtr* menear |2 *vi* menearse

wage [weɪdʒ] *n (usu pl)* salario, sueldo

wager ['weɪdʒəʳ] **1** *n* apuesta |2 *vtr* apostar

waggle ['wægəl] → **wag**

wa(g)gon ['wægən] *n* ♦ carro, carreta ♦ *Ferroc* vagón

wail [weɪl] **1** *n* ♦ llanto ♦ *(de pena, tristeza)* lamento |2 *vi* ♦ lamentarse, gemir ♦ *(sirena de un barco, etc)* ulular

waist [weɪst] *n* cintura, talle

waistcoat ['weɪstkəʊt] *n* chaleco

waistline ['weɪstlaɪn] *n* cintura; *fig* línea

wait [weɪt] **1** *n* espera |2 *vi* & *vtr* esperar ■ **wait on** *vtr* servir a ■ **wait up** *vi* no acostarse: **don't w. up for me,** no me esperes levantado,-a

waiter ['weɪtəʳ] *n* camarero

waiting ['weɪtɪŋ] *n* espera; **w. list/room,** lista/sala de espera

waitress ['weɪtrɪs] *n* camarera

waive [weɪv] *vtr frml* prescindir de

wake [weɪk] **1** *vtr (ps woke; pp woken)* despertar |2 *vi* despertar (se) |3 *n* ♦ estela, consecuencia ♦ *(de un muerto)* velatorio ■ **wake up 1** *vi* despertarse |2 *vtr* despertar

Wales [weɪlz] *n* (el país de) Gales

walk [wɔːk] **1** *n* ♦ paseo; *(más arduo)* caminata; **to go for a w.,** ir de paseo ♦ paso, andar |2 *vi* andar, ir andando |3 *vtr* ♦ andar ♦ *(una distancia)* recorrer (a pie) ♦ *(un perro)* pasear ■ **walk about** *vi* pasearse, ir y venir ■ **walk away** *vi* alejarse, marcharse ■ **walk into** *vtr* ♦ darse contra ♦ *(una trampa)* caer en ■

walk off *vi* marcharse ■ **walk out** *vi* retirarse, abandonar

walking ['wɔːkɪŋ] 1 *n* excursionismo |2 *adj* de marcha; **w. stick,** bastón

walkout ['wɔːkaʊt] *n* huelga

walkover ['wɔːkəʊvəʳ] *n* victoria fácil

wall [wɔːl] *n* pared; *(exterior)* muro; *(de ciudad)* muralla; *(de jardín)* tapia

wallet ['wɒlɪt] *n* cartera

wallflower ['wɔːlflaʊəʳ] *n* alhelí

wallow ['wɒləʊ] *vi* revolcarse

wallpaper ['wɔːlpeɪpəʳ] 1 *n* papel pintado |2 *vtr* empapelar

walnut ['wɔːlnʌt] *n* nuez; *(árbol)* nogal

walrus ['wɔːlrəs] *n* morsa

waltz [wɔːls] 1 *n* vals |2 *vi* bailar vals

wan [wɒn] *adj* ***(wanner, wannest)*** ◆ pálido,-a ◆ triste

wand [wɒnd] *n* **(magic) w.,** varita (mágica)

wander ['wɒndəʳ] *vi* ◆ vagar, deambular ◆ alejarse, desviarse

wane [weɪn] *vi* menguar, decrecer

want [wɒnt] *vtr* ◆ querer, desear ◆ *(la policía, etc)* buscar; **«wanted»,** «se busca»

wanton ['wɒntən] *adj* gratuito,-a

war [wɔːʳ] 1 *n* guerra; **to be at w.,** estar en guerra |2 *adj* de guerra

ward [wɔːd] 1 *n* ◆ *(de un hospital)* sala ◆ *Jur* pupilo,-a ■ **ward off** *vtr* ◆ prevenir ◆ *(un ataque)* rechazar

warden ['wɔːdən] *n* ◆ guardián,-ana ◆ *Auto* **traffic w.,** controlador,-ora de estacionamiento

warder ['wɔːdəʳ] *n* celador,-ora

wardrobe ['wɔːdrəʊb] *n* ◆ armario ◆ *Teat* vestuario

warehouse ['weəhaʊs] *n* almacén

wares [weəz] *npl* mercancías

warfare ['wɔːfeəʳ] *n* guerra

warhead ['wɔːhed] *n* **(nuclear) w.,** cabeza nuclear

warm [wɔːm] 1 *adj* ◆ templado,-a, tibio,-a ◆ *(ropa)* de abrigo ◆ *(persona)* cariñoso,-a; *(color, día)* cálido,-a |2 *vtr* calentar |3 *vi* calentarse ■ **warm up** 1 *vtr* calentar |2 *vi* ◆ calentarse; *(persona)* entrar en calor ◆ *(deportista)* hacer ejercicios de calentamiento

warm-blooded [wɔːm'blʌdɪd] *adj* de sangre caliente

warm-hearted [wɔːm'hɑːtɪd] *adj* afectuoso,-a

warmly ['wɔːmlɪ] *adv fig* ◆ con afecto ◆ **w. dressed,** bien abrigado,-a

warmth [wɔːmθ] *n* calor; *fig* cordialidad

warn [wɔːn] *vtr* advertir, alertar

warning ['wɔːnɪŋ] *n* ◆ advertencia ◆ aviso; **without w.,** sin previo aviso ◆ **w. light,** piloto; **w. sign,** señal de aviso

warp [wɔːp] *vi* combarse

warrant ['wɒrənt] 1 *n* ◆ orden judicial; **arrest w.,** orden de búsqueda y captura; **search w.,** orden de registro ◆ *Com* vale |2 *vtr* ◆ justificar ◆ *Com* garantizar

warranty ['wɒrəntɪ] *n* garantía

warren ['wɒrən] *n fig* laberinto

warrior ['wɒrɪəʳ] *n* guerrero,-a

warship ['wɔːʃɪp] *n* buque de guerra

wart [wɔːt] *n* verruga

wary ['weərɪ] *adj* ***(warier, wariest)*** cauteloso,-a

was [wɒz] *ps* → **be**

wash [wɒʃ] 1 *n* ◆ lavado ◆ colada |2 *vtr* lavar; *(la vajilla)* fregar |3 *vi (persona)* lavarse ■ **wash off** *vi* quitarse lavando ■ **wash up** *vi* ◆ *GB* fregar los platos ◆ *US* lavarse

washable ['wɒʃəbəl] *adj* lavable

washer ['wɒʃəʳ] *n* lavadora

washing ['wɒʃɪŋ] *n* ◆ lavado; *(de ropa)* colada; **w. line,** cuerda de tender la ropa; **w. machine,** lavadora; **w. powder,** detergente

washing-up [wɒʃɪŋ'ʌp] *n* fregado; **w.-u. liquid,** lavavajillas

washout ['wɒʃaʊt] *n fam* desastre, fracaso

washroom ['wɒʃruːm] *n* servicios

wasp [wɒsp] *n* avispa

wastage ['weɪstɪdʒ] *n* desperdicio, pérdidas

waste [weɪst] 1 *n* ◆ *(de tiempo, etc)* pérdida ◆ *(de recursos)* derroche, despilfarro ◆ residuos, desechos; **w. pipe,** desagüe |2 *adj* desechado,-a; *(agua)* residual |3 *vtr* ◆ *(el tiempo)* perder ◆ *(re-*

cursos) derrochar, despilfarrar ◆ *(una oportunidad)* desaprovechar ■ **waste away** *vi* consumirse

wasteful ['weɪstfʊl] *adj* derrochador,-ora

wastepaper [weɪst'peɪpəʳ] *n* papeles viejos; **w. basket,** papelera

watch [wɒtʃ] **1** *n* ◆ reloj ◆ *Mil (persona)* centinela; **to be on w.,** estar de guardia **|2** *vtr* ◆ mirar, ver ◆ cuidar, vigilar ◆ tener cuidado con: **w. it!**, ¡cuidado!, ¡ojo! **|3** *vi* mirar, observar ■ **watch out** *vi* tener cuidado: **w. out!**, ¡cuidado!

watchdog ['wɒtʃdɒg] *n* perro guardián

watchful ['wɒtʃfʊl] *adj* vigilante

watchmaker ['wɒtʃmeɪkəʳ] *n* relojero,-a

watchman ['wɒtʃmən] *n* vigilante

watchstrap ['wɒtʃstræp] *n* correa de reloj

watchtower ['wɒtʃtaʊəʳ] *n* atalaya

water ['wɔːtəʳ] **1** *n* agua; **fresh w.,** agua dulce **|2** *adj* acuático,-a **|3** *vtr* regar **|4** *vi* **his mouth watered,** se le hizo la boca agua ■ **water down** aguar

watercolour, *US* **watercolor** ['wɔːtəkʌlə] *n* acuarela

watercress ['wɔːtəkres] *n* berro

waterfall ['wɔːtəfɔːl] *n* catarata

watering ['wɔːtərɪŋ] *n* **w. can,** regadera; **w. place,** abrevadero

waterline ['wɔːtəlaɪn] *n* línea de flotación

waterlogged ['wɔːtəlɒgd] *adj* anegado,-a

watermark ['wɔːtəmɑːk] *n* filigrana

watermelon ['wɔːtəmelən] *n* sandía

waterproof ['wɔːtəpruːf] **1** *adj* impermeable; *(reloj)* sumergible **|2** *n* impermeable **|3** *vtr* impermeabilizar

water-skiing ['wɔːtəskiːɪŋ] *n* esquí acuático

watertight ['wɔːtətaɪt] *adj* hermético,-a

waterway ['wɔːtəweɪ] *n* vía fluvial, canal

watery ['wɔːtərɪ] *adj* ◆ aguado,-a ◆ *(los ojos)* lloroso,-a

watt [wɒt] *n* vatio

wave [weɪv] **1** *n* ola ◆ *(en el pelo)* onda ◆ saludo con la mano ◆ *Fís* onda **|2** *vtr* ◆ agitar ◆ *(el pelo)* ondular, rizar **|3** *vi* ◆ saludar con la mano ◆ *(una bandera)* ondear

waver ['weɪvəʳ] *vi* ◆ dudar, vacilar ◆ *(el ánimo)* flaquear

wavy ['weɪvɪ] *adj* ***(wavier, waviest)*** ondulado,-a

wax [wæks] **1** *n* ◆ cera ◆ **sealing w.,** lacre **|2** *vtr* ◆ encerar ◆ depilar con cera

way [weɪ] *n* ◆ camino; **w. in,** entrada; **w. out,** salida ◆ paso: **to give w.,** ceder el paso ◆ **to be in the w.,** estorbar o bloquear el camino: **get out of the w.!**, ¡quítate de en medio! ◆ **she has a baby on the w.,** está esperando un niño; **by the w.,** a propósito, por cierto ◆ distancia: **it's a long w. from here,** está lejos de aquí ◆ *(dirección)* **is this the right w.?**, ¿es por aquí?; **come this w.,** ven por aquí; **which w.?**, ¿por dónde?; **the wrong w. up/round,** al revés ◆ manera, modo, forma: **I did it my w.,** lo hice a mi manera; **a w. of life,** una forma de vida; **in a w.,** en cierto modo; **(in) one w. or another,** de un modo o de otro; **no w.!**, ¡ni hablar! ◆ estado: **that's the w. it is,** así es ◆ don: **he has a w. with words,** tiene facilidad de palabra ◆ progreso, movimiento; **under w.,** en marcha

WC [dʌbljuː'siː] ***(abr de water closet)*** váter, WC

we [wiː] *pron pers* nosotros,-as

weak [wiːk] *adj* ◆ débil ◆ *(café)* poco cargado,-a

weaken ['wiːkən] **1** *vtr* debilitar **|2** *vi* ◆ debilitarse ◆ ceder, ablandarse

weakness ['wiːknɪs] *n* debilidad

wealth [welθ] *n* riqueza

wealthy ['welθɪ] *adj* ***(wealthier, wealthiest)*** rico,-a

wean [wiːn] *vtr* destetar

weapon ['wepən] *n* arma

wear [weəʳ] **1** *vtr (ps **wore**; pp **worn**)* llevar (puesto,-a), vestir **|2** *vi* ◆ desgastarse ◆ *(tela, etc)* durar **|3** *n* ◆ desgaste ◆ *(ropa)* uso; **for everyday w.,** para uso diario ◆ ropa: **ladies'/men's**

w., ropa de señoras/caballeros ■ **wear away 1** *vtr* desgastar |**2** *vi* desgastarse ■ **wear down** *vtr* ◆ (des)gastar ◆ *(a una persona)* agobiar ■ **wear off** *vi* ◆ *(el dolor)* calmarse ◆ *(un efecto)* pasar ◆ *(pintura)* desgastarse ■ **wear out 1** *vtr* ◆ gastar ◆ *(a una persona, etc)* agotar |**2** *vi* gastarse

wearily ['wɪərɪlɪ] *adv* con cansancio

weary ['wɪərɪ] **1** *adj (wearier, weariest)* cansado,-a |**2** *vtr* cansar |**3** *vi* cansarse

weather ['weðəʳ] *n* tiempo; **w. forecast,** pronóstico del tiempo ◆ |LOC: **to be under the w.,** estar pachucho,-a

weathercock ['weðəkɒk] *n* veleta

weatherman ['weðəmæn] *n* hombre del tiempo

weave [wiːv] **1** *vtr & vi (ps wove; pp woven)* tejer |**2** *n* tejido

weaver ['wiːvəʳ] *n* tejedor,-ora

web [web] *n* ◆ telaraña ◆ *(de mentiras)* maraña, red

we'd [wiːd] ◆ **we had** ◆ **we would**

wedding ['wedɪŋ] *n* boda, casamiento; **w. dress,** traje de novia; **w. ring,** alianza

wedge [wedʒ] **1** *n* cuña |**2** *vtr* apretar, meter a presión

Wednesday ['wenzdɪ] *n* miércoles

wee [wiː] *fam* **1** *n* pipí |**2** *vi* hacer pipí

weed [wiːd] **1** *n* ◆ mala hierba ◆ *(persona)* debilucho,-a |**2** *vtr* **to w. out,** eliminar

weedkiller ['wiːdkɪləʳ] *n* herbicida

weedy ['wiːdɪ] *adj (weedier, weediest) pey* debilucho,-a

week [wiːk] *n* semana

weekday ['wiːkdeɪ] *n* día laborable

weekend [wiːk'end] *n* fin de semana

weekly ['wiːklɪ] **1** *adj* semanal |**2** *adv* semanalmente |**3** *n* semanario

weep [wiːp] **1** *vtr & vi (ps & pp wept)* llorar

weeping ['wiːpɪŋ] *adj* **w. willow,** sauce llorón

weigh [weɪ] *vtr* ◆ pesar ◆ *(argumentos, etc)* sopesar ■ **weigh down** *vtr* (sobre)cargar ■ **weigh up** *vtr* evaluar, sopesar

weight [weɪt] *n* peso; **to lose w.,** adelgazar; **to put on w.,** engordar

weighty ['weɪtɪ] *adj (weightier, weightiest)* ◆ *(asunto)* importante; *(problema)* serio,-a ◆ pesado,-a

weir [wɪəʳ] *n* presa

weird [wɪəd] *adj* raro,-a, extraño,-a

welcome ['welkəm] **1** *adj* ◆ bienvenido,-a: **thanks - you're w.,** gracias - de nada ◆ *(noticia, etc)* grato,-a |**2** *n* bienvenida, acogida |**3** *vtr* acoger, darle la bienvenida a

welcoming ['welkəmɪŋ] *adj* acogedor,-ora

weld [weld] *vtr* soldar

welfare ['welfeəʳ] *n* ◆ bienestar; **w. state,** estado del bienestar ◆ asistencia social; **w. worker,** asistente social ◆ prestaciones de la seguridad social

we'll [wiːl] ◆ **we will** ◆ **we shall**

well[1] [wel] **1** *n* ◆ pozo ◆ **(stair) w.,** hueco de la escalera |**2** *vi* manar ■ **well up** *vi* brotar, manar

well[2] [wel] **1** *adj (better, best)* bien; **to get w.,** reponerse |**2** *adv (better, best)* ◆ bien: **Spain is doing w.,** España va bien; **w. done!,** ¡muy bien! ◆ mucho: **it cost w. over a million,** costó mucho más de un millón ◆ **as w.,** también; **as w. as,** además de |**3** *excl* bueno: **w., let's begin,** bien, empecemos

well-behaved ['welbɪheɪvd] *adj* formal, educado,-a

well-being ['welbiːɪŋ] *n* bienestar

well-built ['welbɪlt] *adj* ◆ fornido,-a ◆ *(barco, edificio)* de construcción sólida

well-earned ['welɜːnd] *adj* merecido,-a

well-educated [wel'edʊkeɪtɪd] *adj* culto,-a

well-informed ['welɪnfɔːmd] *adj* bien informado,-a

well-kept [wel'kept] *adj* ◆ bien cuidado,-a ◆ *(secreto)* bien guardado,-a

well-known ['welnəʊn] *adj* conocido,-a, famoso,-a

well-meaning [wel'miːnɪŋ] *adj* bienintencionado,-a

well-off [wel'ɒf] *adj* acomodado,-a, pudiente

well-read [wel'red] *adj* culto,-a, leído,-a

well-spoken [wel'spəʊkən] *adj* bienhablado,-a

well-to-do [weltə'duː] *adj* acomodado,-a pudiente

well-wisher ['welwɪʃəʳ] *n* admirador,-ora

Welsh [welʃ] 1 *adj* galés,-esa |2 *n* galés

Welshman ['welʃmən] *n* galés

Welshwoman ['welʃwʊmən] *n* galesa

went [went] *ps* → **go**

wept [wept] *ps* & *pp* → **weep**

we're [wɪəʳ] → **we are**

were [wɜːʳ, *forma débil* wəʳ] *ps* → **be**

west [west] 1 *n* oeste |2 *adj* oeste, occidental |3 *adv* al oeste, hacia el oeste

western ['westən] 1 *adj* del oeste, occidental |2 *n* western, película del oeste

West Indian [west'ɪndɪən] *adj* & *n* antillano,-a

West Indies [west'ɪndɪz] *npl* Antillas

westward ['westwəd] *adj* **in a w. direction,** hacia el oeste *o* en dirección al oeste

westward(s) ['westwəd(z)] *adv* hacia el oeste

wet [wet] 1 *adj (wetter, wettest)* ◆ mojado,-a ◆ *(la pintura, etc)* fresco,-a: «**w. paint**», «recién pintado» |2 *vtr (ps & pp wet)* mojar

we've [wiːv] → **we have**

whack [wæk] 1 *vtr* golpear (fuertemente) |2 *n* golpe, porrazo

whale [weɪl] *n (pl whale o whales)* ballena

wharf [wɔːf] *n (pl wharves* [wɔːvz]*)* muelle

what [wɒt, *forma débil* wət] 1 *adj* ◆ *(en preguntas directas e indirectas)* ¿qué? ◆ *(relativo) frml* **w. little I have is yours,** lo poco que tengo es tuyo ◆ *(excl)* qué: **w. big teeth!,** ¡qué dientes más grandes! |2 *pron* ◆ *(en preguntas directas)* ¿qué?, ¿cuál?, ¿cómo?, ¿cuánto?: **w. does it cost,** ¿cuánto cuesta?; **w.'s the matter?,** ¿qué pasa?; **w. is she like?,** ¿cómo es? ◆ *(en preguntas indirectas)* qué: **I asked w. she thought,** le pregunté qué pensaba ◆ *(relativo)* lo que: **that's not w. I said,** eso no es lo que dije

whatever [wɒt'evəʳ, *forma débil* wət'evəʳ] 1 *adj* cualquier(a): **for w. reason,** por cualquier motivo |2 *pron* lo que, todo lo que: **he will do w. you say,** hará todo lo que le digas; *fam* algo: **use a screwdriver or w.,** usa un destornillador o algo semejante |3 *adv (con negativo)* **nobody/nothing w.,** nadie/nada en absoluto

whatsoever [wɒtsəʊ'evəʳ] *adj frml* **nothing w.,** nada en absoluto

wheat [wiːt] *n* trigo; **w. field,** trigal

wheel [wiːl] 1 *n* ◆ rueda ◆ torno |2 *vi* revolotear

wheelbarrow ['wiːlbærəʊ] *n* carretilla

wheelchair ['wiːltʃeəʳ] *n* silla de ruedas

wheeze [wiːz] *vi* resollar

when [wen] 1 *adv* ◆ *(en preguntas directas e indirectas)* cuándo ◆ *(uso relativo)* cuando, en que: **the day w. we met,** el día en que nos conocimos |2 *conj* cuando: **w. I was young...,** de joven...

whenever [wen'evəʳ] 1 *conj* ◆ siempre que ◆ cuando: **w. you like,** cuando quieras |2 *adv* ◆ *(en preguntas: enfático)* cuándo ◆ **come on Tuesday or w.,** ven el martes o cuando sea

where [weəʳ] 1 *adv* ◆ *(en preguntas directas e indirectas)* dónde; adónde ◆ *(relativo)* donde, en que: **the street w. you live,** la calle en que vives |2 *conj* cuando: **w. food is concerned...,** cuando se trata de comida...

whereabouts [weərə'baʊts] 1 *adv* **w. in Spain do you live?,** ¿en qué parte de España vives? |2 ['weərəbaʊts] *n* paradero

whereas [weər'æz] *conj* mientras que

wherever [weər'evəʳ] 1 *conj* dondequiera que |2 *adv* dónde

whether ['weðəʳ] *conj* si: **w. you like it or not,** te guste o no

which [wɪtʃ] 1 *adj (en preguntas directas e indirectas)* qué: **w. one?,** ¿cuál? |2 *pron* ◆ *(en preguntas)* cuál, cuáles ◆

(relativo) que; *(con preposición)* que, el/la cual, los/las cuales: **the house in w. she lives,** la casa en la que vive ♦ lo cual, lo que: **he was very late, w. annoyed me,** llegó muy tarde, lo que me fastidió

whichever [wɪtʃ'evəʳ] **1** *adj* el/la que, los/las que, cualquiera que **|2** *pron* ♦ *(en preguntas: enfático)* cuál, cuáles ♦ el/la que, los/las que: **w. is best,** el que sea mejor

whiff [wɪf] *n* olorcillo

while [waɪl] **1** *conj* ♦ mientras ♦ a pesar de que, aunque: **w. I have great respect for him...,** aunque le tengo gran respeto... **|2** *n* ♦ rato, tiempo; **for a w.,** (durante) un rato; **in a little w.,** dentro de un ratito

whilst [waɪlst] *conj* → **while**

whim [wɪm] *n* capricho, antojo

whimper ['wɪmpəʳ] **1** *n* quejido **|2** *vi* lloriquear

whine [waɪn] **1** *vi* ♦ aullar ♦ *pey* quejarse ♦ *(una bala)* pasar silbando **|2** *n* ♦ aullido ♦ *(de persona) pey* quejido

whip [wɪp] **1** *n* ♦ látigo ♦ *Culin* batido **|2** *vtr* ♦ azotar ♦ *Culin* batir ■ **whip away** *vtr* arrebatar ■ **whip off** *vtr* quitar (rápidamente)

whipping ['wɪpɪŋ] *n* paliza

whip-round ['wɪpraʊnd] *n fam* colecta

whirl [wɜːl] **1** *n* giro; *(de polvo)* remolino, torbellino **|2** *vi* ♦ arremolinarse ♦ *(la cabeza)* dar vueltas **|3** *vtr* hacer girar

whirlpool ['wɜːlpuːl] *n* remolino

whirlwind ['wɜːlwɪnd] *n* torbellino

whir(r) [wɜːʳ] *vi* runrunear, zumbar

whisk [wɪsk] **1** *n* batidor **|2** *vtr* ♦ *Culin* batir ♦ *(la cola)* mover, menear ■ **whisk away/off** *vtr* llevarse de repente

whisker ['wɪskəʳ] *n* ♦ pelo ♦ **whiskers** *pl*, *(de un gato)* bigotes; *(de una persona)* patillas

whisky, *US Irl* **whiskey** ['wɪskɪ] *n* whisky

whisper ['wɪspəʳ] **1** *n* ♦ susurro ♦ rumor **|2** *vtr* decir en voz baja **|3** *vi* susurrar

whistle ['wɪsəl] **1** *n* ♦ pito, silbato ♦ *(sonido)* pitido, silbido **|2** *vtr* & *vi* silbar

white [waɪt] **1** *adj* blanco,-a: *(café)* con leche; **to go w.,** *(la cara)* palidecer; *(el pelo)* encanecer **|2** *n* ♦ blanco ♦ *(de un huevo)* clara

white-collar ['waɪtkɒləʳ] *adj* **w.-c. worker,** empleado,-a de oficina

whiteness ['waɪtnɪs] *n* blancura

whitewash ['waɪtwɒʃ] **1** *n* ♦ cal ♦ *fig* encubrimiento **|2** *vtr* ♦ encalar ♦ *fig* encubrir

whiz(z) [wɪz] **1** *n* zumbido **|2** *vi* ♦ silbar ♦ **to w. by/past,** pasar zumbando

who [huː] *pron* ♦ *(en preguntas directas e indirectas)* quién, quiénes ♦ *(relativo)* que: **the man w. lives next door,** el hombre que vive al lado; *(con una preposición al final de la oración)* **w. are you talking to?,** ¿con quién hablas?

who'd [huːd] ♦ **who had** ♦ **who would**

whoever [huː'evəʳ] *pron* ♦ quienquiera: **w. you are,** quienquiera que seas ♦ *(en preguntas: enfático)* quién

whole [həʊl] **1** *adj* ♦ entero,-a, todo,-a: **a w. month,** un mes entero; **to swallow sthg w.,** tragarse algo sin masticar **|2** *n* conjunto, totalidad; **society as a w.,** la sociedad en su totalidad; **on the w.,** en general

wholefood ['həʊlfuːd] *n* alimentos integrales

wholehearted [həʊl'hɑːtɪd] *adj* sincero,-a

wholemeal ['həʊlmiːl] *adj* integral

wholesale ['həʊlseɪl] **1** *n* venta al por mayor **|2** *adv* & *adj* al por mayor

wholesaler ['həʊlseɪləʳ] *n* mayorista

wholesome ['həʊlsəm] *adj* sano,-a

who'll [huːm] → **who will**

wholly ['həʊllɪ] *adv* enteramente, completamente

whom [huːm] *pron frml* ♦ *(en preguntas directas e indirectas) (acusativo)* a quién: **w. did you see?,** ¿a quién viste?; *(con preposición)* **of/with w.?,** ¿de/con quién? ♦ *(relativo) (acusativo)* al que/cual/quien, a la que/cual/quien, a los/las que/cuales/quienes: **the girl w.**

I saw, la chica a la que vi ◆ *(con preposición)* quien, el/la que/cual (etc): **the woman with w. he lives,** la mujer con la que vive

whore [hɔːʳ] *n pey ofens* puta

who's [huːz] ◆ **who is** ◆ **who has**

whose [huːz] **1** *pron* de quién, de quiénes **|2** *adj* ◆ *(en preguntas directas e indirectas)* de quién, de quiénes ◆ *(relativo)* cuyo,-a, cuyos,-as

why [waɪ] *adv* ◆ *(en preguntas directas e indirectas)* por qué: **w. did he say that?**, ¿por qué dijo eso? ◆ *(relativo)* **that is w. I love you,** es por eso por lo que te quiero

wick [wɪk] *n* mecha

wicked ['wɪkɪd] **1** *adj* ◆ malvado,-a ◆ *(niño)* muy malo,-a

wicker ['wɪkəʳ] **1** *n* mimbre **|2** *adj* de mimbre

wide [waɪd] **1** *adj* ◆ ancho,-a ◆ *(experiencia, etc)* amplio,-a ◆ *(surtido)* extenso,-a ◆ *(los ojos, la boca)* muy abierto,-a **|2** *adv* completamente; *(espacio)* abierto,-a

widely ['waɪdlɪ] *adv* ◆ extensamente ◆ generalmente

widen ['waɪdən] **1** *vtr* ensanchar, ampliar **|2** *vi* ensancharse

widespread ['waɪdspred] *adj* extendido,-a

widow ['wɪdəʊ] *n* viuda

widowed ['wɪdəʊd] *adj* viudo,-a, enviudado,-a

widower ['wɪdəʊəʳ] *n* viudo

width [wɪdθ] *n* anchura

wield [wiːld] *vtr (autoridad)* ejercer; *(un arma)* blandir

wife [waɪf] *n (pl **wives**)* mujer, esposa

wig [wɪg] *n* peluca

wiggle ['wɪgəl] **1** *vtr* mover **|2** *vi* menearse

wild [waɪld] **1** *adj* ◆ salvaje ◆ *(comportamiento)* alocado,-a, desenfrenado,-a ◆ *(mar)* bravo,-a ◆ *fam (persona)* loco,-a **|2** *adv* sin control: **the children ran w.,** los niños se desmandaron **|3** *n* naturaleza salvaje: *(animal)* **in the w.,** en su hábitat natural

wilderness ['wɪldənɪs] *n* tierra virgen

wildlife ['waɪldlaɪf] *n* fauna y flora; **w. park,** parque natural

wildly ['waɪldlɪ] *adv* ◆ frenéticamente ◆ muy, completamente; **w. funny,** divertidísimo,-a

wilful, *US* **wilfull** ['wɪlful] *adj* intencionado,-a, premeditado,-a

wilfully ['wɪlfəlɪ] *adv* deliberadamente

will [wɪl] **1** *n* ◆ voluntad; **ill w.,** rencor ◆ *Jur* testamento **|2** *vtr* desear, querer **|3** *v aux (ps **would**, negativo **will not** o **won't**)* ◆ *(para formar el futuro)* **it w. rain tomorrow,** mañana lloverá ◆ *(predicción)* **he'll be there by now,** ya habrá llegado ◆ *(intención, rechazo)* **w. you get me a coffee?**, ¿me traes un café?; *(en una boda)* «**I w.**», «sí, quiero»; *(ofertas)* **w. you have a biscuit?**, ¿quieres una galleta?

willing ['wɪlɪŋ] *adj* ◆ servicial ◆ **to be w. to do sthg,** estar dispuesto,-a a hacer algo

willingly ['wɪlɪŋlɪ] *adv* de buena gana

willingness ['wɪlɪŋnɪs] *n* buena voluntad

willow ['wɪləʊ] *n* **w. (tree),** sauce

willpower ['wɪlpaʊəʳ] *n* (fuerza de) voluntad

wilt [wɪlt] *vi* marchitarse

win [wɪn] **1** *n* victoria **|2** *vtr (ps & pp **won**)* ◆ ganar ◆ *(la amistad, fama)* conseguir, ganarse **|3** *vi* ganar ■ **win back** *vtr* recuperar ■ **win over** *vtr* convencer ■ **win through** *vi* salir adelante

wince [wɪns] *vi* hacer una mueca de dolor

wind[1] [wɪnd] **1** n ◆ viento ◆ *Med* gases ◆ aliento **|2** *vtr* dejar sin aliento

wind[2] [waɪnd] *(ps & pp **wound**)* **1** *vtr* ◆ *(un reloj)* dar cuerda a ◆ *(un hilo)* enrollar ◆ *(una cinta magnética)* avanzar/rebobinar **|2** *vi* serpentear ■ **wind up 1** *vtr* ◆ enrollar ◆ *(una empresa)* liquidar; *(una reunión)* cerrar ◆ *(un reloj)* dar cuerda a **|2** *vi* terminar

windfall ['wɪndfɔːl] *n* ganancia inesperada

winding ['waɪndɪŋ] *adj* sinuoso,-a, tortuoso,-a

windmill ['wɪndmɪl] *n* molino (de viento)

window ['wɪndəʊ] n ventana; *(de un vehículo)* ventanilla; *(de una tienda)* escaparate

window-shopping ['wɪndəʊʃɒpɪŋ] *n* **to go w.-s.,** ir a mirar escaparates

windowsill ['wɪndəʊsɪl] *n* alféizar

windpipe ['wɪndpaɪp] *n* tráquea

windscreen ['wɪndskriːn], *US* **windshield** ['wɪndʃiːld] *n Auto* parabrisas; **w. wiper,** limpiaparabrisas

windsurf ['wɪndsɜːf] *vi* hacer windsurf

windsurfing ['wɪndsɜːfɪŋ] *n* windsurf

windy ['wɪndɪ] *adj (windier, windiest)* ◆ expuesto,-a al viento ◆ *(tiempo)* ventoso,-a

wine [waɪn] *n* vino; **w. cellar,** bodega

wing [wɪŋ] *n* ◆ ala ◆ *Auto* aleta, guardabarros ◆ *Teat* **wings** *pl,* bastidores ◆ *Ftb* ala, banda

wink [wɪŋk] **1** *n* guiño **|2** *vi* ◆ guiñar (el ojo) ◆ *(luz)* parpadear

winner ['wɪnəʳ] *n* ganador,-ora

winning ['wɪnɪŋ] *adj* ◆ ganador,-ora ◆ *(número de lotería)* premiado,-a ◆ *(maneras)* encantador,-ora

winnings ['wɪnɪŋz] *npl* ganancias

winter ['wɪntəʳ] **1** *n* invierno **|2** *adj* de invierno, invernal **|3** *vi* invernar, pasar el invierno

wipe [waɪp] **1** *vtr* ◆ limpiar; **to w. one's nose,** sonarse la nariz ◆ *(los ojos)* secar ◆ *(una cinta)* borrar **|2** *n* toallita ■ **wipe away** *vtr* secar; *(un recuerdo)* borrar ■ **wipe out** *vtr* ◆ borrar ◆ *(a la gente)* aniquilar; *(especie, etc)* exterminar ■ **wipe up** *vtr* limpiar

wire [waɪəʳ] **1** *n* ◆ alambre ◆ *Elec* cable ◆ *US* telegrama **|2** *vtr* electrificar

wireless ['waɪəlɪs] *n* radio

wiring ['waɪərɪŋ] *n* cableado, instalación eléctrica

wisdom ['wɪzdəm] *n* sabiduría, saber

wise [waɪz] *adj* ◆ sabio,-a ◆ juicioso,-a

wish [wɪʃ] **1** *n* ◆ deseo; **to make a w.,** pedir un deseo ◆ *(en una carta)* **best wishes,** un cordial saludo **|2** *vtr* ◆ desear, querer; **I w. I was rich,** ojalá fuera rico **|3** *vi* querer: **as you w.,** como quieras

wishful ['wɪʃfʊl] *adj* **that's w. thinking,** eso es hacerse ilusiones

wisp [wɪsp] *n* ◆ *(de humo)* espiral ◆ *(de paja)* brizna ◆ *(de pelo)* mechón

wistful ['wɪstfʊl] *adj* melancólico,-a

wit [wɪt] *n* ◆ ingenio, agudeza ◆ *(una persona)* ingenioso,-a ◆ **wits** *pl,* juicio

witch [wɪtʃ] *n* bruja; *fig* **w. hunt,** caza de brujas

witchcraft ['wɪtʃkrɑːft] *n* brujería

with [wɪð, wɪθ] *prep* ◆ con, de: **he went w. us,** vino con nosotros; **it was filled w. feathers,** estaba relleno de plumas ◆ *fam* **are you w. me?,** ¿me entiendes? ◆ *(descripción)* de, con: **the man w. long hair,** el hombre de pelo largo

withdraw [wɪð'drɔː] **1** *vtr (ps withdrew; pp withdrawn)* ◆ retirar, sacar ◆ *(permiso)* cancelar; *(declaración)* retractarse de **|2** *vi* retirarse

withdrawal [wɪð'drɔːəl] *n* ◆ retirada ◆ *(de una declaración)* retractación

withdrawn [wɪð'drɔːn] *adj* retraído,-a

wither ['wɪðəʳ] *vi* marchitarse

withering ['wɪðərɪŋ] *adj* fulminante

withhold [wɪð'həʊld] *vtr (ps & pp withheld* [wɪð'held]*)* ◆ retener ◆ *(información)* ocultar

within [wɪ'ðɪn] **1** *prep* ◆ dentro de ◆ **w. reach,** a mano **|2** *adv frml* dentro «**enquire w.**», «infórmese aquí»

without [wɪ'ðaʊt] *prep* sin; **w. help,** sin ayuda

withstand [wɪð'stænd] *vtr (ps & pp withstood)* resistir a

witness ['wɪtnɪs] **1** *n* ◆ testigo ◆ evidencia ◆ **w.-box/stand,** estrado **|2** *vtr* ◆ presenciar ◆ *(un documento)* firmar como testigo

witty ['wɪtɪ] *adj (wittier, wittiest)* ingenioso,-a, agudo,-a

wives [waɪvz] *npl* → **wife**

wizard ['wɪzəd] *n* brujo, mago

wobble ['wɒbəl] *vi* ◆ tambalearse ◆ temblar

woe [wəʊ] *n* ◆ **a tale of w.**, una historia trágica ◆ **w is me!**, ¡ay de mí!

woeful ['wəʊfʊl] *adj* triste, afligido,-a

woke [wəʊk] *ps* → **wake**

woken ['wəʊkən] *pp* → **wake**

wolf [wʊlf] *n (pl wolves)* lobo

woman ['wʊmən] **1** *n (pl women)* mujer **|2** *adj* mujer; **w. driver,** conductora

womanizer ['wʊmənaɪzəʳ] *n* mujeriego

womanly ['wʊmənlɪ] *adj* femenino,-a

womb [wu:m] *n* matriz, útero

women ['wɪmɪn] *npl* → **woman**

won [wʌn] *ps* & *pp* → **win**

wonder ['wʌndəʳ] **1** *n* ◆ maravilla, milagro ◆ asombro **|2** *adj* milagroso,-a **|3** *vtr* preguntarse **|4** *vi* ◆ preguntarse ◆ **it makes you w.,** te hace pensar; *frml* **to w. at sthg,** maravillarse de algo

wonderful ['wʌndəfʊl] *adj* maravilloso,-a

won't [wəʊnt] → **will not**

woo [wu:] *vtr* cortejar; *(clientes)* ganarse

wood [wʊd] *n* ◆ bosque ◆ madera; *(para quemar)* leña

woodcarving ['wʊdkɑ:vɪŋ] *n* ◆ tallado en madera ◆ *(producto)* talla en madera

wooded ['wʊdɪd] *adj* arbolado,-a

wooden ['wʊdən] *adj* de madera; **w. leg,** *fam* pata de palo

woodland ['wʊdlənd] *n* bosque

woodpecker ['wʊdpekəʳ] *n* pájaro carpintero

woodwind ['wʊdwɪnd] *n Mús* **w. (instruments),** instrumentos de viento de madera

woodwork ['wʊdwɜ:k] *n* ◆ carpintería ◆ *(de un edificio)* maderamen

woodworm ['wʊdwɜ:m] *n* carcoma

wool [wʊl] **1** *n* lana **|2** *adj* de lana

woollen, *US* **woolen** ['wʊlən] **1** *adj* de lana **|2** *npl* **woollens,** prendas de lana *o* de punto

woolly, *US* **wooly** ['wʊlɪ] *adj (woollier, woolliest, US woolier, wooliest)* ◆ de lana ◆ *(juguete)* de peluche

word [wɜ:d] **1** *n* ◆ palabra; **bad** *o* **naughty w.,** palabrota; **in other words,** es decir, o sea; **w. processing,** procesamiento de textos ◆ recado, mensaje, noticias ◆ **words** *pl, Mús* letra; *Teat* guión **|2** *vtr* redactar, formular

wore [wɔ:ʳ] *ps* → **wear**

work [wɜ:k] **1** *n* ◆ trabajo; **to be off w.,** estar de baja; **good w.!,** ¡buen trabajo!; **out of w.,** parado,-a ◆ *Arte Lit Teat* obra ◆ **works** *sing o pl,* fábrica **|2** *vi* ◆ trabajar ◆ *(máquina)* funcionar ◆ estudiar ◆ *(una medicina)* actuar, surtir efecto; *(un plan)* salir bien **|3** *vtr* ◆ manejar, usar ◆ *(la tierra)* cultivar, labrar ■ **work at** *vtr* practicar ■ **work out 1** *vi* ◆ resultar, salir: **things all worked out fine,** todo salió bien ◆ hacer ejercicio **|2** *vtr* ◆ calcular ◆ *(un problema)* resolver ◆ *(una idea, un plan)* elaborar

workable ['wɜ:kəbəl] *adj* factible

worker ['wɜ:kəʳ] *n* trabajador,-ora, obrero,-a

workforce ['wɜ:kfɔ:s] *n* mano de obra

working ['wɜ:kɪŋ] **1** *adj* ◆ que trabaja; *(población)* activo,-a; *(clase)* obrero,-a ◆ *(condiciones, horas, ropa)* de trabajo; *(día)* laboral ◆ **w. order,** condiciones de funcionamiento **|2** *npl* **workings,** funcionamiento

workman ['wɜ:kmən] *n* obrero

workmate ['wɜ:kmeɪt] *n* compañero,-a de trabajo

worksheet ['wɜ:kʃi:t] *n* hoja de trabajo

workshop ['wɜ:kʃɒp] *n* taller

worktop ['wɜ:ktɒp] *n* encimera

world [wɜ:ld] **1** *n* mundo; **from all over the w.,** del mundo entero **|2** *adj* mundial

world-famous ['wɜ:ldfeɪməs] *adj* de fama mundial

worldly ['wɜ:ldlɪ] *adj* mundano,-a

worldwide ['wɜ:ldwaɪd] *adj* mundial

worm [wɜ:m] *n* gusano

worn [wɔ:n] *adj* gastado,-a, usado,-a

worn-out ['wɔːnaʊt] *adj* ◆ gastado,-a ◆ *(persona)* rendido,-a

worried ['wʌrɪd] *adj* inquieto,-a, preocupado,-a

worry ['wʌrɪ] **1** *vtr* ◆ preocupar, inquietar ◆ molestar **|2** *vi* preocuparse **|3** *n* inquietud

worrying ['wʌrɪɪŋ] *adj* inquietante, preocupante

worse [wɜːs] **1** *adj (comparativo de* ***bad)*** peor; **to get w.,** empeorar **|2** *adv (comparativo de* ***badly)*** peor **|3** *n* **there is w. to come,** lo peor está aún por llegar

worsen ['wɜːsən] *vtr* & *vi* empeorar

worship ['wɜːʃɪp] **1** *vtr* adorar, venerar **|2** *n* ◆ adoración ◆ culto ◆ *GB Jur* **your W.,** señoría

worshipper ['wɜːʃɪpəʳ] *n* devoto,-a

worst [wɜːst] **1** *adj (superlativo de* ***bad);*** **the w. thing is that..,** lo peor es que... **|2** *adv (superlativo de* ***badly)*** peor **|3** *n* ◆ el/la peor, los/las peores ◆ lo peor: **I fear the w.,** temo lo peor

worth [wɜːθ] **1** *adj* **to be w.** *(dinero)* valer, costar; *(tiempo o esfuerzo)* valer, merecer: **it's not w. the trouble,** no merece la pena **|2** *n* ◆ valor ◆ *(de persona)* valía

worthless ['wɜːθlɪs] *adj* sin ningún valor

worthwhile [wɜːθ'waɪl] *adj* valioso,-a, que vale la pena

worthy ['wɜːðɪ] *adj (****worthier, worthiest****)* digno,-a; *(causa)* bueno,-a

would [wʊd, *forma débil* wəd] *v aux* ◆ *ps de* ***will*** *(en discurso indirecto)* **I said I w. call,** dije que llamaría ◆ *(condicional)* **we w. pay if we could,** pagaríamos si pudiéramos; *(consejo)* **(if I were you) I w. learn Russian,** yo (que tú) aprendería ruso ◆ *(posibilidad, probabilidad)* **that w. mean problems,** eso conllevaría problemas ◆ *(voluntad)* **w. you lend me a pound?,** ¿me prestas una libra?; *(ofertas)* **w. you like a coffee?,** ¿quieres un café?; *(aceptación)* **I w. love a beer,** me encantaría una cerveza; *(preferencia)* **she w. rather be at home,** preferiría estar en casa ◆ *(hábito en el pasado)* **she w. tell us stories,** nos contaba cuentos

wound¹ [waʊnd] *ps* & *pp* → **wind²**

wound² [wuːnd] **1** *n* herida **|2** *vtr* herir

wove [wəʊv] *ps* → **weave**

woven ['wəʊvən] *pp* → **weave**

wow [waʊ] *fam* **1** *vtr* cautivar **|2** *excl* ¡caramba!

wrangle ['ræŋgəl] **1** *n* altercado, disputa **|2** *vi* disputar

wrap [ræp] **1** *n* chal **|2** *vtr* envolver
■ **wrap up 1** *vtr* ◆ *(un regalo)* envolver ◆ *(a un niño)* arropar **|2** *vi* abrigarse

wrapper ['ræpəʳ] *n* envoltorio

wrapping ['ræpɪŋ] *n* envoltorio: **w. paper,** papel de envolver

wreath [riːθ] *n (pl* ***wreaths*** [riːðz, riːθs]*)* ◆ *(de flores)* corona ◆ *(de humo)* espiral

wreck [rek] **1** *n* ◆ naufragio ◆ *fam (coche)* cacharro; *(persona)* ruina **|2** *vtr* ◆ hacer naufragar ◆ *(una máquina, la salud)* destrozar, estropear ◆ *(los planes)* desbaratar, echar a perder

wreckage ['rekɪdʒ] *n* restos; *(de un edificio)* ruinas

wrench [rentʃ] **1** *n* ◆ tirón, *LAm* jalón ◆ *Téc* llave inglesa **|2** *vtr* arrebatar

wrestle ['resəl] *vi* luchar

wrestler ['resləʳ] *n* luchador,-ora

wrestling ['reslɪŋ] *n* lucha

wretched ['retʃɪd] *adj* desdichado,-a; *fam* maldito,-a: **w. traffic!,** ¡maldito tráfico!

wriggle ['rɪgəl] **1** *vtr* menear **|2** *vi* retorcerse; **to w. (about),** *(serpiente)* serpentear; *(niño)* moverse nerviosamente

wring [rɪŋ] *vtr (ps* & *pp* ***wrung)*** retorcer; *(la ropa)* escurrir ■ **wring out** *vtr* escurrir

wrinkle ['rɪŋkəl] **1** *n* arruga **|2** *vtr* arrugar **|3** *vi* arrugarse

wrist [rɪst] *n* muñeca

wristwatch ['rɪstwɒtʃ] *n* reloj de pulsera

writ [rɪt] *n* orden judicial

write [raɪt] **1** *vtr (ps* ***wrote;*** *pp* ***written)*** ◆ escribir; *(un cheque, una receta)* extender ◆ *US* escribir a **|2** *vi* escribir ■

write back *vi* contestar ■ **write down** *vtr* ♦ anotar ♦ poner por escrito ■ **write off 1** *vtr* ♦ *(un coche)* destrozar; *(en seguros)* declarar siniestro total ♦ *(una deuda)* cancelar |**2** *vi* **to w. off for sthg,** pedir algo por escrito ■ **write out** *vtr* ♦ escribir; **to w. out neatly,** pasar a limpio ♦ *(un cheque)* extender, hacer ■ **write up** *vtr* pasar a limpio

write-off ['raɪtɒf] *n* siniestro total

writer ['raɪtəʳ] *n* escritor,-ora, autor,-ora

writhe [raɪð] *vi* retorcerse

writing ['raɪtɪŋ] n ♦ escritura; **w. desk,** escritorio; **w. paper,** papel de carta ♦ *(de una persona)* letra ♦ *(actividad)* escribir ♦ *(texto)* **there's some w. here,** aquí hay algo escrito; **in w.,** por escrito ♦ *Lit* obra

written ['rɪtən] *pp* → **write**

wrong [rɒŋ] **1** *adj* ♦ equivocado,-a, incorrecto,-a; *Tel* **you've got the w. number,** se ha equivocado de número ♦ *(momento)* inoportuno,-a ♦ *(problema)* **what's w. with him?,** ¿qué le pasa? ♦ *(moralmente)* malo,-a: **killing people is w.,** está mal matar a la gente |**2** *adv* ♦ mal; **to get sthg w.,** equivocarse en algo ♦ **to go w.,** *(una máquina)* averiarse, estropearse; *(un plan)* salir mal; *(una persona)* cometer un error, equivocarse |**3** *n* ♦ mal; **to be in the w.,** estar equivocado,-a *o* tener la culpa ♦ injusticia |**4** *vtr frml* ♦ ser injusto,-a con ♦ ofender

wrongful ['rɒŋfʊlɪ] *adj* injusto,-a

wrongly [rɒŋl] *adv* ♦ erróneamente ♦ *(pronunciado, traducido)* mal ♦ injustamente

wrote [rəʊt] *ps* → **write**

wrung [rʌŋ] *ps* & *pp* → **wring**

wry [raɪ] *adj* ***(wrier, wriest*** *o* ***wryer, wryest)*** irónico,-a

X

X, x [eks] *n (letra)* X, x; *fam (en una carta)* **XXX,** besos

xenophobia [zenə'fəʊbɪə] *n* xenofobia

xenophobic [zenə'fəʊbɪk] *adj* xenófobo,-a

X-film ['eksfɪlm] *n* película X

Xmas ['eksməs, 'krɪsməs] *n (abr de* ***Christmas)*** Navidad

X-ray [eks'reɪ] **1** *n* ♦ rayos X; **X-r. therapy,** radioterapia ♦ radiografía |**2** *vtr* radiografiar

xylophone ['zaɪləfəʊn] *n* xilófono

Y

Y, y [waɪ] *n (letra)* Y, y

yacht [jɒt] *n* yate

yachting [ˈjɒtɪŋ] *n* navegación a vela

yank [jæŋk] **1** *vtr* tirar de; *(diente)* arrancar |**2** *n* tirón

Yankee [ˈjæŋkɪ] *adj & n* yanqui

yap [jæp] *vi* ◆ ladrar ◆ *fam pey (persona)* hablar por los codos

yard [jɑːd] *n* ◆ yarda (91,44 cm) ◆ patio; *US* jardín

yardstick [ˈjɑːdstɪk] *n* criterio, norma

yarn [jɑːn] *n* ◆ hilo ◆ *fam* historia, cuento

yawn [jɔːn] **1** *vi* bostezar |**2** *n* bostezo

yawning [ˈjɔːnɪŋ] *adj* profundo,-a

yd *abr de yard(s)*, yarda(s)

yeah [jeə] *adv fam* → **yes**

year [jɪəʳ] *n* ◆ año: **she is three years old,** tiene tres años ◆ *Educ* curso, año; **in the final y.,** en el último año del curso

yearly [ˈjɪəlɪ] **1** *adj* anual |**2** *adv* anualmente, cada año

yearn [jɜːn] *vi* **to y. for sthg,** anhelar algo

yearning [ˈjɜːnɪŋ] *n* anhelo

yeast [jiːst] *n* levadura

yell [jel] **1** *vi* gritar |**2** *n* grito, alarido

yellow [ˈjeləʊ] **1** *n* amarillo |**2** *adj* amarillo,-a; **y. pages,** páginas amarillas

yelp [jelp] **1** *vi* aullar |**2** *n* aullido

yen [jen] *n* yen

yes [jes] *adv* sí

yesterday [ˈjestədeɪ] *adv & n* ayer

yet [jet] **1** *adj* ◆ todavía, aún, hasta ahora ◆ *(en las preguntas)* ya: **have you eaten y.?,** ¿ya has comido? ◆ *(después del superlativo)* hasta ahora; **his best film y.,** su mejor película hasta ahora ◆ *(enfático)* todavía, aún; **y. again,** otra vez (más) ◆ *frml* pero: **she was poor y. honest,** era pobre pero honrada |**2** *conj* sin embargo

yield [jiːld] **1** *vtr* producir; *Fin (resultado)* dar; *(interés)* rendir |**2** *vi* ◆ rendirse, ceder ◆ *Auto* «**y.**», «ceda el paso» |**3** *n* ◆ cosecha ◆ *Fin* rendimiento

yoga [ˈjəʊgə] *n* yoga

yog(h)urt [ˈjɒgət] *n* yogur

yoke [jəʊk] **1** *n* yugo |**2** *vtr* uncir

yolk [jəʊk] *n* yema

you [juː, *forma débil* jʊ] *pron pers* ◆ *(sujeto: 2.ª persona)* tú, vosotros-as, usted, ustedes ◆ *(sujeto: impersonal)* uno,-a, *fam* tú *(tb se traduce por reflexivo)* **y. never know,** nunca se sabe ◆ *(objeto directo e indirecto: 2.ª persona)* te, os, le, lo, la, les, los, las: **I saw y.,** te/os vi *o* le/lo/la/les/los/las vi ◆ *(objeto directo e indirecto: impersonal)* te, le... a uno ◆ *(2.ª persona: después de prep)* ti, vosotros,-as, usted, ustedes: **it's for y.,** es para ti/vosotros,-as/usted /ustedes ◆ *(impersonal: después de prep)* ti, uno; **with y.,** contigo, con uno

you'd [juːd] ◆ **you had** ◆ **you would**

you'll [juːl] ◆ **you will** ◆ **you shall**

young [jʌŋ] **1** *adj* joven |**2** *npl* ◆ **the y.,** los jóvenes ◆ *(animales)* crías

youngster [ˈjʌŋstəʳ] *n* jovencito,-a

your [jɔː, *forma débil* jə] *adj pos* ◆ *(2.ª persona)* tu, tus, vuestro,-a, vuestros,-as, su, sus ◆ *(impersonal)* tu, su *o se omite:* **smoking is bad for y. health,** fumar es malo para la salud *o* tu salud

you're [jɔːʳ] → **you are**

yours [jɔːz] *pron pos* ◆ *(2.ª persona)* el tuyo, la tuya, los tuyos, las tuyas; el vuestro, la vuestra, los vuestros, las vuestras; el suyo, la suya; los suyos, las suyas; **the money is y.,** el dinero es tuyo/vuestro/ suyo ◆ *(impersonal)* tuyo,-a, tuyos,-as ◆ *(en las cartas)* **y. faithfully,** atentamente; *fam* **y.,** un saludo, un abrazo

yourself [jɔː'self, *forma débil* jə'self] *(pl* ***yourselves*** [jɔː'selvz] **1** *pron pers* ◆ *(2.ª persona)* tú mismo,-a, vosotros,-as mismos,-as, usted mismo,-a, ustedes mismos,-as; **by y.,** tú/usted solo,-a; **by yourselves,** vosotros,-as solos,-as, ustedes solos ◆ *(impersonal)* tu mismo,-a, uno,-a mismo,-a **|2** *pron reflexivo* ◆ *(2.ª persona)* te, os, se: **help y.,** sírvete, sírvase ◆ *(impersonal)* te, se: **you have to look after y.,** hay que cuidarse

youth [juːθ] *n* ◆ juventud ◆ *(hombre)* joven ◆ *sing o pl* juventud; **y. hostel,** albergue juvenil

youthful ['juːθfʊl] *adj* juvenil, joven

you've [juːv] → **you have**

Yugoslav ['juːgəʊslɑːv] *adj* & *n* yugoslavo,-a

Yugoslavia [juːgəʊ'slɑːvɪə] *n* Yugoslavia

Yugoslavian [juːgəʊ'slɑːvɪən] *adj* & *n* yugoslavo,-a

yukky ['jʌkɪ] *adj fam* asqueroso,-a

yuppie ['jʌpɪ] *n* yuppy

Z

Z, z [zed, US ziː] *n (letra)* Z, z

zany ['zeɪnɪ] *adj (zanier, zaniest) fam* ◆ chiflado,-a ◆ estrafalario,-a

zap [zæp] **1** *excl* ¡zas! **|2** *vtr fam* ◆ destruir, cargarse a ◆ *Inform* suprimir **|3** *vi* hacer zapping

zeal [ziːl] *n* celo, entusiasmo

zealous ['zeləs] *adj* entusiasta, ferviente

zebra ['ziːbrə, 'zebrə] *n* cebra

zenith ['zenɪθ] *n* cenit

zero ['zɪərəʊ] *n* cero

zest [zest] *n* ◆ entusiasmo ◆ cáscara (de naranja/limón)

zigzag ['zɪgzæg] **1** *n* zigzag **|2** *vi* zigzaguear

zillion ['zɪljən] *n fam* tropecientos,-as

zinc [zɪŋk] *n* cinc, zinc

zip [zɪp] **1** *n* ◆ cremallera ◆ *(sonido)* silbido ◆ *US* **z. code,** código postal **|2** *vi* cerrarse con cremallera ■ **zip by** *vi* pasar como un rayo ■ **zip up** *vtr* cerrar la cremallera de

zipper ['zɪpəʳ] *n US* cremallera

zodiac ['zəʊdɪæk] *n* Zodiaco

zombie ['zɒmbɪ] *n* zombi

zone [zəʊn] **1** *n* zona; **time z.,** huso horario **|2** *vtr* dividir en zonas

zoo [zuː] *n* zoo

zoological [zəʊə'lɒdʒɪkəl] *adj* zoológico,-a

zoologist [zəʊ'ɒlədʒɪst] *n* zoólogo,-a

zoology [zəʊ'ɒlədʒɪ] *n* zoología

zoom [zuːm] **1** *n* ◆ zumbido ◆ *Fot* **z. lens,** zoom ◆ *Inform* zoom **|2** *vi* ◆ zumbar ◆ ir a toda velocidad

zucchini [zuː'kiːnɪ] *n US* calabacín

APÉNDICES

VERBOS IRREGULARES

infinitive	*past tense*	*past participle*
abide	abided	abided
arise	arose	arisen
awake	awoke, awaked	awoken, (awaked)
be	was, were	been
bear	bore	borne
beat	beat	beaten
become	became	become
befall	befell	befallen
begin	began	begun
behold	beheld	beheld
bend	bent	bent
beseech	besought	besought
bet	bet, betted	bet, betted
bid	bid	bid
bid	bade	bidden
bind	bound	bound
bite	bit	bitten
bleed	bled	bled
blow	blew	blown
break	broke	broken
breed	bred	bred
bring	brought	brought
broadcast	broadcast	broadcast
build	built	built
burn	burnt, burned	burnt, burned
burst	burst	burst
buy	bought	bought
cast	cast	cast
catch	caught	caught
choose	chose	chosen
cling	clung	clung
clothe	clothed, (clad)	clothed, (clad)
come	came	come
cost	cost	cost
creep	crept	crept
crow	crowed, (crew)	crowed
cut	cut	cut
deal	dealt	dealt
dig	dug	dug
dive	dived	dived

infinitive	*past tense*	*past participle*
do	did	done
draw	drew	drawn
dream	dreamt, dreamed	dreamt, dreamed
drink	drank	drunk
drive	drove	driven
dwell	dwelt, dwelled	dwelt, dwelled
eat	ate	eaten
fall	fell	fallen
feed	fed	fed
feel	felt	felt
fight	fought	fought
find	found	found
fit	fit, fitted	fit, fitted
flee	fled	fled
fling	flung	flung
fly	flew	flown
forbid	forbad(e)	forbidden
forget	forgot	forgotten
forgive	fogave	forgiven
forsake	forsook	forsaken
freeze	froze	frozen
get	got	got, gotten
give	gave	given
go	went	gone
grind	ground	ground
grow	grew	grown
hang	hung, hanged	hung, hanged
have	had	had
hear	heard	heard
hide	hid	hidden
hit	hit	hit
hold	held	held
hurt	hurt	hurt
keep	kept	kept
kneel	knelt, kneeled	knelt, kneeled
know	knew	known
lay	laid	laid
lead	led	led
lean	leant, leaned	leant, leaned
leap	leapt, leaped	leapt, leaped
learn	learnt, learned	learnt, learned
leave	left	left
lend	lent	lent
let	let	let
lie	lay	lain
light	lit, lighted	lit, lighted
lose	lost	lost
make	made	made

NÚMEROS

cardinales		ordinales	
1	one	1st	first
2	two	2nd	second
3	three	3rd	third
4	four	4th	fourth
5	five	5th	fifth
6	six	6th	sixth
7	seven	7th	seventh
8	eight	8th	eighth
9	nine	9th	ninth
10	ten	10th	tenth
11	eleven	11th	eleventh
12	twelve	12th	twelfth
13	thirteen	13th	thirteenth
14	fourteen	14th	fourteenth
15	fifteen	15th	fifteenth
16	sixteen	16th	sixteenth
17	seventeen	17th	seventeenth
18	eighteen	18th	eighteenth
19	nineteen	19th	nineteenth
20	twenty	20th	twentieth
21	twenty-one	21st	twenty-first
30	thirty	30th	thirtieth
40	forty	40th	fortieth
50	fifty	50th	fiftieth
60	sixty	60th	sixtieth
70	seventy	70th	seventieth
80	eighty	80th	eightieth
90	ninety	90th	ninetieth
100	a/one hundred	100th	(one) hundredth
101	a/one hundred and one	101st	(one) hundred and first
200	two hundred	200th	two hundredth
1,000	a/one thousand	1,000th	(one) thousandth
1,246	a/one thousand two hundred and forty-six	1,246th	one thousand two hundred and forty-sixth

1,000,000	a/one million	millionth
1,000,000,000 (9)	a/one billion	billionth
1,000,000,000,000(10)	a/one trillion	trillionth

Existe una diferencia en la forma de escribir números entre español e inglés: donde en español se utiliza la coma, en inglés se utiliza el punto,

infinitive	*past tense*	*past participle*
spit	spat	spat
split	split	split
spoil	spoilt, spoiled	spoilt, spoiled
spread	spread	spread
spring	sprang	sprung
stand	stood	stood
steal	stole	stolen
stick	stuck	stuck
sting	stung	stung
stink	stank	stunk
strew	strewed	strewn, strewed
stride	strode	stridden
strike	struck	struck
string	strung	strung
strive	strove	striven
swear	swore	sworn
sweat	sweat, sweated	sweat, sweated
sweep	swept	swept
swell	swelled	swollen, swelled
swim	swam	swum
swing	swung	swung
take	took	taken
teach	taught	taught
tear	tore	torn
tell	told	told
think	thought	thought
thrive	thrived, (throve)	thrived, (thriven)
throw	threw	thrown
thrust	thrust	thrust
tread	trod	trodden
understand	undestood	understood
undertake	undertook	undertaken
wake	woke	woken
wear	wore	worn
weave	wove	woven
weep	wept	wept
wet	wet, wetted	wet, wetted
win	won	won
wind	wound	wound
wring	wrung	wrung
write	wrote	written

NÚMEROS

cardinales		ordinales	
1	**one**	1st	**first**
2	**two**	2nd	**second**
3	**three**	3rd	**third**
4	**four**	4th	**fourth**
5	**five**	5th	**fifth**
6	**six**	6th	**sixth**
7	**seven**	7th	**seventh**
8	**eight**	8th	**eighth**
9	**nine**	9th	**ninth**
10	**ten**	10th	**tenth**
11	**eleven**	11th	**eleventh**
12	**twelve**	12th	**twelfth**
13	**thirteen**	13th	**thirteenth**
14	**fourteen**	14th	**fourteenth**
15	**fifteen**	15th	**fifteenth**
16	**sixteen**	16th	**sixteenth**
17	**seventeen**	17th	**seventeenth**
18	**eighteen**	18th	**eighteenth**
19	**nineteen**	19th	**nineteenth**
20	**twenty**	20th	**twentieth**
21	**twenty-one**	21st	**twenty-first**
30	**thirty**	30th	**thirtieth**
40	**forty**	40th	**fortieth**
50	**fifty**	50th	**fiftieth**
60	**sixty**	60th	**sixtieth**
70	**seventy**	70th	**seventieth**
80	**eighty**	80th	**eightieth**
90	**ninety**	90th	**ninetieth**
100	**a/one hundred**	100th	**(one) hundredth**
101	**a/one hundred and one**	101st	**(one) hundred and first**
200	**two hundred**	200th	**two hundredth**
1,000	**a/one thousand**	1,000th	**(one) thousandth**
1,246	**a/one thousand two hundred and forty-six**	1,246th	**one thousand two hundred and forty-sixth**

1,000,000	**a/one million**	**millionth**
1,000,000,000 [9]	**a/one billion**	**billionth**
1,000,000,000,000[10]	**a/one trillion**	**trillionth**

Existe una diferencia en la forma de escribir números entre español e inglés: donde en español se utiliza la coma, en inglés se utiliza el punto,

y viceversa: por ejemplo, mil quinientos y medio se convierte en 1.500,5 en español y 1,500.5 en inglés.

En español, un billón equivale a un millón de millones, 10^{12}, y un trillón a un millón de billones, 10^{18}.

Recuerda que **hundred, thousand** y **million** no tienen plural (**one, two, three hundred/thousand/million**) excepto cuando expresan una cantidad intederminada: **hundreds of people,** *cientos de personas,* **millions of flies,** *millones de moscas.*

Fracciones	**Decimales**
1/2 = a/one half	Para separar los decimales, en los países de habla inglesa se utiliza el punto (.):
1/4 = a quarter	**35.6** = thirty-five point six
1/6 = a/one sixth	**35.662** = thirty-five point six six two
3/4 = three quarters	
2 4/7 = two and four sevenths	

Operaciones aritméticas

10 + 17 = 27	ten and/plus seventeen is/equals twenty-seven
19 - 5 = 14	nineteen minus five is/equals fourteen five from nineteen is/leaves fourteen
2 × 6 = 12	twice six is/equals twelve
12 : 2 = 6	twelve divided by two is/equals six two into twelve goes six (uso más coloquial)

Números de teléfono

Al dictar un número de teléfono se enumeran los dígitos por separado, excepto cuando uno se repite y se puede decir double **x**. El cero en inglés británico es oh y en inglés americano zero.

0171-538-6197	oh one seven one, five three eight, six one nine seven zero one seven one, five three eight, six one nine seven
93-533-6602	nine three, five double three, double six oh two nine three, five three three, six six zero two

Fechas

Para decir la fecha se útiliza la forma ordinal: **the thirteenth of June** *(el quince de junio)*; **May, the fifth** *(el cinco de mayo)*; también se puede omitir el artículo **the** en la segunda forma, sobre todo en el inglés americano: **September, tenth** *(el diez de septiembre)*.

El año, a partir del año 1000, se dice separando los dos primeros dígitos del segundo par: 1812 se diría eighteen-twelve.

En el inglés americano, en la forma abreviada, se coloca el mes delante del día. Así 12/5/99 sería el cinco de diciembre de 1999.

GUÍA DE CONVERSACIÓN PARA VIAJAR

Pronunciación

La pronunciación inglesa es muy difícil y no pretendemos enseñártela a través de esta *Guía*, pero intentaremos ayudarte a hacerlo lo mejor posible. Dominar la pronunciación es cuestión de tiempo y dedicación, y aun así habrá palabras que no se rigen por ninguna norma, y te van a resultar muy difíciles de pronunciar. Por ejemplo, la combinación de letras *-ough* se puede pronunciar de 8 maneras diferentes en el inglés estándar, ya que es un idioma que ha cambiado su pronunciación a lo largo de los años, mientras que la manera de deletrear las palabras ha quedado más o menos igual.

Lo que pretendemos hacer con esta guía es ofrecer una pronunciación figurada que, simplemente con leerla como si fuera en castellano, te facilite la comunicación con cualquier angloparlante. ¡Así de fácil!

La mayor parte de los sonidos del inglés tiene un equivalente más o menos directo en el castellano. Pero hay que tener en cuenta que algunos sonidos no existen en el castellano estándar, y estos merecen un trato especial que a continuación apuntamos.

Claves de pronunciación

Vocales

Hay más sonidos vocálicos en el inglés que en castellano, pero combinando nuestras vocales se puede llegar a una pronunciación aceptable. Solo hay que leer la pronunciación figurada, sin pensar.

Pero hay un sonido vocálico que, con ser el más común en el inglés nos presenta el mayor problema para pronunciar bien las palabras que lo contienen y para entender a los británicos. Es la vocal más débil que aparece en casi todas las sílabas átonas *(teach**er**)*. Este sonido está entre una *a* y una *u*, pero se pronuncia tan ligeramente que casi desaparece. Por eso, por ejemplo, el plato británico por excelencia *fish and chips* se escribe, frecuentemente, en los restaurantes *fish'n'chips*, ya que la *a* de *and* casi no se pronuncia. Así parece que la pronunciación inglesa prescinde de alguna de sus sílabas. En este caso se podría pronunciar como una *a* en castellano.

Consonantes

La mayor parte de los sonidos consonánticos no representan ningún problema, ya que se aproximan bastante al castellano. Pero, igual que sucede con las vocales, hay más sonidos consonánticos en inglés, por los que hay que tener un poco de cuidado con algunos de ellos:

- ***w*** es parecido al sonido *-ue-* por ejemplo: ***hu****evo.*
- ***j*** no es una jota, se pronuncia dentro de una palabra como si fuera la combinación de las consonantes **dy**, pero siempre le sigue un sonido vocálico.
- ***c/k*** estas dos letras se pronuncian igual que ***c****asi,* nunca como ***c****erveza.*
- ***h*** siempre aparece al principio de una palabra, es un sonido parecido a la jota, pero menos fuerte.
- ***b/v*** para los angloparlantes estos son dos sonidos claramente distintos; se pronuncia la ***b*** de ***B****arcelona,* pero la ***v*** de ***V****alencia* no se vocaliza tanto como lo haría un británico.
- ***g*** casi siempre se pronuncia como ***g****rande,* nunca como ***G****il.*

Grupos consonánticos

- ***th*** en general hay dos maneras de pronunciar esta combinación, una ligera y no vocalizada, como ***c****erveza,* en la palabra ***th****ink,* y la otra vocalizada y muy fuerte como en ***th****e,* de la que no hay equivalencia en castellano. Si no lo has estudiado con un profesor es muy difícil conseguir este sonido, pero si lo pronuncias como en ***c****erveza* te entenderán fácilmente.
- ***ll*** no es una *ll* castellana; se pronuncia como si fuera una *l* sola.
- ***ch*** como ***ch****ino.*
- ***sh*** como ***X****avi* en catalán.
- ***ck*** estas dos letras, que se pronuncian igual, se escriben juntas frecuentemente al final de una palabra, pero esto no afecta a su pronunciación, así que *loo****k*** se pronuncia igual que *lo****ck***.

Relaciones sociales 1

En general los angloparlantes son menos sociables, a primera vista, que los españoles, pero casi siempre son muy corteses y correctos. Es verdad que dicen *please* y *thank you* continuamente y por cualquier cosa, pero hay muchas diferencias entre las distintas nacionalidades de angloparlantes. Los británicos apenas hablan con la gente que no conocen, pero si les preguntan normalmente responden e intentan ayudar. Cuando consigues hacer amistad con un británico puedes tener la seguridad de que es para toda la vida. Los más charlatanes son los irlandeses y australianos ¡hablan por los codos!

! Los angloparlantes hablan poco con la gente que no conocen y cuando lo hacen utilizan un tono mucho más bajo que nosotros. Casi nunca gritan en publico, a no ser que estén en el estadio de su equipo de fútbol o en un concierto. ¡Fíjate que en los restaurantes hay mucho menos ruido que aquí! Si te presentan a alguien nuevo y le das dos besos en la mejilla puede pensar que es su "lucky day". ¡No están acostumbrados a estas muestras de afectividad en público!

1 Relaciones sociales

1.1 Datos personales

Identificarse. Los británicos no tienen carné de identidad y no saben qué es un DNI. El gobierno lleva años tratando de introducir un documento oficial de identificación, pero hasta ahora no lo han hecho. Por el momento utilizan su pasaporte para identificarse, y su número de afiliación a la seguridad social (National Insurance Number) para cualquier trámite con la Administración Pública. A pesar de ello hay muchas personas que no disponen de pasaporte ni de ningún documento oficial que lleve su foto.

Frases útiles para expresarte

Me llamo Juan	My name is Juan *Mai neim is Juan*
Soy español/a	I'm Spanish *Aim Spanish*
Soy de Madrid	I'm from Madrid *Aim from Madrid*
Tengo 19 años	I'm 19 [years old] *Aim naintiin [yiers old]*
Tengo dos hijos; un hijo y una hija	I have two children; one boy and one girl *Ei jav tuu children; uon boi an uon gerl*
Soy soltero/a	I'm single *Aim singal*
Soy casado (a) /separado (a) / divorciado (a) /viudo (a)	I'm married / separated / divorced / widowed *Aim marid / separeitid / divorst / uidoud*
Soy funcionario	I'm a civil servant *Ai ma sivil sirvant*

Lo que puedes oír

What's your name?	¿Cómo te llamas?

Where are you from?	¿De dónde es / eres?
How old are you?	¿Cuántos años tiene / s?
Do you have any children?	¿Tiene / s hijos?
Are you married / single	¿Está/s casado / soltero?
What do you do?	¿A qué se / te dedica / s?

Palabras que puedes necesitar

administrativo/a	office worker	*ofis uorka*
ama de casa	housewife	*jausuaif*
casado/a	married	*marid*
divorciado/a	divorced	*divorst*
empleado/a	employee	*emploiyi*
en paro	unemployed	*unemploid*
estudiante	student	*stuudant*
jubilado/a	retired	*retairad*
separado/a	separated	*separaitid*
soltero/a	single	*singal*
viudo/a	widower / widow	*uidoaua / uidoa*

1.2 Saludar y pedir ayuda

■ **Saludar.** La expresión *How do you do?* se utiliza la primera vez que se conoce a alguien. Cada vez que te encuentres con esa persona de nuevo deberás utilizar *hello* o *hi.*
Recuerda que los angloparlantes dicen *afternoon* a partir de las 12, no importa si has comido o no.

Frases útiles para expresarte

¡Hola!	Hello! *Jelau*

1 Relaciones sociales

¡Qué hay!	Hi! *Jai*
Buenos días	Good morning *Gud mornin*
Buenas tardes	Good afternoon *Gu dafternuun*
Buenas noches	Good evening *Gu diivenin*
¿Qué tal?	How are you? *Jau ar yu?*
Muy bien ¿y usted?	Fine, thanks, and you? *Fain, tancs, an dyu?*
Estupendo	Very well *Veri uel*
Tirando	Not too bad *Not tu bad*
Hola, mucho gusto	How do you do? *Jau du yu duu?*
Encantado de conocerle / conocerte	Pleased to meet you *Pliisd ta miit yu*
Este/a es mi marido / mujer / amigo	This is my husband / wife / friend *Di sis mei jusband / waif / frend*
Bueno, me voy	I'd better be going *Aid beta bii goin*
Adiós	Goodbye *Gudbai*
Hasta luego	Bye *Bai*
Hasta pronto	See you soon *Sii yu suun*
Hasta ahora	See you *Sii yu*
Que descanse	Sleep well *Sliip uel*

Pedir ayuda

Frases útiles para expresarte

Disculpe, ¿me puede ayudar?	Excuse me. Could you help me, please? *Excyus mi. Cud yu jelp mi, pliis?*
¡No hablo inglés!	I don't speak English! *Ai daunt spiik Inglish!*
¿Hay alguien que hable español?	Does anyone speak Spanish? *Duz eniuon spiik Spanish?*
¡No comprendo!	I don't understand! *Ai don tundastand!*
Hablo un poco de inglés	I speak a little English *Ai spiik a litl Inglish*
Disculpe, ¿me deja pasar?	Excuse me. Could I get past, please? *Excyus mi. Cud ai guet past, pliis?*
¿Podría indicarme dónde puedo encontrar los servicios?	Could you tell me where the toilets are? *Cud yu tel mi uer ze toilats ar?*
Quisiera ir al centro de ciudad, ¿puede usted orientarme?	I want to go to the city centre. Can you tell me how to get there? *Ai uant ta gou ta ze siti senta.* *Can yu tel mi jau ta guet zer?*
¿Me puede ayudar con mi equipaje?	Can you help me with my luggage? *Can yu jelp mi uiz mai lagitch?*
¿Me podría ayudar?, me he perdido	Could you help me? I'm lost *Cud yu jelp mi? Aim lost*
¿Es usted empleado de la tienda?	Do you work here? *Du yu uark jier?*
Soy Manuel Rodríguez y estoy buscando al director del hotel	My name is Manuel Rodríguez. I'm looking for the manager of the hotel *Mai neim is Manuel Rodríguez.* *Aim lukin for ze manadya of ze joutel*
¿Eres la persona que viene de la agencia de viajes?	Are you the person from the travel agency? *Ar yu ze persan from ze traval eidyensi?*

1.3 Frases de cortesía

Agradecer y disculparse

Frases útiles para expresarte

Gracias	Thank you *Tanc yu*
Por favor	Please *Pliis*
De nada	Not at all *No ta tal*
Muchísimas gracias	Thank you very much *Tanc yu veri mach*
Muy amable	How kind *Jau caind*
Disculpe por la molestia	Thank you for your trouble *Tanc yu for yor trubl*
No se hubiera molestado	You shouldn't have *Yu shudnt jav*
No se preocupe	That's all right *Dat sal rait*
Perdone	Excuse me *Excyuz mii*
¡Perdone!	Sorry! *Sori!*
Lo siento	I'm sorry *Aim sori*
Ha sido sin querer	It was an accident *It ua sa nacsidant*
No importa	That's all right *Dat sal rait*
Déjelo	Never mind *Neva maind*
Le puede pasar a cualquiera	It could have happened to anyone *It cud jav japened ta eniuon*

Invitar y aceptar o rechazar invitaciones

Frases útiles para expresarte

Le invito a un café	Can I get you a coffee? *Can ai guet yu a cofi?*
¿Le apetece comer conmigo / con nosotros?	Would you like to eat with me / us? *Uud yu laik ta iat uiz mi / as?*
¿Le apetecería ir a ver una exposición?	Would you like to go to an exhibition? *Uud yu laik ta gou ta an exibishan?*
Cuento con usted esta noche para la cena	I'm counting on you for dinner tonight *Aim caunting on yu for dina tanait*
Es una buena idea	That's a good idea *Zats a gud aidia*
De acuerdo / con mucho gusto / gracias	OK / that would be fantastic / thank you *OuKei / zat uud bi fantastic / zank yu*
Iré con mucho gusto	I'd love to come *Aid lav ta cam*
Lo siento, pero no puedo	I'm sorry, I'm afraid I can't *Aim sori, aim afreid ai cant*
Lo siento pero no estaré	I'm sorry I won't be there *Aim sori ui huont bi zer*
Me gustaría mucho pero me duele la cabeza	I'd love to but I've got a headache *Aid lav ta bat aiv got a jedeik*
Tengo trabajo / estoy cansado(a) / estoy enfermo(a)	I've got to work / I'm tired / I'm not very well *Aiv got ta uark / aim taiad / aim not veri uel*

1.4 Preguntas más comunes

Cómo preguntar

Frases útiles para expresarte

¿Qué?	What? *Uat?*
¿Qué hora es?	What time is it? *Uat taim is it?*
¿Quién?	Who? *Ju*
¿Quién habla?	Who is that? *Ju is zat?*
¿Dónde?	Where? *Uer?*
¿Dónde están los servicios?	Where are the toilets? *Uer ar ze toilats?*
¿Cómo?	How? *Jau?*
¿Cómo se llega?	How do you get there? *Jau du yu guet zer?*
¿Cuánto?	How much / many? *Jau mach / meni?*
¿Cuánto cuesta?	How much is it? *Jau mach is it?*
¿Cuál? ¿Cuáles?	Which? *Uich?*
¿Cuál prefieres?	Which do you prefer? *Uich du yu prefer?*
¿Cuándo?	When? *Uen?*
¿Cuándo sale el tren?	When does the train leave? *Uen dus ze trein liiv?*
¿Por qué?	Why? *Uai?*
¿Por qué lo hiciste?	Why did you do it? *Uai did yu du it?*

■ **Preguntar lo esencial**

Frases útiles para expresarte

¿Habla español?	Do you speak Spanish? *Du yu spiik Spanish?*
¿Me entiende?	Do you understand me? *Du yu undastand mii?*
¿Le importa repetirlo?	Could you repeat that, please? *Cu dyu repiit dat, pliis?*
¿Cómo dice?	Sorry? *Sori?*
¿Podría hablar más despacio?	Could you speak more slowly, please? *Cu dyu spiik mor slooli, pliis?*
¿Qué significa esta palabra?	What does that word mean? *Uat duz dat wurd miin?*
¿Podría deletreármelo?	Could you spell that for me, please? *Cu dyu spel dat for mii, pliis?*
¿Cómo se dice eso en castellano?	How do you say that in Spanish? *Jau du yu sei da tin Spanish?*
¿Cómo se pronuncia?	How do you pronounce that? *Jau du yu pranauns dat?*
¿Cómo te llamas?	What's your name? *Uats yor neim?*
¿De dónde eres?	Where are you from? *Uer ar yu from?*
¿Cuántos años tienes?	How old are you? *Jau oul dar yu?*
¿Puedo fumar?	May I smoke? *Mei ai smouc?*
¿Cuál es el mío?	Which is mine? *Uitch iz main?*
¿Qué día es hoy?	What date is it? *Uat dei tisit?*
¿Tiene otro?	Do you have another one? *Du yu ja vanoda uan?*

1.5 Afirmaciones y negaciones

Cómo afirmar y negar

Frases útiles para expresarte

Sí	Yes *Yes*
Sí, claro	Yes, of course *Yes, of cors*
De acuerdo	I agree *Ai agrii*
Yo también	Me too *Mii tuu*
Está bien	All right *Orl rait*
Vale	Okay *OK*
Quizá	Perhaps *Peraps*
No	No *Nou*
Lo siento	I'm sorry *Aim sori*
No, eso es imposible	No, that's impossible *No, dat sinposibal*
No, de ninguna manera	No, not at all *No, no ta torl*
No, nadie	No, no-one *No, no uun*
No, nada	No, nothing *No, notin*
No estoy de acuerdo	I don't agree *Ai dont agrii*
No es cierto	That's not right *Dats not rait*
No lo sé	I don't know *Ai dont no*

1.6 Descripciones sencillas

■ Describir cosas y personas

Frases útiles para expresarte

Mi marido es alto, delgado y tiene el pelo negro	My husband is tall and thin and has black hair *Mai jasband is tal and zin an jas blak jer*
Mi hijo tiene tres años	My son is three years old *Mai san is zrii yias old*
Mi cartera es de piel marrón	My wallet is brown and made of leather *Mai ualit is braun an meid of leza*
Mi maleta es azul y tiene ruedas	My suitcase is blue and has wheels *Mai suutkeis is blu an jas uils*
Mi bolso es de plástico negro	My bag is black and made of plastic *Mai bag is blak an meid of plastic*

Palabras que puedes necesitar

alto	tall	*torl*
amarillo	yellow	*yelou*
añil	indigo	*indigou*
azul	blue	*blu*
bajo	short	*short*
blanco	white	*uait*
claro	light	*lait*
corto	short	*short*
delgado	thin	*zin*
gordo	fat	*fat*
grande	big	*big*
gris	grey	*grei*
joven	young	*yang*
largo	long	*long*
malva	mauve	*mouv*
marrón	brown	*braun*

morado	purple	*parpl*
moreno	dark haired	*dark jerd*
naranja	orange	*orantch*
negro	black	*blak*
nuevo	new	*niu*
oscuro	dark	*dark*
pelirrojo	red head	*red jed*
pequeño	small	*smol*
rojo	red	*red*
rosa	pink	*pink*
rubio(a)	blond(e)	*blond*
verde	green	*griin*
viejo	old	*ould*

1.7 Comunicaciones

Llamar por teléfono

Frases útiles para expresarte

¿Hay algún teléfono público por aquí?	Is there a public telephone near here? *Iz dera pablic telefoun niir jier?*
¿Podría usar su teléfono?	Could I use your phone, please? *Cu dai yuz yor foun, pliis?*
¿Tiene una guía de teléfonos de la ciudad / provincia?	Do you have a city / regional phone directory? *Du yu java siti / riiganal foun dairectori?*
¿Dónde puedo conseguir una tarjeta de teléfono?	Where can I buy a phone card? *Uer canai bai a foun card?*
¿Me podría dar el número de información?	Could you give me the number for directory enquiries? *Cu dyu giv mi de numba for dairectori encuaiaris?*
¿Me podría dar el prefijo de Leeds?	Could you tell me the dialing code for Leeds? *Cu dyu tel me de daialin coud fo Liids?*

¿Me podría dar el código internacional de España?	Could you tell me the international dialing code for Spain? *Cu dyu tel mi de intanashanal daialin coud for Spein?*
¿Hay que marcar primero el cero?	Do I have to dial zero first? *Du ai jav ta daial zirou ferst?*
¿Me podría poner con la habitación 325?	Could you put me through to room 325? *Cu dyu pat mi thu ta rum 325?*
Quisiera hacer una llamada de cobro revertido a España	I'd like to make a reverse-charge call to Spain *Aid laic ta mei ca revars charch cal ta Spein*
¿Cuánto cuesta por minuto?	What is the charge per minute? *Ua tis de charch per minit?*
¿Ha habido alguna llamada para mí?	Have there been any calls for me? *Jav zer bin eni cals for mi?*
Buenos días, soy Juan	Hello, this is Juan *Jelo, di sis Juan*
¿Con quién hablo?	Who is this, please? *Ju uiz dis, pliis?*
¿Hablo con Pablo?	Is that Pablo? *Iz dat Pablo?*
Perdone, me he equivocado de número	Sorry, I've dialed the wrong number *Sori, aiv daiald de rong numba*
No le oigo	I can't hear you *Ei cant jier you*
Quisiera hablar con Ana	I'd like to speak to Ana, please *Aid laic ta spiic ta Ana, pliis*
¿Hay alguien que hable español?	Is there anyone who speaks Spanish? *Iz der eni juan ju spiiks Spanish?*
Me llamo María Sánchez	This is María Sánchez *Dis is Maria Sanchez*
Mi número es el 910000000	My number is 910000000 *Mai numba iz 910000000*

¿Podría decirle que me llame?	Could you ask him/her to call me back? *Cu dyu asc jim/jer ta cal mi bac?*
¿Podría dejar un mensaje?	Could I leave a message? *Cu dai liiv a mesidch?*
Lo / la volveré a llamar mañana	I'll call back tomorrow *Ail cal bac tamorou*

Lo que puedes oír

There's a phone call for you	Le llaman por teléfono
Speaking	Al aparato
One moment, please	Un momento, por favor
There's no answer	No contestan
The line's engaged	Está comunicando
Do you want to hold?	¿Quiere esperar?
Putting you through	Ahora le paso
You've dialed the wrong number	Se ha equivocado de número
He/she's not available at the moment	No está en estos momentos
Would you like to leave a message?	¿Quiere dejar algún recado?

Palabras que puedes necesitar

cabina	phone box	*foun box*
cobro revertido	reverse charges	*rivars charshis*
contestador	answer phone	*ansa foun*
guía telefónica	directory	*dairectori*
mensaje	message	*messach*
móvil	mobile phone	*moubail foun*
número de teléfono	phone number	*foun numba*
prefijo	dialing code	*daialin coud*
prefijo internacional	international dialing code	*internashional dailin coud*
servicio de información telefónica	directory enquiries	*dairectori encuaiaris*
tarjeta de teléfono	phone card	*foun card*

■ **Correos.** En Inglaterra cuando te desplazas a una nueva ciudad y no tienes una dirección fija, te pueden proporcionar la dirección de la oficina de correos más cercana que ofrezca el servicio de *Poste Restante.* De esta forma allí guardan tu correspondencia y puedes recogerla cuando quieras.

Frases útiles para expresarte

¿Dónde hay una oficina de correos por aquí?	Where is the nearest Post Office? *Ueriz de niarest Poust Ofis?*
¿Dónde hay un buzón por aquí?	Where is the nearest postbox? *Ueriz de niarest poustbox?*
¿Cuál es la ventanilla para enviar paquetes?	Which counter is for sending parcels? *Uich caunta ris for sendin parsals?*
Quisiera enviar esto a España	I'd like to send this to Spain *Aid laic ta send dis ta Spain*
Déme 10 sellos para Estados Unidos	Ten stamps for the United States, please *Ten stamps four ze Yunaited Steits, pliis*
¿Lleva suficiente franqueo?	Are there enough stamps on it? *Ar de renaf stamp sonit?*
¿Cuánto cuesta enviar esto a España?	How much would it cost to send this to Spain? *Jau mach uud it cost ta send dis to Spain?*

Palabras que puedes necesitar

apartado de correos	P. O. Box	*Pi Ou Box*
buzón	postbox	*poust box*
carta	letter	*leta*
carta postal	post card	*poustcard*
certificado	registered	*redyistad*
correos	Post Office	*pous tofis*
fax	fax	*fax*
giro postal	giro	*djairo*
paquetes	parcels	*parsals*

por avión	air mail	*er meil*
sellos	stamps	*stamps*
telegrama	telegram	*telegram*
urgente	urgent	*ardyent*

Fax

Frases útiles para expresarte

Quisiera enviar un fax a España	I'd like to send a fax to Spain *Aid laic ta sen da fax ta Spain*
¿Se puede hacer fotocopias aquí?	Can I make photocopies here? *Ca nai meik foutoucopiz jier?*
¿Se puede enviar un fax aquí?	Can I send a fax from here? *Ca nai sen da fax from jier?*
¿Cuánto cuesta por página?	How much is it per page? *Jau mach is it per peidch?*
Éste es el número	This is the number *Dis is de numba*

Internet

Frases útiles para expresarte

¿Me podría indicar dónde hay un cibercafé?	Where is there an internet cafeé? *Uer is zer an intanet cafei?*
Quisiera ver mi correo electrónico	I'd like to check my email *Aid laik ta check mai imeil*
Quisiera enviar un correo electrónico	I'd like to send an email *Aid laik ta send an iimeil*
Quisiera imprimir este documento	I'd like to print this document *Aid laik ta print dis documen*
¿Tienen conexión a Internet?	Do you have internet access? *Du yu jav intanet acses?*
¿Cuáles son las tarifas de utilización de Internet?	How much does it cost to get on-line? *Jau mach dus it cost ta guet onlain?*

¿Cuál es su dirección de correo electrónico?	What's your email address? *Uat is yor imeil adres?*
¿Tiene ADSL?	Do you have broadband? *Du yu jav brordband?*
Le enviaré el documento / la foto / el fichero / el informe por correo	I'll send you the document / photo / file / report by email *Ail send you the document / foutou / fail / report bai iimeil*

Palabras que puedes necesitar

banda ancha	broadband	*brordband*
búsqueda	search	*sarch*
chatear	to chat	*ta chat*
cibercafé	internet cafe	*intanet cafei*
conectar a internet	to get on-line	*ta guet on lain*
correo electrónico	email	*imeil*
imprimir	to print	*ta print*
internet	internet	*intanet*
ordenador	computer	*compyuta*
página web	web page	*ueb peich*
ratón	mouse	*maus*

1.8 Lenguaje corporal

■ **Gestos que debes evitar.** Entre los británicos hay mucho menos contacto físico que entre los latinos, ya que apenas tocan a otra persona que no sea su pareja. La primera vez que conocen a alguien, o se lo encuentran después de mucho tiempo sin verse, es normal darse la mano entre los hombres. Pero no lo es besar a otra persona en público, y si no se conoce a alguien no se le besa.

Además, debes tener cuidado en los bares o pubs cuando pides un par de copas o cervezas. Si hay mucho ruido y tienes la tentación de indicar que quieres un par de cervezas con las manos, ¡no lo hagas! El gesto de los dedos, indicando victoria —si se realiza con el dorso de la mano mirando hacia el camarero— puede ocasionarte serios problemas, ya que es la señal más ofensiva que se puede hacer en el Reino Unido.

Desplazamientos 2

El Reino Unido es un país pequeño y se puede acceder a casi todos los sitios de interés a través del transporte publico, pero éste es un poco anticuado y bastante caro, y la mayoría a cargo de empresas privadas, por lo que no hay una perfecta coordinación entre los servicios. Las tardanzas son habituales y a menudo compensa alquilar un coche si se quiere viajar por el país. Pero ¡cuidado! ¡conducen por la izquierda! Dentro de las ciudades hay otros problemas, ya que el tráfico es muy lento y hay poco sitio para aparcar. Los aparcamientos privados resultan muy costosos, sobre todo en Londres, donde hay que pagar incluso para conducir por el centro.

! Conducir por la izquierda no es tan difícil como parece, ya que hay que limitarse a seguir a los demás coches y poco a poco te vas acostumbrando. Recuerda que el carril para adelantar es el de la derecha y no el de la izquierda.

2 Desplazamientos

2.1 Llegada

En la aduana

Frases útiles para expresarte

Mis hijos aparecen en este pasaporte	My children are entered on this passport *Mai childra na rentar don dis pasport*
Voy de vacaciones a Nueva York	I'm going on holiday to New York *Aim goi non holidei ta Niu Yorc*
He venido de viaje de negocios	I'm on a business trip *Ai mona biznis trip*
Me quedaré dos semanas	I'm staying for two weeks *Aim steiin for tuu wiiks*
Todavía no sé cuánto tiempo me quedaré	I don't know how long I'll be staying yet *Ai dont nou jou long ail bi steiin yet*
No tengo nada que declarar	I have nothing to declare *Ai jav nocin ta dicler*
Aquí está el recibo	Here is the receipt *Jier iz da resiit*
Esto es para uso personal	This is for private use *Di sis for praivat yus*

Lo que puedes oír

Your passport, please	Su pasaporte, por favor
Open this, please	¿Puede abrir esto?
Do you have anything to declare?	¿Tiene algo que declarar?
Where are you heading?	¿Adónde va?
How long are you planning to stay?	¿Cuánto tiempo piensa quedarse?
You vehicle documents, please	El permiso de circulación, por favor
Your boarding card, please	Su tarjeta de embarque, por favor

Lo que puedes ver

arrivals	llegadas
border crossing	paso de la frontera
customs	aduanas
departures	salidas
duty free	artículos libres de impuestos
entrance	entrada
exit	salida
passport control	control de pasaporte
police	policía
smoking/no smoking	fumadores/no fumadores
tickets	billetes

■ **En la oficina de información.** Las islas británicas reciben muchos turistas y disponen de abundantes servicios de información para ellos. Los aeropuertos, puertos y estaciones principales normalmente tienen puntos de información tanto para viajeros como para turistas. Incluso muchos ofrecen un servicio para ayudar a encontrar alojamiento.

Frases útiles para expresarte

¿Dónde está la oficina de información?	Where is the Tourist Information Office? *Ue riz de toris tinfomasiun?*
¿Tiene un plano de la ciudad con la red de autobuses / metro?	Do you have a map of the city with the bus / tube routes? *Du yu ava ma pof the siti, wid de bus / tuub ruuts?*
¿Tendría un horario de autobuses?	Do you have a bus timetable? *Du yu ava bas taimteibul?*
¿Cómo puedo llegar a York?	How do I get to York? *Jau du uai guet to York?*
Busco un hotel	I'm looking for a hotel *Eim luquin fo ra jautel*

En la oficina de cambio

Frases útiles para expresarte

¿Dónde puedo cambiar este cheque de viajero?	Where can I change this traveller's cheque? *Uer ca nai tcheing dis traveluz tchec?*
¿Puedo cambiar aquí este cheque?	Can I change this cheque here? *Can ai cheintch zis chek jier?*
¿Se puede sacar dinero con tarjeta de crédito?	Can I withdraw money with my credit card? *Ca nei uidrau moni uid mei credit card?*
¿Cuál es el mínimo / máximo?	Is there a minimum / maximum? *Is zer a minimam / maximam?*
¿También puedo sacar menos?	Can I take out less than that? *Ca nai tei cout les dan dat?*
Quisiera cambiar dinero	I'd like to change some money *Aid laic ta tcheing sum muni*
¿A cuánto está el cambio?	What's the exchange rate? *Uat iz de extcheing reit?*
Libras esterlinas por euros	Pounds for euros *poundz fo yuroz*
¿Cuáles son las comisiones?	What is the commission? *Ua tis da comishan?*

Lo que puedes oír

What would you like?	¿Qué desea usted?
Your passport, please	Su pasaporte, por favor
Sign here	Firme aquí
Sign here, please	Una firma aquí, por favor
Would you like that in large or small notes?	¿Quiere billetes pequeños o grandes?
Please go to the cash desk	Pase por caja, por favor
Your bank card, please	Su tarjeta bancaria, por favor

2.2 Direcciones y orientación

Preguntar por direcciones

Frases útiles para expresarte

¿Cuántos kilómetros faltan para llegar a Londres?	How many kilometers is it to London? *Jow meni kilameta sisit ta London?*
Me he perdido	I'm lost *Aim lost*
¿Se va por aquí a Bristol?	Is this the way to Bristol? *Iz dis da uai ta Bristol?*
¿Cómo hago para llegar lo antes posible a Bath en coche / a pie?	What's the quickest way to Bath by car / on foot? *Uats da quicuist ueita Bath bai car / on fut?*
¿Podría señalarlo en el mapa?	Could you point to it on the map? *Cu dyu poin tu it on da map?*

Lo que puedes oír

Continue straight ahead	Siga todo recto
Turn right / left	Gire a la derecha / izquierda
Take that / the first / the second street	Tome aquella / la primera / segunda calle
Continue to the traffic lights	Camine hasta los semáforos
Go through the tunnel	Cruce el túnel
Turn at the corner	Doble en la esquina
It's on your right / left	Es a la derecha / izquierda
I don't know. I'm not from here	No sé. No soy de aquí
You're going the wrong way	Por aquí no es
From there follow the signs	Allí los carteles le indicarán
When you get there ask again	Vuelva a preguntar allí

Lo que puedes ver

at the corner	en la esquina
cross	cruzar
follow	seguir
straight ahead	todo recto
the bridge	el puente
the fly-over	el viaducto
the intersection	el cruce
the level crossing	el paso a nivel
the river	el río
the street	la calle
the traffic light	el semáforo
the tunnel	el túnel
to the left	a la izquierda
to the right	a la derecha

2.3 Aeropuerto

En el aeropuerto. Cuidado con los aeropuertos cuando viajas al Reino Unido, hay muchísimos por todo el país. En Londres hay hasta cinco! (Heathrow, Gatwick, Stanstead, City y Luton). ¡Y eso no es todo! Heathrow tiene cuatro terminales, y van a construir otra; y Gatwick tiene dos. Ir de una terminal a otra no es cosa de caminar cinco minutos. ¡En Heathrow hay que utilizar el metro *(the underground)* para ir de una terminal a otra!

Frases útiles para expresarte

Tengo una reserva en el vuelo 567 a Londres	I have a reservation on flight 567 to London. *Ai jav ei resaveishan on flait 567 tu Londan*
¿Hay algún retraso?	Is there any delay? *Is der eni delei?*

¿Cuál es la puerta de embarque para el vuelo 567?	Which gate for flight number 567? *Uich gheit for flait numba 567?*
¿Cuánto equipaje puedo llevar?	What is the baggage allowance? *Uat is de baguidch alouans?*
¿Habrá escalas?	Will there be any stop offs? *Uil zer bi eni stop ofs?*
Mi equipaje se ha perdido	My luggage is missing *Mai lugidch is misin*
¿Ha aparecido ya mi equipaje?	Has my luggage arrived yet? *Jas mai lugidch araivd yet?*
¿Dónde se pueden recoger los equipajes?	Where is the baggage reclaim? *Uer is ze baguitch ricleim?*
Mi maleta ha sufrido daños	My suitcase has been damaged *Mai suutkeis jas bin damatcht*
He perdido mi documentación	I've lost my travel documents *Aiv lost mai travel documents*
¿Cómo se llega al centro de la ciudad desde aquí?	How do you get to the city centre from here? *Jau du yu guet ta ze siti senta from jier?*

Lo que puedes oír

Window or aisle?	¿Ventanilla o pasillo?
How many people are travelling?	¿Cuántas personas viajan?
Your passport, please.	Su pasaporte, por favor
Your boarding card, please	Su tarjeta de embarque, por favor
Please fasten your seat belts	Por favor, abróchense los cinturones
Passengers for flight number 432 please proceed to gate number 5	Se ruega a los pasajeros del vuelo 432 pasen por la puerta 5

Lo que puedes ver

arrivals	llegadas

baggage reclaim	recogida de equipajes
boarding	embarque
delayed	con retraso
departures	salidas
departure gate	puerta de embarque
flight connection centre	mostrador de pasajeros en tránsito
flight number	número de vuelo
landed	en tierra
lounge	sala de espera
on time	en hora
passport control	control de pasaportes
wait in lounge	aguarde en la sala de espera

Palabras que puedes necesitar

adelante/atrás	at the front/back	*at de frant/de bac*
azafata	air hostess	*eer joustes*
billete	ticket	*tiquet*
billete electrónico	e-ticket	*i tiquet*
cinturón de seguridad	safety belt	*seifti belt*
en clase preferente	business class	*biznes clas*
en clase turista	tourist class	*tourist clas*
en primera clase	first class	*furs clas*
en segunda clase	second class	*secon clas*
facturación	check-in	*chec in*
fumadores/ no fumadores	smoking/ no smoking	*smoquin/ nou smouquin*
hora local	local time	*loucal taim*
ida	single	*singal*
ida y vuelta	return	*retun*
pasillo	aisle seat	*eil siit*
pista de aterrizaje	runway	*runwei*
ventanilla	window seat	*uindo siit*
vuelo	flight	*flait*

2.4 Estación

En la estación y al subir al tren

Frases útiles para expresarte

¿Dónde se compran los billetes?	Where can I buy a ticket? *Uer ca nai bai a tiquet?*
¿Dónde se hacen las reservas?	Where can I make a reservation? *Uer ca mei ka reseveishun?*
Quiero un billete de ida a Londres	I'd like a single to London, please *Aid leik a singal tu London, pliis*
Quiero un billete de ida y vuelta a Leeds	I'd like a return to Leeds, please *Aid leik a return tu Lids, pliis*
Quisiera reservar una plaza en un coche cama a Edinburgo	I'd like to reserve a berth in the sleeper to Edinburough, please *Aid leik ta resur va burth in de sliiper to Edinburu, pliis*
¿Tienen abonos mensuales / semanales?	Do you have weekly / monthly season tickets? *Du yu jav wiikly / munthly siisan tiquets?*
¿Este tren va directo?	Is this train direct? *Iz dis trein dairect?*
¿Tengo que hacer transbordo?	Do I have to change? *Du ei jav tu cheinch?*
¿De qué andén sale?	Which platform? *Uich platform?*
¿Cuánto tarda en llegar?	How long does it take? *Jau long du zi teik?*
¿A qué hora llega a Londres?	What time does it arrive in London? *Uat taim du zi tareiv en London?*
¿Este es el tren para Bristol?	Is this the train for Bristol? *Iz dis de trein for Bristol?*
¿Hay un sitio para dejar el equipaje?	Is there a left-luggage office? *Iz zer a left-laguitch ofis?*

Lo que puedes oír

When are you travelling?	¿Qué día sale?
Where are you going?	¿Adónde quiere ir?
You have to pay a supplement	Tiene que pagar un suplemento
You have to change trains at Bath	Tiene que hacer transbordo en Bath
Tickets, please	Billetes, por favor
Your reservation, please	Su reserva, por favor
You are in the wrong seat	Se ha equivocado de asiento
This seat is reserved	Este asiento está reservado
This train is delayed by 15 minutes	El tren tiene un retraso de 15 minutos

Lo que puedes ver

arrivals	llegadas
buffet	cafetería
cancelled	anulado
delayed	con retraso
departures	salidas
do not open the door until the train has entered the station	no abrir la puerta hasta que el tren esté parado completamente
emergency brake	freno de emergencia
on time	en hora
platform	andén

Palabras que puedes necesitar

andén	platform	*platform*
bajar	to get off	*ta guet of*
billete	ticket	*tiquet*
cambiar de tren	to change trains	*ta cheintch trein*
coche cama	sleeper car	*sliipa car*
coche restaurante	buffet car	*bafei car*

compartimento	compartment	*campartmant*
consignas	left-luggage	*left laguitch*
enlace	connection	*conecshan*
equipaje	luggage	*laguitch*
estación	terminal	*terminal*
hacer una reserva	to make a reservation	*ta meik a resarveishan*
horario	timetable	*taimteibl*
ida	one-way	*uan uei*
jefe de estación	station master	*steishan marsta*
litera	bed	*bed*
llegada	arrival	*araival*
marcar un billete	to validate a ticket	*ta valideit a tiquet*
parada	stop	*stop*
pasaje subterráneo	subway	*subuei*
pasillo	passage	*passitch*
primera clase	first class	*ferst clas*
reserva	reservation	*resarveishan*
reservar	to reserve	*ta resarv*
retraso	delay	*delei*
revisor	inspector	*inspecta*
sala de espera	waiting room	*ueitin ruum*
salidas	departures	*departchas*
subir	to get on	*ta guet on*
suplemento	supplement	*saplement*
tren	train	*trein*
tren alta velocidad	high-speed train	*jai spiid trein*
tren de cercanías	local train	*loucal trein*
viajero	passenger	*pasentcha*
vuelta	return	*retarn*
zona fumadores	smoking area	*smoukin eria*

! En la mayor parte de las estaciones de trenes y de autobuses y en los aeropuertos no hay consignas, dados los problemas que han surgido con ciertos atentados terroristas.

2.5 Barco

A bordo del barco

Frases útiles para expresarte

¿El barco hace alguna escala?	Does this boat call at any ports? *Duz dis bot cau la teni ports?*
¿Puedo llevar mi coche?	Can I take my car? *Ca nai teik mai car?*
¿Cuándo sale el barco para Francia?	When does the boat for France leave? *Uen duz de boot for Frans liiv?*
Desearía un camarote de primera clase	I'd like a first class cabin *Aid laic a ferst clas caben*
Me mareo	I'm feeling seasick *Aim fiilin siisic*

Lo que puedes oír

The boat is about to heave anchor	El barco va a levar anclas
These parcels must travel in the hold	Estos bultos deben ir en la bodega

Lo que puedes ver

passengers	pasajeros
quay	muelle
vehicles	vehículos

Palabras que puedes necesitar

ancla	anchor	*ancor*
babor	port	*port*
bodega	hold	*jould*

camarote	cabin	*cabin*
capitán	captain	*capten*
cubierta	deck	*dec*
estribor	starboard	*starbord*
hamaca	deck-chair	*dec-cher*
marinero	sailor	*seilor*
muelle	quay	*kii*
popa	stern	*stern*
práctico	pilot	*pailot*
proa	bow	*bou*
puerto	port	*port*
timón	rudder	*rader*
travesía	voyage	*voich*

2.6 Transporte público

■ **En el autobús.** En Londres, si se dispone de tiempo, lo mejor es viajar en uno de esos autobuses rojos tradicionales (*double-deckers*).

Frases útiles para expresarte

¿Cuál es el autobús para Londres?	Which is the bus for London?	*Uich is de bus for London?*
¿Dónde está la parada de autobuses?	Where is the bus stop?	*Uer iz de bus stop?*
¿A qué hora sale el primer / próximo / último autobús?	What time is the first / next / last bus?	*Uat tai miz de furst / next / last bus?*
¿Cuánto tarda en llegar?	How long does it take?	*Jau long du zi teik?*
¿Dónde me tengo que bajar?	Where do I have to get off?	*Uer du ei jav to ge tof?*
¿Cuánto tengo que esperar?	How long do I have to wait?	*Jau long du ai jav to weit?*

¿Ya hemos pasado Oxford Street?	Have we passed Oxford Street? *Jav wii past Oxford Street?*
¿Tengo que bajarme aquí?	Do I have to get off here? *Du ei jav to ge tof jier?*
La próxima parada, por favor	Next stop, please *Next stop, pliis*
¿Me podría avisar cuando lleguemos a Hyde Park, por favor?	Could you tell me when we get to Hyde Park, please? *Cud yu tel mii uen wii get tu Hyde Park, pliis?*

Lo que puedes oír

Tickets, please	Billetes, por favor
Where to?	¿Adónde va?
Single or return?	¿Ida o ida y vuelta?
This ticket hasn't been validated	No lo ha picado
Where are you getting off?	¿Dónde se baja?
You have to press the button to stop the bus	Tiene que pulsar el botón para parar el autobús
I'm afraid you've made a mistake, you have to take the number 3	No, se ha equivocado, tiene que coger el autobús número 3
It's the third stop after this one	Es la tercera parada después de ésta
You aren't allowed to brink bikes on the bus	No puede llevar bicicleta en el autobús

■ **En el metro.** El metro en Londres, *the underground,* es el más antiguo del mundo. La gente que vive y trabaja en Londres se queja frecuentemente de que es viejo y lento. Pero si viajas fuera de las horas punta (8:00 a 9:30 de la mañana y 5:00 a 6:30 de la tarde) es rápido y eficaz. El metro llega a la mayor parte de la ciudad y a los principales sitios de interés turístico, pero la red está dividida en seis zonas, por lo que hay que asegurarse de comprar el billete adecuado para las zonas que se van a utilizar. Se pueden comprar billetes para un día o varios y sirven tanto en el metro como en los autobuses y trenes.

Frases útiles para expresarte

¿Cuál es la línea que va a la estación de Victoria?	Which line goes to Victoria? *Uich lain gauz to Victoria?*
¿Este tren para en Kings Cross?	Does this train stop at Kings Cross? *Duz dis trein sto pat Kings Cross?*
¿Dónde tengo que hacer trasbordo?	Where do I have to change? *Uer du ai jav to cheinch?*
Un billete para la zona 1, por favor	A ticket for zone 1, please *A tiquet fo zaun 1, pliis*
Un abono mensual para las zonas 1 y 2, por favor	A one month travel card for zones 1 and 2, please *A uun manth traval card for zounz 1 an 2, pliis*

Lo que puedes oír

Tickets, please	Billetes, por favor
This ticket isn't valid for this zone	Este billette no es válido para esta zona
You have to pay a fine	Tiene usted que pagar una multa
Next stop Kings Cross	Próxima parada Kings Cross
Change here for Victoria line services	Correspondencia con línea Victoria
Mind the gap	Tengan cuidado de no introducir el pie entre coche y andén

Palabras que puedes necesitar

abono	travel card	*travel car*
andén	platform	*platfom*
semanal / mensual / anual	weekly / monthly / annual	*uiicli / monthly / anyual*
zona	zone	*zoun*

2.7 Taxi

En el taxi. Hay dos tipos de coches que se pueden utilizar para los desplazamientos: los taxis y los mini-cabs. Las diferencias entre ellos son importantes. Los taxis pueden parar en la calle para llevarte a tu destino y tienen una luz encendida cuando están disponibles. Todos los taxis son del mismo color y cobran los precios fijados por el ayuntamiento. Cada ciudad tiene su propio diseño, pero nadie puede olvidar los famosos taxis negros de Londres. Los mini-cabs, al contrario, son coches privados sin ningún distintivo. !

Frases útiles para expresarte

¡Taxi!	Taxi! *Tacsi*
¿Podría llamar a un taxi?	Could you call me a taxi, please? *Cu dyu call mi ya tacsi, pliis?*
¿Dónde se puede coger un taxi por aquí?	Where can I catch a taxi? *Uer canai cat cha tacsi?*
¿Me puede llevar a esta dirección?	Can you take me to this address? *Can yu teik mi ta zis adres?*
A Oxford Street, por favor	To Oxford Street, please *Tu Ocsfud Strit, pliis*
Llevo prisa	I'm in a hurry *Ai mi na hari*
¿Cuanto cuesta el recorrido hasta Trafalgar Square?	How much is it to Trafalgar Square? *Jau ma chi si ta Trufalga Squer?*
¿Cuánto es hasta Brixton?	How far is it to Brixton? *Jau fa ri si ta Brixtun?*
¿Está lejos?	Is it far? *I sit far?*

! Los *mini-cabs* no pueden parar en la calle para coger clientes, tienes que llamar por teléfono a una empresa para que envíen un *mini-cab*, o bien acudir a su oficina. Son mucho mas económicos que los taxis normales, ¡sobre todo para trayectos largos!

¿Podría ir más despacio / rápido?	Could you go slower / quicker, please? *Cu dyu go sloua / quica, pliis?*
¿Podría poner en marcha el taxímetro?	Is the meter running? *Is da mita ranin?*
Siga todo recto	Go straight on *Go stai ton*
Doble a la izquierda / derecha aquí	Turn left / right here *Turn left / rait jier*
Déjeme aquí	Drop me here, please *Drop mi jier, plis*
Es aquí	This is it *Zi si sit*
Espéreme un momento, por favor	Could you wait a minute, please? *Cu dyu wei tu minit, pliis?*
¿Cuánto le debo?	How much is it? *Jau mu chi sit?*
Me da un recibo, por favor	Can I have a receipt, please *Ca nai java resiit, pliis*

Lo que puedes oír

Where to?	¿Adónde?
Here we are	Ya hemos llegado
That'll be £20, please	£20, por favor
There's an airport supplement	Hay un suplemento por ir al aeropuerto
There's a baggage supplement	Hay un suplemento por llevar las maletas

Lo que puedes ver

for hire	libre
occupied	ocupado
taxi rank	parada de taxis

Palabras que puedes necesitar

caro	expensive	*expensif*
con prisa	in a hurry	*in a jari*
parar	to stop	*ta stop*
tráfico	traffic	*trafic*
vuelta / cambio	change	*cheintch*

2.8 Bicicleta

■ **Alquilar una bicicleta.** A los británicos les gusta mucho montar en bicicleta, y ya que es un país sin muchas montañas, éste es un medio de transporte que resulta eficaz y divertido para descubrir los encantos del campo. Dentro de las ciudades puede ser la manera más rápida para llegar a un destino, pero ten cuidado con los mensajeros montados en bici (*dispatch riders*), quienes utilizan las aceras, saltan los semáforos y circulan a mucha velocidad por los pasos de cebra y generalmente ponen en peligro a la gente.

Frases útiles para expresarte

Quisiera alquiler una bicicleta, por favor	I'd like to rent a bike, please *Aid laic ta ren ta baic, pliis*
¿Hay un modelo más deportivo?	Have you got a sports bike? *Jav yu gota sports baic?*
Tengo un pinchazo	I've got a puncture *Aiv gota panctcha*
Los frenos no van bien	The brakes don't work very well *Ze breiks dount uark veri uel*
¿Cuánto cuesta por día o por hora de alquiler?	How much is it to rent per hour or per day? *Jau mach is it ta rent per jaua o per dei?*

Palabras que puedes necesitar

Partes de la bicicleta		
bombilla	pump	*pump*
cadena	chain	*chein*
cuadro	frame	*freim*
frenos	brakes	*breics*
guardabarros	mudguard	*mudgard*
manillar	handlebar	*jandelba*
neumático	tyre	*tair*
pedal	pedal	*pedal*
pinchazo	puncture	*punctcha*
rueda	wheel	*uil*
timbre	bell	*bel*
velocidades	gears	*guiers*

2.9 Alquiler de coches

A la hora de alquilar un coche

Frases útiles para expresarte

Quería alquilar un coche	I'd like to rent a car *Aid laic tu ren ta car*
Quiero un coche automático / manual	I'd like an automatic / manual *Aid lai can ortamatic / manyual*
¿Cuánto cuesta por día?	How much is it per day? *Jau ma chi sit per dei?*
¿Tiene suplemento por kilómetro?	Is there a mileage charge? *Iz ze ra mailech charj?*
¿Cuándo tengo que devolverlo?	When do I have to return it? *Uen du wai jav tu retur nit?*
¿Está incluido el seguro?	Is insurance included? *I zinsiuran sincluded?*

Aquí está mi carnet de conducir	Here is my driving licence *Jier is mai draivin laisens*
¿Qué tipo de combustible necesita?	What type of petrol does it use? *Uat tai pov petral da zi tyuz?*

Palabras que puedes necesitar

Partes del coche		
amortiguadores	shock absorbers	*shok abzorbuz*
antena	aerial	*eriul*
batería	battery	*bateri*
bujías	spark plugs	*sparc plags*
capó	bonnet	*bonet*
carburador	carburettor	*carbareta*
cilindro	cylinder	*silinder*
cinturón de seguridad	seat belt	*sit belt*
depósito de gasolina	petrol tank	*petrel tanc*
émbolo	piston	*piston*
embrague	clutch	*clutch*
espejo exterior	wing mirror	*uing mira*
freno de mano	handbrake	*handbraik*
intermitente	indicator	*indiceitu*
limpiaparabrisas	windscreen wipers	*uindscrin waipuz*
maletero	boot	*bout*
motor	engine	*endyin*
neumáticos	tyres	*taiuz*
palanca de cambios	gear lever	*gia liva*
parabrisas	windscreen	*uindscriin*
parachoques	bumpers	*bumpuz*
pedal del acelerador	accelerator	*acselareitu*
radiador	radiator	*raidiatu*
retrovisor	rear-view mirror	*ria vyu mira*
rueda	wheel	*uil*
tubo de escape	exhaust pipe	*ecsaust paip*
volante	steering wheel	*stiring uil*

2.10 Aparcamiento

■ **Para aparcar el coche.** Ten cuidado dónde aparcas el coche. Hay una policía especial, que se llama *traffic wardens*, que camina por las calles buscando coches que están mal aparcados o que han superado el tiempo permitido o pagado. El *traffic warden* es más o menos la persona más «odiada» en el Reino Unido, y hay muchos chistes sobre ellos. Es complicado encontrar un sitio legal para aparcar en la calle y resulta caro hacerlo. En las grandes ciudades, es mucho mejor ir a un aparcamiento *(car park)*. Y nunca aparques en doble fila, pues el *traffic warden* llegará en dos minutos y se llevará el coche.

Frases útiles para expresarte

¿Dónde puedo aparcar?	Where can I park? *Uer ca nai parc?*
¿Puedo aparcar aquí?	Can I park here? *Ca nai park jier?*

Lo que puedes ver

car park	aparcamiento
exact change only	introduzca el dinero exacto
exit	salida
full	completo
hotel guests only	sólo para residentes del hotel
take your ticket	recoja su ticket
way in	entrada

2.11 En carretera

■ **Conducir en el Reino Unido.** Recuerda que ¡conducen por el lado contrario que nosotros! Realmente no hay problema, ya que hay mucho tráfico y no hay más elección que hacer lo que hacen los demás coches. Al principio te resultará un poco raro sentarte al otro lado del coche y tener todo al revés, incluido el cambio de marchas. ! Por lo demas, has de saber que en este país hay varias categorías de carreteras:

- *Motorways*, las más rápidas. Normalmente disponen de tres carriles en cada dirección. El límite de velocidad es de 70 millas por hora (mph).
- *A roads*, carreteras principales entre ciudades. El límite de velocidad puede llegar a 70 mph, pero hay que prestar atención a la señalización.
- *B roads*, carreteras básicas, que te llevarán a los pueblos más escondidos. El límite varía mucho, pero normalmente es de 40 mph.
- *By-pass*, carretera de circunvalación, para evitar conducir por el centro de la ciudad.

Frases útiles para expresarte

¿Cuál es el camino más rápido para Brighton?	Which is the quickest way to Brighton? *Ui chiz da quicist uei tu Braiton?*
¿Es ésta la carretera para Leeds?	Is this the right road for Leeds? *Iz dis de rait roud for Liids?*

Palabras que puedes necesitar

abogado	lawyer	*loya*
accidente	accident	*acsidant*
agente de policía	police officer	*poulis ofisa*
ambulancia	ambulance	*ambyalans*
aparcamiento	car park	*car parc*
autopista	motorway	*moutauei*
bomberos	firemen	*faiamen*
cinturón de seguridad	seatbelt	*siitbelt*

! Tienes que circular por las rotondas al contrario que en España; es decir en el sentido de las agujas del reloj. Debes tener mucho cuidado con los límites de velocidad, puesto que están en millas por hora y no en kilómetros como en España, y la policía es muy estricta.

denuncia	accident report	*acsidant report*
detener	to detain	*ta detein*
documentación	documents	*docyumants*
estación de servicio	service station	*sirvis steishun*
estropeado	wrecked	*rekt*
gasolinera	petrol station	*petrul steishun*
grúa	tow truck	*tou track*
herido	injured	*intchad*
herramientas	tools	*tuuls*
mecánico	mechanic	*mekanic*
médico	doctor	*docta*
multa	fine	*fain*
nivel de alcoholemia	alcohol level	*alcojol leval*
obras	roadworks	*roudwurcs*
perder	to lose	*ta luus*
permiso de conducir	driving licence	*draivin laisans*
pieza de recambio	spare part	*sper part*
puesto de socorro	emergency point / telephone	*emerdyansi point/ telefoun*
remolcar	to tow	*ta tou*
retrasos	delays	*dileiz*
roto	broken	*broukan*
seguro	insurance	*insyorans*
testigo	witness	*uitnas*
triángulo de avería	warning triangle / lights	*uarnin traiangal / laits*

En la gasolinera

Frases útiles para expresarte

¿Dónde está la gasolinera más cercana?	Where is the nearest petrol station? *Uer iz the niarist petrul steishun?*
Llénelo, por favor	Fill it up, please *Fi li tup, pliis*

Póngame 20 litros de gasolina sin plomo, por favor	I'd like 20 litres of unleaded, please *Eid laic twenti litres of unledid, pliis*
Póngame 10 libras de gasolina, por favor	I'd like 10 pounds worth, please *Aid laic ten poundz uorth, pliis*
Quería gasolina / aceite / agua	I'd like some petrol / oil / water *Ai'd laic sum petrul / oil / uater*
¿Podría revisar los neumáticos, por favor?	Could you check the tyres for me, please? *Cu dyj chec the taias for mi, pliis?*
¿Podría limpiar el parabrisas, por favor?	Could you clean the windscreen, please? *Cu dyu clin de uindscrin, pliis?*

Palabras que puedes necesitar

gas-oil	diesel	*dizul*
gasolina	petrol	*petrol*
lavado automático	car wash	*car uash*
nivel del aceite	oil level	*oyl levul*
presión	air pressure	*er presha*
presión de los neumáticos	tyre pressure	*taia presha*
sin plomo	unleaded	*unledid*

En el peaje. No hay muchos puestos de peaje, y los que hay, normalmente son automáticos.

Frases útiles para expresarte

¿Puedo pagar con tarjeta?	Can I pay by card? *Can ai pei bai card?*
No tengo dinero suelto	I haven't got any change *Ai jafnt got eni cheintch*
¿Cuál es la próxima salida?	What is the next exit? *Uat is the next exit?*

■ Si tienes una avería. Los coches no tienen que llevar obligatoriamente los triángulos de avería en el Reino Unido. Si sufres una avería debes de poner las luces de emergencia *(hazard warning lights)*. Los británicos no identifican la posición del coche en la carretera por kilómetros, sino dando referencia de las intersecciones *(junctions)* o de las salidas *(turn offs)* más cercanas.

Frases útiles para expresarte

¿Podría avisar al servicio de auxilio en carretera?	Could you contact the recovery service for me? *Cu dyu contact de recoveri sirvis for mi?*
¿Podría remolcarme hasta un taller mecánico?	Could you tow me to a garage? *Cu dyu toa mi to wa garij?*
Me he quedado sin gasolina	I've run out of petrol *Aiv ru nou tov petrel*
Me he dejado las llaves en el coche	I've locked the keys in the car *Aiv loct de kii sin de ca*
Necesito una grúa. El coche se ha quedado parado en la M1 entre las intersecciones 13 y 14	I need a tow truck. My car's broken down on the M1 between junctions 13 and 14 *Ai nid a tou track. Mai cars broukan daun on ze Em 1 betuin dyancshans 13 an 14*

Palabras que puedes necesitar

avería	breakdown	*braicdown*
batería vacía	flat battery	*flat batari*
filtraciones de aceite	oil leak	*oil liik*
humo	smoke	*smoak*
neumático sin aire	flat tyre	*flat taia*
parabrisas roto	broken windscreen	*broakan uinscriin*
pinchazo	puncture	*panctcha*
radiador vacío	empty radiator	*empti reidiata*

roto	broken	*broakan*
ruido	noise	*nois*
vibraciones	vibrations	*vaibreishans*

Llevar el coche al taller

Frases útiles para expresarte

¿Hacen reparaciones?	Do you do repairs? *Do yu du ripers?*
¿Pueden arreglarme el embrague?	Can you repair the clutch for me? *Ca nyu riper da clatch for mi?*
Hay algo que no va bien en el motor	There is something wrong with the engine *De ri sumthin rong uith da enjin*
El intermitente no funciona	The indicator is not working *De yindiceito riz not uorkin*
¿Cuánto tardará?	How long will it take? *Jau long uili teic?*
¿Cuánto costará?	How much will it cost? *Jau mach uil it cost?*
He pinchado	I've got a puncture *Aiv gòt a panctcha*
He perdido mucho aceite	I've lost a lot of oil *Aiv lost a lot of oil*
Hay filtraciones de aceite	I've got an oil leak *Aiv got an oil liik*
El motor hace un ruido extraño	The engine's making a strange noise *Ze endyins meikin a streintch nois*
La batería esta vacía	The battery is flat *Ze batari is flat*
Los frenos no funcionan	The brakes don't work *Ze breiks dount uark*
Las luces no funcionan	The lights don't work Ze laits dount uark

El motor no arranca	The engine won't start *Ze endyin uont start*
El coche se ha quedado sin agua	My car's run out of water *Mai cars ran aut of uata*
El tubo de escape echa mucho humo	There is a lot of smoke coming out of the exhaust pipe *Zer is a lot of smouk camin aut of ze exorst paip*

Lo que puedes oír

I don't have any spare parts	No tengo piezas de recambio
It will take half a day	Eso llevará medio día
Your car is a write-off	Su coche está completamente estropeado
It can't be repaired	Ya no se puede hacer nada para arreglarlo
You car will be ready at 5pm	El coche estará para las cinco

■ Si ocurre un accidente

Frases útiles para expresarte

A mí no me ocurre nada pero mi marido está herido	I'm OK but my husband is injured *Aim OuKei, bat mai jasband is indyad*
¿Puede llamar a una ambulancia / a la policía?	Can you call an ambulance / the police? *Can yu cal an ambyalans / ze poulis?*
¿Me puede indicar su número de seguro?	Can you give me your insurance details? *Can yu guiv mi yor insyorans diteils?*
¿No me ha visto?	Didn't you see me? *Didn't yu si mi?*

Fue culpa suya	It was your fault *It uas yor folt*
Yo tenía preferencia	I had right of way *Ai jad rait of uei*
¿Es grave?	Is it serious? *Is it sirias?*
No, no estoy herido(a)	No, I'm not injured *Nou, aim not indyad*
Habrá que llamar a la grúa	We'll have to call a tow truck *Uiil jav ta cal a tou trak*
¿Cuál es su compañía de seguros?	Who is your insurer? *Ju is your insyora?*
Quisiera un intérprete	I'd like an interpreter *Aid laik an interpreta*
Este señor / esta señora ha visto lo que ha pasado	This person saw what happened *Zis persan sor uat japand*

■ **La policía en la carretera.** Es muy improbable que la policía te pare. Si lo hacen, escúchales y contesta cortésmente. Aunque no es obligatorio llevar el carné de conducir, es preferible llevar toda la documentación contigo en todo momento.

Frases útiles para expresarte

Sí / No, agente	Yes / No officer *Yes / Nou, ofisa*
Ésta es la documentación del coche	Here is the log book *Jier is ze log buuk*
Me han robado el equipaje del coche	Someone has stolen my luggage from the car *Samuan jas stoulan mai laguitch from ze car*
Hay dos testigos	There are two witnesses *Zer ar tu uitnasis*

He perdido mi DNI / mi permiso de conducir	I've lost my ID card / driving licence *Aiv lost mai AI DI card / draivin laisans*
Necesito un certificado para mi seguro	I need a certificate for my insurance *Ai niid a sartificat for mai insyurans*
Quisiera llamar a un abogado	I'd like to call a lawyer *Aid laik ta cal a loiya*
Quisiera denunciar un accidente	I'd like to report an accident *Aid laik ta report an acsidant*
¿Dónde está la comisaría más cercana?	Where is the nearest police station? *Uer is ze niarist poulis steishan?*
¿Puedo consultar al consulado español?	Can I speak to the Spanish Consulate? *Can ai spiik ta ze Spanish Consaleit?*

Lo que puedes oír

May I see your driving licence?	Su carné de conducir, por favor.
May I see your insurance documents?	La documentación de su seguro, por favor
Do you know the speed limit on this street / road?	¿Sabe usted cuáles son los límites de velocidad en esta calle /carretera?
Have you been drinking?	¿Ha bebido algo de alcohol?
Please accompany me to the station	Por favor, acompáñeme a la comisaría
Everything seems to be OK. Thank you	Todo está en orden. Muchas gracias.

Señales en la ciudad y en la carretera

Lo que puedes ver

bends for 5 miles	curvas durante 5 millas
by-pass	circunvalación
car park	aparcamiento
change of direction	cambio de sentido

city centre	centro ciudad
crossroads	cruce
customs	aduana
danger	peligro
diversion	desvío
dual carriageway	autovía
exit	salida
fog	niebla
give way	ceder el paso
ice	hielo
level crossing	paso a nivel
motorway	autopista
motorway ends	final de autopista
no entry	prohibido el paso
no hard shoulder	escalón lateral
no overtaking	prohibido adelantar
no parking	prohibido aparcar
no through way	callejón sin salida
one way	dirección única
parking restrictions	zona de estacionamiento limitado
pedestrians	peatones
pedestrians only	calle peatonal
road closed	carretera cortada
road works	obras
slow	circule despacio
soft verges	arcenes sin pavimentar
speed cameras	velocidad controlada por cámaras
steep hill	bajada peligrosa
switch off headlights	apagar luces de cruce
switch on headlights	encender luces de cruce
toll	peaje
tourist information	información turística
town centre	centro urbano
wait	espere
works exit	salida de camiones

2.12 Autostop

■ **Haciendo autostop.** Es bastante común entre la gente joven viajar haciendo autostop, y se pueden ver muchas personas esperando que alguien les lleve en las entradas a las carreteras principales. Hay que tomar las precauciones adecuadas, pero en general es una manera barata, rápida y divertida de ir de una ciudad a otra. Recuerda que no debes hacer autostop en las carreteras, ya que es ilegal.

Frases útiles para expresarte

¿Va a Londres?	Are you going to London? *Ar yu gouin tu Londun?*
¿Adónde va?	Where are you heading? *Ue rar yu jedin?*
¿Me podría llevar?	Can you give me a lift? *Ca nyu giv mi a lift?*
¿Eso está camino de Bath?	Is that on the way to Bath? *Iz da ton da uei ta Bath?*
¿Me podría dejar aquí?	Could you drop me here? *Cu dyu drop mi jier?*
Gracias por llevarme	Thanks for the lift *Tancs for de lift*

Alojamiento 3

En el Reino Unido encontrarás una amplia modalidad de establecimientos para pasar la noche o permanecer alojado varios días sin que resulte demasiado costoso. Te indicamos los más comunes:

- *Hotels:* no hay ningún sistema formalizado para distinguir las distintas categorías de los hoteles, pero en muchos verás símbolos del AA *(Automobile Association)* o RAC *(Royal Automobile Club)*, estos alojamientos tienen desde una a cinco estrellas, coronas o algún símbolo parecido.
- *Bed and Breakfast:* el famoso "B&B" es una casa privada que ofrece algunas habitaciones y un desayuno tradicional. Aquí te encontrarás en una típica casa británica y quizás puedas desayunar con toda la familia sentada a la mesa.
- *Hostels:* la opción más económica en muchos sitios. Frecuentemente son dormitorios compartidos, como en el albergue juvenil internacional *Youth Hostel Association (YHA).*
- *Camping sites:* hay por todo el país y nunca faltan en los sitios de mayor interés turístico, salvo en el centro de las grandes ciudades, claro.

3 Alojamiento

3.1 Buscar alojamiento

¿Dónde dormir? En este país se puede encontrar todo tipo de alojamiento, desde los hoteles más lujosos hasta el más humilde camping o *Bed and Breakfast* (B&B). Hay que reconocer que los precios son normalmente elevados —sobre todo en Londres y en las ciudades más históricas o de mayor interés turístico—, y que vale la pena hacer una reserva con antelación. Si llegas sin reserva en el *Tourist Information* te buscarán algo o te informarán dónde hay un sitio especializado que ofrece este servicio.

Frases útiles para expresarte

Buscamos alojamiento para esta noche	We are looking for somewhere to stay tonight *Ui ar lukin for samuer ta stei tanait*
¿Hay un hotel económico cerca de aquí?	Is there a cheap hotel near here? *Is zer a chiip joutel nia jier?*
¿Dónde se puede acampar por aquí?	Is there a campsite near here? *Iz zer a camp sait nia jier?*
¿Me podrían recomendar un hotel que esté bien / económico para esta noche?	Could you recommend a good / cheap hotel for tonight? *Cud yu recomend a gud / chiip joutel for tanait?*
No me importa el precio	The price isn't important *Ze prais isnt important*

Lo que puedes oír

I know a cheap hotel, but it is outside town	Conozco un hotel bastante económico pero está a las afueras de la ciudad
I recommend the Hotel Plaza. Their phone number is 67999999	Le recomiendo el Hotel Plaza, su número de teléfono es 67999999.
I know one, but it may be a bit expensive	Conozco uno pero quizás le resulte un poco caro.

Lo que puedes ver

en suite	con baño
pets allowed / no pets allowed	se admiten animales domésticos / no se admiten
vacancies / no vacancies	habitaciones / completo

Palabras que puedes necesitar

albergue juvenil	youth hostel	*yuuz jostal*
hotel	hotel	*joutel*
pensión	guesthouse	*guesthaus*
pensión (casa)	bed and breakfast	*bed an brekfas*
se alquilan habitaciones	rooms to rent	*ruumz ta rent*

3.2 Reservas y precios

Cómo reservar habitación y preguntar por los servicios que ofrecen. En muchos sitios se puede elegir entre varias modalidades de estancia o bien nos ofrecen directamente uno de estos servicios:

- *Bed and breakfast:* una habitación para dormir y el desayuno. En muchas casas sirven un desayuno tradicional (huevos, beicon, salchichas, pan frito y muchas cosas más) o simplemente un desayuno continental (café o té con bollo o tostada). !
- *Half board:* cama, desayuno y almuerzo.
- *Bed, breakfast and evening meal:* cama, desayuno y cena
- *Full board:* cama, desayuno, almuerzo y cena

> **!** *Bed and Breakfast (B&B).* Hay muchísimas casas con esta distinción, y no todas tienen las estrellas marcadas en un lugar visible, pero eso no implica que ofrezcan un peor servicio. Se trata tan solo de que, con un número tan elevado de casas, a los inspectores se le amontona el trabajo y no tienen tiempo de valorar todas de forma adecuada. También se llaman *Guest houses.*

Frases útiles para expresarte

¿Tienen alguna habitación libre para el día 5 de agosto?	Do you have any vacancies for the 5th of August? *Du yu jav eni veicansis for da fifz of orgast?*
Quería una habitación individual / doble	I'd like a single / double room *Aid laik a singal / dabl ruum*
Quería una habitación con cuarto de baño	I'd like an en suite room *Aid laik an on suiit ruum*
¿Cuál es la tarifa por noche?	What is the charge per night? *Uat is da chartch per nait?*
Quería una habitación para dos noches	I'd like a room for 2 nights *Aid laik a ruum for 2 naits*
Todavía no sé cuánto tiempo me voy a quedar	I don't know how long I'll be staying yet *Ai dount nou jau lang ail bi steiin yet*
¿Hay televisión en las habitaciones?	Is there a television in the room? *Iz zer televishan in da ruum?*
¿Hay acceso para minusválidos?	Is there disabled access? *Is der diseibl dacses?*
¿Incluye desayuno / cena?	Does that include breakfast / dinner? *Duz zat includ brekfas / dina?*
¿Tiene una habitación más barata?	Do you have a cheaper room? *Du yu jav a chiipa ruum?*
¿Nos puede dar una habitación que no dé a la calle?	Do you have a room that doesn't face the street? *Du yu jav a ruum zat duznt feis ze striit?*
¿Nos puede dar una habitación con vistas al mar?	Do you have a room with sea views? *Du yu jav a ruum uiz sii viuz?*
¿El hotel tiene ascensor?	Is there a lift in the hotel? *Iz zer a lift in ze jotel?*
¿El hotel tiene servicio de habitaciones?	Do you have room service? *Du yu jav ruum servis?*
¿Puede recomendarme otro hotel?	Can you recommend another hotel? *Can yu recomend anada jotel?*

Lo que puedes oír

I'm sorry, we are full	Lo siento, está lleno
We don't have any vacancies	El hotel está completo
Single or double?	¿Habitación individual o doble?
There are no single / double rooms left	No nos quedan habitaciones individuales / dobles
How many nights?	¿Para cuántas noches?
Can I see your passport, please	Su pasaporte, por favor
Please pay in advance	Tendrá que pagar por adelantado
Will you be paying in cash or by credit card?	¿Va a pagar al contado o con tarjeta de crédito?
You must check out by 12 o'clock	Tiene que desocupar la habitación antes de las 12

Palabras que puedes necesitar

aparcamiento	parking	*parkin*
ascensor	lift	*lift*
balcón	balcony	*balconi*
bañera	bath	*baz*
bar	bar	*bar*
botones	valet	*valet*
cama	bed	*bed*
cama doble	double bed	*dabl bed*
cama individual	single bed	*singal bed*
camarera	maid	*meid*
cena	dinner	*dina*
comedor	dining room	*dainin ruum*
comida	lunch	*lanch*
completo	no vacancies	*noa veicansiz*
cuarto de baño	bathroom	*bazruum*
cuenta	bill	*bil*
desayuno	breakfast	*brekfas*

director	manager	*manadcha*
ducha	shower	*shoua*
factura	receipt	*resiit*
habitación	room	*ruum*
habitación con dos camas	twin room	*tuin ruum*
habitación doble	double room	*dabl ruum*
hall	foyer	*foia*
lavabo	sink	*sink*
llave	key	*kii*
media pensión	half board	*jalf board*
pensión	guesthouse	*guestaus*
pensión completa	full board	*fal board*
portero	porter	*porta*
recepción	reception	*resepshan*
recepcionista	receptionist	*resepshanist*
salón	lounge	*loundch*
servicio de habitaciones	room service	*ruum servis*
servicios	toilets	*toilats*

3.3 Llegada

Preguntas y aclaraciones

Frases útiles para expresarte

He hecho una reserva a nombre del Sr. Pérez	I have a reservation in the name of Pérez *Ai jav a resaveishan en ze neim of Perez*
¿Puedo ver la habitación?	Could I see the room? *Cud ai sii ze ruum?*
Pedí una habitación con baño	I asked for a room with bath *Ai askt for a ruum uid baz*
He reservado una habitación doble	I reserved a double room *Ai resarvd a dabl ruum*

¿Tiene una habitación más grande?	Do you have a bigger room? *Du yu jav a biga ruum?*
¿Hay un sitio seguro para aparcar?	Is there anywhere to park? *Is zer eniuer ta park?*
¿Dónde está la salida de emergencia?	Where is the emergency exit? *Uer iz ze emerdyensi exit?*

Lo que puedes oír

How long will you be staying?	¿Cuánto tiempo piensa quedarse?
Your passport, please	Su pasaporte, por favor
Fill in this form, please	Rellene este formulario, por favor
You are in room 123, on the 3rd floor	Su habitación es la 123, en el 3er piso
This way, please	Por aquí, por favor
You have to pay a deposit	Tiene que pagar una fianza
Would you like a newspaper?	¿Quiere recibir un periódico?
Breakfast is served from 7 to 9 in the dining room	El desayuno se sirve en el comedor entre las 7 y las 9
Check out is at 12 o'clock	Hay que salir antes de las 12

3.4 Estancia

■ **Hotel.** En los hoteles es habitual encontrar mejores precios los fines de semana, ya que muchos obtienen los mayores ingresos con los viajes de negocios, que suelen coincidir con los días laborables, quedando los fines de semana prácticamente desocupados. Hay muchos sitios en Internet donde se puede encontrar unas ofertas muy interesantes para estos días.

Frases útiles para expresarte

La llave de la habitación 35, por favor	The key to room 35, please *Ze kii ta ruum 35, pliis*

¿Cómo funciona la caja de seguridad?	How does the safe work? *Jau das da seif uark?*
Haga el favor de llamarme a las 7 de la mañana	I'd like a wake up call for 7am *Aid laik a wei kap cal for 7 ei em*
¿Pueden servirme el desayuno en mi habitación?	I'd like to have breakfast in my room *Aid laik ta jav brekfas in mai ruum*
El número de mi habitación es 304	I'm in room 304 *Aim in ruum 304*
Quisiera utilizar el servicio de lavandería	I'd like to have some laundry done *Aid laik ta jav sam lorndri dan*
No hay agua caliente	There isn't any hot water *Der isnt eni jot uata*
La cama está rota	The bed is broken *Da bed iz broakan*
No hay papel higiénico en el cuarto de baño	There is no toilet paper in the bathroom *Der is no toilat peipa in da bazruum*
El enchufe del cuarto de baño no funciona	The plug in the bathroom doesn't work *Da plag in da bazruum daznt uark*
¿Hay cartas para mí?	Is there any mail for me? *Is zer eni meil for mii?*
¿Tendría una manta más, por favor?	Could I have an extra blanket, please? *Cud ai jav an extra blankit, pliis?*
No podemos dormir por el ruido	It's too noisy to sleep *Its tuu noisi ta sliip*
No han limpiado la habitación	My room hasn't been cleaned *Mai ruum jasnt bin cliand*
La calefacción no funciona	The heating doesn't work *Ze jiatin duznt uark*
¿Podría cambiarme a otra habitación?	Could I change rooms, please? *Cud ai cheintch ruums, pliis?*
La cama hace mucho ruido	The bed creaks *Ze bed criaks*
La cama es demasiado blanda / dura	The bed is too soft / hard *Ze bed iz tuu soft / jard*

Lo que puedes oír

I'm afraid there are no other rooms available	Disculpe, no disponemos de otra habitación
Very good	De acuerdo
We'll change the towels for you right away	Cambiaremos las toallas ahora mismo
Don't worry. We will call you at 7am	No se preocupe, le llamaré a las 7 de la mañana

Palabras que puedes necesitar

agua	water	*uota*
almohada	pillow	*pilou*
jabón	soap	*soup*
manta	blanket	*blankit*
puerta	door	*dor*
ropa	clothes	*klouds*
roto	broken	*broakan*
sábana	sheet	*shiit*
sello	stamp	*stamp*
sobre	envelope	*envaloup*
sucio	dirty	*dirti*
toalla	towel	*tauel*
vaso	glass	*glas*
ventana	window	*uidou*

■ **Camping.** Encontrarás desde campings muy básicos hasta otros de mayor categoría, con una gama amplia de servicios. Si no ves un cartel que indique *Camp site* tienes que pedir permiso directamente al agricultor o al dueño de las tierras para hacer acampada libre. Si no lo haces es posible que te metas en un lío.

Frases útiles para expresarte

¿Podemos acampar aquí?	Can we camp here? *Can ui camp jier?*
Somos 4 personas y 2 tiendas	There are 4 of us and 2 tents *Zer ar 4 of uz an 2 tents*
¿Tiene dos plazas juntas?	Do you have two places next to each other? *Du yu jav tuu pleisis next ta iich atha?*
¿Cuánto cuesta por persona / tienda / caravana / coche?	How much is it per person / tent / caravan / car? *Jau mach is it per persan / tent / caravan / car?*
¿Hay duchas con agua caliente?	Are there hot showers? *Ar zer jot shouas?*
¿Hay un sitio para cocinar?	Is there a cooking area? *Iz zer a cukin eria?*
¿Hay tomas de corriente eléctrica?	Are there any power points? *Ar zer eni paoa points?*
¿Hay agua potable?	Can you drink the water? *Can yu drink ze uata?*
¿Venden bombonas de gas?	Do you sell gas canisters? *Du yu sel gas canistas?*
¿No tiene otro sitio libre?	Do you have any other spaces? *Du yu jav eni oza speisis?*
El suelo es muy duro / desigual	The ground is too hard / uneven *Ze graond is tuu jard / uniivan*
Hay mucha gente	There are too many people *Zer ar tuu meni piipal*
Hay mucho ruido	It's too noisy *Its tuu noizi*
¿Podemos elegir el sitio nosotros mismos?	Can we choose where to camp? *Can ui chuuz uer ta camp?*
¿Podemos aparcar junto a la tienda?	Can we park next to the tent? *Can ui park next ta ze tent?*

Lo que puedes oír

This is the site number	Éste es el número de su plaza
You can pick your own site	Puede elegir el sitio usted mismo
You can't camp here	No se puede acampar aquí

Palabras que puedes necesitar

bidón	jerry can	*dyeri can*
bombona	gas canister	*gas canista*
brújula	compass	*compas*
catre	camp bed	*camp bed*
colchoneta	airbed	*erbed*
fogata	campfire	*campfaia*
hornillo de gas	gas cooker	*gas cuuka*
linterna	torch	*torch*
lona del suelo	ground sheet	*graund shiit*
martillo	hammer	*jama*
mochila	back pack	*bakpak*
nevera portátil	cool box	*cuul box*
saco de dormir	sleeping bag	*sliipin bag*
silla plegable	folding chair	*foldin cher*
termo	flask	*flask*
tienda	tent	*tent*

3.5 Salida

Pedir la cuenta y despedirse

Frases útiles para expresarte

Mañana me voy	I'm leaving in the morning *Aim liiving in da mornin*
¿A qué hora tenemos que dejar la habitación?	What time is check out? *Uat taim is che cout?*

Prepare mi cuenta, por favor	Please prepare my bill *Pliis prepeer mai bil*
¿Podría pagar la cuenta ahora?	I'd like to pay my bill, please *Aid laik ta pei mai bil, pliis.*
Aquí están las llaves	Here are the keys *Jier ar da kiiz*
Por favor, bajen mis maletas	Please bring down my bags *Pliiz brin daun mai bags*
Estamos muy apurados	We're in a hurry *Uir in a jari*
¿Podría enviarme la correspondencia a esta dirección?	Could you forward my mail to this address? *Cud yu foruad mai meil ta dis adres?*
Pagaré con tarjeta / al contado	I'll pay by credit card / in cash *Ail pei bai credit card / en cash*
¿Podríamos dejar el equipaje aquí?	Can we leave our luggage? *Can ui liiv aua lagitch?*
¿Podría pedirnos un taxi al aeropuerto?	Can you order us a taxi to the airport? *Can yu orda as a taxi ta de eerport?*
Lo hemos pasado muy bien	We have enjoyed our stay *Uiv endyoid aua stei*

Lo que puedes oír

How would you like to pay?	¿Cómo lo va a pagar?
Have you had anything from the mini-bar?	¿Ha tomado algo del minibar?
I hope you enjoyed your stay	Espero que haya disfrutado de su estancia

Comidas y bebidas 4

Aunque el Reino Unido no es famoso por su cocina, ni ha aportado muchos platos de renombre internacional, hay sitios donde se puede comer muy bien. La gastronomía tradicional está basada en ingredientes frescos de alta calidad, tanto carne como verduras y, aunque la elaboración es sencilla, pueden resultar muy ricos.

Hay varios tipos de establecimientos para comer o beber algo:

- *Restaurant:* locales dedicados exclusivamente a servir comidas.
- *Pub:* locales que sirven gran variedad de bebidas (alcohólicas y refrescos).
- *Bar:* local donde se sirven bebidas alcohólicas y también comidas.
- *Café:* locales para beber té británico, algunos ofrecen alcohol *(licensed cafés).*
- *Snack bar:* local donde puedes comprar un sándwich o el bocadillo de mediodía.
  Sandwich bar: local parecido a un *snack bar,* pero con menos variedad de comidas.
- *Wine bar:* local para probar una amplia gama de vinos, ¡pueden resultar caros!
- *Brasserie:* restaurantes casi de lujo que normalmente sirven comida francesa.
- *Take aways:* comida para llevar y comer en casa o en la calle.

4 Comidas y bebidas

4.1 Comer fuera

En el restaurante. Los británicos comen en un horario muy diferente al de España. A mediodía lo normal es comer algo ligero entre las 12 y las 13,30 h (ensalada, sándwich, etc.). Por la tarde se cena entre las 18 y las 21 horas y ésta es la comida más consistente del día, junto con el desayuno. Hay pocos sitios abiertos fuera de estos horarios que no sean de comida rápida, y algunos no sirven alcohol. !

Como no hay tantos restaurantes como en España, es aconsejable hacer una reserva, sobre todo si sois muchos, vais con niños o con alguien que tenga una necesidad específica.

Frases útiles para expresarte

¿Dónde hay un buen restaurante por aquí?	Where can I find a good restaurant near here? *Uer ca nai fain da gud restarant niir jier?*
¿Hay algún restaurante económico por aquí?	Is there a cheap restaurant near here? *Is zer a chiip restarant nia jier?*
¿A qué hora abre/cierra el restaurante?	What time does the restaurant open/close? *Uat taim duz de restarant open/cloas?*
¿Hay que hacer una reserva?	Should we book a table? *Shad ui buc a teibal*
¿Podría reservar una mesa para las 7?	I'd like to book a table for 7 o'clock, please *Aid laic ta buc a teibal for 7 oucloc, pliis*
Quisiera una mesa para 2 personas	A table for two, please *A teibul for tuu, pliis*

! Hay restaurantes en los que se sirve alcohol, *licensed restaurant*, y otros en los que no se puede tomar ninguna bebida alcohólica, *unlicensed restaurant*. Tampoco sirven alcohol en los *Snack bar*.

(No) hemos reservado	We have(n't) made a reservation *Ui jav(nt) mei da reserveishan*
¿Podremos esperar hasta que se desocupe una mesa?	Can we wait for a table? *Can ui weit fo ra teibal?*
¿Tenemos que esperar mucho?	Will we have to wait long? *Uil ui jav ta weit long?*
¿Está ocupada esta silla?	Is this seat free? *Iz dis siit frii?*
¿Podemos sentarnos aquí / allí?	Could we sit here / there? *Cud ui sit jier / der?*
¿Podemos sentarnos junto a la ventana?	Can we sit by the window? *Can ui sit bai de uindou?*
¿Podemos comer afuera?	Can we sit outside? *Can ui sit outsaid?*
¿Podría traernos una silla para niños?	Could you bring us a high chair? *Cu dyu brin gaza jai cher?*
¿Hay acceso para minusválidos?	Are there facilities for the disabled? *Ar der fasilitis for da diseibald?*

Lo que puedes oír

Do you have a reservation?	¿Ha reservado mesa?
What name, please?	¿A nombre de quién?
That table is reserved	Esta mesa está reservada
There will be a free table in 15 minutes	En 15 minutos quedará libre una mesa
Would you like to wait at the bar?	¿Le importaría esperar en la barra?
Smoking or non-smoking?	¿Fumador o no fumador?

Lo que puedes ver

buffet	bufé
children welcome	se admite niños
menu	carta

self service	autoservicio
set menu	menú del día/de degustación
take away	comida para llevar
wine list	carta de vinos

4.2 Pedir

Para empezar a comer

Frases útiles para expresarte

¡Camarero!	Waiter! *Uaita!*
¿Puede tomarnos nota?	We're ready to order *Uia redi ta orda*
Quisiéramos comer / beber algo	We'd like to eat / drink something *Uid laic ta iat / drinc samtin*
¿Nos podría traer la carta?	Could we see the menu, please? *Cu dui sii de menu, pliis*
¿Hay carta en español?	Do you have a menu in Spanish? *Du yu java menu in Spanish?*
Todavía no hemos elegido	We haven't decided yet *Ui javnt desaidid yet*
¿Qué nos recomienda?	What do you recommend? *Uat du uy recomend?*
¿Cuáles son los platos del día?	What specials do you have today? *Uat speshals du yu jav tadei?*
¿Cuáles son las especialidades de la casa?	What are the house specials? *Ua tar de hous speshals?*
¿Qué es *Shepherd's pie?*	What is Shepherd?s pie? *Ua tis Shepard spai?*
¿Es picante?	Is it spicy? *Isit spaisi?*
No me gusta la carne	I don't like meat *Ai doant like miit*

Lo mismo que ellos	I'll have what they are having *Ail jav uat dei ar javin*
¿Viene con patatas?	Does it come with potatoes? *Du zit cum uid poteitoaz?*
¿Nos puede recomendar un buen vino?	Could you recommend a good wine to go with that? *Cu dyu recomen da gud uain ta goa uid dat?*

Para describir platos

Frases útiles para expresarte

¿Cómo es este plato?	What is this dish? *Uat is dis dish?*
¿Es un plato caliente o frío?	Is it served hot or cold? *Is it sirvd jot or could?*

Lo que puedes oír

Es un plato caliente / frío	It's a hot / cold dish *It sa jot / could dish*
La carne está poco / medio / muy hecha	The meat is rare / medium / well-done *Da miit is reer / miidiam / eul dan*
Los huevos son duros / pasados por agua / escalfados / revueltos	The eggs are hard-boiled / soft-boiled / poached / scrambled *De eg sar jard boild / soft boild /poacht / scrambld*

Dietas o alergias

Frases útiles para expresarte

Soy vegetariano	I'm a vegetarian *Aima vedyeterian*

No puedo comer carne de cerdo / azúcar / grasa / sal	I can't eat pork / sugar / fat / salt *Ai carn tiit porc / syuga / fat / solt*
Estoy a régimen	I'm on a diet *Ai mona daiet*
Soy alérgico a los mariscos	I'm alergic to seafood *Aim alerdyic ta siifuud*
¿Lleva carne?	Is there any meat in this? *Is de reni mii tin dis?*

Durante la comida

Frases útiles para expresarte

Más pan, por favor	Could we have some more bread, please? *Cu dui jav sam moar bred, pliis?*
Otra botella de vino, por favor	Another bottle of wine, please *Anada bota laf uain, pliis*

Palabras que puedes necesitar

cenicero	ashtray	*ashtrei*
cerillas	matches	*matchiz*
pajita	straw	*stror*
palillos	tooth picks	*tuutpics*

Quejas, sugerencias y reclamaciones !

Frases útiles para expresarte

Están tardando mucho	They are taking a long time *Dei ar teiquin a long taim*

! No es obligatorio que los restaurantes dispongan de un libro de reclamaciones para los clientes.

Ya llevamos 30 minutos aquí	We've been here for 30 minutes *Uiv biin jier for 30 minits*
Esto no es lo que he pedido	This is not what I ordered *Di sis not ua tai ordad*
He pedido pollo asado	I ordered roast chicken *Ai ordad roast chiquin*
Falta un vaso	We need another glass *Ui niid anada glas*
Esto está roto	This is broken *Dis is broacan*
Esto está sucio	This isn't clean *Di sisant cliin*
¿Me puede cambiar este tenedor?	Could you change this fork for me? *Cu dyu cheinch dis foc for mi?*
¿Hay servilletas?	Do you have any napkins? *Du yu ja veni napquins?*
¿Hay un libro de reclamaciones?	Is there a complaints book? *Is dera compleints buc?*
Quisiera hablar con el encargado	I want to speak to the manager *Ai uan ta spiic ta de manadya*

Palabras que puedes necesitar

bandeja	platter	*plata*
cenicero	ashtray	*ash trei*
cruda	not cooked	*not cuct*
cuchara	spoon	*spuun*
cuchillo	knife	*naif*
demasiado dulce	too sweet	*tuu suiit*
demasiado hecho	overdone	*ova dan*
demasiado picante	too spicy	*tuu spaisi*
demasiado salado	too salty	*tuu salti*
dura	tough	*tuf*
frío	cold	*could*
fuente	dish	*dish*

mantel	table cloth	*teibel cloz*
palillos	tooth picks	*tuut pics*
plato	plate	*pleit*
podrida	off	*off*
servilleta	napkin	*napquin*
taza	cup	*cap*
tenedor	fork	*fork*
vaso	glass	*glas*

Lo que puedes oír

Are you ready to order yet?	¿Ya han elegido?
What are you going to have?	¿Qué les pongo?
Would you like to see the wine list?	¿Quieren ver la carta de vinos?
Is everything alright with your meal?	¿Todo bien?
Can I get you anything else?	¿Falta algo?
Have you finished?	¿Ha terminado ya?
Did you enjoy your meal?	¿Les ha gustado la comida?
Would you like to see the desert menu?	¿Les gustaría ver la carta de postres?
Tea of coffee?	¿Té o café?
Can we offer you a drink on the house?	La casa les invita a una copa

4.3 Menú y carta

■ **¿Qué comer?** En inglés *the menu* es lo que llamamos en España la carta. Nuestro menú del día o menú degustación se llama *set menu* en inglés.

Hoy en día existe muchísima más variedad en la comida, gracias a la aportación de las numerosas comunidades de inmigrantes establecidas en las islas. En cualquier ciudad pequeña se puede tomar comida hindú, china, italiana, francesa, tailandesa o japonesa, y en Londres, y en otras grandes ciudades, la oferta es increíble. Dicen algunos gastrónomos que junto con Singapur y Hong Kong ¡la mejor comida china se sirve en Londres!

Todo esto ha aumentado el interés en cocinar. Los supermercados están llenos de productos exóticos de todo el mundo.

¡La cocina y el buen comer empiezan a interesar cada vez más en las Islas Británicas!

Palabras que puedes necesitar

aperitivo	apéritif	*aperitif*
aves	poultry	*poultri*
bebidas alcohólicas	alcoholic drinks	*alcoolic drincs*
bebidas calientes	hot drinks	*jot drincs*
bebidas frías	cold drinks	*coul drincs*
carta de vinos	wine list	*uain list*
cena	dinner	*dina*
cócteles	cocktails	*cocteils*
comida	lunch	*lanch*
desayuno	breakfast	*brecfast*
ensalada	salad	*salad*
entremeses variados	hors d'oeuvres	*or durvs*
mariscos	seafood	*sii fuud*
pastelería	pastry	*peistri*
pescados	fish	*fish*
plato principal	main course	*mein cour*
platos calientes	hot dishes	*jot dishis*
platos fríos	cold dishes	*coul dishis*
postres	sweets / dessert	*suiits / desart*
primer plato	first course	*ferst cors*
ración	portion	*porshun*
refrescos	soft drinks	*soft drincs*
régimen	diet	*daiat*
sopa	soup	*suup*
tapas	tapas	*tapas*
verduras	vegetables	*vedyitubl*

4.4 Alimentos

■ **Verduras, legumbres y carnes** son los elementos principales en la dieta de los británicos. Aunque la carne les gusta mucho, no son muy aficionados a la de caza. No es habitual encontrar venado o perdiz en una carta normal; para degustar este tipo de platos tendremos que buscarlos en restaurantes especializados. Por otra parte, comen poco marisco y pescado, por lo que la lista que te ofrecemos es forzosamente muy escueta. A continuación se recogen todos los alimentos ordenados por categorías (verduras y legumbres, pescados y mariscos, carnes, frutas, postres y otros alimentos).

Palabras que puedes necesitar

Verduras y legumbres		
alubias	beans	*biinz*
apio	celery	*selari*
cebolla	onion	*anian*
champiñones	mushrooms	*mashruums*
col	cabbage	*cabich*
coliflor	cauliflower	*coliflaue*
espárrago	asparagus	*asparagas*
espinaca	spinach	*spinich*
garbanzos	chick peas	*chic piis*
judías verdes	green beans	*griin biins*
lechuga	lettuce	*letis*
lentejas	lentils	*lentals*
patata	potato	*poteitou*
pepino	cucumber	*ciucamber*
pimiento	pepper	*pepa*
puerro	leak	*liic*
rabanitos	radishes	*radishis*
tomate	tomato	*tomatou*
zanahoria	carrot	*carot*

Pescados y mariscos		
almeja	clam	*clam*
anchoa	anchovy	*anchovi*
atún	tuna	*tuna*
bacalao	cod	*cod*
calamar	squid	*scuid*
camarón	prawn	*prorn*
gamba	prawn	*prorn*
lenguado	sole	*soul*
lubina	sea bass	*sii bas*
mejillón	mussel	*masel*
merluza	hake	*jeic*
ostra	oyster	*oister*
pescadilla	whiting	*uaitin*
pulpo	octopus	*octopas*
salmón	salmon	*saman*
salmón ahumado	smoked salmon	*smouct saman*
salmonete	red mullet	*red malit*
sardina	sardine	*sardiin*
trucha	trout	*traut*
Carnes		
bistec	steak	*steic*
buey	beef	*biif*
callos	tripe	*traip*
cerdo	pork	*porc*
chuleta	chop	*chop*
codorniz	quail	*cueil*
conejo	rabbit	*rabit*
cordero	lamb	*lam*
faisán	pheasant	*fesant*
gallina	hen	*jen*
ganso	goose	*guus*
hígado	liver	*liver*
jamón	ham	*jam*
lengua	tongue	*tong*

pato	duck	*dac*
pavo	turkey	*terqui*
perdiz	partridge	*partrich*
pichón	pigeon	*pishon*
pollo	chicken	*chiquen*
riñones	kidneys	*quidniz*
salchichas	sausages	*sosidyis*
sesos	brains	*breinz*
solomillo	fillet steak	*filit steic*
ternera	veal	*viil*
Frutas		
albaricoque	apricot	*eipricot*
almendra	almond	*armond*
avellana	hazelnut	*jeiselnat*
cereza	cherry	*cheri*
ciruela	plum	*plam*
dátiles	dates	*deits*
frambuesa	raspberry	*rasberi*
fresa	strawberry	*strorberi*
granada	pomergranate	*pomigranit*
grosella	gooseberry	*gusberi*
higo	fig	*fig*
mandarina	mandarin	*mandarin*
manzana	apple	*apel*
melocotón	peach	*piich*
melón	melon	*melan*
membrillo	quince	*kuins*
naranja	orange	*orench*
nuez	walnut	*uolnat*
pera	pear	*peer*
piña	pineapple	*painapel*
plátano	banana	*banana*
pomelo	grapefruit	*greipfrut*
Postres		
flan	cream caramel	*criim caramel*

helado	ice cream	*ais criim*
macedonia de frutas	fruit salad	*fruut salad*
pastel	pie	*pai*
profiteroles	profiteroles	*profiterols*
tarta	tart	*tart*
Otros		
arroz	rice	*rais*
cereales	cereals	*serials*
fideos	noodles	*nuudals*
grasa	fat	*fat*
huevos	eggs	*egz*
mantequilla	butter	*buta*
pan	bread	*bred*
pasta	pasta	*pasta*
queso	cheese	*chiiz*
tortilla	omelette	*omlet*

4.5 Preparaciones y condimentos

¿Cómo está hecho?, ¿qué salsa lleva?

Palabras que puedes necesitar

Preparación		
a la plancha	grilled	*grild*
al horno	baked	*beict*
al vapor	steamed	*stiimd*
asado	roast	*roast*
bien hecho	well done	*uel dun*
caliente	hot	*jot*
crudo	raw	*ror*
dulce	sweet	*suiit*
en su punto	medium	*miidium*
estofado	stewed	*stiud*
fresco	fresh	*fresh*

frío	cold	*could*
frito	fried	*fraid*
guisado	stewed	*stiud*
hervido	boiled	*boyld*
natural	uncooked	*uncuct*
picante	spicy	*spaisi*
poco hecho	rare	*reer*
salado	savoury	*seivari*
Condimentos, especias, salsas		
aceite	oil	*oil*
albahaca	basil	*bazil*
aliño	dressing	*dresin*
cilantro	coriander	*corianda*
especias	spices	*spaisiz*
jugo de carne	gravy	*greivi*
ketchup	ketchup	*quetchap*
mayonesa	mayonaise	*meioneiz*
mostaza	mustard	*mustad*
orégano	oregano	*oregano*
perejil	parsley	*parsli*
pimienta	pepper	*pepa*
romero	rosemary	*roasmeri*
sal	salt	*solt*
salsa	sauce	*saus*
vinagre	vinegar	*viniga*

4.6 La cuenta

Pedir la cuenta. Es normal dejar alguna propina al final de la comida. Se puede dejar en efectivo o normalmente dejan un espacio en la cuenta para poner la propina si pagas con tarjeta. ¡Pero cuidado! Hay algunos sitios en los que automáticamente incluyen un *service charge* de 10% o 15% en la cuenta, que es, efectivamente, la propina. Si no estás satisfecho con el servicio, normalmente puedes deducir la propina de la cantidad que tienes que pagar. Sin embargo, a veces incluyen la propina en letra más pequeña de lo normal y la gente la paga dos veces por error.

Frases útiles para expresarte

¿Cuánto le debo?	How much is it? *Jau ma chi sit?*
La cuenta, por favor	Could I have the bill, please? *Cu dai jav de bil, pliis?*
Cada uno paga lo suyo	Everyone pays what they had *Everi uuon peis uat dei jad*
¿Está incluido el servicio?	Is service included? *Is sirvi sincludid?*
La cuenta está mal	There is a mistake on the bill *De risa mistei con de bil*
Esto no lo hemos pedido	We didn't order this *Ui didnt orda dis*
¿Me puede dar un recibo, por favor?	Could I have a receipt, please? *Cu dai java resiit, pliis?*
¿Puedo pagar con tarjeta?	Can I pay by credit card? *Ca nai pei bai credit card?*

Lo que puedes oír

Service isn't included	El servicio no está incluido
I'm afraid your card has been refused	Su tarjeta ha sido rechazada
You are £5 short	Todavía faltan 5 libras

4.7 Cafés, bares y pubs

■ **Dónde tomar algo.** *Café, bar* o *pub* son los puntos de encuentro para beber algo, charlar o incluso comer. Gran parte de los momentos de ocio de los británicos discurren dentro del *pub*, allí además de bebidas se sirven comidas y se sostienen interminables tertulias. ! En la cultura anglosajona son similares a los bares en España, pero sólo se puede beber alcohol en un número limitado que disponen de la licencia apropiada, y durante un horario muy marcado. En todos los *pubs* o bares puedes encontrar tres tipos principales de cerveza: *bitter*, *lager* y *stout*. *Bitter* es la cerveza tradicional británica que se sirve a temperatura ambiente, *lager* es más parecida a la cerveza española y *stout* es la cerveza negra típica de Irlanda.

Por otro lado el *café* es el lugar para tomar café o té. Cuando los anglosajones oyen la palabra *coffee* piensan inmediatamente en un café americano con un poco de leche. Si lo quieres sin leche tienes que pedir un *black coffee*. En la mayoría de los sitios, tanto en casa como en un bar o en un restaurante, el café que sirven es instantáneo, aunque hoy en día disponen cada vez más de máquinas para hacer el café.

El té se sirve normalmente con leche. Si lo quieres sin leche o con limón, tienes que especificarlo antes de que te lo traigan.

Frases útiles para expresarte

¿Me puedes recomendar un buen pub / bar / café por aquí?	Can you recommend a good pub / bar / café? *Can yu recomen da gud pab / bar / café?*
Quisiera una pinta de cerveza / un café / un té, por favor	I'd like a pint of beer / a coffee /a tea, please *Aid lai ca pain tof biir /a cofii /a tii, pliis*

> **!** Hay muchos estilos de *pubs* (moderno, antiguo, clásico, sofisticado), algunos admiten niños, otros no; tradicionalmente, no ofrecían comida, salvo cacahuetes y patatas fritas, pero hoy en día muchos tienen en sus cartas platos rápidos, ¡pueden ser la mejor opción para comer bien a un precio razonable!
> Recuerda: en los pubs se paga en el momento en que se sirven las bebidas.

¿Qué vas a tomar?	What are you having? *Uat ar yu javin?*
Invito yo	It's my round *Its mai round*
Pago yo	I'll get these *Ail get diis*
Salud	Cheers *Chiirz*

Lo que puedes oír

What can I get you?	¿Qué vas a tomar?
Would you like ice/lemon with that?	¿Te pongo hielo/limón?
Anything else?	¿Falta algo?
Time!	La barra va a cerrar en 10 minutos

Lo que puedes ver

beer garden	se puede beber en el jardín
bitter	cerveza británica
children welcome	se admiten niños
lager	cerveza rubia

Palabras que puedes necesitar

agua del grifo	tap water	*tap uata*
agua mineral	mineral water	*mineral uata*
batido	milk shake	*milc sheic*
café	black coffee	*blac cofii*
café con leche	coffee	*cofii*
cerveza	beer	*bier*
cerveza rubia	lager	*larga*
champán	champagne	*shampein*

chocolate	chocolat	*choclat*
cóctel	cocktail	*cocteil*
coñac	brandy	*brandi*
ginebra	gin	*dyin*
jerez	sherry	*sheri*
leche	milk	*milc*
limonada	lemonade	*lemoneid*
ron	rum	*ram*
sidra	cider	*saida*
té	tea	*tii*
vermut	vermouth	*vermuuz*
vino blanco	white wine	*uait uain*
vino rosado	rosé	*rosei*
vino tinto	red wine	*red uain*
whisky	whisky	*uiski*
zumo	juice	*dyuz*

Turismo y compras 5

Como es de esperar, en un país tan desarrollado y con tanta historia, hay muchísimas cosas para hacer y lugares para ver. En esta sección te enseñamos las frases que vas a necesitar para sacar el mayor provecho de tu estancia; puedes hacer fantásticas rutas turísticas, ir de compras o disfrutar de la vida cultural o nocturna de las principales ciudades. Si te encuentras perdido al llegar a una ciudad acude a la Oficina de Turismo *(Tourist Information)*. Casi todos los centros de interés turístico disponen de ella y allí puedes conseguir mapas, guías, sugerencias de sitios para visitar, comer o comprar. Funcionan muy bien y en algunas incluso te pueden buscar alojamiento por un módico precio.

! Los horarios de apertura y cierre de los establecimientos comerciales y de los sitios de interés turístico son muy diferentes en el Reino Unido. La vida en este país se desarrolla entre las 9 de la mañana y las 5 de la tarde; así que no intentes ir de compras a las 7 o visitar un museo a las 6. También percibirás que, en general, los precios son diferentes a los de España y que casi todo es mucho más caro. Pero, a pesar de esto, puedes visitar un buen número de centros culturales, y ten en cuenta que la mayor parte de los grandes museos y de las galerías de arte son gratis.

5.1 Oficina de turismo

■ **Buscando información turística.** Casi todas las ciudades de cierta entidad disponen de oficinas de turismo (*Tourist Information*). Allí te informarán puntualmente de lo que puedes ver e incluso te pueden facilitar folletos turísticos en castellano. Te facilitarán información sobre excursiones para grupos y para niños o bien de los servicios que ciertos centros culturales disponen para visitantes minusválidos. **!**

Frases útiles para expresarte

¿Dónde está la oficina de información?	Where is the Tourist Information Office? *Ue riz de toris tinfomeishan ofis?*
¿Tiene un plano de la ciudad?	Do you have a map of the city? *Du yu ava ma pof the siti?*
¿Cuáles son los sitios más interesantes para visitar?	What places of interest are there? *Uat pleises of intarest ar zer?*
¿Qué nos recomienda?	What do you recommend? *Uat du yu recomend?*
Pensamos quedarnos unas horas / días	We're planning to spend a few hours / days here *Uir planin ta spend a fiu jaus / deis jier*
¿Dónde está la catedral?	Where is the cathedral? *Uer is ze caziidral?*
¿Dónde podría encontrar una farmacia?	Where could I find a chemist's? *Uer cud ai fain da kemists?*
¿Me lo podría señalar en el plano?	Could you show me on the map? *Cud yu shou mi on ze map?*

! Las oficinas de turismo te pueden buscar alojamiento si lo necesitas, y aunque es el único servicio que suelen cobrar, no te asustes, ya que su precio no es exagerado.

¿Me podría dar información sobre el museo?	Could you give me some information about the museum? *Cud yuu guiv mi sam infameishan abaut ze myusium?*
¿Hay algún circuito turístico para visitar la ciudad a pie?	Is there a walking tour of the city? *Is zer a ualkin tor of ze siti?*
¿Qué excursiones se pueden hacer por los alrededores?	Are there any trips we can make around the area? *Ar zere eni trips ui can meik araun ze eria?*
¿Hay excursiones organizadas?	Are there any organised excursions? *Ar zere eni organaisd excarshans?*
¿Cuánto dura?	How long does it take? *Jau long daz it teik?*
¿Cuánto le debemos por esto?	How much is that? *Jau mach is zat?*
Quisiera dos billetes para la excursión a Hampton Court	I'd like two tickets for the trip to Hampton Court *Aid laik tuu tikits fo ze trip to Jamptan Cort*
¿Hay algo típico de la zona que deberíamos ver?	Is there some local speciality we should see? *Is zer sam loucal speshaliti ui shad sii?*
¿Hay accesos para minusválidos?	Is there disabel access? *Is zere diseibald acses?*
¿Es esta excursión adecuada para minusválidos?	Is this trip suitable for disabled people? *Is zis trip suutabl for diseibald piipl?*

Palabras que puedes necesitar

alrededores	surrounding area	*saroundin eria*
autocar	bus	*bas*
barco	boat	*bout*

castillo	castle	*casl*
catedral	cathedral	*caciidral*
excursión	trip	*trip*
folleto	brochure	*brousha*
guía	guide	*guaid*
horario	timetable	*taimteibl*
iglesia	church	*charch*
monasterio	monastery	*monastri*
museo	museum	*myusium*
plano	map	*map*
postales	postcards	*poustcards*
programa	programme	*prougram*
puente	bridge	*bridch*
río	river	*riva*
sitios de interés	places of interest	*pleises of intarest*
visitas guiadas	guided tours	*guaidid tors*

5.2 Visitas turísticas

■ **Preparar las visitas turísticas.** La mayor parte de las atracciones turísticas como museos, galerías de arte, castillos, palacios o jardines están abiertas de 9 a 5 o 6 de la tarde. Algunas abren hasta más tarde, pero sólo una noche a la semana. Muchos sitios fuera de Londres y otras grandes ciudades sólo abren de abril a octubre. Infórmate antes de empezar un viaje largo para visitar un castillo escondido en el campo ¡te puedes llevar una sorpresa y encontrártelo cerrado!

Frases útiles para expresarte

¿A qué hora abre / cierra?	What time does it open / close? *Uat taim dus it oupan / clous?*
¿Qué días abre / cierra?	What days does it open / close? *Uat deis dus it oupan / clous?*
¿Cuánto cuesta la entrada?	How much is admission? *Jau mach is admishan?*

¿Hay descuento para niños / grupos / jubilados?	Is there a child / group / pensioners discount? *Is zer a chaild / gruup / penshanas discount?*
¿Hay acceso para minusválidos?	Is there disabled access? *Is zer diseibald acses?*
¿Hay visitas guiadas (en castellano)?	Are there any guided tours (in Spanish)? *Ar zer eni guaidid tors (in Spanish)?*
¿Cuánto dura la visita?	How long is the visit? *Jau long is ze visit?*
¿Se puede contratar un guía?	Can we hire a guide? *Can ui jair a guaid?*

■ Durante la visita

Frases útiles para expresarte

¿Hay algún guía que hable castellano?	Is there a guide that speaks Spanish? *Is zer a guaid zat spiiks Spanish?*
¿Tiene un folleto / programa / catálogo en castellano?	Is there a brochure / programme / catalogue in Spanish? *Is zer a brousha / prougram / catalog in Spanish?*
¿Se puede sacar fotos (con flash) / filmar aquí?	Can you take photos (with flash) / film here? *Can yu teik foutous (uiz flash) / film jier?*
¿Venden postales?	Do you sell postcards? *Du yu sel poustcards?*
¿Dónde está la colección de pintura española?	Where is the collection of Spanish painting? *Uer is ze colecshan of spanish peintin?*
¿Puede repetirlo, por favor?	Could you repeat that, please? *Cud yu repiit zat, pliis?*

¿Puede hablar más despacio, por favor?	Could you speak more slowly, please? *Cud yu spiik mor slouli, pliis?*
Hable más alto por favor, no se oye bien	Could you speak up a little, we can't hear you *Cud yu spiik ap a litl, ui cant jier yu*

Palabras que puedes necesitar

cuadro	painting	*peintin*
estatua	statue	*statyu*
exposición	exhibition	*exabishan*
obra maestra	masterpiece	*mastapiis*
pieza	piece	*piis*

5.3 De compras

En las tiendas. El horario de la mayor parte de las tiendas es de 9 a 5 o 6 de la tarde, ya que a los británicos les gusta hacer sus compras a medio día o los fines de semana.

En las grandes ciudades es posible que algunas tiendas del centro estén abiertas hasta las 8 y suele haber una noche a la semana con *late opening*, es decir, todas las tiendas están abiertas hasta las 8. Pero si vas a un pueblo pequeño, lo normal es que un día a la semana haya *early closing*, es decir, la mayor parte de las tiendas cierran a la 1 de la tarde. !

Siempre hay una farmacia de guardia y si la más cercana está cerrada hay una lista en la puerta con las direcciones de las que están abiertas, como sucede en España.

! Muchos supermercados están abiertos hasta las 8 todos los días y los domingos de 10 a 2 de la tarde, y hay algunos (los más grandes) que están abiertos las 24 horas.

Frases útiles para expresarte

¿Dónde hay una farmacia abierta por aquí?	Where is the nearest open chemist's? *Uer is ze niirist oupan kemists?*
¿Dónde puedo comprar periódicos españoles?	Where can I buy Spanish newspapers? *Uer can ai bai Spanish niuspeipas?*
¿Dónde está la zona comercial?	Where is the main shopping centre? *Uer is ze mein shopin senta?*
Sólo estoy mirando, gracias	I'm just looking, thank you *Aim dyust lukin, zank yu*
¿A qué hora abre / cierra esta tienda?	What time does this shop open / close? *Uat taim dus zis shop oupan / clous?*
Por favor, ¿dónde está la sección de zapatos?	Excuse me, where is the shoe department? *Excyus mi, uer is ze shu departmant?*
¿Hay leche desnatada?	Do you sell semi-skimmed milk? *Du yu sel semi-skimd milk?*
¿Tiene algo más barato / grande / pequeño?	Do you have anything cheaper / bigger / smaller? *Du yu jav enizin chiipa / biga / smorla?*
¿Tiene alguno más de éstos?	Have you got any more of these? *Jav yu got eni mor of ziis?*
Me llevo éste	I ll take this one *Ail teik zis uan*
Voy a seguir mirando	I'll keep looking *Ail kiip lukin*
¿Me lo podría guardar?	Can you keep it for me? *Can yu kiip it for mi?*
¿Dónde se paga?	Where do I pay? *Uer du ai pei?*
¿Se puede pagar con tarjeta de crédito?	Can you pay with credit cards? *Can yu pei uiz credit cards?*
¿Me da un recibo?	Could I have a receipt, please? *Cud ai jav a resiit, pliis?*
¿Me da una bolsa, por favor?	Can I have a bag, please? *Can ai jav a bag, pliis?*

Quiero cambiar esto	I'd like to change this *Aid laik ta cheintch zis*
Me temo que no tengo el recibo	I'm afraid I don't have the receipt *Aim afreid ai dount jav ze resiit*
¿Pueden devolverme el dinero?	Can I have a refund? *Can ai jav a rifand?*

Lo que puedes oír

Can I help you?	¿Qué desea?
Are you being served?	¿Lo/la atienden?
Anything else?	¿Algo más?
I'm sorry, we don't stock those	Lo siento, no lo tenemos
We've sold out	Ya no quedan
Pay at the till	Pague en la caja
We don't accept foreign currency	No aceptamos moneda extranjera

Lo que puedes ver

bargains	gangas
cheap	barato
closed	cerrado
closed for holidays	cerrado por vacaciones
closed on Wednesdays	cerramos los miércoles
credit cards not accepted without personal ID	no se admite tarjeta de crédito sin identificación personal
do not touch	no tocar
everything must go	liquidación total
no refunds	no se admiten devoluciones
open	abierto
opening times	horario
pay here	caja
please take a basket / trolley	por favor, use una cesta / un carrito

quality	calidad
rental	alquiler
sale	rebajas
special offer	oferta
we accept credit cards	se puede pagar con tarjeta de crédito

Palabras que puedes necesitar

Tipos de establecimientos		
agencia de viajes	travel agency	*traval eidyansi*
almacén	department store	*departmant stour*
artículos de deportes	sports shop	*sports shop*
artículos del hogar	household goods	*jausould guds*
artículos dietéticos	health food shop	*jelz fuud shop*
artículos fotográficos	camera shop	*camera shop*
artículos usados	second hand shop	*second jand shop*
autoservicio	self-service	*self servis*
bodega	off-licence	*off laisans*
bricolaje	DIY store	*Di Ai Uai shop*
carnicería	butcher's shop	*batchas shop*
centro comercial	shopping centre	*shopin centre*
comestibles	grocery store	*grosari stour*
decoración	decorator's shop	*decoreitas shop*
droguería	cosmetics shop	*cosmetics shop*
electrodomésticos	electrical appliances	*electrical appliansis*
estanco	tobacconist	*tobacanist*
farmacia	chemist's shop	*kemists shop*
ferretería	hardware shop	*harduair shop*
floristería	flower shop	*flaur shop*
frutas y verduras	greengrocer	*griingrousa*
galería comercial	shopping arcade	*shopin arkeid*
heladería	ice cream parlour	*ais criim parla*
joyería	jeweller's shop	*dyulas shop*
juguetería	toy shop	*toi shop*

lavandería	launderette	*lorndret*
lechería	dairy	*deri*
librería	book shop	*buk shop*
mercado	market	*markit*
mercería	draper	*dreipa*
óptica	optician's	*optishans*
panadería	bread shop	*bred shop*
pastelería	cake shop	*keik shop*
peluquería	hairdresser's	*jerdresas*
perfumería	cosmetics	*cosmetiks*
pescadería	fish shop	*fish shop*
quiosco	news stand	*nius stand*
salón de belleza	beauty parlour	*byuti parla*
supermercado	supermarket	*supamarkit*
tienda	shop	*shop*
tienda de antigüedades	antique shop	*antiik shop*
tienda de bicicletas	bicycle shop	*baisikal shop*
tienda de modas	clothes shop	*clouzs shop*
tienda de música	music shop	*myusic shop*
tienda de recuerdos de viaje	souvenir shop	*suuvanir shop*
tintorería	drycleaner's	*draicliinas*
zapatería	shoe shop	*shu shop*
zapatero	cobbler's	*coblas*

5.4 Servicios y tiendas

■ **En el banco.** El horario de la mayor parte de los bancos es de 9:30 a 16:30, aunque algunos están abiertos hasta las 17:30.

También pueden abrir los sábados hasta las 3 o 4 de la tarde, pero son sólo unos pocos los que mantienen este horario.

Para hacer tus transacciones puedes aprovechar los bancos o los *building societies*, que son parecidos a nuestra cajas de ahorro. En los centros de las grandes ciudades se puede encontrar muchas oficinas, pero no tantas como en España, ya que las sucursales normalmente son más grandes pero menos abundantes.

Frases útiles para expresarte

¿Dónde hay un banco / oficina de cambio por aquí?	Where can I find a bank / bureau de change around here? *Uer can ai faind a bank / byurou de shonsh araund jier?*
¿Dónde puedo cambiar este cheque de viajero?	Where can I change this traveller's cheque? *Uer ca nai tcheing dis traveluz tchec?*
¿Puedo cambiar aquí este cheque?	Can I change this cheque here? *Ca nei tcheing dis tchec jier?*
¿Puedo sacar dinero con mi tarjeta de crédito?	Can I withdraw money with my credit card? *Ca nei uidrau moni uid mei credit card?*
¿Cuál es el mínimo / máximo?	Is there a minimum / maximum? *Is zer a minimam / maximam?*
¿También puedo sacar menos?	Can I take out less than that? *Ca nai tei cout les dan dat?*
Quisiera cambiar dinero	I'd like to change some money *Aid laic ta tcheing sum muni*
¿A cuánto está el cambio?	What's the exchange rate? *Uat iz de extcheing reit?*
Libras esterlinas por euros	Pounds for euros *poundz fo yuroz*
Deme billetes pequeños	Give me small notes *Guiv mi smorl nouts*

! Se puede cambiar dinero en bancos, hoteles y tiendas especializadas llamadas *bureau de change*. Normalmente los hoteles cobran más las comisiones o dan peor cambio.

¿Cuál es la comisión?	What is the commission? *Ua tis da comishan?*
He hecho una transferencia desde mi banco en España. ¿Ha llegado?	I've done a transfer from my bank in Spain. Has it arrived? *Aiv dan a transfar from mai bank in Spein. Jas it arraivd?*
¿Puedo cobrar este cheque al portador?	Can I cash this bearer cheque? *Canai cash zis beras chek?*

Lo que puedes oír

What can I do for you?	¿Qué desea usted?
Complete this form, please	Rellene este formulario, por favor
Your passport, please	Su pasaporte, por favor
Sign here	Firme aquí
How would you like your money?	¿Quiere billetes pequeños o grandes?
Go to the cash desk, please	Pase por caja, por favor
Your bank card please	Su tarjeta bancaria, por favor
I'm afraid we don't change money here	Lo siento, no cambiamos dinero aquí

Palabras que puedes necesitar

cajero automático	cash machine	*cash mashiin*
cheque	cheque	*chek*
cheque de viaje	traveller's cheque	*travalas chek*
cuenta corriente	current account	*carant acaunt*
efectivo	cash	*cash*
giro internacional	international money order	*intanashnal moni orda*
impreso	form	*form*
ingresar	to deposit	*ta deposit*
libra esterlina	pound sterling	*paund starlin*
mostrador	counter	*caunta*

sacar	withdraw	*uizdror*
talonario	chequebook	*chekbuk*
tarjeta de crédito	credit card	*credit card*

■ **En las tiendas de ropa.** La equivalencia de las tallas de la ropa entre el Reino Unido y España se recoge en el apartado *Lo que necesitas saber* en la página 147.

Frases útiles para expresarte

Busco un traje de lino	I'm looking for a linen suit *Aim lukin for a linan suut*
Busco algo que haga juego con esto	I'm looking for something to go with this *Aim lukin for samzin ta gou uiz zis*
¿Lo hay en otros colores?	Does it come in other colours? *Das it cam in oza calas?*
¿Tiene algo más grande / pequeño?	Have you got a bigger / smaller one? *Jav yu got a biga / smorla uan?*
En España tengo el número 42	In Spain I'm a size 42 *In Spein aim a sais 42*
¿Puedo probármelo(s)?	Could I try it / them on? *Cud ai trai it / zem on?*
¿Dónde está el probador?	Where are the changing rooms? *Uer ar ze cheindyin ruums?*
No me vale	It doesn't fit *It dasnt fit*
No me sienta bien	It doesn't suit me *It dasnt suut mi*
¿Es / son de seda pura?	Is it / are they pure silk? *Is it / ar zei pyua silk?*
¿A qué temperatura lo puedo lavar?	What temperature should I wash it at? *Uat tempratya shud ai uash it at?*
¿Encoge al lavarlo?	Will it shrink in the wash? *Uil it shrink in ze uash?*

Palabras que puedes necesitar

a rayas	stripes	*straips*
abrigo	overcoat	*ovacout*
algodón	cotton	*cotan*
americana	jacket	*dyakit*
calcetines	socks	*soks*
calzoncillos	underpants	*andapants*
camisa	shirt	*shart*
camiseta	t-shirt	*ti-shart*
camisón	night dress	*nait dres*
cinturón	belt	*belt*
con cuadros	checked	*chekt*
corbata	tie	*tai*
cremallera	zip	*sip*
cuero	leather	*leza*
diseño	pattern	*patan*
faja	corset	*corsit*
falda	skirt	*skirt*
gafas de sol	sun glasses	*san glasis*
guantes	gloves	*glavs*
impermeable	raincoat	*reincout*
jersey	jersey	*dyersi*
lana	wool	*uul*
liga	garter	*garta*
medias (liga)	stockings	*stokins*
medias (pantys)	tights	*taits*
pantalón	trousers	*trausas*
pañuelo	handkerchief	*jankachif*
paraguas	umbrella	*umbrela*
pendientes	earrings	*iarins*
pijama	pyjamas	*pidyamas*
pulsera	bracelet	*breislit*
reloj	watch	*uatch*
seda	silk	*silk*

sombrero	hat	*jat*
sortija	ring	*ring*
sostén	bra	*brar*
traje	suit	*suut*
traje de baño	swimming costume	*suimin costyum*
vestido	dress	*dres*
zapatos	shoes	*shuus*

■ **En la zapatería.** Antes de comprar unos zapatos, que luego pueden no servirte, o antes de volver loco al dependiente de la tienda, busca la tabla de equivalencias para los números de los zapatos que te ofrecemos en el apartado *Lo que necesitas saber,* página 147.

Frases útiles para expresarte

Deseo un par de zapatos de color negro	I'd like a pair of black shoes *Aid laik a peer of blak shus*
Con tacón alto / bajo / delgado / grueso	With high / low / thin / thick heels *Uiz jai / lou / zin / zik jiils*
Con suela de goma	With rubber soles *Uiz ruba souls*
Uso el número 38, en Gran Bretaña es un 10 creo.	I usually take a size 38, in Britain I think it is a size 10 *Ai usyuali teik a sais 38, in Britan ai zink it is a saiz 10*
Me aprietan un poco	They are too tight *Zei ar tu tait*
Me puedo probar un 12	Can I try a size 12 *Can ai trai a sais 12*
Éstos me están bien	These are a good fit *Ziis ar a gud fit*
¿Podría arreglar estos zapatos?	Could you repair these shoes? *Cud yu repeer ziis shus?*

¿Para cuándo van a estar?	When will they be ready? *Uen uil zei bi redi?*
Quisiera una crema para zapatos	I'd like a tin of shoe polish *Aid laik a tin of shu polish*
Quisiera un par de cordones	I'd like a pair of shoe laces *Aid laik a peer of shu leisis*

Palabras que puedes necesitar

ante	suede	*sued*
botas	boots	*buuts*
cordones	shoe laces	*shu leisis*
crema de zapatos	shoe polish	*shu polish*
cuero	leather	*leza*
sandalias	sandals	*sandals*
suela	sole	*soul*
tacón	heel	*jiil*
zapatillas	slippers	*slipas*
zapatos	shoes	*shus*

En la peluquería

Frases útiles para expresarte

¿Tengo que pedir hora?	Do I have to make an appointment? *Du ai jav ta meik an apointmant?*
¿Podría atenderme ahora?	Can you see me now? *Can yu sii mi nau?*
¿Cuánto tengo que esperar?	How long will I have to wait? *Jau lang uil ai jav ta weit?*
Quisiera cortarme el pelo	I'd like a haircut *Aid laik a jercat*

Quiero cortar sólo un poco / bastante	It needs a little / lot taken off *It niids a litl / lot teikan of*
No lo quisiera demasiado largo aquí	Don't leave it too long here *Dount liiv it tu long jier*
No lo quisiera demasiado corto	I don't want it very short *Ai dount uant it veri short*
¡No me corte demasiado!	Not too much off! *Not tu mach of!*
Córtemelo un poco más por aquí	A bit more off here, please *A bit mor of jier, pliis*
Quisiera el flequillo corto	I'd like the fringe short *Aid laik ze frindch short*
¿Me podría recortar el flequillo / barba / bigote?	Could you trim my fringe / beard / moustache? *Cud yu trim mai frinch / biiad / mastash?*
Quisiera un estilo totalmente diferente	I'd like a different style *Aid laik a difrant stail*
Quisiera el pelo como David Beckham	I'd like the same style as David Beckham *Aid laik ze seim stail as David Beckham*
Quisiera un champú para cabello seco / graso	I'd like a shampoo for dry / oily hair *Aid laik a shampu for drai / oili jer*
Quisiera un champú anticaspa	I'd like an anti-dandruff shampoo *Aid laik an antidandraf shampu*
Quisiera que me hagan unos reflejos	I'd like some highlights *Aid laik sam jailaits*
Quiero conservar el mismo color	I'd like to keep it the same colour *Aid laik ta kiip it ze seim cola*
Quiero un color más claro / oscuro	I'd like it lighter / darker *Aid laik it laita / darka*
(No) quiero fijador / gel / loción	I (don't) want hairspray / gel / lotion *Ai (dount) uant hersprei / dyel / loushan*
Quiero afeitarme, por favor	I'd like a shave, please *Aid laik a sheiv, pliis*

Palabras que puedes necesitar

champú	shampoo	*shampu*
esmalte	nail varnish	*neil varnish*
laca para el pelo	hairspray	*jersprei*
lápiz de labios	lipstick	*lipstik*
lápiz para cejas	eyebrow pencil	*aibrau pensil*
loción de afeitar	after shave	*afta sheiv*
manicura	manicure	*manacyua*
maquillaje	makeup	*meikap*
masaje	massage	*masadch*
máscara facial	facial	*feishal*
polvo	powder	*pauda*
polvo facial	face powder	*feis pauda*
quitaesmalte	nail varnish remover	*neil varnish remuva*
rímel	mascara	*mascara*

■ **En la tintorería y en la lavandería.** Las indicaciones que aparecen en muchas prendas de ropa sobre el tipo de lavado que es preferible o las advertencias que figuran en las etiquetas se recogen en *Lo que puedes ver* de este apartado, en la página siguiente.

Frases útiles para expresarte

Quiero que me limpien estos pantalones	I'd like to have these trousers cleaned *Aid laik ta jav ziis trausas cliind*
¿Cuándo estarán listos?	When will they be ready? *Uen uil zei bii redi?*
¿Me puede cambiar dinero para la lavadora / secadora?	I'd like some change for the washer / dryer *Aid laik sam cheintch for ze uasha / draia*

¿Me puede quitar esta mancha?	Can you remove this stain? *Can yu remuuv zis stein?*
¿Puede enseñarme a manejar la máquina, por favor?	Could you show me how the machine works, please? *Cud yu shou mi jau ze mashin uarks, pliis?*

Palabras que puedes necesitar

jabón	soap	*soup*
lavado al seco	dry clean	*drai cliin*
lavadora	washer	*uasha*
mancha	stain	*stein*
planchar	press	*pres*
secadora	dryer	*draia*
tintorería	dry cleaner	*drai cliina*

Lo que puedes ver

do not iron	no planchar
do not spin dry	no centrifugar
drip dry	colgar mojado
dry clean	lavado en seco
hand wash	lavado a mano
machine wash	lavado a máquina

En la tienda de fotografía y vídeo

Frases útiles para expresarte

Quisiera un carrete para esta cámara, por favor	I'd like a film for this camera, please *Aid laik a film fa zis camara, pliis*

Quisiera revelar este carrete	I'd like to have this film developed	*Aid laik ta jav zis film developt*
Quisiera 2 copias de cada negativo	I'd like 2 copies of each negative	*Aid laik 2 copis of iich negativ*
¿Me las puedes grabar en un CD?	Can you save them on a CD for me?	*Can yu seiv zem on a Si Di for mi?*
¿Puede ampliarme estas copias?	Could you enlarge these prints for me?	*Cud yu enlartch ziis prints for mi?*
¿Cuánto cuesta el revelado / copiado?	How much is developing / printing?	*Jau mach is developing / printin?*
¿Para cuándo van a estar?	When will they be ready?	*Uen uil zei bi redi?*
Se ha atascado el carrete	The film is jammed	*Ze film is dyamd*
¿Me podría revisar la cámara? No funciona	Could you have a look at my camera. It has stopped working	*Cud yu jav a luk at mai camara. It jas stopt uarkin*
¿Tengo que cambiar las pilas?	Should I change the batteries?	*Shud ai cheinch ze bataris?*

Palabras que puedes necesitar

ampliación	enlargement	*enlardyment*
blanco y negro	black and white	*blak an uait*
brillo	gloss	*glos*
carrete	film	*film*
cinta de video	videotape	*vidioteip*
color	colour	*cala*
copia	copy	*copi*
disparador	shutter	*shata*
diapositiva	slide	*slaid*

enfoque	focus	*foucas*
filtro	filter	*filta*
funda	case	*keis*
máquina fotográfica	camera	*kamara*
matte	matt	*mat*
negativo	negative	*negativ*
objetivo	lens	*lens*
pila	battery	*batari*
tamaño	size	*sais*
trípode	tripod	*traipod*
visor	view finder	*viu fainda*

■ **En la tienda de tabaco y alcohol.** El tabaco y el alcohol sólo se pueden comprar en sitios que cuenten con la licencia apropiada, pero este tipo de estancos no se encuentran en todas las calles. Muchas tiendas pequeñas y de prensa también venden tabaco, y además lo podrás encontrar en los supermercados. En muchos sitios hay maquinas dispensadoras para tabaco.

Frases útiles para expresarte

¿Vende usted tabaco?	Do you sell cigarettes? *Du yu sel sigarets?*
Déme un paquete de 20	Give me a packet of 20 *Guiv mi a pakit of 20*
Déme también una caja de cerillas	Give me a box of matches as well *Guiv mi a box of matchis as uel*
¿Tiene cambio para la máquina?	Have you got change for the machine? *Jav yu got cheintch for ze mashiin?*
Déme seis latas de cerveza	A six-pack of beer, please *A six-pak of biir, pliis*

Palabras que puedes necesitar

botella de vino	bottle of wine	*botl of uain*
caja de cerillas	box of matches	*box of matchis*
cigarrillo	cigarette	*sigaret*
gasolina para el mechero	lighter fuel	*laita fyul*
lata de cerveza	can of beer	*can of biir*
mechero	lighter	*laita*
papel de fumar	cigarette paper	*sigaret peipa*
paquete de cigarrillos	packet of cigarettes	*pakit of sigarets*
pipa	pipe	*paip*
puro	cigar	*sigar*
tabaco	tobacco	*tabaco*

En el supermercado. En el apartado *Lo que necesitas saber* (páginas 145 y 146) encontrarás una tabla de equivalencias para medidas y pesos.

Frases útiles para expresarte

Quisiera 100 gramos de queso, por favor	I'd like 100 grams of cheese, please *Aid laik 100 grams of chiis, pliis*
¿Cuánto vale el kilo?	How much is it per kilo? *Jau mach is it per kilo?*
¿Me lo podría cortar en lonchas / trozos?	Could you slice / dice it for me, please? *Cud yu slais / dais it for mi, pliis?*
Quiero un trozo de ese jamón	I'd like some of that ham, please *Aid laik sam of zat jam, pliis*
¿Puedo probarlo?	May I try it? *Mei ai trai it?*
No me gusta	I don't like it *Ai dount laik it*
Está muy bueno. Me llevaré un poco	It's very nice. I'll take some *Its veri nais. Ail teik sam*

5.5 Ocio y deporte

■ **Espectáculos.** Si te gustan los espectáculos no te faltarán ocasiones para disfrutar. Pero ten en cuenta que los precios son muy elevados y siempre es recomendable reservar antes. !

Frases útiles para expresarte

¿Qué películas / obras de teatro están en cartelera?	What films / plays are on? *Uat films / pleis ar on?*
¿Qué tipo de película es?	What type of film is it? *Uat taip of film is it?*
¿Quedan entradas para esta noche?	Are there any tickets left for tonight? *Ar zer eni tiquets left for tonait?*
¿Cuánto cuestan las entradas?	How much are the tickets? *Jau mach ar ze tiquets?*
Quisiéramos 2 entradas para la función de las 8	We'd like 2 tickets for the 8 o'clock performance *Uid laik 2 tiquets for ze 8 ouclok performans*
Por favor, 2 butacas centrales	2 seats in the centre, please *2 siits in ze centa, pliis*
Demasiado cerca. Prefiero más lejos	That's too close. I'd prefer something further away *Zats tu clous. Aid prefer samzin farza auai*
¿A qué hora empieza el espectáculo?	What time does the show start? *Uat taim dus ze shou start?*
¿Hay un entreacto?	Is there an interval? *Is zer an intaval?*

! En el Reino Unido las películas siempre están en versión original. Si no son en inglés, están subtituladas.

Lo que puedes oír

Which performance do you want a reservation for?	¿Para qué función desea reservar?
Where would you like to sit?	¿En qué parte prefiere sentarse?
I'm afraid it's sold out	Lo siento, no hay billetes
We've only got seats at the front left	Sólo quedan entradas de las primeras butacas
You have to collect the tickets before 8pm	Hay que retirar las entradas antes de las 8
Tickets, please	¿Me permite las entradas?
This is your seat	Este es su asiento

Lo que puedes ver

balcony	palco
dubbed	doblado
matinee	sesión de tarde
performance	función
subtitled	subtitulado
stalls	platea

Palabras que puedes necesitar

acomodador	usher	*asha*
acto	act	*act*
aplausos	applause	*aplors*
asiento	seat	*siit*
cartelera	billboard	*bilbord*
cine	cinema	*sinama*
comedia	comedy	*comadi*
concierto	concert	*consat*
decorados	scenery	*siinari*
drama	drama	*draama*

entreacto	interval	*intaval*
escenario	stage	*steitch*
estreno	premiere	*premier*
ópera	opera	*opera*
orquesta	orchestra	*orkestra*
pantalla	screen	*scriin*
película	film	*film*
programa	programme	*prougram*
sala de conciertos	concert hall	*consat jal*
taquilla	box office	*box ofis*
teatro	theatre	*ziata*
telón	curtain	*cartan*

■ Informarse para practicar un deporte

Frases útiles para expresarte

¿Dónde se puede jugar al tenis?	Where can you play tennis around here?
	Uer can yu plei tenis araund jier?
¿Hay alguna piscina aquí cerca?	Is there a swimming pool near here?
	Is zer a suimin puul nier jier?
¿Dan clases de baile aquí?	Can I take dance classes?
	Can ai teik dans clasis?
¿Alquilan bicicletas?	Can I hire a bicycle?
	Can ai jaia a baisical?
¿Cuánto sale por hora / día / clase?	How much is that per hour / day / class?
	Jau mach is zat per jaua / dei / clas?
¿Se necesita un permiso?	Do you need a permit?
	Du yu niid a permit?
¿Cuándo es el próximo partido de fútbol?	When is the next football match?
	Uen is ze next futbol match?
¿Quiénes juegan?	Who is playing?
	Ju is pleiin?

¿Será fácil encontrar entradas?	Will it be easy to get tickets? *Uil it bi iisi ta guet tiquets?*
¿Hay algún campo de golf por aquí cerca?	Is there a golf course near here? *Is zer a golf cors niar jier?*
¿Es necesario ser socio?	Do you have to be a member? *Du yu jav ta bi a memba?*

Comentar un partido y hablar de deportes

Frases útiles para expresarte

¿Cómo va el partido?	What's the score? *Uats ze scor?*
¿Con qué equipo vas?	Who do you support? *Ju du you saport?*
¿Quién ha ganado?	Who won? *Ju uan?*
Soy del Leeds United	I support Leeds United *Ai saport Leeds United*
¿Cómo vais este año?	How are you doing? *Jau ar yu duin?*
Vamos muy bien / mal	We're doing very well / badly *Uia duin veri uel / badli*

Lo que puedes ver

bike hire	alquiler de bicicletas
danger	peligro
dangerous current	corriente peligrosa
lifeguard	socorrista
no fishing	prohibido pescar
no surfing	prohibido hacer surfing
no swimming	prohibido bañarse

permit holders only	permiso obligatorio
private entrance	camino privado
to the beach	acceso a la playa

Palabras que puedes necesitar

ala delta	hang gliding	*jan glaidin*
aletas	flippers	*flipas*
alpinismo	rock climbing	*rok claimin*
atletismo	athletics	*azletics*
badminton	badminton	*badminton*
balón	ball	*bol*
baloncesto	basket ball	*baskit bol*
bicicleta	bicycle	*baisical*
billar	billiards	*biliads*
boxeo	boxing	*boxin*
campo de golf	golf course	*golf kors*
caña de pesca	fishing rod	*fishin rod*
carril para bicicletas	bicycle lane	*baisical lein*
caza	hunting	*jantin*
ciclismo	cycling	*saiklin*
equipo	team	*tiim*
equitación	horse riding	*jors raidin*
esquí	skiing	*ski in*
esquí acuático	water skiing	*uata ski in*
estadio	stadium	*steidiam*
gimnasia	gym	*dyim*
golf	golf	*golf*
hacer senderismo	hiking	*jaikin*
hockey	hockey	*joki*
juego	game	*gueim*
montañismo	mountaineering	*mauntaniirin*
montar a caballo	horse riding	*jors raidin*
nadar	swim	*suim*

palo de golf / club de golf	golf club	*golf clab*
partido de fútbol	football match	*futbol match*
patinar	skate	*skeit*
pelota	ball	*bol*
pesca	fishing	*fishin*
piragua	canoe	*kanu*
piscina	swimming pool	*suimin pul*
pista de patinaje	skating rink	*skeitin rink*
pista de tenis	tennis court	*tenis cort*
polideportivo	sports centre	*sports senta*
raqueta	racket	*rakit*
raqueta de tenis	tennis racket	*tenis rakit*
silla	saddle	*sadl*
submarinismo	skin diving	*skin daivin*
tabla de surfing	surfboard	*sarfbord*
tabla de windsurfing	windsurfing board	*uindsarfin bord*
tenis	tennis	*tenis*
traje isotérmico	wet suit	*uet suut*
trampolín	diving board	*daivin bord*
vela	sail	*seil*
voleibol	volleyball	*volibol*
yate	yacht	*yot*

5.6 Vida nocturna

En la noche

Frases útiles para expresarte

¿Puede recomendarme una sala de fiestas / discoteca que no sea demasiado cara?	Can you recommend a night club / disco that is not too expensive? *Can yu recomend a nait clab / disco da is not tu expensiv?*
¿Hay que ser socio?	Is it members only? *Is it membas onli?*

¿Es recomendable ir con traje?	Should we dress up? *Shud ui dres ap?*
¿Están incluidas las consumiciones?	Are drinks included? *Ar drinks incluudid?*
¿Hay guardarropa?	Is there a cloakroom? *Is zer a cloukruum?*
¿Quieres bailar?	Would you like to dance? *Uud yu laik ta dans?*
¿Qué vas a tomar?	What would you like to drink? *Uat uud yu laik ta drink?*

Emergencias y salud 6

Para cualquier emergencia en el Reino Unido llama al 999. Este número da acceso inmediato a los servicios de emergencia. Te preguntarán qué servicio necesitas *Fire, police or ambulance* (incendio, policía o ambulancia) y luego te conectarán con el número apropiado.

! Si pierdes algo durante tu estancia pregunta en la recepción del hotel o restaurante. Si te encuentras en un autobús, en el metro o en un aeropuerto pregunta por el *Lost property office* o *Lost and Found*, que es el lugar donde recogen todos los objetos perdidos.

6 Emergencias y salud

6.1 Pedir ayuda

Llamadas de emergencia

Frases útiles para expresarte

¡Socorro!	Help! *Jelp!*
¡Ha ocurrido un accidente!	There's been an accident! *Ders bin an ascident!*
¡Cuidado!	Look out! *Lu kout!*
¡Pare!	Stop! *Stop!*
¡Es una emergencia!	This is an emergency! *Di sisa nemardyensi!*
¡Rápido!	Quick! *Cuik!*
¡Peligro!	Danger! *Deindya!*
¡Alto!	Stop! *Stop!*
¡Llame a una ambulancia!	Call an ambulance! *Corl an ambyalans!*
¡Dése prisa!	Hurry up! *Jari ap!*
Mande una ambulancia al Hotel Ritz	Send an ambulance to the Ritz Hotel *Send a nambyalans ta de Ritz jotel*
¡Policía!	Police! *Poliis!*
¡Incendio!	Fire! *Faia!*
¡Algo se está quemando en el edificio!	Something is on fire in the building! *Samzin is on faia in ze bildin!*

Por favor que alguien llame a los bomberos, ¡hay fuego en la segunda planta!	Call the Fire Brigade. There is a fire on the second floor! *Corl ze faia brigueid. Zer is a fair on ze second flor!*
¡Necesitamos un extintor!	We need a fire extinguisher! *Ui niid a faia extinuisha!*
¿Dónde está la salida de emergencia?	Where is the emergency exit? *Uer is ze emardyansi exit?*
¿Dónde está la escalera de incendios?	Where's the fire escape? *Uer is de faia esceip?*
¿Dónde hay un extintor?	Where is the fire extinguisher? *Uer is de faia extinguisha?*
Llamen a los bomberos	Call the fire brigade *Corl de faia brigeid*
¡Detengan al ladrón!	Stop thief! *Stop tief!*
No sabe nadar	He/she can't swim *Ji/shi carnt suim*
¡Se está ahogando!	He/she is drowning! *Ji/shi is drounin!*
¿Debo acudir a mi embajada?	Should I go to my embassy? *Shud ai goa ta mai embasi?*
Ha ocurrido un accidente en la carretera nacional 6, ¿pueden enviar una ambulancia?	There has been an accident on the M6. Can you send an ambulance? *Zer jas bin an acsidant on the EM6. Can yu send an ambyulans?*
¡Necesito un médico, esta persona se ha desmayado!	I need a doctor. This person has fainted! *Ai niid a docta. Zis persan jas feintad!*
Por favor, puede darme el número del hospital, ¡es una emergencia!	Could you give me the number of the hospital. It's an emergency! *Cud yu guiv mi ze numba of ze jospital. Its an emardyansi!*
¿Funcionan los ascensores?	Are the lifts working? *Ar ze lifts uarkin?*
¡Me he quedado encerrado en el ascensor!	I'm stuck in the lift! *Aim stak in ze lift!*

Lo que puedes oír

Be careful!	Ten cuidado!
Look out!	Cuidado!

6.2 Objetos perdidos

Pérdida de algún objeto. Normalmente en todas las ciudades grandes existe una oficina de objetos perdidos que se llama *Lost property office* o *Lost and Found;* si no existe, pregunte en la comisaría de policía por este servicio.

Frases útiles para expresarte

¿Dónde está la oficina de objetos perdidos?	Where's the Lost property office? *Uers de los propati ofis?*
Se me ha perdido el monedero	I've lost my purse *Aiv lost mai pars*
Me dejé una bolsa	I left a bag *Ai lef ta bag*
¿Han encontrado mi cartera?	Have you found my wallet? *Jav yu found mai ualit?*

6.3 Policía

En la comisaría

Frases útiles para expresarte

¿Dónde está la comisaría más próxima?	Where is the nearest police station? *Uer is da niirist poliis steishan?*
Lléveme a la comisaría más cercana	Take me to the nearest police station *Teik mi ta de niirist poliis steishan*
Agente, vengo a denunciar una estafa	Officer, I've come to report a swindle *Ofisa, aiv cam ta riport a suindl*
Me han robado	I've been robbed *Aiv bin robd*

Me han robado las tarjetas de crédito	My credit cards have been stolen *Mai credit cards jav bin stoulan*
Me han cobrado demasiado en un restaurante	They charged me too much in a restaurant *Dei charched mi tuu mach in a restarant*
Me han atracado	I've been mugged *Aiv bin magd*
He perdido mi pasaporte	I've lost my passport *Aiv lost mai pasport*
Quisiera denunciar el robo de mis cheques de viaje	I wish to report the theft of my traveller's cheques *Ai uish ta report de zef to mai travalas cheks*
Lo robaron de mi habitación	It was stolen from my room *It uas stoalan from mai ruum*
Me han forzado el coche	My car has been broken into *Mai car jas bin broakan inta*
Nos han robado en casa	We've had a break in *Uiv jad a brei kin*
Mi hija se ha perdido	My daughter is missing *Mai dorta is misin*
He tenido un accidente de automóvil	I've had a car accident *Aiv jad a car acsidant*
¿Cómo debo cumplimentar la denuncia?	How should I complete the form? *Jau shud ai compliit da form?*
¿Debo consultar a un abogado?	Should I consult a lawyer? *Shud ai consal ta loia?*

6.4 Seguros

En la oficina de seguros

Frases útiles para expresarte

He perdido mi equipaje	I've lost my luggage *Aiv lost mai luggidch*

He sufrido un accidente	I've had an accident *Aiv jad an acsidant*
¿Qué tramites debo seguir?	What is the procedure? *Uat is de prosiidya?*
¿Se trata de un trámite muy complicado?	Is it a complicated process? *Iz it a compliqueitid prouses?*
¿Mi póliza de seguros me cubre el robo?	Is it covered by my policy? *Iz it covad bai mai polisi?*

Lo que puedes oír

¿Me da su nombre y dirección?	Could I have your name and address? *Cud ai jav yor neim an adres?*
¿Me permite los documentos del seguro?	Could I see your insurance documents? *Cud ai sii yor insyurans documants?*
¿Está asegurado?	Are you insured? *Ar yu insyurd?*
¿Responsabilidad civil o a todo riesgo?	Third party or comprehensive? *Zerd parti or compriyensiv?*
Necesito los datos para el seguro	I need the details for the insurance *Ai niid de ditails for de insyurans*
Firme aquí, por favor	Sign here, please *Sain jier, pliis*

6.5 Asistencia médica

En el médico

Frases útiles para expresarte

¿Podría llamar a un médico, por favor?	Could you call a doctor, please? *Cud yu cal a docto, pliis?*
¿Cuándo tiene consulta el médico?	What time is the doctor´s surgery? *Uat taim is da doctas sirdyeri?*

¿Podría pedirme hora con el médico?	Could I make an appointment to see the doctor, please? *Cud ai meik an apointman ta sii de docta, pliis?*
Tengo hora con el médico para las 5	I've got an appointment with the doctor at 5 o'clock *Aiv got an apointman uid de docta at 5 ouclok*
No me siento bien	I don't feel well *Ai dont fiil uel*
Tengo náuseas	I feel sick *Ai fiil sik*
Estoy enfermo	I'm ill *Aim il*
Tengo resfriado	I've got a cold *Aiv gota could*
Me duele la espalda	I have back ache *Ai jav bakeik*
Tengo molestias en el pecho	I've got pains in my chest *Aiv got peinz in mai chest*
Tengo fiebre	I've got a fever *Aiv gota fiiva*
Me encuentro débil	I feel very weak *Ai fiil veri uiik*
Estoy mareado	I feel dizzy *Ai fiil dizi*
Es un dolor agudo / leve	It's a sharp / dull pain *Its a sharp / dal pein*
Es un dolor constante	It's a constant pain *Its a constant pein*
Sólo me duele al tocarlo	It only hurts when I touch it *It onli jarts uen ai tatch it*
Me escuece	It stings *It stings*

Me pica	It itches *It itchiz*
Necesito una receta para esta tos	I need a prescription for my cough *Ai niid a prescripshan for mai cof*
Se me he olvidado traer los medicamentos	I've forgotten to bring my medication *Aiv fogotan ta brin mai mediceishan*
Normalmente tomo antihistamínicos	I normally take anti-histamines *Ai normally teik anti-jistamiins*

Lo que puedes oír

What seems to be the problem?	¿Qué molestias tiene?
How long have you had these symptoms?	¿Cuánto tiempo hace que tiene estas molestias?
Do you have any alergies?	¿Padece alguna alergia?
Are you taking any medication?	¿Toma medicamentos?
¿Are you on a diet?	¿Sigue alguna dieta?
Are you pregnant?	¿Está embarazada?
Have you had a tetanus vaccination?	¿Está vacunado contra el tétanos?
Have you got a temperature?	¿Tiene fiebre?
Get undressed, please	Desnúdese
Roll up your sleeve, please	Descúbrase el brazo
Does this hurt?	¿Le duele esto?
Deep breaths	Respire hondo
Open your mouth	Abra la boca

Advertencias al médico

Frases útiles para expresarte

Soy diabético	I'm diabetic *Aim daiabetec*
Tomo medicamentos	I'm on medication *Aim on mediceishan*

Me han operado del corazón	I've had a heart operation *Aiv jad a jart opereishan*
He estado enfermo hace poco	I've been ill recently *Aiv bin ill risentli*
Soy asmático	I have asthma *Ai jav asthma*
Soy alérgico a los mariscos	I'm alergic to seafood *Aim alerdyic ta siifud*
Sigo una dieta	I'm on a diet *Aim ona diet*
Tengo una úlcera	I have an ulcer *Ai jav an alser*
Tengo la regla	It's my period *Its mai pieriod*
Estoy embarazada de 6 meses	I'm 6 months pregnant *Aim 6 mants pregnant*

■ Instrucciones del doctor

Lo que puedes oír

I'm prescribing a course of antibiotics	Voy a recetarle unos antibióticos
You need to have lots of rest	Tiene que guardar reposo
Stay indoors	No debe salir a la calle
Stay in bed	Tiene que guardar cama
You're alergic to seafood	Usted es alérgico a los mariscos
You're pregnant	Está embarazada
I'd like to do a blood / urine test	Quisiera hacerle un análisis de sangre / orina
I'm sending you to hospital	Le voy a enviar a un hospital
I'm sending you to a specialist	Le voy a enviar a un especialista
You need an operation	Hay que operarlo
You need to have some X-rays taken	Tiene que hacerse radiografías
Come back in 2 days if it hasn't improved	Vuelva en 2 días si no ha mejorado
Could you wait outside, please	Vuelva a sentarse en la sala de espera

Palabras que puedes necesitar

Servicios médicos		
ambulancia	ambulance	*ambulans*
clínica dental	dentist's surgery	*dentists sardyeri*
consulta	doctor's surgery	*doctas sardyeri*
donantes de sangre	blood donors	*blud dounors*
enfermera/o	nurse	*nars*
farmacia	chemist's	*chemists*
farmacia de guardia	duty chemist	*duuti chemist*
ginecólogo	gynaecologist	*gainacolodyist*
intervención	operation	*opereishan*
médico	doctor	*docta*
médico general	GP	*Yii Pii*
oculista	optician	*optishan*
otorrinolaringólogo	ear, nose and throat specialist	*ier, nous an zroat speshialist*
pediatra	paediatrician	*piidiatrishan*
primeros auxilios	first aid	*ferts eid*
quirófano	operating theatre	*opareitin ziata*
radiografía	X-Rays	*ex reiz*
recepción	reception	*resepshan*
sala de espera	waiting room	*uaitin ruum*
sala de habitaciones	wards	*uards*
urgencias	casualty	*casualti*
Partes del cuerpo		
amígdalas	tonsils	*tonsils*
antebrazo	forearm	*forarm*
apéndice	appendix	*apendix*
arterias	arteries	*arteris*
boca	mouth	*mauz*
brazo	arm	*arm*
cabeza	head	*jed*
cadera	hip	*jip*
ceja	eyebrow	*aibrau*

codo	elbow	*elbou*
corazón	heart	*jart*
cuello	neck	*nek*
dedo	finger	*finguer*
estómago	stomach	*stomak*
garganta	throat	*zrout*
hígado	liver	*liva*
hombro	shoulder	*shoulda*
mano	hand	*jand*
muñeca	wrist	*rist*
muslo	thigh	*zai*
nariz	nose	*nous*
ojo	eye	*ai*
oreja	ear	*ier*
párpados	eyelid	*ailid*
pecho	chest	*chest*
pestañas	eyelash	*ailash*
pie	foot	*fuut*
pierna	leg	*leg*
pies	feet	*fiit*
pulmón	lung	*lang*
riñones	kidneys	*kidnis*
rodilla	knee	*nii*
tobillo	ankle	*ankel*
uña	nail	*neil*
vejiga	bladder	*blada*
venas	veins	*veins*
vesícula	vesicle	*vesical*
Enfermedades y síntomas		
anémico	anaemic	*aniimic*
apendicitis	appendicitis	*apendisaitis*
asma	asthma	*asma*
ataque al corazón	heart attack	*jart atak*
bronquitis	bronchitis	*bronkaitis*
bulto	lump	*lamp*

callo	corn	*corn*
cáncer	cancer	*cansa*
conmoción	concussion	*concushan*
contusionado	bruised	*bruusd*
corte	cut	*cat*
desgarrado	torn	*tourn*
diabetes	diabetes	*diabiitis*
dolor	pain	*pein*
dolor de cabeza	headache	*jed eik*
dolor de espalda	back ache	*bakeik*
dolor de garganta	sore throat	*sor thoat*
dolor de oídos	earache	*iareik*
enfermedad	illness	*ilnas*
enfermedad venérea	venereal disease	*veniirial disiis*
escalofríos	shivers	*shivaz*
estreñimiento	constipation	*constipashan*
fiebre	fever	*fiiva*
fiebre del heno	hay fever	*jei fiiva*
fracturado	fractured	*fractyad*
gripe	flu	*fluu*
hemorragia	haemorrhage	*jemoridch*
hepatitis	hepatitis	*jepatiitis*
indigestión	indigestion	*indidyestshan*
infarto	heart attack	*jart atak*
infección vírica	viral infection	*vairal infecshan*
inflamación	inflamation	*inflameishan*
intoxicación alimenticia	food poisoning	*fuud poisonin*
jaqueca	migraine	*maigrein*
mareado	dizzy	*dizi*
mareo	travel sick	*travel sick*
mareos	dizziness	*dizinas*
molestias	trouble	*trabl*
náuseas	nausea	*norzea*
neumonía	pneumonia	*nyumonia*
paperas	mumps	*mamps*

picadura	sting	*sting*
picor	itch	*itsh*
pulmonía	pneumonia	*nyumounia*
quemadura	burn	*burn*
resaca	hangover	*jangouva*
resfriado	cold	*could*
reúma	rheumatism	*ruumatism*
rubeola	German measles	*dyerman miisls*
sarampión	measles	*miisls*
seropositivo	HIV positive	*eich ai vii positiv*
torcedura	sprain	*sprein*
tos	cough	*cof*
tosferina	whooping cough	*juupin cof*
úlcera	ulcer	*ulsa*
varicela	chicken pox	*chikan pox*

6.6 Dentista

En el dentista

Frases útiles para expresarte

¿Me podría recomendar un buen dentista?	Could you recommend a good dentist? *Cud yu recoumen da gud dentist?*
¿Me podría pedir hora con el dentista?	Could you make me an appointment with the dentist, please? *Cud yu meik mi an apointment uida dentist, pliis?*
¡Es urgente!	It's urgent! *It sardyent!*
¿Me podría atender hoy mismo?	Can I have an appointment today? *Ca nai jav an apointmant todei?*
Tengo dolor de muelas	I have toothache *Ai jav tuuzeik*
Se me ha roto un diente	I've broken a tooth *Aiv broacan a tuuz*

Se me ha caído un empaste	I've lost a filling *Aiv los ta filin*
Se me ha roto la funda	I've broken a crown *Aiv broakan a craun*
¿Me podría dar / recetar un analgésico?	Could you give / prescribe me a painkiller? *Cu dyu guiv / prescraib mi a peinkila?*
Quiero que me ponga anestesia local	I'd like a local anaesthetic *Aid laik a local anascetic*
¿Me podría hacer un arreglo provisional?	Could you do me a temporary repair? *Cud yu du mi a temporari repeer?*
No quiero qué me extraiga esta muela	I don't want this tooth removed *Ai doant uant dis tuuz remuuvd*
Se me ha roto la dentadura	My dentures are broken *Mai dentchas ar broakan*
¿Podría arreglármela?	Could you repair them for me? *Cu dyu repeer dem for mi?*

Lo que puedes oír

What seems to be the problem?	¿Qué molestias tiene?
Open wide	Abra la boca
Which tooth hurts?	¿Qué diente le duele?
I'll have to fill it	Tengo que empastarle
I'll have to pull this tooth out	Tengo que extraerle el diente
I'll have to use the drill	Tengo que usar el torno
I'll have to do a root canal	Tengo que matar el nervio
Rinse, please	Enjuáguese
Close your mouth, please	Cierre la boca
Does it still hurt?	¿Le sigue doliendo?

Palabras que puedes necesitar

anestesia	anaesthetic	*anascetic*

canino	canine	*keinain*
dentadura	dentures	*dentchaz*
diente	tooth	*tuuz*
dientes	teeth	*tiiz*
dolor de muelas	toothache	*tuuz eik*
empaste	filling	*filin*
funda	crown	*croun*
incisivo	inscisor	*insaisa*
molar	molar	*moula*
muela de juicio	wisdom tooth	*uisdam tuuz*
torno	drill	*dril*

6.7 Farmacia

Para comprar medicamentos. Las farmacias en el Reino Unido tienen muchas más limitaciones que las de España. No se pueden vender muchos medicamentos sin la receta de un doctor, así que por cualquier problema, aunque no sea muy grave, necesitas acudir a la consulta de un médico para que te extienda una receta.

Frases útiles para expresarte

¿Dónde hay una farmacia de guardia?	Where is the nearest duty chemist´s? *Uer is de niirist dyuti chemists?*
¿Hace falta una receta para unas aspirinas?	Do I need a prescription for aspirin? *Du ai niid a prescripshan for aspirin?*
¿Tiene usted algo para la tos?	Have you got anything for a cough? *Jav yu got anizin for a cof?*
¿Cómo se toman estos medicamentos?	How do you take this medicine? *Jau du yu teik dis medisin?*
¿Cuántas pastillas tengo que tomar cada vez?	How many tablets do you take? *Jau meni tablets du yu teik?*
¿Cuántas veces al día?	How many times a day? *Jau meni taims a dei?*

¿Es contagioso?	Is it contagious? *Is it conteidyas?*
¿Puedo viajar?	Can I travel? *Can ai traval?*
¿Hasta cuándo tengo que guardar cama?	How long do I have to stay in bed? *Jau long du ai jav ta stei in bed?*

Palabras que puedes necesitar

analgésicos	pain killers	*pein kilas*
antibióticos	antibiotics	*antibaiotics*
aspirina	aspirin	*asprin*
botiquín	first aid box	*ferst eid box*
calmante	tranquilizer	*tranquilaisa*
cápsulas	capsules	*capsuuls*
escayola	plaster cast	*plasta cast*
gotas	drops	*drops*
jarabe para la tos	cough syrup	*cof sirup*
la píldora	the pill	*da pil*
lentes de contacto	contact lenses	*contac lensiz*
pastillas	tablets	*tablats*
penicilina	penicilin	*penisilin*
tirita	plaster	*plasta*
ungüento	ointment	*ointmant*
vacunación	vaccination	*vacsinashan*
vendaje	bandage	*banditch*

En las recetas de los medicamentos

Lo que puedes ver

before every meal	antes de cada comida
chew them	mastíquelos

dissolve in water	diluir en agua
drops	gotas
every 4 hours	cada 4 horas
finish the course	seguir el tratamiento hasta el final
for 5 days	durante 5 días
for external use only	para uso externo exclusivamente
injections	inyecciones
ointment	pomada
rub on	aplicar
swallow whole	tragar entero
(table / tea) spoonfuls	(sopera / cucharaditas) cucharadas
tablets	pastillas
take	toma
this medicine impairs your driving	estos medicamentos afectan a la capacidad de conducir
2 times a day	2 veces al día
with water	con agua

6.8 Higiene

Adquirir productos para la higiene personal

Frases útiles para expresarte

¿Dónde puedo comprar compresas?	Where can I buy sanitary towels? *Uer can ai bai sanitari tauals?*
¿Hay papel higiénico?	Do you have any toilet paper? *Du yu jav eni toilat peipa?*

Palabras que puedes necesitar

anti-transpirante	anti-perspirant	*anti perspirant*
cepillo de dientes	toothbrush	*tuuz brash*
cepillo de pelo	hairbrush	*jerbrash*

champú	shampoo	*shampu*
compresas	sanitary towels	*sanitari taoals*
desodorante	deoderant	*dioderant*
detergente	washing powder	*uashin pouda*
espuma de afeitar	shaving foam	*sheivin foam*
hojas de afeitar	razor blades	*reiza bleids*
jabón	soap	*soap*
pañuelos de papel	paper handkerchiefs	*peipa handkachiifs*
papel higiénico	toilet paper	*toilat peipa*
pasta de dientes	tooth paste	*tuuz peist*
peine	comb	*coum*
preservativos	condoms	*condoms*

Lo que necesitas saber

Unidades de medida

Ya se han cambiado, casi por completo, las unidades de medida desde el antiguo sistema imperial al nuestro. Pero todavía quedan algunas diferencias que detallamos a continuación.

Peso

El peso normalmente se mide en gramos y en kilos, pero hay algunas diferencias entre España y Gran Bretaña.

Aunque todos los pesos en las tiendas son marcados por ley en gramos, en algunas tiendas, sobre todo en pueblos tradicionales, se ponen en libras (*pounds* ***lb***) y onzas (*ounces* **oz**).

Y si le preguntas a una persona cuánto pesa (¡no se lo preguntes a una mujer!) casi siempre te responderá en medidas imperiales.

Las medidas imperiales son:

16 ounces: 1 pound
14 libras: 1 stone
Y para convertirlas:
1 oz [*uan auns*] 2,8 gramos
1 lb [*uan paund*] 0,45 kg
1 kg: 2,2 lbs [*tuu poin tuu paundz*]
1 stone [*uan stoun*] 6,35 kg

½ kilo	half a kilo	*jar fa quiilo*
¾ de kilo	three quarters of a kilo	*trii cuarta sova quiilo*
1 kilo	one kilo(gram)	*1 quiilo*
14 libras	1 stone	*stoun*
50 gramos	fifty grams	*50 grams*
gramo	gramme	*gram*
libra	pound	*paund*
onza	ounce	*auns*
peso bruto	gross weight	*grous weit*
peso neto	net weight	*net weit*
tonelada	tonne	*tan*

Longitud

En la actualidad, los anglosajones utilizan casi indistintamente como unidades de medida de longitud los metros y los pies y pulgadas, pero siempre las distancias largas aparecen expresadas en millas. ¡Todas las señales de trafico están en millas!

altura	height	*jait*
anchura	width	*uidz*
área	area	*eria*
centímetro	centimetre	*sentimiita*
centímetro cuadrado	square centimetre	*scuair sentimiita*
centímetro cúbico	cubic centimetre	*cyubic sentimiita*
decímetro	a tenth of a metre	*a ten tova miita*
hectárea	hectare	*jecter*
kilómetro	kilometre	*kilomita*
kilómetro cuadrado	square kilometre	*scuair kilomiita*
metro	metre	*miita*
metro cuadrado	square metre	*scuair miita*
metro cúbico	cubic metre	*cyubic miita*
milímetro	milimetre	*milimiita*
milla	mile	*mail*
peso	weight	*uait*
profundidad	depth	*dept*

Capacidad

Hoy en día casi todo se mide en litros, menos algunas cosas muy importantes para los anglosajones, como la leche y la cerveza, que vienen en pintas y media pintas.
Una pinta es casi medio litro.

cuarto de litro	quarter of a litre	*cuarta of a liita*
media pinta	half pint	*jalf paint*
medio litro	half a litre	*jalf a liita*
pinta	pint	*paint*
un litro	one litre	*uan liita*

Tallas

Las tallas de la ropa son bastante diferentes en España y en Gran Bretaña. Aquí te ofrecemos una guía para ayudarte en tus compras.

Mujeres - vestidos

UK	8	10	12	14	16
España	36	38	40	42	44

Mujeres - zapatos

UK	2,5	4,5	6,5	8,5
España	36	38	40	42

Hombres – trajes/pantalones

UK	34	36	38	40	42	44	46
España	44	46	48	50/2	54	56	58/60

Hombres – camisas

UK	14	14.5	15	15.5	16	16.5
España	36	36/7	38	39/40	41	42/43

Hombres – zapatos

UK	8	9	10	11	12
España	42	43	44	45	46

Niños - zapatos

UK	7	8	9	10	11	12	13	1	2
España	24	25.5	27	28	29	30	32	33	34

Niños - ropa

UK	Las medidas son la edad de los niños.
España	

Fechas

Los angloparlantes no celebran Reyes. En Inglaterra y Escocia normalmente sólo hay 8 días festivos al año. Alguno, como el primero de mayo, suele trasladarse, si no coincide en lunes, al lunes más cercano a esa fecha.

Así bien, aparte de los días que tienen una significación religiosa (25 diciembre, semana santa) y 1 enero, los días festivos normalmente se celebran los lunes más próximos a la fecha que es día festivo.

Días

lunes	Monday	*mondi*
martes	Tuesday	*tyusdi*
miércoles	Wednesday	*uensdi*
jueves	Thursday	*zursdi*
viernes	Friday	*fraidi*
sábado	Saturday	*satadi*
domingo	Sunday	*sandi*

Meses

enero	January	*dyanyuri*
febrero	February	*febyuri*
marzo	March	*march*
abril	April	*eipril*
mayo	May	*mei*
junio	June	*dyun*
julio	July	*dyulai*
agosto	August	*orgast*
septiembre	September	*septemba*
octubre	October	*octouba*
noviembre	November	*novemba*
diciembre	December	*desemba*

Momentos en el tiempo

¿Qué día es hoy?	What day is it?	*uat dei iz it?*
Es 3 de octubre	It's the third of October	*its da zerd of octouba*
ayer	yesterday	*yestadei*
hoy	today	*tadei*
mañana	tomorrow	*tamorou*
la semana pasada	last week	*last uiic*
la semana que viene	next week	*next uiic*
el año que viene	next year	*next yier*

todos los años	every year	*evri yier*
el fin de semana	the weekend	*da uiicuend*

Las estaciones

primavera	spring	*spring*
verano	summer	*suma*
otoño	autumn	*ortam*
invierno	winter	*uinta*

Días festivos

1 enero	New Year's day	*Niu yiaz dei*
Viernes santo	Good Friday	*gud fraidi*
Igual que en Cataluña los británicos celebran el lunes después de Viernes santo como fiesta	Easter Monday	*iista mondi*
1 Mayo	May day	*mei dei*
Noche buena	Christmas Eve	*Crismas iiv*
25 diciembre	Christmas day	*Crismas dei*
26 diciembre	Boxing day	*boxin dei*
Noche vieja	New Year's Eve	*Niu yiaz iiv*
1 Enero	New Year's Day	*Niu yiaz dei*
Día festivo	Bank holiday	*Banc jolidei*

Horas y partes del día

En inglés la mañana termina a las doce en punto *(noon)*, y luego comienza la tarde *(afternoon)*. Así que a partir de las doce hay que decir *good afternoon.* La tarde o *afternoon* termina alrededor de las 6 o 7 siete de la tarde y se convierte en *evening.*

Las doce	twelve o'clock	*tuelv ou cloc*
Las doce de la mañana	midday/noon	*middei nuun*
Las doce de la noche	midnight	*midnait*

Las doce y diez	ten past twelve	*ten past tuelv*
Las doce y cuarto	quarter past twelve	*cuarta past tuelv*
Las doce y veinte	twenty past twelve	*tuenti past tuelv*
Las doce y veinticinco	twenty-five past twelve	*tuenti faiv past tuelv*
Las doce y media	half past twelve	*jalf past tuelv*
La una menos veinticinco	twenty-five to one	*tuenti faiv ta uan*
La una menos veinte	twenty to one	*tuenti ta uan*
La una menos cuarto	quarter to one	*cuarta ta uan*
La una menos diez	ten to one	*ten ta uan*
La una menos cinco	five to one	*faiv ta uan*
Mañana	morning	*mornin*
Tarde	afternoon	*aftanuun*
Noche (hasta las 10 de la noche)	evening	*iivnin*
Noche (a partir de las 10)	night	*nait*
Madrugada	night/morning	*nait/mornin*

Es fácil confundir *evening* y *night*, ya que, en realidad, no hay mucha diferencia entre las dos palabras. Ambos términos son mas o menos intercambiables. *Evening* es la parte temprana de la noche, y *night* es la parte de la noche que destinas a dormir. *Good night* se dice sólo al despedirse para acostarse, en los demás casos se dice *good evening*.

¿Qué hora es?	What time is it? *Uat tai miz it?*
Disculpe, ¿puede decirme la hora?	Excuse me, could you tell me what time it is? *Excuuz mi, cud yu tel mi uat tai mi tis?*
Es la una y cuarto	It's quarter past one *Its cuarta past uan*
Son las diez y media de la mañana	It's ten thirty in the morning *Its jalf past tuelv in da mornin*

Son las siete y veinte de la tarde	It's twenty past seven in the evening *Its tuenti past seven in da ivenin*
Es la una y diez de la madrugada	It's ten past one in the morning / night *Its ten past uan in da mornin /nait*
Son las 7 en punto	It's seven o'clock exactly *Its seven ou cloc exactli*

Tiempo atmósférico

En el Reino Unido encontrarás temperaturas expresadas tanto en grados centígrados como en Fahrenheit. Para convertir de centígrados a Fahrenheit hay que multiplicar por 9, dividir por 5, y añadir 32. Para recordarlo con facilidad puedes pensar que 16 grados centígrados son 61 grados Fahrenheit y 28 grados centígrados son 82 Fahrenheit.

¿Qué tiempo hace?	What's the weather like? *Uats da ueda laic?*
Hace frío	It's cold *Its could*
Hace calor	It's hot *Its jot*
Está lloviendo / llueve	It's raining *Its reinin*
Hay niebla	It's foggy *Its fogui*
Está nevando / nieva	It's snowing *Its snouin*
Hay hielo	It's icy *Its aisi*
Hay mucho viento	It's very windy *Its veri uindi*
Sopla el viento	There's a breeze *Der sa briiz*

Hace sol	It's sunny *Its suni*
Hace buen tiempo	The weather is nice *Da ueda is nais*
Hace mal tiempo	The weather is not very good *Da ueda is not veri gud*
Está nublado	It's cloudy *Its claudi*
Está despejado	It's clear *Its cliir*
Estamos a un grado bajo cero	Its one degree below zero *Its uan degrii belou ziiro*

Temperaturas

Grados									
Centígrados	0	5	10	15	20	25	30	35	38
Fahrenheit	32	41	50	59	68	77	86	95	100